J.M.R.-Lenz-Handbuch

J.M.R.-Lenz-Handbuch

Herausgegeben von
Julia Freytag, Inge Stephan und Hans-Gerd Winter

De Gruyter

Redaktion: Rainer Rutz

ISBN 978-3-11-221603-3
e-ISBN (PDF) 978-3-11-023761-0
e-ISBN (EPUB) 978-3-11-038493-2

Library of Congress Cataloging-in-Publication Data
A CIP catalog record for this book has been applied for at the Library of Congress.

Bibliografische Information der Deutschen Nationalbibliothek
Die Deutsche Nationalbibliothek verzeichnet diese Publikation in der Deutschen Nationalbibliografie; detaillierte bibliografische Informationen sind im Internet über http://dnb.dnb.de abrufbar.

© 2025 Walter de Gruyter GmbH, Berlin/Boston
Dieser Band ist text- und seitenidentisch mit der 2017 erschienenen gebundenen Ausgabe.
Einbandabbildung: „Petite ourse". Zettel aus „Blätter der Erinnerung" der Lenziana 2. Biblioteka Jagiellon´ska Kraków.
Satz: Meta Systems Publishing & Printservices GmbH, Wustermark
Druck und Bindung: Hubert & Co. GmbH & Co. KG, Göttingen

♾ Gedruckt auf säurefreiem Papier
Printed in Germany
www.degruyter.com

Inhalt

Vorwort *(Julia Freytag, Inge Stephan, Hans-Gerd Winter)* VII
Hinweis der Herausgeber/innen XI
Abgekürzt zitierte Werk- und Briefausgaben XII

1. **Autor** 1
    1.1 Leben *(Heinrich Bosse)* 1
    1.2 Handschriften und Werkausgaben *(Hans-Gerd Winter)* . . . 34

2. **Werke** 47
    2.1 Dramen und Dramenfragmente *(Julia Freytag)* 47
    2.2 Erzählungen *(Karin Wurst)* 128
    2.3 Lyrik *(Inge Stephan)* 163
    2.4 Theoretische Schriften *(Martin Rector)* 186
    2.5 Briefe *(Anne D. Peiter)* 242
    2.6 Die Berkaer Schriften *(Elystan Griffiths und David Hill)* . . . 257
    2.7 Moskauer Schriften *(Heribert Tommek)* 267
    2.8 Übersetzungen *(Hans-Gerd Winter)* 290

3. **Themen** 307
    3.1 Aufklärung *(Nikola Roßbach)* 307
    3.2 Religion *(Stefan Pautler)* 314
    3.3 Glückseligkeit *(Johannes F. Lehmann)* 324
    3.4 Gesellschaftskritik *(Georg-Michael Schulz)* 333
    3.5 Emotionalität *(Gregor Babelotzky)* 341
    3.6 Sexualität *(Gert Sautermeister)* 354
    3.7 Familie *(Dagmar von Hoff)* 367
    3.8 Freundschaft *(Inge Stephan)* 375
    3.9 Lenz und Goethe *(W. Daniel Wilson)* 387
    3.10 Geld *(Inge Stephan)* 394
    3.11 Selbstmord *(Simone Francesca Schmidt)* 406
    3.12 Militär *(Martin Kagel)* 416
    3.13 Genie *(Gerhard Bauer)* 425
    3.14 Demut und Stolz *(Marie-Christin Wilm)* 434
    3.15 Kulturelle Differenz *(Stefan Hermes)* 447
    3.16 Satirische Groteske und ironische Schreibweisen
         (Maria E. Müller) 456
    3.17 Fragmentarische Schreibweisen *(Judith Schäfer)* 467

4.	Rezeption	479
	4.1 Lenz in der Wissenschaft *(Hans-Gerd Winter)*	479
	4.2 Lenz in der Literatur bis 1945 *(Ariane Martin)*	523
	4.3 Lenz in der Literatur der DDR *(Ulrich Kaufmann)*	546
	4.4 Lenz in der Literatur der BRD *(Inge Stephan)*	559
	4.5 Lenz in der Musik *(Peter Petersen)*	570
	4.6 Lenz in der Kunst *(Inge Stephan)*	587
	4.7 Lenz im Film *(Manuel Köppen)*	597
5.	Zeittafel zu Leben und Werk	611
6.	Lenz-Bibliographie	617
7.	Register	731
	Werkregister	731
	Namensregister	736
Autorinnen und Autoren		745

Vorwort

Julia Freytag, Inge Stephan, Hans-Gerd Winter

Als Jakob Michael Reinhold Lenz im Frühjahr 1792 – gerade einmal 42 Jahre alt – in Moskau auf offener Straße starb, hatte er als „Ausländer", „Deutschrusse" (Rosanow 1909: 29) und als *schiffbrüchiger Europäer*, wenn man den Titel des Gedichts auf seinen Autor bezieht, den Kontakt zum literarischen Leben in Deutschland seit Jahren verloren. Die Todesnotiz im *Intelligenzblatt der Allgemeinen Literatur-Zeitung* vom 18. August 1792, die Elias Canetti in seinem *Buch gegen den Tod* (2014) zitiert und sich dabei voller Empörung fragt, „[z]um wievielten Male schreibe ich den abscheulichen Nachruf auf Lenz ab" (Canetti 2014: 252), gilt einem schon lange aus dem literarischen Leben Gedrängten und Verschwundenen, der „von wenigen betrauert, und von keinem vermißt" wurde, wie es lakonisch, aber wohl nicht ganz unzutreffend in dem anonym veröffentlichten Artikel hieß ([Jerzembsky] 1792: 820). Geboren 1751 im damaligen Livland, das seit 1721 zu den drei russischen Ostseeprovinzen gehörte, war Lenz seiner Herkunft nach russischer Untertan. Durch sein Werk gehört er jedoch einer jungen deutschsprachigen Generation von Stürmern und Drängern an, mit denen eine neue Literaturepoche in Deutschland begann. Seine Aufenthalte in Straßburg, Weimar und Zürich waren nur vorübergehend; auch in Riga, St. Petersburg und Moskau gelang es ihm nicht, sich eine feste Position und ein sicheres Auskommen zu schaffen. Als Nomade zwischen den Sprachen und Kulturen verkörpert er den Typus eines Autors, der gegenwärtig Konjunktur hat, in der damaligen Zeit jedoch auf Unverständnis und Ablehnung stieß.

In seiner Selbstwahrnehmung war Lenz äußerst schwankend. Verzweifelt suchte er nach einer „Lücke in der Republik", in die er „hineinpassen" konnte (Damm II: 637). In seiner posthum erschienenen Rezension *Über Götz von Berlichingen* stellte er die bis heute aktuelle Frage, die sich auf die menschliche Existenz wie die Autorschaft gleichermaßen beziehen lässt: „[W]as bleibt nun der Mensch noch anders als eine vorzüglichkünstliche kleine Maschine, die in die große Maschine, die wir Welt, Weltbegebenheiten, Weltläufte nennen besser oder schlimmer hineinpaßt." (ebd.) In einem Brief an Sarasin vom 28. September 1777 entschuldigte er sich gar für seine „ganze Existenz" (Damm III: 553), die ihm selbst eine Last war. Auf der anderen Seite war er selbstbewusst und kannte seinen Wert als Autor. In einem Brief an Herder vom 23. Juli 1775, dem er sein Stück *Die Soldaten* zugeschickt hatte, schrieb er: „Es ist wahr und wird bleiben, mögen auch Jahrhunderte über meinen armen Schädel verachtungsvoll fortschreiten." (ebd.: 329)

Die optimistische Prophezeiung des Autors und Freundes Konrad Pfeffel, „Lenz wird noch einer der größten Poeten / die euren deutschen Helikon zieren" (zit. nach ebd.: 815), 1777 auf der Tagung der Helvetischen Gesellschaft in Bad Schinznach, trat zunächst nicht ein. Nach Goethes harschem Urteil über seinen ehemaligen Weggefährten in *Dichtung und Wahrheit* (1830) hat es nicht an Versuchen gefehlt, das dominierende negative Bild von Lenz zu korrigieren. Die Werke von Lenz sind ‚geblieben' – zunächst eher als ‚Geheimtipp für Eingeweihte'. Heute werden sie in ihrer literarischen Bedeutung anerkannt und gewürdigt – eine Legitimation für das vorliegende Handbuch. Am wirkungsmächtigsten für die Rehabilitierung des Schriftstellers ist zweifellos Georg Büchners Erzählung *Lenz* (posthum 1839) gewesen, die – aus erstaunlich genauer Kenntnis des Lebens und Werks – ein so grandioses Bild des verkannten, verfemten und vertriebenen Künstlers entwarf, dass dahinter der reale Autor zu verschwinden drohte. Büchners Text wurde zur ‚Keimzelle' einer eigenen Produktionslinie, in der zwischen Büchner-und Lenz-Rezeption nicht immer klar zu unterscheiden ist. Diese manifestiert sich in einer kaum noch zu übersehenden Fülle von produktiven Aneignungen der Erzählung in Literatur, Musik, Film und Kunst. Dazu zwei Beispiele: Peter Schneiders erfolgreiche Erzählung *Lenz* (1973) orientiert sich an Büchners Text, dessen Handlung in die Gegenwart verlegt wird. Schneiders Lenz-Figur mit ihrer an Büchners Vorlage geschulten Darstellung von Verstörung bringt das Leiden unter dem Zwang zur ‚Objektivierung', der Ausgrenzung des Individuell-Persönlichen in den politischen Gruppen der Studentenbewegung zur Sprache. Sie dient dem jungen Autor dazu, nach den weitverbreiteten Zweifeln an der ‚gesellschaftlichen Funktion' von fiktionaler Literatur diese zu rehabilitieren. Auf den historischen Autor Lenz kommt Schneider erst sehr viel später zu sprechen, in einer Rezension von Büchners Erzählung für die *Zeit-Bibliothek der 100 Bücher* (1980). Der 2015 erschienene Roman *Lenz im Libanon* von Albert Ostermaier ist ebenfalls deutlich Büchners Erzählung nachkonstruiert, in der Darstellung einer extremen „Herzensbeklemmung" aber auch von Lenz angeregt, der entsprechend unter den Motti zitiert wird. In diesem Handbuch sind hinsichtlich der über Büchner vermittelten Lenz-Rezeption unterschiedliche Herangehensweisen zu konstatieren. Neben Beiträgen, in denen eine strenge Trennung zwischen Büchner- und Lenz-Rezeption vollzogen wird, stehen andere, die von der Durchlässigkeit der beiden Rezeptionsstränge ausgehen und diese thematisieren.

Immer wieder kommt es aber in der Rezeption auch zu von Büchner unabhängigen Bezugnahmen auf die Biographie und die Werke des historischen Autors. Die Liste der von Lenz Begeisterten ist lang, auf ihr stehen prominente Autor/innen wie Franz Kafka, der nach einer Aufzeichnung in seinem Tagebuch vom 21. August 1912 „unaufhörlich Lenz gelesen" und sich aus ihm „Besinnung geholt" hat (Kafka 1954: 285); Ingeborg Bachmann, die in ihrer Büchner-Preisrede „Ein Ort für Zufälle" (1964) bei Lenz eine „Konsequenz" findet, an die sie mit ihrem eigenen Schreiben anschließt; Peter Rühmkorf, der in dem autobiographischen Text *Die Jahre, die ihr kennt* in einem Traum den „großen Lenz" als Medium auftreten lässt, durch das er sich der eigenen „Ambivalenz" bewusst wird (Rühmkorf 1972: 69), oder Heiner Müller, der mit der Metapher der ‚Wunde' auf die Beunruhigungen und Verstörungen anspielt, die von dem Werk von Lenz bis heute ausgehen (vgl. Müller 1989). Hervorzuheben sind auch der Lenz-Film von Egon Günther (D 1992) sowie die Oper *Jakob Lenz* von Wolfgang Rihm (1979) und vor allem die moderne Oper in den frühen 1960er Jahren, Bernd Alois Zimmermanns *Die Soldaten* (1965).

Zu den Lenz-Anhängern zählt auch Bertolt Brecht, der mit seiner einflussreichen *Hofmeister*-Inszenierung den Blick auf den Autor zurücklenkt, der nach Brechts Meinung das „ABC der teutschen Misere" nicht nur am eigenen Leib erfahren, sondern dies auch in seinen eigenen Texten durchbuchstabiert habe. In klarer Abgrenzung gegen den sich in der damaligen DDR anbahnenden Klassik-Kult ergreift Brecht Partei für die sogenannten ‚kleineren Literaturen', wenn er schreibt:

> Man versteht nichts von der Literatur, wenn man nur die ganz Großen gelten läßt. Ein Himmel nur mit Sternen erster Größe ist kein Himmel. Man mag bei Lenz nicht finden, was man bei Goethe findet, aber man findet auch bei Goethe nicht was bei Lenz. Und es ist überhaupt nicht so, daß einem Werk der kleineren Genies notwendig etwas abgeht. Sie können in sich und in allem perfekt sein. Einige der Unbekannten hatten lediglich nicht die Zeit, mehr zu schreiben oder sich reicher zu entwickeln, oder nicht das Geld oder nicht die Beziehungen oder nicht die Nerven. Einige versagten in der Kunst des Speichelleckens, welche von einigen der Größeren meisterhaft beherrscht wurde. (Brecht 1967: 465)

Brecht spielt hier Lenz gegen Goethe aus, eine Rezeption, die sich auch in anderen historischen Konstellationen bis heute findet.

Zum Teil parallel, zum Teil zeitlich verschoben zur literarischen Rezeption entwickelte sich eine eigenständige Lenz-Forschung, die den Autor aus der eher erdrückenden und verzerrenden Konfrontation mit seinem Gegenspieler Goethe herauszulösen und sein Werk in seiner Besonderheit und Eigenständigkeit zu erfassen sucht. Dass Lenz „einer der bedeutendsten Autoren in der zweiten Hälfte des 18. Jahrhunderts" sei, wie es rechtfertigend 1991 im Vorwort zum ersten *Lenz-Jahrbuch* heißt, dürfte heute unstrittig sein. Die Widersprüchlichkeit, Vieldeutigkeit und Offenheit seiner Werke hat diese in den letzten Jahrzehnten zu einer immer wieder neuen Herausforderung für wissenschaftliche Arbeiten werden lassen. Die Monographie *„Ein vorübergehendes Meteor"? J. M. R. Lenz und seine Rezeption in Deutschland* (1984) von Inge Stephan und Hans-Gerd Winter, die Biographie *Vögel, die verkünden Land* (1985) von Sigrid Damm und die von ihr herausgegebene dreibändige Ausgabe *Lenz. Werke und Briefe* (1987) standen am Anfang einer neuen Beschäftigung mit dem Autor. Das enorm gewachsene Interesse an ihm dokumentieren drei von Inge Stephan und Hans-Gerd Winter moderierte internationale wissenschaftliche Symposien, zwei weitere in England und den USA und die in diesen Kontexten entstandenen Tagungsbände *„Unaufhörlich Lenz gelesen ..." Studien zu Leben und Werk von J. M. R. Lenz* (1994), *„Die Wunde Lenz". J. M. R. Lenz. Leben, Werk und Rezeption* (2003) und *Zwischen Kunst und Wissenschaft. J. M. R. Lenz* (2006) sowie *J. M. R. Lenz als Alternative?* (1992) und *Jakob Michael Reinhold Lenz. Studien zum Gesamtwerk* (1994). Hinzu kommen das *Lenz-Jahrbuch* (1991 ff.) und die von Christoph Weiß zusammengestellten *Werke in zwölf Bänden* (2001), die Faksimiles der Erstausgaben der zu Lebzeiten von Lenz selbständig erschienenen Texte enthalten, Editionen unveröffentlichter Texte (vor allem *Schriften zur Sozialreform. Das Berkaer Projekt*, hg. v. David Hill und Elystan Griffiths, sowie *Moskauer Schriften*, hg. v. Heribert Tommek, beide 2007) und zahlreiche Monographien und Aufsätze sowie eine wachsende Zahl an Dissertationen. Im Mai 2015 ist auch eine neue Lenz-Biographie erschienen, die erste nach Sigrid Damm: Herbert Krafts *Lenz*.

Es mag als ein kühnes Unterfangen erscheinen, dass sich das hier vorgelegte Handbuch auf eine Textbasis stützt, die durch künftige Archivrecherchen und durch historisch-kritische Untersuchungen durchaus noch Erweiterungen und Veränderungen im Detail erfahren kann. Bitter ist das Defizit der fehlenden historisch-kritischen Ausgabe des Autors zu beklagen, obwohl in den letzten Jahren immerhin viele nur in Archiven zugängliche Texte publiziert wurden. Die drei Herausgeber/innen sind sich dieser Problematik bewusst und gehen das Risiko gezielt ein, um durch die Bündelung der bisherigen Forschungen den Bemühungen um eine vollständige und zuverlässige Werkausgabe neue Impulse zu geben.

Die Vorarbeiten zu dem Handbuch gehen bis in das Jahr 2010 zurück, in dem der Plan eines Handbuchs durch ein diesbezügliches Angebot des Verlags De Gruyter greifbare Gestalt annahm. Von Anfang an stand fest, dass das Handbuch nicht nur Leben, Werk und Rezeption vorstellen sollte. Vielmehr ging es darum, durch die Aufnahme von thematischen Artikeln den Blick auf übergreifende und innovative Fragestellungen zu lenken, von denen aus das Werk von Lenz anschlussfähig an gegenwärtige literaturtheoretische und kulturkritische Diskurse der Gegenwart ist. Auch wird so deutlich, unter welchen Aspekten Lenz' Texte in den letzten Jahrzehnten diskutiert worden sind. Überschneidungen zwischen den thematischen Artikeln und zwischen diesen und den Artikeln zum Werk sind bewusst in Kauf genommen, da jeweils unterschiedliche Perspektiven erkenntnisleitend sind. Unstrittig war ebenfalls, dass an dem Handbuch möglichst viele ausgewiesene Forscher/innen beteiligt und gleichzeitig der jüngeren Generation eine Plattform zur Vorstellung ihrer Arbeiten geboten werden sollte. Dieser Brückenschlag zwischen den Generationen wird auch in der Zusammensetzung des Herausgeberteams deutlich.

Ein Gemeinschaftswerk wie das vorliegende ist Unwägbarkeiten ausgesetzt. Verzögerungen sind vorprogrammiert. Dass es schließlich zu einem glücklichen Ende geführt werden konnte, ist nicht nur der Geduld des Verlags und dem Engagement der Beiträger/innen zu danken, sondern auch der Unterstützung durch eine Reihe von Mitarbeiter/innen, die in den verschiedenen Phasen des Projekts an der Recherche, der Korrektur und der Vereinheitlichung der Manuskripte beteiligt waren. Zu nennen sind hier Götz Zuber-Goos, der eine erste Fassung der Bibliographie hergestellt hat, Anna Burgdorf und Victoria Pöhls, die sich beide um die Redaktion der Beiträge gekümmert haben – Victoria Pöhls hat zusätzlich die Bibliographie ergänzt und überarbeitet – sowie Annika Goldenbaum, die das Manuskript in der letzten Arbeitsphase redigiert hat. Besonders danken wir Rainer Rutz für sein äußerst umsichtiges und genaues Lektorat und Manuela Gerlof für die Begleitung und Unterstützung des gesamten Projekts.

Die Anzahl der Beiträge und Mitarbeiter/innen stellte das Herausgeberteam vor nicht geringe organisatorische Koordinationsprobleme. Obgleich es von Anfang an klare Vorgaben und Richtlinien gab, wurde die Freiheit des Einzelnen so weit wie möglich respektiert. Unterschiedliche Schreibstile und kontroverse Deutungen wurden nicht eingeebnet, sie sind Teil einer lebendigen Auseinandersetzung, zu der das Handbuch die Grundlagen und zugleich die weiterführenden Anregungen bieten möchte. Der Anspruch, den aktuellen Forschungsstand zu reflektieren, verbindet die Beiträge. Vereinheitlicht wurde auch nicht die Schreibweise des Autornamens. Das Nebeneinander von Jacob und Jakob geht auf den Autor selbst zurück und wiederholt sich dementsprechend in den Forschungsbeiträgen.

Die lange Laufzeit des Projekts hat es mit sich gebracht, dass einige jüngst erschienene Arbeiten nicht in allen Beiträgen Berücksichtigung erfahren konnten. In der Bibliographie sind diese Arbeiten jedoch vollständig erfasst.

Berlin, Hamburg im November 2016

Hinweis der Herausgeber/innen

Der Nachweis von Zitaten erfolgt in den Beiträgen mit Bezug auf die Lenz-Bibliographie im hinteren Teil des Handbuchs. Werk- und Briefausgaben werden dabei ohne Angabe des Erscheinungsdatums mit den Namen der jeweiligen Herausgeber/innen abgekürzt nachgewiesen; die Ausgaben und die Abkürzungen sind im Anschluss aufgeschlüsselt. Einzelveröffentlichungen (darunter Reprints) sind innerhalb der Bibliographie alphabetisch unter dem Unterpunkt „Einzelne Titel" gelistet. Nicht in der Bibliographie enthaltene Arbeiten (das betrifft insbesondere Arbeiten, die über Lenz und die Lenz-Rezeption hinausgehen) sind am Ende der Beiträge in einem eigenen Literaturverzeichnis beigefügt. Um die Benutzbarkeit des Handbuchs mit Blick auf die Suche nach einzelnen Titeln zu erhöhen, sind Literatur- und Zitatnachweise aus der Weiterführenden Literatur in den Beiträgen selbst mit einem Sternchen (*) vor dem/den Namen der Verfasser/innen markiert.

Abgekürzt zitierte Werk- und Briefausgaben

Blei
: Jakob Michael Reinhold Lenz: *Gesammelte Schriften.* 5 Bde. Hg. v. Franz Blei. München, Leipzig 1909–1913.

Damm
: Jakob Michael Reinhold Lenz: *Werke und Briefe in drei Bänden.* Hg. v. Sigrid Damm. Leipzig 1987. Lizenzausgabe: München, Wien 1987.

Freye/Stammler
: *Briefe von und an J. M. R. Lenz.* 2 Bde. Hg. v. Karl Freye u. Wolfgang Stammler. Leipzig 1918.

Griffiths/Hill
: J. M. R. Lenz: *Schriften zur Sozialreform. Das Berkaer Projekt.* 2 Bde. Hg. v. Elystan Griffiths u. David Hill, unter Mitwirkung v. Heribert Tommek. Frankfurt/Main u. a. 2007.

Müller
: *Jakob Michael Reinhold Lenz im Urteil dreier Jahrhunderte. Texte der Rezeption von Werk und Persönlichkeit. 18.–20. Jahrhundert.* 4 Bde. Gesammelt u. hg. v. Peter Müller unter Mitarb. v. Jürgen Stötzer. Bd. 1–3 u. 4. Bern, Berlin u. a. 1995 u. 2005.

Tieck
: *Gesammelte Schriften, von J. M. R. Lenz.* 3 Bde. Hg. v. Ludwig Tieck. Berlin 1828.

Titel/Haug
: Jakob Michael Reinhold Lenz: *Werke und Schriften.* 2 Bde. Hg. v. Britta Titel u. Hellmut Haug. Stuttgart 1966–1967. Lizenzausgabe: Darmstadt 1966–1967.

Tommek
: J. M. R. Lenz: *Moskauer Schriften und Briefe.* 2 Bde. (Text- und Kommentarbd.). Hg. v. Heribert Tommek. Berlin 2007.

Waldmann
: *Lenz in Briefen.* Hg. v. Fritz Waldmann. Zürich 1894.

Weinhold-DN
: *Dramatischer Nachlass von J. M. R. Lenz.* Hg. v. Karl Weinhold. Frankfurt/Main 1884.

Weinhold-G
: *Gedichte von J. M. R. Lenz. Mit Benutzung des Nachlaßes Wendelins von Maltzahn.* Hg. v. Karl Weinhold. Berlin 1891.

Weiß
: Jacob Michael Reinhold Lenz: *Werke in zwölf Bänden. Faksimiles der Erstausgaben seiner zu Lebzeiten selbständig erschienenen Texte.* Hg. v. Christoph Weiß. St. Ingbert 2001.

1. Autor

1.1 Leben
Heinrich Bosse

1. Dorpat	3
2. Königsberg	9
3. Straßburg	13
4. Von Weimar nach Waldersbach	20
5. Russland	27
6. Weiterführende Literatur	32

Jacob Michael Reinhold Lenz wurde – nach dem in Russland geltenden Julianischen Kalender (a. St. = alten Stils) – am 12. Januar 1751 geboren. Gestorben ist er am 23. oder 24. Mai 1792 (a. St.). Das Geburts- wie auch das Taufdatum trug der Pastor Christian David Lenz, sein Vater, eigenhändig in das Kirchenbuch des livländischen Kirchspiels Seßwegen/Cesvaine ein. Der Todestag des Dichters lässt sich nicht mehr genau ermitteln, beerdigt wurde er vermutlich auf dem Deutschen Friedhof in der Deutschen Vorstadt Moskaus (vgl. Weinert 2006: 172–174). Wie so vieles in seinem Leben, was wir gern genauer wüssten, bleibt das ungewiss.

Drei literarische Porträts haben die Erinnerung an ihn profiliert. Das erste gibt Goethe in seinen Lebenserinnerungen (1814):

> Klein, aber nett von Gestalt, ein allerliebstes Köpfchen, dessen zierlicher Form niedliche etwas abgestumpfte Züge vollkommen entsprachen; blaue Augen, blonde Haare, kurz, ein Persönchen, wie mir unter nordischen Jünglingen von Zeit zu Zeit eins begegnet ist. [...] Für seine Sinnesart wüßte ich nur das englische Wort *whimsical*, welches, wie das Wörterbuch ausweist, gar manche Seltsamkeiten in *einem* Begriff zusammenfaßt. (*Goethe 1964a: 495)

Das andere Porträt ist Georg Büchners unvollendete Novelle *Lenz* (1839). Das dritte, über die biographischen Zeugnisse verstreut, ist Lenzens Selbstentwurf als verlorener Sohn (Lk 15,11–32) eines irdisch-himmlischen Vaters (vgl. Schöne 1968: 122–133; Gersch 1998: 172–190). Biographische Bemühungen um Lenz sind das ganze 19. Jahrhundert hindurch gescheitert (vgl. E. Schmidt 1901). Erst im 20. Jahrhundert haben sie die mehrfachen Lenz-Bilder ergänzt, erweitert und vertieft, namentlich das große, positivistisch ausgerichtete Werk von Matvej N. Rozanov (1901/1909) als Grundlage alles späteren Wissens und die Roman-Biographie von Sigrid Damm (1985/1989), Grundlage aller neueren Beschäftigung mit Lenz. Zuletzt hat Herbert Kraft eine umfangreiche Einführung in Leben und Werk von Lenz vorgelegt (Kraft 2015), die kulturgeschichtlich weit über die bisherigen Biographien hinausgeht, den schwierigen Autor jedoch eher zum idealistischen Aufklärer stilisiert.

Lenzens Werke gehören zur deutschen Literatur, doch Lenz selbst hat kaum mehr als fünf Jahre in Deutschland verbracht. Für sein Frühwerk ist die Herkunft aus Livland bedeutsam (Bosse 1997); für sein Leben, in dem er selbst keine Familie gründete, bleibt seine Herkunftsfamilie ein bestimmendes – und vom Vater bestimmtes – Gegenüber. Livland, der Südteil des heutigen Estland sowie Lettland nordöstlich der Düna (Lettland südwestlich der Düna bildete das Herzogtum Kurland unter polnischer Oberhoheit), war seit 1721 dem Russischen Reich als Ostseeprovinz einverleibt; eine Oberschicht von deutschen Adligen und Geistlichen auf dem Lande und von deutschen Bürgern in den Städten beherrschte ihrerseits die indigene, überwiegend leibeigene Bevölkerung.

Hier gelang dem Vater Christian David Lenz (1720–1798) der größtmögliche gesellschaftliche Aufstieg, nicht nur vom bürgerlichen Stand (der Handwerker und Kaufleute) in den gelehrten Stand (der Akademiker), sondern innerhalb der Geistlichkeit zur höchsten Würde Livlands. Der Sohn eines Kupferschmieds aus Köslin/Koszalin (Pommern) studierte drei Jahre (1737–1740) Theologie in Halle und ging dann als Hofmeister nach Livland. Schon 1742, nach zwei Jahren, wurde er zum Pastor der Gemeinde Serben/Dzērbene berufen, 1749 wechselte er zu der (mit zehn Rittergütern) reicheren Gemeinde Seßwegen/Cesvaine und wurde 1758 Propst des 2. Wendenschen Kreises, im Jahr darauf Pastor an der städtischen deutschen Gemeinde in Dorpat/Tartu. 1779 wurde er zum Generalsuperintendenten Livlands ernannt und verlegte seinen Wohnsitz nach Riga. Theologisch war er – wie alle Erziehergestalten in Lenzens Frühzeit – geprägt durch den auslaufenden Pietismus des Halleschen Waisenhauses. Als Hofmeister begegnete Christian David Lenz dem radikalen Pietismus der Herrnhuter und identifizierte sich damit; nach dem Verbot der Brüdergemeinde (1743) distanzierte er sich Jahre später öffentlich und zweifellos karrierförderlich von ihr (vgl. Jürjo 1994: 145). Die pietistische Bereitschaft, sich unaufhörlich im Kampf gegen die Anfechtungen des ‚Feindes' zu sehen (vgl. Soboth 2003: 114), behielt der Vater Lenz auch in seiner späteren Hinneigung zum orthodoxen Luthertum bei, zuletzt als Kämpfer gegen alle aufgeklärten (neologischen) Strömungen seiner Kirche.

Christian David Lenz heiratete 1744 die Predigertochter Dorothea Neoknapp (1721–1778), das Ehepaar hatte acht Kinder. Nach ihrem Tod heiratete Vater Lenz ein zweites Mal (1779), und zwar Christina Margaretha, geb. Eichler, verw. Rulcovius (1718–1796), Tochter und Witwe eines Pastors. Die acht Söhne und Töchter sicherten (mit zwei Ausnahmen) als Akademiker der zweiten Generation erfolgreich ihren Status, die Juristen erhöhten ihn sogar durch Nobilitierung:

- Friedrich David Lenz (1745–1809) studierte Theologie in Königsberg, wurde nach dreijähriger Hofmeisterzeit Pastor in Tarwast/Tarvastu (1767–1779), sodann Nachfolger seines Vaters als Oberpastor an St. Johannis in Dorpat, auch Lektor der estnischen und finnischen Sprache an der 1803 wiedereröffneten Universität Dorpat.
- Dorothea Charlotte Maria Lenz (1747–1819) heiratete 1767 Johann Christian Friedrich Moritz, damals Konrektor an der Stadtschule Dorpat, später Rektor des Rigaer Lyzeums und Pastor in Tarwast.
- Elisabeth Christine Lenz (1748–1800) heiratete 1769 (?) Theophilus Schmidt, Pastor in Neuhausen/Vastseliina.
- Jacob Michael Reinhold Lenz (1751–1792).
- Johann Christian (von) Lenz (1752–1831) studierte – zugleich mit seinem Bruder Jacob – in Königsberg Jura, wurde nach einem Hofmeisterjahr 1772 Stadtsekretär in

1.1 Leben

Arensburg/Kuressaare, 1774 Notar in Pernau/Pärnu, 1784 Sekretär der Gouvernements-Regierung in Riga, erwarb 1793 den russischen Dienstadel als Kollegienassessor und starb, mit hohen Orden ausgezeichnet, als livländischer Regierungsrat.
- Carl Heinrich Gottlob (von) Lenz (1757–1836) studierte Jura in Helmstedt und Jena und begleitete 1779 seinen Bruder Jacob aus Deutschland zurück nach Livland. Nach einer vierjährigen Hofmeisterzeit trat er 1783 in den Staatsdienst, erwarb 1793 den russischen Dienstadel als Kollegienassessor und wurde Oberfiskal und Kollegienrat.
- Anna Eleonora Lenz (1760–1845) heiratete – am 4. 1. 1779 in Dorpat, zugleich mit der zweiten Eheschließung ihres Vaters – Carl Emanuel Pegau, einen Königsberger Studienfreund von Jacob, der 1778–1786 Pastor in Sissegal/Madliena, danach Propst von Riga-Land und Mitglied des Livländischen Oberkonsistoriums wurde.
- Benjamin Gottfried Lenz (1761–1809) sollte nicht wie die anderen Söhne studieren, sondern Kaufmann in Reval/Tallinn werden. Er gab 1797 seine Handlung zugunsten einer festen Anstellung auf und starb als Inspektor des städtischen Siechenhauses in Reval (vgl. Falck 1907, *Ottow/Lenz 1977).

In dieser Geschwisterreihe stand, wie die im Kreis der Familie weitergegebenen und diskutierten Briefe zeigen (Latvijas Akadēmiskā Bibliotēka, Riga [= LAB]: Fonds 25 – Ms. 1113 – Akt 36), der Jurist Johann Christian dem Dichter besonders nahe, der ältere Bruder und Theologe Friedrich David besonders fern.

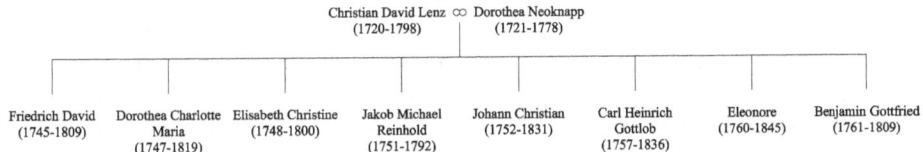

Abb. 1: Stammbaum der Familie Lenz

1. Dorpat

Jacob Lenz – so der Rufname (vgl. Weinert 1998/1999) – wurde wie seine Geschwister zunächst vom Vater unterrichtet. Dieser bat schließlich 1756 in einem Brief an Gotthilf August Francke in Halle um die Sendung eines Hofmeisters und schilderte dabei den Ausbildungsstand seiner Kinder. Zu Jacob erklärte er:

> Endlich das 4te Kind und jüngste Söhnlein zeigt besondere Munter- und Fähigkeit. Er ist 5 Jahre, liest aber schon ziemlich gut, treibt sich selbst, hat schon einen feinen Begrif von den allerersten Grundwahrheiten des Heils, ist *curieux* im Nachfragen und *memorirt* die Worte Lutheri im *catechismo*. Kurz es ist ein Kind guter Art und hat eine feine Seele bekommen. (Jürjo/Bosse 1998/1999: 33)

Der Hofmeister seinerseits, der von November 1756 bis Anfang 1759 auf seiner Stelle blieb (vgl. *Ottow/Lenz 1977: 440), schrieb seine Enttäuschung über die Verhältnisse in trockenen Worten auf: Er muss mit den zwei Söhnen, dazu einem Bauernjungen zum Aufwarten und einer „alten Frau", wohl der Mutter der Pastorin, in einem Durchgangszimmer schlafen, täglich acht Stunden unterrichten und bekommt weder Zeit zur Unterrichtsvorbereitung noch die versprochene fachliche Unterstützung vom Herrn des Hauses (vgl. Jürjo/Bosse 1998/1999: 13 f.).

Der Wechsel nach Dorpat bedeutete einen Wechsel vom lettischen in den estnischen Teil Livlands. Für Christian David Lenz hieß es einerseits, auf die reichlicheren Einkünfte sowie das Gehalt eines Propstes Verzicht zu tun, wie er dem Dorpater Magistrat am 25. September 1758 mitteilte, andererseits aber auch „von der mir äußerst unangenehmen Landwirtschaft, wozu ich weder Zeit, noch Lust und Trieb habe", befreit zu werden (Eesti Ajaloo Arhiiv, Tartu [= EAA]: Best. 995 – Verz. 1 – Akte 6055, Bl. 5). Um den Titel ‚Propst' behalten zu können, verzögerte er seinen Umzug um ein halbes Jahr. Dorpat war in den 1760er Jahren eine kleine Landstadt mit 400 Häusern, fast ausschließlich aus Holz, dazu mächtigen Ruinen aus früheren Blütezeiten und kaum 3.000 Einwohnern: Deutschen, Russen, Esten (vgl. *Eckardt 1975 [1876]: 513). Immerhin lag es an der Poststraße von Riga nach St. Petersburg und damit auch an der ‚Straße der Aufklärung', die den großen nordostdeutschen Kommunikationsraum durchzog (*Ischreyt 1981). Drei Prediger verrichteten ihre Gottesdienste in der St.-Johannis-Kirche: der Pastor der deutschen Gemeinde, dessen Vertreter, der Diakon oder Nachmittagsprediger und zugleich Konrektor der Lateinschule, sowie schließlich der Pastor der estnischen Gemeinde. Die Beziehungen zwischen Pastor Lenz, seinem Diakon und der Gemeinde waren erfüllt von Auseinandersetzungen, die in den anonymen *Erinnerungen aus der Zeit vor dem Dorpater Brande am 25. Juni 1775* (1874) sehr genau paraphrasiert worden sind; Karl Freye hat bisher als einziger von dieser Quelle Gebrauch gemacht (vgl. Freye 1917).

Anders als im größeren Riga gab es in der Landstadt Dorpat einen intensiven Austausch mit dem umsitzenden Landadel. Davon profitierte auch Pastor Lenz. Als ihm vorgeworfen wurde, er habe zu viele Besucher in seinem Hause, verwies er entschuldigend auf die „Zuhörer und Beichtkinder vom Lande"; bei seinem geringen Fixgehalt von 100 Rubeln seien ihm die Gebühren und Geschenke (Akzidentien) der „landischen Fremden", d. h. des auswärtigen Adels, fast wichtiger als diejenigen seiner Eingepfarrten ([Anon.:] Erinnerungen 1874: 26 f.). Seine Leichenrede auf die Freiherrin von Münnich (1761) verrät viel von der Welt der Patronagebeziehungen, die der Sohn später attackieren wird (vgl. Damm II: 637). Auch Paten sind für die sozialen Netzwerke aufschlussreich: Von den fünf Paten bei Jacobs Taufe waren drei adlig – von den 30 Paten bei der Taufe der Anna Eleonora am 17. Juli 1760 waren 15 Adlige oder deren Frauen, zehn akademische *literati* oder deren Frauen, fünf Bürger oder deren Frauen (EAA: 1253 – 3 – 2, Bl. 277). Der Haushalt des Pastors umfasste nach dem Bürgerverzeichnis von 1764 ihn selbst und seine Ehefrau, sieben Kinder im Alter von 15 bis anderthalb Jahren, da der älteste Sohn schon 1760 von einem Gönner aus der Familie von Berg nach Königsberg gebracht worden war, ferner den Knecht Jahn, das Kinder-Weib Marry (über 50 Jahre), seine Küchen-Dirn Majje sowie seine Stuben-Dirn Marry (EAA: 995 – 1 – 1471, Bl. 62). Die Zahl der Dienstboten dürfte für städtische deutsche Honoratioren landestypisch gewesen sein. Wegen der Bausubstanz des Pfarrhauses erhob Pastor Lenz in den 1770er Jahren wiederholt und dramatisch Klage. Er verlangte dringend einen Neubau und führte

1.1 Leben

namentlich die rheumatischen Beschwerden seiner immer kranken Frau auf die undichten Stellen des Hauses zurück (vgl. [Anon.:] Erinnerungen 1874: 37).

Zur Predigerstelle gehörte auch ein Teil der Schulaufsicht. Abgesehen von den privaten Unterrichtsverhältnissen („Winkelschulen"), die im Jahrhundert der Hofmeister mehr Schüler anzogen als die öffentlichen, gab es in Dorpat eine Elementarschule für estnische und eine Mädchenschule für die deutschen Kinder, die beide von dem überzeugten Pietisten Tobias Plaschnig (1703–1757), Lenzens Vorgänger, eingerichtet worden waren (vgl. *Tering 1998). In der Mädchenschule sind 1763 der fünfjährige Carl Heinrich Gottlob, 1766 Anna Eleonora und Benjamin Gottfried als Schüler nachzuweisen (EAA: 995 – 1 – 28273). Die vierklassige Lateinschule wurde als „vereinigte Krons- und Stadtschule" teils von der russischen Regierung, teils von der Stadt getragen, mit entsprechend komplexen Aufsichtsbefugnissen. Für die beiden unteren Klassen wie für die Mädchenschule war Pastor Lenz als Inspektor zuständig, für die beiden oberen Klassen fehlte es an einer Schulaufsicht in den für Lenz entscheidenden Jahren, in denen der Unterricht buchstäblich erlosch. Der Lehrkörper der vereinigten Krons- und Stadtschule hätte aus vier Personen bestehen sollen: Rektor, Konrektor, Subrektor und Rechenmeister. Jedoch wurde der dritte Lehrer (Subrektor) eingespart, die ersten beiden Lehrer bekämpften sich untereinander und stritten mit Pastor Lenz. Der Kleinkrieg der Autoritäten mündete in den Zusammenbruch des Unterrichts. Nach dem Tod des Rektors Krieger (September 1764) amtierte in den gelehrten Klassen nur noch ein einziger Lehrer, der Konrektor (und Diakon) Jakob Andreas Reichenberg (1710–1769); dieser legte im Sommer 1765 die Arbeit nieder, um einer Verurteilung wegen schlechter Führung seines Amtes zuvorzukommen, danach gab es – bis auf den Rechenmeister – anderthalb Jahre lang überhaupt keine Schule mehr. Schließlich wurde im Dezember 1766 Johann Martin Hehn (1743–1793) als Rektor berufen, zum gleichen Zeitpunkt Johann Christian Friedrich Moritz (1741–1794) als Konrektor, beide in Halle ausgebildet; ab 1769 gab es dann wieder einen dritten Lehrer als Subrektor (vgl. *Tering 1998: 81).

Paul Balthasar Krieger, Rektor der Lateinschule von Ende 1760 bis zu seinem Tode, war eine Verlegenheitslösung gewesen; er hatte als einziger der Dorpater Lehrer nicht in Halle studiert und stand, geistlich gesehen, im Rang unter dem Konrektor Reichenberg, welcher Lehrer und zugleich Nachmittagsprediger war. Diese unglückliche Konstellation führte zu unaufhörlichen Zwistigkeiten, die 1762 derartig eskalierten, dass Pastor Lenz seine beiden Söhne, Jacob und Johann Christian, für ein Dreivierteljahr aus der Schule nahm und Jacob sogar auswärts unterbringen wollte. In einem Versöhnungsbrief vom 25. April 1763 verwahrte er sich gegen den Vorwurf, die Söhne hätten zu Hause bei ihm nichts gelernt. Die Schule, wünschte Pastor Lenz, solle transparent sein für den Hausvater, der alles erfahren will, dagegen solle der Lehrer die Kinder weder aushorchen noch gar eidlich zum Stillschweigen verpflichten. Im Zusammenhang mit dem klassischen Beschwerdepunkt, der Prügelstrafe, charakterisierte er seine Söhne wie folgt:

> Auch macht man billig unter den Kindern einen Unterschied. So würde z. E. mein Jacob durch Härte und Strafe nur betäubt, und so *confuse* gemacht werden, daß ihm Hören und Sehen vergehen, und dann nichts mit ihm auszurichten seyn würde. Dagegen aber kann Christian schon einen derben Filz aushalten. (LAB: 1113 – 21, No. 4)

Der Unterrichtsplan, den Sigrid Damm in ihrer Biographie anführt (Damm 1989 [1985a]: 35), lässt sich im Estnischen Historischen Archiv nicht auffinden, wohl aber das Lektionsverzeichnis von 1761 (EAA: 3765 – 1 – 60, Bl. 34–5; 14–15). Es verrät die bescheidenen Ansprüche einer Trivialschule, Latein (Cornelius Nepos, Ciceros Briefe), Griechisch, Geographie, deutsche Epistolographie mit besonderer Berücksichtigung der Rechtschreibung. Täglich gibt es vormittags und nachmittags eine Privatstunde, d. h. der Rektor bietet seine Kenntnisse gegen Bezahlung, je nach Nachfrage, an. Es ist unter diesen Umständen schwer abzuschätzen, was Jacob Lenz in der Schule und was er außerhalb der Schule – zu Hause, autodidaktisch, in frei gewählten Lehr- und Lernverhältnissen wie bei Pastor Theodor Oldekop – gelernt haben mag, mit Sicherheit Französisch, ebenso auch Klavierspielen (vgl. Jürjo/Bosse 1998/1999: 33, Freye/Stammler I: 17). Während der Vater 1760 versichert, er verstünde weder Russisch noch Estnisch (EAA: 995 – 1 – 14159), muss sich der junge Lenz Kenntnisse des Russischen erworben haben (vgl. Damm III: 581, 648), obwohl diese Sprache nirgends in Livland Schulfach war.

Zu Neujahr 1765, also unter der Ägide des angefeindeten Konrektors Reichenberg, hat der vierzehnjährige Jacob Lenz eine Schulrede über die Zufriedenheit vorgetragen (vgl. Falck 1913: 155–165). Darin arbeitet er exzessiv mit den Mitteln szenischer Vergegenwärtigung, führt Beispiele aus der antiken Geschichte wie aus der Märtyrergeschichte an und bezieht sich ungenau, offensichtlich aus dem Gedächtnis, auf lyrische Passagen von Gottsched, Haller, Gellert, Trescho und Eberhard von Gemmingen. Über die stoisch-philosophischen Anweisungen zur Zufriedenheit triumphiert zuletzt die religiöse Erbauung, doch bildet die Lyrik der frühen Aufklärung ein subversives Gegengewicht zur Ergebung in Gott. So könnte, in der Spannung von Beruhigung und Aufbegehren, der frühe Text als „Arbeitsvorgabe für Lenz" (Hempel 2003a: 54) verstanden werden.

In seinem ersten überlieferten Brief vom 2. Januar 1765 (Damm III: 243) dankt Lenz für eine Gabe, die er für seine Neujahrsrede erhalten hat, und zwar von Friedrich Konrad Gadebusch (1719–1788), Advokat und Syndikus in Dorpat, seit 1771 einer der beiden Bürgermeister der Stadt. Aus Mangel an Auskünften hat man Gadebusch zum Mittelpunkt eines geselligen Kreises gemacht, in dem Jacob Lenz verkehrt haben könnte (Rosanow 1909: 34), aber dafür gibt es keinen Anhaltspunkt. Durch seine ausgedehnte Korrespondenz, seine formidable Gelehrtenbibliothek, seine regionalhistorischen und personenkundlichen Interessen (*Kupffer 2004) war Gadebusch wohl so etwas wie das Intelligenzbüro Dorpats. Das zunächst herzliche Verhältnis zwischen Pastor Lenz und Gadebusch kühlte sich freilich allmählich, aber deutlich ab, wie die Briefe zeigen. Wurde er im ersten erhaltenen Schreiben noch als „Mein Herzens-Freund" am 13. Juli 1760 zum Paten bei der Taufe der Tochter Eleonora gebeten (Briefe an Gadebusch im Lettischen Historischen Staatsarchiv [= LVA]: 4038 – 2 – 1681, Bd. I, Nr. 10), so werden die Anreden im Lauf der nächsten zehn Jahre immer förmlicher. 1767 wurde Rektor Hehn Gadebuschs Schwiegersohn; außerschulische Kontakte zwischen ihm und seinem Schüler Jacob Lenz sind jedoch unwahrscheinlich. Auch lässt Jacob in seinen Briefen Gadebusch niemals grüßen, ganz im Gegensatz zu Pastor Oldekop und seiner Gattin. Bezeichnend ist schließlich der unfreundliche Kommentar in Gadebuschs Lexikon livländischer Autoren: „Man machte diesen Jüngling zum andern Klopstock: als er aber mit seinen Landplagen an das Licht trat, belehrten ihn die offenherzigen Kunstrichter eines andern." (*Gadebusch 1973 [1777]: Bd. I, 19) August Wilhelm Hupel, Pastor in Oberpahlen/ Põltsamaa, hat in seiner vernichtenden Kritik an Gadebuschs altmodischer Geschichtsschreibung Lenz hiergegen in Schutz genommen (vgl. Allgemeine Deutsche Bibliothek, Anhang 25–36, 1780: 1635 f.).

Auch zu den Erwachsenen des ‚Oberpahlener Kreises' (vgl. Preuß 1994) sind persönliche Beziehungen des jungen Lenz bisher nicht nachgewiesen. Aus einem Bericht Carl Heinrich Gottlobs (des späteren Oberfiskals) geht jedoch hervor, dass es zwei Pastoren waren, die Jacobs dichterische Begabung in geselliger Unterhaltung „bey dem fröhlichen Fortuna-Spiel im Garten, durch angefeuerte Impromtüs" kultivierten: der bereits angesprochene Theodor Oldekop (1724–1806) von der estnischen Gemeinde in Dorpat und Johann Benjamin Sczibalski (1728–1797), Pastor im zwei Meilen (15 km) entfernten Nüggen/Nõo (vgl. Diederichs 1899: 283, Freye/Stammler I: 17). Sczibalski veröffentlichte unter anderem estnische Kirchenlieder und Predigten, auch eine Abhandlung gegen die aufgeklärten Neologen mit einer Vorrede von Christian David Lenz (*Recke/Napiersky 1827–1832: Bd. 4, 171 f.). Theodor Oldekop, der literarische Ziehvater von Jacob Lenz, muss ein ungewöhnlicher lutherischer Geistlicher gewesen sein, denn er korrespondierte mit dem Metropoliten der russisch-orthodoxen Kirche über die Vereinigung der christlichen Religionen (vgl. Diederichs 1899: 283).

Unzweifelhaft begann sich Lenz in der Dorpater Zeit zum Dichter zu entwickeln. Zwei Neujahrsgedichte von 1765 und 1766 besaß Paul Theodor Falck (1845–1920) (vgl. Falck 1913: 168), drei Neujahrs- und Weihnachtswünsche von etwa 1767 hatte der um Lenz so sehr verdiente Georg Friedrich Dumpf (1777–1849) noch 1820 in den Händen (vgl. Müller IV: 452). Briefliche Gratulationsgedichte schrieb Jacob zur Verlobung seines ältesten Bruders und zum Geburtstag seiner Schwägerin (vgl. Damm III: 244 f., 250). Sie fügen sich in die Praxis der ‚okkasionellen Poesie', die seit dem Humanismus durch Schule und soziale Konvention reichlich genährt wurde. Gelegenheitsgedichte dieser Art machten Oldekop aufmerksam auf die Begabung des jungen Schülers. „Ein paar kleinere Gedichte von ihm, entdeckten mir seinen dichterischen Geist", schrieb er in dem kurzen Kommentar, mit dem er Lenzens erste Veröffentlichung im 6. Stück der *Gelehrten Beyträge zu den Rigischen Anzeigen auf das Jahr 1766* den Lesern zur Aufmerksamkeit empfahl. Oldekop ermunterte ihn zu „der höheren Dichtkunst", also zur religiösen Poesie, und fungierte dabei als freiwilliger Lehrer. Seine Anteilnahme äußerte sich auch in dem Zukunftsentwurf, mit dem er den *Versöhnungstod Jesu Christi* des jungen Autors einleitete: „Ein solches seltenes Genie verdienet alle Aufmunterung. Ich hoffe die Leser werden mit mir wünschen, daß die dichterischen Gaben dieses Hofnungsvollen *Jünglings*, sich immer mehr zur Ehre unsers Vaterlandes entwickeln und erhöhen mögen." (Müller I: 43) Unter dem Datum Dorpat, den 8. März 1766, erhielt der erst fünfzehnjährige Jacob einen Lebensentwurf als Auftrag zugesprochen, vor allen Lesern Livlands. Es steht wohl außer Frage, dass Jacob Lenz diesem Lebensentwurf folgen wollte. Es ist aber entscheidend, was Christian David Lenz davon hielt, dem ja als Hausvater das Recht zukam, der ‚Vater und Bestimmer seiner Kinder' (Herder) zu sein, also den Bildungsgang der Söhne bzw. den Ehemann für Töchter vorzusehen.

In der unentwickelten Öffentlichkeit Livlands (vgl. *Šemeta 2011) war eine journalistische oder schriftstellerische Karriere als Beruf unvorstellbar: „Denn die Dichter- und schönwißenschaftliche Laufbahn galt damahls (wie leider in Liefland auch noch jetzt) für kein Brodt-Studium, sondern war, nächst dem Soldaten und Komoedianten Leben, sehr verrufen." (Carl Heinrich Gottlob Lenz im Jahr 1816; zit. nach

Diederichs 1899: 283) In diesem Sinn ordnete auch Christian David Lenz die Belletristik ein, wenn er 1776 in einer Schulrede jeden Schullehrer dazu aufrief, „dem Misbrauch oder übermäßigem Studieren" der Schönen Literatur, „welches so sehr eingerissen, bey seiner Jugend vorsichtigen Einhalt zu thun" (*Beyträge zur Liefländischen Pädagogik 1781: 39), um den Nachwuchs nüchtern für die üblichen akademischen Berufe vorzubereiten. Vor diesem Hintergrund ist es wohl auch zu verstehen, dass Pastor Lenz seinerseits, und zwar noch im selben Jahr, gleichfalls einen Beitrag in den Rigaer *Gelehrten Beyträgen* publizierte. Im 22.–24. Stück des Jahrgangs 1766 ließ er das deutsche Vorwort zu seiner schon früher erschienenen lettischen Predigtsammlung von 1764, *Spreddiķu-Grahmata* (1.858 Seiten), ein zweites Mal abdrucken – eine subtile öffentliche Zurechtweisung für seinen Sohn, um zu zeigen, welche Art von Öffentlichkeitsarbeit eigentlich Gott wohlgefällig sei. Der Vorgang erregte soviel Aufsehen, dass der Herausgeber der *Beyträge* sich entschuldigen zu müssen glaubte (Briefe an Gadebusch [LVA]: Bd. I, Nr. 142; *Gadebusch 1973 [1777]: Bd. II, 176 f.).

Aber Jacob Lenz ließ sich nicht zurechtweisen, sondern schrieb – „vom Vater unbemerkt", wie der Bruder meint (Diederichs 1899: 283) – weiter, möglicherweise schon an seinen Hexametern über die großen Unglücksfälle der Menschheit: Krieg, Hunger, Pest, Feuersnot, Überschwemmung, Erdbeben (*Die Landplagen*); gewiß aber nunmehr auch Dramen. Der einzige Hinweis, den er selbst auf sein frühes Schreiben gibt, stammt aus der Zeit, als er, fern vom Vaterhaus, wegen Krankheit oder Überarbeitung zum Jahresende 1767 bei seinem Bruder in Tarwast weilte, um diesem beim Eintritt in das Berufsleben zu assistieren: „Ich lese, oder schreibe, oder studiere, oder tapeziere – oder purgiere, nachdem es die Not erfodert." (Damm III: 247) Der Fünfzehnjährige spielt sein Schreiben herunter, obwohl er sich bereits um die hohe Form des Dramas bemüht. Eines der Dramen sollte, nach dem Vorbild Klopstocks und anderer religiöser Dramendichter, einen biblischen Stoff behandeln. Lenz wählte Dina und Sichem (Gen 34), die Geschichte von der Vergewaltigung einer Tochter Jakobs, deren Ehre nicht, wie erwünscht, durch die Heirat mit dem Kanaaniter wiederhergestellt wird, sondern durch Überlistung, Ermordung und Ausplünderung der fremden Sippe. Aus der Handschrift, die Gadebusch zufolge bereits im Bekanntenkreis zirkulierte, lagen Dumpf 1820 die beiden ersten Akte vor. Die Hauptperson ist Dina, der junge Dichter thematisiert ihr eigenmächtiges Verlassen des Vaterhauses und die versuchte Rückkehr: „Die Tochter Jacobs, Dina, verliebt sich in Sichem, Hamors Sohn, und bleibt bei ihm. Bald sucht sie des Vaters Verzeihung und Seegen." (Müller IV: 453) Realistisch durchkomponiert wird das Thema in den *Soldaten* (1776) wiederkehren.

Das andere Drama, entschieden weltlich, wanderte gleichfalls als Manuskript durch mehrere Hände, bevor es 1845 von Karl Ludwig Blum publiziert wurde. *Der verwundete Bräutigam* behandelt einen skandalösen, höchst aktuellen Vorfall (vgl. auch → 2.1 Dramen und Dramenfragmente). Reinhold Johann von Igelström, der Sohn von Jakobs Taufpaten, wurde im Juli 1766 von seinem Diener nachts im Schlaf überfallen, er überlebte jedoch und konnte nach sechs Wochen in Oberpahlen sogar Hochzeit feiern. Ein Jahr später (August 1767) wurde der deutsche Diener in Dorpat öffentlich geknutet, gebrandmarkt und zur Zwangsarbeit im Hafenprojekt Baltisch-Port/Paldiski verurteilt (vgl. Preuß 1997b). Nach Blums Bericht war das Drama als ‚Festspiel' gedichtet und zur Hochzeit aufgeführt worden, eine Behauptung, die schlechterdings unglaubwürdig ist (vgl. Freye 1917: 187, Damm I: 706). Es gibt tatsächlich ein entsprechendes Hochzeitsgedicht von Lenz, in dem die Begebenheit natürlich auch angeführt wird (vgl. Damm I: 706), aber die Geschichte von dem Diener, der tagelang nicht nach Hause zurückkommt, sich nicht entschuldigen will, geschlagen wird und sich mörderisch rächt – diese Geschichte ist kein Festspiel, sondern eine knapp vermiedene *tragédie domestique*. Sie aufzugreifen, gehört zweifellos in das „Muster der tabuverletzenden Provokation" (Scholz 1990: 220), das Lenz auch in späteren Werken befolgt.

Löst man sich von der Festspieltheorie, so wird auch die Abfassungszeit flüssig; Lenz kann das Stück irgendwann zwischen Sommer 1766 und Sommer 1768 geschrieben haben. Hervorzuheben sind zwei Wirklichkeitsspuren: Das Stück beruht auf einem aktuellen Vorfall und verschlüsselt die beteiligten Personen nur minimal, ja legt es offensichtlich darauf an, sie identifizieren zu lassen. Das heißt, Lenz nutzt bereits in der Dorpater Zeit nicht nur das Wort Gottes, sondern auch die skandalöse Wirklichkeit als Quelle der Inspiration. Nach dem Vorbild Diderots gibt er ein „Gemälde der Unglücksfälle, die uns umgeben" (*Diderot/Lessing 1986 [1760]: 154). Diderot war in Livland im Gespräch, seitdem der Rektor der Rigaer Domschule, Johann Gotthelf Lindner (1729–1776), von 1758 an das Schultheater wiederbelebt und 1762 eine Reihe von Schuldramen samt der Einleitung, *Beitrag zu Schulhandlungen*, publiziert hatte. Lindner berief sich namentlich in seinem letzten Stück auf Diderot, um zu begründen, dass auch „gleichsam täglichere Vorfälle des Lebens" von Schülern aufgeführt werden dürften (*Graubner 2002: 55). In Lindners Schuldrama *Der wiederkehrende Sohn* (1761) gibt es Hausvater und Hofmeister, häusliche Unterrichtsszenen und gefährdete Studenten, wodurch es nachweislich von großer Bedeutung für Lenzens *Hofmeister* (1774) geworden ist (vgl. Graubner 2002). Christian David Lenz hat Lindner zumindest einmal in Riga persönlich besucht (Briefe an Gadebusch [LVA]: Bd. I, Nr. 83), so dass Rigaer Hofmeister- und Theaterfragen auch nach Dorpat gelangen konnten.

2. Königsberg

Zu Ende des Sommers 1768 reisten Jacob Lenz und sein jüngerer Bruder Johann Christian ins Ausland, um zu studieren. Sie gingen nach Königsberg, in den Bereich des Gregorianischen Kalenders (Datumsdifferenz im 18. Jahrhundert: elf Tage), deutscher Buchhandlungen und des preußischen Geldes – sowie des Theaters, denn in Königsberg bildete sich unter Karl Theophil Döbbelin eine der ersten ständigen deutschen Bühnen heraus. Mit mehr als 50.000 Einwohnern war Königsberg damals eine der wenigen deutschen Großstädte, zugleich Sitz der preußischen Provinzialregierung, lebhaftes Handelszentrum und Universitätsstadt. Die Universität war überschaubar: im Sommer 1770 gab es insgesamt 174 Theologiestudenten, etwa die gleiche Anzahl Juristen und kaum mehr als zehn Mediziner (vgl. Bosse 2003: 235 f.).

Am 20. September 1768 wurden die Brüder Lenz immatrikuliert. Lediglich zwei Briefe, beide geschrieben am 14. Oktober 1769 zu Beginn ihres dritten Semesters, geben Auskunft über ihre Studien. Jacob erwähnt „außer den philosophischen und andern *Collegiis*" (Damm III: 252) zwei theologische Lehrveranstaltungen: einmal die private, also zu bezahlende Vorlesung von Theodor Christoph Lilienthal (1717–1781) über Johann David Heilmanns *Compendium theologiae dogmaticae* (1761), viertägig von 8 bis 9 nach ‚thetisch-polemischer Methode', wobei man zunächst die positiven Lehrsätze, danach die darüber entstandenen Streitigkeiten behandelte (vgl. Boetticher 1911: 98 f.); zum anderen die öffentliche, also unentgeltliche Vorlesung von Gotthilf Christian Reccard (1735–1798), viertägig von 10 bis 11, über die Exegese des Römerbriefs; Reccard war Lehrer an der Heckerschen Realschule in Berlin gewesen, Verfasser eines vielgebrauchten Schulbuchs und in vielen Wissenschaften bewandert. Ob Lenz zu Johann Gotthelf Lindner, der seit 1765 als Professor der Dichtkunst lehrte, Kontakt aufgenommen hat, weiß man nicht.

Gesichert ist Lenz' Verbindung zu Immanuel Kant (1724–1804). Als Kant, zum Professor ernannt, im August 1770 noch eine Dissertation vorlegen musste, gratulierte ihm Lenz „[i]m Namen der sämtlichen in Königsberg studirenden Cur- und Liefländer" mit einem überaus prunkvoll gedruckten Gedicht (Damm III: 783). Außerdem erwirkte er im Winter 1770/1771 von Kant eine Empfehlung für einen Posten bei dem russischen Gesandten in Danzig (vgl. Freye/Stammler I: 14 f.). Vielleicht darf man aus Johann Christians sehr viel genauerem Studienplan Rückschlüsse auf die ‚philosophischen Collegia' seines Bruders ziehen. Der Jurist beabsichtigte, im beginnenden Semester Logik und Metaphysik bei Magister Kant zu repetieren (LAB: 25 – 1113 – 36, S. 7; vgl. Bosse 2003: 211 f.). Logik las Kant in den 1760er Jahren regelmäßig vierstündig von 8 bis 9, die Metaphysik hatte er im Sommersemester 1769 ausnahmsweise ausgelassen (vgl. *Arnoldt 1909: 219 f.). Zwischen Herbst 1769 und Sommer 1771 hielt er zudem wiederholt eine Überblicksvorlesung („Enzyklopädie der Philosophie"), dazu Vorlesungen über Naturrecht, praktische Philosophie (Ethik), „physische Geographie" (Geologie) und einmal sogar über Mineralogie; nach dem Reformanstoß von 1770 kam eine Examens- und Disputationsübung hinzu (*Bosse 1990: 40 f.).

Insgesamt erwähnt Johann Christian fünf Lehrveranstaltungen. Als Jurist beabsichtigte er, Naturrecht zu hören, welches Sigismund Christoph Jester (1715–1773) im Semester zuvor angefangen hatte und unentgeltlich las, ferner, wiederum als Jahreskurs, Römisches Recht (*Institutiones*), ebenfalls bei Jester. Dazu kam aber noch „die *civil* und *militair* Baukunst" bei Magister Carl Daniel Reusch (1735–1806). Diese Vorlesung in angewandter Mathematik diente wohl kaum der Ausbildung zum Juristen, sicher jedoch der Qualifizierung zum Hofmeister, der sich auf die (militärischen) Interessen künftiger Dienstherren einstellen musste. Eine entsprechende Funktion hatte auch die musikalische Ausbildung; Johann Christian lernte Querflöte spielen, Jacob die Laute (vgl. Müller I: 352 f.).

Ob die beiden Brüder zusammen wohnten, ist ungewiss; aus einem Briefkonzept des Vaters ist die Adresse bei einem Schneidermeister überliefert (vgl. Müller IV: 37). Nach dem Bericht des Komponisten Johann Friedrich Reichardt (1752–1814) wohnte Lenz „in einem ziemlich engen Hause, das ganz angefüllt war von den lustigen wilden Lief- und Curländern, seinen Landsleuten, welche Tag und Nacht in unaufhörlichem Toben beisammen lebten" (Müller I: 352). Dort habe Lenz geistesabwesend an der Geselligkeit teilgenommen und sei für seine schwülstigen *Landplagen* verspottet worden. Neben dem Studium muss er intensiv an seiner literarischen Ausbildung gearbeitet haben. Er lernte Englisch und Italienisch – sei es bei einem Lehrer, sei es autodidaktisch aus einer Grammatik –, er las die englische, italienische und französische Literatur (vgl. Rosanow 1909: 59–69), er übersetzte Popes *Essay on Criticism* (1711) in eher altmodische Alexandrinerverse (vgl. Müller I: 359) und imitierte dessen Burlesken (*Belinde und der Tod*, gedr. 1988). Seine abfällige Bemerkung, dass die Universität, abgesehen von den Magistern (Privatdozenten) und einigen Professoren, „wenig oder gar nichts werth" sei (Freye/Stammler I: 13), spricht vielleicht nicht so sehr für Desinteresse, sondern dafür, dass die Universität als Gelegenheit zur Selbstausbildung genutzt wurde, wie in vielen anderen Bildungsgeschichten des 18. Jahrhunderts auch.

Ebenfalls zeittypisch ist das Thema ‚Geld' in den Studentenbriefen, zumal die Jugendlichen meist ohne Aufsicht und Vorbereitung in eine finanzielle Selbständigkeit entlassen wurden. Auch die Brüder Lenz mussten ihrem Vater über ihre Ausgaben Rechenschaft geben, auch sie kamen mit dem Geld nicht zurecht, das zu wenig oder zu spät vom Vater geschickt wurde. Obwohl das Semester vor Wochen begonnen hatte, fehlte ihnen Mitte Oktober 1769 das Geld, um Miete und Kost vorauszubezahlen, Professoren, Sprach- oder Musiklehrer zu honorieren, Bücher, Kleider und anderes zu kaufen. Laut Johann Christian konnten sie jeder mit einer Zuwendung von halbjährlich 40 Dukaten (= 200 Rubel = 240 preußische Taler), dazu mit Kleidergeld, rechnen und wären somit auskömmlich versorgt gewesen (vgl. Bosse 2003: 212–218). Wenn allerdings das Geld zu spät geschickt wurde, mussten sie sich verschulden, bei speziell für Studenten erhöhten Zinsen. In der Tat hat Johann Christian beträchtliche Schulden gemacht, sicher auch sorglos studiert, denn nach der Rückkehr ist er immer noch 500 Rubel schuldig, die er zurückzahlen will (vgl. Damm III: 278); er ist nicht der einzige der livländischen Studenten, der nach dem Studium, sozusagen mit einem unfreiwilligen Studiendarlehen, offene Rechnungen zu begleichen hat (vgl. ebd.: 260). Vor diesem Hintergrund ist vielleicht die Nachricht zu verstehen, die Jacob Lenz selbst 1775 in die *Frankfurter Gelehrten Anzeigen* setzen ließ: Er sei zwar während seines Studiums an der Universität Königsberg ein halbes Jahr Hofmeister gewesen, lehne aber „diesen Stand" ab und wolle nie wieder in ihn eintreten (Blei IV: 287 f.). Offenbar hat Lenz damals die Alternative zum Schuldenmachen ergriffen und – fast die einzige Verdienstmöglichkeit für einen Jungakademiker – Hausunterricht erteilt, vielleicht stationär, vielleicht aber auch von Haus zu Haus eilend wie die wahrhaft armen ‚Werkstudenten' ohne jede Unterstützung (vgl. Bosse 2003: 216).

Die Notlage der Brüder Lenz ist allerdings nicht aus der „finanziellen Not der deutschbaltischen Theologenfamilien" (Weinert 2006: 152) zu erklären. Man kann geradezu im Gegenteil sagen: Was die Pastoren Deutschlands in silbernen Talern verdienten, verdienten die Pastoren in Livland und Kurland in goldenen Dukaten (vgl. *Bosse 1986: 570). Auch sie allerdings hatten in den agrarischen Gesellschaften, bei allem Überfluss der Lebensmittel, Mangel an Bargeld; zudem standen die Ausbildungskosten der Söhne in einer horrenden Relation zum Eigenbedarf, wenn das Studienjahr ein Drittel oder gar die Hälfte des eigenen Jahreseinkommens verschlang. Es ist verständlich, dass Pastor Lenz unter diesen Umständen Bargeld raffte, wo er es bekommen konnte (vgl. Müller IV: 36–38). Weniger verständlich ist, dass die beiden Söhne gleichzeitig in die kostspielige Ferne geschickt wurden, zumal Johann Christian gerade erst 16 geworden und damit recht jung war, selbst für einen Studenten des 18. Jahrhunderts. Wäre es denkbar, dass der ‚derbere' Jüngere dem Älteren eine Stütze sein sollte? Auch ist die Möglichkeit, dass der Vater Geld zurückhielt, um Jacob zu maßregeln, nicht ganz auszuschließen (Bosse 2003: 225 f.), denn Lenz trat in Königsberg mit seiner ersten Buchveröffentlichung ausdrücklich als livländischer Dichter hervor.

Mitte Oktober 1769 waren die *Landplagen* mit dem Widmungsgedicht für die Zarin Katharina längst erschienen, und zwar in einem der beiden großen Königsberger Verlage, bei Hartungs Erben. Jacob Lenz hatte, wie er schreibt, wenigstens zwei Dukaten aufgewandt, um mehrere Exemplare binden zu lassen. Eines davon ging durch einen Bekannten an seinen Vater, der es nach Petersburg an den Zarenhof weiterleiten sollte. 20 weitere Exemplare gingen über einen Rigaer Kaufmann nach Dorpat. Auch der Rektor der Rigaer Domschule, Gottlieb Schlegel (1739–1810), wurde als prominenter Multiplikator bedacht. Schlegel schrieb dem Autor, aber erzählte auch allen, die es hören wollten, das Buch sei durchwachsen, Gutes mit Schlechtem gemischt. So berichtete es Rektor Hehn aus Riga bereits im August 1769 seinem Schwiegervater Gadebusch nach Dorpat (Briefe an Gadebusch [LVA]: Bd. I, Nr. 209). Relativ rasch, am 13. November 1769, wurde das Buch in der *Königsbergischen Zeitung* des Kanterschen Verlags beurteilt: der Dichter habe gewiss poetisches Talent, aber keine Ahnung vom deutschen Hexameter (Weiß I: 120*–122*). Auch diese Rezension fand ihren Weg nach Dorpat und in Gadebuschs Archiv (vgl. *Gadebusch 1973 [1777]: Bd. II, 178). Lenz hatte einen ganz großen Anlauf genommen, um nicht nur zu Hause, sondern im nordostdeutschen Kommunikationsraum von Berlin bis St. Petersburg als livländischer Dichter zu erscheinen, und war – zu kurz gesprungen. Sein Werk verrät die tiefe Unsicherheit eines Autors, der ohne jeden Austausch mit anderen Autoritäten gearbeitet hat, der sich bei dem Rhetoriker Quintilian Ermutigung holen muss, wenn ihm kein Pastor Oldekop mehr zur Seite steht. Den eigentlichen ‚Landplagen' sind noch drei unzusammenhängende Fragmente angehängt, die das, was eine erhabene Katastrophenklage hätte sein sollen, in einen Begabungsnachweis verwandeln. Eine abschließende Entschuldigung – so muss man es nennen – dekonstruiert die ganze Komposition. Positiv gewendet: Schon in seiner ersten eigenen Publikation entzieht sich Lenz bewusst ‚rhapsodisch' dem Diktat des schönen Ganzen.

Es ist nicht anzunehmen, dass der Vater die zweifelhafte Dichtung seines Sohnes nach Petersburg weiterbeförderte. Es ist vielmehr wahrscheinlich, dass er ihn durch Vorwürfe zusätzlich beschämte, zumal Hehn in seinem Brief angedeutet hatte, Jacob Lenz werde sich in literarische Auseinandersetzungen einlassen und damit seine theologische Ausbildung aufs Spiel setzen. Jedenfalls suchte der Sohn nach zwei Jahren Studium eine Möglichkeit, anderswo unterzukommen als in Livland. Christian David Lenz konnte nicht mehr als Briefe schreiben (vgl. Freye/Stammler I: 13–17), ob befehlend als Vater, argumentierend als Freund oder überredend als Arbeitsvermittler für eine lockende Hofmeisterstelle – doch sein Sohn entzog sich dem väterlichen Lebensentwurf für ihn. Das war kein Studienabbruch. So wie der Vater aus Geldgründen sagte, sechs Semester seien genug, so sagte sich Lenz aus seinen Gründen, fünf Semester seien genug. Abschlussprüfungen gab es an den Universitäten ohnehin keine, es sei denn, man wollte graduieren für eine wissenschaftliche Laufbahn.

Will man Jacob Lenz' Entscheidung als einen Akt der Emanzipation verstehen, so war es Emanzipation aus Verzweiflung. Er war als Dichter spektakulär gescheitert, trotzdem und deswegen kehrte er nicht zurück. Mit zwei Brüdern, Friedrich Georg von Kleist (1751–1800) und Ernst Nikolaus von Kleist (1752–1787), die seit September 1769 in Königsberg studierten, machte er sich auf als „Gesellschafter" (Blei IV:

287) – also in ungeklärter Funktion, aber jedenfalls auf ihre Kosten – nach Westen, in Richtung Frankreich. Er machte sich auf oder floh, um keinen Beruf zu haben außer dem, zu schreiben.

3. Straßburg

Zusammen mit den Brüdern von Kleist reiste Lenz im Frühjahr 1771 über Köslin, Berlin und Leipzig nach Straßburg. Es begann die produktivste Periode seines Lebens. Der Bindung an die zuletzt drei Brüder von Kleist entsprechend gliedert sich sein Straßburger Aufenthalt in zwei Abschnitte. Im Sommer 1772 und wohl auch im darauffolgenden Winter hielt sich der jüngere der Brüder, der es bis zum französischen Capitain brachte, in den Garnisonen von Fort Louis und Landau auf, Lenz war sein Begleiter. Im Herbst 1774 löste sich das Verhältnis zu den Kleists; nun war Lenz frei, frei allerdings auch von jeder Unterstützung. Jetzt erst schrieb er sich am 3. September 1774 als Student in die Matrikel der Universität ein (vgl. Weinert 2006: 154).

Straßburg, die ehemalige protestantische deutsche Reichsstadt, stand seit 1681 unter französischer Herrschaft. Die französischen Beamten lebten für sich neben dem alten Straßburger Patriziat, aus deren Familien die Ratsherren, Professoren, Geistlichen hervorgingen (vgl. *Streitberger 1961: 216). Das französische Militär, über 10.000 Mann stark, war in den Kasernen vor den Toren oder in der Zitadelle außerhalb einquartiert, die höheren Dienstränge wohnten jedoch in der Stadt. Die zivilen Einwohner, um 1770 etwa 43.000, waren zur Hälfte katholisch, zur Hälfte evangelisch (vgl. *Borries 1909: 211). Die katholische bischöfliche Universität und das Jesuitenkolleg waren nach der Vertreibung der Jesuiten (1765) bedeutungslos geworden; die protestantische Universität und das ihr vorgeordnete Gymnasium standen dagegen in lebhaftem Austausch mit der deutschen Aufklärung, zumal mit der Universität Göttingen (vgl. *Streitberger 1961: 231–235). Die Zahl der Studenten betrug um diese Zeit rund 400–500, zur Hälfte Juristen, davon mindestens ein Viertel aus dem hohen und niederen Adel, gefolgt von Medizinern, Philosophen und Theologen (vgl. *Schulze 1926: 130–133); auch hier hielt sich die Zahl der Franzosen und Deutschen die Waage. Anregungen im künstlerischen Bereich kamen überwiegend aus Frankreich; das französische Theater wurde bevorzugt gegenüber den deutschen Wandertruppen, die nur unter Auflagen spielen durften. Für deutsche Bildungsreisende lag Straßburg auf dem Weg nach Paris, oft genug wurde es selbst schon zum Ziel. Jacob Lenz mit seinen Begleitern wird im Frühsommer 1771 in der Stadt angekommen sein.

Johann Gottfried Herder (1744–1803), der große Anreger des Sturm und Drang, war Mitte April 1771 abgereist. Aber Johann Wolfgang Goethe (1749–1832) war seit April 1770 in Straßburg, um dort den juristischen Grad eines Lizentiaten ($\approx$ Dr. iur.) zu erwerben; das gelang am 6. August 1771, so dass er Mitte August nach Frankfurt am Main zurückkehrte. In der kurzen Zeit von etwa einem Vierteljahr trafen Lenz und Goethe zusammen, und Lenz fand nun, was er in Königsberg nicht gefunden hatte: literarischen Austausch in vollen Zügen. In *Dichtung und Wahrheit* (1814) benennt Goethe auch das energetische Zentrum. Shakespeare habe „in unserer Straßburger Sozietät" wie eine Bibel auf die Gläubigen gewirkt. Man versuchte ihn sich lesend und redend anzueignen, wobei die Wortspiele der Clowns dazu herausforderten, gekonnten Unsinn zu produzieren. Shakespeare autorisierte ein Sprechen an den Grenzen der Vernunft; bei den Übersetzungsversuchen wurde ernsthaft gestritten, „ob sie aus der wahrhaften reinen Narrenquelle geflossen, oder ob etwa Sinn und Verstand sich auf eine ungehörige und unzulässige Wese mit eingemischt hätten" (*Goethe 1964a: 494 f.). Lenz, der seine Übersetzung von Shakespeares *Love's Labour's Lost* entweder mitbrachte oder hier entwickelte, lernte nun eine dritte Quelle der Inspiration kennen, die Überschreitung der Vernunft.

Für ‚unsere Straßburger Sozietät' kommen drei Kreise von festerer oder eher lockerer Organisation in Frage. Goethe schildert recht ausführlich seine Tischgesellschaft bei den Jungfern Lauth, die anfangs zehn, zum Schluss an die 20 Teilnehmer umfasste – darunter den Theologen Franz Lerse (1749–1800), vor allem aber Mediziner, unter diesen namentlich den Pietisten Heinrich Jung-Stilling (1740–1817) –, als eine geradezu geschlossene, deutsch sprechende Gesellschaft (vgl. *Goethe 1964a: 373); den inoffiziellen Vorsitz führte der schon bejahrte Aktuarius Johann Daniel Salzmann (1722–1812). Dass Lenz damals auch zu dieser Tischgesellschaft gehört hätte (vgl. Rosanow 1909: 84), ist auszuschließen, denn Goethe erklärt bestimmt: „Wir sahen uns selten; seine Gesellschaft war nicht die meine." (*Goethe 1964a: 495) Der Kreis der Shakespeare-Verehrer ist dagegen eher informell zu denken. In seiner Autobiographie spricht Jung-Stilling vom intimen kleineren Kreise ab Juni 1771: „Goethe, Lenz, Lerse und Stilling machten jetzt so einen Zirkel aus, in dem es jedem wohl ward, der nur empfinden kann, was schön und gut ist." (zit. nach Albrecht 2008: 65) Die Mitglieder dieses zufälligen Gesprächskreises nahmen jedoch ihrerseits Kontakt auf mit einer etablierten Sozietät: Im Umkreis des Straßburger Gymnasiums hatte sich in den 1760er Jahren unter der Führung des Theologiestudenten Johann Lorenz Blessig (1747–1816) und des Juristen Friedrich Rudolf Salzmann (1749–1821), eines Neffen des Aktuarius Salzmann, eine Gesellschaft zur Übung in den Schönen Wissenschaften (Société de Philosophie et de Belles Lettres) gebildet, deren Versammlungen von einem Straßburger Professor geleitet und auf französisch protokolliert wurden (T. Pope 1984). In diese Gesellschaft war Jung-Stilling bereits im Winter 1770/1771 aufgenommen worden (vgl. *Jung-Stilling 1968: 282), Goethe war gelegentlicher Gast (vgl. T. Pope 1984: 238), auch Lerse gehörte dazu, und Lenz ernannte man sogar zum Ehrenmitglied spätestens im Winter 1771/1772 (vgl. Damm III: 269). In eben dieser Gesellschaft sollte am Wilhelmstag, dem 14. Oktober 1771, nach Goethes und Jung-Stillings Antrag, Shakespeare gefeiert werden, wobei Lerse die Festrede hielt. Später nahm Lenz Kontakt auf zur Salzmannschen Tischgesellschaft und umgekehrt beteiligte sich der Aktuarius mit moralischen Aufsätzen an der Übungsgesellschaft seines Neffen (vgl. T. Pope 1984: 243). Alle drei Kreise, zumal der formlose des ersten Sommers, wurden zu einem Resonanzboden für Lenzens Ideen und Ausdrucksbestrebungen.

In Goethes auffällig wir-betonten Schilderungen des „elsassischen Halbfrankreich" (*Goethe 1964a: 376) wird die Ablehnung der französischen Literatur (‚wir deutschen Gesellen') verschärft durch die Opposition von Jugendfrische und Alter (‚wir Jünglinge'). Der Gegensatz Deutsch – Französisch entspricht dem Kulturpatriotismus der Aufklärung, wie ihn schon Gottsched und Lessing vertreten hatten. Der Gegensatz Alt – Jung dagegen ist bestimmend für die Literaturrevolution des Sturm und Drang. Straßburg ist der Ursprungsort dafür, weil dort neugierige deutsche Leser auf die verbotenen Schriften trafen, die der materialistische Flügel der französischen

Aufklärung in Umlauf setzte. Lenz brauchte nicht mehr den römischen Rhetor Quintilian zu zitieren, wenn er den Überschwang der Jugend rechtfertigen wollte (vgl. Damm III: 779), er konnte direkt aus den Schriften des Claude Adrien Helvétius (1715–1771) und anderer schöpfen (vgl. Bosse/Lehmann 2002). Ausgerechnet die Autoren, die Goethe als „Quintessenz der Greisenheit" (*Goethe 1964a: 490) kritisiert, waren die größten Lobredner der Jugend. Weil sie daran interessiert waren, die soziale Mechanik der Seelen zu ergründen, stießen sie auf die biologische Energiequelle, die im Alter bedauerlicherweise nachlässt. Es sind die Leidenschaften, welche *alle* kreativen, innovativen, heroischen Leistungen des Menschen hervorbringen. Seitdem gibt es die Abfolge programmatischer Jugendkulturen in der deutschen Literaturgeschichte.

Lebenszeugnisse von Lenz finden sich erst wieder in den Briefen von ihm und an ihn aus dem Sommer 1772. Das Regiment des jüngeren Kleist war in die Garnison auf der Rheininsel Fort Louis verlegt worden, Lenz folgte ihm und ergriff in dem abgelegenen, ungesunden Garnisonsstädtchen jede Gelegenheit zu schreiben. Den philosophischen Gedankenaustausch mit dem Aktuarius Salzmann bereicherte sein Bericht über Ausflüge nach Sesenheim, seine Bekanntschaft mit Friederike Brion und die Andeutung einer eigenen Liebesgeschichte mit Goethes vormaliger Geliebten. In den *Sesenheimer Liedern*, einem Konvolut von Gedichten aus dem Nachlass Friederikes (aufgefunden 1835), lagen die Gedichte von Lenz vermischt mit Goethes beisammen, bis sie schließlich mit philologischem Aufwand voneinander getrennt wurden. Nun erreichten Lenz Briefe von zu Hause, in denen er zur Rückkehr aufgefordert wurde. Sein Bruder Johann Christian beschwor ihn, den Vater mit Geldfragen zu verschonen, und bot ihm an, für seine Heimreise ein Darlehen aufzunehmen (vgl. Damm III: 277 f.); Bruder und Vater wollten Hofmeisterstellen in Livland vermitteln, der Vater drohte mit seinem bevorstehenden Tod (vgl. ebd.: 296) – aber Lenz sprach von Reiseplänen der beiden Kleists und erklärte sich für gebunden bis zum Frühjahr 1773. Auch der Aktuarius Salzmann war wegen seiner Zukunft besorgt und riet ihm, sich zum Juristen auszubilden, doch Lenz lehnte beide Brotberufe, den juristischen wie den theologischen, dezidiert ab. Er schickte Salzmann im Oktober 1772 ein Trauerspiel, wohl den *Hofmeister*, mit der Versicherung, er werde es bei diesem ersten Versuch nicht bewenden lassen (vgl. ebd.: 291). In diesem Sommer oder Herbst muss sich Lenz zu seinem eigenen Lebensentwurf entschieden haben: Niemand werde ihn von seinem Entschluss abbringen können, den er noch nicht laut sagen könne (vgl. ebd.: 288).

Für die nächsten anderthalb Jahre gibt es große Lücken in der Überlieferung. Anfang 1773 sandte der Aktuarius Salzmann Goethe eine von Lenz' Bearbeitungen des römischen Komödienautors Plautus. Goethe beteiligte sich an der Übertragung und schickte ein Manuskript im November 1773 an Betty Jacobi; der Verfasser sei „ein Junge, den ich liebe wie meine Seele, und der ein trefflicher Junge ist" – aber da das Stück (*Das Väterchen*) von käuflicher Liebe handelt, wurde es umgehend verbrannt (*Goethe 1997a: 333 u. 844 f.). Die Straßburger Übungsgesellschaft („Sozietät") wollte die Übertragungen drucken lassen, doch die Zensur verbot es. Die fünf *Lustspiele nach dem Plautus fürs deutsche Theater* erschienen zunächst im Verlag von Goethes Freund Johann Heinrich Merck in Darmstadt, dann zusammen mit dem *Hofmeister* zur Ostermesse 1774 bei Goethes Verleger Weygand. Die kunstvolle Verfremdungsarbeit, einen antiken Schulklassiker in die deutsche Gegenwart des

18. Jahrhunderts zu verpflanzen, überzeugte die Kritiker, die den lateinischen Text noch im Ohr hatten, jedoch nur mäßig und die Theaterprinzipale wohl ebenso wenig.

Immerhin wirft ein Brief des Dr. theol. Elias Stoeber (1719–1778), Prediger und Lehrer am Gymnasium in Straßburg, ein kritisches Licht auf die Beziehung zu den Brüdern Kleist in dieser Zeit. Stoeber suchte schon länger einen Hofmeister für eine adlige Familie in Karlsruhe, hatte sich dazu an den von ihm sehr geschätzten Lenz gewandt und auch schon dessen Einverständnis erhalten. Er musste aber, wie er am 14. Oktober 1773 an Friedrich Dominicus Ring schrieb,

> zu meiner Bestürzung von ihm vernehmen, daß H. von Kleist, mit dem er vor etlichen Jahren hieher gekommen, ihn nicht will von sich lassen; weil er ihn noch zu seiner Unterweisung in der Mathematik und andern Grundwissenschaften nöthig hat. Ich erbote mich, diesem H. einen andern hiesigen Lehrer anzuschaffen; aber vergebens. Er ist nun an diesen gewöhnt; Er liebt ihn zu sehr; er kann ihn und seinen holdseligen Umgang, solange er noch hier verbleiben wird, nicht vermissen. (UB Freiburg: Ring NL 10/IV B 576-1773)

Offensichtlich war die Gesellschafterbeziehung allmählich zu einer Fessel geworden, die Lenz gern gelöst hätte, selbst um den Preis, anderswo Hofmeister werden zu müssen. Kleist widerstrebte dem wohl vor allem aus privaten Gründen, denn Lenz war sein Vertrauter in Liebessachen und intensiv verstrickt in Kleists Beziehung zu Susanna Cleophe Fibich (1754–1820), der Tochter eines Straßburger Juweliers. Lenz hatte die Beziehung aktiv gefördert, etwa als *postillon d'amour*, wenn der ältere Kleist auf seinen mehrmonatigen Reisen abwesend war, und als poetischer Ghostwriter für denselben Liebeshandel (vgl. Damm II: 289), den er als Dramatiker scharf verurteilen sollte. Am 27. Oktober 1773 setzte Lenz eigenhändig die *Promesse de mariage* auf, einen Vorvertrag zum Ehekontrakt, in dem Friedrich Georg von Kleist versprach, spätestens zu Johanni 1774 die Zustimmung seiner Eltern in Kurland zur Eheschließung mit der Bürgerlichen einzuholen (vgl. Damm I: 734–737). Diese Affäre behandelte Lenz dramatisch in den *Soldaten*, zudem in seinem *Tagebuch*, das er in Weimar für Goethe überarbeitete (vgl. *Goethe 1964b: 10) und das erst 1877 aus Schillers Nachlass publiziert wurde. Als Friedrich Georg von Kleist seine Abreise hinausschob, unterrichtete Lenz den dritten Bruder Christopher Hieronymus Johann von Kleist (1753–1829) und damit auch Vater Kleist vom Stand der Dinge. Auf intrigante Weise wollte er offenbar seine Beziehung zu den Kleists endlich beenden, zumal der mittlere Bruder Ernst Nikolaus inzwischen woanders logierte. Doch der jüngste Bruder erschien, bevor der älteste abgereist war. Es ist unklar, warum Lenz mit dem jüngsten Bruder seinerseits eine Gesellschafter-Beziehung einging, wenn auch vielleicht von vornherein befristet. „[I]ch mußte ein viertel Jahr bei ihm bleiben", schreibt er dem Bruder Johann Christian am 7. November 1774, zugleich mit der Nachricht: „Ich bin jetzt frei." (Damm III: 304)

Das *Tagebuch* versucht, die unklare Gemengelage von Stellvertreterbeziehungen zwischen Cleophe Fibich, Hieronymus von Kleist und Lenz zu registrieren (vgl. → 2.2 Erzählungen). Es ist immerhin die einzige Quelle, um Lenzens Status als Gesellschafter zu bestimmen. Dabei handelt es sich eher um ein System der Gefälligkeiten als um ein Dienst- oder Arbeitsverhältnis. Kleist und Lenz wohnen zusammen, es gibt komplexe Gespräche und Interaktionen, aber keine Dienste, dafür ist die ‚Hausjungfer' da. Gleichberechtigt verkehrt Lenz bei den Fibichs im „Alltag eines müßigen Lebens" (Grätz 2003: 167), Lenz führt (als Akademiker) einen Degen ebenso wie Kleist, auch wenn Lenz ihn nicht gebraucht. Zum Schluss verlässt er ohne weiteres die gemeinsame Wohnung; brieflich werden später Grüße ausgetauscht (vgl. Damm III: 469). Der Zeitraum von einem Vierteljahr (vgl. ebd.: 304) würde Juli bis September 1773 umfassen; die *Werther*-Lektüre (vgl. ebd.: 295) würde besagen, dass Lenz erst Ende Oktober auszog. Dass er sich am 3. September als Student in die Matrikel eintrug, spricht jedenfalls dafür, dass Lenz sich bereits Anfang September nicht mehr als Gesellschafter verstand und bewusst seinen Status wechselte. Cleophe Fibich blieb unverheiratet.

Finanziell war Lenz nunmehr auf den Stand eines Nachhilfelehrers zurückgeworfen, der nicht besser dran war als die Königsberger Werkstudenten, „da ich den ganzen Tag wie ein Postpferd herumlaufe und Lektionen gebe" (ebd.: 340). Bezeugt ist der Unterricht in polnischer und russischer Geschichte für livländische Studenten (vgl. ebd.: 304), der Unterricht in Italienisch und Harfenspiel für Cleophe Fibich (vgl. ebd.: 317 f.), später, auf Gut Kochberg, der Unterricht in Englisch für Charlotte von Stein (vgl. ebd.: 495). Sozial dagegen erweiterte Lenz sein Netzwerk. Schon 1773 dürfte er mit Johann Caspar Lavater (1741–1801), dem Zürcher Prediger und Begründer der Physiognomik, in Verbindung getreten sein. Lavaters *Geheimes Tagebuch. Von einem Beobachter Seiner Selbst* (1771; 1773) wird den Anstoß für Lenzens Selbstdarstellungen im *Tagebuch* und in der *Moralischen Bekehrung eines Poeten* (gedr. 1889) gegeben haben; noch 1814 sieht Goethe in dem „Abarbeiten in der Selbstbeobachtung" die Ursache für Lenzens Untergang (*Goethe 1964b: 7 f.). Lavater kam Mitte Juni 1774 durch Straßburg und besuchte vor allem Lenz (vgl. Damm III: 298 f.).

Über die letzten anderthalb Jahre in Straßburg gibt mit Beginn des Jahres 1775 eine Fülle von Briefen und Lebenszeugnissen Auskunft. Bei seiner ersten Schweizer Reise besuchte Goethe Straßburg auf dem Hinweg (22.–27. Mai) wie auch auf dem Rückweg (13.–20. Juli). Goethes Schwester Cornelia (1750–1777), die mit dem Amtmann Johann Georg Schlosser (1739–1799) in Emmendingen verheiratet war, hatte Lenz vermutlich schon zuvor bei einem Besuch des Paares in Straßburg kennengelernt (vgl. ebd.: 332). Nach Friederike Brion und Cleophe Fibich, die er beide gewissermaßen in fremdem Namen liebte, ist Goethes Schwester die dritte Frau, der Lenz sich poetisch-leidenschaftlich zuwendet. In der Prosa seiner *Moralischen Bekehrung* wie in den Versen seines *Petrarch* (1776) erneuert er, bezogen auf Cornelia Schlosser, programmatisch den Petrarkismus „dieses für die moralischen Bedürfnisse mehr als klassischen Dichters" (ebd.: 133 f.).

Seit Ostern 1775 wohnte Lenz zur Miete bei Luise König, einer Frau, die „das Glück, einen nahen Umgang mit ihm zu haben", hoch schätzte (Froitzheim 1888a: 78) und mit weiteren Korrespondentinnen in Darmstadt gut vernetzt war. Zu seinen Briefpartnern gehörten jetzt Herder und seine Frau, die Romanautorin Sophie von La Roche (1730–1807), Friedrich Wilhelm Gotter (1746–1797), der Leiter des Gothaer Hoftheaters und andere.

Anfang Oktober 1775 reorganisierte Lenz die alte Société de Belles Lettres neu zu einer Deutschen Gesellschaft. Unter den rund 30 Mitgliedern dominierten einerseits die Juristen, andererseits die Angehörigen des Straßburger Gymnasiums (vgl. ebd.: 33–53). Auswärtige Interessenten wie Schlosser in Emmendingen oder der Schulunternehmer und Dichter Gottlieb Konrad Pfeffel (1736–1809) in Colmar erweiterten das Netz der Beziehungen. Dass die einzureichenden Texte deutsch geschrieben sein sollten, erregte anfangs grundsätzlichen Widerspruch (vgl. Damm II: 782) und konnte auch nicht konsequent durchgeführt werden. Hier wurden die französischen Dramen Ramond de Carbonnières' (1755–1827) (vgl. Luserke 1994b) ebenso vorgetragen wie die *Kindermörderin* von Heinrich Leopold Wagner (1747–1779). Tatsächlich ist das Modell der ‚Deutschen Gesellschaften' an Universitäten und in Residenzstädten seit Beginn des 18. Jahrhunderts wohl etabliert, wenn auch bisher kaum erforscht (vgl. *Weimar 1989: 49–51); sie können als freiwillige Literaturseminare begriffen werden. So hatte es auch in Straßburg schon von 1743 bis 1751 eine Deutsche Gesellschaft gegeben (vgl. Lefftz 1931: 54–58). Neu gegenüber solchen Vorläufern aus der Aufklärungszeit war das Konzept der ‚Nationalliteratur', das Herder in seinen Fragmenten *Über die neuere deutsche Literatur* (1767) entwickelt hatte, wonach nicht mehr die Rhetorik, sondern vielmehr die Muttersprache eigentliche und ausschließliche Quelle aller sprachlichen Kreativität sei. In zwei sprachpolitischen Vorträgen griff Lenz genau dieses Konzept auf. Um die verblasste Sprache der Gebildeten kraftvoll und reich zu machen, müssten wir „in die Häuser unserer sogenannten gemeinen Leute" gehen (Damm II: 775). In den vernachlässigten Schätzen der Alltagsrede ist nach Lenz die wichtigste Quelle der dichterischen Inspiration zu finden – die vierte nach der Bibel, den Skandalen der Wirklichkeit und den Grenzen der Vernunft. Vor allem ist die Alltagsrede sozial-kommunikativ wichtig, indem sie Verständigung sichert; wo nicht, „so vereinzeln wir uns selbst auf die allergrausamste Weise" (ebd.: 777). Damit kündigt sich bereits in Straßburg ein – oder: *das* – Thema seiner Spätzeit an.

Im Frühjahr 1774 wurde der *Hofmeister* publiziert, es folgten die *Anmerkungen übers Theater* und die Plautus-Übertragungen, im Herbst 1774 *Der neue Menoza*. Im Frühjahr 1775 sollten Lenzens ‚pseudotheologische Abhandlungen' *Meinungen eines Laien* und *Stimmen des Laien* erscheinen, in denen Lenz eine Moral und zugleich eine Poetik der Energie entwarf, die vielleicht noch immer nicht recht gewürdigt wird. Jedenfalls konnte er in dem Brief an seinen Bruder am 7. November 1774 der gesamten Familie stolz seine Erfolge aufzählen, damit „Du sie Dir anschaffest und mich und meinen Lebenslauf daraus beurteilest" (Damm III: 305). Die Reaktion war vernichtend. Wie lange er noch herumirren und „solche nichtswürdige Dinge" treiben wolle, fragte die Mutter in ihrem einzigen erhaltenen Brief (ebd.: 339). Dem Vater dankte Lenz überschwänglich dafür, dass er ihn nicht mit Gewalt nach Hause holen wolle, und er verleugnete jeglichen Konflikt, sich selbst und seine Aufgabe: „[N]och jetzt, ich schwör' es Ihnen, sind die [Schönen] Wissenschaften und das Theater – nur meine Erholung." (ebd.: 350) Wenn er dabei auf „die Freundschaft einer ganzen Stadt (die allein mich ernährt)" (ebd.) verwies, so war das übertrieben. Die ‚Freundschaft der ganzen Stadt' war nach dem *Neuen Menoza* nicht mehr zu gewinnen – einem Stück, in dem kühn behauptet wird, ein protestantisches Konsistorium werde ohne weiteres die Ehe zwischen Bruder und Schwester legitimieren. Ebenso wie das Straßburger Establishment (vgl. Müller IV: 46) reagierte auch die Öffentlichkeit mit Ablehnung, so dass Lenz selbst oder Freunde wie Schlosser öffentlich für das Stück eintreten mussten (vgl. Weiß IV).

Im Sommer 1775 sah Lenz sich real und transzendent vereinsamt: „Ach so lange ausgeschlossen unstet, einsam und unruhvoll. Den ausgestreckten Armen grauer Eltern – all meinen lieben Geschwistern entrissen. Meinen edelsten Freunden ein Rätsel – mir selbst ein Exempel der Gerichte Gottes, der nie unrecht richtet […]." (Damm III: 333). Seit dem Herbst 1775 begann er über Schulden zu klagen (vgl.

ebd.: 347, 357, 358), wollte aber seine Not vor Goethe geheim gehalten wissen. Um die Jahreswende 1775/1776 wurde seine Situation immer schwieriger. Hatte er noch im November 1775 ein Autorenhonorar „jedem Schriftsteller [für] äußerst *schimpflich*" erklärt (ebd.: 354; Herv. im Orig.), so forderte er einen Monat später ungestüm zehn Dukaten für seine Erzählung *Zerbin oder die neuere Philosophie* von Heinrich Christian Boie (1744–1806), dem Herausgeber des *Deutschen Museums* in Göttingen. Er müsse unbedingt einige Schulden begleichen, sonst verliere er jeden Kredit in Straßburg und werde „für immer und unwiederbringlich prostituiert" (ebd.: 358). Um diese Zeit wohl auch entstand die Idee der *Expositio ad hominem*, wonach junge Autoren (wie die Wissenschaftler heute) ein Exposé ihres Vorhabens einreichen sollten, das, im Falle einer positiven Beurteilung, mit einem Schreibstipendium subventioniert werden würde (vgl. *Expositio ad hominem* [Hgg. Albrecht/Kaufmann 1996]). In der Dynamik des literarischen Markts wollten diejenigen Schriftsteller, die sich eine Bildungsaufgabe zutrauten, den Gesetzen von Angebot und Nachfrage nicht rücksichtslos ausgeliefert sein.

Abgesehen von seltenen Honoraren waren es vielleicht Zuwendungen von Freunden, möglicherweise auch von Goethe (vgl. Damm II: 345, Stöber 1874: 177), die Lenz als Schriftsteller ernährten. Aber der Dichterruhm erwies sich als sehr zweischneidig. Da war einmal die eklatante Nähe zu Goethe, bis hin zu Verwechselungen der Autorschaft, die zwar Publizität brachte, aber um den Preis des Verkennens (vgl. Damm II: 345). Dann machte Lenz im Herbst 1775, als das Manuskript der *Soldaten* bereits vorlag – das Stück erschien zur Ostermesse 1776 – erhebliche, jedoch vergebliche Anstrengungen, den Druck zu verzögern oder zumindest sich selbst als Verfasser unkenntlich zu machen, damit die künftige Heirat der Cleophe Fibich nicht gefährdet würde. Geradezu dramatisch tauchte er dann als Autor auf und wieder ab im Versuch, gegen Christoph Martin Wieland zu polemisieren.

Wieland (1733–1813), der ‚Wollustsänger', hatte durch seine erotisch-galanten Verserzählungen den Zorn vieler Jüngerer erregt, welche in Liebesdingen mehr und mehr romantisch zu denken begannen. Während die Studenten des Göttinger Hainbundes Wielands Werke zum Pfeifenanzünden missbrauchten, während auch Goethe Wieland verspottete, verfasste Lenz eine Satire unter dem Titel *Die Wolken*, „die unserer ganzen Literatur wohl einen andern Schwung geben möchte" (Damm III: 334). Gegen die Warnung aller Freunde beharrte Lenz auf seiner Mission, gleichsam in höherem Auftrag für die moralische Unbeflecktheit der Literatur zu kämpfen, ja er wollte dafür seine ganze dichterische Existenz aufs Spiel setzen (vgl. ebd.: 333, 361 u. 369). Vielleicht zeigt sich hier eine weitere (fünfte) Quelle seiner Inspiration: die Rolle des poetischen Märtyrers, der auf die Ungerechten mit Witz und Phantasie einschlägt, wofür sie ihn – denn was kann man von Ungerechten anderes erwarten – wiederum mit Worten geißeln werden (vgl. Menz 1996a). Wieland, der Prinzenerzieher des künftigen Herzogs von Weimar, war in den 1770er Jahren durch seinen *Teutschen Merkur* (1773–1789) eine publizistische Macht geworden; Goethe, der im November 1775 nach Weimar berufen wurde, söhnte sich alsbald mit Wieland aus. Nun erschrak Lenz während des Drucks (1775/1776) doch vor den möglichen Konsequenzen, die ihm jedenfalls den Weg nach Weimar versperrt hätten. Er verfasste, unter dem Titel *Vertheidigung des Herrn W. gegen die Wolken* (1776), eine mildere Form der Anklage gegen Wielands galante Dichtung. Diese erschien auch, während die gedruckte Auflage der ursprünglichen Satire auf Lenz' Betreiben vernichtet werden musste. Beim nervenaufreibenden Versuch, öffentlich „mit gesamter Vaterlandsstimme" (Damm III: 359) zu sprechen, verstrickte er sich in „den höchst wunderlichen, nur bei Lenz möglichen Vorgang, dass ein Satiriker für einen insgeheim erstickten Angriff öffentlich Busse thut" (E. Schmidt 1901: 983).

Einmal, im Sommer 1775, hatte Lenz eine Möglichkeit gesehen, der Misere des freien Schriftstellers zu entkommen. Er wollte erneut Gesellschafter spielen und den Sohn des als ‚Friedrichs II. Münzjude' bekannten Bankiers Veitel Ephraim auf einer dreijährigen Auslandsreise begleiten, ein Jahresgehalt von 40 Dukaten hatte er sich bereits fixiert (vgl. Stöber 1874: 177), doch der Plan zerschlug sich. Seit Februar 1776 sprach er von neuen Reiseplänen; brieflich nahm er Kontakt auf mit dem Hauptmann von Knebel, Goethes erster Bezugsperson in Weimar, und sogar mit Wieland selbst. Die Gelegenheit kam zu ihm, als ein Offizier, der mit den hessenkasselschen Truppen nach Amerika gehen sollte, ihn darum bat, seinen zehnjährigen Pflegesohn von Marschlins in Graubünden nach Kassel zu bringen (Damm III: 372) und dazu zwölf Louisd'or (= 24 Dukaten) übersandte. Der Pflegesohn blieb in Marschlins, Lenz nahm die Goldstücke als (freiwillig erweitertes) Reisestipendium und machte sich auf den Weg. „Eine Reise deren Folgen für mein Vaterland wichtiger als für mich sein werden" (ebd.: 407), kündigte er in seinem letzten Brief am 15. März 1776 aus Kehl an. Mit sich nahm er bei seinem Aufbruch oder seiner Flucht, diesmal allein, eine Schrift *Über die Soldatenehen*, die er im April und im Mai dem Leipziger Verleger Reich zum Druck anbot (vgl. ebd.: 421, 444). Das Reformprojekt sah vor, den Soldaten auf eine begrenzte Zeit Frauen zur Verfügung zu stellen, um ihre Vaterlandsliebe und Kampfbereitschaft zu erhöhen. Wie W. Daniel Wilson dargestellt hat (vgl. Wilson 1994), verband es sich zugleich mit der neuen Verliebtheit in eine unerreichbare Frau, Henriette Gräfin von Waldner (1754–1803), und mit Gedanken an eine militärische Karriere, zum Beispiel in Frankreich. So verließ Lenz Straßburg mit einem Gewebe von Wünschen – einer schweren Hypothek, wie sich zeigen sollte.

4. Von Weimar nach Waldersbach

Über Mannheim, Darmstadt, Frankfurt reiste Lenz nach Weimar; bei seiner Ankunft am 1. April meldete er sich durch ein Gedicht beim Herzog. Anders als die Städte, die Lenz bisher kennengelernt hatte, war Weimar eine Kleinstadt mit rund 6.000 Einwohnern und zugleich Residenzstadt eines Herzogtums. Das Schloss freilich war vor kurzem (1774) abgebrannt, der Hof hatte etwas Provisorisches, auch darin, dass er sich in einer Übergangsphase befand. Die Herzoginmutter, Anna Amalia von Braunschweig-Wolfenbüttel (1739–1807), hatte sechzehnjährig Herzog Ernst August von Sachsen-Weimar und Eisenach geheiratet und wurde zwei Jahre später bereits Witwe. Gegen alle Widerstände übernahm sie die Vormundschaft für ihren Sohn Carl August (1757–1828) und führte zugleich die Wolfenbütteler Tradition fort, deutsche (statt der französischen) Kultur zu protegieren; so war 1771 im Weimarer Schloss das erste deutsche Hoftheater eingerichtet worden.

Im ersten Halbjahr 1775 hatte der junge Erbprinz seine Kavalierstour unternommen, auf der er sich mit Prinzessin Luise von Hessen-Darmstadt verlobte und Goethe in Frankfurt kennenlernte; bei dem siebenwöchigen Aufenthalt in Straßburg war ihm auch Lenz vorgestellt worden. Nachdem er mit 18 Jahren volljährig geworden war, heiratete Carl August im Oktober 1775 und begann den Regierungswechsel aktiv zu gestalten. Dabei ergab sich ein sehr zeitraubender Konflikt; Sachverstand und Erfahrung von Anna Amalias Vertrauensleuten stand gegen die Jugend von Carl Augusts Freunden, bis der Schwebezustand von fast einem halben Jahr durch Anna Amalias Vermittlung gelöst wurde. Am 11. Juni 1776 konnte Carl August endlich die neue Regierung bilden (*Bode 1913: 350), indem er beide Parteien in sein ‚Geheimes Conseil' integrierte, zumal Goethe als Legationsrat. „Den Hof hab ich nun probirt nun will ich auch das Regiment probiren, und so immer fort", hatte dieser schon im März 1776 an seinen und Lenzens Freund Merck in Darmstadt geschrieben (*Goethe 1997b: 28).

Als Lenz nach Weimar kam, existierten zwei Hofhaltungen. Die des regierenden Herzogs, der noch nicht regieren konnte, und die Anna Amalias, die nicht mehr regieren durfte. In der Zwischenzeit unterhielt man sich glanzvoll, seit Anfang 1776 gab es Aufführungen des höfischen Liebhabertheaters, Feste, Maskenbälle, Konzerte. Lenz tauchte in den Strudel der Besuche und Begebenheiten ein, in die aristokratisch-genialischen Rollenspiele, die in dem Weimarer „Tempel Apollos und der Extravaganz" (Müller I: 191) abliefen. Aus den Briefen der Zeitgenossen spricht jedoch viel Herablassung, er wird geschätzt als kindlicher, naiver Clown. Lenz mache täglich Streiche, die jeden anderen in die Luft gesprengt hätten, schreibt Wieland am 13. Mai 1776 (vgl. ebd.: 202), und einen Monat später: „Seit er hier ist, ist er unendlich gedemüthigt worden. Er ist ein guter Junge, die *Hälfte* von einem Dichter, und hat wenig Anlage jemahls etwas *ganz* zu seyn." (ebd.: 223) Das Missverhältnis zwischen Lenzens unbestimmter Gesellschafter-Existenz auf Kosten Goethes und des Herzogs und seinem ‚vaterländischen' (gesamtgesellschaftlichen) Sendungsbewusstsein, dem eigenen Lebensentwurf, war beängstigend groß. Wie seinerzeit in Königsberg reizte ausgerechnet seine Autorschaft den Spott seiner Freunde: seine Schreibbesessenheit (vgl. ebd.: 219), aber auch sein Drama *Die Freunde machen den Philosophen* vom Frühjahr 1776. „Über seinen garstigen Strephon hab ich ihn nicht wenig geplagt – und sie [Goethes ‚Cirkel', H. B.] haben ihn geplagt eh ich kam" (ebd.: 225), schrieb Friedrich Maximilian Klinger (1753–1831), der Schauspieldichterkollege, der am 24. Juni überraschend in Weimar eingetroffen war. Man kann davon ausgehen, dass sowohl Lenz als auch Klinger sich Goethes Hilfe für ihr weiteres Fortkommen wünschten, und es trifft auch zu, dass beide in dieser Hoffnung enttäuscht wurden. Gleichwohl sind die Unterschiede größer als die Gemeinsamkeiten.

Goethe hatte sich im Laufe des Jahres allmählich auf eine leitende politische Tätigkeit eingestellt, am 11. Juni 1776 wurde sie beschlossen, am 25. Juni trat er sein Amt als viertes Mitglied des Geheimen Conseils an. Vier Wochen später musste Klinger hören: „Klinger kann nicht mit mir wandeln" (ebd.: 236). Goethe hörte auf, ihn zu unterstützen, und Klingers Hoffnungen richteten sich auf die Protektion durch Anna Amalia, bis seine Geldnot ihn Ende September zwang, Weimar zu verlassen (vgl. Rieger 1880: 153–155). Der genialische Lebensstil und der politische Lebensstil waren nicht miteinander zu vereinen. Lenz reagierte mit Rückzug und verließ Weimar. Von Ende Juni bis Mitte September lebte er in dem thüringischen Städtchen (Bad) Berka, zwölf Kilometer südwestlich von Weimar, von Goethe weiterhin unterstützt und mehrfach besucht. Ab Mitte September bis Ende Oktober weilte er auf dem Gut Kochberg der Charlotte von Stein, im November wiederum in Berka, dazwischen kam es zu Kurzaufenthalten in Weimar. Aus den Briefen der Zeitgenossen spricht Besorgnis und Mitgefühl. „Lenz ist aufs Land gezogen. Der arme Junge ist und lebt in Dämmerung und Druk", schreibt Klinger am 30. Juni; „Man kann den Jungen nicht lieb genug haben. So eine seltsame Composition von Genie und Kindheit! So ein zartes Maulwurfsgefühl und so ein neblichter Blick!", schreibt Wieland am 9. September; „Lenz ist unter uns wie ein krankes Kind, wir wiegen und tänzeln ihn, und geben ihm vom Spielzeug was er will", schreibt Goethe am 16. September; „Lenz [...] ist nur glücklich, wenn man ihn in seiner Ideenwelt ungestört leben läßt", schreibt Wieland am 5. Oktober (Müller I: 225, 242, 244 u. 247). Aber seine Ideenwelt wurde hässlich gestört.

Weniger als ein Dreivierteljahr, von Anfang April bis Ende November 1776, genoss Lenz das, was er in seiner *Expositio ad hominem* als Wunschtraum skizziert hatte: eine Sinekure mit der Möglichkeit, ungestört zu schreiben, in der Nähe der angesehensten Autoren. Jedenfalls lehnte er andere Arbeitsangebote ab, namentlich die Anfrage aus dem Philanthropin, wo man ihn als Schriftsteller und Propagandisten zu haben wünschte, doch ohne Gehaltsangabe (Damm III: 422). Wenn Lenz sich zu den Leuten zählte, die „sich durch ihre vorsätzliche Unvernunft bei den Weltleuten verächtlich machen" (ebd.: 434), indem sie eine provokative Existenz führen, so konnte er auch keine Anstellung am Hof in Weimar annehmen, obwohl sie ihm möglicherweise angeboten wurde (vgl. Damm 1989 [1985a]: 204–206). Denkt man an das *Pandämonium Germanikum* (geschr. 1775, gedr. 1819), so könnte man sich die erwünschte Sinekure sogar als Verbrüderung mit Goethe vorstellen; Lenz wäre das geworden, was Schiller später für Goethe wurde. Was Lenz hierfür zu bieten hatte, waren „kleine Schnitzel" (Müller I: 244), wie sublim auch immer – und sein sexual-militärisches Reformvorhaben *Über die Soldatenehen*.

Inzwischen lag das Projekt als Denkschrift an den französischen Kriegsminister sauber abgeschrieben, mit einem Brief begleitet, kuvertiert und adressiert, wie Goethe sich erinnert (vgl. *Goethe 1964b: 9 f.), auf dem Tisch und sollte von den Freunden, also von Goethe selbst, nach Paris expediert werden. Stattdessen wurde die Schrift „durch tätigen Widerstand" (ebd.) zurückgehalten und verbrannt. Goethes doppelsinnige, ja zweideutige Formulierung des Vorgangs ist dahingehend verstanden worden, Lenz habe sein Werk zurückgehalten und verbrannt. Viel wahrscheinlicher ist es jedoch, dass es der Politiker Goethe selbst gewesen ist, der die Schrift vernichtet hat, von der er urteilt, die Gebrechen seien ziemlich gut gesehen, „die Heilmittel dagegen lächerlich und unausführbar" (ebd.: 9). Er muss Lenzens Ideenwelt auf das empfindlichste gestört haben (vgl. Bosse 2014). So wiederholt sich in Weimar das Königsberger Trauma der *Landplagen*. Das Werk, das den Autor berühmt machen sollte, wurde in die Hände der Nahestehenden gelegt, die, anstelle die Verbindung herzustellen, jede Kommunikation mit der höchsten irdischen Instanz verhindern: „Ich schreibe dieses für die Könige, ohne zu wissen, ob jemals einer von ihnen mich lesen wird. Unglück für sie, wenn sie mich nicht lesen" (Damm II: 787) – aber auch ein maßloses Unglück für den Autor in seinem einsamen Sendungsbewusstsein. Es ist nicht unwahrscheinlich, dass Lenz' Rückzug nach Berka hiermit in Zusammenhang steht. Die Notiz „Ich geh aufs Land, weil ich bei Euch nichts tun kann" (27. oder 28.6.1776; Damm III: 472) dürfte sich sehr wohl auch auf die Vernichtung seines gesellschaftlichen Reformprojekts beziehen.

Am 26. November 1776 ereignete sich ein Vorfall, der zu den größten Rätseln in Lenzens Lebensgeschichte gehört und zu den nicht wenigen Rätseln im Umkreis des

Weimarer Musenhofs. Goethe notierte hierzu nur zwei Worte in sein Tagebuch: „Lenzens Eseley" (*Goethe 1997b: 74 u. 770 f.). Bei einer früheren „Eseley" kurz nach seiner Ankunft (Müller I: 196) hatte sich Lenz in einen maskierten Adelsball gedrängt, was aber nur ein großes Gelächter in Weimar zur Folge hatte, nach jener zweiten „Eseley" (ebd.: 254) aber wird er vom Herzog des Landes verwiesen und erhält gerade noch einen Tag Aufschub, um zu gehen. Die Leerstelle in seinem Lebenslauf ist dadurch auffällig, dass Spuren gelöscht wurden – eine fehlende Briefseite, ein leerer Umschlag –, sei es von Zeitgenossen, sei es in den vielfachen Zensurmaßnahmen des Großherzoglichen Familienarchivs. Inzwischen geht die Mehrheit der Kommentare davon aus, dass es sich bei der „Eseley" um einen anstößigen Text gehandelt haben muss, über dessen Inhalt freilich nicht die geringste Einigkeit besteht (vgl. Zeithammer 2000: 261–267).

Zur Auflösung des Rätsels sind zahlreiche Vorschläge gemacht worden, die sich in zwei Gruppen gliedern lassen: die einen thematisieren die Beziehung zwischen Goethe und Lenz, die anderen bringen eine dritte Person in Gestalt der ‚hohen Frau' ins Spiel. Zur ersten Gruppe zählt die Lenz-Biographie von Sigrid Damm (vgl. Damm 1989 [1985a]: 247) oder auch die Weimarer Chronologie von Ulrich Kaufmann (vgl. Kaufmann 1999a: 140); man betont die Unvereinbarkeit der zwei Naturen (vgl. Rosanow 1909: 366), wenigstens ihre „gegensätzliche Grundeinstellung" (Winter 2000a: 84) oder die dichterischen Rivalitäten (vgl. Preuß 1989, 1991) im Rahmen der deutschen Literaturentwicklung (vgl. Menz 1989). Die ‚hohe Frau' dagegen bringt das Begehren ins Spiel. Schon Erich Schmidt hat an Frau von Stein gedacht (vgl. E. Schmidt 1878: 21 f.). Peter Hacks nimmt an, Lenz habe Goethes Liebe zur Herzogin Luise – ein Thema seit K. R. Eisslers Goethe-Biographie (engl. 1963; dt. 1983/1985) – imitiert und sei bei einem Ball der Herzogin zu nahe getreten (vgl. Hacks 1990). Ettore Ghibellino geht davon aus, Lenz habe eine Gelegenheit ergriffen, um der Herzoginmutter Anna Amalia seine Liebe zu erklären (vgl. *Ghibellino 2007: 142).

Sehr wahrscheinlich war es aber nicht die *eine* Frau, sondern das ganze „erotische Feld" Weimars (Bosse 2014), das Lenz zur Sprache brachte, und das eben auch Anna Amalia einschloss. So seinerzeit Karl August Böttiger, der Direktor des Weimarer Gymnasiums: „Göthes Fortun zog zuerst *Lenzen* hieher, der gradezu als Hofnarr behandelt, als er aber einmal zwischen der alten Herzogin, die Göthen mehr als gewogen war u. der begünstigten Liebhaberin der Frau v. Stein eine Klätscherei gemacht hatte, plötzlich fortgeschafft wurde." (Müller IV: 96) Diese Annahme teilt auch die Historisch-Kritische Ausgabe von Goethes Tagebüchern (vgl. *Goethe 1998: 411). Wenn Anna Amalia, die nicht mehr regierende Herzoginmutter, in den erotischen Diskurs einbezogen wurde, erhielt der Vorgang eine enorme politische Brisanz, wodurch auch die Einschaltung des Herzogs selbst begreiflich würde. In der Tat zeigen die gründlichen Löschaktionen, dass Lenz ein politisches Tabu berührt haben muss.

Am 1. Dezember 1776 verließ Lenz Weimar, „ausgestoßen aus dem Himmel als ein Landläufer, Rebell, Pasquillant" (Damm III: 517). Obwohl noch im November von Lavater eingeladen (vgl. Müller I: 253), wandte er sich zu Goethes Schwester in Emmendingen, wo er am 13. Dezember eintraf. Die folgenden zweieinhalb Jahre sind als Vor- und Nachgeschichte von ‚Lenzens Verrückung' chronikartig umfassend dokumentiert worden (vgl. Dedner/Gersch/Martin 1999).

Über ein Vierteljahr bleibt Lenz bei den Schlossers und arbeitet an seinem *Landprediger*, nur unterbrochen von einem Ausflug nach Straßburg und Colmar. Dann beginnen im April 1777 seine Kreuz- und Querzüge durch die Schweiz. „Ich schwärme in der Schweiz herum, habe in Schinznach vier goldene Tage gelebt, in Zürich Basel und Schafhausen viel Liebe genossen", schreibt Lenz Ende Mai (Damm III: 529). Es entwickelt sich ein Netzwerk von Freunden, darunter alte wie der schon aus Straßburg vertraute Komponist Philipp Christoph Kayser (1755–1823) und Lavater und neue wie der Baseler Kaufmann und Richter Jakob Sarasin (1742–1802) oder der Zürcher Historiker Hans Heinrich Füssli (1745–1832). Während Lenz mit Kayser unterwegs ist, um den Gotthard zu besteigen, stirbt Cornelia Schlosser nach der Geburt ihres zweiten Kindes am 8. Juni, und Lenz kehrt erschüttert zurück nach Emmendingen. Anfang Juli ist er bereits wieder auf Reisen, um mit einem Freiherrn von Hohenthal über die französische Schweiz und das Wallis nach Italien zu gehen, doch kommen sie aus ungeklärten Gründen nur bis kurz vor den Simplonpass. Mit Lavaters Unterstützung gelangt Lenz Mitte August nach Zürich, wo er zunächst bei Lavater bleibt. Einen Aufbruch von dort im Oktober 1777 begründet Lenz mit der Mitteilung: „Ich befinde mich nicht wohl, lieber Freund!" (ebd.: 560) Die Reise führt ihn nach Graubünden und ins Veltlin, um mit Karl Ulysses von Salis über dessen – inzwischen aufgelöstes – Philanthropin in Marschlins zu sprechen.

Während ein Koffer mit Lenz' Papieren von Freund zu Freund hinterhergeschickt wird, findet Lenz einen beständigen Bezugspunkt in Lavaters Haus in Zürich. „Hier lieber Sarasi sitz ich wieder an La-Vaters Tisch, darf mit seiner Feder an Sie schreiben", beginnt ein Brief an Sarasin Anfang November 1777 (ebd.: 561; vgl. auch Dedner/Gersch/Martin: 1999: 83, Dok. 24). Aber auch die gleichsam väterliche Welt ‚La-Vaters' bot keinen Halt. Lenz verwickelte sich in die Feindseligkeiten, die Lavater in Zürich selbst wie auch in der Öffentlichkeit entgegenschlugen, zumal nachdem Boies *Deutsches Museum* verbreitet hatte: „Ich kann Ihnen nicht beschreiben, wie sehr in Zürich alles wider diesen Mann glühet und wütet." (Dedner/Gersch/Martin 1999: 60) Das war ein gefährliches Klima für Lenz' seelisches Gleichgewicht. Er verfasste einen Beschwerdebrief für das *Deutsche Museum* (vgl. ebd.: 81) und eine ausführliche Entgegnung auf Lichtenbergs Lavater-Kritik im Novemberheft des *Teutschen Merkurs* (*Lenz 1777). In dem Pamphlet *Brelocken an's Allerley der Groß- und Kleinmänner* zweier Schweizer Autoren (vgl. Dedner/Gersch/Martin 1999: 84–86) war mit Lavater auch die ganze Geniebewegung und Lenz selbst angegriffen worden. Zuletzt nahm Lenz die Auseinandersetzungen so persönlich, dass er wahre oder vermeintliche Gegner Lavaters direkt attackiert haben muss. Am 15. November 1777 berichtete Füssli an Sarasin:

> Dießmal nur die verwünschte Neuigkeit: daß unser gute Lentz, nachdem er einige Tag in der Stadt herumgeloffen, Buß gepredigt, über Lavaters Gegner in ihren Häusern das Anathema ausgesprochen, und endlich von allen seinen Bekannten mit einem ledernen Schnappsack auf dem Rügken Abscheid genohmen (doch alles so, daß man ihn noch nicht eben vor einen förmlichen Narren halten konnte, mit Kaisern auf Winterthur ging, wo er sich itz, wie ich so eben von Lavatern vernehme, in gantz verrücktem Zustand befinden soll. (ebd.: 87)

Die Nachricht, er sei noch nicht ganz oder eben doch verrückt geworden, wurde durch Korrespondenzen weiträumig verbreitet und verschärft.

Am 14. November war Lenz als Gast Christoph Kaufmanns auf Schloss Hegi bei Winterthur angekommen. Der ‚Genieapostel' Kaufmann (1753–1795) hatte in Straßburg Medizin studiert, auf seiner Europareise im September 1776 auch Weimar passiert, im Frühjahr 1777 sogar Lenzens Eltern in Dorpat besucht, wohl um zu vermitteln, und hatte sich jetzt als Heiler in Winterthur niedergelassen; auf Schloss Hegi residierte als Landvogt Adrian Ziegler, der Vater von Kaufmanns Braut Elise Ziegler. Lenz blieb 14 Tage dort, erholte sich dank Kaufmanns Einfluss (vgl. Dedner/Gersch/Martin 1999: 95) und brach dann auf zu einer zweiwöchigen „Streiferei an den Bodensee herab, durch St. Gallen nach Appenzell" (Damm III: 565). In der Zwischenzeit kümmerten sich Elise Ziegler und Kaufmann um Lenzens Garderobe und erbaten von ihren Bekannten Beiträge, um Lenzens aufgelaufene Schulden (300 fr.) tilgen zu helfen (vgl. Dedner/Gersch/Martin 1999: 91–93). Zum Jahreswechsel blieb Lenz in Winterthur. Kaufmann plante eine Rundreise mit vielen und wechselnden Teilnehmern über Schaffhausen, Emmendingen, Straßburg, das Steintal in den Vogesen und zurück, um anschließend mit ihnen seine Hochzeit (2. Februar 1778) zu feiern. Eine Reisegruppe, darunter Kaufmann und Lenz, fuhr am 8. Januar los. Als sie ein oder zwei Tage später nach Emmendingen kamen, griff Lenz den Kreisarzt tätlich an. „Freilich steht es leider mit Lenzens Kopfe noch nicht recht. Ich weiß zuverläßig aus Emmendingen, daß er den dortigen Arzt mißhandelt hat, weil er die seel: Schloßerin sterben laßen. Dann ist er davon gelaufen und Schloßer hat ihn ein paar Tage zu Berg und Thal suchen lassen", berichtete Pfeffel aus Colmar (ebd.: 129 f.). Nach zehn Tagen, am 19. oder 20. Januar 1778, brach Kaufmanns Reisegruppe mit Lenz zusammen von Emmendingen nach Straßburg auf. Lenz trennte sich jedoch von ihnen und erreichte, sei es über eine Gebirgsroute, sei es über das Tal der Breusch/Brûche, am Abend des 20. Januar Waldersbach im Steintal.

Im Steintal/Ban de la Roche, einem der ärmsten Vogesentäler, wirkte Johann Friedrich/Jean-Frédéric Oberlin (1740–1826) von 1767 bis zu seinem Tode als protestantischer Pfarrer und aufgeklärter Reformer mit einer Fülle von praktischen Projekten. An der mystischen Erweiterung der Theologie interessiert wie Lavater, besaß er zugleich eine Begabung für übersinnliche Phänomene, war chirurgisch ausgebildet und betreute seine Gemeinde auch als Arzt. So hatte ihn Kaufmann als Therapeuten für Lenz ins Auge gefasst, nachdem der Aufenthalt bei Lavater katastrophal geendet hatte. Doch den Aufenthalt bei Oberlin beendete nach 19 Tagen eine noch größere Katastrophe. Oberlins Rechtfertigungsschrift *Herr L. ...*, die für seine Straßburger Verwandten und Gönner bestimmt war (vgl. Gersch 1998), verzeichnet die Ereignisse, die durch Georg Büchners Novelle *Lenz* in die deutsche Literatur eingegangen sind. Nachdem sich Lenz drei Tage bei Oberlin aufgehalten hatte, kam Kaufmann mit zwei Begleitern am Sonnabend (24. Januar) nach Waldersbach (vgl. Dedner/Gersch/Martin 1999: 35–37). Am Sonntag (25. Januar) predigte Lenz (auf Französisch); Kaufmann lud Oberlin, der noch nicht auf seiner Gästeliste gestanden hatte, dringend zu seiner Hochzeitsfeier ein. Am folgenden Montag (26. Januar) brachen Kaufmann und Oberlin mit ihren zwei Begleitern, jedoch ohne Lenz auf. Anstatt mit Kaufmann dessen Hochzeit zu feiern, benutzte Oberlin die Gelegenheit zu einer Bildungsreise; von Schlettstadt/Sélestat aus ritt er über Orte im badischen Amt Emmendingen und im vorderösterreichischen Breisgau nach Colmar zu Pfeffel, wo er bis zum 4. Februar blieb. Am Donnerstag (5. Februar) kehrte er nach zehntägiger

Abwesenheit zurück. Inzwischen hatte Lenz am Sonntag (1. Februar) zum zweiten Mal gepredigt.

Es hat den Anschein, als habe sich der Zustand von Lenz seit Oberlins Rückkehr verschlimmert. Jedenfalls setzten jetzt die Selbstverletzungen ein (vgl. Gersch 1998: 175), die Oberlin und seine Frau als Selbstmordversuche so erschreckten, dass sie Lenz bewachen ließen. Die Wut, die Lenz bei den Vorfällen in Zürich und Emmendingen gegen andere gerichtet hat, kehrte er nun gegen sich selbst. Und gewiss sah Oberlin Lenz jetzt mit anderen Augen, seit er, namentlich durch Pfeffel, über Lenzens Lebensgeschichte unterrichtet worden ist. Kaufmann hatte ihm einen Theologen angekündigt, nicht einen, in dessen Kopf es „nicht recht stund" (Dedner/Gersch/Martin 1999: 163). Oberlin begann, seinen Gast pastoraltherapeutisch zu behandeln: „Ich bediente mich dieses Augenbliks ihn zu ermahnen sich dem Wunsch seines HE. Vaters zu entwerfen – sich mit demselben auszusöhnen &c." (Gersch 1998: 16 u. 188 f.) Anstatt eine geschützte Sphäre zu finden, die ihm erlaubt hätte, sich Ruhe vor sich selbst zu gönnen, wurde Lenz mit seinem Vater in Riga und dem Vater im Himmel geängstigt, beide unnachsichtig hinsichtlich des vierten Gebots, seiner Verworfenheit also.

Nun begann der Kampf um die Kontrolle des potentiellen Selbstmörders, den Oberlin nach drei Tagen aufgeben wird: Am Sonntag, den 9. Februar, wurde Lenz von drei Begleitern nach Straßburg gebracht. Hier nahm ihn sein Freund Johann Gottfried Röderer, Lehrer am Kloster St. Wilhelm, in Empfang und brachte ihn etwa zehn Tage später zu Schlosser nach Emmendingen.

Seit Ende Februar 1778 war Schlosser bestrebt, Lenz nach Livland zurückreisen zu lassen, weil er darin die einzige Möglichkeit der Heilung sah. In diesem Sinne schreibt er am 9. März an Christian David Lenz, Jacob bereue seine Fehler und die Entfernung vom Vater und sei entschlossen, so bald wie möglich, „wieder in Ihre Arme zu kehren"; Lenz selbst fügte die biblischen Worte (Lk 15,21) hinzu: „Vater! ich habe gesündigt im Himmel u. vor Dir u. bin fort nicht wert, daß ich Dein Kind heiße." (Damm III: 567–569) Damit setzte ein hinhaltendes postalisches Ringen um die Fürsorge für den kranken Dichter ein, das freilich nur in Spuren überliefert ist (vgl. Müller I: 322–329). Schlosser erwartete mit Recht, dass sich die Familie um ihren kranken Angehörigen kümmert – das Familienoberhaupt dagegen weigerte sich über ein Jahr lang, dies zu tun, und überließ dem guten Willen der Freunde alle ärztliche und finanzielle Betreuung. Wie Oberlin für seinen Gebrauch (vgl. Dedner/Gersch/Martin 1999: 144), so hatte auch Schlosser für seine Bekannten im November des Jahres eine Aufstellung über die Ausgaben für Lenz gemacht (vgl. ebd.: 186 f.). Der Vater, die Finanzen, die Freunde, das sind auch weiterhin die Hauptakteure in dem Drama der verhinderten Heimkehr, das Lenzens weitere Lebensjahre bestimmen wird.

Seine Krankheit heißt in den Äußerungen der Zeitgenossen ‚Melancholie', ‚Hypochondrie', ‚Schwermut'; sie ist – symptomatisch und diskursiv – in vielfacher Hinsicht mit dem Selbstmord verknüpft (vgl. *Schreiner 2003). Lenz, schreibt Schlosser Ende März 1778, „ist ganz zerbrochen, zerrieben. Er ist nahe kindisch zu werden." (Dedner/Gersch/Martin 1999: 173) Zeiten der Schwäche wechselten ab mit Perioden der Raserei, in denen Lenz in Ketten gelegt und bewacht werden musste, um sich oder andere nicht zu verletzen. Anfang April geriet die Lage so nervenaufreibend, dass Schlosser beschloss, Lenz in ein Tollhaus einzuliefern, und zwar nach Frankfurt, weil es da humaner zugehe als in den Irrenhäusern Pforzheims oder Straßburgs (vgl. ebd.: 177). Doch offenbar wurde dieser Plan nicht weiter verfolgt, Anfang Mai lag ein ausführliches medizinisches Gutachten vor, das Schlosser allerdings bestritt (vgl. ebd.: 181), Anfang Juni fand Pfeffel bei einem Besuch in Emmendingen Lenz nicht mehr gebunden vor, allerdings „sehr schüchtern und ceremonienreich"; seine Erkrankung offenbare sich „durch eine beständige Schreibsucht" (ebd.: 184). Lenz erholte sich durch körperliche Arbeit; er sei bei einem Schuster in Emmendingen „ein viertel Jahr lang wie das Kind im Hause gewesen", schreibt er im Juni an Sarasin (Damm III: 570). Seit Mitte August war er in dem Dorf Weiswil am Rhein zu finden, doch erlitt er dort im Oktober einen Rückfall und Schlosser, der inzwischen (27. September 1778) seine zweite Frau geheiratet hatte, holte ihn wieder nach Emmendingen (vgl. Dedner/Gersch/Martin 1999: 186). Anfang November bat Schlosser seine Korrespondenten in Weimar und in der Schweiz darum, Geld für Lenzens Aufenthalt zu sammeln, andernfalls müsse er ihn „in die Welt laufen lassen" (ebd.: 187). Die Bitte muss Erfolg gehabt haben, zumal der Hof von Weimar zu Lenzens Unterhalt beitrug (vgl. Müller I: 327). Schließlich besorgte Schlosser für Lenz eine Kur bei einem Chirurgen in Hertingen (bei Bad Bellingen), die bis Pfingsten, also Ende Mai 1779 fortgesetzt werden sollte.

5. Russland

Im Juli 1778 war Lenzens Mutter gestorben und der Vater hatte inzwischen (am 4. Januar 1779) zum zweiten Mal geheiratet. Herder muss ihn persönlich gemahnt haben, denn im März/April 1779 setzte Christian David Lenz eine ausführliche Rechtfertigung für ihn auf, die in ihrer Mischung aus Rohheit („dass es mit den Schrauben im Gehirn des Patienten noch sehr mißlich stehen müsse") und Selbstmitleid ein Schlüsseldokument für seine Haltung ist (Müller I: 325–329). Die Briefe im Vorfeld bestätigen, dass die Familie Lenzens Krankheit schlechterdings nicht gelten lassen wollte (vgl. ebd.: 322–324). Der jüngere Bruder Carl Heinrich Gottlob, der Jura studierte – ab Oktober 1776 in Helmstedt, dann, ab Oktober 1777 in Jena –, sollte Jacob über Jena gleichsam als Langzeitstudenten zurückbringen. Carl Lenz hat viel später (1816) darüber berichtet (Diederichs 1899). Die Heimholung dauerte etwa zwei Monate, von Ende Mai bis Ende Juli 1779, und begann in Weimar mit einem Besuch bei Goethe, über den Anna Amalia die beträchtliche Summe von 60 Louisd'or – das Vierfache dessen, was der Vater geschickt hatte – für die Reise spenden ließ. In Hertingen traf Carl seinen Bruder „in einem Zustande von Apathie und Erstarrung" an, doch durch intensive Fußmärsche stabilisierte sich sein Befinden. Über Frankfurt, Erfurt, Braunschweig wanderten und fuhren die Brüder nach Lübeck, von dort ging es weiter mit dem Schiff, bis sie am 23. Juli in Riga ankamen. In Riga erfuhren sie, dass ihr Vater zum Generalsuperintendenten, das heißt zum höchsten Geistlichen Livlands, ernannt worden war. Bis er sein Amt antrat und den Umzug von Dorpat nach Riga bewältigt hatte (15. September 1779), lebten die Brüder bei dem Oberpastor der Kirche St. Jacobi, Christian Adolf Dingelstädt (1741–1790), und überließen sich der Rigaer Geselligkeit, in mehreren Wochen und Monaten „aufrichtiger Freundschaft und geselligen herzlichen Umgangs" (Diederichs 1899: 293). Auch das Theater wurde besucht, Lenz sandte dem Rektor der Domschule, Gottlieb Schlegel, einen halb prosaischen, halb poetischen Text über die Vorstellung der *Miß Sara Sampson* zu, doch der befand: „Er ist sehr dunkel" (Briefe an Gadebusch [LVA]: Bd. IV, Nr. 95). Dass Lenz im Winter 1779/1780 Mitglied der Rigaer Freimaurerloge ‚Zum Schwert' wurde (Rosanow 1909: 419), ist mit einiger Sicherheit auszuschließen (vgl. Gündel 1996).

Die Wohnung, die der Generalsuperintendent Lenz in Riga bezog, wurde allerdings kein Ort des ‚geselligen herzlichen Umgangs' und auch kein Vaterhaus für den berufsunfähigen Sohn. Gleich bei seiner Ankunft habe man ihm „verschiedene Vorschläge nach Petersburg gemacht", schreibt Lenz am 2. Oktober 1779 an Herder, als der Vater ihn genötigt hatte, sich um das Rektorat der Domschule in Riga zu bewerben; in seinem herzzerreißenden Brief wünscht Lenz, für diese Stelle empfohlen und nicht empfohlen zu werden (vgl. Damm III: 577–580). Dann machte er sich daran, die ‚Vorschläge nach Petersburg' zu befolgen, und schickte von Dorpat aus dem Vater eine Übersetzung aus dem Russischen ins Deutsche, um damit dem livländischen Generalgouverneur die Grundlage für einen Empfehlungsbrief geben zu lassen (ebd.: 581–583). Die Empfehlung sollte ihn bei Ivan Ivanovič Beckoj (1704–1795) einführen, der persönlicher Sekretär Katharinas II. gewesen war, nunmehr Direktor der Akademie der Künste und des Landkadettenkorps, zudem verantwortlich für alle Erziehungsreformen in Russland (vgl. Tommek II: 20–22). Im Januar 1780 war Lenz auf Reisen, Anfang Februar schließlich in St. Petersburg angekommen, und eine Stellensuche am russischen Zarenhof begann, deren ganze Bitterkeit er in einem Brief an Friederike Brions Bruder ausspricht (vgl. Damm III: 589–591).

Anders als die Städte, die Lenz bisher kennengelernt hatte, war St. Petersburg eine riesige, multinationale Residenz mit etwa 200.000 Einwohnern (vgl. *Georgi 1790: 137). Was hier benötigt wurde, waren vor allem Empfehlungsbriefe, aber die Briefe des Vaters, die „von Versinken in Schulden, Gefängnis Verfaulen in der Polizei u. s. f." (Damm III: 595) sprechen, ließen sich nicht vorzeigen. Auch schriftstellerische Meriten hätten hilfreich sein können; daher versuchte sich Lenz an Gelegenheitsgedichten (vgl. Bosse 2011a) oder dachte an eine neue Ausgabe seiner Dramen (vgl. Müller I: 339). Auch zwei Abhandlungen über Erziehung, eine über die Erziehung des Adels (Dezember 1780), die andere, *Sangrado*, eine Doppelmeditation über die Erziehung der unteren Klassen und der Fürsten (März 1781) in der Mitauer Zeitschrift *Für Leser und Leserinnen*, ausnahmsweise mit seinem Namen oder mit L. gezeichnet, dienten als diskrete Bewerbung. Was schließlich für das System der Patronage unumgänglich erfordert wird, sind Gönner vor Ort, und so traten in den Briefen die verschiedensten Hoffnungsträger auf. Am aussichtsreichsten war die Bekanntschaft mit Ludwig Heinrich (von) Nicolay (1737–1820), dem vormaligen Erzieher und jetzigen Berater des Thronfolgers, Großfürst Paul. An diesen wandte sich gleichzeitig Maximilian Klinger, den seine Stellensuche ebenfalls nach Petersburg geführt hatte (vgl. Müller I: 336 f.). Aber während Klinger, von Nicolay gefördert, Karriere machte und Leiter des Kadettenkorps, schließlich Kurator der Universität Dorpat wurde, versank Lenz in den Rivalitäten der Hofparteien und seiner eigenen tiefen Unsicherheit. „Der Dichter Lenz paßt gar nicht in unsere Stadt hinein. Was soll man mit seiner so großen Zerstreutheit anfangen?", schreibt ein Zeitgenosse im Juni 1780 (Briefe an Gadebusch [LVA]: Bd. IV, Nr. 147). Spätestens Anfang September 1780 brach Lenz das hoffnungslose Unterfangen ab.

„Endlich brachte ihn doch die Noth und das dringendste Anhalten der Seinigen dahin, nach Livland zurück zu kehren", fasst der Vater nachträglich die Geschehnisse zusammen (vgl. Jürjo 2004–2007: 174). Der folgende Winter 1780/1781 in Livland war erfüllt durch eine Tätigkeit als Hofmeister in der Nähe von Dorpat von September 1780 bis Februar 1781 (vgl. Scholz 1991: 112), unterbrochen durch eine andere Hofmeistertätigkeit im November/Dezember (vgl. Jürjo 2004–2007: 167) und zusätzlich verworren durch eine neue Liebesgeschichte um Julie von Albedyll, die in der *Abgezwungenen Selbstvertheidigung* eine ebenfalls verwirrte Darstellung findet (vgl. Tommek I: 73–82, II: 196–210). Im folgenden Frühjahr, ab März 1781, tauchte Lenz doch wieder in St. Petersburg auf. Dass er bei diesem zweiten, eventuell auch beim ersten Aufenthalt in St. Petersburg Sekretär bei dem Generalingenieur Friedrich Wilhelm Bauer gewesen sei (vgl. Rosanow 1909: 404, Müller IV: 385), scheint wenig glaubhaft. Diesmal holte man den Stellensuchenden nicht nach Livland zurück, sondern wies ihn im Gegenteil noch weiter fort: „Man rät mir hier von allen Seiten nach Moskau zu reisen, teils um die Sprache, teils um Herrschaften kennen zu lernen", schreibt er am 2. Juni 1781 an seinen Vater (Damm III: 631). Der Vater tadelte allerdings nachträglich seinen Aufbruch, dass er auf vage Aussichten hin, „ohne Geld und übrige Bedürfnisse nach Moskau reisete" (Jürjo 2004–2007: 175) – doch war er dankbar, dass sein Sohn nun einen Gönner und eine Bleibe gefunden hatte.

Moskau, die konservative Metropole mit ihren Kirchenkuppeln und Holzhäusern, ohne die gemauerten Paläste St. Petersburgs, hatte noch mehr Einwohner als dieses. Man könnte sagen, Lenz bewegte sich auf Russland zu – fort vom Hof in St. Petersburg und hin zu der 1755 gegründeten Universität in Moskau. Im Spätsommer 1781 war er dort angekommen (vgl. Tommek 2002b: 162) und suchte den Historiker Gerhard Friedrich Müller (1705–1783) auf. Müller lebte schon seit 1725 in Russland, wurde Professor der Geschichte an der Akademie der Wissenschaften in St. Petersburg und in Moskau (ab 1765) Archivdirektor des Auswärtigen Amtes sowie Leiter des Kaiserlichen Findelhauses. Er vermittelte nicht nur Wissen über Russland an deutsche Leser, sondern bot auch großzügig sein Haus als Anlaufstelle für die vielen Deutschen an, die es im 18. Jahrhundert nach Moskau zog. Die drei Briefe, die Christian David Lenz ihm im Lauf eines Jahres, zwischen dem 1. Oktober 1781 und dem 19. Oktober 1782 schrieb, sind bezeichnend für das Verhältnis zwischen Vater und Sohn (vgl. Jürjo 2004–2007). Für Christian David Lenz war Jacob ein Schmarotzer, der lieber faulenzen als eine Hofmeisterstelle antreten wollte; um ihn dennoch dazu zu bewegen, konnte der Vater nur scharfe Ermahnungen schicken oder aber seinem Sohn die Unterstützung versagen. Das kündigte er am 1. Oktober an. Er – der Superintendent, von dem ganz Livland wusste, dass er mindestens 2.500 Rubel im Jahr einnahm, wenn nicht mehr – habe für seinen Sohn in zwei Jahren 600 Rubel ausgegeben und werde ihm keine Kopeke mehr schicken, solange er nicht selbst sein Brot verdiene: „Hierin habe ich ihm nun endlich, nach wol 20 vergeblich an ihn geschriebenen bogenlangen Briefe, meine letzte Entschliessung geschrieben, daß dis nun das letzte Geld wäre, so ich ihm, als einem geschäftigen Müßiggänger schickte" (ebd.: 175). Dabei erwartete der Vater, dass der Sohn ihn nicht kritisieren, sondern ihm kindlichen Gehorsam erweisen sollte: „Aber die meisten [Briefe] waren stolz, bitter und beleidigend, die ich dann freilich nachdrücklich beantworten mußte." (ebd.: 178) Auch die Kritik der Zeitgenossen erreichte den Vater nicht, der brieflich Gottes Lohn über Müller ausschüttete, weil dieser tat, was er selbst hätte tun müssen. Immerhin sagte er einige Jahre später Jacob eine vierteljährliche Zulage von 25 Rubeln zu (vgl. Tommek I: 12, 29).

In den Briefen klafft eine vierjährige Lücke zwischen dem 30. Oktober 1781, als Lenz einer angebotenen Hofmeisterstelle auswich (vgl. ebd.: 11 f.), und dem 18. November 1785, als Lenz dem Vater in einem formvollendeten Sendschreiben Auskunft über seine bisherige Laufbahn in Moskau gab (vgl. ebd.: 12–15). Durch Müllers Tod im Oktober 1783 hatte er seinen Gönner verloren, doch Ersatz bot ihm Müllers Schwägerin, Madame Exter, die eine evangelische Pensionsanstalt zur Erziehung adliger Kinder im Zusammenhang mit dem Findelhaus leitete. In dieser Anstalt, die 19 Lehrer für 90 Eleven aufbot und ihre Zöglinge zur Universität oder zum Militär entließ, wirkte Lenz wohl schon seit Ende 1781 als Lehrer oder Erzieher und erhielt Kost und Logis (vgl. ebd.: 30); für sie verfasste Lenz in einer *Rechenschafft* betitelten Schrift auch vorsichtige Reformvorschläge, zumal im Geschichts- und Sprachunterricht (vgl. ebd.: 213–221). Das russische Schulwesen als Ganzes wurde im Laufe der 1780er Jahre nach dem Muster der österreichischen Normalschulorganisation verstaatlicht und umgestaltet, von 1786 an durfte kein Privatlehrer mehr ungeprüft tätig sein (vgl. Tommek II: 30). Vermutlich endet um diese Zeit Lenzens Tätigkeit in der Pensionsanstalt der Madame Exter, wenn auch nicht sein Interesse für Erziehungsfragen.

In dem Bericht an den Vater spielt weiterhin der erteilte Privatunterricht eine große Rolle, ferner die Kontakte zu einflussreichen Persönlichkeiten. Die wichtigste von ihnen war Michail Matveevič Cheraskov (1733–1807), seit 1778 Kurator der Moskauer Universität und Dichter. Er galt wegen seines Epos *Rossijada* (1779) als russischer Homer; Lenz beschäftigte sich mindestens bis 1789 damit, deren Gesänge zu übertragen (vgl. ebd.: 625 f.); der von Lenz angekündigte Aufsatz *Über einige Schönheiten seiner Gedichte, insofern sie auf die Erziehung der russischen Jugend Einflüsse haben* (vgl. Tommek I: 15) ist nicht erhalten. Über die Beziehungen zur Universität erhoffte Lenz, sich „einige Ansprüche auf eine Art Bürgerrecht bei derselben" (ebd.) zu gewinnen. Es war jedoch nicht die Universität, die sein soziales Dasein stützen sollte, sondern ein neues Netzwerk von Freunden. Cheraskov war zugleich einer der führenden Freimaurer.

Man schätzt, dass etwa ein Viertel der höheren Beamten Russlands zu den Freimaurern gehörten (vgl. Tommek II: 32–34); 1772 wurde selbst der Thronfolger, Großfürst Paul, Maurer. Einer derjenigen, die ihn einführten, war sein Vertrauter, Vizeadmiral Sergej Ivanovič Pleščeev (1752–1802). Dieser veröffentlichte 1786 eine *Übersicht des Russischen Reichs*, die schon im folgenden Jahre, übersetzt von Lenz, auf Deutsch erschien (Pleschtschejew 1992 [1787]); Lenz könnte sie bereits aus dem Manuskript übersetzt haben. Die Fühlungnahme mit den Freimaurern hatte bei Lenz indes ohnehin schon früher stattgefunden. Sein Bruder Friedrich David, seit Dezember 1780 als Nachfolger des Vaters Oberpastor an St. Johannis in Dorpat, hatte ihm durch Empfehlungsbriefe sehr wahrscheinlich den Kontakt zu den Freimaurern in Moskau gebahnt (vgl. Gündel 1996: 64). Im Oktober 1783 wurde Lenz in die Loge ‚Zu den drei Fahnen' aufgenommen; nach dem April 1784 gibt es freilich keine weiteren Zeugnisse mehr für seine Zugehörigkeit (vgl. ebd.: 71 f.). Meister vom Stuhl war damals der Deutsche Johann Georg Schwarz (1751–1784), eine Zentralfigur für die mystischen Neigungen der Moskauer Freimaurer (vgl. *Bryner 1992). Möglicherweise, weil Schwarz über Beziehungen zu den Berliner Rosenkreuzern verfügte, hatte ihn Cheraskov 1779 an die Universität geholt, 1780 wurde er Professor der Philosophie, der deutschen Beredsamkeit und Dichtkunst und gründete in der Folge ein Übersetzerseminar mit 16 Teilnehmern. Damit traf er die Interessen von Nikolaj Ivanovič Novikov (1744–1818), einem der ideenreichsten russischen Freimaurer. Im Jahr 1781 rief Novikov die ‚Gesellschaft der gelehrten Freunde' ins Leben: der Moskauer Generalgouverneur eröffnete die Sitzung, der Moskauer Metropolit sandte seinen Segen und Schwarz hielt die Festrede (*Rauch 1979: 215). Nach Schwarz' Tod konzipierte Lenz eine *Assemblée littéraire*, die im Hause, wo Schwarz gewohnt hatte, abgehalten werden sollte (vgl. Tommek I: 489–496). Das Haus wurde zum Zentrum der publizistischen Unternehmungen Novikovs; darin wohnte 1787–1789 auch der russische Dichter Nikolaj Michajlovič Karamzin (1766–1826), der später schrieb, er habe „einige Zeit" mit Lenz in einem Hause gelebt (Rosanow 1909: 510). Noch im September 1789 wohnte Lenz dort, zusammen mit dem Freimaurer Fürst Engalyčev, oder in gewisser Weise auch nicht dort: „Den ganzen Sommer wanderte er durch die Umgebung von Moskau, übernachtete einmal in einem verwilderten Garten und wurde bis aufs Hemd ausgeraubt." (Scholz 1991: 125)

Novikov hatte 1779 einen zehnjährigen Pachtvertrag für die Universitätsdruckerei erhalten; auf dieser Grundlage entfaltete er eine reiche verlegerische Tätigkeit im Rahmen einer weiteren, der 1784 gegründeten Typographischen Gesellschaft, die zumal weltliche Literatur aus dem Westen durch zahlreiche Übersetzer, vorbei an der geistlichen und den weltlichen Zensurinstanzen, in Russland zu verbreiten half; knapp ein Drittel aller Publikationen Russlands wurden in dieser Zeit von Novikov und seinen Druckereien hergestellt (Tommek II: 37). Im Namen der Typographischen Gesellschaft wandte sich Lenz im September 1787 auch an den Verleger Hartknoch in Riga (Tommek I: 20 f.), um Abnehmer für das von ihm geplante „Russische Allerley" zu gewinnen. Doch weder diese Pläne noch seine Übersetzungen konnten Lenz einen Lebensunterhalt verschaffen, wie eine kleine verzweifelte Schrift aus dem Jahr 1788 zeigt, in der Lenz sogar ein eigenes Pensionsprojekt anreißt (vgl. ebd.: 29 f.). Für seinen Unterhalt mussten die Moskauer Literaten sorgen, denen er seinerseits die Kenntnis Shakespeares und deutscher Autoren wie Lessing, Goethe, Wieland vermittelte sowie höchstwahrscheinlich die Lavaters. Den ausführlichsten Bericht über den Zustand von Lenz gibt Salomon Brunner, Pastor der deutschen reformierten Gemeinde in Moskau, in seinem Brief an Christian David Lenz vom 10. Februar 1785 (Kraft 2015: 345–349).

1786 nahm Karamzin, der Begründer der neueren russischen Literatursprache, Kontakt mit Lavater auf; seine Reise durch Deutschland und die Schweiz (1789) war nicht nur durch Empfehlungsbriefe (vgl. Damm III: 665), sondern in ihrer ganzen Anlage maßgeblich von Lenz inspiriert (vgl. Bartel/Lindemann 1992). Freilich musste Karamzin am 20. April 1787 an Lavater über Lenz sagen:

> Was soll ich Ihnen von Lenzen sagen? Er befindet sich nicht wohl. Er ist immer verwirrt. Sie würden ihn gewiß nicht erkannt haben, wenn Sie ihn jetzt sähen. Er wohnt in Moskau, ohne zu wissen warum. Alles, was er zuweilen schreibt, zeigt an, daß er jemals viel Genie gehabt hat; jetzt aber … Ich habe ihm Ihren Brief persönlich eingehändigt. (Rosanow 1909: 427)

Um diese Zeit breitet sich Lenzens ‚Zerstreutheit' auch über seinen Stil aus, denn er schreibt, wie stets, weiter. Seine Projekte, Kompositionen und Briefe entziehen sich immer häufiger der Gestaltung in einer Art von Gedanken- oder vielmehr Signifikatenflucht. Wiederkehrende Themen darin sind einerseits alle Arten der Verknüpfung, durch Sprache, Übersetzung, Handel und Wasserläufe, andererseits die Unterbrechung, ja Verfolgung durch Fehldeutungen, Missverständnisse, Schweigen und Vorurteile (vgl. Tommek 2011). Es sind schemenhafte Instanzen, die ihm reale Seelenqualen zufügen, jene „Theologischen Krittler und Zänker" zum Beispiel, welche „aus Wahrheit Lüge machen", wie es in einem seiner letzten Briefe (9. November 1790) heißt, „nur um zu disputiren und Recht zu haben", und vor denen soll ihn ausgerechnet sein Vater bewahren:

> daß ich bey den *unendlichen Schrauben* der sogenannten Gewissens und Ehrgerichte an meinen *Vater selbst Zuflucht nehme* und mir seinen Väterlichen Seegen ausbitten muß – welches zu einem neuen Jahr (mit der innigsten Reue über alle meine auch in Liefland begangenen Fehler, die ich aus dem was mir von seinen Briefen übrig geblieben, die vielleicht aus guter aber irrender Meynung ein Freund von mir ohne mein Wissen verbrannt hat, noch itzt ersehe) mir eine ganz neue und andere Existenz schaffen wird. (Tommek I: 63)

Die Katastrophe, die die russischen Logen betraf, riss, wie man annehmen muss, auch Lenz in ihren Strudel. Nach der Französischen Revolution hat man die Freimaurer in fast allen Staaten beargwöhnt und verboten. Novikovs Pacht wurde nicht verlängert, die Typographische Gesellschaft wurde 1791 aufgelöst, in den Moskauer Polizeiaktionen vom April und Mai 1792 wurden Novikovs Haus, die Druckereien und Bibliotheken beschlagnahmt, er selbst wurde verhaftet und ohne Prozess oder Aussicht auf Entlassung in der Festung Schlüsselburg eingekerkert, vornehmere Freimaurer wurden auf ihre Güter verbannt (vgl. Tommek II: 41). Zum letzten Mal hatte sich ein freundschaftliches Netzwerk als nicht mehr tragfähig erwiesen. Lenz starb im Mai 1792.

Zwischen dem Frühjahr 1784 und dem Frühjahr 1786 gab es einen intensiven Briefwechsel darüber, wie der Kasten mit Lenzens Sachen von Schaffhausen nach Livland geschafft werden und wer die Kosten dafür tragen solle (vgl. Müller I: 343–347). Es muss aber doch gelungen sein. Dreißig Jahre später machen sich der Dorpater Bibliothekar Karl Petersen und der Arzt Georg Friedrich Dumpf daran, Texte und Nachrichten von Jacob Lenz und seinem Leben zu sammeln. Es beginnt die Arbeit an seiner Biographie.

6. Weiterführende Literatur

Arnoldt, Emil: „Möglichst vollständiges Verzeichnis aller von Kant gehaltenen oder auch nur angekündigten Kollegia". In: Arnoldt, Emil: *Gesammelte Schriften*. Hg. v. Otto Schöndörffer. Bd. V. Berlin 1909, S. 173–343.
Beyträge zur Liefländischen Pädagogik. Erste Sammlung, welche ein Programm und drey bey einer feyerlichen Gelegenheit gehaltenen Reden enthält. Zusammengetragen v. Johann Christian Friedrich Moritz. Riga 1781.
Bode, Wilhelm: *Karl August von Weimar. Jugendjahre.* Berlin 1913.
Borries, Emil von: *Geschichte der Stadt Straßburg.* Straßburg 1909.
Bosse, Heinrich: „Die Einkünfte kurländischer Literaten am Ende des 18. Jahrhunderts". In: *Zeitschrift für Ostforschung* 35 (1986), S. 516–598.
Bosse, Heinrich: „Der geschärfte Befehl zum Selbstdenken. Ein Erlaß des Ministers v. Fürst an die preußischen Universitäten im Mai 1770". In: Friedrich A. Kittler (Hg.): *Diskursanalysen II. Institution Universität.* Opladen 1990, S. 31–62.

Bryner, Erich: „Die Moskauer Freimaurer". In: Dagmar Herrmann (Hg.): *Deutsche und Deutschland aus russischer Sicht. 18. Jahrhundert: Aufklärung*. München 1992, S. 378–392.

Diderot, Denis u. Gotthold Ephraim Lessing: *Das Theater des Herrn Diderot*. Hg. v. Klaus-Detlef Müller. Stuttgart 1986.

Eckardt, Julius: *Livland im achtzehnten Jahrhundert. Umrisse zu einer livländischen Geschichte*. Bd. I: *Bis zum Jahre 1766*. Leipzig 1876. Reprint Hannover-Döhren 1975.

Gadebusch, Friedrich Konrad: *Livländische Bibliothek in alphabetischer Ordnung*. 3 Bde. Riga 1777. Reprint Hannover-Döhren 1973.

Georgi, Johann Gottlieb: *Versuch einer Beschreibung der Rußisch Kayserlichen Residenzstadt St. Petersburg und der Merkwürdigkeiten der Gegend*. St. Petersburg 1790.

Ghibellino, Ettore: *Goethe und Anna Amalia. Eine verbotene Liebe?* 3., veränd. Aufl. Weimar 2007.

Goethe, Johann Wolfgang: *Goethes Werke. Hamburger Ausgabe in 14 Bänden*. Hg. v. Erich Trunz. Bd. 9: *Autobiographische Schriften*. Bd. 1. 5. Aufl. Hamburg 1964. [= *Goethe 1964a]

Goethe, Johann Wolfgang: *Goethes Werke. Hamburger Ausgabe in 14 Bänden*. Hg. v. Erich Trunz. Bd. 10: *Autobiographische Schriften*. Bd. 2. 5. Aufl. Hamburg 1964. [= *Goethe 1964b]

Goethe, Johann Wolfgang: *Sämtliche Werke. Briefe, Tagebücher und Gespräche* [DKV]. Bd. 28: *Von Frankfurt nach Weimar. Briefe, Tagebücher und Gespräche vom 23. Mai 1764 bis 30. Oktober 1775*. Hg. v. Wilhelm Große. Frankfurt/Main 1997. [= *Goethe 1997a]

Goethe, Johann Wolfgang: *Sämtliche Werke. Briefe, Tagebücher und Gespräche* [DKV]. Bd. 29: *Das erste Weimarer Jahrzehnt. Briefe, Tagebücher und Gespräche vom 7. November 1775 bis 2. September 1786*. Hg. v. Hartmut Reinhardt. Frankfurt/Main 1997. [= *Goethe 1997b]

Goethe, Johann Wolfgang: *Tagebücher. Historisch-Kritische Ausgabe*. Bd. I.2: *1775–1787. Kommentar*. Hg. v. Wolfgang Albrecht u. Andreas Döhler. Stuttgart, Weimar 1998.

Graubner, Hans: „,Der Schuldiderot' Johann Gotthelf Lindner (1729–1776) und sein Schuldrama ,Der wiederkehrende Sohn'". In: Joseph Kohnen (Hg.): *Königsberger Beiträge. Von Gottsched bis Schenkendorf*. Frankfurt/Main u. a. 2002, S. 37–64.

Ischreyt, Heinz: „Buchhandel und Buchhändler im nordostdeutschen Kommunikationssystem (1762–1797)". In: Giles Barber u. Bernhard Fabian (Hgg.): *Buch und Buchhandel in Europa im achtzehnten Jahrhundert. The Book and the Book-Trade in Eighteenth-Century Europe*. Hamburg 1981, S. 249–269.

Jung-Stilling, Johann Heinrich: *Henrich Stillings Jugend, Jünglingsjahre, Wanderschaft und häusliches Leben* [1777–1789]. Hg. v. Dieter Cunz. Stuttgart 1968.

Kupffer, Christina: *Geschichte als Gedächtnis. Der livländische Historiker und Jurist Friedrich Konrad Gadebusch (1719–1788)*. Köln, Weimar 2004.

Lenz, Jakob Michael Reinhold: „Nachruf zu der im Göttingischen Allmanach Jahrs 1778 an das Publikum gehaltenen Rede über Physiognomik". In: *Teutscher Merkur*, 4. Viertelj. 1777, S. 106–119.

Ottow, Martin u. Wilhelm Lenz: *Die evangelischen Prediger Livlands bis 1918*. Köln, Wien 1977.

Rauch, Georg von: „Johann Georg Schwarz und die Freimaurer in Moskau". In: Éva H. Balázs u. a. (Hgg.): *Beförderer der Aufklärung in Mittel- und Osteuropa. Freimaurer, Gesellschaften, Clubs*. Berlin 1979, S. 212–224.

Recke, Johann Friedrich von u. Eduard Napiersky (Hgg.): *Allgemeines Schriftsteller- und Gelehrten-Lexicon der Provinzen Livland, Esthland und Kurland*. 4 Bde. Mitau 1827–1832.

Schreiner, Julia: *Jenseits vom Glück. Suizid, Melancholie und Hypochondrie in deutschsprachigen Texten des späten 18. Jahrhunderts*. München 2003.

Schulze, Arthur: *Die örtliche und soziale Herkunft der Straßburger Studenten 1621–1793*. Frankfurt/Main 1926.

Šemeta, Aiga: „Deutschsprachige Periodika in Livland und Kurland vor 1800". In: Heinrich Bosse, Otto-Heinrich Elias u. Thomas Taterka (Hgg.): *Baltische Literaturen in der Goethezeit*. Würzburg 2011, S. 353–379.
Streitberger, Ingeborg: *Der Königliche Prätor von Straßburg 1685–1789. Freie Stadt im absoluten Staat*. Wiesbaden 1961.
Tering, Arvo: „Gelehrte Kultur. Dorpater Kontakte mit Deutschland im 18. Jahrhundert". In: Helmut Piirimäe u. Claus Sommerhage (Hgg.): *Zur Geschichte der Deutschen in Dorpat*. Tartu 1998, S. 62–84.
Weimar, Klaus: *Geschichte der deutschen Literaturwissenschaft bis zum Ende des 19. Jahrhunderts*. München 1989.

1.2 Handschriften und Werkausgaben
Hans-Gerd Winter

Die Editionsgeschichte der Werke Jakob Michael Reinhold Lenz' hängt eng mit der Geschichte der Bewertung des Autors in der Wissenschaft zusammen. Diese wurde lange beeinflusst durch die Orientierung an der Weimarer Klassik, die traditionell als Höhepunkt der deutschen Literaturgeschichte galt. In der seit dem 19. Jahrhundert auf die Nation ausgerichteten Perspektive der deutschen Germanistik folgte auf die Klassik die Einigung Deutschlands als Höhepunkt der politischen Geschichte. Der Sturm und Drang galt dann nur als eine Übergangsphase. Die selbst gesuchte Nähe zu Goethe wurde Lenz zusätzlich zum Verhängnis, zumal jener im 11. und 14. Buch von *Dichtung und Wahrheit* ein vernichtendes Urteil über seinen ehemaligen Freund gefällt hat, das mehr als eineinhalb Jahrhunderte in Studien und Literaturgeschichten nachwirkte. Lenz sei als ein „vorübergehendes Meteor [...] augenblicklich über den Horizont der deutschen Literatur" hingezogen und „plötzlich" verschwunden (*Goethe 1985: 636). Völlig verschwindet Lenz nicht aus dem Blickfeld der Wissenschaft, doch er gilt sehr lange als ein Autor minderen Ranges, dessen Werk meist nur untersucht wird, weil es zum Umkreis Goethes gehört. Diese Abwertung hält bis in die 1960er Jahre an. Doch gewinnt Lenz bereits im 19. Jahrhundert eine kleine, langsam wachsende Zahl von Anhängern, die zunächst meist in Distanz zur Germanistik an den Universitäten argumentiert. Seit den 1970er Jahren ist das Interesse an Lenz in der Wissenschaft stark angestiegen, ablesbar an der zunehmenden Zahl von Aufsätzen, Sammelbänden, Studien und Dissertationen und an der Gründung des *Lenz-Jahrbuchs* 1991. Die Beschäftigung mit diesem Autor muss sich heute nicht mehr über die Konfrontation mit Goethe legitimieren (→ 4.1 Lenz in der Wissenschaft; ferner Leidner/Wurst 1999, Winter 2000a: 6–8, Luserke 2001a: 29–52, Martin 2002a).

Wer sich heute intensiv mit Lenz beschäftigt, steht dennoch vor der Schwierigkeit, dass unter anderem aus den genannten Gründen bisher keine historisch-kritische Ausgabe seiner Werke zustande gekommen ist. Dass diese ein unverzichtbares Desiderat darstellt, ist immer wieder konstatiert worden (u. a. Scholz 1990). Ihr Fehlen führt bis heute dazu, dass Textversionen in vorhandenen Editionen voneinander abweichen können. Besonders gilt dies für die Gedichte. Die heute maßgebliche Leseausgabe von Damm enthält nicht das gesamte Werk. Wichtige Teile dieses Werkes sind verstreut oder gar nicht veröffentlicht. Auch die Zuordnung einiger Werke zu Lenz ist bis heute nicht sicher geklärt.

Lenz selbst hat zu Lebzeiten keine Ausgabe seiner gesammelten Werke erlebt. Doch kann sich der Interessierte immerhin einen Überblick verschaffen, was der Autor in welchen Fassungen zu Lebzeiten veröffentlicht und wie er sich damit dem zeitgenössischen Lesepublikum präsentiert hat: Dies leistet Christoph Weiß' verdienstvolle zwölfbändige Werkedition (2001), die Faksimiles der Erstausgaben bietet, sowie insgesamt 90 Rezensionen zu diesen Texten und im letzten Band ein kurzes Nachwort. Die Ausgabe enthält nur die Buchveröffentlichungen, nicht die in Almanachen und Zeitschriften publizierten Gedichte und Erzählungen.

Eine wichtige und aufwendige Vorarbeit für eine historisch-kritische Ausgabe hat Weiß darüber hinaus mit seinem DFG-Forschungsprojekt zu Lenz geleistet, dessen Ergebnisse unter www.jacoblenz.de dokumentiert sind. Dort findet man ein nach heutigem Stand vollständiges Verzeichnis der Archive, in denen Lenziana liegen, mit einem Nachweis der jeweiligen Texte und der Fundstellen (außer zu Kraków, zu diesem Weinert 2003b). Ferner werden die selbständigen und unselbständigen Publikationen Lenz' nachgewiesen, die Texte der ersteren sind zugleich online gestellt, so dass nicht auf die gedruckte Faksimileausgabe zurückgegriffen werden muss. Ferner sind alle posthumen Ausgaben, auch die Editionen einzelner Texte verzeichnet – mit Angabe der Rezensionen. Weinholds Edition des *Dramatischen Nachlasses* ist vollständig online gestellt. Hinzu kommt ein umfangreiches Verzeichnis der Sekundärliteratur. Ein Teil der Handschriften, so die im Familienarchiv Sarasin in Basel befindlichen, wurde im Rahmen des Projekts verfilmt. Es ist sehr zu bedauern, dass die Arbeiten an dem Forschungsprojekt nicht weitergeführt werden konnten. Der Nutzen der online dokumentierten Ergebnisse des DFG-Projekts, an dem bis Ende 2005 gearbeitet wurde, für eine spätere historisch-kritische Ausgabe ist sehr hoch einzuschätzen. Ausgehend von den Ergebnissen könnte sie zuverlässig und relativ schnell erarbeitet werden, wenn auch die Entzifferung der Handschriften eine schwierige Aufgabe bleibt. Eine historisch-kritische Werkedition bleibt ein unverzichtbares Desiderat.

Die Geschichte der Handschriften Lenz' ist verwickelt. Benseler ist ihr ausführlich nachgegangen. Seine Darstellung ist aber heute in einigen Punkten überholt (vgl. auch Winter 2000a: 19–25). Zu Lebzeiten überlässt Lenz mehrere Manuskripte und Abschriften Goethe, die dieser zum Teil zum Druck vermittelt. Nach dem Bruch mit Lenz im November 1776 unternimmt Goethe aber nichts mehr. Allerdings stellt er 1797 Friedrich Schiller den unvollendeten Roman *Der Waldbruder*, das Gedicht *Die Liebe auf dem Lande* und das Dramolett *Tantalus* zur Verfügung. Der Roman erscheint noch 1797 in den *Horen*, die beiden anderen Texte im Jahr darauf im Schillerschen *Musenalmanach*.

Als Jakob Michael Reinhold Lenz 1778 nach Riga gebracht wird, verbleibt eine Kiste mit Manuskripten und möglicherweise Erstdrucken bei Schlosser, die 1784 an die Familie in Riga gelangt. Offen muss bleiben, ob alle Texte Lenz' nach Riga verschifft wurden. Die Familie könnte Lenz Materialien nach Moskau nachgesandt haben, die dann vermutlich verloren sind. Gesichert ist, dass sie einen Teil an unbekannte Interessenten weitergibt (vgl. Franzos 1893), den Rest nach 1792 an den livländischen Arzt und Schriftsteller Georg Friedrich Dumpf, der sich zusammen mit seinem Freund Karl Petersen für Lenz einsetzt und Goethes vernichtendes Urteil korrigieren will. Dumpf veröffentlicht 1819 die jüngere Fassung des *Pandämonium Germanicum* – allerdings mit Fehlern und Entstellungen. Zugleich plant er eine Biographie, von der Teile handschriftlich erhalten sind.

Eine erste dreibändige Werkausgabe veranstaltet Ludwig Tieck 1828. Seine Vorarbeit beginnt 1821, indem er sich über den Studenten Ferdinand O. L. von Freymann an Gottlieb Eduard Lenz wendet, den Sohn von Friedrich David Lenz, dem ältesten Bruder des Dichters. Auf Vermittlung von Gottlieb Eduard Lenz erhält Tieck von Dumpf bereits 1821 die Texte, auf die dieser für seine Biographie glaubte verzichten zu können. Soweit die Ausgabe Unveröffentlichtes enthält, basiert sie auf Dumpfs Materialien. Tieck kennt freilich einige der zu Lebzeiten publizierten Werke Lenz' seit seiner Kindheit, worauf er auch in seiner Einleitung verweist. Als die Werkausgabe endlich erscheint, erweist sie sich leider als geprägt von Fehlern, die den Text entstellen, und anderen groben Mängeln (zur bereits im 19. Jahrhundert einsetzenden Kritik vgl. die 1857 bzw. 1861 erschienenen Ausgaben von Dorer-Egloff und Gruppe). So schreibt Tieck Texte anderer Autoren Lenz zu, wie auf Betreiben seines Verlegers Reimer Klingers Drama *Das leidende Weib*, ferner eine Rezension Häfelis von Herders *Ältester Urkunde* und eine Weinode des mit Lenz nicht verwandten Altenburger Beamten Friedrich Ludwig Lenz. Der Herausgeber erkennt auch bei einigen Gedichten Lenz' Autorschaft nicht, zum Beispiel bei *Menalk und Mopsus*, das er Merck zuordnet. Obwohl Tieck schon 1821 auf *Die Liebe auf dem Lande* aufmerksam gemacht wurde, nimmt er dieses Gedicht wie die anderen zuerst von Schiller publizierten Texte nicht in seine Ausgabe auf – vermutlich mit Rücksicht auf Goethe. Seiner Ausgabe stellt Tieck eine 139 Seiten umfassende *Einleitung* voran, in der weit weniger von Lenz als von Goethe die Rede ist. Zudem enthält dieser Text unrichtige biographische Angaben wie ein falsches Todesdatum (1780 statt 1792). Lenz wird als ein Freund Goethes vorgestellt, der „Beachtung" nur verdiene, um dessen „großen Genius ganz zu fassen und seine Zeit und Umgebung vollständiger kennen zu lernen, als es jetzt von den meisten, selbst seinen innigsten Verehrern geschieht" (Tieck I: I). Diese Einschätzung erklärt auch, warum der Essay in einem späteren selbständigen Nachdruck von 1848 den Titel *Goethe und seine Zeit* trägt. Ist Goethe in dem polyperspektivisch angelegten Text – er enthält Redeanteile verschiedener Personen einer Gesellschaft von Freunden – zwar der zentrale Autor des Sturm und Drang, nähert sich Tieck dem eher marginalisierten Lenz doch untergründig an. Dieser wird gegen den Dichter in Weimar vorsichtig abgesetzt als einer, dessen Disharmonien zwar abschreckten, aber doch zum Nachdenken anregten und dessen Weg in den Wahnsinn als Konsequenz der „heiligen Raserei" (Tieck I: XV) erscheint, die Dichtung immer schon sei. Trotz der offenkundigen Mängel ist das Verdienst Tiecks, Lenz' Werk zu sammeln und zugänglich zu machen, sehr hoch einzuschätzen. Vorher drohte Lenz ein vergessener Autor zu werden. Seine Werke waren kaum noch verfügbar. Die Ausgabe bleibt bis zu der von Blei 1909 maßgeblich.

Tieck besucht im Sommer 1828 Daniel Ehrenfried Stöber, den Nachlassverwalter Johann Friedrich Oberlins in Straßburg und Entdecker des Berichts *Herr L......* über Lenz' Aufenthalt im Steintal, die wichtigste Quelle für Büchners *Lenz*-Erzählung. In der Familie Stöber bleibt die Erinnerung an Lenz' Zeit in Straßburg lebendig. Bestärkt durch Tieck beginnt sich der Sohn August Stöber mit Lenz genauer zu beschäftigen. 1831 veröffentlicht er im *Morgenblatt für gebildete Stände* einige der Briefe Lenz' an Salzmann, die er in der Straßburger Stadtbibliothek entdeckt hatte, sowie

1.2 Handschriften und Werkausgaben

Gedichte, die in Tiecks Edition fehlen. 1842 folgen in *Der Dichter Lenz und Friederiecke von Sesenheim* weitere Briefe und Gedichte. Ganz vollständig sind die Salzmann-Briefe dann in dem Band *Der Aktuar Salzmann* (1853) enthalten. Martin (2002a: 139 ff.) legt dar, wie Stöber in seinen Lenz-Studien die von Tieck bereits formulierte These der Liebesmelancholie als Ursache für den ‚Wahnsinn' Lenz' auf Friederike Brion bezieht – ein wesentlicher Antrieb für seine Lenz-Studien. Die Originale der Salzmann-Briefe gehen bei der Besetzung Straßburgs 1870 in Flammen auf.

1835 zeichnet der Student Heinrich Kruse bei einem Besuch bei Friederikes jüngerer Schwester Sophie elf Gedichte aus dort vorhandenen Handschriften auf. Die Goethe-Philologie ordnet sie gleich diesem Autor zu, obwohl er selbst nur zwei (*Kleine Blumen, kleine Blätter*, *Es schlug mein Herz*) in seine Sammlung aufgenommen hatte. Seit Ende des 19. Jahrhunderts ist mit biographischen, textphilologischen und ästhetischen Argumenten ein heftiger Streit um die Verfasserschaft geführt worden, als dessen Ergebnis heute in der Regel die Gedichte *Nun sitzt der Ritter an dem Ort*, *Ach, bist du fort?*, *Wo bist du itzt, mein unvergesslich Mädchen* und *Dir, Himmel, wächst er ... entgegen* als lenzisch gelten. Nach Dwenger ist *Erwache Friederike* zur Hälfte von Goethe und von Lenz. Von letzterem stammen die Strophen 2, 4 und 5 (vgl. dazu Schröder 1905, *Luserke 1999: 50–66).

Nach Dumpfs Tod gelangen über dessen Sohn Teile des Lenz-Nachlasses, unter anderem die fragmentarische Biographie, an Tieck, der eine zweite Auflage der Werkausgabe überlegt, die aber nicht mehr zustande kommt. Einige Texte, die Dumpf noch besaß, zum Beispiel die ersten beiden Akte des frühen religiösen Dramas *Dina und Sichem*, müssen heute als verloren gelten. Nach Tiecks Tod 1853 erhält der Biograph des Autors, Ernst Rudolf Köpke, die Materialien. Dieser ordnet die Handschriften neu, wenn auch zum Teil nach nur oberflächlicher Einsichtnahme. Nach seinem Tod 1870 werden die Lenziana aufgrund einer Verfügung Köpkes an den livländischen Gutsbesitzer, Schriftsteller und späteren Dozenten und Professor Jégor von Sivers weitergegeben. In Livland ist die Erinnerung an den Dichter Lenz nach Dumpfs Tod ohnehin lebendig geblieben. Davon profitiert auch die Editionsgeschichte. Der Professor für Geschichte und Geographie an der Universität Dorpat, Karl Ludwig Blum, gibt 1842 Lenz' erstes Theaterstück *Der verwundete Bräutigam* heraus. Sivers kann dagegen seinen Plan einer Biographie nur partiell (*Vier Beiträge zu seiner Biographie und zur Literaturgeschichte seiner Zeit*, 1879) und den einer Edition gar nicht verwirklichen (vgl. dazu Markert 2000). Seine Unterlagen gelangen nach seinem Tod 1879 an den Germanisten Karl Weinhold und nach dessen Tod in die Königliche Bibliothek in Berlin. Gleiches gilt für Sivers' Entwurf einer Briefausgabe, deren Material dann Karl Freye und Wolfgang Stammler für ihre *Briefe von und an J. M. R. Lenz* (1918) nutzen. Sivers gelangt 1862 aus dem Besitz des Rigaer Superintendenten von Livland, Ferdinand Walter, auch an die übrigen Lenz-Materialien Dumpfs, deren Ankauf durch die Rigaer Stadtbibliothek er vermittelt (vgl. zu diesem Inventar Müller II: 174). Heute liegen diese Materialien in der Latvijas Akadēmiskā Bibliotēka.

Ferner sammelt Wendelin Freiherr von Maltzahn ab 1845 Lenziana. Er gelangt auch in den Besitz eines Teils der Handschriften Köpkes, zum Beispiel der *Soldaten* und des *Pandämonium*. Nach seinem Tod 1889 kommt seine Sammlung wie die von Dumpf/Köpke/Sivers in die Königliche Bibliothek in Berlin. Weinhold erhält nur Abschriften.

Ferner sammeln der Schweizer Literaturhistoriker, Dichter und Privatlehrer Eduard Dorer-Egloff und der Berliner Autor Otto F. Gruppe Lenz-Texte. Dorer-Egloff publiziert 1857 eine Edition, die einige der Irrtümer Tiecks korrigiert und die unter anderem von diesem nicht berücksichtigte Texte, die Schiller mit Zustimmung Goethes veröffentlicht hatte, aufnimmt, ferner in der Werkausgabe fehlende Aufsätze, sowie einige Briefe. Gruppe fügt in seine im Gegensatz zur damals etablierten Literaturwissenschaft hoch anerkennende Würdigung von Lenz' *Leben und Werken* (1861) eine Reihe von Texten ein, vor allem Gedichte. Gruppe möchte „in möglichst weiten Kreisen eine bessere, gerechtere Schätzung des Dichters" herbeiführen (Gruppe 1861: XII) und fordert „die öffentliche Aufstellung der Statue des Dichters in der ‚Metropole der Wissenschaft'" (ebd.: 388) – ein Wunsch, der noch lange unerfüllt bleibt. Die philologischen Unkorrektheiten, aber auch die moralische und ästhetische Aufwertung des Dichters führen bereits 1861 zu einer heftigen Kritik des Goetheaners Heinrich Düntzer.

Im Zeitalter des Positivismus bewirkt die Kanonisierung Goethes immerhin eine Sicherung und Edition von Texten Lenz'. Lenz gilt jedoch als ein gegenüber Goethe deutlich nachrangiger Autor des Sturm und Drang. Die eher negative Bewertung des Autors und die Nichtbeachtung der ästhetischen Qualität seiner Werke schränken die Benutzbarkeit der Editionen ein, vor allem der in ihnen enthaltenen Kommentare. Die späten Schriften Lenz' verfallen ohnehin dem weitverbreiteten Verdikt der Pathologie des Autors und werden gar nicht oder unvollständig ediert. Um Lenz macht sich vor allem Karl Weinhold, Professor in Breslau, später Berlin, verdient, der sich auf sein umfangreiches Lenz-Archiv stützen kann. Auch für Weinhold spielen die künstlerische Eigenart und Qualität der Texte keine zentrale Rolle. Weinhold gibt 1884 den *Dramatischen Nachlass* heraus, basierend auf den von Sivers überlieferten Handschriften. Die Ausgabe enthält die erste Fassung der Plautus-Übersetzungen mit der Vorrede, ferner die Dramenfragmente und Varianten zu von Lenz bereits publizierten Dramen. 1889 gibt Weinhold die *Moralische Bekehrung eines Poeten* heraus, 1891 die *Gedichte* „mit Benutzung des Nachlasses Wendelins von Maltzahn". Weinholds Editionen gelten bis heute trotz der Voreingenommenheit des Autors bis auf Kritik an Lesefehlern als recht zuverlässig. Allerdings verändert Weinhold Lenz' eigenwillige Zeichensetzung grundlegend. Erich Schmidt, ab 1887 Professor in Berlin, der bereits als Fünfundzwanzigjähriger das Büchlein *Lenz und Klinger* (1878) veröffentlicht hatte, gibt 1896 nach den Handschriften die jüngere Fassung des *Pandämonium Germanicum* heraus mit den nahezu vollständigen Varianten der älteren. Eine synoptische Edition beider handschriftlichen Fassungen gibt erst 1993 Weiß heraus. (Dieser weist auch nach, dass in den meisten früheren Editionen der Titel falsch überliefert ist: Er schreibt sich *Pandämonium Germanikum*.) Eine historisch-kritische Edition des *Pandämoniums* müsste zusätzlich die beiden Abschriften des *Pandämoniums* berücksichtigen, die im Weimarer Goethe- und Schiller-Archiv liegen und die sich in Details von den publizierten Fassungen unterscheiden (vgl. Kaserer 2015). 1901 beschreibt Erich Schmidt die *Lenziana* in der Königlichen Bibliothek und druckt einen Teil davon – Briefe und wenige Essays – ab, den Weinhold nicht berücksichtigt hatte. 1902 gibt Schmidt die *Vertheidigung des Herrn Wieland gegen die Wolken von dem Verfasser der Wolken* heraus. 1908 ediert Theodor Friedrich auf Grund der Handschriften und des Erstdruckes die *Anmerkungen übers Theater*. 1913 ediert Karl Freye die Schrift *Über die Soldatenehen*. Freye macht sich mit Stammler

1.2 Handschriften und Werkausgaben

um die Briefe Lenz' verdient. Den Plan einer Briefausgabe hatte schon Jégor von Sivers. Fritz Waldmann hatte 1894 seinen *Lenz in Briefen* veröffentlicht. Diese Edition enthält oft recht willkürlich ausgewählte Ausschnitte aus Briefen von und an Lenz. Eine „philologisch genaue Wiedergabe mit textkritischer Akribie" wird nicht angestrebt, auch die „ursprüngliche, äußerst buntscheckige Orthographie" wird normalisiert (Waldmann: Vorbemerkung). 1918 veröffentlichen Freye und Stammler dann ihre bis auf Details zuverlässige Briefausgabe, wobei die Texte an den Handschriften, soweit vorhanden, überprüft wurden. Leider fehlen viele Briefe aus der Moskauer Zeit oder sie werden unvollständig wiedergegeben, um Lenz Peinlichkeiten zu ersparen. Ebenfalls 1918 veröffentlicht Ludwig Schmitz-Kallenberg die „verloren geglaubte[n]" *Briefe über die Moralität der Leiden des jungen Werthers*. Die Bemühungen der Universitätsgermanistik um korrekte Texte Lenz' zeigen, dass die Beschäftigung mit diesem in der Wissenschaft zulässig ist und als der Reputation, gegebenenfalls auch der Karriere des Forschers nicht schädlich eingeschätzt wird. Dies bedeutet aber nicht, dass die Editoren ein persönliches Interesse an dem Werk hätten und dass der Autor grundsätzlich an Anerkennung in der Wissenschaft gewönne.

Gegen diese allgemeine Abwertung gerichtet ist die ‚Mystifikation' *Reinhold Lenz. Lyrisches aus dem Nachlaß, aufgefunden von Karl Ludwig* (1884). Der überwiegende Teil der Gedichte stammt nicht von Lenz, sondern von dem wahren Verfasser der Schrift, dem Autor und Mitherausgeber der *Modernen Dichter-Charaktere* Wilhelm Arent, der mit der Fälschung, die er später selbst aufdeckt, aus einer intensiven persönlichen Identifikation heraus ein Zeichen für Lenz setzen und die auf diesen Autor herabschauende Wissenschaft provozieren will, was ihm, wenn man die zornigen Reaktionen zum Beispiel Zarnckes 1885 und Schmidts bedenkt, auch gelingt. Letzterer nennt in der Beilage der *Münchner Allgemeinen* vom 18. Oktober 1884 Arent einen „Gassenjungen", der „Kot gegen die Sterne" zu werfen versuche (zu Arent vgl. Martin 2002a: 321–465).

1909 ist für die Lenz-Rezeption ein besonders wichtiges Jahr. Die Gründe dafür liegen außerhalb der universitären Wissenschaft. Das Eintreten der Naturalisten (vgl. dazu ebd.: 277–536) und zum Teil auch der Expressionisten für Lenz wirkt sich positiv aus. Seine Werke werden wie die Büchners entdeckt und diskutiert. Büchner- und Lenz-Rezeption verschränken sich. Nicht nur publiziert der Schriftsteller Erich Oesterheld eine Sammlung von *Gedichten*, sondern es erscheinen gleich zwei Werkausgaben. Die *Gesammelten Schriften*, herausgegeben von dem späteren Finnougristen Ernst Lewy, haben Wedekind angeregt, der auch mit der Arbeit begonnen hatte. Es handelt sich um eine Liebhaberausgabe, was schon die radikal modernisierte Orthographie und Interpunktion zeigen. Der Wortlaut der Texte ist nicht immer zuverlässig. Anmerkungen fehlen. Ungleich wichtiger für die Lenz-Rezeption ist die Ausgabe des österreichischen, in München lebenden Schriftstellers, Kritikers und Übersetzers Franz Blei. Sie ist bis zur Ausgabe Damms von 1987 die wichtigste Grundlage für die Lenz-Forschung und bleibt bis heute unverzichtbar, weil sie 26 Einzeltexte, vorwiegend aus dem Spätwerk veröffentlicht, die bei Damm fehlen. Einige davon sind allerdings inzwischen ediert, vor allem von Tommek (2007). Band 1 enthält die Gedichte und einige Dramen, Band 2 und 3 die Dramen, Band 4 die Essays, Band 5 die Prosatexte und einige Briefe sowie ein Regestenverzeichnis. Fälschlich gibt Blei in Band 4 Lichtenbergs *Einige Umstände von Kapitän Cook* als einen Lenz-Text wieder. Bleis Textversionen sind nicht immer korrekt, sie fußen zum Teil nicht auf den damals zuverlässigsten Editionen und ihm unterlaufen eklatante Lesefehler beim Abgleich der Handschriften, wie zum Beispiel Matthias Luserke (1997b) nachweist. Die Edition des *Pandämonium Germanikum* verwechselt die ältere mit der jüngeren Handschrift. Die Wiedergabe der älteren Handschrift ist unzuverlässig. Erst Titel/Haug und Damm drucken diese mit richtiger Angabe, aber immer noch mit Lesefehlern. Problematisch bleibt auch, dass Blei generell in den Lautstand eingreift und Interpunktion und Orthographie modernisiert. Dies hängt damit zusammen, dass Blei in bewusster Abgrenzung zur damaligen Wissenschaft eine Leseausgabe anstrebt, die ein breiteres Publikum erreichen soll. „Was den Lenz betrifft, Schreiber des Briefes sagt, daß man froh sei, die Werke zu haben und nun lesen zu können – mehr als das zu geben, mit dem Allernötigsten an Anmerkungen, war nie meine Absicht, da ich diese sogenannte Wissenschaftlichkeit durchaus perhorresziere. Die Dichter sind nicht für die 27 Literaturprofessoren als gelehrte Angelegenheit da" (Blei an Georg Müller, undatiert, 1911; zit. nach Mitterbauer 2003: 112). 1909 veröffentlicht auch der Privatdozent Matvej N. Rozanov seine bis heute unverzichtbare Lenz-Biographie auf Deutsch (auf Russisch schon 1901). Sie enthält im Anhang Materialien aus den Bibliotheken in Riga und Berlin.

Nach dem Ersten Weltkrieg gibt es kaum noch Lenz-Editionen. Otto von Petersen veröffentlicht 1924 in seiner Dissertation den zuerst 1782 im *Liefländischen Magazin zur Lektüre* anonym publizierten Text *Myrsa Polagi oder Die Irrgärten*. Seine Beweisführung, dass dieses Stück von Lenz sei, wird 1964 von Karl S. Guthke unterstützt, der den Text erneut veröffentlicht. 1930 ediert Johannes H. Müller Lenz' *Coriolan*-Fragment in gegenüber Blei revidierter Fassung.

Im Zweiten Weltkrieg wird die Sammlung Maltzahn nach Tübingen ausgelagert. Inzwischen ist sie als Teil der Stiftung Preußischer Kulturbesitz in der Berliner Staatsbibliothek. Die Sivers-Weinholdsche Sammlung wird nach Schloss Fürstenstein, danach ins Kloster Grüssau (beides Niederschlesien) ausgelagert und befindet sich heute in der Biblioteka Jagiellońska in Kraków (Verzeichnis der Lenziana in Kraków in: Weinert 2003). Ein vollständiger Katalog aller Berliner Lenziana befindet sich in der Staatsbibliothek Berlin.

In den 1940er bis frühen 1960er Jahren bleibt dass Interesse an Lenz in der Wissenschaft eher gering. Neue Editionen gibt es nicht, bis auf die *Expositio ad hominem*, die Élisabeth Genton 1962 publiziert, dann 1996 Wolfgang Albrecht und Ulrich Kaufmann in historisch-kritischer Edition mit Faksimile veröffentlichen. Außerdem kommt nach dem Zweiten Weltkrieg die Plautus-Bearbeitung *Die Algierer* ans Licht, die in der Hamburger Staats- und Universitätsbibliothek lagert. Richard Daunicht, der bereits 1943 die Studie *Lenz und Wieland* veröffentlicht hatte und seitdem Lenziana sammelte, wollte sie edieren, dies geschieht aber erst durch Luserke/Weiß (1991b).

1966/1967 erscheint endlich wieder eine Werkedition. Wie das Nachwort Hans Mayers belegt, ist sie eine Folge des von Brechts *Hofmeister*-Bearbeitung ausgehenden Interesses an Lenz als Autor antiaristotelisch strukturierter Dramen, die als Alternative zur Klassik gelten können. Die Herausgeber Britta Titel und Hellmut Haug bemühen sich um einen Standardtext, der „dem Leser die Gelegenheit" biete zur „Entdeckung des weithin vergessenen Werks" und dem „Studierenden […] einen originalgetreuen Text" (Titel/Haug: 7). Band 1 enthält *Die Landplagen*, Gedichte

1.2 Handschriften und Werkausgaben

und Essays, Band 2 die Dramen und dramatischen Fragmente. Der Lautstand der Originale ist grundsätzlich bewahrt, allerdings wird eine „sinnstörende" Zeichensetzung verändert (Titel/Haug: 581). Die Ausgabe folgt den Erstdrucken und, soweit für die Herausgeber erreichbar, den Handschriften. Einzelne Irrtümer von Weinhold und Blei werden ausgewiesen und korrigiert. Varianten von Texten werden im Anmerkungsteil verzeichnet, wenn auch nicht vollständig. Die Anmerkungen erläutern einzelne Textstellen; zu den Texten wird auch auf die dokumentierte Entstehungs- und Wirkungsgeschichte eingegangen. Zwar übertrifft die Ausgabe die von Blei an Zuverlässigkeit deutlich, doch bleibt sie hinsichtlich der Vollständigkeit hinter dieser weit zurück. Es fehlen die wichtigsten Erzählungen, ein Teil der Plautus-Übersetzungen, auch deren erste Fassungen, die erste Fassung des *Hofmeisters* (trotz der Ankündigung im Vorwort nur Textproben!), ein Teil der Essays und Dramenfragmente, sowie das Spätwerk. Entsprechend kann die an sich philologisch sorgfältige, von heute aus gesehen allerdings auch von Lesefehlern nicht freie Edition dem seit Ende der 1960er Jahre deutlich steigenden Interesse an Lenz schon bald nicht mehr genügen. Es überrascht, dass Haug in seiner Edition der Gedichte bei Reclam 1968 zum Teil andere Fassungen abdruckt, ohne auf die Abweichungen von der Werkausgabe hinzuweisen.

Daunichts zuverlässige und gut kommentierte Ausgabe von 1967 ist über Band 1 nicht hinausgekommen. Sein Band enthält auch Texte, die bei Titel/Haug fehlen: *Der verwundete Bräutigam*, alle Plautus-Bearbeitungen, *Der Hofmeister* und die Schlussszene des *Neuen Menoza* in einer früheren Fassung. In der schmalen Auswahl *Werke und Schriften* im Rahmen der Reihe „Texte deutscher Literatur 1500–1800" ediert Daunicht 1970 unter anderem die *Meynungen eines Layen* und liefert damit einen im Vergleich zu Blei zuverlässigen Text.

Sigrid Damm, die Verfasserin der großen Lenz-Biographie *Vögel, die verkünden Land* (1985), veröffentlicht 1987 eine dreibändige Werkausgabe im Insel Verlag (Leipzig) und im Carl Hanser Verlag. Der erste Band versammelt die Dramen, dramatischen Fragmente und die Übersetzungen von Stücken Shakespeares. Der zweite Band enthält die Plautus-Übersetzungen – auch die erhaltenen ersten Fassungen – und das erzählerische Werk. Im dritten Band findet der Leser die Gedichte und die Briefe von Lenz und in Auswahl an Lenz. Als Textgrundlage dienen die Erstdrucke bzw. andere Editionen (Weinhold, Blei, Titel/Haug, Daunicht). Ferner werden, soweit möglich und erforderlich, die Handschriften in Berlin, Weimar, Riga und Kraków hinzugezogen. Gegenüber Weinhold wird die ursprüngliche Interpunktion in den Texten wiederhergestellt. Bei einem Drittel der Gedichte fußt der Text auf den Handschriften, ansonsten auf den Erstdrucken oder Neudrucken. Die Brieftexte folgen der Ausgabe von Freye/Stammler, allerdings korrigiert nach Kontrolle der Handschriften, soweit diese erhalten sind. Seitdem neu gefundene und edierte Briefe werden eingefügt. Jeder der drei Bände enthält einen Anhang zur Entstehung und Wirkung der betreffenden Texte und mit erläuternden Anmerkungen zu einzelnen Textstellen, Band 3 überdies ein kommentiertes Personen- und Werkregister und einen Essay der Herausgeberin.

Sigrid Damm sieht ihre Edition als einen „notwendigen und anstrengenden Liebesdienst" an. „Es ist eine Leseausgabe", die den Autor zu entdecken helfen möchte (Damm 2010: 26). Der Erfolg dieser Ausgabe, die bis heute maßgeblich ist, zeigt, dass dieses Ziel erreicht wurde. Doch so verdienstvoll die Edition ist, sie lässt den

Forscher in einigen Punkten unbefriedigt. So fehlen Texte, vor allem aus dem Spätwerk, auch solche, die schon bei Blei oder anderen ediert waren (vgl. die Zusammenstellung bei Scholz 1990). Die „verwirrten Briefe der Moskauer Zeit" (Damm III: 770) erscheinen nicht in vollem Wortlaut. Die in livländischen Zeitschriften erschienenen Texte, bei denen die Verfasserschaft nicht immer klar ist, fehlen. Bei der *Coriolan*-Edition folgt Damm unglücklicherweise Blei und nicht Johannes H. Müller. Die Ausgabe enthält nicht alle Gedichte – zum Beispiel nicht das *Lied eines schiffbrüchigen Europäers*. Die Gedichtfassungen sind nicht immer zuverlässig oder es fehlen Varianten (vgl. dazu die Kritik von Vonhoff 1990a). Den Erfordernissen einer historisch-kritischen Ausgabe konnte und wollte Damm mit guten Gründen nicht entsprechen. Fast erreicht ist deren Standard in der *Hofmeister*-Ausgabe von Kohlenbach (1986). Dieser stellt dem Erstdruck, dem die Lenz-Ausgaben folgen, die Handschrift gegenüber, die deutliche Abweichungen zeigt. Damm gibt die Erstfassung nur in Ausschnitten.

Vonhoffs Arbeit *Subjektkonstitution in der Lyrik von J. M. R. Lenz* (1990a), die eine „Auswahl neu herausgegebener Gedichte" enthält, präsentiert nur einen Teil der Lyrik. Auch an seinen Fassungen gibt es Kritik (vgl. dazu Weinert 2003a). Die von Weinert angekündigte historisch-kritische Ausgabe der Gedichte ist leider bis heute nicht erschienen. Entsprechend sind nicht alle handschriftlich erhaltenen Gedichte Lenz' ediert und die Editionen bieten oft unterschiedliche Fassungen.

Dies gilt auch für die drei Leseausgaben, die im 200. Todesjahr des Autors 1992 erscheinen: Müller/Stötzer, Lauer und Voit. Ihre Versionen der Gedichte weichen zum Teil voneinander ab und partiell auch von Damm. Dies gilt, obwohl vor allem die letzten beiden sich sehr wohl um philologische Sorgfalt bemühen. Alle drei Editionen erreichen bei weitem nicht den Umfang von Damm.

Das wachsende Interesse an Lenz zeigt sich seit Mitte der 1980er Jahre auch in Editionen unbekannter, nur handschriftlich vorhandener oder verschollener Texte. 1985 veröffentlicht Werner H. Preuß *Drei unbekannte poetische Werke von J. M. R. Lenz*, die Elegie *Ernstvoll – in Dunkel gehüllt*, die Posse *Der Tod der Dido* und den Lukianischen Dialog *Der Arme kömmt zuletzt eben doch so weit*. Eine Sensation bildet der Fund der völlig unbekannten *Carrikatur einer Prosopee* mit dem Titel *Belinde und der Tod* (1988). 1993 ediert Weiß im *Lenz-Jahrbuch* noch nicht publizierte Fragmente von Entwürfen zum *Waldbruder*, 1994 den *Catechismus*. Eine positive Überraschung bildet dann Weiß' Fund der *Philosophischen Vorlesungen für empfindsame Seelen* von 1780 (Faksimiledruck 1994), mit dem diese erstmals in vollständiger Fassung bekannt und editorische Irrtümer in der Zuordnung von Textteilen korrigiert werden. So war der *Catechismus* von Blei, der ihn fast vollständig, aber unzuverlässig präsentiert, fälschlich den „Supplementen" der *Vorlesungen* zugeordnet worden. Rozanov hatte einen Teil dieses Textes unter dem Titel *Meine Lebensregeln* gedruckt, Damm nimmt ihn unter diesem Titel in ihre Edition auf – ein Beispiel für die Verwirrung bei der Edition von Lenz-Texten, welche die Notwendigkeit einer historisch-kritischen Ausgabe unterstreicht. Die *Bittschrift eines Liguriers an den Adel von Ligurien*, ohne Verfasserangabe erschienen 1776 im *Teutschen Merkur*, hat bereits Richard Daunicht in seiner Dissertation *J. M. R. Lenz und Wieland* (1942) Lenz zugeordnet. Heinrich Bosse veröffentlicht sie 2012 mit Kommentar und Interpretation.

Der Fall des Eisernen Vorhangs wirkt sich auf die Editionsgeschichte Lenz' sehr positiv aus, weil nun die Archive im Osten zugänglich sind. Die schmerzlichsten

1.2 Handschriften und Werkausgaben

Lücken in Damms Werkausgabe können so geschlossen werden. David Hill konzentriert sich auf die Schriften im Umkreis von *Über die Soldatenehen*. 1994 veröffentlicht er *Die Arbeiten zu den Soldatenehen. Ein Bericht über die Krakauer Handschriften*, 1995 Lenz' Avantpropos zu den *‚Soldatenehen'* und *Lettre d'un soldat Alsacien a S Excellence Mr le Comte de St. Germain sur la retenue de la paye des Invalides*. 2007 veröffentlichen Hill und Elystan Griffiths *Schriften zur Sozialreform. Das Berkaer Projekt*. Es handelt sich um Handschriften in fragmentarischer Form (Notizen, Exzerpte, Entwürfe, Berechnungen u. a.) in Zusammenhang mit Lenz' Projekt zur Reform des Militärs, das einen der Gründe für die Verstimmung und den späteren Bruch zwischen Lenz und Goethe 1776 in Weimar bildet. Das sehr umfangreiche Konvolut der Handschriften befindet sich heute überwiegend in Kraków, zum geringeren Teil auch in Riga und Berlin. Die historisch-kritische Ausgabe versucht einerseits dem Arbeitsprozess Lenz' gerecht zu werden, andererseits aber auch eine Lesbarkeit zu gewährleisten. Besonders die vielen Korrekturen in den Texten und die zahlreichen kurzen Fragmente, deren Beziehung zueinander nicht immer klar ist, haben die Edition erschwert, abgesehen von den enormen Problemen der Transkription der oft flüchtigen und kaum lesbaren Handschrift. Die Ausgabe behält die Einteilung der Handschriften, wie sie in den Archiven, vor allem in Kraków gegeben ist, bei. Keine andere Anordnung weise „beim gegenwärtigen Wissensstand eine größere Authentizität" auf, zumal nicht ausgeschlossen werden könne, dass „die Anordnung" – trotz der Eingriffe unter anderem Köpkes – „zum Teil" noch „von Lenz" stamme (Griffiths/Hill II: 487). Die Herausgeber geben in Band 2, 492 ff. über ihre Editionsprinzipien ausführlich Auskunft. Die Texte werden in recte wiedergegeben, ohne Normalisierung. Über den Zustand der Handschriften und über die Eingriffe der Herausgeber bei der Publikation wird ausführlich Auskunft erteilt. Die Einteilung in Haupt- und Nebentexte erleichtert dem Leser die Orientierung. Sehr nützlich sind die Hilfen und historischen Informationen der Herausgeber zu den Texten, die sie oft überhaupt erst erschließen. Hier enthalten sich die Herausgeber einer Deutung. Ihre Bewertung und historische Einordnung des Projekts nehmen sie in einer ausführlichen Einleitung zu Band 2 vor. Die Ausgabe erlaubt erstmalig einen Überblick über das für Lenz zentrale Vorhaben. Sie wird die Diskussion über den Stellenwert der Vorschläge vorantreiben, sei es dass man sie als subjektiv, exzentrisch und/oder Frauen disziplinierend, als revolutionär, weil auf die Französische Revolution vorausweisend, oder als Stütze des absolutistischen Staates einordnet (→ 2.6 Die Berkaer Schriften). Mit der Edition von Hill und Griffiths sind allerdings längst nicht alle Texte aus dem in Kraków liegenden Nachlass publiziert (vgl. das von Gesa Weinert angefertigte Verzeichnis der Lenziana in Kraków: Weinert 2003b).

Die Bemühungen der Forschung gelten auch dem überwiegend in Moskau entstandenen Spätwerk. Heribert Tommeks unglücklicher Behauptung (Tommek II: 1), Lenz in Moskau werde immer noch ein Verharren im Pathologischen unterstellt, was die Annäherung an seine Texte erschwere, die sich einem auf das Literarische fixierten Dichterbild entzögen, steht das schon vor seiner Edition wachsende Interesse am Autor gegenüber. Festzuhalten ist, dass die Moskauer Schriften wie die des Berkaer Projekts ein Selbstverständnis als Autor belegen, das literarische, kritische und gesellschaftspolitische Aktivitäten nicht voneinander trennt. 1992 ediert Weiß die *Abgezwungene Selbstvertheidigung*, 1996 Daum den *Lettre adressée, à quelques officiers de la commission hydraulique de la communication d'eau*, allerdings, wie Tommek

2007 feststellt, mit Lesefehlern. Elke Meinzer publiziert im gleichen Jahr erstmals nach Tieck und Blei den wichtigen Prosatext *Ueber Delikatesse der Empfindung* zuverlässig mit einem umfangreichen Kommentar und einer Interpretation. Martin und Vering veröffentlichen im *Büchner-Jahrbuch* 1995–1999 die *Vergleichung der Gegend um das Landhaus des Grafen mit dem berühmten Steinthal*. 2007 erscheinen dann die *Moskauer Schriften* in zwei Bänden, herausgegeben und kommentiert von Tommek. Diese historisch-kritische Ausgabe umfasst nach heutigem Kenntnisstand alle in Moskau entstandenen Texte: Gedichte, dramatische Fragmente, Prosa, Essays und Projektentwürfe sowie die im Vergleich zu Damm vollständigen Briefe von Lenz. Eine Ausnahme bildet die gedruckte Übersetzung von Pleščeevs *Übersicht des Russischen Reichs* (1787), die Weiß bereits 1992 in Faksimile ediert hat. Die Basis der Edition bilden die Lenz-Nachlässe in Riga, Kraków und Berlin, wobei die Moskauer Schriften ein Konvolut von ca. 320 Handschriftenseiten und 29 Abbildungen umfassen. Im Falle des Fehlens einer Handschrift wird auf den Erstdruck zurückgegriffen. Orthographie und Zeichensetzung entsprechen den Handschriften. Textvarianten werden im Kommentarband (Band 2) wiedergegeben – außer sie sind gleichwertig zur Erstversion. Der kritische Apparat zur Textkonstitution wird in Fußnoten zu den jeweiligen Textstellen wiedergegeben. Nützlich und für den Leser unerlässlich ist der ausführliche Kommentar zu einzelnen Textstellen wie auch zur Entstehung der Texte, ihrer Stellung im jeweiligen Diskurs, zu Textstruktur, -thema und -inhalt. Den Textkommentaren vorangestellt ist eine ausführliche Einleitung, die Lenz' Aktivitäten einordnet in die kulturelle und gesellschaftliche Entwicklung Russlands zur Zeit seines Aufenthaltes. Sehr nützlich ist auch das umfangreiche und kommentierte Glossar zu den zentralen Motiven, Symbolen und Paradigmen der Moskauer Schriften. Es beruht auf der Ausgangsthese, dass sich diese Texte als ein „Netz besonderer Ausdrucksformen" (Tommek II: 723) lesen lassen. Tommek unterscheidet symbolstrukturelle Hauptachsen, ‚Handlungsparadigmen', ‚Akteure', ‚Geistesarbeit', ‚Mensch und horizontale Arbeitsteilung' sowie ‚alltagskulturelle Zeichen'. Vermutlich wird dieses Glossar, das auf einer hermeneutischen Annäherung an die Texte beruht, noch Diskussionen auslösen. Nützlich ist (wie auch bei Griffiths/Hill) das ausführlich erläuterte Personenregister. Die Edition der Schriften ist ein großer Gewinn, da sie erstmals einen zuverlässigen Überblick über Lenz' vielfältige Aktivitäten in Moskau erlaubt und auch die von Tommek unterstellte ‚Fremdheit' der Texte aufhebt (vgl. dazu → 2.7 MOSKAUER SCHRIFTEN). Sowohl Griffiths/Hill als auch Tommeks Edition sind für den heutigen Lenz-Forscher eine unverzichtbare Lektüre, wenn er sich einen Überblick über die Reichsweite der Ideen und Aktivitäten des Autors verschaffen will und sie müssen, wie Luserke-Jaqui im *Lenz-Jahrbuch* 13–14 ausgeführt hat, als „Pflichtanschaffung für jede wissenschaftliche Bibliothek" gelten (Luserke-Jaqui 2004–2007: 365). Die Editionen bieten zudem viele Möglichkeiten für anschließende Forschungsarbeiten.

Abschließend sei zusammengefasst, dass Lenz' Aufstieg zum anerkannten Autor und relevanten Forschungsobjekt Folgen hatte für die Edition seiner Werke. Sie sind heute bis auf wenige Ausnahmen greifbar, zum Teil aber sehr verstreut ediert. Außerdem wurden zentrale als verschollen geltende Werke wie die *Philosophischen Vorlesungen* aufgefunden. Die Autorschaft mancher Werke ist allerdings nicht abschließend geklärt. Insbesondere bei den Gedichten bleibt zusätzlich das Problem unterschiedlicher Fassungen auch in den erhältlichen Editionen. Es gibt nicht unbedingt einen Konsens über die handschriftliche Version, wenn diese überhaupt ediert ist. Bei anderen Texten muss man sich die verschiedenen Fassungen mühsam aus verschiedenen Editionen zusammensuchen. Nicht immer sind deren Texte ganz zuverlässig. Eine historisch-kritische Ausgabe bleibt also ein dringendes Desiderat. Sie kann nur in einer Zusammenarbeit der Lenz-Forscher zustande kommen.

Weiterführende Literatur

Goethe, Johann Wolfgang: *Sämtliche Werke nach Epochen seines Schaffens. Münchner Ausgabe*. Hg. v. Karl Richter in Zusammenarbeit mit Herbert G. Göpfert, Norbert Miller u. Gerhard Sauder. Bd. 16: *Aus meinem Leben. Dichtung und Wahrheit*. Hg. v. Dieter Sprengel. München 1985.
Luserke, Matthias: *Der junge Goethe. „Ich weis nicht warum ich Narr soviel schreibe"*. Göttingen 1999.

2. Werke

2.1 Dramen und Dramenfragmente
Julia Freytag

1. Lenz' Dramenästhetik 47
2. Dramen 51
    Der verwundete Bräutigam 51
    Der Hofmeister oder Vorteile der Privaterziehung 55
    Der neue Menoza oder Geschichte des cumbanischen Prinzen Tandi 62
    Die Soldaten 69
    Pandämonium Germanikum 78
    Die Freunde machen den Philosophen 83
    Der Engländer 87
    Die beiden Alten 92
    Die Sizilianische Vesper 94
    Myrsa Polagi oder Die Irrgärten 97
3. Fragmente 100
    Catharina von Siena 100
    Die Kleinen 107
    Der tugendhafte Taugenichts 109
    Henriette von Waldeck [oder] Die Laube 113
    Cato 115
    Die alte Jungfer 116
    Zum Weinen oder Weil ihrs so haben wollt 118
    Graf Heinrich. Eine Haupt- und Staatsaktion 120
    Die Familie der Projektenmacher 121
    Magisters Lieschen 123
    [Caroline] 124
    [Die Baccalaurei] 124
    Fragment aus einer Farce die Höllenrichter genannt 124
    [Ein Lustspiel in Alexandrinern] 126
4. Einakter und weitere dramatische Texte 127

1. Lenz' Dramenästhetik

Lenz' Dramentexte beeinflussen die deutschsprachige Dramatik über Büchner und Brecht bis in die Moderne. Die Auseinandersetzung mit Komödie und Tragödie und deren Spielarten, die Schreibweisen des Satirischen und Grotesken, die modern anmutende Sprache weisen literaturgeschichtlich über seine Zeit hinaus. Lenz' *Anmerkungen übers Theater* (1774) gelten neben Herders *Shakespear* (1773) und Goethes *Zum Schäkespears Tag* (1771) als eine der wesentlichen programmatischen Schriften des Sturm und Drang und sind das „Dokument einer tastenden Selbstvergewisserung des Autors bezüglich einer neuen Dramenform" (Winter 2000a: 56; vgl. auch → 2.4 THEORETISCHE SCHRIFTEN: ANMERKUNGEN ÜBERS THEATER). In der kritischen Lektüre von Aristoteles' *Poetik* denkt Lenz die Gattungen Tragödie und Komödie neu. Seine Kritik richtet sich in erster Linie auf Aristoteles' Definition der Tragödie als

„‚Nachahmung einer *Handlung*'" (*Anmerkungen übers Theater*, Damm II: 650, Hervorh. im Orig.). Aristoteles' Trennung von Charakter und Handlung in dem Sinne, dass die „‚Begebenheiten [...] der Endzweck der Tragödie'" (ebd.: 652) sind, hat für Lenz keinen Bestand mehr, da in seiner Gegenwart weder die Götter noch die Anerkennung der „Gewalt des Schicksals" (ebd.: 667) wie in der Antike eine Rolle spielen. In Umkehrung der aristotelischen Definition stellt Lenz für die Tragödie den Charakter ins Zentrum und zielt damit zugleich auf eine neue Konzeption der Komödie: „Die Hauptempfindung in der Komödie ist immer die Begebenheit, die Hauptempfindung in der Tragödie ist die Person, die Schöpfer ihrer Begebenheiten [sic!]." (ebd.: 668) Dass Lenz die Handlung ins Zentrum der Komödie rückt, entspringt seiner Skepsis gegenüber der Autonomie des Menschen in der zeitgenössischen Gesellschaft (vgl. zur Komödie als Vorstufe zur Tragödie Martini 1970: 176–182). Denn nur ein frei über sich selbst verfügender und handelnder Mensch kann zu einer tragödienfähigen Figur werden: „[E]s ist die Rede von Charakteren, die sich ihre Begebenheiten erschaffen, die selbstständig und unveränderlich die ganze große Maschine selbst drehen, ohne die Gottheiten in den Wolken anders nötig zu haben, als wenn sie wollen zu Zuschauern" (Damm II: 654).

Mit dieser Neubestimmung der Gattungen beruft sich Lenz auch auf den „Volksgeschmack der Vorzeit und unsers Vaterlandes" (ebd.: 668): Den Vorrang des Charakters findet er im volkstümlichen Verständnis der Tragödie („das ist ein Kerl! das sind Kerls!"; ebd.) und die Bedeutsamkeit der Handlung für die Komödie in der gebräuchlichen Benennung alltäglicher Ereignisse als ‚Komödie' bestätigt: „Bei der geringfügigsten drollichten, possierlichen unerwarteten Begebenheit im gemeinen Leben rufen die Blaffer mit seitwärts verkehrtem Kopf: Komödie! Das ist eine Komödie! ächzen die alten Frauen." (ebd.) Lenz überträgt Aristoteles' Tragödiendefinition auf die Gattung der Komödie und greift zugleich, in Anlehnung an Shakespeares Komödien (vgl. Inbar 1982), auf volkstümliche, vom Theater der Aufklärung seit Gottsched an den Rand gedrängte Komödienformen wie die Commedia dell'Arte zurück (vgl. Hinck 1965b).

Lenz' Figuren sind weder Tugendgestalten noch Kraftgenies und prometheische Helden, sondern realistisch und oftmals komisch gezeichnete Alltagsmenschen, die sozial gefangen und blind verstrickt den Zwängen der Ständegesellschaft erliegen. Die „mangelnde ‚innere' Autonomie der Figuren, ihr Hin- und Hergerissensein zwischen Trieb, Vernunft, Moral" (Winter 2000a: 58) lassen sie zu ‚Spielbällen' werden. Zufälle und unkontrollierbare Begebenheiten bescheren ihnen Glück oder Unglück; ihr Begehren läuft ins Leere, auch wenn sich die Umstände scheinbar günstig fügen. Sie stehen im „Widerspruch zwischen beanspruchter persönlicher Autonomie und tatsächlicher Determiniertheit [...] durch Verhältnisse, die ihrerseits keinem vernünftigen und durchschaubaren Prinzip folgen" (Rector 1989: 206), und verlieren sich in „Szenenfluchten" (Greiner 2006 [1992]: 174 f.).

Im Mittelpunkt von Lenz' Dramen steht nicht die „Tragik individuellen Schicksals und Leidens" (Huyssen 1980: 115), sondern das „Trauerspiel eines Gesellschaftszustandes" (ebd.) der zugleich ins Komische verzerrt wird. Die potentiell tragischen Geschehnisse in den Stücken, wie Gustchens uneheliche Schwangerschaft und Selbstmordversuch und Läuffers Selbstkastration in *Der Hofmeister*, die Verführung Marianes in *Die Soldaten*, der vermeintliche Geschwisterinzest in *Der neue Menoza*, werden durch karikaturhafte Figuren komisch gebrochen. Programmatisch formuliert Lenz die Gleichzeitigkeit von Tragischem und Komischem: „Komödie ist Gemälde der menschlichen Gesellschaft, und wenn die ernsthaft wird, kann das Gemälde nicht lachend werden." (*Rezension des Neuen Menoza*; Damm II: 703). Um ein solches „Gemälde der menschlichen Gesellschaft" auszugestalten, werden die Gattungsgrenzen und die dramatische Form aufgebrochen, u. a. durch das Ineinanderspielen von Tragischem und Komischem, das Experimentieren mit Gattungs- und Stilmischungen (vgl. Zelle 1992, Profitlich 1998 u. 2001), die versatzstückartige Verwendung von Genrezitaten, die intertextuellen Bezüge auf die europäischen Literaturen. Die Parodie der dramatischen Gattungen (vgl. Guthrie 1993), die Selbstreflexivität innerhalb der Stücke sowie der Zufall, der als dramaturgisches Mittel eingesetzt wird, um ein ‚Happy End' herbeizuführen, spiegeln einen skeptischen Blick auf die Welt wider (zur Bedeutung des Happy Ends vgl. S. Kraft 2011: 128–151): „Ein spöttisches Schlusstableau steigert das Tragische noch durch ein absolut fadenscheiniges sarkastisches *happy ending*, das die Irrealität von Versöhnung spüren lässt." (Staatsmann 2000: 25; Hervorh. im Orig.)

Die adäquate Darstellungsform einer Gesellschaft, in der „alles in die elendeste Karikatur ausartet" (*Briefe über die Moralität der Leiden des jungen Werthers*; Damm II: 687), ist eine „karikaturistische Detailoptik und Pointierung" (Elm 2002: 21; zu Lenz' Ästhetik der Karikatur vgl. ebd.). In seiner Dramenpoetik wertet Lenz die Karikatur explizit auf: „[N]ach meiner Empfindung schätz ich den charakteristischen, selbst den Karikaturmaler zehnmal höher als den idealischen" (*Anmerkungen übers Theater*; Damm II: 653). In vergrößerten Momentaufnahmen, die einzelne Vorgänge ausschnitthaft herausnehmen, „ skizziert [Lenz] mit wenigen Strichen die Figuren in ihrer jeweiligen Situation" (Staatsmann 2000: 21). Formal zeigt sich diese Szenen- und Figurengestaltung in zerrissenen Szenen und harten Schnitten zwischen diesen. „Als Rechercheur des karikaturhaft Komischen in der zeitgenössischen Kultur hat Lenz den subjektiven, verfremdenden, zusammenhangdurchbrechenden Blick, ohne den es keine Karikatur gibt" (Elm 2002: 22) und der zugleich zu einer Ästhetik des Fragmentarischen führt (vgl. H. J. Schmidt 1992b: 221; vgl. insbesondere zur Dramaturgie des Fragmentarischen J. Schäfer 2016, und → 3.17 FRAGMENTARISCHE SCHREIBWEISEN). Lenz schreibt Theatertexte, die „sich einer geschlossenen Erzählung, dem Postulat der Wahrscheinlichkeit, psychologisierender Figurenzeichnung, eindeutiger Zuordnungen (Haupt- und Nebenfiguren, Haupt- und Nebenhandlung etc.) und den Einheiten von Zeit und Ort verweigern" (J. Schäfer 2016: 14), und entwickelt eine Dramaturgie, die „der Wahrnehmung einer nur in Bruchstücken sichtbar werdenden Welt Ausdruck und Form" (ebd.: 15) zu geben vermag. Seine „fragmentarische Dramaturgie bricht nicht nur mit Dramen- und Theaterkonventionen seiner Zeit, sondern weist voraus auf eine Ästhetik und (Theater-)Praxis, die uns erst heute vertraut wird." (ebd.: 14)

Die Dramentexte sind mit einer Mischung aus sozialer Genauigkeit, Satire und Groteske (→ 3.16 SATIRISCHE GROTESKE UND IRONISCHE SCHREIBWEISEN) verfasst, die einen Abbildrealismus der Wirklichkeit und eine vermeintliche Wahrscheinlichkeit der Begebenheiten vermeidet. Durch eine „Dramaturgie des Realen" (vgl. Staatsmann 2000: 18) erscheint „der Gang der Ereignisse nicht planmäßig […] und berechenbar […], sondern […] im Einbruch der unvorhergesehenen Wechselfälle [wird] das Leben in seiner Zufälligkeit, seiner radikalen – eben realen – Kontingenz spürbar" (ebd.). Durch den Akzent auf physische Details und materielle Realitäten tritt

„das Reale derart hervor, dass es ‚mehr' ist als die normale Realität" (ebd.: 20), und „die alltägliche Verfasstheit der symbolischen [...] Ordnung [wird] in die Krise" (ebd.) gebracht.

Lenz versteht seine Dramen stets als unfertig, auch wenn sie bereits veröffentlicht sind: „Alle meine Stücke sind große Erzgruben die ausgepocht ausgeschmolzen und in *Schauspiele* erst verwandelt werden müssen, so daß alle die Handlungen an einander hängendes Bild machen" (Damm I: 750 f.; Hervorh. im Orig.). Die Bedeutung des Fragmentarischen zeigt sich auf der einen Seite in den faktisch durch bestimmte äußere Umstände Fragment gebliebenen Dramentexten und auf der anderen Seite in einer fragmentarischen Ästhetik und „Dramaturgie der Brüche" (J. Schäfer 2016: 51) seiner vollendeten Dramentexte, wobei beispielsweise *Der tugendhafte Taugenichts* beide Kategorien erfüllt (vgl. ebd.: 147). Die vielen Dramenentwürfe, die Lenz hinterlassen hat, haben bisher in der Forschung nur wenig Aufmerksamkeit erhalten. Die hauptsächlich in seiner Straßburger oder Weimarer Zeit entstandenen Dramenfragmente weisen vielfältige thematische und motivische Verbindungen und Bezüge zu den ‚fertigen' Dramen auf (vgl. Winter 2000a: 76) und zeigen zugleich die inhaltliche und ästhetische Variationsbreite seiner dramatischen Produktion. Sie „deuten so auch die Richtung an, in die seine Dramatik sich [...] vielleicht hätte weiterentwickeln können" (Schulz 2001a: 138). Im Unterschied zu den abgeschlossenen Dramen, die mit Gattungselementen der Komödie und mit einer Mischung von Tragischem und Komischem experimentieren, handelt es sich bei den dramatischen Fragmenten *Cato*, *Graf Heinrich* und *Catharina von Siena* um Entwürfe zu historischen Dramen und Tragödien.

Auch aus Lenz' Moskauer Zeit liegen dramatische Fragmente vor, die die vormaligen aus einer oder wenigen Szenen bestehenden Dramenentwürfe weiterführen (vgl. Tommek II: 313). Dabei handelt es sich um die folgenden 2007 von Tommek edierten Dramenfragmente: *Historisches Theater* (das einseitige Stückfragment ist bei Damm unter dem Titel *Boris* ediert), *Der Stundenplan eine Farse und Roman*, *Sic quæ nocent docent* oder *sic quæ docent nocent* und *Comédie des bêtes* (vgl. Tommek I: 135–154 u. die Kommentierung in Tommek II: 313–346; vgl. zu den Dramenentwürfen aus der Moskauer Zeit einschließlich des bei Damm als *Boris* abgedruckten Texts → 2.7 MOSKAUER SCHRIFTEN: DRAMATISCHE FRAGMENTE).

In der jüngeren Forschung hat sich ein neuer Ansatz herausgebildet, der sich mit den Dramaturgien des Fragmentarischen auseinandersetzt (vgl. J. Schäfer 2015, 2016 und → 3.17 FRAGMENTARISCHE SCHREIBWEISEN) und sich aus dieser sowie aus editionswissenschaftlicher Perspektive eingehender der Problematik einer kritischen Edition von Lenz' dramatischen Entwürfen widmet (vgl. Babelotzky/Schäfer 2014 u. 2016). Die Forderung nach einer historisch-kritischen Edition, deren Desiderat in der Forschung immer wieder dargelegt worden ist (vgl. Scholz 1990, Manger 1995, Vonhoff 2003, Weinert 2003a; vgl. auch Winter 2000a: 19–25 u. 175–193 und → 1.2 HANDSCHRIFTEN UND WERKAUSGABEN), trifft auf die bisher nur unzuverlässig edierten Dramenfragmente (vgl. Weinhold-DN, Titel/Haug II, Damm I) in besonderem Maße zu – zumal sich in den Archiven noch eine Reihe weiterer Manuskripte, Notizzettel und Zeichnungen befindet (ein Großteil des handschriftlichen Nachlasses der Dramenfragmente ist im Archiv der Biblioteka Jagiellońska in Kraków aufbewahrt).

Es ist zu vermuten, dass die Dramenentwürfe bisher vor allem deshalb wenig interpretatorische Aufmerksamkeit gefunden haben, „weil die Darstellung in den gängigen Ausgaben eine tatsächliche Beschäftigung mit ihnen schwierig macht" (Babelotzky/Schäfer 2014: 160). Bei vielen von Lenz' Entwurf gebliebenen Dramen handelt es sich zudem nicht um „lineare Texte[ ]", sondern um Texte, die von „abgebrochenen und wieder aufgenommenen Schreibprozessen" (Babelotzky/Schäfer 2016: 141) und „überhaupt von einer fragmentarischen Dramaturgie geprägt"(Babelotzky/Schäfer 2014: 162) sind und „die sich einem Abschluss oder Anspruch auf Ganzheit auf verschiedenen Ebenen" (ebd.) verweigern. Die Manuskripte vermögen neue Aufschlüsse über den materialen Zusammenhang vieler der Fragmente (u. a. *Catharina von Siena, Die Kleinen, Der tugendhafte Taugenichts, Henriette von Waldeck, Die alte Jungfer*) zu geben (vgl. ebd.: 162 f.). Die vielfältigen Verbindungen der Manuskripte untereinander ließen sich aber erst durch eine stärkere Sichtbarmachung von Überarbeitungsspuren – „Einfügungen am Rand und zwischen den Zeilen, Unterstreichungen, Durchstreichungen auch längerer Passagen sowie solche, die Alternativen unentschieden lassen" (ebd.) – herausarbeiten. Eine neue kritische Lenz-Ausgabe der dramatischen Entwürfe und ästhetischen Notate müsste demnach der „konzeptionellen Offenheit in Dramaturgie und Ästhetik des Lenzschen Schreibens" (Babelotzky/Schäfer 2016: 138; vgl. auch die Editionsbeispiele ebd.) gerecht werden.

2. Dramen

Der verwundete Bräutigam

Q: Damm I: 7–39 (nach ED). – H: nicht nachweisbar. – ED: Der verwundete Bräutigam. Im Manuscript aufgefunden u. hg. von Karl Ludwig Blum. Berlin: Duncker u. Humblot, 1845.

Der verwundete Bräutigam ist ein Jugenddrama, das Lenz 1766 im Alter von 15 Jahren geschrieben hat. 1845 ist das Drama von K. L. Blum, der die heute nicht mehr nachweisbare Handschrift in Dorpat von Lenz' Verwandten erhalten hat, erstmals gedruckt worden. Die Handlung bezieht sich auf eine zeitgenössische Begebenheit: Der Baron Igelström, der im Siebenjährigen Krieg als russischer und später als preußischer Offizier gekämpft hatte, brachte sich aus Deutschland einen Diener mit, den er wegen eines unbedeutenden Vergehens körperlich züchtigte. Dieser Diener rächte sich an seinem Herrn, indem er ihn am 16. Juni 1766 mit einem Degen angriff und schwer, aber nicht tödlich verletzte. Zwei Monate später feierte der wieder genesene Baron seine Hochzeit (vgl. zum historischen Hintergrund Damm I: 705, Bosse 1997: 80–87; vgl. zur erinnerten und erzählten Geschichte der lettischen und estnischen Leibeigenen und der Konflikte unter den Deutschbalten Imamura 2012; vgl. zum *Verwundeten Bräutigam* als Lenz' erstem Drama Grimberg 2015). Das Stück könnte ein Auftragswerk anlässlich der Hochzeit des mit der Familie Lenz befreundeten Barons sein, bei der es auch zur Aufführung kam (vgl. Stephan/Winter 1984: 10). Sichere Belege dafür gibt es nicht.

Das vierakige Drama knüpft an das weinerliche Lustspiel (*comédie larmoyante*) an. Im Zentrum der Handlung steht die Liebe des Barons Schönwald und seiner Braut Lenchen. Im Unterschied zu herkömmlichen Lustspielthemen ist dem Stück mit der verletzten Ehre und Rache des Dieners Tigras, welche die Hochzeit und das

Liebesglück seines Herrn bedroht, eine soziale Thematik eingeschrieben. Die Figuren und deren typenhafte Namen wie Anselmo, Lalage, Lucinde sind der italienischen und französischen Komödie entlehnt. Die Protagonisten sind der Baron von Schönwald, der als Offizier im Siebenjährigen Krieg gekämpft hat, und seine Verlobte Lenchen, die nicht nur in leidenschaftlicher Liebe für ihren „Engel" (Damm I: 9) mit frisch verliehenem Orden entbrannt, sondern auch die treue, liebende Tochter ihres Vaters Anselmo ist. Dieser, der sich über die Wahl seiner Tochter und die Tatsache, in deren „Gemahl [...] einen so braven Offizier [...] umarmen" (ebd.: 11) zu können, glücklich schätzt, ist als typischer gefühlvoller Vater des rührenden Lustspiels gestaltet. Gemäß jener innigen Beziehung, die die ideellen bürgerlichen Tugenden bestätigt, bilden Vater, Tochter und zukünftiger Ehemann eine Gefühlseinheit („ANSELMO: Nun, meine Tochter, ich erlaube dir dem Herrn Baron dein ganzes Herz zu geben und wenn eure beiden Herzen ein Herz sind so gebt mir dieses Herz!"; ebd.). Durch die treuen Freunde und Bediente Anselmos (Laura) und Schönwalds (Lalage, Lucinde, Gustav, Herrmann) wird diese Gefühlsgemeinschaft noch erweitert. Zugleich wird dem adligen Liebespaar Lenchen und Schönwald das Dienerpaar Laura und Tigras gegenübergestellt. Denn Tigras fordert entgegen den Regeln der Ständegesellschaft seine persönliche Freiheit ein und ist bereit, diese mit Gewalt zu verteidigen.

Die ersten Szenen des Dramas entfalten eine empfindsame Rede über die tugendhafte und leidenschaftliche Liebe von Lenchen und Schönwald zunächst zwischen dem Paar selbst und des Weiteren gegenüber dem Vater, den die Verlobten zur Erlaubnis einer baldigen Hochzeit überreden. Konträr zu jener vorhochzeitlichen Stimmung steht Tigras' Ringen um seine Ehre in seinem Monolog (I,5) und im Streitgespräch mit Laura (I,7). Seine rebellische Freiheitsrede wird von Gustav belauscht, der Tigras bei Schönwald denunziert. Tigras' Verletzung seiner Ehre durch die Züchtigung Schönwalds, die vermutlich in einem Gespräch zwischen Lalage und Gustav nachträglich beschrieben wird (das entsprechende Blatt der Handschrift ist verlorengegangen; vgl. Damm I: 708), lässt die Situation eskalieren. Mitten in der Nacht begeht Tigras sein Attentat auf Schönwald und rächt sich, indem er ihn mit dessen eigenem Degen schwer verwundet (II,1). Die Szenen des zweiten und dritten Akts sind von der Erschütterung über Schönwalds Verwundung bestimmt: Lalage und Lucinde beweinen den im Sterben liegenden Schönwald, und nachdem Anselmo und seine Tochter die Schreckensnachricht erhalten haben, gibt sich Lenchen ihrem Schmerz hin. Als sie den Totgeglaubten umarmt, ist sie bereits so sehr in ihre Vorstellungswelt eines gemeinsamen Liebestodes versunken, dass sie den wieder erwachten Schönwald für ein Gespenst hält. Die ‚Wiederbelebung' Schönwalds und das Liebes- und Hochzeitsglück des jungen Paares werden in den beiden Szenen des vierten Akts unter allseitigen Tränen der Freude zelebriert. Von dem harmonischen Schlusstableau sind jedoch der Täter Tigras und dessen Geliebte Laura ausgeschlossen.

Die verletzte Ehre eines Dieners
Tigras' Konfliktmonolog über sein verletztes Ehrgefühl misst der Figur eines Dieners einen Wert bei, der „in der zeitgenössischen Dramatik [...] beispiellos ist" (M. Müller 1993: 13). Allein für sich rekapituliert Tigras seine Position als Bediensteter und behauptet sich selbstbewusst gegenüber dem Adel: Denn trotz seines Vergehens, drei Tage wegen Glücksspiels den Dienst geschwänzt zu haben, empfindet er es als unwürdig, sich dafür entschuldigen zu müssen (vgl. Damm I: 15). Tigras beurteilt die

Standeszugehörigkeit als veränderlich, so dass ihm prinzipiell der Aufstieg in einen höheren Stand möglich erscheint: „Sein Geld unterscheidet ihn bloß von mir. Und reich kann ich durch einen Glücksfall eben sobald werden, als er" (ebd.). Unbenommen sei jedoch seine von Geld und Stand unabhängige Ehre, die Tigras gegen alle Angriffe von außen wahren will: „Nimmt mir mein Herr meine Ehre, so nimmt er mir alles." (ebd.; vgl. zu Tigras' Ehrvorstellung Osborne 1969, M. Müller 1993; vgl. zur Sozialkritik und zum Freiheitsbegriff S. F. Schmidt 2010: 54–60).

Seine Rebellion wird nicht nur von Schönwald, sondern sogleich auch von Angehörigen seiner Schicht und von seiner Geliebten Laura sanktioniert (vgl. zum geschlechtsspezifischen Ehrbegriff M. Müller 1993: 14 f.). Der Diener Gustav fürchtet um die Ordnung innerhalb seines Standes und delegiert seine Aggressionen gegen den ‚Außenseiter' an seinen Herrn. Nach der Züchtigung durch Schönwald setzt Tigras die Gewalt fort, indem er seinen schlafenden Herrn attackiert (vgl. zu Tigras' Mordversuch ebd.: 18–20, sowie S. F. Schmidt 2010: 65–74). Während Tigras am Ende sprachlos ist und sein Schicksal in der Dramenhandlung nicht weiter verfolgt wird, führen die Heilung von Schönwalds Wunde und der geteilte Schrecken zur kollektiven Rührung, was Lenchens abschließender Sinnspruch bekräftigt: „O möchte diese Begebenheit jeden, der sie höret, rühren und ihn zum Dank gegen die Vorsicht bewegen, die keine Wunde schlägt, welche ewig blutet!" (Damm I: 39) Die harmonisierenden Schlussworte weisen zugleich auf Tigras' Rachetat zurück: „Monolithisch ragt das Geschick des rächenden Dieners und seiner Geliebten in dieses schwerelose Spiel von Sein und Schein hinein" (M. Müller 1993: 12). Denn Tigras' Rede ist nicht Teil des empfindsamen Diskurses, den die anderen Figuren führen, sondern gibt einen genauen Einblick in seine soziale Lage. Es handelt sich um „eine archäologische Freilegung der Seele von Beherrschten" (ebd.: 18; vgl. zur Ehre als zeitgenössisch grundlegender Kategorie für die unteren Schichten ebd.: 19 f.).

Lenz verhandelt nicht nur einen historischen Einzelfall, sondern einen zeitgenössischen Diskurs um das Ehrgefühl der unteren Schichten, um Leibeigenschaft und die Haltung des Adels, für die ein Diener nicht als Ehrsubjekt galt (vgl. zur politischen Reform der Leibeigenschaft in Livland Menz 1994b: 98–100). Er greift dabei das zeitgenössische literarische Sujet der Ehre auf, wie es auch in Lessings Komödie *Minna von Barnhelm* (1767) und Schillers Erzählung *Der Verbrecher aus verlorener Ehre* (1792) Gegenstand ist (vgl. zu Lessing und Schiller M. Müller 1993: 20–25). Jedoch tritt bei Lenz nicht ein preußischer Offizier, sondern ein Diener als Ehrsubjekt auf. „Tigras wird geschildert als ein Tellheim niederen Ranges, dessen Ehrgefühl aber – im Unterschied zu Lessings Figur – seinem sozialen Stand unangemessen ist" (Stephan/Winter 1984: 11). Obwohl es sich bei Lessing um den Ehrenkodex eines preußischen Offiziers handelt, funktionieren die formalen Muster –Abhängigkeit der Ehre von äußerer Anerkennung und Verlust der Ehre durch Missachtung – bei Lenz genauso. Mit der Figur des Dieners vollzieht Lenz eine „dramentechnische und soziale Grenzüberschreitung" (M. Müller 1993: 21). Das kritische Potential von Lenz' Drama besteht in der Individualität der Figur Tigras, die im Unterschied zu den anderen Figuren ernst genommen wird (vgl. ebd.: 18) und in der sozialen Thematik, während die ständischen Werte jedoch nicht grundsätzlich in Frage gestellt werden (vgl. Stephan/Winter 1984: 11; Winter 2000a: 29).

Lenz greift in seinem frühen Drama das literarische Muster des Rührstücks zwar deutlich auf, nimmt aber durch die Tigras-Figur eine „überraschende […] Perspektivierung" (M. Müller 1993: 8) vor. Denn weder sind unversöhnliche soziale Antagonismen ein herkömmliches Thema des Rührstücks noch entsprechen Tigras und Laura dem genrekonformen Dienerpaar, das parallel zum Herrschaftspaar ein glückliches Ende erhält. „Tigras hat alle Anlagen zum tragischen Helden [...], während die Herrschaftswelt das komische Pendant bietet. Der junge Lenz stellt damit die gesamte literarische Tradition auf den Kopf." (ebd.: 7).

Die Gattung des Rührstücks: Tränenströme und eine blutende Wunde
Tigras' Rachetat wird von den empfindsamen Gefühlsäußerungen der anderen Figuren gerahmt: „Hier gibt es reichlich Gelegenheit für zärtliches Schmachten und zu Herzen gehendes Schluchzen" (M. Müller 1993: 9). Schönwalds Verwundung lässt den anfänglichen Liebes- und Glücksüberschwang in die Klage um dessen Leben bis hin zu Lenchens affektvollem Ausmalen eines Liebestods umschlagen. Nach Schönwalds ‚Wiederbelebung' durch die Liebe endet das Stück in einem Freudentaumel, bei dem sogar der überstandene Schrecken im Nachhinein noch lustvoll ausgekostet wird. Das empfindsame Sprechen und das Ausmalen der Gefühle entsprechen den dramatischen Codes des Rührstücks (vgl. Wirtz 1992: 483–489). Bereits in der ersten Szene bringt Lenchen ihren Verlobten trotz dessen soldatischer Haltung zum Weinen; und sogar der ihm gerade verliehene preußische Orden löst weitere Tränen der Rührung aus:

> SCHÖNWALD: Um Ihnen in Ihrem Ton zu antworten, ob es sich gleich für einen gewesenen Soldaten nicht schickt, zu weinen, so bin ich doch stolz auf die zärtlichen Tränen, die Sie mir herauslocken. [...] Sie siegen geschwinder als Friedrich. Diese unschuldige Tränen, dies zärtliche Herz zerschmelzt mich ganz. (Damm I: 9)

Schönwalds blutende Wunde wird zur weiteren Quelle der Sorgen-, Liebes- und Freudentränen, und erfährt dabei eine Umdeutung: Denn die Wunde erinnert weniger an den Rebellionsakt des Dieners, der ihr eigentlich zugrunde liegt, sondern initiiert vielfache Herzensergüsse. Analog zu dem starken Bluten der Wunde fließen die Tränen. Selbstreferentiell werden die gattungsspezifische Wirkung des Rührstücks und die Verschränkung von Blut und Tränen in der Figurenrede benannt: „LALAGE: [...] Wie rührend ist dieses Schauspiel! O könnte ich blutige Tränen weinen!" (ebd.: 20) Schönwald wird auch die Konnotation des gekreuzigten Christus verliehen: „LALAGE: [...] [D]ort liegt das Marterbild, dort!" (ebd.: 22; vgl. S. F. Schmidt 2010: 72–74; vgl. zum Bezug auf den pietistischen Blut- und Wundenkult ebd.: 71)

Diese Konstellation stellt einen intertextuellen Bezug zu der von Gryphius auch anlässlich einer Hochzeit verfassten Komödie *Verlibtes Gespenste / Gesang-Spil. Die gelibte Dornrose / Schertz-Spill* her, in der ebenfalls ein scheintoter Bräutigam wieder zum Leben erwacht. Hier inszeniert der Liebhaber seinen eigenen Tod, um seine in ihn verliebte zukünftige Schwiegermutter abzuschrecken und sich der Liebe seiner Braut zu versichern (vgl. M. Müller 1993: 9f.). Lenz dreht das Motiv der ‚falschen Leiche' um, indem Lenchen nicht ihr vermeintlich toter Geliebter als Geist erscheint wie bei Gryphius, sondern sie den lebendig angetroffenen Schönwald für ein Gespenst hält. Nach der Wiedererkennung wandeln sich die Tränen der Trauer in Freudentränen um: „ANSELMO *schluchzend*: Das Herz will mir zerspringen. [...] LENCHEN: Ach ich kann nicht reden für Freude – weinen kann ich nur" (Damm I: 35).

Am Schluss, als alle Figuren in einem harmonischen Familientableau zusammengeführt werden und Lalage bedauert, die „rührende Szene" (ebd.: 37) zwischen Lenchen und Schönwald nicht mit angesehen zu haben, erfolgt eine erneute Reflexion der gattungsspezifischen Wirkungsabsicht: Die Figuren können den überstandenen Schrecken nur schwer abschütteln und wollen die Rührung stets aufs Neue erzeugen – nun allerdings in einer Form der nachträglichen Erzählung:

> LALAGE *zu Anselmo*: Wir wollen in den Saal treten, uns um unsern Märtyrer herumsetzen und die ganze Erzählung seines Unglücks aus seinem Munde hören, und dann soll ein jeder umständlich sagen, was für Eindruck diese Begebenheit bei ihm gemacht habe. (ebd.: 39)

Auf diese Weise „kehren die Figuren in ihre eigene Vergangenheit zurück [...]. Die Aufforderung zur Erinnerung meint nichts anderes als die Wiederholung des Dramenverlaufs ins Unendliche" (Wirtz 1992: 489; vgl. zum intertextuellen Zusammenspiel der jeweiligen Schlussszenen des *Verwundeten Bräutigams* und des *Hofmeisters* ebd.: 489–494).

Die Frage, ob *Der verwundete Bräutigam* die Gattungskonventionen parodiert, ist in der Forschung unterschiedlich bewertet worden: Maria E. Müller vertritt die These, dass Lenz eine komische Distanz zum Rührstück herstellt, indem auf Motive und Darstellungsweisen des rührenden Lustspiels rekurriert wird, diese aber gleichsam vorgeführt werden, womit letztlich eher eine komische als eine rührende Wirkung erzeugt wird – auch wenn das Abweichen von konventionellen Formen nicht konsequent durchgeführt wird (vgl. M. Müller 1993: 9–11): „Lenz ruft also gerade nicht diejenige Wirkung hervor, die für das weinerliche Lustspiel (Lessing) genrekonstitutiv ist: Rührung. Tränenselig und empfindsam reagiert lediglich das Dramenpersonal" (ebd.: 10). Es handelt sich um das „Vorführen der Schablone" des rührenden Lustspiels (ebd.: 11). Wirtz zeigt in seiner Analyse, dass in der Differenz zum *Hofmeister*, in dem „das ganze Repertoire des Rührstücks [...] als unverdünntes Gattungskonzentrat wiederbelebt [wird], ohne die Vorgeschichte sozialer Determination vergessen machen zu können" (Wirtz 1992: 494), *Der Verwundete Bräutigam* hingegen die Gattungskonventionen des Rührstücks erfüllt, wodurch das sozialaggressive Potential der Vorlage überblendet wird. Auch Menz wendet sich gegen eine parodistische Lesart und arbeitet die theologische Perspektive des Stücks heraus (vgl. Menz 1994b). Ungeachtet der unterschiedlichen Einschätzungen der Forschung über das subversive Potential des *Verwundeten Bräutigams* kann festgehalten werden, dass bereits in diesem frühen Stück die spätere Kombination von sozialer Thematik und Auseinandersetzung mit tradierten dramatischen Formen angelegt ist.

Lenz' Jugendstück ist durch den „Zusammenprall literarischer Muster mit einer durch Empathie erschlossenen Erfahrungswelt" (M. Müller 1993: 7) und die Dekonstruktion einer herkömmlichen Dramaturgie als früher Vorläufer seiner späteren Dramen lesbar: Es „weist auf einen Dichter voraus, der sich der Welt der kleinen Leute widmen, ihre Seelen einem unerbittlichen anatomischen Blick unterwerfen und daher zwangsläufig literarische und moralische Erwartungshorizonte unterlaufen wird" (ebd.: 25; vgl. zur Vorwegnahme späterer Hauptthemen Menz 1994b).

Der Hofmeister oder Vorteile der Privaterziehung

Q: Damm I: 41–123 (nach ED). – H: SBB-PK Berlin, Nachlass J. M. R. Lenz, Bd. 1, Nr. 181. – ED: Der Hofmeister oder Vorteile der Privaterziehung. Eine Komödie. Leipzig: Weygand, 1774; Der Hofmeister. Synoptische Ausgabe von Handschrift u. Erstdruck hg. v. Michael Kohlenbach. Basel, Frankfurt/Main 1986.

Der Hofmeister oder Vorteile der Privaterziehung ist in zwei Fassungen überliefert, von denen nur die spätere 1774 in Leipzig (bei Weygand) durch Goethes Vermittlung erstmals gedruckt worden ist. In der früheren Fassung (Handschrift: Staatsbibliothek zu Berlin, Preußischer Kulturbesitz) tragen die Figuren im Unterschied zur späteren größtenteils noch die Namen realhistorischer Persönlichkeiten. Sein Drama bezeichnet Lenz in der Handschrift als „Lust- und Trauerspiel" (vgl. Anmerkungen in Damm I: 709); Salzmann gegenüber spricht er von einem „Trauerspiel" (Damm III: 28. 6. 1772 an Salzmann); im Erstdruck ist es als „Komödie" benannt.

Der Hofmeister erregt einiges Aufsehen, wird allerdings, wie in der Rezension von Christian F. D. Schubart (*Deutsche Chronik* vom August 1774; vgl. Damm II: 709), zunächst für ein Drama Goethes gehalten. Nachdem diese irrtümlich angenommene Urheberschaft durch J. H. Merck berichtigt worden ist, schreibt Schubart eine korrigierende und zugleich enthusiastische Besprechung, in der er Lenz als „junges aufkeimendes Genie aus Kurland" bezeichnet, „der schon in seinen Lustspielen nach dem Plautus gezeigt hat, welcher Geist ihn beseele" (*Deutsche Chronik* vom 8. 9. 1774; zit. nach Damm I: 710). Als einziges von Lenz' Dramen wird *Der Hofmeister* zu Lebzeiten im Theater gespielt (1778 in Hamburg von Fr. L. Schröder und 1780–1791 in bearbeiteter Form in Mannheim).

Sowohl für Lenz als auch für viele Schriftsteller und Intellektuelle seiner Zeit ist die Tätigkeit als Hofmeister bei einer adligen Familie notwendiger Brotberuf (vgl. zum Hofmeister-Beruf Luserke 1993: 31–35, sowie Bosse 1994, 1997, 2010). Das Drama problematisiert den prekären Hofmeisterberuf und zeitgenössische Vorstellungen von Erziehung. Mit ihren Bildungs- und Erziehungsabsichten fördern die Väterfiguren ihre Söhne und Töchter nicht nur, sondern schränken sie letztlich auch in der individuellen Entwicklung ein (vgl. zur Generationendifferenz und Erziehung Bosse/Renner 2011). Ein weiteres zentrales Thema des Stücks ist die Bedeutung von Sexualität und die Folgen von Triebunterdrückung und Triebabfuhr für den Einzelnen innerhalb der familiären und sozialen Ordnung. *Der Hofmeister* führt vor, inwiefern die junge Generation in ihrer beruflichen und sexuellen Entfaltung vielfachen Repressionen ausgesetzt ist.

Mit dem großen Figurenarsenal, das vom Adel über den bürgerlichen Akademiker, den jungen Studenten und den einfachen Lehrer bis zum Bauernmädchen reicht, zeichnet Lenz ein gesellschaftliches Panorama. Der Hofmeister Läuffer wird nicht nur als Protagonist von den anderen Figuren zunehmend an den Rand gedrängt, sondern gerät auch sozial immer mehr ins Abseits. Läuffer stehen die Mitglieder der adligen Familie von Berg gegenüber, die sich zum einen in den Major mit seiner Frau, Tochter Gustchen und Sohn Leopold und zum anderen in dessen Bruder, den Geheimen Rat, mit Sohn Fritz unterteilt. Fritz ist mit seinem Freund Pätus, Bollwerk und Rehaar Teil einer Leipziger Studentengruppe. Zum Personal gehören des Weiteren Graf Wermuth, Herr von Seiffenblase mit seinem Hofmeister, die Rätin Frau Hamster, Jungfer Hamster, Jungfer Knicks, Frau Blitzer, der Dorfschullehrer Wenzeslaus, die blinde alte Frau Marthe, das Bauernmädchen Lise, der alte Pätus, Pastor Läuffer und Jungfer Rehaar.

Der erste Akt beginnt mit Läuffers einzigem Monolog, einer wütenden Anklage darüber, dass ihn weder sein Vater in dessen Gemeinde als Adjunkt noch der Geheime Rat an der Stadtschule angestellt haben. Während Läuffer durch seinen Vater

2.1 Dramen und Dramenfragmente

und die beiden anderen ‚Vaterfiguren' beruflich eingeschränkt wird, unterliegen auch Gustchen und Fritz in ihrer ersten Verliebtheit der Kontrolle des Geheimen Rats. Die romantische Sehnsucht nach ihrem abwesenden „Romeo" (Damm I: 50), der zum Studium an die Universität im fernen Halle geschickt wird, kompensiert Gustchen zwei Jahre später, im zweiten Akt, durch eine Liaison mit ihrem Hofmeister Läuffer, die ungewollt zur Schwangerschaft führt. Läuffer befriedigt wiederum mit ihr seine sexuellen Bedürfnisse. In einem parallel geführten Handlungsstrang erproben Fritz und sein Freund Pätus Freundschaft und Freiheit in ihrem Studentenleben. Während Fritz sich vor Sehnsucht nach Gustchen verzehrt, gibt sich Pätus den Vergnügungen hin und verschuldet sich immer mehr. Fritz bürgt für die Schulden des Freundes und geht sogar für ihn ins Gefängnis.

Zu Beginn des dritten Akts flüchtet Gustchen vor dem Zorn ihres Vaters, nachdem die Eltern ihre Schwangerschaft entdeckt haben, und findet bei der blinden alten Marthe im Wald Unterschlupf. Auch Läuffer muss sich vor dem eifersüchtigen Grafen Wermuth in Sicherheit bringen, der ihn zu erschießen droht, und versteckt sich bei dem Dorfschullehrer Wenzeslaus. Im vermeintlichen Idyll einer Dorfschule wird der ‚Davonlaufende' nun auf andere Weise als bei den Bergs gedemütigt. Wenzeslaus preist weitschweifend sein asketisches Leben an und will Läuffer zu seinem Alter Ego, zu einem genügsamen Dorfschullehrer, ausbilden. Ein Jahr später, im vierten Akt, macht Gustchen sich nach der Geburt ihres Kindes auf den Weg ins nahe gelegene Dorf, um ihrem Vater Nachricht von sich zukommen zu lassen. Der vor Sorgen um seine geliebte Tochter völlig verzweifelte Major nimmt über Wenzeslaus – bei dem er Läuffer antrifft, ihn in seiner Wut anschießt und am Arm verletzt – erneut die Suche nach ihr auf. Vater und Tochter treffen aber erst aufeinander, als Gustchen sich, erschöpft und von Schuldgefühlen gequält, in einem Teich ertränken will und von ihrem Vater gerettet wird. Nachdem Marthe auf der Suche nach Gustchen mit dem neugeborenen Kind ebenfalls bei Wenzeslaus aufgetaucht ist, kastriert sich Läuffer zu Beginn des fünften Akts aus Reue über seine sexuelle Lust und deren Folgen. Trotz seiner Kastration und Wenzeslaus' ambitionierten Berufsplänen für ihn, ein „Pfeiler unsrer sinkenden Kirche" (ebd.: 118) zu werden, heiratet Läuffer schließlich das junge Bauernmädchen Lise. Am Ende werden auch in der Adelswelt der Familie Berg alle ‚Davongelaufenen' und ‚Verschollenen' zu Paaren zusammengeführt: die Verführung der Jungfer Rehaar durch Pätus führt zur offiziellen Verlobung; der alte Pätus findet in der blinden Marthe seine einst von ihm verstoßene Mutter wieder; Gustchen wird zur heimgeholten Tochter und zu Fritz' Braut, der das uneheliche Kind als seines annimmt.

Der Hofmeister besteht aus einer mehrsträngigen Handlung mit einer großen zeitlichen Ausdehnung (zwischen dem ersten und zweiten Akt liegen zwei Jahre und zwischen dem dritten und vierten Akt ein weiteres Jahr), vielen Ortswechseln (Insterburg, Heidelbrunn, Königsberg, Halle und Leipzig) und häufigen, besonders im fünften Akt, temporeichen Szenenwechseln. Der Handlungsstrang um die Familie Berg und Läuffer, der sich im Verlauf des Stücks noch in die Dorfschulszenen mit Wenzeslaus unterteilt, verläuft parallel zu dem Handlungsstrang um die Geld- und Liebesnöte und Streitereien unter den Studenten. Die verschiedenen Stränge der figuren- und konfliktreichen Handlung werden zu einem scheinbaren ‚Happy End' zusammengeführt.

Erziehung: Kontrolle und Zwang

Läuffers beruflich prekäre Lage als Hofmeister bei der Familie von Berg ist sowohl von seinem eigenen Vater als auch von dem Major von Berg und dessen Bruder, dem Geheimen Rat, verursacht worden. Tochter Guste und Sohn Fritz erhalten zwar auf unterschiedliche Weise Bildung, aber ihre Gefühle und Wünsche, ihre Verliebtheit ineinander, werden vom Geheimen Rat streng reglementiert. Der junge Hochschulabsolvent Läuffer muss sich in seine Rolle als Hofmeister bei der Familie Berg fügen, den widerspenstigen Sohn zähmen und die attraktive Tochter im Zeichnen und in Religion unterrichten, und damit seine beruflichen Ambitionen zunächst aufgeben. Den alltäglichen Demütigungen und dem herablassenden Verhalten steht Läuffer ohnmächtig und weitestgehend sprachlos gegenüber, was sich szenisch auch in seinen wenigen Redeanteilen ausdrückt. Die Bergs bezeichnen ihn als „artiges Männichen" (Damm I: 42), „galonierte[n] Müßiggänger" (ebd.: 44) und als „Domestiken", der „in Gesellschaften von Standespersonen" (ebd.: 46) nicht mitzureden habe. Läuffer, der sich selbst als „Sklaven im betreßten Rock" (ebd.: 83) sieht, erfüllt das von ihm erwartete unterwürfige Verhalten *„mit viel freundlichen Scharrfüßen"* (ebd.: 42). Ohne an Läuffers unwürdiger Situation für einen jungen Akademiker etwas ändern zu wollen, diskutieren sein Vater und der Geheime Rat den generellen Nutzen der Hofmeister-Erziehung im Vergleich zur öffentlichen Schule. Obwohl der Geheime Rat den Status eines Hofmeisters als Bediensteter beanstandet, die Standesprivilegien des Adels kritisiert und die Erziehung in öffentlichen Schulen proklamiert, hält er als Vertreter des aufgeklärten Absolutismus dennoch an der bestehenden feudalen Ordnung fest, innerhalb derer er den Bürgerlichen allerdings Teilhabe zugesteht. Als Anhänger aufklärerischer Freiheitsideen diskreditiert sich der Geheime Rat jedoch selbst, indem er den Hofmeistern einerseits selbst die Schuld an ihrer prekären Lage gibt und andererseits Läuffers Bewerbung an der öffentlichen Stadtschule nicht unterstützt. In dieser Ambivalenz der Figur des Geheimen Rats liegt Lenz' Kritik am Verhalten der Vaterfiguren bzw. der älteren Generation (vgl. zu den Vaterfiguren Arendt 1992; vgl. auch zur realhistorischen Situation der Hofmeister Bosse 2010). Die Ideale der Aufklärung, das Streben nach Fortschritt und die Gewinnung neuer Perspektiven für die jüngere Generation zerbrechen sowohl an den unbeweglichen gesellschaftlichen Strukturen als auch an den von ihren widersprüchlichen Gefühlen und Ängsten getriebenen Menschen.

Das Stück macht auch die Relevanz des Geldes für die Bildungs- und Berufswege, die Beziehungen und das Glück oder Unglück der Figuren deutlich (→ 3.10 GELD). Bei den Studenten, insbesondere bei Pätus, spielen Geldnot und Verschuldung eine entscheidende Rolle in ihrem Studienalltag. Durch einen Lotteriegewinn nimmt Fritz' und Pätus' missliche Lage eine Wendung zum Guten, zumal sie in ihrer finanziellen Notlage beide nicht auf ihre Väter zurückgreifen können. Die Schulden können beglichen werden, und die verlorenen Söhne kehren heim (zum Thema des verlorenen Sohns vgl. Schöne 1968).

Läuffers Leben hingegen nimmt durch das mangelnde Geld und die damit verbundenen Einschränkungen einen unglücklichen Verlauf. Zu seiner desolaten Situation trägt von Anfang an sein geringer Lohn bei, der im Laufe von zwei Jahren von anfänglich vereinbarten 300 auf 60 Dukaten reduziert wird (vgl. zum Lohn und den Schulverhältnissen aus historischer Sicht Bosse 2010). Läuffer ist dadurch zwangsläufig auch in seiner Mobilität stark eingeschränkt und an Insterburg und das Haus der Familie Berg gebunden. Für seine berufliche Tätigkeit hat er einen hohen Preis in Bezug auf seine sinnlichen und zwischenmenschlichen Bedürfnisse zu zahlen (zu Läuffers Berufsproblematik vgl. Bosse 1994; zur Läuffer-Figur und Rousseaus Konzept der *perfectibilité* vgl. Krauß 2010). Der Enge seines Hofmeister-Daseins versucht Läuffer schließlich zu entkommen, indem er seine Schülerin verführt. Dieser aggressiv-lustvolle Impuls schlägt nach seiner Flucht und nachdem er realisiert, dass er mit Guste ein Kind gezeugt und sie ins Unglück gestürzt hat, in eine gegen sich selbst gerichtete Gewalt um.

Mit dem Dorfschullehrer Wenzeslaus wird ein weiteres Modell von Erziehung in den Blick genommen, das Läuffer zunächst als frei von Vorgaben und Autoritäten erscheint. Jedoch muss er bald desillusioniert feststellen, dass sich ihm auch hier keine berufliche Zukunft eröffnet (vgl. zur Karikatur des Lehrers und der Pädagogik Elm 2002). Wenzeslaus' Erziehungsstil, wie das „Gradeschreiben", das er seinen Schülern beibringt – „denn das hat seinen Einfluß in alles, auf die Sitten, auf die Wissenschaften" (Damm I: 78) –, entpuppt sich als Zwang und Unterbindung jeglichen eigenständigen Denkens durch einen triebgehemmten Lehrer. Seine menschlichen Bedürfnisse kompensiert er mit einer starren Essensstruktur und exzessivem Tabakrauchen: „WENZESLAUS: Ich habe geraucht, als ich kaum von meiner Mutter Brust entwöhnt war; die Warze mit dem Pfeifenmundstück verwechselt. [...] Das ist gut wider die böse Luft und wider die bösen Begierden ebenfalls." (ebd.: 83) Auch wenn Läuffer sich als Gehilfe in der Dorfschule in einer eigenständigeren Position als bei den Bergs befindet, setzen sich durch Wenzeslaus' starren Tagesablauf und rigide Vorstellungen Demütigung und Reglementierung trotzdem fort: „LÄUFFER: Der wird mich noch zu Tode meistern" (ebd.: 86).

Der Untertitel des Stücks „Vorteile der Privaterziehung" ist als ironischer Kommentar zu verstehen: Weder ist der Hofmeister-Beruf mit seinen sozialen und ökonomischen Zwängen für Läuffer erträglich noch für seine Schülerin Gustchen förderlich. Über den zwanghaften Dorfschullehrer Wenzeslaus erscheint auch die öffentliche Schule als repressive Einrichtung. Zwar verkündet Fritz im letzten Satz, den unehelichen Sprössling „nie durch Hofmeister erziehen" (ebd.: 123) zu lassen, dennoch entwirft das Stück kein positives Modell von öffentlicher Bildung: „Lenz kreist die eigentlich erwünschte Schulform mehr durch Negativbilder ein" (Schulz 2001a: 85). Sowohl über Läuffers persönliches Unglück und die repressive Pädagogik des Dorfschullehrers als auch über die Zerwürfnisse der Väter mit ihren Kindern werden die Vorstellungen und Praktiken von schulischer und familiärer Erziehung als äußerst fragwürdig dargestellt.

Sexualität: Scheiterndes Begehren
Läuffers ökonomische Abhängigkeit als Hofmeister schränkt ihn auch in seiner Sexualität ein (vgl. zur Verschränkung von Erziehungs- und Sexualitätsdiskurs Luserke 1993: 36–53; vgl. zur Sexualität auch Jerenashvili 2004–2007; Käser 2014). Mit Läuffer zeichnet Lenz einen verlorenen Sohn und gesellschaftlichen Verlierer, der seine Sexualität zwar auslebt, seine Wut aber letztlich gegen sich selbst richtet. Als er mit Gustchens und mutmaßlich seinem Kind konfrontiert wird (vgl. zu älteren Forschungsmeinungen um Läuffers Vaterschaft Lappe 1980a u. 1980b, sowie Knopf 1980a u. 1980b, zu neueren Koschorke 2002, G. Friedrich 2003), kastriert er sich, überwältigt von Schuldgefühlen, und beschneidet sich damit selbst unwiderruflich in

seiner Sexualität. Läuffers Selbstkastration ist einerseits eine Überreaktion auf die triebfeindliche Atmosphäre bei Wenzeslaus und andererseits Ausdruck seiner Verzweiflung, seine berufliche Situation ebenso wenig wie sein sexuelles Begehren bewältigen zu können (vgl. die verschiedenen Deutungen von Läuffers Kastration bei Preuß 1983, Mattenklott 1985, Käser 2006, Rector 2009). An dieser Deutung der Selbstkastration ändert auch Lappes Behauptung nichts, dass Gustchens Kind vermutlich gar nicht von Läuffer stammt (vgl. Lappe 1980a u. 1980b), allerdings wird Gustchen dadurch stärker abgewertet und zur vermeintlichen ‚Hure' gemacht.

Die Sexualität der weiblichen Protagonistin unterliegt einer ähnlichen Dynamik: Als sie sich bei ihrem Abschied von Fritz in Liebespaaren der Weltliteratur spiegelt (vgl. I,5; vgl. zu Gustchens Lektüre Schmalhaus 1994a: 68–73), stellt der Geheime Rat, der die beiden beobachtet hat, sie mit einer nüchternen Unterweisung bloß („GEHEIMER RAT: Was sind das für Romane, die Sie da spielen?"; Damm I: 52), sanktioniert ihren Gefühlsüberschwang und ihre Orientierung an literarischen Vorbildern und fordert, zukünftig die Briefe der beiden Verliebten zu kontrollieren (vgl. zur Sanktionierung Haag 1997; vgl. zu den Erziehungssprechakten des Geheimen Rats Krauß 2010). Mit ihrer Hinwendung zum Hofmeister sucht Gustchen, sich der Überwachung durch den Geheimen Rat zu entziehen und eine ungestörte Intimität zu erleben. Jedoch hat das Ausleben ihrer Sexualität ebenso wie für Läuffer auch für Gustchen schwerwiegende Folgen: Die uneheliche Schwangerschaft führt zur Trennung von ihrer Familie und drängt sie ins soziale Abseits. Aber im Unterschied zu den Trauerspieltöchtern muss sich Gustchen nicht opfern und sterben, um die verlorene Tugend wiederherzustellen. Der *Hofmeister* stellt das Bürgerliche Trauerspiel geradezu „auf den Kopf" (Guthrie 1991: 200): Gustchen wird nicht Opfer eines adligen Verführers, sondern das adlige Mädchen geht mit einem bürgerlichen jungen Lehrer eine nicht standesgemäße Liebesbeziehung mit selbstbestimmter vorehelicher Sexualität ein. Gustchen ahmt zwar Shakespeares *Romeo und Julia* nach, ist aber selbst keine tragische Figur. Auch ihr Selbstmordversuch ist eine parodistische Nachahmung ihrer Lektüren (vgl. S. F. Schmidt 2010: 110–119): Gustchens Sprung in einen eher harmlosen Teich wirkt wie ein ironischer Kommentar auf Shakespeares Ophelia und deren Wassertod.

Auch die Vaterfigur im *Hofmeister* verkehrt die Familienkonstellationen des zeitgenössischen Trauerspiels (→ 3.7 FAMILIE). Im Unterschied zu den zwar gefühlsbetonten, aber zugleich an bürgerlichen Werten orientierten und souveränen Vaterfiguren des Bürgerlichen Trauerspiels ist der melancholische und cholerische Major eine gebrochene patriarchale Autorität und die Karikatur eines wertebewussten und strengen Vaters wie Odoardo in *Emilia Galotti* (zur Karikatur des Bürgerlichen Trauerspiels bei Lenz vgl. Horstenkamp-Strake 1995: 81–86). Gustchen ist für ihren Vater sein „einziger Trost" und sein „einziges Kleinod" (Damm I: 49); gegen seine Frau vermag er sich hingegen nicht zu behaupten. Die kokette Majorin führt ein von ihrem Mann relativ unabhängiges Leben und flirtet ganz unverhohlen mit Graf Wermuth, in ihrer Tochter sieht sie vor allem eine Konkurrentin. Lenz zeichnet – im Gegensatz zum Idealbild der bürgerlichen Familie als Gefühlseinheit – eine brüchige Familie, in der fehlender Zusammenhalt, Entfremdung und Gefühlskälte vorherrschen: „GUSTCHEN: [...] [I]ch bin schwach und krank; hier in der Einsamkeit unter einer barbarischen Mutter – Niemand fragt nach mir, niemand bekümmert sich um mich" (ebd.: 68). Nicht die Tugend seiner Tochter, sondern ihre körperliche Schön-

2.1 Dramen und Dramenfragmente

heit ist für den Vater das entscheidende ‚Kapital': „Ich dacht immer, ihr eine der ersten Partien im Reich auszumachen; […] und nun sieht sie aus wie eine Kühmagd" (ebd.: 71). Als er Gustchens Verhältnis mit Läuffer entdeckt, wertet er nicht nur seine Tochter, sondern gleich alle Frauen als ‚Huren' ab („Hat er sie zur Hure gemacht? […] Nun so werd denn die ganze Welt zur Hure"; ebd.: 76). Nach ihrer Rettung wird Gustchen allerdings bruchlos wieder zur geliebten Tochter, ohne dass die verlorene Tugend durch ihren Tod wiederhergestellt werden muss. Lenz greift die mit dem Tugendbegriff verbundene Dynamik zwar auf, unterläuft diese aber durch Übertreibung. Das Drama verschiebt den zeitgenössischen moralisierenden Diskurs über weibliche Unschuld, wie er in den Bürgerlichen Trauerspielen geführt wird, hin zu einer Kritik an der sexuellen Repression, unter der beide Geschlechter leiden müssen.

Sowohl das Begehren der weiblichen als auch der männlichen Figur bleibt unerfüllt, auch wenn es sich trotz der familiären und sozialen Zwänge Bahn bricht (→ 3.6 SEXUALITÄT). Gustchen bekommt ein uneheliches Kind, bei ihrem Selbstmordversuch wird sie jedoch von ihrem Vater gerettet. Läuffer kastriert sich selbst, verheiratet sich später aber dennoch mit der jungen Lise. Obwohl das Ausleben der Sexualität nicht in die Katastrophe führt und das Chaos wieder behoben wird, bleibt doch bestehen, dass Gustchen und Läuffer an ihrem Begehren scheitern und nur notdürftig wieder in die familiäre und soziale Ordnung eingepasst werden.

‚Happy End': Zufälle und Notlösungen
Lenz hat sein Stück im Erstdruck als ‚Komödie' bezeichnet, auch wenn Selbstkastration, uneheliche Schwangerschaft, Flucht, Gefängnis und Geldnot eher wie Handlungselemente einer Tragödie anmuten. Mehrfache Handlungsumschwünge, temporeiche Szenenwechsel und karikaturistische Figurenzeichnungen bewirken, dass die latent tragische Handlung komisch gebrochen wird (zum Komischen und Tragischen sowie zur Gattungsfrage vgl. Wiessmeyer 1986, Landwehr 1996, Guthrie 1991, Greiner 1993 u. 2006 [1992]). Über eine Dramaturgie des Zufalls werden die Figuren in die Komödie verwiesen: Gustchen wird am Selbstmord gehindert, da sie zur rechten Zeit von ihrem Vater gefunden wird. Der Lotteriegewinn, der Pätus und Fritz von ihren Schulden befreit, führt wie ein ‚deus ex machina' (vgl. Albert 1989: 68) zu einem guten Ausgang. Gerade durch diese überraschenden Wendungen, die den Figuren unverhofftes ‚Glück' bescheren, vergegenwärtigt das Drama die Ziellosigkeit und Zufälligkeit des Menschen und mithin eine Welt, die nicht in der Sinnstruktur der Tragödie deutbar ist (vgl. zum Zufallsprinzip und zur Kontingenz Koschorke 2002).

Am Ende des Stücks werden alle Handlungsstränge zu einem ‚Happy End' zusammengeführt: Sowohl die getrennten Liebespaare als auch die zerrütteten Vater-und-Sohn-, Vater-und-Tochter- sowie Mutter-und-Sohn-Paare vereinigen sich wieder. Mit den allseitigen Versöhnungen und der Aufnahme des unehelichen Nachwuchses in die Familie wird die familiale und patriarchale Ordnung wiederhergestellt (vgl. zu den religiösen Elementen und zu den Paarbildungen Läuffer und Lise, Guste und Fritz als Modell der Heiligen Familie Koschorke 2002). Lenz ruft damit zwar einen herkömmlichen Komödienschluss und das rührende Lustspiel auf – „So wird das ganze Repertoire des Rührstücks als unverdünntes Gattungskonzentrat wiederbelebt" (Wirtz 1992: 494) –, aber das „Happy End knirscht in allen Fugen" (Schulz 2001a: 79; vgl. zur Deutung des Schlusses auch Schmiedt 1985, Albert 1989, Wirtz

1992, S. Kraft 2011: 128–151, Krauß 2010). Durch die überzeichnete friedliche Lösung aller Konflikte und Zerwürfnisse wird der ‚Komödienschluss' des *Hofmeisters* zur Parodie und zur „Satire auf alle Harmonisierungssehnsüchte des bürgerlichen Trauerspiels" (Luserke 1995b: 52). Das idyllisch anmutende Familientableau vermag die Beschädigungen der Einzelnen und die Brüche in den Beziehungen kaum zu verdecken: Die Heiratsarrangements werden „eilfertig von den Männern getroffen, um die Verführungskraft der Frauen unter Kontrolle zu bringen" (Albert 1989: 66). Dementsprechend verstummt Guste, deren eigener Redeanteil nach dem zweiten Akt immer geringer wird, am Ende gänzlich. Auch Läuffer ist am Ende eine stimmlose Figur. Lenz lässt zwar beide Figuren überleben, aber als gebrochene und gescheiterte junge Menschen.

Die überzogene Wendung zum Guten, bei der es sich eigentlich um verschiedene Notlösungen handelt, um die aus den Fugen geratene Ordnung wiederherzustellen, macht Lenz' scharfe Kritik an den Umständen seiner Zeit umso deutlicher: *Der Hofmeister* führt eine Gesellschaft vor, in der Unfreiheit und Ungleichheit vorherrschen und in der die sexuellen und beruflichen Wünsche unterdrückt werden müssen, um für sich eine – und wenn auch noch so kleine – Lebensnische zu finden.

Der neue Menoza oder Geschichte des cumbanischen Prinzen Tandi

> *Q*: Damm I: 125–190 (nach ED). – *H*: BJ Kraków, Lenziana 3 (Variante: Schluss des Stücks). – *ED*: Der neue Menoza. Oder Geschichte des cumbanischen Prinzen Tandi. Eine Komödie. Leipzig: Weygand, 1774.

Der neue Menoza oder Geschichte des cumbanischen Prinzen Tandi wurde 1774 durch Goethes Vermittlung erstmals bei Weygand in Leipzig gedruckt (Handschrift der früheren Schlussvariante in der Biblioteka Jagiellońska, Kraków) und trägt wie *Der Hofmeister* die Gattungsbezeichnung „Eine Komödie". In der zeitgenössischen Rezeption überwiegen negative Urteile, wie u. a. von Wieland im *Teutschen Merkur*, der vor allem die uneinheitliche Komödienform kritisiert (vgl. den Nachdruck in *Der neue Menoza* [Hg. Unglaub 1987]: 127); in einem Brief wird *Der neue Menoza* mit den Worten, „die Träume eines betrunkenen Wilden könnten nicht verrückter sein" (zit. nach Damm I: 721), abgewertet. Positiv äußern sich Herder, M. Claudius und J. H. Merck. Johann Georg Schlosser wendet sich in seiner Verteidigungsschrift *Prinz Tandi an den Verfasser des neuen Menoza* vehement gegen die scharfe Kritik (vgl. zur zeitgenössischen und späteren Rezeption Hinck 1965a: 92 f., Rector 1989: 187–189). In seiner 1775 veröffentlichten *Rezension des Neuen Menoza, von dem Verfasser selbst aufgesetzt* geht Lenz auf die Kritik ein und legt in Erweiterung der *Anmerkungen übers Theater* seine Komödientheorie dar (→ 2.4 THEORETISCHE SCHRIFTEN: REZENSION DES NEUEN MENOZA). Von seinem in der Selbstrezension erwähnten Plan einer Umarbeitung ist eine alternative Schlussszene erhalten (vgl. deren Abdruck bei Damm I: 722–724 u. Titel/Haug II: 730–732; vgl. auch Hinck 1965a, Unglaub 1987).

Der neue Menoza mutet zum einen als „soziale Komödie am Rande der Tragödie" (H. J. Schmidt 1992b: 220) an, zum anderen als Märchen oder auch als Farce feudaler Intrigen und Liebesleidenschaften und ist eine Situationskomödie im Stil der Commedia dell'Arte, während das Figureninventar zum Teil der Sächsischen Typenkomödie entnommen ist (vgl. Hinck 1965a: 85 u. Hinck 1965b: 324–348). Des Weiteren sind intertextuelle Bezüge zur europäischen Aufklärungsliteratur und verschiedene traditionelle Dramenmotive wie Geschwisterinzest, Vertauschung von Kindern, Rückkehr des verlorenen Sohns kaleidoskopartig aneinander montiert. Mit der „halbe[n] Authentizität eines Geschichtsschreibers" (Damm II: 701) hat Lenz seine Komödie verfasst, wie er in seiner *Rezension des Neuen Menoza* reflektiert. Die „oftmals unverständliche Handlungsführung" (H. J. Schmidt 1992b: 222) und die „unvermittelten ‚Schnitte[ ]' (*cuts*) von einem Schauplatz zum nächsten" (ebd.) – „Der Schauplatz ist hie und da" (Damm I: 125) heißt es im Anschluss an das Personenverzeichnis (vgl. zum imaginierten Raum Detken 2009: 243–249) – spiegeln jedoch einen Blick auf die Welt wider, deren „einzig mögliche ästhetische Mediatisierung [...] in der Form des Fragments" (H. J. Schmidt 1992b: 221) besteht.

Der Stücktitel ist dem 1742 ins Deutsche übersetzten dänischen Roman *Menoza, ein asiatischer Prinz, welcher die Welt umher gezogen, Christen zu suchen, aber des Gesuchten wenig gefunden* von Eric Pontoppidan entlehnt: Menoza ist ein asiatischer Prinz, der in die christlich-abendländische Welt reist und dort statt der erwarteten Kultur vor allem auf Sittenlosigkeit stößt. Lenz' ‚neuer Menoza' heißt Prinz Tandi und hat eine doppelte Identität: Er ist nicht nur ein vermeintlich exotischer Prinz aus dem fernen Cumba, sondern zugleich der verschollene Sohn der Familie von Biederling und damit selbst gebürtiger Europäer. Die Familiengeschichte der Biederlings, die dem niederen Adel angehören, birgt entgegen des sprechenden Namens chaotische Anteile in sich: Die Eltern beklagen den Verlust ihres Sohnes, den sie vor vielen Jahren aus materieller Not in der Kriegszeit willentlich weggegeben haben; und Wilhelmine ist nicht ihre leibliche Tochter. Herr von Zopf, dem sie damals ihren Sohn anvertraut haben, bringt nun bei seinem gegenwärtigen Besuch nicht nur „Seidenwürmer" (Damm I: 130) mit ins Haus, sondern enthüllt auch die Identität des Prinzen als verschollener Sohn. Neben Prinz Tandi und den Biederlings bilden die Adligen Graf Camäleon und die von ihm verlassene spanische Gräfin Donna Diana mit ihrer Amme Babet sowie die beiden Intellektuellen Baccalaureus Zierau und Magister Beza zwei weitere Figurengruppen. Donna Diana ist eine überzeichnete Version des Typus der ‚rasenden Frau' aus der Sturm-und-Drang-Tragödie, die mit sadistischer Lust die Geschlechtergrenzen überschreitet („Laß uns Hosen anziehn und die Männer bei ihren Haaren im Blute herumschleppen. [...] Ein Weib muß nicht sanftmütig sein"; ebd.: 138 f.). Zierau ist Student und Autor, der in der Nachahmung Wielands – angespielt wird auf den Staatsroman *Der goldene Spiegel* von 1772 – ein Manuskript über das ‚Goldene Zeitalter' verfasst hat. Beza ist ein sinnesfeindlicher Lehrer an der Gelehrtenschule an der Pforte. Beide vertreten zeitgenössische Positionen, die durch die karikaturistische Figurenzeichnung überspitzt vorgeführt werden.

Das Stück besteht aus zwei miteinander verwickelten Handlungen und endet in einer Selbstreflexion (vgl. H. J. Schmidt 1992b: 225–227). Der erste Handlungsstrang beinhaltet Tandis Aufenthalt bei der Familie Biederling in Naumburg, wo er sich in die Tochter Wilhelmine verliebt. Herr von Biederling hat ihn in Dresden getroffen und ihn stolz, da es sich um einen „Prinz" und um keinen „von den Alltagspassagieren" handelt (Damm I: 126), in sein Haus eingeladen. Nicht nur auf die empfindsame Wilhelmine übt Tandi im ersten Akt Faszination aus, sondern auch auf die Intellektuellen Zierau und Beza. Der Europa-Reisende aus Cumba dient den Gelehrten als Gradmesser für ihre eigenen Positionen, die sie ihm mit großem Pathos darlegen. Für Zierau ist Europa das Land der Genies, der Wissenschaften und der

Künste, in dem sich zukünftig das Goldene Zeitalter erschaffen ließe. Für Beza hingegen ist die dem zügellosen Leben hingegebene gegenwärtige Welt dem Untergang geweiht.

Der zweite, in den ersten verwobene Handlungsstrang besteht aus den Intrigen zwischen Donna Diana und Graf Camäleon. Der Graf hat versucht, Diana zu vergiften, nachdem diese wiederum ihren Vater hat vergiften lassen, um für ihren Mann den Schmuck ihrer Mutter zu stehlen. Nun hat sich der Graf im Gartenhaus seines Pächters, Herr von Biederling, einquartiert und wirbt ebenso wie Tandi um Wilhelmine, während die von ihm verlassene Donna Diana erfahren muss, dass sie als Kind vertauscht worden ist. Wie sich später herausstellt, sind beide Figurengruppen, die Biederlings und das zerstrittene Adelspaar verwandtschaftlich miteinander verbunden, da Diana die leibliche Tochter der Biederlings ist.

Aufgrund seiner enttäuschenden Europa-Eindrücke will Tandi im zweiten Akt wieder abreisen, aber Wilhelmine mitnehmen und zur Königin von Cumba machen. Mit Herrn von Biederling vereinbart er schließlich, vorher noch einige Jahre in Europa zu bleiben und in Begleitung von Wilhelmine herumzureisen. Nachdem Wilhelmine ihr ‚Herz hat sprechen lassen' und sich frei, ohne elterliche Autorität gegen den Grafen und für Tandi entschieden hat, gestehen sich die beiden in einem überwältigenden Gefühlsrausch ihre Liebe. Die Eltern geben ihren Segen, und es wird Hochzeit gefeiert. Nach ihrer Hochzeitsnacht muss das frisch vermählte Paar im dritten Akt jedoch von Herrn von Zopf erfahren, dass Tandi der Sohn der Biederlings ist und sie demnach Bruder und Schwester sind. Tandi empfindet dieses Verhältnis als moralisch untragbar und verlässt Wilhelmine und sein Elternhaus. Herr von Biederling sucht daraufhin in Leipzig die religiöse Obrigkeit mit der Bitte um eine Ausnahmeregelung für die Ehe seiner Kinder auf. Während Wilhelmines Mutter versucht, ihre vermeintliche Tochter mit dem Grafen zu verkuppeln, erfolgt im vierten Akt eine erneute Wendung: Die Amme Babet teilt Wilhelmine mit, dass sie gar nicht Tandis Schwester ist, da sie als Säugling aufgrund einer entstellenden Krankheit von ihren leiblichen Eltern mit Donna Diana getauscht wurde. Die vermeintliche Biederling-Tochter ist eigentlich in eine spanische Adelsfamilie hineingeboren worden; Diana und Tandi aus dem fernen Spanien und Cumba sind hingegen gebürtige Biederlings.

Der Handlungsstrang um das Adelspaar endet mit einem furiosen Finale: Der Graf hat eine Intrige gesponnen, um Wilhelmine beim Maskenball zu verführen, allerdings hat Donna Diana deren Platz eingenommen, um sich an ihrem Mann zu rächen. Als der Graf bei seinem Verführungsversuch erkennt, dass es sich nicht um das begehrte junge Mädchen, sondern um Diana handelt, versucht er, sie zu erwürgen. Sie aber wehrt sich und ersticht ihn. Der Diener Gustav, der wiederum in Diana verliebt ist und deshalb dem Grafen den Tod an den Hals wünscht, richtet die Gewalt gegen sich selbst und erhängt sich. Auf der Landstraße zwischen Leipzig und Dresden findet im fünften Akt einstweilen die Wiedervereinigung von Vater und Sohn statt, obwohl Tandi zunächst bei seiner Position bleibt, nicht in einer inzestuösen Ehe leben zu wollen. Als Wilhelmine Tandi mitteilt, dass sie nicht seine Schwester ist, steht einer Wiedervereinigung des Liebespaares nichts mehr im Wege. Insgesamt ist der fünfte Akt im Verhältnis zu den vorherigen Akten relativ kurz; die Ereignisse reihen sich in verknappter Form und in zunehmendem Tempo aneinander. Den Abschluss der Komödie bildet die angehängte selbstreflexive Handlung, in der Zierau und sein Vater eine hitzige Diskussion über den Wert des ‚Püppelspiels' führen und damit die formal-ästhetische Gestaltung des vorliegenden Dramentextes selbst kommentieren.

Aufklärungskritik
Tandi tritt zunächst als „Prinz aus einer andern Welt" (Damm I: 126) auf, der die europäische Kultur mit kritischem Blick erkundet. Während Tandi für Herrn von Biederling die Rolle des exotischen Fremden innehat, den er mal als „indianischen Prinzen" (ebd.: 132) und mal als „Kalmucke" (ebd.: 149) betitelt, ist Tandi aber nicht nur gebürtiger Europäer, sondern überdies ein Biederling-Sohn. Er hat somit eine „paradoxe Identität als falscher Wilder, als Fremder in der Heimat" (Rector 1989: 201; vgl. zu Tandi als dem Fremden, zum Fremdheitsdiskurs und zur personalen Hybridität der Figur Klose 2005, Hermes 2009 u. 2012; vgl. auch → 3.15 KULTURELLE DIFFERENZ). Zwei Motivkomplexe werden miteinander verschränkt, was zum komischen Bruch in der Figur führt: zum einen das Motiv des ‚edlen Wilden' aus der zeitgenössischen Aufklärungsliteratur und zum anderen das Motiv der Rückkehr des verschollenen Sohnes aus der Commedia dell'Arte.

Mit der Figur Tandi greift Lenz die zu dieser Zeit populäre Figur des ‚edlen Wilden' auf, die im Anschluss an Rousseaus Natürlichkeitsideal als exotischer Fremder mit einem naiven unverstellten Außenseiterblick die Degeneriertheit und Künstlichkeit der europäischen Gesellschaft entlarvt, wie u. a. in Montesquieus *Lettres persanes* (1721) und in der beliebten Komödie *Arlequin sauvage* von Delisle de La Drevetière (1721). Im Rekurs auf Pontoppidans populären Roman *Menoza, ein asiatischer Prinz, welcher die Welt umher gezogen um Christen zu suchen, aber des Gesuchten wenig gefunden*, in dem ein Heide den Christen in Europa ihre Sündhaftigkeit aufzeigt, „hat Lenz den gesellschaftskritischen Kern des Motivs weit ins Moralphilosophische verschoben" (Rector 1992a: 113). Tandi ist mit einer natürlichen Moral ausgestattet, die weder an Cumba als utopischem Ort noch an einen anderen gesellschaftlichen Ort gebunden ist. Lenz verkehrt das Motiv des ‚edlen Wilden', indem Tandi ein gebürtiger Europäer ist und schließlich in die europäische Gesellschaft involviert wird, wie es sich auch in Voltaires *L'Ingénu* (1767) findet. Eine Zuspitzung erfährt das Motiv außerdem dadurch, dass Lenz es „nicht im Sinne eines Gegensatzes von zivilisierter und vorzivilisatorischer Gesellschaft, sondern von natürlicher Moral und sich aufgeklärt dünkender Gesellschaft" ausdeutet (ebd.; vgl. zu den literarischen Bezügen und zur Variation des Motivs des ‚edlen Wilden' im *Neuen Menoza* auch Hinck 1965a, Unglaub 1989, Maurach 1996).

Als „Kontrastfigur", die der Familie Biederling und den Adligen mit ihren „widersprüchlichen und falschen Verhaltensweisen" gegenübergestellt wird (Winter 2000a: 65), kritisiert Tandi die aufgeklärte europäische Welt (vgl. zum Diskurs des aufgeklärten Wissens Luserke 1993). Von Europa ist Tandi so angewidert, dass er nach Cumba zurückkehren will, um „einmal wieder Atem zu schöpfen" (Damm I: 140): „PRINZ: [...] [I]ch habe genug gesehn und gehört, es wird mir zum Ekel." (ebd.) Tandi attestiert der aufgeklärten Welt ein unzivilisiertes Verhalten und zugleich ein Übermaß an Vernunft, während für ihn die Authentizität des Gefühls die Basis ist, um sich in der Welt zu verorten: „[I]ch baue zuerst mein Herz, denn um mich herum" (ebd.: 141). Während Tandi eine kritische Haltung zur Aufklärung vertritt, nimmt Zierau eine optimistische Position ein. Dessen „aufgeklärtes Wissen" wird jedoch „als ein Inventar von Aufklärungsstereotypen entlarvt" (Luserke 1993: 62). Vom zweifelsfreien Fortschritt im Zeitalter der Aufklärung ist Zierau überzeugt. Seine größte Anerkennung gilt Wieland und dessen utopischem, 1772 erschienenem Staatsroman *Der Goldene Spiegel* (vgl. zu den Wieland-Bezügen Pizer 1994). Zierau hat selbst ein Manuskript über „Die wahre Goldmacherei; oder, unvorgreifliche Ratschläge, das Goldene Zeitalter wieder einzuführen …" (Damm I: 135) verfasst. Der Prinz verweist den idealistischen Autor auf die Wirklichkeit: „[I]ch nehme die Menschen lieber wie sie sind, ohne Grazie, als wie sie aus einem spitzigen Federkiel hervorgehen" (ebd.: 135). Tandi kritisiert ein naiv fortschrittsgläubiges Denken, das nicht zum Handeln führt und generell leerläuft (vgl. Luserke 1993: 63 f.). Mit Beza und dessen pietistisch-asketischer Position tritt eine weitere kontrastive Bezugsfigur auf: Er teilt zwar mit Tandi die Kritik am Sittenverfall in der aufgeklärten Gesellschaft, begründet seine Meinung aber in erster Linie religiös: Das fortwährende „Saufen, Tanzen, Springen und alle Wollüste des Lebens" (Damm I: 146) würden zum apokalyptischen Weltuntergang führen. Während für Beza Liebe und Genuss den Sittenverfall bedingen, plädiert Tandi für eine Emanzipation der Leidenschaften sowie für ein Gleichgewicht zwischen „Geist und Herz" (ebd.: 147) und vertritt damit eine empfindsame Position (zur Debatte zwischen Tandi, Beza und Zierau vgl. Luserke 1993: 60–70, Maurach 1996).

Während seiner geplanten Reisen durch Europa will Tandi „nur einige Standpunkte noch nehmen" und „durchs Fernglas der Vernunft die Nationen" betrachten (Damm I: 142). Rector deutet Tandi als „Sprachrohrfunktion" (Rector 1989: 193) des Autors Lenz und schlüsselt auf, inwiefern sein ‚Standpunktnehmen' auf Lenz' dichterisches Selbstverständnis und eine Wahrnehmungsproblematik verweist, die auch in den *Anmerkungen übers Theater* reflektiert wird (vgl. ebd. u. Rector 1992a). Die kontemplative Außensicht Tandis wird gestört, indem er in die Gesellschaft um ihn herum involviert wird: Tandi befindet sich in der Zerrissenheit zwischen „einer abstrakten moralphilosophischen Kritik an den Verhältnissen einerseits und einer konkreten persönlichen Verstrickung in sie andererseits" (Rector 1989: 192 f.). Sein Wunsch, die kritische Außensicht mit einer teilnehmenden Erfahrung zu verbinden, entspricht der „Wahrnehmungsperspektive auf die herrschende Wirklichkeit, die Lenz selber […] als Künstler immer wieder zu gewinnen suchte" (ebd.: 193).

Ebenso wie die anderen Figuren wird Tandi zum Spielball der Ereignisse, denn dem ersten Umschlag der Handlung ins Familiendrama (vgl. Koneffke 1990) folgt ein weiterer mit der Nachricht, dass Wilhelmine als Säugling mit Donna Diana vertauscht worden und nicht Tandis Schwester ist. Nicht nur Tandis Identität, seine kulturelle und familiäre Zugehörigkeit, sondern auch die der anderen Figuren erweist sich als zweifelhaft und unsicher. Durch die mehrfachen Handlungsumschwünge und Identitätswechsel der Figuren äußert sich Kritik am aufgeklärten Denken: „Das Wissen im Sinne aufgeklärter Erkenntnis bietet also keine Gewähr dafür, daß das Wissen auf historischer, gesellschaftlicher oder familialer Richtigkeit beruht. Wahrheit und Richtigkeit fallen im *Neuen Menoza* […] weit auseinander" (Luserke 1993: 61). Hermes arbeitet heraus, dass nicht nur auf der Handlungsebene, sondern auch in der formalen Gestaltung ein starres Konzept kultureller Identität aufgelöst wird (vgl. Hermes 2009 u. 2012): Durch das „bewußte Zitieren und Montieren" (Rector 1989: 189) heterogener Elemente diverser National- und Regionalliteraturen, die intertextuellen Bezüge zur europäischen Aufklärungsliteratur (Rousseau, Wieland, Montesquieu, Voltaire), entwickelt das Stück eine „Poetik der Hybridität" (Hermes 2009:

373). Rector deutet die Analogie zwischen der fehlenden „Ganzheit und Geschlossenheit" (Rector 1989: 205) des Dramas und der Tandi-Figur unter einer anderen Perspektive (vgl. ebd. u. Rector 1992a): In der Auseinandersetzung mit der literarischen Tradition ist der *Neue Menoza* ein „experimentelles und selbstreflexives Stück" (Rector 1989: 189). Tandis Blick durch das „Fernglas" (Damm I: 142) spiegelt „die künstlerische Verfahrensweise seines Autors" wider, „das befangene[ ] menschliche[ ] Wahrnehmungsvermögen in Richtung auf den souveränen Götterblick" zu erweitern und den „idealen Wahrnehmungsstandort des Dichters" zu finden (Rector 1989: 201). Aus dem Fernrohr-Blick, der das Objekt zwar näher heranholt, aber aus seinem Zusammenhang isoliert und letztlich verzerrt, leitet Rector Lenz' karikaturistische Ästhetik ab (vgl. Rector 1989 u. 1992a), die Lenz auch in seiner *Rezension des Neuen Menoza* darlegt (vgl. Damm II: 701).

Komödie und Puppenspiel
Obwohl das Stück als Komödie bezeichnet ist, widersetzt sich *Der Neue Menoza* einer eindeutigen Gattungszuordnung und weist vielmehr eine ästhetische Disparatheit auf. Den Anschluss an die Commedia dell'Arte und die karikaturistische Figurenzeichnung hat Hinck (1965a, 1965b) herausgearbeitet; Liewerscheidt (1983) bezeichnet das Stück als Farce und sieht es als Vorläufer der apokalyptischen Groteske im 20. Jahrhundert; Gerth (1988) stellt die Parodie literarischer Motive und dramatischer Genres (Typenkomödie, Rührstück, Bürgerliches Trauerspiel) in den Vordergrund; die Selbstreflexivität des Dramas wird in Rectors Analyse (1989 u. 1992a) anhand der Bezüge zu Lenz' dramenästhetischen Konzeptionen dargelegt (vgl. zur Dramenform auch Pastoors-Hagelüken 1990 sowie H. J. Schmidt 1992b). Mit der Diskussion über Geschmack und Vergnügen des Puppenspiels greift das Stück selbst die Gattungsfrage auf.

Die Handlungselemente und Motive, wie der ‚edle Wilde', der verlorene Sohn, die vertauschten Kinder, der Geschwister-Inzest, die Zerrüttung der Familie, entfalten sich weder zu einer Tragödie noch zu einer Komödie. Die lustspielartigen und tragödientypischen Stoffe stehen versatzstückartig nebeneinander. Ähnlich wie im *Hofmeister* durch einen Lotteriegewinn Väter und verlorene Söhne wieder zusammenfinden, wird auch hier durch Zufälle und willkürlich gesetzte Handlungsumschwünge ein ‚Happy End' behauptet. „Gerade dieser ‚Zufall' hebt das glückliche Ende aber deutlich auf eine märchenhaft-unwirkliche Ebene, er ist eine Konzession an die Komödienkonvention, die einen harmonischen Schluß fordert, und zugleich ihre Parodie." (Winter 2000a: 67) Noch chaotischer als im Hause Biederling geht es beim hohen Adel zu. Hier greift Lenz Schauerszenen barocker Wanderbühnen auf (vgl. Hinck 1965a: 83).

Die aneinander montierten Motive und Handlungselemente stellen keine kausale Handlung oder dramaturgische Logik her, sondern spielen vielmehr mit Gattungserwartungen: „Das Motiv des edlen Wilden lässt eine Verlach-Komödie (Satire) erwarten, die aber ausbleibt. Inzest und Vatermord gehören in die Tragödie, an deren Stelle das Komödienmotiv der Wiederkehr verschollener Familienmitglieder tritt, das aber als nicht tragfähig behandelt ist." (Greiner 2006 [1992]: 180) Strukturbildend ist nicht die inhaltliche Handlung, sondern sind die rhythmische Gliederung des Stücks und die Brüche, die, wie Greiner betont, „Lust am Unsinn, am Unmaß, an der Inkonsequenz, Spiellust" (ebd.) erzeugen. Hinck beschreibt als zentrales Element die sich überstürzenden Ereignisse, die häufige rasche Orts- und Szenenwechsel bedingen, den „hämmernde[n] Rhythmus der oft nur angerissenen Szenen" (Hinck 1965a: 78 f.), den „wiederkehrende[n] Vorgang der explosionsartigen Entfesselung der Gefühlskräfte" (ebd.: 90; vgl. auch Hinck 1965b).

In Tandis Beschreibung seines Werdegangs zu Beginn des Stücks („Wie's in der Welt geht, daß Glück wälzt Berg auf, Berg ab, bin Page worden, dann Leibpage, dann adoptiert, dann zum Thronfolger erklärt, dann wieder gestürzt, berguntergerollt bis an die Hölle! ha ha ha!"; Damm I: 127) spiegelt sich bereits die von überraschenden Umschwüngen und Überrumpelung geprägte Stückhandlung wider (vgl. zum Fallen als Leitsymbolik Benthien 2003: 365–371). „Eine gesteigerte menschliche Empfindung wird [...] schockartig überrumpelt, die dramatische Person aus einer extremen Gefühlslage in eine andere, entgegengesetzte Gefühlslage gestoßen. [...] Die Überrumpelung wird szenisch wirksam durch die Affekte des Schreckens, des Zorns oder der stürmischen Freude, durch Lähmung des Körpers oder heftige Bewegungsausbrüche" (Hinck 1965a: 89). Durch „Bewegungsextreme wie Raserei und Ohnmacht" geraten die Figuren „in die Nähe zur Karikatur und der marionettenhaften Versteifung" (ebd.: 92). Die Figurensprache ist in weit stärkerem Maße als im *Hofmeister* um Körpersprache und Gestik im Nebentext erweitert (vgl. Benthien 2003 u. die ausführliche Analyse des Nebentextes in Detken 2009: 230–243). Die Überrumpelung, das Puppenhafte der Figuren, aber auch eine sprachlose Emotionalität (vgl. Detken 2009: 236 f.) drücken sich in zahlreichen Beschreibungen impulsiver körperlicher Reaktionen und im Motiv der Ohnmacht (vgl. ebd.: 237–243) aus: „PRINZ *[w]irft sich nieder in ein Gesträuch*" (Damm I: 136); „PRINZ *[i]hr ohnmächtig zu Füßen.* WILHELMINE *fällt auf ihn*" (ebd.: 152); „*Wilhelmine fällt auf den Sofa zurück.* [...] *Tandi will gehen. Wilhelmine springt auf und ihm um den Hals*" (ebd.: 160).

Der neue Menoza knüpft mit der „furiosen, spielfreudigen, Mimik, Körper, Sprache und Handlung dynamisierenden Bewegung" (Greiner 2006 [1992]: 166), „als Situations-Komödie und mit seinen grotesken Bewegungsexzessen stilistisch an die Commedia dell'Arte an, die ihre mimischen Wirkungen vornehmlich aus Überraschungs- und Überrumpelungssituationen" zieht (Hinck 1965a: 89; vgl. auch Gerth 1988). Dies wird am Ende des Stücks poetologisch „selbst reflektiert in einer Feier des *Püppelspiels*, als der ‚niederen' Jahrmarktsbelustigung des Puppentheaters, in das sich das karnevalistische Theater unter der Herrschaft eines rigiden Aufklärungsdiskurses zurückgezogen hatte" (Greiner 2006 [1992]: 166; Hervorh. im Orig.).

In einer der letzten Szenen (V,2) will Zieraus Vater, Naumburgs Bürgermeister, am Abend das „Püppelspiel" (Damm I: 187) besuchen, um sich nach einem langen Schreibtischtag zu amüsieren und lädt seinen Sohn ein, ihn zu begleiten. Zierau lehnt aber diese Form des Theaters vehement ab – „ZIERAU: Vergnügen ohne Geschmack ist kein Vergnügen" (ebd.: 188) –, denn das Puppenspiel ahme die schöne Natur nicht nach und könne demnach nicht gefallen. Zieraus akademischer Ton wird durch die derbe, naive Verteidigung des Puppenspiels seines Vaters ins Lächerliche gezogen: „BÜRGERMEISTER: Aber das Püppelspiel gefällt mir, Kerl! was geht mich deine schöne Natur an? Ist dir's nicht gut genug wie's da ist, Hannshasenfuß?" (ebd.) Auch über die Lehre der drei Einheiten belehrt ihn sein Sohn, die neben der Nachahmung der schönen Natur die zweite Grundlage für den Geschmack sei. Daraufhin will Zieraus Vater während der Aufführung die Frage der drei Einheiten „examinieren" (ebd.:

189). Als er in der nächsten Szene (V,3) vom Theater nach Hause kommt, stürzt er sich wutentbrannt auf seinen Sohn:

> BÜRGERMEISTER: Meinen ganzen Abend mir zu Gift gemacht, [...] da kommt so ein h-föttischer Tagdieb und sagt mir von dreimaleins und schöne Natur [...]. Gezählt und gerechnet und nach der Uhr gesehen (*schlägt ihn*), ich will dich lehren mir Regeln vorschreiben, wie ich mich amüsieren soll. (ebd.: 190)

Die metadramatische Gattungsdiskussion geht mit einer komischen Verkehrung des typischen Sturm-und-Drang-Themas der Rebellion gegen die Vätergeneration einher: Während der Sohn als regeltreuer Verfechter einer herkömmlichen Dramenform auftritt, begehrt der Vater in seiner Leidenschaft für das Puppenspiel gegen seinen strengen Sohn auf. Lenz weist auf die „innere Verwandtschaft seiner Komödie mit dem Marionettenspiel" (Hinck 1965a: 83) hin und parodiert ein aufklärerisches normatives Dramenverständnis. Dabei erinnert „dieses farcenhafte Ende [...] selbst an ein Kaspertheater, das seine Argumente weniger durch Worte, sondern durch komische Effekte hervorbringt" (H. J. Schmidt 1992b: 226).

Während der vierte Akt bereits – analog zu den sich überschlagenden Ereignissen und Wendungen – weitaus kürzer ist als die vorherigen, besteht der fünfte Akt nur noch aus der Wiedervereinigungsszene der Familie und der Puppenspiel-Debatte. Das Fragmentarische dieses fünften Akts erscheint wie ein willkürlicher Abschluss der Handlung, so als würden die kaleidoskopartig montierten Motiv- und Handlungselemente wie Teile eines zerschlagenen Spiegels in beliebiger Anordnung nur notdürftig wieder zusammengekittet und könnten jederzeit wieder auseinanderfallen (→ 3.17 FRAGMENTARISCHE SCHREIBWEISEN; vgl. zur Figur des Kaleidoskops als Textmuster auch J. Schäfer 2016: 52–54). Die Beziehungs- und Verwandtschaftsstrukturen, die familiäre und soziale Identität und die emotionale Verfasstheit der Figuren – alles ist in einer permanenten Auflösung begriffen und vom Fallen und Auseinanderfallen bedroht. In Tandis Ansicht, dass die Menschen nur Masken ohne „Herz und Eingeweide" (Damm I: 141) sind, spiegelt sich das Puppenhafte der Figuren als ästhetische Entsprechung eines ernüchternden Blicks wider, den Lenz' Komödie auf die zeitgenössische Gesellschaft wirft.

Die Soldaten

Q: Damm I: 191–246 (nach Titel/Haug II: 181–247). – H: SBB-PK Berlin, Nachlass J. M. R. Lenz, Bd. 3, Nr. 182. – ED: Die Soldaten. Eine Komödie. Leipzig: Weydmanns Erben und Reich, 1776.

Mitte 1775 schickt Lenz das Manuskript seines im Winter 1774/1775 entstandenen Dramas *Die Soldaten* (Handschrift in der Staatsbibliothek zu Berlin, Preußischer Kulturbesitz) an Herder mit der Bitte um Weitervermittlung. Ostern 1776 wird es in Leipzig (Weydmanns Erben und Reich) gedruckt. In dem Begleitbrief an Herder behauptet Lenz selbstbewusst: „Es ist wahr und wird bleiben, mögen auch Jahrhunderte über meinen armen Schädel verachtungsvoll fortschreiten." (Damm III: 23. 7. 1775 an Herder) Unter Zeitgenossen erfährt das Stück allerdings kaum Beachtung. Es entfaltet seine Wirkung erst im 19. und 20. Jahrhundert (→ 4.5 LENZ IN DER MUSIK).

Der Stoff geht auf Erfahrungen zurück, die Lenz als Gesellschafter und Reisebegleiter der Brüder von Kleist 1771–1774 im Umgang mit Offizieren gemacht hat. In

Straßburg hat einer der Brüder der Tochter eines reichen Goldschmieds, Cleophe Fibich, ein Heiratsversprechen gegeben, das von Lenz entworfen worden ist (vgl. Damm I: 734–737). Als aber der Baron von Kleist im Baltikum standesgemäß heiratet und somit die *Promesse de mariage* bricht, sind nicht nur die Verlobte, sondern auch Lenz, der sich inzwischen in die junge Frau verliebt hat, kompromittiert. Aus Rücksichtnahme auf die Verlassene versucht Lenz, den Druck zu verzögern und das Stück unter einem Pseudonym zu veröffentlichen (vgl. zum diesbezüglichen Briefwechsel zwischen Lenz und Herder Damm I: 731 f. u. Damm III: Ende März 1776 an Herder). Herder kommt jedoch dieser Bitte nicht nach, und auch Klinger, den Lenz gebeten hat, die Verfasserschaft seiner *Soldaten* zu übernehmen, ist dazu nicht bereit.

In Briefen betont Lenz mehrfach den autobiographischen Gehalt des Dramas. An Sophie von La Roche schreibt er, dass das Stück ein „Gemälde aus meinem Leben heraus gehoben" sei (Damm III: Juli 1775 an Sophie von La Roche). In seinem Begleitbrief zum Manuskript kündigt Lenz Herder *Die Soldaten* mit den Worten an: „Hier [...] das Stück, das mein halbes Dasein mitnimmt" (ebd.: 23.7.1775 an Herder). Zugleich formuliert er in seinen Briefen auch einen sozialkritischen Anspruch: „Überhaupt wird meine Bemühung dahin gehen, die Stände darzustellen, wie sie sind; nicht, wie sie Personen aus einer höheren Sphäre sich vorstellen" (ebd.: Juli 1775 an Sophie von La Roche). Auch wenn für die damaligen Leser, zumal in Straßburg, der Bezug zu Cleophe Fibichs Verhältnis zum Baron von Kleist ersichtlich ist, sind die autobiographischen Zusammenhänge deutlich fiktionalisiert und vor allem durch den Anspruch des dramatischen Realismus und den Akzent auf die politische Dimension der Problematik objektiviert (vgl. zum Politischen Hill 1988).

Das Stück thematisiert soziale Missstände in der zeitgenössischen Ständeordnung und wirft dabei einen kritisch-analytischen Blick auf Adel und Militär und insbesondere auf sexuelle Machtverhältnisse. Im Zentrum der Handlung steht Marianes Liebesverhältnis mit dem adligen Offizier Desportes, das zum Verlust ihrer bürgerlichen Integrität und zum sozialen Abstieg ihrer Familie führt. Komplementär zu diesem Hauptstrang schildern verschiedene Einzelszenen das vergnügungssüchtige Leben der adligen Soldaten, ihr skrupelloses Verhalten den Frauen gegenüber und ihre männlichen Machtkämpfe. Das Stück zeigt aber auch die Verführbarkeit der Bürger durch ihre eigenen Wünsche nach sozialem Aufstieg.

Innerhalb des umfangreichen Personals des Stücks wird das Bürgertum auf der einen Seite durch die Familie Wesener vertreten, zu der Mariane, ihre Schwester Charlotte und ihre Eltern gehören, und auf der anderen Seite durch den in Mariane verliebten Stolzius und dessen Mutter. Für den Galanteriewarenhändler Wesener und den Tuchhändler Stolzius zählen die Adligen, insbesondere die Offiziere, zu den Hauptkunden, so dass beide sich beruflich zwischen den Ständen hin und her bewegen. Der Baron Desportes, dessen Obrist Graf von Spannheim, Hauptmann Pirzel, der Feldprediger Eisenhardt, die Offiziere Mary, Haudy und Rammler repräsentieren den Adel. Diesen Militärs werden die empfindsame Gräfin de La Roche und deren Sohn gegenübergestellt. Die Figur der Gräfin gestaltet Lenz nach der für viele Autoren seiner Zeit wichtigen Schriftstellerin Sophie von La Roche (1730–1807), mit der er – auch jenseits der Konversation über *Die Soldaten* – im freundschaftlichen Briefkontakt steht (→ 2.5 BRIEFE).

2.1 Dramen und Dramenfragmente

Bereits die ersten beiden Szenen markieren einen Konflikt, der sich im weiteren Verlauf des Dramas zuspitzt. Während Stolzius in Mariane offensichtlich verliebt ist, erwidert diese seine Liebe nicht im gleichen Maße, wie der mühevoll verfasste Brief an den Abwesenden zeigt. Als ihr der adlige Offizier Desportes den Hof macht, gibt sie ihrer Sehnsucht nach Vergnügen nach und lässt sich trotz des väterlichen Verbots in die Komödie einladen. Die mögliche Gefährdung ihrer Tugend durch den Theaterbesuch wird sowohl zwischen Vater und Tochter als auch als generelle Frage nach den Auswirkungen des Theaters auf die Moral unter den Offizieren diskutiert. Als Mariane heimlich mit Desportes ins Theater geht, befürchtet Wesener, der die Unzuverlässigkeit der „jungen Milizen" (Damm I: 197) kennt, dass seine Tochter nun zum „Luder" (ebd.: 201) werde. Von der Möglichkeit eines über seinen Handel mit Galanteriewaren hinausgehenden Zugangs zur Adelswelt lässt sich der Vater jedoch verlocken und befürwortet weitere Theaterbesuche, unter der Bedingung, dass niemand davon etwas wissen dürfe.

Im zweiten Akt treiben die Soldaten in der Garnison ihr Spiel mit dem gedemütigten Stolzius. Haudy will Stolzius davon überzeugen, dass sich Mariane mit Desportes „amüsieren" (ebd.: 205) und trotzdem seine Braut sein könne. Rammler hingegen hält Mariane bereits für ein gefallenes Bürgermädchen, um Stolzius noch stärker zu quälen. Am Ende des zweiten Akts scheint das Schicksal von Mariane besiegelt zu sein: Sie wird zur Mätresse von Desportes. Der dritte Akt beginnt mit einem Coup gegen Rammler, dessen Opfer der Jude Aaron wird. Während Aaron im Glauben ist, dass er bestohlen werden solle, legt Rammler, der im Haus eine schöne Jüdin vermutet, sich zu Aaron ins Bett. Die hereinstürmenden Soldaten stellen nicht nur Rammler, sondern vor allem auch Aaron bloß. Stolzius hält unterdessen an Mariane und ihrer Unschuld fest, ohne aber aktiv um sie zu kämpfen. Vielmehr hegt er Rachegelüste gegen Desportes. Mariane erhält derweil die Nachricht, dass Desportes abgereist ist und das Heiratsversprechen gelöst hat. Vater Wesener zweifelt jedoch nicht an der Integrität von Desportes und bürgt kurzerhand für dessen Schulden. Mariane flirtet mit Desportes' Freund Mary in der Hoffnung, über ihn den abgebrochenen Kontakt zum Geliebten wiederherstellen zu können. Stolzius wählt aus gekränktem Stolz – so bereits sein sprechender Name – einen selbstzerstörerischen Ausweg aus seinem Liebesleiden. Er wird Soldat und Bediener des Offiziers Mary und muss auf diese Weise miterleben, wie Mary und Mariane ein Paar werden. Mariane versucht ihr Glück nicht nur mit Mary, sondern auch mit dem Sohn der Gräfin de La Roche. Da diese um das Ansehen ihres Sohnes besorgt ist, will sie sich des jungen bürgerlichen Mädchens annehmen und bietet Mariane an, ihre Gesellschafterin zu werden. Die Gräfin hat die Absicht, durch ein asketisches Erziehungsprogramm sowohl Marianes Ehre wiederherzustellen als auch die Standesgrenzen zu bewahren.

Im vierten Akt überschlagen sich die Ereignisse, was sich formal in teilweise extrem kurzen Szenen und häufigen Ortswechseln zeigt. Mariane trifft sich heimlich im Garten der Gräfin mit Mary. Sie flieht schließlich aus der Obhut der Gräfin, um Desportes, der auf ihre vielen Briefe nicht geantwortet hat, aufzusuchen. Dieser will sich ihrer jedoch endgültig entledigen. Er setzt einen ihm untergebenen Jäger auf sie an, um sie durch eine Vergewaltigung gänzlich zu degradieren. Währenddessen besorgt sich Stolzius, hin und her gerissen zwischen Mord- und Selbstmordgedanken, Gift. Im fünften Akt ist die Familie Wesener sozial vollständig abgestiegen: Durch die verlorene Bürgschaft ist Weseners Geschäft ruiniert. Mariane ist zur Bettlerin geworden und verdient sich ihren Lebensunterhalt wahrscheinlich als Prostituierte. Stolzius vergiftet zunächst den adligen Verführer Desportes und tötet sich anschließend selbst mit Gift. Dieser tragischen Wendung folgt ein äußerst brüchiges ‚Happy End': Bei seiner Suche nach Mariane stößt Vater Wesener auf eine hungrige junge Frau. Als sich diese als seine Tochter zu erkennen gibt, versöhnen sich beide in einer verzweifelten, konvulsivischen Umarmung.

Das Stück schließt in der ersten Fassung (vgl. Damm I: 245 f.) mit einer Szene, in der die Gräfin zusammen mit dem Grafen von Spannheim die Idee entwickelt, für die Triebabfuhr der Soldaten vom König besoldete Prostituierte einzusetzen. Aufgrund von Herders Einwänden gegen diesen Schluss nimmt Lenz Veränderungen vor: Während in der ersten, zu seinen Lebzeiten ungedruckten Fassung der Anstoß für diesen Reformvorschlag von der Gräfin ausgeht, wird in der abgewandelten Druckfassung der letzten Szene (vgl. Titel/Haug II: 245–247 u. den Abdruck bei Damm I im Anhang: 733 f.) diese Rolle vom Grafen übernommen. Der Graf entwirft die Idee einer „Pflanzschule von Soldatenweibern" (Damm I: 734), deren Kinder dem König gehören würden. Während die Gräfin in dieser Fassung Kritik an dem Vorschlag übt, indem sie die Opferbereitschaft der Frauen bezweifelt, betont der Graf, dass mit einer solchen familialen Struktur des Militärs nicht nur die staatliche Sicherheit garantiert, sondern auch die sittliche Ordnung stabilisiert werden könne (vgl. ebd.).

Ähnlich wie Lenz' vorausgehende Komödien *Der Hofmeister* und *Der neue Menoza* sind auch *Die Soldaten*, die an mehreren Orten in Nordfrankreich (Lille, Armentières, Philippeville) spielen, von harten Schnitten zwischen den Szenen geprägt. Die zerrissenen Szenen fragmentieren die Handlung und nehmen in vergrößerten Momentaufnahmen einzelne Vorgänge und Situationen heraus. Affekte und Motivationen der Figuren werden verstärkt durch nonverbale Gestik und Mimik dargestellt (vgl. Madland 1984 u. Detken 2009: 249–263). Denn die Figuren vermögen „sich selbst und ihr eigenes Handeln nicht mehr restlos [zu] durchschauen" (Schulz 2001a: 108) und sind heillos in die Umstände verstrickt. Lenz' soziale Genauigkeit, mit der die aussichtslose Lage der Bürgerlichen und die Verrohung der adligen Offiziere offengelegt wird, geht ästhetisch mit einer grotesken Modernität einher.

Sexualität und weibliche Tugend
Mariane und Stolzius sind zu Beginn des ersten Akts noch ein Paar. Sie treten allerdings in keiner Szene des Stücks gemeinsam auf, so dass ihre spätere Getrenntheit szenisch von Anfang an bereits vorweggenommen ist. Mit dem adligen Offizier Desportes beginnt für Mariane ein Reigen aus Männerbekanntschaften, der schließlich mit ihrem Untergang endet. Als Desportes sein Heiratsversprechen bricht, versucht Mariane ihr Glück mit anderen Männern. Die Mariane-Figur bricht das Bild der tugendhaften Heldin auf, wie es in den Bürgerlichen Trauerspielen (u. a. in Lessings *Emilia Galotti*) entworfen worden ist (vgl. Hallensleben 1994; vgl. auch Koneffke 1992). Sie ist weder verschämt noch schuldbewusst, sondern genießt den sinnlich-spielerischen Umgang mit Desportes und den Reiz der Adelswelt, und gibt sich ihrer Lust an einem momenthaften Glück hin (vgl. zu Marianes unbestimmtem Begehren und zur Konkupiszenz-Problematik, auch im Kontext von Lenz' moralisch-theologischen Schriften Lehmann 2013):

> MARIANE: [...] *Setzt sich an den Tisch und macht das Schreibzeug zurecht, er stellt sich ihr hinter die Schulter.* [...] MARIANE *beide Arme über den Brief ausbreitend*: Herr Baron –

Sie fangen an zu schöckern; sobald sie den Arm rückt, macht er Miene zu schreiben, nach vielem Lachen gibt sie ihm mit der nassen Feder eine große Schmarre übers Gesicht. (Damm I: 213)

Ihre eigenen erotischen Wünsche kann sich Mariane dagegen nur erfüllen, indem sie sich „zum Objekt der begehrenden Offiziere macht" (Winter 2000a: 70). Darüber hinaus kontrastieren die Naivität und lustvolle Neugier, mit der Mariane Desportes begegnet, mit der sexuellen Gewalt, die sich in Szene II,3 hinter dem „*Geschöcker im Nebenzimmer*" (Damm I: 214) verbirgt (vgl. zur Problematik der Repräsentation sexueller Gewalt Künzel 2003a; vgl. zur Simultanführung der Stimmen Niggl 1997). Das kurze Wortgefecht zwischen Mariane und Desportes um das Schreiben des Briefs an Stolzius geht über in eine nonverbale Gestik des sich Neckens und Kitzelns, bei dem Mariane Desportes mit der Schreibfeder über das Gesicht fährt und ihn mit einer Stecknadel sticht und das sich bis zu einem „*Geschrei und Gejauchz im Nebenzimmer*" (Damm I: 214) steigert (vgl. zum wiederkehrenden Motiv des Briefeschreibens Bosse 2004, L. J. Meier 2013). Topoi wie die Stecknadel spielen auf Goethes Gedicht *Heidenröslein* an, das Lenz vermutlich schon vor seiner späteren Veröffentlichung 1789 durch seine Aufenthalte in Sesenheim bei Goethes vormaliger Geliebten Friederike Brion und über das *Sesenheimer Liederbuch* gekannt haben dürfte (→ 2.3 LYRIK). Das düstere Lied in Lenz' Drama, das die durch die Stube kriechende Großmutter am Ende der Szene singt, verweist auf sexuelle Handlungen (vgl. zur sexuellen Gewalt in dieser Szene Künzel 2003a) und ist „als tragische Variante der *Komödie* zwischen Marie und Desportes unterlegt" (ebd.: 348; Kursiv. im Orig.). Auch das vorherige ‚Kitzeln' („*Marie kützelt ihn*"; Damm I: 213) hat eine ambivalente Bedeutung, da es die Grenze von Spiel und sexueller Gewalt verwischt.

Ähnlich wie Stolzius weist auch Mariane von Anfang an melancholische Züge auf: „MARIANE: [...] Das Herz ist mir so schwer. Ich glaub es wird gewittern die Nacht. Wenn es einschlüge –" (ebd.: 204). Marianes Traurigkeit ist nicht nur eine Vorausdeutung auf ihre spätere Situation als Verlassene, sondern spiegelt auch den inneren Zwiespalt zwischen ihren Gefühlen für Stolzius, ihrer Abenteuerlust und dem Druck wider, ‚ihr Glück' mit einem Adligen zu machen, von dem ihr Vater zukünftig profitieren will. Im Unterschied zu den Vätern des Bürgerlichen Trauerspiels trägt Marianes Vater eine Mitschuld an der Zerstörung der Familie. Er ist ebenso wenig wie der Major im *Hofmeister* eine empfindsame patriarchale Vaterfigur, die über die töchterliche Tugend wacht. Vielmehr lässt er sich von Aufstiegsphantasien verführen und ermuntert seine Tochter zu einem doppelten Spiel: „Kannst noch einmal gnädige Frau werden närrisches Kind. Man kann nicht wissen was einem manchmal für ein Glück aufgehoben ist." (ebd.) Mariane ist „eingesperrt [...] in die Phantasien patriarchaler Gewalt, in die Begehrensphantasien der Offiziere wie in die Phantasie des Vaters vom sozialen Aufstieg" (Luserke 1993: 87). Die Mutter bleibt hingegen eine marginale Figur. Im Unterschied zu anderen Dramen der Zeit wie Lessings *Emilia Galotti* (1772) oder Wagners *Die Kindermörderin* (1776) ist es bei Lenz jedoch nicht die Mutter, „die mit einer Standeserhöhung der Tochter liebäugel[t]" (Schulz 2001a: 103), sondern der Vater. Die patriarchalische und ständische Ordnung werden stattdessen von der Gräfin de La Roche vertreten, die als mütterliche Figur auftritt und „zunächst wie eine Verkörperung der Empfindsamkeit erscheint" (ebd.: 106). Sie betont zwar Marianes Unschuld, weist sie aber in einem mütterlich-erzieherischen Ton auch auf ihre Grenzüberschreitung hin: „[W]ie kamen Sie doch dazu, über Ihren

Stand heraus sich nach einem Mann umzusehen" (Damm I: 229). Einerseits betont sie ihre Naivität und Unwissenheit – „Ihr einziger Fehler war, daß Sie die Welt nicht kannten" (ebd.) –, andererseits hält sie Mariane ihr Kalkül, ihren bürgerlichen Aufstiegswillen und das Ausnutzen ihrer Attraktivität vor. Das Mitgefühl und die empfindsame Sprache des Gefühls verbergen nur mühsam das Machtverhältnis zwischen den beiden Frauen und die Standesgrenzen, auf denen die Gräfin letztlich beharrt (vgl. Luserke 1993: 90; vgl. zum Verhältnis von Mariane und der Gräfin und zu ihrer ständischen Konfrontation auch Chen Ying 2007).

Der Diskurs um weibliche Tugend wird nicht von der Protagonistin selbst, sondern von den Soldaten und der Gräfin geführt (vgl. zum Sexualitätsdiskurs Luserke 1993: 77–100) und bewegt sich im traditionellen Rahmen (vgl. Hallensleben 1994: 230). Der Offizier Haudy vertritt die Position: „Eine Hure wird immer eine Hure, gerate sie unter welche Hände sie will" (Damm I: 199). Auch Desportes ist am Ende des Stücks dieser Ansicht: „[E]s ist eine Hure vom Anfang an gewesen" (ebd.: 242). Die Gegenposition wird vom Feldprediger Eisenhardt eingenommen, der die Relevanz der Umstände hervorhebt: „[E]ine Hure wird niemals eine Hure, wenn sie nicht dazu gemacht wird" (ebd.: 200). Mariane selbst „stellt die Frage nach der Angemessenheit ihres Handelns im Sinne der weiblichen Moral nicht, das Objekt der Rede über die Tugend entzieht sich dieser Rede" (Hallensleben 1994: 230). Mit dem titelgebenden männlichen Kollektiv akzentuiert Lenz vielmehr das Verhalten der adligen Offiziere so, dass „die Tugendhandlung [...] im Panorama des Soldatenlebens gespiegelt" (ebd.: 228) wird. Dadurch werden „der Tugendbegriff [...] als Funktion des Urteils der Umwelt" und „der Begriff der Hure [...] als fragwürdiges Konstrukt des herrschenden Diskurses" sichtbar (ebd.: 235). Lenz entwirft ein Weiblichkeitsbild, das die Alternative zwischen der Frau als ‚Hure' und der Frau als ‚Heilige' hinter sich lässt.

Die Problematisierung der Triebregulierung und der Sexualmoral der Offiziere ist in der Forschung auch mit Bezug auf Lenz' Schrift *Über die Soldatenehen* und seine moralisch-theologischen Schriften herausgearbeitet worden (vgl. u. a. Hempel 2003b). Das „Katastrophenszenario" in den *Soldaten* resultiert sowohl „aus der Orientierungslosigkeit der Protagonistin Marie" als auch aus dem „nicht moralisch reglementierten Umgang mit dem ‚Geschlechtertrieb' der Soldaten" (ebd.: 380). Lenz macht deutlich, dass „Sexualmoral keine Privatsache" (ebd.) ist, weshalb er in seinen *Philosophischen Vorlesungen* und im *Catechismus* für den Einzelnen Regeln und in *Über die Soldatenehen* das Konzept einer staatlich organisierten Triebkontrolle entwickelt sowie die Ehe als zentrale Instanz der Triebkontrolle herausstellt (→ 3.6 SEXUALITÄT; vgl. Hempel 2003b).

Der Tugend-Diskurs wird in den *Soldaten* auch auf einer selbstreflexiven Ebene in Hinblick auf Lenz' eigenes Drama geführt (vgl. Sato 1993, Kagel 1997, Nies 2006). Komödie ist nicht nur die Gattungsbezeichnung, die der Autor seinem Stück gegeben hat, sondern sie spielt auch eine inhaltliche Rolle, wenn Mariane sich von Desportes in die Komödie ausführen lässt, sich damit „der väterlichen Überwachung" (Luserke 1993: 80) entzieht und einen Ort betritt, „mit dem eine ungezügelte Sexualität konnotiert ist" (Kagel 1997: 118 f.). Mariane ist in I,5 nach ihrem verbotenen Theaterbesuch mit Desportes dementsprechend ganz berauscht: „Lieber Papa, was das für Dings alles durcheinander ist, ich werde die Nacht nicht schlafen können für lauter Vergnügen." (Damm I: 201) In der vorhergehenden Szene I,4 wird unter

2.1 Dramen und Dramenfragmente

den Soldaten die Frage nach dem Nutzen des Theaters und insbesondere der Komödie kontrovers diskutiert. Für den Feldprediger Eisenhardt ist das Theater kein „heilsames Institut für das Corps Offiziers" (ebd.: 198), sondern löse sittliches Fehlverhalten aus. Haudy stellt hingegen die ästhetische Erfahrung und den Erkenntnisgewinn heraus: „[I]ch behaupte Ihnen hier, daß eine einzige Komödie [...] zehnmal mehr Nutzen ich sage nicht unter den Offiziers allein sondern im ganzen Staat angerichtet hat als alle Predigten zusammengenommen" (ebd.: 198 f.). In dieser Debatte werden die durch Eisenhardt vertretenen Kriterien der moralisch-didaktischen Poetik der Aufklärung einer ästhetischen Erfahrung gegenübergestellt, die einen kritischen Blick auf das Dargestellte eröffnet (vgl. Kagel 1997: 113–118). Haudy weist auf den „Zeitvertreib" und den Unterhaltungswert des Theaters hin, der unsittliches Verhalten kompensieren könne: „[W]as für Unordnungen werden nicht vorgebeugt oder abgehalten durch die Komödie" (Damm I: 198). Eisenhardt vertritt die Position, dass das Theater zur Nachahmung unmoralischer Handlungen anrege: „So aber ahmen Sie nach was Ihnen dort vorgestellt wird und bringen Unglück und Fluch in die Familien." (ebd.: 199) Die Soldaten lernen im Theater „die Kunst", die Mädchen „malhonett zu machen" (ebd.: 200). Denn in den Komödien werden „die gröbsten Verbrechen gegen die heiligsten Rechte der Väter und Familien unter so reizenden Farben vorgestellt" (ebd.). Damit liegt im Theater „mithin eine Handlungsanleitung zur Destruktion der bürgerlichen Ordnung" (Luserke 1993: 82). Lenz' Drama selbst ist weder moralisch-didaktisch angelegt noch verführt es zu einem bloßen Vergnügen. Vielmehr führt Lenz die soziale Wirklichkeit vor und ermöglicht den Rezipienten eine kritische Distanz. Mit seiner Darstellung des Militärs und Marianes erzwungenem Weg in die Prostitution werden Tabuthemen angesprochen sowie eine scharfe Kritik am Geschlechterverhältnis und der feudalen Gesellschaft formuliert (vgl. Wiessmeyer 1986). Die bornierte Debatte der Offiziere über den Nutzen des Theaters wird von Lenz als Autor auf einer anderen Ebene weitergeführt, indem er durch die eigene Klassifizierung seines Stücks als ‚Komödie' bewusst ästhetische Normen und gesellschaftliche Erwartungen irritiert.

Am Ende der Komödie steht zwar nicht Marianes Tod um der weiblichen Tugend willen, aber auch keine mehr oder minder unversehrte Rückkehr in die Familie, wie es sich im *Hofmeister* für Guste gestaltet. Trotz der Versöhnung von Vater und Tochter ist das Bild ihrer verzweifelten Umklammerung („*Beide wälzen sich halb tot auf der Erde*"; Damm I: 245) auch Ausdruck einer nicht aufhebbaren Verlorenheit (vgl. zur Diskrepanz zu einer herkömmlichen Komödienlösung McInnes 1992a). *Die Soldaten* schließen mit dem gesellschaftlichen Abstieg der Familie Wesener und dem persönlichen Unglück Marianes, während die Gräfin de La Roche und der Graf von Spannheim die Standesgrenzen nach unten hin zu sichern suchen. Wenn die Gräfin in der letzten Szene mit Tränen des Mitleids auf das aufgelöste Vater-Tochter-Paar herabblickt und anschließend ihre Idee einer staatlich organisierten Prostitution darlegt, um solches Elend zukünftig zu vermeiden, erscheinen sowohl die familiale Autorität als auch das Bürgerliche Trauerspiel und dessen Poetik des Mitleids ins Groteske verzerrt.

Männliche Machtspiele
Stolzius ist ebenso wie Mariane ein Opfer der Liebes- und Machtspiele der Offiziere. Er muss mit ansehen, wie Mariane mit verschiedenen Offizieren Liebschaften eingeht

und wie ihr Leben und damit auch seine Hoffnung auf eine Zukunft mit ihr zerstört werden. „Er hat den Ausschluss aus den männlichen Spielen so weit akzeptiert" (Winter 2000b: 60), dass er nicht mehr um Mariane kämpft. Trotz seines Rachewunsches handelt er selbstzerstörerisch, indem er zunächst Desportes und anschließend sich selbst mit Gift tötet. Stolzius nimmt mit seiner Passivität und ‚unmännlich' codierten Todesart eine ‚weibliche' Geschlechterposition ein.

Für die Offiziere sind die anderen Stände nur Objekte der Ausbeutung oder des sexuellen Vergnügens, dem sie aus Langeweile in Zeiten des Friedens nachgehen (vgl. zur Mentalität und den Kommunikationsformen der Offiziere ebd.). Während Mariane und ihr Vater von Desportes' Anständigkeit ausgehen, ist dessen Kontakt zu Mariane von Anfang an nur auf die eigene Lustbefriedigung ausgerichtet. „Die Naivität, mit der Mariane und der Vater die Klassenschranke zu überwinden trachten, kontrastiert scharf mit dem Verhalten der Offiziere, das die Soldatenszenen schildern." (Winter 2000a: 68) Den adligen Offizieren ist es erlaubt, trotz einer *Promesse de mariage* straflos bürgerliche junge Frauen zu verführen. Während die Offiziere über das Wissen und die Deutungsmacht verfügen, vermögen Frauen wie Mariane nicht zwischen Spiel und Ernst zu unterscheiden. Sie werden Opfer eines männlichen Machtrituals, „das unter dem Deckmantel des verharmlosenden Begriffs der *Verführung* firmiert" (Künzel 2003a: 350; Kursiv. im Orig.). Die Überblendung von Komischem und Tragischem, die für Lenz' Komödien signifikant ist (vgl. u. a. Zelle 1992), spiegelt sich auf der inhaltlichen Ebene in dem „Komödien-Spiel" (ebd.: 153) der Soldaten und dessen tragischem Ausgang für die bürgerlichen Protagonisten wider (vgl. auch Luserke 1993: 83–85; vgl. zur Spiel-Metapher Künzel 2003a: 348 f.).

Die Offiziere treiben einerseits mit Mariane und Stolzius und andererseits untereinander ihre Spiele. „Die Ersatzbefriedigung für den Krieg bilden Auseinandersetzungen, in denen es um Geltung, Anerkennung und Machtausübung geht" (Winter 2000b: 57): Haudy will den Feldprediger Eisenhardt zum Duell provozieren (I,4); später führt Haudy den verlassenen Stolzius seinen Kameraden zum Spott vor, und Rammler provoziert Stolzius gnadenlos, woraufhin die anderen Soldaten sich gegen Rammler verbünden (II,2). Mehrfach droht die verbale Aggression in körperliche Gewalt umzuschlagen. Neben den verbalen Äußerungen („Haudy: […] Mit euch verfluchten Arschgesichtern", Damm I: 210; „Rammler: Und ich brech dir Arm und Bein entzwei und werf sie zum Fenster hinaus", ebd.: 210 f.) zeigen sich Gewaltbereitschaft und Aggressivität im körperlichen Ausdruck, in der Mimik und Stimme: „*Haudy tritt herein mit großem Geschrei*"; „*Brüllt entsetzlich*" (ebd.: 207); „*Haudy macht ihm ein Paar fürchterliche Augen*" (ebd.: 209). „Mimik und Gestik […] zeigen die intensive Teilnahme am Spiel, die Verinnerlichung eines ihm entsprechenden männlichen Habitus." (Winter 2000b: 59) Erst in der ‚Judenszene' (III,1) entladen sich die Aggressionen der Soldaten in einer brutalen Bloßstellung Rammlers, der sich, anstatt wie angenommen in das Bett einer attraktiven Frau, zu dem Juden Aaron gelegt hat. Dabei wird mit Aaron eine weitere Person, die ohnehin einer diskriminierten gesellschaftlichen Minderheit angehört, missbraucht und in die gewaltvollen Spiele mit hineingezogen (vgl. Stephan 2015 sowie → 3.15 Kulturelle Differenz). Lenz macht deutlich, dass das „Spielmaterial" (Winter 2000b: 59) der Soldaten die sozial unter ihnen stehenden Personen, wie die Frauen, Stolzius, der Jude Aaron, sind und dass „die aggressive, mißachtende Sexualität der Offiziere ihren Ursprung in der Klassensicht der Aristokratie hat, die sich selbst berechtigt fühlt, Menschen

2.1 Dramen und Dramenfragmente

aus der niederen gesellschaftlichen Schicht als Mittel zu ihrem eigenen Vergnügen oder zur Bereicherung zu benutzen" (McInnes 1992a: 132).

Die verschiedenen Szenen aus dem Militärleben unterbrechen zum einen die katastrophalen Ereignisse in der Handlung um Mariane (vgl. ebd.) und wiederholen zum anderen „die sinnlose Quälerei des Stolzius [...] in der ebenso sadistischen Behandlung anderer hilfloser Menschen" (ebd.: 133): Die Szene der brutalen Bloßstellung des Juden Aaron (III,1) folgt unmittelbar der Szene von Marianes Verführung (II,3); der Szene der Verhöhnung von Frau Bischoff (IV,9) geht die Nachricht über Marianes Flucht aus dem Haus der Gräfin (IV,5) voraus. Marianes singuläres Unglück steht in einem scharfen Kontrast zum alltäglichen Militärleben der Soldaten, die ihre männlichen Machtspiele ungestört fortsetzen.

Der Reformvorschlag der Gräfin in der ersten Schlussvariante sucht zwar nach einer Lösung für die soziale Misere der bürgerlichen Familien, für die „Folgen des ehlosen Standes der Herren Soldaten" (Damm I: 246), die problematischen Verhaltensweisen der Soldaten bleiben dabei jedoch unangetastet. Die Gräfin mystifiziert die Männer, wenn sie davon spricht, dass ihnen, wie dem „Ungeheuer" im Andromeda-Mythos, „von Zeit zu Zeit ein unglückliches Frauenzimmer freiwillig aufgeopfert werden muß, damit die übrigen Gattinnen und Töchter verschont bleiben" (ebd.), und schlägt die Einrichtung von Soldatenbordellen vor. Der Graf teilt diese Idee und ergänzt begeistert, dass die „Konkubinen" (ebd.) vom König besoldet werden sollten.

Wie die Schlussvarianten bezüglich Lenz' eigener Überzeugung zu bewerten sind, ist in der Forschung unterschiedlich gesehen worden (vgl. Kagel 1997: 117f. u. Hill 1988). Während Glarner darin Lenz' eigene Ansicht vertreten sieht (vgl. Glarner 1992a), stellt Niggl fest, dass angesichts des tragischen Verlaufs der Mariane-Handlung die Reformvorschläge wie ein ironischer Kommentar wirken (vgl. Niggl 2003: 153; vgl. auch Scherpe 1985 [1977]). Kagel, der sich auf die zweite Schlussszene bezieht, versteht diese als „Parodie und Kommentar zur aufklärerischen Gattungspoetik" (Kagel 1997: 118). Auch Luserke stellt die Widersprüche heraus, die inhaltlich trotz der Reformidee bestehen bleiben, und differenziert zwischen der Position von Lenz und der seiner Figuren (Luserke 1993: 94–100): Lenz sind als „Bürgerlichem [...] keine *Handlungs*möglichkeiten gegeben, er *muß* auf ein utopisches Lösungsmodell ausgreifen, [...] allein der literarische Diskurs erlaubt die *unmittelbare* Reaktion auf die Problemsituation" (ebd.: 97; Kursiv. im Orig.). Dass die Adligen das Modell der staatlich organisierten Prostitution vorschlagen, während Lenz in seiner Reformschrift *Über die Soldatenehen* das Militär durch ein familiales Modell in die bürgerliche Gesellschaft zu integrieren versucht (→ 2.6 DIE BERKAER SCHRIFTEN), ist auch als Kritik an einem Adel zu verstehen, der in erster Linie seine Standesinteressen sichert (vgl. Luserke 1993: 100).

Während der Realitätsbezug und die Praktikabilität der Reformvorschläge sowohl in den *Soldaten* als auch in Lenz' theoretischer Schrift kritisch zu betrachten und in der Forschung umstritten sind, vergegenwärtigt der Realismus von Lenz' Komödie zweifellos die erneuerungsbedürftigen gesellschaftlichen Verhältnisse seiner Zeit und insbesondere die destruktiven Verhaltensweisen des Militärs gegenüber anderen sozialen Schichten und den Frauen.

Pandämonium Germanikum

Q: Pandämonium Germanikum. Eine Skizze. Synoptische Ausgabe beider Handschriften. Mit einem Nachwort hg. v. Matthias Luserke u. Christoph Weiß. St. Ingbert 1993. – H: ältere Handschrift (H¹): SBB-PK Berlin, Nachlass J. M. R. Lenz, Bd. 3, Nr. 183; jüngere Handschrift (H²): BJ Kraków, Lenziana, Konv. 6. – ED: Pandaemonium germanicum. Eine Skizze von J. M. R. Lenz. Aus dem handschriftlichen Nachlasse des verstorbenen Dichters hg. [v. Georg Friedrich Dumpf]. Nürnberg: Campe, 1819.

Die 1775 in Straßburg entstandene dramatische Literatursatire *Pandämonium Germanikum* ist in zwei Autorhandschriften überliefert und vermutlich aufgrund Goethes Ablehnung zu Lebzeiten unveröffentlicht geblieben. Auf den Titelblättern beider Handschriften hat Lenz eigenhändig „wird nicht gedruckt" vermerkt. Erst 1819 wird das Drama von G. F. Dumpf bei Campe in Nürnberg erstmals herausgebracht. Es liegen eine ältere (H¹: Staatsbibliothek zu Berlin, Preußischer Kulturbesitz) und eine jüngere Handschrift (H²: Biblioteka Jagiellońska, Kraków) vor, die 1993 von Matthias Luserke und Christoph Weiß in einer synoptischen Ausgabe herausgegeben wurden. Die vorherigen etwa 20 Ausgaben verwenden teils die ältere und teils die jüngere Handschrift (vgl. zur Druckgeschichte und zu den vorliegenden Editionen Luserke 1994a: 258 f., sowie das Nachwort in *Pandämonium Germanikum* [Hgg. Luserke/ Weiß 1993]: 66–68).

Das *Pandämonium Germanikum* ist eine satirische Auseinandersetzung mit dem zeitgenössischen ‚literarischen Feld' und eine Selbstvergewisserung von Lenz über seine eigene Position als Autor innerhalb der literarischen Öffentlichkeit und im Verhältnis zu Goethe. Thematisiert werden die Mechanismen zwischen Autoren, Kritikern und Publikum, die Gruppendynamik und Konkurrenzkämpfe, ästhetische und dramentheoretische Positionen innerhalb des Sturm und Drang, Vorstellungen von Genie und die Werther-Debatte. Das Stück steht im Kontext der Literatursatiren der 1770er Jahre, wie Goethes *Götter, Helden und Wieland* (1774) und Wagners *Prometheus, Deukalion und seine Recensenten* (1775), in denen das Selbstverständnis des Sturm und Drang sowie die eigene literarische Position über eine satirisch-kritische Darstellung literarischer Traditionen konturiert wird. Lenz' Literatursatire inszeniert darüber hinaus mit der Dramenfigur ‚Lenz' den Selbstauftritt des Autors (vgl. zu Lenz im Kontext der Literatursatire des Sturm und Drang Luserke 1994a: 265–269, Herboth 2002: 240–258, Kauffmann 2013). Das *Pandämonium Germanikum* ist sowohl eine Satire auf die zeitgenössische Literatur als auch eine Selbstinszenierung und poetologische Reflexion der eigenen Autorschaft (vgl. Schmitt-Maaß 2008). Mit seinem Stück nimmt Lenz auch Bezug auf Nicolais Werther-Parodie *Freuden des jungen Werthers. Leiden und Freuden Werthers des Mannes* (1775), in der mit der Formulierung „wie ein klein Teufelchen im Pandämonium" auf Lenz angespielt wird (Luserke 1994a: 266), und kommentiert außerdem selbstironisch seine eigene Rezeption, in der ihm als Autor wiederholt die Eigenständigkeit und Originalität abgesprochen wurde.

In der Forschung sind vielseitige intertextuelle Bezüge zu anderen Literatursatiren (vgl. ebd.), zu Programmschriften des Sturm und Drang (vgl. Rieck 1992: 83–90) und zu einem älteren Traditionsrahmen, an den Lenz mit seinem Szenenbild „Tempel des Ruhms" anknüpft – und zwar G. Chaucers *The House of Fame* (1381), A. Popes *The Temple of Fame* (1715) und I. J. Pyras *Der Tempel der wahren Dichtkunst* (1737) –, herausgearbeitet worden (vgl. Winter 1995: 48–52 u. Delhey 2003: 24–

29). In dieser Tradition von Texten erscheinen einem träumenden Erzähler in einem Tempel die Autoren der Literaturgeschichte in einer hierarchischen göttlichen Ordnung. „Pandämonium" bezeichnet zum einen in der griechischen Mythologie einen Tempel der Halbgötter und Dämonen und leitet sich zum anderen, wie Winter gezeigt hat, von J. Miltons Epos *Paradise Lost* (1667) ab, in dem das „Pandämonium" ein Ort der bösen Geister und des Kampfes von Gott und Teufel um die ersten Menschen Adam und Eva ist (vgl. Winter 1995: 51; vgl. zum Bezug auf das religiöse Epos Maurach 2006). Lenz lässt in seinem ‚Pandämonium' eine Revue deutscher und französischer Autoren einschließlich Goethe und sich selbst als Gott und Teufel wie Marionettenpuppen auftreten und in Widerstreit um ästhetische Positionen geraten. In einer dichten Bilderfolge, die einen traumartigen, zeitlosen Charakter hat, reihen sich versatzstückartig die Auftritte der Autoren, der Kritiker und des chorisch angelegten Publikums aneinander. Die Figurenrede bildet eine Collage verschiedener Anekdoten der zeitgenössischen literarischen Welt, von Auszügen aus literarischen Texten, ästhetischen Debatten und Rezensionen.

Das Drama trägt die Gattungsbezeichnung „Eine Skizze". Dieser der Malerei entlehnte Begriff betont den Entwurfscharakter, das Vorläufige und Fragmentarische des Textes und damit den Gegensatz zu einem abgeschlossenen Werk. Die ersten zwei Akte gliedern sich in einmal vier und einmal fünf Szenen, und die kurze letzte Szene wird als „Letzter Akt" (*Pandämonium Germanikum* [Hgg. Luserke/Weiß 1993], H[1]: 58) in der älteren Handschrift und als „Dritter und letzter Ackt" (ebd., H[2]: 59) in der jüngeren bezeichnet, wodurch eine klassische Dreiaktstruktur mit einer aus Anfang, Mitte und Ende bestehenden Handlung parodiert wird. Das gesamte Geschehen spielt an drei Schauplätzen: auf einem steilen Berg, im Tempel des Ruhms, der zugleich eine Kirche ist, und vor Gericht. Die Figuren, die groteske Züge tragen, bewegen sich wie Puppen durch diese mythologisch vieldeutigen Szenenbilder und imaginären Räume. Sowohl der herkömmliche Bühnenraum als auch theatrale Konventionen werden in dieser vielstimmigen ‚Skizze' aufgelöst, die verschiedene dramatische Formelemente und Ausdrucksformen wie Marionettentheater, Puppenspiel, Personalsatire, Parodie, Selbstparodie, Selbstironie, Totengespräch, Traumvision verwendet.

Neben den Protagonisten Lenz und Goethe treten die folgenden Autoren auf: Hagedorn, La Fontaine, Gellert, Molière, Rabener, Rabelais, Scarron, Liscow, Klotz, Chaulieu, Chapelle, Gleim, Wieland, J. G. Jacobi, Weiße, Michaelis, Lessing, Klopstock, Herder und Shakespeare als Geist. Weitere Figuren sind ein Pfarrer und ein Küster und die als chorische Figuren auftretenden Nachahmer, Journalisten, Philister und das Publikum.

Spielort des ersten Akts ist ein steiler Berg, den Lenz und Goethe besteigen. Die beiden ‚Gipfelstürmer' werden von den anderen, als „Nachahmer" (*Pandämonium Germanikum* [Hgg. Luserke/Weiß 1993], H[1]: 14) bezeichneten Autoren mit Steinen attackiert und von den sich in „Schmeißfliegen" (ebd.: 24) verwandelnden Journalisten umschwärmt. Im zweiten Akt, der im Tempel des Ruhms spielt, treten die Autoren in einen Wettstreit um Anerkennung und die Aufmerksamkeit des Publikums, während Lenz sich in einem hinteren Winkel als unsichtbarer Beobachter versteckt hat. Erst als die „Dramenschreiber" (ebd.: 46) den Ruhmestempel besetzen, tritt Lenz hervor und legt den ‚Größen' der Literatur sein dramatisches Konzept vor. Im dritten bzw. letzten Akt, der nur aus einer sehr kurzen Szene besteht und den Titel

„Gericht" (ebd.: 58) trägt, stellen nächtliche Geister und Stimmen den Sinn von Kunst und Wissenschaften in Frage, während Klopstock und Herder als Vertreter der ‚wahren' Kunst aufgerufen werden. Mit dem letzten im Aufwachen gesprochenen Satz – „LENZ (*aus dem Traum erwachend, ganz erhitzt*): Soll ich dem kommenden ruffen?" (ebd.: 60; Anpassung der Gestaltung der Figurennamen und des Nebentextes hier und im Folgenden J. F.) – weist das Ende der Skizze in die Zukunft und auf die Erwartung eines Neubeginns.

Lenz und Goethe: Das ‚große Genie' und das „Bübgen" auf dem Berg
Der Autor Lenz inszeniert sich in den ersten Szenen seiner dramatischen Skizze selbstironisch als „Bübgen" (*Pandämonium Germanikum* [Hgg. Luserke/Weiß 1993], H^1: 12) an der Seite Goethes, des souveränen ‚Gipfelstürmers', und stellt damit auf satirisch-komische Weise sein ambivalentes Freundschafts- und Konkurrenzverhältnis zu Goethe dar (vgl. zu Lenz und Goethe und zu den Autorbildern Luserke 1994a: 260–265, Winter 1995, Soares 1996; vgl. auch → 3.9 LENZ UND GOETHE). Lenz' Drama knüpft an eine Tradition an, in der die Bergbesteigung wie bei Petrarca Ausdruck eines gesteigerten Selbstbewusstseins des Menschen ist, der in der Höhe auf die Welt hinabschauen und sich von den gesellschaftlichen Bindungen lösen kann. Aufgerufen werden mit dem ‚steilen Berg' ferner der antike Musenberg sowie die zeitgenössische Vorstellung der gottähnlichen Selbsterhöhung des Genies, das auch als Prometheus am Felsen imaginiert wird.

Goethe bezwingt mühelos den Berg – „GOETHE *springt 'nauf. (sich umsehend)*: Lenz! Lenz! daß er da wäre – Welch herrliche Aussicht!" (*Pandämonium Germanikum* [Hgg. Luserke/Weiß 1993], H^1: 10) –, nimmt selbstgewiss eine exponierte Position ein und verkörpert die heroischen Eigenschaften, die dem Genie im Sturm und Drang zugeschrieben werden (vgl. zur Darstellung Goethes als Erlösergenie Delhey 2003). Für Lenz hingegen ist der Aufstieg beschwerlich: „*Lenz kriecht auf allen Vieren.*" (*Pandämonium Germanikum* [Hgg. Luserke/Weiß 1993], H^1: 10) Er erlebt eine existentielle Einsamkeit und muss seinen eigenen Weg finden, jedoch bietet Goethe dem erschöpften Bergsteiger den erhofften Halt: „L. (*ihm entgegen*): Bruder Goethe (*drückt ihn ans Herz*). […] An deiner Brust. Goethe, es ist mir, als ob ich meine ganze Reise gemacht um dich zu finden." (ebd.: 12) Während Goethe auf Lenz eine unterstützende Wirkung hat, dient Lenz ihm hingegen zur narzisstischen Selbstbespiegelung. Auch wenn schließlich beide auf der gleichen Berghöhe gemeinsam Position einnehmen, begegnen sie sich nicht auf Augenhöhe: „G.: Biß mir willkommen Bübgen!" (ebd.), und die Differenz zwischen den beiden, Lenz' Nähe-Wunsch und Goethes unverbindliche Haltung ihm gegenüber, bleibt bestehen.

Die „Nachahmer" (ebd.: 14) und die Journalisten versuchen, Goethe und den sich hinter ihm versteckenden Lenz von ihrer erhöhten Position zu verjagen und selbst auf den Berg heraufzukommen, was als grotesk-komischer Kampf der Giganten gegen die Olympier dargestellt wird: Das Klettern, Abstürzen, Steinewerfen und Sich-gegenseitig-zu-Fall-Bringen führt satirisch die Rangordnung, die Ruhmsucht und die Konkurrenzkämpfe der Autoren untereinander vor. Damit wird gezeigt, dass der „von den Sturm-und-Drang-Autoren emphatisch gepflegte ‚Freundschaftskult' nur mühsam den unter ihnen herrschenden gnadenlosen Macht- und Konkurrenzkampf [verbirgt], der unter den Schlagworten ‚Genie' und ‚Original' geführt wurde." (Stephan 1995: 22) Während die Journalisten Goethe mit Worten umschwärmen wie

„Was sind die grossen Genieen der Nachbarn, die Shakespeare die Voltäre, die Rousseau" oder „Du du bist der Dichter der Deutschen" (*Pandämonium Germanikum* [Hgg. Luserke/Weiß 1993], H¹: 24–26), wird Lenz von einem „Hauffen Fremde[r]" (ebd.: 18) die Originalität abgesprochen: „Kennen Sie den Herrn Goethe? Und seinen Nachahmer den Lenz?" (ebd.) Ein anderer aus der Schar der Autoren nennt ihn ein „junges aufkeimendes Genie aus Kurland, der bald wieder nach Hause zurückreisen wird" (ebd.) und dem die erhöhte Position auf dem ‚Parnaß' kaum zugetraut wird. Selbstironisch nimmt der Autor Bezug auf die zeitgenössische Rezeption seiner anonym veröffentlichten und Goethe zugeschriebenen Dramentexte. So hatte Schubart in seiner Besprechung des *Hofmeisters* Lenz als „junges aufkeimendes Genie aus Kurland" (*Deutsche Chronik* vom 8. 9. 1774; vgl. Damm I: 741) bezeichnet, nachdem er zuvor Goethe als Verfasser des Stücks gefeiert hatte.

Die Bedeutung der Autorschaft wird in der Szene „Die Philister" (I,3) reflektiert. *„Lenz sitzt an einem einsamen Ort ins Thal hinabsehend, seinen Hofmeister im Arm"* (*Pandämonium Germanikum* [Hgg. Luserke/Weiß 1993], H¹: 20) und wird von einigen Bürgern auf die unbekannte Urheberschaft angesprochen:

> ZWEYTER: Es verdrießt mich aber doch in der That, daß Ihre Stücke meist unter einem andern Namen herumlauffen […].
> L.: Wenn sie so geschwinder ihr Glück machen, soll ichs meinen Kinders mißgönnen? Würd ein Vater sich grämen wenn sein Sohn seinen Namen veränderte, um desto leichter emporzukommen[.] (ebd.)

Die Lenz-Figur stellt die Rezeption in den Vordergrund, betont die Eigenständigkeit und den ästhetischen Wert der Stücke, unabhängig von Anerkennung und Ruhm und inszeniert sich emphatisch als ‚namenloser' Autor (vgl. Klaue 2000/2001: 249; vgl. zur Textkonkurrenz zwischen Lenz und Goethe Stephan 1995). Diese Selbstgewissheit wird am Ende des ersten Akts mit künstlerischen Zweifeln kontrastiert: „LENZ: Ach ich nahm mir vor hinabzugehn und ein Mahler der menschlichen Gesellschaft zu werden: aber wer mag da mahlen wenn lauter solche Fratzengesichter unten anzutreffen. […] Wir […] könnten eben so gut in die Tollhäuser gehen um menschliche Natur zu mahlen." (*Pandämonium Germanikum* [Hgg. Luserke/Weiß 1993], H¹: 28) Diese resignative Einsicht führt dazu, dass sich die Lenz-Figur über weite Teile des zweiten Akts von der literarischen Bühne in einen Winkel zurückzieht.

Lenz im Winkel
Satirisch und mit grotesken Bildern werden im zweiten Akt die Kämpfe zwischen den rivalisierenden Autoren dargestellt. Die den Tempel des Ruhms betretenden Autoren werden von den „Franzosen" begutachtet und teilweise mit Applaus bedacht: Die Fabeldichter Hagedorn und Gellert versuchen, La Fontaine (in Lenz' *Pandämonium* Lafontaine geschrieben) und Molière zu beeindrucken – „EINIGE FRANZOSEN *hinterm Gitter*: Oh l'original!" –, bis sich die Satireschreiber in den Vordergrund drängen: „RABENER *tritt herein, den Hauffen um Gellert zerstreuend*: Platz, Platz für meinen Bauch" (*Pandämonium Germanikum* [Hgg. Luserke/Weiß 1993], H¹: 30). Die Anakreontiker Uz (im *Pandämonium*: Utz) und Gleim werden von Wieland vertrieben, aber als er selbst mit seinen Liedern nur das „Gekreisch" (ebd.: 36) des weiblichen Publikums auslöst, lassen *„Chapelle und Chaulieu […] Jakobi auf einer Wolke von Nesseltuch nieder"* (ebd.). Wieland lässt sich Komplimente für ein Bild

machen, das nicht er selbst, sondern eine anonym bleibende und sich im Hintergrund haltende Beobachterin gezeichnet hat. Angespielt wird dabei auf den Umstand, dass Wieland die *Geschichte des Fräuleins Sternheim* von Sophie von La Roche herausgegeben hat, ohne den Namen der eigentlichen Verfasserin kenntlich zu machen. Aber auch dieser erschlichene Ruhm ist nur von kurzer Dauer: „GOETHE (*auf Wieland zu*): Ha daß du Hecktor wärst und ich dich so um die Mauren von Troja schleppen könnte (*zieht ihn an den Haaren herum*)" (ebd.: 38). Schließlich gewinnt Goethe mit seinem *Werther* die höchste Gunst des Publikums: „([...] *Jedermann weint.*) WIELAND (*auf den Knieen*): Das ist göttlich[.] [...] EINE GANZE MENGE DAMEN *stehn auf und umarmen Goethe*: O Herr Göthe" (ebd.).

Lenz nimmt weder an diesen Rangstreitigkeiten noch an der Debatte der „Dramenschreiber" (ebd.: 46) teil: Lessing verwirft die französische klassizistische Dramatik, und Herder beschwört Shakespeare als Vorbild, welcher daraufhin, „einen Arm um Herder geschlungen" (ebd.: 52), als Geist erscheint. Nachdem mit Shakespeares Geist die burleske und zugleich traumartige Revue der Literaturgeschichte ihren Höhepunkt erreicht hat, wird Lenz von Herder unter den französischen Dramatikern in einem Winkel entdeckt: „HERDER: Was der Junge dort haben mag, der so im Winkel sitzt und Gesichter über Gesichter schneidt. Ich glaub es gilt den Franzosen. Bübgen was machst du da" (ebd.: 54). Lenz will nicht nach Vor- oder Idealbildern ‚nachzeichnen', sondern Figuren entwerfen, wie er sie in der Wirklichkeit vorfindet: „Ich will nicht hinterherzeichnen – oder gar nichts." (ebd.) Seine Figuren werden aber von Herder als „viel zu groß für unsre Zeit" (ebd.: 56) bewertet und von Lenz in die Zukunft verwiesen: „LENZ: So sind sie für die kommende." (ebd.) Entgegen Lessings Anmerkung „Eure Leute sind für ein Trauerspiel" (ebd.) behauptet Lenz, dass sich die tragischen Verwicklungen der heutigen Helden eher ins Komische verzerren: „LENZ: Herr was ehmals auf dem Kothurn gieng sollte doch heutzutag mit unsern im Sokkus reichen [...], was ehmals grausen machte, das soll uns lächeln machen" (ebd.; vgl. zu Lenz' dramenästhetischer Position Menz 1994a und zur Gegenüberstellung von Lenz' und Lessings Dramentheorien Rector 1999a).

Ähnlich wie der Autor Lenz in den *Anmerkungen übers Theater* (→ 2.4 THEORETISCHE SCHRIFTEN: ANMERKUNGEN ÜBERS THEATER) problematisiert die Figur Lenz in ihrer Antwort auf die Bemerkungen Herders und Lessings die Tragödie, die autonome Menschen zum Gegenstand haben sollte, als inadäquate Form in der Gegenwart, da die Welt ein ‚Tollhaus' mit lauter „Fratzengesichter[n]" sei (*Pandämonium Germanikum* [Hgg. Luserke/Weiß 1993], H^1: 28) und der Vorstellung vom „Menschen als einem freihandelnden Wesen in der zeitgenössischen Gesellschaft keine empirische Realität zukommt" (Rector 1999a: 74). Das „hohe tragische von heut" (*Pandämonium Germanikum* [Hgg. Luserke/Weiß 1993], H^1: 56) bleibt für Lenz ein zukünftiges utopisches Schreibprojekt – „O da darf ich mahl nicht nach heraufsehn" (ebd.). Christus bildet für ihn den modernen tragischen Charakter, der als „Halbgott" (ebd.) weder nur Mensch noch gänzlich ein Gott ist und in einem „transzendenten Widerspruch zur gottgewollten Freiheit des Menschen" (Rector 1999a: 77) steht (vgl. auch zum Entwurf eines neuen religiösen Trauerspiels Maurach 2006). Da der Mensch im Christentum und in der Aufklärung nicht wie in der Antike seiner göttlichen Bestimmung nach unmündig ist, sondern als grundsätzlich frei und autonom gedacht wird (vgl. zu Lenz' anthropologischer Begründung seiner Dramentheorie Rector 1999a: 74–80), ist der Widerspruch zwischen „seinem freien

Seinsollen und seinem unfreien Sein" (ebd.: 76) innerweltlich und gesellschaftlich begründet. Dieser Widerspruch macht den gegenwärtigen Menschen nicht tragödienfähig.

Einstimmig wird im Stück das Urteil über Lenz' Figurenentwürfe und seine Reflexionen über die Tragödie verkündet: „KLOPSTOCK HERDER U. LESSING: Der brave Junge. Leistet er nichts, so hat er doch groß geahndet" (*Pandämonium Germanikum* [Hgg. Luserke/Weiß 1993], H^1: 56). Dieser Aufgabe sieht sich nur Goethe gewachsen – „GOETHE: Ich will's leisten" (ebd.) –, der sich mit seinem Gleichnis über die Erschaffung Adams selbst die Rolle des gottähnlichen Schöpfers und Lenz die Rolle des Teufels zuweist, der vergeblich versuche, aus Mörtel ebenfalls lebendige Menschen zu erschaffen: „GOETHE: Thät er dem auch also, pappte eine Menge Leim zusammen, rollt's in seinen Händen, behaucht' und begeifferte es, blies sich fast den Othem aus, fu fi fi fu – aber geskizzen wor nit gemohlen" (ebd.: 58). Mit der Wendung „geskizzen wor nit gemohlen" wird sowohl das Urteil über die Figurenentwürfe des ‚Teuffels Lenz' als auch über die vorliegende dramatische „Skizze" des Autors Lenz gefällt.

Der Autor Lenz inszeniert sich in der Form einer Selbstparodie als „Bübgen", als „Teuffel" und als ‚Dichter im Winkel' und reflektiert damit die Problematik der Autorschaft hinsichtlich eines Genieanspruchs: „Wenn nun Lenz das *Pandämonium Germanikum* als ‚dramatische Skizze' untertitelt, entwirft er spielerisch ein Bild von Autorschaft, das nicht auf Vollendung zielt, sondern die Aporien der Genieästhetik noch auf sprachlicher Ebene zu reflektieren vermag." (Schmitt-Maaß 2008: 137) Mit der gewählten Form der Skizze, der satirischen Schreibweise und der karikaturistischen Figurenzeichnung setzt der Autor Lenz den Befund seiner Figur um, nur „Fratzengesichter" (*Pandämonium Germanikum* [Hgg. Luserke/Weiß 1993], H^1: 28) nachahmen zu können (vgl. zum Satirischen und Grotesken Krauß 2011a: 554–579; vgl. auch → 3.16 SATIRISCHE GROTESKE UND IRONISCHE SCHREIBWEISEN).

Im Rekurs auf die Figuren Christus und Prometheus entwirft Lenz auch ein Bild von sich als „göttliche[s] Künstlergenie" (Winter 1995: 58; vgl. zu Prometheus und Christus ebd.: 58–60) und als scheiternder und leidender Künstler, „der gerade im Scheitern und Leiden seine Vollkommenheit zum Ausdruck bringt, die auch prophetische und erlösende Züge trägt" (ebd.: 59). Die dramatische Skizze *Pandämonium Germanikum* enthält eine Poetologie der Autorschaft, die das Scheitern der Genievorstellung einerseits selbstparodistisch vorführt und andererseits über die Bilder Christus und Prometheus positiv umdeutet (vgl. Schmitt-Maaß 2008: 140 f.).

Die Freunde machen den Philosophen

Q: Damm I: 273–316 (nach ED). – H: nicht nachweisbar. – ED: Die Freunde machen den Philosophen. Eine Komödie. Lemgo: im Verlage der Meyerschen Buchhandlung, 1776.

Die Freunde machen den Philosophen ist zwischen Ende 1775 und Anfang 1776 entstanden. Als Ersatz für seine zurückgezogene Wieland-Satire *Die Wolken* schickt Lenz sein Drama im März 1776 an Boie, der es an den Verleger Ch. F. Helwing vermittelt (Erstdruck in Lemgo: Meyersche Buchhandlung, 1776). *Die Freunde machen den Philosophen* setzt sich kritisch mit dem zeitgenössischen empfindsamen Freundschaftsideal auseinander. Das Stück führt Beziehungen vor, in die „Männerspiele um Macht, Geld und Frauen" (Winter 2000b: 65) eingeschrieben sind. Mit seinem Protagonisten, dem reisenden Dichter und Intellektuellen Reinhold Strephon, dem Lenz einen seiner eigenen Vornamen gibt, gestaltet der Autor sein Alter Ego und eine Selbstparodie. Über den Namen Reinhold hinaus bezieht Lenz weitere autobiographische Zusammenhänge ein und fiktionalisiert seine Situation in Straßburg und die dortige gesellige Form der Freundschaft im Salzmannschen Kreis. Ähnlich wie Robert Hot im *Engländer* ist Strephon in seiner unbedingten Liebe zu Seraphine eine Werther-Figur, deren Selbstmordabsichten übersteigert dargestellt werden.

Das Drama weist unterschiedliche intertextuelle Bezüge sowohl zur zeitgenössischen Literatur, wie Goethes *Werther* und *Stella* (1776), Weißes empfindsamem Lustspiel *Großmuth für Großmuth* (1768) und Gellerts Roman *Das Leben der schwedischen Gräfin von G...* (1747/48), als auch zu literarischen Figuren (Ödipus und Hamlet) und historischen Personen (Ninon de Lenclos) auf (vgl. zu den intertextuellen Bezügen Schulz 2001a; Sautermeister 2003: 319 f.). Ähnlich wie viele von Lenz' Dramen ist auch die fünfaktige Komödie *Die Freunde machen den Philosophen*, die zunächst relativ konventionell aufgebaut zu sein scheint, von plötzlichen Handlungsumschwüngen, vom Ineinanderspielen von Komischem, Tragischem und Ernsthaftem sowie von der Parodie komischer und tragischer Handlungselemente geprägt. Hervorzuheben ist ein Spiel-im-Spiel-Motiv, wie es später im romantischen Lustspiel bei Tieck an Bedeutung gewinnt und das zugleich an Shakespeares *Hamlet* angelehnt ist. So hat Lenz' Figur Strephon mit Bezug auf die Salondame und Zeitgenossin Molières, Ninon de Lenclos, ein Schauspiel über eine inzestuöse Liebe zwischen Mutter und Sohn geschrieben. Ähnlich wie bei Shakespeare die Aufführung eines Stücks im Stück die Zusammenhänge in Hamlets Familie enthüllt, offenbart Strephon über eine von ihm aufgeführte Liebestragödie Seraphine seine Gefühle.

Die Komödie spielt hauptsächlich in Cádiz in Spanien, wo Strephon, „ein junger Deutscher, reisend aus philosophischen Absichten" (Damm I: 273), seit einigen Jahren lebt. Sein Vetter Arist, ein hamburgischer Agent, der auf der Durchreise in Cádiz Station macht, will ihn wieder mit nach Deutschland zurücknehmen. Die titelgebenden ‚Freunde' des ‚Philosophen' sind die Spanier Dorantino, Strombolo und Mezzotinto sowie der junge Deutsche Doria; durch sie versucht sich Strephon in der Fremde zu beheimaten. Für den Adligen Don Alvarez, der nicht lesen und schreiben kann, macht Strephon Schreibarbeiten, um Geld zu verdienen, aber auch weil er heimlich in dessen Schwester Donna Seraphina verliebt ist. Sein Gegenspieler ist der Seraphine seit Jahren umwerbende Don Prado. Weitere Figuren sind Marquis La Fare, einige französische Damen, Komödianten und Bediente.

Der erste Akt führt Strephons klägliche Lebenssituation, seinen Geldmangel, seine Verschuldung und sein Umfeld in Spanien vor. Während seine Freunde ihm ihre Unterstützung versagen, versucht sein Vetter Arist hartnäckig, ihn zur Heimkehr zu Mutter und Vater zu bewegen. Im zweiten Akt begleitet Strephon stattdessen Seraphine und Don Alvarez nach Marseille. Um die adlige Seraphine trotz seines Geldmangels und seiner sozial niedrigeren Stellung zu erobern, greift er nicht zu den Waffen des Krieges, wie er zunächst phantasiert, sondern zu den Mitteln des Theaters. Er führt im dritten Akt sein Schauspiel um die fünfundsechzigjährige Ninon und den von ihm selbst gespielten jungen Ritter Villiers auf, der sich unwissend leidenschaftlich in seine Mutter verliebt hat. Als Ninon ihm seine Identität enthüllt, tötet er sich selbst. Seraphine, die auch in Strephon verliebt ist, plant eine strategische Heirat mit dem verarmten Adligen La Fare, was jedoch Strephons Eifersucht und

Besitzansprüche weckt. Da er sich ihrer Initiative verweigert, nimmt Seraphine im vierten Akt Don Prados Heiratsantrag an. Prado geht davon aus, dass Strephon die Rolle des Heiratsvermittlers gespielt hat, und fühlt sich ihm freundschaftlich verbunden. Im fünften Akt beschleunigt sich das Tempo, verdichten sich die Ereignisse. Die Handlung nimmt zweimal überraschende Wendungen und endet scheinbar märchenhaft-idyllisch: Nach der Trauung bereitet Strephon zunächst seinen Selbstmord vor, während Seraphine ihrem Bräutigam kurz vor der Hochzeitsnacht ihre Gefühle für Strephon gesteht. Strephon steigt durch das Fenster ein und will sich vor den Augen der frisch Vermählten erschießen. Prado verhindert jedoch den Selbstmord, überlässt Strephon seinen Platz als Ehemann an Seraphines Seite und nimmt den beiden gegenüber eine väterlich-göttliche Position als „Beschützer" (ebd.: 316) ein.

Männerfreundschaften
Strephon hat in Spanien verschiedene Freundschaften geknüpft, von denen er sich in der Fremde emotionale und materielle Unterstützung erhofft. Allerdings scheint es ihm nun, als habe er mehr verloren als gewonnen: Eröffnet wird das Drama mit der symptomatischen Aussage Strephons: „Ich bin allen alles geworden – und bin am Ende nichts. Sie haben mich abgeritten wie ein Kurierpferd" (Damm I: 274). In den Auftritten der einzelnen Freunde im ersten Akt wird deutlich, dass sie Strephon mit seinen schriftstellerischen und intellektuellen Fähigkeiten für ihre Zwecke zu nutzen wissen. Im Gegenzug bekommt er von ihnen die Rolle des genialen, wenn auch mittellosen Philosophen zugewiesen. Strephon fühlt sich zwar durch das Verhalten der Freunde herabgesetzt und missachtet, stilisiert sich aber auch selbst als passiv Leidender: „STREPHON: Es geht mir wie angefressenen Früchten, die immer noch ihre Röte behalten, ich kann die Gestalt der Liebe nicht ablegen, obschon das Herz mir zerfressen und bitter ist." (ebd.) Lenz stellt Freundschaft nicht gemäß des empfindsamen Ideals als eine auf Gegenseitigkeit beruhende Beziehung dar. Vielmehr wirft sein Drama einen ernüchterten Blick auf freundschaftliche Beziehungen zwischen Männern, in denen jeder eine bestimmte Funktion für den anderen erfüllt und die von Manipulationen und Machtkämpfen geprägt sind. „Durch das (selbst)kritische Männerbild bricht die Illusion zusammen, die mit dem Freundschaftskonzept zu Lenz' Zeit verbunden ist, dass nämlich persönliche Glückseligkeit, Tugendempfindsamkeit und Geselligkeit miteinander harmonisieren könnten." (Winter 2000b: 68; vgl. zu den männlichen Kommunikationsstrukturen ebd.: 61–63; vgl. zum zeitgenössischen Freundschaftsdiskurs, zu drei Modellen von Freundschaft und zu der kontrastiven Auffassung, dass in Lenz' Drama das Nicht-Identische in der freundschaftlichen Beziehung als positiv begriffen werde Kagel 2003a; vgl. auch → 3.8 FREUNDSCHAFT).

Strephon hat sich den Wünschen seiner Freunde angepasst, erlebt sich in der Folge allerdings als unterlegen: „[I]ch stellte sie auf ihre Füße, daß sie stehen konnten, und sie traten mich mit Füßen." (Damm I: 275) „Durch seine unmittelbare und vorreflexive Unterwerfung bestätigt Strephon […] die männlichen Spiele, die mit ihm getrieben werden, und erkennt als Beherrschter die Machtverhältnisse an." (Winter 2000b: 62) Strephon findet sich aber zugleich auch in seinem Selbstbild als vereinzelter, die Welt beobachtender und um Autonomie ringender Philosoph bestätigt: „Ich suche denn nach in mir, ob ich nicht noch etwas habe, das sie mir nicht entziehen können, und das gibt mir einen gewissen Stolz, der mich über sie hinaussetzt und mein Herz wieder ruhig macht." (Damm I: 280) Dass Strephon selbst einen funktionalisierenden

Umgang mit und in der Freundschaft pflegt, wird anhand seines Verhältnisses zu Don Alvarez deutlich, der ihn für das Verfassen intimer Liebesbriefe bezahlt: Er nennt Don Alvarez seinen „einzigen Patron allhier", der „beste unter allen meinen Freunden, der einzige, der es einsieht, daß ich ihm nützlich bin, und mich dafür belohnt" (ebd.: 277 f.).

Strephon ist nicht nur der ausgenutzte Freund, sondern, wie durch den Besuch seines Vetters Arist in den Vordergrund gerückt wird, auch ein verlorener Sohn. Er ist seit acht Jahren auf Reisen und wird von seinem Vater dafür bestraft: „[B]loß weil er seine Talente nicht zu Hause im Schweißtuch hat vergraben wollen" (ebd.: 277), verweigert ihm sein Vater eine finanzielle Unterstützung. Arist gegenüber bekennt Strephon seinen Freiheitswunsch und den Drang, seinem Elternhaus zu entfliehen: „Vetter, das stille Land der Toten ist mir so fürchterlich und öde nicht als mein Vaterland." (ebd.: 286; vgl. zum autobiographischen Bezug auf die Situation des Autors Lenz in Straßburg und das Verhältnis zum Vater Schulz 2001a: 117 f., Sautermeister 2003: 309 u. 315; → 1.1 LEBEN). Im Verhalten seiner Freunde kehrt für Strephon sein ihn abwertender und verstoßender Vater wieder: „STREPHON: Es ist dieselbige Seele unter einer andern Haut." (Damm I: 280) Im zweiten Teil der Komödie wird die Vater-Sohn-Thematik weitergeführt, indem Strephon sich als inzestuös liebender Sohn inszeniert, die Liebe zu Seraphine gewinnt und verspielt und schließlich in einem märchenhaften Schluss von einer entsagungsvollen, aber machtvollen Vaterfigur seiner Braut zugeführt wird.

Strephon als Werther- und Ödipus-Figur

Strephon leidet nicht nur an der unerfüllten Liebe zu Seraphine, sondern fühlt sich generell – als Sohn – verworfen: „[I]ch bin verfehlt – die Seufzer meiner Eltern haften auf mir" (Damm I: 292). Die Unmöglichkeit dieser Liebe führt, ähnlich wie bei Werther, zu Selbstmordgedanken, die aber komisch gebrochen werden. Strephon phantasiert, wie er Seraphine erobern und seine Männlichkeit unter Beweis stellen könnte: „Kein Krieg da – keine Gefahr da, der ich um Seraphinens willen trotzen könnte. Nicht einen, tausend Tode zu sterben, wäre mir Wollust" (ebd.: 294). „Strephons Rhetorik speist sich aus einer Übertreibung, bei der sich der Liebhaber im Spiegel tausend möglicher Todesarten tragisch aufputzt und die Geliebte zum Vehikel einer sich melodramatisch gebärdenden Selbstliebe macht." (Sautermeister 2003: 314)

In der Figur Strephon verschränken sich Anleihen an die Werther- wie an die Ödipus-Figur, die zudem über die Spiel-im-Spiel-Szene einen selbstreflexiven Auftritt bekommt. Denn Strephon rivalisiert mit Don Prado um Seraphine, welcher „für Strephon von vornherein sowohl Vaterfigur als auch Konkurrent" ist (Winter 2000a: 73; vgl. Damm I: 295). Anstatt als Kriegsheld oder durch einen Heldentod gewinnt Strephon ihr Herz durch sein Theaterspiel einer tragischen Ödipus-Figur. Er identifiziert sich so stark mit seiner Rolle als unglücklich Liebender und inzestuös verstrickter Sohn, dass er aus Versehen seinen eigenen Namen statt des Rollennamens ‚Villiers' nennt (vgl. zu Strephons ödipaler Bindung und Ablösung von den Eltern über sein Schauspiel Sautermeister 2003: 311). Es ist aber schließlich Seraphine, die eine aktive Rolle einnimmt, indem sie über eine aristokratische Ehe ihrer „Liebe einen Beschützer" (Damm I: 304) zu verschaffen beabsichtigt, wodurch Strephon sich aber in seiner Männlichkeit bedroht sieht: „STREPHON: Wie? du ein Mann? – und dich so von einem Frauenzimmer übertroffen zu sehen?" (ebd.: 305) Da er an seiner Haltung festhält, Seraphine zu „verdienen, oder auf alles Verzicht" (ebd.: 306) zu tun, entscheidet sie sich – gekränkt, dass er ihr nicht die Initiative überlässt – für eine Ehe mit Prado. Strephons eigene strategische Züge haben ungewollt Prados Absichten begünstigt, der nun wiederum in Strephon einen ihm verbundenen Freund sieht. Mit Prados gefühlvollem Freundschaftsbekenntnis, das allerdings auf dessen Verkennen der Umstände beruht, wird eine empfindsame Form der Freundschaft ironisiert.

Die sich zunächst tragisch entwickelnde Handlung erfährt eine überraschende Wendung, die zu einem märchenhaft-idyllischen Schluss führt (vgl. Winter 2000a: 74) und zugleich den Werther-Stoff parodiert. Strephon, der seinen Selbstmord mit einer Pistole vorbereitet, bereut seine vormalige zögerliche Haltung, durch die er nur ein „halber Mensch" (Damm I: 311) gewesen sei. In der Rolle des lebensfernen Philosophen will er mit seinem Selbstmord eine „erste schöne Handlung" (ebd.) begehen und sich für das Glück des Brautpaars aufopfern. Im „Brautgemach" (ebd.: 312) vor der Hochzeitsnacht gesteht Seraphine Prado ihre Gefühle für einen anderen Mann, woraufhin Prado selbstlos jenem die Position als Ehemann zu überlassen bereit ist. Während Seraphine in Prado eine väterlich-göttliche Figur sieht, die sie und Strephon vereinigen solle und ihn zugleich als Dritten einbindet – „er soll deinen Namen von meinen stammelnden Lippen küssen" (ebd.: 314) –, erweist sich Prados Selbstlosigkeit auch als Selbstverliebtheit und Machtgeste: „PRADO: [...] Liebt mich meine Freunde, ihr müßt mich lieben, ich zwinge euch dazu, ich bin das Werkzeug des Himmels zu eurem Glück" (ebd.: 315). Als Strephon durch das Fenster einsteigt und sich vor den Augen der Vermählten erschießen will, verhindert Prado den Schuss und überlässt ihm Seraphine. Prado tritt als verzichtender Freund und zugleich als liebender Vater auf, der den Sohn nicht bestraft, sondern ihm zu seinem Glück verhilft. Die Konstellation aus Strephons tragischem Ninon-Ödipus-Schauspiel erscheint in einer komischen Verkehrung: Der Sohn tötet sich nicht aufgrund seiner inzestuösen Liebe zur Mutter, sondern der ‚Vater' überlässt dem Sohn seinen Platz. Das Märchenhafte der Vereinigung des Liebespaares unter dem Schutz eines ‚guten Vaters' wird allerdings durch Prados Überlegenheit und seine Inbesitznahme des Paares als Dritter unterlaufen.

Am Schluss des Dramas ist Strephon emotional weniger von Seraphine als von Prado eingenommen („STREPHON *faßt ihn an die Hand und sieht ihm fest in die Augen*"; ebd.). Strephon vermag nicht eigenständig und selbstverdient als Ehemann an der Seite seiner geliebten Frau stehen, wie er es ursprünglich angestrebt hat. Vielmehr ordnet er sich einem väterlichen Freund bzw. einer überhöhten Vaterfigur unter, so als wäre der verlorene Sohn am Ende auf verquere Weise doch zurückgekehrt.

Der Engländer

Q: Damm I: 315–337 (nach ED). – H: nicht komplett überliefert; Entwurf zu *Der Engländer*: SBB-PK Berlin, Nachlass J. M. R. Lenz, Bd. 2, Nr. 202, Bl. 22. – ED: Der Engländer, eine dramatische Phantasey. Leipzig: Weidmanns Erben und Reich, 1777.

Der Engländer ist im Winter 1775/1776 in Straßburg wenige Monate vor Lenz' Abreise nach Weimar entstanden. Boie, dem Lenz im August 1776 über J. G. Schlosser das Stück zur Veröffentlichung im *Deutschen Museum* zugeschickt hat, lehnt es aufgrund des Selbstmords des Protagonisten ab, ebenso Herder. Erschienen ist *Der Engländer* 1777 beim Leipziger Verleger Ph. E. Reich (vgl. zur zeitgenössischen Rezeption S. F. Schmidt 2010: 313–316). Lenz verarbeitet das Verhältnis zu seinem Vater und seine Situation am Ende der Straßburger Zeit, und zwar die drohende, vom Vater eingeforderte Heimkehr nach Livland und seine Liebe zu der ihm nur über die Lektüre ihrer Briefe bekannten Henriette von Waldner. In der Forschung sind sowohl die biographischen Bezüge als auch die Wiederkehr einzelner Motive des Dramas in Lenz' weiterem Lebensweg aufgearbeitet worden (vgl. Glarner 1992a: 61–83 u. 154–159, sowie S. F. Schmidt 2010: 316–332).

Wesentliche Themen des Stücks sind der Vater-Sohn-Konflikt, der Melancholie-Diskurs und die zeitgenössische Selbstmord-Debatte (vgl. S. F. Schmidt 2010: 274–332; Glarner 1992a). Der Selbstkastration Läuffers in Lenz' erstem Straßburger Drama *Der Hofmeister* entspricht in radikalisierter Form der Selbstmord Robert Hots. Die Themen der Melancholie und des Selbstmords verhandelt Lenz über ein dichtes Netz intertextueller Bezüge (u. a. *Hamlet, Werther*). Ebenso wie sein später in Weimar entstehender Briefroman *Der Waldbruder* (→ 2.2 ERZÄHLUNGEN: DER WALDBRUDER) ist auch *Der Engländer* ein ‚Pendant' zu Goethes *Werther*.

Im Zentrum des relativ kleinen Gesamtpersonals steht der Engländer Robert Hot, ein junger Adliger, dessen Leidenschaftlichkeit bereits sein sprechender Name ‚Hot' (engl. = heiß) anzeigt und der sowohl Züge von Shakespeares Hamlet als auch von Goethes Werther trägt. Sein Vater Lord Hot hat die dem Familiennamen eingeschriebene Eigenschaft mit seiner Jugend abgelegt und will nun ‚Hand in Hand' mit seinem Freund Lord Hamilton den Sohn zu einem vernunftgesteuerten Leben erziehen. Robert hat sich unsterblich in Armida, die Prinzessin von Carignan, verliebt. Weitere auftretende Figuren sind ein Major, die Prostituierte Tognina, ein Beichtvater und verschiedene Bediente.

Die Forderungen seines Vaters, ein standesgemäßes und vernunftbestimmtes Leben zu führen, haben den verlorenen und rebellischen Sohn Robert ins „märchenhafte Italien" (Glarner 1994: 198) und in die leidenschaftliche, aber unerfüllbare Liebe zu Armida getrieben. Die drohende Heimholung ins ‚Vaterland' England durch das doppelte Vater-Gespann, damit er dort Pair im Parlament und Ehemann von Lord Hamiltons Tochter werde, bringen Robert dazu, sich selbst als Deserteur zu beschuldigen und Gefängnis und drohende Todesstrafe auf sich zu nehmen (1. u. 2. Akt). Während die beiden Vaterfiguren Roberts Liebesmelancholie zu therapieren versuchen, widersetzt er sich immer stärker deren Erwartungen – bis zur Flucht in den Wahnsinn und in ein inneres Gefängnis (3. u. 4. Akt). Zuletzt entzieht er sich dem Druck der Väter, indem er sich mit einer Schere ersticht (5. Akt).

Im Vergleich zu den anderen Straßburger Dramen erscheint *Der Engländer* auf den ersten Blick konventionell aufgebaut. So vollzieht sich die Handlung innerhalb weniger Tage und an drei nah beieinander liegenden Spielorten. Das kurze sprachlich und motivisch äußerst verdichtete, an intertextuellen Bezügen reiche Drama ist aber vielmehr eine „Parodie auf eine große klassische Tragödie" (Glarner 1994: 201). *Der Engländer* greift zwar mit der Fünfaktigkeit und einer letztlich nur angerissenen Dramaturgie von Exposition, Peripetie und Katastrophe das Strukturprinzip der Tragödie auf. Form und Aufbau der Tragödie werden jedoch unterlaufen, da jeder Akt (bis auf den zweiten) nur eine, von Lenz jeweils als „Erste" bezeichnete Szene enthält. Überdies sind die insgesamt sechs Szenen lose aneinandergereiht. Auch wenn durch

Lenz' Benennung die sechs Szenen des Dramas in fünf Akte eingebettet sind, handelt es sich von der Bauweise her um sechs Szenen in einem Akt. Der Rückgriff auf die Konvention erweist sich somit als „bewußtes komisch-satirisches Spiel mit den überkommenen Formen" (ebd.: 202; vgl. die Analyse der Form und Gattung in Glarner 1992a: 28–60). Auch mit der Gattungsbezeichnung „Eine dramatische Phantasei" wird eine herkömmliche Dramenform überschritten. Die der zeitgenössischen Musik entlehnte Form der ‚Phantasie', die ein mehrteiliges Stück für Soloinstrumente mit abrupten und rhapsodischen Wechseln bezeichnet, weist auf die Innenwelt des Protagonisten und auf die monodramatische Form seiner Rede hin, betont produktionsästhetisch aber auch die künstlerische Freiheit des Autors, mit den herkömmlichen Gattungen und dramatischen Formen zu improvisieren.

Der melancholische Sohn
Der in Turin in leidenschaftlicher Liebe zu Armida entbrannte Robert Hot versucht, seinem bisherigen entbehrungsvollen, unsinnlichen und unselbständigen Leben unter dem Einfluss seines Vaters zu entkommen („über nichts als Büchern und leblosen, wesenlosen Dingen, wie ein abgezogner Spiritus in einer Flasche, der in sich selbst verraucht"; Damm I: 318f.). Sein Wunsch nach Authentizität und Eigenständigkeit im Denken und Fühlen lässt sich jedoch aufgrund des väterlichen Drucks und seiner inneren Abhängigkeit vom Vater nicht einlösen. Seine glühende Verliebtheit in die Prinzessin ist von Anfang an mit einer Rettungs- und Erlösungsphantasie verbunden, deren Kehrseite Todesphantasien sind: „Komm, schöne Armida, rette mich! laß mich dich noch einmal demütig anschauen, dann mit diesem Gewehr mir den Tod geben" (ebd.: 318). In der Zeichnung seines Protagonisten verwendet Lenz charakterliche Merkmale der Melancholie, wie das Aufbrausend-, Grüblerisch-, Schwärmerisch-, Manisch- und Depressivsein (vgl. zum Diskurs der Melancholie Hoff 1994: 211–214). Bereits der Titel „Der Engländer" verweist neben der Hamlet-Referenz auf die ‚englische Krankheit', *Melancholia anglica*. Ähnlich wie Goethes Werther zieht sich Robert Hot in seine Innenwelt zurück, besessen von der Liebe zu einer Frau, die im Leben keine Erfüllung finden kann. Allerdings entwirft Lenz eine „ins Bizarre verzerrte Werther-Figur[ ]" (Glarner 1992a: 155).

Robert greift in seinem verzweifelten Ringen um Autonomie auf verschiedene Selbstentwürfe zurück und wird dabei von seinem Vater ins melancholische Abseits gedrängt, so dass in seinem „selbstzerstörerischen Rollenspiel" (ebd.: 107) Maskerade und authentisches Gefühl, Selbst- und Fremdbild kaum voneinander zu trennen sind. Auch die Liebe zu Armida, die er auf einem Maskenball kennengelernt hat, bezieht sich weniger auf eine reale Frau als auf ein unerreichbares Idealbild. Dementsprechend erhöht er Armida zu einer göttlichen Figur (zu Armida als unerreichbarer Gottesmutter und Roberts Identifikation mit Christus vgl. Hoff 1994: 215). Der sich selbst als „Proteus" (Damm I: 318) bezeichnende Robert tritt bereits im ersten Akt als Soldat maskiert auf. Der angenommene militärische Dienst soll ihn zum einen vor dem Zugriff des Vaters schützen. Zum anderen bedeutet dieser auch eine Maskerade der Männlichkeit, wobei ihn sein plötzlicher Gewehrschuss lächerlich erscheinen lässt. Auch die vielfach unvermittelten, überraschenden Aktionen und expressiven Gefühlsausdrücke verleihen der Figur Robert Hot eine grotesk-komische Wirkung. Der Schuss bietet Robert eine weitere Fluchtmöglichkeit vor seinem Vater: Er zeigt sich selbst als Deserteur an, woraufhin er ins Gefängnis kommt. Während ihm der Major („Kerl, habt Ihr den Verstand verloren?"; ebd.: 320) und Armida („der Mensch muß eine verborgene Melancholei haben"; ebd.: 321) die Rolle des Wahnsinnigen zuweisen, agiert Robert im Gefängnis mit Violine und singend jene Zuschreibung aus. Als Armida ihm ihr Porträt schenkt, stattet sie Robert mit einem weiteren Requisit für seine Liebesmelancholie aus („*Robert in die Knie sinkend, das Bild am Gesicht*"; ebd.: 323). Auch sein Vater begrüßt den verlorenen Sohn mit den Worten „Armer, wahnwitziger, kranker Schulknabe!" (ebd.) und pathologisiert dementsprechend dessen schwärmerische Widerrede, er wolle nicht nach „England" zurück, sondern bei seinem „Engel" Armida bleiben (ebd.: 325). Mit dem Auftritt des Vaters festigt sich die unbewegliche Opposition zwischen Roberts als ‚verrückt' bezeichneter Leidenschaft für Armida und der rigorosen Vernunft des Vaters.

Um Robert von seiner Liebesmelancholie zu heilen, unternehmen Lord Hot und Lord Hamilton verschiedene ‚Therapieversuche' und treten dabei stets gemeinsam als doppelte Vatergestalt auf, ähnlich wie der Major und der Geheime Rat im *Hofmeister*. Armida, deren sprechender Name sich von ‚Armada' (span. für ‚die Bewaffnete' oder ‚Kriegsmarine') ableitet, ist Roberts Waffe gegen seinen Vater. Aber in komischer Verkehrung dient dem zuvor als Soldat maskierten Robert Hot damit nicht eine tatsächliche Waffe zum symbolischen oder faktischen Vollzug des Vatermords, sondern die leidenschaftliche Liebe zu einer Frau, über die er allerdings nur in Form eines Porträts verfügen kann. Armidas Auftritt in der Verkleidung eines Offiziers bei ihrem Besuch im Gefängnis spielt mit dem Komödienmotiv des Geschlechtertauschs und spiegelt eine Rollenumkehrung wider: Roberts Form der Rebellion gegen den Vater, an einem unerreichbaren Sehnsuchtsbild festzuhalten, drängt ihn von vornherein in eine melancholische und auch latent effeminierte Rolle. Auf die väterlichen Eingriffe und die Missachtung seiner Liebe zu Armida reagiert er zudem sowohl mit aggressiven als auch mit autoaggressiven Handlungen, die in einer grotesken Körperlichkeit dargestellt werden: „ROBERT *wirft ihm seine Uhr an den Kopf*: Nichtswürdiger! [...] ROBERT *kniend*: Götter! *Beißt sich in die Hände*. [...] *Öffnet ein Fenster und springt heraus.*" (ebd.: 327) Robert setzt sich aber auch verbal gegen die väterliche Übermacht zur Wehr: „Weg mit den Vätern! – Laßt mich allein!" (ebd.: 330)

Als ihm vorgetäuscht wird, dass Armida heiraten und demnach vollständig unerreichbar sein werde, schlagen seine Auflehnung und sein Wunsch nach Selbstverwirklichung immer stärker in Selbstzerstörung um (vgl. zum Verhältnis von Selbstverwirklichung und Selbstbeseitigung Glarner 1992a: 109–142). Er antizipiert den ihm von den anderen attestierten Wahnsinn. Dieser wird für ihn zum „Refugium, in dem sich, wenn auch verzerrt, sein Wunsch nach Entfaltung seiner emotionalen Kräfte und nach einem sinnvolleren Leben äußern kann" (Winter 2000a: 75). Seine Selbstverletzungs- und Selbsttötungsversuche steuern unweigerlich, je mehr er durch Eingriffe von außen diesen Zufluchtsort braucht, auf den vollzogenen Selbstmord zu.

In der Forschung sind „das Wahnsinnigwerden durch das In-den-Wahnsinn-getrieben-Werden" (Glarner 1992a: 85; vgl. auch S. F. Schmidt 2010: 297–302) und die „Pathologisierung Robert Hots durch die Vaterwelt" (Glarner 1992a: 17; vgl. auch ebd.: 90–99) herausgearbeitet worden. Robert eignet sich die Krankheitsauffassung seines Vaters an und nutzt ähnlich wie Hamlet „die ihm zugeschriebene Erkrankung als Fluchtmöglichkeit vor den Vätern bzw. als Rebellion gegen sie" (S. F. Schmidt 2010: 298). „Er ist also nicht von Anbeginn Melancholiker, sondern wird in dem Maße zu einem gemacht, in dem sein Handlungsspielraum von den vermeintlich aufgeklärten Vätern eingeengt wird und er sich in sein Inneres zurückziehen muss." (ebd.: 300)

Rebellion und Selbstmord
Als sein Vater und Lord Hamilton die Prostituierte Tognina an sein Bett schicken, um Robert durch sexuelle Befriedigung von seiner Liebesmelancholie zu heilen, eskaliert die Situation. Während Tognina die Verführungsszene einer Oper nachahmt, überlistet Robert sie: Um das Bild Armidas von seinem Hals zu lösen, benötige er ihre Schere; wie Tognina sich zuvor die Rosen von ihrer Brust gerissen hat, *„reißt"* Robert *„ihr die Schere aus der Hand und gibt sich einen Stich in die Gurgel"* (Damm I: 334). Hier klingt die Schlussszene aus *Emilia Galotti* an (vgl. Hoff 1994: 216): Anders als Emilia, die von ihrem Vater erdolcht wird, oder Werther, der sich mit einer Pistole tötet, greift Robert auf ein weiblich besetztes Selbsttötungsmittel zurück. Sein Suizid hat durch die geschlechtliche Codierung sowie durch die Drastik seines Vollzugs auf offener Bühne eine grotesk-komische Wirkung (vgl. zur grotesken Komik Glarner 1992a: 51–54).

In Lord Hamiltons Äußerung „Besser ihn tot beweint, als ihn wahnwitzig herum geschleppt" (Damm I: 336) drücken sich die Ausgrenzungsmechanismen der väterlichen Vernunftvorstellung aus. Auch dem Beichtvater gegenüber, der am Schluss als dritte Vaterinstanz auftritt, widersetzt sich Robert: Er stellt Bedingungen an Gott, im Tod wie im Leben, das Bild Armidas vor Augen behalten zu können. Mit den sein Sterben und zugleich das Stück beschließenden Worten „Behaltet euren Himmel für euch" (ebd.: 337) lehnt er nicht nur die väterliche Welt, sondern auch die durch den Beichtvater vertretene Kirche und Religion ab. „Folgerichtig verwirft Robert in seinen letzten Atemzügen den Himmel der Väter endgültig. In seinem finalen Ruf [...] kulminieren sowohl sein Insistieren auf einer individuellen Glücksvorstellung jenseits aller Konventionen wie auch die Demonstration seines eigenmächtigen Umgangs mit seinem Tod" (S. F. Schmidt 2009: 24; vgl. zur Kritik an der Väterwelt auch S. F. Schmidt 2010: 282–287; vgl. zu den Vaterfiguren in Lenz' Texten Matt 1994 [1992]). Mit seinem Selbstmord, der zugleich „Ausdruck seines Autonomieanspruches" (S. F. Schmidt 2010: 300) ist, entzieht sich Robert endgültig der väterlichen Einflussnahme. „Am Ende, nachdem der Engländer sich die Kehle mit einer Schere durchschnitten hat, steht der Triumph des Wahnsinns über die symbolische Welt der Väter" (Hoff 1994: 216).

Lenz' Drama ist eine Auseinandersetzung mit Goethes *Werther* und dem zeitgenössischen Selbstmord-Diskurs (vgl. zu Lenz' Selbstmordverständnis S. F. Schmidt 2009 u. 2010: 287–297, vgl. auch → 3.11 SELBSTMORD) und „kann als kritischproduktive Beschäftigung mit Goethes Selbstmordverständnis gelesen werden: Lenz kritisiert Goethes Krankheitsmetapher, er lehnt es ab, Werthers Leiden als Pathologie [...] aufzufassen" (S. F. Schmidt 2010: 8; vgl. zur Bedeutung von Goethes *Werther* für Lenz' Auseinandersetzung mit dem Selbstmord Glarner 1992a: 156 f., Wilson 1994, Lenz-Michaud 2005: 14 f., S. F. Schmidt 2010: 295 f.). Lenz setzt mit seinem Protagonisten den Akzent nicht auf ein subjektives Leiden, sondern äußert Kritik an der aufgeklärten Gesellschaft, die den Wahnsinn, das Irrationale und die innere Phantasiewelt auszuschließen versucht. Er „klagt gesellschaftliche ausgrenzende Strukturen an" (Hoff 1994: 221) und streicht den Selbstmord als „bewusst sozialkritische, autonome Handlung des Individuums" (S. F. Schmidt 2010: 8) heraus.

Lenz schreibt seiner Figur verschiedene Brüche ein, die sich formal in der Parodie einer fünfaktigen Tragödie widerspiegeln: Robert Hot geht weder gänzlich im Bild des rebellierenden Sohns und heroischen Selbstmörders noch im Bild des Melancholikers auf: Seine Liebe zu Armida gerinnt zur Fixierung auf ein Porträt und dient als Abgrenzungsversuch gegen die Übermacht des Vaters. Seine Melancholie wird ihm von außen zugeschrieben und erweist sich für ihn zugleich als Schutzraum. Die Selbsttötung bedeutet zwar einen Akt der Autonomie, wird aber durch das von ihm benutzte Werkzeug zu einer grotesk-lächerlichen Tat.

Die beiden Alten

> Q: Damm I: 339–358 (nach ED). – HD: nicht nachweisbar. – ED: Kayser (Hg.): Flüchtige Aufsäzze von Lenz. Zürich: Verlegts Joh. Caspar Füeßly, und in Commißion bey Heinrich Steiner und Comp. in Winterthur, 1776: 4–41.

Das nicht genau datierbare, in den Straßburger Jahren 1771–1776 entstandene Drama *Die beiden Alten* ist in der von Ph. Chr. Kayser herausgegebenen Textsammlung *Flüchtige Aufsäzze von Lenz* 1776 erstmals gedruckt worden. Der Stoff ist von einem Zeitungsbericht und einem Gespräch darüber in der Straßburger Gesellschaft angeregt worden, wie Lenz in seinem kleinen Vorwort vorausschickt: In einer südfranzösischen Adelsfamilie hat sich der skandalöse Fall zugetragen, dass ein Sohn seinen Vater in einen Keller eingesperrt und für tot erklärt hat, um frühzeitig dessen Güter zu erben. Da aber ein Bedienter aus Versehen die Kellertür offen gelassen hat, kann der Gefangene fliehen. Dieses in einer Zeitungsanekdote übermittelte ‚Familiendrama' wandelt Lenz in ein rührendes „Familiengemälde" um, wie die Gattungsbezeichnung seines kurzen dreiaktigen Dramas lautet (vgl. zum ‚Gemälde' Demuth 1994: 173–190; vgl. zur Konventionalität des Stücks Schulz 2001a: 126–129). Lenz' „Familiengemälde" greift zum einen den Rührstücken Ifflands und von Kotzebues voraus und verwendet zum anderen mit der das Stück beschließenden Arie Elemente des Singspiels, die vermutlich einen intertextuellen Bezug zu Goethes Singspiel *Erwin und Elmire* (1775) darstellt und auf Oden von Hagedorn und Uz rekurriert. Das von der Forschung kaum beachtete Drama weist Themen und Figurenkonstellationen auf, die auch in anderen Lenz-Dramen relevant sind, und zwar das Motiv des verlorenen Sohns, den Vater-Sohn-Konflikt, eine auf zwei Personen aufgeteilte väterliche Autorität, wie sie sich auch in den Dramen *Der Hofmeister* und *Der Engländer* findet (vgl. Matt 1994 [1992]). Besonders starke Anklänge haben *Die beiden Alten* zu dem Dramenfragment *Der tugendhafte Taugenichts* (1775/1776).

Die typenhaften Figuren sind gemäß der historischen Zeitungsanekdote südfranzösischer Herkunft. Die Adelsfamilie von Rochefort besteht aus dem Obristen Rochefort, dessen Sohn St. Amand, der Tochter Angelika sowie dem General Rochefort, des Obristen Bruder, und wurde vor kurzer Zeit um den Schwiegersohn Major Belloi erweitert, der aufgrund seiner militärischen Verdienste in den Adelsstand erhoben worden ist. Der tugendhaften Familie Rochefort steht das hinterlistige Geschwisterpaar Valentin und Rosinette, Bedienter und Geliebte St. Amands, gegenüber, die St. Amand zum Betrügen der eigenen Familie verführt haben.

Die im Stück nachgetragene Vorgeschichte zu der relativ konzentrierten Stückhandlung besteht darin, dass durch die Heirat von St. Amands Schwester mit dem vom Vater hochgeschätzten Belloi in die vormals innige Geschwisterliebe Rivalität

2.1 Dramen und Dramenfragmente

und Neid getreten sind. Während das junge Brautpaar Güter des Vaters erhalten hat, wird St. Amand durch den Einfluss Bellois finanziell kurzgehalten. Denn der Schwager befürchtet, dass der neue Diener Valentin und seine Schwester mit dem Geld des naiven jungen Herrn durchbrennen könnten. St. Amand ist tatsächlich bereits von den beiden dazu verlockt worden, für eine gemeinsame Reise aus der heimatlichen Provinz ins ferne Paris das entsprechende Geld zu besorgen und dafür seinen Vater in einem Gewölbe unter dem Dach einzusperren und für tot zu erklären.

Im ersten Akt wird St. Amand von Valentin und Rosinette zum baldigen Verkauf der geerbten Güter gedrängt, um nach Paris aufbrechen zu können. Mit der plötzlichen Ankunft des Generals als nun alleinigem Oberhaupt der Familie und dessen mahnenden Worten seinem Neffen gegenüber gerät das verbrecherische Trio in Bedrängnis (2. Akt). Der General und Belloi bilden in ihrem vertraulichen Gespräch eine Allianz gegen St. Amand: Der General soll die Güter in seinen Besitz bringen und St. Amand eine jährliche Rente zahlen, damit er nicht das ganze Geld auf einmal verschwenden kann. Der unter dem Druck seines Onkels stehende und überforderte St. Amand delegiert schließlich die Ermordung des Vaters an Valentin. Dieser ist jedoch von der Bereitschaft Rocheforts, seinem Sohn zu verzeihen, und von dessen melancholischer Ergebenheit in sein bevorstehendes Lebensende so gerührt, dass er ihn entkommen lässt (3. Akt). Der Vater wird zunächst von seiner Tochter für ein Traumgespinst gehalten und zu einer gottähnlichen Erscheinung erhöht, bis er schließlich „*hinter einer Hecke hervor [tritt]*" (Damm I: 356) und wieder leibhaftig in die schlaflose Familie zurückkehrt, die sich im nächtlichen Garten versammelt hat. Die Wiedererkennungsszene erfährt durch die Epiphanie eine groteske Überzeichnung. Aufgerufen wird auch der Auftritt des Vaters als Geist in Shakespeares *Hamlet*, der bei Lenz ins Rührstück verzerrt wird: „OBRIST: Hier bin ich, meine Kinder. *Angelika fällt Belloi ohnmächtig in die Arme. General springt auf und zittert, dann fällt er auf die Knie.*" (ebd.) Als St. Amand verzweifelt und weinend um Verzeihung bittet und seinen Selbstmord ankündigt, wird der verlorene Sohn vom Vater wieder in die Familie aufgenommen. Das tränenreiche glückliche Ende wird abschließend von Angelika mit einer „Arie auf die Freude" (ebd.: 358) besungen.

Mit dem Vater-Sohn-Konflikt und dem versuchten Vatermord verhandelt Lenz eine im Sturm und Drang zentrale Thematik. Der dramatische Stoff von Freiheitsdrang, Rebellion, Geschwisterrivalität, Vatermord und Generationenkonflikt, den Schiller 1781 in seinem fünfaktigen Drama *Die Räuber* mit großem Pathos und kraft- und gewaltvollen Figuren ausgestaltet, ist bei Lenz in eine ‚kleine' Form gefasst, wie bereits sein expliziter Hinweis im „Vorbericht" (ebd.: 340), das Thema des Stücks beruhe auf einer Zeitungsanekdote, deutlich macht. Im Unterschied zu Schiller sind es nicht die Söhne, sondern die Väter, die dem „Familiengemälde" *Die beiden Alten* den Titel verleihen. Dabei handelt es sich nicht um machtvolle Vaterfiguren, gegen die der Sohn zu kämpfen hat, sondern um zwei melancholische ‚rührende Alte'. Durch diese Zeichnung der Vaterfiguren, die Figur des gehemmten und kleinmütigen Sohns und das konventionelle rührstück- und singspielartige Ende wird der dramatische Stoff des Vater-Sohn-Konflikts und des Vatermords ins Komische verschoben und dessen tragisches Potential verkleinert.

Die Sizilianische Vesper

> Q: Damm I: 359–388 (nach ED). – HD: nicht nachweisbar. – ED: „Die Sizilianische Vesper. Ein historisches Gemählde von Lenz". In: Liefländisches Magazin der Lektüre, Mitau, Jg. 1782, 1. Quartal: 19–72.

Die Sizilianische Vesper ist bereits 1773 von Lenz in Straßburg konzipiert, aber erst um das Jahr 1780 in Livland oder 1781 in Moskau geschrieben worden. Das Stück wurde 1782 im *Liefländischen Magazin der Lektüre* veröffentlicht. Lenz greift hier zurück auf ein historisches Ereignis des späten 13. Jahrhunderts in Sizilien, das zu dieser Zeit unter der Herrschaft Karls I. aus dem französischen Haus Anjou stand: Die sogenannte Sizilianische Vesper beschreibt den 1282 in Palermo zur Tageszeit der Vesper ausbrechenden blutigen Aufstand der Bürger gegen die französische Herrschaft, dem sich jahrelange Kämpfe zwischen den Königshäusern Anjou und Aragon anschließen. Als Peter III. von Aragon wegen seiner Erbansprüche auf Sizilien eingreift, nehmen die Kämpfe eine europäische Dimension an. Lenz verfährt mit den historischen Fakten frei: Schauplatz des Geschehens ist Messina, und vier verschiedene Parteien sind an dem Ausbruch der Kämpfe beteiligt. Für die Literatur des Sturm und Drang, die sich vor allem Themen der Gegenwart zuwendet, ist der Bezug auf einen historischen Stoff eher ungewöhnlich. Wie auch in einigen seiner Dramenfragmente (u. a. *Cato*, *Graf Heinrich*) vollzieht Lenz, ähnlich wie später Schiller mit seinem Drama *Don Carlos* (1787), eine Hinwendung zur Geschichte (vgl. Schulz 2001a: 129) und zum historischen Trauerspiel.

Die Sizilianische Vesper stellt eine komplexe Kriegssituation dar, die mit einem gewaltsamen Familienkonflikt verschränkt wird: Lenz lässt sein Drama um das Blutbad in Sizilien mit der Trauer König Philipps – wie hier Karl I. von Anjou heißt – um seinen Sohn und dem Mord an seiner Tochter enden. Das Stück zeigt eine zerstörerische Gewaltdynamik, im Zuge dessen den einzelnen Parteien die Kontrolle entgleitet und die Situation nicht mehr auf politischem Weg gelöst werden kann (vgl. zu Mord, Gewalt und Selbstdestruktion S. F. Schmidt 2010: 356–364). Trotz ihrer strategischen Absichten werden die Figuren sowohl von Ereignissen als auch von plötzlich hervorbrechenden Affekten überwältigt und üben eine destruktive Gewalt aus, die sich immer weiter fortsetzt.

Das fünfaktige Drama, das die Gattungsbezeichnung „Ein historisches Gemälde" trägt, bildet kein Panorama der Kriegsereignisse und konzentriert sich auch nicht auf einzelne Heldenfiguren. Vielmehr sind Verknappung und die bildliche Expressivität von Blut- und Tiermotiven wesentliche formale Merkmale des Stücks, um eine unmenschliche „Welt der Verwüstung und Zerstörung" (ebd.: 363) darzustellen. „Obwohl sich Lenz mit dem Drama der Tragödienform annähert, agieren auch hier keine vorbildlich handelnden Menschen." (ebd.: 364)

Die Figuren teilen sich in vier am Geschehen in Sizilien beteiligte Parteien. Philipp III. von Frankreich aus dem Haus Anjou ist der gegenwärtige Herrscher. Während sein Sohn, der Prinz von Salerno, ein Opfer des Krieges wird und als Figur selbst nicht auftritt, kommt seiner Tochter Isabelle eine zentrale Rolle zu. Philipps Gegenspieler ist der spanische König Don Pedro von Aragonien mit seiner Frau Constantia und seinem Sohn Prinz Xaver, der militärischer Befehlshaber ist. Constantia wird von ihrer Kammerfrau Irene begleitet, und Xaver von dem griechischen Sklaven Gyton, der ihn zur Kampfbereitschaft antreiben soll. Die beiden Militärs, der Admiral

2.1 Dramen und Dramenfragmente

Loria und dessen Offizier Androva, unterstützen den Befehlshaber der aragonischen Streitkräfte. Die sizilianischen Bürger, die sich von der französischen Herrschaft befreien wollen, werden von Johann von Prodica und Zanus repräsentiert. Der päpstliche Legat Leotychius agiert im Hintergrund mit dem Ziel, die eigene Machtposition zu stärken.

Der erste Akt beginnt mit Kampfhandlungen der Armeen Philipps und Don Pedros. Es wird ein Waffenstillstand ausgerufen, damit sich die beiden Feldherren besprechen können. Während hinter der Bühne die Kämpfe weitergeführt werden, treten die anderen Parteien auf und behaupten ihre jeweiligen Machtansprüche mit taktischen Überlegungen. Die zentrale Figur im zweiten Akt ist Constantia. Bei einem ihr angekündigten „Fremdling" (Damm I: 364), der Friedensbedingungen von Philipp bringt, handelt es sich um Philipps Tochter Isabelle. Aus heimlicher Verliebtheit in Prinz Xaver und um eine Ausgangsposition für einen Frieden zu schaffen, der auch ihrer Liebe eine Perspektive geben würde, hat sie ihren Bruder als Kriegsgefangenen an die Aragonier ausgeliefert. Constantia will über den gefangenen Prinz von Salerno Frieden herstellen, aber der Sizilianer Procida drängt sie zu Rache und Gewalt gegen die Franzosen. Der dritte Akt spielt im Feldlager. Der kampfbereite Königssohn Xaver muss sich gegen die Einflussnahme Procidas wehren. Die als Mann und griechischer Sklave verkleidete Isabelle wird zu Xaver ins Lager geführt. Als Xaver sie einsetzen will, um gefälschte Briefe an Philipp zu übermitteln, damit er ihn in eine Falle locken und gefangen nehmen kann, enthüllt sie ihre Identität. Xaver ist hingerissen von ihr und verliebt sich ebenfalls in sie. Im Gefühlstaumel lässt er seine Kriegs- und Racheabsichten fallen und will Philipp um Frieden bitten. Aber in Messina ist bereits ein Bürgerkrieg ausgebrochen. Im vierten Akt greifen Loria und Androva in die sich überstürzenden Ereignisse ein und wollen verhindern, dass die Armeen Philipps und Don Pedros aufeinander treffen. Sie sind Zeugen der eskalierenden Gewalt in Messina, die hinterszenisch bleibt, und sprechen tief bewegt und in großer Sorge von Prinz Xaver und Isabelle, die sich mitten im Bürgerkrieg befinden. Der fünfte Akt spielt in den „STRASSEN IN MESSINA MIT RAUCHENDEN RUINEN" (ebd.: 382). Androva und Loria treten auch hier in einer Botenfunktion auf und beschreiben erschüttert die Trauer König Philipps um seinen ums Leben gekommenen Sohn und die Verzweiflung Xavers angesichts der vermeintlich tot vor ihm liegenden Isabelle. Mit einem Leichenwagen tritt die Trauergemeinschaft auf und schwärmt von der Tugend der toten Isabelle. Philipp will in seinem Schmerz, trotz der bereits 8.000 getöteten Bürger von Messina, seinen Truppen befehlen, einen Massenmord an den Sizilianern zu begehen. Am Ende des Dramas schlägt die Trauer in familiäre Gewalt um: Bei der Leiche handelt es sich zwar doch nicht um Isabelle, die „*in Mannskleidern unter Philipps Gefolge gewesen*" (ebd.: 387) ist. Als sie aber „*mit zerstörten Haaren ihrem Vater zu Füßen [fällt]*" (ebd.) und ihm gesteht, dass sie ihren Bruder den Feinden ausgeliefert hat, ersticht Philipp seine Tochter in rasender Wut. Xaver rächt seine Geliebte und ermordet den König, woraufhin er sich selbst erstechen will. Loria greift ein und weist dem sterbenden Philipp die Schuld zu, seine beiden Kinder seiner Machtgier „aufgeopfert" (ebd.) zu haben.

Lenz stellt eine Dynamik von eskalierender Gewalt und entfesselten Gefühlen dar, die zu einer verworrenen Situation und „allgemeine[r] Orientierungslosigkeit" (Schulz 2001a: 131) führt. Das komplexe Konfliktgeschehen unterteilt sich in die folgenden Haltungen: Während der Machthaber Philipp von Anjou seine Herrschaft mit dem „Recht des Eroberers" als „das erste Recht in der Welt" (Damm I: 360) begründet, stellt sein Rivale Don Pedro von Aragonien Erbansprüche auf Sizilien und will den Tod des vormaligen Throninhabers Konradien rächen, der von Philipp mit Hilfe des Papstes verursacht wurde. Der Papst, vertreten durch den Legaten Leotychius, geht Koalitionen mit allen Parteien ein und ist darauf bedacht, dass keines der Königshäuser zu machtvoll wird – „dem, der als Überwinder auf der Szene bleibt", will er „zuletzt an die Kehle" (ebd.: 363). Die Sizilianer Zanus und Procida verfolgen gewaltbereit eine Eskalation der Situation, damit „im allgemeinen Blutvergießen Siziliens halb erstickte Freiheit wieder aufleben kann" (ebd.; vgl. zur Darstellung eines unmenschlichen Verhaltens durch Tiermetaphern S. F. Schmidt 2010: 358 f.).

Lenz rückt die weiblichen Figuren Isabelle und Constantia ins Zentrum des Geschehens. Während Don Pedro im Hintergrund bleibt, tritt seine Frau Constantia als politisch Handelnde auf. Auch bei den Anjous ist es Philipps Tochter, die den Konflikt zu beeinflussen sucht. Constantias Friedensabsichten bleiben jedoch wirkungslos, und Isabelles von ihrer Verliebtheit in Xaver geleitete Aktionen lassen die dramatische Handlung von einem kriegerischen politischen Konflikt in einen Familienkonflikt mit tragischem Ausgang umschlagen.

Eine zentrale Dynamik des Dramas sind die eruptiven Affekte, die Entfesselung der Gefühle und eine unkontrollierbare Gewalt, die sowohl das Kriegsterrain als auch die Familienbeziehungen einnimmt. Die politisch Agierenden Constantia und Xaver werden von Isabelles Emotionalität affiziert. Nachdem Isabelle bei Constantia eingeführt worden ist und sich als „Frauenzimmer" (Damm I: 368) zu erkennen gegeben hat, will Constantia sie zu ihrem Sohn schicken, um „ihn in seinen Operationen gegen den Feind langsamer zu machen" (ebd.: 370). Als Isabelle im Feldlager Xaver gegenübersteht, verschlägt es ihr in ihrer Verliebtheit und in der Bedrängnis, zu verbergen, dass Philipp ihr Vater ist, die Sprache. Als sie sich Xaver schließlich zu erkennen gibt, wird auch er von intensiven Gefühlen überwältigt: „XAVER: *Hinsinkend auf einen Stuhl*. Meine Sinne verlassen mich – – – diese Kriegskunst hab ich nicht gelernt –" (ebd.: 377).

Ebenso wie seine Mutter beabsichtigt hat, will Xaver den König um Frieden bitten. Jedoch durch die Einflussnahme der päpstlichen und der sizilianischen Parteien verlieren Constantia und ihr Sohn jegliche Kontrolle über die Ereignisse. Der Ausbruch des Bürgerkriegs in Messina macht alle diplomatischen Bemühungen zunichte. Analog zu den entfesselten Gefühlen Isabelles und Xavers bricht die Gewalt in den Straßen Messinas aus: „LORIA: Die Stadt ist ein Scheiterhaufen, eine Metzgerbank, wo Bürgerblut die flammenden Ruinen löscht." (ebd.: 380)

Auch innerfamiliär setzt sich die Gewalt fort: Isabelle hat die Ausschreitungen in Messina überlebt und stirbt erst durch die Hand ihres Vaters, dessen Trauer in Zerstörungswut umschlägt. Während das Stück als ‚historisches Gemälde' mit den Kampfhandlungen und der Konfrontation der beiden Feldherren beginnt, lässt Lenz es als ‚Familiengemälde' enden, das von destruktiven Affekten sowie Gewalt- und Racheakten geprägt ist.

In Lenz' spätem Drama, das ein wenig wie eine Vorwegnahme von Kleists *Die Familie Schroffenstein* (1803) wirkt, drückt sich eine „pessimistische Weltsicht" (S. F. Schmidt 2010: 361) aus. Die Figuren sind nicht nur in gesellschaftliche Zwänge oder familiäre Dynamiken verstrickt, wie in vielen seiner Komödien, sondern in eine Welt der Gewalt- und Mordbereitschaft. „Aus dem willkürlichen Morden im Drama offenbart sich ein destruktives Weltprinzip, gegen das das Prinzip der Liebe keine Chance hat" (ebd.) und das aus der historischen Vergangenheit des 13. Jahrhunderts in die Gegenwart gespiegelt wird.

Myrsa Polagi oder Die Irrgärten

> Q: Damm I: 387–417 (nach ED). – HD: nicht nachweisbar. – ED: „Myrsa Polagi oder die Irrgärten, Ein Lustspiel a la Chinoise". In: Liefländisches Magazin der Lektüre, Mitau, 2. Quartal, Jg. 1782: 229–281.

Myrsa Polagi oder Die Irrgärten ist 1782 erstmals im *Liefländischen Magazin der Lektüre* anonym gedruckt worden. Lenz' Verfasserschaft gilt als unsicher, allerdings sprechen u. a. spezifische Stilmerkmale dafür, dass das Stück Lenz zuzuordnen ist (vgl. O. Petersen 1924, Guthke 1967 [1964]; vgl. auch zu den verschiedenen Begründungen seiner Verfasserschaft Titel/Haug II: 758–760).

Das Stück spielt in Südostasien, „in Xai, einem Landflecken von Pegu" (Damm I: 390), wobei die geographischen Verhältnisse freilich nicht realitätsgetreu wiedergegeben sind. Der titelgebende Figurenname Myrsa Polagi, die anderen Figurennamen sowie die verwendeten fremdsprachlichen Bezeichnungen gehen auf die vielgelesene *Moskowitische und Persianische Reisebeschreibung* von Adam Olearius aus dem 17. Jahrhundert zurück. Die im Nebentitel genannten „Irrgärten" sind zwar ein geläufiges Lustspielmotiv, spielen aber darüber hinaus auf den realhistorischen Irrgarten in Weimar an (vgl. Kaufmann 1999c: 309). Das zweiaktige Drama trägt die Gattungsbezeichnung „Ein Lustspiel á la chinoise", welche nicht nur den fernöstlichen Schauplatz betont, sondern ferner auf die zeitgenössischen, auch in Weimar beliebten ‚chinesischen' Schattenspiele verweist. Das zentrale Motiv des Irrgartens, einige der exotischen Figuren und Handlungsdetails sind auf Weimarer Persönlichkeiten und Begebenheiten zurückbeziehbar. Hinter der exotischen Maskierung verbirgt sich somit ein (Selbst-)Porträt der Weimarer Hofgesellschaft und von Lenz' dortiger Situation (vgl. zu den Einzelheiten Titel/Haug II: 758–761; vgl. auch Kaufmann 1999c u. → 1.1 LEBEN). Das Lustspiel weist motivische Ähnlichkeiten zu dem Briefroman *Der Waldbruder* (→ 2.2 ERZÄHLUNGEN: DER WALDBRUDER) und zu dem Dramolett *Tantalus* auf, die wie die Ideen zu *Myrsa Polagi* während Lenz' Aufenthalt in Weimar bzw. in Berka entstanden sind und in denen er seine Erfahrungen und seine „soziale und psychische Problematik am Weimarer Hof" (Meinzer 1994b: 170) verarbeitet.

Im Personenverzeichnis verwendet Lenz für die Namen der Figuren und deren Tätigkeiten und Funktionen fremdsprachliche Begriffe, die Olearius' Reisebeschreibung entnommen sind. Außerdem sind die exotischen Bezeichnungen von im Stück zwar genannten, aber nicht auftretenden Personen aufgelistet. Die Titelfigur Myrsa Polagi ist ein gelehrter Prinz, der herumreist, um die Menschen zu studieren. Myrsa wird von Chodabende, einem Jesaulkor, so der fremdartige Begriff für einen Vorreiter, und von Sefi, seinem „Dawattar, eine Art gemeiner Schreiber, die die Myrsas mitnehmen, wenn ihnen etwas aufzuzeichnen vorfällt" (Damm I: 389), begleitet. Im Zentrum des Stücks steht Abumasar, „ein Manazim oder Sternseher, in Kura verliebt" (ebd.), mittellos und weltfremd, ein Gelehrter der Astronomie, der in Pegu sein Geld bei Gilli zu verdienen versucht, einem unter Gicht leidenden Strumpfweber.

Weitere Figuren sind Sarucho, Gastwirt einer Karawanserei und Vater der beiden Töchter Fatima und Kura, der Gaukler Benzoe und die Gauklerin Selta, die beide in den Diensten Nurmalas, „Caßa oder Beherrscherin von Siam und Pegu" (ebd.: 389), stehen. Das Gauklerpaar ist beauftragt, die Menschen in die Irrgärten zu locken, um den Prinzen zu unterhalten. Zwar hat sich bereits die halbe Stadt hineinverirrt, jedoch ist die bezweckte belustigende Wirkung noch nicht erzielt worden. Erst der Sternseher Abumasar verspricht jenes Amüsement, während Myrsa und Chodabende aus einem Versteck heraus die in die Irre Geführten beobachten.

Das Drama spielt an nur einem Schauplatz, und zwar in einem „*Fichtenwald im Grunde des Theaters, in welchem verschiedene Eingänge zu einem Irrgarten sichtbar sind. Vorne ein offener Platz mit kleinen Gesträuchen unterbrochen.*" (ebd.: 391) Es stellt sich jedoch trotz jener vermeintlichen Einheit des Orts die Frage, welche Handlung auf der Bühne überhaupt sichtbar wird: Denn das Innere des Labyrinths als Schauplatz des Geschehens bleibt dem Blick entzogen, und auch die Figuren sprechen oftmals von Ereignissen, die hinterszenisch und nicht Teil der Bühnenhandlung sind (vgl. auch → 3.17 Fragmentarische Schreibweisen). Die nur schwer zu überblickende Handlung ist in kurze Einzelszenen mit Dialogen über zumeist dritte und abwesende Personen, vergangene Ereignisse, Gerüchte und Mutmaßungen zersplittert. Dem zentralen Motiv des Irrgartens eignet auch eine formale rezeptionsästhetische Entsprechung an: Durch die verwirrende Handlungsstruktur, die undurchsichtigen Zusammenhänge zwischen Figuren und Ereignissen, die fremdsprachlichen Bezeichnungen und das vorwiegende Sprechen über Begebenheiten an Stelle einer Handlung erscheint das Lustspiel selbst wie ein Labyrinth, in dem sich nicht nur die Figuren, sondern auch die Rezipienten verlieren (vgl. zur Figur des Labyrinths als Textmuster J. Schäfer 2016: 54–58).

Der Sternseher Abumasar, der auch Züge der Figuren Tandi aus dem *Neuen Menoza* und Herz aus dem *Waldbruder* (→ 2.2 Erzählungen) trägt, ist für die Gesellschaft in Pegu Faszinationsfigur und Spottobjekt zugleich. Ähnlich wie Herz sich in eine einsame Waldhütte zurückzieht, taucht Abumasar in der Arbeitswelt eines Strumpfwebers unter. Abumasar ist in Persien verfolgt worden, weil er die aus den Sternen abgeleiteten Prophezeiungen anzweifelt und bei den orthodoxen Propheten als Atheist gilt. „Er ist ein Aufklärer, der die Astrologie in Frage stellt" (Schulz 2001a: 134), einerseits ein anerkannter Sternenforscher und andererseits ein verträumter, in Belangen des Alltags unsicherer und ungeschickter Mann. Seine Geliebte Kura und ihr Vater beklagen, dass er oftmals „vergißt […], daß er auf der Welt ist", und „darüber in manche blinde Quergasse" (Damm I: 394) gerät. Zugleich verkennt er sich größenwahnsinnig selbst: „Sarucho: Er aber hält die Nase in die Sterne und stolpert daher, als hätt er eine große Heldentat begangen." (ebd.: 395) Abumasar hingegen bedauert seine Isolation und die Oberflächlichkeit seiner Umgebung („Und wird in der ganzen Welt am Ende von nichts gesprochen werden als von Strümpfen und Quittenwein"; ebd.: 397). Eine frühere Kränkung durch einen Freund belastet ihn noch immer. Er sollte dem Gelehrten Abu Haßein, der in den Diensten der Caßa steht und mit dem er konkurriert, bei der Verbesserung einer Seeuhr helfen, hat sich aber stattdessen in seine eigenen Erfindungen vertieft. Als Rache hat Abu Haßein ihm vorgemacht, dass durch einen Brand seine sämtlichen Reisebücher, Seekarten und Instrumente verlorengegangen seien und ihm Empfehlungsschreiben ausgestellt, die ihn der Lächerlichkeit preisgeben. Auch die Caßa will Abumasar einen Denkzettel verpassen, weil er so misstrauisch geworden sei, und ihn deshalb in den Irrgarten locken lassen. Sie erweist sich am Ende als die alle Fäden in der Hand haltende Hauptakteurin und als strafende und zugleich fürsorgliche Mutterfigur.

Ähnlich wie sich in Lenz' Briefroman *Der Waldbruder* die einzelnen Briefschreiber über Herz austauschen und ein Gewebe von Geschichten spinnen, ist auch Abumasar in ein Netz aus Gerüchten und Intrigen verstrickt. Für Abumasar gleicht das Leben einem Labyrinth: Er gerät in den Irrgarten, „*ohne es zu merken*" (ebd.: 407), und bemerkt ebenso wenig, wenn er diesem wieder entkommen ist. Während Abumasar am Ende des Stücks ‚nach den Sternen greifen' und weiterhin aus den sozialen Verbindungen flüchten und zur See fahren will, versuchen die anderen, ihn in die Paarbeziehung mit Kura und in ihre Welt einzupassen. Der wohlwollende Prinz gibt ihm mit auf den Weg: „[L]ernen Sie nur glücklich sein, das Sie auf der See bald verlernt hätten." (ebd.: 417) Mit den Äußerungen des Prinzen, in denen er dem Sternenforscher den Weg zum Glück weist und seinen eigenen Genuss des ‚Irrgarten-Schauspiels' bekundet, werden zugleich das glückliche Ende und die gattungsspezifische Wirkungsabsicht des rührenden Lustspiels von Lachen und Weinen reflektiert: „MYRSA: [...] wir versteckten uns hier, über ein Original zu lachen, das sich in den Irrgarten verlaufen, den Ew. Hoheit zu unserer Belustigung anlegen lassen. Wir dachten nicht, daß wir weinen würden. Diese Unterhaltung ist süßer als jene." (ebd.: 414) Abumasar ist ein lächerlicher, der Belustigung ausgesetzter ‚Narr', der in die selbstreferentielle Inszenierung eines rührenden Schauspiels und in ein vermeintlich höfisches Idyll integriert wird, das den Reigen der Gerüchte und Intrigen vorerst unterbricht.

Mit dem unter Geldmangel leidenden Sternenforscher Abumasar, der sich so in seinen Forscher- und Erfindungsdrang vertieft, dass er alles andere um sich herum vergisst, und der der Belustigung der höfischen Gesellschaft dient, gestaltet Lenz auch eine Selbstparodie auf seine Rolle und Situation in Weimar (vgl. Schulz 2001a: 133, Kaufmann 1999c). Mit Abumasars Verwirrungen und Verirrungen parodiert Lenz seine eigenen schwierigen Erfahrungen am Weimarer Hof, wo er sich in der „Atmosphäre des Rollenspiels, des Klatsches, der empfindlichen Wahrung von Etikette und sozialen Unterschieden nicht zurechtfinden kann" (Winter 2000a: 79; vgl. auch → 1.1 LEBEN), seine ‚Narrenrolle' sowie die von ihm produzierten „Skandale, über die bei Hofe eifrig geklatscht wird" (Winter 2000a: 80). Satirisch verfremdet lassen sich die exotischen Figuren des Lustspiels auf die historisch überlieferten Konstellationen und Begebenheiten zwischen Lenz, Goethe, dem Herzog und der Herzogin zurückführen (vgl. Titel/Haug II: 758–761). In den beiden gegensätzlichen Figuren Abumasar und Ali Haßein spiegelt sich das konfliktreiche Verhältnis von Lenz und Goethe wider. Während Lenz aufgrund einer bis heute in der Forschung umstrittenen „Eseley" Weimar verlassen muss, wird „hier durch den versöhnlichen Schluß ein Ausgleich geschaffen" (Winter 2000a: 86). Abumasars Befreiung aus seiner Isolation durch Myrsa und die Caßa Nurmala ist als Wunschphantasie lesbar (vgl. Guthke 1967 [1964]). Meinzer arbeitet heraus, dass dabei die „negative ‚Goethe'-Figur ‚Hassein' [...] zuungunsten einer weiblichen Figur – der Caßa – entlastet" wird (Meinzer 1994b: 175). Auch wenn sich Abumasar von seinem Freund betrogen fühlt, steckt hinter der Intrige und Bestrafungsaktion letztlich eine mütterliche Autoritätsfigur.

Der Sternenforscher Abumasar findet sich im Weltall zurecht, während die menschliche Gesellschaft für ihn einem Irrgarten gleicht, in dem er sich immer wieder verliert. Lenz verfasst mit seiner Komödie, die dramaturgisch selbst labyrinthartig konzipiert ist, eine Satire auf die Weimarer Hofgesellschaft: „Der Irrgarten steht für die Verwirrung, die einige adlige und einflußreiche Personen anrichten, um einer sozial niedriger stehenden Personengruppe ihre Hilf- und Machtlosigkeit vor Augen zu führen." (ebd.: 174) Darüber hinaus reflektieren das Bild des Irrgartens und die entsprechende formale Gestaltung seines Stücks die generelle Undurchsichtigkeit des Lebens und der gesellschaftlichen Zusammenhänge für den Einzelnen im Zeitalter der Aufklärung.

3. Fragmente

Catharina von Siena

Q: Damm I: 421–472 (nach Titel/Haug II: 427–485). – HD: BJ Kraków, Lenziana 3. – ED: Weinhold-DN: 144–190.

Der Dramenentwurf *Catharina von Siena*, den Rector als „ein vernachlässigtes Sorgenkind der Lenz-Forschung" (Rector 1996: 58) bezeichnet hat, zählt zu den umfänglichen Fragmenten (Handschrift: Biblioteka Jagiellońska, Kraków). Aufgrund erhaltener Notizen ist davon auszugehen, dass die ersten Entwürfe in der späten Straßburger Zeit im Jahr 1775 entstanden sind (vgl. Anmerkungen in Damm I: 758; vgl. zur Genese Meuser 1998: 4–40). Das Stück hat für Lenz eine besondere Bedeutung: Bei seiner Übersiedlung von Weimar nach Berka im Juni 1776 hinterlässt er für Goethe und dessen Diener Philipp Seidel einige seiner Manuskripte und hebt dabei das „Päckgen Catharina v. Siena vor allen Dingen" (Damm I: 759) hervor, das er auf einem weiteren Zettel auch als eines seiner „lieben Sachen" (ebd.) bezeichnet (vgl. zu verschiedenen Briefstellen über sein *Catharina*-Fragment Meuser 1998: 35–39).

Sowohl die Datierung als auch die Anordnung der überlieferten Szenen und Notizen, die in Kraków als Manuskriptkonvolut vorliegen, sind bis heute nicht eindeutig erwiesen (vgl. zu den Manuskripten und Editionen ebd.: 41–62; vgl. auch ebd.: 216–237). Lange Zeit wurde vermutet, dass J. G. Schlosser eine vollständig ausgearbeitete Fassung besessen habe (vgl. Genton 1964) und dass es eine verschollene Endfassung gebe (vgl. Scholz 1990: 213). Meuser hingegen bestätigt in ihrer Studie, in der sie das handschriftliche Material untersucht, den Fragment-Charakter (vgl. Meuser 1998: 47).

Lenz hat die Entwürfe zu *Catharina von Siena* zum einen „Ein religiöses Schauspiel" und zum anderen „Ein Künstlerschauspiel" genannt. In der Handschrift lässt sich nachvollziehen, dass Lenz in einer seiner Fassungen die Bezeichnung „religiöses" durchgestrichen und „Künstler" darübergeschrieben hat (vgl. Titel/Haug II: 762). In den vorliegenden Editionen sind die Entwürfe chronologisch unterschiedlich angeordnet und in drei oder vier Fassungen unterteilt worden (vgl. Wesle 1915, Perugia 1925, Titel/Haug II). „Unterschiede in der Edition und Bewertung der Dramenfragmente von der älteren bis zur jüngsten Publikation dokumentieren nicht zuletzt die sich verändernde Vorstellung von der Genese des Stücks." (Meuser 1998: 52) Weinhold, der die Fragmente 1884 in seiner Ausgabe des dramatischen Nachlasses erstmals publiziert, hat die Bruchstücke auf drei Bearbeitungen verteilt, wobei er diese Anordnung von den Lenziana-Sammlern Sivers und Köpke übernommen hat. Titel und Haug haben für ihre Edition die Manuskripte nicht gesichtet, da sie von deren Verlust ausgegangen sind, aber in Folge des Beitrags von Wesle (1915) eine von Weinhold abweichende Reihenfolge und eine Aufteilung in vier Bearbeitungen vorgenommen (vgl. Titel/Haug II: 427–485), der Damm später gefolgt ist (vgl. Damm I: 421–472). Weinhold geht bei seiner Rekonstruktion von der These aus, dass Lenz den Catharina-Stoff zunächst als Künstlerschauspiel angelegt und danach in ein religiöses Schauspiel umgearbeitet habe. Wesle hat in seiner Analyse diese Lesart widerlegt, die Fragmente in vier Fassungen eingeteilt und so neu angeordnet, dass sich die Entwicklung von einem religiösen Schauspiel zu einem Künstlerschauspiel abzeichnet (vgl. Wesle 1915). Dieses Verständnis der konzeptionellen Entwicklung ist zur Grundlage der Ausgaben von Titel/Haug und Damm geworden (vgl. zur Entwicklung thematischer und motivischer Aspekte Titel/Haug II: 764–770).

Der Begriff ‚Bearbeitung' ist ebenso wie die Frage der Unterteilung in drei oder vier Textgruppen kritisch diskutiert worden (vgl. Meuser 1998: 124f.). Meuser betont in ihrer Untersuchung, dass es sich bei den divergierenden Gruppierungen weniger um eine „Entfaltung in vertikaler Richtung", sondern vielmehr um eine „horizontale[ ] Ausweitung" handele (ebd.: 125). Es bestehe Grund zu der Annahme, dass Lenz an mehreren Szenen parallel gearbeitet und mehrere Ansätze gleichzeitig verfolgt habe (vgl. ebd.). Bezüglich Damms Ausgabe stellt Meuser fest, dass „ein Vergleich mit den früheren Textausgaben und den Krakauer Manuskripten zeigt, daß weder alle Bruchstücke repräsentiert, noch deren Aufeinanderfolge und Zuordnung zu vier ‚Bearbeitungen' unumstößlich festzulegen sind" (ebd.: 126).

Mit dem Stücktitel und dem Namen seiner Protagonistin nimmt Lenz' Dramenentwurf auf die spätmittelalterliche Heilige und Mystikerin Katharina von Siena Bezug. Diese hat als Dominikanerin in strenger Askese gelebt, sich der Pflege von Armen und Kranken gewidmet, sich zu politischen und gesellschaftlichen Fragen geäußert und für Reformen der Kirche eingesetzt. Trotz ihrer Kritik am Klerus hat sie im offiziellen Auftrag der Kirche gelehrt, gepredigt und ein theologisches Werk hinterlassen. Bei Lenz liegt der Schwerpunkt allerdings nicht auf der historischen Figur. Das Fragment nimmt zwar Themen wie Rückzug aus der Welt, Askese und Selbstgeißelung auf, stellt diese aber in den Kontext einer empfindsamen Liebe, die Züge religiöser Hingabe trägt.

Das zentrale Thema des Vater-Sohn-Konflikts in Lenz' Texten kehrt in *Catharina von Siena* als Vater-Tochter-Konflikt wieder: „Vielleicht ist die fundamentale Spannung im Verhältnis der Generationen nirgendwo so präzise ausgearbeitet, wie in den dramatischen Fragmenten, die von Lenz unter dem Titel *Catharina von Siena* (1775/76) überliefert sind" (Kagel 1997: 87; vgl. auch die Ausführungen ebd.: 87–93). Die Protagonistin Catharina flieht in die Einsamkeit, um sich dem väterlichen Einfluss zu entziehen. Mit dieser Form der Ablehnung der väterlichen Welt weist das Stück Ähnlichkeiten zum *Engländer* auf (vgl. Winter 2000a: 78). Ähnlich wie Robert Hots Flucht ins Gefängnis und in eine imaginäre Liebe erfolgt Catharinas asketische Abwendung von der Welt und ihre Hingabe an Christus nicht aus religiösen Motiven, sondern aufgrund des väterlichen Drucks, aber auch aus enttäuschter Liebe. „Die eindrucksvollen Szenen der Selbstgeißelung sind – parallel zum *Engländer* – ein Versuch Catharinas, zusätzlich zum Schmerz, der von außen zugefügt wird, sich selbst

Schmerzen zuzufügen." (ebd.) Auch das Thema der Freundschaft ist für die *Catharina*-Fragmente bedeutsam (→ 3.8 FREUNDSCHAFT). Allerdings geht es hier nicht um Männerfreundschaft, sondern um eine konfliktreiche Frauenfreundschaft. Künstlertum und die Rolle des Künstlers sind ein weiteres wesentliches Thema. Die Stückfragmente stellen das Scheitern in familiären, freundschaftlichen und erotischen Beziehungen dar, das zu einer „Spiritualisierung der erotischen und sexuellen Liebe" (Rector 1996: 61) führt. Rector deutet Catharinas Christusliebe als Verschiebung ihres körperlichen Verlangens (vgl. ebd.). Zugleich eröffnet ihre Hinwendung zu Christus einen Ausweg aus dem Konflikt mit dem Vater (vgl. ebd.: 62).

Das Dramenfragment weist thematische Bezüge zu Lenz' moralisch-theologischen Schriften, intertextuelle Bezüge zu Sophie von La Roches Roman *Geschichte des Fräuleins von Sternheim* und ihrer Erzählung *Der Eigensinn der Liebe und Freundschaft*, Goethes Drama *Stella* und Rousseaus *Die neue Héloïse* sowie – bezüglich der Künstlerthematik – Anklänge an Goethes *Werther* auf (vgl. Meuser 1998: 5–10; 14–31). Im Unterschied zu seinen vorangegangenen Dramen setzt Lenz sowohl thematisch als auch gattungspoetisch neue Akzente. Die Verwendung des Shakespeareschen Blankvers an einigen Stellen lässt vermuten, dass Lenz eine Tragödie zu schreiben geplant hat (vgl. Titel/Haug II: 770).

Erste Bearbeitung
Die erste Bearbeitung (Damm I: 422–432) besteht aus drei dialogischen Szenen, mehreren Monologen Catharinas, Entwürfen zu Monologen und Dialogen und Notaten zum Inhalt. Sie bildet ein „Handlungsgerüst [...], auf dessen stofflicher Grundlage die übrigen ‚Bearbeitungen' aufbauen" (Meuser 1998: 63). Die Handlung spielt an vielen verschiedenen Schauplätzen, und „die meisten Szenen [wirken] wie aneinandergereihte Bildsequenzen" (ebd.). Im Zentrum der Handlung steht die junge adlige Catharina. Weitere Figuren sind Catharinas Freundin Laura, der Maler Correggio, ein Bauernmädchen, eine Dirne und der Wirt eines Gasthauses. Der Name des Malers geht auf den Renaissance-Maler Correggio zurück, dessen berühmtes Gemälde *Verlöbnis der heiligen Catharina* von 1525 Vorlage für zahlreiche spätere Kopien geworden ist, durch die Lenz das Bild vermutlich kennengelernt hat. Wie der historische Correggio hat auch der fiktive Maler bei Lenz ein Bild der Heiligen geschaffen. Lenz ruft in seinem Dramenentwurf zwei historische Figuren auf, die nicht zeitgleich gelebt haben, durch die Bezugnahme auf das Gemälde jedoch in doppelter Weise einander angenähert werden. Im Unterschied zu den anderen Bearbeitungen enthalten die Szenenentwürfe der ersten Fassung Elemente aus der Legende der heiligen Katharina von Siena, wie die Ehelosigkeit, das Verlöbnis mit Christus, Selbstgeißelungen und Visionen.

Während der Vater seine Tochter standesgemäß verheiraten will, ist Catharina in den Maler Correggio verliebt. Den Konflikt zwischen ihrem Wunsch nach Selbstbestimmtheit, ihrer Liebe zu Correggio und dem Gehorsam den väterlichen Forderungen gegenüber versucht sie zu lösen, indem sie ihre Familie verlässt, sich für das asketische Leben in Christus-Nachfolge entscheidet und sich als Einsiedlerin zurückzieht. In einem „*hohe[n] Fichtenwald*" (Damm I: 423) findet sie durch die räumliche Trennung von ihrem Vater „neue[n] Lebensbalsam" (ebd.); in einem brennenden Dorf, in dem sie den Opfern Geld und Trost spendet, trifft sie schließlich auf den Maler Correggio. Während sie den Geliebten auf „Knien [...] anbeten" (ebd.: 426) möchte, versucht Correggio, den Brand zu löschen. Ein Gasthaus, in das Catharina eingekehrt ist, muss sie fluchtartig wieder verlassen, als sie die väterliche Kutsche vorfahren sieht. In einem anderen Gasthaus wird sie von Phantasien über ihren Vater heimgesucht, der ihr gottähnlich erscheint: „Mein Vater blickte wie ein liebender/ Gekränkter Gott mich drohend an" (ebd.: 427). Aus dieser Bedrängnis heraus will sie sich dem christlichen Gott-Vater hingeben, damit jener sie vor ihrem leibhaftigen Vater schütze: „Gott gegen Gott! *Sie zieht ein kleines Kruzifix aus ihrem Busen und küßt es.* Errette, rette mich" (ebd.: 428). Als Ausweg aus der väterlichen Machtausübung, aber auch um sich von Correggio zu lösen – „[...] und mein Correggio/ Ist nur ein großer Schatten gegen dich" (ebd.) –, verlobt sich Catharina mit Christus.

Ihre Askese ist nicht nur religiös motiviert, sondern stellt in erster Linie einen Versuch dar, ihre unerfüllten sinnlichen Bedürfnisse zu transzendieren. Mit ihren asketischen Handlungen („eilen, laufen, schwitzen, leiden", ebd.) will Catharina ihr „verliebtes Mädchenherz" (ebd.) bekämpfen. In einer Höhle, die ihr als ein heiliger Ort erscheint, findet sie schließlich den ersehnten inneren und äußeren Frieden, der jedoch gefährdet ist. Ihre Gedanken kreisen weiterhin um den Geliebten, mit dem sie sich zunächst in eine geschwisterliche Beziehung, dann in einen gemeinsamen Liebestod hineinphantasiert. Ihre schließliche Verwandlung in eine Heilige ist daher nicht ohne Ambivalenzen, wie Kagel ausgeführt hat (vgl. Kagel 1997: 90–93).

Auch wenn Catharina am Ende der ersten Bearbeitung zur Heiligen wird, stellt der Dramenentwurf keine Heiligenlegende dar. Einzelne Handlungselemente, wie die Frauenfreundschaft, die Figur des Malers, das Bildmotiv, die Weltabsage und der Liebesverzicht, werden in den weiteren Entwürfen vertieft und erweitert und lösen sich dabei von der religiösen Motivik zunehmend ab.

Zweite Bearbeitung
Die zweite deutlich kürzere Bearbeitung (Damm I: 433–437) besteht aus drei Dialogen, zwei Monologen und zwei Inhaltsskizzen. Das Stück spielt an einem nicht näher bestimmten Schauplatz und lässt außer Catharina nur ihre Freundin Araminta auftreten. Der Name der Freundin, die in den übrigen Bearbeitungen Laura heißt, ist dem Genre des Schäferspiels entlehnt. Zugleich ist Araminta in Lenz' Prosaschrift *Das Tagebuch* der autofiktionale Name der historischen Cleophe Fibich. Im Vordergrund der zweiten Bearbeitung steht das Motiv des Stolzes (vgl. Meuser 1998: 74–86, 160–169; vgl. auch → 3.14 DEMUT UND STOLZ). Ausgangspunkt des Konflikts ist Aramintas heimliches Verliebtsein in Trufalo, der jedoch mit Catharina verheiratet werden soll.

Im Unterschied zur ersten Bearbeitung, in der Catharina konflikt- und schmerzvoll um ihre Autonomie kämpft, ist sie in der zweiten Bearbeitung als souveräne junge Frau angelegt, die sich durch die adligen Verhaltenscodes nicht einschränken lässt. Gegenüber ihrem Verehrer Trufalo, dessen Figurenname der Commedia dell'Arte entlehnt ist, nimmt Catharina eine aktive Rolle ein. Diese Charakterisierung Catharinas scheint eine Verschiebung vom ‚religiösen Schauspiel' hin zu einem lustspielartigen Stück, zu einer „Intrigenkomödie in der Tradition des Schäferspiels" (Meuser 1998: 76) anzudeuten.

Die erste Dialogszene zeigt die beiden Freundinnen in inniger Vertrautheit. Araminta schätzt vor allem das Selbstbewusstsein Catharinas („Liebes Närrchen, mit deinem stolzen Herzchen gefällst du mir gar zu wohl"; Damm I: 433). Catharina weiht die Freundin in ihren Plan ein, Trufalo mit einem Brief zu sich zu bestellen, um seine Reaktion darauf und damit seine Liebe auf die Probe zu stellen. In Wahrheit handelt es sich jedoch um eine Falle, um sich von dem lästigen Anbeter zu befreien. In der zweiten Dialogszene verteidigt Araminta Trufalo. Catharinas Stolz bewertet sie nun als eine negative Eigenschaft. Von der ungewohnt kritischen Äußerung ihrer Freundin gekränkt, verkehrt sich Catharinas selbstsicheres Auftreten in Nachdenklichkeit (vgl. zur Analyse der inneren Entwicklung Catharinas Meuser 1998: 76–84).

Die erste Inhaltsskizze beschreibt, dass Araminta Catharinas leicht kränkbaren Stolz missbraucht. Aufgrund des intriganten Verhaltens der Freundin (also nicht wie in der ersten Bearbeitung aufgrund des Vater-Tochter-Konflikts) verlässt Catharina ihr Elternhaus. In ihren Monologen beklagt sie den Verrat und den Verlust der Freundin. In der zweiten Inhaltsskizze wird eine Verschärfung des Freundschaftskonflikts angedeutet: Araminta verheimlicht ihre Liebe zu Trufalo, um Catharina nicht zu verletzen, weil sie glaubt, dass diese Trufalo ebenfalls liebe. Nach einem heftigen Streit wird die Entzweiung schließlich aufgehoben.

Die Szenen der zweiten Bearbeitung stellen möglicherweise einen weiteren Teil der Vorgeschichte von Catharinas Flucht aus ihrem Elternhaus dar und könnten das Fragment eines eigenen Handlungsstranges über Catharina und ihre Freundin sein (vgl. Meuser 1998: 85). Die zweite Bearbeitung, die nur an wenigen Stellen religiöse Aspekte aufweist, ist in der Forschung unterschiedlich bewertet worden, und zwar als Teil einer Liebeskomödie (vgl. Blei III: 470) oder als „psychologisches Intrigenstück" (Weinhold-DN: 138).

Dritte Bearbeitung

Die dialogischen Szenenentwürfe und die Inhaltsskizzen der dritten Bearbeitung (Damm I: 438–448) lassen eine Grundstruktur von drei Akten erahnen. Die Handlung spielt an einem Ort, der im Nebentext als Naturschauplatz beschrieben wird (vgl. ebd.: 439 f.). Im Mittelpunkt stehen Catharina und ihre Liebe zu einem Maler, der in dieser Bearbeitung den Namen Rosalbino trägt (vgl. zur Farbsymbolik von Rot und Weiß Meuser 1998: 90). Das Personal besteht aus Catharina, dem Maler Rosalbino und der Hirtin Aurilla, Catharinas Vater, ihrer Freundin Carmilla (= Araminta) und Trufaldino. Die Szenenentwürfe enthalten längere berichtende und erzählende Passagen.

Auf ihrer Flucht gerät Catharina im ersten Akt in eine Höhle, in der sie statt des erhofften Geliebten eine junge Hirtin antrifft. Catharina erkennt Aurillas Kummer, die ebenso wie sie selbst den Maler Rosalbino liebt, und wendet sich ihr über den Standesunterschied hinweg freundschaftlich-mütterlich zu. Die Begegnung der beiden Frauen liegt in zwei Szenenentwürfen vor. In einem „Schema des zweiten und dritten Akts" (Damm I: 444) wird der weitere Handlungsverlauf skizziert, der aus verschiedenen Liebesverwicklungen und der Aufdeckung desaströser Familienverhältnisse besteht. Im zweiten Akt findet der Maler Rosalbino Catharina, die er bereits tot geglaubt hat, in der Höhle. Aurilla, die von den Bedienten nach Siena gebracht worden war, kehrt zur Höhle zurück und berichtet von ihrem Aufenthalt bei Catharinas Vater, der ihr angeboten habe, sie könne als seine Tochter bei ihm leben. Rosalbino hat vergeblich versucht, bei Catharinas Vater die Heiratseinwilligung zu erwirken.

In einer Randnotiz wird die dramaturgische Struktur als „Katastrophe, [...] Hauptknoten und [...] Entwickelung" (ebd.: 445) bezeichnet: Es stellt sich heraus, dass beide Frauen den gleichen Mann begehren. Der Vater, der vom Vater eigentlich zum Gemahl Catharinas bestimmte Trufaldino und die mit ihr zerstrittene Freundin Carmilla treten auf. Die Freundinnen versöhnen sich. Catharinas Vater eröffnet Aurilla, dass sie seine uneheliche Tochter ist. Da Catharina das Elternhaus verlassen hat, soll Aurilla zu ihm ziehen. Aurilla verzichtet auf Rosalbino, aber dieser wendet sich auch von Catharina ab, weil er seine Identität als Künstler nicht mit der Rolle als Ehemann zu vereinbaren vermag. Es werden noch zwei weitere Handlungsvarianten skizziert: In einer Variante ist Rosalbino Aurillas Bruder und hat sich deshalb von ihr abgewandt, und Catharina, Aurilla und Rosalbino erweisen sich als Halbgeschwister. In einem ‚Happy End' verzichtet Aurilla „aus schwesterlicher Liebe" (ebd.: 447) auf ihren Geliebten; in einer anderen Variante gibt sich Catharina Christus hin, weil Rosalbino die Liebe zur Kunst ihr vorzieht.

Vierte Bearbeitung
Die vierte Bearbeitung umfasst drei zusammenhängende Akte sowie Notizen und weitere Entwürfe (vgl. zu verlorenen Manuskriptblättern Meuser 1998: 97). Diese Fassung trägt den Untertitel „Künstlerschauspiel" (bei Damm sind die gesamten *Catharina*-Fragmente mit „Künstlerschauspiel" überschrieben; vgl. Damm I: 421). In ihrem Monolog und in dem folgenden Dialog mit der Freundin Laura zu Beginn des ersten Akts drückt Catharina ihre Abneigung gegenüber dem Verehrer Trufalo aus. Laura kritisiert Catharinas Stolz und ihr berechnendes Spiel mit Trufalo. Sie wirft ihr vor, ihn nur einzuladen, um ihn abzuweisen und zu demütigen. Die Missstimmung legt sich, als sich der Maler Rosalbino zu einem Besuch ankündigt. Catharina vertraut Laura an, dass sie sich in den Maler verliebt hat, als sie das Bild gesehen hat, das dieser von ihr im Geheimen gemalt hat. Laura schlägt der Freundin vor, dem abgewiesenen Trufalo wenigstens das Gemälde zu schenken, um ihn zu trösten. Aber Catharina hütet das Bild als Schatz ihrer Liebe zu Rosalbino. In der zweiten Szene zerbricht die Freundschaftsbeziehung zwischen den beiden Frauen endgültig. Laura unterstützt die Pläne des Vaters, Catharina mit Trufalo zu verheiraten, und greift zu einer intriganten Lüge. Dem Vater gegenüber behauptet sie, Catharina habe sich für Trufalo malen lassen, um ihm ihre Liebe zu gestehen. Daraufhin schenkt der Vater Trufalo das Bild und präsentiert diesen und die überrumpelte Catharina der versammelten Hofgesellschaft als Paar.

Der zweite Akt spielt in einem Wald in einem tiefen Tal in der Nähe von Siena, wohin sich Catharina geflüchtet hat. Er umfasst einen Monolog Aurillas, einen Dialog zwischen Bedienten, die Catharina suchen, und einen Dialog zwischen Catharina und Aurilla. Die entflohene Klosterschülerin Aurilla, die sich als Hirtin mit dem Namen Nice vorstellt, irrt verzweifelt durch das Gebirge, bis sie auf Catharina stößt. In einer Höhle finden die beiden Frauen Unterschlupf. Aurilla hofft bei Catharina Trost zu finden und erzählt ihr von ihrer unglücklichen Liebe zu einem Maler, bei dem es sich vermutlich um Rosalbino handelt. Catharina nimmt die ihr zugewiesene Rolle einer Heiligen an und hofft in Aurilla einen Ersatz für die verlorene Freundin Laura zu finden. Bevor der Maler selbst in Person auftritt, wird aus den Erzählungen Aurillas über einen Dorfbrand deutlich, dass er keineswegs das „weichste Herz unter der Sonnen" (ebd.: 461) hat. Er ist vielmehr ein distanzierter Beobachter, der die Welt ausschließlich als sein Zeichnungs- und Malobjekt wahrnimmt. Im Angesicht des Feuers faszinieren ihn vor allem die Opfer, er ästhetisiert deren Leiden, indem er die Gesichter der Verbrannten zeichnet. Kagel deutet das Feuer als „Allegorie der Kunst", da es dem „promethischen Funken" entspricht, an dem sich des Künstlers Darstellung entzündet (Kagel 1997: 92).

Der dritte Akt beginnt mit einem längeren Monolog Rosalbinos, dem ein Dialog zwischen ihm und Catharina und der Auftritt Aurillas folgen. Rosalbino schildert seine Suche nach Catharina, die er zu ihrer Familie zurückführen und zu seiner Muse machen will. Bevor er Catharina in der Höhle findet, ist ihm die Landschaft bereits zum Gegenstand der Inspiration und der künstlerischen Darstellung geworden: „ROSALBINO: *Nimmt seine Schreibtafel auf und fängt heftig an zu zeichnen. Die Höhle weist sich*. Eine Höhle! [...] [E]s ist ein prophetischer Augenblick, wo mir das im Bilde gewiesen wird, was ich schaffen soll." (Damm I: 464 f.)

Vergeblich versucht Rosalbino, Catharina zur Rückkehr in ihr Elternhaus zu bewegen. Catharina will lieber in der Höhle bleiben, um sich weitere Enttäuschungen durch den Vater und ihre Freundin zu ersparen. Sie erzählt dem Maler von ihrem Wunsch, ein „Marmorbild" (ebd.: 467) zu sein, um seine Einbildungskraft zu inspirieren: „O ich habe oft gedacht [...] – wenn er mich in dem Augenblick, da ich mit dem Gedanken an ihn sterbe, hier verewigt anträfe" (ebd.). Für Rosalbino sind aber bereits die imaginierten Spuren der abwesenden Geliebten Anregung genug: „Nur die Gegenden wollte ich zeichnen, wo Sie gegangen wären, sie mit ewigem Frühling umkleiden" (ebd.). Er zeigt ihr das Bild der Höhle, das er in der Phantasie, sie habe jene vormals betreten, gemalt hat. Während Catharina das Leben in Bildern, welche der Wirklichkeit vorausgehen, mit dem Maler zu teilen versucht, um ihn für sich zu gewinnen – „CATHARINA: [...] Rosalbino, wir wollen eine Hütte bauen – Sie sollen sie mir zeichnen, in dieser menschenleeren Gegend" (ebd.: 468) –, setzt Rosalbino alles daran, sie zu ihrem Vater zurückzubringen. Statt der erhofften Hütte für ein gemeinsames „Schäferleben" (ebd.) zeichnet er ein Bild ihres Vaters und weist Catharina damit symbolisch in die Tochterrolle zurück. Als ihm Catharina offenbart, dass sie Trufalo heiraten soll, schlägt Rosalbino eine platonische Beziehung vor, in die „kein sterbliches Wesen dringen kann" (ebd.: 470; vgl. auch → 3.6 SEXUALITÄT). Als Catharina realisiert, dass Rosalbino ihre Liebeswünsche nicht erfüllen will, sucht sie bei Aurilla Trost, die ihr „Vater, Liebhaber, Freundin" (ebd.: 471) sein soll. Der dritte Akt bricht unmittelbar ab. Erhalten sind Notizen und Entwürfe, denen Angaben zu den Figuren Rosalbino und Trufalo zu entnehmen sind, sowie eine leichte Variation des Monologs von Rosalbino.

Mit der Figur des Malers, dessen Vorstellung einer Liebe in der Phantasie und der Bedeutung der Einbildungskraft und des Schöpferischen für sein Selbstverständnis setzt die als „Künstlerschauspiel" überschriebene vierte Bearbeitung einen neuen Akzent und entwickelt die religiöse Thematik weiter. Während Catharina sich in der ersten Bearbeitung in ihrer Selbststilisierung als Heilige allen Bindungen entzieht, werden die Themen Liebesverzicht und Rückzug aus der Welt in der vierten Fassung aus der Perspektive der männlichen Künstlerfigur verhandelt. Catharinas religiöse Phantasien und die künstlerischen Imaginationen des Malers, die ähnlich motiviert sind, verbinden die vier Fassungen inhaltlich miteinander: „Das religiöse und das Künstlerschauspiel bezeichnen nicht Anfang und Ende einer Entwicklung, sondern zwei komplementäre Denkmöglichkeiten einer die wirklichen Hindernisse überspringenden, spiritualisierten und imaginierten Liebe." (Rector 1996: 64) Inwiefern sich die gesamten erhaltenen *Catharina*-Fragmente hinsichtlich der thematischen Entwicklungslinien neu gruppieren lassen und ob sich daraus von der bisherigen Forschung abweichende Deutungsaspekte ergeben, wird sich erst auf der Basis einer historisch-kritischen Edition der Dramenfragmente beurteilen lassen.

Die Kleinen

> *Q*: Damm I: 473–497 (nach Titel/Haug II: 487–515). – *HD*: BJ Kraków, Lenziana 3. – *ED*: Weinhold-DN: 244–265.

Das Dramenfragment *Die Kleinen* aus den Jahren 1775 und 1776 (Handschrift: Biblioteka Jagiellońska, Kraków; Erstdruck 1884 im von Weinhold herausgegebenen *Dramatischen Nachlass*) gehört wie *Catharina von Siena* und *Der tugendhafte Taugenichts* unter den erhaltenen Projekten zu den umfangreicheren. Einige Teile sind bereits im letzten Straßburger Jahr entstanden; in Berka, wohin sich Lenz nach seinem Weggang aus Weimar im Sommer 1776 zurückgezogen hat, setzt er die Arbeit an dem Fragment fort. Mit dem Motiv des Rückzugs und der Figur des Einsiedlers weist das Dramenfragment eine Nähe zu der ebenfalls in Berka entstandenen Erzählung *Der Waldbruder* (→ 2.2 ERZÄHLUNGEN: DER WALDBRUDER) auf, in der Lenz ebenso wie in *Die Kleinen* seine schwierigen Erfahrungen am Weimarer Hof verarbeitet. Die Gattungsbezeichnung „Komödie" markiert poetologisch den Anschluss des dramatischen Fragments an die größeren ‚fertiggestellten' Komödien *Der Hofmeister*, *Der neue Menoza*, *Die Soldaten*.

Die Kleinen weisen Ähnlichkeiten mit Sophie von La Roches *zwo moralische[n] Szenen aus der Bauerwelt* auf, die im Mai 1775 in der Zeitschrift *Iris* veröffentlicht wurden (vgl. Damm I: 760). Im November 1775 spricht Lenz das für sein Stückfragment wesentliche Thema der Hinwendung zu den niedrigen Ständen und deren moralischen Werten sowie natürlichen Verhaltensweisen auch in einer Rede vor der Deutschen Gesellschaft an (vgl. *Über die Bearbeitung der deutschen Sprache im Elsaß, Breisgau und den benachbarten Gegenden* in Damm II: 770–777): „Wenn wir in die Häuser unserer sogenannten gemeinen Leute gingen, auf ihr Interesse, ihre Leidenschaften acht gäben, [...] wie unendlich könnten wir unsere gebildete Sprache bereichern" (ebd.: 775 f.). In *Die Kleinen* greift Lenz zudem das im Sturm und Drang populäre Motiv der feindlichen Brüder auf (vgl. Sato 1994). Im Unterschied zum tragischen Sujet der feindlichen Brüder in Leisewitz' *Julius von Tarent* (1776), Klingers *Die Zwillinge* (1776) und Schillers *Die Räuber* (1781) findet das Thema bei Lenz versatzstückartig Eingang in eine Komödie. Die pathetische Versöhnung der Brüder in *Die Kleinen* gehört mit zu den brüchigen Happy Ends, mit denen zahlreiche Texte von Lenz schließen.

Der Protagonist Hanns von Engelbrecht ist ein Adliger, der aus philosophischen Absichten umherreist und dabei die Tugenden der einfachen Menschen studieren will. Eine weitere zentrale Figur ist der Einsiedler, der ebenso wie Engelbrecht adliger Herkunft ist, sich aber nach einem Zerwürfnis mit seinem Bruder, dem Grafen Bismark, einem ehemaligen Staatsminister, vor vielen Jahren aus dem höfischen Leben in die Einsamkeit zurückgezogen hat. Neben diesen Vertretern des Adels macht Engelbrecht Bekanntschaften mit verschiedenen Personen der niederen Stände: mit einem namenlos bleibenden Bauernmädchen, dem Wirtshausmädchen Annamarie, einem Schlossergesellen, dem Wirt Serpentin und dem Wirt Heidemann, dem Kammermädchen Lorchen und dem Jäger Adolf Hummel.

Der Dramenentwurf besteht aus sechs aufeinander folgenden Szenen und einigen weiteren Entwürfen. In seinem Monolog in der ersten Szene wendet sich Engelbrecht pathetisch von den ‚großen Männern' ab und den „schwachen Sterblichen" (Damm I: 474) zu. In der zweiten Szene trifft er auf einen Einsiedler, von dessen aufopfernder und demütiger Haltung sowie dessen Verzicht auf eine gesellschaftliche Machtposition er so fasziniert ist, dass er seine Eindrücke auf einer Schreibtafel festhält. Auf seiner weiteren Reise beobachtet Engelbrecht das alltägliche Leben der einfachen Menschen und idealisiert deren Verhaltens- und Denkweisen als ‚natürlich' im Kontrast zur Adelswelt. Eine weitere Station seiner Reise ist ein Aufenthalt bei dem schwermütigen Grafen Bismark, in dem Engelbrecht den Bruder des Einsiedlers erkennt. Graf Bismark hat in der Vergangenheit den Bruder durch eine Intrige vom Hof vertrieben und leidet deswegen unter Schuldgefühlen. Während seines Aufenthalts bei dem Grafen nimmt Engelbrecht an einem Tanzvergnügen im Landhaus teil und lernt die freiere Form des Walzers kennen. Der melancholische Graf wiederum fühlt sich durch die Anwesenheit Engelbrechts vorübergehend aufgemuntert, wird aber durch eine Notiz über den Einsiedler, die er auf Engelbrechts Schreibtafel entdeckt, schmerzlich an seine Intrige gegen seinen Bruder erinnert. Es gelingt Engelbrecht, die verfeindeten Brüder wieder zusammenzuführen. Der Einsiedler liegt zu diesem Zeitpunkt jedoch bereits im Sterben, und der Graf ersticht sich in der Hoffnung auf eine Versöhnung und Wiedervereinigung im Tod. Die Brüder sterben wie „Kain und Abel im Tode vereint" (Schulz 2001a: 143).

Ähnlich wie Prinz Tandi aus *Der neue Menoza* und Myrsa Polagi aus dem gleichnamigen Lustspiel ist Engelbrecht ein Reisender. Er ist darüber hinaus aber auch ein Autor, der seine Beobachtungen über Personen aus dem Volk auf einer Schreibtafel festhält. In der Figur des reisenden und schreibenden Engelbrechts reflektiert Lenz die gesellschaftskritische Perspektivierung seiner eigenen Dramen und seinen Anspruch, alle Stände darzustellen. „Der Intellektuelle Engelbrecht, der sich unter das Volk mischt, trägt Züge eines Wunschbildes seines Autors, der über alle und für alle Stände schreiben will" (Winter 2000a: 76 f.).

Engelbrecht will die „unberühmten Tugenden [...] studieren, die jedermann mit Füßen tritt" (Damm I: 474) und die er sich unter den „Kleinen" zu finden erhofft (ebd.). In dem erwähnten längeren Monolog zu Beginn des Fragments (ebd.), von dem auch eine zweite Variante vorliegt (vgl. Titel/Haug II: 774 f. u. deren Abdruck im Anhang bei Damm I: 761), hebt Engelbrecht mit großem Pathos an: „Lebt wohl große Männer, Genies, Ideale, euren hohen Flug mach ich nicht mehr mit, man versengt sich Schwingen und Einbildungskraft, glaubt sich einen Gott und ist ein Tor." (Damm I: 474) Anders als Ikarus, der bei seinem übermütigen Flug der Sonne zu nahe gekommen und abgestürzt ist, und anders als Prometheus, der den Göttern das Feuer gestohlen hat und für seine Anmaßung von diesen bestraft worden ist, möchte Engelbrecht Demut (vgl. Hill 1992: 75–78; → auch 3.14 DEMUT UND STOLZ) lernen, wobei die religiöse Nuancierung nicht zu überhören ist. Im Alten Testament wird das auserwählte Volk als das kleinste aller Völker bezeichnet, und in der Bergpredigt im Neuen Testament wird die Achtung der Kinder angemahnt (vgl. Schulz 2001a: 141). Einerseits kritisiert Engelbrecht die Machtverhältnisse („Pfui doch mit den großen Männern, die herrschen wollen"; Damm I: 474), wertet die ‚einfachen' Menschen auf und stilisiert sich zu ihrem Freund und Helfer („Willkommen ihr lieben Kleinen! kommt an meine Brust, hier ist ein Herz, das euch tragen kann, das eure

Größe in sich vereinigen möchte"; ebd.). Andererseits geht seine Empathie jedoch mit einer machtvollen Geste einher, wenn er sein Herz als „Hauptstadt" (ebd.) bezeichnet, die „alles was schön und vorzüglich im Königreich ist, in sich verschlingt" (ebd.). Aus der mitfühlenden und respektvollen Beobachtung werden Vereinnahmung und Zerstörung.

Die Abwendung von der ‚Welt der großen Männer und der Genies' wird in seiner Begegnung mit dem Einsiedler gespiegelt (vgl. zum Vergleich mit der Figur Herz in *Der Waldbruder* Sato 1994). Engelbrecht erkennt in ihm einen ‚großen Mann', dem gelungen zu sein scheint, das Kleine und Unbedeutende ins Zentrum zu rücken. In Engelbrechts idealisierendem Blick nimmt der Einsiedler Züge von Jesus an. Mit dem ernüchternden Lebensresümee des Einsiedlers („Wem scheint nicht mein Leben eine Karikatur"; Damm I: 493) wird der Topos der Einsiedelei ähnlich wie im *Waldbruder* entidealisiert (vgl. Sato 1994). Der Einsiedler bereut, dass er seinem Bruder allein das Feld überlassen hat – „ich hätte der Welt können nützlicher werden als er" (Damm I: 494) –, und bedauert, dass er „unbekannt – unberühmt – unwürdig" (ebd.) sterben muss.

Auf seiner Reise begegnet Engelbrecht auch Personen aus dem ‚Volk', deren ‚Unschuld' für ihn im Gegensatz zu dem unnatürlichen Verhalten der Adligen steht: Die Karten spielenden Bauern haben „das wahre Feuer des Gefühls" (ebd.: 484), aber „wie stumpf, schwach und verfehlt sind die Lineamenten der meisten unserer Städter" (ebd.). Engelbrecht appelliert an die Dramenschreiber, die ‚Unschuld' dieser einfachen Menschen nicht durch die Literatur zu beschädigen: „Wehe den Dramenschreibern, die den Mißklang fremder ihnen unnatürlicher Gefühle in diese Stände bringen [...]. Eure Kultur ist Gift für sie" (ebd.). Mit Engelbrechts kritischer Sicht auf die Wirkung der Literatur auf das Volk greift Lenz selbstkritisch seinen Anspruch auf, soziale Dramen für das ganze Volk zu schreiben.

Wie aus weiteren Entwürfen hervorgeht, sollte das Drama mit der Figur eines ‚kleinen Genies' beschlossen werden, „der die ganze Welt durchreist ist, seinen Geschmack zu erweitern und zu bilden, vollkommen wahr und richtig die Schönheiten aller Kunstwerke ausfühlt und kein Wort sagt oder merken läßt" (ebd.: 497). In welchem Verhältnis diese Figur zu Engelbrecht steht, kann auf der Grundlage der überlieferten Szenen des Fragments nicht geklärt werden.

Der tugendhafte Taugenichts

Q: Damm I: 499–526 (nach ED). – HD: BJ Kraków, Lenziana 3 (zwei Bearbeitungen). – ED: Weinhold-DN: 214–237.

Das dramatische Fragment *Der tugendhafte Taugenichts*, das wie *Catharina von Siena* und *Die Kleinen* in größerem Umfang erhalten ist, liegt in zwei Bearbeitungen vor. Die erste Bearbeitung ist im Winter 1775/1776 in Straßburg, die zweite im Sommer und Herbst 1776 in Berka oder Kochberg entstanden (Handschriften beider Bearbeitungen: Biblioteka Jagiellońska, Kraków; Erstdruck 1884 im von Weinhold herausgegebenen *Dramatischen Nachlass*). Ausgangspunkt des Stoffs ist eine von Christian F. D. Schubart 1775 in einer Zeitschrift anonym veröffentlichte Anekdote über zwei ungleiche feindliche Brüder. Schubart schreibt, er „gebe es einem Genie preis, eine Komödie oder einen Roman daraus zu machen" (zit. nach Damm I: 762). Schiller, angeregt durch diese Aufforderung, veröffentlicht 1781 sein aufsehenerregendes Drama *Die Räuber*; *Der tugendhafte Taugenichts* bleibt ein Fragment. Lenz wendet sich zwar auch dem im Sturm und Drang beliebten Thema der feindlichen Brüder zu, legt aber den Akzent, ähnlich wie in vielen anderen seiner Dramen, auf den Vater-Sohn-Konflikt (vgl. Matt 1994 [1992]; vgl. zu Vätern und Söhnen im *Tugendhaften Taugenichts* auch J. Schäfer 2016: 99–110). Bereits durch den Stücktitel werden weniger die feindlichen Brüder als vielmehr einer der Söhne, der ‚Taugenichts', herausgestellt. Lenz versetzt das Geschehen in die jüngere Vergangenheit des Siebenjährigen Kriegs und stellt dabei nicht nur das Militär, wie in *Die Soldaten*, sondern auch das Kriegsgeschehen selbst, die Rohheit und Gewalt des Krieges und die Opfer unter den Soldaten dar. Das Stück trägt keine Gattungsbezeichnung und weist sowohl Komödienelemente (z. B. Kleidertausch, eine Versteck- und Spiel-im-Spiel-Szene und die dem Typus des ‚polternden Alten' aus dem Lustspiel entlehnte Vaterfigur) als auch tragische Handlungselemente auf (z. B. Kampfgeschehen und die Figur des ‚Taugenichts', der durch die Intrige seines Bruders zum verlorenen Sohn wird und in den Krieg zieht). Die Spielarten des Komischen und des Tragischen führen zu vielfachen Brüchen und Brechungen (vgl. die Analyse der Dramaturgie des Fragmentarischen bei J. Schäfer 2016: 96–147, die zugleich eine erste eingehende Auseinandersetzung mit *Der tugendhafte Taugenichts* in der Forschung liefert).

Im Zentrum der Handlung stehen die zwei ungleichen Brüder David und Just. David, der ältere Sohn des schlesischen Grafen Leybold und titelgebende ‚Taugenichts', ist empfindsam, verträumt und fertigt (in der zweiten Fassung) heimlich Zeichnungen zum Festungsbau an, ähnlich wie Lenz selbst in seiner Jugend (vgl. Damm I: 764). Der jüngere Sohn Just hingegen ist intelligent, strebsam, intrigant und versteht den Vater für sich einzunehmen. Leybold betätigt sich vor allem als Mäzen für brotlose Musiker. In der zweiten Fassung trägt der Vater den Namen Hoditz, welcher auf einen realhistorischen, als origineller Kunstliebhaber bekannten Grafen anspielt (vgl. ebd.). Zum Personal gehören darüber hinaus der Diener Johann, zwei auf dem Landgut des Grafen lebende Virtuosen, der Musiker Schlankard und die Sängerin Brighella, in die David heimlich verliebt ist, sowie weitere Sängerinnen, Werber für die Armee, Soldaten und Bauern.

Die wesentlich längere erste Fassung (Damm I: 500–520; die zweite Fassung besteht nur aus drei Szenen) beginnt mit einer häuslichen Szene, in welcher der ehrgeizige Just seine Mathematik-Aufgaben richtig gelöst hat und vom Vater gelobt wird, während David – wie zumeist – die väterlichen Erwartungen nicht erfüllt hat. Die Teilnahme an einem abendlichen Konzert scheint David damit verwehrt. Um trotzdem den Auftritt der von ihm schwärmerisch verehrten Sängerin Brighella zu erleben, bittet er seinen Diener Johann, mit ihm die Kleider zu tauschen. Als Diener maskiert hört David im Konzertsaal unter Tränen der Musik zu. Nachdem er jedoch Brighellas Verliebtheit in Schlankard erkennen muss, läuft er zu Beginn des zweiten Akts am frühen Morgen bei „Nebel und Regen" (ebd.: 505) über ein „nacktes Feld" (ebd.), so die Szenenüberschrift, seiner „unglücklichen Bestimmung" (ebd.) gewiss, wie er sagt, da er Brighella für unerreichbar hält. Als ihm preußische Werber entgegenkommen und ihn aufgrund seiner Verkleidung für einen Bediensteten halten, beschließt er, Soldat zu werden, um durch Ruhm Brighella zu gewinnen und die väterliche Anerkennung zu erlangen. Just intrigiert indessen gegen seinen Bruder, indem er dem Vater von Davids unglücklicher Liebe zu Brighella erzählt und darauf hinweist, dass bei einer Heirat und Familiengründung das väterliche Gut den Kindern einer Sängerin zufiele. Um einer solchen zukünftigen Schmach vorzubeugen, entscheidet Leybold, Brighella schnellstmöglich mit dem Musiker Schlankard zu verheiraten. Just schlägt listig vor, die Verlobung vor dem Bett des schlafenden Bruders abzuhalten, um ihn wirkungsvoll aus seiner träumerischen Verliebtheit herauszureißen. Just und sein Vater wissen jedoch nicht, dass in Davids Bett seit dem Konzertabend und Kleidertausch noch der Diener Johann schläft. Leybold führt vor dem im Alkoven vermuteten Sohn ein Lustspiel um Liebe und Eifersucht auf: Er gibt sich zunächst selbst als in Brighella verliebt aus, um Schlankards Eifersucht zu reizen und ihn zu einem Liebesbekenntnis zu bringen; schließlich mimt er den Verzichtenden und führt die beiden Liebenden zusammen. Als dramatischer Höhepunkt dieser Inszenierung ist die Konfrontation zwischen Brighella und David vorgesehen, jedoch findet Leybold, als er den Vorhang des Alkovens aufzieht, Johann vor. Nach kurzem Ärger will Leybold seinem Sohn die Täuschung verzeihen und bittet Johann, ihn zurück nach Hause zu holen. Die Handlung nimmt aber trotz dieser Spiel-im-Spiel-Szene, die ein Lustspiel erwarten lässt, zunächst einen tragischen Verlauf, da David bereits in den Krieg gezogen ist. Der Charakter der Komödie durch das Motiv der Verkleidung wird in der Figurenzeichnung Davids als melancholischer und verzweifelter ‚verlorener Sohn' und durch die weitere Handlungsführung aufgebrochen.

Im dritten Akt spinnt Just eine weitere Intrige gegen seinen Bruder. Er lässt dessen Briefe abfangen, während Leybold durch den Verlust seines Sohnes selbst melancholisch geworden ist. Im vierten Akt kämpft David gemeinsam mit Johann im Krieg und wird verwundet. In der letzten Szene des Fragments (IV,2) erfährt Just durch einen Brief Davids, dass dieser den Krieg überlebt hat und sich seinem Vater wieder annähern will. Um dessen Rückkehr zu verhindern, plant Just, den Tod des Bruders zu fingieren, und will Johann, der davon ausgeht, dass David gefallen ist, als Überbringer der Todesnachricht einsetzen. Damit endet das Fragment.

Die drei vorliegenden Szenen der zweiten Überarbeitung (Damm I: 521–526) zeigen eine radikalere Version der Vaterfigur (vgl. zu den Änderungen an der Ausgestaltung der Vaterfigur J. Schäfer 2016: 101–110). Das Stück beginnt mit dem Auftritt von Graf Martens und Baron Löwenstein, die den Grafen Hoditz besuchen und über dessen Mäzenatentum sprechen, das an Zuhälterpraktiken grenzt. Er verfügt über ein ganzes Ensemble von Künstlern und Künstlerinnen, das er auf seinem Gut aufgenommen hat, um sich auch sexuell mit den Tänzerinnen und Sängerinnen zu vergnügen. In der dritten Szene führt Hoditz seinen beiden Besuchern dementsprechend in seinem Schlafzimmer seine Favoritinnen – *„alle weiß gekleidet, mit roten Schleifen"* (Damm I: 525) – in einer *„lange[n] Reihe sauber zugedeckter Betten"* (ebd.) vor: Die sprach- und gesichtslosen Frauen, die von den drei Männern betrachtet werden (vgl. zum voyeuristischen Blick J. Schäfer 2016: 110), sind mit einer grellen und zugleich grausigen Bildlichkeit inszeniert (vgl. zur Bildlichkeit dieser Szene ebd.). Der Konflikt zwischen Vater und Sohn, der in der Rivalität um die Gunst einer der Tänzerinnen besteht, erscheint in dieser Fassung verschärfter, und der Akzent liegt auf dem Thema der verbotenen Sexualität (vgl. ebd.: 109).

In der ersten Fassung hingegen wird der Konflikt durch die ungleiche väterliche Wertschätzung den beiden Söhnen gegenüber ausgelöst, der zugleich Anlass für Davids Hinwendung zum Krieg ist: Der Sohn „flieht [...] den Vater, flieht bis aufs Schlachtfeld, wo er lebensgefährlich verwundet wird" (ebd.: 101). Bereits die erste Szene zeigt die Enttäuschung des Vaters über seinen älteren Sohn: „[G]eh in Wald und hack Holz, Bursch, ein Holzhacker hat dich gemacht, nicht ich, du stumpfe Seele." (Damm I: 501) Mit der charakterlichen Verschiedenheit seiner Söhne und den Neigungen und Begabungen seines älteren Sohnes, der ihm in seiner Verträumtheit fremd ist, vermag er nicht feinfühlig umzugehen. Der empfindsame David zieht sich auch aus der Rivalität mit seinem Bruder zurück und will auf seine Erbansprüche als ältester Sohn verzichten, hält aber an seiner heimlichen Liebe zu Brighella und dem Traum eines nicht standesgemäßen Lebens mit ihr fest. Davids Position am Rande der Festgesellschaft (*„ganz vorn am Theater in einem Winkel, das Gesicht gegen die Wand gekehrt"*; ebd.: 504), während der Vater und Just umringt von Damen im Publikum sitzen, und seine stille Rührung durch die Musik, die mit den lauten Lobreden des Vaters kontrastiert, spiegeln auch seine Isolation innerhalb der Familie wider. Im Unterschied zu seinem Vater, der eine „Abneigung [...] wider die Kriegsdienste" (ebd.: 513) hat und seinen Söhnen mit „lebenslänglich[r] Ungnade" (ebd.) gedroht hat, sollten sie Soldaten werden, ist David vom Militär fasziniert. David verkörpert jedoch keine soldatische Männlichkeit, sondern ist ein verlorener Sohn, der todessehnsüchtig – in dieser Haltung einer Figur wie Robert Hot in *Der Engländer* ähnlich – bei den Soldaten Halt sucht.

Statt der alltäglichen Langeweile und der Vergnügungssucht der Soldaten in Friedenszeiten, die das Drama *Die Soldaten* zeigt, wird in diesem Fragment in der dritten Szene des dritten Akts eine Momentaufnahme des Krieges dargestellt, die sowohl komische Elemente enthält als auch „gerade im Kontrast zu den vorangegangenen Szenen, den Leser/Zuschauer in ein Bild von morbider Brutalität und derber, blutiger Bildlichkeit [wirft]" (J. Schäfer 2016: 105). „Vor Lissa" (Damm I: 516), so die Szenenüberschrift, stehen *„ein Teil der österreichischen und der preußischen Armee gegeneinander über"* (ebd.), darunter der bewaffnete David. Während David seine unglückliche Liebe beklagt, beginnt der Kampf, bei dem er und andere Soldaten fallen oder verwundet werden: *„Der Waldplatz wird leer außer einigen Toten und schwer Verwundeten unter denen David ist"* (ebd.). Die vormaligen Ereignisse im väterlichen Schloss wie der festliche Konzertabend sind nun

> einer Szenerie des Grauens, dem allzu realen Schlachtfeld, gewichen. Das ästhetische Vergnügen, mehr aber noch das zivile Gerüst der Gesellschaftsordnung verlieren auf dem Platz kriegerischer Auseinandersetzung, zwischen Toten und Sterbenden, schlagartig ihre Wirkung und Bedeutung. Übrig bleiben das Leid der Körper und das unartikulierte Schreien der hoffnungslos Verwundeten. (J. Schäfer 2016: 120; vgl. zur eingehenden Analyse der Schlachtfeld-Szene ebd.: 119–127)

Davids Diener Johann sucht nach seinem Herrn und betrachtet scheinbar unberührt, wie unter Schock, die Toten um ihn herum: *„Hebt eine Leiche auf.* Das ist ein wildfremdes Gesicht. Es freut mich, Monsieur, daß ich bei dieser Gelegenheit die Ehre habe." (Damm I: 517) Schäfer weist darauf hin, dass in der Handschrift die Szene zunächst deutlich blutiger gestaltet worden ist, da die Worte „Blut" und „blutig" dort – in allerdings durchgestrichenen Passagen – mehrfach vorkommen (vgl. J. Schäfer 2016: 106 u. 135f.). Die Rohheit des Krieges wird auch im Verhalten zweier Bauern kenntlich gemacht, die bei ihrer Suche nach Wertgegenständen in den Uniformen der toten Soldaten auf den verletzten David stoßen, ihn aber schließlich vom Schlachtfeld tragen.

Ob sich der Vater und der von seinen Verletzungen wieder genesene Sohn am Ende versöhnen, bleibt aufgrund der Textlage offen (vgl. zur Analyse der Manuskripte und des Schreibprozesses ebd.: 131–148). Der paradoxe Titel, der einen ‚tugendhaften Taugenichts' ins Zentrum des Stücks stellt, legt einerseits nahe, dass David „alle Intrigen überstehen wird und aufgrund seiner Tugend sogar einiger rührender Wirkungen sicher sein kann" (Schulz 2001a: 143). Andererseits klingt auch die Verlorenheit eines jungen Mannes an, der in den Augen seines Vaters nichts zu taugen scheint und im Krieg vergeblich Anerkennung sucht. Vielmehr muss der ‚Taugenichts' David traumatische Gewalterfahrungen machen, die sich hinter dem komödienhaft anmutenden Titel und hinter der „artifiziellen, bildlichen Komposition" (J. Schäfer 2016: 147) der Szenen verbergen (vgl. zum Spiel mit Gegensätzen ebd.: 146 f.). Die konzeptionelle Form des Stückfragments prägt eine „komische, bis hin ins Karnevaleske umschlagende Brechung", durch die „Lenz die Strukturen der Macht [hinterfragt]" (ebd.).

Henriette von Waldeck [oder] Die Laube

Q: Damm I: 527–548 (nach ED). – HD: BJ Kraków, Lenziana 3. – ED: Weinhold-DN: 113–132.

In den letzten Straßburger Monaten Anfang 1776 hat Lenz die Idee zu dem fragmentarisch gebliebenen Drama *Henriette von Waldeck [oder] Die Laube* entwickelt (Handschriften: Biblioteka Jagiellońska, Kraków; Erstdruck 1884 im von Weinhold herausgegebenen *Dramatischen Nachlass*). Die ersten beiden Szenen verfasst er im Frühsommer 1776 in Weimar, weitere entstehen in Berka im gleichen Sommer. Es liegen zwei Bearbeitungen vor: Im Rahmen der ersten Bearbeitung ist noch ein Entwurf des Endes der zweiten Szene erhalten (vgl. den Abdruck bei Damm I: 766 f.), im Rahmen der zweiten noch eine Variante zur zweiten Szene des zweiten Akts (vgl. den Abdruck ebd.: 768 f.). In die zweite Bearbeitung sind Elemente eines Singspiels einbezogen, wahrscheinlich nachdem Lenz in Weimar die Aufführung von Goethes Singspiel *Erwin und Elmire* im Juni 1776 gesehen hat. Das dramatische Fragment, das Lenz Goethe geschenkt hat, basiert auf der biographischen Erfahrung seiner Verliebtheit in Henriette von Waldner. Auf diesen Namen verweist der nur leicht fingierte Stücktitel, wenngleich Lenz beabsichtigt hat, durch eine Veränderung des Titels den biographischen Bezug zu tilgen (vgl. ebd.: 765). Die geplante Versendung an den Leipziger Verleger Philipp Erasmus Reich, um *Henriette von Waldeck* als Ersatz für *Der Engländer* zu veröffentlichen, findet nicht statt, da das Goethe geschenkte Manuskript unauffindbar geblieben ist, wie ein Brief an Goethe belegt (vgl. ebd.: 765 f.). Die erste Bearbeitung ist auch als ‚abgeschlossener Einakter' bewertet worden (vgl. Titel/Haug II: 779, Schulz 2001a: 137).

Zentrale Themen des dramatischen Fragments sind die schwärmerische Liebe und der Liebesschmerz zweier junger Adliger sowie eine loyale Männerfreundschaft. In Lenz' Erzählung *Der Waldbruder* tauchen ähnliche Themen und Motive sowie derselbe Figurenname Rothe auf (→ 2.2 ERZÄHLUNGEN: DER WALDBRUDER).

Das Fragment spielt vor einer Laube im Garten von Baron von Waldecks Rittersitz. Diese Laube, die der zweite Teil des Stücktitels hervorhebt, ist sowohl *locus amoenus*, idealisierter Ort der Liebe, als auch *locus terribilis*, Ort der Liebesklage und Schwermut. Die Unbedingtheit, der schwärmerische Ton und die melancholische Gestimmtheit des männlichen Protagonisten erinnern an andere, Goethes Werther ähnliche Figuren in Lenz' Dramen wie Robert Hot in *Der Engländer*.

Die Protagonisten des Stücks – Constantin, der verarmte Vetter der Familie von Waldeck, und Henriette von Waldeck – sind ineinander verliebt. Henriettes Vater hat jedoch andere Heiratsabsichten für seine Tochter. Entscheidenden Einfluss auf die Zusammenführung des durch die väterlichen Pläne voneinander getrennten Liebespaares nimmt Constantins Freund Gangolf, der sich jüngst mit Antoinette, Henriettes Cousine, verheiratet hat und in der zweiten Bearbeitung den Namen Rothe trägt. Constantin wird von seinem treuen Diener Philipp in seinem Liebesglück und Liebesschmerz begleitet.

In der ersten Szene der in zwei Szenen gegliederten ersten Bearbeitung (Damm I: 527–538) bilden die auch verwandtschaftlich miteinander verbundenen Paare Henriette und Constantin sowie Gangolf und Antoinette einen Freundeskreis, der von einem empfindsamen Freundschaftsverständnis geprägt ist. Den zwei jungen Paaren steht Henriettes Vater gegenüber, der seiner Tochter im Zuge der Hochzeit von Gangolf und Antoinette ihre eigene Verheiratung mit einem „unserer reichsten und vernünftigsten Edelleute" (ebd.: 529) ankündigt und zugleich ihre Liebe zu Constantin als „jugendliche Leidenschaft" (ebd.) herabsetzt. Entscheidender Grund dafür, dass Constantin als Ehemann nicht in Frage kommt, ist dessen Mittellosigkeit. Um „in den Augen der Welt eine wünschenswürdige Partie für Henrietten" (ebd.: 530) zu werden, versucht er, sich beim Militär eine angesehene Position zu erarbeiten. Um Constantin möglichst zeitnah und noch rechtzeitig vor Henriettes Verheiratung auf das Gut zurückzulocken, streut Gangolf das Gerücht, er selbst habe sie geheiratet. Die Laube dient sowohl in Henriettes als auch in Constantins Rede dem Ausdruck ihrer Gefühle, ihrer Liebe und ihrer Trauer.

In der zweiten Szene, die direkt vor der Laube spielt, ist Constantin mit seinem Diener Philipp auf das Gut zurückgekehrt. Beim Anblick der Laube wird er von Gefühlen und Erinnerungen überwältigt: „CONSTANTIN: Hier war sie mein – (*geht näher*) hier hielt ich sie – hier fiel die letzte Träne, als ich wegging, zu ihren Füßen!" (ebd.: 532) Antoinette und der Baron von Waldeck versuchen, Constantin aus seiner Verzweiflung herauszureißen und ihn dazu zu bringen, auf Henriette zu verzichten. Als sein Freund Gangolf schließlich mit Henriette als seiner vermeintlichen Ehefrau auftritt, wirft er Constantin vor, dass er Henriette durch seinen Entschluss, zum Militär zu gehen, schutzlos zurückgelassen habe. Er selbst habe sie geheiratet, um seinem Freund „dieses Kleinod aufzuheben" (ebd.: 537). Gangolfs Rede stimmt den Vater um, zumal Constantin mit seiner Ernennung zum Obersten voraussichtlich doch eine gute Partie zu sein verspricht. Constantins vormalige Verzweiflung schlägt in Freude und innige Liebesgefühle für Henriette und seinen Freund um, die sich für ihn als „freundliche Sterne" (ebd.: 538) erweisen. Während er zuvor „vor dieser Laube sterben" (ebd.) wollte, zieht es ihn jetzt *in* die Laube, deren Innenraum nicht nur mit der Vorstellung einer erfüllten Liebe, sondern auch der Phantasie einer Selbstauflösung besetzt ist: „Jetzt laßt uns in die Laube gehn, damit ich dort für Entzücken sterben kann" (ebd.).

Die zweite Bearbeitung (Damm I: 539–548) ist in einen ersten Akt mit zwei Szenen und in einen zweiten Akt mit einer Szene gegliedert. Im Unterschied zur ersten Fassung beginnt dieser Entwurf mit Constantins Rückkehr auf das Gut des Barons von Waldeck. Der Schauplatz ist nun eine Allee im Garten, wobei die Laube bereits als signifikanter Ort erkennbar wird. Constantin, der Henriette mit seinem jetzt Rothe genannten Freund verheiratet glaubt, zieht es zur Laube, während sein Diener Philipp ihn besorgt daran zu hindern versucht: „Alle die alten glücklichen Ideen werden wieder aufwachen – und das bringt Sie um" (ebd.: 540). Im Unterschied zur ersten Fassung nähert sich Constantin der Laube aus Angst vor überwältigenden Gefühlen nicht.

In der zweiten Szene wird die Laube zum Schauplatz einer singspielartigen Szene, in der Henriette in gesungenen Versen und gesprochenen Monologpassagen ihre verlorene Jugendliebe beklagt. Rothe gesteht der unglücklichen Henriette, dass er Constantin mit guten Absichten einen Streich gespielt und behauptet hat, sie sei seine Frau geworden. In der ersten Szene des zweiten Akts treffen Constantin und Henriette zufällig vor der Laube zusammen. Aus seiner stürmischen Umarmung löst sie sich und setzt Rothes ‚Spiel' fort. Constantin verzichtet auf sie und nimmt Abschied von ihr. Eine Wiedervereinigung wird im Unterschied zur ersten Bearbeitung hinaus gezögert, ein „Schema der Szene" (ebd.: 548) deutet an, dass Rothe dem Freund die Wahrheit enthüllen will.

Beide Entwürfe stellen eine empfindsame Liebe dar, die am Ende durch die List des Freundes ihre Erfüllung findet. Gangolf/Rothe erweist sich, im Unterschied zur gleichnamigen Figur im *Waldbruder*, trotz seines manipulierenden Verhaltens als loyaler Freund. Die Laube spielt als Raum der Begegnung wie als innerer Projektionsraum für die überwältigenden Liebesaffekte und die melancholische Trauer des männlichen Protagonisten eine bedeutsame Rolle.

Cato

    Q: Damm I: 549–552 (nach ED). – *HD*: BJ Kraków, Lenziana 3. – *ED*: Weinhold-DN: 293–296.

Die Entwürfe zum Drama *Cato* (Handschrift: Biblioteka Jagiellońska, Kraków; Erstdruck 1884 im von Weinhold herausgegebenen *Dramatischen Nachlass*) sind nur vage datierbar und fallen vermutlich in Lenz' Straßburger Zeit zwischen 1771 und 1775 (vgl. Anmerkungen in Damm I: 770; vgl. zur Datierung in die zweite Hälfte des Jahres 1773 Imamura 1996: 110). Die Quelle für den Dramenentwurf ist Plutarchs Biographie des historischen Cato (vgl. Damm I: 770). Dabei konzentriert sich Lenz auf Catos letzte Lebenstage vor seinem Selbstmord. Marcus Porcius Cato Uticensis (95–46 v. Chr.), auch Cato der Jüngere genannt, war Senator und Feldherr und einer der bekanntesten Gegner Cäsars. Nach dessen Sieg im Römischen Bürgerkrieg im Jahr 46 v. Chr. nahm sich Cato in Utica das Leben, da er nicht mehr auf einen erfolgreichen Widerstand oder ein ehrenvolles Exil hoffen konnte. Im 18. Jahrhundert ist Catos Tod mehrfach literarisch rezipiert worden (u. a. von Joseph Addison, Chrétien Deschamps, Johann Christoph Gottsched).

Dass Lenz mit Plutarch vertraut war, zeigen seine *Anmerkungen übers Theater*, wo er den antiken Autor bemüht, um die Differenz zwischen historischer Biographie und Drama zu verdeutlichen: „Die Mumie des alten Helden, die der Biograph einsalbt und spezereit, in die der Poet seinen Geist haucht." (Damm II: 669) Diese Passage steht im Kontext von Lenz' Neudefinitionen der Gattungen Tragödie und Komödie (vgl. ebd.: 668; vgl. auch → 2.4 THEORETISCHE SCHRIFTEN: ANMERKUNGEN ÜBERS THEATER). Wie Shakespeare in seinen von Lenz so genannten „Charakterstücke[n]" (Damm II: 669) vermag der Dramatiker, im Unterschied zum Biographen, „einen Menschen zu zeigen" (ebd.): „Da steht er wieder auf, der edle Tote, in verklärter Schöne geht er aus den Geschichtsbüchern hervor und lebt mit uns zum andernmale." (ebd.) Lenz *Cato*-Fragment ist in diesem Sinne der Entwurf einer Tragödie, die dem zeitgenössischen Publikum den historischen Cato als Figur verlebendigen soll.

Neben Cato treten sein Sohn Markus, seine Freunde, die Philosophen Demetrius und Apollonides, der Arzt Cleanthes und der Sekretär Butas, welche ehemalige von Cato freigelassene Sklaven sind, sein Diener Tullus und sein enger Freund Statyllius auf. Das Fragment (Damm I: 549–552) beginnt mit einem längeren Monolog Catos, in dem er seine Lektüre Platos immer wieder unterbricht, um nach seinem Degen zu verlangen. Von seinem Sohn und seinen Freunden wird er indes am Selbstmord gehindert. Er macht seinem Sohn jedoch klar, dass er auch auf andere, weniger ehrenvolle Todesarten zurückgreifen kann: „Kann ich nicht Atem zurückhalten? einen Stoß mit dem Kopf an die Mauer, und Cato ist hin." (ebd.: 549) Demetrius und Appollonides erklärt er, dass er nicht „Caesars Kettenhund!" (ebd.: 550) sein wolle. Der Degen, den ihm sein Sohn schließlich gibt, verleiht ihm ein neues Gefühl der Selbstbestimmtheit: „So bin ich denn wieder mein. O du Erretter, o du Kettenzerbrecher! Gabe der Götter!" (ebd.) Bevor er sich das Leben nimmt, möchte er zunächst sein Volk und seine Freunde in Sicherheit wissen. Deshalb schickt er Butas zum Hafen, um die Situation erkunden zu lassen.

Aus den überlieferten Texten geht nicht hervor, welche Ereignisse folgen oder welche Nachrichten Cato erreichen. In einem weiteren Monolog, von dem nur wenige Zeilen vorliegen, ersticht er sich schließlich. In drei Monologentwürfen trauert Statyllius, sein „*Busenfreund und Halbschatten*" (ebd.: 552), um den verstorbenen Cato, ehrt ihn als herausragende Persönlichkeit und folgt ihm in den Tod nach. Des Weiteren ist eine längere Prosapassage erhalten, die nicht als Figurenrede gekennzeichnet ist und eine Lebensbeschreibung Catos enthält. Hier werden die Volkstrauer, seine innere Widerstandsfähigkeit im Krieg und seine tiefe Resignation angesichts des verlorenen Krieges in lyrischen Bildern beschrieben: „Er saß mit zusammengefalteten Flügeln wie ein Adler, der von seiner Warte nach der Sonne sieht. Plötzlich bereitete er die Schwingen voneinander, der Sonne zuzufliegen – und die Welt lag im Schatten und trauerte." (ebd.: 551)

Die wenigen fragmentarischen Monolog- und Prosapassagen lassen vermuten, dass Lenz das von Plutarch überlieferte Leben Catos und insbesondere dessen Beweggründe für den Selbstmord, die Trauer der Freunde um ihn sowie den Umgang mit seinem Tod in der Öffentlichkeit und dabei vor allem die Diskrepanz zwischen der inneren Welt und der äußeren Erscheinung des großen Feldherrn darzustellen beabsichtigt hat.

Die alte Jungfer

Q: Damm I: 553–567 (nach ED). – HD: BJ Kraków, Lenziana 3. – ED: Weinhold-DN: 195–208.

Das dramatische Fragment *Die alte Jungfer* (Handschrift: Biblioteka Jagiellońska, Kraków; Erstdruck 1884 im von Weinhold herausgegebenen *Dramatischen Nachlass*) ist in Lenz' Straßburger Zeit entstanden. Weinhold hat das Fragment in drei verschiedene Fassungen unterteilt und auf das Jahr 1775 datiert. Während Damm in ihrer Ausgabe von einer Entstehungszeit zwischen 1773 und 1775 ausgeht und die

Reihenfolge der drei Fassungen aus Weinholds Erstdruck übernimmt, hatte Perugia eine Anordnung der überlieferten drei Fassungen in umgekehrter Reihenfolge vorgeschlagen (vgl. Perugia 1925; vgl. zur Datierung der einzelnen Fassungen im Anschluss an Perugia und in Hinblick auf biographische Zusammenhänge Imamura 1996: 105–109). Die drei Entwürfe weisen verschiedene intertextuelle Bezüge zu anderen Lenzschen Dramen- und Prosatexten auf und haben teilweise einen autofiktionalen Charakter, wie sich aus den Figurennamen Clephgen und Fibich erschließen lässt. Das reale Schicksal der von ihrem Verlobten trotz notariellem Heiratsversprechen verlassenen Bürgerstochter Cleophe Fibich wird auch in den Soldaten und in der Prosaschrift *Das Tagebuch* verarbeitet. Der – nach Weinholds und Damms Zählung – erste Entwurf bezieht sich überdies auf Motive aus Sophie von La Roches Roman *Freundschaftliche Frauenzimmer-Briefe*, der allerdings erst 1775 und 1776 in mehreren Fortsetzungen in der Zeitschrift *Iris* veröffentlicht wurde (vgl. Anmerkungen in Damm I: 771).

In allen drei erhaltenen Fassungen ist Herr von Wiedeburg der männliche Protagonist, während die anderen Figurennamen variieren. So tritt in der ersten Fassung neben Wiedeburg Mamsell Morell auf, die sich in Anlehnung an La Roches *Frauenzimmer-Briefe* aus Liebeskummer auf das Land zurückgezogen und dort eine Mädchenschule errichtet hat. Jungfer König und Emilie von Effen verweisen ebenfalls auf Figuren aus La Roches Briefroman. In der zweiten Fassung tritt Wiedeburgs Freund Ott auf, dessen Name an Lenz' Straßburger Freund Johann Michael Ott erinnert. Wiedeburg ist in seiner Zuneigung zwischen Clephgen und Emilie von Effen, die aber gar nicht in Erscheinung treten, hin und hergerissen. Im dritten Entwurf taucht mit Vater Fibich eine weitere Figur auf, während Amalia und Cäcilie nur in Wiedeburgs schwärmerischer Liebesrede eine Rolle spielen.

Der erste Entwurf (Damm I: 553–557) besteht aus zwei zusammenhängenden Szenen und zwei Notizen zur weiteren Handlung. In der ersten Szene beschreibt Mamsell Morell im Dialog mit Wiedeburg, warum sie ihre Mädchenschule gegründet hat: Sie fühlt sich durch ein Feuermal im Gesicht so entstellt, dass sie beschlossen hat, unabhängig von Männern zu leben. Wiedeburg zeigt sich angezogen von der inneren Schönheit Madame Morells und ihrer Schülerin Emilie von Effen, die ebenfalls ein Feuermal im Gesicht trägt und sich als hässlich empfindet. Im Mittelpunkt der zweiten Szene steht Emilie, die sich im Unterricht nicht konzentrieren kann, da sie von der Sehnsucht und Sorge um ihren fernen Vater bedrängt wird. Sie möchte ihrem Vater nach Malta folgen, ist jedoch verzweifelt, als sie die tatsächliche Entfernung bis dorthin realisiert. Die Szene schließt mit dem Auftritt eines Fremden, der eine Nachricht vom Schiffbruch des Vaters überbringt. Die folgenden Notizen stellen die Erziehung in der Mädchenschule in den Vordergrund, in der den Schülerinnen Skepsis und Misstrauen gegenüber Männern vermittelt wird. Emilies Vater kehrt überraschenderweise zurück und stellt die patriarchale Ordnung wieder her.

Der zweite Entwurf (Damm I: 558–564) enthält fünf Szenen sowie eine Szenenskizze und stellt Wiedeburg ins Zentrum, der als Clephgens Bräutigam eingeführt wird und in mehreren Monologen seine Zerrissenheit zwischen Clephgen, der er die Hochzeit versprochen hat, und Emilie, die er begehrt, ausdrückt. Beide Frauenfiguren treten im Entwurf nicht selbst auf. Ihre offensichtliche Gegensätzlichkeit wird über Wiedeburgs Wahrnehmung vermittelt: Clephgen wird als selbstbezogene, eitle Frau beschrieben, die in erster Linie ihre Attraktivität gespiegelt bekommen möchte; Emilie ist anders als Clephgen keine Schönheit, verfügt aber über Hingabebereitschaft und emotionale Tiefe. Wiedeburgs Monologe und der Dialog mit seinem Freund Ott in der fünften Szene machen deutlich, dass es sich bei seinem Hin- und Hergerissensein zwischen den beiden Frauen um einen inneren Zwiespalt und um Phantasien und Wünsche handelt, die zu den realen Begegnungen mit den Frauen in einer unüberbrückbaren Diskrepanz stehen. Aus dem Dilemma, Clephgen die Ehe versprochen und Emilie verheimlicht zu haben, dass er bereits vergeben ist, will Wiedeburg sich durch einen fingierten Selbstmord befreien. Sein Freund Ott versucht, ihn zu überzeugen, an Clephgen festzuhalten, die durch die Nachricht seines vermeintlichen Todes vor Kummer erkrankt ist. Der Skizze der sechsten Szene ist zu entnehmen, dass Wiedeburg Clephgen am Krankenbett nochmals die Ehe verspricht, während sie seine wahren Gefühle erkennt und sich von ihm trennt. Als er später aus dem Krieg zurückkehrt, finden sie wieder zusammen.

Der dritte und kürzeste Entwurf (Damm I: 565–567) besteht aus einer ersten Szene, zwei Notizen zu Handlungselementen und einem Entwurf zu einem Monolog Wiedeburgs. Am Anfang der ersten Szene schwärmt Wiedeburg zunächst von seiner unglücklichen Liebe zu Amalia. Von Vater Fibich wird er ins Vertrauen gezogen, dass seine Tochter von Graf Dönhof, mit dem er eine *Promesse de mariage* geschlossen hatte, verlassen worden ist. Wiedeburg verspricht, sich bei Gericht für die Familie einzusetzen. Die Notizen über den weiteren Handlungsverlauf zeigen, dass er den Prozess verliert, da die *Promesse de mariage* nicht gültig gewesen ist. Dem Vater wird vorgeworfen, dass er sich das Vermögen des Adligen erschleichen wollte, und Wiedeburg bietet an, die Tochter zu heiraten. Das Motiv der Mädchenschule und der Erziehung zum Umgang mit Männern aus dem ersten Entwurf wird wieder aufgegriffen. Eine der Notizen enthält den Kommentar des Autors, das Stück so lange nicht drucken zu lassen, bis „Fib" (= Cleophe Fibich) verheiratet ist. Auch die Druckgeschichte der *Soldaten* ist von diesem Zögern begleitet.

Alle drei Entwürfe weisen unterschiedliche Handlungsführungen und Themenschwerpunkte auf. Welchen Fokus die Ausführungen weiterer Szenen haben und ob das Thema der verlassenen Bürgerstochter, das Thema der Mädchenschule und -erziehung oder Wiedeburgs Phantasien im Kontrast zu den realen Frauen stärker ausgearbeitet werden sollten, ist aufgrund der Textlage nicht näher bestimmbar.

Zum Weinen oder Weil ihrs so haben wollt

Q: Damm I: 568–575 (nach ED). – HD: BJ Kraków, Lenziana 3. – ED: Weinhold-DN: 268–275.

Das Trauerspiel-Fragment *Zum Weinen oder Weil ihrs so haben wollt* (Handschrift: Biblioteka Jagiellońska, Kraków; Erstdruck 1884 im von Weinhold herausgegebenen *Dramatischen Nachlass*) ist vermutlich in Lenz' Straßburger Zeit zwischen 1772 und 1775 entstanden (vgl. Damm I: 771). Es liegen zwei Handlungsskizzen und zwei ausgeführte Szenen vor. Das dramatische Fragment (ebd.: 568–575) trägt die Gattungsbezeichnung „Ein Trauerspiel". Der erste Teil des Doppeltitels verweist auf den Affekt, der mit der Tragödie oder dem weinerlichen Rührstück verbunden werden kann. Der zweite Teil des Titels erinnert an Shakespeares Komödien *Was ihr wollt* (engl. *Tweflth Night or What You Will*) und *Wie es euch gefällt* (engl. *As You Like It*), spricht die Rezipienten direkt an und spielt mit den Publikumserwartungen an die jeweilige Gattung, aber auch selbstironisch mit der Freiheit des Autors, der ein gutes oder tragisches Ende konstruieren kann. Denn im Dramenentwurf inszeniert sich der Autor als jemand, der die Figuren wie auf einem Schachbrett bewegt und dabei keine ‚Spielregeln' einhalten muss.

Die zwei männlichen Figuren des Stücks werden mit den Kürzeln L. und Gth. benannt, die zwei weiblichen mit B. und G., wobei sich L. und Gth. auf die realen Personen Lenz und Goethe zurückführen lassen, während B. und G. autofiktional für Friederike Brion und Henriette von Waldner stehen könnten (vgl. Weinhold-DN: 266 f. u. Imamura 1996: 125). Das dramatische Fragment ist letztlich, ähnlich wie das *Pandämonium Germanikum*, als Selbstparodie und als Satire des Verhältnisses von Lenz und Goethe lesbar. Es erinnert an eine Versuchsanordnung und trägt Züge eines „dramatischen Experiments" (Schulz 2001a: 144), das an Goethes spätere *Wahlverwandtschaften* (1808) erinnert.

In der ersten Handlungsskizze finden die ineinander verliebten Paare aus unterschiedlichen Gründen nicht zueinander: „L. war in G. bis zum Sterben verliebt" (Damm I: 568), zeigt es aber aufgrund seiner Mittellosigkeit nicht. Auch „Gth. war in B. bis zum Sterben verliebt" (ebd.), und sie gleichfalls in ihn, aber sein „unruhiger Genuis" (ebd.) drängt ihn zu reisen. Nur die beiden Männer erleben „an einem dritten Ort" (ebd.) freundschaftliche Verbundenheit und Zuneigung. Als Gth. fortreist, setzt sich L. an dessen Stelle und heiratet B. Angeblich will L. damit seine vorige Geliebte G. vergessen, scheint aber mit dieser Heirat eher die Nähe von Gth. zu suchen. Scheinbar zufällig heiratet Gth. nun G. Die Frauen werden zu Tauschobjekten innerhalb des Freundschaftsbundes der beiden Männer. Jedoch führt dieser Tausch nicht zu erfüllten Beziehungen, denn alle vier Beteiligten „lieben in ihren Geliebten nur ihre Idee" (ebd.). Diese Unvereinbarkeit zwischen einem fernen Liebesobjekt und dem tatsächlichen Gegenüber lässt die Paare weiter in Bewegung geraten, als alle vier aufeinander treffen. L. und G. gestehen sich „an einem dritten Ort" (ebd.) ihre Liebe, werden aber von B. und Gth. entdeckt, die sich ebenfalls ihrer vormaligen Verliebtheit hingeben. Um alles wieder in den Ausgangszustand zurückzuführen, schlägt Gth. einen erneuten ‚Frauentausch' vor, den L. aber aufgrund seiner bereits bestehenden Ehe mit B. ablehnt. Die beiden Freunde geraten darüber in Streit und sterben in einem Duell. Daraufhin töten sich die beiden Frauen ebenfalls.

In einer zweiten Schlussvariante werden die beiden Frauen in der Aussprache über ihr gemeinsames Schicksal Freundinnen. Aus der gemeinsamen Trauer um die beiden toten Männer erwächst aber auch Eifersucht, da der zu beweinende Ehemann der einen jeweils der Geliebte der anderen war. Schließlich erstechen sie sich mit dem jeweiligen Schwert „aus der Wunde ihres Liebsten" (ebd.: 570).

In der zweiten Handlungsskizze gestehen L. und G. einander ihre Liebe und werden dabei von Gth. gesehen, der sich mit L. duellieren will. B. klagt L. der Untreue an, beim Anblick von Gth. halten auch sie ihre Liebesgefühle füreinander nicht mehr zurück. Da sie aber alle vier bereits verheiratet sind, müssen die Liebenden aufeinander verzichten und machen sich untereinander Vorwürfe. In der zweiten Handlungsskizze, die mit einem ironischen Kommentar des Autors endet – „nun steht's bei mir, ob alle sterben oder alle leben und glücklich sein sollen" (ebd.) –, bleibt offen, ob eine komische oder tragische Wendung folgen sollte.

Die erste der beiden ausgeführten Szenen beginnt damit, dass B. die Liebe ihres Mannes L. in Frage stellt, als vor dem Fenster eine Frau vorbeigeht, auf deren Anblick L. offenbar sehr emotional reagiert. Sie vermutet, dass diese Frau seine erste Liebe gewesen sei und ihr als Konkurrentin gefährlich werden könne. L. kann B. zwar überzeugen, dass die „ersten Eindrücke irgend einer Schönheit" (ebd.: 572) als eine Art Urbild der Liebe auch Spuren der Ähnlichkeit in einer zweiten Liebe entdecken lassen. Da jedoch das erste Bild mit dem zweiten verschmelze, liebe der Mensch „nur seine erste Idee in einem neuen Gegenstande" (ebd.: 573). Daraufhin erkennt B., dass sie in L. stets Gth. zu sehen geglaubt hat.

Die zweite Szene stellt das ungleiche Freundschaftsverhältnis zwischen L. und Gth. dar. Gth. weiß andere für sich auszunutzen und sich das benötigte Geld zu verschaffen. L. kritisiert die Unzuverlässigkeit seines Freundes und wirft ihm vor, dass es ihm nur um den Ruhm gehe. Während L. in Bescheidenheit und Demut wertvolle Eigenschaften sieht – „Meiner Meinung nach aber ist ein guter Name weit besser als ein großer" (ebd.: 574) –, pflegt Gth. einen zynischen Blick auf die Welt, in der es „lauter Schurken" gibt, die „keinen Rechenpfennig wert" (ebd.) sind. Bevor die Szene abbricht, will Gth. ins Bordell gehen, was L. als „ausschweifend" (ebd.: 575) beurteilt.

Welchen Stellenwert das Verhältnis von L. und Gth. innerhalb der doppelten Paarkonstellation, die in den beiden Handlungsentwürfen skizziert ist, haben könnte, ist aufgrund der Textlage nicht erkennbar. Es ist zu vermuten, dass das ungleiche und ambivalente Verhältnis zwischen L. und Gth., das Ursache für die Liebesverwicklungen und Verfehlungen in den anderen Beziehungen ist, inhaltlich stärker ausgearbeitet werden sollte.

Graf Heinrich. Eine Haupt- und Staatsaktion

Q: Damm I: 576–580 (nach ED). – *HD*: BJ Kraków, Lenziana 3. – *ED*: Weinhold-DN: 278–282.

Zur Entstehungszeit des dramatischen Fragments *Graf Heinrich. Eine Haupt- und Staatsaktion* (Handschrift: Biblioteka Jagiellońska, Kraków; Erstdruck 1884 im von Weinhold herausgegebenen *Dramatischen Nachlass*) ist nichts Näheres bekannt (vgl. zu einer möglichen Datierung in der ersten Hälfte des Jahres 1775 Imamura 1996: 102 f.). Das Personal umfasst neben dem titelgebenden Protagonisten Graf Heinrich, den König, dessen Tochter, Prinzessin Cordelia, sowie Heinrichs Rivalen, Graf Octavio und Graf Ruggieri. Andere Figurennamen sind in zwei Personenverzeichnissen aufgeführt, die auf der Rückseite von Lenz' Handschrift des Gedichts *Der verlorne Augenblick / Die verlorne Seligkeit* gefunden wurden (vgl. Weinhold-DN: 276 f.; vgl. auch den Abdruck dieser Personenverzeichnisse in Damm I: 772 f.).

Es liegen ein erster Akt und ein zweiter Akt mit jeweils zwei Szenen vor (Damm I: 576–580). Der erste Akt beginnt mit einem längeren Monolog des Königs, in dem dieser liebevoll über seine Tochter Cordelia spricht (vgl. zum biographischen Bezug zu Cornelia Schlosser Imamura 1996: 103). Er ist stolz auf ihre Entwicklung und ihre Fähigkeiten, fürchtet aber, dass sie vom Leben enttäuscht wird. Ließe sich sein „Zepter in einen Zauberstab verwandeln" (Damm I: 576), könnte er als Vater für ihre fortwährende Glückseligkeit sorgen. Ein mögliches Lebensglück für seine Tochter sieht der König in einer Verbindung zu Graf Heinrich, der seit drei Jahren als Gast „die Zierde" (ebd.: 577) des Hofes ist und seiner Tochter offensichtlich gefällt. Auch für Graf Heinrich entspricht ein Leben mit der Königstochter seiner Glücksvorstellung. Die zweite Szene deutet eine Intrige an, die sich gegen die Pläne des Königs und gegen Graf Heinrichs exponierte Position zu richten scheint. Graf Ruggieri und Graf Octavio spotten über die königliche Hochschätzung des Grafen Heinrich und planen eine Intrige, deren Ausgang aufgrund der Textlage offen bleibt.

Die erste Szene des zweiten Akts zeigt Cordelia in amazonenhafter Tracht auf der Jagd. Sie trägt ein Gewehr und singt ein Lied, in dem ein ambivalentes Verhältnis zur Natur zum Ausdruck kommt. In der zweiten Szene stellt sich Graf Heinrich vor, der ebenfalls an der Jagd teilnimmt, wie er Cordelia mitten in der Natur seine Liebe gesteht. Bevor der Text abbricht, deutet sich an, dass Cordelia die Szene betritt, während sich Heinrich hinter einem Gebüsch versteckt.

Aus den wenigen Szenen des Fragments lässt sich lediglich schließen, dass die Sorge des Königs um das Glück seiner Tochter und die Rivalität unter den Grafen am Hof um die Erbin des Throns entscheidende Handlungsmomente sind. Bestimmend für den Fortgang des Dramas ist dementsprechend vermutlich eine Verknüpfung von Liebesintrigen und politischen Affären. Ob der eingangs vom König so hochgeschätzte Protagonist Graf Heinrich seine ‚glückliche' Position dabei zu bewahren vermag oder zum tragischen Helden wird, lässt sich aus den Entwürfen nicht ersehen.

Die Familie der Projektenmacher

Q: Damm I: 581–589 (nach ED). – HD: BJ Kraków, Lenziana 3. – ED: Weinhold-DN: 284–291.

Der Entwurf zu diesem Drama (Handschrift: Biblioteka Jagiellońska, Kraków; Erstdruck 1884 im von Weinhold herausgegebenen *Dramatischen Nachlass*) ist in den Jahren 1775 bis 1777 entstanden (vgl. Anmerkungen in Damm I: 773; vgl. zur Datierung im Jahr 1776 Imamura 1996: 112 f.). Ähnlich wie der Projektemacher Graf Primavera im Stückfragment hat auch Lenz beabsichtigt, dem französischen König eine Reformschrift zu unterbreiten. Das Fragment lässt sich als eine selbstironische Auseinandersetzung von Lenz mit seinen eigenen Projekten (vgl. Scherpe 1985 [1977]) und dem „Widerspruch zwischen den in seinen politischen Schriften für notwendig erachteten Veränderungen und der Realität" (Anmerkungen in Damm I: 773) lesen. Eine thematische Ähnlichkeit weist das dramatische Fragment zu der Erzählung *Der Landprediger* auf, in der ebenfalls selbstironisch das ‚Projektemachen' verhandelt wird (→ 2.2 ERZÄHLUNGEN: DER LANDPREDIGER; vgl. zu Lenz als ‚Projektemacher' Scherpe 1985 [1977], Pautler 1996, Tommek 2008 u. 2011).

Es liegen ein Personenverzeichnis, ein mit „Fabel" (Damm I: 580) überschriebenes Prosafragment, der ausgeführte erste Akt und der Anfang des zweiten Akts (nur ein Satz der Figurenrede von Redan) vor (ebd.: 581–589). Das Personal des Stücks besteht aus dem Grafen Primavera, dessen älterem Sohn Alfonso, der im Text auch als Astolfo bezeichnet wird und der mit Emerina verheiratet ist, Primaveras jüngerem Sohn Gianetto, dem Chevalier Redan mit seiner Tochter Julie, Primaveras Vetter St. Mard und Bilboquet, einem französischen Philosophen. Primavera und seine Söhne verfolgen auf je unterschiedliche Weise Projekte. Während der Vater aus großem sozialen Engagement, das zugleich von seiner melancholischen Weltsicht geprägt ist, großformatige sozialpolitische Projekte entwickelt, sucht der ältere Sohn nach ökonomischem Erfolg, und des jüngeren Sohns Projekte sind verschiedene Listen, um sich seine emotionalen Wünsche zu erfüllen. Das Stück spielt im Landhaus des Chevaliers Redan in Bauvillers in der Nähe von Reims.

Die Fabel skizziert den Handlungsverlauf in groben Zügen: Primavera will sein politisches Projekt, Steuern zu sparen, bei Hof vorstellen und reist dafür mit seinen Söhnen nach Paris bzw. Versailles. Sein Vorhaben wird jedoch von einer List Gianettos gegen Vater und Bruder durchkreuzt. Gianetto führt seinen Vater und seinen Bruder zunächst zum Chevalier Redan, unter dem Vorwand, durch jenen Minister des Hofes für das väterliche Steuersparprojekt zu gewinnen. Der tatsächliche Grund für den Umweg besteht jedoch darin, dass Gianetto Redans Tochter Julie heiraten und seine Familie mit seiner Zukünftigen und deren Vater bekannt machen möchte. Die gewünschte, ihm als jüngstem Spross der Familie nach „italienischen Gewohnheiten" (ebd.: 581) aber untersagte Heirat mit Julie ist Gianettos gegenwärtiges ‚Projekt', für das er das väterliche Projekt funktionalisiert. „Als ein listiger Schelm" (ebd.) hat er Vater und Bruder dazu gebracht, all ihre Güter zu verkaufen und von dem nun vorhandenen Geld in Paris zu leben, wo wiederum Alfonso/Astolfo ein eigenes ertragreiches Projekt zu verwirklichen plant. Gianetto bittet Vater und Bruder, „ihm auch ein kleines Projekt" (ebd.: 582) zu erlauben und Julie heiraten zu dürfen. Erst nach der Rückkehr vom Versailler Hof solle die Hochzeit stattfinden, so bestimmen es Vater und Bruder. Erneut versucht Gianetto, durch eine List Primavera und Alfonso/Astolfo zu beeinflussen und sich seinen Wunsch nach einer baldigen Hochzeit zu erfüllen. Dafür behauptet er, Alfonso/Astolfo habe seinem Vater das Projekt entwendet und verfolge es nun heimlich an seiner statt. Durch seine List geraten der Vater und Alfonso/Astolfo aneinander; dies ist für Lenz die „Hauptszene" (ebd.), wie er in der Fabel schreibt. Die Söhne überzeugen den Vater, Alfonso/Astolfo mit dem Projekt an den Hof reisen zu lassen. Durch weitere Handlungsverwicklungen mit St. Mard und seiner Frau Emerina wird die Abreise von Alfonso/Astolfo verzögert. Als Primavera schließlich selbst nach Paris reisen will, halten Alfonso/Astolfo und Gianetto ihn davon ab, indem sie ein Schreiben vom Minister fingieren, das besagt, dass sein Projekt bereits umgesetzt worden sei. Beglückt über jenen scheinbaren Erfolg versöhnt sich Primavera mit seinen Kindern und entschließt sich, nicht mit Alfonso/Astolfo nach Italien zurückzukehren, sondern in Frankreich zu bleiben, „das er für den Himmel hält" (ebd.).

Von dieser in Prosaform skizzierten Handlung ist der erste Akt mit zwei Szenen ausgeführt, in dem das gesamte Stückpersonal in einem Saal auf dem Landgut des Chevaliers Redan tafelt. Im Vordergrund steht Primaveras Drängen, seine Steuerreform zugunsten der armen Bevölkerung so schnell wie möglich dem König persönlich vorzutragen, da die soziale Not groß sei und es ihm als „ein Verbrechen" erscheint, „jetzt vergnügt zu sein" (ebd.: 583). Gianetto versucht, seinen melancholischen Vater auf dem Landgut zu halten, auf dem er bald Hochzeit zu feiern hofft. Die Diskrepanz zwischen Primaveras idealistischem Projekt, Steuern zu erlassen, und der sozialen Wirklichkeit wird durch den Auftritt eines Bettlers auf karikierende Weise hervorgekehrt. Der Bettler bittet die üppig tafelnde Gesellschaft zunächst durch ein Fenster um ein Almosen, während die heimlich ineinander verliebten St. Mard und Emerina sich gegenseitig Torte und Wein anbieten und ihnen dabei die gemeinsame Lektüre von Rousseaus *Die neue Héloïse* als Folie für ihr Liebesspiel dient. Primavera holt den Bettler an die Tafel und bedauert ihn mit den sentimentalen Worten: „Was? mußt du etwa auch Steuern bezahlen. Armer armer Kopf! *Faßt ihn an den Kopf und küßt ihn.* Wieviel Tränen sind diese Backen wohl schon heruntergelaufen" (ebd.: 586). In seinem Reformeifer verkennt Primavera die nicht einholbaren Standesunterschiede, die dem Bettler sehr wohl bewusst sind, wenn er die Tafel fluchtartig verlässt. „Der Menschenfreund muß in dem Moment der Lächerlichkeit preisgegeben werden, wo die Szene den Abstand zwischen seinem der Idee nach entwickelten Projekt und dem praktischen Fall herausbringt." (Scherpe 1985 [1977]: 291)

In der zweiten Szene entwirft Gianetto im Gespräch mit Redan eine List, um Julie heiraten zu können. Dabei gedenkt er, die Liebespraxis St. Mards zu nutzen, der angeregt durch die Lektüre von Liebesgeschichten sich in einen fiktiven Helden hineinversetzt und sich eine Heldin sucht, um mit ihr den entsprechenden Liebesroman nachzuahmen. Am Ende des ersten Akts überlegt Gianetto, wie er St. Mards „poetische Windmühle" für sich „in Gang zu setzen" (Damm I: 589) vermag, woraufhin Redan ergänzt, dass seine Geschichte doch bereits „so gut als ein Roman" (ebd.) ist. Welchen Stellenwert dieses Spiel mit dem Fiktiven letztendlich hat, lässt sich aufgrund der fragmentarischen Textlage ebenso wenig erschließen wie die Frage nach der Fiktionalität in dem dramatischen Entwurf *Die Familie der Projektenmacher*.

Magisters Lieschen

Q: Damm I: 590–592 (nach ED). – HD: BJ Kraków, Lenziana 3. – ED: Weinhold-DN: 298–300.

Der dramatische Entwurf *Magisters Lieschen* (Handschrift: Biblioteka Jagiellońska, Kraków; Erstdruck 1884 im von Weinhold herausgegebenen *Dramatischen Nachlass*) ist vermutlich 1775 in zeitlicher Nähe zu der Erzählung *Zerbin oder Die neuere Philosophie* entstanden, die ähnliche Motive und Themen enthält (vgl. Anmerkungen in Damm I: 774). Damm vermutet, dass Lenz das Thema der *Zerbin*-Erzählung (→ 2.2 ERZÄHLUNGEN: ZERBIN) zunächst in Form eines Dramas bearbeiten wollte (vgl. Damm I: 774).

Das Dramenfragment um einen Magister, der seit Jahren eine Affäre mit Lieschen unterhält, aus der auch bereits eine gemeinsame, inzwischen verstorbene Tochter hervorgegangen war, besteht aus drei Szenen (Damm I: 590–592). In der ersten Szene bittet Lieschen den Magister um Hilfe, weil ihr von ihrer Herrschaft gekündigt worden ist. Der Magister bietet ihr an, bei ihm zu bleiben, und verspricht ihr Geld für ihren unehelichen zehnjährigen Sohn, der in Holland bei einer Herrschaft Hunger leidet. Für das Geld verlangt er jedoch eine sexuelle Gegenleistung, die ihm Lieschen verweigert, weil sie den Verlust der Tochter immer noch nicht verwunden hat und diesen als Strafe Gottes deutet, da „Gott die Sünden der Eltern an den Kindern heimsucht" (ebd.: 591). Ihre Schuldgefühle kann der Vater nicht teilen, sie macht ihn jedoch für den Tod der gemeinsamen Tochter mitverantwortlich, weil er sie zunächst nicht geheiratet und vor allem dem kranken Kind ein Pulver gegeben hatte, das vermutlich zu dessen Tod geführt hat. Der Magister zeigt sich von ihren Vorwürfen unbeeindruckt.

Die zweite Szene spielt im Gartenhäuschen des Magisters. Er liegt im Bett und wartet auf Lieschen, während er Ovid liest. Die dritte Szene spielt auf der Straße: Lieschen, „*mit zerstörtem Haar*" (ebd.: 592), ist aufgelöst, da es sowohl im Haus der Herrschaft des Magisters als auch in dessen Studierstube im Garten brennt. Ob sich ihre Verzweiflungsrufe auf den Verlust des Magisters als Liebespartner, als erhoffter zukünftiger Bräutigam oder aber als unverzichtbarer Geldgeber beziehen, lässt das vorhandene Textmaterial offen. Aber angesichts der thematischen Nähe zur Erzählung *Zerbin* ist ein geplanter tragischer Ausgang der weiteren Handlung anzunehmen.

[Caroline]

Q: Damm I: 593 (nach ED). – HD: nicht nachweisbar. – ED: Weinhold-DN: 301–302.

Das dramatische Fragment ist nur in einer kleinen Skizze überliefert (Handschrift nicht nachweisbar; Erstdruck 1884 im von Weinhold herausgegebenen *Dramatischen Nachlass*). Der kurze Entwurf ist von Lenz nicht mit einem Titel versehen worden und wird von Damm in ihrer Ausgabe als „Caroline" bezeichnet (vgl. zu möglichen biographischen Bezügen zu Cornelia Schlosser Imamura 1996: 104 f.). Im Fragment (Damm I: 593) treten zwei Figuren auf: Caroline, ein junges Mädchen, und Nicol, ein junger Mann, der ihr die Nachricht bringt, dass ihr Bräutigam ermordet worden ist. Caroline gesteht, dass sie den Mörder liebt und ihr „Blut und Tod gleichgültig" (ebd.: 593) sind. Es handelt sich offenbar um die Skizze zu einer tragischen Dreieckskonstellation, in der Leidenschaft und Gewalt zentral sind, wie die mehrfache Nennung von ‚Blut' in dem kurzen Entwurf nahelegt.

[Die Baccalaurei]

Q: Damm I: 594 (nach ED). – HD: nicht nachweisbar. – ED: Weinhold-DN: 303.

Der kurze Szenenentwurf ist laut Weinholds Beschreibung auf einem Blatt mit Notizen zu Lenz' theoretischer Schrift *Über die Soldatenehen* überliefert (Handschrift verschollen; Erstdruck 1884 im von Weinhold herausgegebenen *Dramatischen Nachlass*; vgl. zu weiteren im Zusammenhang mit dem dramatischen Entwurf stehenden Notizen Weinhold-DN: 302 u. Damm I: 775) und vermutlich im Sommer 1776 in Weimar entstanden. In dem Fragment (Damm I: 594), das in Damms Edition den Titel „Baccalaurei" trägt, treten zwei Mönche mit den Namen Anselmus und Aistolfus auf. Anselmus äußert seine Neugierde, das „Monstrum" (ebd.) zu sehen, und spricht dabei offenbar von einem weiteren Baccalaureus. Aistolfus hingegen fürchtet sich vor dessen Anblick. Anselmus weist ihn darauf hin, dass „Baccalaureus" sich von „*batalarius*" herleitet und „Streiter" bedeutet (ebd.). Mit Blick auf die Notiz in der handschriftlichen Überlieferung – „Er glaubt kein *vacuum*/ ist ein Atheist" (Damm I: 775) – ist anzunehmen, dass die beiden Mönche mit Angstlust der Begegnung mit einem Atheisten entgegensehen, der ihre eigene religiöse Identität in Frage stellt. Dieser dramatische Entwurf scheint sich einer religiösen Thematik zu widmen.

Fragment aus einer Farce die Höllenrichter genannt

Q: Damm I: 595–596 (nach ED). – HD: nicht nachweisbar. – ED: Fragment aus einer Farce, die Höllenrichter genannt, einer Nachahmung der βατραχοι des Aristophanes. In: Deutsches Museum, hg. v. H. Chr. Boie, 2. Jg., 1. Bd., 3. St. (März 1777): 254–256.

Das *Fragment aus einer Farce die Höllenrichter genannt* wurde Anfang 1777 in der von H. Chr. Boie herausgegebenen Zeitschrift *Deutsches Museum* veröffentlicht (vgl.

zur Auflistung der sieben Nachdrucke Henning 1993). Im Gegensatz zu Lenz' anderen dramatischen Fragmenten wurde dieses Faust-Fragment damit als einziges bereits zu Lebzeiten gedruckt. Zur Entstehungszeit des kurzen Fragments gibt es verschiedene Forschungsmeinungen: Damm vermutet aufgrund einiger Anklänge an das *Tantalus*-Dramolett (→ 2.3 LYRIK) das Jahr 1776 (vgl. Damm I: 775; vgl. zur Datierung auf Dezember 1776 Imamura 1996: 127 f.); Henning datiert das Fragment auf das Jahr 1774 (vgl. Henning 1993: 201); Dietrich stellt es in den Kontext der Begegnung zwischen Lenz und Goethe im Mai 1775 (vgl. Dietrich 1970: 54). Auch wenn der Text insgesamt in der umfänglichen Faust-Forschung bisher wenig untersucht worden ist, hat er Aufnahme in epochenübergreifende Darstellungen zum Faust-Stoff und in Faust-Anthologien gefunden (u. a. bei Henning 1993: 200 f., Tacconelli 1998: 76 f.).

Lenz greift einen bekannten Stoff auf, der gerade im Sturm und Drang häufig bearbeitet wird. Allerdings unterscheidet sich seine Faust-Bearbeitung deutlich von anderen zeitgenössischen oder früheren Versionen: Lenz versetzt Faust in die Hölle und damit an einen Ort, „den die Spiele sonst aussparten" (Mahal 1999: 91). Faust wird jedoch nicht mit dem Tod bestraft, wie in anderen Bearbeitungen des Sturm und Drang, und aus der Hölle erlöst. Lenz' Fragment „steht wie eine Satyrspielskizze inmitten der literarischen Faustbemühungen der Stürmer und Dränger" (Dietrich 1970: 54) und stellt eine „eigenwillige und sicherlich satirisch gedachte Auffassung des Themas" (Henning 1993: 201) dar. Bereits der anspielungsreiche Untertitel mit dem Hinweis auf Aristophanes' Komödie *Die Frösche* (405 v. Chr.), „Nachahmung der βάτραχοι des Aristophanes", deutet auf ein dichtes Netz intertextueller Bezüge hin, die in der Forschung bisher nur in Ansätzen analysiert worden sind (vgl. Menz 1993 u. Mahal 1999).

In Lenz' Fragment (Damm I: 595–596) treten zwei Figuren auf: Doktor Faustus, der einen längeren und einen kürzeren Monolog spricht, und Bacchus. In seinem Eingangsmonolog beklagt Faust seine Einsamkeit und Verlassenheit. Seinem Monolog geht ein Nebentext voraus, der seine spätere Errettung bereits andeutet: „BACCHUS *geht nach der Hölle hinunter, eine Seele wiederzuholen.*" (ebd.: 595) Nachdem Faust sich gänzlich verloren geglaubt hat, findet er in Bacchus, der ihn mit „*Merkurs Stabe*" (ebd.) berührt und mit „*Mein Freund!*" (ebd.) anspricht, ein Gegenüber. Dennoch befürchtet Faust, dass Bacchus ihn „auf ewig auszurotten" (ebd.: 596) beabsichtige. Bacchus jedoch attestiert Faust ein ‚großes Herz' und fordert ihn auf, ihm in die Oberwelt zu folgen. Faust wird von einem Gefühl der Dankbarkeit überwältigt, das sich als „*unaussprechliche Ruhe über sein ganzes Wesen ausbreitet*" (ebd.).

Das Fragment ist ein „Beitrag zum Faust-Wettstreit dieser Jahre" (Mahal 1999: 89), aber auch als autofiktionaler Text über das Verhältnis zwischen Lenz und Goethe oder als Selbstporträt lesbar. Mahal deutet das Faust-Fragment als eine öffentlich-intime Mitteilung an Goethe: Mit „einem durch die Titel-Falschfährten geschützten Fragment" (ebd.: 93) und in der ‚Maskerade' Fausts stellt der kurze Dramentext nach Lenz' Ausweisung aus Weimar und dem endgültigen Bruch mit Goethe einen „Hilferuf" (ebd.) dar. Fausts Erlösung und Befreiung von der Schuld am Ende des Dramas (vgl. zu Schuld und Sühne Menz 1993: 178 f.) lässt sich in diesem Sinne auch als phantasierte Aussöhnung zwischen Lenz und Goethe verstehen. Mahal identifiziert die Bacchus-Figur als Goethe und den ‚Stab des Merkur' als Wieland, den Herausgeber des *Teutschen Merkur*, der auch in H. L. Wagners Farce *Prometheus,*

Deukalion und seine Rezensenten von 1775 und in Maler Müllers Farce *Fausts Spazier Fahrt* (1776/1777) mit Merkur gleichgesetzt wird (vgl. Mahal 1999: 101; vgl. zu intertextuellen Bezügen zwischen Lenz' Faust-Fragment und Texten Goethes, Wielands und Schillers ebd.: 102–105).

Das Faust-Fragment ist zudem als Literatursatire konzipiert (vgl. Menz 1993: 178 u. 172–175, Dietrich 1970: 53). Mit der Bezugnahme auf Aristophanes' *Die Frösche* und den Wettstreit zwischen Aischylos und Euripides, den Aischylos gewinnt, woraufhin er auf die Erde zurückkehren darf, um das athenische Theater wiederzubeleben, kehrt der Rangstreit der Autoren aus dem *Pandämonium Germanikum* wieder. Lenz lässt nicht wie Aristophanes einen Dichter, sondern einen Helden aus der Unterwelt heraufholen, um „mit der Einführung einer […] echten deutschen Heldenfigur dem damaligen Theater neue Dynamik und Vitalität zu verleihen" (Tacconelli 1998: 77). Die Faust-Figur erfüllt „Lenzens Bedingungen für einen tragischen Helden" (Menz 1993: 176; vgl. zu Lenz' dramenästhetischen Reflexionen über einen zeitgemäßen tragischen Helden ebd.: 176 f.) und soll „in naher Zukunft […] der Held von deutschen Originalstücken werden" (ebd.: 177). Analog zur Stärkung des griechischen Theaters durch die Wiederkehr des ‚alten Meisters' Aischylos in Aristophanes' Komödie soll das zeitgenössische deutsche Theater „durch Doktor Faust, den alten volksmäßigen Helden, zu sich selbst, seiner populären und modernen Möglichkeit kommen" (ebd.).

[Ein Lustspiel in Alexandrinern]

Q: Damm I: 597–601 (nach ED). – HD: im Sarasinschen Familienarchiv Basel. – ED: in: J. M. R. Lenz und seine Schriften. Nachträge zu der Ausgabe von L. Tieck und ihren Ergänzungen. Von Edward Dorer-Egloff. Baden 1857: 210–215.

Das Lustspiel-Fragment ist im Sommer 1777 im Anschluss an Lenz' Aufenthalt in Basel entstanden (Handschrift im Sarasinschen Familienarchiv Basel; Erstdruck 1857 in der Lenz-Ausgabe von Dorer-Egloff: 210–215). Lenz hat es für eine Aufführung des Liebhabertheaters von Jakob Sarasin und seiner Frau Gertrud verfasst (vgl. Damm III: 11.5.1777 u. 2.6.1777 an Gertrud Sarasin) In seinem Juni-Brief, mit dem Lenz die ersten beiden Szenen des ersten Akts übersendet, kündigt er an, dass das Stück nicht „so ernsthaft und traurig endigen wird, als es anfängt" (ebd.); der Schluss solle eher „recht lustig" (ebd.) sein. Als Lenz Ende Juni 1777 von Cornelia Schlossers Tod erfährt, bricht er die Arbeit an dem Fragment jedoch ab. Obwohl er in einem Brief vom August 1777 an Jakob und Gertrud Sarasin (vgl. Damm III: 546) eine Fortsetzung ankündigt, führt er die Arbeit an dem Stück nicht weiter.

Das Lustspiel-Fragment besteht aus zwei Szenen und einer dritten kurzen, abbrechenden Szene (Damm I: 597–601). Die drei Szenen spielen in einem idyllischen Garten, der von Gebirgen umgeben ist. Die Figurenrede ist in Alexandrinern verfasst, womit Lenz auf ein in seiner Zeit eher anachronistisches Versmaß und auf die Literatur des Barock zurückgreift. Die erste Szene ist ein Monolog der weiblichen Protagonistin Sophie Detmont. Der sie umgebende Garten weckt Erinnerungen an ihren fernen Geliebten Wadrigan. Während ihrer Trauerzeit um den Vater, hat sie Wadrigan kennengelernt, der – wie ein „Zauberer" (Damm I: 597) – nicht nur sie, sondern auch den Garten verwandelt hat. Anstatt selbst zu kommen, hat ihr Geliebter nun seinen Freund Belmont zu ihr geschickt, der in der zweiten Szene seinerseits bei ihr

„Lindrung [...] für alter Wunden Schmerz" (ebd.: 598) sucht, da er seine Frau an einen Rivalen verloren hat. Da Sophie seiner Frau Fannchen ähnelt, wird sie für Belmont zu einem Medium der Erinnerung. Sophie hingegen erkennt in Belmont einen Seelenverwandten und fällt ihm „*mit Feuer um den Hals*" (ebd.: 600). Der Gefühlsüberschwang wird durch den Auftritt von Herrn Hackliz unterbrochen, der in der kurzen dritten Szene von weiteren Personen spricht, deren Bedeutung aufgrund der Textlage unklar bleibt.

Von der Verwendung eines konventionellen Versmaßes abgesehen, trägt der Dramenentwurf wenig Lustspiel-Charakter, da er zwei innerlich verwundete Figuren auftreten lässt, die ein fernes Liebesobjekt beklagen. Es muss aufgrund der Textüberlieferung Spekulation bleiben, ob Lenz das Versmaß und die in seinen Briefen angekündigte Schreibabsicht eines ‚Lustspiels' für das Sarasinsche Liebhabertheater möglicherweise durch eine intertextuelle Schreibweise und heterogene dramatische Elemente durchbrochen hätte.

4. Einakter und weitere dramatische Texte

Lenz hat Verstexte verfasst, die in den Lenz-Ausgaben von Tieck bis Damm unter den Gedichten eingeordnet wurden, aufgrund ihrer szenischen Gestaltung aber als dramatische Texte einzuschätzen sind (vgl. Schulz 2001a: 136 f.). Dies gilt für *Leopold Wagner. Verfasser des Schauspiels von neun Monaten. Im Walfischbauch* (Damm III: 208 f.) mit der Bühnenanweisung „*Der Schauplatz stellt den Bauch eines Walfischs vor*" (ebd.: 208) und *Shakespears Geist* (ebd.: 206 f.) mit der Gattungsbezeichnung „ein Monologe" und der Bühnenanweisung „*Der Schauplatz das Theater zu London*" (ebd.: 206). Außer diesen skizzenhaften, auf dramatische Formen zurückgreifenden Texten liegen weitere Texte vor, die aufgrund ihrer Abgeschlossenheit als Einakter bezeichnet werden können (vgl. Schulz 2001a: 136): Schulz ordnet die erste Bearbeitung von *Henriette von Waldeck [oder] Die Laube* als Einakter ein. Auch *Tantalus*, ein kurzer Text in dramatischer Form (→ 2.3 LYRIK), der die Gattungsbezeichnung „Ein Dramolett, auf dem Olymp" (Damm III: 198) trägt, kann als Einakter verstanden werden.

Einige Texte der Moskauer Zeit verwenden ebenfalls dramatische Formen, so *Divertissement zum Nachspiel: Die Christen in Abyssinien oder Die neue Schätzung* (Blei V: 223–240) und der bei Tommek unter „Prosadichtungen" edierte Text *Ueber Delikatesse der Empfindung* (Tommek I: 162–204; vgl. auch Tommek II: 358–413). Der fragmentarische Text *Ueber Delikatesse der Empfindung* hat die Form eines Monodramas (vgl. Meinzer 1996), lässt sich aber „nicht ohne Weiteres einer bestimmten Gattung zuordnen, da er zwischen szenischer Darstellung und Erzählung wechselt" (Schulz 2001a: 146; vgl. zur eingehenden Analyse der fragmentarischen Form und Dramaturgie J. Schäfer 2016: 148–272).

Der für Lenz wesentliche Aspekt der Gattungsmischung ist in den genannten Texten besonders deutlich ausgeprägt und von der bisherigen Forschung wenig beachtet worden. Es bleibt abzuwarten, ob die Sichtung der Handschriften im Rahmen einer historisch-kritischen Edition der Dramenentwürfe (vgl. Babelotzky/Schäfer 2014 u. 2016) neue Texte zutage fördern wird und zum besseren Verständnis des Fragmentarischen bei Lenz beitragen kann (vgl. zu Lenz' Dramaturgien des Fragmentarischen,

die von J. Schäfer erstmals genauer untersucht worden sind, → 3.17 FRAGMENTARI-
SCHE SCHREIBWEISEN u. J. Schäfer 2016).

2.2 Erzählungen
Karin Wurst

1. Übersicht 128
2. Einzelanalysen 129
   Das Tagebuch 129
   Moralische Bekehrung eines Poeten von ihm selbst aufgeschrieben 133
   Zerbin oder die neuere Philosophie 137
   Der Waldbruder, ein Pendant zu Werthers Leiden 141
   Geschichte des Felsen Hygillus 146
   Die Fee Urganda 149
   Empfindsamster aller Romane, oder Lehrreiche und angenehme Lektüre fürs Frauenzimmer 151
   Der Landprediger 155
   Ueber Delikatesse der Empfindung oder Reise des berühmten Franz Gulliver . 160
3. Weiterführende Literatur 162

1. Übersicht

Neben den Dramen, für die er in erster Linie bekannt wurde, hat Jakob Michael Reinhold Lenz ein für seine Zeit ungewöhnliches Erzählwerk hinterlassen, das noch relativ wenig erforscht ist (Schulz 2001a: 163; Winter 2000a: 163 f.; Wurst 2014). Zu psychologisierenden Interpretationen, welche die häufig Fragment gebliebene multi-perspektivische Prosa als Krankheitserscheinung werten (Martin 2001c), kommen Ansätze hinzu, die autobiographische Elemente und soziale Diskurse verbinden (z. B. Demuth 1994). Das Innovative der Erzählstruktur stellt hohe Anforderungen an den Leser und bietet Auslegungen einen großen Spielraum (Wurst 2000; Hempel 2003a). Die Texte *Das Tagebuch* (1774), *Moralische Bekehrung* (1775), *Zerbin* (1775), *Waldbruder* (1776) und *Landprediger* (1777) fallen in Lenzens Hauptschaffensperiode vor seinem psychischen Zusammenbruch (Dedner/Gersch/Martin 1999). Ihre formalen Eigenheiten und die offene und zugleich mit anderen Texten – mit den eigenen fiktionalen und nicht-fiktionalen Schriften sowie denen seiner Zeitgenossen und literarischen Vorbildern – vernetzte Erzählweise sind also nicht durch seine Erkrankung zu erklären. Auch die weniger bekannten Texte, wie *Geschichte des Felsen Hygillus* und *Die Fee Urganda* (um 1776–1778), *Empfindsamster aller Romane, oder Lehrreiche und angenehme Lektüre für Frauenzimmer* (1781) sowie *Ueber Delikatesse der Empfindung* (nach 1787), werden hier kurz vorgestellt und ins Lenzsche Erzählwerk eingeordnet.

Die Prosaerzählungen setzen sich in komplexer Weise mit drängenden Fragen der Zeit auseinander: mit dem Umbruch des moralischen Wertesystems im Zuge der Aufklärung, auf den Lenz mit dem Versuch einer „Versöhnung zwischen den Grundannahmen des christlichen Weltbildes" und der „empirischen Aufklärungsphilosophie" (Rector 1989: 191) reagiert. Daneben beschäftigen sie sich mit dem Liebes-

und Ehediskurs und der Sexualmoral sowie mit der sozialen Rolle des Intellektuellen und Schriftstellers in der entstehenden bürgerlichen Gesellschaft. Die Erzählungen legen keine verbindliche Lesart fest, sondern laden den Leser zu einer kritisch-distanzierenden statt empfindsam-einfühlenden Auslegung ein. Mit dieser offenen Schreibweise unterscheidet sich Lenz weitgehend von den anderen Schriftstellern im Sturm und Drang (vgl. Wurst 2014).

2. Einzelanalysen

Das Tagebuch

  Q: Damm II: 289–329 (nach Titel/Haug I: 207–253). – *H:* SBB-PK Berlin, Nachlass J. M. R. Lenz, Lenz, Bd. 3, Nr. 218. – *ED:* Ludwig Ulrichs: Etwas von Lenz. In: Deutsche Rundschau 11 (1877): 271–292.

Entstehung
1771 war Lenz in den Dienst zweier junger Adliger getreten und begleitete sie auf ihrer Militärlaufbahn u. a. nach Straßburg. Im Oktober 1774 kommt es zum Bruch, und Lenz gibt das für ihn unbefriedigende Anstellungsverhältnis auf, mit dem Wunsch, freier Schriftsteller zu werden. In *Das Tagebuch* setzt sich Lenz autobiographisch mit seinem Alltag im Dienst der Brüder Kleist auseinander, wobei ihn besonders die „Vorgänge um Cleophe Fibich, Tochter eines [...] Juweliers, ihren Bräutigam, den Baron Friedrich Georg von Kleist, und dessen jüngsten Bruder" (Damm II: 858) interessieren.

Der Prosatext entstand im Herbst 1774 und blieb ein Fragment. Um sich vor der Neugier seiner Brotgeber zu schützen, schrieb Lenz zunächst auf Englisch oder Italienisch, übersetzte den Text jedoch dann ins Deutsche (ebd.: 859). Im Sommer 1775 schickte er das Manuskript an Goethe; dieser bewahrt es auch nach dem Bruch mit Lenz in seinem Besitz auf und gab es 1797 an Schiller weiter, als dieser ihn um Texte von Lenz für die Veröffentlichung in den *Horen* bat. Wegen der unkonventionellen Form und der oft bizarren Szenen und Charakterisierungen wurde der Text letztendlich doch nicht publiziert, er wurde erst 1877 aus Schillers Nachlass veröffentlicht (ebd.: 860).

Aufbau und Inhalt
Im *Tagebuch* schildert der Ich-Erzähler seine heftigen Gefühle in einer spannungsreichen, unerfüllten, möglicherweise eingebildeten Liebesbeziehung, die ihn in Konflikt mit seinem Arbeitgeber bringt (vgl. Wurst 2014: 119–144). Der Text gliedert sich in eine Vorrede – sie gibt Vorgeschichte und Gründe für die Niederschrift und ist an Goethe gerichtet – und das eigentliche Tagebuch, das einen Zeitraum von dreimal zehn Tagen umfasst und abrupt abbricht.

Ein junger Mann steht im Dienst zweier Brüder, deren Ausbildung und gesellschaftliche Beziehungen in der Stadt X. er befördern soll. Der ältere Bruder, Scipio, hat einem jungen Mädchen, Araminta, ein schriftliches Eheversprechen gegeben und ist zu seinem Vater abgereist, um dessen Einwilligung zur Heirat einzuholen. In der Zwischenzeit soll der Hofmeister mit Aramintas Familie Kontakt halten und Scipio in einem guten Licht darstellen. Genau zu diesem Zeitpunkt erscheint der jüngere Bruder, im Text „der Schwager" genannt, in der Stadt, beansprucht die Dienste des Hofmeisters und wird bei Araminta eingeführt. Hier setzt das eigentliche Tagebuch ein.

Es entwickelt sich ein reger Kontakt mit täglichen Besuchen, Briefen und Geschenken. In den ersten zehn Tagen schildert der Erzähler seine erwachenden Gefühle, seine Vermutungen und Zweifel angesichts von Aramintas Verhalten. Erzähler und Schwager werden zu Konkurrenten um die Zuneigung des Mädchens, was diese spielerisch-kokett befördert. Insbesondere der Hofmeister verliebt sich in Araminta, ist hin- und hergerissen zwischen seinen Gefühlen und der Loyalität zu Scipio.

Der zweite Abschnitt umfasst acht Tage; die beiden letzten Tage und die ersten beiden des nächsten Abschnitts fehlen im Manuskript. Hier schildert der Erzähler seine immer stärker werdenden Gefühle, seine vergeblichen Versuche, sich von Araminta fernzuhalten, bis hin zu Selbstmordgedanken. Die Umworbene verhält sich sprunghaft, launisch, flirtet mit dem Erzähler, es kommt zu ‚zufälligen' körperlichen Berührungen und einem Kuss. Gleichzeitig wachsen in dem jungen Mann Abneigung, Misstrauen und Eifersucht auf den Schwager, der selbst eine Zuneigung zu dem Mädchen gefasst zu haben scheint, aber als Mitglied der Familie nicht verärgert werden darf. Im Mittelpunkt dieses Abschnitts steht die – imaginierte – Auseinandersetzung mit dem Schwager in einem ‚Zwergtraum' sowie in der zugetragenen, vermittelten Kommunikation durch Araminta. Eine Landpartie wird geplant, die Aufzeichnungen darüber sind verloren.

Im dritten Abschnitt schildert der Erzähler seine Bemühungen, sich von Araminta und aus seinem Dienst zu lösen. Der Eifersuchtskonflikt zwischen den beiden Männern wird immer stärker, der Schwager droht mit dem Degen. Araminta nimmt beim Hofmeister Harfen- und Italienischunterricht und intensiviert zugleich ihren scheinbar vertraulichen Umgang mit dem Schwager. Der Erzähler fasst den Entschluss, eine Einladung in die Schweiz anzunehmen, und beauftragt einen Bekannten mit der weiteren Überwachung des Schwagers. Am Tag der Abreise kommt es jedoch zu einer Aussöhnung mit dem Schwager. Der Hofmeister sucht Araminta in ihrer Kammer auf, wo es zu einer erotisch aufgeladenen Begegnung kommt. Hier bricht das Fragment ab.

Themen und Motive: Selbstverständigung, Identitätskonstruktion
und Liebesverständnis im Zeichen der Empfindsamkeit
Bisher gibt es nur wenige Interpretationen zur formalen Gestaltung des Texts und zur Fiktionalisierung der Charaktere in der *Tagebuch*-Erzählung; ihr stark autobiographischer Zug mag zu dieser Vernachlässigung beigetragen haben. Der Text erinnert in seinem Motivgeflecht und der Personenkonstellation an *Die Soldaten* (Griffiths 2006, → 2.1 DRAMEN UND DRAMENFRAGMENTE). Im Zentrum beider Texte steht die Dynamik der Verführung, wobei im *Tagebuch* die psychologischen und empfindsamen Dimensionen erwartungsgemäß dominieren (Osborne 1975a, Käser 1987, Demuth 1994, Ende 2002).

Der Text weist deutlich autobiographische Züge auf, er handelt von der Auseinandersetzung mit den Brüdern Kleist, in deren Diensten Lenz stand. Die fiktiven Namen „Scipio" und „der Schwager" verhüllen die Anspielung auf die realen Personen nur schwach, Araminta wird einmal als „Clephchen" (ebd.: 301) bezeichnet.

2.2 Erzählungen

Zwar hat *Das Tagebuch* kaum Beachtung in den großen Studien zur Autobiographie im 18. Jahrhundert gefunden, doch ist die literarisch konstruierte Lebensgeschichte für Lenz ein zentrales moralisches Projekt (Demuth 1994: 204). Es geht ihm in der *Tagebuch*-Erzählung nicht nur um die konventionelle Selbstbeobachtung in der Tradition des protestantischen bzw. pietistischen Verständnisses vom sinnvollen Leben, sondern um „die Textqualität literarisch vermittelter Klärung autobiographischer Zusammenhänge" (ebd.: 210).

Die narrative Konstruktion der Individualität eines jungen Intellektuellen in seinem soziokulturellen Wirkungskreis steht im Zentrum. *Das Tagebuch* kann als Selbstverständigungstext gelesen werden, in dem sich der Erzähler seiner am Empfindsamkeitsdiskurs der Zeit geschulten Gefühlswelt bewusst zu werden versucht. Den Kern der Erzählung bildet die „Auseinandersetzung mit den kulturellen Denk- und Gefühlsmustern" einer neuen bürgerlichen Lebensführung. In Kultur- und Gesellschaftsformen im Zeichen der Empfindsamkeit schafft sich das Bürgertum eine soziale Identität, „zu deren öffentlicher Durchsetzung die Literatur maßgeblich beiträgt" (ebd.: 207). Tagebuch und Brief sind die zentralen Schreibformen der Zeit, in denen sich der bürgerliche Selbstfindungsprozess abspielt, der in Goethes *Werther* (1774) einen Höhepunkt fand. Lenz setzt sich – wie auch in seinen anderen Prosatexten – direkt mit diesem modellbildenden Text auseinander: „Ich las deinen Werther" (Damm II: 295). Ein paar Monate nach Veröffentlichung des *Werthers* nimmt *Das Tagebuch* mit seiner Auslotung des empfindsamen Liebesdiskurses sowie der Problematisierung der bürgerlichen Arbeit ähnliche Themen wie Goethe auf und verknüpft sie eng miteinander. Jörg Schönert stellt zu Recht fest, dass die Lenzschen Prosatexte im Umfeld des *Tagebuchs* nicht in erster Linie als autobiographische Bekenntnisse zu lesen seien, „sondern als literarische Experimente zu gelungenen und mißlungenen Selbstdisziplinierungen im freien Bewegungsfeld der ‚Liebe'" (Schönert 1994: 312).

Durch die Erzählstruktur verstärkt sich der Eindruck der Eintönigkeit, die in Nummerierungen wie „wieder erster Tag" (Damm II: 297) deutlich wird. Wochentage werden nur sporadisch und unmotiviert angegeben. Die Tage sind mit belanglosem Hin und Her gefüllt, die Akteure scheinen vor allem aus Langeweile heraus zu agieren. Aramintas Alltag spielt sich zwischen ermüdenden Haushaltstätigkeiten und empfindsamem Zeitvertreib ab: Besuche, Kartenspiele, Landpartien (ebd.: 302), die Beschäftigung mit dem Kanarienvogel und dem Schoßhund (ebd.: 299), „im Fenster liegen" (ebd.: 294) und Flirts bringen Abwechslung in das einförmige Leben. Die Offiziere scheinen ebenfalls gelangweilt zu sein und verbringen ihre Zeit mit Besuchen und Trinkgelagen. Während der Abwesenheit seines älteren Bruders geht der Schwager beispielsweise täglich zu Araminta, macht ihr Geschenke und schaut dem Treiben auf der Straße zu. Die Arbeit des Tagebuchschreibers im Dienst der adligen Offiziere erscheint ebenfalls banal und frustrierend. Er macht Botendienste, unterhält den Schwager, trinkt mit ihm (ebd.: 327), soll Araminta bei Laune halten und hetzt zwischen den Haushalten hin und her. Wiederholt spricht der Tagebuchschreiber von seiner Traurigkeit („war mir traurig"; ebd.: 294) und seinem Missmut: „Nachmittags ganz meinem Kummer überlassen spazierte ich um die Wälle, ein Buch von Kriegsbaukunst in der Hand um mich zu zerstreuen." (ebd.) Melancholie dominiert die Stimmung – es gibt keine produktiven „Orientierungsmuster" (Grätz 2003: 167).

Fehlende Selbstdisziplinierung ist dabei ein Grund für den Mangel an sozialer Wirksamkeit; der andere Grund liegt in der gesellschaftlichen Perspektivlosigkeit, die durch das Fehlen von sinnvollen Tätigkeiten und Aufgaben für beide Geschlechter entsteht. Der Mangel an befriedigenden Leitbildern macht sich auch im Liebes- und Sexualitätsdiskurs bemerkbar. Die erotische Spannung zwischen Araminta und den drei Männerfiguren, die wir in erster Linie in der Beziehung zwischen ihr und dem Erzähler wahrnehmen, erscheint künstlich erzeugt und unbeständig. Deutlich spielt *Das Tagebuch* mit den kulturellen Klischees des empfindsamen Frauenbildes: Araminta musiziert auf der Harfe, singt und tanzt und umgibt sich mit bürgerlich-empfindsamen Accessoires der Zeit. Auch die modischen Attribute der Kleidung, z. B. die Bänder und die Blumensymbolik (Rose), spielen auf literarische Vorbilder, Goethes Lotte und Lessings Emilia, an.

Sowohl die Männer wie die Frauen sind unsicher, wie sie die hohen Erwartungen des Liebes- und Ehediskurses praktisch umsetzen und mit ihren neuen sozialen Rollen umgehen sollen. Im Gegensatz zu *Emilia Galotti* und *Werther*, wo die Protagonist/innen sterben, fehlt im *Tagebuch* ein solches tragisches Ende. Die zahlreichen „Andeutungen und taktischen Winkelzüge[n]" (Grätz 2003: 185) zeigen schonungslos die Verunsicherungen, die zwischen den Geschlechtern herrschen. Überdies problematisiert Lenz bei der Betonung von Aramintas Koketterie und der Darstellung ihrer fast pathologisch anmutenden Gefühlsschwankungen empfindsame Verhaltensmuster. Araminta wechselt unvermittelt zwischen Langeweile, Mutwillen und Manipulation. Ist sie die empfindsame Verführte oder hat sie eigene Beweggründe für ihr Verhältnis zu Scipio, zum Schwager und zum Erzähler? Ist ihr Verhalten durch das Ungenügen an der bürgerlichen Enge motiviert, entspringt es der Langeweile und Rastlosigkeit ihrer Existenz, ist es „ein arrangiertes Spiel mit einem bestimmten kommunikativen Code zur Initiation einer gesellschaftlich und materiell vorteilhaften Ehe oder eine individuelle Herzensangelegenheit" (Demuth 1994: 209)? Dialoge werden zu Verstellungsspielen, bei denen die Phantasie Freiräume schafft, „die das freie Wuchern der Wünsche ermöglichen" (Grätz 2003: 185).

Das Tagebuch konstruiert alle Beziehungen zwischen den Figuren als vermittelt und deckt die pathologische Seite der Selbstinszenierung des Intellektuellen im Übergang zwischen Empfindsamkeit und Sturm und Drang auf (ebd.: 190). Wird die Subjektivität im *Werther* gefeiert, so entleert *Das Tagebuch* die Vorstellung von der Einzigartigkeit des Gefühls durch wiederholte Spiegelungen, Unterstellungen und Vermutungen. Es zeichnet sich eine Art „Desintegration des Selbst" (Ehrich-Haefeli 1994: 69) ab. Die dabei entstehende „qualvolle" und „irritierende" Stimmung (ebd.: 66) fordert den Leser zur Reflexion darüber auf, wie Identität neu zu denken ist und ruft ihn zu eigener Positionierung auf. Die Sperrigkeit der Texte erlaubt keine Einfühlung in verführerisch ausgestaltete Lebensmodelle. Laut Schönert führt das Experiment, der Grundspannung der Sinnlichkeit durch Selbstdisziplinierung standzuhalten, zu keinem Ergebnis. Eine Lösung scheint erst dann möglich, wenn es durch ein neues Experiment auf der Grundlage des *Werther*-Musters abgelöst wird, nämlich durch den „kleinen Roman" *Moralische Bekehrung eines Poeten* (Schönert 1994: 318).

Moralische Bekehrung eines Poeten von ihm selbst aufgeschrieben

Q: Damm II: 330–353 (nach ED). – H: Goethe- und Schiller-Archiv Weimar. – ED: Karl Weinhold: Anfang eines fantastischen Romans von Lenz, dessen eigener Hand. In: Goethe-Jahrbuch 10 (1889): 46–70.

Entstehung
Die *Moralische Bekehrung eines Poeten* entsteht im Anschluss an das *Tagebuch* im Sommer 1775. In dieser fiktionalen Aussprache mit einer abwesenden Person, bei der es sich um Goethes Schwester Cornelia Schlosser handelt, setzt sich Lenz mit den im *Tagebuch* beschriebenen Straßburger Erfahrungen weiter auseinander. Nach der Kündigung seines Anstellungsverhältnisses bei den Brüdern Kleist war Lenz zu Luise König in Logis gezogen; dort hat er vermutlich Cornelia Schlosser kennengelernt. Auch dieser Text entwickelt eine komplexe Verbindung von autobiographischen Elementen aus dem Lenzschen Lebensumfeld mit der fiktionalen Gestaltung durch den Erzähler. Die biographische Dimension zurückdrängend, geht Sigrid Damm davon aus, dass die *Moralische Bekehrung* von „vornherein als dichterisches Werk konzipiert" (Damm II: 864) wurde.

Aufbau und Inhalt
Der Text *Moralische Bekehrung eines Poeten* schließt inhaltlich und thematisch an das *Tagebuch* an, er reflektiert eine alte und eine neue Liebesbeziehung (vgl. Wurst 2014; 145–163). Der Ich-Erzähler analysiert seine frühere Leidenschaft zu dem Mädchen C. (= Cleophe Fibich, die Araminta des *Tagebuchs*) und distanziert sich von ihr, während er gleichzeitig eine enge Beziehung zu Cornelia S. (= die Schwester Goethes und Frau seines Freundes Schlosser) entwickelt. Cornelia lebt in Emmendingen und ist zur Zeit der Niederschrift des Textes schwer erkrankt. Der Erzähler trifft Cornelia nur zweimal persönlich, führt aber einen regen (imaginären?) Briefwechsel mit ihr. Es bleibt im Ungewissen, ob der Erzähler seine leidenschaftlichen Briefe an Cornelia nicht absendet, aus Angst, sie könnten in „unrechte Hände" (Damm II: 347) fallen.

Der Text gliedert sich in eine Vorrede („Auszug einer Stelle der allgemeinen Einleitung von Banks und Solanders Reisen", in dem die Schwierigkeiten einer exakten Standortbestimmung bei Schiffsreisen ausgeführt werden) und 15 sogenannten Selbstunterhaltungen, die zu einem großen Teil direkte Anreden an Cornelia enthalten.

Die erste und längste Selbstunterhaltung setzt mit der Begründung ein, dass der Erzähler dieses Buch für sich selbst geschrieben habe. Vor dem Hintergrund der neuen Bekanntschaft mit Cornelia reflektiert er über die hochfliegenden Gefühle, die er während seines Aufenthaltes in Straßburg zu C. (auch Armide genannt) entwickelt hatte. Nachdem er sich von C. gelöst hat, kann er die Beziehung vernünftiger und neutraler beurteilen. Er sieht in C. nun eine eitle und berechnende Person, die ihn nur gegen den Nebenbuhler ausgespielt hat. Er warnt den Leser vor solch kokettem Verhalten, sieht aber auch, dass seine Naivität und sein Begehren zur Fehleinschätzung der Angebeteten beigetragen haben. Cornelia hingegen verkörpert für ihn die ideale Frau und Freundin, sie ist „Retterin" und „Engel des Himmels" (ebd.: 335). Ein Besuch an ihrem Krankenbett löst den Rückblick auf seine starken Gefühle aus, die er aber, da sie verheiratet ist, nicht ausleben kann. Nur in seinen Gedanken kann er sich leidenschaftlich zu Cornelia als „Abgott meiner Vernunft und meines Herzens zusammen, Beruhigung und Ziel aller meiner Wünsche" (ebd.: 339) bekennen.

In der zweiten Selbstunterhaltung distanziert sich der Erzähler von der Passion, seinen „Nachtsünden" (ebd.: 340), und erhofft sich Erlösung von Cornelia. Sie verkörpert Ruhe, Ordnung und Harmonie. In ihr meint er die Gottheit zu erkennen und zu lieben. In den nächsten drei Selbstunterhaltungen kritisiert der Erzähler den Drang des Menschen, sich in Gesellschaft selbst darzustellen, als eitel und selbstgefällig. Er selbst gehe nur zu „Visitentagen", um den hohen Wert Cornelias im Vergleich zu anderen Frauen bestätigt zu sehen. Auf der anderen Seite erkennt er die Gefahr, die im Hochmut und in der Selbstgefälligkeit liegen können. In der sechsten und siebten Selbstunterhaltung spricht der Erzähler über seine Ambivalenz gegenüber dem berühmten Bruder Cornelias, Goethe, über seinen Neid auf dessen Ruhm, die eigene finanzielle Abhängigkeit von ihm. Insbesondere kränkt ihn, dass seine eigenen Werke nicht ihm selbst, sondern dem genialen Goethe zugeschrieben werden – um diesen jedoch am nächsten Tag wieder eifrig gegen einen Bekannten zu verteidigen. Er fühlt sich von seiner Mitwelt gerichtet; nur ein Bild Cornelias und der Rückzug in die Einsamkeit vermögen ihn zu trösten.

Die achte Selbstunterhaltung beschreibt ein Treffen mit C., der früheren Geliebten des Erzählers, die er aus Mitleid über ihre „unglückliche Situation" (ebd.: 347) als verlassenes Mädchen besucht. Der Erzähler revidiert seine harsche Haltung aus der ersten Selbstbetrachtung, verfällt aber nicht mehr dem ehemaligen Zauber und erkennt die frühere „leidenschaftliche Sinnlosigkeit" (ebd.) seines Begehrens. Er durchschaut C.s Manipulationsversuche als „Hexentänze" (ebd.), spielt aber mit, weil er ihre Gefühle nicht verletzen und ihr Selbstwertgefühl erhalten möchte. Der Gedanke an Cornelia gibt ihm Kraft dazu. In der neunten, kurzen Selbstunterhaltung imaginiert er in einer Vision – ausgelöst durch die Lektüre von Rousseaus *Die neue Héloïse* (1761) – Cornelia auf dem Sterbebett. Selbstmordgedanken, die Erinnerung an einen Traum und Vorausdeutungen vermischen sich zu einer erschreckenden Vision.

Die zehnte und elfte Selbstunterhaltung schließt sich an einen Besuch des Erzählers bei Cornelia in E. (= Emmendingen) an, bei dem sie ihm Petrarcas Liebesgedichte und ihr Porträt überlassen hat. Sie erscheint ihm als ruhender Pol gegenüber der Betriebsamkeit und „Konkupiszenz" in Straßburg, sie ist sein „Schutzgeist" (ebd.: 350) gegen die Unruhe der Welt.

Die zwölfte bis vierzehnte Selbstunterhaltung zeigt, wie sehr der Erzähler aus dem Gleichgewicht geraten ist. Verschiedene Stimmungen, Gedanken und Lebensphilosophien kämpfen in ihm. Er reflektiert über Glück und Unglück und will alles – auch Leiden – als von Gott gesandt ohne Hinterfragen annehmen. Gleichzeitig verzweifelt er an seinem Hang zur Eitelkeit, Selbstgefälligkeit und Selbstliebe; trotzdem hofft er auf Anerkennung durch andere. Die letzte Selbstunterhaltung ist ein Abschied. Der Erzähler will abreisen, sich von Goethe trennen, aber er hofft, dass Cornelias Bild und Andenken mit ihm sein werden. Er übergibt ihr das Manuskript der *Moralischen Bekehrung* zur Verwahrung, beteuert aber erneut, dass er es nur für sich selbst geschrieben habe. Der Text endet mit dem Satz: „Ich sage dir nimmer Adieu" (ebd. 353).

Themen und Motive: Selbstbestimmung, Liebe und Sexualität

In der *Moralischen Bekehrung* (1775) setzt sich Lenz mit der Tradition der Bekenntnisliteratur der Epoche in der Nachfolge von Rousseaus *Les Confessions* (1765–1770) auseinander. Intertextuell klingt auch Lavaters *Geheimes Tagebuch. Von einem Beobachter seiner Selbst* (1771) an. Im Mittelpunkt von Lenz' Betrachtungen steht das sexuelle Begehren, verbunden mit einem idealisierten Frauenbild. Das Gemälde der geliebten Frau wird zur Projektionsfläche der erotischen Gefühle, deren Erfüllung sich Lenz immer wieder versagt. Dieses Motiv taucht auch in anderen Erzähltexten, z. B. im *Waldbruder*, auf, die so aufeinander Bezug nehmen.

Unter Bezugnahme auf James Cooks Reise nach Tahiti (1768–1771) wird, wie erwähnt, in der Vorrede ein „Auszug einer Stelle der allgemeinen Einleitung von Banks und Solanders Reisen" (ebd.: 330) präsentiert, in der davon die Rede ist, wie wichtig es ist, „die Baien, Landspitzen und andere Unregelmäßigkeiten der Küste [...] nebst der Tiefe des Wassers und jeden andern Umstand mit der pünktlichsten Sorgfalt" (ebd.) anzuzeigen. Damit wird signalisiert, dass es in den nachfolgenden Selbstunterhaltungen ebenfalls um eine Standortbestimmung geht, nicht in den Weiten der Weltmeere, sondern in den Tiefen der eigenen Seelenlandschaft. Durch den Verweis auf Lavaters *Geheimes Tagebuch* erweitert der Erzähler den Gegenstand seiner Observationen. Der Titel *Moralische Bekehrung* spielt auch auf das Genre der religiösen Konversionsgeschichte an, in der ein negativ gewerteter Anfangszustand im Zentrum steht und nach einer Bekehrung in einen positiven Endzustand mündet. Dieses „Schema der Lebenswende" (Demuth 1994: 216) findet sich häufig in pietistischen Autobiographien des 18. Jahrhunderts. Eng mit der eher weltlichen Form des Tagebuchs verwandt, ist die Selbstunterhaltung als „Vollzugsform lebensgeschichtlicher Anforderungen" eine wichtige Form der bürgerlichen Selbstverständigung, die „seit Shaftesbury [...] als moralische Bildungstechnik" (ebd.: 217) gepriesen wird. Als „moralanthropologische[r] [...] Erfahrungstext" (ebd.: 218) ist der Text von Lenz auf das moralische Endziel bezogen, den „dissonierenden Kräften Ordnung und Ruhe" zu geben, sie in eine „harmonische Bewegung" zu bringen (Damm II: 340). Die Erreichung eines solch harmonischen Endzustandes scheint im Text jedoch nur als eine utopische Möglichkeit auf.

Wie im *Tagebuch* verwischen sich in den Selbstunterhaltungen die Grenzen zwischen fiktivem Erzählen und (auto-)biographischer (Selbst-)Analyse. Auch hier stehen der Liebes-, Sexualitäts- und Ehediskurs im Zentrum des Textes, besonders aber die bürgerliche Subjektivitätskonstruktion und Selbstinszenierung des Intellektuellen (Poeten). Der Erzähler reflektiert seinen im *Tagebuch* geschilderten Lebenswandel und erkennt ihn als Irrtum. Die Selbstunterhaltung wird als weitere Variante der Eigenbeobachtung und Selbstanalyse in fiktionalisierter Form durchgespielt. Eine solche literarische Betrachtung ist jedoch nicht ausschließlich individuell und privat, sondern hat, wie zu dieser Zeit üblich, gesellige Elemente (Grätz 2003: 165). Diaristische Texte und Briefe werden im Freundeskreis gelesen und, wie das *Tagebuch*, sogar an Freunde (in diesem Fall Goethe) verschenkt.

In diesem Text, wie auch in den anderen Prosastücken, klopft Lenz die literarischen Gattungen seiner Zeit auf ihre Brauchbarkeit ab, wobei die Gattungserwartungen unterwandert und zur Kontrastfolie werden, von der er die eigene Erzählkonstruktion abgrenzt. Titel und Genre lassen eine Bekehrungsgeschichte erwarten, diese Erwartung wird aber im Text nicht eingelöst. Die *Moralische Bekehrung* oszilliert zwischen monologischen und dialogischen Strukturen (Ende 2002: 392). Die Selbstanalyse, die der Erzähler im *Tagebuch* begonnen hatte, will er nun laut seiner programmatischen Vorgabe in dem neuen Text einlösen. Er will versuchen, sich selbst von seinen „Empfindungen, ihrem Wechsel, Veränderung und Fortgang Rechenschaft zu geben" (Damm II: 330). Allerdings muss der Leser aus den geschilderten Gedanken- und Gefühlsfragmenten den Verlauf der Geschichte mühsam rekonstruieren.

Gleichzeitig wird mit der erwartungsleitenden Funktion der Gattungsvorgabe gespielt. Wie sich aus dem Gesamtwerk – einschließlich der theoretisch-moralischen und theologischen Schriften – erschließen lässt, sucht Lenz nicht nur eine Lese-, sondern auch eine Lebensanleitung zu vermitteln. Statt auf vorgefassten Meinungen zu bestehen, wird der Leser zur kritisch analysierenden Haltung und zur eigenen Positionsfindung ermutigt, die letztendlich als unabgeschlossener Prozess erscheint.

Diese selbstreflexive Bewegung, die das Handeln begleitet, wird in *Moralische Bekehrung* deutlich vor Augen geführt. Die breit ausgeführte Selbstbeobachtung, wie es zur früheren Fehleinschätzung im Verhältnis zu Araminta, jetzt C., kommen konnte, wirft jedoch zugleich ein fragwürdiges Licht auf die gegenwärtige Hinwendung zu Cornelia. Sie macht den Leser argwöhnisch, ob er dem Erzähler trauen kann. Denn seine momentanen Einsichten halten den Sprecher der Selbstunterhaltungen nicht davon ab, eine neue, wiederum von der *Werther*-Konstellation geprägte Liebesbeziehung einzugehen. Es bleibt offen, ob er Cornelias Interesse an seiner Person richtig einschätzt oder ob die Situation – wie sie im *Tagebuch* als Anlass für seine Verliebtheit zu Araminta dargestellt wurde – nur zu neuerlichen Fehleinschätzungen führt. Dieses Misstrauen in die Zuverlässigkeit des Erzählers kann – in Anlehnung an Philippe Lejeune – als ein Spiel mit dem „autobiographischen Pakt" (Ende 2002: 393) verstanden werden. Deutlicher als im *Tagebuch* reflektiert Lenz in dieser Erzählung sein Selbstverständnis als Autor und die eigene Rolle auf dem literarischen Markt. Der Verweis auf Goethe offenbart das gespannte Verhältnis zwischen literarischer Seelenfreundschaft und Rivalität. In der sechsten Selbstunterhaltung legt der Erzähler Rechenschaft über seinen Berufsneid gegenüber dem erfolgreicheren Konkurrenten ab. Er kritisiert die Kunstrichter, die sein Frühwerk – das Drama *Der Hofmeister* (1774) und *Die Lustspiele nach dem Plautus fürs deutsche Theater* (1774) – Goethe zuschreiben, aber wähnt sich ohnmächtig, der Ungerechtigkeit entgegenzutreten. Darüber hinaus fürchtet er, dass sich solche falschen Zuordnungen in der Zukunft wiederholen könnten. Die Gefühle der Machtlosigkeit werden durch das soziale und wirtschaftliche Gefälle der beiden Autoren verstärkt. Goethes Vermittlertätigkeit bei der Suche nach einem Verleger für den *Hofmeister* spitzt die Situation weiter zu, weil Lenz sich dadurch noch stärker von Goethe abhängig fühlt. Gleichzeitig ist er betrübt über seine eigene neidische Reaktion. Er sieht sich nicht als frei handelndes Wesen, das aus seinem moralischen Grund heraus selbstbestimmt agiert, sondern als einen Menschen, der von den (sozialen) Umständen „an der Kette" (Damm II: 345) gehalten wird. Über die Empfindungen der Rivalität, der eigenen Ohnmacht und der Entfremdung hinaus endet der Text mit der schmerzlichen Enttäuschung über den sich anbahnenden Verlust einer bis dahin unzertrennlichen Freundschaft. Es schleicht sich in diese Selbstanalyse auch ein Gefühl der Selbstgefälligkeit und des Hochmuts ein (ebd.: 344), weil der Erzähler sich in seinem einsiedlerischen Rückzug dem gesellschaftlich angepassten und erfolgreichen Goethe überlegen sieht. Der Erzähler ist sich zwar darüber im Klaren, dass er sich durch seine Überheblichkeit isoliert, kann jedoch aus dieser Einsicht keine produktiven Konsequenzen ziehen.

Ein weiterer Motivstrang ist die Verknüpfung von empfindsamer Liebe und Sexualität. War der Erzähler im *Tagebuch* durch eine relativ unreflektierte Mischung beider Aspekte an Araminta gefesselt, so spaltet sich in der *Moralischen Bekehrung* das Begehren in sexualisierte Spielerei und empfindsame Liebe auf. Cornelia wird ihm zur Projektions- und Abgrenzungsfläche, die ihm über seine frühere Beziehung die Augen öffnet. Es wird dem Erzähler/Schreiber nun klar, dass er sich von C./Araminta lösen muss. Zugleich sieht er Cornelia als eine Lotte-Figur, die an gebrochenem Herzen stirbt – wobei sich der Erzähler in die Werther-Position hineinphantasiert und den Ehemann Schlosser in die prosaische Albert-Position drängt. Der Leser ist jedoch misstrauisch, ob dies nicht eine Fehldeutung von Lottes/Cornelias Krankheit ist. Die mangelnde Selbsteinschätzung des Erzählers lässt Zweifel entstehen, ob man den Textaussagen trauen kann oder ob es dem Erzähler, wie dem Tagebuchschreiber, an zuverlässiger Menschenkenntnis fehlt. Am Ende des Textes stehen Fragen über Fragen. Die *Moralische Bekehrung* ist somit durch eine bedrohlich-bedrängende Ratlosigkeit gekennzeichnet. Der Erzähler schwankt zwischen Eitelkeit und Selbstgefälligkeit einerseits und einem weitgehend unausgesprochenen Schuldgefühl und schlechten Gewissen andererseits. Die Zukunft bleibt ungewiss.

Zerbin oder die neuere Philosophie

Q: Damm II: 354–379 (nach ED). – H: nicht nachweisbar. – ED: Deutsches Museum, hg. v. H. Chr. Boie, 1. Jg., 1. Bd., 2. u. 3. St. (Februar u. März 1776): 116–131 u. 193–207.

Entstehung
Die Erzählung *Zerbin oder die neuere Philosophie* stammt aus der Straßburger Zeit und wurde wohl zum Jahresende 1775 fertiggestellt. Lenz bietet sie im Dezember 1775 Heinrich Christian Boie für das *Deutsche Museum* als eine „Erzählung in Marmontels Manier" (Damm III: 358) an. Boie bestätigt den Eingang und nimmt die „vortreffliche Erzählung", „vortrefflicher, als ich noch Eine in unserer Sprache kenne", ins *Museum* auf (Damm II: 869). Laut Boie hat die Erzählung nach ihrer Veröffentlichung Anfang 1776 „eine große Sensation gemacht, und allgemeinen Beifall gefunden" (ebd.). Das Motiv des verlassenen Mädchens – ebenfalls im *Tagebuch* und im Drama *Die Soldaten* angesprochen – wird hier im Kindsmord radikalisiert (Osborne 1975b: 69). Dieses Thema bewegte die Gemüter der Zeit und wurde mehrfach literarisch verarbeitet, z. B. in Heinrich Leopold Wagners *Die Kindermörderin* (1776) oder in der Gretchentragödie in Goethes *Faust* (*Urfaust* 1775). Mit dieser Erzählung traf Lenz anscheinend den Publikumsgeschmack.

Aufbau und Inhalt
Zerbin, der zunächst als aufrichtig und edel beschrieben wird, überwirft sich mit seinem Vater, weil er dessen Geschäfte als wucherisch und unmoralisch empfindet. Er verlässt seine Heimatstadt Berlin, um in Leipzig zu studieren. Er möchte es aus eigener Kraft zu etwas bringen, um dann im Triumph zum Vater zurückzukehren

und diesen zur Wohltätigkeit zu bewegen. Der Erzähler deutet an, dass Zerbins Plan durch Eigenliebe motiviert und schwierig zu verwirklichen ist. Zerbin studiert hingebungsvoll bei dem Moralphilosophen Gellert, behält aber seine Vorlesungsnotizen in eigennütziger Weise ganz für sich. Er arbeitet als Tutor, lehrt Mathematik und wird Mentor des leichtlebigen Grafen Altheim. Er leidet daran, dass sich seine hohen moralischen Ansprüche im Umgang mit anderen Menschen nicht erfüllen, zieht jedoch eine gewisse Genugtuung daraus, dass auch diese von ihren oberflächlichen Vergnügungen nicht befriedigt werden.

Graf Altheim und Zerbin machen die Bekanntschaft von Renatchen Freudlach, einer schönen und unterhaltsamen, nicht mehr ganz jungen Bankiersschwester. Als junges Mädchen hat sie koketterweise zu viele Freier abgewiesen, und ihr momentaner Verehrer, der sächsische Offizier Hohendorf, hält sie hin. Renatchen setzt all ihre Verführungskünste ein, um einen Ehemann zu finden, vorzugsweise Graf Altheim. Sie will Zerbin nur erobern, um sich für den Grafen begehrenswerter zu machen. Der unerfahrene Zerbin merkt nicht, welches Spiel Renatchen spielt, er verliebt sich leidenschaftlich in sie, während auch Hohendorf und Altheim weiter geselligen Umgang mit ihr pflegen. In seiner Blindheit missversteht Zerbin ein gemeinsames Kartenspiel als geheime Verabredung Renatchens mit ihm zum Rendezvous. Ihre Rechnung scheint aufzugehen: Altheim bemüht sich um sie, um den vermeintlichen Nebenbuhler auszustechen. Zerbin erkennt schließlich, dass er nur Mittel zum Zweck war und löst sich aus der Beziehung. Altheim wird Renatchen jedoch nicht heiraten, sondern sie als seine Geliebte in der Zukunft großzügig aushalten. Zerbin hat Schwierigkeiten die Enttäuschung zu verkraften. Um sich abzulenken, geht er viel aus, allerdings ohne die nötigen finanziellen Mittel hierfür zu haben. Er verliert seine Schüler und gerät immer mehr in Schulden. Seine einzige Vertraute wird das Dienstmädchen des Hauses. Die Situation verkompliziert sich, weil sein Hauswirt für seine Tochter Hortensia eine Versorgung und einen Ehemann sucht. Als Magister ist Zerbin für Hortensia ein akzeptabler Kandidat. Zerbin kann sich jedoch nicht mit der Idee einer Vernunftehe abfinden, er sucht eine Liebesverbindung: „[E]r wollte keine Haushälterin, er wollte ein Weib, die Freude, das Glück, die Gespielin seines Lebens" (Damm II: 367).

Seine ungestillte Sehnsucht nach Liebe und der Wunsch nach emotionaler Nähe bewirken, dass sich Zerbin endgültig dem Dienstmädchen Marie, einer heiteren und natürlichen jungen Frau, zuwendet. Sie ist ihm so sehr zugetan, dass sie ihm Geld leiht und es nicht zurückfordert. Als reiche Bauerntochter ist sie darauf auch nicht allzu nötig angewiesen. In einer dramatischen, gefühlsgeladenen Szene fallen sich die beiden in die Arme und werden ein Liebespaar. Zerbin hat jedoch keineswegs die Absicht, Marie zu heiraten und mit ihr aufs Land zu ziehen – das wäre mit seinem gesellschaftlichen Status und seinem Selbstbild als Philosoph unvereinbar. Im Umgang mit Marie wandeln sich seine Vorstellungen von Liebe. Diese ist für ihn nicht mehr notwendig an die Ehe gebunden, sondern sie ist ein Trieb, den man ausleben muss.

Als Marie schwanger wird, entwickelt Zerbin den Plan, mit der Geliebten eine ‚Ehe zur linken Hand' in Berlin zu führen und gleichzeitig in Leipzig nach einer reichen Partie Ausschau zu halten. Er gibt sogar vor, sich mit seinem Vater versöhnen zu wollen, und fordert von ihm auch tatsächlich eine große Summe Geldes. Marie lässt sich überreden und verzichtet auf eine Rückkehr in ihr wohlhabendes Elternhaus, wo sie trotz eines unehelichen Kindes aufgenommen worden wäre. Während Marie immer unglücklicher wird, hat Zerbin großen beruflichen Erfolg mit einer neuen Vorlesung über Moral und Natur- und Völkerrecht. Ein Streit zwischen den beiden Rivalen Altheim und Hohendorf um die Gunst von Renatchen hat fatale Konsequenzen für Zerbin. Als Altheim Hohendorf im Duell erschießt und Leipzig ohne Nachricht verlässt, gerät Zerbin, der in Aussicht auf seinen ausstehenden Lohn von Altheim Schulden gemacht hat, in immer größere finanzielle Not. Als er seine Miete nicht mehr zahlen kann, bittet Marie für ihn um Stundung, was seine Verbindlichkeiten gegen Hortensia, die Tochter des Vermieters, erhöht. In der Zwischenzeit ist sein Vater ebenfalls bankrottgegangen und bittet seinerseits den Sohn um Unterstützung.

Da sich das Berliner Projekt zerschlagen hat, entwickelt Zerbin einen neuen Plan: Marie soll das Kind heimlich bei einer Freundin gebären. Auch dieser Plan scheitert, und Marie bringt ein totes Kind zur Welt. Nach den damaligen Gesetzen steht auf die Verheimlichung einer Schwangerschaft bzw. auf Kindsmord die Todesstrafe. Marie wird entdeckt und verhaftet, verschweigt jedoch standhaft den Namen des Kindsvaters, Zerbin seinerseits bekennt sich nicht zu ihr. In einer bewegenden, dialogisch gestalteten Szene treffen Marie und ihr Vater aufeinander. Er malt ihr aus, welche Zukunft er für sie arrangiert hätte. Marie trägt ihre Hinrichtung mit einer solchen vorbildlichen Fassung, dass sie als Märtyrerin von der ganzen Bevölkerung bedauert wird. Nach einigen Tagen des Trübsinns ertränkt sich Zerbin im Stadtgraben. Der Erzähler betont, dass es sich dabei um keinen Selbstmord aus Liebe wie im *Werther* gehandelt habe, sondern um ein Eingeständnis von Schuld.

In Zerbins Papieren finden sich zwei Aufzeichnungen, die vom Erzähler in den Text eingeschoben werden: In der ersten bittet Zerbin Marie um seine gerechte Strafe vor dem gemeinsamen Richterstuhl Gottes; in der zweiten möchte er die Geliebte „vor den Augen der Welt rechtfertigen" (Damm II: 378). Ihre Verbindung sei kein Verbrechen gewesen; er allein sei schuld, dass sie nicht „öffentlich bestätigt" (ebd.) worden sei: „[M]eine eingebildete Gelehrsamkeit, mein Hochmut waren die einzigen Hindernisse." (ebd.) Er warnt alle „Frauenzimmer vor einer so grenzenlosen Liebe gegen unwürdige Gegenstände: Ich wollte ihr nichts aufopfern; sie opferte mir alles auf. Ich kann mich nicht hassen, aber ich verachte mich!" (ebd.: 379). Über die beiden anderen Frauengestalten erfährt der Leser, dass Hortensia schwermütig geworden und Renatchen ins Kloster gegangen ist.

Themen und Motive: Bürgerliche Aufstiegsphantasien des Intellektuellen und die zeitgenössische Liebesauffassung
In dieser Erzählung setzt sich Lenz kritisch mit den Themen Liebe, gesellschaftliche Moral und individuelle Verantwortung auseinander (vgl. Wurst 2014: 164–189). Rector interpretiert den Text als komplexe Parabel über das notwendige Scheitern eines frei handelnden Menschen an den herrschenden Umständen, wobei Zerbin gleichzeitig Opfer und Täter sei (Rector 1994b: 295 f.). Wie in anderen Prosatexten stellt Lenz die Verabsolutierung der Werte, den Egoismus und das dogmatische Denken kritisch in Frage (Wurst 1993a), wobei der Einfluss Kants, Lenzens Lehrer in Königsberg, spürbar ist. Selbstsüchtig und unentschlossen zugleich sucht der Protagonist seinen Platz in der Gesellschaft, ohne auf das Wohl und die Gefühle anderer

Rücksicht zu nehmen. Unbeirrt hält er an der „Modephilosophie" mit ihren „vertaubten Nerven des Mitleids" (Damm II: 354) fest und verursacht dadurch letztendlich den Tod der Geliebten. Indem der Erzähler Zerbin mit seinem Lebensplan in all seinen Beziehungen scheitern lässt, übt er Kritik am überkommenen Tugendbegriff (Kasties 2003: 82).

Die Erzählung beginnt mit einem philosophischen Exkurs, in dem der Erzähler die neue philosophische Zeitströmung beklagt: Trotz behaupteter Menschenliebe und Empfindsamkeit begegne man Armen und Unglücklichen mit moralischer Selbstgerechtigkeit statt mit Mitgefühl und glaube sich berechtigt, „an dem menschlichen Geschlecht nur die Gattung, nie die Individuen zu lieben" (Damm II: 354). Zerbin wird als ein typischer Vertreter dieses Denkens vorgestellt. Er hält es für unwürdig, „den Umständen nachzugeben und diese Gesinnung [...] war die Quelle aller seiner nachmaligen Unglücksfälle" (ebd.: 355). Zur intellektuellen Eitelkeit und seinem egoistischen Karrieredenken kommt die Überheblichkeit, sich über seine Herkunft hinwegsetzen zu wollen. Die Idee einer plan- und machbaren, von absoluten Werten geleiteten Selbstkonstruktion eines bürgerlichen Intellektuellen wird, wie auch im *Tagebuch* und in der *Moralischen Bekehrung*, auf verschiedenen Ebenen im Text durchgespielt. Der Erzähler lässt Zerbin in allen Bereichen scheitern, wenn auch ohne Pathos. Sowohl die bürgerliche aufklärerische Aufstiegsideologie als auch die Werte der Empfindsamkeit mit ihren Liebes- und Ehevorstellungen erweisen sich als nicht tragfähig. Zerbin sucht aber nicht nur nach beruflichem Erfolg, er hat auch „ein reizbares, für die Vorzüge der Schönheit äußerst empfindliches Herz" (ebd.: 357). Da er jedoch auch in seinem Verhältnis zum anderen Geschlecht die tatsächlich gegebenen Umstände und die Handlungsmotive der Beteiligten verkennt, bleibt er auch in der Liebe erfolglos. Als Zerbin die Intrige seiner ersten Angebeteten schließlich durchschaut, „verzagt[e] er [...] an sich und an der Möglichkeit geliebt zu werden" (ebd.: 363).

Ohne aus dem ersten Misserfolg zu lernen, wendet er sich Hortensia als bequemem, weil leicht verfügbarem Ersatzobjekt zu. Auch hier begreift er nicht, dass seine und ihre Wünsche nicht zusammenpassen: „[I]hre Absichten gingen himmelweit auseinander; er steuerte nach Süden, sie steuerte nach Norden; sie verstunden sich kein einzig Wort" (ebd.: 367). Zerbins Wunsch – das „Anheften, Anschließen eines Herzens an das andere, ohne ökonomische Absichten" (ebd.: 366 f.) – ist mit den Plänen Hortensias unvereinbar: „Du wirst Brot bei ihm finden; es ist doch besser Frau Magistern heißen, als ledig bleiben" (ebd.). Das Absehen von Lage, Konstellation und Wünschen des anderen führt erneut zum Fehlschlagen der Pläne. „[S]eine Tatkraft, seine Karriere, sein Autonomie-Anspruch, seine ganze Persönlichkeit erleiden einen irreparablen Knick. Das ist die psychologische Genese seiner Katastrophe" (Rector 1994b: 299).

Weil Zerbin aufgrund seiner Enttäuschung seine Arbeit und Karriere vernachlässigt, folgt der wirtschaftliche Abstieg, der ihn letztendlich in die Arme von Marie führt. Nachdem sie sich seinem Verlangen hingegeben hat, verändern sich seine Moral- und Tugendvorstellungen:

> Zerbins hohe Begriffe von der Heiligkeit, aufgesparten Glückseligkeit, von dem Himmel des Ehestandes verschwanden. Die Augen fingen ihm, wie unsern ersten Eltern, an aufzugehen, er sah alle Dinge in ihrem rechten Verhältnis, sah bei der Ehe nichts mehr als einen Kontrakt zwischen zwei Parteien aus politischen Absichten. [...] [E]r ward vernünftig. Er

hatte die Liebe seiner Marie zum voraus eingeerntet; Liebe schien ihm nun ein Ingrediens, das gar nicht in den Heiratsverspruch gehörte; die große Weisheit unserer heutigen Philosophen ging ihm auf, daß Ehe eine wechselseitige Hülfleistung, Liebe eine vorübereilende Grille sei; eine Mißheirat schien seinem aufgeklärten Verstande nun ein eben so unverzeihbares Verbrechen, als es ihm ehemals der Ehebruch und die Verführung der Unschuld geschienen hatten. (Damm II: 369)

Diese geänderten Moral- und Tugendvorstellungen führen letztlich zur Katastrophe: Marie wird als Kindsmörderin verurteilt und hingerichtet (Peters 2001: 123–131). Dieses Motiv des Kindsmords konzentriert wie in einem Brennspiegel die Widersprüche im empfindsamen Liebes- und Selbstbestimmungsdiskurs des Sturm und Drang. „Das Kind als sichtbar gewordene Folge von Sexualität wird abgetötet. Die Kindstötung stellt sich demnach als symbolisches Ungeschehenmachen von Lust, als Auslöschung von Sexualität dar, erzwungen durch den Schuldzusammenhang von Sexualität und Sünde in der bürgerlichen Moral." (Luserke/Marx 1992: 138)

Der vorangestellte Erzählerkommentar baut eine kritische Erwartungshaltung dem Geschehen gegenüber auf und verhindert weitgehend eine Identifizierung mit dem Protagonisten. Rector sieht in Zerbin die „Sünde der superbia", die Lenz „über sich schweben" spürte, „seit er in Königsberg mit dem Theologiestudium und mit dem erklärten Willen des Vaters, der kindlichen Imago des Gottvaters, gebrochen und, ähnlich wie Zerbin, seinen persönlichen ‚herzhaften Sprung aus all diesen Zweideutigkeiten' (Damm II: 355) gewagt hatte, um seinen Lebensplan, eine Existenz als freier Schriftsteller, zu verwirklichen." (Rector 1994b: 302 f.)

Der Waldbruder, ein Pendant zu Werthers Leiden

Q: Damm II: 380–412 (nach ED). – H: einzelne Fragmente BJ Kraków, Lenziana 2. – ED: Die Horen, hg. v. F. Schiller, Bd. 10 (1797): 85–102 u. Bd. 11 (1797): 92–130.

Entstehung
Am 11. März 1776 berichtet Lenz dem Herausgeber des *Deutschen Museums*, Heinrich Christian Boie, von seinem Plan für ein neues Werk: „Keine Erzählung wie Zerbin aber ein kleiner Roman in Briefen von mehreren Personen, der einen wunderbaren Pendant zum Werther geben dürfte" (Damm III: 403). Die Idee für den *Waldbruder* reicht also bis in die Straßburger Zeit zurück. Lenz greift den neuen Typus Briefroman auf, für den Goethes *Werther* (1774) exemplarisch steht, und positioniert sein Werk ausdrücklich als Gegenstück zu diesem. In seiner ästhetischen Schrift *Briefe über die Moralität der Leiden des jungen Werthers* (1774–1775; Damm II: 673–690; → 2.4 THEORETISCHE SCHRIFTEN: SCHRIFTEN ZUM THEATER UND ZUR LITERATUR) hat sich Lenz schon kurz nach dessen Erscheinen mit Goethes bahnbrechendem Roman auseinandergesetzt. Goethe schickte die *Werther-Briefe* von Lenz an Friedrich Heinrich Jacobi zur Drucklegung, dieser kam der Aufforderung jedoch nicht nach. *Der Waldbruder* stellt einen weiteren Versuch dar, sich in die *Werther*-Diskussion einzuschalten. Lenzens Enttäuschung über seine Zeit am Weimarer Hof sowie die Entfremdung von Goethe werden im *Waldbruder* kaum verschlüsselt dargestellt; Goethe wird hier wenig schmeichelhaft als Zyniker und Lebemann gezeichnet. Trotz der kritischen Auseinandersetzung übergibt Lenz auch dieses Manuskript an Goethe,

der es unter Verschluss hält. Erst auf Anfrage Schillers wird es 1797 zum Druck in *Die Horen* freigegeben.

Aufbau und Inhalt

Die Erzählung schildert den Charakter des jungen empfindsamen Herz, der sich in die Waldeinsamkeit zurückgezogen hat. Seine Motive hierfür bleiben weitgehend im Dunkeln. Seine Freunde – allen voran sein Freund Rothe, der in der Stadt lebt – bemühen sich, ihn wieder in die Gesellschaft zurückzuholen, aber er bleibt ein Außenseiter. Am Ende wird er wahrscheinlich nach Amerika in den Krieg ziehen. Die Erzählung gliedert sich in vier Teile unterschiedlicher Länge. Handlung und Hintergründe (rückblickend) werden ausschließlich in Briefen entwickelt, die sowohl von den direkt Betroffenen als auch von Außenstehenden geschrieben sind. Sie beziehen sich aufeinander, sind aber meist keine direkten Antworten. Im ersten Teil und ersten Brief erfährt der Leser, dass sich Herz in eine Laubhütte oberhalb eines „armen aber glücklichen Dorfes" (Damm II: 380) zurückgezogen hat. Er beneidet die Bauern um ihr schlichtes Leben und beklagt seine eigene verworrene Lage. Rothe ist der einzige, von dem sich Herz manchmal noch verstanden fühlt. Im zweiten Brief informiert Fräulein Schatouilleuse, eine gemeinsame Bekannte, Rothe, dass Herz seinen Dienst aufgegeben und in den Odenwald gezogen ist, um Waldbruder zu werden, worüber sich die Gesellschaft lustig macht. Auch Rothe zeigt kein Verständnis, sondern nur „zuvorkommendes Mitleid" (ebd.: 381) mit dem Freund. Im dritten Brief berichtet Herz, dass ihm sein Geld gestohlen worden ist, er seinen Lebensunterhalt als Tagelöhner verdient, aber glücklich über seine Ungebundenheit ist. Überdies erinnert er sich an die Begegnung mit einer von ihm aus der Ferne angebeteten Frau auf einem Maskenball und spricht von seinen Gefühlen, die zwischen Entzücken und Verlegenheit hin und her geschwankt sind. Fräulein Schatouilleuses Brief klärt Rothe darüber auf, dass die Liebe von Herz zu der Frau auf dem Maskenball auf einem Missverständnis beruht. Herz hatte sich in die Gräfin Stella verliebt, die er aber nur aus Briefen an eine Dritte kannte. Auf dem Maskenball kommt es zu einer folgenschweren Verwechslung: Herz hält die maskierte Dame für Stella, welche aufgrund von Erzählungen glaubt, Herz sei ihretwegen in den Wald gezogen. Rothe soll Herz zum Amüsement der Gesellschaft wieder in die Stadt zurückholen.

Im fünften bis neunten Brief kommt es zum Bruch der Freunde. Im ersten direkten Brief von Rothe macht dieser Herz Vorwürfe, dass er sich wie ein Narr verhalte, in seinem Trotzwinkel verharre und seine Talente in der Einsiedelei begrabe, und verlangt, dass er seine „Schwärmereien" (ebd.: 384) aufgebe. Für Herz bleibt Stella jedoch weiterhin das Objekt seiner „einsamen Anbetung" (ebd.: 385), während Rothe andeutet, dass all dies Einbildung und überzogene Schwärmerei sei, zumal er die Frau nur aus den Briefen kenne. Er beschreibt sich selbst als Epikuräer, der das Vergnügen und die Geselligkeit liebt. Rothe hinterfragt die Ernsthaftigkeit von Herz und dessen „tolles Streben nach Luft- und Hirngespinsten" (ebd.: 386). Herz hingegen macht dem Freund deutlich, dass er selbst Einsamkeit und tiefe Gefühle der Leichtlebigkeit seines Freundes vorziehe. Die Entfremdung zwischen den beiden nimmt zu; Rothe rät dem Freund, nicht mehr zu schreiben, weil er sich durch seine Briefe zum Gespött der Gesellschaft mache, und der Briefwechsel versiegt.

Im zehnten und elften Brief berichtet Honesta, die selbst nicht zum engsten Freundeskreis um Herz gehört, über das Geschehen und vergleicht Herz mit leidenschaft-

2.2 Erzählungen

lich liebenden Figuren aus der Literatur: mit Goethes Werther und Wielands Idris. Als nicht am Geschehen Beteiligte spricht sie über die Gräfin Stella, deren Lebenswandel vollkommen den gesellschaftlichen Erwartungen entspricht; diese wolle nun versuchen, Herz „zurecht zu bringen" (ebd.: 390), der inzwischen zum Stadtgespräch und Ausflugsziel geworden ist. Im zwölften und dreizehnten Teil erkundigt sich Stella im Bauerndorf nach Herz, der darüber überglücklich ist. In einem Brief bedauert sie dessen Lage und bietet ihm an, sie in der Stadt bei der Witwe Hohl, bei der Herz mittlerweile wohnt, zu treffen.

Im zweiten Teil erfahren wir, dass Herz seine Waldeinsamkeit verlassen hat und in der Stadt Unterrichtsstunden gibt. Beglückt schreibt er an den verreisten Rothe, dass er tatsächlich mit Stella bei der Witwe Hohl zusammengetroffen ist. Obwohl Stella und Herz kein direktes Wort miteinander gewechselt haben, glaubt sich Herz durch Blicke der Gräfin ermutigt. Herz freundet sich eng mit der Witwe an, weil er mit ihr über die Gräfin sprechen kann, aber sowohl die Witwe als auch die Umgebung ziehen falsche Schlüsse aus diesem Verhältnis. Rothe ist immer noch abwesend. Fräulein Schatouilleuse berichtet ihm über Herzens Hingabe an die Witwe Hohl. Sie berichtet auch, dass Stella mit einem älteren Mann verlobt ist, was Herz noch nicht weiß. Die Verwicklungen nehmen im sechsten und siebten Brief zu. Stella hat Rothe ein Gemälde von sich versprochen, kann sich aber nicht öffentlich für ihn malen lassen. Die Witwe Hohl entwickelt einen Plan, in den sie Herz einspannt, der wiederum glaubt, das Bild sei für ihn. Herz erhält im achten und neunten Brief das Angebot, mit dem Obristen von Plettenberg, den er aus Studienzeiten kennt, nach Amerika in den Krieg zu ziehen. Für ihn eröffnet sich die Chance auf ein neues Leben. Er plant, Stellas Bild mitzunehmen. Stella hingegen meint, Herz sei nicht zum Soldaten geschaffen. Auf ihre Bitte hin bemüht sich Rothe beim Obristen, Herz eine Stelle beim Kurfürsten zu vermitteln. Herz ist überglücklich, weil er zusehen darf, wie Stella vom Maler porträtiert wird. In einem Brief an Rothe schwärmt er von diesem Erlebnis. Der nächste Tag stürzt ihn jedoch in tiefste Enttäuschung. Die Witwe Hohl hat das fertige Bild an Rothe geschickt. Herz fordert es zurück; er kann nicht glauben, dass sein Freund an dem Komplott beteiligt gewesen ist, sondern hält es für einen Akt der Eifersucht der Witwe.

Im dritten Teil berichtet Honesta in weitschweifigen Briefen ihrem Verwandten von Herzens Schicksal und klärt die Hintergründe auf. Tatsächlich ist die Gräfin Stella schon seit langem mit dem Oberst Plettenberg verlobt, der im Krieg in Amerika befördert werden will, um Stella heiraten zu können. Sie schildert die Hässlichkeit der Witwe und bedauert, dass Herz in diese verliebt sei. Honesta betrachtet die Situation als ein von Hohl eingefädeltes „Drama" (ebd.: 403), um Herz für sich zu gewinnen. Die Witwe habe ihn mit Briefen der Gräfin Stella angelockt, er sei daraufhin bei ihr als Logiergast eingezogen. Dabei habe sie ihm Stellas Verlobung mit Plettenberg verschwiegen. Hohl habe Herz daran gewöhnen wollen, die Vorzüge der Seele zu lieben, um sich selbst an die Stelle der Freundin setzen zu können. Herz wiederum habe versucht, durch die Witwe Hohl die Freundschaft mit Stella zu gewinnen. Nach Honestas Meinung sei Herz durch die Suche nach Stella in Schulden geraten und deswegen aus der Stadt in die Einsiedelei geflohen. Rothe habe durch seine gesellschaftlichen Verbindungen von der Situation seines Freundes erfahren, sich an Stella gewandt und diese über die Witwe Hohl aufgeklärt. Er habe Stella vorgeschlagen, sich als Entschädigung für die enttäuschten Hoffnungen für Herz malen zu lassen. Plettenberg sei in alles eingeweiht, gemeinsam hätten sie den Plan gefasst, Herz nach Amerika zu bringen, ohne ihn über seine vergebliche Liebe zu Stella aufzuklären.

Im vierten Teil enthüllt Rothe Plettenberg die wahre Herkunft von Herz: Als unehelicher Sohn einer russischen Zarin sei er von seinem Ziehvater und dem Hofmeister misshandelt worden und als Zwölfjähriger nach Frankreich entlaufen. Dort habe er Aufnahme bei einem Bankier gefunden und den Namen Herz angenommen. Nach dem Studium in Leipzig und einem Aufenthalt in Holland sei er schließlich in die Stadt gekommen, in der auch Rothe lebt. Mit der russischen Herkunft, der französischen und deutschen Erziehung erklärt Rothe denn auch den Charakter von Herz, dessen „wunderbarromantische Stimmung" (ebd.: 409), dessen Empfindsamkeit und dessen Hang zu großen Tugenden und großem Leiden. Überdies berichtet Rothe von drei gescheiterten Liebesgeschichten aus Herzens Jugend: Herz forme sich ein Idealbild aus der Literatur, aber die Realität enttäusche ihn stets. Sein unerfülltes Bedürfnis nach Liebe mache ihn unstet und reizbar. Deshalb rät Rothe Plettenberg, Herz wie einen Kranken zu behandeln. Herz möchte unbedingt Stellas Gemälde von Rothe zurück; die Briefe zwei und vier sind dringende Beschwörungen. Plettenberg antwortet Rothe und berichtet über seine Begegnung mit Herz und seinen ersten Eindruck. Herz hat ihm von seiner Liebe zu Stella erzählt und von dem ihm durch Rothe vorenthaltenen Porträt. Es stellt sich heraus, dass Rothe das Gemälde doch an das Regiment geschickt hat. Plettenberg überlässt das Gemälde Herz, um dessen Gemütszustand zu beruhigen, und macht Rothe Vorwürfe wegen der Heimlichtuerei. Plettenberg bittet Rothe, ihn vor der Abreise zu besuchen und als Mittelsmann zu Stella zu fungieren. Mit den Worten Plettenbergs „es gibt Augenblicke, wo mir's so dunkel in der Seele wird, daß ich wünschte –" (ebd.: 412) bricht der Text ab.

Themen und Motive: Die Lenzsche Auseinandersetzung mit dem Werther-Fieber
In dem mehrstimmigen Briefroman werden die Motive Liebe und Freundschaft, die sich bereits in der *Moralischen Bekehrung* finden, wieder aufgenommen und radikalisiert – es sind „nicht überraschend zwei zentrale Begriffe der Epoche" (Stephan 1994: 273). Das Thema der Freundschaft ist eng verbunden mit dem Selbstverständnis als Schriftsteller. Obwohl Rothe und Herz als fiktionale Charaktere konzipiert sind, trägt ihr Verhältnis deutlich autobiographische Züge (Schulz 2001a: 163 f.). In Abgrenzung vom *Werther* entwirft *Der Waldbruder* einen anderen Schauplatz: In einem „unstimmigen" Bild (Wurst 1990: 72 f.) wird aus der paradiesischen Idylle im *Werther* eine wüst-bedrohliche Winterlandschaft: „Grotesk übereinander gewälzte Berge, die sich mit ihren schwarzen Büschen dem herunterdrückenden Himmel entgegen zu stemmen scheinen" (Damm II: 380). Auch das Klischee vom einfachen „ehrlichen Landmann" (ebd.) wird im nächsten Brief entwertet im Bild vom „schelmischen Bauern", der Herz sein „letztes Geld" stiehlt (ebd.: 381). Diese Brüchigkeit der Rückzugsidylle macht den Leser hellhörig und misstrauisch. Der Autor baut so von Anfang an Widerstände gegen eine identifikatorische Lesart ein.

Eine Infragestellung der *Werther*-Thematik entsteht dann auch folgerichtig durch die zunehmende Problematisierung der aus der Aufklärung stammenden normativ-moralischen Autonomievorstellungen des Einzelnen, wenn diese mit „anthropologischen und kulturellen Bedingungsverhältnissen" (Disselkamp 2006: 161) konfrontiert werden. „Für Lenz wird das Spannungsverhältnis zwischen dem Allgemeinen und den praktischen Umständen, zwischen dem bedingten, differenzierten und dem für sich bestehenden Charakter zum unlösbaren Problem" (ebd.: 163). Das zeigt sich schon im *Zerbin*, in dem das Beharren des Protagonisten auf Selbstbestimmung, seine Vernachlässigung der Lebensumstände und seine Blindheit gegenüber den Wünschen seiner Mitmenschen vom Erzähler zielstrebig und mit tödlicher Konsequenz vorgeführt werden. Rector verweist auf die Problematik der Selbstbestimmung: Der Mensch muss seinen Platz in der bestmöglichen aller Schöpfungen selbst finden, jedoch nur „über den Glauben an die göttliche Wohleingerichtetheit der Weltmaschine führt der Weg zur Freiheit in ihr" (Rector 1988: 34).

Der polyphone Briefroman *Der Waldbruder* lässt den Leser noch deutlicher an einem Verwirrspiel der Motivationen und Meinungen teilhaben, ohne ihn durch eine zu erwartende ‚autoritative Instanz' zu leiten. Durch das Aufeinanderprallen verschiedener Einschätzungen eines Sachverhalts, die Auslassungen, das Verstellen und Verschweigen verweigert der Text eine zentrale Gattungsvorgabe, nämlich die Aufgabe, „die Verständigung zwischen den Beteiligten herbeizuführen" (Disselkamp 2006: 161). Verunsichert und in seiner Leseerwartung getäuscht, ist der Leser gezwungen, Charaktere und deren Beweggründe aus einer labyrinthischen Undurchschaubarkeit selbst zu rekonstruieren (vgl. Wurst 2014: 190–210).

Form und Struktur offenbaren einen wesentlichen Widerstand gegen die verführerische, zur Identifikation einladende Schreibweise des *Werther*. Der Lenzsche *Waldbruder*-Roman sperrt sich bewusst gegen eine Rezeptionshaltung, in der der Leser „ganz in seine Welt hineingezaubert mit Werthern liebte, mit Werthern litt, mit Werthern starb" (Werther-Briefe, Damm II: 675 f.). Er bietet keine monologische Einzelstimme, sondern zwingt verschiedene Positionen und Blickrichtungen zusammen (Wurst 1990: 70). Der sich daraus ergebende Perspektivismus des Geschehens, der vielfältige Interpretationen des tatsächlichen Handlungsverlaufs oder Sachverhalts zulässt, stellt eine „erzähltechnische Sabotage" und eine „folgenschwere Provokation" (Hempel 2003a: 318) für den Briefroman des 18. Jahrhunderts dar (Heine 1979/1980: 185). Aber selbst die Form des polyperspektivischen Briefromans wird unterwandert und in Frage gestellt: Die Briefpartner schreiben aneinander vorbei, was „zu grundlegend gestörten Dialogen führt" (Hempel 2003a: 315). Der Text verweist explizit darauf, dass Entgegnungen ausbleiben: „Auf diesen Brief erfolgte keine Antwort." (Damm II: 390) Diese Erzählstrategie wirkt „irritierend" (Hempel 2003a: 315). In der Zeit der Empfindsamkeit wurden Briefe als ein zentrales Mittel gesehen, um Zugang zum Charakter des Schreibers zu finden. Der Leser des *Waldbruders* muss jedoch die beunruhigende Erfahrung machen, dass es unmöglich ist, letzte Klarheit über die wahren Sachverhalte und Motivationen der Figuren zu gewinnen. Einzelne Briefe können sogar als bewusste Täuschungsmanöver gesehen werden (Heine 1979/1980: 188). Freundschaft, die in der zeitgenössischen Kultur oft durch Briefwechsel initiiert oder in Gang gehalten wurde, scheitert im *Waldbruder* und führt durch Missverstehen zu „zunehmender Verärgerung auf beiden Seiten" (Hempel 2003a: 334). Die Briefe an Rothe sind „kein Medium intimer Mitteilung mehr, sondern – in ein komplexes Netz anderer sozialer Beziehungen eingebunden – Brutstätte existentieller Verunsicherung" (Kagel 2003a: 333). Der Briefwechsel gibt weder eine feste „chronologische noch kausale Ordnung" (Komfort-Hein 2002: 44) und wird am Schluss von Rothe abgebrochen. Das verweist darauf, dass Lenz die (Brief-)

Freundschaft wohl eher als einen Wunschtraum von Herz betrachtet, für den es auf der Seite Rothes keine Entsprechung gibt. Rothe sieht sich als den Lebenstüchtigen und Erfolgreichen und bezeichnet den Freund als lebensfremd und naiv:

> Ich lebe glücklich wie ein Poet, das will bei mir mehr sagen, als glücklich wie ein König. Man nötigt mich überall hin und ich bin überall willkommen, weil ich mich überall hinzupassen und aus allem Vorteil zu ziehen weiß. Das letzte muß aber durchaus sein, sonst geht das erste nicht. Die Selbstliebe ist immer das, was uns die Kraft zu den andern Tugenden geben muß, merke Dir das, mein menschenliebiger Don Quischotte! (Damm II: 386)

Gleichzeitig macht Rothe Herz für die Zerrüttung der Freundschaft verantwortlich – er habe sich aus der Gesellschaft zurückgezogen und verweigere die soziale Rolle des Schriftstellers: „Was fehlte Dir bei uns? Liebe und Freundschaft vereinigten sich, Dich glücklich zu machen, Du schrittst über alles das hinaus in das furchtbare Schlaraffenland verwilderter Ideen!" (ebd.: 387) Er verweist damit auf die Gefahr der Unbehaustheit des Künstlers, wenn dieser sich ganz seiner Ideenwelt hingibt. Die Welt der Phantasie ist verführerisch in ihrer ungebundenen Disziplinlosigkeit, sie hat jedoch eine zerstörerische Nachtseite, wenn der Realitätssinn verlorengeht.

Mit dem *Waldbruder* schaltet sich Lenz in zentrale narrativ-ästhetische Diskurse seiner Zeit ein. Er verbindet den Sexualitäts- und Freundschaftsdiskurs mit der Frage nach der Möglichkeit sozialer Integration durch (bürgerliche) Arbeit. Noch deutlicher als in den früheren Prosatexten entwirft Lenz ein Kräftefeld der verschiedenen literarischen Konventionen um den Briefroman und des an ihnen geschulten Rezeptionsverhaltens. In seiner offenen Schreibweise, die als „Poetik der Bedingungsverhältnisse" (Wurst 1992c) verstanden werden kann, konzipiert Lenz Texte als Orte des Dissens: „Einen festen Betrachterstandpunkt kann es unter diesen Voraussetzungen nicht geben" (Disselkamp 2006: 176). In seiner Absage an konventionell autobiographisches Schreiben schafft Lenz „ein wichtiges Kapitel in der Reflexionsgeschichte bürgerlicher Individuation und ihres Scheiterns" (Demuth 1994: 224). In der multiperspektivischen Schreibweise liegt eine Dynamik, die zum Weiterdenken einlädt.

Geschichte des Felsen Hygillus

Q: Blei V: 215–221. – *H*: nicht nachweisbar. – *ED*: Tieck III: 281–284.

Entstehung

John Osborne siedelt die Entstehung der Kunstmärchen *Geschichte des Felsen Hygillus* und *Die Fee Urganda* im Zeitraum 1776–1778 an (Osborne 1994b: 325). Egon Menz vermutet, dass die *Geschichte des Felsen Hygillus* kurz nach der Weimarer Verweisung und dem Ausbruch von Lenzens Krankheit im November 1777 entstanden ist (Menz 1989: 104). Die Texte wurden zu Lenz' Lebzeiten nicht veröffentlicht; sie erschienen zuerst in der Ausgabe von Tieck (1828) und zuletzt in der von Blei (1913), in der Damm-Ausgabe fehlen sie. Die beiden Kunstmärchen können als experimentelles Bindeglied zwischen den Erzählungen mit einem „deutlichen oder kaum verschleierten autobiographischen Ursprung" (*Tagebuch*; *Moralische Bekehrung*; *Waldbruder*) und den eher „sozialkritischen Texten" (*Zerbin*; *Landprediger*) gesehen werden (Osborne 1994b: 326). Osborne zeigt sich zu Recht überrascht, dass so konträre Erzählweisen vom gleichen Autor stammen (ebd.). Der Schreibstil und der stark mythologisierende Charakter der Märchen unterscheiden sich von den anderen Prosatexten von Lenz. Osborne interpretiert die Märchen als Auseinandersetzung mit den verschiedenen Prosaformen und Erzählstrategien seiner Zeit und sieht sie als ein Pendant zu den *Anmerkungen übers Theater* (ebd.: 325).

Aufbau und Inhalt
Die Königin Thaumasia – d. h. die Wunderbare – entdeckt eines Morgens im Meer vor ihrem Landhaus ein Hündchen und weist ihre Sklavin an, es retten zu lassen. Der weiße Hund erinnert sie an die Göttin Diana, deswegen nennt sie ihn Cynthia (einer der Beinamen von Artemis/Diana). Eines Tages ist der Schoßhund verschwunden; er hat sich in einen unbekannten Sklaven verwandelt, gibt sich als Hygillus zu erkennen und erzählt der Königin seine Lebensgeschichte. Er ist ein Sohn von Apollo, der bei dem Versuch, seinem Vater in einer Auseinandersetzung mit Zeus zu helfen, von diesem mit problematischen Gaben bedacht wird: Er ist nicht nur unsterblich, sondern wird ständigen, unfreiwilligen Metamorphosen unterworfen. Vom Hof des Königs Admet wird er verjagt, als er in der Gestalt seines Vaters ein unpassendes Lied gesungen hat. Auch Venus und Minerva hat er durch seine Wechselgestalt verärgert. Bei der Jagdgöttin Diana hat er sich von einem Hund in den schlafenden Liebhaber Endymion verwandelt. An diesem Punkt unterbricht ihn die Königin Thaumasia unwillig, weil sie sich durch die Geschichten beleidigt fühlt. Auf das Wort ‚Flieh!' hin verwandelt sich Hygillus in einen Bergfelsen, aus dessen Mitte eine unversiegbare, ständig klagende Quelle entspringt.

Themen und Motive: Identität und Verwandlung
Schauplatz des Geschehens ist das Landhaus der Königin Thaumasia in einem Myrtenwald „unweit des Meeres" (Blei V: 217). Die geheimnisvolle nächtliche Stimmung wird zunehmend ins Antik-Mythologische verwandelt, so wie sich das Erzählen selbst immer stärker um das Thema Metamorphosen dreht. In die Rahmenhandlung, in der Thaumasia den Hund rettet, wird die eigentliche Geschichte des Hygillus eingebettet, die Lenzens eigene Version des antiken Mythos präsentiert. Aeskulap, der Sohn des Dichtergottes Apollo, liebt die Menschheit in einem solchen Maß, dass er Tote auferweckt. Der höchste Gott Jupiter/Zeus bestraft ihn wegen dieser Übertretung der göttlichen Privilegien. Er lässt sich von den Zyklopen einen Blitz schmieden und erschlägt damit Aeskulap. Apollo nimmt Rache und tötet den Zyklopen mit einem Pfeil. Von der Tradition abweichend erfindet Lenz Hygillus als Sohn des Apollo (in der Mythologie gibt es hingegen den jüngeren Bruder von Apollo, Hermes, den Lenz auslässt):

> Ich bin der durch seine Verwandlungen und die ewig neuen und ewig mißverstandenen Qualen seines Herzens so berüchtigte Hygillus, der Bruder eines Halbgottes, den Jupiter mit seinen Keilen erschlug, weil er das schwache Menschengeschlecht so abgöttisch liebte, und sie den unsterblichen Göttern gleichmachen wollte. Ich bin der Bruder Aeskulaps. (Blei V: 218)

Durch seine ständigen unfreiwilligen Metamorphosen verliert Hygillus seine Identität und wird in seiner Männlichkeit verunsichert (Osborne 1994b). Dieses Motiv der Verwandlung nimmt in dem relativ kurzen Prosatext einen breiten Raum ein und wird noch dadurch betont, dass Hygillus keine selbst gewählte Gestalt annehmen kann. Besonders die Verwandlung in seinen Vater Apollo führt zu „tausend Verdrießlichkeiten" (Blei V: 219). So singt er in der Gestalt des Vaters am Hof des Königs Admet von den „Vorzüge[n] der Nüchternheit und Keuschheit" in einem so „grauenvollen Kranichton, daß der König und der ganze Hof zu gähnen" anfangen (ebd.: 219 f.).

Dass Lenz sich selbst in seinem Gedicht *Placet* mit Blick auf seine Ankunft in Weimar als ‚lahmen Kranich' bezeichnet („Ein Kranich lahm, zugleich Poet/ Auf einem Bein Erlaubnis fleht"; Damm III: 187), hat Anlass zu biographischen Interpretationen gegeben (Menz 1989: 99). Die vielen, oft verwirrenden Details, die sich nicht schlüssig aus der Erzählstruktur ergeben, deuten auf eine mythologische Einkleidung von wahrscheinlich realen Ereignissen. Man ist geneigt, Menz zuzustimmen, der den *Felsen Hygillus* als einen Schlüsseltext liest, in dem sich Lenz mit seiner Verbannung aus Weimar auseinandersetzt. Lenz hielt sich im April 1776 in Weimar auf, wo er sein Soldatenprojekt mit Hilfe des Herzogs in Frankreich durchzusetzen hoffte. Gleichzeitig bot ihm der Hof Versorgung. Er „erfährt eine bislang unerhörte Anerkennung, er wird in den Zirkel um Karl August aufgenommen, ist einer der ‚Weltgeister' neben Wieland und Goethe, macht jeden studentischen Unfug mit, fühlt sich als Bruder des Herzog und Goethes, ist nach dem Straßburger Hungerleben in der Mitte von Gespräch, Witz, politischen Geschäften, ist endlich, wie er glaubt, geliebt." (ebd.: 92) Im Juni 1776 verlässt Frau von Stein Weimar und zieht für ein paar Monate auf Gut Kochberg. Lenz zieht sich nach Berka aufs Land zurück. Die Hintergründe des Weggangs wurden dabei wahrscheinlich von den Beteiligten, also Goethe und seinem Umkreis, bewusst vertuscht. Menz weist nach, wie die Spuren der von Goethe so genannten ‚Eseley' in Briefen getilgt wurden. Er weist auf zwei Briefe vom Oktober und November 1776 hin, in denen relevante Stellen zerstört worden sind (ebd.: 91). Ein Brief ist „an der Stelle, da Lenz ansetzt, den ganzen Vorfall zu erzählen, abgeschnitten" (ebd.: 92). Menz geht von einem Streit zwischen Goethe und Lenz um ihre divergierenden Literaturvorstellungen aus: „Die Verbannung des Apollo vom Olymp in die Dienste des Königs Admet ist das wesentlichste Bindeglied zwischen Mythos und Realität. Apollon/Goethe ist für Lenz aus dem Olymp der freien Dichtung in den Dienst eines ihm untergeordneten Königs getreten, in den Dienst des Herzogs Karl August." (ebd.: 98) Über solche biographische Spekulationen hinaus verweist die Admet-Szene auf unterschiedliche ästhetische Auffassungen in Hinsicht auf die Antike und das Literaturprogramm des Sturm und Drang: „Für Lenz war natürliche, ungehemmte Sinnlichkeit das Signum der Antike und auch der gerade überwundenen Literatur […]. Hemmung aber und Vergeistigung zeigten ihm den Triumph der Freiheit des Christenmenschen an." (ebd.: 103) Lenz/Hygillus wirft Goethe/Apollo letztlich vor, die gemeinsamen Prinzipien verraten zu haben, mit denen sie sich „gegen die Theologen, gegen Nicolai, gegen die klassizistischen Trauerspieldichter" (ebd.: 97) gewandt hätten. In der Forschung wird spekuliert, ob Lenz in die Herzogin Anna Amalia verliebt gewesen sei und dies in unerhörter Weise zum Ausdruck gebracht habe (*Ghibellino 2007: 113 f.) Die Erzählkonstellation im Rahmentext und auch die Jagdszene in der Binnenerzählung mögen darauf verweisen. Menz wiederum zieht einen möglichen Konflikt um Frau von Stein in Betracht, die Lenz als Englischlehrer zu sich aufs Landgut einbestellt hatte.

Hygillus/Lenz ist keine durchgängig positiv gezeichnete Figur oder ein bloß bedauernswertes Opfer der Verhältnisse. In gewisser Weise ist er ein gefährlicher Verführer, der der Göttin der Weisheit, Minerva, nachstellt. Als er zu erzählen beginnt, wie er sich „an einer dunkeln Buche unter dichten Büschen, die sie umkränzten" (Blei V: 220), der jungfräulichen Göttin der Jagd, Diana, genähert habe, wird er bezeichnenderweise von Thaumasia unterbrochen: „Flieh! sagte Thaumasia, hier von der kecken Sprache Hygillus', die eher eines Stutzers aus Persien würdig gewesen wäre, zu empfindlich beleidigt und voller Unwillen, so über seine Gestalt wie Betragen als über seine Abenteuer und Verwandlungen." (ebd.: 220 f.) In der Mythologie sind es drei jungfräuliche Göttinnen, die sich nicht freien lassen – Minerva, Diana und Vesta. Ist Thaumasia diese dritte, die sich nicht verführen lassen will? Wird Hygillus deshalb verbannt und in einen Felsen verwandelt? Der Text lässt den Leser mit diesen Fragen allein.

Die Fee Urganda

Q und ED: Tieck III: 285–293. – H: BJ Kraków, Lenziana 2.

Entstehung
Auch dieses Märchen wurde nicht zu Lebzeiten von Lenz veröffentlicht. Der Fragment gebliebene Text wurde erstmals in die Ausgabe von Tieck (1828) aufgenommen, dann in die von Lewy (1909), fehlt aber in den Ausgaben von Blei (1913) und Damm (1987). Das Manuskript liegt in Kraków und ist mit dem handschriftlichen Vermerk versehen: „Wenn nicht im Deutschen Merkur, in der Zeit oder dem Deutschen Museum bereits abgedruckt, welches ich nicht weiß, weil jene drei Zeitschriften mir nicht zur Hand sind, dann wohl niemals gedruckt." (zit. nach Osborne 1994b: 327) Osborne nimmt an, dass der Text, wie das Märchen *Hygillus*, zwischen 1776–1778 entstanden ist (ebd.). Weiß (2003c) und Tommek (2003b), die beide intensiv am Lenz-Nachlass gearbeitet haben, bestätigen diese Datierung.

Aufbau und Inhalt
Die Struktur des Textes erinnert an die Erzählsituation der Scheherezade in der Sammlung *Tausendundeine Nacht*. Der Diener Faullenz – eine mögliche Anspielung auf den Autor Lenz (,Faul-Lenz') (Osborne 1994b: 334) – erzählt seinem Herrn, dem Sultan Schah Nabal, zwei Märchen, während er ihm die Füße wärmt. Das erste Märchen handelt von der Fee Urganda, die für ihren Geist und Liebreiz bekannt ist. Aus Langeweile begibt sie sich auf Reisen und trifft in Allemannien auf die Fürstin Miranda, gegen die sie einen unbändigen Hass und eine Eifersucht entwickelt. In der Gestalt eines alten einsiedlerischen Weibes schmiedet sie heimtückische Rachepläne, die aber von der wohltätigen Fee Urania, Mirandas Beschützerin, rechtzeitig bemerkt werden. Urganda quält die beiden Söhne Mirandas, Ricciardetto und Brilliantino, mit Alpträumen und Sehnsüchten. Deren Hofmeister Pandolfo besitzt seit seiner Kindheit einen heldenmütigen, kriegerischen Geist. Aus Eifersucht hat der Zauberer Merlin jedoch einen Fluch über Pandolfo verhängt, er hat ihn mit einer abgrundtiefen Abscheu vor den Farben Rot und Gelb – den Farben des Krieges und der Frauen – bestraft, so dass Pandolfo sich seitdem nur in Gesellschaft von weißen Statuen wohl-

fühlt, was von Osborne als Anspielung auf den Pygmalion-Mythos (Osborne 1994b: 332) interpretiert wird. Auch bei seinen Zöglingen unterdrückt Pandolfo Leidenschaften und Gefühle.

An dieser Stelle verliert Faullenz den Faden der Geschichte und beginnt eine neue Erzählung: Der Prinz Ricciardetto gibt auf seinem Landgut ein Fest, bei dem die Bauern – in schwarz und braun gekleidet – die fürstliche Familie hochleben lassen. Die Fee Urganda schmiedet Pläne, das Glück zu behindern. In Gestalt einer Landnymphe will sie Pandolfo verführen, um Leidenschaften im Prinzen Ricciardetto zu entfachen. Urganda, ausgerechnet mit roten Strümpfen und gelben Pantoffeln bekleidet, bittet Pandolfo zum Tanz, dieser folgt ihr zunächst, aber als sie einen kostbaren Tannenschößling zertritt, beschimpft er sie wüst. Urganda macht einen zweiten Versuch, ihn zu verführen, aber Pandolfo flieht vor ihr ins Landhaus. Die Fee folgt ihm, voller Angst wirft er – „in einer ironischen Umkehrung der Pygmalion-Geschichte" (ebd.) – seine antiken Götterstatuen nach ihr und zerstört die Kunstwerke auf diese Weise. Urganda läuft voll Zorn zu Merlin. Indessen trifft der gefühlvolle Prinz Ricciardetto im Garten auf seinen Bruder Brilliantino. Sie umarmen sich herzlich, worauf sich ihnen die Fee Urganda wutentbrannt in den Weg stellt. Hier bricht das Fragment ab.

Themen und Motive: Eifersucht und Leidenschaft
Dieses Märchen ist eine verworrene Erzählung, die mit *Hygillus* Motive und Themen wie „Verfolgung eines Unschuldigen, gesellschaftliches Außenseitertum, Flucht ins Imaginäre, Enttäuschung bei der Gegenüberstellung von Wunsch und Wirklichkeit" (Osborne 1994b: 335) gemeinsam hat. Greift Lenz wie im *Hygillus*-Text auf die antike Mythologie zurück, um sein dichterisches Anliegen in verschlüsselter Form zum Ausdruck zu bringen, wie Osborne vermutet? Weiß gibt einen für die Interpretation wichtigen Hinweis: Im Entwurfsmanuskript in Kraków steht „nicht ein Pandolfo im Zentrum des Geschehens, sondern Goethes ‚Urfreund' Karl Ludwig von Knebel, der als Erzieher des Prinzen Constantin nach Weimar gekommen war" (Weiß 2003c: 20). Knebel hatte mit den beiden Söhnen Anna Amalias eine Bildungsreise nach Paris unternommen, auf der sie in Frankfurt Goethe kennengelernt hatten, was letztendlich zu dessen Berufung nach Weimar beigetragen hat. Auch wird Anna Amalia als Königin Miranda, als allseits geliebte und verehrte Herrscherin, in diesem Entwurf erwähnt. Wie Anna Amalia hat auch Miranda zwei Söhne. Ungeklärt bleibt die Zuordnung der Fee Urganda. Ist sie die personifizierte Leidenschaft und Verführung, die Anna Amalias Söhne zu riskantem Verhalten – z. B. zu den wilden Pferderitten, die in Weimar Aufsehen erregten – verleitet?

> Bald scheuchte sie Brilliantinens muthiges Roß durch ihre unsichtbare Schatten, daß es überschlug, und den noch muthigern Prinzen tödtlich zu verwunden drohte; bald weckte sie in Ricciardettos feinbesaitetem Herzen in nächtlichen Träumen unnennbare Gefühle, die ihm bei Tage die Welt zu enge, und die unwirthbarsten Wildnisse zu den einzigen Zielen seiner Sehnsucht machten. (Tieck III: 286)

Handelt es sich bei den Söhnen der schönen Miranda um Goethe und Lenz? Ist Goethe der „mit allen Vorzügen des Geistes und Herzens begünstigte[ ] Brilliantino" (ebd.: 289), der tollkühne Reiter, der mit seinem Herzog wilde Ausritte unternimmt?

Ist Ricciardetto eine Lenz-Gestalt? Ist der Schluss, in dem sich die beiden Brüder umarmen, eine wortlose Versöhnung, ein Zurückerinnern an gemeinsame Werte?

> Sie sahen einander an, und lasen wechselsweise in ihren Augen ein gleiches Bedürfnis und ähnliche Empfindungen. Voll von diesem Unwiderstehlichen, was allein Brüder macht, von dieser dunkeln Ahnung seiner selbst in dem andern, umarmten sie sich, ohne ein Wort zu sprechen, weil niemand den andern in seiner Behaglichkeit unterbrechen wollte, und setzten so in der besten Gesellschaft und doch zugleich allein ihren Weg fort [...]. (ebd.: 293)

Lenz spielt, wie eingangs erwähnt, auf den Märchenkontext von *Tausendundeiner Nacht* an, indem er als ‚Faul-Lenz' von den Auseinandersetzungen und Motivationen in brüderlichen Machtkämpfen erzählt. Ist dieses Erzählen als Schwatzhaftigkeit über Vorfälle am Weimarer Hof oder auf Gut Kochberg zu verstehen? Führen diese Indiskretionen von Lenz zu seiner Verbannung vom Weimarer Hof? Das alles sind Fragen, die sich beim gegenwärtigen Stand der Forschung nicht beantworten lassen.

Empfindsamster aller Romane, oder Lehrreiche und angenehme Lektüre fürs Frauenzimmer

> Q: Blei V: 313–341. – H: nicht nachweisbar. – Q: Für Leser und Leserinnen 2 (1781): 1–45.

Entstehung
Die Erzählung *Empfindsamster aller Romane, oder Lehrreiche und angenehme Lektüre fürs Frauenzimmer* besteht aus neun Kapiteln, die von Titel, Inhalt und Charakteren her aufeinander Bezug nehmen. Erstmals erschien der mit „von L**" unterzeichnete Text im Juni 1781 in der Zeitschrift *Für Leser und Leserinnen*. Als Verfasser wird Lenz angenommen, so von Franz Blei, der die Erzählung in seine Ausgabe aufnimmt. Bis heute ist keine Handschrift nachgewiesen worden (Weiß 2003c: 17). Die Widmung „An meine Frau" spricht eher dagegen, dass der Text von Lenz stammt. Auch fehlt das für Lenz typische Gegenüber zweier antagonistischer Kräfte. Die für ihn charakteristische komplexe Schreibweise wird ebenfalls nicht sichtbar, und die Vernetzung mit dem aufklärerischen und empfindsamen Gedankengut der Zeit ist nur schwach ausgebildet. Auch die offenen sexuellen Anspielungen sind ungewöhnlich. Handelt es sich um eine Gelegenheitsarbeit, die Lenz unterdrückt hat und daher anonym erscheinen ließ (Lenz-Michaud 2002/2003: 72)?

Aufbau und Inhalt
Eine Reise in der Kutsche bildet den Erzählrahmen, in den die einzelnen Geschichten eingefügt sind. Es bleibt offen, ob es sich dabei um Alpträume der beiden Schildkröten handelt, die bereits im ersten Märchen in Ohnmacht gefallen sind. Sowohl im einführenden wie auch im abschließenden Halbrahmen treten Menschen, Schildkröten und Mäuse auf. Auch das Personal in den Binnentexten besteht aus Menschen, Schildkröten und Mäusen sowie einem Hund, die jedoch nichts mit den Tieren aus der Rahmenerzählung zu tun haben. Die Binnenerzählungen spielen sich in nur vage beschriebenen Örtlichkeiten ab.

1. Das Märchen von den Schildkröten

Zwei deutsche Schildkröten befinden sich seit 50 Jahren auf einer Bildungsreise nach Paris. Weil sie sich aber so langsam bewegen, sind sie hinter der Zeit zurück: Ihre Empfehlungsschreiben sind überholt, die sozialen Kontakte veraltet, ihre Informationen stimmen längst nicht mehr. Vergeblich suchen sie nach dem Kurfürsten Moritz von Sachsen, der vor mehr als 200 Jahren auf Seiten der Franzosen gekämpft hat. Im Theater bejubeln sie den längst verstorbenen Dichter Racine. Auf der Heimreise in der Postkutsche mokieren sich die Schildkröten darüber, dass die Franzosen weder ihren größten General noch ihren größten Dichter kennen würden. Ein mitreisender Buchhändler hält sie wegen dieser Äußerungen für Genies, wagt aus Ehrfurcht aber nicht, sie anzusprechen. Stattdessen flirtet er mit einer jungen Französin. Entsetzt von diesem unschicklichen Benehmen fallen die beiden deutschen Schildkröten in Ohnmacht. Plötzlich taucht eine Maus in der Kutsche auf, und das Gezeter der Mitreisenden weckt die Schildkröten wieder auf. Die Maus fungiert im Folgenden als Erzähler der einzelnen Geschichten.

2. Das Märchen von den Mäusen

Die Maus stellt sich als Zuckerbäcker des Grafen von Orléans vor. Sie leitet ihren Stammbaum von Mäusen ab, die einst einen Bischof aus Rache darüber, dass er ihnen „ihre Privilegia nehmen und sie disziplinieren" (Blei V: 319) wollte, angegriffen haben. Die Köchin des Bischofs hat die Mäuse mit Speck in eine Falle gelockt. Seit diesem Vorfall haben sie ihre Freiheit verloren und sind vor Verfolgungen nicht mehr sicher. Diese Geschichte bezieht sich auf die Legende vom Binger Mäuseturm, nach der Hatto, der Erzbischof von Mainz im 10. Jahrhundert, wegen seiner Hartherzigkeit bei lebendigem Leib von Mäusen aufgefressen wurde.

3. Das Märchen von der Frau und der Schildkröte

Der Mops der alternden, reichen und verheirateten Aglaura bellt alle Menschen an, außer dem einen Mann, dem das Herz der Dame gehört. Als der Mops plötzlich stirbt, vermutet sie, dass ihr Ehemann ihn aus Eifersucht vergiftet hat, und will die Scheidung einreichen. Auf Anraten ihres Beichtvaters schickt sie nach einer tugendhaften Schildkröte, um bei einem vorgetäuschten Rendezvous den Ehemann bloßzustellen. Allerdings ist die Schildkröte so verwirrt und begriffsstutzig, dass sie den Plan durch ein falsches Wort vereitelt. Als Aglaura die Schildkröte voller Wut aus dem Fenster werfen will, verwandelt diese sich in eine Maus.

4. Das Märchen von der Frau und der Maus

Die Maus flüchtet unter die Kleider von Aglaura, die schreiend und zuckend auf ein Sofa sinkt. Ehemann und Beichtvater können die Ursache ihrer „spasmodischen" (Blei V: 328) Zustände nicht ergründen. Die Jungfer Truella kommt ins Zimmer.

5. Das Märchen von der Jungfer und der Maus

Die Maus entpuppt sich als Jungfer Truellas Geliebter Thomson, der sie verlassen hatte, um in den Krieg zu ziehen. Aglaura, die in Wirklichkeit eine Fee ist, hat ihn mit ihrem magischen Pantoffel in eine Maus verwandelt, um die beiden Liebenden zusammenzubringen. Als Thomson auf Truellas Körper springt, empfindet sie nur Abscheu und kann nicht glauben, dass es sich um Thomson handelt: „Nein, nimmer, nimmer ist das mein Thomson [...], dieses kleine haarige Ungeheuer mit Triefaugen und spitzen Kinnbacken. [...] Mein Thomson würde mir nie so nahe kommen, so dreist die Ehrfurcht entheilgen, in der ihn ein Blick von mir fern erhält!" (Blei V: 329 f.) Die Erzähler-Maus in der Reisekutsche beklagt in einem Kommentar, dass Liebende dazu neigen, sich falsche Vorstellungen voneinander zu machen.

6. *Das Märchen von der Jungfer und der Schildkröte*
Die Erzähler-Maus fährt in der Geschichte fort und macht auf einen wichtigen Unterschied zwischen Maus und Schildkröte aufmerksam: „Es ist wahr, die Mäuse kommen überall hin, aber ihre Herrschaft dauert nicht lange. Die Schildkröten kommen nirgends hin, aber wo sie auch bleiben, da kleben sie." (ebd.: 330 f.) Die Französin in der Reisekutsche versteht diese Aussage als Vergleich zwischen Maus/gefälligem Liebhaber und Schildkröte/nützlichem Ehemann. In der Kutsche entwickelt sich ein Gespräch über den Nationalcharakter von Franzosen und Deutschen. Die Maus fährt anschließend mit ihrer Geschichte von Thomson und Truella fort: Thomson, jetzt in Schildkrötengestalt, gesteht, dass er gegen den Willen seiner Eltern Soldat geworden ist, und macht Truella einen Heiratsantrag. Truella lehnt ihn aber in seiner neuen Gestalt ebenso ab wie in der vorherigen Maus-Gestalt, in die er von der Fee aus Mitleid wieder zurückverwandelt wird. Als „ein unglückliches Mittelding zwischen Maus und Schildkröte" (ebd.: 333) hat er keine Chance, als Bräutigam akzeptiert zu werden. Er zieht sich verzweifelt in eine seiner „unterirdischen Höhlen" (ebd.) zurück, wo ihn „tausend undeutliche Bilder" (ebd.: 334) umgaukeln.

7. *Das Märchen von dem Kammermädchen und der Maus*
In seinem Mauseloch wird Thomson durch plötzliches Geschrei geweckt. Aus Eifersucht auf das Kammermädchen hat sich die Köchin mit einem heißblütigen Ofenheizer eingelassen und ist dabei von Truella ertappt worden. Diese ist inzwischen dem Grafen Aranda versprochen, der ihr jedoch so missfällt, dass sie ihrem alten Verehrer Thomson nachtrauert. In seinem Mauseloch wird Thomson zum versteckten Zuhörer von Truellas längerem Selbstgespräch, in dem sie um ihren „jüngsten, zärtlichsten, bescheidensten, getreusten und gefühlvollsten Liebhaber" (ebd.: 335) trauert. Thomson wagt sich aus seinem Versteck hervor und setzt sich stumm bittend ihr zu Füßen. Diesmal erkennt Truella Thomson in seiner Verwandlung. Bevor es jedoch zu einer Vereinigung der Liebenden kommt, erscheint das Kammermädchen und versetzt der Maus/„dem bestürzten Liebhaber" (ebd.: 337) „einen so wilden Schlag über die Schläfe" (ebd.), dass er ohne Besinnung zu ihren Füßen ‚sinkt': „Grausame! Unmenschliche! was hast du getan! rief Truella, dieses Tier, diese Maus – – Aber sieh, – die Maus reckte die Ohren noch einmal, um die letzten Töne von ihren Lippen aufzufangen, und blies die kleine unberührmte Seele aus. [...] Sie hatte in ihrem Leben keinen einzigen Fehltritt begangen, als daß sie sich unterstand, die allzu liebenswürdige Truella zu lieben." (ebd.: 337 f.)

8. *Das Märchen von der Jungfer, der Frau, dem Kammermädchen, der Maus und der Schildkröte*
Die Fee Aglaura kommt ins Zimmer und fragt, wer den „Mord" (ebd.: 338) an der Maus verübt habe. Die Kammerjungfer erinnert sich an die Prophezeiung, dass sie ihren künftigen Ehemann erschlagen werde, und meint, in der toten Maus die Züge des Kammerdieners Philipp zu erkennen, dem ihre Liebe gilt. Als aber Philipp in Menschengestalt zur Tür hereinkommt, erkennt sie ihren Irrtum und stößt die Maus mit „Füßen von sich" (ebd.). Daraufhin verwandelt Aglaura den Kammerdiener Philipp in eine Schildkröte. Die Fee erklärt, dass es sich bei der erschlagenen Maus eigentlich um den Prinzen Torus handelt. Die Verwicklungen sind so unübersichtlich, dass es schwer ist, dem Geschehen zu folgen, zumal Aglaura ihren eigenen Ehemann in der Gestalt des Grafen Aranda zu Truella geschickt hat, um zu prüfen, „ob ein Frauenzimmer einer standhaft-zärtlichen Neigung für eine Mannsperson fähig sei" (ebd.: 339). Aglaura erkennt mit tiefem Bedauern, dass sie durch ihre Racheobsessionen die wahre Liebe verpasst hat. Als Sühne dafür, dass sie die Maus erschlagen hat, will die Kammerjungfer nun die Schildkröte heiraten, die dem aber abgeneigt ist. Der Beichtvater kommt herein.

9. *Das Märchen von dem Beichtvater*
Der Beichtvater erklärt das Geschehen als Folge „einer unordentlichen Liebe" (ebd.: 340). Zusammen mit Aglaura und Truella trinkt er Schokolade zum Frühstück. Als er Kammerjungfer und Schildkröte trauen will, kommt es zu einem unerwarteten Zwischenfall. Der Schrei „Feuer! Feuer!" (ebd.: 341), mit dem die Schildkröte auf die verschüttete heiße Schokolade reagiert, zeigt dass sie bisher keine Erfahrungen mit der körperlichen Hitze von Leidenschaft gemacht hat. Sie wird daraufhin von Truella ausgelacht. An diesem Punkt der Erzählung erwacht die Schildkröte in der Postkutsche, welche jedoch in eben diesem Moment umstürzt, woraufhin Französin, Buchhändler, Maus und Schildkröte laut um Hilfe schreien.

Themen und Motive: Sexualität und moralische Normen
Feenmärchen in der Tradition von Perrault (*Histoires ou Contes du temps passé*, 1697) wurden auch in Deutschland in der zweiten Hälfte des 18. Jahrhunderts zunehmend Mode. Der Autor von *Empfindsamster aller Romane* macht sich diese märchenhaft-phantastische Form zu eigen, um Satirisches zum Ausdruck zu bringen und die zeitgenössischen Moral- und Liebesvorstellungen zu kritisieren (Winter 1993: 454). Wie im *Felsen Hygillus* kommt es auch in diesem Text zu ständigen Verwandlungen zwischen Tieren und Menschen. Aglaura/Truella scheinen austauschbare Frauengestalten zu sein. Gemeinsam ist ihnen, dass sie entweder verheiratet oder versprochen sind und sich trotzdem um heimliche Liebschaften bemühen (Lenz-Michaud 2002/2003: 73). Die Geschichten sind in erster Linie durch sexuelle Eskapaden miteinander verbunden, denn eigentlich „geht es immer um die ‚untreue' Gattin, die mit ihrem Liebhaber auf dem Sofa sitzt" (ebd.). Diese Liebhaber nehmen mal die Gestalt einer Maus, mal die einer Schildkröte an. Dabei sind die Mäuse sexuell aggressiv; die Schildkröten eher empfindelnd und in Liebesdingen und sexuellen Angelegenheiten unerfahren. Sie fallen angesichts der Lüsternheit anderer in Ohnmacht

oder fangen aus Furcht vor sexuellen Übergriffen zu schreien an. Das wohl auffälligste Motiv sind die sexuellen Freizügigkeiten, die sich die Tiere gegenüber Menschen erlauben. Als Mäuse springen sie den Frauenzimmern ins Korsett und unter den Rock. Selbst ein Kirchenmann, wie der Bischof, lässt sich von sexuellen Gelüsten treiben. Er sitzt auf dem Sofa mit seiner Köchin, als ihm die Mäuse an den Hals springen und ihn auffressen wollen. Die derben sexuellen Elemente lassen den Titel *Empfindsamster aller Romane* als höchst ironisch erscheinen. Die Tiere gehen ihren Bedürfnissen ohne moralische Skrupel nach (Winter 1993). Sexualität wird nur oberflächlich durch Gerede von Tugend verbrämt. Lenz-Michaud sieht in diesem Text eine *Werther*-Parodie: Ihrer Meinung nach wird in der Sofaszene die erotische Spannung zwischen Lotte und Werther vervielfacht und ihres empfindsamen Charakters durch die Assoziation mit den lüsternen Mäusen/Männern beraubt (Lenz-Michaud 2002/2003: 74).

Im Gegensatz zu den größeren Prosaschriften werden Momente des Leidens im Text weitgehend zurückgedrängt, nur in der Figur der sterbenden Maus finden sie einen grotesk-rührenden Ausdruck. Die Figuren werden von ihren Trieben gesteuert und scheinen keinen eigenen Willen zu haben. Dass diese desillusionierende Erzählung als „angenehme Lektüre fürs Frauenzimmer" betitelt wird, macht den Text zu einer fast zynischen Absage an Vorstellungen von Empfindsamkeit und weiblicher Lektürepraxis. ‚Lehrreich' ist die Erzählung jedoch durchaus, weil sie den Blick auf die sexuellen Triebkräfte lenkt, die vor ‚Frauenzimmern' gern verborgen werden. In dem letzten späten Prosatext *Ueber Delikatesse der Empfindung* (1787) hat Lenz diese Fragestellungen wieder aufgenommen (Meinzer 1996: 13).

Der Landprediger

Q: Damm II: (nach ED). – H: Textvarianten in BJ Kraków, Lenziana 2. – ED: Deutsches Museum, hg. v. H. Chr. Boie, 2. Jg., 1. Bd., 4., 5. u. 6. St. (April, Mai u. Juni 1777): 289–307, 409–439 u. 567–574.

Entstehung
Die Erzählung *Der Landprediger* (1777) entstand kurz nach der Ausweisung von Lenz aus Weimar, während seines Gastaufenthalts in Emmendingen bei Goethes Schwester Cornelia und ihrem Gatten Johann Georg Schlosser. Dieser setzte sich als Amtmann für Verbesserungen in der Landwirtschaft und im sozialen Bereich ein; die Diskussionen im Hause Schlosser haben sicherlich ihre Spuren im *Landprediger* hinterlassen. Die Einwirkung von Physiokratismus, Philanthropismus und Agrarreform auf diesen Text ist unverkennbar (Twellmann 2008). Auch Einflüsse aus Lenzens livländischer Jugend im pietistischen Freundeskreis seines Vaters, beispielsweise durch August Wilhelm Hupel, Friedrich Konrad Gadebusch oder die ökonomischen Reformschriften Johann August Schlettweins, sind offenkundig (Damm II: 877f., F. Werner 2009).

Aufbau und Inhalt
Die umfangreichste Lenzsche Erzählung beschreibt den Bildungs- und Lebensweg von Johannes Mannheim, einem Pfarrer, der sich besonders um die Verbesserung

der Landwirtschaft und der Lebensverhältnisse der Bauern kümmert. Der erste Teil behandelt sein Studium und eine vergebliche Liebe; im zweiten Teil stehen Mannheims Ehe und sein beispielhaftes Leben als Gutsherr und Prediger im Mittelpunkt. In einem Anhang wird seine unorthodoxe Religions- und Amtsauffassung anlässlich einer Kirchenvisitation explizit in Worte gefasst und diskutiert. Als Quelle benennt der Erzähler eine Lebensbeschreibung, die von Mannheims Sohn verfasst und veröffentlicht worden ist, sowie andere nachgelassene Schriften (vgl. Wurst 2014: 211–230).

Erster Teil
Johannes Mannheim, der Sohn eines orthodoxen Geistlichen in Thüringen, fühlt sich von Kindheit an berufen, selbst Geistlicher zu werden, und wird von seinem Vater entsprechend unterrichtet. Ein Freund des Vaters, bei dem Johannes oft die Schulferien verbringt, weckt sein Interesse für ökonomische und politische Fragen. Johannes entwickelt aus den verschiedenen Einflüssen einen einfachen Religionsbegriff: Gott freut sich, wenn wir andere glücklich machen; dabei dient das eigene Glück als verkleinerter Maßstab für das allgemeine Wohl. Als Johannes zum Studium aufbricht, warnt ihn sein Vater vor der modernen, freigeistigen „sozianischen" (Damm II: 413) Denkweise, und fordert ihn auf, den väterlichen Ansichten treu zu bleiben. Derweil deutet sich noch im heimatlichen Thüringen eine Verbindung mit Luzilla, der Tochter des Propstes, an. An der Universität selbst meidet Johannes die alten orthodoxen Theologieprofessoren, die sein Vater ihm empfohlen hat. Stattdessen studiert er Kameralwissenschaften, Chemie und Mathematik mit praktischen Anwendungen. Bei seinem Hausherrn, einem Landgutsbesitzer und Amtmann, erfährt er, wie Überfluss und Geschmack die Sitten, Manieren und Gefühle verfeinern können. Johannes verachtet Standesdünkel, er versucht stattdessen auf das zu achten, was allen Menschen gleich ist. Seinem Vater werden unwahre Gerüchte und böse Nachreden über den Sohn zugetragen, besonders als sich dieser als Hofmeister auf Reisen begibt.

Luzilla hat auf dem Land zwar eine gute Bildung erhalten; aus einer Laune heraus geht sie jedoch in die Stadt, um Französisch zu lernen. Über den neuen Eindrücken und Bekanntschaften mit Offizieren vergisst sie Johannes. Johannes selbst hält keinen Kontakt zu Luzilla, um sich nicht von der Arbeit abzulenken. Stattdessen hegt er die Vorstellung von einer inneren Verbindung durch „gleiche Seelenstimmung" (ebd.: 419), die auch ohne Worte auskommt. Sein Antrittsbesuch nach der Rückkehr wird zur beschämenden Szene: Es ist der Vorabend von Luzillas Hochzeit; ihr Verlobter, ein Hofkaplan, ist bei ihr. Luzilla erkennt den ehemaligen Freund nicht. Johannes kehrt zu seinem Vater zurück und erhält eine „mittelmäßig gute Stelle [...] ungeachtet seiner Inorthodoxie" (ebd.: 422), wie der Erzähler anmerkt. Er belehrt die Bauern nicht über theologische Glaubensfragen, sondern über ihre Verantwortung als Mitglieder der Gesellschaft. Er zeigt ihnen insbesondere, wie sie genug Profit erwirtschaften können, um die notwendigen Abgaben und Steuern bezahlen und ihr Leben verbessern zu können. In der Art einer Genossenschaft baut er sich selbst ein eigenständiges Landgut auf, das zum Vorbild für die ganze Gegend wird. Zugleich bemüht er sich um Albertine, die Tochter des Amtmanns, die sich als ideale Ehefrau und perfekte Wirtschafterin für sein Gut erweist.

2.2 Erzählungen

Zweiter Teil
Johannes und seine Frau Albertine werden im Dorf herzlich aufgenommen. Am zweiten Tag statten sie dem adligen Herrn des Dorfes ihren Besuch ab. Das gemeinsame Mittagessen verläuft zunächst frostig. Erst beim Kaffee im Garten entspannt sich die Atmosphäre. Ein adliges Besucherpaar trifft ein; in ihrem Standesdünkel ignorieren sie die Gesprächsbeiträge Mannheims. Erst das auswärtige Abendessen bei Mannheims bürgerlichem Teilhaber verläuft wieder harmonisch.

Liesgen, eine Freundin Albertines, zieht zu der jungen Familie ins Haus; auch nimmt Johannes junge Studenten mit vielfältigen Talenten als Kostgänger auf. Auf dem Landgut entsteht eine Art „Akademie der Künste und Wissenschaften" (ebd.: 439) mit anregenden Gesprächen und Ausflügen. Mit besonderer Freude beteiligen sich alle an den Erntearbeiten im Dorf. Der Erzähler berichtet, wie Albertine ihrem Mann das Rauchen abgewöhnt, indem sie ihren kleinen Sohn mit einer Pfeife hantieren lässt und Johannes so als schlechtes Vorbild bloßstellt. Johannes seinerseits gewöhnt Albertine und Liesgen den Kaffeegenuss ab. Trotz seines harmonischen, erfüllten Lebens wird Mannheim zunehmend unzufrieden. Er möchte als Romanautor öffentlichen Ruhm erlangen, kommt aber über den Vorsatz nicht hinaus. Er quält sich mit Entwürfen, vernachlässigt seine Familie und Wirtschaft, bis er schließlich die Literatur aufgibt. Statt eines Romans verfasst er im Geheimen mehrere praktische Abhandlungen zur Landwirtschaft sowie zum Zusammenhang zwischen Geographie, Charakter der Menschen und der jeweiligen Regierungsform. Als Albertine ihrerseits anfängt, Verse zu schreiben, greift der Ehemann zu einem drastischen Mittel: Er führt sie an einen Abgrund im Gebirge, in den sie sich stürzen soll, wie es ihr Vorbild Sappho getan hat. Daraufhin gibt es Albertine auf, eigene Poesie zu verfassen.

Mannheim erzieht auch seinen Sohn Johannes Sekundus auf ungewöhnliche Weise. Er gibt ihm keinen direkten Unterricht, sondern legt ihm Bücher hin, auch vorgeblich verbotene. Das Kind soll nach eigenem Interesse und Neugier lernen und sein Wissen dann in Gesprächen mit dem Vater reflektieren. Der Sohn macht eine steile Karriere am Wiener Hof und wird in den Adelsstand erhoben. Er kehrt noch rechtzeitig nach Hause zurück, bevor beide Eltern friedlich am selben Tag sterben. Johannes Sekundus baut eine Kapelle für sie auf dem Landgut. Als treuer Sohn veranstaltet er alle drei Jahre an ihrem Todestag zwei Feste: einen feierlichen Trauerzug mit den berühmtesten Gelehrten und ein fröhliches „Johannisfest zu Adlersburg" (ebd.: 455) mit den schönsten Mädchen, bei dem Männer nur als Zuschauer zugelassen sind. Er lässt die Traktate seines Vaters und Gedichte seiner Mutter drucken und verfasst selbst eine Lebensbeschreibung der beiden.

Anhang
Der Anhang, von Johannes Mannheim verfasst, wird laut Erzähler erst später gefunden. Er ist dialogisch gestaltet und beschreibt eine Kirchenvisitation durch den Spezialsuperintendenten, bei der Mannheim seine theologische Auffassung erklärt. Der Spezialsuperintendent, der sehr „erschrak [...] als er mich in seiner Gegenwart über ‚die beste Art, die Wiesen zu wässern' predigen hörte" (ebd.: 457), stellt Mannheim wegen seiner unorthodoxen Predigt zur Rede. Mannheim verteidigt sich, dass er die Kirchenordnung einhalte, seine Predigten allerdings nicht nach der Vorschrift, sondern den Bedürfnissen seiner Gemeinde ausrichte. Katechetische Fragen diskutiere er

nur insoweit, wie seine Bauern sie fassen können, zuerst müssten leibliche Bedürfnisse gestillt und Wohlstand erarbeitet werden. Er fordert auf, das Glück der anderen zu achten, und hält zusätzliche Erziehungsabende in kleinen Gruppen ab. Er erläutert dem Vorgesetzten seine Methode, die Bauern zu belehren: So hat er ein Tribunal für Nachbarschaftsklagen eingerichtet und benutzt die Kanzel dazu, allgemeine moralische Fragen einprägsam darzustellen. Mannheim sieht sich als Seelsorger und Verwalter seiner Gemeinde und in den landwirtschaftlichen Verbesserungen einen Weg, die Seele den „heilsamern Wahrheiten" (ebd.: 462) zu öffnen.

Themen und Motive: Auseinandersetzung mit der Landpfarreridylle und
ihrem sozialreformerischen Impetus
Die kurze Erzählung kann einerseits als Wunschbiographie (Scherpe 1977; vgl. auch Osborne 1975b) oder sogar als „Modellfall bürgerlicher Selbstverwirklichung" (Dedert 1990: 65) gelesen werden. Auch utopische Momente, die einen idealen Gesellschaftszustand antizipieren, wurden entdeckt (Osborne 1975a: 99, Schulz 2001a: 165–174). Die Entstehung im Hause Schlosser in Emmendingen, wo Diskussionen um landwirtschaftliche Anliegen höchstwahrscheinlich häufig Gesprächsstoff waren, machen eine reformbetonende Lesart durchaus plausibel (F. Werner 2002/2003: 58). Lenz wollte sich eventuell durch diesen Text neue Leserschichten und Förderer nach seinem Scheitern in Weimar erschließen. Vielleicht hatte er die Absicht, sich bei den „Schweizer Aufklärern als kompetenter, sozial engagierter Vertreter einer praktischen Aufklärung" (Pautler 1999: 339) einzuführen, vielleicht wollte er mit diesem Text auch dem negativen Bild entgegenwirken, „das sich in der literarischen Öffentlichkeit von ihm abzuzeichnen begann" (ebd.; vgl. auch Stötzer 1992). Andererseits verweist die Erzählstruktur wie in den anderen Prosatexten auf eine Problematisierung des Erzählten, was die Ernsthaftigkeit der Reformvorschläge in Frage stellt. Der Text kann als Selbstparodie (Gibbons 2001a: 213) gesehen werden, die das „subjektutopische [...] Lebensprogramm" (Pautler 1999: 465) konterkariert (ebd.: 465 f., Timmermann 2005, Wurst 1995). Man kann die „unrealistische Darstellung durch Übertreibung [...] in Lenz' Erzählung" als „parodistische Strategie" lesen, „die sich in erster Linie mit Literatur und erst in zweiter Linie mit Reformen und deren Umsetzung befasst" (Timmermann 2005: 143). Die scheinbar mühelosen und nachhaltigen Erfolge der Pfarrfamilie Mannheim, ihr wohltätiges Wirken in der Landgemeinde, ihre Gründung der Akademie für junge Gelehrte als kulturelles Zentrum der Gemeinde wirken in ihrer Überschwänglichkeit deplatziert in dem reformerischen Bild, das Mannheim von sich selbst kultiviert:

> Tausend Veränderungen, tausend drollige Szenen jagten einander in diesem glücklichen Hause, welche, durch die Erfindungskraft der Frauenzimmer sowohl, als der jungen Fremden, die Mannheim herbergte, entstanden. Bald ward eine Komödie gespielt, bald eine Wallfahrt in die benachbarten Gebirge angestellt, bald eine allgemeine Verkleidung in Bauren und Bäuerinnen vorgenommen, die denn zur Heumachenszeit auf den Wiesen von Johannes Mannheim *et Compagnie* die nötigen Arbeiten meisterlich verrichteten, im Grünen ihre kalte Milch aßen und dergleichen. [...] Das größte Vergnügen hatten sie bei der Ernte, wo sie sich unter Schnitter und Schnitterinnen mischten und mit ihnen hernach die Mahlzeit aßen. (Damm II: 442)

Zu der breit ausgeführten Verherrlichung dieses Lebens kommt eine ausführliche Schilderung, wie Mannheim auch die Standesgrenzen durch Klugheit und Beharrlichkeit überwindet. Mit Selbstbewusstsein – er gibt für die Dorfgemeinschaft eine „Abendmahlzeit", eine „der feierlichsten, die jemals in dem Dorf gehalten worden" war (ebd.: 430) – etabliert er seinen Haushalt. Während der Visite beim Dorfherrn weist er den Adelsstolz und besonders das hochnäsige Gebaren der gnädigen Frau selbstbewusst und deutlich zurück:

> Pfarrer Mannheim mischte sich in alles mit seiner Beredsamkeit und Weltkenntnis und hatte bei jedem dritten Wort eine Gans auf der Zunge. Das Wort Gans schlug so oft an die Ohren der gnädigen Frau, daß sie in ihrem Innersten eine dunkle beklemmende Ahndung zu spüren anfing, daß diese öffentliche Wiederholung ein und desselben Worts kein bloßes Werk des Zufalls sein dürfte [...]. (ebd.: 432)

Der Erzähler führt diese Episode breit aus, indem er die rhetorischen Strategien Mannheims gleich zweimal beschreibt und darüber hinaus auch noch ausführlich kommentiert. Durch den Zugang eines „Edelmann[s] aus der Hauptstadt" (ebd.: 434) wird das gerade hergestellte Einvernehmen zwischen Mannheim und dem Dorfherrn ein weiteres Mal auf die Probe gestellt: „Diese Erscheinung war wie ein Hagelwetter nach einem Sonnenschein; alle Gesichter fielen in ihre angeborne Karikatur zurück, und Öde und Leere [...] herrschten nun in der Gesellschaft" (ebd.). Wiederum führt der Erzähler umständlich vor Augen, wie Mannheim und seine Gattin gesprächslenkend und unbeirrt auch diese Situation meistern. Diese Episoden sprengen in ihrem Umfang und ihrem Detailreichtum die Grenzen der kurzen Erzählung und warnen davor, sie als ernstgemeinten Bildungsroman zu lesen. Ein ungleichmäßiges und unangemessenes Erzähltempo unterstreicht den Eindruck der Unzuverlässigkeit. So werden für einen Lebensgang wichtige Ereignisse lediglich knapp behandelt oder lakonisch berichtet, beispielsweise die zur Heirat führende Liebesbeziehung und die Geburt und Erziehung der Kinder. Kleinigkeiten und Nebenmotive – wie die Tabaksucht und das Kaffeetrinken oder auch die literarischen Ambitionen der Eheleute – werden nicht nur relativ breit ausgeführt, sondern sogar wie die Adelskritikepisoden wiederholt. Der Leser wird zum Misstrauen gegenüber dem Erzählten ermahnt und in seinen Erwartungen verunsichert (Timmermann 2005: 168).

Der Kunstgriff, die Chronologie der Handlung zu brechen, sowie die ungewöhnliche Verteilung des Erzählstoffs verhindern eine einfühlende Leseweise. So bekennt der Erzähler, in der Eile vergessen zu haben, einen Brief im richtigen Zusammenhang einzufügen, und verweist diesen kurzerhand in den Anhang. Nicht nur ist diese Nachschrift deplatziert, sondern auch unverhältnismäßig ausführlich angelegt. In der Erzählung selbst werden seelsorgerische Aufgaben des Pfarrers wie Taufen, Konfirmationen, Beerdigungen sowie die Inhalte der sonntäglichen Predigten ausgeblendet. Statt „theologische[r] Spitzfindigkeiten" spricht Mannheim ein „herzliches Gebet in der Kirche" und versammelt dann die „Vorsteher und die angesehensten Bürger des Dorfs" und spricht „mit ihnen von wirtschaftlichen Angelegenheiten" (Damm II: 423 f.). Ökonomische und soziale Belange sind sowohl dem Protagonisten als auch dem Erzähler wichtiger als kirchliche Aufgaben und Anweisungen. Auch dieses mangelnde Interesse der Hauptfigur an den eigentlichen Pflichten des Pfarrers wird vom Erzähler durch die Positionierung der theologischen Thematik im nachgeschobenen Anhang noch verstärkt. Mit dieser Erzählstrategie verweigert der Text eine einfühlsame Lesart im Sinne einer Landpfarreridylle.

In der Erzählung wird ausführlicher als in anderen Werken von Lenz das Thema der Autorschaft und die Rolle des Schriftstellers in der Gesellschaft angesprochen.

Mannheims Hang zur Schriftstellerei, sein Bestreben, anderen Menschen seine eigene Sichtweise aufzudrängen, wird als Anmaßung problematisiert: „[A]ndern Leuten Brillen zu schleifen, wodurch sie sehen können, ohne welche ihnen tausend Sachen verborgen blieben. – Es ist doch groß das, meinte er." (ebd.: 443) Seine Überheblichkeit wird dabei als *superbia* mit dem Sündenfall in Zusammenhang gebracht: „Kurz es war – der schlimmste Sauerteig, der seit Adams Fall im menschlichen Herzen gegärt hat – es war der Autor, der das Haupt in ihm emporhob." (ebd.) Sein Fiktionalisierungstrieb („er wollte alles in seinen Roman bringen"; ebd.: 444) macht Mannheim ungesellig. Schließlich siegt jedoch seine Vernunft, und er verbietet sich selbst die Romanschreiberei (Häcker 2009: 325 f.). Stattdessen produziert er nützliche Schriften und liest seinen Bauern aus Zeitungen, Zeitschriften und Romanen von Goldsmith oder Fielding vor.

Ironisch geht der Text auch mit dem Versuch Albertines um, sich als Schriftstellerin zu betätigen. Sie will Oden über die Einsamkeit verfassen. Im Gegensatz zu Mannheim, der seinen literarischen Ambitionen widerstehen kann, wird sie fast ein Opfer ihrer schriftstellerischen Leidenschaft, als Mannheim ihr nahelegt, sich wie Sappho vom Berg zu stürzen. Der Blick in den Abgrund soll Albertine auf einen Schlag klarmachen, worin der Unterschied zwischen empfindelnder, zum Dilettantismus neigender Lyrik und einer wahren Kunst besteht, die sich dem Ernst des Todes aussetzt (ebd.: 328). Auf der anderen Seite wirft der Text auch einen ironischen Blick auf Mannheim, der die Konkurrenz seiner Frau nicht ertragen kann.

Ueber Delikatesse der Empfindung oder Reise des berühmten Franz Gulliver

Q: Elke Meinzer: „Über Delikatesse der Empfindung". Eine späte Prosaschrift von Jakob Michael Reinhold Lenz. St. Ingbert 1996: 28–86. – H: BJ Kraków, Lenziana 2. – ED: Tieck III: 314–364.

Entstehung

Die Erzählung *Ueber Delikatesse der Empfindung oder Reise des berühmten Franz Gulliver* entstand nach 1787 in Moskau (vgl. Tommek 2003c: 63). Sie kann als „verdichtete Literarisierung der gesamten damaligen Lenzschen Projekte" (Meinzer 1996: 14) betrachtet werden. Die Originalhandschrift befindet sich in Kraków. Der Text erschien erstmals bei Tieck, allerdings ohne Quellenangabe, und wurde von dort in die Ausgabe von Blei übernommen. Die von Elke Meinzer mit ausführlicher Kommentierung und Interpretationshinweisen versehene revidierte Fassung (ebd.) erleichtert den Zugang zu diesem hoch komplexen Text entscheidend. 2007 wurde die Erzählung erneut von Heribert Tommek editiert (Tommek I u. II).

Aufbau und Inhalt

Bei dem Text handelt es sich um einen Mischtext, in dem traditionelle Gattungsformen radikal aufgelöst sind und Prosa, Aufsatz, Drama, Abhandlung, Erzählfiktion und moralisch-theologische Argumentation vermischt werden (Meinzer 1996: 393; vgl. auch J. Schäfer 2016). Der umständliche barocke Titel signalisiert, dass es sich bei dem Text um einen extremen Versuch handelt, ein intertextuelles Netz von Diskursen zu knüpfen.

2.2 Erzählungen

> Über Delikatesse der Empfindung oder Reise des berühmten Franz Gulliver ehemals unter dem Namen Paoli bekannt, als er bey der Affaire von Schweidnitz in eine Bombe geladen ward, welche in der Luft zersprang ehe sie das alliierte Lager erreichte, deren halbe Schale aber von etlichen Luftgeistern, die in diesem Monodrama redend eingefürt werden, wie eine Nußschale mit einem Lämpchen in dem Wurmloche*) in die Wolken aufgenommen und beym hercynischen Walde und dem ehemaligen Ryphäischen oder rothen Gebirge, itzt Appeninische oder zusammengezogen, Alpen genannt, vorbey in der Gegend um Livorno glücklich ans Land gesetzt ward.
> Eine Schutzschrift für die Liebhaber der Tropen und verblümten Ausdrücke der Bücher, welche von dem damaligen Hauptsitz der Kultur aller Länder mit einem einzigen Namen benennet wurden.
> Wenn ich Berge versetzte und wüßte alle G – (zit. nach Meinzer 1996: 28)

Das handlungsarme „Monodrama" (ebd.) gliedert sich in acht dramatische bzw. dramatisch-epische Darstellungen, die lückenhaft nummeriert sind. Philosophisch-moralische Erörterungen über den Umgang von Menschen miteinander und über die Ehe sind die Hauptthemen, sie sind durchsetzt mit physikalischen und militärischen Metaphern und Vergleichen.

Franz Gulliver, ein kaiserlich-katholischer Soldat, wird nach einem missglückten Abschuss als menschliche Bombe von Luftgeistern gerettet und nach Italien versetzt. Der Luftgeist Coromandel fliegt ihn in Richtung Rom zum Sitz des Papstes. Während des Fluges plaudert er über die titelgebende ‚Delikatesse der Empfindung', wobei es Gulliver schwer fällt, den erratischen und assoziativen Überlegungen des Luftgeistes zu folgen. Nach der Landung in der Gegend von Livorno kann Gulliver in einer Gesellschaft beim Kartenspiel nicht erklären, aus welchem Land er kommt: Er trägt eine Perücke, weil er als Engländer gelten möchte, spricht aber Französisch. Die Unsicherheit, die Feinheiten der neuen sozialen Umgebung aufzufassen, wird als Delikatesse der Empfindung begriffen. Mit dem Luftgeist erörtert Gulliver Fragen der Nationalität, der Zuschreibung von Eigenschaften, des vorschnellen Urteilens. Als eine Fliege um Gullivers Kopf schwirrt, löst dies eine Reihe von Gedanken aus, die um die Gemeinsamkeiten von Mensch und Tier kreisen. Der Luftgeist spricht über die verschiedenen Formen der Liebe, wie sie in Rousseaus *Héloïse* und in Goethes *Werther* dargestellt werden. Gulliver träumt von Menschen, die schwere Fesseln mit sich schleppen, es handelt sich bei ihnen um Literaten, die zum Broterwerb schreiben. Der Luftgeist erklärt sie für krank und behauptet, dass die Schriftsteller ihre Fesseln selbst schmieden, während Gulliver dagegenhält, dass ihnen nichts anderes übrig bliebe. Sie sprechen über die Macht von Vorschriften und die Rolle der katholischen Kirche.

Der Erzähler entschuldigt sich, dass er sich nicht an die Regeln der Schreibkunst halte. Der Luftgeist hält eine lange Predigt über die Themen Sexualität und Ehe anhand von Molières Tartuffe und des Apostels Paulus. Gulliver spricht über die Liebesehe und über sich wandelnde Vorstellungen in der Gesellschaft. Gulliver heiratet schließlich eine Frau des Landes. Beim Hochzeitsfest befragt er die Gäste über die Regeln ihres Ordens der Amaldulenser. Diese gehen bei jedem Neuankömmling erst einmal vom Schlimmsten aus, um wachsam zu sein, falls sie nicht eines Besseren belehrt werden. Ein Gast mit Perücke erhebt Einspruch gegen diese Einstellung, sie sei der falsche Weg, den Charakter eines Menschen zu erproben. Man solle stattdessen mit Vernunft handeln und die jeweiligen Umstände berücksichtigen. Das Urvertrauen in die Menschen sei vom ersten Lehrer gelehrt worden, aber die Geistlichen hätten daraus sich widersprechende Auslegungen gemacht. Die Bedeutung der menschlichen Sprache und Kommunikation sowie Ketzerei und Rechtgläubigkeit werden erörtert. Der Mann mit Perücke wird bezichtigt, ein Mohammedaner zu sein, was dieser entschieden zurückweist. Das Gespräch verlagert sich auf eine Diskussion über böse Nachrede und die fatalen Folgen der Renommiersucht und wendet sich dann der Frage nach der Rolle der Literatur zu, die ihrer Meinung nach die Menschen zu einem besseren Leben anleiten und poetische Wahrheiten aussprechen soll. Die Laus, die aus der Perücke des Sprechers fällt, führt zu Erörterungen über Wiederauferstehung und ein mögliches früheres Leben.

Themen und Motive: Intertextualität und die angebliche Verfeinerung der Sitten
Der Begriff ‚Delikatesse der Empfindung' findet sich in Johann August Eberhards *Allgemeiner Theorie des Denkens und Empfindens* (1776) und bezeichnet ein zentrales moralphilosophisch-theologisches und literarisches Anliegen von Lenz: das ausgewogene Verhältnis zwischen Geist und Körper, Gesetz und Sittlichkeit (Boëtius 1985: 146, Meinzer 1996: 167). Für Lenz bedeutet der Begriff eine Kultivierung und Verfeinerung der menschlichen Erkenntnis, wie sie im Gefolge der europäischen Aufklärung möglich geworden ist. Durch „den ‚Dreifachnamen' Franz/Gulliver/Paoli" spielt Lenz „auf die verschiedenen Facetten der deutschen, englischen und französischen Aufklärung an" (Meinzer 1996: 172). Darüber hinaus bezieht er sich auf Gottfried August Bürgers *Baron Münchhausen* (1786), Johann Georg Hamanns *Aesthetica in nuce. Eine Rhapsodie in Kaballistischer Prose* (1762) und Christoph Otto von Schönaichs *Die ganze Ästhetik in einer Nuß, oder Neologisches Wörterbuch* (1754), ohne jedoch explizite Verbindungen zu diesen Texten herzustellen. So gibt es sprachphilosophische Betrachtungen, Gedanken zur Leistung der Sprache in der Wissensvermittlung (ebd.: 183), Anspielungen auf Condillacs „kognitive[ ] Leistungsfähigkeit", die der Menschheit eine „geschichtliche Entwicklungsdimension" eröffnet (ebd.: 222), Reflektionen über den Unterschied in den Kommunikationsformen von Mensch und Tier, Auseinandersetzungen mit Religiosität und Sprache in Anlehnung an Hamann und Herder usw. An anderen Stellen geht es, wie in der Hochzeitsepisode, um die richtige Einschätzung von Liebe, Sexualität und Ehe.

Insgesamt sperrt sich der Text aufgrund seiner Detailfülle, seinen Assoziationsketten, seines bildlichen und wenig beschreibenden Charakters einer schlüssig-logischen Lesart und fordert als offenes Kunstwerk den Leser in extremer Weise zur Mitarbeit am Text auf (vgl. zur Ästhetik des Fragmentarischen J. Schäfer 2016 sowie → 3.17 FRAGMENTARISCHE SCHREIBWEISEN). Er zeigt überdies, „über welche Sachkenntnis Lenz verfügte und mit welcher Virtuosität er in komprimiertester und anspielungsreicher Weise seinem Text Form gegeben hat" (Meinzer 1996: 395). Auch dort, wo Kritiker vom „Pathologische[n] und Idyosynkratische[n]" sprechen, hält Tommek den Text für „historisch gesättigt" und sieht ihn „mit objektiven, soziohistorischen Strukturen und Entwicklungen" in Zusammenhang (Tommek 2003b: 76).

3. Weiterführende Literatur

Ghibellino, Ettore: *Goethe and Anna Amalia. A Forbidden Love?* Dublin 2007.

2.3 Lyrik
Inge Stephan

1. Überlieferungslage 163
2. Lyrische Anfänge 166
3. Vielfalt der Formen und Themen 170
4. Neue lyrische Freiheit 171
   Aretin am Pfahl gebunden/ Mit zerfleischtem Rücken 171
   Placet 172
   Lied zum teutschen Tanz 173
   Pygmalion 177
   Willkommen kleine Bürgerin 178
   Lied eines schiffbrüchigen Europäers 180
5. Fazit und Ausblick 182
6. Weiterführende Literatur 185

1. Überlieferungslage

Anerkennung als Autor genießt J. M. R. Lenz in der Gegenwart vor allem als Dramatiker. Spätestens durch die dreibändige Werkausgabe von Sigrid Damm (1987) wissen wir jedoch, dass Prosa und Lyrik für Lenz ebenfalls wichtige literarische Ausdrucksformen gewesen sind. Während die Qualitäten von Lenz als Erzähler inzwischen außer Frage stehen, tut sich die Forschung bis heute schwer damit, ihn als Lyriker zu würdigen, obwohl es Ansätze dazu durchaus gegeben hat (u. a. Anwand 1897, Dwenger 1961, Vonhoff 1990a, M. Bertram 1994a). Die Doppelnummer des Lenz-Jahrbuchs 10/11 (2000/2001, ersch. 2003) ist ausschließlich der Lyrik gewidmet und enthält Interpretationen von vierzehn Gedichten (*Gemählde eines Erschlagenen, Die Demuth, Ausfluß des Herzens, Die Liebe auf dem Lande, Der Wasserzoll, Der verlorne Augenblick / Die verlorne Seligkeit, Unser Herz / An mein Herz / An das Herz, An den Geist, Aretin am Pfahl gebunden mit zerfleischtem Rücken, Lied zum teutschen Tanz, So soll ich dich verlassen liebes Zimmer, Pygmalion, Jupiter und Schinznach, Zur Hochzeit zweyer Täubgen*). Der Band lenkt damit gezielt das Augenmerk auf einen Werkkomplex, der in der Forschung noch immer unterrepräsentiert ist.

Die von Gesa Weinert auf der Lenz-Tagung in Berlin (2002) angekündigte historisch-kritische Ausgabe der Gedichte ist bis heute nicht erschienen. Auch die von Vonhoff auf der gleichen Tagung in Aussicht gestellte digitale Gesamtausgabe wurde ebenso wenig realisiert wie die von Kaufmann geplante historisch-kritische Ausgabe in zehn Bänden (vgl. Kaufmann 1996d: 142).

Im Gegensatz zur aktuellen Wahrnehmung von Lenz als Dramatiker war Lenz im Gedächtnis seiner Zeitgenossen auch als Lyriker durchaus präsent. Die ironische Formulierung von Lenz als „mächtige[m] Versifex" fällt in dem zwischen Lenz, Lavater, Pfeffel u. a. scherzhaft geführten Dichterwettstreit, der unter dem Titel *Schinznacher Impromptüs* 1777 veröffentlicht wurde. Auch wenn die Autoren Anstoß an „des Reims Inkonvienienz" (Damm III: 814) bei Lenz nehmen, so ist er für sie doch „[i]n seiner Art Einer ohn alle Konkurrenz" (ebd.). Die wohl dem Reimzwang geschuldete abschließende Formulierung „So bleibts auf ewig bei der Sentenz:/ 'S ist alles verloren an Michael Lenz" (ebd.: 814f.) liest man aus der Rückschau ebenso mit einer gewissen Beklemmung wie die scherzhafte Prophezeiung von Pfeffel, dass Lenz „einer der größten Poeten" (ebd.: 815) werden würde.

Tatsächlich waren die Anfänge von Lenz als Lyriker vielversprechend. Der erste erhaltene Text ist ein Gedicht des Zwölfjährigen als Neujahrswunsch an seine Eltern. Die „äußerst sorgfältige kalligraphische Abschrift" (ebd.: 777), die sich erhalten hat, zeigt, dass ihn die Eltern in seinen lyrischen Versuchen offensichtlich unterstützt haben. Wohl ermuntert durch den Vater und den Dorpater Pastor Theodor Oldekop, einen Freund der Familie, schreibt Lenz eine Reihe von religiösen Gedichten. Im Jahr 1766 – Lenz war damals 15 Jahre alt – kommt es durch Vermittlung von Oldekop zu einer ersten Veröffentlichung in den *Rigischen Anzeigen*. Das Gedicht *Der Versöhnungstod Jesu Christi* versieht Oldekop mit einer Einleitung, in der er sich als Mentor vorstellt und zugleich betont, dass die Autorschaft allein bei dem jungen Manne liege:

> Ich versichere, daß dieses Gedicht seine eigene Arbeit sei, sowohl der Plan als die Ausführung. Nur in einigen Stellen habe ich kleine Änderungen zu machen für nötig erachtet. Anweisungen in der Dichtkunst hat er weder gelesen noch gehöret. Kenner werden bald bemerken, daß die *Klopstockische* Muse ihn begeistert habe. Es ist wahr, er hat mit Empfindung gelesen, aber nicht ausgeschrieben. Ein solches seltenes Genie verdient alle Aufmunterung. (ebd.: 777f.; Hervorh. im Orig.)

Lenz scheint die entsprechenden Aufmunterungen erhalten zu haben, bereits 1769 erfolgt die Veröffentlichung des umfangreichen Hexametergedichts *Die Landplagen*, dem eine Reihe von weiteren, kleineren Gedichten im Anhang beigegeben war. Wie stolz Lenz auf seine erste Buchpublikation gewesen sein muss, lässt sich daran ablesen, dass er seinen Vater bat, ein kostbar gebundenes Exemplar mit einer Widmung an die Zarin Katharina II. direkt nach St. Petersburg weiter zu leiten. Ob der Vater diesem Wunsch nachgekommen ist, bleibt mehr als fraglich.

Während die lyrischen Anfänge des „hoffnungsvollen *Jünglings*" (ebd.: 778; Hervorh. im Orig.) also bestens dokumentiert sind, gilt das für die weitere lyrische Produktion nicht. Fest steht zwar, dass Lenz bis an sein Lebensende Gedichte geschrieben hat, eine repräsentative Sammlung ist aber weder zu seinen Lebzeiten noch danach erschienen. Hierfür sind verschiedene Gründe ausschlaggebend, die zum einen in der Biographie des Autors liegen, zum anderen aber mit dem spezifischen Charakter seiner Lyrik zusammenhängen, die nach den konventionellen Anfängen zunehmend eigenwillig in den Themen und Formen wird und sich systematischen Kategorisierungen entzieht.

Die Gedichte kursierten zunächst im Familien- und Freundeskreis in Livland. Als Student in Königsberg scheint das Ansehen von Lenz unter seinen Kommilitonen so groß gewesen zu sein, dass er im Auftrag der Studentenschaft ein Huldigungsgedicht auf Kant (vgl. ebd.: 83f.) verfasst hat, das sich zusammen mit der Liste der unterzeichnenden Studenten erhalten hat. Unter diesen befanden sich auch die Barone von Kleist, die Lenz später als Hofmeister nach Deutschland begleiten sollte. Auch sie schätzten seine schriftstellerischen Fähigkeiten offensichtlich hoch ein, beuteten sie jedenfalls schamlos aus. Viele der psychischen Probleme, die später zum Ausbruch der Krankheit von Lenz und zu seinem Aufenthalt bei Oberlin geführt haben, könnten von diesem fatalen Einsatz als *postillon d'amour* herrühren, dessen Autorschaft als Briefe- und Gedichteschreiber der Umgebung verborgen bleiben musste. Zumindest zeichnet sich hier ein Problem ab, das in der Zukunft für Lenz bedeutsam werden sollte.

In der Freundschaft mit Goethe in der Straßburger Zeit scheint ihm die Behauptung eigener Autorschaft zunächst weniger wichtig gewesen zu sein als die ungetrübte Beziehung zu seinem ‚Zwillingsbruder', so dass seine Texte in der Folgezeit z. T. Goethe zugeschrieben wurden. Noch Tieck ist in seiner Werkausgabe (1828) unsicher, welche Gedichte aus dem sogenannten *Sesenheimer Liederbuch* von Goethe oder Lenz stammen, und nimmt nachweislich falsche Zuordnungen vor. Am Beispiel der beiden Gedichte *Ach bist du fort?* (Damm III: 96 f.) und *Wo bist du itzt, mein unvergeßlich Mädchen* (ebd.: 95 f.), als deren Autor Lenz inzwischen gilt, hat Bertram die „Verwandtschaft des poetischen Ausdrucks" (M. Bertram 1994a: 103) zwischen Goethe und Lenz in jener Zeit herausgearbeitet (ebd.: 85–94). Luserke hat einen sehr einlässlichen Vergleich der unterschiedlichen Schreibweisen der beiden Autoren vorgelegt (*Luserke 1999: 50 ff.).

Lenz hat auch nach der Straßburger Zeit viele seiner Gedichte an Goethe geschickt, wohl auch in der Hoffnung, dass sich dieser für eine Veröffentlichung einsetzen würde. Goethe hat dies nicht in dem Maß getan, wie Lenz das gewünscht hat. Erst nach dem Tod des ehemaligen Freundes, der ihm zunehmend lästig wird, lässt er sich von Schiller bewegen, einige seiner ‚Lenziana' aus der Schublade zu holen, zu denen u. a. auch Gedichte gehören, die Schiller dann veröffentlichen wird.

Auch für Lavater, der sich unermüdlich für Lenz als Autor eingesetzt hat, scheint erst dessen Tod Anlass gewesen zu sein, eine Handschrift aus seinem Besitz für den Druck freizugeben. Das Gedicht *Ausfluß des Herzens*, dessen Entstehungszeit unbekannt ist, versieht Lavater für die Veröffentlichung mit einem freundlichen Kommentar, dem die Ambivalenz jedoch eingeschrieben bleibt: Lenzens „Erguß kennt so wenig Silbenmaß, wie sein Herz Fesseln kennt; und doch ist diese Regellosigkeit der einzige Rhythmus, der sich zu einem solchen Erguß gebührt." (Damm III: 784)

Das Gedicht *Placet*, das Lenz kurz nach seiner Ankunft am 1. April 1776 in Weimar an den Herzog Karl August gleichsam als sein *entréebillet* als Autor geschickt hatte, ist offensichtlich auf wenig Gegenliebe gestoßen. Es verschwand im Goethe- und Schiller-Archiv in Weimar und wurde dort erst im 20. Jahrhundert aufgefunden.

Persönliche Empfindlichkeiten, ästhetische Einwände oder schlicht Desinteresse mögen den Ausschlag dafür gegeben haben, dass manche Gedichte ungedruckt blieben. Ein ganz praktischer Grund könnte darin zu finden sein, dass für Lenz nach dem Verlassen von Livland die Eltern und Gönner als ordnende und sammelnde Instanz seiner Texte wegfielen. Sein nomadisches Leben und die rasch wechselnden Aufenthaltsorte dürften überdies für einen Erhalt der Texte generell nicht günstig gewesen sein. Das gilt paradoxerweise in stärkerem Maße für die Gedichte als die Dramen, Erzählungen und Abhandlungen, bei denen schon aufgrund ihres Umfangs die Gefahr geringer war, dass Lenz sie aus den Augen verlor. Das muss nicht heißen, dass Lenz seine Gedichte weniger wichtig genommen hat als seine anderen Werke. Allein die Anzahl der erhaltenen Gedichte verbietet es, von ‚Gelegenheitslyrik' zu sprechen.

Die erste, von Karl Weinhold edierte Ausgabe der Gedichte (1891) enthält 110 Texte und ist damit die umfangreichste Sammlung. Nachfolgende Ausgaben wie die von Lewy (1909), Blei (1909–1913), Titel/Haug (1966/1967) und Damm (1987) bewegen sich zwischen 94 und 108 Gedichten. Diese Schwankungen in der Zahl signalisieren, dass Unklarheiten in der Zuordnung bestehen. Gesa Weinert hat behauptet, dass es „weit mehr als 200 Werke in Versen" gibt, die „von Lenz verfaßt sind oder von ihm verfaßt sein können" (Weinert 2003a: 36). Sie kündigte an, dass sie „[e]twa 170 Werke in Versen" (ebd.: 37) edieren werde. Die „Auswahl neu herausgegebener Gedichte", die Vonhoff seiner Studie *Subjektkonstitution in der Lyrik von J. M. R. Lenz* (Vonhoff 1990a: 179–258) angefügt hat, ist von Weinert am Beispiel des Gedichts *Lied zum teutschen Tanz* editorisch als unzuverlässig kritisiert worden (vgl. Weinert 2003a: 35–53). Auf jeden Fall ersetzt sie nicht die fehlende historisch-kritische Ausgabe der Lyrik, so dass die Ausgabe von Damm – im Einzelfall ergänzt durch ältere Ausgaben oder die Auswahl bei Vonhoff – weiterhin unverzichtbar als Bezugspunkt bleibt.

Handschriften sind nur in Ausnahmefällen erhalten. Sie sind verstreut auf Archive in Basel, Berlin, Hannover, Kraków, Moskau, Riga und Weimar, wobei weitere Funde nicht auszuschließen sind. Damm stützt sich neben den Handschriften auf Drucke in Zeitschriften, die jedoch nicht immer einen Hinweis auf den Verfasser enthalten, so dass Unsicherheiten bei der Zuschreibung bleiben. Auf der ersten Lenz-Tagung in Hamburg 1992 hat Daunicht die These vertreten, dass Lenz der Verfasser eines 1777 anonym in Wielands *Teutschem Merkur* veröffentlichten Gedichts sei (vgl. Daunicht 1994), ist dabei aber auf Skepsis bei den Anwesenden gestoßen. Anders steht es mit den anonym erschienenen Angriffen auf Wieland. Hier steht die Autorschaft von Lenz außer Frage. Es ist verständlich, dass er aber gerade in diesem Falle als Verfasser nicht genannt werden wollte.

Trotz dieser desolaten Überlieferungslage haben sich Belege erhalten, die zeigen, dass Lenz an seinen Gedichten intensiv gearbeitet hat. In einer Nachbemerkung zu den *Landplagen* spricht er davon, dass er das Gedicht „etlichemal ganz umgearbeitet" (Damm III: 779) habe und befürchte, „durch eine zu anhaltende Strenge gegen seine Arbeit manches Bild geschwächt zu haben, das sich seiner Einbildungskraft getreuer dargeboten, als alle Kunst zuwege bringen können" (ebd.). Für das *Lied zum teutschen Tanz* verzeichnet Damm eine Variante in ihren Anmerkungen (vgl. ebd.: 807), bei dem Gedicht *Liebe! sollte deine Pein* (ebd.: 114) unterscheidet Damm zwei Fassungen und druckt die zweite Fassung unter dem Titel *Fühl alle Lust fühl alle Pein* (ebd.) ab. Das Gedicht *Der verlorne Augenblick / Die verlorne Seligkeit* teilt Damm in ihrer Ausgabe in einen ‚A'- und einen ‚B'-Abschnitt auf (ebd.: 139–142). Von dem Gedicht *An das Herz* liegen verschiedene handschriftliche Entwürfe vor, aus denen Damm unter Rekurs auf eine zeitgenössische Druckfassung im *Göttinger Musenalmanach* für das Jahr 1777 eine ‚Endfassung' herstellt (Damm III: 105 f.). Das Gedicht *Lied eines schiffbrüchigen Europäers* findet sich nicht bei Damm. Henning Boëtius macht es in seinem Buch *Der verlorene Lenz. Auf der Suche nach dem Inneren Kontinent* (1985) nach der Ausgabe von Blei als ein wichtiges Zeugnis des Lyrikers Lenz einem breiteren Publikum zugänglich. Vonhoff nimmt es ebenfalls in seine „Auswahl neu herausgegebener Gedichte" auf (Vonhoff 1990a: 222).

2. Lyrische Anfänge

Das Debüt von Lenz als Lyriker ist erstaunlich, nicht nur, weil er damals noch sehr jung war, sondern weil trotz seiner Orientierung an konventionellen Mustern und Themen in den frühen Gedichten bereits eine Eigenwilligkeit und Ambivalenz zu spüren ist, die aufhorchen lässt. Vor allem aus der Rückschau besteht die Gefahr, in die Texte etwas ‚hineinzulesen', was vom Autor nicht intendiert gewesen ist, so dass Vorsicht bei der Interpretation geboten ist. So kann man das Gedicht *Neujahrs Wunsch an meine hochzuehrende Eltern von dero gehorsamsten Sohn Jakob Michael Reinhold Lenz* als konventionelle ‚Fingerübung' eines ambitionierten jungen Mannes bzw. als eine rührende kindliche Huldigung vor allem an den Vater lesen – die Mutter taucht erst am Schluss des Gedichtes auf –, man kann das Gedicht aber auch als ein alarmierendes Zeugnis einer Fixierung auf den Vater verstehen, der als Pastor ein ängstigendes Über-Ich für den Sohn repräsentiert. Die Unterscheidung zwischen Gott und dem Vater („Segne Vater, meinen Vater"; Damm III: 7) verwischt sich an vielen Stellen. Eine eigene Position zwischen Gott/Vater zu finden, ist schwer, von den Geschwistern ist bezeichnenderweise nicht die Rede. Es bleibt dem Sohn nur die Identifizierung mit „Jesu Gottes Sohn" (ebd.: 7), der als Unterstützer für den Vater angerufen wird, wobei die Todeswünsche gegen den realen Vater nicht zu überhören sind.

Auch die anderen religiösen Gedichte von Lenz – vor allem der umfangreiche Gesang *Der Versöhnungstod Jesu Christi*, den sein Mentor Oldekop zum Druck beförderte – lassen sich, unabhängig von dem Experimentieren mit vorgegebenen Mustern und Formen, als Dokumente einer komplexen Vater-Sohn-Problematik deuten. Die kindliche Gewissheit, die aus dem Gedicht *Das Vertrauen auf Gott* spricht („Er ist Vater, ich das Kind,/ Meinem Vater folg ich blind"; ebd.: 20) wird im *Fragment eines Gedichts über das Begräbnis Christi* in eine prekäre Mutter-Sohn-Konstellation überführt, in der Gottvater abwesend ist und Maria als untröstliche Mutter den Tod des Sohnes beklagt: „Er ist dahin! – Mein Stolz dahin! – Nun bin ich nicht Mutter/ Des Allerheiligsten mehr, ein sündiges Weib bin ich jetzt nur" (ebd.: 22). Am Ende des Gedichts verschafft sich Maria „stürmisch" Zugang zum Grab und wirft sich „[i]nbrunstvoll" auf den Toten „und weinte über der Leiche" (ebd.: 26). Mit seinen ekstatischen Schmerz- und Todesmetaphern bildet das Gedicht einen Kontrapunkt zu dem Gedicht *Der Versöhnungstod Jesu Christi*, das – wie der Titel signalisiert – sehr viel weniger dramatisch angelegt ist. Aber auch hier ist viel von Tränen und Blut, Angst und Sünde, Strafe und Verzweiflung die Rede, Leidensweg und Kreuzestod sind jedoch in einen heilsgeschichtlichen Kontext der Vergebung und Erlösung integriert, der in dem *Fragment eines Gedichts über das Begräbnis Christi* nicht vorhanden ist.

Das Gedicht *Der Versöhnungstod* endet mit Auferstehung und Jüngstem Gericht, bei der die „gläubige[n] Frommen" vom Vater „mit Lächeln" (ebd.: 19) empfangen werden:

Namenloses Entzücken durchströmt ihre offene Herzen,
Denn er wischt ihre Tränen von ihren Wangen zu Perlen.
Jeder Seufzer, der noch auf der beklommenen Brust saß,
Als der Richter des Fleisches auf einer Wolke sich zeigte,
Wird jetzt zum Halleluja: sie sitzen auf goldenen Thronen,
Halten mit Jesu Gericht und eilen mit Jesu zum Himmel,
Wo sich ewige Freuden ineinander verlieren,
Wo bald diese bald jene unendliche selige Aussicht
Unsere Augen hinreißt, und unser Halleluja reizet.
Weinet nicht edele Seelen! der für euch am Kreuz starb, lebt ewig,
Herrscht ewig zur Wonne aller begnadigten Sünder! (ebd.)

Dass der Vater und der Mentor von dieser Talentprobe ihres ‚Wunderkindes' entzückt gewesen sind, ist verständlich.

Anders steht es mit dem Gedicht *Die Landplagen*, in welchem der religiöse Rahmen am Ende nur notdürftig geschlossen wird, wenn die Plagen, von denen die Menschen heimgesucht werden, als Strafen und Prüfungen Gottes gedeutet werden. Das Gedicht, das aus sechs Büchern und fast 1.500 sorgsam gefügten Hexameterzeilen besteht, ist so dominiert von Bildern der Gewalt, dass der Rahmen traditioneller christlicher Straf- und Bußpredigten deutlich gesprengt wird. Zwar legen die Themen Krieg (1. Buch), Hungersnot (2. Buch), Pest (3. Buch), Feuersnot (4. Buch), Wassernot (5. Buch) die Schilderungen von Gewalttaten nahe, sie scheinen von dem fünfzehnjährigen Verfasser jedoch gezielt ausgewählt worden zu sein, um Gewaltphantasien dichterisch ausagieren zu können, die für pubertierende Heranwachsende nicht exzeptionell sind. Dass dabei auch biographische Erfahrungen mit Hungersnöten und Kriegswirren in Livland (vgl. Tommek 2003a: 58–74) sowie Nachrichten über das Erdbeben in Lissabon Eingang gefunden haben, ist offensichtlich, der Gestus des Gedichts im Ganzen legt jedoch nahe, dass es dem jungen Autor weniger um eine sozialkritische Analyse oder eine christliche Bußpredigt gegangen ist, sondern dass die Beschwörung der ‚Landplagen' ihm vielmehr einen legitimierenden Rahmen bot, um Tabus zu brechen. Ungewöhnlich ist im Falle der *Landplagen* jedoch das Verhältnis zwischen kontrollierter Form und exzessiver Bildlichkeit, die an barocke Vanitas-Gedichte erinnert und in ihrer Drastik auf die expressionistische Lyrik am Anfang des 20. Jahrhunderts verweist.

Die zeitgenössische Kritik konnte demgegenüber mit dem Erstlingswerk des jungen Autors wenig anfangen. Christoph Weiß hat in seiner zwölfbändigen Faksimileausgabe (2001) vier Rezeptionszeugnisse zugänglich gemacht (Weiß I: 114*–122*), die insgesamt wenig schmeichelhaft ausfielen. Während ein anonymer Rezensent in dem Gedicht – trotz aller Verstöße des Autors gegen Versmaß und Orthographie – „die Funken des Genies und Anlage zu einem Dichter" (ebd.: 121*) zu erkennen glaubt, kommt Christian Adolph Klotz in der *Deutschen Bibliothek der schönen Wissenschaften* (20. Stück, 1771) zu folgendem vernichtenden Urteil:

> Der Verf. besingt in seinen als Hexameter gedruckten Versen, den Krieg, die Hungernoth, die Pest, die Feuersnoth, die Wassersnoth, das Erdbeben. Er hätte noch die siebente Landplage hinzusetzen können, nehmlich die schlechten Poeten. Wahrhaftig, dergleichen Hexametristen, als der Verf. ist, gehören eben sowohl zu den Landplagen, als die Heuschrecken. (ebd.: 116*)

Klotz, ein damals einflussreicher Kritiker, ist sich sicher, dass dem jungen Mann „überhaupt das Talent des Dichters fehlt" (ebd.: 119*). Lenz jedoch hat sich – falls er die Kritiken überhaupt zur Kenntnis genommen hat – auf seinem weiteren dichterischen Weg von solchen Einschätzungen nicht abhalten lassen.

Eine ausführliche Würdigung, in der vor allem die theologischen Aspekte und die negative zeitgenössische Rezeption thematisiert werden, hat Gerhard Sauder mit seinem Aufsatz „Wollen und Können: Lenz' *Die Landplagen*" im Lenz-Jahrbuch 20 (Sauder 2013: 9–37) vorgelegt.

Im Anhang der *Landplagen* finden sich die beiden Gedichte *Schreiben Tankreds an Reinald* und *Gemählde eines Erschlagenen*, in beiden Fällen sind Handschriften nicht nachweisbar. Bei dem ersten Text handelt es sich um die Abschiedsverse eines

Kreuzritters, der sich an seine Gegnerin, die amazonenhafte Clorinde, erinnert. Das *Schreiben* liest sich wie ein dramatischer Monolog und verweist auf jenes Phantasiebild einer kämpferischen Weiblichkeit, das in Kleists *Penthesilea* (1808) seine kaum zu überbietende grandiose Zuspitzung erfahren hat. Clorinde ist eine ‚Schwester' jener starken Frauen, vor denen die „stählernen Helden" (Damm III: 26) ihre Waffen strecken.

Anders als später bei Kleist ist nicht die Frau die Mörderin des Mannes, sondern sie wird das Opfer seiner ‚Verirrung'. Aber auch bei Lenz ist der erotische Subtext der Kampfszenen unüberhörbar. Er wird nur mühsam neutralisiert durch die christliche Einbindung in den Kampf um Jerusalem – im Moment ihres Todes bittet die ‚schöne Jüdin' Clorinde um ihre Taufe, die der Ritter mit einem Helm voll Jordanwasser vollzieht – und durch die Adressierung an den fernen Freund Reinald, der zum Mitwisser eines tödlichen Geheimnisses wird, in dem Geschlechterpositionen und religiöse Gewissheiten gleichermaßen ins Wanken geraten sind.

Auch das Gedicht *Gemählde eines Erschlagenen* nimmt sich merkwürdig fremd im religiösen Kontext der Jugendlyrik aus. Es unterscheidet sich schon aufgrund seiner Kürze von den sonstigen umfangreichen Jugendgedichten (vgl. Stephan 2003; Unger 2000/2001). Zwar enthält es eine Reihe christologischer Anspielungen; die Ermordung eines namenlosen Mannes „im einsamen schreckenden Walde" (Damm III: 30) und die Zurschaustellung seines „zerzerreten Körper[s]" (ebd.: 31) sind jedoch so radikal aus religiösen und zeithistorischen Kontexten gelöst, dass die Gewalttat aufgrund der ausgesparten Vor- und Nachgeschichte wie eine grelle Momentaufnahme eines rätselhaften Verbrechens wirkt. Unklar ist auch die Sprecherposition des lyrischen Ichs, das wie ein ferner Beobachter eines Geschehens fungiert, dessen blutige Details hyperrealistisch ins Bild gesetzt werden: Das Gewaltszenario, dem durchaus sozialhistorische Erfahrungen zugrunde liegen können (vgl. Tommek 2003a: 46–58), erinnert in seiner Drastik an Erzählungen von Kleist, in denen ‚spritzende Gehirnmassen' darauf verweisen, dass im ‚Zeitalter der Vernunft' der Verstand des Menschen ein von Gewaltexzessen stets bedrohtes Gut ist. Es ist nur folgerichtig, dass das Gedicht von Lenz keine ‚Aufklärung' bietet. Gerade aufgrund seiner Kürze und Prägnanz bleibt es stärker im Gedächtnis haften als die ausufernden und sich wiederholenden Gewaltphantasien in dem Lehrgedicht *Die Landplagen*.

Wenn man die Jugendlyrik insgesamt betrachtet, ist frappierend, wie differenziert – ungeachtet der Orientierung an literarischen Mustern und Vorbildern – der Bezug auf tradierte lyrische Formen ist. Neben wohlgefügten Hexametern und sorgfältig gereimten Gedichten stehen Verse, die zumindest in Ansätzen konventionelle Muster überschreiten und sich der dramatischen Prosa annähern. Titelformulierungen wie ‚Fragment', ‚Schreiben' und ‚Gemälde' machen überdies deutlich, dass sich hier ein junger Autor ausprobiert, der über die Literarizität seiner Texte reflektiert und nach eigenen Ausdrucksformen sucht. Beeindruckend sind vor allem die expressive Bildlichkeit und die ekstatische Übersteigerung des lyrischen Sprechens, durch welche eine Leidenschaft des Gefühls erzeugt wird, die sich in seinen späteren Dramen wie z. B. *Der Engländer* wiederfinden wird. Die Themen sind noch weitgehend konventionell, die Sprache verrät bereits den heißen Atem des Stürmers und Drängers. Nicht zufällig spielt die Interpunktion – das Ausrufezeichen und der Gedankenstrich – eine entscheidende Rolle, um den Überschwang der Gefühle zu unterstreichen. Wortneuschöpfungen wie „der grausambarmherzige Tod" (Damm III: 57) zeugen von dem Bestreben, die Sprache mit neuen Bedeutungen aufzuladen und Ambivalenzen zu markieren.

3. Vielfalt der Formen und Themen

Auffällig ist, dass Lenz mit dem Verlassen des Elternhauses und seiner livländischen Heimat auch von den religiösen Themen seiner Jugendlyrik Abschied nimmt. Zwar gibt es anfangs durchaus noch Bezüge auf Gott und die Religion wie z. B. in den Gedichten *Die Auferstehung*, *Die Demuth*, *Ausfluß des Herzens* und *Eduard Allwills erstes geistliches Lied*, die religiöse Thematik wird aber zunehmend unterwandert durch erotische Phantasien und Wünsche und schließlich abgelöst von weltlichen Themen, die – und hier kündigt sich etwas Neues an – z. T. ironisch persifliert werden.

Beispielhaft sei hier das Gedicht *Die Liebe auf dem Lande* genannt, das zu den ‚Lenziana' in Goethes Besitz gehörte und erst nach dem Tod von Lenz 1798 veröffentlicht wurde. Im Mittelpunkt steht „[e]in wohlgenährter Kandidat/ Der nie noch einen Fehltritt tat" (Damm III: 97). Er wird Nachfolger des Pfarrers und heiratet dessen Tochter. Das Gedicht erzählt in betont schlichten Versen und Reimen die Geschichte eines Karrieristen im geistlichen Amt und zugleich die eines jungen Mädchens, das um seine „[v]erlaßne Liebe" (ebd.) trauert. In ihrer rührenden Anhänglichkeit an den Mann, der „ihr als Kind das Herze nahm" (ebd.: 100), trägt die junge Frau Züge von Gretchen aus Goethes *Faust*. Sie wird jedoch nicht gerettet wie diese, sondern an den widerwärtigen Kandidaten verheiratet. Ohne zu klagen, erträgt sie ihr Schicksal und nimmt es gar als Strafe dafür, dass sie noch immer an ihre alte Liebe denkt, von der ihr Mann in seiner grenzenlosen Selbstgefälligkeit nicht einmal etwas ahnt. Die Kritik an dem Kandidaten und dem alten Pfarrer, der seine Tochter dem Nachfolger wie ein Opferlamm ausliefert, ist nicht zu überhören. Sie gilt nicht nur den beiden Männern, sondern auch dem geistlichen Stand, der sich zumindest in den beiden ausgewählten Vertretern als moralisch fragwürdig erweist. Das Gedicht nimmt die Frau, die sich ihren Ehemann ‚schönredet', von der Kritik jedoch nicht aus. Sie flüchtet sich – wie bereits im Falle des fernen Geliebten – in eine Traumwelt, um sich über die elende Gegenwart hinwegzutrösten. Am Ende des Gedichts steht ein ambivalentes Fazit, wenn die Träume nach Liebe zwar als angeboren, zugleich aber als unrealisierbar bezeichnet werden. Der ironisch-melancholische Ton des Gedichts und die einfach-raffinierten Verse markieren eine deutliche Abkehr von den pathetischen und ekstatischen Anfängen der Jugendzeit. Hier kündigt sich ein lyrisches Sprechen an, das sich der Widersprüche der Gefühle und der Dissonanzen von Situationen bewusst ist und auf die Religion als Ordnungs- und Wertesystem nicht mehr vertraut. Boëtius spricht davon, dass Lenz in diesem Gedicht in „allerbösester Wilhelm-Busch-Manier [...] mit dem simpelsten Mittel des Paarreims die sexuelle und seelische Ausbeutung einer Frau attackiert" (Boëtius 1985: 47) habe.

In seiner satirischen Stoßrichtung weist *Die Liebe auf dem Lande* Übereinstimmungen mit den Gedichten *Piramus und Thisbe* und *Auf ein Papillote* auf, in denen das sexuelle Begehren als Triebkraft im Verhältnis der Geschlechter ebenfalls deutlich erkennbar wird. Das Gedicht *An das Herz*, das Susanne Theumer ins Zentrum eines Künstlerbuchs gerückt hat (→ 4.6 LENZ IN DER KUNST), behandelt das Thema Liebe ebenfalls hochironisch, wenn es im letzten Vers heißt:

Lieben, hassen, fürchten, zittern,
Hoffen, zagen bis ins Mark,
Kann das Leben zwar verbittern;
Aber ohne sie wär's Quark! (Damm III: 106)

4. Neue lyrische Freiheit

Folgende sechs Gedichte können stellvertretend für die neuen Formen und Themen stehen, die sich Lenz in seiner Straßburger Zeit und danach erobern sollte. Die Reihenfolge orientiert sich an der Werkausgabe von Damm, exakte zeitliche Zuordnungen sind nicht in jedem Fall möglich.

Aretin am Pfahl gebunden/ Mit zerfleischtem Rücken

Q: Damm III: 184.

Dieses Gedicht (vgl. dazu die Interpretation von Martin Kagel im Lenz-Jahrbuch 2000/2001: 199–211) blieb zu Lebzeiten von Lenz ungedruckt, seine Entstehungszeit ist ungewiss. Damm vermutet aufgrund inhaltlicher Parallelen zu anderen Gedichten, die nachweislich in Straßburg entstanden sind, dass es ebenfalls 1775/1776 geschrieben sein könnte (vgl. Damm III: 804). Die Handschrift, nach der Tieck den Erstdruck 1828 besorgte (Tieck III: 259 f.), hat sich erhalten und befindet sich in der Staatsbibliothek zu Berlin. Damm legt ihrer Edition die Handschrift zugrunde, die starke Beschädigungen aufweist, und ergänzt die fehlenden Verse durch den Erstdruck bei Tieck. Vonhoff nimmt in seiner Version die Modernisierungen zurück, die Damm generell vorgenommen hat (vgl. Vonhoff 1990a: 199 f.). Menz hat eine sehr einlässliche Interpretation des Gedichts vorgelegt und dabei darauf hingewiesen, dass Lenz sich mit Aretino – neben Petrarca, dem er ebenfalls ein Gedicht gewidmet hat (Damm III: 124–136) – auf einen weiteren Renaissance-Dichter als Vorbild bezieht (vgl. Menz 1996a: 66–77). Mit dem italienischen Renaissanceschriftsteller Pietro Aretino (1492–1556) wählt Lenz einen Autor, der aufgrund seiner freizügigen erotischen Schriften nicht nur eine Skandalfigur zu seinen Lebzeiten war. Seine Texte stehen in schrillem Gegensatz zu den pedantisch-moralischen Ansichten, die von den philanthropischen Erziehern im 18. Jahrhundert in Deutschland vertreten und im Philanthropin in Dessau von Basedow und seinen Anhängern in die Praxis umgesetzt wurden. Aretino wird als Sprachrohr gewählt, um die nach ihrem eigenen Verständnis menschenfreundlichen Erziehungsmethoden der Philanthropen als ‚schwarze Pädagogik' vorzuführen, in der körperliche Züchtigung zu liebevoller Zuwendung umgedeutet wird. Dabei verschmelzen in dem Gedicht der italienische Dichter, der als Aretin ‚eingedeutscht' wird, und das lyrische Ich zu einem einzigen Ankläger gegen unmenschliche Erziehungspraktiken. Der gebundene Aretin mit seinem von Prügeln zerschundenen Rücken wird zum Sinnbild der Gewalt, mit der eine Gesellschaft dem Menschen sein „Naturell" auszutreiben sucht. Der „innre[ ] Trieb" ist jedoch das „Beste" im Menschen, wenn man diesen zerstört, bleiben nur „Drahtmaschinen", „Püppchen" und „Plappermühlen" als leere Hüllen zurück. Aretins Rede an die „Herrn Philanthropins" ist ein Plädoyer für die Rechte des Menschen, frei über seinen Körper und damit auch über seine Sexualität zu verfügen. Damit vertritt er ein Menschenbild, das sich von christlichen Moralvorstellungen entschieden gelöst hat:

Gott ist keine richtende und strafende Instanz mehr, der „innre[ ] Trieb" repräsentiert vielmehr „Gott im Menschen". Begriffe wie Tugend und Laster verlieren daher ihre alten Bedeutungen: „Schlaffigkeit" ist „das größte Laster", Lebendigkeit die wahre Tugend.

Mit solchen radikalen Vorstellungen positioniert sich Lenz als Außenseiter im damaligen, noch stark von christlichen Moralvorstellungen dominierten deutschen Aufklärungsdiskurs. Er nähert sich Auffassungen der französischen Materialisten an, wie denen von La Mettrie, der mit seiner These vom Menschen als Maschine (*L'Homme Machine*, 1748) dem Atheismus zugearbeitet hatte. Zugleich ist eine wichtige Differenz festzuhalten: Das Bild der Maschine, das Lenz in seinen Texten mehrfach (z. B. in der Rezension *Über Götz von Berlichingen*, Damm II: 637) verwendet, ist kein abstrakter philosophischer Befund, sondern eine gesellschaftskritische Metapher, mit welcher die Entfremdung des Menschen von seiner eigentlichen Bestimmung markiert wird. Das Beharren von Lenz auf dem „innre[n] Trieb", der nicht metaphysisch als Seele verklärt, sondern als konkretes körperliches Begehren verstanden wird, signalisiert, dass Lebendigkeit ohne Sexualität nicht vorstellbar ist.

Das Gedicht weist zahlreiche Bezüge zu Themen auf, die auch in anderen Texten von Lenz eine Rolle spielen: Die Frage der Erziehung ist etwa im *Hofmeister* und in den *Soldaten* eng mit der Sexualitätsproblematik verbunden, die Vorstellung, dass Kunst ohne Freiheit nicht denkbar ist, zieht sich wie ein roter Faden durch seine gesamten ästhetischen Schriften. In der forcierten Bezugnahme von Lenz auf den Körper zeichnen sich ein Menschenbild und ein Kunstprogramm ab, die Georg Büchner Jahrzehnte später im sogenannten ‚Kunstgespräch' in seiner Erzählung *Lenz* (entst. 1835/1836, gedr. 1839) aufgreifen und in seinen Entwürfen zu *Woyzeck* (entst. 1836/1837, gedr. 1879) dramatisieren wird. In diesem Zusammenhang erstaunt nicht, dass Büchner ein Stück über Aretino geschrieben hat, das jedoch von seiner Braut vernichtet worden ist (vgl. *H. Mayer 1974: 18). Über den Inhalt kann man infolgedessen nur spekulieren, es ist aber davon auszugehen, dass für Minna Jaeglé der freizügige venezianische Satiriker eine allzu große moralische Provokation dargestellt hat. Das Gedicht von Lenz hat sich zum Glück erhalten, der Zustand der Handschrift, vor allem die weitgehend fehlende Interpunktion und die Flüchtigkeiten in der Durchführung legen die Vermutung nahe, dass Lenz eine Veröffentlichung zu Lebzeiten wohl selbst nicht für möglich gehalten hat.

Interessant ist das Gedicht auch deshalb, weil sich Lenz mit der Bezugnahme auf Aretino – neben Petrarca – einen zweiten italienischen Autor wählt, der aufgrund der Obszönität seiner Texte ein krasses Gegenbild zu dem schwärmerischen Petrarca ist. *Aretin* kann gewissermaßen als Pendant zu *Petrarch* gelesen werden, er verkörpert die dunklen, verdrängten Seiten des erotischen Diskurses. Die schlichte Einordnung von Lenz in die petrarkistische Tradition durch die ältere Forschung (vgl. Dwenger 1961: 10 ff.) erweist sich von hier aus als unhaltbar.

Placet

Q: Damm III: 187.

Dieses kurze Gedicht schickte Lenz an den regierenden Herzog Karl August in Weimar. Er hat es mit seinem Namen unterzeichnet. Vermutlich ist es kurz nach seiner

Ankunft in Weimar am 1. April 1776 entstanden. Die Handschrift befindet sich im Goethe- und Schiller-Archiv in Weimar. Erstmals gedruckt wurde *Placet* im Jahre 1966/1967 (Titel/Haug I: 105).

Das Gedicht entwirft ein Selbstporträt, das von tiefer Ambivalenz geprägt ist. Lenz führt sich als devoter Bittsteller ein. Er versucht sich ‚klein' zu machen und beteuert, dass er „keiner Seele schaden" wolle. Als „Poet" müsse man ihn nicht fürchten, da er seine satirische Angriffslust verloren habe – das Gedicht selbst widerlegt diese Behauptung jedoch nachdrücklich. Als ‚lahmer Kranich' präsentiert er sich in einem bedauernswerten, mitleidheischenden Zustand. Offen bleibt, woher die Lahmheit kommt und ob sie sich auf die Flügel, die Beine oder auf beide bezieht? Wie auch immer – der schwächelnde Zustand, in dem sich der Kranich befindet, legt nahe, dass sein Aufenthalt von längerer Dauer sein könnte und er nicht, wie Zugvögel dies normalerweise tun, nur eine kurze Zwischenstation einlegen wird. Widersprüchliche Assoziationen ruft auch die Mischung von Tier und Mensch hervor. Lenz präsentiert sich als ein merkwürdiger Vogel, den man schwer einordnen kann. Gehört er in die Tier- oder in die Menschenwelt? Und wie soll man die Formulierung „zugleich Poet" verstehen? Die Ironie bzw. Selbstironie ist zwar nicht zu überhören, sie verschont aber auch den Adressaten nicht. Die bescheiden vorgetragene Bitte, „sein Häuptlein […]/ An Eurer Durchlaucht aufzusonnen", spielt auf den ‚Sonnenkönig' an und ruft damit ein großes Vorbild auf, dem Karl August als Provinzherzog in keiner Hinsicht entsprach. Zugleich ist sie eine dreiste Überschreitung der Standesschranken, wenn sich der Untertan am Herrscher vampiristisch „aufzusonnen" sucht. Eine doppelte Botschaft enthält auch die abschließende Bitte, „[i]hn nicht in das Geschütz zu laden". Sie suggeriert die Möglichkeit, dass Karl August ihn als ungebetenen Eindringling kurzerhand als ‚Kanonenfutter' entsorgen könne, und appelliert zugleich an seine Gnade.

Man kann sich vorstellen, dass Karl August ‚not amused' war, auch wenn ihm die Seitenhiebe auf seine Person wahrscheinlich entgangen sind. Wenn man dieses doppelbödige kleine Gedicht mit der pathetischen *Ode an Ihro Majestät Catharina die Zweite, Kaiserin von Rußland* vergleicht, die Lenz 1769 an die Herrscherin zusammen mit seinen *Landplagen* geschickt hat, wird deutlich, wie stark sich sein Verhältnis in nur wenigen Jahren auch zu den politischen Autoritäten verändert hat. Als Satiriker versucht er dem Herrscher auf einer ironischen Ebene zu begegnen, die zu Missverständnissen Anlass bot. Wer wird freiwillig einen „Kranich lahm, zugleich Poet" an seinem ‚Musenhof' in Weimar als Gast aufnehmen wollen?

Lied zum teutschen Tanz

Q: Damm III: 191.

Die Handschrift dieses Gedichts befindet sich im Lenz-Nachlass der Berliner Staatsbibliothek. Es wurde zu Lebzeiten des Autors nicht gedruckt, gehört inzwischen aber zu einem seiner bekanntesten Gedichte und wird in der jüngeren Lenz-Forschung als ein besonders gelungenes Beispiel für Lenzens lyrische Meisterschaft angesehen: „In der bruchlosen Einheit von Form, Rhythmus und Inhalt ist dieses kleine Liedchen eines seiner vollkommensten Gedichte." (Voit 1992: 596) Damm geht davon aus, dass der Text 1776 in Weimar entstanden ist, und bezeichnet die von ihr abgedruckte

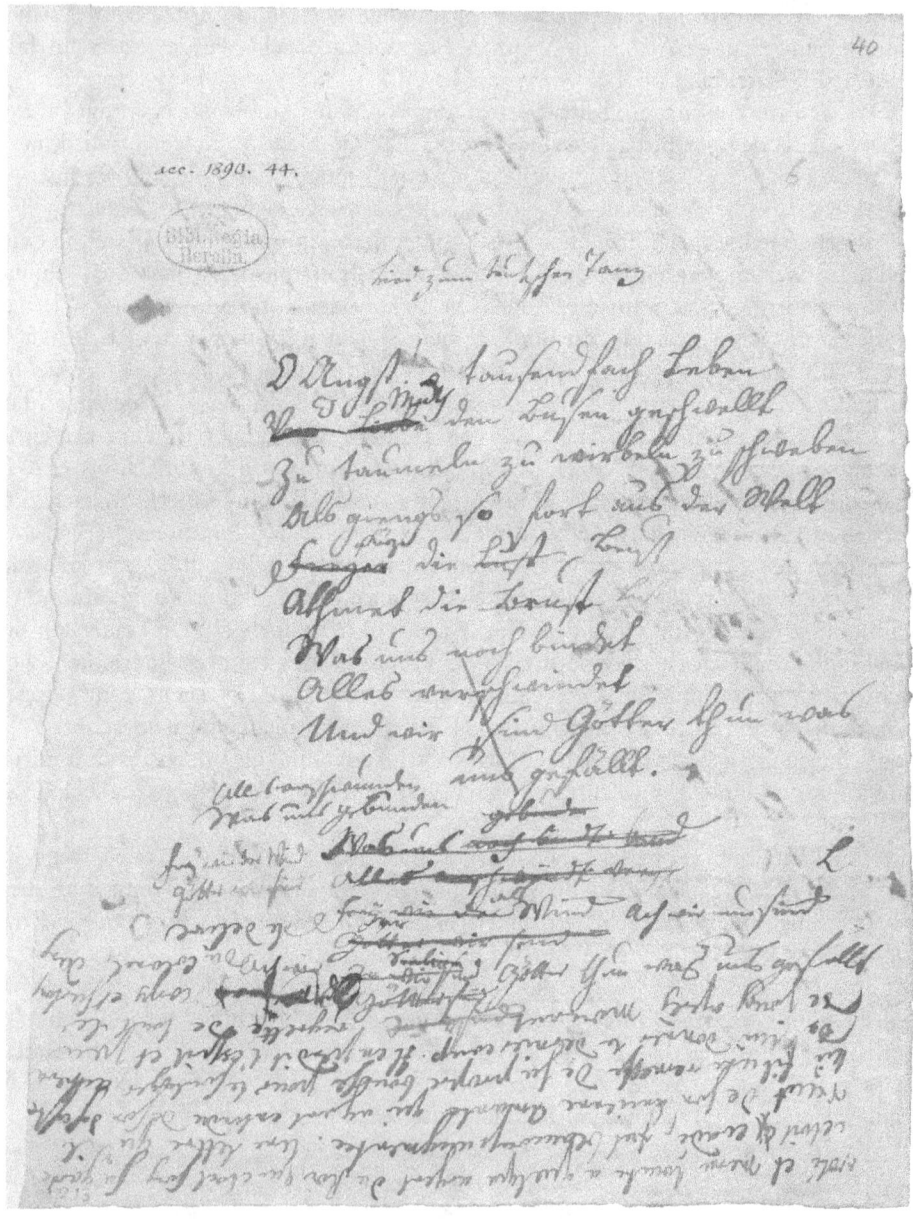

Abb. 1: Faksimile der Handschrift: *Lied zum teutschen Tanz*. Staatsbibliothek zu Berlin, Preußischer Kulturbesitz, Nachlass J. M. R. Lenz, Bd. 2, Nr. 213, Bl. 40.

Version als „Endfassung" (Damm III: 807). Dabei stützt sie sich weitgehend auf den Erstdruck (Weinhold-G: 120 f.), nimmt aber eine Reihe von Veränderungen vor. Für den Schluss bietet sie in ihren Anmerkungen eine Alternativfassung, die ihrer Meinung nach eine frühere Arbeitsstufe repräsentiert: „Was uns noch bindet/ Alles verschwindet/ Und wir sind Götter tun was uns gefällt" (Damm III: 807). Gesa Weinert

2.3 Lyrik

Diplomatische Umschrift der Handschrift

Lied zum teutschen Tanz

O Angst! o tausendfach Leben
O Muth
~~Von Liebe~~ den Busen geschwellt

Zu taumeln zu wirbeln zu schweben

Als giengs so fort aus der Welt
Kürzer
~~Freyer~~ die ~~Lust~~ Brust

Athmet die ~~Brust~~ Lust

Was uns noch bindet

Alles verschwindet

Und wir sind Götter thun was

uns gefällt
Alles verschwunden

Was uns gebunden
~~gebunden~~
~~Was uns noch bindt band~~
Frey wie der Wind
~~Alles verschwindt versch~~   L
Götter wir sind   als
Frey ~~wie der~~ Wind
er   Ach wir nun sind
~~Götter wir sind~~
~~Seelig~~
Ach wir ~~Ja wir~~ sind Götter thun was uns gefällt
~~Frey wie der~~
er   ~~Götter sind~~

~~Ja wir sind~~

Abb. 2: Diplomatische Umschrift der Handschrift *Lied zum teutschen Tanz* von Gesa Weinert (Weinert 2003a: 49).

hat sich in ihren Überlegungen zu einer historisch-kritischen Ausgabe der Gedichte, die sie auf der Lenz-Tagung 2002 vorgetragen hat, beispielhaft auf *Das Lied zum teutschen Tanz* gestützt, um zu demonstrieren, wie fahrlässig bisherige Editoren mit den Gedichten von Lenz umgegangen sind. Während die meisten Editoren in Anlehnung an Weinhold das Gedicht in zehn Versen drucken, fügte Vonhoff drei weitere Verse hinzu: „Freyer als Wind/ Ach wir nun sind/ Ach wir Götter thun was uns gefällt" (Vonhoff 1990a: 228). Irritiert fragt Weinert sich, „wie es [...] zu den mitunter stark abweichenden Lesungen und unterschiedlichen Druckfassungen kommen kann, wenn doch allen Drucken ein und dieselbe Vorlage zugrunde liegt" (Weinert 2003a: 47). Die Antwort ist einfach: Die Handschrift weist ein so chaotisches Bild auf, dass es in der Tat schwierig ist, eine eindeutige letzte Textstufe zu identifizieren.

Die diplomatische Umschrift, die Weinert bietet (ebd.: 49), lässt ihren Befund, dass es sich bei der Handschrift um einen „Entwurf mit konkurrierenden Varianten" und nicht um eine „letzte Fassung" handelt (ebd.: 51), sehr plausibel erscheinen. Das Gedicht ist für sie ein „handschriftliches und gedankliches Fragment, das verschiedene Möglichkeiten aufweist, ohne sich auf eine festzulegen" (ebd.). Eine ‚Endfassung' gibt es nicht, wohl aber ist eine ‚erste Textstufe' zu erkennen, die nach Weinert folgendermaßen aussieht:

> O Angst! o tausendfach Leben
> Von Liebe den Busen geschwellt
> Zu taumeln zur wirbeln zu schweben
> Als giengs so fort aus der Welt
> Freyer die Lust
> Athmet die Brust
> Was uns noch bindet
> Alles verschwindet
> Und wir sind Götter thun was uns gefällt. (ebd.: 50)

Unterzeichnet sind die neun Verse mit dem Kürzel „L", was von Weinert als Hinweis darauf gedeutet wird, dass „die erste Textstufe als Vorlage für einen Druck gedacht" (ebd.) war. Fest steht, dass Lenz mit dieser ersten Niederschrift nicht zufrieden gewesen ist und in immer neuen Anläufen nach Alternativen gesucht hat, ohne sich für eine entscheiden zu können. Eine Interpretation muss von diesem Handschriftenbefund ausgehen und den Fragmentcharakter des Gedichts ernst nehmen. Die offene Form des Entwurfs ist für Weinert „ein Zeugnis für das Stürmen und Drängen nach Freiheit, [...] für das Lenz in der überlieferten Handschrift weder einen endgültigen Ausdruck noch eine letzte lyrische Form findet" (ebd.: 52).

Dieses fragmentarische Sprechen markiert einen Bruch mit den lyrischen Anfängen, wo Lenz sich an großen, ‚geschlossenen Formen' ausprobiert und diese mit eindrucksvoller handwerklicher Perfektion ‚gemeistert' hatte, und es verweist auf kleinere, ‚offene Formen', die bei den Stürmern und Drängern, später dann bei den Romantikern bewusst gewählte literarische Strategien waren, um ihrer Gefühls- und Sprachskepsis einen adäquaten Ausdruck zu verleihen. In seiner Lenz-Rezeption schließt Georg Büchner gezielt an diese Tradition an, wie sein Fragment *Lenz* und seine Entwürfe zu *Woyzeck* zeigen.

Für Herausgeber stellen Handschriftenbefunde, aus denen wie im Falle des *Lied zum teutschen Tanz* eine endgültige Autorintention schwer oder gar nicht erschlossen werden kann, eine besondere Herausforderung dar, wie die aufwendigen historisch-kritischen Ausgaben der Gedichte von Friedrich Hölderlin (Ausgabe von Sattler: *Hölderlin 1975–2008) oder Georg Heym (Ausgabe von Schneider: *Heym 1964) zeigen. Für Interpreten sollten sie ein Warnsignal sein, sich nicht vorschnell auf Fassungen zu beziehen, die weniger gesichert sind, als die vorliegenden Editionen suggerieren. Solange es keine historisch-kritische Ausgabe der Lyrik von Lenz gibt, bzw. zumindest keine von Lenz zu Lebzeiten autorisierten Druckfassungen vorliegen, können Interpretationen nur unter Vorbehalt erfolgen.

Pygmalion

Q: Damm III: 212.

Damm druckt das Gedicht nach dem Erstdruck von 1918 (Freye/Stammler II: 72). Die Datierung ist in diesem Fall einfach: Lenz hat das Gedicht einem Brief an Heinrich Christian Boie beigelegt (Damm III: 9.4.1777). Es muss also vorher entstanden sein. Die Handschrift gilt als verloren, es ist aber davon auszugehen, dass es sich um eine Fassung gehandelt hat, die Lenz durch die Übersendung autorisiert und für die er sich eine Veröffentlichung gewünscht hat.

Arnd Beise bezieht sich in seiner Interpretation im Lenz-Jahrbuch (Beise 2000/2001: 267–282) auf die Veröffentlichung im *Musen Almanach für 1778*, herausgegeben von Johann Heinrich Voß, welche sich von der Handschrift, die sich in der Biblioteka Jagiellońska, Kraków, Autographensammlung der Preußischen Staatsbibliothek zu Berlin, befindet, nur geringfügig in Interpunktion und Orthographie unterscheidet.

Bei dem Gedicht handelt es sich um ein Liebesgedicht, das durch den Titel in einen komplexen mythologischen Zusammenhang gestellt wird. Pygmalion ist der sagenhafte König von Kypros, dessen Geschichte Ovid in seinen *Metamorphosen* erzählt hat. Weil keine der damals lebenden Frauen seinen hohen Ansprüchen genügt, fertigt er sich eine Statue aus Elfenbein an, in die er sich dann verliebt. Auf Pygmalions Bitten verwandelt Aphrodite diese in ein lebendiges Mädchen, das der König dann zur Frau nimmt. Nach neun Monaten wird eine Tochter geboren, die das Glück des Paares vollkommen macht.

In der europäischen Kunst- und Kulturgeschichte wurde die Geschichte von Pygmalion zu einem Schlüsselmythos, in dem sich verschiedene Themen kunstvoll verschränkt haben: Zum einen geht es um das Verhältnis zwischen Kunst und Leben, zum anderen um das zwischen den Geschlechtern (vgl. *M. Mayer/Neumann 1997; *Mülder-Bach 1998). Pygmalion ist nicht nur ein mächtiger König, sondern auch ein begnadeter Künstler, der Menschen nach seinem Bilde formt, diesen aber kein Leben einhauchen kann, sondern auf göttliche Hilfe angewiesen ist, in diesem Fall auf die von Aphrodite. Als Göttin der Schönheit und Liebe ist sie eine mächtige Helferin, die über die Schöpfungskraft verfügt, die nach christlicher Vorstellung allein Gott zukommt. Die ideale Frau, die sich Pygmalion selbst erschafft, ist das Urbild jener künstlichen Frauen, die als Puppen, Marmorbilder und Automaten die Literatur seit der Romantik bevölkern (vgl. *Drux 1988) und Zeugnis davon ablegen, dass das Verhältnis zwischen den Geschlechtern hierarchisch als eines zwischen ‚Schöpfer' und ‚Geschöpf' geordnet und zugleich mit massiven Ängsten besetzt ist, wenn das Gegenüber als␣lebloses Kunstprodukt imaginiert wird. Dabei kommt es z. T. zu einer interessanten Überschneidung zwischen Pygmalion und Prometheus (vgl. *Drux 1994).

Im Gegensatz zu dem gegen die Götter aufbegehrenden Prometheus, der eine beliebte mythische Bezugsfigur bei den Stürmern und Drängern war (vgl. *Storch/Damerau 1995), ist Pygmalion kein Empörer, sondern ein Mann, der sich nach Liebe sehnt und sich in der Kunst ein Objekt des eigenen Begehrens schafft. Lenz erzählt seine Geschichte aber anders als Ovid. Wenn der Titel nicht wäre, würde man die mythologischen Bezüge kaum erkennen können. Das Gedicht beschwört eine erotische Situation, in der sich das lyrische Ich an Lippen, Augen, Wangen, Busen und Schoß einer namenlosen Frau erinnert, über deren Gefühle wir – im Gegensatz zu denen des Mannes – nichts erfahren. Die erotische Begegnung ist für ihn eine Zuflucht aus Bedrängnissen, über deren Herkunft das Gedicht nicht spricht, sie bietet ihm für einen Moment die Möglichkeit des Ausruhens im Schoß der Frau. Die beiden letzten, von den vorangegangenen acht Versen abgesetzten Zeilen machen jedoch im Nachhinein klar, dass es sich um keine Erinnerung an eine reale Situation handelt, sondern um eine Wunschphantasie, für die auch in der Zukunft keine Hoffnung auf Realisierung besteht.

Wenn man den mythologischen Bezug, der durch den Titel gesetzt wird, ernst nimmt, ergibt sich eine weitere Lesart: Entgegen der Vorlage bei Ovid lässt Lenz seinen Pygmalion kein Glück in der Liebe finden. Ob die Verwandlung bereits im Vorfeld gescheitert ist, weil die göttliche Unterstützung – der geniale Funke – gefehlt hat oder weil die ‚Metamorphose' der unbelebten Statue in eine lebendige Frau unbefriedigend verlaufen ist, bleibt offen. Eines ist jedoch sicher: Pygmalion scheitert doppelt. Als Künstler gelingt ihm nicht das ‚perfekte' Werk und als Liebender bleibt ihm das Glück versagt.

Das Gedicht ist keine ‚Erlebnislyrik', wie die ältere Forschung angenommen hat (vgl. Dwenger 1961: 235). Es ist eine komplexe Reflexion über das Verhältnis von Kunst und Leben und die Rolle, die dabei das Begehren spielt. Schnurr hat in seiner Arbeit *Begehren und lyrische Potentialität* diese Fragestellung exemplarisch an dem Gedicht *An den Geist* untersucht (vgl. Schnurr 2001: 189–247).

Der Pygmalion-Mythos dient Lenz als Folie, um poetologische Fragestellungen zu thematisieren und eine frische Sicht auf einen Mythos zu werfen, der gerade im 18. Jahrhundert eine neue Aktualität gewann. Dabei müssen jedoch zwei Dinge festgehalten werden: Lenz schreibt den Mythos um, wenn er die ‚Metamorphose' scheitern lässt, zugleich lässt er Pygmalion aber – mit der letzten Zeile – unbeirrbar an seinen Wünschen nach Verlebendigung – in der Kunst und in der Liebe – festhalten.

Willkommen kleine Bürgerin

Q: Damm III: 213.

Die Handschrift dieses Gedichts befindet sich im Sarasinschen Familienarchiv in Basel, der Erstdruck erfolgte 1844 in einer Biographie über Johann Georg Schlosser (Nicolovius 1844: 68). Aus der Überlieferungsgeschichte wird deutlich, dass das Gedicht in einem schwierigen biographischen Kontext steht: Der Jurist und Schriftsteller J. G. Schlosser (1739–1799) war der Ehemann von Cornelia Goethe, die Lenz schwärmerisch verehrte (vgl. *Damm 1987). Am 8. Juni 1777 war Cornelia Schlosser im Kindbett gestorben, Lenz schickte sein Gedicht am 10. Oktober 1777 als Beilage eines Briefes an Jakob Sarasin und bat diesen um Weiterleitung an Schlosser, die erst nach mehrmaligen Nachfragen erfolgte. Es ist mehr als fraglich, ob sich der Empfänger über diesen ‚Willkommensgruß' gefreut hat.

Peter von Matt hat in einer kurzen Interpretation (Matt 2009 [1989]: 44–46) auf die verstörenden Aspekte des Gedichts hingewiesen. Diese sind in der Tat nicht zu übersehen. Lenz schreibt keine verherrlichende Eloge auf die Verstorbene, noch findet er tröstende Worte für den mit zwei kleinen Töchtern zurückbleibenden Witwer, der sich wenig später wiederverheiratet. Er adressiert die fünf Strophen an ein Neugeborenes, dem er ein wenig erfreuliches Schicksal voraussagt. Die Welt ist „ein Tal der Lügen", sie wird auch die unter so ungünstigen Umständen geborene neue Erdenbürgerin „betrügen". Das Lachen wird dem Kind bald vergehen: Der Verlust der Mutter ist nur einer von vielen, den es in seinem Leben erfahren wird. Die „kleine Lächlerin" wird erkennen, dass sie nicht nur mutterlos, sondern gänzlich allein in einer Welt steht, die ihren „Wert" nicht erkennt und sich von ihr abwendet. Am Ende wird ein Adler aus „fürchterlichen Büschen" stoßen und das junge Mädchen ergreifen. Die das Gedicht abschließende Prophezeiung – „Wie wirst du ihn erfrischen" – ist besonders makaber, wenn man bedenkt, dass Cornelia von ihrem Bruder Wolfgang gegen ihren Willen in die Ehe mit dem ungeliebten Schlosser gedrängt worden war. Die Tochter wird ein ähnliches Schicksal ereilen wie die verstorbene Mutter.

Das „Liedgen auf Schlossers jüngstes Kind", wie Lenz es in seinem Begleitbrief an Sarasin bezeichnet hat (Damm III: 10. 10. 1777), ist in einer biographisch schwierigen Zeit entstanden. Der Bruch mit Goethe war vollzogen, Lenz war auf der Suche nach neuen Freunden und Gönnern. Vom 12. bis zum 15. Mai 1777 nahm er auf Einladung Lavaters an einer Tagung der Helvetischen Gesellschaft in Bad Schinznach teil und traf dort u. a. auf Sarasin, auf dessen Verbindungen er große Hoffnungen setzte. Sarasin war Mitglied in der Gesellschaft zur Beförderung des Guten und Gemeinnützigen, die sich u. a. mit der Gründung einer Mädchenschule beschäftigte, für die Lenz Vorschläge ausgearbeitet hat, die jedoch – wie viele seiner Projekte – niemals realisiert wurden.

Die in Schinznach entstandenen scherzhaften Gedichte sind in der anonym erschienenen Sammlung *Jupiter und Schinznach. Drama per Musica. Nebst einigen bey letzter Versammlung ob der Tafel recitirten Impromptüs* (1777) veröffentlicht. Damm druckt die launigen Verse von Lenz über Pfeffel unter dem Titel *Schinznacher Impromptüs* (Damm III: 212) ab und bietet in ihren Anmerkungen zwei Auszüge aus Gedichten von Lavater und Pfeffel, auf die sich Lenz bezieht (ebd.: 814 f.). Der muntere Ton, der in dem ‚Dichterwettstreit' von den Teilnehmern angeschlagen wurde, will wenig zu der düsteren Stimmung passen, in der sich Lenz nach seiner Ausweisung aus Weimar auf seinen ruhelosen, von Geldsorgen überschatteten Streifzügen durch die Schweiz damals befand. In dieser unbehausten Situation musste ihn der Tod Cornelia Schlossers besonders hart treffen. In einem Gedicht ohne Titel, das er Gertrud Sarasin gewidmet hat und welches Damm zwar als integralen Teil des Briefes an das Ehepaar Sarasin abgedruckt, aber merkwürdigerweise nicht als eigenständiges Werk in den Korpus der Lyrik übernommen hat, beklagt er den Verlust von Cornelia in bewegten Worten:

> Wie Freundin fühlen Sie die Wunde
> Die nicht dem Gatten bloß, auch mir das Schicksal schlug.
> Mir der nur Zeuge war von mancher frohen Stunde
> Von jedem Wort aus ihrem Munde
> Das das Gepräg der innern Größe trug.
> Ganz von der armen Welt vergessen
> Wie oft hat sie beglückt durch sich
> Auf seinem Schoß mit Siegerstolz gesessen
> Ach und ihr Blick erwärmt auch mich.
> Auch ich auch ich im seligsten Momente
> Schlug eine zärtliche Tangente
> Zur großen Harmonie in ihrem Herzen an
> Mit ihrem Bruder, ihrem Mann. (ebd.: 545)

Die „Harmonie", von der Lenz spricht, ist zumindest in Hinsicht auf Goethe schon lange zerstört. In dem Ehebund zwischen Cornelia und Schlosser findet sich Lenz in einer quälenden Dreieckssituation wieder, in der sich frühere Konstellationen schmerzhaft wiederholen. Die „zärtliche Tangente", die Lenz in der Phantasie zu Cornelia schlägt, zielt nicht so sehr auf die Frau, sondern auf ihren Bruder und ihren Ehemann. Hier zeichnet sich ein männerbündisches Muster (vgl. Stephan 2000) ab, das sich durch Leben und Werk von Lenz zieht.

Der ‚Willkommensgruß' entsteht in einer Zeit, in der sich die Zerrüttung von „Körper und Geist" ankündigt, von der Lenz in seinem Brief an Sarasin selbst spricht (Damm III: 10. 10. 1777). Dennoch wäre es falsch, die irritierenden Bilder und Brüche, die das Gedicht aufweist, als bloßen Ausdruck der sich abzeichnenden Krankheit zu deuten; sie sind in erster Linie ein Dokument der Verstörung, in die Lenz nach seiner Ausweisung aus Weimar und durch den Tod von Cornelia geraten ist. Hinter dem ironisch-sarkastischen Ton verbirgt sich eine Verzweiflung, die weniger dem prognostizierten traurigen Schicksal der Neugeborenen gilt als vielmehr der eigenen desolaten Lage als Autor, der um sein Überleben kämpfte.

Lied eines schiffbrüchigen Europäers

Q: Blei I: 139.

Das Gedicht ist 1776 anonym im *Göttinger Musenalmanach* erschienen und mit „L" unterzeichnet. Eine Handschrift hat sich nicht erhalten. Als Text von Lenz hat es erstmals Eingang in die von Blei herausgegebene fünfbändige Werkausgabe von 1909–1913 (Blei I: 139) gefunden. Nachfolgende Herausgeber sind ihm in dieser Zuordnung nur zum Teil gefolgt. Bei Titel/Haug (1966/1967) fehlt der Text ebenso wie bei Damm (1987). Boëtius dagegen präsentiert das *Lied eines schiffbrüchigen Europäers* als zentralen Text in seiner Suche nach dem ‚verlorenen Lenz' (Boëtius 1985: 29) und lässt sich in seinen Deutungen von der nautischen Metaphorik des Gedichts leiten. Vonhoff nimmt es ebenfalls, zusammen mit einer Reihe von weiteren Gedichten, in seine Studie *Subjektkonstitution in der Lyrik von J. M. R. Lenz* (1990) auf und deutet die von ihm neu edierten Gedichte als „Gegenbilder zur Subjektkonstitution im Sturm und Drang" (Vonhoff 1990a: 185). Er vertritt die These, dass Lenz als Lyriker seinen Anspruch auf Individualität und Emanzipation nur im „Ausdruck des Scheiterns" (ebd.: 106) formulieren konnte. Stephan interpretiert das Gedicht zusammen mit dem Jugendgedicht *Gemählde eines Erschlagenen* und betont die Gewalt, von der in beiden Texten die Rede ist: „Im *Gemählde eines Erschlagenen* wird sie einem Mann angetan, der als Opfer heimtückischer Mörder erscheint, im *Lied eines schiffbrüchigen Europäers* werden wir mit einem Täter konfrontiert, der sich seiner früheren Gewalttaten noch im nachhinein brüstet und keinerlei Reue oder Schuldgefühle erkennen läßt" (Stephan 2003: 102).

Ungewöhnlich ist nicht nur das Thema, sondern auch der Aufbau des Gedichts. Durch die formale Dreiteilung zwischen Überschrift, eingeschobener historischer Kontextualisierung und dem holprigen ‚Lied' des Schiffbrüchigen entsteht ein bizarres Szenario, aus dem sich der lyrische Sprecher radikal zurückgezogen hat. Er scheint aus der Vogelperspektive auf ein Geschehen zu blicken, an dem er keinen Anteil nimmt. Er fungiert als Aufzeichner der letzten Worte eines Gestrandeten, die gleichsam als ‚Flaschenpost' an die Nachwelt überliefert werden. Der gescheiterte Seefahrer weckt keinerlei Sympathien. In seinem Monolog entlarvt er sich unfreiwillig als Wüstling, der auf seinen Reisen bedenkenlos die ‚Wildnis' und die ‚Wilden' ausgebeutet hat. Erst am Ende seines Lebens erinnert er sich an die „allbedenkende Natur", von der er sich auf seiner „wüsten Insel" im Stich gelassen fühlt. Capitain Wallis, ein historisch belegter Seefahrer und Entdecker, segelt an dem Felsen vorbei und besiegelt damit das Schicksal des Gestrandeten. Dessen larmoyante Klage und sein voraussehbarer baldiger Tod können jedoch kein Mitleid erregen.

Das Gedicht ist Teil des ‚kolonialen Komplexes', der sich durch das Gesamtwerk von Lenz zieht und in dem Drama *Der neue Menoza oder Geschichte des cumbanischen Prinzen Tandi* (1774) seinen satirischen Höhepunkt gefunden hat (vgl. → 2.1 DRAMEN UND DRAMENFRAGMENTE). Das ‚Lied' ist eine kritische Momentaufnahme einer Entwicklung, in der es um die Vermessung und Neuverteilung der Welt geht, es „thematisiert die ‚Nachtseiten' eines sich absolut setzenden aufklärerischen Fortschritts- und Optimismus-Denkens" (Stephan 2003: 105). Beeinflusst könnte Lenz von Herder gewesen sein, dessen Schriften er sehr schätzte, wie seine Rezension *Nur ein Wort über Herders Philosophie der Geschichte* (Damm II: 671 f.) zeigt.

Lenz übt bereits zu einem Zeitpunkt Kritik an der europäischen Entdeckungs- und Eroberungspolitik, als für seine Zeitgenossen ein anderer europäischer Schiffbrüchiger – Robinson Crusoe – noch der unbestrittene Held war. Im Gegensatz zu dem namenlos Gestrandeten bei Lenz lässt sich Daniel Defoes Robinson durch den Schiffbruch nicht demoralisieren und schafft sich auf seiner Insel tatkräftig sein eigenes ‚Paradies'. Defoes Roman *The Life and Strange Surprizing Adventures of Robinson Crusoe of York* (1719) war ein europäischer Bucherfolg, der eine eigene Gattung – die Robinsonade – begründete und viele Nachahmer auf den Plan rief. *Robinson der Jüngere* (1779) von Joachim Heinrich Campe wurde eines der erfolgreichsten deutschen Kinderbücher im 18. Jahrhundert und entwickelte sich mit den biedermeierlichen Illustrationen von Ludwig Richter (1848) zu einem Hausbuch moralischer Erbauungsliteratur im 19. Jahrhundert. Dass Lenz mit seiner pessimistischen Sicht auf die europäische Eroberungs- und Kolonialpolitik und seinem Entwurf eines ‚anderen Robinson' auf keine Resonanz gestoßen ist, verwundert daher nicht.

Sowohl aufgrund seines dreiteiligen Aufbaus, durch den erzählerisch-kommentierende Passagen und monologische Rede in origineller Weise verbunden werden, als auch besonders durch das Fehlen des Reims, der sonst für Lenz eine große Bedeutung hat, nimmt das Gedicht eine Sonderstellung im lyrischen Schaffen des Autors ein.

Die Kritik an dem gescheiterten Seefahrer ist so total, dass diesem nicht einmal mehr der Reim als eine Form des kultivierten Sprechens zugestanden wird. Er verfällt in das ‚Kauderwelsch' der ‚Wilden', über das er sich ehedem lustig gemacht hatte. Während dieses jedoch der Kontaktaufnahme und Friedensbeteuerung den Europäern gegenüber gedient hat und von diesen bewusst missverstanden und als „Gutheit" verhöhnt wurde, ist die zusammenhanglose Rede des Schiffbrüchigen das traurige Dokument der intellektuellen und emotionalen Verwahrlosung eines Europäers, der in einen vorzivilisierten Zustand zurückfällt.

5. Fazit und Ausblick

Natürlich decken die vorgestellten sechs Gedichte nicht die ganze Vielfalt der Themen und Formen ab, die das lyrische Werk von Lenz in den 1770er Jahren auszeichnet, sie zeigen jedoch sehr deutlich, wie sehr er nach neuen Ausdrucksformen suchte, die den Erfahrungen gerecht werden konnten, denen er als ‚freier Autor' ohne festes Einkommen und familiären Rückhalt nach dem Verlassen seiner livländischen Heimat ausgesetzt war. Dabei ist eine deutliche Radikalisierung sowohl in thematischer wie formaler Hinsicht zu beobachten. Der Ton verschärft sich gegenüber den weltlichen und geistlichen Autoritäten. Ironie und Satire werden zu bevorzugten Stilmitteln. Die Übergänge zwischen Prosa und Lyrik werden fließend. Das Fragmentarische, das Experimentieren mit ‚offenen' und ‚kleinen' lyrischen Formen tritt an die Stelle des ambitionierten Lehrgedichts und der religiösen Lyrik, mit denen er als Jugendlicher debütiert hatte. Die Abkehr von den ehemaligen Vorbildern geht einher mit einer Suche nach neuen Bezugsfiguren: Klopstock wird durch Aretino abgelöst. Die Themen werden politischer und zugleich intimer. Das körperliche Begehren versteckt sich nicht länger hinter religiöser Metaphorik, es spricht sich unmittelbar aus und schreckt vor derben Ausdrücken nicht zurück. Private Zurückweisungen und politische Enttäuschungen gehen als Erfahrungen in die Texte ein. Zugleich nimmt die Lyrik gesellige Formen an: Sie wird zu einer wichtigen Austauschform im Umgang mit Freunden. Dass Lenz als ‚mächtiger Versifex' dabei durchaus in Kollision mit hierarchischen Strukturen in der Gesellschaft geraten konnte, zeigt die ungnädige Aufnahme seines *Placet* durch den Herzog in Weimar. Grenzen hat der Autor auch im Verhältnis zu Goethe überschritten. Das ironisch-böse Gedicht *Die Liebe auf dem Lande* rührte an Tabus in einer Beziehung, die für Goethe aus persönlichen und professionellen Gründen zunehmend zur Belastung wurde: Er verschloss seine ‚Lenziana' vor der Öffentlichkeit und gab einen Teil der Texte, die Lenz an ihn geschickt hatte, erst auf Drängen von Schiller nach dem Tod von Lenz zur Publikation frei.

Eine Übersicht über das lyrische Schaffen ist unvollständig ohne die Berücksichtigung der zahlreichen umfangreicheren lyrischen Entwürfe, aus denen das hohe Anspruchsniveau hervorgeht, dem sich Lenz auch als Lyriker bis an sein Lebensende verpflichtet gefühlt hat. Beispielhaft seien hier die Gedichte *Tantalus, Die Erschaffung der Welt* und *Was ist Satyre?* angeführt.

Mit Tantalus bezieht sich Lenz nach Pygmalion auf eine weitere mythologische Figur und widmet ihr ein mehrseitiges „Dramolet, auf dem Olymp" (Damm III: 198), in dem auch Merkur und Apoll als Sprecher auftreten. Sie machen sich über Tantalus lustig, der sich im Kreis der Götter als gleichberechtigtes Mitglied empfindet und als „Sterblicher" (ebd.: 200) dabei die Hierarchien verletzt. Er hat sich in Juno, die Gattin von Zeus, verliebt und meint irrigerweise, dass auch sie ihn liebt. Die Götter versuchen ihn mit einer Täuschung in seinem Liebeswahn zu bestärken und schicken eine „Wolke [...] in Junos Bildung" (ebd.), um seine „Qualentrunkenheit" (ebd.: 201) weiter zu steigern. Dreimal erscheint das „Bild" (ebd.: 201 f.), das Tantalus vergebens zu erhaschen und abzuzeichnen versucht. Anders als Pygmalion, dem es als Bildhauer gelingt, seinem Wunschbild eine perfekte Form zu geben, scheitert Tantalus als Zeichner: „Große Götter, hört mein Flehn,/ Laßt mich dieses Bild erreichen/ Wenn ich wert war, es zu sehn" (ebd.: 202). Der hinzutretende Amor macht sich über den verzweifelten Tantalus lustig, wenn er ironisch fragt „Fehlt Ihnen was?" (ebd.: 202), und sich scheinheilig mit den Worten „Haben Sie was abkonterfeit?" (ebd.: 203) nach dem Bild erkundigt, das Tantalus – im doppelten Sinne – nicht festhalten konnte. Anders als Aphrodite, die Pygmalions Liebesqualen durch die Verlebendigung der Statue beendet, verschärft Amor, ihr Sohn, die Leiden von Tantalus, wenn er ihm in Aussicht stellt, dass er täglich mit Zeus und Juno im Götterhimmel speisen, dabei aber nichts anrühren dürfe, was ihm nicht gehöre. Auf die fassungslose Nachfrage von Tantalus – „Was soll ich denn? Nicht sehen, nicht hören,/ Nicht essen, nicht trinken –" (ebd.: 204) – antwortet Amor ironisch:

> Wer sagt denn vom Hören?
> Und ein echter Liebhaber muß
> Eigentlich nichts tun, Herr Tantalus,
> Als den Göttern zur Farce dienen.
> Leben Sie wohl; ich empfehl mich Ihnen. (ebd.)

Dieses Gedicht gehört ebenfalls zu den ‚Lenziana' von Goethe, die Schiller 1798 veröffentlichte. Die Verwandlung von Tantalus in einen qualvoll Liebenden ist dabei nicht ohne Komik. Eine vordergründige biographische Lesart, zu der das Gedicht schon aufgrund seiner Entstehungs- und Veröffentlichungsgeschichte geradezu einlädt, verkennt jedoch nicht nur die starken selbstironischen Züge des Textes, sondern auch die Erweiterung des lyrischen Sprechens, die sich in dem Dramolett abzeichnet. Der Hinweis auf Wielands Verserzählungen und Goethes Singspieldichtung, den Damm in ihren kurzen Anmerkungen (ebd.: 810) gibt, ist vor allem deshalb weiterführend, weil er auf poetische Formen aufmerksam macht, die Lenz zunächst abgelehnt, sich dann aber produktiv angeeignet und satirisch unterlaufen hat.

Von anderer Art ist das Gedicht *Die Erschaffung der Welt*, das den Untertitel „Ein Traum in den Schweizergebirgen" (Damm III: 217) trägt und eine alternative Schöpfungsgeschichte in 27 unterschiedlich langen Strophen erzählt. Nicht Gott wird hier als Schöpfer vorgestellt, sondern das „Genie" (ebd.: 220) schafft sich eine Welt in der Phantasie:

> Schaut, so schaff ich, und so bestehn
> Alle Geschöpfe neben sich,
> Stärke und Schwäche so innig verbunden,
> Ewig verschieden, ewig einander ähnlich und mir. (ebd.: 221)

Das Gedicht ist ein Gegenentwurf zu dem frühen Lehrgedicht *Die Landplagen*, in dem Gott als Richter am Ende triumphiert hatte, wie auch zur späteren Literatursatire *Pandämonium Germanikum*, in der die Dichter – zu denen auch Lenz und Goethe gehören – in lächerlicher Weise um ihren Platz auf dem Gipfel des Parnass konkurrieren. Demgegenüber enthält *Die Erschaffung der Welt* das utopische Bild einer harmonischen Beziehung zwischen Gleichen, die „Wie zwo Berge bei einander,/ Ohne sich zu berühren, stehn,/ Und doch immer ihre eigne,/ Immer des andern Größe sehn" (ebd.: 220). Freilich ist auch dieses „Gleichgewicht" (ebd.) nicht ungestört, es wird von „Furcht und Begier" (ebd.: 219) bedroht:

> Schaut die ewigen Wunder der Furcht.
> Jeder weist dem andern die schlechteste
> Seite von sich selbst – die beste zu mir.
> Und das hält sie, sie würden erbittert
> Einer des andern Absicht durchkreuzen,
> Und ein Chaos würde die Welt;
> Daß die kleinen Außenseiten
> Platz bei einander im Ganzen finden,
> Haben sie sich ein Mittel erfunden,
> Ihre Begierden auszutauschen,
> Und das Mittel nennen sie Geld. (ebd.: 219 f.)

Das „Goldgebirg" (ebd.: 224) ist im Gegensatz zum Parnass jedoch ein steriler Ort und keine „lebendige Welt" (ebd.), die sich „ein liebendes Herz" (ebd.: 225) zumindest in der Phantasie erschaffen kann.

Das Gedicht wurde erstmals von Tieck 1828 (III: 276 ff.) in einer geglätteten Prosafassung veröffentlicht und von Lewy 1909 (II: 151 ff.) nach der Handschrift, von der sich Teile in Kraków erhalten haben, in der ursprünglichen Versfassung gedruckt.

Bei dem Gedicht *Was ist Satyre?* handelt es sich nach Damm um das letzte erhaltene Gedicht von Lenz. Ihrer Meinung nach ist es zwischen 1781 und 1791 in Moskau entstanden. Sie stützt sich auf den ersten, unvollständigen Druck bei Tieck (III: 294 ff.), eine erweiterte Version bei Weinhold (Weinhold-G: 249 ff.) und zwei verschiedene handschriftliche Fassungen, die sich in Berlin und Kraków befinden. Dennoch bleibt das Gedicht auch in Damms Präsentation ein Fragment, das am Ende unvermittelt abbricht. Tommek (I: 98–103; II: 237–252) entscheidet sich für die Krakauer Variante, die seiner Meinung nach eine Reinschrift der Berliner Handschrift ist. Er datiert das Gedicht auf 1788.

Das Gedicht ist nicht nur eine Auseinandersetzung mit dem Verhältnis von Poesie und Kriegskunst – eine Frage, die Lenz in seiner Moskauer Zeit besonders interessierte –, man kann es auch als eine späte Reflexion des Autors über das eigene Schreiben lesen. Die Poesie insgesamt ist ein „Spiegel" (Damm III: 234), in dem sich der Mensch – wenn auch grundsätzlich „verzogen" und „[v]erzerret" (ebd.) – wiedererkennen kann. Die Satire ist dagegen ein scharfes „Messer" (ebd.: 235), das zu einer mörderischen Waffe werden kann, wenn es in unrechte Hände fällt („Ists denn des Messers Schuld wenn ichs zum Mordschwert mache?"; ebd.). Es liegt am Zustand der Welt und des Menschen, dass es für den Dichter schwierig ist, keine Satire zu schreiben:

> Bei den gehäuften Widersprüchen
> Von Stellungen und Reibungen
> Gibts immer Übertreibungen
> Und tausend Stoff zum Lächerlichen. (ebd.)

Die Satire hat aber ihre Grenzen: Der Dichter soll sich hüten, den Menschen zum „Affen [...] umzuschaffen" (ebd.: 236) und von ihm eine „Copei" (ebd.: 237) zu machen, die ihm seinen „Menschenwert" (ebd.) abspricht und ihn in „Vieh" (ebd.: 236) verwandelt. Das sind Gedanken, die Büchner später – in Hinsicht auf den Idealismus als „schmählichste Verachtung der menschlichen Natur" (*Büchner 1988: 144) – in seinem ‚Kunstgespräch' aufgreifen wird. Der Dichter müsse „die Menscheit lieben", keiner dürfe ihm „zu gering, keiner zu häßlich" sein. Er müsse „die Gestalten aus sich heraustreten lassen, ohne etwas vom Äußern hinein zu kopieren" (ebd.: 145). Zugleich können sie als ein nachträglicher, ironischer Kommentar auf das bösartige Bonmot von Karl August von Weimar über Lenz als „Affen Goethes" (Stephan/Winter 1984: 57) gelesen werden.

6. Weiterführende Literatur

Büchner, Georg: *Werke und Briefe. Münchner Ausgabe.* Hg. v. Karl Pörnbacher, Gerhard Schaub u. a. München 1988.
Damm, Sigrid: *Cornelia Goethe.* Berlin, Weimar 1987.
Drux, Rudolf (Hg.): *Menschen aus Menschenhand. Zur Geschichte der Androiden.* Stuttgart 1988.
Drux, Rudolf: *Die Geschöpfe des Prometheus.* [Katalogband zur Ausstellung „Der künstliche Mensch von der Antike bis zur Gegenwart".] Bielefeld 1994.
Heym, Georg: *Dichtungen und Schriften. Gesamtausgabe.* Hg. v. Karl Ludwig Schneider. Bd. 1: *Lyrik.* Mit Gunter Martens unter Mithilfe v. Klaus Hurlebusch u. Dieter Knoth. Hamburg 1964.
Hölderlin, Friedrich: *Sämtliche Werke. Historisch-kritische Ausgabe in 20 Bänden und 3 Supplementen.* Hg. v. Dietrich Eberhard Sattler. Frankfurt/Main, Basel 1975–2008.
Luserke, Matthias: *Der junge Goethe. „Ich weis nicht warum ich Narr soviel schreibe".* Göttingen 1999.
Mayer, Hans: *Georg Büchner und seine Zeit.* 2. Aufl. Frankfurt/Main 1974.
Mayer, Mathias u. Gerhard Neumann (Hgg.): *Pygmalion. Die Geschichte des Mythos in der abendländischen Kultur.* Freiburg 1997.
Mülder-Bach, Inka: *Im Zeichen Pygmalions. Das Modell der Statue und die Entdeckung der „Darstellung" im 18. Jahrhundert.* München 1998.
Storch, Wolfgang u. Burghard Damerau (Hgg.): *Mythos Prometheus. Texte von Hesiod bis René Char.* Leipzig 1995.

2.4 Theoretische Schriften
Martin Rector

1. Einleitung 186
2. Schriften zur Theologie und Moralphilosophie 188
   [Catechismus] 191
   Versuch über das erste Principium der Moral 196
   Entwurf eines Briefes an einen Freund, der auf Akademieen Theologie studiert . 198
   Philosophische Vorlesungen für empfindsame Seelen 200
   Meine wahre Psychologie 205
   Meinungen eines Laien den Geistlichen zugeeignet. Stimmen des Laien auf dem letzten theologischen Reichstage im Jahr 1773 205
   Über die Natur unsers Geistes. Eine Predigt über den Prophetenausspruch: Ich will meinen Geist ausgießen über alles Fleisch. Vom Laien . . 209
3. Schriften zum Theater und zur Literatur 210
   Anmerkungen übers Theater 210
   Rezension des Neuen Menoza, von dem Verfasser selbst aufgesetzt . 214
   Das Hochburger Schloß 216
   Für Wagnern (Theorie der Dramata) 218
   Von Shakespeares Hamlet 218
   Über die Veränderung des Theaters im Shakespear 218
   Anmerkungen über die Rezension eines neu herausgekommenen französischen Trauerspiels 219
   Verteidigung der Verteidigung des Übersetzers der Lustspiele . . . 220
   Über Götz von Berlichingen 220
   Briefe über die Moralität der Leiden des jungen Werthers 221
   Nur ein Wort über Herders Philosophie der Geschichte 223
   Epistel an Herrn B. über seine homerische Übersetzung 224
   Nachruf zu der im Göttingischen Almanach Jahrs 1778 an das Publikum gehaltenen Rede über Physiognomik 224
   [Eine Bemerkung von Lenz] 226
   Verteidigung des Herrn W. gegen die Wolken von dem Verfasser der Wolken 227
   Abgerissene Beobachtungen über die launigen Dichter 228
   Übersetzung einer Stelle aus dem Gastmahl des Xenophons 229
   Zweierlei über Virgils erste Ekloge 230
   Über Ovid 231
   [Programmentwurf einer Zeitschrift] 232
4. Schriften zur Kultur und Gesellschaft 233
   Über die Bearbeitung der deutschen Sprache im Elsaß, Breisgau und den benachbarten Gegenden. In einer Gesellschaft gelehrter Freunde vorgelesen . 233
   Über die Vorzüge der deutschen Sprache 233
   Über den Zweck der Neuen Strassburger Gesellschaft 234
   *Briefe eines jungen L- von Adel an seine Mutter in L- aus ** in *** . 235
   Expositio ad hominem 235
5. Notate zu verschiedenen Gegenständen 236
6. Weiterführende Literatur 237

1. Einleitung

Als ‚Theoretische Schriften' werden hier diejenigen nicht-fiktionalen Texte bezeichnet, die Lenz in den fünf Jahren zwischen seiner Ankunft in Straßburg im Frühjahr 1771 und der Abreise nach Weimar Ende März 1776 schrieb bzw. veröffentlichte;

2.4 Theoretische Schriften

spätere nicht-fiktionale Texte werden gesondert als *Berkaer Schriften* und *Moskauer Schriften* erfasst. Auch für die vergleichsweise gut erschlossenen Theoretischen Schriften der Straßburger Jahre gilt wie für das Gesamtwerk Lenzens, dass sie bisher weder vollständig noch (bis auf wenige Ausnahmen) in einer den Ansprüchen einer historisch-kritischen Ausgabe genügenden Fassung gedruckt vorliegen (vgl. Scholz 1990; Weinert 2003a; Weiß 2003c; Weiß auf http://www.jacoblenz.de/verzeichnisse/ unselbstaendigedrucke/index.html). Die folgende Darstellung stützt sich deshalb auf die drei Ausgaben von Blei (1909–1913), Titel/Haug (1966–1967) und Damm (1987) sowie die Faksimile-Ausgabe von Weiß (2001) und einzelne Separatdrucke. Zitiert wird nach der Ausgabe von Damm, soweit sie die betreffenden Texte enthält und sofern nicht andere, textkritisch zuverlässigere Drucke vorzuziehen sind. Für die rein quantitative Erfassung kann die nicht auf Vollständigkeit angelegte Ausgabe von Titel/Haug vernachlässigt werden, obwohl sie in Textkritik und Kommentierung oft sorgfältiger gearbeitet ist. Zu beachten ist ferner, dass Titel/Haug den Text *Briefe eines jungen L- von Adel an seine Mutter in L- aus ** in *** unter die Rubrik ,Prosadichtungen' einordnen, während er hier, wie bei Blei und Damm, zu den nicht-fiktionalen Texten gezählt wird.

Bei Blei findet sich der Großteil der einschlägigen Texte in Band IV; lediglich die *Anmerkungen übers Theater* finden sich in Band I und sowohl die *Rezension des Neuen Menoza, von dem Verfasser selbst aufgesetzt* als auch die *Verteidigung der Verteidigung des Übersetzers der Lustspiele* in Band II. In der Damm-Ausgabe sind alle hier in Frage kommenden Texte in Band II zu finden. Im Einzelnen ergänzen sich die Ausgaben von Blei und Damm wie folgt: Bei Blei fehlen drei Texte, die Damm aufnimmt, und zwar die in den *Frankfurter Gelehrten Anzeigen* von 1775 erschienene Kritik *Nur ein Wort über Herders Philosophie der Geschichte*, das erst 1913 von Freye veröffentlichte Fragment *Über die Soldatenehen* (das zum Komplex von Lenzens umfangreichen Reformvorschlägen gehört und hier in → 2.6 Die Berkaer Schriften behandelt wird) sowie die ebenfalls erst nach Abschluss der Ausgabe 1918 erstveröffentlichten *Briefe über die Moralität der Leiden des jungen Werthers*. Umgekehrt fehlen bei Damm die drei von Blei aufgenommenen Texte *Meine wahre Psychologie*, *Epistel an Herrn B. über seine homerische Übersetzung* und *[Programmentwurf einer Zeitschrift]*. Außerdem druckt Damm aus den von Blei in der Rubrik ,Notizen und Fragmente aus der Zeit in Straßburg, Weimar und der Schweiz' mit der Nummerierung 1 bis 4 versehenen Texten nur die Texte Nr. 2 *Für Wagnern* und Nr. 4 *Briefe eines jungen L- von Adel an seine Mutter in L- aus ** in ***.

Diese aus den Ausgaben von Blei und Damm kompilierte Aufstellung der Theoretischen Schriften Lenzens ist durch die folgenden drei, in beiden Ausgaben nicht oder nur teilweise enthaltenen, jeweils separat gedruckten Texte zu ergänzen: erstens die zuerst von Genton (1962), dann von Albrecht/Kaufmann (1996) mit Textkritik und Kommentar herausgegebene *Expositio ad hominem*; zweitens der 1994 von Weiß nach der Handschrift diplomatisch transkribierte *Catechismus*, den Damm nach dem unvollständigen und fehlerhaften Druck von Rozanov unter dem Titel *Meine Lebensregeln* brachte; schließlich drittens der ebenfalls erst 1994 von Weiß wieder aufgefundene und als Faksimile mit einem instruktiven Nachwort veröffentlichte Band *Philosophische Vorlesungen für empfindsame Seelen*, der sechs Texte versammelt, aus denen Blei und Damm je einen verschiedenen drucken, ohne ihn korrekt zuordnen zu können. Betrachtet man sowohl die als selbständige Publikation erschienenen *Phi-*

losophischen Vorlesungen, wie es hier vorgeschlagen wird, als einen (aus sechs Kapiteln bestehenden) Text und fasst man die Nummern 1 bis 8 der von Blei edierten ‚Notizen und Fragmente' ebenfalls als einen Text unter dem Titel ‚Notate zu verschiedenen Gegenständen' zusammen, wie es hier geschieht, so ergibt sich eine Anzahl von 32 nicht-fiktionalen Texten Lenzens aus der Straßburger Zeit.

Dieses Korpus wird hier, Titel/Haug, Damm, Lauer (1992), Schulz (2001a) und anderen folgend, unter der Bezeichnung ‚Theoretische Schriften' zusammengefasst, jedoch leicht abweichend von den bisherigen Ausgaben und Darstellungen teils nach inhaltlichen, teils nach formalen Gesichtspunkten in vier neu formulierte Rubriken untergliedert. Unter rein formalen Gesichtspunkten werden die ersten acht titellosen, zum Teil nur wenige Sätze umfassenden Texte, die Blei unter der Überschrift ‚Notizen und Fragmente aus der Zeit in Straßburg, Weimar und der Schweiz' druckte, hier in der vierten und das Kapitel abschließenden Rubrik ‚Notate zu verschiedenen Gegenständen' erscheinen. Alle übrigen Schriften werden hier nach inhaltlichen Gesichtspunkten in die drei von Damm vorgeschlagenen Rubriken unterteilt, jedoch mit leicht veränderten Überschriften und in sich jeweils nicht chronologisch gereiht, sondern thematisch geordnet.

Die erste Rubrik ‚Schriften zur Theologie und Moralphilosophie' umfasst sieben unterschiedlich umfangreiche Texte, in denen Lenz sich teils in tagebuchartiger Selbsterforschung, teils in engem (auch brieflichem) Austausch mit seinem verehrten Freund und Mentor Johann Daniel Salzmann, teils in Vorträgen in der Straßburger Société de Philosophie et de Belles Lettres um eine Vermittlung seiner aufklärerischen Überzeugungen von der Subjektautonomie und der Willensfreiheit des Menschen mit seiner pietistisch-neologisch gefärbten christlichen Sozialisation bemüht. Da diese Schriften zum Teil erst seit wenigen Jahren in integralen und authentischen Fassungen vorliegen und von der Literaturwissenschaft immer noch unzureichend beachtet worden sind, wird diese Rubrik zur besseren Orientierung mit der Skizze eines Forschungsberichts eingeleitet.

Die zweite Rubrik ‚Schriften zum Theater und zur Literatur' enthält sieben Aufsätze zum Theater, darunter zur *Poetik* des Aristoteles, zu Shakespeare und Plautus, zu eigenen Stücken und Übersetzungen, acht Aufsätze zur zeitgenössischen Literatur (Goethe, Herder, Bürger, Lichtenberg und Wieland), drei Ausätze zur antiken Literatur (Aristophanes/Xenophon, Vergil und Ovid) sowie eine Ankündigung einer geplanten (nicht realisierten) literarischen Zeitschrift.

Die dritte Rubrik ‚Schriften zur Kultur und Gesellschaft' versammelt drei in der Straßburger Gesellschaft deutscher Sprache gehaltene Vorträge zu Zweck und Organisation der Gesellschaft und zur deutsch-französischen Sprachpolitik im Elsass, einen Aufsatz zur physiokratischen Landreform sowie einen Entwurf zu einem Stipendienfonds für Schriftsteller.

2. Schriften zur Theologie und Moralphilosophie

Zum Forschungsstand
Lenzens in den ersten Straßburger Jahren von 1771 bis 1774 im Umkreis der Société de Philosophie et de Belles Lettres entstandenen Vorträge, Abhandlungen und Notate zu Fragen der Theologie und Moralphilosophie sind von der Forschung erst spät in

2.4 Theoretische Schriften

angemessener Weise gewürdigt und noch immer nicht befriedigend untersucht worden. Nach ihrer bis dato vollständigsten, wenn auch unzuverlässigen Edition durch Blei (Blei IV: 1–188) und einer ersten knappen Kommentierung durch Rozanov (Rosanow 1909: 116–127), interpretierte sie Kindermann in seiner geistesgeschichtlich ausgerichteten Monographie, entsprechend seiner These vom Sturm und Drang als vorromantischem Irrationalismus, als Dokumente für Lenzens fortschreitendes, „nach dem grenzenlosen Überrealen stürmendes Willkürstreben" (Kindermann 1925a: 80–173, Zitat: 173). Heinrichsdorff machte erstmalig Lenzens „religiöse Haltung" selbst zum Gegenstand einer Untersuchung und sah in den Straßburger Schriften eine Spannung zwischen pietistisch geprägter subjektiver Frömmigkeit einerseits und einem Verlangen nach der „überindividuellen Autorität des Rationalismus" andererseits (Heinrichsdorff 1932: 64). Wien lieferte einen fortlaufenden, im Wesentlichen immanenten Kommentar der Schriften, um auf dieser Grundlage *Lenzens Sturm- und Drang-Dramen innerhalb seiner religiösen Entwicklung* zu analysieren (Wien 1935). Über diesen Forschungsstand gelangte auch die fast 40 Jahre später erschienene Studie Rudolfs über Lenz als *Moralist und Aufklärer* nicht wesentlich hinaus. Zwar präzisierte Rudolf den moralphilosophischen Kontext von Lenzens Gesamtwerk durch Hinweise auf Kant und Rousseau, die englische *moral-sense*-Philosophie, Shaftesbury und Spalding, doch folgte er gleichwohl Kindermanns These von einer „Sehnsucht nach dem Überrealen der Romantik" (Rudolf 1970: 214) und übernahm in seiner vergleichsweise kurzen Besprechung der hier in Rede stehenden Schriften lediglich Rozanovs Einschätzung, dass Lenz theologisch der „sogenannten gemäßigten Gruppe der Rationalisten" zuzurechnen sei (ebd.: 198, vgl. Rosanow 1909: 119). Auch Chantre begnügte sich damit, den zeitgenössischen theologiegeschichtlichen Kontext von Lenzens Schriften ausschließlich aus den literarischen Texten von Claudius, Hamann, Herder und Lessing zu destillieren (Chantre 1982).

Substantielle Fortschritte machte die Forschung erst in den 1990er Jahren, und zwar in zweifacher Hinsicht. Zum einen durch die quellenkritischen und editorischen Arbeiten von Weiß, der das lange korrupt überlieferte Korpus der theologisch-moralphilosophischen Schriften erstmals in seiner authentischen Gestalt erkennbar machte. Sowohl die diplomatische Transkription der Handschrift des *Catechismus* (Lenz-Jahrbuch 4, 1994: 31–67), vor allem aber auch der 1994 sorgfältig kommentierte Faksimiledruck der seit Blei für verschollen gehaltenen *Philosophischen Vorlesungen für empfindsame Seelen* ermöglichten neue wegweisende Interpretationen. So rekonstruierte Sauder Lenzens Bewertung des Sexualtriebs sowohl aus der einschlägigen theologischen Tradition als auch aus der Epochendisposition der Empfindsamkeit (Sauder 1994; vgl. auch *Sauder 1990). Sommer hob zusätzlich hervor, dass Lenz mit der Rehabilitierung der seit Augustinus an die Erbsünde gebundenen Konkupiszenz durchaus im Geiste der Neologie argumentierte (Sommer 1995). Eine vertiefende, durch zahlreiche Exkurse auch in die theologische Debatte angereicherte, allerdings kaum zu neuen Ergebnissen gelangende Studie speziell zu Lenzens Konkupiszenz-Begriff und seiner poetischen Wirksamkeit in dem Gedicht *An den Geist* legte Schnurr vor (Schnurr 2001).

Der zweite wichtige Ertrag der Forschungen der 1990er Jahre bestand in den ersten Ansätzen einer quellengestützten Aufarbeitung des theologischen Argumentationsrahmens der Lenzschen Schriften durch Hayer (1995) und Pautler (1999). Beiden Verfassern ging es jedoch weniger um eine geschlossene Interpretation dieser

Schriften, sondern um den Nachweis, dass Lenz seine frühe theologische Sozialisation spätestens in den Straßburger Jahren zu säkularisieren bemüht war. Dabei verfolgten sie verschiedene, einander gleichwohl nicht ausschließende Wege dieser Verweltlichung. Hayer konkretisierte sie in seiner leider reichlich unübersichtlichen Studie zu dem emphatischen Geniebegriff Lenzens, Pautler dagegen betonte die sozialreformerischen Impulse, die er durchaus plausibel auf das speziell pietistische Moment in Lenzens theologischer Sozialisation zurückführte, das er jedoch – wie nahezu die gesamte bisherige Forschung – tendenziell verabsolutierte, beeinflusst möglicherweise durch die biographischen Studien zu Lenzens Vater (vgl. dazu Soboth 2003). Hinter diese Erkenntnisse von Hayer und Pautler fiel die Arbeit von Zierath (1995) mit ihren separaten, aber oberflächlichen Paraphrasierungen der Lenzschen Schriften deutlich zurück. Übergreifende Aspekte wie den Handlungsbegriff, die Poesieauffassung und das anthropologische Konzept Lenzens beleuchtete Rector in drei Aufsätzen (Rector 1992b, 1994a, 1999b). Eine diese Forschungen der 1990er Jahre auf knappem Raum souverän verarbeitende, sorgfältig abwägende Kommentierung der einzelnen Schriften gab Schulz in seiner gut lesbaren, generell als Einstieg empfehlenswerten Reclam-Monographie (Schulz 2001a). Vertieft wurden diese Einsichten zumal in die Kerngedanken der wichtigsten Schriften Lenz' in der ebenfalls theologiegeschichtlich sorgfältig unterfütterten und eigenständigen Arbeit von Hempel, die überzeugend herausarbeitete, dass Lenz „gleichermaßen von orthodoxen Dogmen wie von einer pietistischen Gefühlsfrömmigkeit abrückt", dass es ihm um eine „Vermittlung von Schrift und Vernunft im Bezugsrahmen der Neologie" und um eine „Absage an die pessimistische Anthropologie der lutherischen Orthodoxie" gehe (Hempel 2003a: 56 f., 61). Dagegen untersuchte Kasties (2003) speziell die Einflüsse des vorkritischen Kant auf Lenzens Straßburger Schriften. In der Folge konzentrierte sich die Forschung auf eingehende Interpretationen einzelner Schriften. Die konstitutiven Einflüsse der Neologie und des populartheologischen Diskurses für das „theologische Handlungskonzept" der *Meinungen eines Laien* arbeitete überzeugend Häcker heraus (Häcker 2009: 310–323). Eine ausführliche, diskursanalytisch fundierte Exegese von Lenzens Textstrategien unter anderem in *Versuch über das erste Principium der Moral* und in den *Philosophischen Vorlesungen* legte 2011 Krauß vor (Krauß 2011a: 351–459). Die Bedeutung der ‚Predigt' *Über die Natur unsers Geistes* nicht nur für Lenz' Freiheits- und Handlungsbegriff, sondern auch für sein poetologisches Verfahren untersuchte Wilm in ihrer Dissertation *Experimentalpoetik. Jakob Michael Reinhold Lenz in anthropologischen und ästhetischen Kontexten* (Wilm 2017). Weder die etwa zeitgleich erschienenen Arbeiten von Hempel und Kasties noch diejenigen von Krauß und Wilm rezipierten die 2003 in Kanada erschienene Studie von Pope mit dem unglücklichen Titel *The Holy Fool*, aber dem treffenden Untertitel *Christian Faith and Theology in J. M. R. Lenz*. Obwohl Pope seinerseits die vorangegangenen Arbeiten von Hayer und Pautler und die Darstellung von Schulz offenbar nicht mehr verarbeiten konnte, legte er doch die bisher eindringlichste Untersuchung zum theologischen Gehalt von Lenz' theologisch-moralphilosophischen Schriften vor. Erstmalig nahm er Lenzens immer wieder gern zitiertes briefliches Bekenntnis vom Oktober 1772 gegenüber Salzmann, er sei jetzt „ein Christ geworden" (Damm III: 293), beim Wort, verband sie mit der auch schon von Weiß und Sauder angedeuteten Bruchstelle im *Catechismus* und zog daraus den Schluss eines „religious awakening of 1772/73" (T. Pope 2003: 11), mit dem sich Lenz von seiner früheren „fairly typical combination of rationalist beliefs" (ebd.: 38) abgewandt habe. Unter Einbeziehung der übrigen Schriften diagnostizierte er eine tendenzielle Annäherung Lenzens an die Orthodoxie, die sich vor allem in der Interpretation der Gestalt Christi im Heilsplan Gottes manifestiere. Auch wenn Popes Rede von einem „major change in his theological convictions" (ebd.: 58) zu sehr die Vorstellung einer einmaligen und endgültigen Konversion nahelegt, während es sich möglicherweise eher um einen inneren, mit Widersprüchen kämpfenden theologischen Orientierungsprozess Lenzens handelt, sind doch die Einsichten Popes unhintergehbar, dass das Korpus der moralphilosophisch-theologischen Schriften Lenzens weder in der äußeren Chronologie noch in der inneren Gedankenentwicklung eindeutig und widerspruchsfrei linearisiert werden kann, sondern als ein offener Selbstverständigungsprozess verstanden werden muss – was sich im Übrigen auch in ihrer alle Formen des orthodoxen Traktats wie der homiletischen Schule sprengenden sprachlichen Darbietung niederschlägt.

[Catechismus]

Q: Christoph Weiß: „J. M. R. Lenz' ‚Catechismus'". In: Lenz-Jahrbuch 4 (1994): 31–67. – *H*: SBB-PK Berlin, Nachlass J. M. R. Lenz, Nr. 227. – *ED*: M. N. Rosanow: Jakob M. R. Lenz, der Dichter der Sturm- und Drangperiode. Leipzig 1909: 548–554, normalisiert und unvollständig unter dem Titel *Meine Lebensregeln*, danach Damm II: 487–499; Blei IV: 31–70, vollständig, aber mit Lesefehlern unter dem falschen Titel *Vom Baum der Erkenntnis Guten und Bösen*.

Der 1994 von Christoph Weiß erstmals in einer zuverlässigen, diplomatisch getreuen Transkription der (vermutlich unvollständigen, ohne Titel und Anfangsteil überlieferten) Handschrift edierte Text spielt, obwohl chronologisch nicht eindeutig an ihrem Beginn stehend, eine Schlüsselrolle in Lenz' Abhandlungen und Vorträgen zur Theologie und Moralphilosophie. Der sprachliche Duktus und die Frage-Antwort-Komposition deuten darauf hin, dass er weder zum Vortrag in der Straßburger Société noch zum Druck bestimmt, sondern als eine Art persönlicher *Catechismus* konzipiert war, auch wenn Lenz gelegentlich an mögliche Leser denkt (*Catechismus* [Hg. Weiß 1994]: 60, 62). Sowohl die äußere Form der Handschrift als auch die inhaltliche Gedankenentwicklung lassen darauf schließen, dass es sich nicht um die abschließende Kodifizierung einer konsistenten Überzeugung, sondern vielmehr um die tagebuchartige Niederschrift eines nach vorne offenen Selbstverständigungsprozesses handelt. Äußere Anhaltspunkte zur Datierung geben zwei Referenzen im Text selbst. Danach ist er nach der seinerseits nicht sicher datierbaren, erst 1780 in den *Philosophischen Vorlesungen* gedruckten *Abhandlung von der Conkupiszenz und von den unverschämten Sachen* entstanden; andererseits hat sich die Niederschrift offenbar mindestens bis in das Frühjahr 1773 hingezogen, in dem Goethes anonym veröffentlichte Schrift *Brief des Pastors zu*** an den neuen Pastor zu***. Aus dem Französischen* erschien, auf die ohne Goethes Namensnennung auf S. 58 verwiesen wird. Begonnen hat Lenz den Text offenbar schon im Spätsommer oder Herbst 1772. Darauf deuten die engen inhaltlichen und formalen Korrespondenzen mit den sechs Briefen, die er während seines Aufenthalts in der Landauer Garnison an Salzmann schrieb, deren Handschriften verloren sind und die Stöber in seinen Erstdrucken, soweit sie nicht die Datierung „Oktober 1772" aufwiesen, seinerseits auf den „Spätsommer oder Herbst 1772" datiert hat (Stöber 1842: 66–82, Stöber 1855: 71, Damm III: Oktober 1772 an Salzmann [Briefe Nr. 20–25]).

In diesen Briefen unterbreitet Lenz seinem verehrungsvoll als „Sokrates" bezeichneten väterlichen Mentor, dessen Antwortbriefe nicht erhalten sind, seine Überlegungen zu einer dezidiert theologischen Fundierung der popular- und moralphilosophischen Fragen, zu deren Diskussion Salzmann in seinen ersten Vorträgen in der Société im Frühjahr angeregt hatte. Gleich nach der Ankunft in Landau, wo er eine gute Schulbibliothek vorfindet, liest er zunächst begeistert Spaldings zuerst 1761 erschienenen *Gedanken über den Werth der Gefühle in dem Christenthum* (*Spalding 2005). Eine gute Woche später schreibt er an Salzmann, dass sich seine Lektüre neben Homer und Plautus auf eine „große Nürnbergerbibel" beschränke, deren „Auslegung" er jedoch „überschlage" (Damm III: 18.9.1772 an Salzmann). Dabei handelt es sich um die seit dem 17. Jahrhundert im Verlag Johann Andreas Endter in Nürnberg erschienene Lutherbibel; möglicherweise benutzte Lenz die 1768 erschienene dreibändige, ausführlich kommentierte und reich illustrierte Folio-Ausgabe (**Biblia, Das ist: Die gantze Heilige Schrift* [...], 1768). Auf der Grundlage dieser Bibelstudien versucht Lenz nun zu demonstrieren, dass seine aufklärerisch-optimistische Grundüberzeugung, dass der Mensch trotz des Bösen in der Welt zur moralischen Vollkommenheit gelangen solle und könne, mit der christlichen Botschaft nicht nur vereinbar, sondern sogar von ihr intendiert sei.

In diesem Sinne deutet er die christliche Idee der Heilswerdung, der Erlösung von Schuld und Übel und der Verheißung ewiger Seligkeit gleichsam als Chiffre auch für die aufklärerisch-säkularisiert gedachte Bestimmung des Menschen zur moralischen Vervollkommnung. Der neuralgische Punkt seiner Bibel-Exegese ist deshalb die Rolle Christi in diesem Prozess, und gerade in diesem Punkt vollzieht er innerhalb der relativ kurzen Zeitspanne der Oktoberbriefe eine auffällige Konversion.

Zunächst argumentiert Lenz im Sinne des Aufklärungsprotestantismus und der Neologie (vgl. *Hirsch 2000: bes. 4. Buch, Kap. 24, 318–390; sowie *Barth 2004). Er sieht Christus als Menschen, und zwar als vorbildhaft-vollkommenen Menschen, „durch den sich Gott uns ehemals sichtbar geoffenbart und angekündigt hat; daß, wenn wir den *rechten* Gebrauch von unsern Fähigkeiten machen wollen, wir schon hier – und in Ewigkeit glücklich oder selig sein sollen." (Damm III: 284 [Oktober 1772 an Salzmann]) Insofern bleibe er, wie Lenz unter Verwendung des in der Dogmatik von Augustinus über Luther bis in die zeitgenössische Diskussion verwendeten und umstrittenen Begriffes sagt, „bei meiner einmal angenommenen Erklärung der Lehre vom Verdienst Christi" (ebd.). Dieses bestehe lediglich darin, den Menschen aus seiner alten schuldhaften Verstrickung ins Böse befreit zu haben und ihn durch sein Beispiel gleichsam aufzumuntern zum rechten Gebrauch seiner Kräfte und Fähigkeiten.

Von dieser Überzeugung aber rückt Lenz in dem letzten erhaltenen Brief an Salzmann ausdrücklich ab, wenn er schreibt:

> Ich schreibe an Sie, um Ihnen eine Veränderung zu melden, die mit mir vorgegangen. Ich bin ein Christ geworden – glauben Sie mir wohl, daß ich es vorher nicht gewesen? Ich habe an allem gezweifelt und bin jetzt, ich schreib es mit von dankbarer Empfindung durchdrungenem Herzen, zu einer Überzeugung gekommen, wie sie mir nötig war, zu einer philosophischen, nicht bloß moralischen. (ebd.: 293 [Oktober 1772 an Salzmann])

2.4 Theoretische Schriften

Bisher habe er geglaubt, dass der Gedanke des Verdienstes nicht vereinbar sei mit der Barmherzigkeit Gottes, der sich die Vergebung der Sünden nicht gleichsam durch eine Gegenleistung abkaufen lasse. Nun aber bezieht er den bisher vernachlässigten Opfertod und das Leiden Christi in seine Deutung ein und bekennt: „Aber ich habe gefunden, daß ich sehr irrte." (ebd.: 294) Denn mit diesem seinem Opfertod habe Christus tatsächlich stellvertretend für die Menschen deren Befreiung gewissermaßen verdient, und dieses in ihm gleichsam als Anrecht verkörperten Verdienstes könnten die Menschen teilhaftig werden durch die Sakramente. Die Möglichkeit zur Selbstvervollkommnung des Menschen gründe also nicht mehr auf der freien Entscheidung zum rechten Gebrauch seiner Fähigkeiten, sondern auf dem Verdienst Christi: „[A]llein dieses ist der Gegenstand unsers Glaubens, hier kann die Vernunft nicht weiter." (ebd.: 295) Damit rückt Lenz ausdrücklich von der aufklärerischen Alleinstellung der Vernunft in der Bibelauslegung ab und bekennt sich zum Primat des Glaubens. Zugleich positioniert er sich innerhalb der christlichen Lehrmeinungen, wenn er resümiert: „Ich bin also jetzt ein guter evangelischer Christ, obgleich ich kein orthodoxer bin" (ebd.). In der Tat ist die nun von ihm übernommene Lehre vom Verdienst Christi – in welcher Interpretation auch immer – prinzipiell nicht vereinbar mit der Rechtfertigungslehre der lutherischen Orthodoxie, nach welcher der Mensch das Heil nicht aufgrund irgendeines Verdienstes erwerben könne, sondern es ihm allein *sola fide*, durch den Glauben, geschenkt werden könne.

Diese in seinen Briefen an Salzmann vom Oktober 1772 skizzierte Konversion von einer vernunftgeleiteten zu einer glaubensgegründeten Auslegung der Lehre vom Verdienst Christi für die Heilswerdung des Menschen bildet auch den gedanklichen Kern von Lenz' vermutlich noch während des Briefwechsels begonnenem *Catechismus*. Obwohl der Text nicht frei ist von Sprüngen, assoziativen Verknüpfungen und Wiederholungen, lassen sich die insgesamt 55 Fragen und ihre Beantwortungen (die im Folgenden zur leichteren Identifizierbarkeit nummeriert werden) zunächst entsprechend der oben erwähnten Konversion in zwei große Teile gliedern. Der längere erste Teil, der die Fragen 1–35 umfasst und mit einem ersten Ansatz zur Beendigung des Textes schließt (*Catechismus* [Hg. Weiß 1994]: 39–60), folgt der vernunftgeleiteten Auslegung der Verdienstlehre. Der zweite, offenbar nach einer Unterbrechung mit neuem Schriftzug angehängte Teil umfasst die Fragen 36–55 (ebd.: 60–67). Er bezeichnet gleich zu Beginn den ersten Teil als „Verirrungen die aber dennoch nicht weit von der Wahrheit abstanden" (ebd.: 60) und entwirft ein differenziertes Verständnis der Rolle Christi.

Im ersten Teil formuliert Lenz zunächst in traditionell katechetischer Weise die konkreten „Lehren, die wir aus dem Beyspiel Christi und auch aus seinen Reden und geäusserten Gesinnungen abziehen" (ebd.: 39), die er seinerseits in drei nicht immer randscharf geschiedene Gruppen unterteilt. Der erste (Nr. 1–6; ebd.: 39–42) bezieht sich auf die Forderung nach Beherrschung des Sexualtriebs und deckt sich im Wesentlichen mit den entsprechenden Passagen des ersten und letzten Teils der *Philosophischen Vorlesungen*. Die „zweite Hauptlehre" bestehe im Gebot der „Demut" und der Vermeidung von „Eitelkeit, Eigendünkel und Hochmuth" (Nr. 12–13; ebd.: 45–47), die „dritte moralische Pflicht" schließlich gebiete „Gleichgültigkeit gegen die Reichthümer und irdischen Güter" (ebd.: 47), Verzicht auf Vergeltung für angetanes Unrecht sowie, teilweise Nr. 1–7 wiederholend, die Beherrschung der „Conkupiszenz" (Nr. 14–23; ebd.: 47–50).

Mitten in diesen Moralkodex fügt Lenz im Anschluss an die erste ‚Lehre' eine allgemeine dogmatische Passage ein (Nr. 7–11; ebd.: 42–45), die er als „Hauptsumm und Inhalt dieser Maximen" (ebd.: 42) bezeichnet und in der er seine aus den ersten Salzmann-Briefen bekannte rationalistische Auslegung von der Lehre des Verdienstes Christi zusammenfasst in den Worten: „[W]ir werden ohne Verdienst gerecht durch seine (Gottes) Gnade die durch Christum geschehen." (ebd.) Allerdings dürfe diese Imitatio Christi nicht in einem „bloß unthätigen Vertrauen auf dieses Verdienst" bestehen, sondern müsse sich im tätigen Handeln beglaubigen (ebd.: 43).

Diese Grundsatzbemerkungen ergänzt Lenz nun in einem zweiten, theoretisch-dogmatischen Abschnitt des ersten Teils (Nr. 24–39; ebd.: 50–60). Anknüpfend an sein Verständnis der Imitatio Christi, in dem Jesus als vollkommener Mensch gedacht ist, sieht er sich genötigt, das Verhältnis Jesu zu Gott bzw. die Frage der Gottgleichheit Jesu zu klären. Er löst das Problem zunächst mit Rückgriff auf die Lehre von der „fortgehenden Schöpfung" (ebd.: 52), die maßgeblich auf Augustinus zurückgeht und von Leibniz in seiner *Theodizee* aufgegriffen wird, worauf sich Lenz vermutlich bezieht (*Leibniz 1968, Abschnitte 30 u. 31: 114 f.; vgl. dazu Hayer 1995: 102–107). Sie besagt, dass das Weltgebäude von Gott nicht in einem einmaligen und abschließenden Akt als *creatio ex nihilo* geschaffen worden sei, sondern dass sich die Schöpfung als *creatio continua* in einem fortwährenden Weiterschaffen und Weiterwirken erhalte. Dieses weiterwirkende Schöpfungsprinzip, so Lenz, verkörpere sich in der Gestalt Christi. Insofern könne man von „zwey Systemen" sprechen: einem ersten „allgemeinen System", in welchem Gott die ganze Schöpfung regiere, und einem zweiten, „besonderen System", in dem sie von Christus als „Gottes Statthalter und Gouverneur" gleichsam am Fortbestehen gehalten werde (*Catechismus* [Hg. Weiß 1994]: 55). Mit dieser Lehre aber, so Lenz in Opposition zur lutherischen Orthodoxie, sei zugleich die Vorstellung des Weltendes in der Apokalypse hinfällig. Die Rede vom Jüngsten Tag sei nur symbolisch zu nehmen und allenfalls auf das je individuelle Lebensende zu beziehen, da prinzipiell „kein Ende aller Dinge existiert noch jemals existieren wird." (ebd.: 52) Entsprechend könne es auch für den sündigen Menschen keine einmalige und definitive Verdammnis geben: „[D]och ist keine ewige Höllenpein auch für sie anzunehmen" (ebd.: 53). Vielmehr denkt Lenz die durch Christus bewirkte Erlösung der Sünder als einen über ihr je individuelles, irdisch-körperliches Leben hinausreichenden, generationenübergreifenden Prozess, für den er den Begriff der vor allem in außerchristlichen Religionen sowie von Pythagoras und im Neuplatonismus entfalteten „Seelenwanderung" (ebd.: 52) benützt. Gemäß dieser Reinkarnationslehre wandere die Seele der nicht Erlösten nach deren leiblichem Tod in immer neue Körper, bis sie schließlich „von allen Schlacken gereinigt als eine für sich bestehende individuelle substanzielle Seele aus ihrem letzten Körper mit seiner Quintessenz hervorgehen und ewig leben kann." (ebd.: 51) Doch auch mit dieser von einem prinzipiellen Optimismus der moralischen Perfektibilität des Menschen getragenen Christologie kann Lenz die ganz praktische Frage nicht befriedigend beantworten, an wen sich der gläubige Christ zu wenden habe: an Gott oder Christus?; wie also beider Verhältnis genauer zu bestimmen sei: als Identität, Parität oder Hierarchie mit welchem Primat? In diesem Punkt ist sich Lenz offensichtlich nicht sicher und gibt zunächst eher tentativ mehrere leicht divergierende Antworten. Zunächst optiert er für die „unumstößlichste Lebensregel eines Christen", nach der es darauf ankomme, „gegenwärtig zu Gott zu seyn im Geist", also

2.4 Theoretische Schriften

für den Primat Gottes, setzt allerdings in Klammern hinzu: „weil dies die Nachfolge Christi in sich schließt." (ebd.: 58) Dann sieht er sich mit der Frage konfrontiert, wie die Bemerkung „eines sonst vortrefflichen Schriftstellers" zu beurteilen sei, dass man den „Dienst" an Christus als „Abgötterey" verfluchen müsse. Er spielt damit auf Goethes oben erwähnte, 1773 anonym erschienene, von ihm selbst verfasste Schrift *Brief des Pastors zu*** an den neuen Pastor zu***. Aus dem Französischen* an. Lenz distanziert sich von dieser polemischen Zuspitzung im Ton vorsichtig, in der Sache aber so entschieden, dass er sich nun veranlasst fühlt, als „Final des Catechismus oder vielmehr Verbesserung der vorhin erwähnten Lebensregel, die doch gemißdeutet werden kann", die Diskussion mit folgender neuen Formel zu beenden: „Gegenwärtig zu Gott durch Christum. oder nach der neuesten Erkenntniß. *Symbolum.* Leben d. i. handeln, denken, geniessen vor Gott." (ebd.: 60; Hervorh. im Orig.) Mit dieser kryptisch gewundenen Formel, deren Anspielung auf das Glaubensbekenntnis kaum verbergen kann, dass Lenz sich mit seinen rationalistischen Deutungsversuchen der Gestalt Christi in eine Aporie manövriert hat, bricht die Handschrift zunächst ab.

Nach dieser Unterbrechung, die offenbar auch eine Denkpause markiert, beginnt Lenz den zweiten, kürzeren Teils seines *Catechismus* (Nr. 36–55; ebd.: 60–67) sogleich mit einer eindeutigen Revokation seines bisherigen Verständnisses von Christus als eines vorbildhaft-vollkommenen Menschen. In pathetisch-bekenntnishafter Aufnahme der Worte des ‚ungläubigen' Thomas, der die Auferstehung Christi erst glauben konnte, als er dessen Wundmale berührte (Joh 20,19–29), verkündet er nun: „Ich lege meine Finger in die Mahle meine Hand in die Seite Jesu und sage Mein Herr und mein Gott." Und auf Rückfrage erläutert er: „Daß Jesus Christus derselbige einige ewige Gott seye den ich unter dem Namen des Vaters bisher angebethet" und dass „Gott [...] eine menschliche Gestalt angenommen" habe, „um sich darin uns zu offenbaren." (*Catechismus* [Hg. Weiß 1994]: 60) Lenz revoziert hier zwar nicht, wie in den Salzmann-Briefen, seine rationalistische Auffassung vom Verdienst Christi, aber man wird dieses emphatische Bekenntnis zu Jesu Gottgleichheit als gleichsam parallelen Ausdruck desselben religiösen Erwachens und als „Rückkehr zu orthodoxeren protestantischen Auffassungen" (Sauder 1994: 15) verstehen dürfen. In diesem Sinne scheint er seinen *Catechismus* erneut beenden zu wollen, diesmal mit einem dreifachen „Amen! Amen! Amen!!!" Dann aber stellt er sich abschließend doch noch der nun unabweisbaren Frage, welche Konsequenzen dieses sein neues Verständnis von der Gottgleichheit Christi für sein nach wie vor gültiges Moralkonzept der Imitatio Christi habe – und die Antwort ist ebenso naheliegend wie weitreichend. Denn sie besteht nicht in den weiter ergänzten „Hauptregeln" der konkreten Lebensführung (Nr. 43; *Catechismus* [Hg. Weiß 1994]: 61 f.), sondern in der Neubestimmung des nachzuahmenden, in Christus verkörperten Ideals. Dieses ist nicht mehr der vollkommene Mensch, sondern Gott selbst. Die Gottesebenbildlichkeit wird nun zu Lenzens wahrem Perfektionsideal. Die Vorstellung vom Menschen als einem Gott im Kleinen durchzieht seine Schriften in vielfältigen Varianten und Ausformungen, anthropologisch in seinem Autonomie-Ideal, ästhetisch in seinem Geniebegriff (vgl. Rector 1999b). Hier, im *Catechismus*, hält er zunächst inne bei dem wahrhaft paradox anmutenden, Vernunft und Religion versöhnenden Gedanken, dass der Mensch gerade in seiner inbrünstigsten Hinwendung zu Gott seine größte Unabhängigkeit von Gott gewinnen könne. Eben darin, formuliert er abschließend, bestehe „Summe und Hauptzweck der ganzen Sendung Christi im allgemeinsten Verstande": Er gebe uns „die Freyheit vor dem Angesicht Gottes zu handeln wie wir wollen." (*Catechimus* [Hg. Weiß 1994]: 66) Damit artikuliert er bereits einen Kerngedanken seiner letzten theologischen Abhandlung der Straßburger Jahre, der *Meinungen eines Laien*.

Versuch über das erste Principium der Moral

Q: Damm II: 499–514 (nach ED). – H: SBB-PK Berlin, Nachlass J. M. R. Lenz, Nr. 228. – ED: A. Stöber (Hg.): Johann Gottfried Röderer von Straßburg und seine Freunde. 2. Aufl. Colmar 1874: 83–200.

In der, wie der Redegestus nahelegt, offenbar in der Straßburger Société vorgetragenen Abhandlung entwickelt Lenz seine Überzeugung, dass die Grundsätze der Moral, die er definiert als „Lehre von der Bestimmung des Menschen und von dem rechten Gebrauch seines freien Willens um diese Bestimmung zu erreichen" (Damm II: 499), nicht aus den abstrakten Systemen der Philosophie deduzierbar seien, sondern nur in der Anschauung und Nachahmung des lebendigen Beispiels erkannt werden könnten, „das uns unser Heiland in seinem Leben aufgestellt hat" (ebd.: 512), also auf dem Wege der Imitatio Christi. Gleichwohl argumentiert Lenz zunächst nicht theologisch, sondern innerweltlich (moral-)philosophisch, allerdings in scharfer methodischer Abgrenzung gegen alle philosophischen Systeme, etwa eines Plato, der Kyniker, Stoiker und Epikureer oder eines Buddha, die ihren Gegenstand in einer „gefährlichen *Einheitssucht*" (ebd.: 500; Hervorh. im Orig.) von einem einzigen abstrakten ersten Prinzip ableiten. Er plädiert dagegen für eine induktive, empirisch-psychologische, nämlich vom Wesen des Menschen selbst ausgehende Bestimmung der Moral, die, weil der Mensch „weder ganz Geist, oder ganz Materie" sei (ebd.: 502), notwendig dualistisch gedacht werden müsse.

In einem ersten Gedankenschritt, den man als Skizze einer empirisch-psychologischen Anthropologie bezeichnen könnte und der deutliche Bezüge zu den ebenfalls in der Société gehaltenen und später gedruckten Vorträgen seines Mentors Johann Daniel Salzmann erkennen lässt (vgl. *Salzmann 1966 [1776]), leitet Lenz daher die Moral nicht, wie er noch im Titel ankündigt, aus einem Prinzip, sondern aus den „zween Grundtrieben" her, welche die „innere Einrichtung unserer Maschine" bestimmen, nämlich dem „Trieb nach Vollkommenheit" und dem „Trieb nach Glückseligkeit" (Damm II: 503). Der Trieb nach Vollkommenheit richte sich auf eine „Eigenschaft" (ebd.: 506), nämlich die proportionale Ausbildung aller angeborenen Seelenkräfte (der oberen wie der unteren, wie er mit Bezug auf die zeitgenössische rationalistische Vermögenspsychologie betont) zum Zwecke der Erlangung einer gewissen Harmonie. Die Vollkommenheit selbst könne der Mensch allerdings niemals erreichen, denn sie liege ihrem Wesen nach allein bei Gott; der Trieb nach Vollkommenheit realisiere sich also in einer unendlichen Annäherungsbewegung. Damit diese sich jedoch nicht in individueller Selbstbezogenheit erschöpfe, sei ihm ein „*Hülfstrieb*" (ebd.: 505; Hervorh. im Orig.) nach Mitteilung und sozialer Interaktion beigegeben, der sich vor allem in der Liebe und der Freundschaft als Mittel und Medium der Selbstvervollkommnung konkretisiere. Dagegen richte sich der Trieb nach Glückseligkeit auf einen „Zustand" (ebd.: 506), wie Lenz sich etwas irreführend ausdrückt, denn er meint damit einen durchaus nicht statischen, sondern dynamischen Seelenzu-

2.4 Theoretische Schriften

stand, den der (produktiven) Bewegung im Gegensatz zur (unproduktiven) Ruhe. Diese für sein ganzes psychologisches und anthropologisches Denken grundlegende, ausdrücklich gegen Rousseau gerichtete, vermutlich durch Salzmann vermittelte Überzeugung (vgl. Sauder 1994: 14) bringt er hier auf die lapidare Formel: „Der höchste Zustand der Bewegung ist unserm Ich der angemessenste" (Damm II: 507). Diesen Zustand der Glückseligkeit aber könne der Mensch nicht aus eigener Kraft erreichen, sondern nur nach Maßgabe seines Strebens nach Vollkommenheit, dessen Ziel jedoch nur bei Gott sei und von Gott verliehen werden könne. Deshalb mache allein der „Glaube" (ebd.: 509), dass es dieses vollkommene Wesen gibt, die Glückseligkeit aus. Diesen Glauben aber dürfe der Mensch nicht solipsistisch bei sich und für sich genießen, sondern er müsse ihn kommunizieren und für ihn werben, denn, so Lenz: *„Wir müssen suchen andere um uns herum glücklich zu machen."* (ebd.: 510; Hervorh. im Orig.) Erst dann sei jenes „Reich Gottes auf Erden" verwirklicht, „um dessen Ankunft uns Christus im Vater Unser beten lehrt" (ebd.). Doch kaum hat Lenz diese Idealvorstellung ausphantasiert, ruft er sich in einer für seine Denkbewegung typischen „Textstrategie retardierender Einwürfe" (Krauß 2011a: 368) sogleich zurück in die Wirklichkeit mit den Worten: „Aber – ach diese Welt, ist keine solche Welt. Jeder sorgt nur für seinen eignen Zustand, für den Zustand seines Nachbaren aber schließt er die Augen zu." (Damm II: 511) Deshalb müssten gerade die „Moralisten", die er nun mit den nur theoretisierenden „Christen" identifiziert, sich als „Menschenfreunde" (ebd.) erweisen und sich ans Werk der umfassenden Verbesserung der Welt machen – was er allerdings ebenfalls in einer nicht minder typischen Gebärde relativiert mit der Bemerkung: „Es ist schwer – es ist unmöglich", um an dieser Stelle mit den Worten „Hier gehe ich von der Moral zur Religion über" (ebd.) endgültig zu seinem zweiten Gedankenschritt überzuleiten. Diesen hatte er implizit bereits vollzogen, nämlich zur Rückführung der natürlichen auf die theologische Moral.

Als „Vorbildgestalt und Kommunikationsinstanz" (Hempel 2003a: 67) der christlichen Moral versteht Lenz, wie in seinem *Catechismus*, die Gestalt Christi selbst. In ihm habe Gott den Menschen eine „Aufmunterung" (Damm II: 511) und eine Motivation zur Moral gesandt, und zwar in vierfacher Hinsicht. Erstens verkörpere er den Willen Gottes, sein Reich der Vollkommenheit auf Erden zu verwirklichen. Zweitens sei Christus das sinnlich anschaubare „große Gemälde [...], welches wenn wir es anschauend erkannt, nicht unnachgeahmt lassen können" (ebd.: 512). Drittens – und hier decken sich seine Aussagen mit dem zweiten, nach der Konversion niedergeschriebenen Teil des *Catechismus* – könnten wir nach der „Lehre von dem vollgültigen Verdienst seines Lebens Leidens und Sterbens" (ebd.: 512 f.) eine „Annäherung zu Gott, das heißt die ewige Seligkeit hoffen und erwarten" (ebd.: 513). Dieser „theologische Glaube", so Lenz, „ist, wenn ich mit Baumgartenschen Ausdrücken reden soll: *Complementum moralitatis*" (ebd.; Hervorh. im Orig.). Diesen Ausdruck, mit dem er offensichtlich seine zentrale Botschaft von der Notwendigkeit einer theologischen Fundierung der Moralphilosophie auf eine bündige, durch eine Autorität beglaubigte Formel zu bringen versucht, verwendet Lenz in ähnlich exponiertem Zusammenhang noch zweimal in den Landauer Briefen an Salzmann vom Oktober 1772 (vgl. Damm III: 282, 293). Gleichwohl hat die Forschung sich bisher weder auf eine einheitliche Übersetzung bzw. inhaltliche Umschreibung dieser Formel einigen noch die Anspielung auf ‚Baumgarten' verifizieren können (vgl. z. B. Titel/

Haug I: 694; Damm II: 889 und III: 828; Rudolf 1970: 204; Pautler 1999: 119, 122; Schulz 2001a: 236). Nachdem zuerst Sauder als Bezugsperson, allerdings ohne den Begriff nachzuweisen, den für die Literaturwissenschaft naheliegenden Ästhetiker Alexander Gottlieb Baumgarten (1714–1762) angenommen hatte (Sauder 1994: 13), vermutete Rector, angeregt durch Hinweise von Hayer (Hayer 1995: 121), eher dessen Bruder, den Hallenser Theologen Siegmund Jacob Baumgarten (1706–1757), jedoch ebenfalls ohne einen Stellen- oder Zitatnachweis zu erbringen (Rector 1999b: 243). Pope griff dieses Problem nicht auf und verwechselte obendrein die beiden Brüder (T. Pope 2003: 23). Aber auch erneute intensive Recherchen brachten bisher keine letzte Klarheit. Der aufgrund des theologischen Argumentationszusammenhangs naheliegende Bezug auf den Theologen Baumgarten lässt sich nach Durchsicht von dessen populären Schriften nicht verifizieren; die Formel ‚complementum moralitatis' findet sich weder in seinem *Unterricht vom rechtmäßigen Verhalten eines Christen oder Theologische Moral* (1738) noch in seiner populären dreibändigen *Evangelischen Glaubenslehre* (hg. v. Salomo Semler, 1759–1760), auch die einschlägige neuere Forschung liefert keinerlei Hinweise hierfür (vgl. *Schloemann 1974, *Kemper 1997: 151–171). Wahrscheinlicher ist, dass sich Lenz doch auf den Ästhetiker Gottlieb Alexander Baumgarten bezieht, und zwar vermittelt über Kant, der während Lenzens Studienzeit in Königsberg wiederholt über „Metaphysik nach Baumgarten" und „Allgemeine praktische Philosophie samt Ethik nach Baumgarten" las (Kasties 2003: 74 f.). Zwar lässt sich auch bei Alexander Gottlieb Baumgarten nicht die Formel ‚complementum moralitiatis' nachweisen, wohl aber andere häufige Genetiv-Verbindungen mit dem Ausdruck ‚complementum', so etwa „complementum essentiae" (*A. G. Baumgarten 2011, *Metaphysica*: § 55), „complementum libertatis" (*A. G. Baumgarten 2007, *Ästhetik*: § 414) oder auch, inhaltlich naheliegender, die Rede von der „religio supernaturalis" als „complementum" der „religio naturalis" (*A. G. Baumgarten 1773, *Praelectiones Theologiae Dogmaticae*: § 10). Möglicherweise übernimmt Lenz also nicht den ganzen Ausdruck, sondern findet eine eigene Analogiebildung, weshalb er auch nicht direkt von einem Zitat, sondern von einer Rede „in Baumgartenschen Ausdrücken" spricht. In diesem Sinne müsste man Lenzens Formel eines ‚complementum' der ‚moralitas' wohl als ‚Erfüllung' der Morallehre im Sinne von ‚zu ihrer Vervollkommnung notwendige Ergänzung' verstehen.

Aus dieser ergänzenden Vervollkommnung der Moral durch den Glauben ergebe sich schließlich viertens die Aussicht auf die reale Vereinigung mit Gott, in Lenzens Worten: auf die „unmittelbare anschauende Erkenntnis des, der da wohnt in einem Licht, da niemand zukommen kann, welchen kein Mensch gesehen hat, noch sehen kann" (Damm II: 514). Diese Formulierung könnte jedoch gleichwohl auch wieder auf die Vereinigungstheologie Siegmund Jacob Baumgartens verweisen, in der sich pietistische Traditionen mit dem Rationalismus Christian Wolffs verbinden. So definierte er in seiner oben erwähnten *Evangelischen Glaubenslehre* die Theologie als „die geoffenbarte Lehre von unserm Verhältnis gegen Gott oder von der Vereinigung des Menschen mit ihm, die auf der näheren Offenbarung desselbigen in der heiligen Schrift beruhet." (*S. J. Baumgarten 1764: Bd. I, 5; vgl. *Schloemann 1974: 84)

Entwurf eines Briefes an einen Freund, der auf Akademieen Theologie studiert

Q: Damm II: 483–487 (nach ED). – H: SBB-PK Berlin, Nachlass J. M. R. Lenz, Nr. 226. – ED: A. Stöber (Hg.): Johann Gottfried Röderer von Straßburg und seine Freunde. 2. Aufl. Colmar 1874: 178–182.

2.4 Theoretische Schriften

In dieser Skizze setzt sich Lenz kritisch mit einem (entweder realen oder fiktiven) Briefentwurf eines Dritten auseinander, der ebenso wenig bekannt ist wie der intendierte Adressat. Möglicherweise erörterte der Entwurf die Differenzen zwischen Pierre Bayle und seinem Kritiker Gottfried Wilhelm Leibniz (Kindermann 1925a: 338, Anm. 64). Lenz nimmt ihn zum Anlass einer grundsätzlichen Klärung jener Problematik, die ihn – neben der Sexualität – am drängendsten umtreibt, nämlich der Frage der menschlichen Willensfreiheit. Es ist für ihn eine Frage der Vermittelbarkeit von Aufklärung und Theologie. Als am frühen Kant geschulter überzeugter Aufklärer geht er von der anthropologischen Grundannahme aus, dass der Mensch, wie er in den *Anmerkungen übers Theater* besonders emphatisch formuliert, „die erste Sprosse auf der Leiter der freihandelnden selbstständigen Geschöpfe" (Damm II: 645; vgl. Rector 1992b) einnehme; als von der protestantisch-pietistischen Erziehung seines Vaters geprägter gläubiger Christ hält er gleichwohl fest an der Vorstellung eines allmächtigen, also auch das Handeln der Menschen steuernden Gottes. Doch obwohl er den an einen angehenden Theologen adressierten Brief kommentiert, argumentiert er nicht in den Bahnen, in denen die christliche Dogmatik das Problem der Willensfreiheit immer wieder traktiert hat. Dort lautete die vor allem von der Auslegung des Römerbriefs ausgehende Frage, ob es dem Menschen nach dem Sündenfall noch möglich sei, aus freiem Willen so gut zu handeln, dass er sich die ewige Seligkeit gleichsam verdient, oder ob er sein mögliches Seelenheil allein der Gnade Gottes zu verdanken habe. Während Augustinus noch nach einer Vermittlung gesucht hatte in dem Sinne, dass er den Willen nur frei nannte, insoweit er begnadet sei (vgl. *Augustinus 1975: Pars XIII, 2, bes. 180–182), kam es in dieser Frage später zu dem spektakulären Zerwürfnis zwischen dem Humanisten Erasmus von Rotterdam, der in seinem Traktat *De libero arbitrio* mit Verweis auf zahlreiche Bibelstellen die Willensfreiheit als gegeben zu erweisen suchte (*Erasmus 1969: Bd. IV, 1–195), und seinem bisherigen Gesinnungsgefährten Martin Luther, der sie in seiner polemischen Entgegnung *De servo arbitrio* apodiktisch bestritt und im Sinne seiner Rechtfertigungslehre darauf beharrte, dass das menschliche Heil ausschließlich auf die Gnade Gottes zurückzuführen sei (*Luther 1883 ff.: 600–787). Lenz dürfte diese innertheologische Debatte gekannt haben, aber er säkularisiert sie vom Heilgeschichtlichen ins Anthropologisch-Moralphilosophische. Dabei grenzt er sich deutlich von dem ‚Verfasser' des Briefentwurfs ab, der aus strikt aufklärerisch-rationalistischer Sicht bestreitet, dass die menschliche Willensfreiheit durch eine göttliche Allmacht eingeschränkt werde. Lenz, um Vermittlung bemüht, hält dies nicht für einen Streit um die Sache, sondern um die „Enunziation" (Damm II: 483), also ihren sprachlichen Ausdruck, und antwortet deshalb mit dem „Entwurf" einer begrifflichen Klärung, die weitgehend der Leibnizschen Metaphysik folgt. Erstens müsse man prinzipiell zwischen menschlichem und göttlichem Wissen unterscheiden. Menschliches Wissen sei sukzessiv; es baue sich über Vorstellungen, Gefühle, Entschlüsse, Handlungen und die Auseinandersetzung mit entsprechenden Handlungen anderer Subjekte zur „Vernunft" (ebd.: 483) auf, die bei aller Erweiterungsmöglichkeit letztlich an die eigene Erfahrung gebunden bleibe. Das Wissen Gottes dagegen dürfe nicht etwa als die höchste Steigerung menschlichen Wissens gedacht werden, sondern als qualitativ differente spontane „Alldurchschauung" (ebd.: 484). Ihr gegenüber sei die Freiheit des Menschen keineswegs, wie Pierre Bayle behaupte, „nur ein Hirngespinst." (ebd.). Möglicherweise bezieht sich Lenz hier auf Gottscheds Übersetzung und Kommentierung des *Dictionnaire historique et critique* (*Bayle/Gottsched 1741–1744: Bd. I, 468 oder Bd. III, 641). Vielmehr müsse man zweitens unterscheiden zwischen metaphysischer und moralischer Freiheit. Die metaphysische (also absolute) Freiheit komme dem Menschen nicht zu, da er sich nicht über die „ewigen und notwendigen Gesetze" (Damm II: 485) stellen könne und seine „Dependenz von der Natur" (ebd.) ebenso anerkennen müsse wie die Pflanze ihre Abhängigkeit von dem Boden, in dem sie wurzelt. Die moralische (also gewissermaßen relative) Freiheit dagegen bestehe darin, dass dem Menschen die Stärke des jedesmaligen Widerstehen-Wollens gegen diese Dependenz gegeben sei; dank ihrer könne der Mensch „moralisch immer freier, immer willkürlicher werden" (ebd.: 486). Ob er freilich „völlig in den Stand einer Ungebundenheit einer [Damm liest hier irrig „eine", M. R.] absoluten Willkürlichkeit übergehen" könne, davon hätten ihn, so Lenz, die „Responsa der Philosophen noch nicht befriedigt" (ebd.). Da also Gott einerseits die „ewignotwendigen Gesetze" übersehe und andererseits dem Menschen diese „Kraft" des Widerstehens gegeben habe, könne er „allwissend sein ohne unserer moralischen Freiheit Eintrag zu tun" (ebd.). In diesem Sinne bekennt sich Lenz in einer verallgemeinernden Schlussbemerkung ausdrücklich zur Leibnizschen Theodizee als der „Grundfeste", mit der der Mensch allein „das himmelhohe Gebiet der Wahrheit ersteigen" könne (ebd.: 487).

Philosophische Vorlesungen für empfindsame Seelen

Q: Weiß XII (Faksimile-Druck von ED). – *H*: Berlin SSB-PK, Nachlass J. M. R. Lenz, 230 (nur Vorlesung 2 u. 3). – *ED*: Philosophische Vorlesungen für empfindsame Seelen. Frankfurt u. Leipzig 1780 [recte: Basel, bey C. A. Serini].

Der seit den vergeblichen Recherchen von Blei (IV: 393) für verschollen gehaltene, erst 1994 von Christoph Weiß wieder aufgefundene und in einem Faksimiledruck mit einem instruktiven Nachwort veröffentlichte, 1780 anonym erschienene, vermutlich von Johann Georg Schlosser herausgegebene Band enthält sechs kürzere, vermutlich allesamt für den Vortrag in der Straßburger Société konzipierte Abhandlungen. Von der zweiten und dritten Abhandlung haben sich die Handschriften erhalten, nach denen sie zuerst von Blei (IV: 70–78), dann von Titel/Haug (I: 501–509) und danach von Damm (II: 514–522) gedruckt wurden. Zwar fügt der Band die einzelnen Beiträge zu einem wenn auch assoziativ gefügten Ganzen, nämlich zu einer „Rechtfertigung Gottes, daß er den Baum unsers vermeintlichen Elendes ins Paradies gesezt" (Weiß XII: 14), also letztlich zu einer theologischen Begründung und Aufwertung des menschlichen Sexualtriebs. Dennoch kann man sie nur mit Einschränkungen als eine „in sich kohärente Abhandlung" (Sauder 1994: 8) lesen, zumal die einzelnen Beiträge, wie Pope überzeugend dargelegt hat (T. Pope 2003: 67), ihrem Inhalt nach zwei verschiedenen Entwicklungsphasen in Lenz' theologischen Überzeugungen angehören. Die erste und die letzte Abhandlung *Baum des Erkenntnisses Gutes und Bösen* sowie *Unverschämte Sachen* fallen offenbar in die Zeit vor der in den Salzmann-Briefen und im *Catechismus* dokumentierten Konversion Lenzens im Oktober 1772, während die drei *Supplemente* und der *Anhang. Einige Zweifel über die Erbsünde* erkennbar den Charakter einer nachträglichen Klarstellung im Lichte der neuen Glaubensüberzeugung haben.

2.4 Theoretische Schriften

Baum des Erkenntnisses Gutes und Bösen
In der ersten, richtungweisenden Abhandlung des Bandes entwickelt Lenz zunächst seine Auffassung vom richtigen, das heißt gottgefälligen Umgang mit dem sexuellen Begehren, der „Konkupiscenz" (Weiß XII: 5), die er ausdrücklich nicht nur physiologisch legitimiert, sondern theologisch aufwertet als „Gottes Gabe", die sogar „nöthig zu unsrer Glückseligkeit" sei, allerdings nur, sofern sich ihr Gebrauch „nach unsrer besten Erkenntniß" richte (ebd.). Der diesen Trieb erregende Gegenstand sei die „Schönheit", die Lenz zunächst entsprechend dem gängigen Harmoniebegriff als höchste Übereinstimmung der Teile zu einem Ganzen definiert, dann jedoch kategorial in zwei Erscheinungsformen unterteilt. Die empirisch wahrnehmbare Schönheit, die er als „homogen" oder „subjektiv", also dem Menschen entsprechend, bezeichnet, errege das Begehren zur (sexuellen) Vereinigung. Die „ideale" oder „objektive", also spirituelle oder transzendente Schönheit dagegen eigne allein der Vollkommenheit der göttlichen Schöpfung und errege das Bedürfnis nach Erkenntnis und Nachahmung: „Die homogene Schönheit reizt zur Vereinigung, die ideale zur Nachahmung" (ebd.). In den Briefen an Salzmann belegt Lenz dieselbe Unterscheidung mit den Begriffen „Schönheit *in abstracto*" bzw. „Schönheit *in concreto*" (Damm III: Oktober 1772 an Salzmann; Hervorh. im Orig.). Daraus ergebe sich eine zweifache Anforderung an den Umgang mit der Konkupiszenz. Da sie sich stets zunächst unmittelbar-triebhaft auf die homogene Schönheit richte, ohne zu untersuchen, „ob denn der beliebte Gegenstand wirklich ganz homogen mit uns sei" (Weiß XII: 6), dürfe der Mensch diesem triebhaften Begehren nicht willenlos nachgeben, sondern müsse es unter die Kontrolle der Vernunft stellen und seine „Begier wie eine elastische Feder beständig gespannt" (ebd.: 7) halten, um sie für die als tatsächlich homogen erkannte und sorgsam ausgewählte Vereinigung aufzusparen, nämlich für die „Glükseeligkeit des Ehestandes" (ebd.: 10). Diese Mahnung zur Enthaltsamkeit und zum Triebaufschub bis zur Ehe steht im Mittelpunkt dieser Abhandlung. Weniger ausführlich geht Lenz (noch) auf die sich daran schließende zweite Mahnung ein, dass diese Vereinigung mit der homogenen Schönheit in der Ehe nur als das – allerdings legitime und notwendige – Durchgangsstadium zur Nachahmung der idealen Schönheit verstanden werden müsse. Der Begehrende müsse deshalb seine Konkupiszenz „nicht allein gespannt erhalten, sondern sie auch höher spannen: kurz unser Ganzes dem schönen Ganzen ausser uns, gegen über sezen, das heißt, ihm nachahmen" (ebd.: 7).

Unverschämte Sachen
In dieser Abhandlung führt Lenz die Überlegungen aus *Baum des Erkenntnisses Gutes und Bösen* fort und erörtert, wie der Mensch den „Trieb sich zu gatten", dessen unkontrollierte Befriedigung ihn den „schröklichsten Folgen aussezt", beherrschen könne (Weiß XII: 51). Seine physische Auslöschung durch Selbstkastration, wie sie der Kirchenvater Origenes gepredigt und praktiziert habe, sei keine Lösung (vgl. dazu die Selbstkastration Läuffers im *Hofmeister* sowie zum zeitgenössischen Diskurs *Hupel 1772); vielmehr gelte es, dem Trieb „die Waage zu halten" (Weiß XII: 53). Denn dass dieser Trieb nicht an sich böse, sondern im Gegenteil ein „Seegen" (ebd.: 57) sei, zeige sich darin, dass er nicht nur im Menschen, sondern in der gesamten Natur wirke und dass er in der Gestalt der menschlichen Geschlechterliebe die

gesellschaftlich auseinanderstrebenden und vereinsamenden Individuen zueinander führe. Im Übrigen erweise sich Gottes gütige Hochschätzung des ‚Geschlechtertriebes' auch darin, dass er Adam, nachdem er ihn aus dem Paradies vertrieben hatte, gleichwohl noch das Vergnügen und Glück der Vereinigung mit Eva gewährt habe. Dessen ungeachtet bleibe die unerlaubte Stillung dieses Triebes Unzucht und für das ganze menschliche Geschlecht verderblich; insofern lägen hier in der Tat „Zerstörung und Erbauung in einem Keime beisammen" (ebd.: 60). Die Lösung des Problems liege daher, so Lenz, zunächst in Wiederholung seiner Anfangsthese in der Ehe (ebd.: 61). Doch dann spitzt er seine Überlegungen weiter zu auf die Frage, was zu tun sei, wenn den Menschen die Umstände, „fatum, dura necessitas" (ebd.: 62), an der Ehe hinderten, und antwortet mit der Aufforderung, „auf die grossen Anstalten Gottes im Ganzen Acht [zu] geben um ihm seine Absichten abzumerken." (ebd.: 63) Diese „Blike in die Natur" (ebd.) zeigten: In der Jugend äußere sich die Blüte des Sexualtriebs in Empfindung der Liebe; ein „stiller und edler Reitz" (ebd.: 64) domestiziere den ungestümsten Trieb, und sobald der Trieb sich im Alter abschwäche, führe er zu einer „kaltblütige[n] Grausamkeit" (ebd.: 65); umgekehrt würden kriegerische Gemüter „auf dem Schooße der Venus zu Tauben gewandelt" (ebd.: 66). Mit anderen Worten: „[D]er Geschlechtertrieb ist die *Mutter aller unserer Empfindungen.*" (ebd.: 68; Hervorh. im Orig.) Deshalb müsste die Zähmung dieses Triebes der „erste Grundsatz in unserer Moral" sein (ebd.: 69), und zwar der zeitlich erste in einer Erziehung, die gleichwohl nicht ausschließlich auf der „Schaam" (ebd.) gründen dürfe. Vielmehr plädiert Lenz offen, wie er schon im Titel dieses Vortrags ankündigt, für „unverschämte Sachen", sprich: für eine Enttabuisierung der Sexualität in Pädagogik und Moral. Es komme nur darauf an, so Lenz noch einmal, sich nach Mitteln umzusehen, „der Heftigkeit des bloß thierischen Triebes Zügel anzulegen und Einhalt zu thun" (ebd.: 70). Dafür aber seien alle „Recepte unserer heutigen Moralisten" (ebd.: 71) ungeeignet. Die einzig richtige „Medicin" (ebd.) sei mithin die offensichtlich nun doch nicht mehr notwendig an das Institut der Ehe gebundene „empfindsame Liebe" (ebd.: 72).

Supplement zur vorhergehenden Abhandlung
In diesem ersten Supplement präzisiert Lenz seine in *Baum des Erkenntnisses Gutes und Bösen* skizzierte theologische und moralische Aufwertung der Konkupiszenz. Sie sei nicht auf den Sexualtrieb, in dem sie sich körperlich manifestiere, zu reduzieren, sondern müsse in einem allgemeineren Sinn verstanden werden als „Triebfeder unserer Handlungen" (Weiß XII: 15) schlechthin. Dieser Begriff des Handelns aber – ein Zentralbegriff seiner Anthropologie – ist für Lenz immer mit einem theologisch begründeten Verständnis von Freiheit, der Willensfreiheit und der Freiheit von aller Fremdbestimmung verbunden (vgl. dazu Rector 1992b). In Übereinstimmung mit dem Schlussteil des *Catechismus* vertritt er die Überzeugung, dass Gott aus dem Menschen nicht „blos ein denkendes und empfindendes Wesen" habe machen wollen: „Der Mensch sollte freilich einen Blik der Gottheit ins schöne Weltall thun, und alles übereinstimmend empfinden: aber sollte auch *frei,* ein kleiner Schöpfer der Gottheit nachhandeln." (Weiß XII: 15; Hervorh. im Orig.) Um diesen seinen Selbstverwirklichungstrieb anzustacheln, habe Gott dem Menschen – und hier kehrt Lenz zu seiner Auslegung der Geschichte vom Sündenfall zurück – ein Verbot erteilen

müssen, nämlich das Verbot, vom Baum der Erkenntnis zu essen: „Gott wollte also unsere Konkupiscenz in Bewegung setzen, das konnte nur durch ein *Verbot* geschehen." (ebd.; Hervorh. im Orig.) Insofern sei Gottes Drohung gegenüber Adam, dass er im Übertretungsfall sterben müsse, gewissermaßen „das erste Kollegium der Moral" (ebd.: 17). Denn wenn der Mensch der Konkupiscenz vorschnell nachgebe, also den Apfel esse, sei er in der Tat faktisch tot, insofern er damit die Triebfeder seines Handelns und seiner Selbstverwirklichung auslösche. Allerdings: Selbst wenn der Mensch, wie es das Alte Testament erzählt, dem Sündenfall erlegen sei, habe ihm Gott gewissermaßen eine zweite Chance gegeben, nämlich im Neuen Testament in der Gestalt Christi, der durch sein Beispiel die „ursprüngliche[n] Kräfte" des Menschen „wieder aufregen, neu erschaffen, *wiedergebehren*" werde (ebd.: 18; Hervorh. im Orig.) – wenn der Mensch ihm nachfolge, also sich zum Gebot der Imitatio Christi bekenne.

Zweites Supplement
Diese Deutung der Sündenfall-Geschichte und der negativen Gesetzgebung ergänzt und differenziert Lenz im zweiten Supplement durch die Einbeziehung der Lehren des Neuen Testaments. Er unterscheidet zwischen einer gesetzeswidrigen Handlung im Sinne einer einfachen Übertretung, die er als „böse" qualifiziert, und einer „gut[en]" Handlung, die über das Gesetz erhaben sei und die allgemeine Glückseligkeit nicht nur nicht störe, sondern befördere (Weiß XII: 23). Diesen Typus von „ethischen" Handlungen (ebd.: 25) den Menschen vorzuführen, sei der Zweck der Menschwerdung Gottes in Gestalt Christi gewesen, der sie vorgelebt und im Evangelium verkündet habe. Daraus könne gleichwohl nicht gefolgert werden, dass dieses Evangelium das göttliche „Gesetz", also die mosaischen Gesetzestafeln der Zehn Gebote suspendiere, wie in unheiliger Allianz sowohl die „schwärmerischen Andächtler" als auch die „von ihnen verketzerten Freigeisterer" predigten (ebd.: 27). Vielmehr gelte der von Johannes dem Täufer zuerst formulierte (Mt 3,2), dann von Jesus in einer Predigt wiederaufgenommene (Mt 4,17 u. Mk 1,15) Aufruf zum „μετανοεῖτε", den Lenz nicht wie Luther mit ‚kehrt um' im Sinne des ‚tuet Buße' übersetzt, sondern in seiner wörtlichen Bedeutung „verändert euren Sinn, erhebt ihn" (Weiß XII: 27) verstanden wissen will als eine Hebung des Sinnes auf eine qualitativ höhere Ebene, nämlich die des Glaubens an die Erlösungstat Christi und an seine tätige Nachfolge (vgl. auch *Stimmen des Laien*, Damm II: 585). In diesem Sinne lautet sein Fazit hier: „Also – das Gesetz *studirt* – und das Evangelium *ausgeübt* – das giebt glükseelige Menschen." (Weiß XII: 28; Hervorh. im Orig.)

Drittes und letztes Supplement
Nach diesen Interpretationen des Sündenfalls, der mosaischen Gesetze und des Evangeliums Christi findet Lenz in seinem dritten Supplement schließlich auch eine theologische Begründung für seine Ausgangsthese, dass die Konkupiszenz durchaus befriedigt werden dürfe, wenn dies nach Maßgabe der Vernunft geschehe. Diese präzisiert er nun als „Lehre von den Verhältnissen" (Weiß XII: 29). Gemeint ist offenbar eine Lehre von der proportionalen Ausgewogenheit und Harmonie der von Gott verliehenen Seelen- und Begehrungskräfte, die der Mensch nicht verzerren und verletzen dürfe, auch und gerade nicht im Akt der Befriedigung seiner Konkupiszenz.

Deshalb bezeichnet Lenz diese „Lehre" auch als das „unveränderliche[ ] *Gesez* unsers Schöpfers" – ohne mit diesem Terminus an die zuvor erörterte mosaische Gesetzgebung anzuknüpfen. Jede *„gesezwidrige Befriedigung* unserer Konkupiscenz" nämlich, so Lenz, *„verringert* – und *zerstört sie am Ende"* (ebd.: 30; Hervorh. im Orig.). Die begleitenden Symptome solcher Störungen der „Verhältnisse" seien etwa der „Eigendünkel", der „Hochmuth" und vor allem der „Stolz" (ebd.: 31), der sich seine tugendhafte Handlungen zum eigenen Verdienst anrechne, obwohl sie der freien Gnade Gottes entspringen. Dieser ihm offenbar besonders wichtig erscheinenden, sein gesamtes moralphilosophisches und literarisches Werk durchziehenden Verurteilung des Stolzes widmet er eigens eine abschließende „Anmerkung" (ebd.: 33). Anzustreben sei nicht die, wie er sagt, „lohnsüchtige Tugend", sondern allein die wahre, „uneigennüzige, unehrgeizige, *verborgene* Tugend" (ebd.: 34; Hervorh. im Orig.).

Anhang. Einige Zweifel über die Erbsünde
In diesem Anhang setzt sich Lenz grundsätzlich mit dem (möglicherweise aus seinem Zuhörerkreis tatsächlich vorgebrachten) Einwurf seitens der orthodoxen Theologie auseinander, dass seine im zweiten Supplement aus der Sündenfall-Geschichte entwickelte Überzeugung von der umfassenden Willens- und Handlungsfreiheit des Menschen dem Dogma der Erbsünde widerspreche. Lenz leugnet diesen Widerspruch nicht, aber er löst ihn, indem er seinerseits das Dogma der Erbsünde bezweifelt, womit er sich durchaus auf die einschlägige neologische Diskussion seit den 1740er Jahren beziehen kann (vgl. Sauder 1994: 18–21). Lenz aber beruft sich ausdrücklich weder auf diese Autoritäten noch auf den Kirchenvater Augustinus, der dieses Dogma zuerst formuliert hat (vgl. *Augustinus 1991), sondern auf vier in diesem Zusammenhang immer wieder angeführte Bibelstellen, die er durchaus im Stile einer professionellen Exegese auf ihren jeweiligen Schriftsinn befragt, um zu zeigen, dass sie den Gedanken der Erbsünde nicht hergeben. Erstens finde sich in der Erzählung von der Vertreibung aus dem Paradies in Genesis 3,23 ff. „kein Wort noch von Adams Nachkommen" und „keine Spur von Erbsünde" (Weiß XII: 38). Zweitens gehe auch aus dem (von Augustinus herangezogenen und in der Tat noch in der modernen theologischen Forschung umstrittenen) Wortlaut in Römerbrief 5,12–21 nicht eindeutig hervor, ob Adams Nachkommen aufgrund ihrer Teilhabe an seiner Sünde oder aufgrund ihrer persönlichen Verfehlungen in den Stand der Sünde geraten (ebd.: 39). Drittens sei auch aus Gottes Bemerkung anlässlich der Gnadenverheißung Noahs in Genesis 8,21, dass das „Tichten und Trachten des Menschen [...] böse von Jugend auf" sei, nicht eindeutig zu entscheiden, ob hier von einer Erbsünde oder einer je individuellen Sünde die Rede sei (ebd.: 41). Viertens schließlich geht Lenz auf den 51. Psalm, einen Bußpsalm Davids ein, in dem dieser seinen Ehebruch mit Bathseba als Schuld einräumt und beteuert, er sei „aus sündlichem Saamen gezeugt" (ebd.: 44). Lenz liest diese Worte jedoch nicht als „Entschuldigung oder Apologie für sein Verbrechen" (ebd.), sondern in einer textlogisch bemerkenswerten „aktualisierten Zeitfügung" (Krauß 2011a: 447) als bußfertige Bitte an Gott, er möge dieses sein Geschlecht aus der Schuld befreien, weil aus ihm dereinst auch Christus hervorgehen werde (Weiß XII: 44). So sieht Lenz sich in seiner Überzeugung bestätigt, dass sein Bild vom Menschen als gottgleich frei handelndes Wesen auch theologisch unangreifbar ist. In den *Meinungen eines Laien* kommt er darauf noch einmal zurück (vgl. Damm II: 524).

Meine wahre Psychologie

Q und ED: Blei IV: 29–31. – H: SBB-PK Berlin, Nachlass J. M. R. Lenz, Nr. 223.

Mit diesem kurzen, bisher nur bei Blei nach der Handschrift gedruckten Text versucht Lenz seine Konkupiszenz-Thesen aus den *Philosophischen Vorlesungen*, auf die er zweimal verweist, in das System der zeitgenössischen, von Leibniz und Christian Wolff ausgehenden rationalistischen Vermögenspsychologie einzugliedern, die seit der Jahrhundertmitte vielfältig ausdifferenziert, aber auch popularisiert wurde zur Grundannahme der drei selbständigen Seelenkräfte des Denkens, Wollens und Fühlens (vgl. die Grundlegung in Leibniz' *Meditationes de cognitione, veritate et ideis*, 1978, sowie die knappe Skizze der weiteren Ausdifferenzierung bis in die Lessing-Zeit in *Schulte-Sasse 1972: 168–179). Lenz variiert und ergänzt dieses Modell mit dem Hinweis auf die durchaus subjektive „Beobachtung" seiner selbst (Blei IV: 29). Zunächst unterscheidet er in aufsteigender Hierarchie erstens das moralisch und ästhetisch urteilende „Empfindungsvermögen", zweitens das sich in „Verstand", „Gedächtnis" und „Einbildungskraft" gliedernde „Vorstellungsvermögen" und drittens die dem Menschen nicht angeborene, sondern nur von ihm als „Hauch von Gott" zu erkennende „Vernunft", den „König unserer Seele" (ebd.: 29 f.). Von diesen drei Vermögen unterscheidet er dann viertens, auf seine Konkupiszenz-Thesen zurückkommend, „die begehrenden Kräfte zusammengenommen", die er als „Wille" bezeichnet und die, wenn sie sich „nach dem Ausspruch unserer Vernunft" richten, zugleich die „Quellen aller unserer Entschließungen und Handlungen" seien (ebd.: 30 f.). Man müsse also, so Lenz, die „Seelenlehre" der gängigen Vermögenspsychologie um die „handelnden Kräfte" ergänzen, denn nur durch sie könnten wir „edler" werden, ja sogar „Helden, Halbgötter, Herkulesse, der Gottheit näher und ihrer Gnade würdiger" (ebd.: 31).

Meinungen eines Laien den Geistlichen zugeeignet. Stimmen des Laien auf dem letzten theologischen Reichstage im Jahr 1773

Q: Damm II: 522–618. – H: nicht nachgewiesen. – ED: Meynungen eines Layen den Geistlichen zugeeignet. Stimmen des Layen auf dem letzten theologischen Reichstage im Jahr 1773. Leipzig: Weygand, 1775 (Faksimile: Weiß VI).

Die Abhandlung dürfte, wie aus einem Brief Lenzens an seinen Bruder hervorgeht, vor dem 7. November 1774 im Manuskript abgeschlossen worden sein (Damm III: 7. 11. 1774 an seinen Bruder Johann Christian) und könnte, wie der Rededuktus und der zeitlich vor der Druckveröffentlichung liegende Hinweis auf seine Auseinandersetzung mit dem Theologen Johann David Michaelis in seiner im Herbst 1774 entstandenen Erzählung *Das Tagebuch* nahelegt (vgl. Damm II: 323), durchaus auf Vorträge in der Société zurückgehen. Absicht und Methode der in zwei große Teile gegliederten Abhandlung, die Lenz als „Grundstein meiner ganzen Poesie, aller meiner Wahrheit, all meines Gefühls" (Blei IV: 283) bezeichnete, gehen schon aus ihrem eigenwilligen Doppeltitel hervor. Der theologisch versierte Verfasser Lenz schlüpft in die Rolle eines anonymen Laien, der (so der erste Titel) seine ausdrücklich nicht als Theorien, Lehren oder Überzeugungen bezeichneten „Meinungen" über zunächst nicht näher bestimmte Gegenstände einer ebenfalls anonymen Gesamtheit der „Geistlichen", also der professionell ausgebildeten Theologen, gewissermaßen zur

Prüfung unterbreitet. Im zweiten Teil nimmt er dann (so der zweite Titel), an einem fiktiven, offensichtlich an Klopstocks im Frühjahr 1774 erschienenen Entwurf einer *Gelehrtenrepublik* (vgl. *Klopstock 1975 [1774]) anknüpfenden „theologischen Reichstage" teil, auf dem er, anders als in den exklusiven Beratungs- und Beschlussgremien der Amtskirchen, wiederum als Laie seine „Stimme[ ]" erheben kann. Mit dieser Rollenfiktion schließt Lenz zugleich an die 1774 in Riga ebenfalls anonym erschienenen ersten drei Teile von Herders Schrift *Älteste Urkunde des Menschengeschlechts* an, in der sich der approbierte Theologe Herder in einer kulturhistorisch nachfühlenden Deutung der ersten Bücher Mose programmatisch gegen die rationalistische Bibelauslegung der Zunft wendet. Lenz legt diesen Bezug offen in einem vorangestellten „Brief eines Geistlichen", der das Manuskript der Abhandlung gelesen hat, es ausdrücklich billigt und dem Herausgeber/Verleger als Gegengabe für die ihm überreichte *Älteste Urkunde* Herders zur Drucklegung empfiehlt. Gleichwohl sieht sich der „Laie" (im Folgenden identifiziert mit Lenz) zu Beginn des ersten Teils der Abhandlung genötigt, eine Erläuterung seiner „individuellen Aussichten in unsre Religion [...] voraus zu schicken" (Damm II: 528); statt „historische Beweise *a posteriori* oder philosophische Beweise *a priori* von der Authentizität oder Autorität der biblischen Bücher vorzukramen" (ebd.: 526; Hervorh. im Orig.), gehe er von der Überzeugung aus, dass die „Wahrheit" in Religionsdingen durch „Empfindungen" erhellt werden könne, die er als ein durch das Denken „geordnetes in Verhältnis gebrachtes Gefühl" bestimmt (ebd.: 527; vgl. dazu Hayer 1995: 162–181). Ausgangspunkt der gesamten Abhandlung ist die (an Herders geschichtlichem Denken orientierte) Klarstellung, dass die Bibel nicht als Offenbarung Gottes selbst, sondern als Geschichte seiner Offenbarung, gewissermaßen als „Bericht von einem pädagogischen Langzeitprojekt Gottes" (Hempel 2003a: 73) verstanden und gedeutet werden müsse (vgl. Damm II: 539). In diesem Sinne unterzieht Lenz im ersten Teil, den *Meinungen*, ausgewählte Texte des Alten Testaments, vor allem die ersten beiden Bücher Mose, und im zweiten Teil, den *Stimmen*, das Neue Testament, vor allem die Evangelien und die Paulusbriefe, einer oft durchaus eigenwilligen, teils den Wortbedeutungen der Schlüsselbegriffe folgenden, teils historisch und anthropologisch einfühlenden, teils nacherzählenden Exegese.

Die *Meinungen* beginnen mit einer Lesart der Schöpfungsgeschichte und des Sündenfalls (Gen 1–3). Hier geht es Lenz wie in dem entsprechenden *Anhang* in den *Philosophischen Vorlesungen* um eine Widerlegung des Dogmas von der Erbsünde. Der Mensch sei ursprünglich nur eine „aus irdischen Teilen so künstlich zusammengesetzte Maschine", also wie die Tiere reine Natur gewesen; erst als Gott ihm seinen „Odem" eingeblasen habe, sei ihm die Möglichkeit gegeben worden, seine rohe, nur auf Genuss, Selbsterhaltung, Mord, Ehebruch etc. gerichteten Triebe zu beherrschen und „nach höhern Zwecken wirkend und frei" (Damm II: 531) zu sein; in dieser seiner Doppelnatur, genauer: in dem beständigen Widerstreit seiner Triebnatur gegen Gottes Odem, liege das „Principium" dessen, was fälschlicherweise „Erbsünde" genannt werde; sie sei also eine in der Gattung zugleich angelegte und vermeidbare, deshalb jeweils dem Individuum anzulastende schuldhafte Verfehlung (ebd.: 532). Anschließend gibt Lenz knappe exegetische Kommentare zu Genesis 4, 26; 6, 13–22; 9, 18–25 und 14, 18–20, in denen er sich bemüht, die einem „empfindsamen Gottesbegriff und einem optimistischen Menschenbild" (Hempel 2003a: 80) vermeintlich widersprechenden Passagen umzudeuten. Den Abschluss der *Meinungen* bildet dann eine längere diskursive Kommentierung der Mosaischen Gesetzgebung in Exodus 19–20, die Lenz als das „Allerheiligste[ ]" (Damm II: 549) der christlichen Religion bezeichnet. Zunächst rechtfertigt er, ähnlich wie im *Catechismus*, den überwiegend negativen, also als Verbot formulierten Charakter dieser Zehn Gebote, weil sie im Unterschied etwa zu den antiken Gesetzgebungen eines Lykurg oder Solon nicht politische, sondern „moralische" Gesetze seien, die nicht gehorsame Untertanen, sondern „freihandelnde selbstständige Wesen bilden" sollen (ebd.: 550). Im Übrigen zeige ein Blick auf die mündlich überlieferte Vorgeschichte, dass sich die Menschen schon früh „ihre Ideen vom Recht und Unrecht" (ebd.: 553) gemacht hätten, an die Moses anknüpfen konnte, und zwar gerade auch in Fragen der Ehe, des Ehebruchs und der sogenannten Leviratsehe, also der Heirat eines Mannes mit der Frau seines verstorbenen Bruders (ebd.: 552–557). In diesem Sinne müssten auch die Mosaischen Gesetze, denen er sich nach einer erzählerischen Paraphrase der Lebensgeschichte Moses' bis zu der Erscheinung Gottes am Sinai weniger in ihren Einzelbestimmungen als in ihrer Gesamtheit zuwendet, nicht als ein fremdbestimmtes Diktat, sondern als Kodifizierung der naturwüchsig entstandenen und geschichtlich überlieferten Verhaltensregeln der Menschen verstanden werden; sie seien „nichts weiter als eine Erklärung und Anwendung dieser allgemeinen Naturgesetze auf den gegenwärtigen Zustand des Volks" (vgl. ebd.: 557–563, Zitat: 560). Gleichwohl sei die mosaische Gesetzgebung, so betont Lenz am Ende der *Meinungen* und leitet damit zu den *Stimmen* über, „nicht die Gesetzgebung eines *Menschen*, sondern die Gesetzgebung *Gottes* selber" (ebd.: 563; Hervorh. im Orig.), wie sich an ihrer Erneuerung und Bekräftigung im Neuen Testament durch die „Lehre vom Verdienst Christi" (ebd.: 564) erweise.

Dieser zweite Teil der Abhandlung unterscheidet sich vom ersten auch in der sprachlichen und kompositorischen Form. Er gliedert sich in drei Abschnitte, die jeweils als eine „Stimme" bezeichnet werden und, eingeleitet mit der Anrede „Meine Herren!" in der Tat als Wortmeldungen und Debattenbeiträge in dem „Reichstag" einer „geistlichen Republik" (ebd.: 584) fingiert sind. In der „Ersten Stimme" (ebd.: 565–582) entwickelt Lenz seine Auffassung von der göttlichen Offenbarung. Sie geht davon aus, dass dem Menschen, der zunächst nur „Körper" und Materie" sei, erst durch den „Götterhauch[ ]" oder den „prometheische[n] Funken" jene „lebendige Seele" geschenkt werde, die ihn als „belebende Kraft" zu einem jedenfalls potentiell freien und der Offenbarung zugänglichen Wesen mache (ebd.: 565). Diese Offenbarung vollziehe sich zunächst durch die Mittlerfiguren der Patriarchen und Propheten, dann durch Christus, in dessen Gestalt „Gott endlich selber" den Menschen als lebendiges Beispiel erschienen sei. In diesem Zusammenhang wendet sich Lenz scharf gegen die aufklärerisch-rationalistische Kritik an der Offenbarungsreligion und fügt daran mit der Bemerkung „Nun noch ein Wort für die galante Welt" (ebd.: 579) eine Polemik gegen gewisse Tendenzen in der zeitgenössischen Theorie an, die das künstlerisch-schöpferische Vermögen allein auf die *„sensibilité"* (ebd.; Hervorh. im Orig.) zurückführen. Diese sei jedoch, so Lenz, letztlich nur ein körperlich-sinnliches Vermögen; die entscheidende menschliche „Kraft" auch *in aestheticis* sei dagegen der eingangs apostrophierte, mit dem „Götterhauch" verliehene „Geist" (ebd.: 580). Damit rückt Lenz, wenn auch eher assoziativ und unausgesprochen, das künstlerische Genie in die Nähe eines geoffenbarten Vermögens – in deutlicher Opposition zu den Philosophen des französischen Sensualismus, die, wie vor allem Helvétius, eine „sensibilité physique" als Quelle aller Erkenntnis und auch der Moral annahmen (vgl. *Helvétius 1773, dt. Übers. 1972; vgl. dazu *Baasner 1988).

In der „Zweiten Stimme" (Damm II: 582–598) wirft Lenz die Frage auf, ob und inwiefern Christus als Verkörperung der Offenbarung auf die Welt gekommen sei, um „uns ein moralisch System zu lehren." (ebd.: 584) Er verneint diese Frage mit der grundsätzlichen Entgegnung, dass Christus nicht ein abstraktes Theoriegebäude der Moral verkündet habe, sondern durch sein praktisches Wirken zum moralischen Handeln der Menschen aufgefordert habe, und bezieht sich dabei vor allem auf die Bergpredigt (Mt 5–7). Schon in der Ankündigung Christi, er sei gekommen, das Gesetz zu „erfüllen", interpretiert Lenz den Wortsinn von „erfüllen" als „zu tun", also handelnd vorzuführen (Damm II: 586–589). Unter diesem handlungsbezogenen Gesichtspunkt untersucht er dann in einem längeren Exkurs über die „Lehre von den moralischen Idealen" (ebd.: 589) die prinzipielle Möglichkeit und Nützlichkeit solcher moralphilosophischer Systeme und kommt zu dem Ergebnis, dass sie „nicht allein nicht heilsam, sondern auch schädlich seien" (Damm liest hier irrtümlich „sein"; ebd.: 592), weil sie, seiner anthropologischen Grundannahme folgend, den Menschen eher in einen Zustand der „Ruhe" versetzen, der bis zu „Selbstgefälligkeit", „Eigenliebe" und „Hochmut" ausarten könne, statt ihn zu aktivieren und sein „Streben" anzustacheln (ebd.: 594 f.). Gleichwohl beantwortet er die Frage, ob Christus „uns ein solches Ideal in seiner Lehre habe aufstellen wollen", zunächst nur indirekt mit dem Hinweis, die „Hauptabsicht der Lehre Christi" sei sein Aufruf „μετανοεῖτε" (ebd.: 596). Dabei pointiert er, wie schon im *Zweiten Supplement* seiner *Philosophischen Vorlesungen* den griechischen Ausdruck nicht im Sinne einer Umkehr oder Verneinung, sondern im Sinne eines sich über das bisherige, nämlich vernunftgesteuerte Denken gleichsam erhebenden, dieses jedoch nicht negierenden, sondern vollendenden Glaubens.

In der „Dritten Stimme" (Damm II: 598–618) kommt Lenz dann noch einmal zurück auf die, wie er nun sagt, „paradoxe" Frage, ob „ein *allgemeines Moralsystem möglich*" sei, um darauf mit der „ebenso paradox scheinenden Antwort" zu replizieren: „Es ist nicht allein möglich, sondern es ist auch da." (ebd.: 598; Hervorh. im Orig.) Er begründet das in doppelter Weise. Zunächst, wie er sagt, „als Philosoph" (ebd.: 600), nämlich mit der auffällig positiven anthropologischen Grundannahme, dass alle „stummberedten Lehren des Natur- und Völkerrechts" als „Keim" schon „in der menschlichen Natur" angelegt seien (ebd.: 598 f.): „Wir werden alle gut geboren, und das Bessere und Schlimmere unserer Handlungen und unseres Zustandes hängt lediglich von uns selber ab." (ebd.: 600) Statt den künstlichen, abstrakttheoretischen „Erweiterungen" dieses angeborenen moralischen Gefühls zu folgen, die die modernen Philosophen predigten und die nur „Ausartungen" seien, komme es darauf an, „Herzhaftigkeit und Einfalt genug" zu beweisen, um „einer höhern Offenbarung Gehör zu geben" – weshalb auch alle wahren Philosophen, wie gerade Rousseau, nicht irgendeine elaborierte Doktrin, sondern die „Einfalt" gepredigt hätten (ebd.: 601).

Damit leitet Lenz schon zu seiner zweiten, ausführlicheren Begründung „als Theologe" über (ebd.: 602–611). In einer erneuten Auslegung der Bergpredigt versucht er zu zeigen, dass auch die göttliche Offenbarung in keiner Weise „unsern Naturgesetzen" und unsern „Grundtrieben" widerspreche, sondern sie aufnehme, bestätige und ausdifferenziere: „Die Offenbarung konnte nichts weiter tun, als das in uns liegende

Naturgesetz näher bestimmen, die Linien höher ausziehen zu dem Hauptzwecke der in uns gelegten Wünsche und Verlangen nach größerem Umfange von Glückseligkeit." (ebd.: 602 f.) Christus habe also mitnichten ein „neues allgemeines Moralsystem" verkündet, sondern er habe im Gegenteil – und dies sei der tiefere Sinn des μετανοεῖτε, das „zierlich und künstlich herausgedrehte neue Moralsystem der Pharisäer und Schriftausleger [...] zu schänden und zu nichts machen und auf das uralte System der Natur reduzieren wollen" (ebd.: 606).

Diese „Dritte Stimme" und damit die Abhandlung insgesamt beschließt Lenz mit einem doppelten Schlusswort. Erstens mahnt er noch einmal die Notwendigkeit des Glaubens an (ebd.: 611–616), der unterschieden werden müsse von der Phantasie und der Hoffnung und von dem, was die „Seher, Philosophen, Theologen, Weise, Heiligen", die „Theoristen", „Spekulisten" und „Phantasten" dafür hielten: Der wahre, recht verstandene Glaube, sei immer ein „tätiger Glaube" (ebd.: 613). Zweitens relativiert er die theologische Gültigkeit seiner Abhandlungen (ebd.: 616–618). Die „eigentliche Theologie" gehe auf Leben nach dem Tode; die „weltliche Theologie oder der Naturalismus, den ich Ihnen predige, beschäftigt sich mit unserer Bestimmung in dieser Zeitlichkeit" (ebd.: 617).

Über die Natur unsers Geistes. Eine Predigt über den Prophetenausspruch: Ich will meinen Geist ausgießen über alles Fleisch. Vom Laien

Q: Damm II: 619–624. – H: SBB-PK Berlin, Nachlass J. M. R. Lenz, Nr. 229. – ED: M. N. Rosanow: Jakob M. R. Lenz, der Dichter der Sturm- und Drangperiode. Leipzig 1909: 554–556 (unvollständig); Titel/Haug I: 572–578.

Die im Untertitel verwendete Bezeichnung „Predigt" legt die Vermutung nahe, dass es sich bei dem Text, auch wenn in ihm die für Lenz typischen Anredefloskeln an die Zuhörer (noch) fehlen, um den Entwurf eines Vortrags für die Société handelt; dazu würde die Selbst-Apostrophierung des Verfassers als „Laien" passen, die bei den Zuhörern offensichtlich die Kenntnis seiner *Meinungen eines Laien* voraussetzt, an die der Text mit seiner Hinführung auf das Leben Christi auch inhaltlich anschließt. Im Übrigen nimmt der Untertitel das alttestamentarische Zitat aus Joel 3,1 auf, in dem Gott seinem Volk nach der Befreiung von einer Heuschreckenplage mit den Worten „Danach aber wird es geschehen, dass ich meinen Geist ausgieße über alles Fleisch" den Beginn eines neuen, unmittelbaren Gottesverhältnisses verheißt – eine Verheißung, deren Wortlaut dann im Neuen Testament anlässlich ihrer Erfüllung im Pfingstwunder wieder aufgegriffen wird (Apg 2,17). Auf diesen Kontext des Prophetenausspruchs geht Lenz jedoch nur sehr vermittelt ein. Er greift zwar den Zentralbegriff des „Geistes" auf, bezieht ihn jedoch, wie der Obertitel ankündigt, auf den (freilich von Gott auf ihn ausgegossenen) Geist des Menschen. Mit diesem seinem „Geist" nämlich (den Lenz hier auch als „Seele" bezeichnet) sei dem Menschen die entscheidende Kraft verliehen worden, sich gegen das deprimierende und vernichtende Gefühl zu wehren, stets nur „ein Ball der Umstände" (Damm II: 619) zu sein, also sich gegen die umfassende Dependenzerfahrung zu behaupten, die ein zentrales Problemfeld in Lenzens gesamtem Denken und Schreiben ist und die er hier, vergleichbar nur mit der *Götz*-Rezension, am eindrucksvollsten artikuliert. Das erste Symptom dieses Widerstehens sei ein (hier ausnahmsweise positiv bewerteter) „Stolz". Dieser aber wurzele letztlich im „Denken", das „die allerunabhängigste

Handlung unsrer Seele" sei (ebd.: 620). Gefordert sei jedoch nicht jene denkerische Unterdrückung und Verleugnung der Leidensempfindung, die die Stoiker propagierten und die letztlich auf einen „Selbstbetrug" hinauslaufe, sondern im Gegenteil ein Denken, welches das Leiden bewusst in sich aufnehme: „Denken heißt nicht vertauben – es heißt, seine unangenehmen Empfindungen mit aller ihrer Gewalt wüten lassen und Stärke genug in sich fühlen, die Natur dieser Empfindungen zu untersuchen und *sich so* über sie hinauszusetzen." (ebd.: 621; Hervorh. im Orig.) Ihre höchste Stufe erreiche diese Unabhängigkeit jedoch erst im Handeln, weil sie darüber hinaus zur Veränderung dränge: „[B]eim Denken nehm ich meine Lage mein Verhältnis und Gefühle wie *sie sind*, beim Handeln aber verändere ich sie *wie es mir gefällt*." (ebd.: 622; Hervorh. im Orig.) Erst an diesem Punkt seiner Argumentation, im letzten Drittel des Textes, kommt Lenz auf Christus zu sprechen, dessen „Leidensgeschichte" und Erniedrigung als „verachtete, zertretene Knechtsgestalt" er nun als die äußerste Steigerung eben jener menschlichen Dependenzerfahrung und Demütigung beschwört (ebd.: 623). Christus habe uns mit seiner Kraft, noch in diesem größten Leiden „seine Selbständigkeit zu behalten", zugleich „ein Symbol geben wollen, was den vollkommenen Menschen mache" (ebd.: 624) – und uns insofern darüber belehrt, dass die „Natur unseres Geistes" in einer „empfindsamen Ethik des Mitempfindens und Leidens" bestehe (Hempel 2003a: 71).

3. Schriften zum Theater und zur Literatur

Anmerkungen übers Theater

> Q: Damm II: 641–671. – H: nicht nachgewiesen. – ED: Anmerkungen übers Theater nebst angehängten übersetzten Stück Shakespears. Leipzig: Weygand, 1774: 1–56 (Faksimile: Weiß V).

Lenzens bedeutendste literaturtheoretische Schrift, zugleich der wichtigste dramentheoretische Entwurf des Sturm und Drang, erschien zwar erst 1774, doch wies Lenz, um ihre gedankliche Originalität hervorzuheben, in einer Vorbemerkung eigens darauf hin, dass sie bereits zwei Jahre vor der 1773 anonym erschienenen Programmschrift *Von deutscher Art und Kunst*, die auch Herders Shakespeare-Aufsatz enthielt, und vor Goethes im selben Jahr ebenfalls anonym erschienenem *Götz von Berlichingen* „in einer Gesellschaft guter Freunde vorgelesen" (Damm II: 641) worden sei. In der Tat geht die Schrift, deren Entstehungsgeschichte Friedrich akribisch zu rekonstruieren versucht hat (T. Friedrich 1908), offenbar auf mehrere Vorträge in der Straßburger Société zurück, die sich nicht mehr genau datieren lassen; begonnen hat sie Lenz vermutlich schon im Winter 1771/1772 – ob ebenfalls vor Goethes Frankfurter Rede *Zum Schäkespears Tag* am 14. Oktober 1771, ist unsicher. Der mit „Noch ein paar Worte übern Aristoteles" beginnende, im Ton auffällig moderatere Schlussteil (Damm II: 666–671) könnte nach einigem zeitlichen Abstand angefügt worden sein, möglicherweise im Hinblick auf die Publikation. Diese erfolgte auf Vermittlung Goethes bei Weygand in Leipzig, und zwar, wie es im Titel heißt, „nebst angehängten übersetzten Stück Shakespears", nämlich Lenzens Übertragung der Komödie *Love's Labour's Lost* unter dem Titel *Amor vincit omnia* (Damm I: 607–666).

Dass die ursprünglich mündlich konzipierten *Anmerkungen* für den Druck nur flüchtig zu einem Ganzen kompiliert waren und alles andere als ein *more geometrico* durchstrukturiertes Traktat bildeten, verteidigte Lenz offensiv mit dem Hinweis, er wolle sich dem Leser „rhapsodienweis" (Damm II: 641) mitteilen. In der Tat war schon diese sprachliche Darbietung mit ihrer durchgängigen Adressatenzuwendung und ihrer Rhetorik der Selbstunterbrechungen und Digressionen erklärtermaßen Programm: Sie wandte sich schon in der Form provokativ gegen den Gestus der traditionellen Poetiken von Aristoteles bis Lessing, die der Verfasser vor allem inhaltlich radikal in Frage stellte und nicht selten ironisch parodierte (vgl. Sauder 1997: 52–54). Die zentralen Thesen und die zahlreichen Zitate und Anspielungen der Schrift sind in der Forschung und in den Stellenkommentaren der Ausgaben von Titel/Haug (1966–1967), Schwarz (1976), Damm (1987), Voit (1992) und Lauer (1992) in ihren Grundzügen unstrittig herausgearbeitet und bewertet worden. Ähnliches gilt für die Versuche, den gedanklichen Aufbau des Textes genauer nachzuzeichnen und begrifflich zu fixieren. Auf der Grundlage der zuerst von T. Friedrich (1908) vorgelegten, von Sauder (1997: 51) und Schulz (2001a: 258–267) mit gewissen Abweichungen übernommenen Gliederung wird hier eine abermals leicht differenzierte Lesart vorgeschlagen. Nach der oben erwähnten kurzen Vorbemerkung zur Entstehungsgeschichte und zur Darbietungsform (Damm II: 641) gliedert sich der Text in ein kurzes einleitendes Kapitel mit einem Abriss der Geschichte des Theaters von der Antike bis zur (deutschen) Gegenwart (Kap. 1; ebd.: 644). Es folgen zwei ungleich umfangreiche theoretische, sich vor allem auf die *Poetik* des Aristoteles beziehende Kapitel. Während sich das erste der Theorie der Dichtkunst im Allgemeinen widmet (Kap. 2; ebd.: 644–649), behandelt das zweite, das Hauptstück des Textes, speziell die Theorie des Dramas (Kap. 3; ebd.: 649–670). Dieses ist seinerseits in vier Abschnitte untergliedert, betreffend das Verhältnis von Charakter und Handlung (Kap. 3a; ebd.: 649–654), die Regel der drei Einheiten (Kap. 3b; ebd.: 654–658), die Kritik am Theater des französischen Klassizismus (Kap. 3c; ebd.: 658–666) sowie Nachträge zur Bestimmung des Verhältnisses von Handlung und Charakter und zur Abgrenzung von Tragödie und Komödie (Kap. 3d; ebd.: 666–670). Den Abschluss des Textes bildet der Hinweis auf die in der Buchfassung angehängte Shakespeare-Übersetzung (Kap. 4; ebd.: 670–671).

Der einleitende Abriss über die geschichtliche Entwicklung des Theaterwesens von den Griechen und Römern über die italienische Oper, den französischen Klassizismus sowie das gegenläufige elisabethanische England bis zu den deutschen Verhältnissen zielt auf die doppelte Pointe, dass das Theater generell Ausdruck der kulturellen Identität einer Nation sei und dass es speziell in Deutschland eben diese Identität noch nicht gefunden habe, sondern sich als ein „wunderbares Gemenge" all dieser Traditionen darstelle, mit der Folge, dass das „Volk verflucht", also aus dem Theater verbannt sei (ebd.: 644). In diesem Sinne inszeniert Lenz seine *Anmerkungen* als seinen persönlichen Beitrag zur theoretischen Grundlegung eines authentischen, zeitgenössischen und publikumsgerechten Theaters. Nicht zuletzt um sich strategisch abzusichern, beruft er sich dabei auf die kanonische Autorität der europäischen Dramentheorie, die *Poetik* des Aristoteles, von der er sich gleichwohl teils durch eigenwillige Umdeutungen des Wortlauts, teils im offenen Widerspruch abgrenzt. Dabei ist zu beachten, dass Lenz offenbar nicht, wie lange in der Forschung angenommen, die auch von Lessing in der *Hamburgischen Dramaturgie* zitierte deutsche Übersetzung von Curtius (*Aristoteles 1973 [1753]) heranzog, sondern, wie Klaue überzeugend nachgewiesen hat, „eine von ihm selbst angefertigte Arbeitsübersetzung von

Antonio Riccobonis lateinischer Aristoteles-Übertragung" von 1587, die ihrerseits stark verkürzt war und notabene auch in der Kapiteleinteilung von den modernen Übertragungen, auch von der hier benützen zweisprachigen Ausgabe von Fuhrmann abweicht (Klaue 1998/1999: 99, *Riccoboni 1587, *Aristoteles 1982; vgl. auch *Aristoteles 2008). Lenzens eigenständiger Zugriff auf den Wortlaut zeigt sich sogleich im zweiten Kapitel bei seinen Überlegungen zur Bestimmung des Wesens der Dichtkunst, in denen er sich auf den Mimesisbegriff im vierten Kapitel der *Poetik* bezieht. Erstens verschiebt er die Frage nach dem Wesen der Dichtkunst auf die Frage, „was sie nun so reizend mache" (Damm II: 645), also nach dem Grund unseres Vergnügens an ihr. Und zweitens deutet er die Bestimmung des Aristoteles in einer Weise um, die der kanonischen Lesart tendenziell widerspricht. Aristoteles hatte die Poesie auf „zwei Ursachen" zurückgeführt, nämlich erstens auf die dem Menschen angeborene Lust des Produzenten, die ihn umgebende Welt durch Nachahmung darzustellen, und zweitens auf die Freude des Rezipienten an dem Nachgeahmten selbst, also dem Kunstwerk (*Aristoteles 1982: Kap. 4, 11). Lenz rezipiert nur die erste Bedeutung, die er zusätzlich ins Transzendente überhöht: Für ihn ist dieses Nachahmen „nicht Mechanik – nicht Echo" (Damm II: 648), sondern eine Nachschöpfung der göttlichen „Schöpfung ins Kleine" (ebd.: 645). Dabei nehme der Dichter einen ganz besonderen, offenbar im Sinne der Leibnizschen Metaphysik gedachten „Standpunkt" ein, der dem des Weltenschöpfers entspreche und ihm „Blick der Gottheit in die Welt" ermögliche (ebd.: 648 bzw. 654; vgl. dazu Blunden 1978, Leidner 1986, Rector 1989). Mit dieser Umdeutung hängt zusammen, dass Lenz unterstellt, Aristoteles sei die Bestimmung der zweiten Ursache, der Freude am Nachgeahmten, schuldig geblieben. Lenz interessiert sich hier nicht für die Seite der Rezeption, sondern primär für den schaffenden Künstler. Deshalb substituiert er die vermeintlich von Aristoteles nicht erläuterte zweite „Quelle" der Poesie seinerseits durch eine Anleihe bei einer nicht theoretischen, sondern poetischen Autorität, nämlich dem englischen Schriftsteller Laurence Sterne. Dieser habe, so Lenz, in seinem Roman *The Life and Opinions of Tristram Shandy* (1760–1767) den Modus der spezifisch poetischen Welterfassung und Weltdarstellung von der verstandesmäßig-begrifflichen durch die Fähigkeit des Erkennens „durch Anschauen" (Damm II: 646) unterschieden. Lenz zitiert die zeitgenössische deutsche Übersetzung des Romans (*Sterne 1770: 327) und fasst Sternes Aperçu folgendermaßen zusammen: „[D]as immerwährende Bestreben, all unsere gesammelten Begriffe wieder auseinander zu wickeln und durchzuschauen, sie anschaulich und gegenwärtig zu machen, nehm ich als die zweite Quelle der Poesie an." (Damm II: 647) Lenz sieht also in seiner Auffassung des Nachahmens, wie schon Titel zu Recht bemerkt hat, „keinen Widerspruch zum schöpferischen Bilden" (Titel 1963: 24). Die Verbindung dieser beiden „Quellen", das Ineinsfallen von Schöpfungstrieb und spontaner Ganzerkenntnis durch Anschauen, ist für Lenz das spezifische Vermögen des *„poetischen* Genies" (ebd.: 648; Hervorh. im Orig.), das er ganz im Sinne des zeitgenössischen Geniebegriffs denkt und womit er sich zugleich als Anhänger des epochalen Paradigmenwechsels von der Nachahmungsästhetik zur Schöpfungsästhetik zu erkennen gibt.

Diese Prämissen bestimmen auch seine Ausführungen zum Drama (das heißt zunächst, Aristoteles weiter folgend: zur Tragödie) im dritten Kapitel. Aristoteles hatte die Tragödie definiert als μίμησις πράξεως, also als Nachahmung einer Handlung, und der Handlung bewusst den Primat vor den handelnden Figuren zuerkannt. Das hatte seinen Grund darin, dass Aristoteles die Tragödie ganz konsequent von ihrem intendierten Wirkungsziel her definierte. Nur eine bestimmte Handlungsführung könne die Leidenschaften φόβος (*phóbos*, dt. ‚Furcht' bzw. ‚Schauder') und ἔλεος (*éleos*, dt. ‚Mitleid' bzw. ‚Jammer') erregen und zur κάθαρσις (*kátharsis*, dt. ‚Reinigung') führen. Diese wirkungsästhetische Tragödienbestimmung, die jahrhundertelang bis hin zu Lessing die Rezeption der aristotelischen Poetik bestimmte (vgl. *Fuhrmann 1973: 1–94 u. 185–308, Luserke 1995a: 79–131), ignoriert Lenz jedoch vollständig. Darum verkennt er auch die Bedeutung der ihm nur blutleer erscheinenden Fabel-Konstruktion bei Aristoteles und setzt an ihre Stelle die Darstellung des lebendigen Menschen, den Primat des Charakters. Die Kategorie des Charakters indes verwendet Aristoteles nicht; für ihn setzt sich die dramatische Figur nur aus den beiden analytischen Wirkungskomponenten ἦθος (*ethos*, dt. ‚Sitten' bzw. ‚Charakter') und διάνοια (*diánoia*, dt. ‚Sitten' bzw. ‚Erkenntnisfähigkeit') zusammen. Lenz zieht sie seinerseits zu einem integralen „Charakter" (Damm II: 651) zusammen, dessen lebendige Darstellung er, damit den Gegensatz zu Aristoteles forcierend, als den schwierigsten, aber auch würdigsten, weil suggestivsten Gegenstand einer solchen alldurchschauenden Schöpfungsnachahmung betrachtet. Auch in der Darstellung des Charakters aber wendet er sich scharf gegen jede Idealisierung. Es geht ihm grundsätzlich nicht um die Nachahmung der „schönen Natur", wie er mit einem Seitenhieb auf Batteux' Abhandlung *Les Beaux-Arts réduits à un même principe* (1746) betont (ebd.: 648). Entsprechend lehnt er auch den idealisch überhöhten Charakter ab; vielmehr schätzt er „den charakteristischen, selbst den Karikaturmaler zehnmal höher als den idealischen" (ebd.: 653). Angesichts dieses Poesie- und Geniebegriffs ist es nur konsequent, dass er sich im nächsten Abschnitt (3b) auch gegen die „jämmerliche Bulle der drei Einheiten" (ebd.: 654) wendet, deren technizistisch gewendete Regelhaftigkeit ja tatsächlich erst durch die *doctrine classique* der Franzosen in den Wortlaut der *Poetik* hineininterpretiert worden ist (vgl. *Buck 1972). Bei Aristoteles ergaben sich diese ‚Regeln' zwanglos aus der Pragmatik der Aufführungsstätte, der Instanz des Chores und der schon erwähnten Wirkungsabsicht, die eine bestimmte Wahrnehmungsmöglichkeit des Publikums voraussetzte. Im Übrigen geht es Lenz nicht um die äußere Einsträngigkeit der dramatischen Handlung, sondern um ihre innere, dem gestalterischen Zugriff des Genies geschuldete Stimmigkeit. Für ihn ist nicht die zeitliche Ausdehnung das Differenzkriterium zwischen Drama und Epos, sondern das Mittel der Mimesis: während das Epos erzähle, stelle das Drama vor. Aristoteles hatte seine Poetik als *techne* konzipiert, als Kunstlehre für das Verfassen einer gelingenden Tragödie. Lenz denkt in den Kategorien der Schöpfungsästhetik und beschwört das Drama als Wurf des Genies.

Damit ist bereits das Urteil über das Theater des französischen Klassizismus gesprochen, dem sich Lenz im folgenden Abschnitt zuwendet (3c). Es verhalte sich zu Aristoteles wie die getreue, inspirationslose „Ausübung" (Damm II: 659) zu einer vorgegebenen Regel. Daher wirke die Fabel dieser Tragödien wie ein planvolles Konstrukt, aber nie als „Gemälde der Natur" (ebd.: 661), daher entbehrten ihre Helden jeder individuellen Psychologie und spiegelten, wenn überhaupt, nur diejenige ihrer Verfasser wider. In dieser polemischen Überspitzung, die den höfisch-zeremoniellen Rahmen und den spezifischen Kunstanspruch der Dramen eines Corneille und Racine ausblendet, bewegt sich Lenz durchaus innerhalb der gängigen nationalkulturellen Wertungsschemata des Sturm und Drang. Gleichwohl bemüht er sich um einen konkreten Beleg und vergleicht einigermaßen einlässlich Shakespeares *The Tragedy of Julius Caesar* und Voltaires *La mort de César*. Das Ergebnis nimmt er mit dem Bild „ein kleiner Vogel verbarg sich einst unter die Flügel eines Adlers" (ebd.: 663) bereits vorweg. Er sieht in Voltaire, wie schon Lessing in der *Hamburgischen Dramaturgie*, einen bedeutenden zeitgenössischen, dem Aristotelismus des 17. Jahrhunderts verpflichteten Dramatiker und spielt ihn – mit ähnlichen Argumenten wie schon Gerstenberg vor ihm und danach Herder und Goethe in ihren oben erwähnten Shakespeare-Aufsätzen – gegen Shakespeare als den neu zu entdeckenden, epochalen Antipoden des Aristoteles und Wegbereiter eines modernen Dramas aus (vgl. *Lessing 1990: bes. die Stücke 10, 15, 24, 36, 41, 44, 50, 70, 71; vgl. Gerstenberg in *Stellmacher 1976: 84–103; vgl. auch Inbar 1982: 36–39).

In einem abschließenden Nachtrag (Kap. 3d) differenziert Lenz seine Kritik an Aristoteles' Forderung nach einem Primat der Handlung vor dem Charakter in doppelter Weise. Zum einen erklärt er ihn gewissermaßen kulturhistorisch aus den „Religionsbegriffe[n]" (Damm II: 667) der Griechen, nämlich aus einem letztlich dem Götterwillen unterworfenen Menschenbild, das keinen Raum lasse für einen autonomen Charakter. Umgekehrt ergebe sich aus dem „Volksgeschmack der Vorzeit und unseres Vaterlandes", dass, wie bei Shakespeare, die „Hauptempfindung in der Tragödie" stets „die Person, der Schöpfer ihrer Begebenheiten" sei (ebd.: 668). In der Komödie jedoch – und damit kommt Lenz zu seiner zweiten Differenzierung – sei es umgekehrt: „Die Hauptempfindung in der Komödie ist immer die Begebenheit." (ebd.) Und wenig später heißt es: „Meiner Meinung nach wäre immer der Hauptgedanke einer Komödie *eine Sache*, einer Tragödie *eine Person*. (ebd.: 669; Hervorh. im Orig.) Mit dieser weitreichenden und erläuterungsbedürftigen Opposition von Tragödie und Komödie brechen die *Anmerkungen* ziemlich unvermittelt ab und leiten zu der angehängten Shakespeare-Übersetzung über. Der Klärungsbedarf aber ist Lenz durchaus bewusst. In seiner *Selbstrezension des Neuen Menoza* kommt er darauf zurück.

Rezension des Neuen Menoza, von dem Verfasser selbst aufgesetzt

Q: Damm II: 699–704. – H: nicht nachweisbar. – ED: Frankfurter Gelehrte Anzeigen, Nr. 55–56/1775 (11. 7. 1775): 459–466.

In dem schon von Blei als „Selbstrezension und Vertheidigung" bezeichneten Zeitschriftenartikel (Blei II: 481) nützt Lenz die im zeitgenössischen Literaturbetrieb durchaus übliche Textsorte der (allerdings in der Regel anonymen) Selbstanzeige einer Neuerscheinung zu einer umfassenden, über das im Titel erwähnte Stück hinausreichenden Rechtfertigung, die sich in vier Schritten vom aktuellen Anlass zu einer grundsätzlichen Erläuterung seiner schon in den *Anmerkungen übers Theater* angedeuteten Komödientheorie steigert. Einleitend begründet Lenz sein Vorgehen mit einer unverhohlenen Klage darüber, dass ihm keiner seiner Freunde den „nicht unverdienten Dienst" einer öffentlichen Verteidigung gegen die „Missbilligung" und den „Mißverstand" erwiesen habe, mit denen seine bisherigen Arbeiten aufgenommen worden seien; bei dieser Gelegenheit stellt er klar, dass nicht, wie allgemein angenommen, Goethe (den er nur seinen „Freund" nennt) der Verfasser seines ersten Stückes, also des *Hofmeister*, sei (Damm II: 699). Danach verteidigt er die in den überwiegend negativen Kritiken seines *Neuen Menoza* vor allem bekrittelte Figurenzeichnung der

2.4 Theoretische Schriften

Hauptpersonen (vgl. *Der neue Menoza* [Hg. Unglaub 1987]: 124–156) mit dem ähnlich schon in den *Anmerkungen* formulierten Argument, er halte es für ein „Grundgesetz für theatralische Darstellung, zu dem Gewöhnlichen, ich möcht es die treffende Ähnlichkeit heißen, eine Verstärkung, eine Erhöhung hinzuzutun, die uns die Alltagscharaktere im gemeinen Leben auf dem Theater anzüglich interessant machen kann" (Damm II: 701). Dann geht Lenz speziell auf die scharfe Kritik Wielands ein, der bereits im Dezember 1774 am *Neuen Menoza* das „Romantische" getadelt hatte und das Stück „lieber *Mischspiel* als Komödie heißen" wollte (*Wieland 1774; auch in *Der neue Menoza* [Hg. Unglaub 1987]: 127f.; Hervorh. im Orig.) und der im Januar 1775 auch die *Anmerkungen übers Theater* wegen ihrer sprachlichen Darbietung als bewusst verrätselnde Genie-Attitüde und als „wunderbares Rotwelsch" verspottet und sie im Übrigen, ohne ihren Inhalt zu kommentieren, des Plagiats seines 1773 erschienenen Aufsatzes *Der Geist Shakespeares* verdächtigt hatte (*Wieland 1775 in Weiß V: 202*–207*; vgl. auch *Blinn 1982: 119–122). Lenz verwahrt sich gegen den Vorwurf, Wieland „ausgeschrieben" (Damm II: 702) zu haben, verteidigt das „Romantische" im *Neuen Menoza* als dem Stoff geschuldet und bekennt durchaus offensiv, dass er in der Handlungsführung „immer gern der geschwungenen Phantasei des Zuschauers auch was zu tun und zu vermuten übrig lassen, und ihm nicht alles erst vorkäuen" wolle (ebd.: 703). Schließlich nimmt Lenz Wielands Vorwurf des „Mischspiels" zum Anlass für eine knappe, gleichwohl dramentheoretisch bedeutsame und vieldiskutierte Skizze seiner Auffassung vom Wesen der Komödie. Damit knüpft er an die Schlussbemerkungen seiner *Anmerkungen übers Theater* an, in denen er, die Komödie gegen die Tragödie kontrastierend, die These vertreten hatte, die „Hauptempfindung" bzw. der „Hauptgedanke" der Komödie sei die „Begebenheit" bzw. „eine Sache", in der Tragödie dagegen die „Person". Und weiter: „Im Trauerspiele aber sind die Handlungen um der Person willen da [...]. In der Komödie aber gehe ich von den Handlungen aus, und lasse Personen Teil dran nehmen welche ich will." (Damm II: 670)

Diesen Thesen fügt er nun in seiner Selbstrezension folgende drei weitere Bestimmungen hinzu. Erstens, die Kontrastierung zur Tragödie fortsetzend: Die Komödie sei „nicht eine Vorstellung, die bloß Lachen erregt, sondern eine Vorstellung für jedermann", während die Tragödie „nur für den ernsthaftern Teil des Publikums" bestimmt sei, „der Helden der Vorzeit in ihrem Licht anzusehn und ihren Wert auszumessen im Stande ist" (ebd.: 703). Zweitens: „Komödie ist Gemälde der menschlichen Gesellschaft, und wenn die ernsthaft wird, kann das Gemälde nicht lachend werden." (ebd.) Drittens: „Daher müssen unsere deutschen Komödienschreiber komisch und tragisch zugleich schreiben, weil das Volk, für das sie schreiben, oder doch wenigstens schreiben sollten, ein solcher Mischmasch von Kultur und Rohigkeit, Sittigkeit und Wildheit ist. So erschafft der komische Dichter dem tragischen sein Publikum." (ebd.: 703 f.)

Ob und inwieweit sich diese Sätze zu einer kohärenten Komödientheorie Lenzens fügen lassen, ist in der Forschung ähnlich umstritten wie die Frage, ob seinen *Anmerkungen übers Theater* eine „Einheit der Konzeption" zugrunde liege (Martini 1970) oder ob man sie in ihrer „Widersprüchlichkeit" hinzunehmen habe (Pausch 1971). Grundsätzliche Einigkeit besteht in der Auffassung, dass sich Lenz von der traditionellen Charakter- oder Typenkomödie abwende und für eine „Begebenheits- oder Situationskomödie" plädiere (Hinck 1965b: 328; ähnlich Martini 1970: 178 und

Inbar 1982: 47). In gewisser Hinsicht folge er damit Saint-Évremonds Entgegensetzung der modernen gegen die antike Komödie (Zelle 1992: 146). Einschränkend ist jedoch darauf hingewiesen worden, dass Lenz in den *Anmerkungen* bewusst zwischen einer „Begebenheit" im Sinne der Fabel und einer „Sache" im Sinne eines Themas unterschieden habe und für Letztere als ein Beispiel neben „Mißheurat" und „Fündling" auch die „Grille eines seltsamen Kopfs" nenne (Damm II: 669); die „Sache" der Komödie könne also zwar niemals ein Charakter nach Art des Tragödienhelden sein, sehr wohl aber eine handelnde „Person" (Profitlich 1998: 416). Umstritten ist auch die Deutung von Lenz' weitreichendem Vorschlag, die Komödie nicht mehr, wie seit Aristoteles üblich, von der durch sie ausgelösten Wirkung des Lachens her zu definieren, sondern von dem in ihr dargestellten Gegenstand, nämlich der „menschlichen Gesellschaft". Das Problem spitzt sich zu auf die Frage, was genau gemeint ist, wenn Lenz betont, dieses „Gemälde der menschlichen Gesellschaft" (Damm II: 703) könne nicht lachend sein, wenn die Gesellschaft selbst „ernsthaft" werde. Versteht man das Prädikat „ernsthaft" im Sinne von moralisch problematisch oder gar politisch ungerecht, was ein Blick auf seine Stücke durchaus nahelegen könnte, wird man seine Komödientheorie als den Entwurf eines gegen die zeitgenössische Gesellschaft gerichteten sozialkritischen Dramas deuten (vgl. dazu Profitlich 1998: 429). Dem widerspricht jedoch, dass Lenz das Prädikat „ernsthaft" zuvor für jenen „ernsthaftern Teil des Publikums" verwendet hatte, der imstande sei, den „Wert" der Tragödienhelden „auszumessen" (Damm II: 703). In der Tat geht Lenz von einer „bildungssoziologischen Gliederung des Publikums" (Martini 1970: 177) aus und korreliert das sozial und kulturell niedere Publikum mit der eher burlesken oder possenhaften Komödie, das (nach seiner Auffassung in der gegenwärtigen Gesellschaft noch nicht zu sich selbst gekommene) moralisch und ästhetisch gehobene Publikum mit der Charaktertragödie. In diesem Sinne wäre mit der allmählich „ernsthaft" werdenden „menschlichen Gesellschaft" das sich gegenwärtig immerhin auf dem Wege einer kulturellen Niveauhebung befindliche Publikum gemeint, für das die niedere Komödie nicht mehr und die hohe Tragödie noch nicht angemessen sei. Einen solchen sich auf den Publikumswandel einstellenden Verfeinerungsprozess der Komödie habe es, so Lenz, in der Entwicklung der römischen Komödie von Plautus zu Terenz, in der französischen des 17. und 18. Jahrhunderts von Molière zu Destouches gegeben, und aus einem vergleichbaren Grunde müssten „unsere deutschen Komödienschreiber komisch und tragisch zugleich schreiben." (Damm II: 703) Zwar scheint es, als ließen sich diese Überlegungen Lenzens in die Formtradition der Tragikomödie von Shakespeare bis hin zu Dürrenmatt einreihen (so Guthke 1961a), doch verweist ihre spezifische Begründung auf eine gesonderte Intention. Nicht zu verwechseln ist Lenz' Konzeption auch mit jener Entwicklung der neuen mittleren Gattung, die über die *comédie larmoyante* bis zum Bürgerlichen Trauerspiel reicht und die sich vor allem dem kulturgeschichtlichen Hintergrund der Empfindsamkeit verdankt. Eher erinnern seine forciert karikierten Charaktere und sprunghaften Handlungsstrukturen an die Tradition der italienischen Komödie und der Commedia dell'Arte (Hinck 1965b).

Das Hochburger Schloß

Q: Damm II: 753–760 (nach ED). – *H*: nicht nachgewiesen. – *ED*: Der Teutsche Merkur, 1777, 2. St. (April 1777): 16–29.

Der Titel des Textes verweist auf die in der Nähe von Emmendingen gelegene Ruine des ehemaligen Stammsitzes der Markgrafen von Hochburg, die Lenz schon im Sommer 1775 anlässlich seines gemeinsamen Besuches mit Goethe bei dessen Schwester Cornelia Schlosser besichtigt hatte und wohin er im Januar/Februar 1777, nach seiner Ausweisung aus Weimar, erneut zurückkehrte. Bei diesem zweiten Aufenthalt ist der Text, Lenzens letzte Eloge auf Shakespeare, entstanden, wie aus der Bezugnahme auf Johann Joachim Eschenburgs Anfang 1777 im *Deutschen Museum* erschienene *Vertheidigung* Shakespeares gegen dessen „Schmähungen" durch Voltaire hervorgeht (*Eschenburg 1777). Eschenburg hatte sich auf einen Akademievortrag Voltaires vom 25. August 1776 bezogen (*Voltaire 2010: 23–53), den er selbst in deutscher Übersetzung seiner *Vertheidigung* anfügte. Lenz intoniert schon in der szenisch-erlebnishaften Eröffnung den emotionalen Gestus seines Textes: Die wildromantische Ruinenlandschaft des Schlosses ruft in ihm die Stimmung und den „Geist" (Damm II: 754) Shakespeares (zunächst des *King Lear* auf der Heide) wach, den er nun in einer dreifachen Frontstellung gegen einen falschen Verteidiger und zwei Kritiker verteidigt. Eschenburgs Verteidigung tut er als unangemessen ab, weil sie den Schmähungen Voltaires, die sich selbst richteten, zu viel der Ehre antue. Der Geist Shakespeares, der, so Lenz, nichts als ein „Schrei der Natur" sei, „braucht keiner Verteidigung, er läßt sich in allen Menschen hören" (Damm II: 755). Zur Verteidigung aufgerufen sieht sich Lenz vielmehr gegen die kritischen Vorbehalte, die Alexander Pope in der Einleitung seiner Auswahl-Ausgabe gegen einige Dramen Shakespeares geltend gemacht habe. Die entscheidende Passage Popes lautet im Wortlaut:

> If I may judge from all the distinguishing marks of his style, and his manner of thinking and writing, I make no doubt to declare that those wretched plays *Pericles, Locrine, Sir John Oldcastle, Yorkshire Tragedy, Lord Cromwell, The Puritan,* and *London Prodigal,* cannot be admitted as his. And I should conjecture of some others, (particularly *Love's Labour's Lost, The Winter's Tale,* and *Titus Andronicus*) that only some characters, single scenes, or perhaps a few particular passages, were of his hand. (*A. Pope 1747: Bd. I, XLIII; vgl. Wielands deutsche Übersetzung: *Wieland 1909 [1762]: 1–12)

Dieser Abqualifizierung namentlich der vier Dramen *Pericles, Prince of Tyre, The London Prodigal, The First Part of the True and Honorable History, of the Life of Sir John Oldcastle, the good Lord Cobham* und *The True Chronicle History of the whole life and death of Thomas Lord Cromwell* als, wie Lenz Pope übersetzt, „elende Stücke" getraue er sich, „öffentlich zu widersprechen" (Damm II: 756). Seine Rettung der Stücke fällt jedoch uneinheitlich und nicht uneingeschränkt aus. Am *Pericles*, dem er sich am ausführlichsten widmet, und am *Sir John Oldcastle*, den er auszugsweise übersetzt hat (Blei III: 449–453), referiert er den verwickelten „Gang des Stücks" der, „so wild er scheint, Shakespearisch" sei (Damm II: 756); vor allem aber die Wiedererkennungsszene zwischen Pericles und Marina könne „rührender" (ebd.: 758) nicht sein. Dann räumt er zwar ein, dass andere Szenen „mit zu weniger Delikatesse behandelt" seien, „als daß sie Shakespearn zugeschrieben werden könnten", entkräftet diesen Mangel jedoch mit dem Hinweis: „indessen ist auch hier nicht von der Ausführung, sondern von dem ersten Entwurf des Stücks die Rede" (ebd.). Auf diese Pointe kommt es ihm auch in den anderen drei, kürzeren Stückbeschreibungen an. Zusammenfassend konzediert er, dass diese Stücke „Shakespeares Ruhm" eher „verdunkeln würden, wenn man sie ihm ganz zuschreiben wollte." (ebd.: 760) Tatsächlich kommt es Lenz in seiner Verteidigung Shakespeares (wie in seiner emphatischen Begehung der Hochburger Schlossruine) nicht auf das vollendete Werk an, sondern auf den genialen Entwurf: „Der Geist des Künstlers wiegt mehr als das Werk seiner Kunst." (ebd.: 754) Lenz geht es nicht um den „äußerlichen", sondern um den „essentiellen" Shakespeare (Inbar 1982: 80). Deshalb „kränkt" es ihn, wenn sich seine Kritiker „an jeder Kleinigkeit stoßen" (Damm II: 760). Lenz urteilt hier, deutlicher als in den *Anmerkungen übers Theater*, nicht als Kunstrichter, sondern als Liebhaber.

Für Wagnern (Theorie der Dramata)

> Q: Damm II: 673. – H: SBB-PK Berlin, Nachlass J. M. R. Lenz, Nr. 219. – ED: Titel/Haug I: 466.

Die kurze Skizze ist, wie aus einer Notiz auf der Rückseite der Handschrift hervorgeht, im Herbst 1774 entstanden, und zwar offenbar im Austausch mit Heinrich Leopold Wagners Übersetzungsarbeit an Louis-Sébastien Merciers 1773 erschienener Abhandlung *Du théâtre ou nouvel essai sur l'art dramatique*. Lenz bezieht sich auf folgende Passage Merciers:

> Nos tragédies ressemblent assez à nos jardins; ils sont beaux, mais symmétriques, peu variés; magnifiquement tristes. Les Anglois vous dessinent un jardin où la maniere de la nature est plus imitée & où la promenade est plus touchante; on y retrouve tous ses caprices, ses sites, son désordre; on ne peut sortir de ces lieux. (*Mercier 1973: 97)

Lenz nimmt Merciers Analogie von französischer versus englischer Gartenkunst zu aristotelisch-regelmäßigem versus shakespearisierend-regelfreiem Drama auf, konzentriert sich dann aber ganz auf das Letztere und unterscheidet darin zwischen einem schlechten, das der Mühe des Zuschauens nicht lohnt (was er nicht näher erläutert), und einem „gut" gemachten, das die „Phantasei" des Zuschauers anregt und seiner „Seele" ein vorher nicht gekanntes „Wonnegefühl" bereitet (Damm II: 673). Dieses Qualitätskriterium der psychologischen Wirkung auf die Zuschauer hatte er in den *Anmerkungen übers Theater* noch nicht eingeführt.

Von Shakespeares Hamlet

> Q: Damm II: 737–744 (nach Blei). – H: möglicherweise BJ Kraków, Lenziana 2, II, Nr. 10: „Zu Hamlet, Empfindungen bei der Vorstellung des tugendhaften Verbrechers". – ED: Blei IV: 214–222, Anm. 394 „nach der Handschrift" u. d. T. „Etwas von Hamlet".

Über die Veränderung des Theaters im Shakespear

> Q: Damm II: 744–749. – H: möglicherweise BJ Kraków, Lenziana 2, II, Nr. 10: „Zu Hamlet, Empfindungen bei der Vorstellung des tugendhaften Verbrechers". – ED: Kayser (Hg.): Flüchtige Aufsäzze von Lenz. Zürich: Verlegts Joh. Caspar Füeßly, und in Commißion bey Heinrich Steiner und Comp. in Winterthur, 1776: 86–95 (Faksimile in Weiß X: 86–95).

Die beiden Texte repräsentieren zwei Bearbeitungsphasen derselben Abhandlung; der eher im mündlichen Vortragsduktus entworfene und mit einer plaudernd-anekdotischen Einleitung versehene Text *Von Shakespeares Hamlet* ist offenbar eine Vorstufe zu der am 25. Januar 1776 in der Deutschen Gesellschaft in Straßburg vorgetragenen (Froitzheim 1888a: 47), konzentrierteren und später in den *Flüchtigen Aufsäzzen* veröffentlichten (und dabei möglicherweise sprachlich überarbeiteten) Abhandlung *Über die Veränderung des Theaters im Shakespear*. In der inhaltlichen Aussage stimmen beide Fassungen überein. Lenz nimmt eine Aufführung des Stückes *L'honnête Criminel* (1767) von Charles-Georges Fenouillot de Falbaire de Quingey im Straßburger Französischen Theater zum Anlass, um seine schon in den *Anmerkungen übers Theater* formulierte Kritik an den aristotelischen Regeln der Einheit des Ortes und der Zeit ins Positive zu wenden und die Möglichkeiten und Notwendigkeiten des Ort und Zeit überspringenden Szenenwechsels zu demonstrieren. Dabei dient ihm Shakespeares *Hamlet* lediglich als positives Kontrastbeispiel für die Mängel des Stückes von Falbaire. Es fällt auf, dass Lenz die in den *Anmerkungen* begrifflich nur vage gefasste, innere Einheit des Dramas nunmehr mit dem von Mercier übernommenen Begriff der Einheit des „Interesses" füllt, die er als „Hauptzweck des Dichters, dem alle übrigen untergeordnet sein müssen", bezeichnet und wozu gerade auch die „Ausmalung gewisser Charaktere" gehöre (Damm II: 739 und 745; vgl. *Mercier/Wagner 1967: 195). Wenn diese es erforderten, aber auch nur dann, nicht zu irgendeinem Selbstzweck, seien derartige Szenenveränderungen notwendig. Das könne man aus Falbaires Stück lernen, der sie aus pedantischer Regelkonformität vermeide und sich deshalb genötigt sehe, zum Verständnis des Zuschauers langwierige „Erzählungen" einzuflechten, die dem Grundgesetz des Theaters als einer „Vorstellung" flagrant widersprächen (Damm II: 747).

Anmerkungen über die Rezension eines neu herausgekommenen französischen Trauerspiels

Q: Damm II: 625–632. – H: nicht nachgewiesen. – ED: M. N. Rosanow: Jakob M. R. Lenz, der Dichter der Sturm- und Drangperiode. Leipzig 1909: 544–548.

Der in der Handschrift auf den 2. Dezember 1772 datierte, offenbar zum Vortrag in der Straßburger Société nach seiner Rückkehr aus Landau konzipierte Text gehört, wenn auch nur in mehrfach vermittelter Weise, zu Lenzens intensiver Beschäftigung mit Shakespeare. Es handelt sich um einen kritischen Kommentar zu einer im selben Jahr ohne Verfasserangabe im *Journal Encyclopédique* erschienenen Rezension einer in Paris aufgeführten französischen Bearbeitung von Shakespeares *Romeo und Julia* durch den mit mehreren Shakespeare-Adaptionen populär gewordenen französischen Dramatiker Jean-François Ducis. Die Uraufführung durch die Comédiens françois ordinaires du Roi fand am 27. Juli 1772 statt (*[Anon.:] Rezension zu Ducis, 1772). Lenz räumt ein, dass er Ducis' Stück, welches das Original völlig verfälschte, weil es die Liebesgeschichte nahezu ausblendete und stattdessen den Kampf zweier verfeindeter Familien in den Mittelpunkt stellte, nicht selbst gelesen hat, sondern sich nur auf die Zusammenfassung des Rezensenten bezieht. Gleichwohl vermisst er in der dramatischen Form die Befolgung der Maxime, „große Zwecke durch die einfältigsten Mittel auszuführen" (Damm II: 626). Vor allem aber kritisiert er die aus den umfangreichen Zitaten der Rezension ersichtliche Figuren-Charakterisierung. Die beiden Protagonisten Montaigu und Capulet erinnern ihn eher an Dantes Darstellung der Rache Ruggieris an Ugolino im 33. Inferno-Gesang seiner *Divina Commedia* als an das Original. Insgesamt mangle es dem Verfasser an einem „fixierten Gesichtspunkt", weshalb seine Charaktere nur „outriert" und „schülerhaft" wirkten (Damm II: 627, 630, 631; vgl. auch die Rezension zum selben Stück im *Theater-Journal für Deutschland*: *[Anon.:] Französischer Hamlet, 1778: 14).

Verteidigung der Verteidigung des Übersetzers der Lustspiele

Q: Damm II: 691–698. – H: BJ Kraków, Lenziana 2, II, Nr. 9. – ED: Weinhold-DN: 14–21.

Der komplizierte Titel des Textes lässt sich auch aus der in ihm angedeuteten Vorgeschichte nur indirekt erklären. Lenz, der sich schon seit 1772 mit Plautus beschäftigte und erste Übersetzungen anfertigte (Weinhold-DN: 8–12), hat offenbar mindestens zweimal daraus in der Société vorgetragen. Schon nach einer früheren Lesung ist er deswegen von einer ungenannten Person angegriffen worden, auf die er mit einer „gründlichen Verteidigung" (Damm II: 692) repliziert hat. Ein zweites Mal ist Lenz dann, wie er sagt, „vor acht Tagen" erneut von demselben „Rezensenten" attackiert worden (ebd.: 691), und zwar speziell wegen seiner Bearbeitung von Plautus' Komödie *Asinaria* unter dem Titel *Das Väterchen*, die er zusammen mit vier weiteren Bearbeitungen 1774 anonym in der Sammlung *Lustspiele nach dem Plautus fürs deutsche Theater* veröffentlichte. Weder die beiden Kritiken noch Lenzens erste Replik konnten bisher identifiziert und ermittelt werden. In der hier in Rede stehenden Duplik rechtfertigt Lenz, obwohl er es „schon einmal getan" habe (ebd.: 692), seine Arbeit vor allem mit dem Hinweis, dass er nicht eine Übersetzung des Wortlauts habe vorlegen wollen (wie der offenbar rein philologisch monierende Rezensent unterstellt), sondern eine Adaption für das deutsche Theater und sein Publikum. Genauso habe es Plautus mit seinen „griechischen Nachbildungen" getan und genauso sei auch Lessing in dem „Schatz" seiner Übertragungen verfahren (ebd.: 694), von denen Lenz auch inspiriert sein dürfte (vgl. *Lessing 1989 [1750]).

Über Götz von Berlichingen

Q: Damm II: 637–641. – H: BJ Kraków, Lenziana II, Nr. 8. – ED: E. Schmidt: „Lenziana". In: Sitzungsberichte der Königlich Preußischen Akademie der Wissenschaften zu Berlin, Jg. 1901, 41. St.: 979–1017, hier: 994–996.

Der offenbar zum Vortrag in der Société bestimmte Text – einer der rhetorisch brillantesten und meistzitierten Lenzens – ist in jedem Fall nach dem Erscheinen von Goethes dramatischem Erstling *Götz von Berlichingen mit der eisernen Hand. Ein Schauspiel* im Juni 1773 und vermutlich noch vor der als „Vorübung" (Damm II: 640) geplanten szenischen Lesung in der Société entstanden, von deren Scheitern Lenz im Februar 1775 Goethe brieflich berichtet (ebd.). Es handelt sich nur vordergründig um eine emphatische Lobrede auf Goethes erstes Drama, die zudem ganz von dessen bahnbrechender dramatischer Form absieht und sich allein auf die Charakterisierung des Helden gründet. Auf diese Charakterdarstellung des Protagonisten nämlich kommt es Lenz an; sie dient ihm als lebendiger Beleg für die knappe, aber weitreichende Entfaltung seiner Auffassung von der idealen Wirkung von Literatur, in der seine literarästhetischen Überzeugungen mit seinen moralphilosophischen und anthropologischen Maximen zusammenfallen. Der in sich geschlossene Entwurf verhält sich allerdings nicht bruchlos zu Lenzens übrigen theoretischen und literarischen Arbeiten. Einerseits kongruiert er unübersehbar mit seiner theologisch aus der Gottesebenbildlichkeit abgeleiteten Anthropologie, dem Ideal des frei handelnden Subjekts; Goethes Götz-Gestalt erscheint ihm geradezu als sinnlich-lebendige Verkörperung dieses in den etwa gleichzeitigen Straßburger moralphilosophischen Schriften theoretisch entwickelten Ideals. Andererseits widerspricht der Text flagrant der in den *Anmerkungen übers Theater* und vor allem in der *Selbstrezension des Neuen Menoza* dargelegten These, dass das zeitgenössische Theater (noch) nicht eine Charaktertragödie sein könne, weil das Publikum selbst einem solchen Helden (noch) nicht gewachsen sei, weshalb die gesellschaftlich realistische Dramenform die Komödie sein müsse, in der nicht der souveräne Charakter, sondern die ihn (noch) verhindernden Umstände die „Hauptempfindung" (Damm II: 668) ausmachten. Dieser Widerspruch verschärft sich noch angesichts des in der *Götz*-Rezension vorgeschlagenen Rezeptionsmodells, das nicht nur auf eine virtuell-bewusstseinsmäßige, sondern lebenspraktische Identifikation des Publikums mit dem Helden setzt. Denn zunächst soll das Publikum nicht länger Publikum bleiben, sondern das Stück in einer Art szenischer Lesung selbst spielen, um dann zweitens auch dieses ästhetische Probehandeln in reales gesellschaftliches Handeln zu übertragen. Mit dieser Instrumentalisierung eines Theaterstücks für die praktische Selbstermächtigung des souveränen Subjekts scheint Lenz ein grundsätzlich anderes Modell der literarischen Rezeption zu propagieren als in seinen ebenfalls etwa gleichzeitig verfassten *Briefen über die Moralität der Leiden des jungen Werthers*, in denen er eine Rezeption ausschließlich durch das empfindende ‚Herz' und seine immanente Moralität fordert. Möglicherweise denkt Lenz diese beiden jeweils durch Werke Goethes inspirierten Modi der Rezeption komplementär, wofür sowohl die Gegensätzlichkeit der Helden als auch der Gattungsunterschied zwischen Roman und Drama sprechen könnte.

Briefe über die Moralität der Leiden des jungen Werthers

Q: Damm II: 673–690. – H: Düsseldorf, Goethe-Museum, Sign. NW 1994/1987. – ED: Briefe über die Moralität der Leiden des jungen Werthers. Eine verloren geglaubte Schrift der Sturm- und Drangperiode aufgefunden u. hg. v. L. Schmitz-Kallenberg. Münster i. W. 1918.

Die kurz nach dem Erscheinen von Goethes *Werther* im Herbst 1774 in Straßburg begonnene, als Einmischung in die bereits entbrannte öffentliche Debatte gedachte Schrift schickte Lenz im Frühsommer 1775 nach Frankfurt an Goethe, der sie an Friedrich Heinrich Jacobi zur Drucklegung weiterleitete. Jacobi riet jedoch von einer Drucklegung ab, weil sie nur die Argumente der Befürworter des umstrittenen Briefromans bestätige (vgl. Titel/Haug I: 666 f.). So blieb die Handschrift ungedruckt und unbekannt bis zu ihrer Wiederauffindung durch Schmitz-Kallenberg im Jahre 1918. Lenz trug sie (oder Teile daraus) am 1. März 1776 in der Deutschen Gesellschaft in Straßburg vor (Froitzheim 1888a: 51). In der Tat ist der Text nicht als polemische Streitschrift angelegt, sondern als eine Folge von zehn Briefen an einen Adressaten, der zwar mit seinem Wunsch, der *Werther* wäre nie im Druck erschienen, die Entgegnungen des Verfassers auslöst, den dieser aber ausdrücklich als „Freund" bezeichnet, dessen „Verstand und Herz" er „hochzuschätzen habe" (Damm II: 673). Mehr noch: Der Verfasser betont ausdrücklich, dass er sich mit seinem Freund darin einig weiß, „daß alle Glückseligkeit des menschlichen Lebens in dem Gefühl des Schönen bestehet" und dass dieses Schöne nur „das Gute quintessenziert" sei, das kein „menschliches Herz" entbehren könne, „ohne ein elendes Herz zu werden" (ebd.: 674). Mit dieser Begriffstrias des Schönen, des Guten (nämlich der Moral) und des Herzens intoniert der Briefschreiber, also Lenz, gleich zu Beginn nicht nur einen ästhetisch-moralischen Grundkonsens mit seinem Briefpartner, sondern zugleich die Eckpunkte seines Literaturbegriffs und seiner nun folgenden Beweisführung: Er muss nur noch zeigen, dass der *Werther* sehr wohl ein „Produkt des Schönen" (ebd.) sei. So ergibt sich die letztlich asymmetrische Kommunikationssituation des Textes: Die kritischen Einwände des Freundes erscheinen lediglich in Form von knappen Statements ohne weitere Erläuterung oder Begründung, die Lenz gleichsam als Stichworte der zeitgenössischen *Werther*-Kritik zu Beginn seiner Briefe aufnimmt, um sie dann desto ausführlicher zu entkräften. Im Übrigen lässt die Folge der Briefe kaum einen stringenten Argumentationsaufbau erkennen. Den Rahmen bilden der erste, nicht nummerierte Brief, in dem Lenz den erwähnten Grundkonsens mit seinem Freund beteuert, und der letzte, ebenfalls nicht nummerierte Brief, in dem er abschließend klarstellt, dass es ihm nicht um eine veritable Rezension des *Werther* gegangen sei (zu der er sich noch nicht in der Lage sehe), sondern dass er nur die Rezensenten und das Publikum habe „zurecht weisen wollen" (ebd.: 689). Im vierten und fünften Brief polemisiert er ausführlich gegen Friedrich Nicolais bekannte Parodie, der mit seinem ‚Lösungs'-Vorschlag eines Verzichts Alberts und einer Heirat von Lotte und Werther die inneren Gefühlsmotive der Liebenden und die Kaltsinnigkeit Alberts flagrant verkannt und verletzt habe (vgl. *Nicolai 1970 [1775]: 30–35). Im neunten Brief weist er den Vorwurf zurück, der *Werther* wiederhole nur die Problematik des männlichen Protagonisten St. Preux in Rousseaus Briefroman *La Nouvelle Héloïse* (1761; dt. 1776). Beide Helden, so Lenz, repräsentierten die unterschiedliche moralische Verfasstheit ihrer Nation; während St. Preux die „verdorbene[n] Sitten" der Franzosen durch sein „Gegengewicht" (Damm II: 686) gleichsam veredle, stelle Goethe Werther als einen „jungen mutigen „lebenvollen Held" gegen „Furchtsamkeit, Ernst und Pedanterey" und gegen die „steife[n] Sitten" der Deutschen (Damm II: 687) dar.

In den übrigen Briefen setzt sich Lenz in verschiedenen Akzentuierungen immer wieder mit dem Vorwurf der moralisch gefährlichen Wirkung des *Werther* auseinander, der gerade aufgrund seiner suggestiven Gefühlsansprache zur Nachahmung verführe. Das gelte nicht nur für die zur Nachahmung anstiftende Darstellung des Selbstmords (im zweiten Brief) und des Leidens (im achten Brief), sondern auch für die bewusst „reizende" Ausmalung der Leidenschaften und des „Enthusiasmus" der Hauptfiguren (im dritten, im vierten, Nicolai betreffenden, und im siebenten Brief); überhaupt müsse man grundsätzlich in Rechnung stellen, dass nicht alle Leser des Romans so „vernünftig" und damit ungefährdet seien wie der Briefschreiber (sechster Brief).

Lenz pariert diese Einwürfe letztlich immer mit demselben Argument, nämlich mit dem scheinbaren Paradox, dass der Roman gerade nicht, wie alle gute Literatur, einen „moralischen Endzweck" verfolge, also nicht, gemäß der aufklärerischen Moraldidaxe eines Gottsched, als Illustration eines „moralischen Lehrsatzes" konzipiert sei (ebd.: 676; vgl. *Gottsched 1751: 611), sondern eine, wie es schon im Titel heißt, „Moralität" enthalte und bewirke, die sich nicht auf der Handlungsebene, sondern auf der Empfindungs- und Ausdrucksebene des Romans realisiere und auf diese Weise das authentische Rezeptionsorgan des Schönen und Guten, das „Herz" (Damm II: 677), affiziere. Nicht zufällig ist dieses ‚Herz' der Schlüsselbegriff sowohl dieses

Textes als auch der Name des Protagonisten in Lenz' Erzählung *Der Waldbruder, ein Pendant zu Werthers Leiden* (ebd.: 380–412) und nicht zufällig trägt ein wichtiges Gedicht Lenzens den Titel *An das Herz* (Damm III: 105 f.). Offenbar denkt Lenz immer dann, wenn er, wie besonders deutlich in diesem Text, einem affektiv-identifikatorischen Wirkungsverständnis der Literatur das Wort redet, das ‚Herz' als den Garanten eines ungehinderten Gefühlsstroms vom Autor-Genie über den Helden zum Leser.

Nur ein Wort über Herders Philosophie der Geschichte
   Q: Damm II: 671–672. – H: BJ Kraków, Lenziana 6 (Abschrift). – ED: Frankfurter Gelehrte Anzeigen, Nr. 57/1775 (18. 7. 1775): 475–477.

Lenzens Verteidigung Herders und dessen früher geschichtsphilosophischer Schrift gegen eine Besprechung durch den Gießener Rhetorik- und Poetik-Professor Christian Heinrich Schmid (1746–1800), ein rhetorisches Kabinettstück der Erledigung durch Nicht-Befassung, bezieht sich auf Johann Gottfried Herders 1774 anonym und ohne Orts- und Verlagsangabe bei Hartknoch in Riga erschienene Schrift *Auch eine Philosophie der Geschichte zur Bildung der Menschheit. Beitrag zu vielen Beiträgen des Jahrhunderts*. In dieser Abhandlung grenzte sich Herder polemisch ab gegen Voltaires 1765 in Amsterdam unter dem Pseudonym Abbé Bazin veröffentlichte Schrift *La Philosophie de l'Histoire* (dt. 1768). Was Voltaire vorgelegt hatte, war keine Geschichtsphilosophie im modernen Sinne, auch nicht im Sinne Herders, sondern eine knappe Geschichte der alten Völker, aber geschrieben nicht im annalistischen Stil, sondern *en philosophe*, und das hieß: Er grenzte sich polemisch ab von jeder theologisch-christlichen Deutung der Weltgeschichte als Heilsgeschichte und begriff die Geschichte als rekonstruierbaren Prozess natürlicher Vernunft. Auch Herder entwarf seine Schrift zunächst als Geschichte der Menschheit von Adam und Eva bis zur Gegenwart, unterbrach sie jedoch für eine theoretische Reflexion, in der er sich zu einem historischen Relativismus bekannte, nach dem jede Nation in gewissem Betracht ihre je spezifische nationale, säkulare und individuelle Vollkommenheit der Menschheitsentwicklung in sich trage. Insofern wandte er sich scharf gegen die teleologische Betrachtung und die Annahme eines innerweltlichen Ziels der Geschichte im Sinne des aufklärerischen Fortschrittsdenkens. Dem theoretischen Niveau dieser Schrift Herders wurde Christian Heinrich Schmid in keiner Weise gerecht, als er sie 1774 im Rahmen seiner Fortsetzungsartikelserie unter dem Titel *Über den gegenwärtigen Zustand des deutschen Parnasses* in Wielands *Teutschem Merkur* besprach. Schmid ging von der Idee aus, dass man, um einen Überblick über den „Parnass" zu gewinnen, diesen „nach den Namen derer ordne, die das Publikum für Chefs von Secten zu halten pflegt" (*Schmid 1998 [1774]: 70). Ein solcher Name war für ihn auch Herder, und unter diesem Rubrum rezensierte er kurz nicht nur dessen geschichtsphilosophische Schrift, sondern auch, verbunden durch die Thematik des ‚Edlen Wilden', Lenzens Komödie *Der neue Menoza* (ebd.: 70–74). Was Lenz an der Besprechung Schmids kritisiert und was ihn zugleich zu dem enthusiastischen Lob Herders veranlasst, ist weniger der Inhalt seiner Schrift, an deren Oberfläche Schmid verharrt, sondern das Inkommensurable seiner Form und Methode. Lenz qualifiziert sie moralisch als „Mut" (Damm II: 671) gegen den Zeitgeist, ästhetisch als die „*wahre Grazie*" (ebd.; Hervorh. im Orig.) seiner unphiliströsen und bilderreichen Sprache und nicht zuletzt metaphysisch als Übermittlung eines möglichen Bildes von der göttlichen Weltordnung.

Epistel an Herrn B. über seine homerische Übersetzung

Q: Blei IV: 266–269. – H: BJ Kraków, Lenziana 2, II, Nr. 14; Abschrift: Lenziana 6. – ED: E. Schmidt: „Lenziana". In: Sitzungsberichte der Königlich Preußischen Akademie der Wissenschaften zu Berlin, Jg. 1901, 41. St.: 979–1017, hier: 999–1001.

Lenz bezieht sich auf Gottfried August Bürgers (des Verfassers der *Lenore*) Projekt einer Homer-Übersetzung, das dieser 1771 in der von Christian Adolph Klotz herausgegebenen *Deutschen Bibliothek der schönen Wissenschaften und der freien Künste* unter dem Titel *Gedanken über die Beschaffenheit einer deutschen Übersetzung des Homer, nebst einigen Probefragmenten* veröffentlicht hatte. Nachdem Bürger das Projekt erst im Herbst 1775 wieder aufgegriffen und die „fünfte Rhapsodie" (d. i. den fünften Gesang) der *Ilias* in Boies *Deutschem Museum* veröffentlicht hatte (vgl. *Bürger 1776: 1. St., 1–14), erwirkte dieser vom Weimarer Hof vor allem auf Goethes Betreiben eine ideelle und materielle Unterstützung (vgl. *[Goethe] 1776). Die „sechste Rhapsodie", die Lenz erwähnt, erschien ebenfalls noch 1776 im zweiten Stück des *Teutschen Merkur* (147–168). Bürger übersetzte die *Ilias* in fünfhebigen Jamben, was Goethe, Wieland und Herder verteidigten, während Klopstock und Leopold Graf zu Stollberg entschieden für eine hexametrische Übersetzung plädierten. Später bekannte sich auch Bürger zum Hexameter, gelangte aber nicht über die Übersetzung der ersten vier Gesänge der *Ilias* hinaus, die 1784 im *Journal von und für Deutschland* erschienen (vgl. *Schroeter 1882: 114–164). Lenz erwartet von Bürgers Übersetzung zwar, dass sie natürlicher und nicht so „einbalsamiert und einspezereit" (Blei IV: 267) ausfällt wie diejenige von Alexander Pope, der sowohl die *Ilias* als auch die *Odyssee* in gereimte fünfhebige Jamben übertragen hatte (vgl. *A. Pope 1715–1720 bzw. *A. Pope 1725–1726). Gleichwohl meldet auch er Zweifel an, ob die Jamben das richtige „Kleid" seien und verwendet für seine eigene angefügte Übersetzung aus dem neunten Gesang der *Ilias*, Vers 307–355, den Hexameter.

Nachruf zu der im Göttingischen Almanach Jahrs 1778 an das Publikum gehaltenen Rede über Physiognomik

Q: Damm II: 761–768. – H: nicht nachgewiesen. – ED: Der Teutsche Merkur, 1777, 4. St.: 106–119.

In dem im Herbst 1777 während seines Aufenthalts bei dem Theologen und Physiognomiker Johann Caspar Lavater in Zürich entstandenen Text verteidigt Lenz Lavater gegen die Angriffe des Göttinger Aufklärers und Professors für Experimentalphysik Georg Christoph Lichtenberg. Ausgangspunkt ist Lavaters monumentales und prachtvoll ausgestattetes Hauptwerk *Physiognomische Fragmente zur Beförderung der Menschenkenntnis und Menschenliebe*, dessen vier Bände von 1775 bis 1778 in Leipzig und Winterthur erschienen und an dem Lenz, zu jener Zeit enger Freund und Anhänger Lavaters, auch selbst als Zuträger mitwirkte. Lavater ging von der Grundannahme aus, dass innere und äußere, moralische und leibliche Schönheit bzw. Hässlichkeit miteinander korrespondieren, so dass der Charakter des Menschen be-

2.4 Theoretische Schriften

sonders an seinem Gesicht, und zwar an seinem festen Teil, dem Knochenbau, wie die „Buchstaben dieses göttlichen Alphabets" (*Lavater 1984: 10) ablesbar sei.

Die schärfste zeitgenössische Kritik an Lavaters Physiognomik, die besonders im Umkreis des Sturm und Drang, auch vom jungen Goethe, emphatisch aufgenommen wurde, formulierte Lichtenberg in einem Aufsatz, der zuerst unter dem Titel *Über Physiognomik, und am Ende etwas zur Erklärung der Kupferstiche des Almanachs* im bereits im Herbst 1777 erschienenen *Göttinger Taschen Calender für 1778* veröffentlicht wurde. Eine zweite, überarbeitete Fassung der Streitschrift wurde im Frühjahr 1778 als Separatdruck unter dem Titel *Über Physiognomik; wider die Physiognomen. Zur Beförderung der Menschenliebe und Menschenkenntniß. Zweite vermehrte Auflage* publiziert. Dort ging Lichtenberg auch auf den inzwischen erschienenen Aufsatz von Lenz ein. Lichtenberg polemisierte grundsätzlich gegen den idealisierenden Optimismus Lavaters, der sich weigere, die täglich zu beobachtenden Dissonanzen zwischen Aussehen und Denkungsart der Menschen und zumal deren materielle und soziale Ursachen zur Kenntnis zu nehmen. Im Übrigen, heißt es in der zweiten Auflage, sei der „Schluß aus den Werken der Natur auf einen allmächtigen, allgültigen und allweisen Schöpfer [...] mehr ein Sprung der instruierten Andacht, als ein Schritt der Vernunft." (*Lichtenberg 1778: 275) Seine Gegenthese lautete deshalb: „Was für ein unermeßlicher Sprung von der Oberfläche des Leibes zum innern der Seele!" (ebd.: 258) Insofern plädierte er für eine inhaltliche und terminologische Unterscheidung zwischen Physiognomik und Pathognomik:

> Um allem alten Mißverständnis auszuweichen und neuem vorzubeugen, wollen wir hier einmal für allemal erinnern, daß wir das Wort Physiognomik in einem eingeschränkteren Sinn nehmen, und darunter die Fertigkeit verstehen, aus der Form und Beschaffenheit der äußeren Theile des menschlichen Körpers, hauptsächlich des Gesichts, ausschlüßlich aller vorübergehenden Zeichen der Gemütsbewegungen, die Beschaffenheit des Geistes und Herzens zu finden; hingegen soll die ganze Semiotik der Affekten oder die Kenntniß der natürlichen Zeichen der Gemütsbewegungen, nach allen ihren Gradationen und Mischungen Pathognomik heissen. (ebd.: 264)

Lenz sieht sich veranlasst, dem von Lichtenberg angesprochenen ‚Publikum' allererst zu erklären, worüber der „Sammler physiognomischer Fragmente" Lavater und der „neue[ ] Physiognomist[ ]" (Damm II: 761) Lichtenberg im Kern streiten. Keineswegs, so Lenz, habe sich Lavater zum „Richter alles Fleisches" erheben und jedem beliebigen Menschen sofort ansehen wollen, „ob er ein Engel des Lichts oder ein Schurke sei." (ebd.: 762) Auch beruhten Lavaters Einsichten in die Menschenkenntnis auf tieferen Untersuchungen und seien nicht in einem flüchtigen Blick zu gewinnen; insofern kenne Lichtenberg noch nicht die Buchstaben, wolle aber schon lesen (ebd.: 765). Auch Lichtenbergs Beschränkung auf die „Pathognomik" (ebd.), also auf das Lesen der temporalen und variablen Affekte im Gesichtsausdruck, überzeugt Lenz nicht: Sie sei lediglich eine von der Physiognomik abgeleitete, akzidentielle Methode der Menschenkenntnis. Das zeige sich gerade auch an Lichtenbergs Erläuterungen zu den Kupferstichen von Daniel Nikolaus Chodowiecki, auf die sich dieser berufe (vgl. *Chodowiecki 1778). Insgesamt bleibt Lenzens Verteidigung ohne Durchschlagskraft gegen die methodische und argumentative Brillanz Lichtenbergs.

[Eine Bemerkung von Lenz]

> Q und ED: *Johann Caspar Lavater: Physiognomische Fragmente, zur Beförderung der Menschenkenntniß und Menschenliebe. Vierter Versuch. Mit vielen Kupfern. Leipzig u. Winterthur: Bey Weidmanns Erben und Reich, und Heinrich Steiner und Compagnie, 1778, Fünfter Abschnitt. National- und Familienphysiognomien. II. Fragment. Auszüge aus Andern: 272–274. – H: nicht nachgewiesen.

Den kurzen Text steuerte Lenz vermutlich während seines Aufenthalts bei Lavater in Zürich im Sommer 1777 für dessen im Entstehen begriffenes Werk bei. Da er in keine Ausgabe übernommen wurde, sei er hier wörtlich wiedergegeben:

> Es ist mir besonders, daß die *Juden* das Zeichen ihres Vaterlandes, des Orientes, in alle vier Welttheile mit sich herumtragen. Ich meyne die kurzen, schwarzen, krausen Haare, und die braune Gesichtsfarbe. Die geschwinde Sprache, das Hurtige und Kurzabgebrochene in allen ihren Handlungen scheint mir eben daher zu rühren. Ich glaube, daß die Juden überhaupt mehr Galle haben, als andre Menschen. Zu dem Nationalcharakter jüdisches Gesichtes rechne ich auch spitzes Kinn und große Lippen mit bestimmt gezeichneter Mittellinie.

Der knappe Text verdient eine gewisse Beachtung, weil er neben einer kurzen Sequenz in den *Soldaten* (II,2 und III,1) Lenzens einzige Äußerung über die Juden darstellt und weil beide Passagen, nimmt man sie gemeinsam in den Blick, zumindest andeutungsweise auf eine differenzierte Position Lenzens in der ‚Judenfrage' schließen lassen. Dabei muss man sich vor Augen halten, dass sich noch die aufgeklärte zeitgenössische Literatur ein wenig aufgeklärtes Bild von den Juden und dem Judentum machte (vgl. *Horch/Denkler 1988/1989 sowie *Och 1995). Selbst der vom Toleranzgedanken beseelte Lessing habe, wie Hans Mayer bemerkte, in seinem *Nathan*, das „Anderssein" der Juden nicht akzeptieren und ihnen die gesellschaftliche Gleichstellung nur um den Preis der Assimilation gewähren wollen (*Mayer 1977: 329). In Schillers Jugenddrama *Die Räuber* ist der alles andere als ‚edle' Räuberhauptmann Spiegelberg nicht zufällig ein Jude. Und auch im Werk des jungen Goethe finden sich neben einschlägigen Sympathiebezeugungen für die jüdische Nation durchaus deutliche Ressentiments und Vorbehalte (*Oellers 1988/1989: bes. 149 f.). Im Übrigen hatte gerade auch Lavater, mit dem Lenz hier kooperiert, schon 1769 den berühmten jüdischen Philosophen Moses Mendelssohn aufgefordert, zum Christentum überzutreten und damit eine aufgeregte öffentliche Debatte ausgelöst (vgl. *Rawidowicz 1930). In diesem Sinne scheint Lenzens Beitrag für Lavaters Kompendium in der Tat nur gängige Klischees zu reproduzieren, doch gilt das möglicherweise nur für die Physiognomie der Juden, um die es hier allein geht und von der nur sehr vorsichtig auf den Charakter rückgeschlossen wird. Was die soziale Stellung der Juden in der zeitgenössischen Gesellschaft angeht, hat sich Lenz dagegen, wie die *Soldaten*-Szenen andeuten, offensichtlich durchaus seinen vorurteilsfreien sozialkritischen Blick bewahrt. Denn dort gehört der alte Jude Aaron genau wie die Bürgertöchter und der gehörnte Buchhändler Stolzius zu jener depravierten und „diskriminierten Minderheit", derer sich die zynischen Offiziere als Freiwild und „Spielobjekt" ihrer Streiche und Intrigen bedienen (Winter 2000a: 60 f.).

2.4 Theoretische Schriften

Verteidigung des Herrn W. gegen die Wolken von dem Verfasser der Wolken

Q: Damm II: 713–736. – H: nicht nachgewiesen. – ED: Vertheidigung des Herrn W. gegen die Wolken von dem Verfasser der Wolken. o.O.: o.V. [Lemgo: Meyersche Buchhandlung von Helwing], 1776 (Faksimile: Weiß VII).

Der Text gehört in den Zusammenhang der Fehde, die seit Anfang der 1770er Jahre im Umkreis des Göttinger Hainbundes und der Stürmer und Dränger gegen den wegen seiner galanten Versepen als „Wollustsänger" (so *Hölty 1775: 230; vgl. *Schrader 1984) und undeutscher Sittenverderber attackierten Christoph Martin Wieland betrieben wurde. Lenz, dessen *Anmerkungen übers Theater* von Wieland im Januarheft seines *Teutschen Merkur* von 1775 heftig kritisiert wurden, war daran führend beteiligt. Schon Ende 1774 hatte er Goethes (anonym) gegen Wieland gerichtete dramatische Farce *Götter, Helden und Wieland* zum Druck befördert. 1775 veröffentlichte er zwei eigene Wieland-Satiren in dialogisierten Versen mit den Titeln *Menalk und Mopsus. Eine Ekloge* sowie *Eloge de feu Monsieur **nd, écrivain très célebre en poésie et en prose*. Im selben Jahr schloss er auch das Hauptwerk seiner Wieland-Kritik ab, die Komödie *Die Wolken*, eine Nachbildung der gleichnamigen, gegen Sokrates gerichteten Komödie des Aristophanes. Zahlreiche Freunde Lenzens, unter denen das Manuskript kursierte, darunter Lavater, Schlosser und Goethe, rieten Lenz vom Druck des Pamphlets ab, das auch den Berliner Aufklärer Friedrich Nicolai attackierte. Lenz beharrte zunächst auf der Veröffentlichung, beugte sich dann aber an der Jahreswende 1775/1776 dem Rat der Freunde und bat Heinrich Christian Boie, der den Druck vermittelte, ihm das Manuskript zurückzuschicken. Doch inzwischen war der Druck erfolgt und Boie blieb nur, auf Lenzens dringendes Verlangen die gesamte Auflage zu vernichten. Bis heute lässt sich kein einziges Exemplar nachweisen. Allein einen knappen Stückplan und eine mit „Pietistisches Mädchen. Sokrates" überschriebene Szene, die aus einem Manuskript des Stückes stammen könnten, teilte Weinhold aus dem Nachlass mit (vgl. Weinhold-DN: 313–323; wieder bei Damm II: 925–928).

Da das Stück trotz der inhibierten Drucklegung für Gesprächsstoff gesorgt hatte, entschloss sich Lenz zu seiner *Vertheidigung des Herrn W. gegen die Wolken von dem Verfasser der Wolken*, die er ebenfalls noch im letzten Moment zurückziehen wollte, die dann jedoch im Mai 1776 erschien, als Lenz bereits in Weimar war. Tatsächlich liest sich der sprachlich komplizierte und anspielungsreiche Text letztlich nicht als jene eindeutige Selbstkritik und Bitte um „Nachsicht" (Damm II: 714), mit der er beginnt. Vielmehr holt Lenz zunächst in einem ersten Hauptteil zu einer umfassenden Verteidigung seiner Komödie aus (vgl. ebd.: 714–726). Sie richte sich nicht gegen Wielands schriftstellerisches Werk, sondern gegen seine dominierende Position im zeitgenössischen Literaturbetrieb, in die er zwar möglicherweise nicht aus eigenem Antrieb, sondern aufgrund äußerer „Umstände" (ebd.: 713) gedrängt worden sei und die ihm „das Ansehen eines *ganz allein auf dem* Parnaß glänzen wollenden Diktators" (ebd.: 716; Hervorh. im Orig.) verliehen habe, das er dann aber auch dazu benützt habe, sich „durch allzu lebhafte Anmaßungen [...] Eingriffe in die Rechte anderer" (ebd.: 719) zu erlauben. Diese Kritik relativiert Lenz dann allerdings mit der Bemerkung, dass es in der gegenwärtigen Literaturkritik an sicheren Geschmacksurteilen gemangelt habe, und vor allem mit dem Hinweis auf die literaturkritische und merkantile Monopolstellung des amusischen „Buchhändlers" (ebd.: 722) Friedrich Nicolai, gegen die Wieland verständlicherweise eine Gegenposition habe errichten wollen.

Nach dieser Erklärung für die „dringenden Veranlassungen der Wolken" (ebd.: 726) wendet sich Lenz dann im zweiten Teil des Textes (vgl. ebd.: 726–736) dem zu, was er seine „Verteidigung des Herrn W." nennt, die jedoch ebenfalls eher kritisch ausfällt. Schon zu Beginn hatte Lenz seine Kernthese mit den Worten umrissen: „[I]ch liebe W. als Menschen, ich bewundre ihn als komischen Dichter, aber ich hasse ihn als Philosophen, und werde ihn unaufhörlich hassen." (ebd.: 717) Das konkretisiert er nun vor allem am Beispiel von Wielands Versepos *Der neue Amadis*, in dem die Entwicklungs- und Bildungsgeschichte eines jungen Helden dargestellt werde, der von der Philosophie zwar nicht des Sokrates, wohl aber der „Sokratriden" (ebd.: 727) gelenkt werde, also jener Adepten des Meisters, die „mit den Mienen der Weisheit und allen Waffen der Leichtfertigkeit versehen, in allen Künsten der Galanterie unterrichtet, auf die schwachen Augenblicke Ihrer Geliebten und Ihrer Töchter Jagd machen" (ebd.: 732; vgl. *Wieland 1771). Damit bestätigt Lenz nur den Tenor der Sturm-und-Drang-Vorbehalte gegen Wieland, auch wenn er ihn am Ende zumindest verbal mit der versöhnlichen Hypothese entlastet, dass er „selbst ein Märtyrer der Philosophie seiner Zeiten geworden" (Damm II: 736) sein könnte. Zu einer öffentlichen Versöhnung mit Wieland bekannte sich Lenz schließlich in dem im Sommer 1776 in Berka entstandenen und im selben Jahr im zwölften Stück des *Teutschen Merkur* erschienenen Gedicht *Epistel eines Einsiedlers an Wieland* (Damm III: 194–197).

Abgerissene Beobachtungen über die launigen Dichter

Q: Damm II: 769. – *H*: BJ Kraków, Lenziana 2 (Bruchstücke?). – *ED*: Deutsches Museum, 7. Jg., 1. Bd., 3. St. (März 1782): 195–196.

Am 26. Mai 1777 bat Lenz in einem Brief aus Zürich den Herausgeber der Zeitschrift *Deutsches Museum*, Christian Heinrich Boie, ein ihm zugesandtes „Blättgen ‚Ueber die launigten Dichter'" nicht in den Druck zu geben, weil es „entsetzlich mißverstanden" werden könne; zwar dürften die darin enthaltenen „Beobachtungen [...] durchaus auf keinen einzelnen Fall" bezogen werden, doch scheine derzeit eine „Anwendung auf Wieland, auf dessen wenigste Sachen sie passen, unvermeidlich" (Damm III: 529). Am 29. September desselben Jahres bat Lenz Boie um Rücksendung des Manuskripts „mit nächster Post auf Zürich", „um Ihnen etwas Bessers dafür über denselben Anlaß in die Stelle zu schicken" (ebd.: 559). Ob der von Boie erst 1782 gedruckte Text die ursprüngliche oder die angekündigte überarbeitete Fassung darstellt und wie er sich zu den in Kraków aufbewahrten Manuskripten verhält (vgl. Weinert 2003b: 471, 480 f.), ist bisher nicht geklärt worden. In den aphoristisch verkürzten und sehr allgemein gehaltenen „Beobachtungen" skizziert Lenz drei Varianten des Verhältnisses zwischen dem Dichter und seinem Leser. Der „komische Dichter", der die Welt in „ihrer wahren Natur und Gestalt" darstelle, erziele die entlastende und befreiende Wirkung beim Leser am besten in jenen Augenblicken, in denen dessen „Lebensgeister ausgetrocknet" und durch „Dämpfe von Schwermut und Menschenfeindschaft" getrübt seien (Damm II: 769). Damit ergänzt Lenz in gewisser Weise seine Komödientheorie aus der *Selbstrezension des Neuen Menoza* um einen dort nicht explizierten wirkungspsychologischen Aspekt. Dann nimmt Lenz die Dichter im Allgemeinen vor dem Vorwurf in Schutz, ihre Werke könnten die Moral der „Jünglinge und Jungfrauen" gefährden, denn erstens dürften und könnten die Dichter nicht das, was in der Natur „reizend", also verführerisch sei, als „hässlich" darstellen, und zweitens sei es nicht ihre Aufgabe, ihre Werke vor der Rezeption durch ungeeignete Leser zu schützen (ebd.). Erst dann kommt Lenz auf die im Titel angekündigten „launigen" Dichter zu sprechen, die er offensichtlich als gutgelaunte, humorvolle, witzige von den „komischen" unterschieden wissen will. Sie seien von allen Dichtern am meisten gefährdet, in ihrem „Herz mißkannt" zu werden, denn das Vergnügen, das der ‚launige' Dichter dem Leser bereitete, bestehe ausschließlich in der Art und Weise, wie er „die Sachen angesehen haben mag", also in der Perspektivierung seiner Wirklichkeitsdarstellung (ebd.). Der dadurch beim Leser hervorgerufene Effekt der (guten) Laune aber dürfe keinesfalls verwechselt werden mit den „heiligen Augenblicke[n] des Gefühls", an das die Gemütsbewegung der Laune prinzipiell niemals heranreiche. Was der ‚launige' Dichter in dieser Hinsicht bewirke, sei immer nur „[n]achgemachtes Gefühl", das seinerseits nur die „allerschärfste Beize der [schlechten, M. R.] Laune" von Seiten des Lesers verdiene. Der „Probierstein" zur Unterscheidung von authentischem und nachgemachtem Gefühl sei allerdings „noch ein Geheimnis" (ebd.) Dass diese in der Tat durchaus nicht „harmlosen" (Titel/Haug I: 689) Beobachtungen in einem bestimmten Klima der Fehden und Polemiken auch als Kritik an Wieland aufgefasst werden könnten, ist nicht von der Hand zu weisen. Das betrifft besonders die Warnung an die Jugend vor der im weitesten Sinne ‚galanten' Literatur, aber auch die weitreichende Unterscheidung zwischen komisch und launig bzw. Gefühl und Laune.

Übersetzung einer Stelle aus dem Gastmahl des Xenophons

Q: Damm II: 749–753 (nach ED). – H: Kraków, Lenziana 2, II, Nr. 13. – ED: Blei IV: 260–264.

In dem Text, den er laut Protokoll am 1. Februar 1776 in der Deutschen Gesellschaft vorgetragen hat (Froitzheim 1888a: 47), nimmt Lenz, ähnlich wie in seiner früheren Kritik an Juan Vives' Vergil-Kommentar (*Zweierlei über Virgils erste Ekloge*), eine beiläufige Lesefrucht in fast philologischer Manier zum Anlass für eine ebenso streitbare wie grundsätzliche ästhetisch-moralische Verteidigung eines kanonischen antiken Autors gegen seine allfällige Verfälschung oder Herabsetzung. Hier ist es der schon in seinen Briefen an Salzmann vom Juni bis Oktober 1772 mehrfach apostrophierte (Damm III: 253–295), nun wegen der „moralischen Schönheit und Größe seines Charakters" (Damm II: 749) und namentlich wegen seiner uneitlen Bescheidenheit hochgeschätzte griechische Philosoph Sokrates (470–399 v. Chr.), den er gegen das Porträt in der 423 in Athen uraufgeführten Komödie *Die Wolken* des Komödiendichters Aristophanes (445–386 v. Chr.) in Schutz nimmt.

Aristophanes hatte in dem Stück vor allem die rhetorischen Wortverdrehungskünste der Sophisten parodiert, die sich rühmten, die schwächere Sache zur stärkeren machen zu können, und dabei auch ihren in Wahrheit kritischen Mentor Sokrates nicht verschont, der, in höheren Sphären schwebend, den ratsuchenden Protagonisten Stepsiades mit dem Hinweis beschied, dass die vermeintlichen „Götterwesen" nichts als „Wolken" seien (*Aristophanes 1990: V. 247–318). Platon hat gut 25 Jahre später in seiner *Apologie* diese Karikierung durch Aristophanes als den Anfang jener

Beschuldigung der Gottlosigkeit und der Verderbnis der Jugend diagnostiziert, die zur Verurteilung von Sokrates führte (*Platon 1957: 10).

Lenz aber beruft sich nicht auf Platon, sondern auf den Historiker und Sokrates-Biographen Xenophon (430–353 v. Chr.), der in seinem *Symposion* (der gleichnamigen Schrift Platons nicht unähnlich) ein Gelage beschreibt, zu dem der reiche Grieche Kallias anlässlich der Siegesfeier eine Schar junger Sophisten und auch Sokrates eingeladen hat. Im Laufe dieses Gelages wirft der missmutige Hermogenes dem allseits als tiefsinnig gerühmten Sokrates offensichtlich in Anspielung auf die Aristophanes-Parodie vor, dass er zwar über allerlei nachdenke, nicht aber über das Erhabenste, die Götter, und sich stattdessen mit „ἀνωφελεστάτων", also mit „höchst überflüssigen Dingen" beschäftige (*Xenophon 1986: Kap. 6,7). Darauf lässt Xenophon seinen Sokrates mit einem äußerst spitzfindigen Wortspiel replizieren – und eben dies ist die Pointe, um die es Lenz geht. Sokrates nämlich liest den Ausdruck nicht mit dem verneinenden Präfix als ἀν- ωφελής (dt. ‚un-nütz'), sondern mit dem Präfix ἀνω (dt. ‚in der Höhe', ‚oberhalb') und antwortet, in Lenzens Übertragung: „Eben darum denke ich über die Götter nach, denn von oben herab [griech. ἀνω-θεν, M. R.] helfen sie uns, von oben herab verleihen sie uns ihr Licht." (Damm II: 752) Mit dieser Replik, so Lenz, charakterisiere Xenophon treffend den wahren Sokrates, denn mit ihr setze sich dieser nicht nur selbst ins rechte Licht, sondern weise zugleich seinen nassforschen Angreifer auf eine Weise in die Schranken, die ihm nicht zuletzt mit Rücksicht auf die gesellige Situation die „Demütigung" erspare, „sich als einen Neidhammel bloßgegeben zu haben" (ebd.). Aristophanes dagegen, dessen politisch-gesellschaftskritische Komödien ihm durchaus „ehrwürdig" seien, habe eben diesen Charakter des Sokrates auf eine „unartige und mehr als bübische Weise parodiert", indem er ihn durch seinen „Gassenwitz [...] bei einem unvernünftigen Pöbel nur verhaßt, nicht lächerlich machte" (ebd.: 751).

Zweierlei über Virgils erste Ekloge

Q: Damm II: 632–637. – H: BJ Kraków, Lenziana 2, II, Nr. 11. – ED: E. Schmidt: „Lenziana". In: Sitzungsberichte der Königlich Preußischen Akademie der Wissenschaften zu Berlin, Jg. 1901, 41. St.: 979–1017, hier: 996–999.

In dem in der Handschrift auf den 6. September 1773 datierten, wahrscheinlich zum Vortrag in der Société konzipierten Text verwahrt sich Lenz kritisch gegen die allegorische Lesart von Vergils *Erster Ekloge* durch den spanischen Humanisten Juan Luis (auch Johannes Ludovicus) Vives (1492–1540). In Vergils vermutlich 41 v. Chr. geschriebenem, 83 Verse umfassendem Gedicht wird der behaglich auf seinem bescheidenen Landgut lebende alte Hirte Tityrus von dem durch die Bürgerkriegswirren und die Landverteilungen nach der Schlacht bei Philippi (42 v. Chr.) heimatvertriebenen jüngeren Meliboeus in einen Dialog über ihr jeweiliges Lebensschicksal verwickelt. Während der „glückliche" Tityrus auf dem Schilfrohr seiner „schönen Amaryllis" ein ländliches Lied singt, sich dankbar erinnernd, dass er sich einst in Rom aus dem Sklavenstand freikaufen konnte und von einem „Gott" mit diesem bukolischen Refugium beschenkt wurde, verharrt der sentimentalische Meliboeus in der Klage über die herrschende Zwietracht und den Verlust seiner Felder und Äcker (*Vergil 2001: 6–15). Vives' allegorisierender Zeilenkommentar beruht letztlich auf einer vermutlich durch die antiken und mittelalterlichen Vergil-Viten inspirierten biographischen und forciert zeitgeschichtlichen Lesart. So identifiziert er zum Beispiel Tityrus umstandslos mit Vergil, sein Landgut mit dessen heimischem Mantua, seine Geliebte Amaryllis mit dem Rom seines Gönners Octavianus, des späteren Augustus, und umgekehrt die vom Blitz getroffenen Eichen des Meliboeus mit den Cäsar-Mördern Brutus und Cassius (vgl. *Vives 1782 [1537]).

Lenz weist diese Lesart mit einer Mischung aus Spott und Empörung zurück. Er bestreitet nicht, dass Vergil auch ein Herrscherlob auf Octavian habe singen wollen, aber er betont gerade den poetischen Modus des Indirekten. Vergil habe dieses Lob bewusst einem Schäfer in den Mund gelegt, von dem „keine Schmeichelei konnte erwartet werden", sondern der „sozusagen das Herz auf der Zunge trägt" (Damm II: 632 f.); im Übrigen habe er dieses Dankbarkeitslob in Gestalt der Kontrastfigur Meliboeus mit der Mahnung an den siegreichen Herrscher verbunden, „auch seinen Mitbürgern Ruh und Überfluß zu verschaffen wie ihm" (ebd.: 633). Lenz polemisiert pauschal gegen das Zerrbild, das die „Scholiasten und Notenmacher" (ebd.: 632) von Vergil gemacht hätten, indem sie ihm „seidene Strümpfe" (ebd.: 636) anzogen, statt ihn als den „Schäfer" (ebd.) ernst zu nehmen, der er in Wahrheit gewesen sei. Dennoch stellt er in überraschender Gelassenheit die Lesart Vives' und seine eigene als „Zweierlei" nebeneinander und überlässt seinen Zuhörern das freilich unzweifelhafte Urteil. Vermutlich erklärt sich diese Nachsicht mit dem, wie er betont, ihm „sonst [...] so werten Lud. Vives" (ebd.: 637) aus der Tatsache, dass er eine Übersetzung von dessen Schrift *De causis corruptarum artium* plante, die jedoch nicht über vier Blätter hinaus gedieh (Weinert 2003b: 472; vgl. *Vives 1990).

Über Ovid

Q: Damm II: 704–713 (nach ED). – H: BJ Kraków, Lenziana 2, Nr. 12; vgl. auch Lenziana 6. – ED: Blei IV: 205–214.

Die offenbar in der „Sommerhitze" (Damm II: 704) des Jahres 1775 – nach dem Erscheinen von Klopstocks *Gelehrtenrepublik* im Herbst 1774 (ebd.: 707) und vor der Gründung der Deutschen Gesellschaft im Herbst 1775 – in der Société vorgetragene Abhandlung zerfällt in zwei Hälften. Im einleitenden Teil (ebd.: 704–710) geht Lenz auf die während seines mehrwöchigen Fernbleibens diskutierten Vorschläge zur organisatorischen und inhaltlichen Reform der Société und auf die Veränderung seiner persönlichen Lebensumstände ein. Nach der Trennung von den Baronen Kleist hatte er sich am 3. September 1774 als Student der Theologie an der Straßburger Universität eingeschrieben und lebte seither von privatem Stundengeben. Im Mai und Juni 1775, während Goethes Besuch in Straßburg und der gemeinsamen Reise nach Emmendingen, hatte er nicht an den bis dato wöchentlichen Sitzungen der Société teilgenommen.

Vor diesem Hintergrund kommentiert er die in seiner Abwesenheit angestellten Überlegungen mit einer Mischung aus Spott, Ironie und Ernsthaftigkeit. Die Umstellung auf einen zweiwöchigen Tagungsrhythmus lehnt er mit Hinweis auf seine „Geschäfte bei den Collegiis" als immer noch zu knapp bemessen ab und schlägt einen kaum ernstzunehmenden halbjährlichen Turnus vor (ebd.: 705). Nicht minder ironisch begrüßt er umgekehrt die wohl auch aus Überdruss gegen seine eigenen Vorträge getroffene Vereinbarung, dass künftig „die Theologie von allen unsern Vorlesungen ausgeschlossen bleiben solle" (ebd.). Mit Nachdruck wendet er sich gegen die

Idee, die Vorträge künftig „nicht allein auf die Belliteratur einzuschränken", sondern auf das „gesamte Reich der Wissenschaften" auszudehnen, was dazu führe, dass man nur „trockne, leere, lange Abhandlungen" zu hören bekomme (ebd.: 707). Abschließend parodiert er die verschiedenen Veränderungs-Anregungen mit dem Alternativvorschlag, die Société entweder in eine *„partie de plaisir"* oder in ein „schulgerechtes Kränzchen" zu verwandeln – um am Ende seine Zuhörer geradezu anzuflehen, die „alten löblichen Einrichtungen nicht zu verändern" (ebd.; Hervorh. im Orig.). Insgesamt muss man diese tänzelnd-distanzierten Aperçus von Lenz wohl als ein Dokument der inneren Krise der Société und ihrer bevorstehenden Neugründung als Deutsche Gesellschaft verstehen.

Im zweiten Teil des Vortrags (ebd.: 708–713) gibt Lenz ein knappes und durchaus subjektiv begrenztes Porträt des römischen Dichters Ovid (43 v.–18 n. Chr.). Einerseits bekundet er seinen Respekt vor Ovids Leiden nach der Verbannung ans Schwarze Meer durch Augustus im Jahre 8 n. Chr. und seine Hochachtung vor seinem Hauptwerk, den *Metamorphosen*, die er allerdings nur zu einem Drittel gelesen zu haben einräumt; das übrige lyrische Werk Ovids erwähnt er überhaupt nicht. Andererseits kritisiert er, dass Ovids „Verdienst wie aller lateinischen Dichter immer mehr in dem Detail im Ausmalen poetischer Beschreibungen, in lebhafter Kolorierung des Stils als in schöpferischer Erfindung und Anordnung des Ganzen bestehe" (ebd.: 708). Als ein Beispiel eines solchen gelungenen „poetischen Gemäldes" trägt er seinen Zuhörern am Ende seine Prosa-Übersetzung der Episode von Merkurs Liebe zu Herse und die Verwandlung ihrer Schwester Aglauros zu Stein vor (vgl. *Ovid 1983: Buch II, V. 708–832, 78–87). Lenzens Urteile, dass die einzelnen Erzählungen der *Metamorphosen* „ohne die geringste Einheit und Verbindung aufeinandergewälzt" (Damm II: 708 f.) seien und dass sich Vergil, auf den er einen Seitenblick wirft, in seiner *Aeneis* zu lange bei „Nebensachen" aufhalte und „uns für seinen Helden nicht in das mindeste Feuer nicht in das mindeste Interesse zu setzen" wisse (ebd.: 709), werden beiden Werken kaum gerecht; sie verraten eher den, wie er selbst einräumt, „Autokratorblick" (ebd.) des am szenischen Vorstellen statt am Erzählen orientierten Dramatikers.

[Programmentwurf einer Zeitschrift]

    Q und *ED*: Blei IV: 264–266. – *H*: BJ Kraków, Lenziana 2, II, Nr. 7 (u. d. T. „Ankündigung eines kritischen Journals").

Über das hier in Rede stehende Zeitschriftenprojekt ist nur bekannt, was Lenz in dieser (zu Lebzeiten nie gedruckten) Ankündigung andeutet. Demnach sollte es offenbar eine Art Rezensionsorgan sein, das den Titel „Deutsche Bibliothek" führen und die „Urteile *bekannter* und *berühmter* Gelehrten" über „Werke[ ] des Geschmacks, dem ewigen Zankapfel der deutschen Gelehrten" versammeln (Blei IV: 265 f.; Hervorh. im Orig.). Möglicherweise stand das Projekt im Zusammenhang mit der Gründung der Deutschen Gesellschaft in Straßburg Ende 1775; in seinem dort gehaltenen Vortrag *Über den Zweck der neuen Straßburger Gesellschaft* erklärte Lenz: „Nach meinen Einsichten ist die Wahl eines guten deutschen Journals heut zu Tage so leicht nicht. Der Wandsbecker Bote ist eine mehr politische als gelehrte Zeitung, die Allgemeine Bibliothek ist auch nicht mehr was sie war und der Wert der Mitarbeiter sehr ungleich. Die übrigen Journale kenne ich nicht, die Frankfurter Zeitung verdient hier nicht genannt zu werden." (Damm II: 786) In dem Vortrag distanziert sich Lenz auch von Nicolais *Allgemeiner Deutschen Bibliothek*; dass er dort jedoch ausdrücklich Mercks *Frankfurter Gelehrte Anzeigen* ausgeblendet wissen will und weder Boies *Deutsches Museum* noch Wielands *Teutschen Merkur* erwähnt, könnte sich aus der engeren Konkurrenz erklären, gegen die sich sein eigenes Projekt zu profilieren hätte.

4. Schriften zur Kultur und Gesellschaft

Über die Bearbeitung der deutschen Sprache im Elsaß, Breisgau und den benachbarten Gegenden. In einer Gesellschaft gelehrter Freunde vorgelesen

> Q: Damm II: 770-777. – H: SBB-PK Berlin, Nachlass J. M. R. Lenz, Nr. 224; lt. Titel/Haug I: 685 „unreifere handschriftliche Fassung". – ED: Kayser (Hg.): Flüchtige Aufsäzze von Lenz. Zürich: Verlegts Joh. Caspar Füeßly, und in Commißion bey Heinrich Steiner und Comp. in Winterthur, 1776: 55-69 (Faksimile: Weiß X).

Lenz hielt den Vortrag als Sekretär der auch auf seine Initiative aus der Société hervorgegangenen Deutschen Gesellschaft anlässlich deren Gründungsveranstaltung am 2. November 1775 im Hause des Aktuarius Salzmann in Straßburg (vgl. Froitzheim 1888a: 47f.). Erklärter Zweck der auch durch Klopstocks Schrift *Die deutsche Gelehrtenrepublik* (1774) inspirierten Gesellschaft war, wie Lenz schon am 13. Oktober 1775 in einem Brief an Gottlieb Konrad Pfeffel schrieb, eine Bereinigung der im zweisprachigen Elsass geläufigen Mundart in Richtung auf das „in Schriften gebräuchliche Hochdeutsch" (Damm III: 346). Indirekt sollte die Pflege der deutschen Sprache jedoch auch zur Stärkung eines Nationalbewusstseins und zur Emanzipation von der kulturellen Suprematie des Französischen beitragen (vgl. dazu auch Lenzens eine Woche später gehaltenen Vortrag *Über die Vorzüge der deutschen Sprache*). In diesem Sinne ruft Lenz zur „Bearbeitung", also zur Kultivierung und Elaborierung der „nervichten" deutschen Sprache gegen die „Obermacht" des „verfeinerten" Französisch auf (Damm II: 770). Dazu bedürfe es der Herausbildung und Pflege eines Wortschatzes, der sich nicht auf die Schriften der „Gelehrten aller Gattungen" beschränken dürfe, sondern die Varianten aller Stände und Regionen in sich aufnehmen müsse, „um eine verständliche Sprache für alle" hervorzubringen (ebd.: 774). Gegen die Moden des Fremdwortgebrauchs und der Philosophie, die „der Sprache am gefährlichsten" (ebd.: 775) geworden sei, gelte es die „rauen" Sprachen zu fördern, weil sie „reicher als die gebildeten" seien und „mehr aus dem Herzen als aus dem Verstande kommen" (ebd.: 774). In diesem Tenor schließt sich Lenz der schon von Herder und Goethe in ihrer Straßburger Zeit, etwa in der Flugschrift *Von deutscher Art und Kunst* (1773) oder in Herders Volksliedsammlung (1778-1779) propagierten Rückbesinnung auf die autochthone deutsche Kulturtradition gegen den herrschenden französischen Geschmack an.

Über die Vorzüge der deutschen Sprache

> Q: Damm II: 777-782. – H: SSB-PK Berlin, Nachlass J. M. R. Lenz, Nr. 225. – ED: Kayser (Hg.): Flüchtige Aufsäzze von Lenz. Zürich: Verlegts Joh. Caspar Füeßly, und in Commißion bey Heinrich Steiner und Comp. in Winterthur, 1776: 70-79 (Faksimile: Weiß X).

In dem handschriftlich auf den 16. Oktober 1775 datierten, am 9. November desselben Jahres auf der ersten, konstituierenden Sitzung der Deutschen Gesellschaft gehaltenen Vortrag (Froitzheim 1888a: 48) verbindet Lenz in seiner Funktion als Sekretär die Verkündigung organisatorischer Regularien mit inhaltlichen Ausführungen, die an seinen eine Woche zuvor gehaltenen Vortrag *Über die Bearbeitung der deutschen Sprache* anschließen. Was das Organisatorische betrifft (vgl. Damm II: 777, 781 f.), schlägt Lenz vor, dass sich alle Mitglieder in alphabetischer Ordnung in ein eigens dazu beschafftes Buch eintragen, dass vierteljährlich ein Mitgliedsbeitrag zur Beschaffung von Büchern und Bestellung von Kopisten erhoben werden soll, dass ein die Korrespondenz und das Protokoll führender ‚Schreiber' sowie ein oder zwei Kassenwarte bestellt werden sollen, dass alle Mitglieder möglichst reihum in der alphabetischen Reihenfolge auf den wöchentlichen jeweils donnerstags stattfindenden Sitzungen vortragen sollen, dass aber auch Gäste zum Vortrag eingeladen werden sollen. Das Protokoll der Gesellschaft verzeichnet 32 Mitglieder, überwiegend Straßburger Studenten der Juristerei und der Medizin, aber auch Straßburger Bürger und auswärtige Gelehrte; mit Lenz eng befreundete Mitglieder waren die Straßburger Studenten Johann Michael Ott, Johann Gottfried Röderer und Louis Ramond de Carbonnières sowie der Dramatiker Heinrich Leopold Wagner. Bei weitem nicht alle Mitglieder beteiligten sich, wie Lenz vorgeschlagen hatte, mit eigenen Vorträgen; in zehn der 17 Sitzungen, die er leitete, trug Lenz selbst vor, darunter auch Texte von Goethes Schwager Johann Georg Schlosser, der offenbar ein Art korrespondierendes Mitglied der Gesellschaft war (Froitzheim 1888a: 34–53). Nach Lenzens Weggang aus Straßburg im März 1776 löste sich die Gesellschaft bald auf. Ihr vom Straßburger Verleger Stein gedrucktes Publikationsorgan *Der Bürgerfreund, eine Straßburgische Wochenschrift* erschien noch vom 1. Januar 1776 bis zum 31. Dezember 1777 (vgl. Pautler 1999: 193–207). Im inhaltlichen Teil seines Vortrags (Damm II: 777–781) vertrat Lenz die These, dass die deutsche Sprache „weit vorteilhafter als die französische" sei, „weil sie dem Geist mehr Freiheit läßt" (ebd.: 778), und versuchte das anhand konkreter Beispiele vor allem mit der freien Wortstellung des Verbums und Trennmöglichkeit von Präfix und Verbstamm zu begründen.

Über den Zweck der Neuen Strassburger Gesellschaft

> *Q*: Damm II: 782–787. – *H*: BJ Kraków, Lenziana 6 (Abschrift u.d.T. „Zur Verfassung der gelehrten Gesellschaft in Straßburg"). – *ED*: Blei IV: 249–254.

In dem nicht datierten Vortrag repliziert Lenz gegen eine „anonyme Schrift", die eine Woche zuvor in der Gesellschaft von einer ebenfalls namentlich nicht genannten Person vorgetragen wurde. Darin hatte der Verfasser, die alphabetische Reihenfolge der vortragenden Mitglieder missachtend, offenbar sowohl gegen den „Despotismus und Aristokratismus" (Damm II: 782) der Leitung als auch gegen die inhaltliche Schwerpunktsetzung der Gesellschaft auf die Pflege der deutschen Sprache und die entsprechende Bücherbeschaffung polemisiert. Lenz verteidigt entschieden die kollektiv verabredeten Usancen und die Einigung auf das Deutsche als Gegenstand und Vortragssprache. Möglicherweise bezieht er sich auf die Veranstaltung vom 23. November 1776, von der es im Protokoll der Gesellschaft heißt: „Den 23ten Nov. las Herr Haffner eine anonyme Gegenvorstellung gegen die Anschaffung solcher Bücher, die blos auf die Ausbildung der Sprache abzweckten." (Froitzheim 1888a: 49) Bei dem Vortragenden handelt es sich um den Theologiestudenten und späteren Professor an der Straßburger Universität Isaak Haffner (ebd.: 40 f., 53 f.). Für diesen Bezug spricht auch Lenzens Erwähnung, dass sich der Anonymus darüber beschwert habe, „daß man mit einer moralischen Vorlesung angefangen" (Damm II: 784), denn eine Woche zuvor, am 16. November, hatte das Mitglied Johann Siegfried Breu eine Schrift, „Moralische Empfindungen betitelt", vorgetragen (Froitzheim 1888a: 48).

Briefe eines jungen L- von Adel an seine Mutter in L- aus ** in **

Q: Damm II: 827–830. – H: BJ Kraków, Lenziana 6. – ED: Blei IV: 288–291.

Der offensichtlich Fragment gebliebene Text ist laut Titel/Haug nicht sicher datierbar (Titel/Haug I: 645). Damm vermutet einen Zusammenhang mit Lenzens Aufenthalt in Emmendingen nach der Ausweisung aus Weimar und schlägt eine Datierung „von Ende 1775 bis Anfang 1777" vor (Damm II: 952). Tatsächlich scheint sich der Text auf die Reformbestrebungen des Markgrafen Carl Friedrich von Baden zu beziehen, der im Jahre 1772 selbst einen Abriss der physiokratischen Theorie veröffentlicht hatte und entsprechende Reformen in drei Ortschaften praktisch durchzusetzen versuchte, die jedoch bald scheiterten und auch von dem 1773 in sein badisches Amt eingeführten Johann Georg Schlosser skeptisch beurteilt wurden (vgl. Twellmann 2008: 513–518). Während Lenz auf diese Reformprojekte in seiner Erzählung *Der Landprediger* durchaus positiv, wenn auch ohne ökonomische Konkretion reagiert, kritisiert er sie in diesem Text in der literarischen Form der Rollensatire. Das betrifft nicht nur den als „Professor" titulierten führenden deutschen Physiokraten Johann August Schlettwein (1731–1802), der bis 1773 am Markgräflichen Hof in Karlsruhe wirkte, im Winter 1776/1777 Vorlesungen in Basel hielt und 1777 als Professor nach Gießen berufen wurde, sondern bezieht sich vor allem auf den sich ohne das Korrektiv eines auktorialen Erzählers selbst bloßstellenden Briefschreiber, der als Adliger, „sein Eigeninteresse noch dort [vertritt], wo er die Lage der andern verbessern will" (ebd.: 531).

Expositio ad hominem

Q: Wolfgang Albrecht u. Ulrich Kaufmann: „Lenzens ‚expositio ad hominem' in historisch-kritischer Edition (mit Faksimile)". In: Ulrich Kaufmann, Wolfgang Albrecht u. Helmut Stadeler (Hgg.): „Ich aber werde dunkel sein". Jena 1996: 78–91. – H: Goethe- und Schiller-Archiv (Stiftung Weimarer Klassik), Sign. 06/1126. – ED: É. Genton: „‚Expositio ad hominem'. Un inédit de Jacob Michael Reinhold Lenz". In: Études Germaniques 17.3 (1962): 259–269; mit Lesefehlern.

Das kurze Exposé zur Errichtung einer „Leyhkasse", also eines Stipendienfonds für angehende Schriftsteller, schrieb Lenz vermutlich während seines Aufenthalts in Weimar vom April bis zum November 1776, wo er offensichtlich glaubte, das Projekt realisieren zu können, vielleicht durch Vermittlung des Verlegers Friedrich Justin Bertuch, der auch die herzogliche Privatschatulle verwaltete (vgl. *Expositio ad hominem* [Hgg. Albrecht/Kaufmann 1996]: 90). Der Gedanke, dass „Gelehrte von entschiedenem Ruf und Verdienst" (ebd.: 85) die anonym eingesandten Textproben begutachten sollten, dürfte – wie viele andere Reformprojekte und Schriften Lenzens, darunter die *Meinungen eines Laien* – durch die 1774 bei Johann Christoph Bode in Hamburg erschienene Schrift *Die deutsche Gelehrtenrepublik. Ihre Einrichtung. Ihre Gesetze. Geschichte des letzten Landtags* [...] von Friedrich Gottlob Klopstock angeregt worden sein. Dass Lenz keinen Gedanken auf die Finanzierung des Projekts verwendet, mag darauf deuten, dass er entweder an eine ehrenvoll-unentgeltliche Leistung der Gelehrten oder an eine mäzenatische Geste des Weimarer Hofs dachte.

5. Notate zu verschiedenen Gegenständen

Q: Blei IV: 283–286 (Nr. 1–11). – H: nicht nachgewiesen. – ED: Blei IV: 283–291 (Nr. 1–11).

Blei druckt im Band IV seiner Ausgabe der *Gesammelten Schriften* von Lenz elf kürzere, von ihm nummerierte Texte unter dem Titel *Notizen und Fragmente aus der Zeit in Straßburg, Weimar und in der Schweiz* (Blei IV: 283–291). Weder die summarische noch eine je einzelne Datierung ist bisher verifiziert worden. Ein Fragment im engeren Sinne ist nur der Text Nr. 11. Die übrigen Texte haben eher den Charakter eines tagebuchartigen, spontan improvisierten, aber in sich abgeschlossenen Notats. Aus dieser Zusammenstellung sind hier nur die Texte Nr. 1–8 und Nr. 10 zu kommentieren. Der Text Nr. 9 mit dem Titel *Für Wagnern* wurde sowohl von Titel/Haug (I: 466) als auch von Damm (II: 673) aufgenommen und hier unter der Rubrik ‚Schriften zum Theater und zur Literatur' kommentiert. Das Gleiche gilt für Text Nr. 11 mit dem Titel *Briefe eines jungen L- von Adel an seine Mutter in L- aus ** in **‎* (Titel/Haug I: 323–326 in der Rubrik ‚Prosadichtungen'; Damm II: 830–839 in der Rubrik ‚Gesellschaftspolitische Schriften').

Der von Blei mit dem Titel *Erklärung in den Frankfurter Gelehrten Anzeigen 1775* versehene Text Nr. 10, in dem Lenz öffentlich klarstellt, dass er nach einer halbjährigen Anstellung in Königsberg nie wieder Hofmeister gewesen sei, erschien 1775 ohne Titel und mit Verfasserangabe auf S. 461 in der Doppelnummer 48/49 der *Frankfurter Gelehrten Anzeigen*. Weder die Publikationen, die er erwähnt, noch die Dienstverhältnisse, die er aufzählt, sind bis heute eindeutig und vollständig rekonstruiert worden.

Die ersten acht titellosen Notate bezeichnete Blei als „kleinere Fragmente, die sich handschriftlich fanden" (Blei IV: 395). Diese Handschriften sind bisher nicht identifiziert bzw. aufgefunden worden. In Notat Nr. 1 erläutert Lenz den Satz: „Die schönen Künste beschäftigen sich mit dem Gefühl, die schönen Wissenschaften vorzüglich aber mit den Empfindungen" (ebd.: 283). Notat Nr. 2 beginnt mit dem Satz „Die *Meinungen eines Laien* sind der Grundstein meiner ganzen Poesie, aller meiner Wahrheit, alles meines Gefühls, der aber freilich nicht muß gesehen werden." (ebd.: 283 f.; Hervorh. im Orig.) Lenz knüpft daran die These, dass nur eine Seele, die einen „starken Trieb zum Laster" überwindet, in der Lage sei, „fromm und gut zu sein" (ebd.: 284). In Notat Nr. 3 ermahnt sich Lenz, sich als freier Autor bei all seiner „romantischen Gutheit" immer auch als „Kaufmann anzusehen", der „leben" und seinen „Gläubigern gerecht werden" müsse (ebd.). Das Notat Nr. 4 kreist um die selbstlose Wohltat und die wechselseitige Hilfe sowohl im Literaturbetrieb als auch in der Liebe und Ehe (ebd.: 284 f.). Die kurzen, höchstens zwei Sätze langen Notate Nr. 5, 6, 7 und 8 sind Aphorismen über das Unglück der Unempfindlichkeit, die Besänftigung der Begehrungskräfte durch das Tabakrauchen (vgl. die entsprechende Maxime des Wenzeslaus im *Hofmeister*) und die Fähigkeit, entbehren zu können und keine Ansprüche zu erheben (ebd.: 285 f.).

6. Weiterführende Literatur

[Anonym:] *Von deutscher Art und Kunst. Einige fliegende Blätter.* Hamburg 1773. Nachdruck u. d. T.: Herder, Goethe, Frisi, Möser: *Von deutscher Art und Kunst. Einige fliegende Blätter.* Hg. v. Hans Dietrich Irmscher. Stuttgart 1977.

[Anonym:] [Rez. der Uraufführung von Jean-François Ducis: Romeo et Juliette durch die Comédiens français ordinaires du Roi am 27. 7. 1772 in Paris.] In: *Journal Encyclopédique* 7 (1772), S. 94–108.

[Anonym:] „Französischer Hamlet". In: *Theater-Journal für Deutschland*, 1778, 7. St., S. 14–23.

Bazin, Abbé [d. i. Voltaire]: *La Philosophie de l'Histoire.* Amsterdam 1765. Wieder in: *Les œuvres complètes de Voltaire.* Bd. 59. Hg. v. J. H. Brumfitt. Genève, Toronto 1969.

Bazin, Abbé [d. i. Voltaire]: *Die Philosophie der Geschichte des verstorbenen Herrn Abtes Bazin, übersetzt und mit Anmerkungen begleitet von Johann Jakob Harder.* Leipzig 1768.

Aristophanes: *Die Wolken. Komödie.* Übers., Nachwort u. Anmerkungen v. Otto Seel. Stuttgart 1990.

Aristoteles: *Dichtkunst.* Übers., mit Anmerkungen und besonderen Abhandlungen versehen v. Michael Conrad Curtius. Hannover 1753. Reprint Hildesheim 1973.

Aristoteles: *Poetik.* Griechisch/Deutsch. Übers. und hg. v. Manfred Fuhrmann. Stuttgart 1982.

Aristoteles: *Poetik.* Übers. und erläutert von Arbogast Schmitt. Berlin 2008.

[Augustinus] Sanctus Aurelius Augustinus: *De diversis quaestionibus octoginta tribus.* Hg. v. Almut Mutzenbecher. Turnhout 1975.

[Augustinus] Aurelius Augustinus: *An Simplicianus zwei Bücher über verschiedene Fragen.* Eingeleitet, übertragen und erläutert v. Thomas Gerhard Ring. Würzburg 1991.

Baasner, Frank: *Der Begriff ‚sensibilité' im 18. Jahrhundert. Aufstieg und Niedergang eines Ideals.* Heidelberg 1988.

Barth, Ulrich: *Aufgeklärter Protestantismus.* Tübingen 2004.

Batteux, Charles: *Les Beaux-Arts réduits à un même principe.* Paris 1746. Dt. Übers.: *Einschränkung der schönen Künste auf einen einzigen Grundsatz. Aus dem Französischen übers. und mit Abhandlungen begleitet v. Johann Adolf Schlegel.* 3. Aufl. Leipzig 1770. Reprint Hildesheim 1976.

Baumgarten, Alexander Gottlieb: *Praelectiones Theologiae Dogmaticae.* Halle 1773.

Baumgarten, Alexander Gottlieb: *Ästhetik.* Lateinisch/Deutsch. Übers., mit einer Einführung, Anmerkungen und Registern hg. v. Dagmar Mirbach. 2 Bde. Hamburg 2007.

Baumgarten, Alexander Gottlieb: *Metaphysica. Metaphysik.* Historisch-kritische Ausgabe. Übers., eingeleitet u. hg. v. Günter Gawlick und Lothar Kreimendahl. Frankfurt/Main 2011.

Baumgarten, Siegmund Jacob: *Unterricht von dem rechtmäßigen Verhalten eines Christen, oder Theologische Moral.* Halle 1738, 5. verb. Aufl. Halle 1756. Reprint mit einem Vorwort v. Dirk Effertz, Hildesheim 2012.

Baumgarten, Siegmund Jacob: *Evangelische Glaubenslehre. Mit einigen Anmerkungen, Vorrede und historischen Einleitung hg. v. D. Johann Salomon Semler.* 3 Bde. [1. Aufl. Halle 1759, 1760.] 2. Aufl. Halle 1764, 1765, 1766.

Bayle, Pierre: *Dictionnaire historique et critique.* 4 T., 5. Aufl. Genf 1740.

Bayle, Pierre: *Historisches und critisches Wörterbuch nach der neuesten Auflage von 1740 ins Deutsche übersetzt, auch mit einer Vorrede und verschiedenen Anmerkungen versehen von Johann Christoph Gottsched.* 4 Bde. Leipzig 1741–1744.

Biblia, ist, Das: Die gantze Heilige Schrift, Altes und Neues Testaments. Verdeutscht von Herrn Doctor Martin Luther [...]. Nürnberg 1768. 3 Bde., Folio.

Blinn, Hansjürgen (Hg.): *Shakespeare-Rezeption. Die Diskussion um Shakespeare in Deutschland*. Bd. I: *Ausgewählte Texte von 1741 bis 1788*. Mit einer Einführung, Anmerkungen u. bibliographischen Hinweisen. Berlin 1982.

Buck, August (Hg.): *Dichtungslehren der Romania aus der Zeit der Renaissance und des Barock*. Frankfurt/Main 1972.

Bürger, Gottfried August: „Gedanken über die Beschaffenheit einer deutschen Übersetzung des Homer, nebst einigen Probefragmenten". In: Christian Adolph Klotz (Hg.): *Deutsche Bibliothek der schönen Wissenschaften und der freien Künste*. Bd. 6, Halle 1771, 21. Stück, S. 1–41. Wieder in: Gottfried August Bürger: *Sämtliche Werke*. Hg. v. Günter und Hiltrud Häntzschel. München, Wien 1987, S. 610–642.

Bürger, Gottfried August: „Homers Iliade". Fünfte und sechste Rhapsodie, verdeutscht. In: *Deutsches Museum*, 1776, 1. Stück, S. 1–14, 2. Stück, S. 147–168.

Bürger, Gottfried August: „Homers Ilias", 1.–4. Gesang [in Hexametern] übersetzt. In: *Journal von und für Deutschland*, Bd. 1, 1784, 1., 2., 4. u. 6. Stück.

Carl Friedrich Markgraf von Baden-Durlach: „Abrégé des principes de l'économie politique". In: *Ephémérides du citoyen ou Bibliothèque raisonnée des sciences morales et politiques* 6 (1772), S. 1–51. Vgl. die deutsche Übersetzung: Carl Friedrich: *Abriß der Nationalökonomie*. Hg. v. Adolf Damaschke. Berlin 1908.

Chodowiecki, Daniel Nikolaus: „Der Fortgang der Tugend und des Lasters". 12 Radierungen. In: *Göttinger Taschen Calender für 1778*.

Ducis, Jean-François: *Romeo et Juliette. Tragédie. Par M. Ducis*. Paris 1772.

Erasmus von Rotterdam: „De libero arbitrio diatribe sive Collatio. Gespräch oder Unterredung über den freien Willen". In: Erasmus: *Ausgewählte Schriften*. 8 Bde. Lateinisch/Deutsch. Hg. v. Werner Welzig. Darmstadt 1969, Bd. 4, S. 1–195.

Eschenburg, Johann Joachim: „Shakespeare wider neue voltärische Schmähungen vertheidigt von Johann Joachim Eschenburg". In: *Deutsches Museum*, 1777, 1. Stück, S. 40–70.

Falbaire de Quingey, Charles-Georges Fenouillot de: *L'honnête Criminel*. Amsterdam, Paris 1767.

Fuhrmann, Manfred: *Einführung in die antike Dichtungstheorie*. Darmstadt 1973.

Gerstenberg, Heinrich Wilhelm von: *Briefe über Merkwürdigkeiten der Litteratur*. 3 Bde. Schleswig u. Leipzig bzw. Hamburg u. Bremen 1766–1770. Reprint Hildesheim 1971.

[Goethe, Johann Wolfgang:] „Diesseitige Antwort auf Bürgers Anfrage wegen der Übersetzung des Homers". In: *Der Teutsche Merkur*, 1776, 1. Stück, S. 193 f.

Goethe, Johann Wolfgang: „Brief des Pastors zu *** an den neuen Pastor zu ***. Aus dem Französischen". In: Johann Wolfgang Goethe: *Sämtliche Werke*. I. Abt., Bd. 18, Frankfurt/Main 1998, S. 119–130.

Goethe, Johann Wolfgang: „Zum Schäkespears Tag". In: Johann Wolfgang Goethe: *Sämtliche Werke*. I. Abt., Bd. 18, Frankfurt/Main 1998, S. 9–12.

Gottsched, Johann Christoph: *Versuch einer Critischen Dichtkunst*. 4. vermehrte Aufl. Leipzig 1751. Reprint Darmstadt 1977.

Helvétius, Claude Adrien: *De l'homme. De ses facultés intellectuels et de son éducation*. London 1773. Dt. Übers.: *Vom Menschen, seinen geistigen Fähigkeiten und seiner Erziehung*. Übers. u. mit einer Einleitung v. Günther Mensching. Frankfurt/Main 1972.

[Herder, Johann Gottfried [Hg.]:] *Volkslieder. – Nebst untermischten andern Stücken*. 2 Theile. Leipzig 1778, 1779.

Herder, Johann Gottfried: „Älteste Urkunde des Menschengeschlechts" [24 Tle., 2 Bde., Riga 1774–1776]. In: Johann Gottfried Herder: *Werke in zehn Bänden*. Bd. 5. Hg. v. Rudolf Smend. Frankfurt/Main 1993, S. 179–659.

Herder, Johann Gottfried: „Shakespear" [1773]. In: Johann Gottfried Herder: *Werke in zehn Bänden*. Bd. 2. Hg. v. Gunther E. Grimm. Frankfurt/Main 1993, S. 498–521.

Herder, Johann Gottfried: „Auch eine Philosophie der Geschichte zur Bildung der Menschheit. Beitrag zu vielen Beiträgen des Jahrhunderts" [1774]. In: Johann Gottfried Herder: *Werke in zehn Bänden*. Bd. 4. Hg. v. Jürgen Brummack und Martin Bollacher. Frankfurt/Main 1994, S. 9–107.

Hirsch, Emanuel: *Geschichte der neuern evangelischen Theologie im Zusammenhang mit den allgemeinen Bewegungen des europäischen Denkens.* Neu hg. u. eingeleitet v. Albrecht Beutel. Bd. 2. Waltrop 2000.

Hölty, Ludwig Christoph Heinrich: „Der Wollustsänger. An Voß". In: *Poetische Blumenlese auf das Jahr 1775.* Göttingen, Gotha 1775, S. 230–231. Wieder in: Ludwig Christoph Heinrich Hölty: *Gesammelte Werke und Briefe. Kritische Studienausgabe.* Hg. v. Walter Hettche. Göttingen 1998, S. 108.

Horch, Hans Otto u. Horst Denkler (Hgg.): *Conditio Judaica. Judentum, Antisemitismus und deutschsprachige Literatur vom 18. Jahrhundert bis zum Ersten Weltkrieg.* 2 Bde. Tübingen 1988, 1989.

Hupel, August Wilhelm: *Origenes oder von der Verschneidung. Über Matth. 19. v. 10–12. Ein Versuch, zur Ehrenrettung einiger gering geachteten Verschnittenen.* Riga 1772.

Kemper, Hans-Georg: *Deutsche Lyrik der frühen Neuzeit.* Bd. 6/I: *Empfindsamkeit.* Tübingen 1997.

Klopstock, Friedrich Gottlieb: *Die deutsche Gelehrtenrepublik, ihre Einrichtung, ihre Gesetze. Geschichte des letzten Landtags. Erster Theil* [mehr nicht erschienen]. Hamburg 1774. Wieder in: Friedrich Gottlieb Klopstock: *Werke und Briefe. Historisch-kritische Ausgabe.* Abt. Werke VII/1. Hg. v. Rose-Maria Hurlebusch. Berlin, New York 1975.

Lavater, Johann Caspar: *Physiognomische Fragmente zur Beförderung der Menschenkenntnis und Menschenliebe.* 4 Bde. Leipzig, Winterthur 1775–1778.

Lavater, Johann Caspar: *Physiognomische Fragmente zur Beförderung der Menschenkenntnis und Menschenliebe. Eine Auswahl.* Mit 101 Abbildungen. Hg. v. Christoph Siegrist. Stuttgart 1984.

Leibniz, Gottfried Wilhelm: *Die Theodizee. Erster Teil der Versuche über die göttliche Gerechtigkeit, die Freiheit des Menschen und den Ursprung des Übels.* Übers. v. Artur Buchenau. Einführender Essay v. Morris Stockhammer. Hamburg, 2. Aufl. 1968.

Leibniz, Gottfried Wilhelm: *Meditationes de cognitione, veritate et ideis* [1684]. Dt. u. d. T. „Betrachtungen über die Erkenntnis, die Wahrheit und die Ideen". In: Gottfried Wilhelm Leibniz: *Fünf Schriften zur Logik und Metaphysik.* Übers. u. hg. v. Herbert Herring. Stuttgart 1978, S. 9–17.

Lessing, Gotthold Ephraim: „Abhandlung von dem Leben, und den Werken des Marcus Accius Plautus; Die Gefangenen, ein Lustspiel. Aus dem Lateinischen des M. Accius Plautus übersetzt". In: Gotthold Ephraim Lessing: *Beiträge zur Historie und Aufnahme des Theaters.* Stuttgart 1750. Wieder in: Gotthold Ephraim Lessing: *Werke und Briefe in zwölf Bänden.* Bd. 1, hg. v. Jürgen Stenzel. Frankfurt/Main 1989, S. 736–878.

Lessing, Gotthold Ephraim: *Hamburgische Dramaturgie.* Hg. u. kommentiert v. Klaus L. Berghahn. Stuttgart 1990.

Lichtenberg, Georg Christoph: „Über Physiognomik, und am Ende etwas zur Erklärung der Kupferstiche des Almanachs". In: *Göttinger Taschen Calender für 1778* [erschienen im Herbst 1777], S. 1–31.

Lichtenberg, Georg Christoph: *Über Physiognomik; wider die Physiognomen. Zu Beförderung der Menschenliebe und Menschenkenntnis.* Zweite vermehrte Aufl., Göttingen 1778. Wieder in: Georg Christoph Lichtenberg: *Schriften und Briefe.* Hg. v. Wolfgang Promies. Bd. 3, München 1972, S. 256–295.

Luther, Martin: „De servo arbitrio". In: *D. Martin Luthers Werke. Kritische Gesamtausgabe.* Bd. 18. Weimar 1883 ff., S. 600–787.

Mayer, Hans: *Außenseiter.* Frankfurt/Main 1977.

Mercier, Louis-Sébastien: *Du théâtre ou nouvel essai sur l'art dramatique.* Amsterdam 1773, Reprint Hildesheim 1973. Dt. Übers. v. Heinrich Leopold Wagner: Mercier, Louis-Sébastien: *Neuer Versuch über die Schauspielkunst. Aus dem Französischen. Mit einem Anhang aus Goethes Brieftasche.* Leipzig 1776. Reprint mit einem Nachwort v. Peter Pfaff: Heidelberg 1967.

[Nicolai, Friedrich:] *Freuden des jungen Werthers. Leiden und Freuden Werthers des Mannes. Voran und zuletzt ein Gespräch.* Berlin 1775. Faksimiledruck in: Klaus R. Scherpe: *Werther und Wertherwirkung. Zum Syndrom bürgerlicher Gesellschaftsordnung im 18. Jahrhundert.* Bad Homburg v. d. H., Berlin, Zürich 1970, S. 30–35.

Och, Gunnar: *Imago judaica. Juden und Judentum im Spiegel der deutschen Literatur 1750–1812.* Würzburg 1995.

Oellers, Norbert: „Goethe und Schiller in ihrem Verhältnis zum Judentum". In: Hans Otto Horch u. Horst Denkler (Hgg.): *Conditio Judaica. Judentum, Antisemitismus und deutschsprachige Literatur vom 18. Jahrhundert bis zum Ersten Weltkrieg.* 2 Bde. Tübingen 1988, 1989. Bd. 1, S. 108–130.

[Ovid] Publius Ovidius Naso: *Metamorphosen.* In deutsche Hexameter übertragen u. mit dem Text hg. v. Erich Rösch. Darmstadt 1983.

Platon: „Des Sokrates Verteidigung (Apologie)". In: Platon: *Sämtliche Werke.* Übers. v. Friedrich Schleiermacher. Hg. v. Walter F. Otto u. a. Bd. 1. Reinbek bei Hamburg 1957, S. 7–31.

Pope, Alexander: *The Iliad of Homer. Translated by M. Pope.* London 1715–1720. Wieder in: *The Twickenham Edition of the Poems of Alexander Pope.* Bde. VII u. VIII. Hg. v. Maynard Mack. London, New York 1967.

Pope, Alexander: *The Odyssey of Homer. Translated by Alexander Pope.* London 1725–1726. Wieder in: *The Twickenham Edition of the Poems of Alexander Pope.* Bde. IX u. X. Hg. v. Maynard Mack. London, New York 1967.

Pope, Alexander: *The works of Shakespear, collated and corrected by the former editions, by Mr. Pope.* Mit einer Einl. von William Warburton. 8 Bde. London 1747.

Rawidowicz, Simon: „Zum Lavater-Mendelssohn-Streit". In: Moses Mendelssohn: *Gesammelte Schriften. Jubiläumsausgabe.* Bd. 7: *Schriften zum Judentum I.* Berlin 1930, S. XI–LXXX. Nachdruck Stuttgart-Bad Cannstatt 1974.

Riccoboni, Antonio: *Poetica Aristotelis ab Antonio Riccobono Latine conversa: Euisdem Riccoboni paraphrasis in Poeticam Aristotelis: Eiusdem Ars comica ex Aristotele. Cum Indice copiosissimo. Cum privilegio.* Patavii MDLXXXVII.

[Rousseau, Jean-Jaques:] *Lettres de deux amans, habitans d'une petite ville au pied des Alpes.* 6 Bde. Amsterdam 1761.

Rousseau, Jean Jaques: *Julie oder Die neue Heloise. Briefe zweier Liebender aus einer kleinen Stadt am Fuße der Alpen.* Übers. v. J. G. Gellius u. a. Leipzig 1761, verbesserte Neuaufl. 1776.

Salzmann, Johann Daniel: *Kurze Abhandlungen über einige wichtige Gegenstände aus der Religions- und Sittenlehre.* Frankfurt/Main 1776. Faksimiledruck mit einem Nachwort v. Albert Fuchs: Stuttgart 1966.

Sauder, Gerhard: „Empfindsamkeit – Sublimierte Sexualität?" In: Klaus P. Hansen (Hg.): *Empfindsamkeiten.* Passau 1990, S. 167–177.

Schlettwein, Johann August: *Die wichtigste Angelegenheit für das ganze Publikum: oder die natürliche Ordnung in der Politik überhaupt.* 2 Bde. Karlsruhe 1772, 1773.

Schloemann, Martin: *Siegmund Jacob Baumgarten. System und Geschichte in der Theologie des Übergangs zum Neuprotestantismus.* Göttingen 1974.

Schmid, Christian Heinrich: „Über den gegenwärtigen Zustand des deutschen Parnasses". In: *Der Teutsche Merkur,* 1773, 2. Quartal, S. 150–186 (Mai 1773), S. 195–235 (Juni 1773); 1773, 4. Quartal, S. 245–276 (Dezember 1773); 1774, 4. Quartal, S. 164–201 (November 1774). Auch in: Christian Heinrich Schmid: *Über den gegenwärtigen Zustand des deutschen Parnasses. Mit Zusätzen und Anmerkungen von Christoph Martin Wieland.* Mit einem Nachwort von Robert Seidel. St. Ingbert 1998 (= Kleines Archiv des achtzehnten Jahrhunderts 31).

Schrader, Hans-Jürgen: „Mit Feuer, Schwer und schlechtem Gewissen. Zum Kreuzzug der Hainbündler gegen Wieland". In: *Euphorion* 78 (1984), S. 325–367.

Schroeter, Adalbert: *Geschichte der deutschen Homer-Übersetzung im 18. Jahrhundert.* Jena 1882.

Schulte-Sasse, Jochen (Hg.): Lessing, Mendelssohn, Nicolai: *Briefwechsel über das Trauerspiel.* Hg. u. kommentiert v. Jochen Schulte-Sasse. München 1972.

Spalding, Johann Joachim: *Gedanken über den Werth der Gefühle in dem Christenthum* [1761]. Hg. v. Albrecht Beutel u. Tobias Jersak. Tübingen 2005 (= Kritische Ausgabe. Erste Abteilung: Schriften 2).

Stellmacher, Wolfgang (Hg.): *Auseinandersetzung mit Shakespeare. Texte zur deutschen Shakespeare-Aufnahme.* Bd. 1: *Von 1740 bis zur Französischen Revolution.* Berlin 1976.

Sterne, Laurence: *Das Leben und die Meynung des Herrn Tristram Shandy.* Aus dem Englischen übersetzt. Zweyte Auflage. Nach einer neuen Übersetzung. Berlin 1770.

[Vergil] Publius Vergilius Maro: *Bucolica. Hirtengedichte. Studienausgabe.* Lateinisch/Deutsch. Übersetzung, Anmerkungen, interpretierender Kommentar u. Nachwort v. Michael von Albrecht. Stuttgart 2001.

Vives, Ioannes Lodovicus: „Bucolicorum Vergilii Interpretatio potissimum Allegorica". Breda 1537. Wieder in: Juan Luis Vives: *Opera omnia.* Hg. v. Gregorio Mayans y Siscar. Bd. 2. Valencia 1782, S. 1–71.

Vives, Juan Luis: *Über die Gründe des Verfalls der Künste. De causis corruptarum artium.* Übersetzt v. Wilhelm Sender. Hg. v. Emilio Hidalgo-Serna. München 1990.

[Voltaire:] „Lettre de Monsieur de Voltaire à Messieurs de l'Académie Francaise. Lue dans cette Académie, à la solemnité de la Saint-Louis, le 25. Auguste 1776". In: *Les œuvres complètes de Voltaire.* Bd. 78A. Oxford 2010, S. 23–53.

Wieland, Christoph Martin: *Der neue Amadis. Ein comisches Gedicht in Achtzehn Gesängen.* 2 Bde. Leipzig 1771. Wieder in: *Wielands Werke. Historisch-Kritische Ausgabe.* Bd. 11.1. Bearb. v. Klaus Manger u. Tina Hartmann. Berlin 2009, S. 64–67.

Wieland, Christoph Martin: „Der Geist Shakespeares". In: *Der Teutsche Merkur,* Bd. 3, 2. Stück (August 1773), S. 183–188. Auch in: Wolfgang Stellmacher (Hg.): *Auseinandersetzung mit Shakespeare. Texte zur deutschen Shakespeare-Aufnahme.* Bd. 1: *Von 1740 bis zur Französischen Revolution.* Berlin 1976, S. 66–69.

[Wieland, Christoph Martin:] „Der neue Menoza [...]". In: *Der Teutsche Merkur,* Bd. 8, 3. Stück (Dezember 1774), S. 241. Nachdruck in: *Der neue Menoza* [Hg. Unglaub 1987]: 127–128.

Wieland, Christoph Martin: „Anmerkungen übers Theater" [...]. In: *Der Teutsche Merkur,* 1. Vierteljahr 1775, 1. Stück (Januar 1775), S. 94–96. Nachdruck in: Weiß V: 202*–207*.

Wieland, Christoph Martin: „Alexander Pope's Vorrede zu seiner Ausgabe des Shakespears". In: Shakespear: *Theatralische Werke. Aus dem Englischen übersetzt von Wieland.* 8 Bde. Zürich 1762–1766, Bd. 1, 1762, S. 3–28. Wieder in: Wieland: *Gesammelte Schriften.* Hg. v. der Deutschen Kommission der Königlich Preußischen Akademie der Wissenschaften. Berlin 1909–1975, Abt. II: *Übersetzungen,* Bd. 1, 1909, S. 1–12.

Xenophon: *Das Gastmahl.* Griechisch/Deutsch. Übersetzt u. hg. v. Ekkehard Stärk. Stuttgart 1986.

2.5 Briefe
Anne D. Peiter

1. Die Briefkultur im Deutschland des 18. Jahrhunderts 242
2. Einführung: Lenz' Korrespondenz 243
3. Lenz' Briefpartner 244
4. Vorherrschende Themen in Lenz' Korrespondenz 245
   Freundschaft und Geselligkeit 245
   Verbergen und Entbergen 246
   Schatten und Bilder 247
   Religion und Schuld 249
   Geld und berufliche Schwierigkeiten 252
5. Noch einmal: Verbergen und Entbergen. Zur Frage der ‚Authentizität'
   der Briefe Lenz' 253
6. Brief*roman* 256
7. Weiterführende Literatur 257

1. Die Briefkultur im Deutschland des 18. Jahrhunderts

Das 18. Jahrhundert gilt heute als das ‚Jahrhundert der Briefe'. Dies hat mit sozialökonomischen wie kulturellen Veränderungen zu tun: Die Oberschicht begann, in stärkeren brieflichen Austausch miteinander zu treten, als dies noch im 17. Jahrhundert möglich war. Ausgedehnte Briefwechsel wurden gerade vom Bürgertum wahrgenommen als „freie Beziehungen jenseits von Klassenschranken, politischen Zwängen, ständischen und sozialen Unverträglichkeiten, Pflichten des Amtes und des Berufs" (*Mattenklott/Schlaffer/Schlaffer 1988: 14). Die französische Sprache, die die Briefkultur in Deutschland im Jahrhundert zuvor noch dominiert hatte, wurde im 18. Jahrhundert weitgehend von der deutschen abgelöst. Nicht mehr das französische Hofzeremoniell mit seinem strengen Regelsystem (das auch Form und Stil von Briefen beeinflusst hatte) galt jetzt als Modell, an dem man sich orientieren müsse, sondern es verstärkte sich beim Aufsetzen von Briefen die Suche nach einem ebenso ‚individuellen' wie ‚natürlichen' Ausdruck.

Damit hing ein Charakteristikum zusammen, das auch für Lenz von Bedeutung war: Der Brief wurde als eine Art Zwiesprache betrachtet, die, so der implizite Anspruch, den gleichen Austausch ermöglichen solle, wie er sonst nur im direkten Kontakt zwischen zwei Menschen zu verwirklichen sei. Der Briefschreiber tat also so, als existiere die räumliche und zeitliche Distanz zum Empfänger nicht. Diese Unmittelbarkeit war denn auch gerade für die Epoche von Bedeutung, die die Literaturgeschichte als ‚Empfindsamkeit' zu bezeichnen pflegt. Die direkte Ansprache, die der Brief ermöglichte, sollte dadurch unterstrichen werden, dass der Briefschreiber seinen Gefühlen nach-dachte und den Empfänger an diesem Nachdenken teilhaben ließ.

Neben der Tatsache, dass die Alphabetisierung von Frauen (wie der Bevölkerung insgesamt) voranschritt, erklärt auch dieser Kontext, warum besonders ab dem 18. Jahrhundert der Brief zu einer Domäne von Frauen wurde. Traditionell dem Häuslichen, d. h. Privatem zugeordnet, galten Frauen als diejenigen, die, anders als die Männer, nicht vorrangig vom Verstand, sondern von ihren Gefühlen gesteuert würden. Briefe von Frauen fanden daher besondere Erwähnung in den sogenannten

Briefstellern, die Anleitungen zum Briefeschreiben enthielten. Meta Moller, die spätere Frau Klopstocks gehörte beispielsweise zu den Frauen, die als Meisterinnen der ‚Natürlichkeit' des brieflichen Ausdrucks gefeiert wurden. Zugleich verbanden sich mit der Kunst des Briefeschreibens zunehmend auch künstlerisch-literarische Ansprüche von Frauen.

Doch der vorherrschende Aspekt der *Privatheit* ihres Ausdrucks ging einher mit einer gesellschaftlichen Praxis, die nur auf den ersten Blick im Widerspruch zu diesem stand: Briefe wurden häufig nicht nur mit Blick auf den eigentlichen Empfänger geschrieben, sondern auch in Vorwegnahme eines erweiterten Kreises von Leserinnen und Lesern. Es war im 18. Jahrhundert üblich, Briefe, die man erhalten hatte, im Freundeskreis vorzulesen. Diese Form von ‚Veröffentlichung' stellte ein geselliges Ereignis ersten Ranges dar. Freundschaft war also nicht nur etwas, was *zwei* Briefpartner verband, sondern was die Tendenz in sich trug, sich zur Geselligkeit hin auszuweiten. Nicht umsonst gilt das 18. Jahrhundert heute nicht allein als das Jahrhundert der Briefe, sondern auch als das der Geselligkeit. Das bedeutet aber auch, dass es, so sehr die Subtilität der Selbstanalyse und des Selbstausdrucks im Zentrum standen, beim Aufsetzen von Briefen galt, eine gewisse Vorsicht walten zu lassen. Auch Lenz traf immer wieder Vorkehrungen, um auch nach Absendung von Briefen die Kontrolle über die Art ihrer Rezeption nicht zu verlieren.

2. Einführung: Lenz' Korrespondenz

Ein Blick auf die Sekundärliteratur zu Leben und Werk von Jakob Michael Reinhold Lenz zeigt, dass seine Korrespondenz bisher kaum der Untersuchung für wert befunden worden ist (zu den wenigen einschlägigen Artikeln gehören: Haustein 1986, 1994; Blunden 1976). Zwar pflegen seine Briefe in Hinblick auf bestimmte Themen herangezogen zu werden, doch kann von einem ausgeprägten Interesse der Forschung für seinen brieflichen Austausch *insgesamt* nicht die Rede sein. So liegen Publikationen zu Lenz' Beziehung zu bestimmten Zeitgenossen – allen voran Goethe (Hacks 1990, Winter 1995, Delhey 2003, Haag 2008), aber auch Herder (Kaufmann 1997b), Sophie von La Roche (Albrecht 1996), Wieland (Steinhorst 2002) oder seinen Verlegern (Kaufmann 1997b) – vor. Auch das (nicht zuletzt durch Büchners Erzählung *Lenz* beeinflusste) Interesse für die Krankheitsgeschichte des Autors vermag ohne seine Briefe nicht auszukommen. Doch allgemein kann konstatiert werden: Lenz ist als *Briefautor* in die Literaturgeschichte der deutschsprachigen Länder nicht einmal als der ‚vorübergehende Meteor' eingegangen, als den Goethe ihn bezeichnet hat.

Der Ausschluss aus dem Literaturkanon, für die der ‚Dichterfürst' eintrat, ist jedoch zu Recht unterlaufen worden. Aus diesem Grunde sollen in einem ersten Schritt wichtige Briefpartnerinnen und Briefpartner von Lenz zunächst einmal vorgestellt und ein Überblick über Themen, die in seinen Briefen häufig vorkommen, gegeben werden. Lenz wird also als Briefautor *ernst* genommen.

In einem zweiten Schritt soll dann jedoch gefragt werden, ob das geringe Interesse der Forschung an den Briefen nicht doch seine Gründe hat. Die ökonomischen Verhältnisse von Lenz hatten in der Tat Auswirkungen auf die Qualität seiner Korrespondenz. Geld- und Berufssorgen erklären, dass Lenz nicht die Zeit auf seine Korrespondenz verwenden konnte, wie sie manchen seiner Zeitgenossen zur Verfügung stand.

Dass Lenz als Briefautor jedoch andererseits nicht ungebührlich unterschätzt werden darf, zeigt sich in den Briefen, die *fiktiven* Charakter tragen. Als Briefautor ist Lenz besonders da eindrucksvoll, wo Briefe die Grundlagen *literarischen* Schreibens im engeren Sinne darstellen. Zu untersuchen sind daher nicht allein die ‚wirklichen' Briefe, Briefe also, die im Blick auf reale Empfänger geschrieben worden sind, sondern auch die Erzählung *Der Waldbruder*. Diese ist einzuordnen in die – sich im 18. Jahrhundert etablierende – Mode der Briefromane, die mit Sophie von La Roches *Geschichte des Fräuleins von Sternheim*, dem ersten deutschsprachigen Briefroman, begann und in Goethes – gerade auch für Lenz wichtigem – *Werther* einen schon von den Zeitgenossen vieldiskutierten Höhepunkt fand. Lenz erweist sich im *Waldbruder* als *Meister* des Briefes. Diese Meisterschaft wirft aber ein neues Licht auf die Dominanz des pragmatischen Austauschs, der seine ‚reale' Korrespondenz charakterisiert.

3. Lenz' Briefpartner

Obwohl die Dammsche Ausgabe nicht alle auffindbaren Briefe von Lenz und seinen Briefpartnern enthält (siehe weitere Briefe u. a. bei Osborne 1994a; Osborne 1995; Niedermeier 2007), ist die Liste seiner Briefpartner lang. Mit vielen von ihnen hat Lenz nur kurzzeitig oder sporadisch Kontakt gehabt. Daneben gab es jedoch auch eine Reihe von Personen, mit denen ihn ein intensiver brieflicher Austausch verband.

Die bekanntesten und kulturgeschichtlich bedeutendsten dieser Briefpartner waren Johann Wolfgang Goethe, Johann Gottfried Herder, Christoph Martin Wieland, Sophie von La Roche und Johann Caspar Lavater. Neben diesen gibt es auch Männer (weniger jedoch Frauen), die nicht den gleichen Bekanntheitsgrad genossen, deren Beistand jedoch in praktischer Hinsicht für Lenz wichtig war. Dazu gehören der Herausgeber Heinrich Christian Boie, der Arzt und Schriftsteller Johann Georg Zimmermann, der Jurist und Schriftsteller Johann Georg Schlosser, der Kaufmann und Richter Jakob Sarasin sowie Johann Daniel Salzmann, Gründer der literarischen Sozietät in Straßburg. Zu nennen ist auch Johann Gottfried Röderer, ein enger Freund Lenz'. Diese Liste von Namen und Berufen zeigt, dass Lenz sich in durchaus einflussreichen Kreisen bewegte. Dennoch ist Lenz ein relativ marginalisierter Schriftsteller geblieben.

In Hinblick auf Lenz' Krankheitsgeschichte hat darüber hinaus seine Korrespondenz mit seiner Familie immer wieder die Aufmerksamkeit der Lenz-Forschung auf sich gezogen (Dedner 2001). Da wir von seiner Mutter nur einen einzigen Brief kennen, dominieren Lenz' Konflikte mit seinem Vater das Bild (Rudolf 1992; Kagel 2000). Von diesem sind jedoch die meisten Briefe verbrannt. Erweitert wird das Beziehungsgeflecht zur Familie jedoch durch den brieflichen Austausch mit den Brüdern Friedrich David, Carl Heinrich und Johann Christian.

4. Vorherrschende Themen in Lenz' Korrespondenz

Freundschaft und Geselligkeit

Lenz hat immer wieder die Briefe als Medium von Geselligkeit reflektiert. In einer Zeit, in der das Transportwesen Ortswechsel und Reisen zu einer kostspieligen Angelegenheit und damit vorwiegend zum Privileg der Oberschicht machte, war die Erweiterung des Kreises von Bekannten angewiesen auf die Teilhabe an der Korrespondenz, die andere führten. So verstand es Lenz beispielsweise, Zugang zu Briefen zu finden, die Herders Frau an eine Freundin gerichtet hatte. An Herder selbst schrieb er: „Ich muß Dich und Dein Weib einmal sehn. O ich hab all ihre Briefe an ihre Freundin aufgehascht. Welche Jagd – Gott mache mich der Offenbarungen würdig." (28. 8. 1775 an Herder; alle Briefzitate nach Damm III) Was Geselligkeit im Medium von Briefen bedeuten konnte, deutet sich hier an: Das Lob, das Lenz den Briefen von Herders Frau spendet, sowie das Bild des Jägers und göttliche Mitteilungen Empfangenden, das er von sich selbst entwirft, stellen zugleich den Versuch dar, Herder enger an sich zu binden. Der werbende Vorschlag, sich zu sehen, bezieht die Frau als Bindeglied für die sich vertiefende Freundschaft zwischen den beiden Männern ein.

Im Kontakt zu anderen Briefpartnern sind ähnliche Versuche zu beobachten, Freundschaft zur Geselligkeit hin auszuweiten – und damit zugleich die eigene Tätigkeit als Schriftsteller auf eine sicherere ökonomische Grundlage zu stellen (vgl. Winter 2009). So heißt es in einem Brief an Sophie von La Roche:

> Ich kann mich nicht enthalten gnädige Frau, Ihnen den ganzen ganzen Brief der Gräfin Waldner über den Beschluß Ihrer Henriette zuzuschicken. Sie werden in jedem Zuge das Unaussprechliche sehen, das ich nicht als Mannsperson, das ich nach der kältesten Erkenntnis drin finde. Haben Sie die Gnade ihn mir wiederzuschicken, weil ich der Person der er gehört, ihn nur unter dem Vorwand abgeschwatzt habe um die Stelle die Ihre Henriette angeht, für mich auszuschreiben, nichtweniger die über Hn. von Bismark Denkmal auf seine verstorbene Frau, das ich bei dieser Gelegenheit Ihnen nicht genug empfehlen kann. (28. 10. 1775 an Sophie von La Roche)

Lenz bezieht sich auf eine der Veröffentlichungen Sophie von La Roches, die in der Zeitschrift *Iris* erschienen war. Ähnlich wie im Kontakt zu Herder hebt er die Schwierigkeit hervor, die Erlaubnis zur Lektüre eines Briefes zu bekommen, der nicht an ihn gerichtet gewesen war. Dieser Hinweis verfolgt das Ziel, die Verehrung, die Lenz gegenüber La Roche empfindet, auf subtile, da indirekte Weise auszusprechen: Lenz stellt sich dar als Teilhaber eines geselligen Zirkels, in dem die Werke der Autorin La Roche diskutiert werden. Die Beschäftigung der Gräfin Waldner mit der Publikation von La Roche ist zugleich auch die seine. Anspruch auf Objektivität erhebt sein positives Urteil dadurch, dass er nicht als Mann spricht, sondern allein „nach der kältesten Erkenntnis", d. h. *unabhängig* von seiner Bewunderung für La Roche als Frau urteilt. Der Austausch über literarische Projekte, den Lenz im Kontakt zu ihr offenbar zu vertiefen wünscht, findet in der zeitweiligen Überlassung des Briefes eine Art Pfand: Der Brief der Gräfin Waldner zirkuliert, geht von den Händen des Briefempfängers in Lenz' Hände und von da in die von La Roche über, und damit impliziert Lenz, dass er Zutrauen zu seiner Briefpartnerin hat, Zutrauen in Bezug auf die Bitte, dass sie ihm den Brief, der gar nicht der seine ist, ‚wiederschicken' werde,

Zutrauen außerdem in Bezug auf die Überzeugung, ähnliche literarische Interessen wie sie zu verfolgen.

Verbergen und Entbergen

Genau hier aber setzt die pendelnde Bewegung zwischen Verbergen und Öffnung ein, die für Lenz' Briefe insgesamt charakteristisch ist. So sehr auf der einen Seite der Bezug auf die Briefe anderer es erlaubt, Freundschaft durch den Umweg über andere zur Geselligkeit hin zu erweitern, so sehr sieht Lenz auf der anderen Seite darauf, dass er selbst den Kreis derjenigen absteckt, denen bestimmte Informationen zugehen dürfen oder nicht. So schreibt er 1775 an den Tischgenossen Goethes, Friedrich Wilhelm Gotter: „Vor allen Dingen sagen Sie aber Goethen kein Wort von alledem, wenn Ihnen meine Freundschaft noch wert ist." (Dezember 1775 an Gotter) Es wird deutlich, dass die Beziehung zum Einzelnen eine Gefahr für das Netzwerk des Autors Lenz darstellen kann, ein Netzwerk, das für ihn wie für viele andere Autoren des Sturm und Drang mit Goethe steht und fällt. Lenz' Konzeption von Freundschaft ist also eine epochentypisch emphatische, doch zugleich ist für ihn die Geselligkeit so bedeutend, dass die Freundschaft zum Einzelnen, hier Gotter, sie nicht gefährden darf.

Im Jahr 1776 wendet er sich an Herder mit ähnlichen Vorschriften, Stillschweigen zu bewahren: „Weise niemand diesen Brief. Er ist für kein Auge das nicht durchdringt. Selbst für Deines *müssen* itzt noch Dunkelheiten bleiben." (März 1776 an Herder) Lenz fürchtet ein Zuviel an Öffentlichkeit. Die Wendung an den Einzelnen nimmt diesen in die Pflicht. Eine Freundschaft muss „Dunkelheiten" ertragen können, dieses Mal *jenseits* des Bedürfnisses nach Geselligkeit. In einem Brief an Dingelstedt definiert denn Lenz auch die Freundschaft mit den Worten, sie sei „meinem Bedünken nach eine etwas standhafte Wertachtung des andern, die durch keine Umstände und Glücks- oder Unglücks*lüftgen* (so ein wenig Staub aufwehen) verändert wird." (6.6.1787 an Dingelstedt) Im gleichen Brief fügt er hinzu: „Der Schöpfer liebt und will die Verschiedenheit bei aller Eintracht der Gesinnungen und wenn nun der ganze Leib Auge wäre, was würde der Fuß sagen?" (ebd.) Zurückhaltung in Bezug auf die Weitergabe von Briefen, die das Ideal der Verschiedenheit einschränken könnte, scheint Lenz auch seinem Freund Röderer auferlegt zu haben, denn dieser versichert in einem Schreiben an Lenz: „Deine Briefe versiegle ich sobald ich verreisen werde, trau mir indessen oder glaube meiner Okkupation daß ich keine Zeile davon lesen werde." (Ende Juni 1776 an Lenz)

Versiegelung versus Entbergen – dies ist eine der Konstanten in der Korrespondenz, die sich in der komplizierten Veröffentlichungs- bzw. Unterdrückungsgeschichte des Dramenfragments *Die Wolken* genauso niederschlägt wie im ebenso konfliktreichen wie unterwerfungsbereiten Austausch mit dem Vater. Misstrauen, präsentiert als Zutrauen und Offenheit, begleitet von der Befürchtung, diese würden gegen ihn ausgenutzt werden, spricht sich in dem folgenden Briefanfang aus: „Mein teurester Bruder! Ich schicke diesen Brief offen, weil ich nicht glaube Mißdeutungen zu besorgen zu haben." (9.11.1790 an Johann Christian Lenz) Dass aber gerade „Mißdeutungen" die Idee von Geselligkeit, die Lenz auch in beruflicher Hinsicht als unentbehrlich wahrnimmt, auszuhebeln drohen, zeigt sich in Briefen aus seiner Petersburger Zeit, in denen er immer wieder den Vater um seine Unterstützung bittet. Den

Umweg über seinen Bruder Friedrich David nehmend, klagt er, seine Situation werde dadurch unhaltbar, dass er Erwartungen, die im geselligen Austausch bezüglich der Öffentlichkeit von Briefen herrschten, nicht erfüllen könne:

> Von Papa selbst könnt ein Brief der so eingerichtet wäre, daß ich ihn allen Gönnern und Freunden vorlesen könnte mir sehr beförderlich werden. Bitt ihn doch daß er sich in demselben aber des Allzuängstlichtuns enthalte, weil es in aller Absicht mehr schadet als nutzt und auf seinen Charakter ein häßlich falsches Licht wirft. Mit Klagen ist hier gerade *alles zu verschlimmern* und niemals was auszurichten, welches ich wohl erfahren – besonders wenn man weiß, oder zu wissen glaubt, daß der Klagende keine Ursache dazu hat. [...] Überhaupt macht es eine unfreundliche Miene, daß ich von meinem Vater hier keinen Brief vorweisen kann – weil in den seinigen von Versinken in Schulden, Gefängnis Verfaulen in der Polizei u. s. f. die Rede ist – Ausdrücke die hier häßlich könnten angesehen werden. (28. 3. 1780 an Friedrich David Lenz)

Sich am Vorlesen von Briefen nicht beteiligen zu können, weil die Vorwürfe des Vaters das Vorlesen unmöglich machen, wird von Lenz in unmittelbare Beziehung gesetzt zu seinen Schwierigkeiten, beruflich Fuß zu fassen. Das, was in Lenz' Augen von Freunden zu erwarten ist, müsste, so seine Bitte, in noch stärkerem Maße von der eigenen Familie verlangt werden können.

> Stelle Dir vor, welch eine Qual mein ganzes verhunztes Leben mir bereiten würde, wenn alles sich vereinigte mir aus der Schmach eines verunglückten Gesuchs herauszuhelfen und ich bloß aus Ohnmacht oder Mißtrauen meiner Verwandten die wenigen Schritte die man mir übrig lassen mußte, nicht tun konnte. [...] Lieber Bruder, Eure Ängstlichkeit und Mißtrauen in mich schadet mir unaussprechlich, ich darf – gewisse Sachen nicht schreiben, die Euch über meine Handlungen mehr Licht geben würden: da ist *Zutrauen notwendig*. [...] [G]laube mir doch, daß ich nicht ganz mit der Stange im Nebel herumfahre. Es hat Ursachen die ich Dir nicht sagen kann schriftlich. (20. 5. 1780 an Friedrich David Lenz)

Wirft man einen Blick auf Lenz' brieflichen Austausch insgesamt, dann ergibt sich also der Eindruck, dass gerade die engsten Familienangehörigen die Notwendigkeit für Lenz, sich gesellschaftlich zu verbergen, verstärkt haben. Seine gesamte Korrespondenz stellt sich dar als ein Aufbegehren gegen diese Zumutung.

Schatten und Bilder

Bilder, vor allem *Schatten*bilder, spielen im Austausch mit Freunden bei Lenz eine Rolle, die weit über das normale Maß dieser in der zweiten Hälfte des 18. Jahrhunderts verbreiteten Mode hinausgeht (vgl. Schmalhaus 1994a). Herder gesteht er: „Abgötterei treib ich mit Euren Silhouetten. Sage Deiner Frau, daß ich jeden Buchstaben von ihr küsse." (20. 11. 1775 an Herder) Dass Brief und Silhouette für Lenz ein Ganzes bilden, Buchstabe und Bild, Austausch und Schatten sich ineinander verschieben, betont er auch gegenüber Henriette von Oberkirch. Wunderbar sei „le bonheur de Vous admirer autant dans Vos lettres qu'il a fait jusqu'ici dans une Silhouette quoique mal copiée cependant suffisante a rappeler à son imagination les momens adorables où il a joui du bonheur de Vous voir et de Vous entendre." (Mitte November 1776 an Henriette von Oberkirch) Diese Begeisterung hindert Lenz jedoch nicht daran, der Person eine Wahrheit zuzuerkennen, die auch die besten Schattenrisse nicht wiederzugeben vermöchten. „M. Lav. m'a depuis ce tems envoyé une autre de sa physiognomie, dont je ne suis pas non plus satisfait. Eh quel artiste pourroit rendre ces traits qui a la vérité ne sont que pour la pensée." (Mitte November 1776 an Henriette von Oberkirch)

Der Vorrang, den Lenz der Vorstellungskraft gegenüber dem Bild einräumt, ist kulturgeschichtlich von einiger Bedeutung, denn hier deutet sich bereits seine scharfe Kritik an einem seiner wichtigsten Freunde, dem Pfarrer und Schriftsteller Johann Caspar Lavater, an. Auf der einen Seite dokumentieren Lenz' Briefe die Umtriebigkeit, mit der er versuchte, die Silhouettensammlung, die für die physiognomischen Studien des Freundes unentbehrlich war, zu erweitern. Zum Teil sehr umfangreiche Beschreibungen des Charakters der dargestellten Personen ergänzen Lenz' Sendungen. Auf der anderen Seite machen sich bei Lenz zunehmend Zweifel bezüglich des methodischen Vorgehens Lavaters bemerkbar. Es müsse mit äußerster Strenge die Qualität der Schatten geprüft werden, die man erhalte. Röderer, der einen Schattenriss von Luise König angefertigt habe, „en a manqué tout a fait ce beau contour qui reellement fait le desespoir de tous les peintres et graveurs, même du sieur Baley dont Lavater ne peut assez blamer le trop peu de précision, ce qui fait que la veritable expression des traits les plus signifians ne se fasse que diviner, et soit laissée plutôt a la pensée qu'exposée aux yeux." (in den ersten Tagen des Juli 1776 an Luise König) Nicht zufällig erwähnt Röderer in einem Brief an Lenz, dass er sich gern einen Silhouettierstuhl kaufen würde, um die Qualität seiner Ergebnisse zu verbessern (Ende Juni 1776).

Neben die technische Schwierigkeit, die Züge einer Person hinreichend präzise wiederzugeben, tritt jedoch ein weit schwerwiegenderes Argument. In einem Brief an Lavater formuliert Lenz den Einwand, die Schatten seien nichts gegen die Wirklichkeit (vgl. 15.4.1780 an Lavater). Seine Erregung ist so groß, dass er Lavater kurz darauf eine regelrechte Abhandlung schickt, in der er diesem den Vorwurf macht, ausgehend von Schattenrissen vorschnell zu allgemeinen Schlüssen zu kommen.

> Wie? Sie geben Ihre Wissenschaft selbst für das Resultat der aus Menschengesichtern mit ihrem Charakter zusammengehaltenen Erfahrungen? Und nun wollen Sie es umkehren und aus einigen wenigen *datis* in *Ihrem* Vaterlande das ganze Erdenrund, so sehr verschieden an Klima, Regierungsform Denkart ein Land auch von dem Ihrigen sein kann – und seine Individuen dem *Charakter* nach beurteilen. (Mai 1780 an Lavater)

Lenz beklagt, dass Lavater gegen das Bibelwort verstoße, nach dem man andere nicht richten dürfe, um selbst nicht gerichtet zu werden. Genau dies aber sei in Bezug auf Russland geschehen:

> Oder glaubten Sie Russland – sei noch das Land das es vor fünfzig Jahren war und man könne über Gegenstände die dasselbe angehn, mit mehr Nachlässigkeit – – Nachsicht gegen unzuverlässige Berichte schreiben? Wie würden Sies aufnehmen, wenn ich ohne jemals dort gewesen zu sein, eine Charakteristik der wichtigsten Schweizer aus dem Munde einiger Landsleute machte, die sich ein Vierteljahr dort aufgehalten – – eine Charakteristik, die nicht zu ihrem Vorteil gereichte? (Mai 1780 an Lavater)

Die Kenntnisse, die Lenz durch seine Herkunft und sein Leben in Russland gewonnen hatte, werden gegen den Freund ins Feld geführt. Lavaters Lehre zur Einordnung von Charakteren anhand von Körperformen und Gesichtszügen ist nicht genug von Erfahrung gesättigt, und Lenz empfiehlt daher dem Freund, bestimmte Fragmente seiner Physiognomik nicht zu veröffentlichen.

Es ist kein Zufall, dass ein Brief aus der gleichen Zeit, den Lenz an seinen Vater richtet, das Thema der Silhouetten erneut aufnimmt. Lenz empfindet offenbar das

Bedürfnis, den Austausch mit Lavater zu diesem Thema fortzusetzen. Und in dieser Hinsicht ist ihm der Vater von Nutzen.

> Nun zum Schluß eine Bitte, die mir innigst am Herzen liegt. Schon lange bester Vater wünscht ich bei der Entfernung von Ihnen, wenigstens einen Schatten von Ihnen zu haben. Es ist der Wunsch meines Herzens. Ihr Porträt ist überhaupt nicht getroffen und es liegt uns Kindern, es liegt mehrern Menschen daran, etwas *Wahres* von Ihnen zu haben. Tun sie mir diese väterliche Güte und lassen mir von Bruder Carl Ihre, meiner teuresten Mama, auch seinen eigenen Schatten, den Jakob, oder ein guter Freund zeichnen kann zukommen. Auch Hartknoch bittich sehr um seinen Schatten –. (5. 7. 1780 an Christian David Lenz)

Und in einer Nachschrift besinnt er sich und fügt hinzu: „[A]uch von Lottgen ein Schatten!", womit wohl seine Schwester Dorothea Charlotte Maria gemeint ist. Obwohl nun diese Bitte auf eine Weise vorgetragen wird, die den Vater der Tatsache versichern soll, dass diese Gabe von einer persönlichen, ja *intimen* Bedeutung wäre, finden die Silhouetten kurze Zeit darauf eine *professionelle* Behandlung. Lenz wünscht offenbar zu erfahren, was Lavater aus den Gesichtszügen seiner Verwandten ‚herauszulesen' vermag: „Die von mir erhaltenen Silhouetten, worunter ich durch einen jetzt erst abreisenden Petersb. Freund auch die meines Vaters – meiner 2ten Mutter – meines Schwagers u sehr lieben Schwester zähle, lassen Sie doch Ihrem Kennerblick empfohlen sein." (5. 7. 1780 an Lavater) Lenz betrachtet die Silhouetten nicht allein, sondern verschickt sie, bringt sie in Umlauf. Damit aber werden sie integriert in den Versuch der eigenen psychischen Stabilisierung. Die Bitte an den Vater fällt nämlich in eine Zeit, die Lenz beruflich wie persönlich als tiefe Krise erlebt. Die Silhouetten leisten in diesem Kontext zweierlei. Auf der einen Seite verbürgt die Möglichkeit, die Gesichtszüge der Verwandten zu betrachten, ihre Nähe. Auf der anderen Seite gilt zugleich aber auch das Gegenteil: Durch die Silhouetten werden sie zum Objekt der Distanzierungsversuche Lenz'.

Und so finden wir also in Lenz' Beziehung zu den ‚Schatten' die gleiche Ambivalenz, die sich auch im Umgang mit den eigenen Briefen wie den Briefen anderer gezeigt hatte: Öffnung und Verschließung, Zutrauen und Abwehr, Werbung um Nähe und Bedürfnis nach Autonomie greifen ineinander.

Religion und Schuld

Bei Lenz verbindet sich die Bewunderung für bestimmte Frauen mit einer religiösen Begeisterung, die in der Vorstellung, es könnten Silhouetten von ihnen angefertigt werden, zu ihrem Höhepunkt findet. Die Begeisterung hat ihren Gegenpart in einer Verzweiflung, die auf tiefe Schuldgefühle verweist. Die Sprache, die Lenz spricht, solange er sich von Begeisterung getragen fühlt, ist eine ‚Sprache des Herzens' und gehört unverkennbar zum Gestus des Sturm und Drang. Nachdem er beispielsweise in einem Brief an Lavater all die Eigenschaften aufgelistet hat, die die oben schon erwähnte Henriette von Oberkirch, geborene Gräfin von Waldner, zum „Ideal weiblicher Vollkommenheit" (Januar 1776 an Lavater) machten und es wünschenswert erscheinen ließen, eine Silhouette von ihr für Lavater anfertigen zu lassen, verwendet Lenz nur noch stoßartige, von Gedankenstrichen unterbrochene Wendungen, in denen sich eine Ellipse an die nächste reiht, um so der Unmöglichkeit Ausdruck zu verleihen, weiterzusprechen „– alles dieses, alles alles – und mehr – willst Du sie – bete –" (ebd.). Eine religiöse Inbrunst wird spürbar, die im weiblichen Gegenüber nicht nur ein menschliches, sondern sogar ein göttliches Ideal erkennt. Der Brief endet mit den Worten: „– Verzeih mir Lavater! die romantische Sprache. Ists Idololatrie [sic!] so kann sie mir Gott nicht zurechnen, es ist sein Geschöpf: sein Bild. [...] Sei glücklich lieber Herzensforscher und antworte mir ob Du das Bild möchtest. Dein Glaube erzwingt Dirs gewiß." (ebd.) Silhouetten werden hier als Vehikel göttlicher Offenbarung behandelt. Die physiognomischen Studien Lavaters fallen für Lenz also nicht allein in das Fach der Wissenschaft. Vielmehr sind sie ‚Herzensforschungen' und damit von Fragen des Glaubens nicht zu trennen. Der ‚Silhouettierstuhl' bringt etwas hervor, was der Mensch letztlich Gott verdankt: das Bild eines Menschen in seiner Gottähnlichkeit.

Und so ist es denn kaum überraschend, dass Lenz – der Pastorensohn – gerade im frühen brieflichen Austausch mit seinem Freund Johann Daniel Salzmann regelrecht theologische Abhandlungen verfasst, in denen er sein Konzept von ‚Gut' und ‚Böse' indirekt in Beziehung zu seiner Berufung als Schriftsteller setzt. Die Gottähnlichkeit, verstanden als das Streben nach dem Guten, wird zur Lebensaufgabe:

> Was ist das Gute anders, als der gehörige und rechtmäßige Gebrauch, den wir von unsren Fähigkeiten machen? Und das Böse, als der unrechtmäßige übeleinstimmende Gebrauch dieser Fähigkeiten, der, wie ein verdorbenes Uhrwerk, immer weiter im verkehrten Wege davon fortgeht; so wie der gute Gebrauch immer weiter in dem graden und richtigen Wege. Wir sind selbständig – Gott *unterstützt* die in uns gelegten Kräfte, wie in der ganzen Natur, ohne sie zu *lenken* [...]. (Oktober 1772 an Salzmann)

So wie Lavaters physiognomische Untersuchungen von Fragen der Religion nicht zu trennen sind, so auch das literarische Schreiben nicht. Wenn ein ‚Genie' um Ausdruck ringt, ringt es in Wirklichkeit mit den Erwartungen, die Gott an es heranträgt. Da aber jeder Mensch bei diesem Unterfangen seinen ganz eigenen ‚Kräften' gehorchen muss, insistiert Lenz gerade gegenüber seinem Vater auf der *Verschiedenheit* der Menschen sowie auf der von Gott gewollten Berechtigung, den eigenen Weg als den „graden und richtigen" zu suchen. 1776 schreibt er etwa:

> Die Welt ist groß mein Vater, die Wirkungskreise verschieden. Alle Menschen können nicht einerlei Meinungen oder vielleicht nur einerlei Art *sie auszudrücken* haben. So unvollkommen das was man in jedem Fach der menschlichen Erkenntnis *modern* nennt, sein mag, so ist es, wie Sie selbst mir nicht ganz absprechen werden, jungen Leuten doch notwendig, sich hinein zu schicken, wenn sie der Welt brauchbar werden wollen. (September 1776 an Christian David Lenz)

Diese Bedeutung der Religion hängt mit Lenz' psychischen Krisen zusammen, die ihrerseits von Gefühlen der Schuld und des Ungenügens nicht zu trennen sind. Streben nach Gottähnlichkeit und Selbstprüfung gehen Hand in Hand. Da aber diese Selbstprüfung den gläubigen Lenz immer wieder vor das Problem stellt, der göttlichen Antworten nicht gewiss zu sein, sind letztlich die Blicke, die *Gesellschaft* und *Familie* auf ihn werfen, für die Frage, wie Gott ihm wohl begegne, entscheidend. Lenz greift in einer Nachschrift eines Briefes, den Johann Georg Schlosser, um Verständnis für seinen Freund werbend, an seinen Vater richtet, auf ein Zitat aus dem Lukasevangelium, nämlich auf die Geschichte des verlorenen Sohnes, zurück, um von sich selbst zu sprechen. Dieses Zitat soll in all seiner Kürze den Grad seiner Verzweiflung und des Bewusstseins seiner Sündhaftigkeit offenlegen: „Vater! Ich habe gesündigt im Himmel u. vor Dir u. bin fort nicht wert, daß ich Dein Kind heiße. Jakob Lenz." (9.3.1778 an Christian David Lenz) Gott ist der eigentliche Vater, doch Christian David Lenz wird hier eine Art Stellvertreterrolle zuerkannt. Von Schuldgefühlen heimgesucht, fordert Lenz seinen Vater auf, sich so zu verhalten wie der Vater des verlorenen Sohnes: nämlich als ein Christ, der Sünden zu *vergeben* versteht.

Auch in einem Schreiben an einen anderen Theologen, nämlich an seinen Freund Lavater, begreift Lenz Sündhaftigkeit, Probleme der gesellschaftlichen Integration und Arbeit am schriftstellerischen Werk als zusammengehörig.

> Wie nah grenzen doch oft Geschmack und Religion an einander, wie nah und innig sind sie mit einander verbunden, wie weisen die Fehler gegen den ersten so sicher auf Fehler gegen die letztere. Jugendliche Unbesonnenheit, Sorglosigkeit, Sturm, Nichtachten der Verhältnisse, die wir oft durch einen unvorsichtigen Ausdruck unherstellbar zerstören – wie weisen sie sich in dem selbst, was geschrieben war, daß es dauerhaft, daß es so ewig gefallen sollte, als unserm kleinen Dasein und Kräften jedem nach seinem Maß die Ewigkeit abgesteckt ist. Wie viel Edle, leiden unter den gehässigen Mißdeutungen die solche Flecken in unserm Werk veranlassen – und wie ist das alles die Folge der herumziehenden unsteten Lebensart, der der ruhig erwägende Blick auf alles Gute und Schöne um sich her, durch tausend unnötige Unruhe getrübt und umnebelt ist. (5.7.1780 an Lavater)

Auf der einen Seite hebt Lenz hervor, dass er um Ehrlichkeit vor sich selbst bezüglich der eigenen Sündhaftigkeit bemüht ist, denn sein Streben gilt dem „Maß" der „Ewigkeit". Auf der anderen Seite sind die „Flecken" im „Werk" nicht allein von ihm selbst verschuldet, sondern stellen sich auch dar als das Ergebnis von „Mißdeutungen" anderer. Erneut kann also im Blick auf seinen Briefwechsel ein Wechselspiel festgestellt werden: Das Werk ist Rechtfertigung vor Gott und den Menschen, aber es ist auch Beweis von Sünde. Das Werk gibt dem Autor Lenz die Möglichkeit, sich über die Gesellschaft zu erheben, ihr schreibend einen Spiegel vorzuhalten, aber gleichzeitig ist es auch die Gesellschaft, die ein Urteil spricht über einen Künstler, der sich für die „herumziehende[ ] unstete[ ] Lebensart" entschieden hat. Wenn nun die Gesellschaft ‚gehässig missdeutet', dann bleibt das wiederum nicht ohne Konsequenzen für die Herausforderung, nach Gottähnlichkeit zu streben. Schuld gegenüber der Gesellschaft verwandelt sich in Schuld vor Gott, so wie die Schuld gegenüber dem Vater in ein Ungenügen bezüglich des Werkes. In manchen Momenten wird dieses Ineinander von Schuld, Gesellschaft und Werk von Lenz als so drückend empfunden, dass ihm jedes Hilfsmittel zur psychischen Rettung recht ist (vgl. dazu 28.9.1777 an Gertrud Sarasin). Und damit schließt sich der Kreis: Lenz' Interesse an Silhouetten ist nicht allein Ausdruck einer Modeerscheinung, ist nicht allein freundschaftliche Teilnahme am Werk Lavaters, ist nicht allein ein Mittel zur Erkundung der eigenen Familie, sondern erweist sich letztlich auch als notwendiges ‚Instrument' auf dem Weg zum ‚großen Ziel':

> Ich verlange nichts, fodere nichts als einen Schatten – einen Schatten der mich allein an diese Welt binden kann die mich in allen meinen Verhältnissen peinigt. Ich will nicht müßig gehen in meiner Einöde, aber ich muß etwas haben das meine Kräfte aufrecht erhält, das mich dem großen Ziel entgegenspornt um des willen ich nur noch lebe. Ich weiß sehr wohl daß dies *Schatten*, daß es ein Traum, daß es Betrug ist, aber laß – wenn es nur seine Wirkung tut. Und wenn die vorher bestimmten Schläge durch die unsichtbaren Mächte die mich brauchen wollen, geschehen sind: was ist darnach an dem Instrument gelegen! (Ende Mai 1776 an Lavater)

Geld und berufliche Schwierigkeiten

Stichworte wie ‚Peinigung', ‚Schatten' und ‚Traum' sind von dem wohl am stärksten dominierenden Themenfeld der Korrespondenz nicht zu trennen: seinen finanziellen Sorgen. Bitten um Kredit, Klagen über mangelnde Einkünfte, Bedauern über fehlende Muße durch die Notwendigkeit, mit Stundengeben Geld zu verdienen, Schwierigkeiten, anzuerkennen, dass die Veränderungen auf dem Buchmarkt ein Aushandeln des Honorars im Kontakt mit Verlegern zu einer Notwendigkeit machen (Wagner 2003) – all diese praktischen Belange sind in den Lenzschen Briefen omnipräsent. „Mein Schicksal ist jetzt ein wenig hart. Ich gebe vom Morgen bis in die Nacht Informationen und habe Schulden. Alles was ich mit Schweiß erwerbe fällt in einen Brunnen, der fast keinen Boden mehr zu haben scheint." (23.10.1775 an Gotter) Diese Klage ist ein Beispiel für viele andere. Zum Teil gelingt es Lenz, gerade in Krisenzeiten zu einem Ton zu finden, der für die Einschätzung seiner Briefe insgesamt von Bedeutung ist: Der Witz, der die Qualität seiner Komödien verbürgt, findet sich auch in seiner Korrespondenz wieder, so etwa wenn er eine Person schildert, die zu glauben scheine, „Geld zähle, bewache und transportiere sich selber" (28.3.1780 an Friedrich David Lenz). Die eigene finanzielle Misere schärft auch den Blick auf die Not der anderen. In fast aphoristischer Kürze mokiert sich Lenz über einen Landmann, der „üble Wohnungen für ein Zeichen der Frömmigkeit zu halten" scheine (1788 an Friedrich von Anhalt). Er selbst widersetzt sich dem Zwang, sich einbinden zu lassen ins Getriebe der Welt. Nachdem er den Rektor einer Schule kennengelernt hat, schwört er seinem Freund Johann Daniel Salzmann: „– o Gott, eh so viel Gras über meine Seele wachsen soll, so wollt ich lieber, daß nie eine Pflugschar drüber gefahren wäre." (18.9.1772 an Salzmann) Doch diese Fähigkeit zur Distanznahme, die von Witz getragen ist, geht leicht in Melancholie über. Gleich im folgenden Satz nämlich heißt es: „Jetzt bin ich ganz traurig, ganz niedergeschlagen, bloß durch die Erinnerung an diesen Besuch." (ebd.)

In anderen Momenten siegt die Erfordernis, stilistisch der Rolle des unterwürfigen Bittstellers zu entsprechen, über das Bedürfnis nach Selbstausdruck: Die Briefe zeugen von formelhafter Höflichkeit. Auch die Stilistik seiner literarischen Texte ist, wie Lenz vor sich selbst zugibt, von seiner prekären Lage beeinflusst:

> [I]ch bin arm wie eine Kirchenmaus; von verschiedenen Sachen, die teils unter der Presse, teils noch in Göthens Händen sind, hab ich gar keine Abschrift; die andern sind noch nicht gestaltete Embryonen, denen ich unterwegs Existenz geben will.
> Meine Gemälde sind alle noch ohne Stil, sehr wild und nachlässig aufeinander gekleckt, haben bisher nur durch das Auge meiner Freunde gewonnen. Mir fehlt zum Dichter Muße und warme Luft und Glückseligkeit des Herzens, das bei mir tief auf den kalten Nesseln meines Schicksals halb im Schlamm versunken liegt und sich nur mit Verzweiflung emporarbeiten kann. (14.3.1776 an Merck)

Das Thema des Geldes, das Lenz' gesamte Korrespondenz durchzieht, ist also für die Interpretation der Texte von außerordentlicher Bedeutung. Außerdem erklärt es die Zurückhaltung, die sich bestimmte seiner Freunde mit der Zeit selbst auferlegten und für die ein Brief Boies an Lenz der wohl dramatischste und menschlich anrührendste ist. In Bezug auf die Mühen, die er als Herausgeber der *Wolken* gehabt habe, schreibt Lenz' Freund:

> Diesen Brief von *Ihnen an mich*! – wo mir was in meinem Leben unerwartet gewesen ist, so war's dieser Brief. Ich habe gewartet, bis ich kalt geworden bin, und will Ihnen nun

auch von meiner Seite das lezte Wort in dieser Sache sagen, die mir wahrlich! von Anfang an keine Freude gemacht hat. Was hab ich davon gehabt? Mühe, Kosten, Verdruß, Plackerei! Und warum? Weil ich Sie schätzte, Sie liebte! Es war Übereilung von mir, von einer Seite nicht zu verzeihende Übereilung, daß ich mich mit den W. einließ. Hernach hab ich mir nichts mehr vorzuwerfen. Wenn Sie in irgend einem Vorfall Ihres Lebens einen treuern, wärmern, uneigennützigern Freund finden, so wünsch ich Ihnen Glück. Mich hat mein Herz wieder zu weit geführt. Ich wills künftig fester halten. (19.5.1776, Boie an Lenz)

Hier liegt einer der Schlüssel für die zögerliche Rezeption der Briefe: Lenz verprellt Menschen, die ihm zugetan sind. Der Austausch bricht ab oder wird zu einem rein geschäftlichen. Für diese Dominanz des Pragmatisch-Alltäglichen steht ein Brief an Goethe beispielhaft. Während andere Freunde mit Goethe intensiven Austausch über literarische oder politische Themen pflegen, schickt Lenz kurz vor seiner Abreise von Weimar nach Berka (also kurz nach der berühmten ‚Eseley') an Goethe und Seidel eine lange Liste. Diese Liste betrifft „Sachen die hier bleiben" (zum Beispiel einen Regenschirm), „Sachen die ich mir ausbitte", darunter viele Bücher, aber auch „Wäsche (was die Wäscherin hat, 1 Hemd, 1 Schnupftuch, 1 P. seidne Strümpfe, einige Binden – was da ist, ein Hemd, 3 Binden, 1 Schnupftuch, 1 P. seidne Strümpfe, 1 Nachtmütze, 1 P. zwirn Strümpfe, 1 P. schwarzseidne"), schließlich „[w]as ich da lasse und nicht zu eröffnen bitte", wozu unter anderem „1 Paar Überschuh (bei Kalb stehende)" gehört (27.6.1776 an Goethe und Seidel). Diesem Satz wird in der Sekundärliteratur selten Beachtung geschenkt. Seine Banalität scheint zu groß zu sein. Und doch steckt im Alltagsdetail vielleicht die Tragik, die der Bruch mit Goethe implizierte. Zu den Dingen, die Lenz sich „ausbittet", gehört nämlich auch dieses: „Einen Haarkamm hätte ich noch nötig und ein Schermesser, *weil ich mich sonst vor mir selber fürchten muß.*" (ebd.; Hervorh. A. P.)

5. Noch einmal: Verbergen und Entbergen. Zur Frage der ‚Authentizität' der Briefe Lenz'

Dass in Briefen ein Individuum spricht, wird im Sturm und Drang sehr ernst genommen. Dennoch stellt sich die Frage nach der *Authentizität* dessen, was Lenz seinen Freunden und Bekannten mitteilte. Inwieweit *inszenierte* sich der Autor in seinen Briefen? Inwieweit neigte er zu Posen, hinter denen er sein ‚eigentliches Selbst' verbarg? Ist das ‚Ich' der Briefe nicht vor allen Dingen das Ich gesellschaftlicher Rollenspiele? Sind also Verbergen und Entbergen auch in Bezug auf den ‚Ton' der gesamten Briefschaften von herausragender Bedeutung? Diese Fragen sind von grundsätzlicher Art. Im Blick auf die spezifische Situation von Lenz vertritt Jens Haustein die These, dass „gerade die Briefe der mittleren 70er Jahre deutlich literarisiert sind und so der Zugang zum Schreiber dieser Briefe erschwert ist" (Haustein 1994a: 343). Damit wären Lenz' Briefe von seiner literarischen Arbeit im engeren Sinne nicht wesentlich verschieden. Lenz hätte bewusst an der Gestaltung seines Brief-Ichs gearbeitet, sich selbst also gewissermaßen zur literarischen Figur gemacht. Dass der Prozess der Literarisierung eine starke Ausprägung erfahren habe, sei, so wiederum Haustein, auf den kulturgeschichtlichen Kontext sowie die spezifische gesellschaftliche Bedeutung von Briefen zurückzuführen. Die Literarisierung sei wichtig „zum einen durch die Konjunktur der Gattung ‚Briefdichtung' in der zweiten Hälfte des 18. Jahrhunderts, an der Lenz selbst mit seinem Briefroman *Der Waldbruder* oder mit seinen zahlreichen Abhandlungen in Briefform teil hat; zum anderen durch den halböffentlichen Charakter zahlreicher seiner Briefe." (ebd.: 347)

Nun könnte man aus dieser Argumentation schließen, dass sich im Rückgriff auf die Briefe zu Lenz' Person und persönlichem Leben wenig aussagen lässt, denn das Verbergen würde gegenüber dem Bedürfnis nach ‚Entbergung' – das sich ja auch als Ruf um Hilfe, um *Bergung* des eigenen, von psychischen Krisen bedrohten Ichs darstellen kann – überwiegen. Doch dürfen wohl die Lenzschen Briefe nicht alle gleichermaßen und unbesehen über einen Kamm geschoren werden. Es zeigen sich nämlich große stilistische Unterschiede, je nach der Person, an die sich der Autor gerade wendet.

Die Briefe an den Vater sind vielleicht das bezeichnendste Beispiel für die Vorsicht, mit der Lenz an der Darstellung seines Ichs arbeitete. Immer wieder schildert er seine vielfältigen gesellschaftlichen Kontakte, schreibt von einflussreichen Freunden und Gönnern, unterstreicht die beruflichen Erfolge, die unmittelbar bevorstünden – und dies offenbar, um den Vater zu einer ebenso ideellen wie finanziellen Unterstützung zu bewegen. Ein sprechendes Detail ist in der Formel zu sehen, mit der Lenz diese Briefe zu beenden pflegt: Stets zeichnet er als „gehorsamster Sohn", so als ob eine freiere Wendung an den Vater nicht möglich gewesen wäre. Lenz scheint es für realistischer zu halten, sich an den Theologen Christian David Lenz zu wenden als an den Vater – als *Vater*. Das Bild, das dieser von sich selbst entwirft, wirkt also unmittelbar auf die Selbstdarstellung des Sohnes zurück.

> Ihrer geneigten Fürbitte bei dem höchsten Geber aller Weisheit und Gaben, den ich für die Erhaltung Ihrer uns allen so teuren Gesundheit, Ruhe und Zufriedenheit unablässig anflehe, empfehle auch in diesem Jahr meines teuresten und verehrungswürdigsten Vaters
> gehorsamsten Sohn
> Jakob Michael Reinhold Lenz
> (18.11.1785 an Christian David Lenz)

Neben solch konventionellen Grußformeln stehen jedoch Äußerungen, deren Gestus ein ganz anderer ist, Äußerungen, in denen sich das Ich in einem bestimmten Maße eben doch zu ‚entbergen' weiß. So sehr auch Hausteins Auffassung zuzustimmen ist, dass die Briefempfänger die Briefe des jeweils Schreibenden gewissermaßen „mitschreiben" (Haustein 1994a: 343), so sehr ist, trotz aller methodischen Schwierigkeiten bezüglich des Begriffs ‚Authentizität', festzustellen, dass es in den Briefen *unterschiedliche Grade* dieser ‚Authentizität' gibt, und nicht allein und ausschließlich das gesellschaftliche Rollenspiel. Mit dem Begriff ‚Authentizität' begibt man sich zwar auf rutschiges Terrain, doch gibt es Stellen in den Briefen, die durch die *Qual*, die aus ihnen spricht, von einer besonderen *Direktheit* zeugen. „Gib mir mehr wirkliche Schmerzen damit mich die imaginären nicht unterkriegen. O Schmerzen Schmerzen Mann Gottes, nicht Trost ist mein Bedürfnis. Diese Taubheit allein kann ich nicht ertragen." (Ende Mai 1776 an Lavater) Taubheit als Bedrohung des Ichs, Angst, den eigenen Körper nicht mehr wahrnehmen zu können, Unmöglichkeit, sich selbst – wiederum als Ich – eine Gewissheit zu bleiben, Wunsch nach Schmerzen und wiederum Schmerzen, um sich selbst erneut fühlen und damit als Ich konstituieren zu können: Dies sind Augenblicke, in denen das Rollenspiel aufgegeben zu werden scheint und die schiere Not, das Bedürfnis, des Beistands von Freunden gewiss zu sein, dominiert. Also doch eine ‚Unmittelbarkeit', entgegen aller Tendenz zum Verbergen? „Je ‚unmittelbarer' das Ich zu sein scheint, umso höher dürfte sein Literarisierungsgrad sein, umso schwerer wird es fallen, zu einem anderen als dem Ich vorzudringen, das sich jeweils im Brief konstituiert und das von Absender zu Absender variiert. Die scheinbare Identität von biographischem Ich und Brief-Ich ist das Ergebnis einer beträchtlichen literarischen Anstrengung" (Haustein 1994a: 348). Die Schwierigkeit, zu bestimmen, was ‚Unmittelbarkeit' heißen mag – ob sie Zeichen für die Einnahme von literarisierten Posen den Briefempfängern gegenüber ist oder im Gegenteil (wie beim Wunsch nach Schmerzen als einzigem Hilfsmittel, wieder zu sich zu kommen) Annäherung an das Ideal, sich im Brief dem anderen in aller Freiheit zu öffnen, sich als Individuum auszusprechen, als Ich also gerade *anwesend* zu sein, ‚authentisch' –, scheint unauflösbar. Und dennoch tut sich ein Paradox auf: Es ist nicht zu sagen, was Authentizität ist. Es gibt sie nicht. Und dennoch: Die heutige Leserschaft vermag zwischen verschiedenen Graden von Authentizität zu unterscheiden. Es gibt kein absolutes Kriterium zu ihrer Bestimmung, aber ein relatives vielleicht doch?

Viel scheint für die Bedeutung der Rollenspiele zu sprechen. Nicht umsonst spielen Fragen des Geldes und der Integration für Lenz eine so große Rolle. Damit hängt zusammen, dass das besondere Augenmerk des Autors und Briefschreibers Lenz der *Mechanik* der Gesellschaft galt. Und das heißt eben auch, dass Lenz in seinen Briefen – sei es nun in Abwehr oder in Anpassung – sensibel darauf reagierte, was seine Korrespondenten jeweils von ihm erwarteten. Auf der anderen Seite ist das Gespür für die *Zwänge*, die die Gesellschaft dem Einzelnen auferlegt, zugleich aber auch die Basis für Lenz' Protest gegen sie. Dieser Protest ist also nicht allein ein Argument für seine Fähigkeit, in unterschiedliche Rollen zu schlüpfen, sondern zugleich auch ein Argument für das Gegenteil: seine Flucht weg von der Gesellschaft, hin zum Eigenen, Individuellen. Was Lenz in einem Aufsatz über *Götz von Berlichingen* schrieb, bleibt auch für seine Korrespondenz aufschlussreich:

> Wir werden geboren – unsere Eltern geben uns Brot und Kleid – unsere Lehrer drücken in unser Hirn Worte, Sprachen, Wissenschaften, – irgend ein artiges Mädchen drückt in unser Herz den Wunsch es eigen zu besitzen, es in unsere Arme als unser Eigentum zu schließen, wenn sich nicht gar ein tierisch Bedürfnis mit hineinmischt – es entsteht eine Lücke in der Republik wo wir hineinpassen – unsere Freunde, Verwandte, Gönner setzen an und stoßen uns glücklich hinein – wir drehen uns eine Zeitlang in diesem Platz herum wie die andern Räder und stoßen und treiben – bis wir wenns noch so ordentlich geht abgestumpft sind und zuletzt wieder einem neuen Rade Platz machen müssen [...] – was bleibt nun der Mensch noch anders als eine vorzüglichkünstliche kleine Maschine, die in die große Maschine, die wir Welt, Weltbegebenheiten, Weltläufte nennen besser oder schlimmer hineinpaßt. (Damm II: 637)

Dass sich Lenz in seinem Leben jedoch nicht vollkommen dem Druck entziehen konnte, zu einer „[ ]künstliche[n] kleine[n] Maschine" zu werden, erklärt, warum in seiner Korrespondenz die Frage, in welche „Lücke" er vielleicht doch ‚hineinpassen' könnte, wo er sich „drehen" dürfe als Rad neben „andern Räder[n]", so virulent ist. Das Geld scheint eines der vorherrschenden Themen zu sein und zu bleiben. Wenn dem aber so ist, dann stellt sich die Frage, ob nicht zu den authentischsten Stellen, die der Leserschaft der Lenzschen Korrespondenz begegnen, das bereits zitierte Schreiben an Goethe gehöre – das Schreiben nämlich, in dem ganz banal „Sachen die hier bleiben" unterschieden werden von „Sachen die ich mir ausbitte" und diese wiederum von dem „[w]as ich da lasse und nicht zu eröffnen bitte" (27. 6. 1776 an Goethe und Seidel). Die Sorge um die „Wäsche" – von den Strümpfen über das

Hemd bis zur Nachtmütze – ist eine *authentische* Sorge, die authentischste vielleicht, die es gibt. Der Zwang, sich im Blick auf die Sicherung des zum Leben Notwendigen gesellschaftlich anzupassen, wirkt übermächtig auf Lenz, sobald „Freunde, Verwandte, Gönner" es sich nicht angelegen sein lassen, eine kleine bescheidene Lücke für ihn, den Unangepassten, zu finden, sondern im Gegenteil den Zugang zu dieser existierenden Lücke ein für alle Mal zu schließen. Entbergen und verbergen – dies ist ein Problem, das nicht allein von Lenz selbst abhängt, sondern auch und vor allem von den äußeren Einflüssen, die auf ihn wirken. Und so resümiert denn vielleicht Lenz' erwähnte Hinzufügung – „Einen Haarkamm hätte ich noch nötig und ein Schermesser, weil ich mich sonst vor mir selber fürchten muß" (ebd.) – besser und treffender als alle anderen Briefe sein *Ringen* um Authentizität, eine Authentizität, die definiert werden könnte als die Chance, sich vor sich selbst nicht fürchten zu müssen.

6. Brief*roman*

Der Versuch, die zögerliche Rezeption der Briefe Lenz' zu erklären, hat nicht allein zu tun mit der – scheinbaren – Banalität des Ökonomischen, nicht allein mit der Tatsache, dass für einen von Geldsorgen umgetriebenen Autor das Konzept der ‚Authentizität' ein stetes Problem war, sondern auch mit der Überlieferung der Briefe selbst. Generell stellt sich die Frage, inwieweit die Rezeption der Korrespondenz eines Autors oder einer Autorin nicht abhängig ist von der – ja weitgehend von Zufällen bestimmten – ‚Komposition' der Briefe, die nach dem Tod überhaupt noch greifbar sind und damit in eine Briefsammlung integriert werden können. Ein Brief*roman* lebt nicht allein von der literarischen Qualität des Einzelbriefes, sondern ganz entscheidend auch von der *Anordnung* der Briefe. So können zum Beispiel Spannungskurven aufgebaut werden, indem bestimmte Informationen der Leserschaft zunächst vorenthalten werden; stilistische Abwechslung wird geschaffen durch das unmittelbare Aufeinandertreffen von Briefen besonders gegensätzlicher Figuren etc. Da aber auch die Leserschaft einer Sammlung von ‚realen' Briefen diese Briefe als eine *Gesamtheit* wahrnimmt, trägt sie Qualitätskriterien, die für die Bewertung eines Briefromans zu Recht als unabdingbar gelten, unwillkürlich auch an die ‚reale' Korrespondenz heran. Autoren, deren Korrespondenz besonders gut überliefert ist, Autoren, für die sich wirkliche Brief*wechsel* erhalten haben, befriedigen die heutige Leserschaft unter Umständen leichter, schlicht, weil der Erwartungshorizont derselben von durchkomponierten, *fiktionalen* Texten beeinflusst ist und die ‚reale' Briefsammlung ähnlich strukturiert erscheint wie Brieferzählungen oder -romane. Lenz' Korrespondenz wäre also nicht an sich ‚zweitrangig', sondern das geringe Interesse für sie erklärte sich einfach aus der Tatsache, dass Alltagsgeschäfte einen großen Raum in Lenz' Korrespondenz einnehmen und so den Eindruck vermitteln, ‚kompositorisch' und damit ‚qualitativ' bleibe der Briefwechsel sowohl von seiner Seite als auch von Seiten seiner Briefpartnerinnen und Briefpartner hinter dem Briefwechsel von Zeitgenossen zurück. *Der Waldbruder*, dessen zentrales Thema, ähnlich wie in der ‚realen' Korrespondenz, „die Tragfähigkeit des Konzepts der idealischen oder empfindsamen Liebe" (Gille 1994: 571) ist, überzeugt jedoch durch Polyperspektivik und literarische Qualität (vgl. etwa Weiß 1993; Disselkamp 2006; Spiewok 1972). Der Text beweist, dass Lenz Briefe zu schreiben vermochte, dass ihm keineswegs die

Fähigkeiten dazu fehlten – wohl aber, so muss wiederholt werden, „Muße und warme Luft und Glückseligkeit des Herzens, das bei mir tief auf den kalten Nesseln meines Schicksals halb im Schlamm versunken liegt und sich nur mit Verzweiflung emporarbeiten kann." (14. 3. 1776 an Merck)

7. Weiterführende Literatur

Mattenklott, Gert, Hannelore Schlaffer u. Heinz Schlaffer (Hgg.): *Deutsche Briefe 1750–1950*. Frankfurt/Main 1988.

2.6 Die Berkaer Schriften

Elystan Griffiths und David Hill

1. Entstehung 257
2. Überlieferung 261
3. Interpretation 262
4. Quellen 264
5. Fazit 266
6. Weiterführende Literatur 267

1. Entstehung

Die *Berkaer Schriften* umfassen eine Reihe von Textfragmenten, die Teil eines großangelegten Projekts zur Sozialreform sind, das Lenz vor allem 1776 beschäftigte und an dem er im Sommer dieses Jahres in Berka (heute Bad Berka) in der Nähe von Weimar besonders intensiv gearbeitet hat. Ausgangspunkt seines Projektes war das Missverhältnis zwischen Militär und Gesellschaft, das er in dem Drama *Die Soldaten* dargestellt hatte. Aber das Projekt weitete sich dermaßen aus, dass heute schwer festzustellen ist, welche Papiere dazugehören und welche nicht. Der Aufsatz *Über die Soldatenehen* stellt ein relativ frühes Stadium in der Entwicklung des Projektes dar. Er liegt als einzige Abhandlung in einer nahezu vollständigen Fassung vor. Dass noch weitere abgeschlossene Schriften vorgelegen haben müssen, geht aus Goethes Darstellung in *Dichtung und Wahrheit* hervor:

> [Die] frühe Bekanntschaft mit dem Militär [hatte] die eigene Folge für ihn, daß er sich für einen großen Kenner des Waffenwesens hielt; auch hatte er wirklich dieses Fach nach und nach so im Detail studiert, daß er einige Jahre später ein großes Memoire an den französischen Kriegsminister aufsetzte, wovon er sich den besten Erfolg versprach. Die Gebrechen jenes Zustandes waren ziemlich gut gesehn, die Heilmittel dagegen lächerlich und unausführbar. Er aber hielt sich überzeugt, daß er dadurch bei Hofe großen Einfluß gewinnen könne, und wußte es den Freunden schlechten Dank, die ihn, teils durch Gründe, teils durch tätigen Widerstand, abhielten, dieses phantastische Werk, das schon sauber abgeschrieben, mit einem Briefe begleitet, couvertiert und förmlich adressiert war, zurückzuhalten, und in der Folge zu verbrennen. (*Goethe 1985: 634)

Ein solches abgeschlossenes Memoire ist bis heute nicht aufgefunden worden. Vielleicht ist es, wie Goethe behauptet, verbrannt worden. Wir besitzen jedoch eine Fülle von weiteren Textfragmenten, die Lenz vor, während und nach seinem Aufenthalt in Weimar 1776 geschrieben hat. In den wenigsten Fällen lässt sich ein genauer Zeitpunkt für die Entstehung der einzelnen Texte feststellen.

Die von Goethe erwähnte „frühe Bekanntschaft mit dem Militär" geht auf Lenzens Kindheit in Dorpat/Tartu zurück. Genauere Kenntnisse eignete er sich vor allem in den Jahren 1771 bis 1774 an, als er sich im Elsass als Gesellschafter und Diener der Barone Friedrich Georg und Ernst Nikolaus von Kleist verdingte. Neben dieser zeitraubenden und oft demütigenden Arbeit konnte Lenz – wenn auch nur mit Schwierigkeiten – seinen literarischen Projekten nachgehen sowie sein Verständnis der Kriegsführung, der Taktik und der Fortifikation vertiefen. Seine Beschäftigung mit dem Militär in diesen Jahren galt nicht nur technischen Aspekten, sondern umfasste auch prinzipielle Fragen zur Rolle der Armee in der Gesellschaft. Angeregt wurde sein Interesse wohl auch durch seine Bekanntschaft mit Cleophe Fibich, der Tochter eines Straßburger Goldschmieds. Mit ihr hatte der ältere Kleist ein Liebesverhältnis, bevor er Straßburg unter dem Vorwand verließ, die Einwilligung seiner Eltern zur Ehe einzuholen, während er in Wirklichkeit, wie es scheint, das Verhältnis abbrechen wollte. Lenz sollte während Kleists Abwesenheit auf das Mädchen aufpassen; als mitleidiger Beobachter ihrer schlechten Behandlung hat er sich anscheinend in sie verliebt.

Ergebnis dieser Erfahrungen war das Drama *Die Soldaten* (1776), in dem Lenz die Zerstörung der Familie Wesener durch den Umgang mit Offizieren darstellte, wobei er durchaus auch die Anfälligkeit des Mittelstands für den Charme des Adels einbezog und dadurch die verschiedenen Formen der Macht in einer auf Ungleichheit aufgebauten Gesellschaft enthüllte (vgl. → 2.1 Dramen und Dramenfragmente). Am Ende des Dramas gestaltet Lenz eine Diskussion über die Mittel, mit denen solchen Katastrophen vorgebeugt werden kann. In der ersten, handschriftlich vorliegenden Fassung des Dramas formuliert eine Gräfin La Roche den Gedanken, den der Obrist weiterführt, dass die Rollen von Ehemann und Soldaten unvereinbar seien und staatliche „Konkubinen" zur Verfügung gestellt werden müssten, um den Sexualtrieb der Soldaten zu kanalisieren und diese „zur Tapferkeit auf[zu]muntern" (Damm I: 246). Dass Lenz diese Schlussszene dann in der gedruckten Fassung des Dramas wesentlich revidierte, hängt wohl zunächst mit der Reaktion Herders auf die Erstfassung zusammen. Dies geht aus dem Antwortbrief Lenzens an Herder vom 20. November 1775 hervor (Damm III: 353 f.). Darin streicht er die „Konkubinen", doch besteht er darauf, dass „ordentliche Soldatenehen" den Kampfgeist der Soldaten untergraben würden. In der zweiten Fassung der Schlussszene spricht der Obrist vorsichtiger von einer „Pflanzschule von Soldatenweibern", worauf aber die Gräfin antwortet, dass eine solche männlich orientierte Lösung keineswegs „das Herz und die Wünsche eines Frauenzimmers" berücksichtige (Damm I: 734).

Während des Revisionsprozesses scheint sich Lenz von den ursprünglich vorgeschlagenen staatlichen Bordellen distanziert zu haben. Die zweite Fassung, in der in abgemilderter Form von einer „Pflanzschule von Soldatenweibern" die Rede ist, entlarvt diese Lösung selbst als Symptom der sozialen Missstände, denen sie abhelfen sollte. In den späteren Formulierungen seines Projektes spricht Lenz allerdings nur noch von „ordentlichen Soldatenehen". Eine Notiz unter den *Berkaer Schriften* mag die Entwicklung seiner Distanz gegenüber den in der Schlussszene vorgetragenen Lösungen dokumentieren: „Die letzte Scene in den Soldaten muß nicht gedruckt wer-

2.6 Die Berkaer Schriften

den, wenn ich mein Ding selbst bey Hofe durchtreiben kann. Vielleicht ganze förmliche Ehen warum nicht? wo die Väter von Auflagen befreyt die Weiber der Soldaten ernähren." (Griffiths/Hill I: 407)

Diese Bemerkung spielt auch auf den in der Schlussszene des Dramas ausgedrückten Wunsch des Obristen an, „daß sich einer fände diese Gedanken bei Hofe durchzutreiben" (Damm I: 246), was eine Abwendung von der Literatur zur Realität bedeutet, die Lenz bald in eigener Person vollziehen wollte. Ende Februar 1776 wendet er sich an Johann Georg Zimmermann mit der Bitte, sein Verleger Reich solle das Stück noch nicht an die Öffentlichkeit bringen, denn er „habe etwas (nicht seit gestern) im Kopfe, das allem diesem ein größeres Gewicht und einen ganz andern Ausschlag geben soll" (Damm III: 388).

Die Hinwendung zum Hof hatte zunächst einen ganz praktischen Grund, nämlich die Notwendigkeit für Lenz, sich nach der Trennung von den Baronen von Kleist eine bürgerliche Existenz aufzubauen. Mit der Ablehnung sozialer Abhängigkeit, ob als Hofmeister oder als Offiziersdiener, ging die finanzielle Dauerkrise einher. In seinen Briefen klagt Lenz mehrfach über seine Armut: Er sei „arm wie eine Kirchenmaus", schreibt er zum Beispiel am 14. März 1776 an Merck (ebd.: 406). Seit November 1775 war aber Goethe in Weimar, der dort einen verheißungsvollen Mittelweg zwischen unbemittelter Unabhängigkeit und den Kompromissen eines Hofdichters gefunden zu haben schien. Lenz konnte seinem Verleger Boie bereits im Februar 1776 mitteilen, dass Goethe dort bleiben wolle – und fügte die Bemerkung hinzu: „Vielleicht komm ich auch bald in Ihre Gegenden" (ebd.: 381). Merck gegenüber spricht Lenz geheimnisvoll von einer Reise, zu „der ich mich über Hals und Kopf anschicken muß" (ebd.: 14.3.1776), und Zimmermann gegenüber erwähnt er eine Reise, deren „Folgen für mein Vaterland wichtiger als für mich sein werden" (ebd.: 15.3.1776). Einzig Herder teilt er mit, dass es sich um „eine Schrift über die *Soldatenehen*" handle, die er „einem Fürsten vorlesen möchte, und nach deren Vollendung und Durchtreibung ich – wahrscheinlichst wohl sterben werde" (ebd.: März 1776). Diesen Aufsatz bietet er dann kurz vor seiner Ankunft in Weimar seinem Verleger Reich an.

Bald nach der Ankunft muss Lenz seine Pläne geändert haben. Der Aufsatz wurde zu seinen Lebzeiten jedenfalls nie gedruckt. Obwohl explizit an den Weimarer Herzog Carl August gerichtet (vgl. Griffiths/Hill I: 21), enthält er Andeutungen, dass Lenz von Anfang an ein größeres Publikum („Ich schreibe dieses für die Könige"; ebd.: 1) und sogar an Frankreich (vgl. ebd.: 11, 20) dachte. Schon im Mai schreibt er von seiner Absicht, ihn in französischer Sprache zu verfassen und dann nach Frankreich zu versenden (Damm III: 6.5.1776 an Weidmanns Erben und Reich, Ende Mai 1776 an Zimmermann). Sein Landsmann Freiherr von Vietinghoff soll dabei der Überbringer und Vermittler sein (ebd.: Ende Mai 1776 an Zimmermann). Bei Boie, Röderer und dem Weimarer Kammerherr und Major Wilkau sammelt Lenz allerlei Informationen zur Situation der Armee in Hannover, in Weimar und in Straßburg sowie auch über die neuesten Entwicklungen in der französischen Regierung und Wirtschaft. Er schreibt in einem Brief an Zimmermann vom Mai, dass er „bald den gar zu reizenden Hof verlassen" werde, um „in eine Einsiedelei hier herum [zu] gehen meine Arbeit zu Stande zu bringen, zu der ich hier nur Kräfte sammle" (ebd.: 460). Tatsächlich darf sein Aufenthalt in Berka vom 27. Juni bis zum 10. September 1776 als wichtigster Zeitabschnitt für Lenzens Weiterarbeit an dem Verhältnis von

Armee und Gesellschaft gelten (→ 3.9 LENZ UND GOETHE). Aber auch nach der Verbrennung des ‚Memoires', nach dem Bruch mit Goethe und seiner Ausweisung aus Weimar im November 1776 hat er weiter daran geschrieben. Aus dem Frühjahr 1777 zum Beispiel stammen Notizen über die landwirtschaftlichen Erträge im Oberamt Hochberg (vgl. Griffiths/Hill I: 314–338), und der an Lenz gerichtete Brief von Kayser vom Februar 1777 ist offenbar u. a. die Antwort auf Fragen über den sogenannten ‚philosophischen Bauern' Kleinjogg (vgl. Damm III: 524 f.).

Der These von Wilson (1994) zufolge hatte Lenzens Ausrichtung nach Frankreich auch einen persönlichen Hintergrund, nämlich seine Liebe zu Henriette von Waldner, deren Briefe Lenz bei seiner Wirtin in Straßburg, Luise König, gelesen hatte. Als er erfuhr, dass Henriette heiraten wollte, skizzierte er am 1. April einen Brief an sie, in dem er sich empört, dass sie wohl aus Standesgründen einen ihrer unwürdigen Mann zu heiraten gezwungen sei. Wilson vermutet, dass Lenzens Orientierung nach Frankreich mit seiner Hoffnung auf einen Offiziersposten zusammenhing, der ihm den nötigen Rang verliehen hätte, um Henriette zu heiraten. Die Tatsache, dass er an diesem 1. April nicht nur empörte Briefe an Henriette Waldner und an Lavater schrieb, sondern auch seinem Verleger erklärte, er wolle jetzt auf Französisch schreiben, legt die Vermutung eines Zusammenhangs nahe. In der Tat findet sich unter den Reformentwürfen der *Berkaer Schriften* die Behauptung, dass die Liebe zu einer Frau zu seinen Beweggründen gehöre (vgl. Griffiths/Hill I: 198 f., 296).

Weitere Gründe für sein Interesse an Frankreich liegen in der ökonomischen und politischen Situation des Landes nach der Thronbesteigung des jungen Ludwig XVI. (1774), als radikale Reformen zur Wiederbelebung des verkrusteten Ständestaats eingeleitet wurden. Während des Siebenjährigen Krieges waren die Schulden Frankreichs enorm gestiegen und der Staat stand kurz vor dem Bankrott. Auch das Prestige des Militärs hatte unter der Niederlage gelitten, wobei Frankreich im Friedensschluss von 1763 fast alle seine Territorien in Nordamerika, in der Karibik und im Senegal eingebüßt hatte. Unter dem neuen Contrôleur Général des Finances, Anne Robert Turgot, sollten die kränkelnden Staatsfinanzen saniert und eine liberale Wirtschaftspolitik eingeführt werden. Im September 1774 hatte Turgot mehrere Einschränkungen im Getreidehandel abgeschafft, was zu steigenden Brotpreisen und im Frühjahr 1775 zu Straßenkrawallen (*guerre des farines*) geführt hatte. Noch kontroverser waren Turgots Versuche im Frühjahr 1776, die Zünfte abzuschaffen und damit die Berufsfreiheit einzuführen. Aus Lenzens Briefwechsel mit Röderer geht hervor, dass er auch von Turgots Entlassung am 12. Mai 1776 wusste (Damm III: 23. 5. 1776 und 4. 6. 1776, Röderer an Lenz).

Die Amtszeit des reformbestrebten Kriegsministers Claude-Louis, Comte de Saint-Germain, war ebenfalls umstritten. Saint-Germain forderte eine gründliche Heeresreform, die u. a. die stufenweise Abschaffung der Ämterkäuflichkeit und bessere Ausbildungs- und Aufstiegschancen für ärmere Adlige vorsah. Ebenso versuchte Saint-Germain, der Offiziersklasse einen neuen Geist der Härte und Strenge einzuflößen und den Begriff der Offiziersehre neu zu definieren. Dass Lenz über Saint-Germains Reformen informiert war, geht aus seinem *Lettre d'un soldat Alsacien* (Griffiths/Hill I: 266–280) hervor, einem fiktiven Brief, in dem er aus der Perspektive eines altgedienten Soldaten Saint-Germains Verordnung vom Juni 1776 kritisierte, welche die Zahl der im Hôtel royal des Invalides in Paris wohnhaften Offiziere und Soldaten stark reduzieren sollte. Mit seinen Gedanken zur Heeresreform stieß Saint-Germain bei fast allen privilegierten Gruppen auf erheblichen Widerstand. Seine Pläne wurden von seinem Untergebenen, dem Directeur de la Guerre Montbarrey, so stark unterminiert, dass der Kriegsminister im September 1777 den König um seine Entlassung bitten musste.

2. Überlieferung

Die erhaltenen Handschriften bilden keinen geschlossenen Text, sondern enthalten eine Reihe von Entwürfen, Briefansätzen, Notizen, Erinnerungsstützen, mathematischen Berechnungen und angefangenen Reinschriften sowie kleineren Bleistiftzeichnungen. Etwa ein Viertel ist deutsch geschrieben, der Rest (abgesehen von den Zitaten aus Julius Cäsars *De bello gallico*) in einem Französisch, das sich über alle Regeln der Rechtschreibung und der Grammatik hinwegsetzt. Das chronologische sowie das systematische Verhältnis dieser Fragmente zueinander konnte bislang nur in einzelnen Fällen festgestellt werden. Sie zeugen von einem Prozess, der noch nicht in allen Einzelheiten rekonstruiert worden ist.

Unter den Handschriften befinden sich auch Entwürfe zu relativ abgeschlossenen Themenkreisen, zum Beispiel zu Julius Cäsar (Griffiths/Hill I: 372–385) oder zum Leben Bernhards von Weimar (ebd.: 387–393). Diese Themen sind mit den zentralen Problemen des Projektes insofern verwandt, als sie die Psychologie des Kriegs behandeln; unsicher ist allerdings, ob sie sich zu selbständigen Arbeiten weiterentwickelt hätten. Abwegiger sind zum Beispiel die Notizen zur medizinischen Behandlung von Pferden, die er bei Johannes Deigendesch abgeschrieben hatte (ebd.: 301–314). Die Bezeichnung *Berkaer Schriften* ist also eine vorläufige, hypothetische. Die Zugehörigkeit eines Schreibens dazu bestimmen in erster Linie der Inhalt und etwaige Hinweise auf den Kontext der Entstehung. Obgleich die weitere Geschichte der Handschriften nach Lenzens Tod nicht lückenlos bekannt ist (vgl. Griffith/Hill II: 487–492), ist es bemerkenswert, dass die meisten dieser Handschriften als Einheit innerhalb des Lenz-Nachlasses aufbewahrt wurden bzw. dass fast alle Handschriften mindestens Randnotizen zur zentralen Problematik des Projektes enthalten. Daneben findet sich auch eindeutig fremdes Material unter diesen Papieren, kleine Ansätze zu Dramen oder Auflistungen praktischer Aufgaben, die Lenz nicht vergessen wollte. Das Fragmentarische an den *Berkaer Schriften* erschwert jeden Rekonstruktionsversuch, aber gerade darin liegt ein wichtiger Aspekt des Interesses, das sie dem heutigen Leser bieten, denn sie verschaffen – mitunter durch die vielen Korrekturen – einen einzigartigen Einblick in Lenzens Denkweise und Arbeitsmethoden (vgl. → 3.7 FRAGMENTARISCHE SCHREIBWEISEN.

Die Mehrheit der Handschriften werden heute im Kasten IV der Sammlung Lenziana in der Biblioteka Jagiellońska in Kraków aufbewahrt. Einzelne zu dem Projekt gehörige Blätter befinden sich im Kasten V der Krakauer Sammlung und unter den Lenz-Handschriften in der Staatsbibliothek zu Berlin sowie in der Latvijas Akadēmiskā Bibliotēka (der Akademischen Bibliothek Lettlands) in Riga. Der Aufsatz *Über die Soldatenehen* wurde bereits 1913 von Freye veröffentlicht. Diese Ausgabe hat die Rezeption des *Berkaer Projekts* wesentlich bestimmt. Erst nach 1995, aber auch nur auszugsweise erschienen weitere kommentierte Auszüge aus den *Berkaer Schriften* (Hill 1994b, 1995a, 1995b; Hempel 2003b; Gibbons 2003). Den ersten Versuch einer Ausgabe sämtlicher überlieferter Schriften von Lenz zu seinem Projekt veröffentlichten Griffiths und Hill 2007 in zwei Bänden unter dem Titel *Schriften zur Sozialreform: Das Berkaer Projekt*.

3. Interpretation

Wenn die Rezeption von Lenz lange Zeit wegen deren Orientierung an Goethe und dessen negativem Urteil in *Dichtung und Wahrheit* gelitten hat, so gilt dies umso mehr für eine nicht-literarische und überdies nur fragmentarisch erhaltene Produktion wie die *Berkaer Schriften*. Bis Ende des 20. Jahrhunderts mussten sich alle Interpretationen dieser Schriften – das heißt, alle Versuche, Lenzens Projekt historisch einzuordnen – auf den Aufsatz *Über die Soldatenehen* beschränken. Dieser wurde zwar als Beitrag zum aufgeklärten Diskurs über die Möglichkeit sozialer Reformen erkannt, aber seine Zuordnung zum Sturm und Drang erwies sich als schwierig, weil dieser lange Zeit als irrationaler und in diesem Sinne unpolitischer ‚Aufbruch' verstanden wurde (vgl. hierzu Sauder 2003). Die Grundthese des Aufsatzes ist, dass eine institutionalisierte Verheiratung der Soldaten zu ihrer besseren Motivierung und Versittlichung führen würde, weil sie dann wüssten, dass sie für die eigene Familie und darüber hinaus für ihre Provinz und ihr Vaterland kämpfen würden. Gleichzeitig würden die Söhne, die aus diesen Soldatenehen hervorgingen, selbst Soldaten, und die Staatsfinanzen ließen sich einerseits durch die Einsparungen bei den Rekrutierungskosten und andererseits durch eine auf die neue Gesellschaftsstruktur abzielende Reform des Steuerwesens in Ordnung bringen.

Urteile über die historische Einordnung des *Soldatenehen*-Aufsatzes fielen unterschiedlich aus. Während Freye den „nationalen Gehalt" hervorhob (Einleitung zu *Über die Soldatenehen*, hg. v. Freye, 1913: vii), wollten die ersten Kritiker nach dem Zweiten Weltkrieg, die sich intensiv mit Lenz beschäftigten, meist eine fortschrittliche Seite der Staatsbildung in diesem Projekt sehen – zumindest in dem Sinne, dass eine Armee gebildet werden sollte, die weder von den eingreifenden Befehlen des Feldherrn noch von Geld oder von Drohungen, sondern von der eigenen Motivation angespornt würde, weil die Soldaten für ihre eigene Familie und ihr eigenes Land kämpfen. Wie Guibert, dessen *Essai général de Tactique* (1770) das Motto zu *Über die Soldatenehen* lieferte (vgl. Griffiths/Hill I: 1), soll Lenz eben die Armee antizipiert haben, die später für die eigene revolutionäre Sache in Frankreich kämpfen sollte (vgl. Girard 1968: 114–116, Scherpe 1977: 225–228, Damm 1985a: 208–213, Glaser 1992: 116–122, Damm II: 947f.; vgl. hierzu Kreutzer 1978). Twellmann, der die wirtschaftstheoretischen Aspekte des Reformvorschlags untersucht, schlägt eine ähnliche Richtung ein, wenn er zeigt, dass die physiokratischen Elemente des Reformvorschlags von Lenz dem Begriff eines Wirtschaftssystems entsprechen, das unabhängig von den Eingriffen des Monarchen wäre, und darüber hinaus betont, Lenz entferne sich „vom Diskurs der Regierungsberatung" und spreche sich für eine „Parteinahme für [die] Untertanen" aus (Twellmann 2008: 521 f.).

Demgegenüber muss im Auge behalten werden, dass alle diese Tendenzen, die Gesellschaft als ein in sich geschlossen funktionierendes System zu verstehen, im Rahmen des Absolutismus bleiben und sich als Versuch legitimieren, diesen funktionsfähiger zu machen. So ist seit den 1980er Jahren öfter geltend gemacht worden, dass Lenzens Projekt das Individuum und die Möglichkeiten seiner individuellen Selbstverwirklichung dem Staat zuliebe einschränkt. Vor allem würden die strikte

2.6 Die Berkaer Schriften

Trennung der Geschlechterrollen und die Instrumentalisierung der Frau zu staatlichen Zwecken zu einem Programm repressiver Sexualdisziplinierung gehören (vgl. hierzu am pointiertesten Wilson 1994; siehe auch M. Müller 1984; Glaser 1992; Pautler 1996 u. 1999; Kagel 2008; Wilms 2008).

Der Lenz des Reformprojekts scheint demgemäß im Widerspruch zu stehen zum Lenz der großen Dramen, der die Leiden des Einzelnen, d. h. dessen Unfähigkeit, sich in der gegebenen sozialen Welt zu verwirklichen, so genau nachzuempfinden vermochte. So haben neuere Studien versucht, diese zwei Lenz-Konstrukte zu vermitteln, und zwar durch Differenzierungen verschiedener Art. Gleichzeitig hat die sukzessive Veröffentlichung weiterer Texte aus den *Berkaer Schriften* zur Folge gehabt, dass diese Studien auf eine immer breitere Textbasis zurückgreifen konnten und sich nicht auf den Aufsatz *Über die Soldatenehen* beschränken mussten. Gibbons (2003) zeigt anhand eines Briefes an Maurepas das Ausmaß von Lenzens Kenntnissen der politischen Lage in Frankreich auf. Hempel (2003b) ediert die ausgesprochen triebregulierenden *Loix des femmes Soldats* und schlägt eine Verbindung zwischen der patriarchalen, autoritären Sexualmoral der Reformschriften und der Erkenntnistheorie vor, die den moralisch-theologischen Schriften von Lenz zugrunde liegt und seine Ästhetik untermauert. Indessen geht Wilms (2008) von zeitgenössischen Diskussionen über die Probleme der bürgerlichen Kleinfamilie aus und zeigt, wie das Reformprojekt von Lenz den Versuch darstellt, eine neue Art von Familie zu konzipieren, die sich vom bürgerlich-sentimentalen Modell befreit und somit die fatale Trennung des Privatbereichs von der Öffentlichkeit überwindet. Griffiths (2006) zieht vor allem die Briefe an Sophie von La Roche hinzu, um Lenz' Bestrebung zu zeigen, der Spannung zwischen der Unterordnung des Individuums und der Notwendigkeit seiner Selbstverwirklichung durch die Darstellung und kommunikative Vermittlung der Gesichtspunkte verschiedener Stände entgegenzuarbeiten. Die Arbeit mit Perspektiven ist für Lenzens Ästhetik zentral (vgl. hierzu Blunden 1978). Während Gibbons (2001c) in der Entwicklung von *Die Soldaten* zum *Berkaer Projekt* einen Übergang von ästhetischen zu instrumentellen Darstellungsformen sieht, untersuchen Kagel (2008) sowie Griffiths und Hill (2008) die quasi-ästhetische Konstruktion von Ich-Identitäten durch die Selbstdarstellung in den *Berkaer Schriften*.

Vor allen Dingen aber erlaubt die erweiterte Textbasis der vollständigen Ausgabe eine Differenzierung der verschiedenen Motive im Lenzschen Projekt. Sie zeigt, dass dieses sich nicht auf eine Ehereform beschränken lässt, sondern sich ebenso intensiv mit Fragen der Militärtaktik und der Agrar- und Steuerreform beschäftigt, und sie zeigt auch, dass die *Berkaer Schriften* weniger eine bestimmte, genau definierte Reform als die Entwicklung von Lenzens Gedanken über mögliche Reformen widerspiegeln. Ferner zeigt sie, dass alle Diskussionen über die Rolle der Frau eine Reihe von zum Teil widersprüchlichen Formulierungen in den *Berkaer Schriften* in Betracht ziehen müssen (Hill 2010). Deutlich wird darin zum Beispiel, wie wichtig Lenz die Erhöhung ihres Status war. Einerseits sollten den Soldatenfrauen und deren Eltern besondere Ehrenzeichen verliehen werden, die sie „zu einer Art von Adel" (Griffiths/ Hill I: 49) erheben würden. Grundsätzlicher aber war eine Reform der Erb- und Besitzverhältnisse zugunsten der Frau, so dass die Töchter andererseits den Bauernhof und das Land erben sollten, während der Ehemann bei der Armee kämpfte; die Söhne sollten auf dem Bauernhof arbeiten, bis sie in der Lage wären, finanziell unabhängig zu sein. Dies wiederum hängt mit dem Versuch zusammen, die Leistung der unverheirateten Soldaten zu steigern und sie von Ausschweifungen abzuhalten. Lenz meint, die Soldaten müssten Fleiß und Sparsamkeit lernen, um genug Geld von ihrem Lohn sparen und dadurch als ‚gute Partie' dastehen zu können. Offensichtlich gehen diese neuen Besitzverhältnisse mit einer neuen Konzeption der Geschlechterverhältnisse einher, deren Konsequenzen Lenz anscheinend nicht ganz durchdacht hat. Hierbei muss in Betracht gezogen werden, dass sich in den Textfragmenten unterschiedliche Vorschläge zur Rolle der Frau im Krieg finden. Zumeist hält Lenz die strikte Trennung der Geschlechterrollen aufrecht, weil er meint, die Soldaten ließen sich am besten zum Kampf motivieren, wenn sie ihre eigenen Familien und ihren eigenen Besitz beschützen. Gleichwohl finden sich abweichende Überlegungen, etwa wenn er schreibt, dass Frauen auch selbst in den Krieg ziehen und fouragieren und sogar kämpfen sollten: „[I]ch sah Weiber als Amazonen im Nothfall mitfechten und das stärkste corps de reserve machen" (Griffiths/Hill I: 398). Das Beieinander sich widersprechender Konzepte zeigt, dass die *Berkaer Schriften* unterschiedliche, schwer einzuordnende Etappen eines Denkprozesses darstellen, von denen *Über die Soldatenehen* nur eine – und zwar eine relativ frühe – ist. Dennoch macht diese große Anzahl von Fragmenten deutlich, welche Probleme und welche möglichen Lösungen Lenz am meisten beschäftigten.

Die *Berkaer Schriften* liefern somit ein detailliertes und differenzierteres Bild von den verschiedenen Reformen, die Lenz plante, und zeugen auch von dem Ausmaß dieses Unterfangens (Hill 2010). Sie enthalten eine Fülle von Details nicht nur zu den Soldatenehen und ihrer Einordnung in die Ökonomie Frankreichs, sondern auch zur Motivierung der Soldaten und zur Neueinteilung der Armee in Legionen, die jeweils eine enge Verbindung zu einer französischen Provinz haben sollten. Er bestimmt zum Beispiel jede Stadt, in der eine Festung gebaut werden soll, und das Personal, das sie zu besetzen hätte (vgl. Griffiths/Hill I: 42–95).

4. Quellen

Wohl um sich als Autorität abzusichern und sich nicht dem Vorwurf der Projektemacherei (vgl. hierzu Scherpe 1977) auszusetzen, stützt sich Lenz ausdrücklich auf eine Fülle von mathematischen Berechnungen und vor allem auf theoretische und historische Quellen zu wirtschaftlichen und militärischen Themen. Die *Berkaer Schriften* als Ganzes zeugen von der Intensität von Lenzens Auseinandersetzung mit seinen Lektüren (vgl. Griffiths/Hill II: 444–475). Seine wichtigsten militärischen Quellen waren Jacques-Antoine-Hippolyte de Guiberts *Essai général de Tactique* (1772), Maurice, comte de Saxes *Rêveries, ou Memoires sur l'art de la Guerre* (1732, gedr. 1756) und Julius Cäsars *De bello gallico*. Von Cäsar und vor allem von de Saxe scheint Lenz sein Modell der Legion als eine Art *patrie militaire* geschöpft zu haben. Während Müller Lenzens Idee von staatlich geregelten Bordellen dem Einfluss von Nicolas Edme Restif de La Bretonne zuschreibt und Zierath auf August Wilhelm Hupel als mögliche Quelle für die Idee der Armee als „Pflanzschule" für künftige Generationen hinweist, bleiben diese in den *Berkaer Schriften* unerwähnt (vgl. M. Müller 1984: 159; Zierath 1995: 90 f.). Lenz erwähnt Saxes Vorschlag zugunsten von Ehen, die zunächst nur fünf Jahre dauern sollten, weist ihn aber als lächerlich zurück (Griffiths/Hill I: 170), obwohl er selbst bei der Revidierung der Schlussszene von *Die Soldaten* wieder auf ihn zurückgegriffen haben mag. Guiberts positive Einstellung zu den Soldatenehen dürfte Lenz hingegen wesentlich beeinflusst haben. Insgesamt kann man Guibert als wichtigste Quelle für das Projekt nennen, wohl vor allem wegen seines psychologischen Ansatzes zu militärischen Fragen und wegen seiner Betonung der Motivation des einzelnen Soldaten, wobei Lenz zusätzlich Cäsars Gedanken über den Vorrang von Kampfgeist über Taktik rezipierte. Guibert war ebenso eine Quelle für Lenzens Betonung von einfachen militärischen Strukturen und mobilen Kampfeinheiten. Zu anderen, aber weniger einflussreichen Quellen für Lenz zählten auch Jean-Charles, Chevalier de Folard, Guillaume Le Blond und Jacques Marie Ray de Saint-Geniès.

Lenzens Lektüren in wirtschaftlichen Fragen waren ebenso intensiv. Seine Aufzeichnungen beweisen sein Interesse an einem historischen Ansatz zu wirtschaftlichen Fragen. Etwa bei James Denham Steuart und dem Chevalier d'Éon fand er Auskunft zum Bankwesen, zur Geldpolitik und zur Besteuerung in Frankreich sowohl im 18. Jahrhundert als auch in früheren Jahrhunderten. Charles Rollins monumentaler achtbändiger Geschichte Roms entnahm er Informationen zur Steuerpolitik von Servius Tullius (578–534 v. Chr.), insbesondere zur größeren Steuerbelastung des Adels – aber nach Lenzens Plänen bleiben die Steuerprivilegien des Adels schließlich unangetastet.

Mittelpunkt seiner Überlegungen im wirtschaftlichen Bereich war jedoch eine Auswertung des Physiokratismus (vgl. Griffiths/Hill II: 462–470; vgl. hierzu Twellmann 2008). Dieser hatte sich in den späten 1750er Jahren aus dem Werk François Quesnays entwickelt. Er war der erste Versuch, die Gesamtheit der wirtschaftlichen Handlungen in einer Gesellschaft als System zu verstehen, wobei er die von der Natur bestimmten Wirtschaftsprinzipien aufdecken und die Wirtschaft diesen Prinzipien zufolge umstrukturieren wollte. Die Physiokraten hielten die Landwirtschaft für das Herzstück einer erfolgreichen Volkswirtschaft, da nur sie Vermögen zu schaffen imstande sei. Demzufolge sollten die Steuern ausschließlich aus einer einheitlichen Steuer (*impôt unique*) auf den Nettogewinn der Landwirtschaft bestehen. Unter den Handschriften finden sich auch Lenzens Abschriften von Johann Georg Schlossers Berechnungen über den Einfluss der physiokratischen Experimente in Baden (vgl. Griffiths/Hill I: 314–332, 335–338). Schlosser stand dem Physiokratismus zunächst positiv gegenüber, bald nach seinem Antritt als Oberamtsverweser im badischen Emmendingen stellten sich aber Zweifel bei ihm ein. Dabei gibt es deutliche Belege für eine von Schlosser unabhängige Rezeption der Physiokraten bei Lenz. Während der Aufsatz *Über die Soldatenehen* eine äußerst feindliche Einstellung zu Schlettwein, dem wichtigsten deutschen Anhänger des Physiokratismus, aufweist, zeichnet sich eine freundlichere Einschätzung zum Physiokratismus in den *Berkaer Schriften* ab. Dies könnte eine Folge von Lenzens Studium der von Pierre Samuel du Pont de Nemours herausgegebenen Textsammlung *Physiocratie* sein. Zusätzlich scheint sich Lenz mit der praktischen Seite der Landwirtschaft auseinandergesetzt zu haben. Er rezipierte Hans Caspar Hirzels berühmtes Buch *Die Wirthschaft eines philosophischen Bauers* (1761, erweitert 1774), das die Lebensweise und Arbeitsmethoden des Schweizer Bauern Jakob Gujer, genannt Kleinjogg, schildert. Dabei konzentrieren sich seine Aufzeichnungen nicht auf die rousseauistisch-patriarchalischen Aspekte von Hirzels Kleinjogg-Bild, sondern auf die praktischen Aspekte der Landwirtschaft, wie etwa die Düngung (vgl. Griffiths/Hill I: 333 f.).

Aus den vielen Hinweisen auf diese und andere Autoren kann man schließen, dass Lenzens Lektüren von einem ernsten Wissensdrang angetrieben wurden. Seine

Analysen und Vorschläge waren alle in die Diskussionen der Zeit eingebettet. Insofern wäre das Urteil Goethes zu relativieren, da es eher sein Verhältnis zur Person Lenz widerzuspiegeln scheint (vgl. hierzu Hill 1994d). Die Person Lenz zeigt sich in der fast zwanghaften Detailbeflissenheit, die sich etwa in den vielen unvollendeten Briefentwürfen an Maurepas oder Saint-Germain oder in der Verteilung von Regimentern in den französischen Provinzen niederschlägt. Diese führte zu einer Überfülle an verschiedenartigen Informationen, die sich nur in mühsamer Arbeit integrieren ließen. Der Versuch eines umfassenden Schemas (Griffiths/Hill I: 163–168) verläuft nach mehreren Seiten ins Unbestimmte. Durch den ganzen Text hindurch streute Lenz allerlei Notizen an sich selbst, etwa zum Stil: „Styl fixiren", „Nicht meinen Witz sehn lassen wollen sond. Warheit schreiben geh's wies wolle" oder „nicht eher schreiben als bis ich recht wohl gemuth bin – einen schönen Tag u. vorher mich recht festgesetzt im Styl" (ebd.: 167 f., 224).

Die *Berkaer Schriften* sind also auch ein Zeugnis der Person Lenz, nicht nur in den beiläufigen Bemerkungen, die den biographischen Kontext konkretisieren, sondern vor allem in der Art, wie er versucht, seinen Argumenten und Vorschlägen Kohärenz zu geben, d. h. in diesen Schriften eine Identität zu finden. Immer wieder verrät er seinen Mangel an Selbstsicherheit, etwa wenn er sich als „un petit faiseur de Comoedies ou l'on pleure et des Tragedies ou l'on rit" beschreibt und dann am Rand noch dazu schreibt: „mauvaise plaisanterie" (ebd.: 44). Eine eigene Identität finden, heißt auch, dem anderen seine Perspektive, seine Identität gewähren. Am Rand eines Briefs an den Kriegsminister Saint-Germain kann man zum Beispiel lesen: „Das geht itzt immer so fort ohne abzusetzen denn ich schreibe für ihn" (ebd.: 97). Diese Bemerkung ist ein Beweis für das Fingerspitzengefühl des Autors Lenz für die Perspektiven anderer, sowohl des Fürsten oder des Fürstendieners als auch des einfachen Bauern oder Soldaten. Auch beim Versuch, als Sprachrohr der Obrigkeit aufzutreten, war Lenz zugleich Fürsprecher der Machtlosen. Zu den *Berkaer Schriften* gehören unter anderem Pläne zur Darstellung des Projektes anhand fiktionaler Briefe, welche die Perspektive von Soldaten wie von Soldatenweibern schildern sollten (vgl. ebd.: 165, 241). Tatsächlich ist der längere fiktive Brief eines elsässischen Veteranen an Saint-Germain überliefert (vgl. ebd.: 266–280). Lenz dachte offenbar sogar an fiktive, vom Standpunkt des Kriegsministers Saint-Germain aus geschriebene Briefe (vgl. ebd.: 199). Er warnte davor, dass die Gewohnheit des Einzelnen, nur nach seiner eigenen Perspektive zu urteilen, seine Fähigkeit zum menschlichen Handeln gefährde (vgl. ebd.: 224). Das Literarische sollte also das Empfindungs- und Einfühlungsvermögen des Einzelnen sensibilisieren und bildete daher einen Kernpunkt seines Ansatzes zur Reform (vgl. Griffiths 2006: 16–19; vgl. hierzu Griffiths/Hill 2008; vgl. zu diesem Thema auch Damm III: Juli 1775 an La Roche).

5. Fazit

Die *Berkaer Schriften* sind eine Ansammlung widersprüchlicher Textfragmente. Die Widersprüche stammen zum Teil daher, dass sie Dokumente einer gedanklichen Entwicklung sind, die nie zu einem Abschluss kam, und dass es Lenz nicht gelang, die Informationen und Argumente, die seine Quellen anboten, zu integrieren. Sie sind tief in der Idee des aufklärerischen Reformprojekts verankert, das die Selbstentfaltung des Einzelnen – aber im Interesse des Staats und durch staatliche Reformen – sichern sollte. Lenz instrumentalisiert den Einzelnen und versucht gleichzeitig, ihn in eine Gemeinschaft der nicht mehr Entfremdeten zu reintegrieren. Er verspricht ihm die Selbstverwirklichung, die das 18. Jahrhundert im Rahmen der bürgerlichen Familie für möglich hielt. Durch die Auflösung eben dieser Familie manövriert er sich aber in eine paradoxe Argumentationsweise, die jedoch nicht nur seine eigene Situation, sondern die der ganzen Gesellschaft spiegelt.

Als roter Faden zieht sich durch die *Berkaer Schriften* die Idee einer organischen Gemeinschaft, die das Projekt an Grundgedanken des Sturm und Drang und an Rousseau bindet. „In den ältesten Zeiten war der Bürger und der Soldat unzertrennlich" (Griffiths/Hill I: 2), behauptet Lenz. Stehende Armeen und Söldner seien typisch für eine moderne Welt, die ihre natürliche Einheit verloren habe und in der die Menschen gleichzeitig ihre Identität und ihre Zugehörigkeit zu einer Gemeinschaft verloren hätten. Die *Berkaer Schriften* sind eine Art Protest gegen die Entfremdung der modernen Welt, eine Entfremdung aber, der Lenz durch eine Reform von oben meinte entgegenarbeiten zu können.

6. Weiterführende Literatur

Goethe, Johann Wolfgang: *Sämtliche Werke nach Epochen seines Schaffens. Münchner Ausgabe.* Hg. v. Karl Richter in Zusammenarbeit mit Herbert G. Göpfert, Norbert Miller u. Gerhard Sauder. Bd. 16: *Aus meinem Leben. Dichtung und Wahrheit.* Hg. v. Dieter Sprengel. München 1985.

2.7 Moskauer Schriften
Heribert Tommek

1. Entstehung und Produktionsphasen 269
2. Überlieferung, Druck und Rezeption 270
3. Briefe 272
4. Gedichte 273
5. Dramatische Fragmente 275
6. Prosadichtung 278
7. Gesellschaftspolitische Schriften 280
8. Schriften zur Kulturentwicklung und Literatur 285
9. Weiterführende Literatur 289

Lange herrschte die Einschätzung vor, dass der Nachlass aus Lenz' letzten elf Lebensjahren in Moskau (1781–1792) einer länger andauernden ‚Krankheitsphase' zuzuordnen sei. Dem entsprach das Bild von Lenz in Moskau als einem rastlosen, spleenigen Projektemacher, der jeglichen Realitätssinn verloren und ein kümmerliches Außenseiterdasein geführt habe. Mit der melodramatischen, aber nicht zu belegenden Überlieferung, wonach der Dichter nachts einsam, krank und verarmt auf einer Moskauer Straße gestorben sei, schließen noch immer die meisten Biographien.

Seit 2007 liegt eine Edition sämtlicher Moskauer Schriften und Briefe (Tommek I) zusammen mit einem umfassenden Kommentarband vor (Tommek II). Trotzdem gibt es auch weiterhin nur eine punktuelle wissenschaftliche Auseinandersetzung mit den Moskauer Schriften. Dies lässt sich dadurch erklären, dass die Texte sperrig und die russischen Kontexte komplex sind. In den Moskauer Schriften verbinden sich in eigentümlicher Weise ‚Dichtung' und ‚Projektschriften', ästhetischer Ausdruck und soziale Prägung, hermetische Symbolik und historische Realien. Die Texte weisen einerseits radikale formale (Ab-)Brüche, groteske Motiv- oder Symbolkopplungen, einen ‚unsinnigen' Sprachgebrauch und ‚phantastische' Ideen auf. Andererseits sind sie oft bis in kleinste Details hinein sozial situiert: Sie haben konkrete Adressaten, reagieren auf zeitgenössische Probleme und zeugen von intensiven Studien zahlreicher Schriften der zeitgenössischen europäischen Kulturgeschichte (vgl. das Verzeichnis der von Lenz direkt oder indirekt verwendeten Quellen in Tommek II: 767–773).

Neben den Briefen, Gedichten, dramatischen Fragmenten und der Prosadichtung spiegeln die gesellschaftspolitischen Schriften zur Erziehung des adligen Nachwuchses, zur allgemeinen Verbesserung der Erziehung und der Wirtschaft, die Studien zur geographischen, politischen und wirtschaftlichen Geschichte Russlands und die technischen Projekte den historischen Entstehungszusammenhang in einem sich modernisierenden, autokratischen Russischen Reich zur Zeit der Französischen Revolution wider. Zusammen mit den Schriften zur Kulturentwicklung und Literatur geben sie einzigartige Einblicke in die in dieser Zeit entstehenden Privatinitiativen, die den Beginn eines sich vom Staat lösenden, selbständigen Feldes kultureller Produktion markieren. Zugleich handelt es sich um Dokumente einer spezifischen Laufbahn: die Entwicklung eines literarisch erst in den protestantischen Milieus der Provinz Livlands, dann in der bürgerlichen Vereinskultur des deutsch-französischen Grenzraums Straßburgs sozialisierten Schriftstellers, der in Weimar Grenzen erfährt und mit tiefgreifenden persönlichen Krisenerfahrungen, aber auch mit ebenso tiefsitzenden Prägungen eines emanzipierten Selbstverständnisses nach Livland zurückkehrt und in den soziokulturell fremden Raum Russlands eintritt. Dort knüpft er im Laufe der Jahre Kontakte zu zentralen Persönlichkeiten des gesellschaftlichen und kulturellen Lebens in Russland und wird ein wichtiger Kulturvermittler.

Neben den direkten Briefadressaten (s. u.) trat Lenz mit wichtigen, das kulturelle und politische Leben jener Zeit prägenden Personen in einen direkten Kontakt: so mit Johann Georg Schwarz (1751–1784), Kollegien-Assessor, Professor der Philosophie und Dichtkunst, der zusammen mit Nikolaj Ivanovič Novikov (1744–1818) Gründer und Leiter der Freimaurerloge ‚Harmonie' und wichtigster Verbindungsmann zu den Rosenkreuzern in Berlin war. In einem engen und langjährigen Kontakt stand Lenz auch mit Novikov selbst, Schriftsteller, Verleger, Leiter der Typographischen Gesellschaft, Freimaurer und eine der wichtigsten Figuren bei der Entstehung eines sich von Hof und Kirche lösenden literarischen Lebens in Russland. Auch mit Nikolaj Michajlovič Karamzin (1766–1826), dem ersten russischen Dichter mit einem ausgeprägten ästhetischen Selbstbewusstsein, stand Lenz im direkten Austausch. Ihm vermittelte er Zugänge nicht nur zu Shakespeare, sondern vermutlich auch zu den Hauptwerken der empfindsamen Literatur wie Rousseaus *Nouvelle Héloïse*, Goethes *Werther* und zu den *Ossian*-Gesängen. Ferner stellte Lenz ihm eine Liste literarischer Persönlichkeiten zusammen, die Karamzin auf seiner Bildungsreise durch Europa (1789) besuchte. Schließlich lernte Lenz auch Michail Matveevič Cheraskov (1733–1807) kennen, dessen *Rossijada* er zum Teil übersetzte. Cheraskov war Kurator an der Moskauer Universität, ein hoher Freimaurer und der führende Dichter des russischen Klassizismus im Übergang zum Sentimentalismus. Hinzu kommt die Bekanntschaft mit Sergej Ivanovič Pleščeev (1752–1802), Günstling des Thronfolgers Paul und Generalmajor der Marine, dessen *Uebersicht des Russischen Reichs* Lenz übersetzte, sowie mit vielen anderen hochrangigen und vermögenden adligen Freimaurern und Kunstmäzenen, von denen vor allem der einflussreiche Fürst Nikolaj Nikitič Trubeckoj (1744–1821) und dessen Frau Varvara Aleksandrovna (1748–1833), die vermutlich einen ersten literarischen Salon führte, wie auch der Graf Petr Borisovič Šeremetev (1713–1787) mit seinem Sohn Nikolaj Petrovič (1751–1809), Senator und Oberkammerherr in Moskau, hervorzuheben sind. Bei den Šeremetevs handelte es sich um eine der reichsten Familien im damaligen Russland, die auch die Kunst förderte. Belegt ist schließlich, dass Lenz einen direkten Kontakt zum Leiter des Kollegiums für Auswärtige Angelegenheiten, dem Grafen Nikita Ivanovič Panin (1718–1783), hatte, der ihn wohlwollend unterstützte. Panin war während der ersten Regierungsphase Katharinas II. der Erzieher des Thronfolgers Paul und der zentrale Berater der Zarin sowohl in der Außenpolitik (‚Nordisches System') als auch innenpolitisch (er favorisierte eine gesetzlich sowie institutionell kontrollierte Zarenherrschaft und trat für den Ausbau und die Verbesserung der Infrastruktur und des Binnenhandels ein). Er war darüber hinaus die entscheidende Integrationsfigur für die intellektuellen Kreise des ‚jungen Hofes' rund um Paul, die mit schwindendem Einfluss Panins sich zunehmend in Opposition zur kriegerischen und selbstherrlichen Expansionspolitik in den 1770er und 1780er Jahren setzten. Panins Entlassung aus den Regierungsgeschäften und sein Umzug nach Moskau 1781 spielte auch bei Lenz' Weggang von St. Petersburg nach Moskau eine Rolle. Zwischen seinen Anhängern und den Moskauer Freimaurern gab es viele Überschneidungen und Verbindungen, so dass eine tendenzielle Verlagerung dieser Kreise von einer relativen Nähe zu den Regierungskreisen (1760er bis Mitte der 1770er Jahre) an den Rand des höfischen Machtfeldes in Moskau (1780er und 1790er Jahre) zu beobachten ist. Hier entstand der Bereich des kulturellen privaten Engagements von Adligen, die sich in Freimaurerlogen, Gesellschaften und später in Salons organisierten. In diesen Bereich gehören die Moskauer Schriften.

1. Entstehung und Produktionsphasen

Es können verschiedene Produktionsphasen unterschieden werden, die sich mit folgenden Lebensdaten verbinden: Im Spätsommer 1781 kommt Lenz in Moskau an. Er erhält Unterkunft bei dem Historiker Gerhard Friedrich Müller und übernimmt Hofmeistertätigkeiten, ab etwa Ende 1781 bis Ende 1785. Anfang 1786 hat er eine Anstellung als Aufseher am adligen Erziehungspensionat der Madame Exter, wo er vermutlich nach Müllers Tod (Oktober 1783) auch wohnt. Ab 1786 findet er Unterkunft und Arbeit im Novikov-Haus der Gesellschaft der gelehrten Freunde bzw. der Typographischen Gesellschaft unweit des Menšikov-Turms: Bis 1789 wohnt er dort zusammen mit Karamzin und dessen Dichterfreund Aleksandr Andreevič Petrov, ab 1789 mit dem Fürsten Engalyčev. Am 23. oder 24. Mai 1792 (nach dem Julianischen Kalender) stirbt Lenz.

Der Moskauer Nachlass zeugt insbesondere von Lenz' gesellschaftspolitischem Engagement in den Bereichen der Erziehung, des Handels und der Geschichtsstudien. Bis etwa 1786 ist ein Erziehungsengagement vorrangig, von dem insbesondere eine *Rechenschafft*-Schrift (Ende 1785, Anfang 1786) über die Schul- und Erziehungserfolge in der Pension der Madame Exter zeugt. Die Beendigung der Anstellung und der Wechsel der Unterkunft stehen eventuell im Zusammenhang mit der Einführung der ‚Normalschule' im Russischen Reich. 1786 bis 1789 unterhielt Lenz intensive Kontakte zur Typographischen Gesellschaft rund um Novikov. Diese Zeit war geprägt von Übersetzungen (so die *Uebersicht des Russischen Reichs* von Pleščeev, 1787 bei Rüdiger in Moskau erstmals erschienen) und intensiven Geschichtsstudien (Peter-I.-Studie, *Aus Nowikoffs alter diplomatischer Bibliothek*). Letztere dürften schon in den ersten Moskauer Jahren im Hause Müllers eingesetzt haben (vgl. Tommek I: 30.10.1781 an Gerhard F. Müller). Den aufklärerischen, patriotischen und philanthropischen Ambitionen standen aber zunehmend Widerstände der realen Entwicklung der autokratischen Herrschaft im Russischen Reich entgegen, die innenpolitisch auf Machterhalt und außenpolitisch auf eine militärische Expansion gerichtet war. Lenz' Reaktion auf diese Entwicklung äußerte sich in wütenden und hermetischen Schriften der letzten Jahre (1789–1792), die sich gegen den Missbrauch der Dichtung und Geschichtsschreibung durch gesellschaftliche Mächte wenden. Ab 1788/1789 wird zunehmend eine Kritik der ‚Entstellung' der Menschennatur thematisch, verbunden mit einer neuen Hinwendung zur Farce und Satire (vgl. *Was ist Satyre?*, *Ueber Delikatesse der Empfindung*). In diesem Zusammenhang tauchen auch die Verteidigung der Freiheit des Dichters (vgl. *Brief vom Erziehungswesen an einen Hofmeister!*), eine Kritik an der Sprache des (klassizistischen) Scheins der Adligen und ‚Kunstvirtuosen' (vgl. Tommek I: etwa 1789 an einen unbekannten Freund) und ein bewusst ‚unsinniger', sich dem direkten Verständnis verweigernder Sprachgebrauch auf (vgl. *Auf das kleine Kraut Reinefarth an die Rosengesellschaft* oder *Epitre de Sancho Pajass à son Maitre en Küttelversen*). Programmatisch für diese Neuausrichtung und Radikalisierung der literarischen Position ist das Gedicht *Was ist Satyre?*: Darin wird die Satire als Instrument des Dichters („Klinge"; Tommek I: 99) zur Verteidigung des Menschen angesichts seiner tagtäglichen Erniedrigung bestimmt. Indem sie auf die allseitige ‚Entstellung' der menschlichen Gesellschaft mit den Mitteln der ‚vorsätzlichen Lüge' und Verzerrung als Stilmittel der Groteske und der Satire reagiert, verteidigt sie das Eigenrecht der Dichtung.

2. Überlieferung, Druck und Rezeption

Die Moskauer Handschriften liegen vor allem in den Archiven in Kraków (Biblioteka Jagiellońska), Riga (Latvijas Akadēmiskā Bibliotēka) und zum Teil in Berlin (Staatsbibliothek zu Berlin – Preußischer Kulturbesitz). Insgesamt umfasst der Moskauer Nachlass ein Konvolut von circa 320 Handschriftenseiten, auf denen sich auch 29 Zeichnungen befinden. Auffällig ist, dass Durchstreichungen, Korrekturen und Notizen selten sind, woraus sich schließen lässt, dass es sich beim erhaltenen Bestand größtenteils um Reinschriften handelt. Da nur wenige Konzepte oder Notizzettel erhalten sind, scheint Lenz selbst (oder ein anderer) bereits eine Auswahl getroffen zu haben. Der überwiegende Teil ist in Deutsch geschrieben. Mehrere Schriften – besonders aus den letzen drei Jahren (1789–1792) – sind auf Französisch, einige wenige Schriften sind auch auf Russisch verfasst. Lenz hatte sich im Laufe der Moskauer Jahre beachtliche Russischkenntnisse angeeignet. Davon zeugen seine gedruckten (*Uebersicht des Russischen Reichs* von Pleščeev) und ungedruckten (Auszüge aus Michail Čulkovs *Handelsgeschichte*) Übersetzungen aus dem Russischen. Eine französisch oder russisch verfasste Schrift weist auf einen direkten Adressaten hin. In der Regel handelt es sich um Projekte, die wahrscheinlich nur wenige Leser im engeren (Freimaurer- bzw. Novikov-)Kreis wahrnahmen. Trotzdem sind die Schriften häufig an einen bestimmten Leserkreis adressiert – an einigen wenigen Stellen spricht Lenz sogar direkt von ‚meinem Leser'.

Der Nachlass gelangt über die Familie, d. h. über den Vater und den älteren Bruder Friedrich David, an den ersten Sammler der Handschriften, den livländischen Arzt Georg Friedrich Dumpf (1777–1849). Bereits dieser Arzt pathologisierte die erhaltenen Dokumente. So schrieb er unter das Gedicht *Auf das kleine Kraut Reinefarth an die Rosengesellschaft*: „Auch in Moskau geschrieben, als die Fackel niedergebrannt war" (Tommek II: 252). Die folgenden Herausgeber, denen die Handschriften vorlagen oder grundsätzlich zugänglich waren, ob es sich nun um Tieck (1848), Weinhold (1884, 1891), Waldmann (1894), Blei (1909–1913), Freye und Stammler (1918) und auch noch Damm (1987) handelt, kommen ausdrücklich oder stillschweigend darin überein, dass die Veröffentlichung des überwiegenden Teils der Moskauer Lenziana dem Dichter nicht *würdig* gewesen wäre. Sie vertraten also ein bestimmtes Dichterbild und ließen bewusst ‚dunkle' Moskauer Texte oder Briefpassagen in ihren Ausgaben weg. Dagegen interessierte sich die Lenz-Forschung ab den späten 1960er Jahren gerade für das ‚Pathologische' im Werk des Dichters in einem sozialphilosophischen und ästhetischen Sinne als Ausdruck eines Leidens an der Gesellschaft. Jedoch fragte niemand ernsthaft nach der russischen Zeit: Die Grenze des Erfrag- und Sagbaren war und blieb mit dem Abschlussbild der *Lenz*-Erzählung Büchners vorgezeichnet, das den apathischen Dichter in einer auf ewig zerrissenen Welt gen Nordost entließ. Dem entsprach, dass die Moskauer Handschriften als verschollen oder in Riga und Kraków als unzugänglich galten. Mit den politischen Veränderungen in Osteuropa und Russland setzte dann ein neues Interesse ein. Die Auseinandersetzungen mit dem ‚späten Lenz' und den Moskauer Schriften ab den 1990er Jahren waren einerseits von einem Interesse am Kuriosen und Fragmentarischen, andererseits von dem Bestreben getragen, biographische Bausteine zusammenzutragen sowie einzelne Schriften erstmalig zugänglich zu machen. Man sprach nicht mehr leichtfertig von ‚pathologischen Dokumenten' und strebte zunächst philologische Zuverlässigkeit an. Weiß, mit dessen Herausgabe der *Abgezwungenen Selbstvertheidigung* 1992 die Reihe einzelner Editionen begann, stellte eine spezifische „Mischung von verifizierbaren historischen Realien und subjektiver Fehleinschätzung" fest, die es erschwere, die späten Texte und Briefe angemessen zu beurteilen (Weiß 1992: 20 f.). In der *Selbstvertheidigung* falle einerseits ein ungeheurer Rechtfertigungsdruck auf, andererseits eine gedrängte Textstruktur, in der sich verschiedene Themen ineinander schöben. Diese Beobachtungen treffen mehr oder weniger auf alle Moskauer Schriften und Briefe zu. Es folgten dann (Neu-)Veröffentlichungen einzelner Texte aus dem Nachlass mit ersten Deutungsversuchen: *Ueber Delikatesse der Empfindung* (Meinzer 1996), *Lettre adressée à quelques officiers de la commission hydraulique de la communication d'eau* (Daum 1996), *Vergleichung der Gegend* und *Essai de comparaison* (Martin/Vering 1995–1999), einzelne Briefe, die bislang nur unvollständig wiedergegeben waren, eine *Rechenschafft*-Schrift und der *Brief vom Erziehungswesen an einen Hofmeister!* (Tommek 2002b, 2003a), schließlich *Propositions de paix. ou projet d'ouverture d'une Assemblée litteraire à Moscou* (Tommek 2006). Zusammen mit einem umfangreichen Kommentarband erfolgte dann 2007 die historisch-kritische Ausgabe

Moskauer Schriften und Briefe, die – nach heutigem Wissensstand – sämtliche Moskauer Schriften umfasst (Tommek I). Mit der Werkausgabe lassen sich diese unterteilen in: a) Briefe, b) Gedichte, c) dramatische Fragmente, d) Prosadichtung, e) gesellschaftspolitische Schriften und f) Schriften zur Kulturentwicklung und Literatur.

3. Briefe

Die 23 überlieferten Briefe machen die Verbindungen von Lenz mit zeitgenössischen Personen, Problemen und Projekten während seiner Moskauer Zeit deutlich. Auffällig ist, dass alle Briefe von Lenz stammen (bis auf einen Brief von Lavater, der nur in einer Abschrift von fremder Hand aus dem Lavater-Nachlass in Zürich vorliegt). Lenz selbst weist darauf hin, dass ein Freund einige Briefe (insbesondere des Vaters und des älteren Bruders) vermutlich Ende 1790 verbrannte, da er der Meinung war, die darin erhaltenen Vorwürfe setzten ihm zu sehr zu (vgl. Tommek I: vermutlich November 1790 an Christian D. Lenz; ebd.: 9. 11. 1790 an Johann C. Lenz).

Die Überlieferungsgeschichte der Moskauer Briefe, die hauptsächlich in Riga, aber auch in Kraków aufbewahrt werden, ist im Einzelnen unklar. Es ist nicht immer erkennbar, ob die vorhandenen Briefe tatsächlich abgeschickt worden sind, ob es sich um ein Schreiben mit Konzeptcharakter oder eher um eine Art ‚Billet' handelt, das nicht übersandt, sondern übergeben wurde. Auch die Datierung ist bei einigen Briefen nicht genau zu bestimmen. Zwischen dem ersten Brief (ebd.: 30. 10. 1781 an Gerhard F. Müller) und dem zweiten Brief (ebd.: 18. 11. 1785 an Christian D. Lenz) besteht eine zeitliche Lücke von vier Jahren; zwischen dem zweiten und dritten (ebd.: 30. 3. 1787, Lavater an Lenz) bzw. vierten Brief (ebd.: 6. 6. 1787 an Dingelstedt) ein Abstand von über eineinhalb Jahren. Den letzten erhaltenen Brief schrieb Lenz vier Monate vor seinem Tod. Wichtige direkte Adressaten sind Gerhard Friedrich Müller (1705–1783; Historiker, Direktor des Archivs des Kollegiums für Äußere Angelegenheiten, Staatsrat), Johann Friedrich Hartknoch (1740–1789), der einflussreiche Verleger und deutsch-russische Vermittler in Riga, mit dem Lenz im Namen der Typographischen Gesellschaft zwecks Zusammenarbeit im Jahr 1787 korrespondierte, und vor allem der Graf Friedrich von Anhalt (1732–1794; Generaladjutant der Kaiserin, Generaldirektor des adligen Landkadettenkorps in St. Petersburg), den Lenz offenbar im Herbst 1785 in Moskau persönlich traf. Die zwei erhaltenen Briefe an Friedrich von Anhalt, in denen zahlreiche Projekte skizziert werden, belegen, dass der Graf für Lenz einer der Hauptadressaten seines philanthropischen und sozialreformerischen Engagements war.

Lenz' Briefe zeugen nicht nur von seinen gesellschaftlichen Interessen und Projekten, sondern auch von seinen inneren und äußeren Zwängen: Der in Frage gestellten moralischen und sozialen Existenz (insbesondere von Seiten des Vaters und des älteren Bruders) begegnet Lenz mit einer Rechtfertigung in Form eines ‚rastlosen' patriotischen und geistigen Eintretens für die Verbesserung des Gemeinwohls in Moskau und allgemein im Russischen Reich. Exemplarisch lässt sich dies an einem Brief an seinen Bruder Johann Christian in Riga vom 9. November 1790 ablesen, in dem es einerseits um persönliche Anliegen und Nöte, andererseits um eng miteinander verkettete Projekte zur Verbesserung des ökonomischen und kulturellen Austauschs zwischen Dorpat, Riga und Moskau geht (vgl. ausführlich zu diesem Brief Tommek 2008). In der Nachschrift tritt dann – wie in anderen Briefen und in der *Abgezwun-*

genen Selbstvertheidigung – die Problematik der Liebe zu Julie von Albedyll auf, „das wichtigste", wie er schreibt, das er „diesem Briefe nicht anvertrauen kann, welches meine ganze irdische und *zukünftige Existenz* betrift" (Tommek I: 9.11.1790 an seinen Bruder Johann Christian Lenz; Hervorh. im Orig.). Auffällig ist schließlich, dass Lenz in diesem Brief seine Situation in Anspielungen auf einen ‚Prozess', auf ein ‚Gericht' und eine ‚Anklage' fasst. So heißt es am Ende: „*Amnestie* aller meiner alten Thorheiten in Liefland" (ebd.; Hervorh. im Orig.). Lenz strebt nach Nähe und Aussöhnung mit seiner Familie (insbesondere mit seinem Vater, um dessen ‚Seegen' er kämpft) – dem eigenen Gefühl und dem von außen kommenden Vorwurf, ‚nichtswürdig' zu sein, begegnet er mit dem gedrängten Bemühen, ein gemeinnütziges, vor allem den Binnenhandel und die Neugründung der Dorpater Universität beförderndes Engagement zu signalisieren. Diese *Verdichtung und Verschiebung* politisch-gesellschaftlicher, moralisch-religiöser wie auch persönlicher Kommunikationsbestrebungen ist für alle Moskauer Briefe charakteristisch. So kulminiert die Auseinandersetzung mit der Familie in einem Brief an den Vater und an die Schwester (ebd.: etwa Herbst 1790 an Christian D. und Dorothea C. Lenz), der schließlich in deutliche Aggressionen umschlägt. Auf der anderen Seite zeugt ein Brief (ebd.: 1789 an Graf Friedrich von Anhalt) von einer endlos assoziativen ‚Projektwut'. Die Vision einer ‚Untergrabung' des rechtschaffenen Menschen und seiner Sprache durch ewig wirkende, mythisch-böse Kräfte kulminiert schließlich in einem Brief oder Konzeptpapier an einen unbekannten Freund in einer gewaltigen, unaufhaltbaren sprachassoziativen ‚Signifikantenflut' (ebd.: etwa 1789 an einen unbekannten Freund).

4. Gedichte

Unter den Moskauer Lenziana sind es vor allem die Gedichte, die den Leser befremden. Oft wird man mit unklaren Inhalten, dunklen Anspielungen, verdichteten Bildern und gebrochenen (Un-)Formen konfrontiert. So wussten frühere Herausgeber die Gedichte nicht anders als mit unbestimmten Bezeichnungen wie „Reimerei" (Weinhold-G: 327), „Poem" (Blei I: 533) oder einfach „Gedicht" (Vonhoff 1990a: 164 et passim) zu versehen. Selbst Karl Weinhold, der gewissenhafte Philologe, dem die Handschriften vorlagen, konnte sich bei vielen späten „Reimereien" nicht zu ihrer vollständigen Wiedergabe entschließen, da sie ihm Dokumente „[a]us der Zeit des völligen Verfalls des Geistes des unglücklichen Lenz" zu sein schienen (Weinhold-G: 326). Die überlieferten Gedichte sprechen dafür, dass Lenz hier am wenigsten Rücksicht auf den Leser nahm und seinen inneren Stimmungen, den hermetischen Bildern und kryptischen Anspielungen freien Lauf ließ. Diese Beobachtung steht im Kontrast zu zeitgleichen Zeugnissen eines disziplinierten Arbeitens, etwa der *Tschulkoff*-Übersetzung aus dem Russischen. Die Anlässe, symbolischen Anspielungen und konkreten Stoßrichtungen der Gedichte mögen für eingeweihte Freunde – etwa in den Freimaurerkreisen – weitaus mehr als für heutige Leser decodierbar gewesen sein, jedoch musste auch ihnen vieles unverständlich oder unsinnig erscheinen. Trotzdem lassen sich Tendenzen angeben und Gruppierungen herausarbeiten.

Zu diesem Zweck ist es hilfreich, die in Russland vorausgehenden und zeitgleichen Strömungen in der Lyrik kurz zu skizzieren. Zunächst ist die panegyrische oder ‚feierliche' Ode Michail Lomonosovs (1711–1765) zu nennen. Sie war neben dem Lied und der geistlichen Ode eine lyrische Hauptgattung der russischen Literatur in der zweiten Hälfte des 18. Jahrhunderts. Die panegyrische Ode stand im Dienste des Zarenlobs in politischer und zeremonieller Opportunität. Der Dichter tritt hier als göttlich inspirierter Künder auf, dessen imaginärer Blick Russland und die Welt, Vergangenes und Zukünftiges, Himmlisches und Irdisches, Natürliches und Übernatürliches durchdringt. Die erste Gruppe der Gedichte von Lenz stellt sich offenbar in diese Tradition der panegyrischen Ode. Ferner mögen die Fabeln und Verssatiren von Aleksandr Petrovič Sumarokov (1718–1777) einen entfernten Einfluss auf Lenz' satirische Versdichtungen gehabt zu haben. Als wichtigster Vertreter der sogenannten Sumarokov-Schule, die sich in den 1760er Jahren im Umfeld der neugegründeten Universität in Moskau formierte, spielte aber Michail M. Cheraskov für Lenz eine größere Rolle. Mit dessen heroischem Epos *Rossijada* (erstmals 1779) setzte er sich im Zusammenhang mit seiner Übersetzung intensiv auseinander (vgl. Tommek I: vermutlich Ende 1788 an den Grafen Friedrich von Anhalt; ebd.: 1789 an den Grafen von Anhalt; „*Es ist wahr die Einflüsse des Klima*" in ebd.: 481–484). An der *Rossijada* dürften Lenz die Ansätze einer empfindsamen Darstellung (Freundschaftskult, Mitgefühl für das Leiden im Krieg etc.) in Verbindung mit einem heroischen, nationalgeschichtlichen und -mythologischen Stoff beeindruckt haben, wie er Ähnliches selbst schon früh in seinem sich an Klopstocks *Messias* orientierenden Versepos *Die Landplagen* (1769) angestrebt hatte. Allerdings findet Cheraskovs ‚Poetik der prangenden Fülle', die die rhetorischen Möglichkeiten des hohen Stils ausschöpft, kaum einen maßgeblichen Widerhall bei Lenz, der sich offenbar schon früh auch mit anderen Gedichten Cheraskovs auseinandergesetzt hat, vermutlich vor allem mit dessen moralischen Oden aus den 1760er Jahren. Zusammen mit seinen Madrigalen und Stanzen stellten sie den Versuch Cheraskovs dar, ein lyrisches Genre zu begründen, das durch einen starken moralisch-belehrenden Impetus geprägt ist. Schließlich sei noch der auffällige Umstand angemerkt, dass Lenz den in den 1780er Jahren im Ansehen aufsteigenden und ab den 1790er Jahren in der Lyrik unbestritten führenden Gavrila Deržavin (1743–1816) nicht direkt rezipiert zu haben scheint. Jedoch vereint Deržavin literarische Pole – den Odenstil Lomonosovs und die Satire Sumarokovs –, zwischen denen sich auch Lenz' Gedichte bewegen.

Vor diesem Hintergrund können nun verschiedene inhaltliche und formale Tendenzen der Moskauer Lyrik von Lenz unterschieden werden, denen sich auch ungefähre zeitliche Phasen zuordnen lassen. Zunächst ist da die (längste) Phase panegyrischer und patriotischer Oden oder Hymnen auf verehrte Persönlichkeiten (von der St. Petersburger Zeit 1780 bis etwa Ende 1788). Zu ihnen zählen die *Empfindungen eines jungen Russen, Auf des Grafen Peter Borissowitsch Scheremetjeff vorgeschlagenes Monument, Es mag um diese Gruft die junge Freude klagen, Auf den Tod S. Erl. des Oberkammerherrn Senateur und Grafen Boris Petrowitsch Scheremetjeff*. Dazwischen findet sich das Gelegenheitsgedicht anlässlich des Todes der Frau des verehrten Konsistorialrates Dingelstedt in Riga (Tommek I: 6.6.1787 an Dingelstedt), die Elegie oder das Epitaph *Auffschrift eines Pallastes* (1787) und die ‚energiegeladene' Ode *Weh den Verblendeten* (vermutlich 1787f.). Es folgt dann die für das Moskauer Werk vielleicht charakteristischste Phase satirischer Versdichtung, die sich oft des Knittelverses bedient (etwa 1788 f.): *Herrn Börner, Was ist Satyre?, Auf das kleine Kraut Reinefarth, Kleider Speisen und Getränke, Epitre de Sancho Pajass à son Maitre en Küttelversen*. Schließlich wird ein vollkommen neuer, revolutionärer Akzent mit der großangelegten, apokalyptisch-gnostischen Hymne *Le jour d'Helene ou de fondation d'un nouvel ordre pour le Sexe* gesetzt (1789). Am Ende stehen dunkle und kurze Gedichte in französischer Sprache: *Keistut Sacharii se sont creusé un roi* (etwa 1789) sowie die drei (Rätsel-)Gedichte *Sur une Tabatière, Sur l'Eglise des boulangers à Rome* und *à Mlle de Pl....ff enfant de huit ans et sa soeur de six*, welche gemeinsam auf einem Papierbogen mit einem Wasserzeichen von 1790 geschrieben stehen. Diese erratischen, dunklen Gedichte kreisen thematisch um die Fragen nach der wahren Gemeinschaft, nach der wahren Kirche und nach den Fundamenten des Staates.

Die aus der Moskauer Zeit erhaltenen Gedichte dokumentieren einen einerseits energischen, andererseits diffusen Ausdruckswillen, der auch die Formgebung prägt. Ausdrucks- und Formgebungswille weisen unterschiedliche Tendenzen auf: vom panegyrisch-patriotischen bzw. empfindsamen Odenstil (Lomonosov, Cheraskov) bis hin zum satirischen und antiklassizistischen Stil. Letzterer ist geschrieben aus der Position des gesellschaftlich Marginalisierten, einer sich über Formen der sprachlichen Verweigerung (‚Rotwelsch') kritisch definierenden Dichtkunst, die auch die Gattungsgrenzen hin zum Dramatischen überschreitet. Die satirische Versdichtung führt bei Lenz jedoch nicht zu einer (zynisch-ironischen) Distanz oder ‚Leichtigkeit'. Dass es bei ihm als ‚charismatischem' oder ‚prophetischem' Dichter nach wie vor ‚ums Ganze' geht, zeigt sich im letzten Versuch einer ernsten ‚Gesamtschau' auf den Zustand des Menschengeschlechts (während in Frankreich die Französische Revolution ausbricht), die in einer radikalisierten Klopstockschen Geste einer apokalyptisch-gnostischen Hymne um Ausdruck ringt (*Le jour d'Helene*). Die letzten Versgedichte stehen dagegen in der Tradition der Epigramme und der Sinngedichte, die zuletzt von Lessing eine Aufwertung erfuhren: als eine lyrische Kurzform der Erregung der Aufmerksamkeit auf einen einzelnen Gegenstand, ihrer Hinhaltung (Rätselcharakter) und schließlich Auflösung (Sinngehalt). Lenz' Epigramme bestehen jedoch aus Impulsen und Verrätselungen, die sich größtenteils nicht mehr auflösen lassen und in unübersetzbaren Chiffren verbleiben.

5. Dramatische Fragmente

Aus Moskau erhalten sind ausschließlich dramatische Fragmente. Sie führen die lange Liste der aus einer oder wenig mehr Szenen bestehenden Dramenentwürfe weiter (vgl. die Dramenfragmente in: Damm I; vgl. auch → 2.1 DRAMEN UND DRAMENFRAGMENTE). Zweifellos kann man hierin eine zunehmende Unfähigkeit erkennen, über einen dramatischen Impuls hinauszukommen und ein in sich abgeschlossenes Stück mit einem längeren, verwickelten Handlungsverlauf zu verfassen. Diese ‚Unfähigkeit' gilt es aber im Zusammenhang mit der von Lenz entwickelten spezifischen Dramenform, die später als ‚offene' (vgl. *Klotz 1960) bezeichnet worden ist, zu relativieren. Ein dominantes Kennzeichen seiner Dramen war von Anfang an eine situativische (oder szenische) Darstellungstechnik, die Lenz nicht zuletzt in Auseinandersetzung mit Diderots und Merciers *tableau*-Begriff sowie Lessings *Laokoon*-Schrift entwickelt hatte. Die in den *Anmerkungen übers Theater* entworfene Hauptbestimmung des Dramas als ‚ernste' Komödie besteht geradezu in einer ‚Maschine' aufeinanderstoßender Begebenheiten, in einem (Wider-)Spiel von ‚Wirkungen' und ‚Gegenwirkungen', deren Konflikt um eine ‚Hauptidee', um ein zentrales (gesellschaftliches) Problem kreist (vgl. Damm II: 669 f.). In der *Rezension des Neuen Menoza* führte dann Lenz aus, dass weder die Einheit der (frei) handelnden Person noch die (geistig-kulturelle) Einheit des Volks gegeben seien, um Tragödien schreiben zu können, da in Deutschland und – wie man hinzufügen kann – umso mehr in Russland „ein solcher Mischmasch von Kultur und Rohigkeit, Sittigkeit und Wildheit" (ebd.: 703 f.; vgl. *Was ist Satyre?*, Tommek I: 101, 34 f.) herrsche. Auch in den Szenenentwürfen des Moskauer Nachlasses lässt sich die Tendenz erkennen, dass Lenz – obwohl bei ihm im Gegensatz zu Denis Fonvizin (1745–1792) und anderen zeitgenössischen Schriftstellern wie Aleksandr Radiščev (1749–1802) die Leibeigenschaftsproblematik nicht explizit vorkommt – das Motiv der moralischen Verrohung oder ‚Entstellung' des Menschen über die familiäre Sphäre hinaus in den Bereich der politischen Verhältnisse zu übertragen versucht. Hier knüpft er an das historische Drama Shakespeares an, das sich den Leidenschaften und Konflikten innerhalb der nahen verwandtschaftlichen Verhältnisse der ‚großen Personen' widmet, die die Geschicke ihres Landes oder ihrer Untergebenen lenken. Diese Stoßrichtung lässt sich deutlich an dem nur aus einer Szene bestehenden Fragment *Historisches Theater* ablesen, in dem es um die russisch-tatarischen familiären, kulturellen und machtpolitischen Verflechtungen als Problem der russischen Nationalgeschichte geht. Das Fragment dürfte um 1787 geschrieben worden sein, also in der Zeit, als sich bei Lenz eine verstärkte Identifikation mit dem russischen Staat, ein gewachsener Glaube an eine ‚Aufklärung von oben' und eine intensive Auseinandersetzung mit der politischen Geschichte des Landes feststellen lassen. So widmete er sich den (dramatischen) Konflikten einiger ihrer Protagonisten und insbesondere der Problematik des väterlichen, herrschaftlichen Erbes (vgl. in der Peter-I.-Studie sein Interesse an dem Konflikt zwischen dem Zaren und seinem Sohn, der das väterliche Erbe verweigert – diesen Konflikt vergleicht er mit der in der *Laokoon*-Plastik festgehaltenen Konstellation; vgl. Tommek I: 366 f.). Das situative ‚Gemälde' der in sich Gegensätzliches vereinigenden, ‚gemischten' Gesellschaft, das als ‚stillgestellte' dramatische Konstellation von jeher eine elementare Bauform bei Lenz darstellt, prägt in der Moskauer Zeit zunehmend auch die anderen Gattungen, insbesondere die satirische Prosa (vgl. *Ueber Delikatesse der Empfindung*, s. u.). Mit dieser Auflösung der Gattungsgrenzen und ‚Totalisierung' des dramatischen Grundprinzips korrespondiert die Kopplung wörtlicher und übertragener Bedeutungen, wodurch das ‚Gegebene' (die denotative, wörtliche Bedeutung) ein dramatisches Assoziationspotential (eine Kette übertragener, konnotativer Bedeutungen) erhält – am deutlichsten ablesbar am Motiv und an der Zeichnung des ‚Tretrades' im dialogisierten Text *Der Stundenplan eine Farse und Roman*, in die die Namen von Professoren der Moskauer Universität eingetragen sind, wodurch ein reales hydraulisches Projekt (die Vertiefung des Kreml-Grabens) mit der symbolischen Gewalt der Erziehung gekoppelt wird (vgl. Tommek I: 138–146). Mit dieser Assoziationsdramatik geht ein Wechsel vom ernsten Darstellungsstil der Texte aus den Jahren 1787 f. zu einem satirisch-grotesken Stil bzw. zu einer Aneinanderreihung ‚satirischer Gemälde' einher (ab 1788). Die historische und patriotische Identifikation mit Russland wandelt sich dabei und nimmt eine kritisch-satirische Haltung ein.

Diese Tendenzen können als Anzeichen einer gesellschaftlichen Isolation, als tendenziell pathologischer ‚Realitätsverlust' oder als ‚groteske Fiktionalisierung der Weltwahrnehmung' gedeutet werden, mit der eine enorme und bis an den Rand der Kontrollierbarkeit, von Verfolgungswahn und Misstrauen getriebene Assoziationsarbeit einhergeht. Sie können aber auch zunächst vor dem Hintergrund der allgemeinen literarischen Entwicklungen in Europa (vgl. vor allem den satirischen Roman eines Laurence Sterne) wie auch in Russland gesehen werden. So setzten sich neben den satirischen Zeitschriften und Erzählungen der späten 1760er und 1770er Jahre auch in der russischen Dramatik satirische Tendenzen durch. Während in den 1740er bis 1760er Jahren die klassizistische Tragödie Sumarokovs dominierte, verlagerte sich der Schwerpunkt daraufhin auf die komische Oper und auf die Komödie. 1760 bis 1783 wurden 73 vor allem aus dem Französischen übersetzte Komödien (gegenüber acht übersetzten Tragödien) aufgeführt. Die Komödie Molières, die *comédie moralisante*, die *comédie larmoyante* und auch das neue bürgerliche *drame* Diderots waren gut bekannt. Am Ende des Jahrhunderts beherrschten schließlich die sentimentalistischen Komödien Kotzebues die russischen Bühnen. Dazwischen fand eine eigene Entwicklung des russischen Theaters statt, die sich nicht der empfindsam-ernsten Komödie, aber auch nicht dem bürgerlichen Theater Diderots oder Lessings zuschreiben lässt (dazu fehlte ihre soziale Voraussetzung: ein aufstrebendes Bürgertum), sondern an die satirische Komödie anschloss, die in Frankreich längst und in Deutschland (wie die Satire eines Christian Weise, Christian Reuter, Johann Ulrich von König etc.) seit geraumer Zeit überholt war.

Den ersten Höhepunkt dieser Entwicklung stellte die satirische Komödie von Denis Fonvizin dar. Es ist auffällig, dass Fonvizin, der von 1769 bis 1783 Sekretär des Grafen Panin war und zweifellos für Lenz von großem Interesse gewesen sein muss, in den Moskauer Schriften nicht vorkommt. Trotzdem gibt es – neben der allgemeinen satirisch-didaktischen Schreibweise und dem Bestreben, die Figuren mit sprechenden Namen und idiomatischen Eigentümlichkeiten auszustatten – einige motivische Berührungspunkte. Fonvizin ist insbesondere durch zwei Komödien bekannt geworden: zum einen durch den *Brigadir* (1769), der satirisch die zur Schau getragene Gallomanie des russischen Adels kritisiert, zum anderen durch die Komödie *Nedorosl'* (*Der Landjunker*, 1781). Diese satirische Komödie beinhaltet thematische Aspekte, die sich auch in Lenz' dramatischen Fragmenten wiederfinden lassen. So geht es neben der satirischen Charakterzeichnung des russischen Landadels um die Frage nach der richtigen Erziehung seiner Kinder für den zukünftigen militärischen oder zivilen Staatsdienst. Die Frage nach der Erziehung des adligen Nachwuchses, mit dem einmal ‚ein Staat zu machen' wäre, beschäftigte Lenz in Moskau nachhaltig. Auch in den zusammengehörigen Dramenfragmenten *Der Stundenplan* und *Sic quæ nocent docent* (beide 1789) steht die Erziehungsproblematik im Zentrum. Während Fonvizin allerdings die Erziehung durch Hofmeister im *Nedorosl'* eindeutig der Lächerlichkeit preisgibt (mit einem deutlichen Seitenhieb auf die deutschen Hofmeister) und sich damit für die Einrichtung öffentlicher Schulen ausspricht, ist Lenz' Auseinandersetzung mit diesem Thema komplexer und einer konkreten Erfahrung geschuldet, da er ab 1786 die praktischen Auswirkungen der staatlich verfügten und zentralistisch organisierten ‚Normalschule' selbst beobachten konnte: Wie schon in *Der Hofmeister oder die Vortheile der Privaterziehung* (1774) spricht sich Lenz weder für das Hofmeisterwesen noch für die öffentliche Schule vorbehaltlos aus. Stattdessen ‚ringen' die beiden zusammengehörigen Fragmente um ein ‚dezentralistisches' (protestantisches) Erziehungsmodell, das regionale geistliche und aufklärerische ‚Erziehungszentren' vorsieht. Sie gruppieren sich um ein Kloster, ein Pfarrhaus oder ein Haus gelehrter Zusammenkünfte und treten für eine umfassende Bildung des Menschen zum selbständigen Staatsbürger ein. Diese Konzeption steht im Einklang mit einem organisch verstandenen Herrschaftsgefüge, an dessen Spitze der aufgeklärte, aber patriarchische Herrscher steht.

Ein anderes Motiv in Fonvizins *Nedorosl'* ist die moralische Verrohung des Menschen, die Angleichung von Mensch und Tier (hier ist es Skotinin, dessen Sinn für Menschen dem für Schweine gewichen ist; bei Lenz taucht immer wieder das Motiv der Zauberin Kirke auf, die die Männer des Odysseus in Tiere verwandelt). Während aber bei Fonvizin dieser Aspekt mit der historischen und politischen Frage der Leibeigenschaft in Russland verbunden ist, steht bei Lenz die ‚Vertierung' im Kontext einer allgemeinen, in unzähligen sublimen Zeichen einer alltäglich praktizierten ‚Herabwürdigung des Menschen durch den Menschen'. In dem Fragment *Comédie des bêtes* (1790f.) liegt nun die Szene einer Farce vor, die gewissermaßen an die Erziehungssituation im *Hofmeister* anschließt: Ein Hofmeister spielt mit seinen Zöglingen das so harmlos erscheinende Spiel der Verwandlung in Tiere. Das spätere gesellschaftliche ‚Spiel' der Demütigung der Menschen durch Herrschaftsverhältnisse wird hier geradezu spielerisch und arglos ‚von klein auf' eingeübt, wobei gerade der von diesen Abhängigkeits- und Demütigungsverhältnissen selbst geprägte Hofmeister bei ihrer gesellschaftlichen Reproduktion einen grundlegenden Anteil hat (hierin liegt ja der ambivalente Aspekt seiner ‚Kastration').

6. Prosadichtung

Auch hinsichtlich der Entwicklung des europäischen Romans war Lenz in Moskau ein wichtiger Vermittler. Der Roman und die Erzählung, die bis weit in die zweite Hälfte des 18. Jahrhunderts von der klassizistischen Poetik ignoriert oder abgewertet wurden, fanden in Russland zunächst nur aufgrund ihres erzieherisch-moralischen Wertes im Rahmen einer Wirkungsästhetik nach dem Vorbild Marmontels *Contes moraux* (bereits 1764 ins Russische übersetzt) und der philosophischen Erzählungen Voltaires (dessen *Candide* zu den ersten Übersetzungen der von Katharina II. 1768 initiierten Kommission für Übersetzungen zählte) Anerkennung. Allgemein spielten anfänglich nur die übersetzten Erzählungen und Romane aus dem Ausland eine Rolle. Übersetzt wurden aus Frankreich vor allem die Werke Lesages, Fénelons, Voltaires und Rousseaus (z. B. *Julie ou la Nouvelle Héloïse*, russ. 1769), aus Deutschland die Werke von Wieland, Geßner, Kotzebue und Goethe (z. B. *Die Leiden des jungen Werthers*, russ. 1781). Aus England kannte man die Werke Richardsons (*Pamela*, russ. 1787; *Clarissa Harlowe*, russ. 1791 f.; *Grandison*, russ. 1793 f.) und Goldsmiths (*Vicar of Wakefield*, russ. 1786), die allgemein für den europäischen Sentimentalismus und psychologischen Roman wegweisend waren, schließlich das die Robinsonaden begründende Werk Defoes (*Robinson Crusoe*, russ. 1762–1764) und die den satirischen Roman maßgeblich prägenden Werke Fieldings (*Tom Jones*) und Sternes (*Tristram Shandy*).

Als Dichtung gewürdigt wurde die Prosa zunächst nur von den Übersetzern und den Herausgebern von Zeitschriften. So wurden z. B. in der von Novikov 1777 bis 1780 herausgegebenen Zeitschrift *Utrennij Svet* zahlreiche Übersetzungen aus dem Werk von Wieland, Geßner und Ewald von Kleist veröffentlicht. Redakteur der ersten wissenschaftlichen und literarischen Zeitschrift in Russland (*Ežemesjacnye sočinenija, k polze i uveseleniju služaščija* [*Monatsschriften zum Nutzen und zur Erheite-*

rung der Dienstleistenden], 1755–1764) war G. F. Müller, dessen Bibliothek Lenz später nutzen konnte. Müller sprach sich hier erstmals für die Veröffentlichung original russischer Prosa aus – ein Gedanke, der auch für Herder und die Sturm-und-Drang-Ästhetik zentral war. Zu den ersten russischen ‚Originalerzählungen' und Romanen zählten dann die Prosaschriften von Fedor Ėmin (1735–1770) und Novikov (*Istoričeskoe priključenie* [*Eine wahre Begebenheit*], 1770). Von Novikov stammt auch der bedeutendste Beitrag zur satirischen Prosa, die in Form von zumeist unter Pseudonym veröffentlichten Artikeln, Briefen, Skizzen, Reiseberichten und Dialogen in verschiedenen Zeitschriften Anfang der 1770er Jahre erschienen. Neben Novikov hatte auch Michail Čulkov (1744–1792) einen entscheidenden Einfluss auf die Entwicklung der Prosa in Russland. In seinem *Peresmešnik, ili Slavenskij Skazki* (*Der Spötter, oder slavische Märchen*, St. Petersburg 1766–1768; 2. Aufl.: Moskau 1783 f.; 3. Aufl.: Moskau 1789) reiht er nach dem Vorbild von *Tausendundeiner Nacht* oder dem *Decamerone* Erzählungen aneinander. Diese von Čulkov bearbeiteten Geschichten stammen sowohl aus entsprechenden westlichen Sammlungen als auch aus russischen Überlieferungen (z. B. satirisch-realistischen Erzählungen der handschriftlichen Literatur des 17. und frühen 18. Jahrhunderts). Die Handlungsorte sind reale Orte in Russland, und die handelnden Personen sind nicht mehr Könige, sondern Kaufleute, Stadtpriester, Studenten, Diener und Leibeigene. Die satirisch-burleske und realistischere Erzählhaltung führte Čulkov in seinen satirischen Zeitschriften weiter. Schließlich stellte sein Roman *Prigožeaja povaricha, ili pochoždenie razvratnoj ženščiny* (*Die hübsche Köchin oder Abenteuer eines lasterhaften Frauenzimmers*, 1770) eine neue Erscheinung in der russischen Literatur dar, die eine solche Geschichte einer Frau aus dem Volk, die mit volkstümlichen Sprachelementen und Sprüchen erzählt wird, noch nicht kannte. Alle diese Merkmale konvergieren mit der Sturm-und-Drang-Poetik. Umso auffälliger ist, dass Lenz, der in den erhaltenen Moskauer Prosastücken vor allem eine satirische Erzählhaltung einnimmt, nirgends explizit auf Čulkov als Prosadichter eingeht, sondern ihn ausschließlich als Autor der Wirtschaftsgeschichte Russlands wahrnimmt.

Allgemein ist unklar, inwiefern Lenz diese Anfänge einer eigenständigen Entwicklung der russischen Prosa bewusst rezipierte (was im Zusammenhang mit dem Plan, ein „Russisches Allerlei" aus den besten russischen Schriftstellern zusammenzustellen, anzunehmen wäre; vgl. Tommek I: vermutlich Ende 1788 an den Grafen von Anhalt). Jedenfalls schließt er weder an die mythologisch-heroischen noch an die idyllisch-folkloristischen und empfindsamen Strömungen direkt an, die ihm aus der deutschen und europäischen Literatur ja bestens vertraut waren. Obwohl davon auszugehen ist, dass Lenz Karamzin für den empfindsamen europäischen Roman wie Rousseaus *Nouvelle Héloïse* und Goethes *Leiden des jungen Werthers* sensibilisierte, führt er selbst diese Art Erzählung oder (Brief-)Roman nicht fort. Stattdessen liegen aus dem Moskauer Nachlass Beispiele satirisch-belehrender Prosa vor, die noch am ehesten an Novikovs satirische Zeitschriften aus den frühen 1770er Jahren anzuschließen scheinen.

So könnten die *Briefe an einen jungen Herrn über einige Gerechtsame der Russen mit Erläuterungen aus der Geschichte dieses Reichs* (1788) durch das Vorbild Novikovs angeregt geworden sein. Dieser hatte 1782 seine *Poslovicy rossijskie* (*Russische Sprichwörter*) veröffentlicht: 16 anekdotenhafte, satirisch-allegorische Erzählungen mit aufklärerischer und politischer Thematik, deren jede die (angebliche) Entstehung eines russischen Stichwortes erklärt. In den *Briefen an einen jungen Herrn über einige Gerechtsame der Russen*, die sich – wenn auch in einem ironisch gebrochenen Gestus – in die Tradition der Literatur zur Fürstenerziehung stellen, scheint Lenz in Form von satirischen Erzählungen den vermeintlichen Ursprung von ‚Gerechtsame‘, also von Privilegien und Ungleichheiten in der Gesellschaft, kritisch zur Darstellung bringen zu wollen. Die *Briefe* möchten einen Beitrag zur Zeitdiagnose, zum besseren Verständnis der russischen Geschichte und der ‚Seele‘ des Volkes leisten (ihre Anfälligkeit, falschen Propheten zu folgen, sich zu Irrationalismen verführen zu lassen etc.). Dieses im Kern aufklärerische Anliegen reflektiert die im gesamten Moskauer Nachlass auftretende und zunehmend radikalisierte Aufmerksamkeit auf reale oder vermeintliche Spuren eines verdeckten oder offenen Aberglaubens, der sich in Sprache, Verhaltensweisen und kulturellen Objekten (Fetischen) aus ‚barbarischen‘ Zeiten tradiert habe. Die oben beschriebene elementare Bauform des situativen Gemäldes versucht Lenz auch auf die Prosa zu übertragen. So weist ein kurzes Erzählfragment die konfliktgeladene Konstellation einer ‚Belagerung‘ eines „Freigeistes" und seiner Schüler einerseits und der „Kalotten" (in Anspielung auf die Käppchen katholischer Geistlicher) andererseits auf, aus denen sich ein zugleich dramatisches wie auch narratives Potential zur weiteren Entfaltung ergibt (vgl. Tommek I: 204–206).

Der gleitende Übergang bzw. die Überlagerung der Gattungsformen wird vollends deutlich in einem der Hauptwerke des Moskauer Nachlasses, *Ueber Delikatesse der Empfindung* (1789 f.), zuerst ausführlich interpretiert von Elke Meinzer (1996), in jüngerer Zeit von J. Schäfer (2016: 148–272). Eingebunden in den Handlungsrahmen einer phantastischen Reise der Hauptfigur Franz Gulliver mit seinem Luftgeist auf einer halben Kanonenkugel durchs kriegerische Europa, stellt dieses „Monodrama" (Untertitel) eine prosaisch-dramatische und philosophisch argumentierende Mischform dar, die vor allem an den satirischen Roman eines Swift, Sterne oder Bürger anschließt. Der Begriff der ‚Delikatesse ‘ verweist – in Verbindung mit den Begriffen des ‚Geschmacks‘ und der ‚Empfindung‘ – auf ein Unterscheidungsvermögen zur Erkenntnis von Ordnungen auf einer sinnlich-materiellen (ästhetischen), sozialen, moralischen und göttlichen Ebene, die fließend ineinander übergehen. Dem entspricht im Text das Motiv der „Palingenesie" (Tommek I: 162), der Verwandlung einfacher Lebewesen in komplex-geistige (und umgekehrt). Ist die „Delikatesse der Empfindung", das Unterscheidungsvermögen zur Erkenntnis von Ordnungen, gestört, bleibt nur die Darstellung der verkehrten Welt in der Satire. Die „dramatisch epische Darstellung" (ebd.: 167) stellt nicht nur formal, sondern auch inhaltlich eine Radikalisierung der philosophischen, moralischen und gesellschaftskritischen Positionen des gesamten vorausgehenden Werkes dar wie auch einen (letzten) Versuch ihrer Synthetisierung durch eine enorme, sich aber ohne Abschluss erschöpfende und schließlich abbrechende Assoziationsarbeit.

7. Gesellschaftspolitische Schriften

Die ‚gesellschaftspolitischen Schriften‘ bilden den umfangreichsten Teil des Moskauer Nachlasses. Dieser Umstand lässt sich durch eine Art ‚Konversion‘ von Lenz erklären, durch eine vorsätzliche Abwendung von allem ‚Romanhaften‘ (vgl. den Vorwurf in Tommek I: 14. 1. 1792 an den Baron Stiernhielm) und den Entschluss, Russland als neues Vaterland anzunehmen, es regelrecht zu verinnerlichen (vgl. schon ebd.:

30. 10. 1781 an Gerhard F. Müller). Zur patriotischen Identifikation kommt ein starkes Bestreben, sich philanthropisch-aufklärerisch für das Gemeinwohl einzusetzen. Dabei umfasst die Beförderung des Gemeinwohls sowohl konkrete Reformprojekte (z. B. stadtarchitektonische Projekte) als auch symbolische Konstruktionen (z. B. historiographische Studien).

Das Bild, das der Moskauer Nachlass auf dem ersten Blick vermittelt, zeigt also Lenz vor allem als ‚Projektemacher' (vgl. die „Projektliste" in Tommek II: 718–723). Damit ist eine Sozialfigur benannt, die allgemein im Europa des späten 17. und 18. Jahrhunderts verbreitet war und sich im Russland der zweiten Hälfte des 18. Jahrhunderts genauer verorten lässt (vgl. hierzu Tommek 2008). Säkulare Utopien und soziale Projekte kamen mit und seit der Herrschaft Peters I. auf, wie auch der Begriff des ‚Fortschrittes' (‚progress') in dieser Zeit entstand. Zwei utopische Linien nahmen von hier ihren Ausgang: zum einen die herrschaftserzieherischen, sozialpolitischen Utopien, die im Genre des ‚Fürstenspiegels' zum Ausdruck kamen und dessen Vorbild, Fénelons *Télémaque*, erstmals 1734 ins Russische übersetzt wurde. Die zweite utopische Linie betraf geographisch-exotische Entdeckungen (Orte und Völker) im unermesslichen Russischen Reich, aber auch in der ganzen Welt. Dadurch wurde die Idee des ‚natürlichen Menschen' und der allgemeinen Naturrechte befördert. Insgesamt stellte Peter I. ein charismatisches Vorbild für eine gesetzgebende, ‚gute' Herrschaft dar. Sein voluntaristischer Utopismus stimulierte die Phantasie, zog Ausländer an und förderte Beschäftigungen vielfältiger Art mit einem praktischen wie theoretischen Utopiegehalt. Die regelrechte ‚Manie' für Projektentwürfe erfasste Personen verschiedenen sozialen Standes, insbesondere Kaufleute wie auch Adlige. Dabei bestand eine große und problematische Nähe zu Profiteuren, Opportunisten und Favoriten. In die Nachfolge des ‚Modernisierers' Peter I. stellte sich dann Katharina II. Insbesondere die erste Hälfte ihrer Regierungszeit war von Erneuerungsinitiativen im Geiste der Aufklärung geprägt, die bei den Gelehrten in ganz Europa große Hoffnungen weckten. In den 1760er Jahren waren es vor allem ökonomische Projekte, die u. a. auch von Kaufleuten und Manufakturbesitzern entworfen, eingereicht und teilweise auch von der Krone zur Kenntnis genommen wurden. Gleichwohl behielt Katharina II. stets ihre Interessen als Alleinherrscherin, den praktischen Nutzen, die Verhältnismäßigkeit und die Umsetzbarkeit der Projekte im Auge. Wie zu den Freimaurern, so hielt sie auch zu den ‚Projektemachern' einen kritischen Abstand, der in der zweiten Hälfte der Regierungszeit zunahm und sich u. a. auch in Satiren von ihr ausdrückte. Insgesamt galt aber für das autokratisch regierte Russland mehr als für jedes andere europäische Land, dass die Macht weitaus enger an eine Person als an eine Institution geknüpft war und es dadurch Möglichkeiten gab, durch Einwirkung auf die persönliche Autorität Projekte zu realisieren. Dieser Umstand kam Lenz, dessen ‚Element' ganz in der persönlichen, geistigcharismatischen Beziehung lag, da ihm die soziale Rechtfertigung der Geburt, eines Amts, Titels oder Institution fehlte, besonders entgegen und dürfte sein Engagement und seine damit verbundenen Hoffnungen in Russland neu bestärkt haben. Vor diesem Hintergrund ist die persönliche Adressierung seiner Projekte an den Grafen von Anhalt oder (vermutlich) an den Grafen N. P. Šeremetev zu sehen. Zur Hoffnung auf persönliche Kontaktaufnahme und Einwirkung tritt schließlich das allgemeine Bild Russlands als exotisches und kulturell wie wirtschaftlich unterentwickeltes ‚Land der unbegrenzten Möglichkeiten', das zum unermüdlichen Engagement zur

Herstellung von (sozialen wie auch symbolischen) Ordnungen geradezu aufzufordern schien (vgl. unten den Abschnitt zu Schriften zur Kulturentwicklung und Literatur).

Das Spannungsverhältnis zwischen ‚dichterischer Erkenntnis' einerseits und ‚Projektemacherei' andererseits (vgl. hierzu Scherpe 1977) stellt sich im russischen Kontext komplex dar. Denn die bei Lenz zu beobachtende allgemeine Entwicklung seiner Dichtung in Richtung Fragment, hybrider Gattungsformen, Satire und Groteske als poetische Grundformen mit einer hermetischen, sich verweigernden und ‚unsinnigen' (Bilder-)Sprache steht dem bis in das letzte Lebensjahr anhaltenden gesellschaftsreformerischen Engagement zur Schaffung und Verbesserung von ‚Ordnung' entgegen. Gleichwohl ist diese Entgegensetzung nicht aufrechtzuerhalten, gründen sich doch die ‚Projekte' zunehmend auf der Erkenntnis der widersprüchlichen oder ‚mythologischen' Grundlagen der Gesellschaft und ihrer Geschichte. Wenn es im vorausgehenden Werk von Lenz um die Darstellung der Widersprüche und Spannungen im bürgerlichen Leben geht, so tritt in einem Russland ohne Bürgertum die Problematisierung des ‚Fortschritts' der russischen Gesellschaft an ihre Stelle. Der kulturelle ‚Fortschritt' wird als Konfliktgeschichte und als ein ‚kulturell-barbarisch' gemischter Zustand Russlands wahrgenommen. Dafür verantwortlich gemacht werden falsche Berater der Krone und falsche ‚Propheten' des Volkes, ungebildete, selbstherrliche (Land-)Adlige, die Masse der ungebildeten Leibeigenen und Tagelöhner, Intrigen und Eifersucht der Mächtigen, unkontrollierte Vorurteile und Leidenschaften der Masse (religiöser Aberglaube, Fanatismus), Fundamentalismus, Aggressionskriege etc. Dagegen werden lange Zeit gesetzt: die ‚Weisheit' der ‚Landesmutter', die ‚Grands' an ihrer Seite, geistig aufklärerisch gesinnte und ökonomisch fortschrittlich (an Produktion und Handel) orientierte Adlige, ‚wahrhafte' (d. h. bei Lenz letztlich christliche, westeuropäische) (Volks-)Bildung und Aufklärung insbesondere im Verein mit gebildeten und aufklärerisch gesinnten Geistlichen, schließlich die an dem Vorbild der Hanse und der freien Städte orientierten Handlungen der Kaufleute, die die Kooperationen und den Ausgleich innerhalb der Gesellschaft und damit ihren inneren Zusammenhalt fördern.

Lenz' gesellschaftspolitische Schriften lassen sich nach verschiedenen Bereichen bzw. Diskursen ordnen:

a) Schriften zur Erziehung: Die *Rechenschafft*-Schrift (Ende 1785) ist ein Dokument aus der letzten Zeit seiner Anstellung als ‚Aufseher' an der privaten Erziehungspension der Madame Exter. Das Engagement hat sich von einer militärischen zu einer zivilen Erziehung des adligen Nachwuchses verlagert. Die Schrift zeugt von der (illusorischen) Hoffnung, die Reform der Lehrinhalte in Kooperation mit den ‚Oberen' zu gestalten, während Lenz kurz darauf die Erfahrung machen musste, dass die Erziehungsreform, die die Krone vorsah und durchsetzte (die Einführung der ‚Normalschule') in eine völlig entgegengesetzte Richtung verlief und vermutlich auch die Beendigung der Anstellung bewirkte. In dem *Essai sur l'education présenté à Sg. Exc.* (1788 f.) reflektiert Lenz wie schon im *Hofmeister* über die (Neu-)Bestimmung des gesellschaftlichen Ansehens und der Funktionen des (Privat-)Erziehers in Russland. Diese Reflexion bleibt mehrdeutig.

b) Studien und Projekte zur Verbesserung der Erziehung und der Wirtschaft (durch Geistliche): Hier kommt ein spezifischer Glaube an die vermeintlich vorrangige gesellschaftliche Funktion gebildeter und pragmatisch-philanthropischer Geistlicher zum Ausdruck. Lenz orientiert sich an protestantisch-pietistischen Modellen einer praktischen Nächstenliebe, an einem christlich orientierten Sozialengagement von Geistlichen, das sich auf alle Bereiche des Lebens, so auch auf die (Volks-)Bildung und (Haus-)Wirtschaft, richtet. Dieses Modell ist der russisch-orthodoxen Kirche fremd. Bei ihr sind der weltliche und sakrale Bereich klar getrennt und die Aufgaben der Geistlichen liegen vor allem im sakralen, liturgischen Bereich. Eine Kanzel im protestantischen Sinne, wie sie Lenz programmatisch einklagt (etwa in Tommek I: etwa 1789 an einen unbekannten Freund), kennt die russisch-orthodoxe Kirche nicht. Die Vorstellung, dass regionale Sozialreformen von Landgeistlichen ausgehen (vgl. die Figur des Pfarrers Mannheim in Lenz' Erzählung *Der Landprediger*), stammt aus entsprechenden Erfahrungen in Livland (z. B. Pastor Johann Georg Eisen), im Elsass (Johann Friedrich Oberlin) und in der Schweiz. Ausgehend vom alteuropäischen Ideal einer umfassenden ‚Ökonomie' des menschlichen Lebens („Ökonomie des ganzen Hauses"; vgl. hierzu Tommek 2008 u. 2011) werden ‚Zentren der Kultivierung' auf dem Land entworfen, in deren Mitte sich eine Kanzel oder eine geistige und praktische Bildungseinrichtung von Geistlichen befindet, die die Söhne des Landadels wie auch die Landbevölkerung und die leibeigenen Bauern unterrichten. Entstehen sollen hier (gelehrte) Versammlungsorte, Orte des sozialkommunikativen und wirtschaftlichen Austausches (z. B. zwischen patriotisch gesinnten Adligen oder Handwerksmeistern), die wiederum in einen (Handels-)Verkehr mit Moskau eingebunden werden (*Vergleichung der Gegend um das Landhaus des Grafen mit dem berühmten Steinthal*; *Essai de comparaison des delices de la campagne*; *Plan zu einer Subscription für die Erziehung der Landleute*; *Ich bin kein Finanzminister*; alle 1787–1789). Die Aufstellung *Emphiteusen der Aebte der geistlichen Stifte von Großrußland* (um 1789) weist auf Ansätze hin, die konkreten wirtschaftlichen Grundlagen für solche, von Geistlichen geleiteten ‚Zentren der Kultivierung' erstmals zu erfassen. Historisch gesehen hatte der Import des protestantischen, sozialreformerischen Modells in Russland nie einen breiteren Erfolg. Man muss also hier bei Lenz, der sich nicht direkt an russisch-orthodoxe Geistliche wendet, sondern eher an (deutschstämmige) protestantische Pastoren denkt, eine (weitere) Fehleinschätzung der Umsetzungschancen seiner Reformideen im russischen Kontext konstatieren. Trotzdem sind die Konstruktionen und Projekte bemerkenswert, da sie zeitspezifische Probleme und Lösungsansätze dokumentieren. So bietet ein auf Russisch verfasstes Fragment, in dem ein Bibelübersetzungsplan skizziert wird, einen erst- und einmaligen Einblick in die Übergangsphase von der kirchenslavischen zur russischsprachigen Bibel. Das auf das Jahr 1789 zu datierende Fragment dokumentiert das Problem einer der Bevölkerung unverständlich gewordenen kirchenslavischen Bibel und einer Geistlichkeit, die bei der Vermittlung der Heiligen Schrift zunehmend versagt. Dagegen steht das geradezu (volks-)aufklärerische Projekt einer neuen Bibelübersetzung, deren sprachliche Form fortschrittlich gesinnte Geistliche im Umfeld des Novikov-Kreises erarbeiten sollen. Die strikte Trennung zwischen dem sakralen und dem säkularen Bereich, für die stellvertretend die Ikonostase in der orthodoxen Kirche steht, wird auch in *Etwas über den Unterschied zwischen regularer und säkularer Geistlichkeit in Katholischen Ländern* (1788 und später) thematisiert, indem ihre Genese skizziert und ein Eintreten für eine erneute Annäherung und Durchlässigkeit angedeutet wird.

Es schließen sich c) die großen Übersetzungsarbeiten und Studien der Moskauer Zeit an. Diese belegen zunächst die geistigen Fähigkeiten von Lenz: Zum einen erlernt er die russische Sprache in dem Maße, so dass er sich Fachdiskurse aneignen kann und vermutlich auch von der Typographischen Gesellschaft zu Übersetzungstätigkeiten ermutigt worden ist; zum anderen studiert er über längere Zeit solch komplexe Gegenstände wie die politische und wirtschaftliche Geschichte Russlands anhand zahlreicher, auch fremdsprachlicher Quellen. Die Übersetzung von Pleščeevs *Uebersicht des Russischen Reichs*, die als einzige der Moskauer Texte 1787 gedruckt wurde, zeugt von Lenz' Faszination von der Größe, Vielfalt und den enormen Ressourcen des Russischen Reichs. Sie stellt ein erstes Dokument einer ‚Aneignung des Patriotischen' dar. Ihr folgt die Peter-I.-Studie (1787), aus der die schwierige Erarbeitung und Synthetisierung der russischen Geschichte anhand von verschiedenen historischen Darstellungen ersichtlich wird. Diese bewegen sich zwischen einer zeitgenössisch typischen Verteidigung der Regierung Peters I. und einer Problematisierung der leidenschaftlichen ‚Kehrseite' großer Herrscher. Diese ‚Kehrseite' betrifft das Verhältnis zum Sohn, also das Problem der Erbfolge, für das Lenz aus eigener Betroffenheit besonders sensibel war. Die Aufmerksamkeit für die inneren Spannungen, Widersprüche und Konflikte wird in der weitaus selbständigeren Studie zu den von Novikov gesammelten historischen Dokumenten alter Vertragsabschlüsse (*Nowikoff*-Studie, 1788) weiterentwickelt hinsichtlich der Verwicklung der russischen und tatarischen Geschichte wie auch der spannungsreichen Geschichte der politischen Organisation Russlands zwischen regionalen Fürstentümern, den ‚freien' (Hanse-)Städten wie Novgorod und der Vereinigung und Zentralisierung des Russischen (Moskauer) Reichs. Die umfangreiche Übersetzung der russischen Handelsgeschichte von Michail Čulkov (ab 1787) zeigt schließlich Lenz' Bestreben, das Verständnis der politischen Genese des Staates durch das Studium der Geschichte der staatlichen wirtschaftlichen Erlasse zu ergänzen. Dieses staatsökonomische Interesse für Wirtschaftserlasse schließt an die Weimarer und Berkaer Reformschriften an (vgl. die Schriften zur Militärreform). Wie kein anderes Dokument des Moskauer Nachlasses zeugt die unabgeschlossene *Tschulkoff*-Übersetzung von der Spannung zwischen einer (Selbst-)Disziplinierung, Anerkennung und mühsamen Aneignung des (staats-)bürokratischen Diskurses und dem Versuch, diesem Diskurs ‚Sinngehalte' abzuringen.

Auch die d) ‚technischen Schriften' weisen diese Grundspannung zwischen einer wörtlichen und einer übertragenen Bedeutung, zwischen einem Diskurs des ‚Buchstabens' und einem des ‚Geistes' auf. Lenz möchte beides sein: ‚Ingenieur einer besseren Gesellschaft' im wörtlich-technischen wie auch im symbolisch übertragenen Sinne. So dokumentieren auch die ‚hydraulischen' Schriften eine enorme Anstrengung, sich ein Wissen und einen Fachdiskurs jenseits aller ‚Schwärmerei' anzueignen. Zugleich übersteigt aber die Auseinandersetzung mit den Kräften und Elementen der Natur zum Zwecke ihrer Kontrolle und Beherrschung den rein technischen Diskurs: Die Schriften *Lettre adressée à quelques officiers de la commission hydraulique de la communication d'eau, vüe des operations de la grande cloche* und schließlich *Monseigneur!* (alle 1789), in denen es um die bessere Wasserversorgung in Moskau oder um die Einschmelzung einer unnütz gewordenen Zarenglocke geht, damit man aus dem gewonnenen Metall neue Druckletter gießen kann (sic!), sind zunehmend überlagert von einer politischen Symbolik. Diese stellt in verschobener und verschleierter Form die Frage nach der richtigen politischen ‚Chemie', nach der ‚Anziehung' und ‚Abstoßung', der Kohäsion der in verschiedene Richtungen drängenden gesellschaftlichen Kräfte in Russland, genauer: in der wachsenden Großstadt Moskau. Dieser symbolische ‚Überschuss' im Umgang mit natürlichen Kräften und Elementen lässt sich schließlich als (indirekter) Reflex auf die Zeit des Ausbruchs der Französischen Revolution deuten, die auffälligerweise im ganzen Moskauer Nachlass mit keinem Wort erwähnt wird. Insgesamt kann festgehalten werden, dass Lenz' Reformprojekte sich tendenziell an den gesellschaftspolitischen Vorstellungen Panins und seiner Anhänger aus den 1760er und 1770er Jahren orientieren, die in den 1780er Jahren längst vom realen Regierungskurs der Autokratin für obsolet erklärt waren, worin eine Hauptursache für die spezifische Verkennung der realen Chancen des gesellschaftlichen Engagements von Lenz liegt. Andererseits findet sich gerade in der Überlagerung und Kopplung eines wörtlichen und übertragenen Sinnes wie auch in der unermüdlichen Aneignungs- und Assoziationsarbeit des sowohl wörtlich-pragmatischen als auch symbolisch-geistigen ‚Ingenieurs' eine einzigartige Hellsichtigkeit für die zeitspezifischen Probleme nicht nur Russlands, sondern auch anderer Länder in der europäischen Spätaufklärung.

8. Schriften zur Kulturentwicklung und Literatur

In Moskau war Lenz bestrebt, Russland nicht nur als sein Vaterland anzusehen, sondern es auch durch intensive Geschichtsstudien zu verstehen und zu verinnerlichen und auf dieser Grundlage am geistig-kulturellen Aufbau des neuen Vaterlandes zu partizipieren. Dieses Bestreben erstreckt sich in besonderer Weise auch auf die Auseinandersetzung mit der kulturellen Entwicklung Russlands sowie seiner Sprache und Literatur. Den ersten Anlass zu diesem Studium gab M. M. Cheraskov, den Lenz offenbar spätestens 1785 persönlich kennenlernte. So erwähnt er in einem Brief an seinen Vater einen „Aufsatz über einige Schönheiten seiner Gedichte, insofern sie auf die Erziehung der russischen Jugend Einflüsse haben", zu dem ihn der Hofrat Johann Matthias Schaden aufgefordert habe und wodurch er sich eine soziale und berufliche Anerkennung bzw. „ein Art von Bürgerrecht" bei der Kaiserlichen Universität verspreche (vgl. Tommek I: 18.11.1785 an Christian D. Lenz). Dann berichtet er, Cheraskov und andere hätten ihn aufgemuntert, „das Auserlesenste der neueren Russischen Litteratur unter dem Tittel Russisches Allerley auch den Ausländern mitzutheilen" (ebd.: September 1787 an Hartknoch), und 1788 schreibt er hinsichtlich Cheraskovs *Rossijada*, ihn beschäftige zurzeit die „Uebersetzung einer der vorzüglichsten Geisteswerke in Rußland [...]. In der That hat Rußland so gut als andere Nazionen Ursache auf Produkte dieser Art stolz zu seyn" (ebd.: vermutlich Ende 1788 an den Grafen von Anhalt).

Im sich christlich-imperial definierenden Europa galt Russland noch bis zum Ende des 18. Jahrhunderts weitgehend als barbarisches, zu Asien gehörendes Land mit despotischer Regierung, für das man sich nur interessierte, wenn es darum ging, die Ausbreitung des Osmanischen Reiches nach Europa zu verhindern. Die relative Distanz oder Annäherung stand stets im Zusammenhang mit der Frage nach der ‚Rückkehr' Russlands nach Europa seit Mitte des 15. Jahrhunderts, als es das sogenannte Tatarenjoch abschüttelte. Noch im 17. Jahrhundert wurden in westlichen Darstellungen das Moskauer Reich und die Türken gleichgestellt. Es ist dann Quirinus Kuhlmann (1651–1689), der anlässlich des Beitritts Russlands zur ‚Heiligen Liga' gegen die Türken aufruft (1686), d. h. anlässlich der Aussicht auf die Zerstörung des Osmanischen Reiches eine eschatologische Sicht entwirft und die Russen als das neue Gottesvolk versteht (vgl. seinen *Kühl-Jubel*, 1687). Auch Gottfried Wilhelm Leibniz (1646–1716) hält Zeit seines Lebens an der Idee einer europäisch-russischen Allianz gegen die ‚Türkengefahr' fest, wobei der Begriff ‚Barbarei' in seiner Anwendung auf Russland eine signifikante positive Wendung erfährt. Die Reise Peters I. nach Europa 1697 versetzte ihn geradezu in Aufregung, „puisque le Czar veut débarbariser son pays, il y trouvera Tabula Rasa comme une nouvelle terre, qu'on veut défricher" (*Brief an einen Pädagogen*; zit. nach *Groh 1988: 43). Die ‚Geschichtslosigkeit' Russlands, bisher negativ bewertet, wird hier zur positiven Ausgangslage. Einen Garanten für eine Entwicklung der Kultivierung sah er in der Gründung einer Russischen Akademie, deren Leitung Leibniz selbst übernehmen wollte.

Eine andere wichtige Auseinandersetzung mit Russland, die aber zu einer entgegengesetzten, pessimistischen Einschätzung der kulturellen Entwicklungsmöglichkeiten führte, stammt von Rousseau. Im zweiten Buch des *Contrat social* (1762) widmet sich Rousseau dem Souverän, dem Gesetz, den Gesetzgebern und dem Volk. Zum letzten Stichwort gehört das achte Kapitel, in dem er seine Ansicht über Russland und dessen Zukunft entwickelt. Analog zur Erziehung des Menschen, wie er sie zur gleichen Zeit im *Émile* formuliert, müsse man, wenn man den Völkern Gesetze geben wolle, einen ganz bestimmten Reifegrad abwarten (vgl. *Rousseau 1964: 386). Dieser neue Gedanke einer volksspezifischen Kulturentwicklung war vor allem von Montesquieu in seinem *De l'Esprit des lois* (1748) entwickelt worden. Was Russland betrifft, so ging Montesquieu von dem Grundgedanken aus, dass eine zu große Flächenausdehnung einen Staat schwäche. Daher erkläre sich die despotische Herrschaft Peters I., die allein die großen Räume und ihre verschiedenen Völker zusammenhält: „[I]l seroit impossible que cet empire, s'il étoit policé, habité, cultivé, pût subsister" (Montesquieu: *Réflexions sur la Monarchie universelle*, um 1730; zit. nach *Groh 1988: 61). Rousseau nun sieht zwar die Aufklärungsbemühung des russischen Zaren, jedoch habe Peter I. nicht über „vrai génie", sondern nur über „génie imitatif" verfügt, so dass er seine Maßstäbe zur Kultivierung seines Volkes vom Ausland übernommen habe, statt sie aus dem Volk selbst zu gewinnen. Deshalb sei die kulturelle Entwicklung der Russen grundsätzlich gestört und werde für immer im Zustand der Barbarei verbleiben: „L'Empire de Russie voudra subjuguer l'Europe et sera subjugué lui même. Les Tartares, ses sujets ou ses voisins, deviendront ses maîtres et les notres. Cette révolution me paroît infaillible. Tous les rois de l'Europe travaillent de concert à l'accélerer" (*Rousseau 1964: 386). Das heißt nicht, wie Voltaire meinte, dass ein paar tausend Tataren Russland unterwerfen werden, sondern dass die asiatischen Elemente – für die Rousseau Tataren als Synonym verwendet – in Russland die beherrschenden bleiben werden. An diesen Punkt der Entwicklung des ‚Barbarischen' im Inneren der Geschichte des russischen Volkes wird Lenz anschließen. Trotz dieser pessimistischen Prognose Rousseaus, die Lenz so nicht teilen kann, da damit sein ganzen kulturelles Engagement entwertet wäre, liegt der entscheidende Beitrag Rousseaus darin, dass der Begriff ‚Barbarei' zum ersten Mal wieder aus seiner chronologischen Neutralisierung herausgelöst und historisch-geographisch bestimmt wird. Aufgrund der durch Montesquieu und Rousseau möglich gewordenen graduellen historischen, politischen und klimatischen Bestimmung der ‚Kultur' und ‚Barbarei' eines Volkes bzw. der Russen konnte nun Herder diese Perspektive weiterführen insbesondere durch den Begriff des ‚Charakteristischen' eines Volkes wie etwa der Deutschen oder der Russen (angelegt schon in *Über die neuere deutsche Literatur* [1766–1767] und im *Journal meiner Reise im Jahr 1769* [1769/1770; posthum veröffentlicht], systematisch dann in *Auch eine Philosophie der Geschichte der Menschheit* [1774] und in *Ursachen des gesunknen Geschmacks bei den verschiednen Völkern, da er geblühet* [1775]).

Lenz' Schriften zur Kulturentwicklung und Literatur Russlands schließen an die skizzierten Positionen von Leibniz, Rousseau, Montesquieu und Herder an. Dies signalisieren schon die Textanfänge der Schrift zur *Rossijada* („Es ist wahr die Einflüsse des Klima"), der *Abhandlung* („Die Wanderung der Wissenschaften") und des Fragments *kleiner Karakterzüge*. In allen genannten Texten, die vermutlich in den Jahren 1787 bis 1789 geschrieben wurden, klingen mehr oder weniger patriotische Töne und Erziehungs- bzw. europäische Aufklärungsgedanken an. In der *Abhandlung* (vermutlich 1789 und später) wird ganz im Sinne Herders die besondere Bedeutung Deutschlands für die kulturelle Entwicklung Russlands deutlich: Als ein Land, für das die Erfahrung der Fremd- und Selbstzuschreibung kultureller Unterlegenheit (vor allem im Verhältnis zu Frankreich und England) prägend war, um sich schließlich davon durch ‚Originalgenie' zu befreien, gilt es Lenz als Vorläufer und Vorbild für Russland. Das Eintreten für den kulturellen Aufstieg Russlands in den Kreis der kultivierten Nationen Europas prägt nicht nur den ersten Text über die *Rossijada*, sondern allgemein die Studien aus den Jahren 1786 bis 1788, in denen sich Lenz intensiv der politischen, geographischen, militärischen und wirtschaftlichen Geschichte seines neu ‚erarbeiteten Vaterlandes' Russland widmet. Grundsätzlich erscheinen dabei literarische Zeugnisse als Ausdruck nationaler Größe im europäischen Vergleich. In diesen Zusammenhang gehört auch die Auseinandersetzung mit der russischen Dichtung, die sich zum einen im Projekt des „Russischen Allerlei" niederschlug, das eine Auswahl der besten russischen Dichtung („Russischer Originalwerke") einem deutschen Publikum vorstellen wollte (vgl. Tommek I: vermutlich Ende 1788 an den Grafen von Anhalt), zum anderen in der Übersetzung und Auseinandersetzung mit dem klassizistischen ‚Nationalepos' *Rossijada* von Cheraskov. In der Schrift *Propositions de paix. ou projet d'ouverture d'une Assemblée litteraire à Moscou*, die vermutlich in das Jahr 1789 (oder später) fällt, zeichnet sich im Umkreis des Freimaurer-Milieus die modifizierte Idee einer ‚Republik der Gelehrten' ab, deren Bestrebung zur ‚Bildung des Menschengeschlechts' durch einen exklusiven Zirkel sich konkreten Repräsentanten der Moskauer Gesellschaft und Reformprojekten zuordnen lässt. Innerhalb dieser philanthropisch-schöngeistigen (Freimaurer-)Gesellschaft widmete sich Lenz in Vorträgen besonders der Erziehung des ‚schönen Geschlechts' zu „anges tutelaires" (vgl. das Gedicht *À Mlle de Pl....ff enfant de huit ans et sa soeur de six*, Tommek I: 133): Einmal mehr tritt er, dessen gesamtes Werk Kennzeichen einer *weiblichen* Autorschaft (vgl. Stephan 2000) aufweist, als Erzieher von Damen auf, die die gesellschaftliche Vermittlung und den Ausgleich der falschen (männlichen und oft Streit bis hin zum Krieg auslösenden) Urteile befördern sollen (vgl. *Logique des Dames*, 1789).

In den kulturhistorischen und -konstruktivistischen Schriften zeichnet sich schließlich ein problematischer Horizont ab: Das ‚Barbarische' tritt weniger als Gefahr von außen denn als innere Gefährdung auf. Diese *Inkorporierung des Barbarischen* wird in einer ursprünglichen Konfrontation zwischen zwei Priesterschaften begründet, die auf der einen Seite für europäisch-lateinische und auf der anderen für (klein-)asiatisch-barbarische Geistesprinzipien stehen (vgl. Tommek I: 1789 an den Grafen von Anhalt; ab Mai 1789 an Johann C. Lenz; etwa 1789 an einen unbekannten Freund). Die in einer Entwicklungslinie dazu stehende Verflechtung der russischen und tatarischen Geschichte bis hin zum aktuellen Russisch-Österreichischen Türkenkrieg (1787–1792) war bereits Gegenstand des Dramenfragments *Historisches Theater*. In der Folge richtet sich Lenz' Aufmerksamkeit besonders auf ‚Bruderkämpfe' und ‚Missverständnisse' in der Geschichte Russlands. Mit diesem ‚Blick nach innen', sowohl auf die russische Geschichte als auch auf die innere ‚Natur' der Russen, korrespondiert ein signifikanter Perspektiv- und Haltungswechsel: von einer tendenziellen Legitimation der Kriege und der kulturellen Größe Russlands (seines Klassizismus, für den Cheraskovs *Rossijada* steht) hin zum Eintreten für Versöhnung, Toleranz und schließlich zur Bekämpfung des ‚alltäglich Barbarischen', der *Entstellung* des Menschen, die er überall wahrzunehmen meint, in Szenen alltäglichen Verhaltens, die bei den Männern zur Kriegshetze nach innen und nach außen führen (vgl. *Epitre de Sancho Pajass*), ebenso wie in den überlieferten, schriftlichen Verträgen der Herrschenden (vgl. Lenz' Interesse für den ‚Styl' der alten Dokumente in der *Nowikoff*-Studie sowie seine pseudoetymologischen Ableitungen in den zuletzt genannten Briefen).

Belles lettres sans principe, im Gestus eines Vortrags für eine Damengesellschaft 1790 f. geschrieben, stellt in dieser Hinsicht einen weiteren Kulminationspunkt dar: Nachgezeichnet wird hier nicht eine philosophisch-systematische Bestimmung der ‚Schönen Literatur' (in Anspielung auf Charles Batteux' *Cours de Belles-Lettres, ou Principes de la Littérature*, 1747–1750), sondern eine Entstehungsgeschichte der artikulierten, geformten Sprache, schließlich der literarischen Gattungen als Reaktionen auf direkt ausgeübte oder rituell vermittelte Gewalt. Gegen diese zerstörerischen Bedrohungen haben – nach Lenz' Darstellung – die Dichter und Philosophen nach und nach lyrische, dramatische und narrative Techniken einer *Distanzierung*, *Umformung* und *Sublimierung* der Gewalt entwickelt. So geht es Lenz um die *befreiende* Funktion der ‚Belles lettres' durch *Artikulation* und *Unterscheidung* innerhalb eines totalisierenden, mythologischen Verschleierungszusammenhangs. Allerdings ist diese aufklärerische Bestimmung des Wortes und der Dichtung weder geradlinig progressiv noch ungebrochen optimistisch noch ungefährdet. Wenn einerseits die befreiende, den Menschen aus seiner Erniedrigung erhebende Wirkung der Dichtung betont wird, gerade indem sie das ‚Gift' der menschlichen Entstellung thematisiert und dadurch zum ‚Gegengift' werden soll, wird andererseits vor ihrer Instrumentalisierung gewarnt: Lenz verteidigt die Freiheit, den *Freiraum* der Dichtung gegen die allgemeine „Bekehrungskrankheit" (Tommek I: 6.6.1787 an Dingelstedt; vgl. das Fragment *kleiner Karakterzüge*: 494) und Intoleranz, d. h. gegen ihre Instrumentalisierung und direkte (ideologische) Applikation. So tritt er für die Autonomie der Dichtung ein, die vor allem *indirekt* bessern will (vgl. *Was ist Satyre?*).

Die Verteidigung der Freiheit des Dichters gegen seine öffentliche Verurteilung und Verfolgung im Namen der Moral und des Machterhalts scheint ein direktes Licht auf den Zustand des literarischen Lebens im Moskau der frühen 1790er Jahre zu werfen. Hier wird eine gegenwärtige Bedrohung sichtbar, die das progressive Aufklärungsmodell unterminiert. Tatsächlich scheint Lenz unbewusst-bewusst ein ‚archäologisches' Modell zu verfolgen, das sich aus überlagernden ‚kulturellen' und ‚barbarischen' Schichten zusammensetzt und mit seiner Vorstellung eines jeweiligen kulturellen ‚Mischzustandes' korrespondiert. Dies wird insbesondere im letzten Text deutlich, in dem russischen Schreiben an einen Grafen, vermutlich an den Senator und Oberkammerherrn N. P. Šeremetev (*Monseigneur!*, 1789 u. später): Hier wird eine – gleichsam unter der Stadt als Zivilisationsform – *verborgene Kommunikation der Naturelemente* thematisch: Zahlreiche Reformprojekte, die auch an anderen Stellen des Moskauer Nachlasses auftreten, werden mit ihrem mythologischen ‚Untergrund' als assoziatives Bedeutungsgeflecht verbunden. Die Stoßrichtung der Gedankenführung zielt auf eine ‚Bearbeitung' und damit Beherrschung der untergründigen Naturelemente (so z. B. im Motiv der Daktylen als Schmiede, die wiederum auch für den Krieg stehen) – jedoch verweisen die Textstrukturen auf eine Überlagerung der ‚Schichten', der ‚zivilisatorischen Oberfläche' und der ‚barbarischen Untergründe', auf formative ‚Cluster', wie es auch die komplexe Wörterstudientabelle in Form einer Klaviertastatur veranschaulicht (vgl. Tommek I: 529, Abb. XXIX).

Die Moskauer Schriften sind Dokumente einer kulturvermittelnden Leistung, deren ‚Pathologie' in einem das Subjekt übersteigenden Kontext steht. Das sich im Moskauer Nachlass in Projekten und in der Symbolik dokumentierende gesellschaftspolitische Engagement ist einerseits von einem laufbahnspezifischen ‚Glauben' an einen aufgeklärten Absolutismus, an die Teilnahme und Teilhabe an der Erarbeitung symbolischer *Ordnungen* des menschlichen Lebens insbesondere des zivilisatorischen Zusammenlebens in der Stadt Moskau geprägt. Andererseits ist Lenz' Engagement durchdrungen von einer habituellen Verkennung der objektiven Handlungsmöglichkeiten des intellektuellen Literaten in der russischen Autokratie der 1780er Jahre. Die ab 1788 zunehmend zu beobachtenden Abwehrreaktionen des Dichters gegenüber heteronomen Vereinnahmungen und die Zeichen einer Aufkündigung des Einverständnisses und der Kooperation mit den herrschenden Kräften, schließlich die Verteidigung der Eigenrechte und des Eigensinns der Dichtung verweisen wiederum auf habituelle Strategien, die vor allem auf Lenz' Straßburger soziolirerarische Erfahrungen zurückzuführen sind (Erfahrungen der privaten Initiativen, der literarischen Kommunikation, der Entwicklung eines charakteristischen Stils, der kritischen Auseinandersetzung mittels der Satire etc.). In den letzten Moskauer Jahren zeigen sich diese verinnerlichten Erfahrungen als generative Dispositionen, die sich in dem andersartigen sozialen Raum neu ausrichten, in innere und äußere Konflikte geraten, sich radikalisieren, ambivalent werden und oft zum Abbruch führen. Es ist diese Spannung zwischen dem Glauben an einen aufgeklärten Absolutismus, dem Bestreben, am symbolischen Aufbau des (russischen) Staates zu partizipieren, und der Verweigerung, der Behauptung der Eigenrechte und des Eigensinns des Dichters im Namen der Menschennatur, schließlich dem Abbruch, dem Fragment, die die letzte, die Moskauer Phase der Laufbahn des ‚freien' Schriftstellers Lenz prägt.

9. Weiterführende Literatur

Groh, Dieter: *Rußland im Blick Europas. 300 Jahre historische Perspektiven.* Frankfurt/Main 1988.

Klotz, Volker: *Geschlossene und offene Form im Drama.* München 1960.

Rousseau, Jean-Jacques: *Œuvres completes.* Tome III: *Du Contrat social – Écrits politiques.* Hg. v. Bernard Gagnebin u. Marcel Raymond in Zusammenarbeit mit François Bouchardy, Jean-Daniel Candaux u. a. Paris 1964 (= Bibliothèque de la Pléiade 169).

2.8 Übersetzungen
Hans-Gerd Winter

1. Plautus 290
2. Shakespeare 298
3. Übersetzungen aus dem Russischen 303
4. Schluss 304
5. Weiterführende Literatur 305

Der sprachbegabte Jakob Michael Reinhold Lenz hat lateinische, englische und russische Werke ins Deutsche übersetzt. Die Plautus- und Shakespeare-Übersetzungen sind Ausdruck persönlicher Wertschätzung und sie beeinflussen das Werk des Dramenautors in hohem Maße. Die Übersetzungen in Russland belegen ein verändertes Selbstverständnis als Autor. Historische, ökonomische und politische Interessen bilden die Motivation.

1. Plautus

Zuerst übersetzt Lenz im ersten Halbjahr 1772 in Straßburg Werke des römischen Komödiendichters Titus Maccius Plautus (ca. 250–184 v. Chr.); vielleicht begann er damit schon im letzten Halbjahr 1771. Letzteres vermuten Luserke und Weiß (1991b). Sie nehmen Bezug auf Froitzheims Feststellung, dass Lenz im Winter 1771/1772 vor der Straßburger Gesellschaft Teile der Übersetzungen vorgetragen habe (Froitzheim 1888a: 49). Diese Datierung korrigiert ältere Datierungen, in denen von den Jahren 1772 und 1773 die Rede ist (u. a. Damm II: 845). Anfang August 1772 schreibt Lenz an Salzmann, dass die „letzte Übersetzung" im Besitz des Freundes und Mitgliedes der Straßburger Gesellschaft Johann Michael Ott sei (Damm III: 845). Zwei dieser Übersetzungen haben sich erhalten: der *Truculentus* und der *Miles gloriosus*. Aus einem Brief an Salzmann aus Landau vom September 1772 geht hervor, dass Lenz ihm seine Übersetzungen schickt (ebd.: 18. 9. 1772 an Salzmann). Salzmann, der möglicherweise Einwände hat, gibt die Handschriften an Goethe weiter. Dieser rät zu einer aktualisierenden Überarbeitung: „Das Stück bedarf eines Kleids, zugeschnitten nach dem Sinn des Publikums, dem ich mich produzieren will, und über dieses Röckgen wollen wir rahtschlagen." (Goethe an Salzmann, 6. 3. 1773, in Müller I: 163) Lenz folgt diesem Rat und verfasst vermutlich von Frühling bis Herbst 1773 fünf freie Übertragungen. Goethe schreibt im Oktober 1773 an Salzmann: „[D]ie Plaut. Comödien fangen an sich heraus zu machen." (Müller I: 173) Die Bearbeitungen bekommen deutsche Titel, die Schauplätze der Handlungen werden meist in den deutschsprachigen Raum verlegt. An weiteren Veränderungen wird deutlich, dass die Handlungen im ausgehenden 18. Jahrhundert spielen. Es handelt sich um *Das Väterchen* (nach der *Asinaria*), *Die Aussteuer* (*Aulularia*), *Die Entführungen* (*Miles gloriosus*), *Die Buhlschwester* (*Truculentus*) und *Die Türkenklavin* (*Curculio*). Welche lateinische Ausgabe Lenz benutzt, lässt sich nicht sicher ermitteln. In einem Brief Mitte September spricht er von einem „dicken Plautus, mit Anmerkungen, die mir die Galle etwas aus dem Magen führen" (Damm III: 18. 9. 1772 an Salzmann). Wahrscheinlich handelt es sich um die Übersetzung des Theologen und

Philologen Johann August Ernesti von 1760 (Sittel 1999: 51). Die „Anmerkungen" meinen unter anderem die Kommentare des Humanisten und Freundes Melanchthons Joachim Camerarius, die neben weiteren Glossen den älteren Plautus-Ausgaben – auch der von Ernesti – beigegeben waren. Camerarius wird in Lenz' Kommentar zu seiner ersten Übersetzung des *Truculentus* wörtlich zitiert (Damm II: 210 f.). Lenz kennt offensichtlich die älteren Kommentare zu Plautus' Stücken. Roger Bauer weist nach, dass Lenz in ihnen bereits wichtige Elemente seiner Dramentheorie finden konnte (R. Bauer 1977). Dies betrifft auch die These, dass die Komödie im Gegensatz zur Tragödie das ganze Volk, nicht nur die Gebildeten erreichen könne. Dem entspricht, dass Lenz in der *Verteidigung der Verteidigung des Übersetzers der Lustspiele* feststellt, Plautus' Komödien seien „in den freiesten, wildesten und ungebundensten Zeiten Roms" während des Zweiten Punischen Krieges geschrieben (Damm II: 696). Möglicherweise wegen der Aktualisierung der Handlung können Lenz' Übertragungen nicht in Straßburg veröffentlicht werden. Sie erscheinen stattdessen 1775 ohne Verfasserangabe in Darmstadt, wobei die Straßburger Deutsche Gesellschaft die Druckkosten übernimmt (ebd.: 845).

Spätestens in diesem Jahr, vielleicht aber auch schon zeitgleich mit den anderen Übertragungen entsteht eine weitere Bearbeitung, *Freündschaft geht über Natur oder Die Algierer* nach Plautus' *Captivi*. Lenz liest diese am 23. November 1775 in der Deutschen Gesellschaft vor und schickt sie dann an den Theaterschriftsteller Friedrich Wilhelm Gotter in der Hoffnung auf eine Aufführung in Gotha. Diese kommt nicht zustande. Von der Übertragung hat sich nur eine Abschrift in der Hamburger Staatsbibliothek erhalten, die Textänderungen Gotters enthält. Sie wird zuerst von Luserke und Weiß 1991 publiziert. Die wichtigste Änderung ist, dass aus den fünf Akten, die auch dem Original entsprechen, drei gemacht wurden (vgl. den Brief Gotters an Lenz vom 2. 1. 1776, in dem auch eine Versendung an das „Hamburger Theater" erwogen wird; Damm III: 362 f.). Lenz dankt am 14. Januar 1776 Gotter für die „freundschaftliche Mühwaltung" und schlägt weitere Textänderungen vor, die sich auch in der Hamburger Abschrift finden (ebd.: 367–369).

Lenz will Plautus, wie es in der unveröffentlichten Vorrede zu den Übersetzungen heißt, ein „Denkmal" setzen. Plautus gilt zusammen mit Terenz als Autor der *fabula palliata* während der republikanischen Periode Roms und von Übersetzungen griechischer Dramen, deren Grundstruktur und Milieu erhalten bleiben. Während Plautus' Situationskomik, Sprachwitz und Volkstümlichkeit gerühmt werden, gilt Terenz als der feinere, aristokratische, alles Vulgäre meidende Dichter, der auch genauer als Plautus auf die Wahrscheinlichkeit der Handlung achte. Karl Otto Conrady stellt dar, dass beide Autoren im Mittelalter und danach rezipiert wurden als Spiegel des Lebens und zum Zweck des Erlernens der lateinischen Sprache (Conrady 1954). Sie werden im Zeitalter von Renaissance und Humanismus häufig ins Deutsche übersetzt. Ab Anfang des 17. Jahrhunderts gibt es keine neuen Übersetzungen mehr. Gottsched verdammt Plautus, weil er der erwünschten moraldidaktischen Ausrichtung des Theaters nicht entspreche: „[E]r bequemte sich dem Geschmacke des Pöbels zu sehr und mengte viel garstige Zoten und niederträchtige Frazzen hinein." (*Gottsched 1968–1987: Bd. VI.2, 340)

Erst Lessing widerspricht Gottsched energisch, (*Lessing 1970–1979: Bd. III, 377 ff.) übersetzt Plautus und wird damit zu einem wichtigen Anreger für Lenz. Dieser nennt dessen *Schatz*, eine Übersetzung des *Trinummus*, veröffentlicht 1755

(*Lessing 1987–1989: Bd. I, 545–593), in der *Verteidigung der Vereidigung des Übersetzers* und fordert für die eigenen Übersetzungen gegen die Kritiker „gleiches Recht" und „Verdienst" (Damm II: 694). Eine Aufführung seines *Schatzes* bespricht Lessing im neunten Stück der *Hamburgischen Dramaturgie* vom 29. Mai 1767 (*Lessing 1963: 38–42). 1749/1750 entstehen das Fragment einer Bearbeitung des *Stichus* und der Entwurf einer *Pseudolos*-Übersetzung. Ferner publiziert Lessing 1750 das ‚Lustspiel' *Die Gefangenen* – wie *Die Algierer* eine Übersetzung der *Captivi* – in den *Beiträgen zur Historie und Aufnahme des Theaters* (*Lessing 1970–1979: Bd. III, 394–443). Diese dokumentieren die intensive Beschäftigung Lessings mit Plautus. Er beschreibt dessen Leben und Werke und kommentiert sie. Zu den *Gefangenen* erscheinen ein *Vorbericht des Übersetzers*, eine *Kritik über die Gefangenen des Plautus* und dann als Legitimierung der Übersetzung ein *Beschluß der Kritik über die Gefangenen* (ebd.: 392, 444–491, 492–505). Im 21. Stück der *Hamburgischen Dramaturgie* vom 10. Juli 1767 nennt Lessing den *Miles gloriosus* und den *Truculentus*, Dramen, die dann Lenz übersetzt (*Lessing 1963: 85). Lessing interessiert sich für Plautus und Terenz bereits während seiner Schulzeit in Meißen: „Ich muß es, der Gefahr belacht zu werden ungeachtet, gestehen, daß unter allen Werken des Witzes die Komödie dasjenige ist, an welches ich mich am ersten gewagt habe. Schon in Jahren, da ich nur die Menschen aus Büchern kannte [...], beschäftigten mich die Nachahmungen von Toren, an deren Dasein mir nichts gelegen war." (*Lessing 1970–1979: Bd. III, 522) Schon damals sei Plautus neben Theophrast und Terenz seine ‚Welt' gewesen. In einem Brief an seine Mutter Justina Salome Lessing vom 20. Januar 1749 betont Lessing, dass die „Comödien" ihn in das Theater eingeführt hätten. „Ich lernte daraus eine artige und gezwungne. Eine grobe und eine natürliche Aufführung unterscheiden." Und: „Ich lernte mich selbst kennen, und seit der Zeit habe ich gewiß über niemanden mehr gelacht und gespottet als über mich selbst." (*Lessing 1987–1989: Bd. XI.1, 16) Zugleich sollen die antiken Komödien für das zeitgenössische Theater gewonnen werden, wobei Plautus wie dann auch bei Lenz erstmals den Vorrang vor Terenz erhält. Angezogen wird Lessing dabei von dessen Mischung aus witzigen Einfällen und das Herz rührenden Auftritten.

Lenz' Plautus-Übersetzungen müssen in Zusammenhang mit seinen Bemühungen um eine neue Theaterform gesehen werden, mit der er sich von Lessings letztlich an Aristoteles' Poetik orientierten Stücken absetzt. In den *Anmerkungen übers Theater* hebt er als ein wichtiges Element der Komödie den Vorrang der Handlung vor den Figuren hervor. Auch Plautus' Stücke sind, wie Catholy feststellt, „ganz durch Aktion bestimmt, – und zwar in einer für Lenzens eigenes dramatisches Schaffen eigentümlichen Weise. Nicht eine durchgehende, streng kontinuierliche Handlung kennzeichnet sie, sondern die Aufspaltung der Handlung in einzelne, deutlich voneinander abgehobene aktionsmächtige Handlungsteile." (Catholy 1982: 118) Diese Struktur entspricht tendenziell Lenz' Abkehr von der Einheit der Handlung und seiner Betonung der Autonomie der Einzelscene. Unter anderem aufgrund dieser Bauform kann Lenz später die widersprüchlichen und disparaten Welten entwickeln, die seine eigenen Stücke prägen. Allerdings geht Lenz nicht so weit, seinen Übertragungen keine Hauptfiguren zuzuweisen, wie dies überwiegend bei Plautus der Fall ist. Schon Lenz' Titel nennen meist Hauptfiguren. Der Grund dafür liegt, wie Conrady herausarbeitet, in der Absicht, Plautus' Stücke durch psychologische und soziologische Vertiefung von Handlung und Figuren zum Ausdruck der eigenen Zeit zu gestalten (Conrady

1954: 393 ff.). Durch die daraus resultierende Verlegung der Handlung ins 18. Jahrhundert und in der Regel in den deutschsprachigen Raum unterscheidet sich Lenz deutlich von Lessing. Lenz ist davon überzeugt, dass diese Verlegung Sinn macht: „Mein Herr, reisen Sie in Deutschland, und Sie werden in jedem Flecken ein Original zu diesem Gemälde finden." (Damm II: 695)

Seit Gottsched werden die Komödien in Prosa verfasst. Dies kommt auch Lenz' Ziel, volkstümlich zu schreiben, entgegen. Die Prosa kann auch, worauf Conrady hinweist, soziale Bedingtheiten leichter nachbilden. Dem entspricht, dass Lenz Plautus auch wegen der kraftvollen Sprache schätzt (Conrady 1954: 392). In dem Aufsatz *Über die Bearbeitung der deutschen Sprache im Elsaß, Breisgau und den benachbarten Gegenden*, den Lenz bei der Gründung der Deutschen Gesellschaft 1775 vorträgt, heißt es: „Alle rauhe Sprachen sind reicher als die gebildeten, weil sie mehr aus dem Herzen als aus dem Verstande kommen. Bei den rauhen ist es Bedürfnis, das die Wörter macht, bei den Gebildeten Übermut." (Damm II: 774) Gegen Texte wie die Lessings, die durch den „Übermut des Witzes" und überwiegend durch dessen Formprinzip bestimmt sind, betont Lenz: „Welch Feuer herrscht in den Plautinischen Stücken!" (ebd.: 775)

Im Gegensatz zu Lessing nimmt Lenz auch weniger Rücksicht auf moralische Normen. Lessing hat bezeichnenderweise in drei seiner Übersetzungen gar keine Frauenrollen. Allzu erotische Szenen, die sich bei Plautus finden, hätten die Chance zur Aufführung vereitelt, um die es Lessing vorrangig geht. Lenz dagegen übersetzt Stücke, welche die für Plautus typischen Themen und Motive enthalten, wie Ehe- und Liebesverwirrungen, betrogene Liebende, Hetären, Kuppelei und Entführung und raffinierte Sklaven, welche die Welt der Bürger zusätzlich aus dem Lot bringen. Ein wichtiges Element der Komödien Plautus' fehlt allerdings bei Lessing und Lenz: die zentrale Rolle der Musik. Das römische Theater war eher Musiktheater als Schauspiel. Die Tradierung beschränkt sich dagegen allein auf den Text.

Sittel stellt im Anschluss an Manfred Fuhrmann als ein zentrales Thema der Komödien Plautus' die Störung der patriarchalen Familienstruktur heraus. Sie ergibt sich entweder durch Fehlverhalten von innen, vor allem des Hausvaters und/oder seiner Kinder und Sklaven, oder durch Einwirkung von außen, zum Beispiel durch die Entführung eines Familienmitgliedes oder durch die Macht, die ein Außenstehender, etwa ein Geliebter oder ein Außenseiter der Gesellschaft, gewinnt (Sittel 1999: 106 ff.). Die Störung der idealen Familienstruktur werde vorgeführt, um am Ende zur Ordnung in der Familie zurückzukehren. Dieses Modell erleichtert Lenz die Übertragung von Handlung und Figuren in die eigene Zeit. Auch seine eigenen Dramen arbeiten sich meist an der Struktur der Familie ab. Entsprechend findet Lenz bei Plautus zentrale Themen wie den Vater-Sohn-Konflikt (wobei Fehlverhalten auf beiden Seiten liegen kann), das Streben junger Leute nach Glück (vor allem nach Liebesglück, was in Widerspruch zu den ständischen Bedingtheiten und/oder den Interessen des Vaters geraten kann), sowie die Gefährdung oder Zerstörung der Familie wie auch ihre äußere Wiederherstellung. Bei aller Nähe zu Lenz' späteren Komödien muss betont werden, dass die Plautus-Übertragungen allenfalls als eine Vorstufe zu jenen betrachtet werden können. Es fehlt noch die tiefgreifende Kritik an den gesellschaftlichen Zuständen.

Lenz unterscheidet in seiner Zeit verschiedene Schichten des Theaterpublikums nach Bildungsniveau und Standeszugehörigkeit. Die Komödie, in der das Komische dominiert, ist für den „gröbere[n] Teil des Volkes", die Tragödie „nur für den ernsthaftern Teil". Soll das ganze Volk angesprochen werden, muss „der Unterschied von Lachen und Weinen" aufgehoben werden (Damm II: 703). Hier ordnet Lenz Plautus ein. Er schrieb

> komischer als Terenz, und Molière, komischer als Destouches und Beaumarchais. Daher müssen unsere deutschen Komödienschreiber komisch und tragisch zugleich schreiben, weil das Volk, für das sie schreiben, oder doch wenigstens schreiben sollten, ein solcher Mischmasch von Kultur und Rohigkeit, Sittigkeit und Wildheit ist. (ebd.)

Plautus ist für Lenz weit mehr als ein bloßer Possenreißer.

> [E]r war eine von den weichgeschaffnen Seelen, die eben so tief und innig fühlen als ihr Genie schnell und lebhaft handelt, und eben das gibt ihm einen größern Wert. Er verzieht das Gesicht nie, wenn er leidet; es ist wahr, seine Miene bleibt immer dieselbe heitre und scherzhafte, aber in seinem Herzen bildet sich der edle Schmerz, die schöne Empfindsamkeit [...]. (ebd.: 696 f.)

Diese Haltung scheint der Komödie als „Gemälde der menschlichen Gesellschaft", die Lenz in der *Rezension des Neuen Menoza* fordert (ebd.: 703), durchaus angemessen. Wenn die Gesellschaft „ernsthaft wird, kann das Gemälde nicht lachend werden." (ebd.) Der Bezug auf Plautus beinhaltet in diesem Zusammenhang trotz der positiven Anführung eine gewisse Distanzierung, wie Conrady zu Recht feststellt (Conrady 1954: 395 f.). In Lenz' eigenen Komödien dominiert nämlich nicht die Komik, die tragischen Elemente sind gleichwertig, die Dramen könnten tragisch enden, wäre nicht die Verpflichtung der Komödie auf einen harmonischen Schluss. Diese Harmonie ist aber im Gegensatz zu Plautus meist nur Schein. Auch steigert Lenz im Sinne seiner kritischen Intention den Anteil der Satire an Figuren und Handlung, denn er schätzt den „charakteristischen, selbst den Karikaturmaler" (Damm II: 653).

Lenz' Übersetzungspraxis ist nicht mehr wie bei Gottsched durch die Überzeugung geprägt, dass es *die* richtige Übersetzung gibt, da die Wörter die Zeichen der Gedanken seien und der Übersetzer dann nur die Aufgabe habe, die Zeichen adäquat auszutauschen. Allerdings fordert Gottsched schon, dass die Übersetzungen fremder Stücke „ein ganz einheimisches und deutsches Ansehen" bekommen sollen, damit der Leser oder Zuschauer besser daran Anteil nehmen könne (*Gottsched 1972: Tl. II, 36). Dieser Linie folgt Lenz in seinen Nachbildungen. Deutlich beeinflusst ist Lenz durch Herders Überlegungen zur Übersetzung in den *Fragmenten*. Für diesen ist die gelungene Übersetzung „ein Denkmal, das weder einem Klein- noch Schulmeister ins Auge fällt, das aber durch seine stille Größe und einfältige Pracht das Auge des Weisen fesselt" (*Herder 1985: 204). Entsprechend will Lenz, wie er in der unterdrückten *Vorrede* sagt, Plautus einen „Stein" aufrichten (Weinhold-DN: 12). Und seine *Verteidigung des Übersetzers* lässt er enden mit den Worten: „Geht in euch und fühlt ehe ihr urteilt! – laßt euch vom süßen Taumel hinreißen, verstummet, staunet, betrachtet – und pythagorisches Stillschweigen öffne euch die Tür zu Männerurteil" (Damm II: 698). Herder wendet sich gegen eine schulmeisterlich philologische Übersetzung (*Herder 1985: 416 f.). Entsprechend möchte auch Lenz kein ‚Antiquar' sein. Ferner fordert Herder, dass nur ein kongenialer Autor, ein Genie eine Übersetzung versuchen dürfe. Diese entspricht dann nicht mehr dem Original, sondern erinnert an es, verweist auf es zurück. Bildhaftigkeit und „Lebhaftigkeit" des Originals (ebd.: 377) müssen dabei aktualisiert werden. Der „Sprache des mittleren Witzes" und des „Verstandes" stellt Herder entsprechend die „Sprache der Leidenschaft" gegenüber. Ferner fordert er, die „Sprache des gemeinen Lebens" in die dichterische Sprache zu integrieren (ebd.: 397).

Lenz' konkrete Übersetzungspraxis hat Sittel eingehend untersucht. In den freien Übersetzungen behält er die lateinischen Titel, Schauplätze und Figurennamen bei. Aus den Sklaven werden allerdings ‚Bediente'. Auch Dramenstruktur und Szenenfolge werden mit wenigen Ausnahmen nicht verändert. Lenz fügt aber Regieanmerkungen ein. Zentral für seine Übersetzungspraxis ist ein Verfahren, das Christophe Bourquin als „Übertragung der Übertragung" bezeichnet hat (Bourquin 2008). Lessing zögert noch aufgrund des von ihm angestrebten Prinzips der ‚Ähnlichkeit' zum Original, Übertragungen als Übertragung, d. h. als Metaphern, Metonymien oder allgemeiner als Tropen zu formulieren. Lenz gibt diese Zurückhaltung auf. So überträgt er schon in den freien Übersetzungen Bilder und Vergleiche in eigene Bilder. Zugleich setzt er auch Tropen, die gar keine Übertragungen von Übertragungen sind. Auch dieses Verhalten ist Ausdruck der Intention, kongenial auf das Vorbild, den Ausgangstext zu reagieren. Zugleich ist es Ausdruck der Einsicht, dass viele Wortspiele bei Plautus nicht übersetzbar sind. Besonders deutlich kommt die Tendenz zur Übertragung der Übertragung bzw. zur Nicht-Übertragung zum Ausdruck, wenn man das Verhältnis zwischen Original, freier Übersetzung und Bearbeitung betrachtet.

Lenz' Übertragungen, die *Lustspiele*, haben deutsche Figuren und Schauplätze. Eigene Vor- und Nachreden fehlen. Sittel (1999) belegt, dass häufig auch Szenen zusammengezogen werden, gelegentlich auch voneinander getrennt. Der Figurenbestand werde zwar übernommen, einige Figuren aber anders ausgerichtet. Wie in den eigenen Dramen verdeutlichen Regieanmerkungen das nicht-sprachliche Verhalten der Figuren. Zugleich betont Lenz mehr als Plautus, der meist nur eine Eigenschaft als Merkmal der Figuren heraushebt, die innere Widersprüchlichkeit von Gefühlen, Wünschen und Verhaltensweisen. *Die Buhlschwester* ist das einzige Drama, dessen Handlung ganz neu ausgerichtet wird. Lenz fügt im fünften Akt Szenen hinzu und schreibt den Schluss neu. Die Hetäre Phronesium wird durch Jungfer Julchen ersetzt, die mehrere Verehrer gegeneinander ausspielt, auch um Geld und Geschenke zu erhalten, und sich am Schluss allen entzieht. Julchen wirkt autonomer und zugleich berechnender als Phronesium. Dies wird besonders deutlich in der neu hinzugefügten Szene V,1, wo sie sich ein ‚Projekt' ausdenkt, um sich aller Liebhaber zu entledigen und zugleich den Verdacht des Betruges an ihnen loszuwerden. Die neu hinzugefügte Schlussszene zeigt, dass Julchen das erreicht hat und sie jetzt in eine andere Stadt entweichen kann, um die „Beute" (Damm II: 247) zu genießen. Während bei Plautus der Hetäre zwei der drei Liebhaber erhalten bleiben und der dritte, obzwar verheiratet, weiterhin ihren Reizen kaum widerstehen wird, vermag Lenz „die Komödie vollständig [zu] machen" (ebd.: 246) und den Schluss nicht mit offenen Wünschen zu belasten. Vom Standpunkt seiner Zeit aus bleibt diese Komödie moralisch heikel, weil der Verdacht der Darstellung von Prostitution nicht aus der Welt geschafft werden kann und sich die verführende Frau als die Überlegene erweist.

In anderen Lustspielen ist Lenz dagegen bestrebt, die Tugendhaftigkeit der weiblichen Hauptfigur zu bewahren. Lenz macht zum Beispiel aus der Prostituierten Clärchen im *Väterchen* eine verarmte Kleinbürgertochter. Aus der Armut erklärt sich auch das Verhalten der Mutter, die viel Geld für die Einwilligung zur Hochzeit Ludwigs mit Clärchen fordert. In der *Verteidigung der Verteidigung des Übersetzers* argumentiert Lenz bezüglich dieser Figur sozialkritisch mit den „verderbten Sitten unserer Zeit", „da Mütter selbst besonders unter dem Pöbel u. in kleinen Städten sich kein Gewissen draus machen, ihre Töchter als Lockspeisen in die Schlingen auszulegen, die sie dem Vermögen junger Verschwender stellen." (Damm II: 694) Überhaupt gelingt es Lenz, wie Pelzer (1987) herausstellt, durch die Übertragung der typischen Themen und Motive Plautus' ins deutsche Milieu diese meist in einen konkreten kleinbürgerlichen Sozialzusammenhang zu stellen und ihnen dabei eine kritische Dimension abzugewinnen, die auf die eigenen Dramen vorausweist. Im *Väterchen* handelt es sich um die junge Frau als Opfer der Gesellschaft, den Missbrauch der väterlichen Macht, das sexuelle Begehren, das zum Abweichen von der bürgerlichen Moral führt, und um den Besitz an oder das Fehlen von Geld. Tommek (2003a: 125 ff.) versucht in einer an Bourdieu orientierten Sozioanalyse dieses Stücks herauszuarbeiten, dass es die „materielle und sexuelle Ökonomie innerhalb eines kleinbürgerlichen Raumes" darstelle. Die Konfliktparteien konstituierten sich dabei „nach der jeweiligen Teilhabe und Verfügungsgewalt der Akteure über die jeweils im Kurs stehenden Kapitalien" (ebd.: 136). In den *Entführungen* deutet sich schon das sozialkritische Thema der *Soldaten* an, die Ausbeutung des bürgerlichen Mädchens durch den adligen Offizier. Hier protzt dieser mit seinen militärischen und erotischen Fähigkeiten, wobei es allerdings aufgrund einer komplizierten komödiantischen Handlung zur Korrektur des lächerlichen Fehlverhaltens des Herrn von Kalekut kommt, während der ehrlich bleibende Bernhard schließlich doch seine Rosamunde erhält (Pelzer 1987: 173). Der Titel der *Türkensklavin* deutet bereits an, dass im Gegensatz zu Plautus das Schicksal des versklavten, eigentlich aber frei geborenen Mädchens im Vordergrund steht. Die Wahrhaftigkeit der Liebe zwischen Selima und Sebastian und die Bewahrung der weiblichen Tugend in schwierigen Umständen kontrastieren mit der Dienerintrige, dem Egoismus und der Geldgier des Kupplers, der Selima gekauft hat und nur gegen viel Bares freigeben will. Zu seinem Pech fällt der finanzkräftigere Freier aus, weil er sich als Bruder Selimas und damit als Kronzeuge für ihre freie Geburt entpuppt. Am Schluss verliert der Kuppler nicht nur Geld, er wird im Gegensatz zu Plautus auch nicht zum Wiedersehensfest und zur Hochzeit eingeladen.

Das Thema und Motiv Geld, in Lenz' späteren sozialen Dramen immer wichtig, steht in der Komödie *Die Aussteuer* im Vordergrund, in der es um das soziale Fehlverhalten des Kleinbürgers Keller geht, der sich als arm darstellt, in Wirklichkeit aber über einen Topf voll Geld verfügt, dessen Diebstahl er durch sein eigenes Verhalten geradezu herbeiführt. Am Ende wird er gezwungen, die Hälfte seines Geldes für die Hochzeit seiner Tochter mit dem Neffen des reichen Splitterling als Aussteuer zur Verfügung zu stellen. Auch im *Väterchen* spielt das Geld eine zentrale Rolle. Im Gegensatz zur Sächsischen Typenkomödie bestärkt Geld nicht die moralische Überlegenheit einer Vaterfigur, die ihren Reichtum rechtmäßig erworben hat. Bei Schlinge, einer „Mischung von Pantoffelheld und Lüstling" (Catholy 1982: 121) entsteht der Reichtum ohne sein Zutun durch die bloße Mitgift einer ungeliebten Frau. Schlinges Unfähigkeit, mit Geld umzugehen, zeigt sich darin, dass seine Frau einen Hofmeister braucht, um die Übersicht über das gemeinsame Vermögen zu behalten (ebd.: 122).

In *Freündschaft geht über Natur oder Die Algierer* hat Lenz die Vorlage so stark bearbeitet, dass ein beinahe eigenständiges Lustspiel daraus entsteht (Sittel 1999: 377). Lenz rückt, wie der Titel schon andeutet, das Thema Freundschaft in den

Vordergrund, welches er unter anderem im *Hofmeister* mit der Beziehung zwischen Pätus und Fritz, in *Die Freunde machen den Philosophen* und im *Waldbruder* wieder aufgreift. Wie Fritz geht der christliche Spanier Pietro für seinen Freund, den Mohammedaner und Algerier Osmann, ins Gefängnis, damit dieser, der ihn einst in die algerische Sklaverei verschleppt hatte, zu seinem Vater zurückkehren kann. Doch Osmann kommt zurück, er will statt des Freundes ins Gefängnis geworfen werden. Dass er sich beschuldigt, die Ursache des Martyriums Pietros gewesen zu sein, findet bei Plautus keine Entsprechung. Die Geschichte löst sich harmonisch auf, dadurch dass Pietros wahre Identität aufgedeckt wird. Das Freundschaftsthema wird mit Lenz' wichtigstem Thema und Motiv, dem des verlorenen Sohnes verbunden. Der Vater hat seinen Sohn verloren. Er versucht, ihn mit „ungeheuren Summen" zurückzukaufen. Merkantiles Denken prägt den Vater und Kaufmann, wenn er feststellt: „[I]ch habe eine Gans für andre gemästet" (zit. nach Luserke/Weiß 1991b: 82). Zum Schluss erhält er die „Gans", den Sohn zurück. Dass er ihn, dessen Identität er wegen des Kleidertauschs nicht erkannt hatte, geschlagen und in ein „tiefes, unterirrdisches Gewölb" (zit. nach ebd.: 88) gesperrt hatte, wertet Pietro jetzt als Ausdruck „verirrte[r] väterliche[r] Zärtlichkeit" (zit. nach ebd.: 90). Im empfindsamen Schlussbild verbinden sich dann die Themen Liebe zwischen Vater und Sohn und Freundschaft. Im Gegensatz zu den *Freunden* und zum *Waldbruder* wird mit diesen zentralen Themen von Aufklärung und Sturm und Drang hier noch nicht kritisch umgegangen. Damit nähert sich dieses Lustspiel den zeitgenössischen rührenden Komödien an. Allerdings wird deutlich, dass der Sohn von der erzwungenen Distanz zum Vater auch profitiert, eben durch die Möglichkeit zur Freundschaft unter Gleichaltrigen. Ferner wird er als Opfer der Affekte des Vaters zum „Märtyrer" (zit. nach ebd.), der seinen Tod vor Augen hat. Bezeichnenderweise stellt dies der Vater nach dem Wiedererkennen ausdrücklich fest. Dass Pietro geschlagen und gebunden wird und im Gefängnis auf den sicheren Tod wartet, stellt die Nähe dieser Figur zum ersten Märtyrer Christus her, den Lenz ja als den vollkommen und vorbildlich Leidenden ansieht (vgl. *Über die Natur unsers Geistes*, Damm II: 622 f.). Als ein weiteres Thema klingt die aufklärerische Forderung nach Toleranz zwischen den Religionen an. Gegen die Vorurteile, die gegen den Islam in dem Stück aufgerufen werden, steht das mitmenschliche Verstehen, das sich in der Freundschaft zwischen den beiden Söhnen unterschiedlichen Glaubens zeigt. Frauen werden in diesem reinen Männerdrama nicht benötigt. Bei Plautus spielt das Stück in Ätolien, das in einem Krieg mit Elis liegt. Lenz lässt es in Spanien spielen, in dem nach der Rückeroberung durch eine christliche Herrschaft die Mohammedaner ermordet, unterdrückt oder vertrieben worden waren. Das Element der Rührung ist schon bei Plautus vorhanden. Doch ist bei ihm das Element der Berechnung, welches die Gefühle der Zuneigung relativiert, weit stärker ausgeprägt als bei Lenz, so wenn der Vater bei der Rettung des Sohnes noch ein hohes Lösegeld für den gefangenen Elier Philocrates herauszuholen versucht. Das gute Ende ist bei Plautus eher glückliches Resultat egozentrischer Absichten.

Die zeitgenössische Kritik beurteilt die *Lustspiele* unterschiedlich. Doch am kompetentesten und wohl auch für Lenz am wichtigsten ist Wielands Lob im *Teutschen Merkur*, der Autor habe sich „in die Person seines Plautus so sehr" hineingedichtet, „daß er, gleich einem Schauspieler vom Genie, ihm Ideen und Worte unterschieben konnte, die Plautus selbst billigen mußte." Auch die Originalität der *Lustspiele* wird betont: „Weder buchstabierende Uebersetzung, noch freye Nachahmung, sondern eine Art von Nachbildung erhalten wir hier, wie wir, so viel ich weiß, noch von keinem alten Dichter besitzen." (*Wieland 1774: 355; Nachdr. auch in Weiß II: 352)

2. Shakespeare

Shakespeare ist Lenz mehr noch als Plautus *der* zentrale Autor, dem er in der eigenen Dramenpraxis nacheifert. Lenz nimmt intensiv teil am Shakespeare-Kult des Straßburger Kreises, für den das Bekenntnis zu jenem den Ausdruck eines neuen Dichtungsverständnisses bildet. Herders *Shakespeare*-Aufsatz in *Von deutscher Art und Kunst* (1773) und Goethes *Zum Schäkespears Tag* (1771) proklamieren den Briten als ‚Genie'. Lenz' Shakespeare-Lektüre beginnt vermutlich schon in Königsberg, also bereits vor Herders und Goethes Aufsätzen. Hinweise auf den Autor sind über das gesamte Werk und die Briefe verstreut (vgl. Rauch 1892; Inbar 1982 [1977]; Schwarz 1971). Für Lenz bildet Shakespeare ein wichtiges Vorbild, als es darum geht, über Lessing hinaus mit dem klassizistischen Theater zu brechen. Strukturmerkmale des von Lenz anvisierten antiaristotelischen Theaters wie die Abkehr von den drei Einheiten und der Vorrang der ‚Situation' gegenüber den Intentionen der Figuren verdanken sich wesentlich der Auseinandersetzung mit Shakespeare. Lenz folgt Shakespeare, weil dieser, wie auch Herder sieht, die Einheit des Dramas als Einheit der in ihm präsentierten Welt verstehe und nicht als eine dramatische Regel wie die drei Einheiten. Jene Einheit gebe uns den „Gesichtspunkt […], aus dem wir das Ganze umfangen und überschauen können": „[B]ehalten Sie Ihre *Familienstücke*, Miniaturgemälde, und lassen uns unsere Welt." (Damm II: 655; Hervorh. im Orig.) Was Jutta Osinski für Herder feststellt, dass nämlich Shakespeares Drama als Verkörperung seines einheitsstiftenden Geistes einen Mythos darstelle, dem zwar Einzelmomente, aber kein objektivierter textanalytischer Befund entsprächen (*Osinski 2007: 175), gilt auch für Lenz. Immerhin konkretisiert Lenz dies dann als Einheit des ‚Interesses' und, bezüglich der Komödie, der Situation. Goethe stellt rückblickend in *Dichtung und Wahrheit* fest: „Niemand war […] fähiger als er [Lenz, H.-G. W.], die Ausschweifungen und Auswüchse des Shakespeareschen Genies zu empfinden und nachzubilden." (*Goethe 1998: 532 f.) Dies belegt Goethe mit Lenz' Übersetzung von *Love's Labour's Lost*. Goethe tendiert dazu, Lenz als bloßen Nachahmer abzuwerten. Dieses Urteil hält, wie sich ergeben wird, einer Überprüfung nicht stand. Eva Maria Inbar kommt zu dem Ergebnis: „Ohne Shakespeare, dürfen wir daher sagen, wäre Lenz' Drama nicht das geworden, was es ist." (Inbar 1982: 258) Diese Einschätzung übersieht die Bedeutung anderer Einflüsse wie die Plautus' und der Tradition des deutschen Volkstheaters, des Marionetten- und Puppenspiels und der Praxis der Wanderbühnen, der Haupt- und Staatsaktionen. Wichtig ist Inbars These, Lenz' Übertragung von Elementen des Shakespeare-Theaters sei durch das Prinzip des „Kontrastes" bestimmt. Allerdings sei bei Shakespeare der tragikomische Kontrast „fast immer einer tragischen oder komischen Haupthandlung untergeordnet". Bei Lenz hingegen werde er strukturbildend und bleibe letztlich im Gegensatz zu Shakespeare ungelöst. Diesbezüglich grenzt Inbar Lenz auch gegen den jungen Goethe ab. Während durch den Sympathieträger Götz noch „eine Art Einheit" gestaltet werde, könne Lenz „Einheit und Harmonie" im Drama vordergründig „nicht mehr verwirklichen – weder thematisch, noch sprachlich, noch formal" (ebd.: 259).

2.8 Übersetzungen

Die Stücke Shakespeares erreichen den deutschsprachigen Raum im 17. Jahrhundert über englische Truppen in sehr freien Aneignungen. Die erste vollständige Übersetzung eines Stückes, und zwar von *Julius Cäsar*, publiziert 1741 Caspar Wilhelm von Borck. Für Lenz wichtiger sind Wielands Shakespeare-Übersetzungen, die zwischen 1762 und 1766 erscheinen (zu Wielands Übersetzungen vgl. *Kob 2000). Sie betreffen 22 Dramen. Es handelt sich um eine Leseausgabe mit Fußnoten und Kommentaren auf der Grundlage der Ausgabe von Pope und Warburton (London 1741). Wie für alle Stürmer und Dränger bildet diese Übersetzung auch für Lenz trotz vieler kritischer Vorbehalte einen zentralen Bezugspunkt. Er zitiert zum Beispiel in den *Anmerkungen übers Theater* aus Wielands *Julius-Cäsar*-Übersetzung (Damm II: 664 f.). Ob Lenz primär aus Opposition zu Wielands Übersetzungspraxis Shakespeare übersetzt, was Inbar (1982: 100) vermutet, lässt sich nicht durch Äußerungen belegen. Ein Faktum ist aber, dass Wielands und Lenz' Haltung zu Shakespeare sehr auseinander gehen. Wieland erkennt und anerkennt zwar das Genie Shakespeares, seine Gefühls- und Charakterdarstellung, doch wirft er ihm vor, die dramatische Wahrscheinlichkeit zu verletzen, Wunderbares zu präsentieren und sich nicht an die von Aristoteles festgelegten Regeln zu halten. In diesen Punkten hat Lenz eine entgegengesetzte Einstellung, die er in der *Vertheidigung des Herrn W. gegen die Wolken von dem Verfasser der Wolken* so zusammenfasst:

> Shakespears Manier ist nicht ungebunden, mein ehrwürdiger Herr Danischmende, sie ist gebundener als die neuere, für einen, der seine Phantasei nicht will gaukeln lassen, sondern fassen, darstellen, lebendig machen, wie er tat. Die dramatische Behandlung eines großen Gegenstandes ist *nicht so leicht*, als Sie es wollen glauben machen; und eben der Mangel der sonst *bequemen Stützen der Täuschung*, der *Zeit* und des *Orts* macht die Schwürigkeiten *größer*, und sollte alle die, so in der Kunst des *würklich üblichen Theaters nicht alle Schritte durchgemacht*, von einem Unternehmen von der Art *zurückschröcken*. (Damm II: 729 f.; Hervorgeh. im Orig.)

Während Wieland Stellen bei Shakespeare für unübersetzbar hält oder in Fußnoten als nicht seinem Geschmack entsprechend einordnet, fehlt bei Lenz diese Kritik. Bei aller Distanz zu Wieland folgt Lenz diesem aber in einem zentralen Punkt: Er verwendet statt Shakespeares Blankversen Prosa.

Lenz publiziert 1774 zusammen mit den *Anmerkungen übers Theater* die Übersetzung von *Love's Labour's Lost* unter dem Titel *Amor vincit omnia* (Weiß V). Beide Werke sind vermutlich im gleichen Zeitraum von 1771 bis 1773 entstanden, möglicherweise aber erst für die Veröffentlichung zusammengestellt worden. Wann genau die Shakespeare-Übersetzung entstanden ist, lässt sich bis heute nicht schlüssig beweisen. Inbar (1982: 52) vermutet entweder Frühjahr 1771 oder Anfang 1773 bis Sommer 1774. Sie ordnet die Komödie stilistisch den Plautus-Bearbeitungen und dem *Hofmeister* zu. Partiell könne die Übersetzung schon in Königsberg geplant oder begonnen worden sein. An Goethes Behauptung in *Dichtung und Wahrheit*, die Übersetzung sei im Sommer 1771 entstanden, zweifelt Inbar. Lenz wählt eine Komödie, die Wieland nicht übersetzt hat – sicher ein Antrieb für seine Arbeit. Mit der Stückwahl weicht Lenz von der Bevorzugung der Tragödien ab, welche die Shakespeare-Rezeption im 18. Jahrhundert prägt. Nicht nur steht die Komödie generell in der Gattungshierarchie eher unten; für *Love's Labour's Lost* ist zudem das Interesse in Lenz' Zeit besonders gering. Nach Clarke (1896: 125 f.) nutzt Lenz die Shakespeare-Ausgabe von Pope (1725) als Vorlage. Dieser streicht Textstellen, die er für nicht autorisiert hält, aber vorrangig wohl seinem Geschmack nicht entsprechen. Er setzt sie in Fußnoten, die Lenz nicht mitübersetzt, weshalb seine Fassung kürzer ist als das Original.

Die frühe Komödie Shakespeares gehört zu den *festive comedies*, die den Sieg der Liebe in einer hoch stilisierten Figurenkonstellation und Umgebung zeigen. *Love's Labour's Lost* kontrastiert zwei Handlungsebenen miteinander: zum einen die des Hofes mit der Gegenüberstellung des Königs von Navarra, der sich mit den jungen Lords philosophischen Studien widmen und allen erotischen und kulinarischen Genüssen absagen will, und der Prinzessin von Frankreich, die mit drei Ladies zu einem Staatsbesuch kommt; zum anderen die der Diener, auf der Typen dominieren, die zum Teil der Commedia dell'Arte entlehnt sind. Natürlich verlieben sich auf der oberen Ebene alle Beteiligten paarweise ineinander. Die Männer werben schließlich maskiert als Russen um die Frauen; diese maskieren sich ebenfalls und vertauschen ihre Erkennungszeichen. In einer komischen Verwechslungsszene beschämen sie die Höflinge. Trotzdem wird man sich im karnevalesken Maskentanz einig; die „Bürger von Navarra" präsentieren danach ein komisch-unzulängliches Spiel im Spiel. Der glückliche Ausgang der Komödie wird aber aufgeschoben durch den von einem Boten gemeldeten Tod des Königs von Frankreich.

Ein komischer Kontrast, der das ganze Stück prägt, ergibt sich durch die Parodien der Gelehrsamkeit und der Verliebtheit. Dominiert auf der oberen Ebene sprachlich der höfische Modestil des *Euphuism*, wird dieser auf der unteren parodiert. Lenz' Übersetzung ist durch ein produktives Missverständnis geprägt. Für ihn ist *Love's Labour's Lost* trotz der äußerst kunstvollen Sprache ein „Volksstück", ein Stück „fürs ganze menschliche Geschlecht", „wo jeder stehn, staunen, sich freuen, sich wiederfinden" könne. „Seine Könige und Königinnen schämen sich so wenig als der niedrigste Pöbel, warmes Blut im schlagenden Herzen zu fühlen, oder kützelnder Galle in schalkhaftem Scherzen Luft zu machen, denn sie sind Menschen, auch unterm Reifrock [...]." (Damm II: 670f.) Dies führt nicht nur dazu, dass Lenz den preziösen Redestil reduziert, sondern auch dass mit der Übersetzung des Stückes ehemals populäre Komödienformen wie die in der Dienerhandlung aufgenommene Commedia dell'Arte aktualisiert werden, welche die Aufklärung mit ihrer Didaktisierung des Theaters seit Gottsched verdrängt hatte. Entsprechend fordert Lenz, der Leser oder Zuschauer müsse „Augen", „einen gesunden Magen" und die Fähigkeit zu „gute[m] spasmatische[m] Gelächter" haben (ebd.: 671).

Offensichtlich konzipiert Lenz seine Komödienübersetzung nicht als Lesedrama, er setzt auf Theatralität. Diese wird ausführlich von Inbar analysiert (Inbar 1982: 94–168; vgl. auch Unger 1995; Steimer 2012: 323f.). Sie bildet mit leichten Raffungen Shakespeares Akt- und Szeneneinteilung, Figurenkonstellationen und -namen ab. Lenz schwächt auf der höfischen Ebene den artifiziellen Stil, indem er Wortspiele, Umschreibungen, rhetorische Figuren und übertreibende Bilder streicht oder kürzt. Er versucht, tendenziell allen Figuren eine eigene dichterische Sprache zu geben. Auf der unteren Ebene bildet Lenz dagegen Shakespeares Parodie des Euphuism nach, er verstärkt sogar noch den Wortwitz, zeigt aber auch auf, dass diese Figuren die Sprache der Oberen, die sie nachahmen, nicht wirklich beherrschen. Lenz bringt auch ein dialektgefärbtes und umgangssprachliches Deutsch ein, wobei dieses in der höfischen Sprache eher als Schmuck dient, in der Unterschicht aber die soziale Herkunft des Sprechers anzeigt. Für Krauß verdichtet diese Übersetzungsstrategie „das dramati-

2.8 Übersetzungen

sche Geschehen mit Blick auf für dieses Geschehen relevante Figuren" und entzieht diese „dem zentrifugalen Sog sprachlicher Differenzbewegungen", um sie „im fortschreitenden Geschehensvollzug als handelnde Figuren" zu verankern (Krauß 2011a: 256). Die Lieder übersetzt Lenz zum Teil metrisch, zum Teil streicht er sie bzw. fasst ihren Inhalt zusammen. Insgesamt zeigt sich, dass Lenz im Gegensatz zu Johann Joachim Eschenburg, der *Love's Labour's Lost* 1778 als *Der Liebe Müh ist umsonst* übersetzt, nicht an einer wörtlichen Übertragung interessiert ist, die angesichts der komplexen Wortspiele auch schwierig wäre, sondern es trifft hier Genie auf Genie. Lenz will sich dem bewunderten Vorbild Shakespeare angleichen, selbst shakespearisieren.

Die wichtigste inhaltliche Veränderung ist, dass die Liebe als naturgegebenes Bedürfnis gegen die pedantische Gelehrsamkeit und das Zurschaustellen von Witz ausgespielt wird. Bei Shakespeare gehören die Liebesauseinandersetzungen eher zur höfischen Konvention. Dass sich am Ende ganz leicht der Sieg der Natur über die Konvention ergibt, deutet schon der Titel der Übersetzung an, der auf Deutsch lautet: ‚Liebe besiegt alles'. Unger zeigt, dass dieser Titel sich von Vergils *Bucolica* herleitet und im 18. Jahrhundert ein geflügeltes Wort darstellt. Bei Vergil heißt es „ominia vincit Amor" (Unger 1995: 215). Krauß weist darauf hin, dass dieser Vers als Kehrreim in Studentenliedern des 18. Jahrhunderts in Lenz' Schreibweise begegnet. Von daher sei es fragwürdig, ob die Titelwahl allein Vergil zu verdanken sei, den Lenz natürlich kannte (Krauß 2011a: 219f.). Die komischen erotischen Anspielungen in Shakespeares Text reduziert Lenz in der Regel nicht. Allerdings gibt er den sich anbahnenden Liebesbeziehungen eine größere Tiefe. Inbar zeigt, dass der Aufschub der Heiraten am Ende bei Shakespeare eher ein ironisches Spiel mit der Komödienkonvention des harmonischen Endes darstellt, bei Lenz sich dagegen moralisch begründet (Inbar 1982: 151). Die Gefahr, dass die vorehelichen Beziehungen zu weit gehen könnten, wird dadurch gebannt (vgl. dazu auch Ungers Bezug der Komödie auf den Liebes- und Sexualitätsdiskurs in den *Philosophischen Vorlesungen* in Unger 1995).

Tommek sucht zu begründen, dass die Personen der Komödie geprägt seien durch ihre soziale Zugehörigkeit, was auf Lenz' spezifische Wahrnehmung sozialer Unterschiede verweise. Die vom König intendierte Umwandlung des Hofes in eine Akademie sieht Tommek als Medium und Forum der Akkumulation von symbolischem Kapital im Sinne Bourdieus, welches hier die Vervollkommnung gelehrt-witzigen Sprachvermögens beinhalte (Tommek 2003a: 89). Die Frauen dagegen verteidigten ein ‚natürliches', ‚menschliches' Sprechen, verfügten aber als Adlige auch über die Fähigkeiten in der höfischen Rede, die sie im Gefecht mit den Männern einsetzen könnten. Bleibe es hier beim eleganten Gefecht Gleichgestellter, erweise sich das gelehrt witzige Sprachvermögen in der Auseinandersetzung mit den sozial niedriger Stehenden dagegen als Distinktionsmedium. Tommek ordnet die Komödie dem von Lenz unter Herders Einfluss adaptierten „Shakespeare-Habitus" zu, der das „Ideal einer allgemeinen, die Menschen verbindenden Natur" postuliere, weshalb sich auch jeder Leser oder Zuschauer in dem Drama wiedererkennen solle. Die Kommunikationsstrukturen am Hof ordnet Tommek als „Entstellung" des Menschen aufgrund von Machtstrukturen und sozialen Unterschieden ein (ebd.: 90).

Lenz übersetzt auch die Tragödie *Coriolan* – vermutlich 1774 oder 1775, als das Werk auch in Briefen genannt wird. Die Übersetzung wurde am 21. März 1776 in Abwesenheit des Autors in der Deutschen Gesellschaft vorgelesen (Froitzheim 1888a:

51). Lenz widmet die Handschrift später dem Herzog von Weimar. Johannes Müller hat den Text aufgrund der Handschrift textkritisch ediert (J. Müller 1930: 48–77). Welche Shakespeare-Edition Lenz der Übersetzung zugrunde gelegt hat, lässt sich nicht sicher feststellen. Lenz hat nur einen Auszug des Dramas übersetzt. Einige Szenen gibt er vollständig, andere verkürzt wieder, weitere werden erzählt oder ganz ausgelassen. In den verkürzten Szenen werden Dialogbestandteile zusammengezogen. Die Auswahl drängt die politische Handlung zurück. Lenz konzentriert sich auf Coriolan, die Volksszenen werden nur aufgenommen, wenn sie sich auf ihn beziehen. Coriolan ist tapfer und in seinen Reaktionen sehr direkt, er scheitert an dem Ränkespiel seiner machtgierigen Gegner in Rom und wird später, als er, um sich zu rächen, zu den Feinden Roms übergegangen ist, von diesen umgebracht, weil er seine Heimatstadt bei einem Angriff auf Bitten seiner Mutter schont. Coriolan ist der geradeaus Denkende und Handelnde, der zwangsläufig am „ewigen Wechsel" (Damm I: 688) der Welt scheitern muss. Ob Lenz mit der *Coriolan*-Übersetzung Goethes *Götz* Konkurrenz machen will, wie Inbar meint, scheint mir zweifelhaft (vgl. Inbar 1982: 166 f.). Coriolan ist nicht der große Einzelne, der seine Freiheit und seine Familie gegen die Dominanz des heraufkommenden Territorialstaates und des Hofes verteidigt. Coriolan leidet unter der mangelnden Anerkennung seiner Verdienste durch das Volk. Lenz strebt nach einem Volkstheater, sieht sich als „stinkende[r] Atem des Volks" (Damm III: 28. 8. 1775 an Herder), leidet aber darunter, dass dieses Konzept wenig Beifall in seiner Zeit findet. „Es ist als ob Coriolan bei jedem Wort das er widers Volk sagte, auf mich schimpfte – und doch kann ich ihn ganz fühlen und all seinen Grundsätzen entgegen handeln." (ebd.) Das Verhältnis des Autors zu seinem Helden ist, wie dieses Zitat zeigt, zwiespältig. Lenz identifiziert sich mit der Distanz des außergewöhnlichen Mannes zum Volk, die von Hochmut nicht frei ist, und hält doch an der Identifikation mit dem Volk fest. Geht es bei Shakespeare auch um die Kämpfe zwischen Patriziern und Plebejern, ist das öffentliche Leben bei Lenz, wie Inbar (1982: 166) zu Recht hervorhebt, nur als feindliche Macht dargestellt, die den Helden und seine Familie zerstört. Seine private Tragödie steht im Vordergrund. Freundschaft, Gatten- und Mutterliebe werden ausgemalt, die Mutter ist mehr Liebende als machtgierig; Coriolans Liebe zur Mutter bewegt ihn, Rom nicht zu zerstören, und, wie er weiß, sich damit der Rache seines volskischen Konkurrenten Aufidus auszuliefern. Entsprechend bemüht sich Lenz um eine Coriolan wie den anderen Figuren psychologisch und sozial angemessene Sprache. In Satzabbrüchen und durch Gedankenstriche getrennten Satzfetzen versucht er, den Zustand der größten Erregung Coriolans auszudrücken. Inbar bezeichnet dies als „Fetzenstil" (ebd.: 161).

Lenz übersetzt zusätzlich Szenen aus Stücken, die Shakespeare nur zugeschrieben wurden, zwei aus *Pericles, Prince of Tyre* und eine aus *Sir John Oldcastle*. Er destabilisiere damit, wie Krauß argumentiert, die von Pope definierte Werk- und Autorfunktion (Krauß 2011a: 193 f.). Lenz fand die Stücke in Band 8 der Shakespeare-Ausgabe von Nicholas Rowe (vgl. Damm II: 756, Fußnote; Inbar 1982: 114). Im Aufsatz *Das Hochburger Schloß* polemisiert Lenz gegen Alexander Pope, der in der Vorrede zu seiner Shakespeare-Edition von 1725 diese Dramen sowie auch fünf weitere als „elende Stücke" (Damm II: 756) und als nicht authentisch bezeichnet hatte. Lenz zitiert hier einen Auszug aus seiner *Pericles*-Übersetzung. An diesem Stück fasziniert Lenz die Wiederbegegnung der verlorenen Tochter mit ihrem Vater, auf die hin er seine kurze Zusammenfassung und seine Dialogauszüge anlegt. Lenz ist sich auch nicht sicher, ob Shakespeare die Stücke schrieb, will aber ihre „Schönheiten" (ebd.: 760) retten gegen voreilige vernichtende Urteile.

3. Übersetzungen aus dem Russischen

Während seines Aufenthaltes in Moskau lernt Lenz so gut Russisch, dass er übersetzen kann. Diese Übersetzungen belegen ein verändertes Selbstverständnis. Lenz ist nicht mehr ein Autor, der sich primär über literarische Werke definiert, sondern er setzt sich mit der Geschichte und mit der politischen und wirtschaftlichen Situation Russlands auseinander. Die Übersetzungen von historischen und ökonomischen Werken beinhalten auch den Versuch, Russland, das in westlicher Perspektive überwiegend immer noch als fremd und ‚barbarisch' gilt, dem deutschsprachigen Kulturkreis näherzubringen. Lenz nimmt also an der Entwicklung des Russischen Reiches Anteil und versteht sich zugleich als Kulturvermittler zum Westen hin. Entsprechend überträgt Lenz Sergej Pleščeevs *Übersicht des Russischen Reichs nach seiner gegenwärtigen neu eingerichteten Verfassung* ins Deutsche (1783, Übersetzung: Moskau 1787, 2. Aufl.: Moskau 1790; Neuaufl. hg. v. Luserke/Weiß 1992, danach in Tommek I: 249–335, Kommentar in Tommek II: 492–499). Hinzu kommen Fragmente einer Übersetzung von Michail Čulkovs *Historischer Beschreibung des russischen Handels* (7 Tle. in 21 Bdn, 1781–1788) mit dem Titel *Einige Auszüge aus dem 2ten Buch sechsten Teils der Russischen Handelsgeschichte Michael Tschulkoffs* (Edition der Handschrift in Tommek I: 403–440, Kommentar in Tommek II: 568–581). Vermutlich handelt es sich in beiden Fällen um Aufträge der Typographischen Gesellschaft Nikolaj I. Novikovs. Dass Lenz sich intensiv auch mit einem literarischen Werk, mit Michail M. Cheraskovs Nationalepos *Rossijada* (1779) auseinandersetzt, korrespondiert mit seinem Interesse an Russlands Geschichte und Politik. Das Epos ist nach den Vorbildern der Werke Homers, Vergils und Tassos konzipiert und beschreibt die Eroberung des tatarischen Khanats Kazan durch die Truppen Zar Ivans IV., des Schrecklichen, im Jahre 1552. Damit behandelt es eine für die russische Geschichte und die Legitimation des Russischen Reiches zentrale Episode im Kampf zwischen christlichen Russen und ‚Heiden' (Mohammedanern). Aktuell vermag es die russische Politik der Eroberung weiterer von ‚Heiden' beherrschter Gebiete zu legitimieren. Lenz übersetzt die ersten fünf Gesänge der *Rossijada* ins Deutsche. Umgekehrt plant er eine Übersetzung der Bibel ins Russische, von der sich nur ein fragmentarischer Entwurf erhalten hat (Tommek I: 240–243, Kommentar in Tommek II: 472–478), eventuell in Korrespondenz mit einer neuen deutschen Übertragung. Dieses in seiner Zeit für Russland sehr innovative Projekt konnte Lenz nicht verwirklichen. Es sollte die Trennung zwischen dem kirchlichen und dem weltlichen Raum verringern helfen, die für die orthodoxe Kirche konstitutiv ist. Hinzu kommt, dass das Kirchenslavisch schon damals in der Bevölkerung oft nicht mehr verstanden wurde. Der aufklärerische Impetus dieses Projektes leitet sich letztlich aus Lenz' protestantischer Vergangenheit her. Das Scheitern resultiert, wie Tommek überzeugend darlegt, aus einer Verkennung der realen Verhältnisse im damaligen Russland (→ 2.7 MOSKAUER SCHRIFTEN).

4. Schluss

Lenz' Übersetzungen sind in der Forschung noch wenig gewürdigt worden, obwohl sie einen zentralen Teils seines Werkes bilden. Zu den russischen Übersetzungen gibt es außer von Tommek bisher gar keine Forschung. Unter anderem ist zu überprüfen, wie Lenz mit den russischen Ausgangstexten im Einzelnen umgeht und ob und inwieweit seine deutschen Versionen (außer Cheraskov) den Kriterien einer Fachübersetzung nahekommen, die eine möglichst große Äquivalenz mit dem Ausgangstext anstrebt. Die Dramenübersetzungen haben in der Geschichte der Übersetzungen literarischer Werke in die deutsche Sprache auch noch nicht den ihnen angemessenen Platz erhalten. Immerhin geht Lenz mit seinen Plautus-Adaptionen, wie gezeigt, deutlich über Lessing hinaus. Und innerhalb der von Shakespeare begeisterten Stürmer und Dränger ist Lenz derjenige, der diesen Autor nicht nur verehrt, sondern ins Deutsche überträgt. Seine Art des Herangehens an das Übersetzen ist, wie gezeigt, sehr eigenständig, sie ist zu der seines Vorgängers Wielands konträr. Die erste Shakespeare-Übersetzung nach Lenz von Johann Joachim Eschenburg (erschienen zwischen 1775 und 1782) ist deutlich konservativer und nicht den Genievorstellungen des Sturm und Drang verpflichtet. Eschenburg ist, obwohl ein großer Kenner Shakespeares, ein Anhänger von Schulrhetorik und Regelpoetik. Für die Übersetzung literarischer Texte gilt generell, wie die neuere Übersetzungswissenschaft herausgestellt hat, dass jene „durch einen doppelten telos gekennzeichnet ist", der „Gestaltung durch den Autor" und „durch den Übersetzer" (*Frank/Kittel 2004: 9). Entsprechend tendieren literarische Übersetzungen zu Neuschreibungen, was Abweichungen vom Ausgangstext fast unumgänglich macht. Lenz geht es um ‚Transformation'. Das Potential, welches der Ausgangstext für die nachschaffende Phantasie enthält, unterliegt bei ihm Veränderungen, die sich aus der Intention des Übersetzers und, damit zusammenhängend, der „zielseitigen Übersetzungskultur sowie Zielsprache, -literatur und -kultur" (ebd.: 16) ergeben. Wie gezeigt, strebt Lenz mit der Aneignung von Plautus und Shakespeare eine Neuausrichtung des deutschen Dramas an. Diesbezüglich kann Lenz dem historischen Grundtyp des „einbürgernden Übersetzens" (*Bachmann-Medick 2004: 160) zugeordnet werden. Plautus und Shakespeare sollen in die deutsche Nationalliteratur eingebürgert werden. Lenz geht davon aus, dass dem ‚Genie' ein kongeniales Verstehen des fremden Textes möglich sei, das aber immer geprägt bleibe vom jeweiligen „Standpunkt" (Damm II: 648), von der Einbindung in die eigene Kultur. In diesen Zusammenhang passt, dass Doris Bachmann-Medick vom „Konstruktcharakter des Originals" spricht, welcher im Lesen und Übersetzen entstehe (*Bachmann-Medick 2004: 157). Übersetzen sei bestimmt durch eine wechselseitige Verschränkung von dem Fremdbild im Text und dem Selbstbild des Übersetzers. Angela Sittel beruft sich in ihrer Untersuchung über die *Lustspiele nach dem Plautus* auf Katharina Reiß, die bei der Übersetzung literarischer Werke von „Nachdichtungen" spricht, „wenn die Persönlichkeit des Übersetzers und sein eigenes künstlerisches Temperament die zielsprachliche Version zu einem eigenständigen Kunstwerk machen" (*Reiß 1971: 90 f., Sittel 1999: 39). Ausgehend von Reiß' Einschätzung, dass die Ausgangstexte als „Inspiration zu eigenem schöpferischen Gestalten" (*Reiß 1971: 90 f.) dienen, unterscheidet Sittel bei den Plautus-Übersetzungen nach dem Grad der Entfernung von der Invarianz des Ausgangstextes verschiedene Grade der ‚Einbürgerung': ‚freie Übersetzung' bei den Erstfassungen, ‚Übertragungen' bei den zweiten Fassungen und ‚Bearbeitung' bei den *Algierern*. Auch die Shakespeare-Übersetzungen, die deutlich vom Vorgänger Wieland abweichen, tendieren zur Übertragung, im Fall des *Coriolan* zur Bearbeitung. Bei *Amor vincit omnia* ist auf Lenz' produktives ‚Missverständnis' und dessen Folgen hingewiesen worden, die Komödie als ein Volksstück zu verstehen. In den *Anmerkungen übers Theater* findet sich ein weiteres produktives Missverständnis des britischen Autors: Lenz interpretiert wie vor ihm Johann Elias Schlegel in der *Vergleichung Shakespears und Andreas Gryphs* (1741) Shakespeares Historien als Charakterstücke, was seine Tragödiendefinition beeinflusst. *Coriolan* tendiert zum Charakterstück; allerdings bleibt das Werk höchst ambivalent, da Lenz diesem Charakter eher kritisch gegenübersteht. In *Amor vincit omnia* bildet nicht der Charakter das die Handlung konstituierende Element, sondern die ‚Situation', d. h. auf der höfischen Ebene die Konfrontation zwischen den Männern und Frauen und zugleich die Konfrontation dieser Ebene mit der unteren der Bürger und Diener. Die Übersetzung bildet damit ein Übungsfeld für Lenz' Komödiendefinition, wie sie sich in den *Anmerkungen* andeutet.

5. Weiterführende Literatur

Bachmann-Medick, Doris: „Von der Poetik und Rhetorik des Fremden in der Kulturgeschichte und Kulturtheorie des Übersetzens". In: Armin Paul Frank u. Horst Turk (Hgg.): *Die literarische Übersetzung in Deutschland. Studien zu ihrer Kulturgeschichte in der Neuzeit*. Berlin 2004, S. 153–192.

Frank, Armin Paul u. Kittel, Harald: „Der Transferansatz in der Übersetzungsforschung". In: Armin Paul Frank u. Horst Turk (Hg.): *Die literarische Übersetzung in Deutschland. Studien zu ihrer Kulturgeschichte in der Neuzeit*. Berlin 2004, S. 3–67.

Goethe, Johann Wolfgang: *Werke in sechs Bänden. Jubiläumsausgabe*. Hg. v. Friedmar Apel. Bd. 5: *Dichtung und Wahrheit*. Hg. v. Klaus-Detlev Müller. Darmstadt 1998.

Gottsched, Johann Christoph: *Ausgewählte Werke*. Bd. I–XII. Berlin, New York 1968–1987.

Gottsched, Johann Christoph: *Die deutsche Schaubühne. Faksimiledruck nach der Ausgabe von 1741–1745*. 6 Tle. Mit einem Nachwort v. Horst Steinmetz. Stuttgart 1972.

Herder, Johann Gottfried: *Werke in zehn Bänden*. Bd. I: *Frühe Schriften 1764–1772*. Hg. v. Ulrich Gaier. Frankfurt/Main 1985.

Kob, Sabine: *Wielands Shakespeare-Übersetzung. Ihre Entstehung und ihre Rezeption im Sturm und Drang*. Frankfurt/Main 2000.

Lessing, Gotthold Ephraim: *Hamburgische Dramaturgie*. Kritisch durchgesehene Gesamtausgabe. Mit Einleitung und Kommentar hg. v. Otto Mann. 2. Aufl. Stuttgart 1963.

Lessing, Gotthold Ephraim: *Werke in acht Bänden*. Hg. v. Herbert Göpfert, Karl S. Guthke, Gerd Hillen u. a. München 1970–1979.

Lessing, Gotthold Ephraim: *Werke und Briefe in zwölf Bänden*. Hg. v. Wilfried Barner zus. mit Klaus Bohnen, Gunter E. Grimm, Helmut Kiesel u. a. Frankfurt/Main 1987–1989.

Osinski, Jutta: „Shakespeare als Sophokles' Bruder? Über Herders Shakespeare-Rezeption". In: Roger Paulin (Hg.): *Shakespeare im 18. Jahrhundert*. Göttingen 2007, S. 167–180.

Reiß, Katharina: *Möglichkeiten und Grenzen der Übersetzungskritik. Kategorien und Kriterien für eine sachgerechte Beurteilung von Übersetzungen*. München 1971.

[Wieland, Christoph Martin:] „Lustspiele nach dem Plautus fürs teutsche Theater". In: *Der Teutsche Merkur*, Bd. 7, 3. St. (September 1774), S. 355–356.

3. Themen

3.1 Aufklärung
Nikola Roßbach

1. Aufklärung und Sturm und Drang 307
2. Ideal und Wirklichkeit 309
3. Aufklärung und Macht 310
4. Aufklärung und Religion 312
5. Das Projekt Aufklärung 313
6. Weiterführende Literatur 314

1. Aufklärung und Sturm und Drang

Jakob Michael Reinhold Lenz lebte und wirkte im langen 18. Jahrhundert, das allgemein als Jahrhundert der Aufklärung bezeichnet wird. Diese Großepoche der europäischen Kulturgeschichte ist charakterisierbar als „Umwälzungs- und Reformprozeß (auch als Säkularisation, Rationalisierung, Modernisierung, bürgerliche Emanzipation usw. beschrieben)", der sich „politisch-gesellschaftlich als Selbstbestimmung [...], wissenschaftlich und philosophisch als Befreiung von ‚Vorurteilen' und unbefragt verbindlichen Traditionen (zugunsten von Empirie, Deduktion und Selbstbegründung), theologisch als Ablösung des Offenbarungsglaubens durch vernunftmäßig begründbare Überzeugung" (*Zelle 1996: 160) auswirkt.

Literatur hat in diesem Zusammenhang vornehmlich didaktische Ziele bzw. einen instrumentellen Charakter. Die Hauptvertreter der literarischen Aufklärung in Deutschland sind Johann Christoph Gottsched, der Begründer einer rationalistischen Regelpoetik, Barthold Heinrich Brockes und Albrecht von Haller, deren Lehrdichtungen einen vernünftigen, wissenschaftlich geschulten Blick auf Gottes Schöpfung werfen, Gotthold Ephraim Lessing mit seinen Vernunft, Moral und Gefühl verbindenden Dramen, Fabeln und literaturtheoretischen Schriften, Christoph Martin Wieland mit satirisch-komischen Romanen und Verserzählungen sowie andere mehr. Doch auch die Werke von Zeitgenossen wie Christian Fürchtegott Gellert, Goethe und insbesondere Schiller stehen unverkennbar in einem aufgeklärten Denk- und Diskussionszusammenhang.

Was also ist Aufklärung? Nach (allzu) gängiger Auffassung ist Aufklärung Vernunftgebrauch, Selbstdenkertum, „Ausgang des Menschen aus seiner selbst verschuldeten Unmündigkeit" (*Kant 1784: 481). Aufklärung ist Freiheit, Heterodoxie, Emanzipation, Religionskritik und -toleranz, Entstehung der modernen Wissenschaft und Wissenspopularisierung.

Die Forschung hat inzwischen zeigen können, dass dieses homogene Bild weniger die Fakten beschreibt als Resultat einer selbststilisierenden, stereotypisierenden Rede über das 18. Jahrhundert ist. Aufklärung ist auch und vor allem ein Diskursphänomen (vgl. dazu *Meyer 2010: 20 ff.). Das Bild wird daher laufend ergänzt, korrigiert und präzisiert: Man erkennt die „wahrnehmungs- und affektpsychologische Orientierung des 18. Jahrhunderts" (*Alt 2007: 7) und diagnostiziert neben der Aufklärung des Verstandes diejenige des Gefühls, so dass das aufgeklärte Konzept vom Menschen als Einheit aus Erkennen und Empfinden, Sinnlichkeit und Vernunft erscheint. Man erforscht die ‚andere Aufklärung' (Magie, Esoterik, Mystik), macht hinter Freiheitsforderungen herrschaftsstabilisierende Gewaltmechanismen aus, erforscht die vielfältige und lebendige Religiosität der Aufklärer ebenso wie die gängige Intoleranz aufgeklärter Verbünde gegen Andersgläubige wie Juden und Katholiken. Man verweist auf Bevölkerungsgruppen (etwa unterständische), die von der Volksaufklärung weiterhin ausgeschlossen wurden.

Es gibt nicht die eine Aufklärung, sondern verschiedene: die katholische, die jüdische, die Berliner Aufklärung – sowie die ‚Subsysteme' Sturm und Drang und Empfindsamkeit. Aufklärung ist ein plurales Konzept. Das bedeutet nicht, dass, zumal in der Wahrnehmung der Zeitgenossen, eine übergreifende Programmatik aufscheint – etwa Streben nach Humanität und moralischer Verbesserung oder geschichtsteleologischer Optimismus.

Um die Stellung von Jakob Michael Reinhold Lenz im Feld der Aufklärung und Aufklärer näher zu bestimmen, ist ein Blick auf sein dramatisches Fragment *Die Kleinen* (entstanden 1775/1776) erhellend. Der Eingangsmonolog des Hanns von Engelbrecht ist eine pathetische Wendung von den Großen dieser Welt zu den Kleinen, vermeintlich Unbedeutenden:

> Das sei mein Zweck, die unberühmten Tugenden zu studieren, die jedermann mit Füßen tritt. Lebt wohl große Männer, Genies, Ideale, euren hohen Flug mach ich nicht mehr mit, man versengt sich Schwingen und Einbildungskraft, glaubt sich einen Gott und ist ein Tor. [...] Willkommen ihr lieben Kleinen! kommt an meine Brust, hier ist ein Herz, das euch tragen kann, das eure Größe in sich vereinigen möchte, wie eine große Hauptstadt alles was schön und vorzüglich im Königreich ist, in sich verschlingt und dadurch allein Hauptstadt wird. (Damm I: 474)

Gerade aufgrund von Schlüsselwörtern wie ‚groß', ‚Genie' und ‚Ideal' wurde die Szene als Abgesang des desillusionierten Jakob Michael Reinhold Lenz auf den Sturm und Drang gedeutet. Dabei steht außer Zweifel, dass das Lob der kleinen Leute nicht wirklich überzeugt, wenn der große Gelehrte sein eigenes Herz größenwahnsinnig als ‚Behälter' alles Kleinen imaginiert und herablassend glaubt, „erst seine Anteilnahme bringe die Leute zu einem vollen Bewusstsein ihrer eigenen Freude und ihres eigenen Leids" (Schulz 2001a: 142).

Es existiert eine Variante zu dem zitierten Eingangsmonolog, auf die schon Matthias Luserke in seiner treffend benannten Einleitung „Leidenschaftlich aufgeklärt – Jakob Michael Reinhold Lenz, der Sturm und Drang und die Aufklärung" (Luserke 1993: 9) hingewiesen hat. In dieser Variante werden die ‚Großen' bezeichnenderweise nicht mit Sturm und Drang insinuierenden Bezeichnungen wie ‚Genie' belegt, sondern als ‚aufgeklärt' bezeichnet:

> Ach ihr großen aufgeklärten Menschen, wenn ihr wüßtet wie es in dem kleinen engen Zirkel der Gedanken jener Unterdrückten aussieht, denen ihr ihn immer weiter einschränkt, wie schwach und ohnmächtig jeder Entschluß, wie dunkel und traurig jede Vorstellung. Was Wunder daß sie sich am Sinnlichen halten und bei dem Brett das sie im Schiffbruch ergriffen und mit dem sie an Land schiffen eurer hohen und übertriebenen Ideen, eurer Schiffe in vollen Segeln auf der hohen See lachen und spotten. (Damm I: 761)

Hier sind die kritisierten Ideale nicht mehr die des Sturm und Drang – vehement bricht „Enttäuschung über die Aufklärung" (Luserke 1993: 9) hervor. Dass Lenz in seinem unvollendeten Text die zwei ideologischen und literarischen Lager probeweise austauschen konnte, ist bemerkenswert. Verabschiedet er sich von beiden? In der Tat war es bekanntlich so, dass der exzentrische, gesellschaftlich unangepasste Autor in den 1770er Jahren zunehmend eine Außenseiterposition einnahm; der „Radikalität und Entschiedenheit" seiner Kritik verweigerte sich „die gesamte Phalanx von aufgeklärten Literaten wie Nicolai und Wieland *und* der Sturm-und-Drang-Autoren wie Goethe, Herder und Klinger" (ebd.).

Doch Lenz' Positionierung im Fragment *Die Kleinen* bleibt uneindeutig, wird sogar im weiteren Verlauf noch uneindeutiger. Die Textvariante endet wie folgt:

> Es geht denen großen Genies und aufgeklärten Köpfen wie den Hauptstädten in denen sich alles was edel und vortrefflich in der Provinz ist versammelt und sie dadurch erst schimmernd und vorzüglich macht. So lernen wir von den Kleinen mit unsrer Gedächtnis was jene in ihrer ganzen Empfindung haben und tun – (Damm I: 761)

Der rebellische Kritiker zählt sich selbst zu den (hier zusammengerückten) „großen Genies und aufgeklärten Köpfen", denen er Veränderung, Besserung abfordert: Lenz kämpft als Aufklärer gegen die Aufklärung für die Aufklärung.

Dieser Befund bestätigt die seit einigen Jahrzehnten etablierte Forschungsthese vom Sturm und Drang als einer die Aufklärung nicht bloß konterkarierenden, sondern auch komplementierenden, ergänzenden, abwandelnden Bewegung (vgl. dazu schon *Siegrist 1978): Während die Sturm-und-Drang-Autoren selbst sich vorwiegend in Opposition zur Aufklärung wahrnahmen und auch die nachfolgenden Generationen – etwa Romantiker wie Ludwig Tieck und Joseph von Eichendorff – den Sturm und Drang als antiaufklärerische Strömung einschätzten, werden heute simultane Kontinuität, Weiter- und Gegenentwicklung nicht ausgeblendet. Gerhard Sauders Formel vom Sturm und Drang als „Dynamisierung und Binnenkritik der Aufklärung" (*Sauder 1985: 756) ist immer noch treffgenau. Viele Themen der Aufklärung werden im Sturm und Drang nicht ausgeblendet, sondern weiterentwickelt und radikalisiert. Alexander Košenina hat dies am Beispiel der satirischen Gelehrtenkritik belegt, die auch Lenz im *Hofmeister* (1774) übt – sie finde sich „ähnlich auch bei vielen Popularphilosophen und Aufklärungsdichtern, kaum aber in der hier beobachteten Entschiedenheit, Intensität und zeitlichen Dichte" (Košenina 1998/1999: 187 f.).

2. Ideal und Wirklichkeit

Obgleich Lenz Aufklärungskritik übt, ist die Aufklärung aus seiner Programmatik und Argumentation nicht wegzudenken. Auch Lenz stellt den Menschen in den Mittelpunkt seiner Bemühungen, auch er ist ein streitbarer Kämpfer für Vernunft, Moral und aufrichtig gelebten Glauben, für Verbesserungen im gesellschaftlichen Zusammenleben, in Bildung, Erziehung und Ökonomie.

Was ihm jedoch fehlt, ist der Leibnizsche Beste-aller-Welten-Optimismus, sind Fortschrittsglaube und (bis heute kritisierter) Machbarkeitswahn. Lenz ist ein skeptischer Aufklärer, ein sehnsüchtig Ungläubiger, der der Aufklärung weniger hoffnungsfroh als zynisch-verzweifelt anhängt und sie in seinen Dramen als gescheitert inszeniert. Seine Protagonisten sind Verlierer – enttäuschte, verratene, kastrierte, vernichtete Helden. Komödienhafte Happy Ends lassen einen bitteren Beigeschmack zurück: Während in Lessings spätaufklärerischem Drama *Nathan der Weise* (1779) das berühmte Familienfinale als positives, nicht-ironisiertes Sinnbild der idealen aufgeklärten, Kulturen und Religionen umfassenden Weltgemeinschaft erscheinen kann, wirkt die familiäre Situation am Ende des *Hofmeisters* wie gewaltsam zum Guten verkehrt, wenn sich in rasanter Schnelligkeit getrennte Liebespaare, ausgestoßene Großmütter und verlorene Söhne zu einer brüchigen Gemeinschaft wiederfinden. Die große Menschheitsfamilie der Aufklärung wird zur Farce: Zu ihr gehören eine vor dem Selbstmord gerettete junge Mutter, ihr uneheliches Kind, der betrogene Verlobte, der in seiner ungebrochen edelmütigen Haltung selbst komisch erscheint („Wo ist der Teich?", V,11; Damm I: 120), und einige charakterlich fragwürdige Vaterfiguren. Die Titelfigur hingegen, der inzwischen kastrierte Verführer, wird aus der familiären Vereinigungsszene ausgeschlossen.

Dass dem hohen Ideal der Aufklärung keine gesellschaftliche Realität entspricht, gestaltet Lenz auch im *Neuen Menoza* (1774). Der cumbanische Prinz Tandi tritt seine Reise an, um „die Sitten der aufgeklärtesten Nationen Europens kennen zu lernen" (I,7; Damm I: 133). Baccalaureus Zierau zeichnet ihm denn auch das verheißungsvolle Bild eines aufgeklärten Staates, der nach mehreren tausend Jahren „Verbesserung aller Künste, aller Disziplinen und Stände" ein neues goldenes Zeitalter erreicht zu haben scheint – nachdem „itzt in Deutschland das Licht der schönen Wissenschaften aufgegangen, das den gründlichen und tiefsinnigen Wissenschaften, in denen unsere Vorfahren Entdeckungen gemacht, die Fackel vorhält" (Damm I: 134). Dass Fortschritt und Aufgeklärtheit jedoch lediglich als utopisches Programm – „von Staatsverbesserungen, von Einrichtung eines vollkommenen Staats, dessen Bürger, wenn ich so sagen darf, alle unsere kühnsten Fiktionen von Engeln an Grazie übertreffen" (ebd.) – auf dem Papier bestehen und keine Entsprechung in der Wirklichkeit haben, erfährt der Reisende bald, der „statt der erwarteten Kultur und Zivilisiertheit vornehmlich auf Kultur- und Sittenlosigkeit trifft, auf Aberglauben, Dummheit und Überheblichkeit" (Schulz 2001a: 91). Lenz' gesellschaftskritische Diagnose lautet: Der unzivilisierte Nicht-Europäer, topisch gestaltet als ‚edler Wilder', erweist sich als der wirklich Aufgeklärte. Während Schulz ihn als „von aller karikaturistischen Relativierung ausgenommen" (ebd.: 95) beschreibt, sieht Tommek eine zunehmende Ridikülisierung Tandis, der als Sohn des Spießbürgers Biederling endet (Tommek 2003a: 150). „Genug, genug, mit all Euren Wenns wird die Welt kein Haar besser oder schlimmer" (Damm I: 135): Wenn Prinz Tandi dem theoretisierenden Schwärmer Zierau praktischen Realismus entgegenhält und echte Menschen papiernen Idealen vorzieht, argumentiert er ganz im Sinne des skeptischen Aufklärers Lenz.

3. Aufklärung und Macht

Im 18. Jahrhundert erodiert das starre kulturelle, politische, gesellschaftliche und religiöse Ordnungssystem des Barockzeitalters. Ständehierarchie und absolutistische Gewaltherrschaft, heilsgeschichtlich überformte Weltanschauung und autoritätsfixierte Normpoetik werden zunehmend in Frage gestellt. ‚Freiheit' ist ein wichtiges Programmwort der Aufklärung und – in radikalisierter, individualisierter Form – des Sturm und Drang: Die jungen Wilden rebellieren gegen totalitäre Strukturen in Gesellschaft (Herrschafts- und Adelskritik), Literatur (Kritik an Regelpoetik) und individuell-privatem Leben (Kritik an Unterdrückung von Gefühl und Sinnlichkeit).

3.1 Aufklärung

Doch bereits Vertreter der frühen und mittleren Aufklärung plädieren für Selbst anstelle von Fremdbestimmung, für geistige, politische, soziale und religiöse Freiheit. Sie setzen sich ein für die Möglichkeit freien Wissenserwerbs und mündig-kritischer Meinungsäußerung, für freie Berufswahl und soziale Durchlässigkeit, für konfessionelle Toleranz und Liberalisierung des poetischen Gattungssystems.

Lenz' leidenschaftliche Freiheitsprogrammatik trägt indessen unverkennbar die Signatur des Sturm und Drang. In der 1773–1775 entstandenen Schrift *Über Götz von Berlichingen* ruft er aus:

> Das lernen wir daraus, daß diese unsre handelnde Kraft nicht eher ruhe, nicht eher ablasse zu wirken, zu regen, zu toben, als bis sie uns Freiheit um uns her verschafft, Platz zu handeln, guter Gott Platz zu handeln und wenn es ein Chaos wäre das du geschaffen, wüste und leer, aber Freiheit wohnte nur da und wir könnten dir nachahmend drüber brüten, bis was herauskäme – Seligkeit! Seligkeit! Göttergefühl das! (Damm II: 638)

Wilm (2004–2007) entwickelt von diesem Text aus die These von der ästhetischen Freiheit des Sturm-und-Drang-Rezipienten, die das tragische Scheitern des Helden an der politischen Freiheit – als Poetologie des Leidens – geradezu voraussetze.

Die Sehnsucht nach geistiger Freiheit thematisiert auch die vermutlich 1771–1773 entstandene Schrift *Über die Natur unsers Geistes*, mit der sich Lenz vom Materialismus der französischen Aufklärer abgrenzt. Er rühmt die Seele, die „sich aus dem maschinenhaft wirkenden Haufen der Geschöpfe" absondere und „selbst Schöpfer" werde, um „vollkommen selbstständig zu sein" (Damm II: 622).

Den theoretisch-visionären Freiheitsprogrammen stehen die unfreien Protagonisten der Lenzschen Dramen gegenüber. Gedankliche und materielle Unfreiheit prägt das Leben des Hofmeisters Läuffer, der klagt: „Haben Sie nie einen Sklaven im betreßten Rock gesehen? O Freiheit, güldene Freiheit!" (Damm I: 83) Sie markiert ebenso den Niedergang der aufstiegsbegierigen Bürgerfamilie Wesener in den *Soldaten* (1776), die durch Angehörige des Adels, sittenlose und gewalttätige Militärs, „in den unvermeidlichsten Untergang gestürzt" (ebd.: 246) wird.

Lenz kritisiert den Machtmissbrauch durch die Herrschenden und damit implizit die Herrschaftsdienlichkeit und Gewaltsamkeit aufgeklärt-absolutistischer Strukturen, gleichsam das Anschmiegen der Aufklärung an die Macht. Dabei stellt er wie die meisten Intellektuellen des 18. Jahrhunderts die politische Hierarchie nicht grundsätzlich in Frage. Politische Mündigkeit war nicht sein Thema, obgleich Tommek (2003a: 142 f.) in der *Rezension des Neuen Menoza von dem Verfasser selbst aufgesetzt* (1775) die Vorform einer Forderung nach einer politischen Stimme des Bürgers erkennen möchte: „Ich nenne einen Menschen unmündig, der von seinen Handlungen nicht Rechenschaft zu geben im Stande ist" (Damm II: 699), schreibt Lenz, bezieht sich damit jedoch hauptsächlich auf die poetologische Rechtfertigung seines literarischen Werks.

Das Verhältnis des Dichters zur Macht bleibt ambivalent. Einerseits kritisiert er in seinen Werken die Herrschenden mit bitterer Ironie und sucht geistige und räumliche Distanz zum Hof. Andererseits versucht er immer wieder, in der adligen Welt Anerkennung zu finden und sie für sich und seine Projekte einzunehmen. Nicht nur am Hof der Herzogin Anna Amalia zu Sachsen-Weimar und Eisenach, wo sein Aufenthalt am 1. Dezember 1776 im Desaster seiner Ausweisung endete, sondern auch in seiner späten Moskauer Zeit strebt Lenz danach, in adligen Kreisen „zu gefallen" –

„ists doch unmöglich zu einem honetten Platz zu kommen, wo du auch mit einiger Ehre arbeiten kannst", schreibt er am 20. Mai 1780 an seinen Bruder Friedrich David (Damm III: 615). Lenz, der „wesentliche habituelle Merkmale der literarischen Praxis des ständischen bzw. des säkularisierten pietistischen Dichters erbte" (Tommek 2003a: 199), bleibt dem höfischen System ebenso eng verbunden wie die meisten bürgerlichen Literaten seiner Zeit. Auch im 18. Jahrhundert bildeten die Höfe Zentren des politischen und kulturellen Lebens – das Verhältnis der genuin bürgerlichen Aufklärer zum Hof „reichte vom Voltaireschen Modell der Aufklärung durch Fürstenerziehung bis zum Rousseauschen Modell des Rückzugs vom Hof und des Daseins als kritischer Intellektueller fernab der Macht" (*D'Aprile/Siebers 2008: 38).

4. Aufklärung und Religion

> Vernunft ohne Glauben ist kurzsichtig und ohnmächtig, und ich kenne vernünftige Tiere so gut als unvernünftige. Der echten Vernunft ist der Glaube das einzige Gewicht, das ihre Triebräder in Bewegung setzen kann, sonst stehen sie still und rosten ein, und wehe denn der Maschine! (Prinz Tandi in *Der neue Menoza*; Damm I: 147)

Es ist für Lenz' Weltanschauung konstitutiv, Vernunft und Glauben nicht als Gegensatzpaar anzusehen. Der Glaube, so schreibt er im Oktober 1772 an Johann Daniel Salzmann, sei „das *complementum* unserer Vernunft" (Damm III: 293). Damit geht Lenz konform mit den meisten deutschen Aufklärern, die dem atheistischen Materialismus der französischen Philosophie fernstehen. Stattdessen erproben sie vielfältige Umgangsformen mit orthodoxer Theologie und Gottesglauben und entwerfen Modelle von Vernunftreligion und natürlicher Religion. Auch Lenz wehrt sich gegen „die Helvetiusse" (*Über die Natur unsers Geistes*; Damm II: 620) und lehnt es ab, den Menschen „als eine vorzüglichkünstliche kleine Maschine" anzusehen, „die in die große Maschine, die wir Welt, Weltbegebenheiten, Weltläufte nennen besser oder schlimmer hineinpaßt" (*Über Götz von Berlichingen*; Damm II: 637). Dass sein Verhältnis zu Helvétius, d'Holbach und La Mettrie sich jedoch nicht in schroffer Ablehnung erschöpft, zeigt S. F. Schmidt (2009) am Suiziddiskurs des Dramas *Der Engländer, eine dramatische Phantasey* (1777). Lenz verteidigt hier den Selbstmord – gegen das kirchliche Selbsttötungsverdikt und mit Paul Thiry d'Holbach – als autonome Handlung des Individuums.

Nicht nur hier stellt sich Lenz gegen die Amtskirche. Dem pietistisch erzogenen Dichter mit abgebrochenem Theologiestudium behagt die Rolle des Theologen, gar des Predigers nicht: „Doch hoffe ich, niemals Prediger zu werden." (Damm III: 295) Er sei, so schreibt er im Oktober 1772 weiter an Salzmann, „ein guter evangelischer Christ, obgleich ich kein orthodoxer bin" (ebd.).

Als Idealbild eines aufgeklärten, heterodoxen Christen gilt allgemein die Lenzsche Figur des Johannes Mannheim in der Erzählung *Der Landprediger* (1777). Anders als sein Vater, „ein großer Freund der Dogmatik und der Orthodoxie" (Damm II: 413), übt Mannheim das Predigtamt eines Landgeistlichen lebensnah und praxisbezogen aus. Entsprechend der theologischen Strömung der Neologie, die „eine Verbindung zwischen Glauben, Aufklärung und Wissen sowie eine Harmonie zwischen christlicher Offenbarung und Vernunft" (Nooijen 2004–2007: 253) anstrebte, verknüpft der Landprediger „theologische Theorie mit vernunftorientierter, christlicher Lebenspraxis" (ebd.: 251). Er setzt auf Volksaufklärung und predigt über *„die beste*

Art, die Wiesen zu wässern" (Damm II: 457; Hervorh. im Orig.), anstatt spitzfindige Katechismusexamina abzuhalten. Lenz zeichnet das konfliktlose, spannungsarme Lebensbild eines rational-aufgeklärten Weltverbesserers, der sich von der väterlichen Buchgelehrtheit verabschiedet, um seinen Gemeindebauern praxisbezogene Lehren zu erteilen und so zum ökonomischen Wachstum des Dorfes beizutragen, der als wohlmeinend-autoritärer Patriarch sich und seiner Frau alle emotionalen und musischen Flausen austreibt und dem Sohn eine rational-intellektuelle Erziehung angedeihen lässt.

Die Forschung betont in erster Linie die Gemeinsamkeiten von Mannheim und seinem Autor Lenz, die beide als aufgeklärte Intellektuelle gegen unfruchtbare theologische Spekulation und für vernünftige, lebensnahe Glaubenspraxis eintreten. Winter hingegen hat auf die ironische Distanz aufmerksam gemacht, die der Erzähler im *Landprediger* zur Hauptfigur einnimmt: Durch die narrative Vermittlung wird der Aufklärungsdiskurs kritisch zur Disposition gestellt. Wenn Mannheim sich liebeskrank vom Schlitten losreißt und in den Schnee wirft oder sogar bettlägerig wird, hat dies durchaus lächerliche Züge (Damm II: 426–428); ebenfalls befremdlich wirkt die merkwürdig opulent-barocke Inszenierung des Erinnerungsrituals an die Eltern Mannheims durch ihren sozial aufgestiegenen, repräsentationsbewussten Sohn (Winter 2003a: 117–120). Winter verweist in Übereinstimmung mit der vorausgegangenen Forschung (vgl. Schulz 2001a: 173 f.) auf den Fortbestand der sozialen Hierarchie in Mannheims Aufklärungspraxis, zu der gewaltsame Disziplinierung und Überwachung gehören, und resümiert: „Dem Erzähler fehlt der ungebrochene Aufklärungsoptimismus" (Winter 2003a: 126).

5. Das Projekt Aufklärung

Jakob Michael Reinhold Lenz ist einer der prominentesten Vertreter des Sturm und Drang; seine literarische Produktions- und Wirkungsästhetik ist einschlägig. Er sprengt das Gottschedsche Regeltheater, missachtet Dreieinheit und Gattungssystem; er substituiert das Bürgerliche Trauerspiel der Aufklärung durch die realistische Tragikomödie und setzt dabei humoristisch-satirische Kritik, Ironie, Groteske und Karikatur ein; er bricht Tabus szenischer Darstellbarkeit und will weniger moralisch erziehen als den „prometheische[n] Funken" (*Über Götz von Berlichingen*; Damm II: 639) überspringen lassen:

> Wie vordem die Aufklärung die Literatur darauf verpflichtet hat, die Menschen zu beeinflussen, zu erziehen und sogar zu bessern, so traut offenkundig auch Lenz der Literatur noch eine derart weitgehende Macht zu, auch wenn er nicht mehr eine moralisierende, sondern nur eine allgemein belebende, die Schöpferkraft stimulierende und das ganze Leben beseligende Wirkung von ihr erwartet. (Schulz 2001a: 274)

Dennoch ist Lenz' Schaffen nicht ohne den Bezug auf Ideen, Denkweisen und Argumentationslinien der Aufklärung zu denken. In theoretischen Schriften verfolgt er ihre Spur, in Dramen und Prosatexten stellt er sie zur Disposition. Leidenschaftlich im Sinne der Aufklärung gegen sie ankämpfend, bleibt sie für ihn ein offenes, unvollendetes Projekt – für das er sich jenseits fiktionaler Literatur auf andere, affirmative Weise engagiert: Bis zu seinem Lebensende wird Lenz nicht müde, in Briefen und Traktaten aufgeklärte Reformprojekte speziell zum Handels-, Erziehungs- und Bildungswesen zu entwickeln. Damit erweist er sich als zeittypischer Projektemacher (dazu umfassend Tommek 2008), zu dem die skepsisfreie Zielstrebigkeit ebenso gehört wie das Scheitern.

6. Weiterführende Literatur

Alt, Peter-André: *Aufklärung. Lehrbuch Germanistik.* 3. akt. Aufl. Stuttgart, Weimar 2007.
D'Aprile, Iwan-Michelangelo u. Winfried Siebers: *Das 18. Jahrhundert. Zeitalter der Aufklärung.* Berlin 2008.
Meyer, Annette: Die Epoche der Aufklärung. Berlin/Boston 2010.
Kant, Immanuel: „Beantwortung der Frage: Was ist Aufklärung?" In: *Berlinische Monatsschrift* (1784), H. 12, S. 481–494.
Meyer, Annette: Die Epoche der Aufklärung. Berlin, Boston 2010.
Sauder, Gerhard: „Einführung". In: Johann Wolfgang von Goethe: *Sämtliche Werke nach Epochen seines Schaffens. Münchner Ausgabe.* Bd. 1.2. Hg. v. Gerhard Sauder. München, Wien 1985, S. 755–775.
Siegrist, Christoph: „Aufklärung und Sturm und Drang: Gegeneinander oder Nebeneinander?" In: Walter Hinck (Hg.): *Sturm und Drang. Ein literaturwissenschaftliches Studienbuch.* Kronberg/Ts. 1978, S. 1–13.
Zelle, Carsten: [Art.] „Aufklärung". In: Harald Fricke, Klaus Grubmüller, Jan-Dirk Müller u. Klaus Weimar (Hgg.) *Reallexikon der deutschen Literaturwissenschaft.* Bd. 1. Berlin, New York 1996, S. 160–165.

3.2 Religion
Stefan Pautler

1. Pietistische Herkunftswelt und gebildete Frömmigkeit 314
2. Praxis pietatis und der „ganze Mensch": Der utopische Begriff des Handelns 320
3. Weiterführende Literatur 323

1. Pietistische Herkunftswelt und gebildete Frömmigkeit

„Ich habe einen Vater der Pietist ist, er ist der trefflichste Mann unter der Sonne." (Damm III: 434 f.) So kennzeichnet Lenz in einem späten Brief vom April 1776 gegenüber Johann Friedrich Simon seine religiöse Herkunftswelt. Lenz stammte aus einem pietistischen Elternhaus. Sein Vater Christian David Lenz (1720–1798) war ein aufstrebender Pfarrer, der, nachdem er im (spät-)pietistischen Halle von 1737 bis 1740 evangelische Theologie studiert und nach einer Hauslehrertätigkeit in Livland verschiedene Pfarrstellen ausgeübt hatte, schließlich 1779 in das Amt des Generalsuperintendenten von Livland nach Riga berufen wurde, wo er hochgeehrt fast achtzigjährig starb (vgl. Schnaak 1996a). Christian Lenz, der zeitweise mit der Herrnhuter Brüdergemeine sympathisierte (Soboth 2003, *Soboth 2009, *Soboth 2011/2012), gleichzeitig penibel darum bemüht war, sich als livländischer Geistlicher als Lutheraner zu beschreiben, behielt zeitlebens die pietistischen, genauer Halleschen pietistischen Grundüberzeugungen bei. Christian Lenz' theologisch-ethisches Hauptproblem war es, dass wir „in diesem Leben doch zu einer solchen Keuschheit nicht kommen, als die ersten Eltern vor dem Fall gehabt" (*C. D. Lenz 1750: 33) haben. Menschliches Leben habe immer mit „fleischlichen Lüsten" zu tun, „welche wider die Seele streiten" (ebd.). Es bedürfe daher des permanenten Kampfes gegen die prinzipielle Sündhaftigkeit. Durch göttlichen Gnadenakt habe der Mensch die „*Kraft* bekommen, *über den alten Menschen zu herrschen*, ihn zu kreutzigen, zu entkräften und ihn mehr und mehr zu tödten" (ebd.: 61). Christian Lenz zeigt sich damit dem pietistischen Grundansatz grundlegend verbunden. Die pietistische Hoffnung auf den ‚neuen Menschen', der sich aus der Sündhaftigkeit befreit hat, gleichwohl aber permanent der Gefahr des Rückfalls in die ‚alte' Existenzform ausgesetzt ist, findet sich hier klar formuliert. Die Aufklärungstheologie hingegen mit ihrer Tendenz zur Ethisierung der Religion stößt bei Christian Lenz auf entschiedenen Widerstand. Christus als bloßen „Tugendlehrer und Tugendhelden" (*C. D. Lenz 1801: 8) zu verstehen, war für ihn nicht akzeptabel, da angesichts der Sündhaftigkeit des Menschen nur der Opfertod Jesu im Sinne der „Genugthuung und blutigen Versöhnung unsers Gottmenschen Jesu Christi" (ebd.: 9) den Menschen erlösen könne. Einen „einfältigen Glauben" – diese Kategorie wird auch der Sohn verwenden – stellt Christian Lenz gegen die aufklärerische „Pest" (ebd.: 13 f.). Dass der Vater pietistische Selbsterforschung und eine gesteigerte individuelle Erkundung der eigenen Psyche betrieb, zeigt ein bruchstückhaft überliefertes Tagebuch, nach dem sich Jakob in einem Brief an den Vater erkundigt (vgl. Damm III: 500). Kennzeichnend für dieses Diarium ist das für den Pietismus charakteristische Schwanken zwischen dem Erleben eines neuen Ichgefühls in der „Versöhnung" mit Jesus und dem Umschlag in eine plötzliche Gefühlsleere (vgl. Marcuse 1927/1928). Dieses Gnadenbewusstsein, das eine tiefe Demut zur Voraussetzung hat, ist jedoch ständig gefährdet. Einerseits durch die ‚Wollust', andererseits durch den göttlichen Entzug der Gnadenseligkeit. Lenz' Vater bezeichnet diesen Zustand der Gefühlsleere und Gottverlassenheit in pietistischer Terminologie als „Dürre" (zit. nach O. Petersen 1927: 96). Dieses exzessive Schwanken zwischen ekstatisch-kathartischer Gefühlsintensität und der Einsicht in die Gefährdung dieses enthusiastischen Lebensgefühls – was in religiöser Sicht Gottverlassenheit bedeutet – markiert die pietistische Grundhaltung der permanenten Unsicherheit, die zwar letztlich im punktuellen Erleben der Wiedergeburt aufgehoben werden kann, den Wiedergeborenen jedoch auch der Gefahr des Rückschlages in die ‚alte' Leiblichkeit aussetzt. Zwar setzt die pietistische Religiosität den Gläubigen tendenziell frei von theologischer und religiös-dogmatischer Fremdbestimmung, indem die religiöse Erfahrung zu einem intimen Austausch zwischen der empfangenden Subjektivität und der göttlichen Instanz wird, festgehalten wird aber strikt am lutherischen Postulat der Abhängigkeit menschlichen Wollens von Gott.

Die Spannung zwischen der Gewissheit der Gebundenheit an Gott, der lenkend in die Geschicke des Menschen eingreift, und dem Gefühl eines Ausgeliefertseins der ‚Welt' gegenüber, deren prinzipielle Verworfenheit von vornherein anzunehmen ist, markiert auch den Denkstil von Lenz Vater und Sohn. So wird stereotyp in den Briefen der „Allgütige" angerufen, dass er in das Diesseits eingreife (C. D. Lenz an G. F. Müller, 1782; zit. nach Waldmann: 105). Charakteristischerweise nimmt Jakob in einem Brief an den Vater vom Juni 1772 diese Dichotomie auf. Er gibt zu bedenken, dass

> wir in einer Welt sind, wo wir durch tausend in einander gekettete Mühseligkeiten zum Ziel gelangen und niemals eine vollkommene Befriedigung auch unserer unschuldigsten

und gerechtesten Wünsche erwarten können. [...] [D]ennoch halte ich meine Augen zum Vater im Himmel emporgerichtet, der mir an jedem Ort nachfolgt, und wenn ich entfernt von Himmel und Erde wäre und Leib und Seele mir verschmachtete. (Damm III: 257)

Der folgende Dreizeiler, der dieses für den Gläubigen erhebende Gefühl, das aus der Anerkennung der göttlichen Allmacht resultiert, noch einmal betont, nennt als Voraussetzung dafür Folgendes: „Im Herzen rein hinauf gen Himmel schau ich/ Und sage Gott, dir Gott allein vertrau ich/ Welch Glück, welch Glück kann größer sein." (ebd.)

Das pietistische Erbe zeigt sich in der frühen Lyrik vor allem in der Jenseitsorientierung sowie in einem Bild des strafenden und zürnenden Richters, der die gottferne Welt in ihre Schranken weist. Diese Lyrik spiegelt ein wohl auch individuelle Erfahrungen von Schuld und Versagen verarbeitendes Sündenbewusstsein. Der junge Lenz ist ein Lyriker des Sündenernstes. Für irgendeinen positiven Weltbezug gibt es keinen Ort. Auch die spätere Lyrik kennt diese Motive des Weltüberdrusses. Die Herrnhutische Frömmigkeit mit dem typischen Motiv der Wundenverehrung wird direkt aufgenommen, wenn von den „gläubige[n] Fromme[n]" die Rede ist, die „im Blut des Lammes ihre Kleider gewaschen" haben (ebd.: 19; vgl. dazu H.-G. Kemper 2002b: 50 f.).

Lenz, der auf Geheiß des Vaters an der Universität Königsberg evangelische Theologie studierte, brach nach zweieinhalb Jahren das Studium ab, um sich fortan alleinig der schöngeistigen Literatur zu widmen. Gleichwohl blieb sein Werk der religiösen Herkunftswelt tief verbunden. In seiner Königsberger Studentenzeit und den frühen Straßburger Jahren absolvierte Lenz ein rasantes und immenses Lektüreprogramm, bei dem er sich bald auf der Höhe der Aufklärungsphilosophie vom vorkritischen Kant über Leibniz bis zu Rousseau zeigt. In seinen eigenen moralphilosophischen und theologischen Abhandlungen der Straßburger Zeit versucht er, diese neuen Bildungserlebnisse mit seiner Herkunftswelt zu verbinden; sie sind der Versuch, „das angestammte väterliche Christentum im Licht der Vernunft zu durchdenken und säkularisierend zu modifizieren" (H.-G. Kemper 2002b: 68). Seine Glaubens- und Religionsvorstellungen entlehnt er vor allem der aufklärerischen Anthropologiediskussion und der zeitgenössischen Aufklärungstheologie, der Neologie, und hier vor allem Johann Joachim Spalding, dem „Patriarch[en] der Aufklärungstheologie" (*Beutel 2004: Sp. 1534). Spaldings *Gedanken über den Werth der Gefühle in dem Christenthum* (erstmals 1761 erschienen, 1769 bereits in dritter Auflage) werden von Lenz begeistert gelesen. Er empfiehlt sie Johann Daniel Salzmann als Lektüre: „Dieses Buch müssen Sie auch lesen, mein Sokrates! es macht wenigstens Vergnügen zu finden, daß andere mit uns nach demselben Punkt visieren." (Damm III: 271) Originell hierbei ist, dass Spalding sich in diesem Buch gerade mit der Buß- und Bekehrungsfrömmigkeit des Pietismus auseinandersetzt und gegen unmittelbare Emotionalität für eine vernünftige Bestimmung des religiösen Gefühls plädiert. Die göttlichen „Wirkungen der Gnade in der Seele" sollten in ihrem Zusammenhang mit den „natürlichen Veränderungen unsers Geistes gefühlet" (*Spalding 2005: 91) werden. Es gehe beim religiösen Erlebnis nicht um das Erlebnis einer übernatürlichen Empfindung, sondern darum, die für die Persönlichkeitsbildung resultierenden Auswirkungen für das Handeln des Einzelnen zu fördern.

Lenz folgt Spalding in dieser Neujustierung seines Glaubensverständnisses. Einen lebendigen Glauben, eine in tätiger Weltgestaltung sich bewährende Frömmigkeit, stellt auch Lenz heraus. In seinen popularphilosophischen, moraltheologischen und bibelexegetischen Abhandlungen versucht Lenz, seine „individuellen Aussichten in unsre Religion" darzulegen, wie es zu Beginn seiner theologischen Hauptschrift *Meinungen eines Laien den Geistlichen zugeeignet* heißt (Damm II: 528). In religionssoziologischer Perspektive ist damit die Bildungsgeschichte eines pietistisch erzogenen Gebildeten im letzten Drittel des 18. Jahrhunderts angesprochen, der versucht, seine aus der traditionell religiösen Sozialisation gewonnenen Selbst- und Weltbilder in die zunehmend säkular gewordene neuzeitliche Welt zu überführen. Diese Umwandlung findet im Medium der modernen Bildung statt. Der pietistisch-religiöse Bildungsgedanke einer „wahren Herzensfrömmigkeit", wie es etwa im Halleschen Pietismus heißt, wird „durch einen Zuwachs an Bedeutungsinhalt" an „das Denken der deutschen Aufklärung" angeschlossen, „ohne daß ein offener Bruch mit der Religion stattfindet" (*Bollenbeck 1994: 104f.). Lenz' Projekt lässt sich konkret als eine christliche Anthropologie charakterisieren, die individuelle Selbstbildung und Emanzipation als säkulare Verwirklichung der göttlichen Schöpfungsordnung konzipiert. Lenz transponiert dabei die pietistische Bildungskonzeption einer radikalen Umbildung im abrupten Umkehrungserlebnis der Wiedergeburt, bei dem sich das religiöse Subjekt nach dem ihm ins Innere gelegten Bild Gottes bilden soll, in ein dynamisches Bildungsprogramm, das gleichwohl der Imago-Dei-Lehre verbunden bleibt. Der ‚ganze Mensch', den es zu bilden gilt, soll alle seine Persönlichkeitsanlagen harmonisch ausbilden.

In traditioneller theologischer Begründung wird die Befähigung zur Vollkommenheit der „Seelenkräfte" als göttlicher Gnadenakt verstanden. Gott hat den Menschen „*gut* erschaffen", also „fähig zur Vollkommenheit" (Damm II: 505). Indem er den Menschen als geistig-körperliche Doppelnatur versteht, wird der „Materie" zwar zugestanden, dass sie „auf eine wunderbar vollkommene Weise zusammengesetzt und organisiert ist" (ebd.: 565). Diesem „aufs künstlichste zusammengesetzten Körper" „fehle" jedoch etwas, um

> ihn in Bewegung zu setzen, in ihm zu denken, zu empfinden, zu urteilen und zu wollen, der prometheische Funke, wie ihn die Griechen nannten, der vom Himmel seinen Ursprung nehmen mußte, die lebendige Seele, wie sie Moses nennt, die Gott selbst in unsre Maschine hinabhauchte. Die Theorie dieses Götterhauchs, den wir in uns fühlen [...] [,] stellen wir beiseite, so viel wissen wir, daß diese uns belebende Kraft der edelste Teil unseres Selbst ist, daß von ihrer Bildung, Erhöhung, Erweiterung die Bildung, Erhöhung und Erweiterung unserer ganzen Glückseligkeit abhänge [...]. (ebd.)

Religiosität ist demnach eine „Grundbedingung des entfalteten Menschseins" (Hempel 2011: 288).

Entgegen der pietistischen Sündenlehre postuliert Lenz eine „natürliche Moralität" (Damm II: 601). In dieses Moralkonzept, das auf die Ganzheit des Lebens in einer umfassenden Ausbildung menschlicher Fähigkeiten zielt, will er die Religion einbinden. Weil Gott im Schöpfungsakt die Menschen als „freiwillige und selbstständige Wesen" geschaffen habe, „versehen mit gewissen Kräften und Fähigkeiten", sieht Lenz den „Einfluß Gottes" darin, dass Gott die Schöpfung und seine vornehmsten Geschöpfe erhalten wolle, damit „sie nicht ins vorige Nichts zurückfallen" (Damm III: 281). Lenz versteht diese Einwirkung konkret als Unterstützung des menschlichen Verlangens nach umfassender Ausbildung der individuellen Anlagen. Den Glauben an diese göttliche Einwirkung nennt er den „*moralische[n]*" bzw. den

„natürliche[n] Glauben" (Damm II: 509). Dies meint einen Glauben an ein „Wesen, das uns die ganze Schöpfung und de[n] Trieb nach Vollkommenheit und nach einem Zustande der dieser Vollkommenheit der beförderlichste ist, schon *als das allervollkommenste Wesen* kennen gelehrt hat" (ebd.). Gott erscheint in dieser anthropologischen Konstruktion als regulative Idee.

Sofern durch göttlichen Gnadenakt der Mensch seine geistigen Fähigkeiten erhält und die Gottheit an der Vervollkommnung menschlicher Potenzen mitwirkt, werden Religion und Glaube auf eben diese Bildungsaufgabe bezogen:

> Diese Wirkungen des Geistes Gottes [...] sind Trost und Belohnung unserer guten Aufführung, auch *Aufmunterung* (dies scheint vorzüglich ihre Absicht), weil die menschliche Natur so viel Trägheit hat, daß sie in den allerbesten erlangten Fertigkeiten doch wieder müde wird, sie sind das *complementum moralitatis* und können uns in diesem ganzen Leben dunkel und unerkannt bleiben und uns dennoch ohne unser Wissen, forthelfen und glücklich machen, wie ein unbekannter Wohltäter [...]. (Damm III: 282 f.; Hervorh. im Orig.)

Religion wird somit auf die Moral zurückgeführt. Diesen Kontext spiegelt auch eine Stelle in den *Anmerkungen übers Theater*. Lenz postuliert hier „als Theologe" eine untrennbare Einheit zwischen „Religion" und „Empfindungen":

> Von jeher und zu allen Zeiten sind die Empfindungen, Gemütsbewegungen und Leidenschaften der Menschen auf ihre Religionsbegriffe gepfropft, ein Mensch ohne alle Religion hat gar keine Empfindung (weh ihm!), ein Mensch mit schiefer Religion schiefe Empfindungen und ein Dichter, der die Religion seines Volks nicht gegründet hat, ist weniger als ein Meßmusikant. (Damm II: 667; vgl. *Bödeker 1989: 173)

Mit dieser Transformation religiöser Gehalte lässt sich Lenz mit einer „Ausarbeitung der aufgeklärt-frommen Subjektivität" in die aufklärerische Theologie einreihen, für die Stichworte wie „Rationalisierung, Emotionalisierung und Ethisierung der Religion" (*Bödeker 1989: 151 u. 149; vgl. *Graf 1990) stehen. Analog zu einer „natürlichen Religion" fordert auch Lenz jenseits von dogmatischen Festlegungen den „natürlichen Glauben"; der christliche Glaube wird zur „Privatreligion" (*Bödeker 1989: 154 ff.). Lenz' Plädoyer für einen „christlichen einfältigen Glauben" in Abgrenzung vom „theologischen" Glauben geht davon aus, dass „nach Maßgabe seiner Individualität [...] jeder seinen individuellen Glauben" habe (Damm II: 611 u. 613). Damit fallen auch alle dogmatischen Festlegungen der orthodoxen Theologie, wie etwa die Erbsündenlehre, fort. Allerdings will Lenz in einer harmonisierenden Begründung seine ‚natürliche Religion' mit der traditionellen Theologie verknüpfen. Damit folgt er der allgemeinen Ausrichtung der damaligen protestantischen Theologie, die – und hier treffen sich Pietismus und Neologie – mehr „an wahrhaftiger Lebensführung, denn an lehrhafter Wahrheit" interessiert war und mit der „Favorisierung der Lebenspraxis" auf die „Innerlichkeit des individuellen Glaubens" pochte (*Wenz 1988: 126).

Lenz unterscheidet demnach einen „moralische[n] Glauben" von einem „theologische[n] Glaube[n]", der, wie er an Salzmann im Oktober 1772 schreibt, auf einer „philosophischen" Überzeugung beruhe:

> Der theologische Glaube ist das *complementum* unserer Vernunft, das dasjenige ersetzt, was dieser zur gottgefälligen Richtung unsers Willens fehlt. Ich halte ihn also bloß für eine Wirkung der Gnade, zu der wir nichts beitragen, als daß unser Herz in der rechten Verfassung sei, sie anzunehmen; diese Verfassung aber besteht in einer vollkommen ernstlichen

Liebe zur Tugend, zum Wahren, Guten und Schönen. Dieser Glaube ist eine notwendige Gabe Gottes, weil bei den meisten Menschen die Vernunft noch erst im Anfange ihrer Entwicklung ist, bei vielen aber niemals entwickelt wird. Je mehr sich aber unsere Vernunft entwickelt (das geht bis ins Unendliche), desto mehr nimmt dieser *moralische* Glaube, der in der Tat mehr in den Empfindungen als in der Erkenntnis gegründet ist, ab und verwandelt sich in das Schauen, in eine Überzeugung der Vernunft. (Damm III: 293; Hervorh. im Orig.)

Lenz ordnet die Empfindungen der natürlichen Religion zu. Natürliche Religiosität gründet in der sinnlichen Wahrnehmung der menschlichen Fähigkeiten und Bedürfnisse und ist damit auch ohne unmittelbare göttliche Offenbarung dem Menschen immanent zugänglich. Der theologische Glaube, der in Abgrenzung vom natürlichen Glauben primär auf der göttlichen Offenbarung und deren Vermittlung durch das Evangelium beruht, ist dagegen dem Bereich der Vernunft zugeordnet, wobei Lenz versucht, auch die göttliche Offenbarung an die natürliche Moralität anzubinden:

Die Offenbarung konnte nichts weiter tun, als das in uns liegende Naturgesetz näher bestimmen, die Linien höher auszuziehen zu dem Hauptzwecke der in uns gelegten Wünsche und Verlangen nach größerem Umfange von Glückseligkeit. Die Grundlinien aber sind immer dieselben, können nicht verändert werden, oder Gott müßte seiner Schöpfung widersprechen. (Damm II: 602 f.)

Die durch die Bibel vermittelte göttliche Selbstaussage bedeutet demnach eine Steigerungsform der natürlichen Moralität. Diese „Erhebung und Bildung unserer Seele" (ebd.: 569) durch die Offenbarung konkretisiert er in seinem Christus-Verständnis. Die Bibel sei nicht dazu da, den Menschen „eine neue Moral" zu lehren, sondern sie wolle die „einzige und ewige Moral, die der Finger Gottes in unser Herz geschrieben, in ein neues Licht [...] setzen" (ebd.: 511). Die „Absicht der Sendung Christi" beruhe auf „neuen Motiven, höheren Bewegungsgründen, die uns der barmherzige Gott zur Aufmunterung und Hülfe auf dem steilen und schweren Wege nach Vollkommenheit und Glückseligkeit hinzugetan" habe (ebd.). Das Beispiel Christi, den Lenz als den „vollkommensten Menschen" (ebd.: 513) bezeichnet, soll den Menschen in der Vervollkommnung stärken und damit Gott als einem „unendlich freihandelnden Wesen" annähern, so dass der Mensch selbst „die erste Sprosse auf der Leiter der freihandelnden selbstständigen Geschöpfe" besteigen kann (ebd.: 645). Mit dieser Imitatio-Christi-Vorstellung versucht Lenz die abstrakte Forderung nach der höheren Bildungsaufgabe zu präzisieren, ohne die Autonomie menschlichen Handelns einzuschränken. Christus versteht er als Modell und Vorbild für die Lebenshaltung eines ethisch handelnden Menschen, als „große[s] Gemälde", das „wir nicht unnachgeahmt lassen können" (ebd.: 512).

Provokativ fasst Lenz die anthropozentrische Funktion von Religion so zusammen: „Religion soll uns glücklicher machen, sonst nehmen wir sie nicht an." (ebd.: 526, vgl. auch ebd.: 530) In der Lenzschen Definition von ‚Glückseligkeit' wird Religion jenseits der Ausbildung des inneren Menschen auf den gesellschaftlichen ‚Zustand' verwiesen. Ihn interessiert die religiös legitimierte Veränderung gesellschaftlicher Bedingungen:

Wir müssen suchen andere um uns herum glücklich zu machen. Nach allen unsern Kräften arbeiten, nicht allein ihre Fähigkeiten zu entwickeln, sondern auch sie in solche Zustände zu setzen, worin sie ihre Fähigkeiten am besten entwickeln können. Wenn jeder diesen

Vorsatz in sich zur Reife und zum Leben kommen läßt, so werden wir eine glückliche Welt haben. (ebd.: 510; Hervorh. im Orig.)

In dem bereits erwähnten Brief an Salzmann vom Oktober 1772 präzisiert Lenz diesen Zusammenhang:

> Die Pflichten des Christentums [...] laufen alle dahin zusammen, diese Wahrheiten, die Christus uns verkündigt, zu glauben, gegen ihn voll Liebe und Dankbarkeit sein Leben immer besser zu studieren, damit wir ihn immermehr lieben und nachahmen, von ihm aber (welches die Hauptsache ist) zu Gott, als dem höchsten Gut, hinauf zu steigen, ihn immer besser erkennen zu lernen, ja, alle Erkenntnisse, die wir hier erwerben, zu ihm, als dem letzten Ziel zu lenken, um ihn als die Quelle alles Wahren, Guten und Schönen mit allen Kräften unserer Seele zu lieben und (das ist die natürliche Folge davon) seinen Willen auszuüben, d. h. ihn von ferne, im Schatten, nachzuahmen, wie er ganz Liebe und Wohltätigkeit gegen das menschliche Geschlecht, so kein größeres Glück kennen, als andere glücklich zu machen. (Damm III: 295; Hervorh. im Orig.)

Im Unterschied zur individuellen „Vervollkommnung", die als Bildung des inneren Menschen „auf uns selber" beruhe, ist die Glückseligkeit ein „Zustand", „eine gewisse Relation unsers Selbst mit den Dingen außer uns" (Damm II: 506 f.). Glückseligkeit sei ein „Zustand, wo unsere äußern Umstände unsere Relationen und Situationen so zusammenlaufen, daß wir das größtmögliche Feld vor uns haben, unsere Vollkommenheit zu erhöhen zu befördern und andern empfindbar zu machen" (ebd.: 507 f.).

Damit bindet Lenz die individuelle Bildungsaufgabe an „zeitliche Umstände", in die „Gott" den Menschen versetzt (ebd.: 509). Jene sind als göttlicher Gnadenakt zu verstehen: „Gott gibt uns unsern Zustand, unsere Glückseligkeit und zwar (dies lernen wir aus der großen Weltordnung und eigenen täglich und stündlich anzustellenden Erfahrungen) nach Maßgebung unserer Vollkommenheit" (ebd.).

2. Praxis pietatis und der „ganze Mensch": Der utopische Begriff des Handelns

Über den zeitgenössischen Anthropologiediskurs hinaus gelingt Lenz eine eigenständige Rezeption des Genie-Gedankens. Es gilt, den ‚ganzen Menschen' zu entdecken und harmonisch alle widerstrebenden Elemente individueller Subjektivität in ein integratives Konzept gebildeter Persönlichkeit zu überführen. In seiner emphatischen Besprechung von Goethes *Götz von Berlichingen* proklamiert Lenz sein utopisches Handeln-Konzept:

> Das lernen wir hieraus, daß handeln, handeln die Seele der Welt sei, nicht genießen, nicht empfindeln, nicht spitzfündeln, daß wir dadurch allein Gott ähnlich werden, der unaufhörlich handelt und unaufhörlich an seinen Werken sich ergötzt: das lernen wir daraus, daß die in uns handelnde Kraft, unser Geist, unser höchstes Anteil sei, daß die allein unserm Körper mit allen seinen Sinnlichkeiten und Empfindungen das wahre Leben [...] gebe, daß ohne denselben all unser Genuß all unsere Empfindungen, all unser Wissen doch nur ein Leiden, doch nur ein aufgeschobener Tod sind. (Damm II: 638)

Auch in seinen moraltheologischen Überlegungen fordert Lenz, dass „tun, handeln, thätig seyn mit Geist und Leib" (*Catechismus* [Hg. Weiß 1994]: 61) allein der wahren Bestimmung des Menschen entspreche. Ein vitalistisches Erleben der eigenen Sinnlichkeit ist damit aber keineswegs intendiert (Winter 1994b: 83; Rector 1992b:

632). Zwar stellten, so Lenz in *Meine wahre Psychologie*, „die begehrenden Kräfte" das große Movens „aller unserer Entschließungen und *Handlungen*" dar (Blei IV: 30f.). Unabdingbar bleibe aber die Sublimierungsanstrengung gegen die Sinnlichkeit. Nur durch eine von der „Vernunft" geleitete Kontrolle würden die „begehrenden Kräfte" „größer, stärker und edler"; „das heißt desto größer, stärker, vielumfassender und edler werden unsere Entschließungen und die drauf folgenden Handlungen" (ebd.). Die Vehemenz, mit der Lenz das Gefahrenpotential der Sinnlichkeit beschwört, ist im zeitgenössischen Kontext – gerade im Sturm und Drang – singulär. Hier zeigt sich die wohl „gravierendste Hypothek", die der Sohn von seinem Vater mitgegeben bekommen hat: „Hier wurde dem Sohn ein anthropologischer Dualismus zwischen ‚bösem Körper' und ‚guter Seele' eingeimpft" (H.-G. Kemper 2002b: 36).

Dieses Handeln-Konzept wird von Lenz theologisch legitimiert. Jesus habe in Leben und Lehre die Aufgabe Gottes erfüllt, den Menschen bei seiner Vervollkommnung zu unterstützen und damit Gott anzunähern. Somit ist die vom Dekalog und der Lehre Jesu verkörperte Moral keine übernatürliche, die nur im Glauben ergriffen werden kann (vgl. ebd.: 73). Das Individuum soll sich für eine „Vervollkommnung der Menschheit in chiliastischer Perspektive" einsetzen: „Ein Christ in der Welt muss sich in permanenter struktureller Überforderung bewähren" (Hempel 2011: 290).

Mit seinem Handeln-Konzept gelingt Lenz auch ein positiver Weltbezug: Die „Welt, die Sphäre der Gesellschaft" ist nun „nicht mehr per se der ‚Lasterort', Ort der Bedrohung und Korrumpierung der reinen Tugendgesinnung, der notwendig in Entfremdung verstrickt. Die Welt ist nun unverzichtbarer Erfahrungs- und Handlungsraum des Individuums." (*Willems 1995: 197) Auch dieser Weltbezug wird wieder christologisch legitimiert: Christus, dessen herausragende Eigenschaft die des „göttliche[n] Mitleiden[s]" gewesen sei, habe das menschliche „Elend" sich zu eigen gemacht und „es an seinem Busen beherbergt" (Damm II: 623). Jesus habe dadurch ein „Symbol" für den „vollkommenen Menschen" gegeben, wie er „nur durch allerlei Art Leiden und Mitleiden *werde* und *bleibe*" (ebd.: 624; Hervorh. im Orig.).

Das Handeln des eigenen Ich als Projekt, den Leib-Seele-Dualismus zu überwinden, findet seine Entsprechung im Handeln mit und in der Welt. Das Bemühen, sich um die sozialen Belange der Mitmenschen zu sorgen, sieht Lenz exemplarisch beim pietistischen Vater verwirklicht. In dem eingangs erwähnten Brief an Johann Friedrich Simon, in dem Lenz seinen Vater charakterisiert, schreibt er den Pietisten die Haltung zu, dass sie „*alles* [tun], wenn man in ihre Ideen hineinzugehen weiß", auch sein Vater, „wie alle guten Pietisten, springen über die Mauer für Sie und Sie werden die Folgen sehen" (Damm III: 434). Die Pietisten „tun tausend mal mehr als die Großen, sie reißen die Großen mit fort" (ebd.: 433f.). Auch wenn deren „Kopf zu leicht und dafür ihr Herz desto voller" sei, sei „ihre Tätigkeit desto nachdrucksvoller und uneigennütziger" (ebd.: 434). An dieses Streben zur *praxis pietatis* knüpft Lenz in weiteren positiven Äußerungen über den Pietismus an. So nennt er die Pietisten in einem Brief vom Juli 1776 an Johann Friedrich Simon zwar „Schwärmer" bzw. „die Toren, die Unglücklichen mit ihrer kauderwelschen pietistischen Sprache", fügt aber anerkennend hinzu: „[D]ie aber tun" (ebd.: 487). Dieser positive Bezug zur Realisierung der Frömmigkeit im täglichen Leben wird in der Literatur durchgängig als der stärkste pietistische Einfluss bei Lenz angesehen (vgl. Winter 1987: 28). Anders als der mehr auf die Innerlichkeit des individuellen religiösen Erlebens ausgerichtete schwäbische Pietismus konzipierten die Halleschen Pietisten um August Hermann

Francke von Anfang an einen entschiedenen aktiven Gesellschaftsbezug. Die ‚universalen Zielsetzungen' des Halleschen Pietismus, die ein selbstverständliches Bildungsgut für Lenz darstellen, transzendieren das Bemühen um eine individuelle Bekehrung in Richtung auf ein aktives, auf die Überwindung der in der Welt herrschenden sozialen und moralischen Unordnung zielendes Engagement (vgl. *Hinrichs 1971). Die individuelle Wiedergeburt markiert bei Francke nur den Beginn einer „‚reale[n] Veränderung' des Menschen, d. h. seiner Lebensführung, seiner Aktivität" (ebd.: 10). Gefordert wird die „fortdauernde Haltung eines neuen Lebens", das allein die Probe für die Echtheit des Wiedergeburtserlebnisses darstellen kann (ebd.: 11). Dieses „tätige Christentum" will die individuelle Bekehrung und Wiedergeburt in den Dienst der sozialen Verbesserung der Welt stellen (ebd.: 10f.). Lenz nimmt diese väterliche Vorgabe gerne auf, da diese Strategie ihn bei der eigenen Persönlichkeitskonstitution entlastet. Analog zur pietistischen Frömmigkeit der Vaterwelt, die bei aller Emanzipation von dogmatischen Bindungen von einem permanenten Gefühl der religiösen Unsicherheit und Verlorenheit begleitet war und deshalb eine aktive Weltzugewandtheit als Bewährungsfeld für die eigene Heilssicherheit verstand, begreift Lenz seine *praxis pietatis* auch als Möglichkeit der Gewinnung von Selbstgewissheit durch gesellschaftliche Aktivität. Handeln als neue altruistische Lebenspraxis bietet zudem die Chance, die gesellschaftlichen ‚Zustände' zu ändern, in denen dann das je individuelle Bildungsprogramm ins Ziel gelangen kann.

Damit ist bei Lenz auch sozialreformerische ‚Projektemacherei' verbunden. Lenz wagt sich nur zaghaft an den Gedanken, dass die weltlichen ‚Zustände' durch eigenständiges menschliches Handeln verändert werden dürfen, da er voraussetzt, dass der jeweilige ‚Zustand' von Gott gegeben sei. Ein Bewusstsein, das gesellschaftliche Verhältnisse als lediglich kontingente Phänomene begreift, mit denen autonom und willkürlich umgegangen werden kann, ist Lenz fremd: „Sollten wir aber nichts zu Verbesserung unsers Zustandes tun, hör ich Sie fragen. Sollen wir Gott versuchen und lauter Wunder von ihm erwarten?" (Damm II: 510) Nachdrücklich beharrt er auf „ewigen notwendigen göttlichen Gesetze[n], die all unsere Wirksamkeit einfassen"; „alles geht nach Gottes ewiger Ordnung, in notwendiger *Kontinuität* fort" (ebd.: 486). Die „Sünde" besteht für Lenz analog zu Leibniz in „einer Privation des Guten", näher ausgeführt liegt die „Quelle" hierfür in der „Trägheit", „die von unsern Fähigkeiten nicht den gehörigen Gebrauch machen will" (Damm III: 280). Hierzu rechnet er auch die große Problematik der „Erbsünde", die er ebenfalls in einer „angebornen Trägheit" begründet sieht (ebd.: 283). In den *Philosophischen Vorlesungen* versucht er, dieses Theorem im Anhang *Einige Zweifel über die Erbsünde* mit einer neuen Bibelexegese zu negieren (Weiß XII: 36–50). Indem das Individuum an seiner Vervollkommnung arbeite und sich in innerweltlicher Aktivität bewähre, werde die göttliche Ordnung legitimiert.

Lenz' Welt ähnelt der Leibnizschen prästabilierten Harmonie, er versteht sie als ein

> Ganzes [...], in welches allerlei Individua passen; die der Schöpfer jedes mit verschiedenen Kräften und Neigungen ausgerüstet hat, die ihre Bestimmung in sich selbst erforschen und hernach dieselbe erfüllen müssen; sie seie welche sie wolle. Das Ganze gibt doch hernach die schönste Harmonie die zu denken ist und macht daß der Werkmeister mit gnädigen Augen darauf hinabsieht und *gut findet* was er geschaffen hat. (Damm III: 288; Hervorh. im Orig.)

Eine Sinnstruktur gewinnt die Welt damit erst durch das innerweltliche Engagement der Individuen, wobei es unerheblich erscheint, inwieweit diese von den Handelnden explizit erkannt wird. Letztendlich ist nur Gott selbst die Ordnung seiner Schöpfung transparent.

Ein sozialreformerisches Handeln, das sich primär aus der Einsicht in den defizitären Zustand der Gesellschaft begründet, ist innerhalb dieses optimistischen Weltbildes noch unerheblich. Lenz argumentiert – gegen Salzmann, der hier trotz seiner Liebesphilosophie eher skeptisch bleibt – in der Tradition einer heilsgeschichtlichen ‚Reich-Gottes'-Verkündigung. So teilt er Salzmann entschieden mit:

> Das eine bitt ich mir aus, nicht so verächtlich von dieser Welt zu sprechen. Sie ist gut, mein Gönner, mit allen ihren eingeschlossenen Übeln, das Reich Gottes, wovon Christus immer red't, ist nicht allein in jenem Leben zu hoffen, denn er selbst hat uns im Vaterunser beten gelehrt „dein Wille geschehe im Himmel, wie auf Erden". Wenn's Glück gut ist, bin ich noch immer ein heimlicher Anhänger vom tausendjährigen Reiche, wenigstens glaub ich gewiß, daß der Zustand unserer Welt nicht immer derselbe bleiben wird. Und christlich-physisches Übel muß immer mehr drin abnehmen, wenn das Moralische darin abnimmt […]. (Damm III: 286; vgl. Rector 1989: 196 ff.).

Lenz nennt seine Reinterpretation der Theologie, die Anwendung der christlichen Heilsgeschichte auf diesseitige Glückseligkeit, „die weltliche Theologie oder de[n] Naturalismus", der sich „mit unserer Bestimmung in dieser Zeitlichkeit" zu beschäftigen habe (Damm II: 617). Diese „weltliche Theologie" bedeutet keine Absage an die „eigentliche Theologie", die „sich mit unserm Zustande nach dem Tode und unserer Bestimmung dahin" beschäftige (ebd.). Vielmehr habe die weltliche Theologie die irdische Welt nach dem Vorbild der jenseitigen zu gestalten: „Wir müssen den Himmel weder ganz allein auf unsere Erde einschränken, noch auch unsere Erde ganz und gar davon ausschließen wollen" (ebd.: 627). Gesellschaftsreformerisches Handeln ist legitim, weil es an der Umsetzung und Verwirklichung des göttlichen Gebots mitwirkt. Rector spricht hier von einem für Lenz charakteristischen „Vermittlungswille[n]", der „eine eher optimistisch-metaphysische und eine eher pessimistisch-empirische Weltsicht" verbinden wolle (Rector 1989: 199).

In seiner späten Erzählung *Der Landprediger*, die Lenz kurz vor dem Ausbruch seiner Krankheit publizierte, setzte er seine optimistische Religionstheorie fiktional in Gestalt des ganz im Geist der Neologie handelnden Predigers Johannes Mannheim um, der seine unkonventionelle Predigtpraxis in den Dienst von sozialreformerischen und volksaufklärerischen Projekten für die bäuerliche Landbevölkerung stellt (vgl. Pautler 1999: 336–460). Die gelungene Vermittlung von Eigeninteresse und Gemeinwohl wird hier als theologisch legitimiertes Zusammenspiel der individuellen „Sorge fürs Zeitliche mit dem Gefühl für andere und deren Glück" (Damm II: 462) vorgestellt.

3. Weiterführende Literatur

Beutel, Albrecht: [Art.] „Spalding, Johann Joachim". In: Hans Dieter Betz, Don S. Browning, Bernd Janowski u. Eberhard Jüngel (Hgg.): *Religion in Geschichte und Gegenwart. Handwörterbuch für Theologie und Religionswissenschaft.* 4., völlig neu bearbeitete Aufl. Tübingen 2004, Sp. 1534–1535.

Bödeker, Hans Erich: „Die Religiosität der Gebildeten". In: Karlfried Gründer u. Karl Heinrich Rengstorf (Hgg.): *Religionskritik und Religiosität in der deutschen Aufklärung*. Heidelberg 1989 (= Wolfenbütteler Studien zur Aufklärung 11), S. 145–195.

Bollenbeck, Georg: *Bildung und Kultur. Glanz und Elend eines deutschen Deutungsmusters.* 2. Aufl. Frankfurt/Main, Leipzig 1994.

Graf, Friedrich Wilhelm: „Protestantische Theologie und die Formierung der bürgerlichen Gesellschaft". In: Friedrich Wilhelm Graf (Hg.): *Profile des neuzeitlichen Protestantismus*. Bd. 1: *Aufklärung – Idealismus – Vormärz.* Gütersloh 1990, S. 11–54.

Hinrichs, Carl: *Preußentum und Pietismus. Der Pietismus in Brandenburg-Preußen als religiös-soziale Reformbewegung.* Göttingen 1971.

Lenz, Christian David: *Gedanken über die Worte Pauli I Cor. 1 und 18 von der ungleichen Aufnahme des Worts vom Kreutz. Zwei Theile nebst einer starken und für unsere Zeiten sehr nöthig geachteten Vorrede worinnen die Kreutz=Theologie der sogenannten Herrenhuter, vornemlich aus ihrem XII. Lieder=Anhange und deßen drey Zugaben unparteyisch und genau geprüfeet wird.* Königsberg, Leipzig 1750.

Lenz, Christian David: *Die Stärke des Schriftbeweises für die in unsern Tagen angefochtene Lehre von der Genugthuung Jesu Christi, überhaupt kürzlich gezeigt und auf Verlangen besonders herausgegeben von Christian David Lenz, Generalsuperintendenten des Herzogthums Livland, Präses des Kaiserlichen Oberconsistoriums und Scholarchen.* 3. Aufl. Berlin 1801.

Soboth, Christian: „Von den ,Tölpel-Jahren' zur ,Männlichkeit'. Christian David Lenz und Herrnhut unter Zinzendorf und Spangenberg". In: *Unitas Fratrum. Zeitschrift für Geschichte und Gegenwartsfragen der Brüdergemeine* 61/62 (2009), S. 109–125.

Soboth, Christian: „Zwischen dem ,hallischen Pflanzgarten' und der ,lieben Kreuzgemeine'. Anmerkungen zur Biographie einer Kippfigur: Christian David Lenz (1720–1802) in Livland". In: *Unitas Fratrum. Zeitschrift für Geschichte und Gegenwartsfragen der Brüdergemeine* 65/66 (2011/2012), S. 49–65.

Spalding, Johann Joachim: *Gedanken über den Werth der Gefühle in dem Christenthum* [1761]. Hg. v. Albrecht Beutel u. Tobias Jersak. Tübingen 2005 (= Kritische Ausgabe. Erste Abteilung: Schriften 2).

Wenz, Gunther: „Neuzeitliches Christentum als Religion der Individualität? Einige Bemerkungen zur Geschichte protestantischer Theologie im 19. Jahrhundert". In: Manfred Frank u. Anselm Haverkamp (Hgg.): *Individualität (Poetik und Hermeneutik, Band XIII)*. München 1988, S. 123–160.

Willems, Marianne: *Das Problem der Individualität als Herausforderung an die Semantik im Sturm und Drang. Studien zu Goethes „Brief des Pastors zu *** an den neuen Pastor zu ***", „Götz von Berlichingen" und „Clavigo".* Tübingen 1995.

3.3 Glückseligkeit

Johannes F. Lehmann

1. Zu den aufklärerischen Elementen 326
2. Zu den Modifikationen 327
3. Zu den Konsequenzen 330
4. Weiterführende Literatur 332

,Glückseligkeit' ist ein für die Aufklärung wie auch für Lenz zentraler Begriff. Die intensive Debatte, die im 18. Jahrhundert um diese „*Hauptidee* des Jahrhunderts"

(Schmidt-Neubauer 1982: 105) geführt wird, markiert den schwierigen Übergang von einer jenseitigen zu einer diesseitigen Ausrichtung des menschlichen Lebens. Ausgehend von der anthropologischen Prämisse der Glückssuche als eines Fundamentalgesetzes der menschlichen Natur („Alle begehren Glück", *Locke 1981: 309) wird der Begriff moralisch, politisch, philosophisch und theologisch intensiv umkreist (vgl. Lehmann 2003). Die potentiell gefährliche Bejahung eines physisch fundierten Glückseligkeitstriebs wird dadurch aufgefangen, dass ein Belohnungszusammenhang von Glückseligkeit und Tugend postuliert wird. Weil der Mensch nach Glück strebt, lässt er sich auch ethisch, politisch und, im Hinblick auf das Jenseits, religiös motivieren. Es muss ihm allerdings gezeigt werden, dass dieser Belohnungszusammenhang einen spezifisch sublimierten, tugendhaften und vernünftigen Begriff von Glückseligkeit voraussetzt. So steht der Konzession des Glückseligkeitstriebs des Menschen ein in sich gestufter Begriff von Glückseligkeit gegenüber, der vom bloßen Sinnenglück über Erkenntnis und Vernunft bis zum höchsten Glück der Gottesschau reicht. Ein Stufenmodell, das dann wieder – mit dem höchsten Glück – in den Topos eines Belohnungszusammenhangs zwischen Tugend und Glückseligkeit einmündet. Dieser später als ‚Eudämonismus' bezeichnete Topos gerät Ende des 18. Jahrhunderts, vor allem bei und durch Kant, in die Kritik. Kant hatte im ersten Abschnitt der *Metaphysik der Sitten* gezeigt, dass eine Handlung sittlichen Wert nicht dadurch erhält, dass sie die eigene Glückseligkeit befördert, sondern dadurch, dass sie aus Pflicht und gegen die eigene Neigung geschieht. So beweist er die „Untauglichkeit des Prinzips der allgemeinen und eigenen Glückseligkeit zum Grundgesetze der Sittlichkeit" (so der Titel des Kantianers *Rapp 1791). Kant durchtrennt damit den Zusammenhang von Tugend und Glückseligkeit, indem er Tugend allein in der Achtung vor dem Gesetz fundiert.

Lenz umkreist Begriff und Konzept der Glückseligkeit intensiv in seinen moraltheologisch-philosophischen Texten (*Entwurf eines Briefes an einen Freund, der auf Akademieen Theologie studirt* [entst. 1771/1772, gedr. 1874]; *Versuch über das erste Principium der Moral* [entst. 1771/1772, gedr. 1874]; *Philosophische Vorlesungen* [entst. 1771/1772, gedr. 1780]; *Meinungen eines Laien* [entst. 1772–1774, gedr. 1775]; *Über die Natur unsers Geistes* [entst. 1771–1773, vollständiger Erstdruck 1966]), mit fundamentalen Konsequenzen auch für seine ästhetische Theorie und seine literarische Praxis. Einerseits steht Lenz in seinen theoretischen Bemühungen ganz auf dem Boden des aufklärerischen Glücksdiskurses; andererseits verschiebt er die Aussagen innerhalb dieses Feldes so weit, dass auch er, in etwas anderer Weise als Kant, mit der Fundamentalthese des Aufklärungsdiskurses zur Glückseligkeit, mit dem Zusammenhang von Tugend und Glück, bricht (zur Rolle Kants für Lenz siehe Kasties 2003: 157f., 172–180).

Bereits in Lenz' frühestem überliefertem Prosatext, einer Schulrede des Vierzehnjährigen zum Neujahrstag 1765, geht es um den Begriff der Glückseligkeit. Der Titel formuliert die These, „daß die Zufriedenheit nicht von den äußern Veränderungen des Glücks, der Zeit und des Alters, sondern von der inneren Beschaffenheit des Herzens herkomme" (zit. nach Falck 1913: 155). Ziel der Argumentation ist, die Tugend – und als ihre stärkste Triebfeder die Religion (und die Nachfolge Christi) – als die einzige Quelle des Glücks auszuweisen. Im Gegensatz zu späteren Überlegungen Lenz' zur Glückseligkeit ist hier noch die Leidenschaft mit ihren unersättlichen Wünschen das Haupthindernis für die Erreichung der wahren Glückseligkeit.

„Ein unruhiges Herz ist nie zu befriedigen, und Leidenschaften können nie gesättigt werden." (zit. nach ebd.: 160) Weiter heißt es: „Unterdrücke sie daher, sei Herr darüber" (zit. nach ebd.: 163). Entsprechend wird umgekehrt die ‚Ruhe' als das Zufriedenheitsziel dieser Unterdrückung ausgemacht.

In Lenz' späteren theoretischen Bemühungen um den Begriff der Glückseligkeit der ersten Hälfte der 1770er Jahre findet sich dagegen eine demgegenüber stark veränderte Fassung der Problematik, die einerseits zentrale Elemente des aufklärerischen Diskurses beibehält und andererseits Theoreme der französischen Materialisten aufnimmt.

1. Zu den aufklärerischen Elementen

Auch Lenz versucht, am Belohnungszusammenhang zwischen Tugend und Glückseligkeit festzuhalten, allerdings immer schon im Gestus einer kontrafaktischen Beschwörung: „Ohne Allegorie zu reden, wir brauchen wahrhaftig keinen Anschein von Glück um uns zu haben, um versichert zu sein, daß uns Rechenschaft und Güte doch ganz gewiß glücklich machen wird und muß." (*Stimmen des Laien*; Damm II: 614) Der Mechanismus, gemäß dem Tugend zur Glückseligkeit führt, ist eine Rückkopplung altruistischer Handlungen bzw. eine emotionale Selbstreferenz: Die „Neigung, sich für das Glück des Andern zu bemühen, ihrem Elende zu wehren", gründet nach Gellert auf dem „Beyfall des Gewissens" (*Gellert 1992: 60). Und Spalding spricht vom unmittelbaren Vergnügen, das entsteht, wenn „ich andere empfindende Wesen neben mir vergnügt sehe" (*Spalding 1787 [1749]: 24). Und wenn alle Menschen ihrer tugendhaften Bestimmung folgen, ist, so formuliert es der vorkritische Kant, das „Reich Gottes auf Erden [...] durchaus nach dem Verlaufe vieler Jahrhunderte zu hoffen" (zit. nach *Weiper 2000: 37). Auch bei Lenz findet sich dieser altruistische Topos der wechselseitigen Hervorbringung der Glückseligkeit durch Tugend:

> Hören Sie was wir tun müssen, hören Sie es, merken Sie es, dies ist der fruchtbarste Teil meiner Prinzipien. *Wir müssen suchen andere um uns herum glücklich zu machen.* [...] Jeder sorgt bloß für des andern Glück und jeder wird selbst glücklich [...]. O wie bezaubernd ist die Aussicht in eine solche Welt! Das ist das Reich Gottes auf Erden [...] (*Versuch über das erste Principium der Moral*; Damm II: 510; Hervorh. im Orig.).

Auch bei Lenz gibt es die Opposition zwischen Tugend und Sinnenglück und ist Glückseligkeit letztlich Gottesschau. „Ihn aber erkennen", so schreibt Gellert, „und Empfindungen der Seele gegen ihn haben, die dieser Erkenntniß [der Vollkommenheit der Schöpfung, J. L.] gemäß sind, und das thun, was diese Empfindungen uns empfehlen, dieses ist die *Anbetung Gottes*, das *Wesen* und das *Glück der Religion*, die höchste Tugend und daher die höchste Staffel der menschlichen Glückseligkeit." (*Gellert 1992: 61; Hervorh. im Orig.) Auch Gottscheds Begriff der Glückseligkeit gipfelt im Topos der Gottesschau: „Das letzte [Teil der Glückseligkeit, J. L.] ist das edelste, und der Gipfel aller menschlichen Glückseeligkeit, der aus dem Erkenntnisse der göttlichen Vollkommenheiten fliesset. Gott ist eigentlich das allerschönste Wesen, ja selbst die Quelle der Schönheit. In ihm ist lauter Harmonie und Vollkommenheit." (*Gottsched 1727: 36) Auch nach Lenz bedeutet die höchste Glückseligkeit den „Genuß *der idealen Schönheit.*" (*Philosophische Vorlesungen* [Hg. Weiß 1994]: 7; Hervorh. im Orig.). „Die höchste ideale Schönheit ist Gott – und das erkennen wir aus der Welt die er geschaffen, worinn jeder Theil mit dem andern und zum Ganzen aufs harmonischste stimmt" (ebd.: 4). An anderer Stelle beschreibt er „die Verheißung des einstigen Anschauens, der nächsten Erkenntnis und Empfindung Gottes, als worin die höchste Glückseligkeit besteht" (*Versuch über das erste Principium*; Damm II: 513).

Schließlich teilt Lenz auch die aufklärerischen Aussagen zur Aufrechterhaltung eines kontrafaktischen Optimismus angesichts so vieler empirischer Beispiele für den Zusammenhang von Tugend und Unglück. Jenseits aller emotionaler Selbstreferenz kann hier nur der Glaube helfen. Angesichts großer möglicher Unglücke und Schicksalsschläge gibt es nur ein Beruhigungsmittel: „Der große Gedanke von Gott, unserem Schöpfer und Erhalter, der Glaube an seine weise und gnädige Regierung unsrer Schicksale" (*Gellert 1992: 62). Und auch für Lenz ist der Glaube die notwendige und letztlich entscheidende Triebfeder für die Tugend als Vehikel für Glückseligkeit: „Unsere ganze Religion und die Absicht der Sendung Christi beruht also bloß auf neuen Motiven, höheren Bewegungsgründen, die uns der barmherzige Gott zur Aufmunterung und Hülfe auf dem steilen und schweren Wege nach Vollkommenheit und Glückseligkeit hinzugetan." (*Versuch über das erste Principium*; Damm II: 511)

2. Zu den Modifikationen

Lenz denkt das Verhältnis von Körper und Glaube unter Rückgriff auf das dynamische Bewegungsdenken der französischen Materialisten als energetisches Kontinuum und nicht als bloßen Gegensatz. Das körperliche Begehren, die „Konkupiscenz", ist für Lenz – entgegen aller theologischer Tradition – „Gottes Gabe" (*Philosophische Vorlesungen* [Hg. Weiß 1994]: 5), nämlich die Bewegungsenergie, die Freiheit und moralisches Handeln überhaupt ermöglicht (Hayer 1995: 128 f.). Damit ist sie unabdingbar „nöthig zu unsrer Glükseligkeit." (*Philosophische Vorlesungen* [Hg. Weiß 1994]: 5) Sie ist die Energie, die durch richtigen, vernunftgeleiteten Gebrauch zur Erkenntnis Gottes herauführt. Voraussetzung ist allerdings, dass sie durch Anspannung geübt, gesteigert und nicht durch Verausgabung geschwächt wird. Angesichts dieser energetischen Notwendigkeit, das Begehren aufrechtzuerhalten, verlegt Lenz, ebenso wie Claude Adrien Helvétius (*Vom Geist*) und Paul Thiry d'Holbach (*System der Natur*), das Glück ins Begehren und in die Bewegung. Holbach schreibt: „Um glücklich zu sein, muß man begehren, handeln und arbeiten; das ist die Ordnung einer Natur, deren Leben auf dem Tätigsein beruht." (*d'Holbach 1978: 264) So auch Lenz: „Wenn also die Frage ist, welcher Zustand für unser Ich das aus Materie und Geist zusammengesetzt ist, der glücklichste sei, so versteht es sich zum voraus, daß wir hier einen Zustand der Bewegung meinen." (*Versuch über das erste Principium*; Damm II: 507) Während das aufklärerische Glücksmodell (und Lenz selbst noch in seiner Schulrede) Glückseligkeit und Gottesschau als Zustand der Ruhe beschreiben, dynamisiert Lenz beide im Sinne permanenter Bewegung:

> Unser Ruhpunkt ist Gott und da der – so wie er seiner Kraft nach uns unendlich nahe, so seiner Vollkommenheit nach unendlich von uns entfernt ist und es ewig bleiben wird, so sehen wir wol, daß wir nicht zur absoluten Ruhe geschaffen sind, unsere Ruhe ist, wann wir uns nach den von Gott geordneten Gesezen der allgemeinen Harmonie zu ihm hinauf bewegen. (*Philosophische Vorlesungen* [Hg. Weiß 1994]: 8)

Ja, Lenz verflucht jetzt sogar, mit und gegen die Materialisten, die Ruhe: „Verflucht sei die Ruhe und auf ewig ein Inventarium der tauben Materie, aber wir, die wir Geist in Adern fühlen, ruhen nur dann, wenn wir zu noch höherem Schwunge neue Kräfte sammeln" (*Stimmen des Laien*; Damm II: 594).

Als Energiequellen für Bewegung, Tätigkeit und Leistung hatten Helvétius und Holbach die Leidenschaften eingesetzt. Lenz dagegen ersetzt den „unaufhörliche[n] Kreis von wiederstehenden Wünschen und befriedigten Wünschen" (*d'Holbach 1978: 263) durch seinen spezifisch positivierten Begriff der Konkupiszenz. Als körperliche Begehrensenergie ist diese Konkupiszenz eine generalisierte Energie hinter *allen* Handlungen. Sie wirkt nicht punktuell oder situativ, sondern dauerhaft, sofern der Mensch sie „ungeschwächt" erhält, d. h. sofern er das Begehren nicht im Ziel verlöschen lässt – „damit sie euch durch eine Ewigkeit bekleide, damit ihr eine Glükseligkeit ohne Ende damit auflösen könnet" (*Philosophische Vorlesungen* [Hg. Weiß 1994]: 17).

Mit den internen Schwierigkeiten, innerhalb eines solchen rückkoppelnden energetischen Steigerungssystems überhaupt Glück als Befriedigung von Wünschen bzw. als Belohnung zu denken, hängt es zusammen, dass Lenz an einigen Stellen den Zusammenhang von Tugendanstrengung und Glückseligkeit zerreißt. Die Schwierigkeit liegt darin, dass die Begehrensenergie weder im Ziel der Befriedigung verlöschen darf, noch in der emotionalen Selbstreferenz tugendhafter Handlungen Befriedigungsgefühle auslösen darf, da dies leicht „in Eigenliebe und Hochmut ausartet" (*Stimmen des Laien*; Damm II: 595) und letzlich zu einem „Nachlassen dieses Strebens" (ebd.: 594) führt. Aufrufe zur „Zufriedenheit" verachtet Lenz nun als Aufrufe zur „Faulenzerei" und als Zerstörung des Triebs, auf den allein „Glückseligkeit gepfropft werden kann" (*Vertheidigung des Herrn W. gegen die Wolken*; Damm II: 730 f.). So muss die Selbstreferenz so dynamisiert werden, dass die Belohnung selbst wieder nur in weiterem Streben besteht. Dieses Paradox entwickelt Lenz in seinem *Versuch über das erste Principium der Moral*. Die hier zugrunde gelegte Anthropologie nimmt zwei Grundtriebe an: den Trieb nach Vollkommenheit und den Trieb nach Glückseligkeit. Vor dem Hintergrund der zeitgenössischen Psychologie des Selbstgefühls (*M. Schmidt 1772) zielt der Trieb nach Vollkommenheit auf die Selbstreferenz im Selbstgefühl, auf das Gefühl und das Bewusstsein der eigenen Kräfte und Fähigkeiten: „Und noch jetzt, welche Stunden Ihres Lebens sind wohl *glücklicher* als die, in welchen Sie das größte Gefühl Ihres Vermögens um mit Ossian zu sprechen, oder das höchste Bewußtsein ihrer gesamten Fähigkeiten haben?" (Damm II: 504; Hervorh. J. L.; vgl. hierzu *Lehmann 2009). Da Lenz hier bereits den Trieb nach Vollkommenheit als letzlich auf das Ziel der Glückseligkeit ausgerichtet denkt, bedingt der „Trieb nach Glückseligkeit" nun eine zentrale Verschiebung des Begriffs: „Die Glückseligkeit, die ich meine (und hier müssen wir durchaus bestimmte Begriffe haben), ist von der Vollkommenheit wesentlich unterschieden. Die Vollkommenheit beruht auf uns selber, die Glückseligkeit nicht. Die Vollkommenheit ist eine Eigenschaft, die Glückseligkeit ist ein Zustand." (Damm II: 506) Glückseligkeit ist hier also weder als Befriedigung noch als das Vergnügen des Selbstgefühls gedacht, sondern als „eine gewisse Lage" (ebd.: 507), als ein „*status*, und *status* ist ein Zustand" (ebd.; Hervorh. im Orig.). Gemeint ist „eine gewisse Lage", innerhalb der man „diese Fähigkeiten immer weiter entwickeln kann" (ebd.: 514), die das Streben nach Voll-

3.3 Glückseligkeit

kommenheit ermöglicht und daher wiederum als ein „Zustand der Bewegung" (ebd.: 507) definiert wird:

> Der höchste Zustand der Bewegung ist unserm Ich der angemessenste, das heißt derjenige Zustand, wo unsere äußern Umstände unsere Relationen und Situationen so zusammenlaufen, daß wir das größtmöglichste Feld vor uns haben, unsere Vollkommenheit zu erhöhen zu befördern und andern empfindbar zu machen [...]." (ebd.: 507)

Und in den *Stimmen des Laien* heißt es entsprechend: „[J]e größer die Sphäre ist, in der wir leben, desto beglückter und würdiger unser Leben" (ebd.: 565).

Indem Lenz Glückseligkeit als Bedingung und Ermöglichungsrahmen für Tugendenergie fasst, wird sie selbst Teil dieser Tugendenergie und ihres Steigerungsimperativs. Genau deshalb muss Lenz den Zusammenhang von Tugend und Glückseligkeit letztlich doch durchtrennen. Von entscheidender Tragweite ist der oben bereits zitierte Satz: „Die Vollkommenheit beruht auf uns selber, die Glückseligkeit nicht." Das heißt, die Intensität, in der sich der Mensch um Vollkommenheit bemüht, hat letztlich keinen zwingenden Einfluss auf den Zustand. Denn Glückseligkeit kommt allein von Gott, und zwar als Gnadengeschenk, nicht als Lohn. Selbst bei der größten moralischen Anstrengung würden „wir dennoch kein für Gott geltendes Verdienst haben" (*Versuch über das erste Principium*; Damm II: 513). Der Platz in der Welt, an dem man steht, darf so weder als Produkt bzw. Folge der eigenen Leistung noch als Ausrede für nachlassendes Streben gedacht werden. So wie Kant die Moral von der Glückseligkeit abkoppelt und auf eine Moral pocht, die jenseits von Belohnungen allein aufgrund der Achtung vor dem Gesetz funktioniert, so gründet auch Lenz die sublimiert-konkupiszente Moralenergie nicht mehr auf die sie belohnende Glückseligkeit, sondern allein auf Erhaltung und Steigerung der Energie selbst. Dass Gott „uns unsern Zustand, unsere Glückseligkeit [...] nach Maßgebung unserer Vollkommenheit" gibt (ebd.: 509), ist allein Gegenstand des Glaubens, nicht der Erfahrung. Zwar wäre der ein „Tyrann [...], der Ihnen Tugend anpriese und belohnenden Genuß verböte" (*Stimmen des Laien*; Damm II: 618), aber weder in der Erfahrung noch im Glauben selbst kann auf die Belohnung *gerechnet* werden, kann sie als *Verdienst* eingeklagt werden. „Und wenn ihr *alles* getan habt, sagt Christus, so seid ihr unnütze Knechte." (*Versuch über das erste Principium*; Damm II: 513; Hervorh. im Orig.) Selbst wenn alle Erfahrungen dem Zusammenhang von Tugend und Glückseligkeit widersprechen, dann muss man glauben, dass die Erfahrung nicht das letzte Wort hat:

> [W]ir haben all insgesamt wahrhaftig noch nicht auserfahren. Das ist ein gefährlicher Irrtum, wenn man es bei seinen alten Erfahrungen bewenden läßt, das ist ein jämmerlicher, tötender Irrtum. [...] Weh euch alsdenn, die ihr euer ganzes Leben angewandt habt, gut zu sein wie ein Kind, und noch niemals von irgend einem Menschen würdiger seid belohnt worden als ein Kind! Übersehn wie ein Kind, oft vergessen wie ein Kind, oft gar ohne Ursache gestoßen und geschlagen wie ein Kind. Weh euch, wenn ihr die ganze Schnelligkeit männlicher riesenhafter Bedürfnisse in euch fühlt, die alle unbefriedigt in euch toben, und euer Glück, eure Belohnung sollte da schon aufhören, wo sie noch nicht angefangen haben (*Stimmen des Laien*; Damm II: 616).

Der Glaube wird hier als eine Kraft beschworen, die unabhängig von der Glückseligkeit funktionieren soll und dennoch zu einer kontrafaktischen Selbststeigerung in der Lage ist: „Wohl euch aber, wenn ihr starken Glauben genug habt, auch ohne glücklich zu sein, selbst die kindisch genossenen Augenblicke als selige Augenblicke dankbar zu erkennen, und sie euch in stockdüstern Begegnissen ins Gedächtnis zurückzurufen, um euch zu neuem Nisus zu stärken." (ebd.) Ja, Lenz formuliert sogar den Gedanken, dass gerade das Ausbleiben jeder Belohnung als Steigerungseffekt wirken soll:

> Die uns von Gott verheißene unmittelbare Unterstützung unserer Bestrebung nach Vollkommenheit ist uns, wenn wir unsere Bemühungen undankbar finden eine herrliche Aufmunterung von neuem anzufangen, wenn wir uns aber einiger glücklich geratenen Versuche zu sehr überheben, eine göttliche Demütigung. (*Versuch über das erste Principium*; Damm II: 513)

Lenz denkt diesen kontrafaktischen Glauben nicht als das Vertrauen in die von Gottvater gerecht geordnete Welt, sondern als Glauben an das Verdienst des Sohnes, der, vom Vater verlassen, selbst das tiefste Beispiel für den fehlenden Zusammenhang von Tugend und Glückseligkeit ist:

> Er ging so weit in der Aufopferung seines eigenen Glückes, daß er nicht allein sein Leben, sondern sogar – und bei dieser Tat schauert das innerste Wesen meiner Seele, die höchste die einzigmögliche Glückseligkeit, die Gemeinschaft mit Gott aufgab und sich am Kreuz drei Stunden von Gott verlassen sah – Das ist der einzige Begriff, den wir in der Bibel von einer Hölle haben." (ebd.: 512)

Die gesuchte Motivation soll laut Lenz dadurch entstehen, dass angesichts größter Gottferne die eigene Gottferne ausgehalten wird, ja dass sie mit Hilfe des Beispiels Christi zum paradoxen Movens des Glaubens wird, indem wir zwar nicht an die Belohnung der eigenen Anstrengung, aber doch an die durch Jesu Christi glauben:

> Eben darum weil wir nicht alles tun können, und wenn wir es getan hätten, wir dennoch kein für Gott geltendes Verdienst haben würden, so sollen wir durch den Glauben uns das vollgeltende Verdienst des vollkommensten Menschen Jesu Christi zueignen und um dessen willen allein die Annäherung zu Gott, das heißt die ewige Seligkeit hoffen und erwarten. (ebd.: 513)

Was Lenz den Menschen und sich als Motivation des Glaubens zumutet, ist – vermittelt über Christus am Kreuz – der Gedanke, dass gerade das Nicht-Eintreten der Belohnung als Aufmunterung wirkt, an sie zu glauben. Angesichts der Leiden Jesu Christi („Das allerhöchste Leiden ist Geringschätzung"; Damm II: 624) kann etwa Johannes Mannheim in *Der Landprediger* die „kränkende Geringschätzung" (Damm II: 425), dass bei seiner Heimkehr die Verlobte sich bereits anderweitig gebunden hat, in einen Ansporn zu weiterer „rastlose[r] Tätigkeit" (ebd.) verwandeln. Und Strephon aus *Die Freunde machen den Philosophen* behauptet, „jeder dieser Leute vermehrt meine innere Konsistenz durch das, was er mir entzieht." (Damm I: 280) Diese Selbststeigerung angesichts negativer Erfahrungen, die Forderung, aus dem Nicht-Eintreten der Belohnung Glauben und Energie zur weiteren Kräfteanspannung zu gewinnen, führt aber auch zur bloßen Beschwörung des Glaubens an den Glauben und zum Zusammenbruch des Systems.

3. Zu den Konsequenzen

Die Verschiebung des Begriffs der Glückseligkeit zum Begriff des Zustands, der weitere Steigerungsanstrengungen ermöglichen soll, sowie die paradoxe These einer Motivation dieser Steigerungsanstrengungen durch das Nicht-Eintreten der Belohnung hat Konsequenzen für Lenz' ästhetische Programmatik. Lenz hat ein theologisches und zugleich wirkungsästhetisches Argument dafür entwickelt, das Unglück in der Wirklichkeit literarisch darzustellen – und dies (gegen Wieland) als Stimulierung der Energie zur Selbsttranszendenz zu verstehen und nicht als Abbau in das Vertrauen in Gottes Gerechtigkeit. So entwickelt Lenz eine „Poetologie des Leidens" (Wilm 2004–2007: 51) bzw. eine Poetologie des Standpunktnehmens („Er [der Dichter, J. L.] nimmt Standpunkt – und dann *muß er so verbinden*"; *Anmerkungen übers Theater*; Damm II: 648; Hervorh. im Orig.), die als eine *imitatio visionis christi* am Standpunkt Christi orientiert ist, daran, sich „in den Gesichtskreis dieser Armen herabniedrigen" zu können und „jeden Menschen mit seinen eigenen Augen ansehen zu können!" (Damm III: Juli 1775 an Sophie von La Roche) Christus „hatte sich in einen Standpunkt gestellt das Elend einer ganzen Welt auf sich zu konzentrieren und durchzuschauen. Aber das konnte auch nur ein Gott –" (*Über die Natur unsers Geistes*; Damm II: 622).

So ist der Blick des Dichters auf die Welt und das Unglück in ihr ein zugleich göttlicher und menschlicher, ein Blick, der trotz aller menschlicher Empathie Distanz hält, indem er nie die Umstände allein verantwortlich macht. Der Blick Christi und seine „göttlichertragende Beobachtung" (Damm III: Juli 1775 an Sophie La Roche) kennt weder eine bloße moralische Verurteilung noch moralische Entschuldigung unter Hinweis auf die Umstände. Bei aller sozialrealistischen Genauigkeit und kritischer Darstellung der Umstände geht es Lenz immer zugleich um die Figuren als *Handelnde*, die auch anders hätten handeln können: „[G]räust die Umstände wie ihr wollt, ihr werdet keine Sünde herausbringen, wo keine Begier nach unerlaubtem Genusse da ist" (*Stimmen des Laien*; Damm II: 608).

Die unglücklichen Glückssucher in Lenz' Texten, sei es Läuffer in *Der Hofmeister*, Mariane in *Die Soldaten*, Zerbin in *Zerbin oder die neuere Philosophie* oder Robert Hot in *Der Engländer*, sind nie allein Opfer der Umstände, sondern immer zugleich Handelnde und Begehrende: Läuffer hat während seiner Studienzeit durch Ausschweifungen jedes intellektuelles Kapital verspielt (ja sogar vergessen, was er „von der Schule mitgebracht"; Damm I: 42) und muss sich daher als Hofmeister die Bedingungen des Majors diktieren lassen (Bosse 2010); Mariane ist das seltene und revolutionäre Beispiel einer weiblichen Heldin, die nicht nur an der Welt der Männer, sondern zugleich an ihrer eigenen Konkupiszenz scheitert (Lehmann 2013). Die Paradoxien der Konkupiszenz, die als Tugendenergie produktiv, andererseits als sexuelle Energie jedoch destruktiv wird, sind auch bestimmend für die Unglücksgeschichten Zerbins und Robert Hots. Zerbins Tugendenergie ist von Anfang an unterminiert vom Stolz und dem eitlen Wunsch, „von sich in den Zeitungen reden zu machen" (Damm II: 356), und kann daher seine sexuellen Wünsche auf Dauer nicht sublimieren (Zierath 1995: 156). Einerseits zeigt sich so das energetische Steigerungsprogramm als eines, das auf einer verfehlten Grundlage basiert, andererseits reflektiert Lenz hier zumindest implizit die Überforderung dieses Programms selbst, das Belohnung immer nur als weiteres Streben denken kann. In seinem Text *Über die Soldatenehen* hat Lenz das auch explizit zum Ausdruck gebracht: Er beschreibt hier eindringlich, wie die Umstände der Soldaten, die eigene Sexualität „beständig tantalisieren" (Damm II: 804) zu müssen, diese körperlich krankmachen und wie unerträglich „dies unaufhörlich fortgehende Anspannen ohne die geringste Belohnung oder Freude des

Lebens" (ebd.: 810) ist. Die Umstände verhindern die Möglichkeit der Selbststeigerung von Konkupiszenz, denn die Soldaten dürfen für die „Erholung und Aufrechthaltung ihrer Kräfte" (ebd.) nichts tun, und das kann „keine menschliche Kreatur in die Länge aushalten" (ebd.: 811).

In *Moralische Bekehrung eines Poeten* sowie in *Der Waldbruder* geht es jeweils um das Unglück konkupiszenter Spannung im unbefriedigten Begehren nach einer Frau und die Reflexion auf die Möglichkeiten der Erhaltung der Spannung trotz fehlender Belohnung (Glückseligkeit). Leiden an der fehlenden Ruhe im befriedigten Begehren und Versuche, das Begehren durch Ersatzmedien gespannt zu erhalten, sowie das Ringen um das Bewahren der Selbstachtung angesichts von Selbstmitleid („ach ich Unglücklicher, Unwürdiger, bin ausgeschlossen"; *Moralische Bekehrung*; Damm II: 342) und demütigender Zurückweisungen prägen den diskursiven Gang beider Texte. Daraus ergibt sich in beiden Texten letztlich eine suizidale Dynamik.

Das ist auch Thema in dem kleinen Drama *Der Engländer*, das Lenz 1776 wohl noch in Straßburg verfasst hat (gedr. 1777). „Ich glücklich?" (Damm I: 325), fragt der Soldat gewordene Robert Hot zweifelnd und verzweifelnd. Nach einem gelehrten „Steinleben", das er, „um die törichten Wünsche meines Vaters auszuführen", gelebt habe (ebd.: 318), will Hot nicht länger auf Glückseligkeit verzichten, denn in Armida, der Prinzessin von Carignan, hat er das „Gesicht" gefunden, „auf dem alle Glückseligkeit der Erde und des Himmels, wie in einem Brennpunkt vereinigt, mir entgegen wirkt." (ebd.: 319) Da sie aber nicht zu haben ist und die Rückkehr unter das Gesetz des Vaters droht, will Robert Hot sterben. In keinem anderen Text hat Lenz so offen und so vehement mit der Welt der Väter und auch mit dem christlichen Glauben wie auch mit den christlichen Grundlagen seines eigenen energetischen Glückseligkeitsmodells der permanenten Energiesteigerung abgerechnet wie in diesem Text. Hot negiert alle Aufschubs- und Sublimierungsforderungen, er negiert den Gott und den Himmel der anderen und hält noch im Tod an Armida als seinem Himmel und seiner Glückseligkeit fest: „Behaltet *euren* Himmel für euch" (ebd.: 337; Hervorh. J. L.; siehe hierzu Simone F. Schmidt 2009).

In *Der Landprediger* schließlich geht es, singulär in Lenz' Werk, um die Geschichte erreichten Glücks. Doch auch hier zeigt Lenz, dass das erreichte Glück letztlich nicht als Lohn aus der Leistung hervorgeht. An den entscheidenden Scharnierstellen der Lebensgeschichte Johannes Mannheims waltet der Zufall oder auch: das Glück der Umstände, die Glückseligkeit als ‚status' bzw. ‚Zustand', die weiteres Streben ermöglicht (hierzu Hempel 2003a: 365 f.). In diesem Sinne erzählt die Glücksgeschichte *Der Landprediger* implizit von der „mangelnde[n] Selbstverständlichkeit optimaler Entwicklungsbedingungen" (ebd.) – und bestätigt so noch einmal, dass Glückseligkeit und Tugendanstrengung für Lenz letztlich doch auseinanderfallen.

4. Weiterführende Literatur

Gellert, Christian Fürchtegott: *Gesammelte Schriften. Kritische, kommentierte Ausgabe.* Hg. v. Bernd Witte. Band 6: *Moralische Vorlesungen. Moralische Charaktere.* Hg. v. Sibylle Späth. Berlin, New York 1992.

Gottsched, Johann Christoph: *Der Biedermann. Eine Moralische Wochenschrift.* Faksimiledruck der Originalausgabe 1727–1729. Hg. v. Wolfgang Martens. Stuttgart 1975, S. 33–36 [Ausgabe v. 30. 6. 1727].

d'Holbach, Paul Thiry: *System der Natur oder von den Gesetzen der physischen und der moralischen Welt.* Übers. v. Fritz-Georg Voigt. Frankfurt/Main 1978.
Lehmann, Johannes F.: „Selbstgefühl und Selbstzerstörung im Sturm und Drang und bei Schillers Verbrechern". In: *Der Deutschunterricht* (Seelze) 61.3 (2009), S. 39–51.
Locke, John: *Versuch über den menschlichen Verstand.* Band I: Buch I u. II. 4. durchges. Aufl. Hamburg 1981.
Rapp, M. Gottlob Christian: *Über die Untauglichkeit des Prinzips der allgemeinen und eigenen Glückseligkeit zum Grundgesetze der Sittlichkeit.* Jena 1791.
Schmidt, Michael Ignaz: *Die Geschichte des Selbstgefühls.* Frankfurt, Leipzig 1772.
Spalding, Johann Joachim: *Die Bestimmung des Menschen. Von neuem verbesserte und vermehrte Auflage mit einigen Zugaben.* Tübingen 1787 [1749].
Weiper, Susanne: *Triebfeder und höchstes Gut. Untersuchungen zum Problem der sittlichen Motivation bei Kant, Schopenhauer und Scheler.* Würzburg 2000.

3.4 Gesellschaftskritik

Georg-Michael Schulz

1. Autonomes Individuum – gesellschaftliche Determination 333
2. Stände 334
3. Themen 337
4. Gesellschaftskritik – Moralkritik 340
5. Weiterführende Literatur 341

1. Autonomes Individuum – gesellschaftliche Determination

Von 1771 an entsteht Lenz' erstes bedeutendes Drama, *Der Hofmeister oder Vorteile der Privaterziehung,* ein Gegenwartsdrama, das um 1768 spielt und 1774 erscheint. Im selben Jahr 1771 wird die erste Fassung von Goethes *Götz von Berlichingen* (*Geschichte Gottfriedens mit der eisernen Hand*) fertiggestellt, ein historisches Drama, das in der zweiten Fassung 1773 erscheint. Nebeneinander entstehen hier somit Stücke, die zwei voneinander vollkommen unabhängige Spielarten des Sturm-und-Drang-Dramas begründen. Ist Goethes Drama auf einen herausragenden Einzelnen, einen ‚Selbsthelfer', einen ‚großen Kerl' fixiert, so breitet Lenz' Drama gegenwärtige gesellschaftliche Verhältnisse im ‚Mittelstand' (niederer Adel, Bürgertum) aus und setzt dabei deutlich kritische – und zumal gesellschaftskritische – Akzente. Dabei hat er zweifellos vielfältige Anregungen durch Rousseaus Kultur- und Zivilisationskritik erfahren, wenngleich er im Ganzen zu Rousseau ein eher zwiespältiges Verhältnis hat (vgl. Diffey 1981).

Orientiert man sich an den kultursoziologischen Theorien und Ansätzen Pierre Bourdieus, wie dies in der Lenz-Forschung seit einiger Zeit geschieht (vgl. Winter 1995, Tommek 2003a und 2005; vgl. auch Stephan 1995), dann ist die ‚Gesellschaftskritik' sicherlich ein gemeinsames Charakteristikum zahlreicher Texte, mit dessen Hilfe der Autor Lenz sich im ‚literarischen Feld' – im Kontext des Sturm und Drang und in (gemeinsamer) Opposition zur etabliert-aufklärerischen Literatur – positioniert.

Was nun die unterschiedlichen Inhalte seiner Texte und deren gesellschaftskritische Akzente betrifft, so kann man als Maßstab für Lenz' Kritik die weltanschaulichen

Überlegungen ansetzen, die er selbst in seinen theoretischen Schriften ausbreitet. Die Menschen, so Lenz, besitzen eine Doppelnatur, sie sind „Hermaphroditen, gedoppelte Tiere" (Damm II: 502) aus Geist und Fleisch, ausgestattet mit Vernunft und sinnlicher Begierde und vor die Wahl zwischen moralischer Freiheit und natürlichem Trieb gestellt. Als denkende Wesen können die Menschen zur Gewissheit ihrer „Unabhängigkeit" (ebd.: 620), also Autonomie, gelangen. Noch über das Denken hinausgehend, bestätigt sich der Mensch dann im Handeln kraft seiner Willensfreiheit seine wahre Unabhängigkeit. Die Handlungsfreiheit ermöglicht eine individuelle Selbstverwirklichung und erlangt eine soziale Wirkung, indem das Streben nach individueller „Vollkommenheit" auf die Mitmenschen ausstrahlt und die Voraussetzungen für „eine glückliche Welt" schafft (ebd.: 510).

Es gibt in Lenz' Texten freilich einen „Widerspruch zwischen Utopie und Erfahrung" (Rector 1992b: 633), zwischen der Idee der Willens- und Handlungsfreiheit und der konkret-realen Bedingtheit und Unfreiheit menschlichen Verhaltens. Diese Bedingtheit wird von Lenz auch bereits in seinen theoretischen Texten thematisiert, etwa in dem Gedanken, dass der Mensch vielleicht doch nur „ein Ball der Umstände" sei: „Jemehr ich in mir selbst forsche und über mich nachdenke, destomehr finde ich Gründe zu zweifeln, ob ich auch wirklich ein selbstständiges von niemand abhangendes Wesen sei" (Damm II: 619). Den deprimierenden Gedanken, vielleicht nur „ein Produkt der Natur [...] und zufälliger Ursachen" zu sein, will Lenz dann freilich als einen „Wink [...] der Natur" nehmen, als einen Appell, sich auf das menschliche Denkvermögen und dessen „Unabhängigkeit" zu besinnen, auf die Fähigkeit, selbst noch das Widrige denkend zu erfassen und sich so darüber hinwegzusetzen, um im selbstbestimmten Handeln Autonomie zu erlangen (ebd.: 619 f.).

In diesem Sinne zielt Lenz in seinen theoretischen Überlegungen zu guter Letzt doch immer wieder auf das autonome Individuum, das sich handelnd entfaltet. In seinen poetischen Texten aber stellt er mit sicherem zeitdiagnostischem Gespür und mit eher illusionslosem Blick die vielfältige Bedingtheit des Einzelnen dar, der, abhängig von gesellschaftlichen Zwängen und individuellen Schwächen, als unmündig erscheint und sogar als unfähig, sich selbst zu durchschauen. Insofern besteht tatsächlich „ein tiefgreifender Widerspruch [...], der Lenzens ganzes Denken und Schaffen bestimmt", zwischen der idealistisch behaupteten „Subjekt-Autonomie" und der realistisch erfahrenen „Subjekt-Determination" (Rector 1988: 24 f.). Man kann diesen Widerspruch auch auffassen als den „von aufklärerischer Intention" einerseits und radikaler „Kritik an der Aufklärung, die dem Leiden an deren Ungenügen entspringt", andererseits (Huyssen 1979: 135). In jedem Fall besteht „die spezifische Erkenntnisqualität" der „literarischen Werke" Lenz' (vgl. Rector 1994b: 294) just im Aufweis derjenigen Züge, in denen die gesellschaftliche Determination des Menschen zum Vorschein kommt und die man im Auge hat, wenn man von Lenz' Gesellschaftskritik spricht.

2. Stände

Es kommt Lenz nicht in den Sinn, die Ständeordnung in Frage zu stellen. Eben weil die Standesschranken unverrückbar sind, verbietet in den *Soldaten* die edelmütige Gräfin La Roche ihrem Sohn eine weitere Verbindung mit Mariane; darum auch sieht sie deren Hoffnung, einen adligen Soldaten zu heiraten, als illusionär an: „Sie

3.4 Gesellschaftskritik

[Mariane, G.-M. S.] wollten die Welt umkehren." (Damm I: 230 f.) Lenz übt auch nicht pauschal Kritik an einem Stand im Ganzen. Nur rückt er immer wieder einzelne Figuren, deren Zugehörigkeit zu ihrem jeweiligen Stand unzweifelhaft ist, in ein höchst zweideutiges Licht und provoziert so regelmäßig die Frage, ob das problematische Verhalten diese Figuren nur individuell charakterisiert oder ob es auch als repräsentativ für ihren ganzen Stand gelten soll. Wenn man nämlich nicht die Auffassung vertritt, dass „allein schon die detaillierte Zeichnung" der Vertreter verschiedener Stände „die Kritik mit[enthält]", und zwar die Kritik auch an den Ständen, dann mag man zwar zu dem Ergebnis kommen, dass Lenz „alle Stände gleichermaßen kritisiert" (Niggl 2003: 148, 153); aber dann gibt es keinen Unterschied mehr zwischen der Kritik an einzelnen Figuren und der Ständekritik.

Schaut man sich die Angehörigen zunächst des Adels näher an, so besitzt der Geheime Rat von Berg im *Hofmeister* einigen gesunden Menschenverstand, ohne darum gleich das Sprachrohr des Autors zu sein (vgl. *Werther-Briefe* Damm II: 675). Sein cholerisch-grober Bruder indessen, der Major, erscheint intellektuell weit beschränkter, während Graf Wermuth ein snobistischer Angeber ist:

> MAJORIN: Was macht Ihr Magen, Graf! auf die Austern?
> GRAF: O das bin ich gewohnt. Ich habe neulich mit meinem Bruder ganz allein auf unsre Hand sechshundert Stück aufgegessen und zwanzig Bouteillen Champagner dabei ausgetrunken. (Damm I: 69)

Zeigen sich hier karikierende Züge, so erscheint der lächerliche Kontrast zwischen dem gehobenen sozialen Rang und der individuellen Borniertheit bis in den Namen hinein verschärft bei Herrn von Seiffenblase, ähnlich auch bei Herrn von Zopf (*Der neue Menoza*). Je deutlicher aber die Figuren überzeichnet sind, desto weniger werden sie als repräsentativ gelten können. Das gilt zumal für den verbrecherischen Grafen Camäleon und für Donna Diana (*Der neue Menoza*), eine exaltierte spanische Gräfin, die den Typus des ‚rasenden Weibes' (*Staiger 1961) verkörpert wie vor ihr George Lillos Milwood, Lessings Marwood und Gräfin Orsina sowie – mit einer gewissen Einschränkung – Adelheid von Walldorf (*Götz von Berlichingen*).

> [I]ch will ihn [den Grafen, G.-M. S.] [...] zerscheitern durch meine Gegenwart. Wie ein Gott will ich erscheinen, meine Blicke sollen Blitz sein, mein Othem Donner [...]. Er soll in seinem Leben vor keinem Menschen, vor Gott dem Allmächtigen nicht so gezittert haben – die verächtliche Bestie! (Damm I: 163)

Der Adelsdünkel dagegen, den im *Hofmeister* die Majorin bezeugt, ist ein Zug nicht dieser Figur allein – die Majorin zu Läuffer: „Merk Er sich, mein Freund! daß Domestiken in Gesellschaften von Standespersonen nicht mitreden. Geh Er auf Sein Zimmer." (ebd.: 46) Grotesk übrigens wirkt es (in *Die beiden Alten*), wenn der Adelsstolz einem adligen Herrn ausgerechnet von seinem Diener eingeflößt werden soll, indem dieser einen wegen seiner Verdienste geadelten Major als „Bürgerkerl" und „Bürgerkanaille" bezeichnet (ebd.: 342).

Nicht lediglich mit dem adligen Rang, sondern vor allem mit der beruflichen Situation (Ehelosigkeit) stehen die Verhaltensweisen der Soldaten in dem gleichnamigen Stück in Verbindung: die Leichtfertigkeit und Verantwortungslosigkeit Desportes', auch Marys, die Vergnügungssucht des zynischen Haudy oder des geistig beschränkten Rammler und die philosophischen Spinnereien Pirzels.

Die bürgerlichen Figuren fallen des Öfteren etwas blasser aus. Während Pastor Läuffer (im *Hofmeister*) seinen eigenen Berufsweg (über eine Beschäftigung als Hofmeister) auch für seinen Sohn vorsieht, weil er sich den anders gearteten Vorstellungen des Geheimen Rats nicht anschließen kann, wirkt der Schulmeister und Prediger Wenzeslaus eher schrullig: Handfest, fromm und genügsam fristet er sein einsames Leben, einsam deshalb, weil er sich mit seinem geringen Gehalt keine Frau leisten kann. Durchaus problematisch erscheint dagegen der Galanteriewarenhändler Wesener (in den *Soldaten*): Er, der im Grunde schwache Vater, erlaubt seiner Tochter sogar die zunächst verbotenen Theaterbesuche – nur solle Mariane so tun, als wisse er, der Vater, nichts davon. Dass er mit Mode-, Putz- und Schmuckwaren handelt und es daher von Berufs wegen mit Kundschaft aus dem „Rokoko-Adel" (Lützeler 1987: 133 f.) oder solcher aus dem gehobenen Bürgertum zu tun hat, das mag mit ein Grund dafür sein, dass er die Schranken zwischen den Ständen nicht für grundsätzlich unüberwindbar hält – zu Mariane: „Kannst noch einmal gnädige Frau werden närrisches Kind. Man kann nicht wissen was einem manchmal für ein Glück aufgehoben ist." (Damm I: 204) Während es in vergleichbaren Dramen dieser Zeit meist die Mütter sind, ist es hier der bürgerliche Familienvater selbst, der der eigenen Tochter Flausen in den Kopf setzt, der somit eine Mitschuld an der Zerstörung seiner Familie trägt. Es zeugt von Umsicht, wie Lenz nicht nur die Zerstörung bürgerlicher Existenzen durch das verantwortungslose Treiben adliger Offiziere vorführt, sondern zugleich auch die Verführbarkeit der Bürger selbst zeigt.

Wenngleich sich der Major und die Majorin (im *Hofmeister*) hinsichtlich der Bezahlung ihres Angestellten als geizig erweisen –, erscheint die Orientierung an materiellen Gütern – in Lenz' Texten ein nicht sehr wichtiges Thema – im Ganzen doch eher mit bürgerlichen Figuren verbunden. Zerbin (in der gleichnamigen Erzählung) verliert im Lauf seiner Entwicklung den Respekt vor den höheren, immateriellen Werten und eignet sich die, wie Lenz meint, gängigen kaltblütig-zweckrationalen Ansichten an, zumal im Hinblick auf die Themen ‚Liebe' und ‚Ehe'. Hortensie, zuerst von Zerbin umworben, aber ihrerseits nur darauf bedacht, unter eine Haube zu kommen – egal, welche – und versorgt zu sein, „hatte nun in seinen Augen gar nichts Widriges mehr, da der Vater eine ansehnliche Stelle im Magistrat bekleidete und zehntausend Taler mitgeben konnte" (Damm II: 369). In diesem Sinne erscheint „eine Mißheirat" mit der von einem Bauernhof stammenden Marie, die sich Zerbin hingegeben hat, „seinem aufgeklärten Verstande nun ein eben so unverzeihbares Verbrechen", wie „es ihm ehemals der Ehebruch und die Verführung der Unschuld geschienen hatten" (ebd.). Ein blanker Zynismus, der aber sicherlich nicht nur dieser einzelnen Figur zu Lasten gelegt werden soll. Eigentliche Moralität, die die inneren Werte über den Nutzen setzt, ist hier bezeichnenderweise nur bei der vom Lande stammenden Marie zu finden, nicht bei Adel oder Bürgertum.

Dass es Nicht-Adligen nicht zusteht, einen Anspruch auf ‚Ehre' zu erheben, mag vielleicht ein Gedanke sein, den der erst fünfzehnjährige Lenz in seinem allerersten Drama *Der verwundete Bräutigam* ausführt. Darin empört sich ein Diener, der zuvor körperlich gezüchtigt worden ist, gegen seinen Herrn und verwundet diesen, wobei er sich auf seine verletzte Ehre beruft (vgl. M. Müller 1993, Osborne 1969: 58–62). Dennoch kann ihn dies nicht rechtfertigen: Es entlarvt vielmehr seine Ehrsucht, seinen „närrischen Stolz" (Damm I: 18), der ihn hernach sogar noch dazu verleitet, Geld zu verspielen und seinen Dienst zu vernachlässigen (vgl. ebd.: 16), so dass alle

Personen sich eindeutig von ihm distanzieren und seine Geliebte ihn sogar als ein „teuflisches Ungeheuer" (ebd.: 29) bezeichnet.

Wie erwähnt, übt Lenz nicht pauschal Kritik an einem Stand im Ganzen. Aber es gelingt ihm andererseits auch nicht überzeugend, eine ganze Schicht pauschal aufzuwerten. Im Einzelfall mag es – wie in der Erzählung *Zerbin* – zwar bezeichnend sein, dass eigentliche Moralität, wie erwähnt, nur bei der vom Lande stammenden Marie zu finden ist. Das Vorhaben indessen, die ‚Kleinen' (in der Fragment gebliebenen gleichnamigen Komödie) kollektiv mit Wertschätzung zu bedenken, glückt nicht so recht, wenngleich das Interesse an den ‚Kleinen' dem Autor Lenz ja vielleicht tatsächlich wichtiger ist als manch anderen zeitgenössischen Schriftstellern (wie ein Brief vom Juli 1775 an Sophie von La Roche ahnen lässt). In der Komödie *Die Kleinen* wendet am Anfang ein reisender Adliger sich in einem programmatischen Monolog mit fast pathetischem Schwung ab von den Herrschern, den großen Männern, den überheblichen „Genies", um fortan „unter den armen zerbrochenen schwachen Sterblichen", den „lieben Kleinen", seine wahren „Lehrmeister" zu suchen, bei denen er „die unberühmten Tugenden [...] studieren" will, „die jedermann mit Füßen tritt", und von denen er dasjenige lernen möchte, was den Großen wie auch ihm selbst noch fehlt, nämlich die „Demut" (Damm I: 474). Wie hier, so schwankt der Text auch in der Folge zwischen sozialen und moralischen Akzenten; es geht zuerst um das soziale Gefälle zwischen oben und unten, dann um (kritisch behandelte) intellektuelle und kulturelle Privilegien der Großen und schließlich um allgemeine menschlich-moralische Haltungen, um Karrieresucht und Demut (vgl. Hill 1992: 77 f.).

3. Themen

Kritisch werden in Lenz' Texten indessen – abgesehen von den Vertretern einzelner Stände – mehrere Sachthemen behandelt. Dazu gehört im *Hofmeister* zunächst das Erziehungswesen (vgl. hierzu Bosse 2010; vgl. auch → 2.1 DRAMEN UND DRAMENFRAGMENTE). Ernstgemeint ist zweifellos die entschiedene Kritik, die der Geheime Rat am Hofmeisterwesen zugunsten der öffentlichen Schulen übt (vgl. Bohnen 1987). Lenz legt dem Geheimen Rat regelrecht adelskritische Äußerungen in den Mund, indem er ihn gegen die menschenunwürdige Abhängigkeit polemisieren lässt, in die ein Hofmeister sich begibt: „Sklav ist er, über den die Herrschaft unumschränkte Gewalt hat" (Damm I: 56). Dazu kommen die den adligen Nachwuchs korrumpierenden Folgen einer solchen Erziehung, aufgrund deren der Zögling „zum hochadlichen Dummkopf" wird und „die Nase von Kindesbeinen an höher tragen lernt als andere" (ebd.: 58). Nicht zuletzt hält der Geheime Rat die Hofmeister in der Regel für charakterlich und fachlich nicht qualifiziert, eine Auffassung, die der Schulmeister Wenzeslaus – im Falle Läuffers zumindest – offenbar teilt, wenn er nämlich Läuffers Fleiß in Zweifel zieht und seine mangelhaften Lateinkenntnisse rügt (vgl. ebd.: 85). Die Förderung der öffentlichen Schulen dagegen, so der Geheime Rat, käme Lehrern wie Schülern zugute: „[D]as Studentchen müßte was lernen, um bei einer solchen Anstalt brauchbar zu werden, und das junge Herrchen [...] würde seinen Kopf anstrengen müssen, um es den bürgerlichen Jungen zuvorzutun, wenn es sich doch von ihnen unterscheiden will." (ebd.: 58) Eine Übertreibung ist es dann freilich, wenn der Geheime Rat es sogar noch den Bürgern als Schuld anlastet, dass sie, statt den Hofmeisterdienst zu verweigern, der Überheblichkeit der Adligen Vorschub leisteten.

Der Geheime Rat, der sich „gefahrlos [...] den Luxus progressiver Ideen leisten kann" (Hinderer 1977: 72), geht freilich von einer Wunschvorstellung aus, die sich mit den realen Verhältnissen nicht einfach auf einen Nenner bringen lässt (vgl. Scherpe 1977). Dass Läuffer dabei tatsächlich heillos überfordert ist (vgl. Bosse 2010), liegt auf der Hand. Denn er soll Unterricht erteilen „in allen Wissenschaften und Artigkeiten und Weltmanieren" (Damm I: 43), einschließlich Tanzen, Musizieren (vgl. ebd.: 44f.) und Zeichnen (vgl. ebd.: 49). Und bezeichnend ist auch seine materielle Abhängigkeit: Statt der erhofften 300 Dukaten soll er 150 erhalten (vgl. ebd.: 44), tatsächlich erhält er am Ende des ersten Jahres 140 (vgl. ebd.: 48), am Ende des zweiten 100 (vgl. ebd.: 54), am Anfang des dritten werden ihm 60 (vgl. ebd.: 59) und für das folgende Jahr noch 40 Dukaten (vgl. ebd.: 67) in Aussicht gestellt.

Eine weitere Variante des Themas ‚Erziehung' liefert die Dorfschule mittels der Gestalt des Schulmeisters Wenzeslaus. Im Unterschied zu den durchschnittlichen Lehrern, den „nüchternen *Subjecta*" mit ihren „pedantischen Methoden" (ebd.: 58), übererfüllt Wenzeslaus sein Soll und lehrt seine Schüler nicht nur „lesen und schreiben", sondern „rechnen dazu und Lateinisch dazu und mit Vernunft lesen dazu und gute Sachen schreiben dazu" (ebd.: 84; vgl. hierzu Preuß 2007) – was die Dorfschüler allerdings mit diesen Fertigkeiten und zumal mit den Lateinkenntnissen anfangen sollen, bleibt offen. Wenn Wenzeslaus überdies die kärgliche Entlohnung durch die Obrigkeit quasi aufstockt durch „Gottes Lohn", nämlich „ein gutes Gewissen" (Damm I: 84), dann ist eine solche Selbstgenügsamkeit natürlich kein pragmatisches Modell für die vom Geheimen Rat favorisierte Alternative zur Hofmeistererziehung – Lenz kreist die eigentlich erwünschte Schulform mehr durch Negativbilder ein, als dass er sie positiv vorführte. Am Rande könnte schließlich noch eine weitere Facette jenes Themenkomplexes in der universitären Ausbildung in Halle und Leipzig liegen. Indessen ist in den Studentenszenen nur einmal von einem „Kollegium" (ebd.: 105), also einer Vorlesung, die Rede; offenbar gibt es für die Studenten viele andere und wichtigere Dinge als das Lernen. Läuffer selbst hat in diesem Sinne während des Studiums das, was „er bei Schulabschluss wusste", erst einmal wieder „verloren" (Bosse 2010: 12). Dass bei der gesamten Erziehungsthematik das weibliche Geschlecht kaum zur Debatte steht, ist zeittypisch (vgl. Becker-Cantarino 1987: 45–47).

Im *Neuen Menoza* sind es Kultur und Zivilisation, die kritisch behandelt werden. Tandi ist ein asiatischer Prinz (aus dem erfundenen Königreich Cumba in Hinterindien) und entspricht dem Typus des ‚edlen Wilden', der (nach dem Vorbild von Montesquieus *Lettres persanes*) in die christlich-abendländische Welt gelangt und hier vor allem auf Kultur- und Sittenlosigkeit trifft. Tandi ist nach Europa gekommen, um „die Sitten der aufgeklärtesten Nationen Europens kennen zu lernen" (Damm I: 133). Was er – als der an das gottesfürchtige und gemeinschaftsorientierte Leben in Cumba gewöhnte edle Wilde (vgl. ebd.: 155f.) – in Europa jedoch zu sehen bekommt, stößt ihn ab: Oberflächlichkeit, Hinterlist, Wollust statt wahrer Empfindung, Brutalität, unter Schminke verborgen, statt echter Tugend, Laster, Niedertracht usw. So lautet jedenfalls die Diagnose des Prinzen, der – in Opposition zu Gesellschaft und Zivilisation – die ‚Natürlichkeit' des Menschen verkörpert (vgl. Koneffke

1990), eine Diagnose ganz im Sinne Rousseaus (vgl. Diffey 1981: 173–187). Da diese Kritik sich auf die „aufgeklärtesten Nationen Europens" bezieht, ist die Zivilisationskritik zugleich Aufklärungskritik; Tandi, der als einzige Figur von aller karikaturistischen Relativierung ausgenommen bleibt (vgl. hierzu Rector 1989), wäre somit der wahrhaft Aufgeklärte. Während die Zivilisationskritik aufgrund ihres pauschalen Charakters eher unspezifisch bleibt, wird die natürliche Sittsamkeit Tandis satirisch kontrastiert mit den laxeren Moralauffassungen der angeblich höher stehenden Kultur und Religiosität, und zwar im Zusammenhang mit dem vermeintlichen Inzest. Tandi und seine Frau zeigen sich angesichts der Mitteilung, sie seien Geschwister, derart verzweifelt, dass der mitfühlende Vater, Herr von Biederling, nach Dresden reist, um vom Konsistorium, der obersten religiösen Behörde des Landes, eine Ausnahmegenehmigung für die ungewöhnliche Ehe seiner Kinder zu erlangen. Erstaunlicherweise gelingt ihm das – die Moralbegriffe der Theologen sind offensichtlich laxer als diejenigen der sich sittsam sträubenden vermählten Geschwister und insbesondere des ‚Wilden' Tandi, der nicht im Zustand der „Sünde" (Damm I: 170 u. 186) leben möchte. Auch der Magister Beza, der zuerst ein engstirniger Pietist ist, „ein erklärter Feind aller Freuden des Lebens" (ebd.: 146), vertritt später in Fragen der Ehemoral eine eher wetterwendische theologische Haltung und meint, „daß Gott die nahen Heiraten nicht verboten hat" (ebd.: 174; vgl. Hinck 1965a: 85, Unglaub 1989: 20 u. 26).

Das wahrscheinlich bekannteste Thema, das Lenz' Kritik auf sich zieht, findet sich in den *Soldaten*, es ist die vorgeschriebene (und nur in Ausnahmefällen eingeschränkte) Ehelosigkeit der Soldaten mitsamt ihren sozialen Folgen. Dass Vater Wesener, wie erwähnt, eine Mitschuld an der Zerstörung seiner Familie trägt, ändert nichts an der Tatsache, dass die Bedrohung der bürgerlichen Familie zunächst eben von der Ehelosigkeit der adligen Soldaten ausgeht. Im Sinne einer ‚eingreifenden' Dramatik bemüht das Stück sich, mit seiner Kritik in die gesellschaftlichen Gegebenheiten hineinzuwirken (vgl. Kreutzer 1978 sowie u. a. Titel 1963: 226–253, Pautler 1999: 208–250); Lenz hat daher in der ersten und der zweiten Fassung der Schlussszene Vorschläge zur Abhilfe gemacht, die ihn aber selbst nicht überzeugt haben, so dass er sich weiterhin mit der Thematik beschäftigt hat (→ 2.6 DIE BERKAER SCHRIFTEN).

In der Erzählung *Zerbin* wird eines der im Sturm und Drang öfter behandelten Themen aufgegriffen, nämlich das des Kindsmordes. Die Kritik gilt hier der aktuellen Strafrechtspraxis. Marie, die sich mit Zerbin eingelassen hat, bringt ein Kind tot zur Welt und versteckt es; der Leichnam wird entdeckt, und Marie kommt ins Gefängnis, da sie sich allein aufgrund der „verhehlte[n] Schwangerschaft" (Damm I: 375) strafbar gemacht hat (vgl. Rameckers 1927: 23 f.). Dass Marie in Übereinstimmung mit der Rechtslage als Kindsmörderin verurteilt wird, obwohl sie tatsächlich keine ist, muss natürlich die Empörung des Lesers hervorrufen. Und selbst ohne diese besondere Zuspitzung bleibt das Plädoyer für eine Justiz, die mildernde Umstände berücksichtigt, ein Akzent, den diese Erzählung mit etlichen anderen Texten teilt.

Allenfalls implizit betrifft die Kritik schließlich in der Erzählung *Der Landprediger* noch ein weiteres Feld, nämlich die (land-)wirtschaftlichen Verhältnisse. Pfarrer Mannheim engagiert sich im Sinne der zeitgenössischen Diskussion um Physiokratismus und Agrarreform für genossenschaftliches Wirtschaften, er kann erst die Bauern, dann die Adligen für seine Vorschläge gewinnen und erlebt einen Erfolg nach dem anderen. Zwar verzichtet Lenz nicht auf Ironie (vgl. Winter 2003), auch meint er verschiedentlich, die eher unwahrscheinlichen Mannheimschen Erfolge eigens erläutern zu sollen (vgl. z. B. Damm II: 422). Aber die wunderbar gelingenden Vorhaben und Maßnahmen enthalten eher nur implizit Kritik an kaum konkretisierten realen Missständen, die schon dadurch an Gewicht verlieren, dass sie hier spielend beseitigt werden. Voraussetzungen für das Gelingen sind die unangetastete ständische Ordnung und die unerschütterten patriarchalischen Verhältnisse (vgl. M. Müller 1984: 149–156). Im Grunde basiert Lenz' Konzept „auf massiver Sozialdisziplinierung, die nahezu vollständig individuelle Bedürfnisse der gesellschaftlichen Nutzbarkeit unterwirft" (Pautler 1999: 465).

4. Gesellschaftskritik – Moralkritik

Soweit es um satirische Akzente geht, ist da jeweils ein Moment der Kritik und Anklage enthalten. Lenz zeigt aber bisweilen auch Neigungen zu karikaturistischen Zügen – etwa bei der Personengestaltung –, die die kritischen Impulse eher in lustige Frechheiten auflösen. Egal, was zum Beispiel ein Herr von Seiffenblase äußert, man nimmt das, was er sagt, von vornherein so wenig ernst, dass man darin dann auch nicht nach Spuren einer seriösen Lenzschen Adelskritik fahndet. Auf der anderen Seite sind es mitunter gerade dramaturgische ‚Gewaltakte', die das kritische Potential eines Dramas sichtbar machen. Das gilt im *Hofmeister* für die psychologisch schwerer nachvollziehbaren Momente der restlosen Versöhnung – etwa Fritz von Bergs positive Reaktion auf Gustchens uneheliches Kind („Dieser Fehltritt macht sie mir nur noch teurer"; Damm I: 122) oder Lises gutgelaunte Bejahung von Läuffers Kastration („Nein Herr Schulmeister, ich schwör's Ihm, in meinem Leben möcht ich keine Kinder haben"; ebd.: 117). Gerade diese Momente wirken parodistisch (vgl. Wiessmeyer 1986), indem sie zugleich unmissverständlich erkennen lassen, dass der harmonisierende Ausgleich aller Differenzen zwar komödiengemäß ist, dass er auch mit Lenz' positiven Vorstellungen von Ehe und Familie übereinkommt (vgl. F. Werner 1981: 254–261), dass er aber – als eine „nur ästhetische", „scheinhaft sentimentale Versöhnung" (Mattenklott 1968: 167) – quasi in einer anderen Welt stattfindet (vgl. Osborne 1975c: 116), in einer Theaterwelt (vgl. McInnes 1992b: 61 u. 83), und dass er in der aktuellen sozialen Realität nicht vorstellbar wäre (vgl. hierzu Eibl 1974; Scherpe 1977: 223 f.).

Nicht zuletzt ist natürlich die Selbstkastration Läuffers ein Vehikel der Kritik an sozialen Verhältnissen, die die Kastration als Voraussetzung für eine reibungslose und erfolgreiche Integration des Einzelnen in die gesellschaftliche Ordnung erscheinen lassen. Dass indessen gerade auch diese Kastration allem Erschreckenden zum Trotz eine grotesk-komische Seite haben soll, dafür sorgt Lenz schon mit Hilfe der überraschenden Reaktion Wenzeslaus': „LÄUFFER: [...] Ich weiß nicht, ob ich recht getan – Ich habe mich kastriert ... WENZESLAUS: Wa – Kastrier – Da mach ich Euch meinen herzlichen Glückwunsch drüber, vortrefflich, junger Mann, zweiter Origenes!" (Damm I: 102 f.) Origenes freilich kastriert sich selbst, „um des Himmelreichs willen" (Mt 19,12), Läuffer dagegen aus „Reue, Verzweiflung –" (Damm I: 103). Satirisch-kritisch behandelt wird also auch noch die Umdeutung einer Tat, die sich kritisch auf die gesellschaftlichen Verhältnisse bezieht, in eine religiös motivierte Aktion.

Gesellschaftskritische Momente – wie die Determination und Entmündigung des Einzelnen durch die politische Hierarchie und ständische Schranken, durch ökonomische Abhängigkeiten, durch Familienstrukturen und durch die Sexualmoral – sind in Lenz' Texten nicht immer leicht als wirklich ‚gesellschaftskritisch' zu erfassen, weil Lenz „die Determination des einzelnen eher indirekt, durch ihm unbewußte soziale Zwänge vermittelt" (Winter 2000a: 4). Denn Lenz vermag zwar die Idee der individuellen Autonomie des Menschen klar darzulegen, wie eingangs erwähnt, er hat aber für die soziale Determination des Einzelnen kein zusammenhängendes Konzept. Er „faßt sie [die Faktoren sozialer Determination, G.-M. S.] nicht als soziale. Deshalb kann er sie stets nur als moralische traktieren oder sie psychologisieren. Meist ist beides verbunden." (Rector 1992b: 634) Lenz misst also menschliche Verhaltensweisen immer noch zunächst mit moralischen Maßstäben und sieht sie nicht so rasch, wie wir heute das womöglich tun, als gesellschaftlich bedingt an – mit der Folge, dass wir die Kritik auf die gesellschaftlichen Verhältnisse beziehen, wo Lenz doch zunächst den Einzelnen ins Auge fasst (vgl. Hill 1992).

Erwähnt sei zuletzt noch Lenz' emsige ‚Projektemacherei', die heute mit geringeren Vorbehalten beurteilt wird als früher. Diese Projektemacherei mag zum Teil von rein konstruktiver Art sein; zum Teil ist sie aber auch ein deutliches Indiz dafür, dass Lenz mit den Verhältnissen, so wie sie sind, nicht einverstanden ist, dass er Missstände zu erkennen meint und Überlegungen zu deren Behebung anstellt, mithin Gesellschaftskritik betreibt, auch wenn ihm dieser Begriff und ein entsprechendes Konzept noch nicht zur Verfügung stehen.

5. Weiterführende Literatur

Staiger, Emil: „Rasende Weiber in der deutschen Tragödie des achtzehnten Jahrhunderts. Ein Beitrag zum Problem des Stilwandels". In: *Zeitschrift für deutsche Philologie* 80 (1961), S. 364–404.

3.5 Emotionalität
Gregor Babelotzky

1. Emotion und Rezeption 342
2. Emotion und Disziplinierung 343
3. Die kalkulierte Unberechenbarkeit der Emotion 345
4. Emotion auf der Bühne 347
5. Emotion und Moral 350
6. Gefühl und Empfindung 351
7. Weiterführende Literatur 353

Emotionen sind intensive, anhaltende und primär mentale Reaktionen, die auch zu körperlichen Erscheinungen führen können (vgl. die Begriffsbestimmungen bei *Zieliński 2011: 69–72). Affekte wiederum sind weniger intensiv und von kürzerer Dauer; sie haben einen körperlichen Ursprung. Sie sind zunächst jeder Kontrolle entzogen, ehe sie eine mentale Verarbeitung erfahren. Während Emotionen sprachlichen Ausdruck finden können, entziehen sich Affekte dem sprachlichen und intersubjektiven Zugriff. Der Begriff der Leidenschaft wird im Folgenden als Überbegriff für ‚Affekt' und ‚Emotion' verwendet.

Der Affekt bricht sich im Sturm und Drang nicht nur in expressiver Artikulation – im Schrei, im Stammeln, in der Unterbrechung und im Abbruch von Rede –, sondern auch in der Gebärde Bahn, wenn er die literarische Figur bis zur Sprachlosigkeit überwältigt. Die prototypische Figur der Epoche setzt ihr „seelisch-sinnliches Ganzes dem Ansturm der Leidenschaften" aus und zeigt in der Bewältigung dieser Kräfte das eigentliche Wesen des Menschen, wie es die Stürmer und Dränger begriffen (Ruppert 1941: 61). Diese Dynamik offenbart beide Endpunkte affektgetriebener Handlung: sowohl Gewalt als auch Zärtlichkeit. Lenz sieht die Aufgabe des Affekts vor allem darin, auf die höhere Ebene der Emotion zu gelangen, die eine kritische Einsicht in die Affekte ermöglicht.

1. Emotion und Rezeption

Der Rezipient soll, so Lenz' Ideal der Rezeption, die gleichen Affekte durchleben, wie sie auch den Schriftsteller beherrschten in dem Moment, als er die Worte aufs Papier brachte. Dieses Erleben führt zur ‚erhebenden' Bildung von Emotion. Daher sei auch der Grund, warum gelungene Kunstwerke ewig wirkten, darin zu sehen, dass

> jene Produkte hervorzubringen, mehr Geist, mehr innere Konsistenz, und Gott gleich stark fortdaurende Wirksamkeit unserer Kraft erfordert wurde, welche bei dem, der sie lieset oder betrachtet, eben die Erschütterung, den süßen Tumult, die entzückende Anstrengung und Erhebung aller in uns verborgenen Kräfte hervorbringt, als der in dem Augenblicke fühlte, da er sie hervorbrachte. (Damm II: 580)

So werde der Geist „bewegt", „entflammt, entzückt, über seine Sphäre hinaus gehoben" (ebd.). Bosse und Lehmann beschreiben dieses Prinzip als vom göttlichen Wirken ausgehende „Selbsttranszendenz durch Selbststimulierung". Der Leser wird zur „Selbsttranszendenz" bewegt, um ihm eine Veränderung seiner selbst zum Besseren zu ermöglichen (Bosse/Lehmann 2002: 200). Schnurr nennt das Prinzip der Affektübertragung eine „in göttlicher Evidenz und Schriftüberlieferung gründende geistig-emotionale Einfühlung" (Schnurr 2001: 70). Martini artikuliert die darin aufscheinende Parallele zur religiösen Rede: Der Sturm und Drang wendet sich in einer Art Verkündigung an das Publikum. Statt rationalistischer Distanz herrscht die Ansprache der objektinduzierten „Ergriffenheit von Gefühl und Geist, die sich unmittelbar auf den Zuhörer übertragen soll" (Martini 1980 [1971]: 126 f.). Diese Ansteckung des Affekts thematisiert Lenz, wenn er davon spricht, dass er kein Buch in einer fremden Sprache „leichter und geschwinder" verstanden habe, „als wenn ich's in einer ähnlichen Lage der Seele las, in der der Verfasser geschrieben" (Damm II: 776).

Was Lenz fordert, ist eine quasi-religiöse, „eine emotionale, die ganze Person betreffende und sie – wie das religiöse Erlebnis – ‚erhebende' Wirkung, die nicht mehr [...] zugleich als Disposition zur Sittlichkeit verstanden wird" (*Willems 1995: 34 f.). So wird auch für das Drama eine individuelle Einheit, keine äußerliche aristotelische postuliert: Die Einheit wird „sinnlich und emotional vollständig erfaßbar in der Anschauung und in der inneren Einstimmung auf sie, die der Dichter in dem Zuschauer hervorruft" (Martini 1980 [1971]: 135). In den *Anmerkungen übers Theater* heißt es: „Der Dichter und das Publikum müssen die eine Einheit fühlen aber nicht klassifizieren" (Damm II: 655). Ziel ist die emotionale Bewegung des Lesers, die im Sturm und Drang als Ausweis wahren Verständnisses fungiert. Rezeption wird mehr als bloßes Lesen oder Zuschauen. Die Literatur will das Nacherleben des Dargestellten, das Verschmelzen des rezipierenden Ichs mit dem Text. Eine solche Vorstellung entstammt der pietistischen Exegese der Bibel, die mit Hilfe des Heiligen Geistes in ein unmittelbares Verstehen von Gottes Wort und in eine unmittelbare Begegnung münden soll. Zu fragen ist daher, ob im pietistischen Kontext „das Wort ‚Rezeption' den Sachverhalt hinreichend bezeichnet, denn die rezeptiven Elemente treten hier fast ganz zurück hinter die aktiven Impulse einer erlebnishaften Reproduktion des Textes" (*W. Schmitt 1958: 52–54).

Eine Literatur, die eine solche Rezeption nicht ermöglicht, hat ihren eigentlichen Zweck verfehlt. Die Wirkung der von Lenz heftig kritisierten französischen Schauspiele beschreibt er in *Über Götz von Berlichingen* als „schönes wonnevolles süßes Gefühl" (Damm II: 639), als habe man eine Flasche Champagner getrunken: Ein Affekt, der im Nu folgenlos verflogen ist. Die von ihm angestrebte Wirkung des Dramas soll dagegen lebenspraktische Konsequenzen haben. Es geht um den

> *lebendige[n]* Eindruck, der sich in Gesinnungen, Taten und *Handlungen* hernach einmischt, der prometheische Funken der sich so unvermerkt in unsere innerste Seele hineingestohlen, daß er wenn wir ihn nicht durch gänzliches Stilliegen in sich selbst wieder verglimmen lassen, unser ganzes Leben beseligt [...]. (ebd.; Hervorh. im Orig.)

Die Theateraufführung versteht Lenz als „Vorübung" zum „großen Schauspiel des Lebens" (ebd.: 640). Diese Art der Einflussnahme der Literatur und des Theaters auf das Leben selbst wird immer wieder von den der Vatergeneration angehörenden Figuren in Frage gestellt. Im *Landprediger* überrascht der Vater Albertine nach dem Heiratsantrag in nachdenklicher Haltung; er überrumpelt und ertappt sie weinend in ihrer unverstellten Natur. Als Albertine behauptet, ihre Lektüre habe das bewirkt, entgegnet der Vater: Es kann „ein Buch dich so nicht greinen machen, das laß ich mir nicht einreden" (Damm II: 428). Die Väter wollen die Gefühlsausbrüche der Kinder disziplinieren. Zwar ist Leidenschaft Ausdruck von Authentizität, es gilt aber auch: „Vollkommene Entfesselung der Affekte macht gesellschaftsunfähig" (Dedert 1990: 73). Ein zu hohes Maß an Leidenschaft bedarf der Regulation hin zu einer ausgeglichenen Verbindung von Gefühl und Vernunft: Die Extreme von unvernünftiger Zärtlichkeit und blinder Gewalt sind in der bürgerlichen Gesellschaft beide zu vermeiden oder doch zumindest in ihrer Dauer zu begrenzen. Nach solchen Ausbrüchen geht es umgehend um „die Wiedereingliederung der emotionalen Extreme in den Raum maßvoll regulierter Leidenschaft" (ebd.).

2. Emotion und Disziplinierung

Der Sturm und Drang lässt sich als „Gegenmodell der Disziplinierung" und als „binnenkritische Lesart der Aufklärung" begreifen (Luserke 1995a: 223). Der aufklärerische Diskurs über die Leidenschaft erfährt eine Zuspitzung, die sich durch das Postulat der Emanzipation der Leidenschaften im Sturm und Drang als Bestandteil der allgemeineren Herrschaftskritik darstellt, die sich wiederum nur in der Literatur selbst verwirklichen kann (ebd.: 227). In den *Anmerkungen übers Theater* fordert Lenz, das Theater solle „Leidenschaften [...] erregen" (Damm II: 663; zu den tragischen Affekten bei Aristoteles vgl. *Rapp 2012). Statt der „Furcht" in den alten Tragödien, die der Befestigung von Machtstrukturen dient, geht es im neuen Drama um die Befreiung der Leidenschaften aus solcher Disziplinierung. Die Darstellung leidenschaftlicher Menschen bedeutet „die Forderung nach Emanzipation der Leidenschaften, die Forderung nach der Akzeptanz des Begehrens" (Luserke 1995a: 231–233).

Der Sturm und Drang – und insbesondere Lenz – steht aber nicht einfach für die Abschaffung der Vernunft zugunsten der Leidenschaft, vielmehr zeigt sich „die Ambivalenz von dem Sturm auf die Vernunft und dem Drang zur Diskursivierung" (ebd.: 233). In der Literatur kommen die Leidenschaften zu ihrem Recht, sie will nicht vernünftig-moralisch belehren. Indem diese aber literarisch verarbeitet werden, erfahren die Leidenschaften bereits eine Zügelung im Allgemeinen der Sprache und eine Zuweisung in einen bestimmten Diskurs. Aus dem Affekt wird dann durch diese Regulation sprachlich und intersubjektiv vermittelbare Emotion. Die Darstellung der Leidenschaft dient der Aufklärung über die Leidenschaften. Statt der kalten Gewalt der Vernunft greift der Sturm und Drang zur List der zärtlichen Gewalt des Gefühls. Das Paradox bleibt bestehen: „Der Verzicht auf die Disziplinierung der Leidenschaften kann nur diskursiv, genauer im poetologischen oder fiktionalen Diskurs geäußert und erprobt werden und unterliegt bereits wieder einem disziplinären Zugriff" (ebd.: 235; zu Rousseaus Kanalisierung der Leidenschaft in Soziales vgl. *Blättler 2012).

Dieser Disziplinierung können sich auch die Dramenfiguren nicht entziehen. Wenn die Figuren, müde von dem Zwiespalt zwischen Vernunft und Leidenschaft, an die Stelle der Leidenschaft einen Ersatz treten lassen, hat das groteske Konsequenzen. Läuffer im *Hofmeister* kastriert sich, heiratet und lässt sich bürgerlich nieder; Prinz Tandi im *Neuen Menoza* gibt seine Ambitionen, nach Cumba zurückzukehren, auf und wird am Ende doch der Rolle des bürgerlichen Biederling-Sohnes, der er freilich nie ganz entronnen war, gerecht. Läuffer kann sich trotz der Entmannung, die mehr aus Reue geschieht als aus dem Wunsch, sich ganz von dem Sinnlichen zu befreien, nicht der Anziehung der Frauen entziehen. Der „Schnitt" (Damm I: 104) ist nur einer im Körper selbst; er hat nicht die Leidenschaft selbst weggeschnitten. Die „Verzweiflung" (ebd.), die Läuffer als Grund angibt, repetiert er durch seine Tat nur als Entzweiung auf anderer Ebene. Die platonische Ehe ist nicht mehr als eine Ersatz-Ehe.

Mit der Disziplinierung der Leidenschaften hängt auch das Motiv der Strafe und Selbstbestrafung zusammen (vgl. Kagel 1997: 56–99); die persönlichen Lebensregeln des *Catechismus* wiederum dienen Lenz als Anleitung zur Selbstdisziplinierung. Die Selbstbeschneidung ist nur die Veräußerlichung der gesellschaftlichen Repressionen, mit denen sich Läuffer im Verlauf des gesamten Stückes konfrontiert sieht. Die Leidenschaftlichkeit mit Gustchen, die er sich inmitten seiner sonst ihm auferlegten Restriktionen erlaubt, und der Verlust der Kontrolle wiegen so schwer, dass die Kontrolle in Form der Kastration jetzt selbst leidenschaftlich ausartet (vgl. El-Dandoush 2004: 100–103; zu Läuffers Beziehung zu Lise im Modell der Heiligen Familie vgl. Koschorke 2002 und das folgende Unterkapitel dieses Artikels). Das Übertreten der Normen ist nicht die Erfüllung einer wahren zärtlichen Leidenschaft, sondern selbst wiederum nur ihr Ersatz. Gustchen ist in zynischer Lesart der Ersatz für die Prostituierte, die Läuffer aus kontingenten Gründen nicht aufsuchen kann, so wie auch Läuffer Gustchens Ersatz für Fritz ist (vgl. El-Dandoush 2004: 103–106). Läuffer leidet darunter, sich selbst die ganze Zeit hofmeistern zu müssen. Das Stück zeigt die aus einer solchen Repression erwachsenden Verzweiflungstaten auf. Wer Gewalt von außen erfährt und die Aufgabe hat, selbst Schüler zu disziplinieren, wendet die Gewalt auch auf sich selbst an. Für Läuffer allerdings eröffnet sich darin, dass er selbst noch auf dem weggeschnittenen Trieb als freies Subjekt insistiert, ein emanzipatorischer Ausweg aus der Repression. Er verweigert sich der eigenen Vaterschaft und der Fortsetzung der erlittenen Verhältnisse (vgl. Kagel 1997: 80–87).

Eine solche ‚Lösung' bleibt freilich negativ auf die schlechten Verhältnisse bezogen. Sie ist als Handlung nicht selbstbestimmt, sondern einem Zwang geschuldet. Die Rolle wird im *Hofmeister* als Rolle vorgeführt, es gibt keinen einfachen Ausweg aus der Rollenhaftigkeit. Was den Figuren bleibt, ist absurde Selbstdisziplinierung: Der Hofmeister kastriert sich, schneidet das weg, was ihn zum Rollenbruch verleitet hat (vgl. Neuhuber 2003: 63). Aber das kann nicht die Lösung sein: „Der einzige Ausweg aus dieser verfahrenen Situation, einen Ausgleich zwischen objektiven und subjektiven Ansprüchen zu finden, liegt in der radikalen Umgestaltung der Gesellschaft selbst" (ebd.: 67). Eine anzustrebende Norm wird vom Drama selbst allerdings nicht positiv formuliert.

3. Die kalkulierte Unberechenbarkeit der Emotion

Der *Neue Menoza* ist ein Maskenstück. Gleich mehrere Figuren tragen unbemerkt eine Maske und werden sich ihrer Maskenhaftigkeit erst im Verlauf des Stückes bewusst; sie entpuppen sich als ‚Larven', die nicht das sind, was sie zu sein glaubten. Masken symbolisieren nicht nur „eine von Hemmungen der Konvention unbeirrte Gewalt der Affekte und Naturtriebe", sondern zugleich auch den „Bereich des Triebhaften, des Animalischen im Menschen" (Hinck 1965b: 345). Die unverstellte Leidenschaft kann unvermittelt von Zärtlichkeit in Gewalt umschlagen. Das hat auch für den Zuschauer Konsequenzen: „Die Emotionen und Affekte auf der Bühne sollten sich jetzt unmittelbar auf den Zuschauer übertragen" (Martini 1980 [1971]: 135). Indem das Drama die wahre leidenschaftliche Natur hinter den Masken der gesellschaftlichen Konvention ans Licht bringen will, ist es darauf angelegt, „auch den miterlebenden und mitgerissenen Zuschauer aus solchen Konventionen zu befreien" (ebd.). Der *Neue Menoza* versucht zwar, diese wahre Natur der Leidenschaft zu vergegenwärtigen, zugleich stellt er aber das Scheitern dieses Versuches dar: Tandi ist von Lenz selbst durch „die Neigung zu automatisierter Exaltation" als „Komödiant" in der Rolle des zärtlichen Liebhabers gezeichnet (A. Schmitt 1994: 76).

Die Art und Weise, wie der *Neue Menoza* die Leidenschaft aufzudecken sucht, ist die „Überraschungs-, genauer die Überrumplungssituation" nach dem Muster der Commedia dell'Arte: „Eine gesteigerte menschliche Empfindung wird im Augenblick geringer Widerstandsfähigkeit schockartig überrumpelt, die dramatische Person aus einer extremen Gefühlslage in eine andere, entgegengesetzte Gefühlslage gestoßen" (Hinck 1965b: 338 f.). Das ist auch eine zugespitzte Abgrenzung zu Christoph Martin Wieland, der alle Extreme der Vernunft und des Gefühls gleichermaßen bändigt durch „die Zusammenfassung der Kultur des Witzes und der Kultur des Gefühls in dem alles beherrschenden Ideal der Grazie" (*Blackall 1966: 313). Lenz geht es um die Dynamik der Leidenschaft, nicht um eine „Kritik der Unwerte", die klar hinter „der szenisch-anschaulichen Entbindung menschlicher Leidenschaften in Affekt und Exaltation" zurücksteht. Mittelpunkt des *Menoza* ist der immergleiche „Vorgang der explosionsartigen Entfesselung der Gefühlskräfte" (Hinck 1965b: 345). Diese Entfesselung kann zur Zärtlichkeit und Leidenschaft der Liebenden, wie sie in der Szene nach der Hochzeit (III,3) als solche erinnert wird, aber auch zur gewalttätigen Raserei der verlassenen Donna Diana führen:

> Was ist's mehr, wenn ein solcher Balg umkommt? Ob ein Blasebalg mehr oder weniger in der Welt – was sind wir denn anders, Amme? ich halt mich nichts besser als meinen Hund, so lang ich ein Weib bin. Laß uns Hosen anziehn und die Männer bei ihren Haaren im Blute herumschleppen. (Damm I: 138)

Gleich darauf bereut sie ihre Aggressivität, fällt vor ihrer Amme Babet auf die Knie und küßt ihr die Hand. Reumütig fordert sie Babet noch im gleichen Atemzug auf, sie mit Ruten zu geißeln (II,3). Donna Dianas Rede ist ein Beispiel für die „immense Intensivierung des Sprachgestus in Momenten der Überraschung und Überrumpelung" (Pastoors-Hagelüken 1990: 103). Während Wilhelmine die empfindsame und zärtliche Liebende verkörpert, zeigt die Leidenschaft in Diana ihre dunkle Seite. Die beiden Figuren kommen sich allerdings nach der Enthüllung der Vertauschung sehr nahe. Wilhelmine greift am Ende von III,3 – wie Donna Diana später – zur Klinge, um als Rache für ihr eigenes durchbohrtes Herz das von Zopf zu durchbohren.

Im *Engländer* wiederum führt die unerwiderte Liebe des Protagonisten Robert Hot zur Gewalt gegen sich selbst. Der Vater bittet den Beichtvater, die Seele des an seinem Selbstmordversuch sterbenden Sohnes zu retten. Robert aber „kehrt sich um" und stellt Bedingungen an Gott. Der Beichtvater ist entsetzt: „Daß er Ihnen erlaube, Armiden nicht zu vergessen –". Doch der Selbstmörder Robert beharrt darauf: „Behaltet euren Himmel für euch" (Damm I: 337). Der Generationenkonflikt findet in Hots Ausruf „Weg mit den Vätern!" (ebd.: 330) als Bruch mit den patriarchalischen Herrschaftsformen seinen Ausdruck. Der *Engländer* ist ein Beispiel für eine Struktur, die bei Lenz wiederholt auftaucht: Der innere Kampf zwischen den Anforderungen des Diesseits und des Jenseits, der unter unterschiedlichen Vorzeichen und mit verschiedenem Ausgang immer wieder in Lenz' Schreiben zum Vorschein kommt. Das Recht des Gefühls gerät mit den gesellschaftlichen und religiösen Verpflichtungen in Konflikt. Unbedingte Liebe und Zärtlichkeit, rasende Selbstzerstörung und Gewalt sind die beiden Extreme der ungezügelten Emotion. Buße und Gefühl sind aber auch Motoren der Verwandlung der Figuren.

Im *Hofmeister* finden sich die Kinder am Ende von ihren Eltern von der Schuld freigesprochen – eine Abwandlung des biblischen Motivs des verlorenen Sohnes –, und auch die Eltern erfahren eine innere Veränderung hin zu mehr Zärtlichkeit. Sowohl im Verhältnis zwischen den Generationen als auch im neuen Verständnis von der Ehe als Liebesheirat wird „das *Gefühl*, die zärtliche Neigung, zum tragenden Fundament" (Koschorke 2002: 95; Hervorh. im Orig.). Das leidenschaftlich-unvernünftige Handeln der Kinder und die gefühlskalte Art der Väter, auf deren Verstöße zu reagieren, sind Symptome einer Gesellschaft, die noch nicht von „dem neuen Gefühlsideal der vernünftigen Liebe" (ebd.) durchdrungen ist. Die Buße ist der Weg, der hin zu einer solchen Gesellschaft beschritten werden muss.

Läuffers Selbstkastration veranschaulicht die Emanzipation der Ehe vom Primat der Fortpflanzung hin zur keuschen Josephsehe. In den *Soldaten* rückt die symbolische Wiedergeburt Mariane in eine mariologische Tradition (vgl. ebd.: 93–101). Die Übertragung des Modells der Heiligen Familie auf die bürgerliche Welt gelingt aber nicht ohne Brüche und Leerstellen. Die Versöhnung zwischen den Generationen, zwischen Leidenschaft und Vernunft, geschieht, wie bei Läuffer, gewalttätig oder zufällig in Form eines Lottogewinnes im Fall von Pätus (vgl. ebd.: 101–103). Eine echte moralische Wandlung der Figuren hin zu dem Ideal der vernünftigen Liebe, einer Regulierung der Emotion in der goldenen Mitte zwischen Gewalt und Zärtlichkeit, findet nicht statt.

4. Emotion auf der Bühne

Lenz hat nie eine Aufführung seiner Stücke gesehen, auch wenn der *Hofmeister* in Hamburg, Berlin und Mannheim zu seinen Lebzeiten gespielt wurde. Er hat bekannt, dass eine vollständige Dramatisierung seiner Stücke noch ausstehe: „Wenn ich in Ruh komme dramatisire ich sie alle" (Müller III: 109). Staatsmann sieht die ausgebliebene Überarbeitung der dramatischen Schriften allerdings positiv: Das hätte aus den Dramen nur „den Überschuss des Realen getilgt". Lenz' Schreiben sieht er als eine „radikale Absage an alle Verdrängung von Realitätswahrnehmung" (Staatsmann 2000: 20 f.). Das ‚Rohe' an Lenz' Dramen resultiere aus der Verweigerung, das Kontingente der Realität zugunsten einer realitätsferneren poetischen Verdichtung aus der Literatur zu tilgen.

Die Gebärdensprache verlagert sich im Sturm und Drang vom tatsächlich auf der Bühne ausgesprochenen Wort in den Paratext. Betrachtet man Lenz' Regieanweisungen, die meist eine bestimmte Gefühlslage illustrieren, so fällt auf, dass sie eindeutige Informationen oft verweigern und so selbst Bestandteil des zu Interpretierenden werden. Sie sind literarischer, nicht allein bühnenpraktischer Natur. Detken nennt sie „sprachlich-symbolische Regiebemerkungen […], die nur gelesen ihre besondere Wirkung entfalten können" (Detken 2009: 260). An der Umsetzung auf der Theaterbühne ist Lenz gleichwohl interessiert. Im November 1775 schreibt Lenz an Gotter über die *Algierer*:

> [H]ier ein Stück wo alle Charaktere gleichsam nur angedeutet sind, dem Schauspieler nur Winke geben was er zu tun habe und ihm auf keine Weise zuvorgreifen. […] Zwei Leute, die determiniert sind in allen Fährlichkeiten einander mit ihrem Leben beizuspringen, müssen in jeder Bewegung in jeder Miene Enthusiasmus für einander weisen, sonst wird das ganze Spiel frostig und kalt. Auf diese kommt nun alles an, was das Stück heben oder fallen machen kann. […] Und das alles keine Grimasse unsers gleichgültigen Jahrhunderts, sondern wahres, inniges Gefühl sein. Unter diesen Voraussetzungen allein kann das Stück gefallen. (Damm III: Ende November 1775 an Gotter)

Lenz weiß wohl, „dass der Dichter viel vom Schauspieler lernen muß, aber wiederum kann der Dichter doch dem Schauspieler am besten in den Standpunkt stellen aus dem er gearbeitet." Wenn das Stück „unspielbar" sei, „so lassen Sie es etwa drucken, es möchte doch wohl auch im Lesen hie und da gefallen" (ebd.). Er hat großes Interesse daran, seine Stücke inszeniert zu sehen. Im Januar 1776 ist er gespannt, „die Wirkung zu erfahren, die das Stück auf dem Theater tut." Denn: „[I]ch bin entsetzlich fürs *gespielt werden* wenn es unbeschadet anderer Sachen sein kann" (Damm III: 14.1.1776 an Gotter; Hervorh. im Orig.).

Die Regieanweisungen, die Gesten und Gefühlslagen bestimmen, sind kein Beiwerk, sondern integraler Bestandteil der poetischen Faktur. Gerade in einem Stück, in dem die Darstellung von Leidenschaft durch Sprache, Gestik und Pantomime zugleich geschieht – bisweilen auch in der fast vollständigen Reduktion einer Szene auf Pantomime wie in I,4 des *Menoza* (vgl. Pastoors-Hagelüken 1990: 105). In den Bühnenanweisungen sieht Ruppert den Willen, „die Affekte sich in der ihnen gemäßen Sprache ausdrücken zu lassen, in der triebgeleiteten Gebärde, für die das Wort immer nur Umschreibung sein kann" (Ruppert 1941: 83). Die *eloquentia corporis* macht den körperlichen Ausdruck für die anderen Figuren lesbar. Diese außersprachliche Kommunikation ersetzt das, was in Worten nicht adäquat ausgesprochen werden kann. Doch ist sie ebenfalls der Gefahr des Missverstehens ausgeliefert (vgl. Benthien 2003: 361). Das betrifft Still-Schweigen und Verstummen, aber auch die Ohnmacht: „Lenz setzt die Ohnmacht als Ausdruck des intensiven Gefühls, der emotionalen Überwältigung ebenso ein, wie er sie zugleich als strategische Inszenierung von Affektivität, als bereits gesellschaftlich angeeigneten Verhaltenscode entlarvt" (ebd.: 366). Gegenmittel, Schlagwasser oder Spiritus, sind im bürgerlichen Haushalt schnell zur Hand.

„Haben sie denn nie einen Menschen in der Passion sprechen hören?", fragt Lenz in der programmatischen Schrift *Das Hochburger Schloß* (Damm II: 756). Im Mittelpunkt der Überlegungen stehen der Schauspieler und dessen Möglichkeiten der Darstellung des Konflikts, wenn auf „die im Ablauf des Dramas etablierte Fühl- und Wahrnehmungsrealität eine entgegengesetzte Realität trifft" (Staatsmann 2000: 16). In diesem ungeschützten Moment der Überrumpelung muss der Schauspieler sich selbst einbringen, um die Gefühlsintensität adäquat zum Ausdruck bringen zu können – eine Konsequenz der Lenzschen „Dramaturgie des Realen" (ebd.: 18), welche die Kontingenz des Lebens miteinkalkuliert. In den Regieanweisungen werden die Affekte vor-geschrieben, die Aufführung auf der Bühne muss sie ins Leben rufen, muss die Hinweise zur Gestik, Mimik und Pantomime gefühlsadäquat umsetzen. Denn auf diese konkrete Aufführung der Affekte kommt es an. Die Darstellung des Physisch-Konkreten geschieht ohne schützende Abstrahierung durch Ideal oder Philosophie. Die konkrete Darbietung von Ohnmacht, Kastration und Panik versetzt den Zuschauer in Unruhe, so dass er den Zwiespalt der Figuren zwischen Leidenschaft und Vernunft selbst austrägt.

Nachdem Gotthold Ephraim Lessings *Laokoon* (1766) die sukzessive Verfasstheit von Literatur in Gegenüberstellung zum Bild erstmals ausführlich thematisiert hat, bemühte sich die den Boden des Sturm und Drang bereitende Dichtung, mit diesem Sukzessiven möglichst fruchtbar umzugehen. Mellmann schreibt z. B. über Klopstocks Odendichtung, dass dort ein „stets unmittelbar von der Wahrnehmung stimuliertes emotional erregtes Sprecherverhalten" herrsche, das auf die „emotionale Involviertheit des Lesers" wirke. Denn der „erlebt die Wahrnehmungen des Sprechers in derselben Verlaufsform mit, d. h. ihm werden die entsprechenden Reize in derselben Reihenfolge präsentiert, wie das erlebende Ich sie wahrnimmt" (*Mellmann 2006: 366). Mellmann sieht in der Literatur des 18. Jahrhunderts ein „neuartiges emotives Sprechmuster zur Überbrückung von sozialer Heterogenität" entstehen. Gekennzeichnet ist es durch „die narrative Mitteilung ‚innerer' Vorgänge und […] die

3.5 Emotionalität

Erarbeitung von Schlüsselbegriffen, die den identifikatorischen Text-Leser-Anschluß herstellen sollen" (ebd.: 206), so dass der Leser sich leicht affektiv im Beschriebenen wiederfindet. Zwar findet das Publikum bei Lenz Identifikation, aber zugleich auch Zurückweisung – wie Mellmann es näher zu bestimmen versucht – in der ‚depressiven' Anlage der Stücke.

Lenz' Dramen behandeln „Realprobleme", so dass „die literarisch repräsentierte Reizsituation […] nicht metaphorisch bis symbolisch eingesetzt, sondern in realistisch-analytischer Manier behandelt" wird. Der Leser kann sich durch diesen Realismus, trotz all der Unwahrscheinlichkeiten, in den Figuren wiederfinden. So können die „analytische Handlungskausalisierung durch den Autor, bzw. die depressiv-analytische Perspektive einzelner Figuren" als Folie für das fiktionale Erleben des Zuschauers dienen (ebd.: 406f.). Der Zuschauer wird aber zugleich in einen depressiven Zustand versetzt: „Emotionales ‚Verhalten' des Rezipienten gegenüber dem Werk wird eingedämmt, gleichzeitig wird ein hohes Maß an kognitiver Aktivierung verlangt" (ebd.: 424f.). Begreifen lässt sich die Depression als Reaktion auf das Scheitern des Aufbegehrens. Im *Menoza* werden immer wieder überrumpelnd die Erwartungen der Figuren durchkreuzt. Sie finden sich ganz auf sich selbst zurückgeworfen: „Solche Unterbrechungen dispositional organisierter Handlungssequenzen und mentaler Strukturen erzeugen physische Erregung und kognitiven Streß. Denn das Individuum muß seine Verhaltens- und Wahrnehmungsroutinen neu justieren" (ebd.: 421). Nur so ist eine Veränderung des Zuschauers zu erreichen, durch Einbezug und Abstoßung zugleich.

Die echten Leidenschaften und die ernsten Konflikte finden Relativierung durch ihre Spiegelung in grotesker Zuspitzung: Zwar gibt es auch authentische affektive Überwältigung wie die Ohnmacht von Wilhelmine in der ersten Szene des *Menoza*. Doch findet sie ihr Gegenstück in der offen inszenierten Ohnmacht von Biederling in II,7. Auch die Folge von Konflikt, Reue und Versöhnung findet sich bei Biederling in III,1 im Streit mit dem Grafen in grotesker Verkürzung dargestellt. Nach dem physisch ausgetragenen Streit unter Androhung des Todes wird die Bitte um Vergebung sofort gewährt, und Biederling lädt den Grafen am Ende der Szene sogar zum Mittagessen ein. Auch in den Figuren selbst spiegelt sich Depressives: Aufschwung und Ausflucht bestimmen die Figuren gleichermaßen. Mit Hermann Schmitz lässt sich Lachen als „Aufschwung in der Regression oder durch sie hindurch zum Triumph" und Weinen als „Ausweichreaktion des in die Enge Getriebenen" fassen (*Schmitz 1980: 116). Der Bürgermeister bekundet im *Menoza* (V,2) seine Absicht, wieder einmal lachen zu wollen. Ebenso verhält sich Herr v. Biederling in III,10 angesichts der Bettler. Als er in der gleichen Szene an das Schicksal der Liebenden denkt, spricht er auch vom anderen Extrem der Emotion: „[I]ch könnte weinen darüber" (Damm I: 172). Er lacht aber niemals auf der Bühne und weint nur in Szene II,7 einmal.

Die Gefühlsausbrüche erfahren bereits von Seiten der Figuren selbst immer wieder Hemmung: Tandi und Wilhelmine gestehen sich ihre Liebe mit einem lakonischen „So sei es denn gesagt" (ebd.: 159). Auch die Körpersprache tritt als Ersatz für explizites Sprechen auf. So beobachtet Tandi bei seinem Antrag in Wilhelmines Augen „Weinen und Lachen" (II,7). Ebenso spricht der Graf bei seinem Antrag vom Weinen, ohne dass man ihn tatsächlich weinen sieht (ebd.: 144). An die Stelle der tatsächlichen Darstellung von Weinen oder Lachen tritt immer wieder die Behauptung oder die Ankündigung des Lachens oder Weinens (das auch seinen Platz hat; so weint Frau Biederling in II,5 u. II,6, Wilhelmine in IV,1 und Donna Diana in II,3). Die Formulierung „ich könnte rasend werden", die gleich von mehreren Figuren des *Menoza* gebraucht wird, verhindert in den meisten Fällen, dass das Angekündigte Wirklichkeit wird (Graf in I,5 u. IV,2; Donna Diana in I,2). So wird von den Leidenschaften „in Worten und Pantomime Schritt für Schritt gezeigt, wie sie in der Interaktion signalisiert und bewältigt werden" (Maurach 1996: 142).

Der für Lenz prägende Pietismus geht paradox mit dem Weinen um, in der Art, dass er – der Gegenstand der Affizierung ist selbstredend in erster Linie Gott – „den Affekt betont und zugleich den Affekt oder das Affiziertsein zu disziplinieren bzw. zu lehren versucht" (*Soboth 2003: 296). Diese Struktur führt zu der Schwierigkeit, wie aufrichtiges Weinen im Sinne der *contritio cordis*, der wahren Reue, zu unterscheiden ist von dem äußerlichen, heuchlerischen Weinen (vgl. ebd.: 298–300). In der Aufklärung wird das Weinen zunehmend wissenschaftlich betrachtet und als gesundheitsschädlich markiert (vgl. ebd.: 301–306). In der Empfindsamkeit und im Bürgerlichen Trauerspiel wiederum dient das Weinen primär als Moment des Übergangs von den niederen Seelenkräften zur Erkenntnis, die diese bewältigen soll (vgl. ebd.: 306–308). Der Stürmer und Dränger Lenz verhilft dem Weinen zu seinem Recht, ohne dass das Bewusstsein von dessen Inszenierbarkeit aufgegeben würde. Das einfache Mitweinen versagt er den Zuschauern. Das literarisch Gestaltete dient einem höheren Zweck, als nur durch Mitleiden die bürgerlichen Tugenden zu befestigen.

5. Emotion und Moral

Die höhere Moral der Dichtung ist, so Lenz, immer mit ihrem möglichen Missverstehen konfrontiert: Mit der Gleichsetzung des Schriftstellers mit seinen Figuren, mit der Abstraktion einer Moral aus dem poetischen Erzeugnis oder dem – so missverstandenen – Aufruf zur unreflektierten Nachahmung des literarisch Verhandelten. Einen poetischen Text richtig zu verstehen, geht über den emotionalen Nachvollzug des Dargestellten, wie es Lenz in den *Briefen über die Moralität der Leiden des jungen Werthers* zeigt, hinaus:

> Daß man aber mit eben dem kalten Blute sich hinsetzt und nach der Moral der Leiden des jungen Werthers fragt, da mir als ich's las, die Sinnen vergingen, als ich ganz in seine Welt hineingezaubert mit Werthern liebte, mit Werthern litt, mit Werthern starb – das kann ich nicht vertragen und wenn ich den Verfasser dieses Buches auch nie einmal dem Namen nach gekannt hätte. (Damm II: 675 f.)

Dass Lenz Goethe als Verfasser mit in die Betrachtung hineinnimmt, liegt an seiner Vorstellung, dass einen Text zu verstehen heißt, sich ganz in den Geist des Verfassers hineinzudenken und hineinzufühlen. Literatur folgt für ihn einer höheren Aufgabe, die zu unterscheiden ist von der indirekten Aussprache einer platten Moral oder der Aufforderung zu unreflektierter Nachahmung des Dargestellten. „Die Darstellung so heftiger Leidenschaften wäre dem Publikum gefährlich?" (ebd.: 676), fragt Lenz rhetorisch. Zwar ist Werthers übermäßiges Gefühl „ansteckend und eben deswegen gefährlich" (ebd.: 679). Dennoch vergifte der *Werther* sein Publikum nicht. Vielmehr erzeuge, so Lenz' Vorstellung, das gelungene poetische Produkt eine heilsame Wirkung. Es ist „Gegengift für dies verzehrende Feuer"(ebd.: 685) der dargestellten Leidenschaft (vgl. Wuthenow 2000: 107–109). Gefährlich sei die Darstellung von Emotionalität – im *Werther* die unbedingte Liebe bis hin zum Selbstmord – nur unreifen Geistern.

Wenn Lenz im theologisch-anthropologischen Rahmen über die Affekte nachdenkt, so immer in dem Sinne, dass sich diese dem Ordnungsprinzip des Geistes zu unterstellen haben. Der Bereich des Triebes und der Leidenschaft gehört aber unbedingt zum Wesen des Menschen. Als dynamisches Prinzip des Antriebes ermöglichen sie die ständige Veränderung – im aufklärerisch-optimistischen und theologischen Kontext: Verbesserung – des Menschen. In Wagners Mercier-Übersetzung *Neuer Versuch über die Schauspielkunst* sind „einige [...] einschlagende Gedanken des Verfaßers der Anmerkungen übers Theater" festgehalten. Wie in den *Werther-Briefen* hebt Lenz hier hervor, dass es der Dichtung darauf ankommen müsse, neue Empfindungen anderen zugänglich zu machen. Die rechte Wirkung könne Dichtung aber nur entfalten, wenn der Leser nicht „die darinn vorkommenden Rollen für sich oder andre austheilt" (zit. nach Martin 2012: 54). Eine solche direkte, unreflektierte Anwendung auf die eigene Lebenspraxis verhindere, dass sich solch ein „leidenschaftlicher Leser" ein adäquates „Urtheil" bilden könne: „So müssen oft die herrlichsten Produkte des menschlichen Genies das Licht scheuen, um nicht Schaden anzurichten." (zit. nach ebd.) Lenz hofft aber, dass das Publikum irgendwann lerne, mit solchen Produkten angemessen umzugehen: „Wenn wird man einmal anfangen mit fester Seele bey den Meisterstücken unsrer Künstler vorüberzugehn, und sich ungestört von ihnen entzücken zu laßen, ohne sich Leidenschaften zu seinem Verderben zu überlaßen?" (zit. nach ebd.: 55) Die Wahrheit sei, was sich aber keiner der Kritiker zuzugeben getraue, dass „jeder Roman der das Herz in seinen verborgensten Schlupfwinkeln anzufassen und zu rühren weiß, auch das Herz *bessern* muß" (Damm II: 682; Hervorh. im Orig.). Die Wirkung auf das Herz verbürge so bereits das Moralische. So mache auch der *Werther* „uns mit Leidenschaften und Empfindungen bekannt [...], die jeder in sich dunkel fühlt, die er aber nicht mit Namen zu nennen weiß" (ebd.). Das sei der große Verdienst der Dichtung. Sie wende sich gegen das größte Übel des Menschen: „Die Gleichgültigkeit gegen alles was schön und fürtrefflich ist, ist das einzige Laster auf der Welt" (ebd.). Die Dichtung wird in dieser Konsequenz auch zur ‚Herzens-Rührung'. Im hallisch-pietistischen Verständnis beginnt sie „mit der Rührung des verhärteten oder verstockten Herzens" (*Soboth 2003: 128) und führt über Reue, Zerknirschung und Buße zur Bekehrung, Gnade und Wiedergeburt: „Die Rührung des Herzens ist demnach ein erster Schritt nicht ausdrücklich zur Bekehrung, aber zu einer Besserung, die ihr Maß und ihre Vollendung im *summum bonum* individueller und kollektiver Glückseligkeit und Vervollkommnung hat" (*Soboth 2003: 128 f.; Hervorh. im Orig.).

6. Gefühl und Empfindung

> Gefühl ist die Bewegung meines Nervengebäudes von aussen, Empfindung ist ein Zustand meiner Seele, der von einer Vorstellung abhängt und von innen, daß ich so sagen mag, auf die Nerven wirkt. Beydes ist ein Bewußtsein meiner selbst, nur daß das erste dunkel, das andere aber anschauend ist. (Blei IV: 283)

‚Empfindung' ist ein zentraler Begriff in Lenz' theoretischen Ausführungen. Rector erläutert den Begriff „als einen Modus von Aneignung, der weder rein sensualistisch, wie das ‚Gefühl', noch abstrakt-begrifflich, wie die Erkenntnis, aber auch nicht als bloßer Glaube bestimmt ist" (Rector 1994a: 22). Vielmehr bezeichne ‚Empfindung' denjenigen Modus der Erfahrung, in dem der Mensch sich qua Offenbarung in die richtige Beziehung zu Gott und Natur setzen könne.

In den *Meinungen eines Laien* wird „Empfindung" definiert als „geordnetes in Verhältnis gebrachtes Gefühl". Im Zustand des Empfindens „ruht" die Seele bzw. die Vernunft. Das so „in Proportion und Harmonie gebrachte[ ] Gefühl" führe zur Glückseligkeit (Damm II: 527). Lenz wirft „den meisten Denkern oder Philosophen" vor, einen Selbstbetrug zu begehen, wenn sie „ihre Seele stumpf machen und einschläfern, anstatt durch innere Stärke den äußern unangenehmen Eindrücken das Gegengewicht zu halten" (*Über die Natur unsers Geistes*; Damm II: 621). Das bewirkt keine Freiheit, sondern „Wüste und Leere" in der Seele (ebd.). Vielmehr bedeutet zu denken, durch die Empfindungen bewusst hindurchzugehen, sie „mit vergangenen zusammenzuhalten, gegeneinander abzuwägen zu ordnen und zu übersehen":

> Denken heißt nicht vertauben – es heißt, seine unangenehmen Empfindungen mit aller ihrer Gewalt wüten lassen und Stärke genug in sich fühlen, die Natur dieser Empfindungen zu untersuchen und *sich so* über sie hinauszusetzen. (ebd.; Hervorh. im Orig.)

Das ist eine „radikale Absage an alle Verdrängung von Realitätswahrnehmung" (Staatsmann 2000: 21) und zugleich die Bedingung von Lenz' Schreiben. Die uneingeschränkte Aufnahme der realen Welt in die Literatur hat auch Konsequenzen für die Art, wie Lenz über Sprache selbst nachdenkt. Da Sprache und Empfindung für Lenz untrennbar zusammenhängen, spricht er sich dagegen aus, fremdes Sprachgut ins Deutsche aufzunehmen. Vielmehr ist die Aufgabe, die eigene Sprache weiter zu verfeinern und zu erweitern: „Mir scheinen in unserer Sprache noch unendlich viele Handlungen und Empfindungen unserer Seele *namenlos*" (*Über die Bearbeitung der deutschen Sprache*; Damm II: 773; Hervorh. im Orig.). Die Arbeit des Dichters ist es, in der Sprache auch die Empfindung des Publikums zu bilden.

In den *Moskauer Schriften* findet sich die sich allen einfachen Gattungszuschreibungen entziehende Schrift *Ueber Delikatesse der Empfindung*. Tommek bezeichnet den Text als radikalisierte „Summa" des Werkes, die aber in ihrer fragmentarischen Form Überspitzung und schließlich Abbruch signalisiere (Tommek II: 359). In der extensiven Aufnahme von Realien und dem weitgehenden Verzicht auf Identifikation des Lesers mit den beiden Hauptfiguren der *Delikatesse*, Gulliver und dem Luftgeist, verschiebt sich der Akzent im Spätwerk vom protestantischen Ideal affektiver Unmittelbarkeit hin zur reflexiven Distanz.

Lenz definiert „Delikatesse" im Jahr 1776 als „meine Gefühlsart" (Damm III: 14. 1. 1776 an Gotter). „Empfindung", so Meinzer, stehe für eine „Sensibilität gegenüber der göttlichen Offenbarung, die menschliche Erkenntnis überhaupt erst ermöglicht. Der Begriff ‚Delikatesse' drückt den Grad der Verfeinerung bzw. die Kultiviertheit dieses Gefühls aus" (Meinzer 1996: 169). Die ‚Delikatesse' ist das kritische Vermögen in sittlich-gesellschaftlicher, aber auch göttlich-moralischer Hinsicht (vgl. Tommek II: 366). Dichtung erscheint in der *Delikatesse* als Ausweg. Sie befreit den Menschen aus den die menschliche Natur entstellenden Vorurteilen, indem sie das Gift der Verhältnisse potenziert, um so zum heilenden Gegengift werden zu können:

Unterdessen da die ganze Welt nun so albern ist und von ihren Einbildungen nicht geheilt werden kann, sagte mein Luftgeist, wolen wir nicht auch auf etwas denken, eine Speise, ein Getränk, um diesen armen Galeerensclaven ihre Lieblingsgrillen nur auf 2 Minuten ein anderes sinnliches Gefühl beizubringen und dadurch vielleicht auf ihren Geist zu wirken. (Tommek I: 177)

Durch diese indirekte Wirkweise auf den Geist gerät die *Delikatesse* selbst nicht in Gefahr, brutale Bekehrung zu sein, und die Unfreiheit des Menschen, der sie ja abhelfen will, nur in anderer Weise zu perpetuieren. Das allerdings funktioniert über Irritation und kognitive Distanz. Eine Identifikation mit den Figuren wird im Spätwerk verweigert: „Lenz erregt einen Affekt, um ihn einen Moment später wieder zu relativieren oder ganz aufzuheben" (Meinzer 1996: 357).

Die Leidenschaft spielt insgesamt in Lenz' Werk eine ambivalente Rolle: Binnenfiktional werden Lenz' Figuren von ihrer – oft in sich widersprüchlichen – Leidenschaft getrieben. Sie kann positive wie auch negative Folgen zeitigen, die Erfahrung unbedingter Liebe, aber ebenso Raserei und Mord. Auch in Lenz' Einschätzung der Emotionalität für die Frage nach der Moralität von Literatur zeigt sich diese Zwiespältigkeit: Zwar ist seine Produktion gegen die Apathie, die Abschirmung gegen die Emotion – das schlimmste Laster – gerichtet, zugleich aber befürchtet er, seine vom Affekt getriebenen Figuren könnten – auch mit schädlicher Konsequenz – unreflektiert vom mitfühlenden Rezipienten nachgeahmt werden. Es ist die Beförderung einer kritischen Einsicht in die eigene Emotionalität, an der sich Lenz bis in die Moskauer Jahre hinein abarbeitet.

7. Weiterführende Literatur

Blackall, Eric A.: *Die Entwicklung des Deutschen zur Literatursprache 1700–1775*. Stuttgart 1966.

Blättler, Sidonia: „Jean-Jacques Rousseau. Die Transformation der Leidenschaften in soziale Gefühle". In: Hilge Landweer u. Ursula Renz (Hgg.): *Klassische Emotionstheorien. Von Platon bis Wittgenstein*. Berlin, New York 2012, S. 435–456.

Mellmann, Katja: *Emotionalisierung – Von der Nebenstundenpoesie zum Buch als Freund. Eine emotionspsychologische Analyse der Literatur der Aufklärungsepoche*. Paderborn 2006.

Rapp, Christof: „Aristoteles: Bausteine für eine Theorie der Emotionen". In: Hilge Landweer u. Ursula Renz (Hgg.): *Klassische Emotionstheorien. Von Platon bis Wittgenstein*. Berlin, New York 2012, S. 45–69.

Schmitt, Wolfgang: *Die pietistische Kritik der „Künste". Untersuchungen über die Entstehung einer neuen Kunstauffassung im 18. Jahrhundert*. Köln 1958.

Schmitz, Hermann: *System der Philosophie*. Bd. IV: *Die Person*. Bonn 1980.

Soboth, Christian: „Tränen des Auges, Tränen des Herzens. Anatomien des Weinens in Pietismus, Aufklärung und Empfindsamkeit". In: Jürgen Helm u. Karin Stukenbrock (Hgg.): *Anatomie. Sektionen einer medizinischen Wissenschaft im 18. Jahrhundert*. Wiesbaden 2003, S. 293–315.

Willems, Marianne: *Das Problem der Individualität als Herausforderung an die Semantik im Sturm und Drang*. Tübingen 1995.

Zieliński, Aleksander Milosz: „Zur fundamentalen Rolle von Affekten für die Funktionsweise von interpassiven Medien". In: Robert Feustel, Nico Koppo u. Hagen Schölzel (Hgg.): *Wir sind nie aktiv gewesen. Interpassivität zwischen Kunst- und Gesellschaftskritik*. Berlin 2011, S. 65–76.

3.6 Sexualität
Gert Sautermeister

1. Pandämonium sexueller Verwerfungen in den Dramen 355
2. Spielarten des Eros in der Lyrik 361
3. Das Spannungsverhältnis von Sexualität und Ehe in der Erzählprosa 365
4. Schluss 366
5. Weiterführende Literatur 367

Lenz setzt sich mit dem Thema *Sexualität* nicht nur sporadisch auseinander. Es ist in seinem Schrifttum allgegenwärtig: in theoretischen Entwürfen, im Drama, in der Lyrik, in Erzählungen, in politischer Reflexion (vgl. Sautermeister 1997, Lehmann 2003). In der zweiten seiner *Philosophischen Vorlesungen für empfindsame Seelen* (hier zit. nach *Philosophische Vorlesungen*, hg. v. Weiß 1994; siehe auch ebd. das instruktive Nachwort von Weiß) hat Lenz dem „Geschlechtertrieb" ein Denkmal gesetzt; „der Trieb sich zu gatten", so führt er aus, sei „einer von denen die am heftigsten und unwiderstehlichsten wirken, einer von denen die sich am wenigsten von allen menschlichen Trieben, der Vernunft unterordnen, oder dadurch leiten lassen" (ebd.: 51). Dieser Trieb, den Lenz in seiner ersten Vorlesung „Konkupiscenz" (vgl. Sauder 1994) nennt, wird trotz seines vernunftwidrigen Einschlags keineswegs herabgesetzt. Lenz schreibt ihm „mannigfaltige Vergnügen" zu und stellt ihn als eine Quelle von „Genuß und Glückseeligkeit" dar (*Philosophische Vorlesungen* [Hg. Weiß 1994]: 54). Das ist bemerkenswert in einer Epoche, die den Sexualtrieb selten genug beim Namen nennt, geschweige denn ihm Ehre erweist. Auf der anderen Seite bleibt Lenz durchaus ein Sohn seiner Zeit, wenn er „die unerlaubte Stillung" dieses Triebs – sprich: seine vor- und außereheliche Befriedigung – schlechterdings ein „Laster" nennt (ebd.: 59), an anderer Stelle eine „Hurerey" (ebd.: 69). „Die Ehe", so formuliert er eine moralische Norm seiner Epoche, „ist die grosse von Gott etablirte Ordnung, in der wir diesen Trieb mäßig stillen dürfen" (ebd.: 61). Und ein Sohn seiner Zeit ist Lenz auch darin, dass er die klarblickende „Vernunft" zur kontrollierenden Begleiterin der ‚Konkupiscenz' erhebt (ebd.: 70). Deren eigentliche Führerin aber erblickt er in der „empfindsamen Liebe", die es vermöge, den geschlechtlich begehrten Menschen wahrhaft „liebenswürdig" zu machen und damit „ein weit reicheres Maaß von Vergnügen" gewähre als der sexuelle „Genuß" allein (ebd.: 72).

So kommt es Lenz ganz offensichtlich auf die wechselseitige Durchdringung des ‚Geschlechtertriebs' und der ‚empfindsamen Liebe' an. Zwei Modelle macht er dafür namhaft. Erstens die Kraft der *Sublimierung*, die vom begehrten Gegenüber auf das Subjekt gleichsam überspringt und sein Begehren veredelt. Es seien die dem Gegenüber eigentümliche Schönheit, seine Anmut und seine Reize, die den ‚Geschlechtertrieb' zu läutern vermöchten. Zweitens die Fähigkeit zum Triebaufschub, sofern dabei die Einbildungskraft sowie die Kräfte der ‚Seele' und des ‚Geistes' freigesetzt werden. In diesem Fall würde das Begehren nicht etwa auf seine unmittelbare Befriedigung zusteuern, sondern mit seiner sexuellen Energie unsere seelisch-geistigen Kräfte speisen und sie empfänglich machen für die Schönheit des begehrten Menschen. ‚Homogen' nennt Lenz diese Schönheit des anderen, sofern sie uns selbst, unserer besonderen Individualität entspricht und mit ihr „zusammenstimmt" (ebd.: 4).

Lenz hat dieses Modell kongenial in die Metaphorik der Spannung übersetzt. Es komme darauf an, „unsre Begier wie eine elastische Feder beständig gespannt" zu halten (ebd.: 7), damit wir „vorher mit gesammten Kräften unsere Seele untersuchen" könnten, „ob denn der beliebte Gegenstand" (ebd.: 6), ob die begehrte Schönheit so vollkommen „homogen" mit uns sei, dass wir uns von ihr aus zur „idealen Schönheit", der Schönheit Gottes, erheben könnten (ebd.: 4).

Der Ort dieser ‚homogenen' Begegnung mit dem anderen ist für Lenz die Ehe. Die Wahl des künftigen Ehepartners will also sorgfältig erwogen sein. Daher das dringende Plädoyer Lenzens für einen Triebaufschub, wo die sexuelle Triebenergie in die seelisch-geistige Vergegenwärtigung des anderen einfließen kann: „Behalte also deine Konkupiscenz gespannt, Jüngling, damit ihr Pfeil nicht vor dem Ziel niederfalle." (ebd.: 10) Das Bild ist beredt genug: Der Pfeil der Wollust soll nicht vorzeitig abfliegen und die Lust erschlaffen lassen, er soll vielmehr als Antriebskraft der Seele und des Geistes, der Phantasie und des Gemüts wirksam werden, bis die ‚empfindsame Liebe' über die Stufenleiter der irdisch-menschlichen Schönheit das Göttliche entdecke (eine der Philosophie Platos nachgebildete Idee). So erklärt sich denn die in ihrer Radikalität frappierende Sentenz: „[D]er Geschlechtertrieb ist die *Mutter aller unserer Empfindungen.*" (ebd.: 68; Hervorh. im Orig.) Denkwürdig ist dieser Satz deshalb, weil die Sublimierung des Sexuellen bei Lenz nicht mit seiner Verflüchtigung einhergeht. Ausdrücklich beharrt Lenz darauf, dass die ‚Konkupiscenz' eine Art Wärmestrom darstelle, die unsere Empfindsamkeit vor der Erkaltung und unsere Menschlichkeit vor der Austrocknung bewahren müsse. Ohne die ‚Mutter Sexualität' würde jegliche Liebe „im Keim" ersterben, „anstatt in der Schaale des Geschlechtertriebes zu den herrlichsten Früchten zu gedeyhen" (ebd.: 68). So verklammert Lenz' Entwurf der Geschlechterbeziehung die extremen Pole der Körperbiologie und des Idealismus, die Dynamik der Sexualität und die ‚ideale Schönheit Gottes'. Es handelt sich zugleich um eine modern anmutende Triebpsychologie, insofern Lenz die ‚Konkupiscenz' durch die verschiedensten Stadien der Sublimierung verfolgt, ohne die Materialität des Triebs zu verflüchtigen. Von dem geradezu existentiellen Ernst der Auseinandersetzung Lenzens mit der menschlichen Triebnatur zeugen seine „Literarische[n] Exerzitien der Selbstdisziplinierung" (so der Titel des aufschlussreichen Aufsatzes von Schönert 1994), die in wiederholten Anläufen die Kraft der Sublimierung gegen die Verlockungen der Sexualität gleichsam experimentell erproben.

Lenzens Geschlechterphilosophie wirft ein bezeichnendes Licht auf seine literarischen Texte, ohne dass von einer Widerspiegelung die Rede sein könnte. Am Beispiel einiger Dramen, Gedichte und einer Erzählung seien die zwischen Theorie und Kunst waltenden Korrespondenzen, aber auch ihre Spannungsverhältnisse und Widersprüche aufgezeigt. Ferner ist von Fall zu Fall zu erweisen, dass ‚Geschlechtertrieb' und ‚Geschlechterliebe' nicht nur thematisch Gegenstände der philosophischen Theorie und der Literatur sind, sondern dass sie vielmehr Antriebskräfte des literarischen Schreibens bilden. Sie sind, mit anderen Worten, auch poetische Produktivkräfte.

1. Pandämonium sexueller Verwerfungen in den Dramen

Lenz stellt in seinen Dramen in einem mehrstufigen und mehrdimensionalen Prozess Sexualprobleme seiner Zeit dar. Sie sind Dreh- und Angelpunkt seines Stücks *Der Hofmeister.* Den Auftakt bilden Gustchen, die Tochter des Majors Berg, und Fritz, der Sohn des Geheimen Rats Berg. Die beiden Jugendlichen suchen ihre aufkeimende Sexualität im literarischen Rollenspiel zu sublimieren: Fritz als *Romeo*, Gustchen als *Julia* nach dem gleichnamigen Drama Shakespeares. Das Gelöbnis ewiger Treue wird von Gustchen gebrochen. Während der Jüngling auf der Universität weilt und die von seinem Vater geforderte Liebeskontrolle befolgt, erlebt Gustchen den Durchbruch des Sexualtriebs und gibt sich ihrem Hofmeister hin, der sie schwängert: ein Vorgang, der sich als eine Folge der im Stück kritisierten „Privaterziehung" verstehen lässt (vgl. Rector 2009 mit einer eindringlichen Analyse des Dramas). Der Hofmeister zieht aus seinem Verstoß gegen die soziale Norm der vorehelichen sexuellen Enthaltsamkeit eine bittere Konsequenz: Er entmannt sich. Damit wird er zwar zeugungsunfähig, aber nicht frei von Geschlechtslust. Zu dieser darf er sich in einer neuen Beziehung – der bevorstehenden Ehe mit der schönen Lise – vorbehaltlos bekennen. So erscheint die ‚Konkupiscenz', die Wollust, als natürliche Mitgift des menschlichen Lebens, ganz im Sinn der Lenzschen Theorie. Anders jedoch als die Theorie es vorsieht, misslingt dem Hofmeister und Gustchen die Sublimierung der ‚Konkupiscenz', der Triebaufschub vor der Ehe. Lenz macht damit auf die ungestüme Kraft des sexuellen Bedürfnisses aufmerksam, dessen Disziplinierung im Jugendalter Freud über eineinhalb Jahrhunderte später als ein schwerwiegendes Problem bestätigen wird (*Freud 1930). Dennoch erfährt Gustchens Schicksal eine glückliche Wendung. Die Familienschande, die in Lenzens Epoche mit der Geburt eines unehelichen Kinds verknüpft ist, wird vom heimkehrenden Studiosus Fritz Berg in ein Wiedersehensfest umgewandelt. In einem Akt der Toleranz und des Großmuts vergibt er Gustchen den ‚Sündenfall' und bekennt sich als künftiger Ehemann zu ihr und ihrem Kind. In diesem Punkt ist er das Sprachrohr der humanitären Moral des Dramatikers Lenz. Nicht soziale Ächtung, womit die Zeitgenossen ein ‚gefallenes Mädchen' gemeinhin bestrafen, ist die Pointe des Stücks, sondern Reintegration in die Gesellschaft, wie es dem auf Versöhnung angelegten Geist der ‚Komödie' entspricht. Die drohende Tragik, die während des Handlungsverlaufs immer schon durch komödiantische Effekte gebrochen wurde, wird im lustspielhaften Finale endgültig entgiftet: eine „Hyperharmonisierung" als Travestie des überlieferten Familiengemäldes (so Luserke/Marx 1992: 135).

Lenz entwirft im *Hofmeister* ein Pandämonium sexueller Verwerfungen. Fast das gesamte Personal des Stücks ist darin einbezogen, am nachdrücklichsten die Familie des Majors Berg. Der *pater familias* liebt seine Tochter abgöttisch, er identifiziert sein Schicksal in fast inzestuöser Weise mit ihr, während seine Gattin den vom Vater verachteten Sohn bevorzugt und die Tochter als Rivalin hasst. Demonstrativ führt Lenz die für die bürgerliche Familie typischen erotischen Neigungen und Rivalitätsaffekte vor. Die von ihrem Gatten um der Tochter willen vernachlässigte Majorin richtet ihr sexuelles Interesse auf den Grafen Wermuth, der im Gegenzug seine Gelüste auf ihre Tochter lenkt. Im studentischen Milieu belastet der Tagedieb Pätus mit unzüchtigen Nachstellungen den Ruf der ehrbaren Jungfer Rehaar, während der Dorfschulmeister Wenzeslaus, ein unerschrockener, mit Zivilcourage ausgestatteter Zeitgenosse, gleichzeitig ein komödiantisches Musterexemplar in Sachen sexueller Askese und religiöser Disziplinierung der „bösen Begierden" ist (V,9). Seine unfreiwillig komischen Elogen der Entmannung des Hofmeisters, dem er gastfreundliche Aufnahme gewährt, sind ein Bravourstück Lenzscher Ironie. Je redseliger Wenzeslaus die Entmannung des Hofmeisters rühmt, desto offenkundiger wird seine unbewusste Fixierung auf die ‚bösen Begierden'. In seinem Kastrationslob parodiert Lenz die jahrhundertealte religiöse Verketzerung der Sexualität. Die sklavische Unterwerfung des Schulmeisters unter das Sexualtabu einerseits, seine ständekritische Zivilcourage andererseits geraten in einen komischen, sozialpsychologisch aufschlussreichen Kontrast: Das in unaufgeklärter Tradition befangene Verständnis der Sexualität lebt noch lange Zeit neben dem aufgeklärten politischen Bewusstsein her. Die Ungleichzeitigkeit einer rückschrittlichen Sexualmoral und einer progressiven politischen Haltung, die Lenz aufzeigt, ist eine Signatur seiner Epoche.

Eine Epochensignatur stellt auch Lenzens Dramaturgie dar. Wenn er im raschen Wechsel der Szenen und Personenkonstellation immer wieder das sexuelle Begehren zur Darstellung bringt, so macht er auf seine Schweiflust und Anarchie aufmerksam – und auf eine Sozialordnung, die einer organischen und humanen Befriedigung des Begehrens entgegenwirkt. So gesehen ist Lenzens Dramaturgie auch ein Korrektiv seiner Theorie. Plädiert diese für eine stufenweise Sublimierung des ‚Geschlechtertriebs' in eine ‚empfindsame Liebe', die auf die Gottesliebe hinleiten soll, so ersetzt Lenzens Handlungsführung diese Sublimierung durch brüske Augenblicke, die das Chaos und die Katastrophe herbeiführen.

Das Drama *Die Soldaten* verklammert wiederum eine staatliche Vorschrift – die Ehelosigkeit von Offizieren – und die bürgerliche Moral strikter vorehelicher Jungfräulichkeit in einem ständeübergreifenden Zusammenhang. Der Gattungsbezeichnung „Komödie", die Lenz dafür gewählt hat, würde nach heutigem Verständnis wohl eher der Begriff Tragikomödie entsprechen. Es charakterisiert den Absolutismus des Staats in der Epoche um 1770, der vom adligen Offizierskorps uneingeschränkte Hingabe fordert: Die Ehelosigkeit der Regiments- und Heerführer soll die militärisch-politischen Interessen des Staats fördern. Die Widernatürlichkeit dieses rigorosen Gebots unterlaufen die meist jungen adligen Offiziere durch sexuelle Ersatzhandlungen, namentlich durch die Verführung von Bürgerstöchtern. Als Angehörige eines höheren Stands besitzen Offiziere an und für sich erotische Anziehungskraft. Ihr Versprechen, das bürgerliche Mädchen durch eine spätere Heirat über seinen Stand zu erheben, steigert ihre Attraktivität. Ironisch zitiert Lenz das abgesunkene Kulturgut der Schmeicheleien, womit der adlige Offizier dem naiven Bürgermädchen seine „Triebe" als Ausfluss „ewiger" „Liebe und Treu" vorspiegelt (I,6). Glänzende Präsente für die Umworbene und der gemeinsame Besuch schlüpfriger Komödien zielen darauf, einen „wachsamen Vater zu betriegen oder ein unschuldig Mädchen in Lastern zu unterrichten" (I,4), also seine bürgerliche, auf Jungfräulichkeit beruhende Ehre sturmreif zu schießen. Exemplarisch demonstriert das Lenz an der Verführungsstrategie des Offiziers Desportes gegenüber Marie, der Tochter des Galanteriewarenhändlers Wesener.

Lenz gelangt jedoch über ein dramaturgisches Schema hinaus, das nur Täter (in Gestalt der adligen Offiziere) und Opfer (in Gestalt der „unglücklichen Bürgerstöchter"; I,4) in Szene setzt. Er entwickelt vielmehr die Konfrontation der Stände aus einer gleichartigen ständeübergreifenden Anthropologie: „Der Trieb ist in allen Menschen", heißt es in I,4, und dieser allgemeinmenschliche biologische Grundzug macht die Offiziere, die ihn nicht standesgemäß befriedigen dürfen, ebenso zu Opfern der bürgerlichen Sozialordnung wie das bürgerliche „Frauenzimmer" (ebd.), das vor der Ehe um keinen Preis dem Naturtrieb willfahren darf. Stattdessen tastet es sich an die Grenze zwischen rigoroser Moral und frivoler Koketterie, Tabu und erotisch-sexueller Sehnsucht heran. Es ist ein Spiel mit dem Feuer der Grenzverletzung, aus dem die Bürgertöchter „Vergnügen" (I,5) gewinnen, auch wenn periodisch das Triebtabu sie mit schlechtem Gewissen, mit „Angst" und todesbanger Melancholie heimsucht (vgl. das Ende von I,6 und den Anfang von IV,1).

Indem Marie Wesener trotz ihres moralischen Über-Ichs ihr ‚Vergnügen' nicht missen will, verhält sie sich unklug gegenüber ihrer mütterlichen Freundin und Ratgeberin, der Gräfin La Roche, doch zeigt sie damit auch, dass die Lebensklugheit nicht bedingungslos über Lebensreiz und Lebensfeuer herrschen sollte. In Maries Glückssuche schwingt, so sieht es auch die Gräfin, der natürliche Impuls zur Überschreitung bürgerlicher Enge und pragmatisch-asketischer Lebensführung mit: „Was behält das Leben für Reiz übrig, wenn unsere Imagination nicht welchen hineinträgt; Essen, Trinken, Beschäftigungen ohne Aussicht, ohne sich selbst gebildetem Vergnügen sind nur ein gefristeter Tod" (IV,3).

Infolge ihrer Offiziersliebschaften und des Bruchs mit ihrem bürgerlichen Verlobten Stolzius kommt Marie ins ‚Gerede'. Unabhängig davon, welches Verhältnis ein bürgerliches Mädchen mit einem Offizier eingeht: Sexueller vorehelicher Fehltritt und Standesgrenzen sprengende Hoffart werden ihr als *factum brutum* unbesehen zur Last gelegt und ihrer Familie als Ehrverlust zugerechnet. Indem Lenz das ‚Gerede' zu einem geflügelten Wesen mit hundert Zungen erhebt, kehrt er die moralische Enge eines Bürgertums hervor, das in den eigenen Reihen mit eisernem Besen kehrt und das voreheliche Sexualtabu mit unterwürfiger Dienstfertigkeit bedient, anstatt die Verführer und Aggressoren aus dem Adelsstand in die Schranken zu weisen. Letzteres scheint allerdings eine heikle Aufgabe zu sein, solange der Adel nicht nur identisch mit der Staatsgewalt, also dem Bürgertum politisch und sozial überlegen ist, sondern auch wichtige Geschäftsbeziehungen mit ihm pflegt. Das Bürgertum dünkt sich freilich dem Offizier vom Stande, diesem sexuellen Freibeuter, in puncto Moral überlegen. Aber es verabsolutiert diese Moral, namentlich seine Sexualmoral, und gibt weibliche Standesangehörige der Verachtung preis, die dem Naturtrieb der Sexualität schon vor der Ehe willfahren – und damit auch ihre Familie ins Unglück stürzen. Lenz hat diese Katastrophe seinem Schlusstableau eingezeichnet, das Tochter und Vater Wesener vereint: die zur Bettlerin verkommene Marie auf der vergeblichen Suche nach Desportes, den sie nicht vergessen kann, und der in Gram um seine Tochter verkommene Vater auf der Suche nach ihr. Einander erkennend, *„wälzen"* sie sich *„halb tot auf der Erde"* und werden fortgetragen (V,4). Im Verlauf des dramatischen Vorgangs einander zusehends entfremdet und in materielles Elend geraten, schlagen ihre Zärtlichkeit und ihre Reue in ohnmächtiger Aufwallung über ihnen zusammen: der perspektivlos verklammerte bürgerliche Stand in beispielloser, grotesk überzeichneter Ausweglosigkeit.

Einen Weg aus den tragischen Verstrickungen im Drama scheint der Obrist in der letzten Szene zu weisen; in der zweiten Fassung stößt er allerdings auf berechtigte Bedenken der Gräfin (vgl. Damm I: 733 f.; hiernach auch das Folgende). Im Gespräch mit ihr entwickelt er den Gedanken, eine „Pflanzschule von Soldatenweibern" anlegen zu lassen. Die dort kasernierten „Frauenzimmer" hätten die Aufgabe, den vagabundierenden Sexualtrieb der Herren Offiziere gleichsam an die Kette zu legen, also ihre Kampfkraft vor den Zerstreuungen und Verpflichtungen einer Ehe zu bewahren und gleichzeitig die bürgerlichen „Gattinnen und Töchter" vor ihren Nachstellungen zu schützen. Das Projekt könnte die „äußere Sicherheit" des Staats und gleichzeitig seine „innere" – die bürgerliche Ordnung – fördern, es würde jedoch aus der Pflanzschulen-Frau „eine Märtyrerin für den Staat" machen; wie „glänzend und rühmlich", nach den Worten des Obristen, man auch ihren neuen „Stand" hervorkehren würde, bliebe sie nicht eine staatliche Mätresse, zur zügigen Abfuhr männlicher Begierden ausersehen? Das scheinen die Bedenken der Gräfin zu sein. „Wie wenig kennt ihr Männer doch", entgegnet sie dem Obristen, „das Herz und die Wünsche eines Frauenzimmers". Damit trifft sie den *nervus rerum* eines Projekts, das die Fragwürdigkeit der bestehenden Ordnung durch eine ebenso inhumane Alternative ersetzen würde. Lenz hat in den folgenden Jahren den hier aufgeworfenen Ideenkomplex in seiner Schrift *Über die Soldatenehen* noch einmal aufgegriffen, um ihm eine neue sozialpolitische Wendung zu geben (→ 2.6 DIE BERKAER SCHRIFTEN).

Die „Komödie" *Die Freunde machen den Philosophen* führt sexuelles Begehren in einer Fülle von Variationen und Ersatzhandlungen vor (vgl. Sautermeister 2003). Der bürgerliche Protagonist des Dramas, Reinhold Strephon, lebt als Deutscher seit Jahren in der Fremde und umschwärmt dort Donna Seraphina, eine junge Dame aus dem Adel. Seine Entschlusskraft in puncto Geschlechtsliebe wird beeinträchtigt durch vielerlei Hindernisse: durch seine allgemeine Menschenliebe, die er gegenüber Freunden bis zur Selbstverleugnung treibt, durch seine „beobachtende Untätigkeit", die er aus seiner Neigung zum Philosophieren erklärt (II,3), durch seine ständischen Bedenken im Hinblick auf die adlige Seraphine – und nicht zuletzt durch seine Selbstvorwürfe, die er sich in Anbetracht seiner langjährigen Trennung von seinen Eltern (vgl. I,5 u. II,3), namentlich seinem Vater, macht (in Strephon spiegelt Lenz auch die eigenen Vaterprobleme des ‚verlorenen Sohns'). Gleichwohl bekennt Strephon vor sich selbst freimütig sein sexuelles Begehren; aber sein leidenschaftliches „Verlangen" (II,3), das er nicht zu befriedigen weiß, verkehrt sich wiederholt in die „Wollust" zum „Tode" (II,4). Auch die wahre Neigung der Geliebten ist ihm ein quälendes Rätsel. Erst ein von ihm selbst inszeniertes und vor Seraphine aufgeführtes Schauspiel, in dem er seine sinnliche Leidenschaft an den *dramatis personae* eruptiv spiegelt, reißt Seraphine zum ersehnten Liebesgeständnis hin. Mehr noch: Sie möchte ihrerseits eine Art Schauspiel inszenieren – eine Ehekomödie mit sexuellen Lizenzen. Der Ehepartner wäre ein älterer Edelmann mit längst erschöpfter Sexualität, so dass sie, Seraphine, nach Herzenslust ihr außereheliches Liebesverlangen mit Strephon stillen könnte. So beharrt Seraphine mit einer für ihren Stand typischen Frivolität auf ihren sexuellen Wünschen, die sie nicht in den Wartestand versetzen will. Strephon jedoch, gefangen im patriarchalischen Rollenmuster und im Sturm-und-Drang-Bild des heroischen ‚Selbsthelfers', will keinesfalls „einem Frauenzimmer", sondern allein den „eigenen Heldentaten" sein Glück „zu danken haben" (IV,2). Er durchkreuzt die Initiativen Seraphines, wofür sich diese rächt und ihre Hand einem befreundeten Adligen reicht, Don Prado, einem Herrn von hoher moralischer Qualität. Die Moral stiftet jedoch keine Liebe. Seraphine versucht, den Mangel an Liebe bewusst hinzunehmen und gerade aus ihrem Liebesverzicht neue „Reize" für die Beziehung mit Don Prado zu schöpfen (V,2) – vergebens. In der Hochzeitsnacht gesteht sie ihrem Gatten: „Sie sind zu hoch über mir, als daß ich Sie lieben kann, ich könnte vor Ihnen zeitlebens auf den Knien liegen, aber nimmer in Ihre Arme, an Ihren Busen fliegen anders als mit dem Gefühl einer Tochter." (ebd.) Während in Lenzens Epoche Aufklärung und Empfindsamkeit die enge Verbindung von Moral und Liebe hervorkehren, kündigt seine Protagonistin sie auf. Die Liebe folgt ihren eigenen Gesetzen.

Der in Sachen Moral dem Don Prado unterlegene Strephon kann gerade als gemischter und leidender Charakter das Mitleiden und die Mitleidenschaft Seraphines auf sich ziehen. Beiden bedeutet Liebe auch Sinnlichkeit und Sexualität, was Seraphine in der Hochzeitsnacht klarsichtig ausspricht. Strephon hingegen folgt dem Eros auf abschüssigen Wegen. In der Hochzeitsnacht Seraphines steigt er, mit einer Pistole bewaffnet, in das Schlafzimmer der frisch Vermählten, um sich vor ihren Augen zu erschießen. Seine beispiellose Indiskretion verrät die sexuelle Eifersucht des Liebeskonkurrenten. Sein destruktives Werkzeug, die Pistole, erscheint wie der verkehrte Phallus, der sich, seines natürlichen Ziels beraubt, gegen seinen Träger richtet. Dank der souveränen und großmütigen Regie, mit der Don Prado die drohende Katastrophe im Keim erstickt, gelingt eine märchenhafte Wendung: Der Graf vereint die beiden Liebenden unter seiner Schirmherrschaft zu neuem „Glück" (V,3).

In Lenzens Komödie *Der neue Menoza* wird über die Titelfigur hinaus sogar fast das gesamte Personal in die Dynamik des erotisch-sexuellen Begehrens einbezogen. Der Protagonist Tandi ist ein Europäer von Geburt, aber auf abenteuerlichen Wegen zum Prinzen eines fiktiven exotischen Landes avanciert, wo ihn die erste sexuelle Provokation – durch die eigene Adoptivmutter – ereilte. Bei seiner Erkundungsreise durch das vermeintlich aufgeklärte Europa wird er von einer weiteren gravierenden Geschlechterbeziehung betroffen. Nachdem er seine Leidenschaft für Wilhelmine, die Tochter seines Gastgebers, in eine Liebesheirat überführt hat, erfahren er und seine junge Frau am Tag nach der Hochzeitsnacht, dass sie Geschwister sind. Sie haben sich folglich allem Anschein nach des Inzests schuldig gemacht! Das Gewissen ob der schweren Sünde stürzt sie in tiefe Melancholie, die ihre sofortige Trennung überschattet. Namentlich der Prinz weiß, gestützt auf sein Verständnis der Bibel, darzulegen, dass der Wille Gottes selbst, aber auch die menschliche Beziehungskultur schlechthin jede Form des Inzests verbieten (vgl. III,11). Gleichwohl ist unverkennbar, dass die Geschwister dem Verlust ihrer Beziehung nachtrauern und dass sie füreinander eine anhaltende Liebe empfinden. Die Stimme des Gewissens und der Vernunft gerät in Widerstreit mit der des Herzens und des Eros. Mit anderen Worten: Das die Blutschande untersagende „Sittengesetz", um einen zeitgenössischen Begriff zu zitieren (vgl. Damm I: 728, Anm. 174), wird von einer fortdauernden Liebesleidenschaft gleichsam kontrapunktiert. Erschwerend fällt ins Gewicht, dass der Vater der unglücklichen Wilhelmine sich den Kommentar des höfischen ‚Konsistoriums' besorgt (V,1), der die Geschwister-Ehe für rechtens erklärt, mithin dem allgemeinverbindlichen Sittengesetz widerspricht: ein Vorgang, der keineswegs als eine dramaturgische Phantasterei Lenzens abzutun wäre, sondern Zeugnis eines zeitgenössischen Sexualitätsdiskurses ist (vgl. ebd.).

Der höchst prekäre Konflikt zwischen Inzest und Sittengesetz erfährt eine harmonische Auflösung durch einen *Deus ex machina*, in diesem Fall eine *Dea ex machina*, die glaubhaft bezeugen kann, dass die vermeintlichen Geschwister in Wahrheit keine sind, der Prinz und Wilhelmine folglich ihre angefochtene Ehe in aller Unschuld fortführen können. Damit setzen sie auch ihre Liebe mitsamt ihrem sexuellen ‚Naturtrieb' ins Recht. Es ist eine, um Lenz' Begriff zu verwenden, ‚homogene' Liebe zwischen gleichgesinnten Partnern (zur Körpersprache vgl. Benthien 2003), die, unabhängig vom Irrtum des Inzestvorwurfs, erhalten blieb. Lenz schafft ein Kunststück von doppelter Aussagekraft. Befangen im Irrtum, demonstriert sein Paar die Geltung des Inzesttabus und zugleich die anhaltende Natürlichkeit seiner ‚homogenen' Liebe.

Dem 1774 publizierten und 1775 aufgeführten Schauspiel blieb eine positive Resonanz weitgehend versagt, nicht zuletzt der vermeintlichen Bruder-Schwester-Beziehung wegen. Lenz hatte, indem er die Thematik des Inzests aufgriff, mit dem Feuer gespielt und die Prüderie des zeitgenössischen Publikums herausgefordert (vgl. Damm I: 721); wohl deswegen desavouierte er im Nachhinein (vgl. ebd.) seine beherzte Stellungnahme zu einem zeitgenössischen Diskussionsstoff, wie er ihn besonders intensiv im dritten Akt, elfte Szene, spiegelt (vgl. ebd.: 728, Anm. 174). Die Überempfindlichkeit des Publikums war Zeichen einer allgemeineren unaufgeklärten Haltung in Bezug auf Sexualität – und damit ein Symptom jenes allgegenwärtigen Mangels an Aufklärung, den der Prinz im Stück selbst so lebhaft beklagt (II,4).

Lenz hat sein hochgradiges vielfältiges Interesse am Thema Sexualität auch in entspannter Form verfolgt: seinen Übersetzungen der Komödien des römischen Dichters Plautus. Werke wie dessen *Buhlschwester*, worin die käufliche Liebe lustspielhaft dargestellt wird, kamen einem Desiderat im zeitgenössischen Sexualitätsdiskurs entgegen: der aktiven Rolle, die der Frau – im Unterschied zu ihrem meist passiven Rollencharakter – übertragen wird.

2. Spielarten des Eros in der Lyrik

Eros ist ein Gegenstand der lyrischen Poesie seit der griechisch-römischen Antike; die petrarkische Dichtung macht aus ihm ihr zentrales Thema, das die europäische Lyrik in zahlreichen Variationen durchspielt. Obgleich Eros daher in einer Vielfalt von Gestalten und Facetten auftritt – die sexuelle Spielart bleibt ihm fast durchweg vorenthalten. Sie gilt als anstößig, ihre frühe Würdigung in der antiken Poesie (etwa durch die Liebesgedichte Ovids) fällt der Verdrängung anheim. Ausnahmen wie einzelne spätbarocke Gedichte Johann Christian Günthers (vgl. seinen *Hochzeitsscherz*) begründen keine Schule, kein Genre. Erst mit Lenz macht in der Liebeslyrik auch die sexuelle Spielart des Eros von sich reden, unregelmäßig und zum Teil unbewusst, aber doch auch unüberhörbar wie beispielsweise in den Gedichten *Der verlorne Augenblick / Die verlorne Seligkeit*, *Auf ein Papillote* und *Auf eine Quelle* (zu Lenz als Lyriker vgl. insbesondere Vonhoff 1990a sowie M. Bertram 1994a und 1994b).

In *Der verlorne Augenblick / Die verlorne Seligkeit* (Damm III: 139 f.) ist die Initialzündung des Gedichts erotisch-sexuelles Begehren. Es hatte das lyrische Ich heimgesucht in der Begegnung mit einer jungen Frau. „In Liebe hingesunken/ Mit schröcklichen Reizen geschmückt" – so hat die Umworbene sein Begehren geweckt, und es zum Glühen gebracht: „O hätt' ich so sie trunken/ An meine Brust gedrückt/ Mein Herz lag ihr zu Füßen/ Mein Mund schwebt' über sie/ Ach diese Lippen zu küssen/ Und dann mit ewiger Müh'/ Den süßen Frevel zu büßen!" In seiner Rückschau trauert das lyrische Ich um das Versäumnis dieses einmaligen, „einzigen Augenblicks". Es hätte für den „süßen Frevel" sinnlich erfüllter Hingabe das jenseitige Heil preisgeben sollen, hätte für die irdisch-momentane „Seligkeit" die überirdischewige eintauschen müssen. Die Trauer über den unerfüllten Wunsch ist – unter den Vorzeichen der damals herrschenden Religiosität – die Trauer über das Versäumnis einer Todsünde. Ein Skandalon, zeitgeschichtlich gesehen!

Das lyrische Ich stellt damit auch eine Prämisse der Sexual- und Liebestheorie Lenzens in Frage, der zufolge der Mann seine „Begier" ja bis zur Ehe „wie eine elastische Feder beständig gespannt halten" und sie in diesem Zeitraum als Antriebskraft für die „empfindsame Liebe" nutzen sollte (*Philosophische Vorlesungen* [Hg. Weiß 1994]: 7). Das lyrische Ich hier hingegen ersehnt eine neue Gelegenheit, den „Pfeil" der Wollust *hic et nunc* ‚abzuschießen', ohne ferneren Triebaufschub. Es wünscht die „Stunde der Versuchung" mit ihrer ganzen Unwiderstehlichkeit herbei, unbeschadet der „üblen Folgen" für das Seelenheil, die Lenz in der Theorie bedacht hat. Und noch eine theoretisch reflektierte Kraft fehlt in der Liebesbegegnung des Gedichts: die der Sublimierung. Schönheit und Anmut der begehrten Frau, „stiller und edler Reitz", so verheißt die Theorie, würden das Begehren veredeln; anstatt den Geschlechtertrieb „zum höchsten Ungestümm zu erheben", würden sie ihn vielmehr dämpfen und so „reinern Flammen der Liebe und Ehrfurcht Plaz" machen (*Philosophische Vorlesungen* [Hg. Weiß 1994]: 64).

Umgekehrt verläuft die Erfahrung des lyrischen Ichs. Sein ungestilltes Begehren verklärt, ja vergöttert die Geliebte bis zur erotisch-sexuellen Unwiderstehlichkeit. „Gekleidet in weißes Gewölke/ In Rosen eingeschattet/ Düftete sie hinüber zu mir" – und erscheint ihm als „die Tochter des Himmels". Die Idealisierung und Vergöttlichung der schönen Geliebten erwächst aus dem verzückten Begehren des Ichs und ist ein Erzeugnis seiner ungestillten, unentwegt phantasierenden Sehnsucht. Diese aber schreitet von der „idealen Schönheit" dieser Erde (*Philosophische Vorlesungen* [Hg. Weiß 1994]: 7) nicht zur Schönheit Gottes fort, wie Lenz es in der Theorie vorsieht, sondern wünscht mit „höchstem Ungestümm" die irdisch-leibhaftige „Erscheinung" zu umarmen: „trunken/ An meine Brust gedrückt/ […]/ Ach diese Lippen zu küssen". Weil dieser Wunsch in der ersten Begegnung unerfüllt blieb, ersehnt das lyrische Ich die Wiederkehr des versäumten „Augenblicks": „Heilige! Einzige/ Ach an dies Herz/ Dies trostlose Herz/ Preß ich dich Himmel/ Und springe mit Freuden/ In endlosen Schmerz". Das lyrische Ich ersehnt – konträr zur Theorie – die Gewalt des ‚Geschlechtertriebs' und verstößt damit gegen die moralischen Normen und Tabus seiner Zeit. Es erlaubt in seiner Phantasie der vorehelichen „Konkupiscenz" freie Fahrt und tauscht das ewige Seelenheil – gleichsam das *summum bonum* – gegen die irdische Seligkeit der erfüllten „Begier" ein (*Philosophische Vorlesungen* [Hg. Weiß 1994]: 6). Diese „unerlaubte Stillung" des „Geschlechtertriebs" (ebd.: 59) nennt das lyrische Ich – ein weiterer Tabubruch – „Himmel". Es begehrt die Fülle des Göttlichen, die dem Menschen erst im Jenseits verheißen ist, schon auf Erden, eine widergöttliche Anmaßung, Zeichen seiner antichristlichen Selbstherrlichkeit, wofür es zwar höchste „Freuden" erleben, aber auch „endlosen Schmerz", also die ewige Verdammnis erleiden würde. Gleichviel: „Drohte der Himmel", der religiöse Himmel, auch die sündenschwere „Kühnheit zu rächen", das Ich hätte dafür – und das allein zählt – den irdischen „Himmel" des erfüllten Begehrens erlebt. Ein Sakrileg ohnegleichen in der religiös bestimmten Epoche Lenzens! Und ein Verhängnis für das weitere Leben obendrein, müsste doch das Ich damit rechnen, dass auch die „Erde" – die gegenwärtige Gesellschaft – aufgrund seines sexuellen Tabuverstoßes mit ihm „brechen", ihn moralisch verurteilen und sozial isolieren würde.

Die revolutionäre Brisanz des im Gedicht dargestellten Begehrens lässt sich daran ermessen, dass das Ich für seine Erfüllung nur einen „einzigen Augenblick" verlangt – und dafür die ewige „Seligkeit" eintauschen würde. „[U]ne éternité de gloire vaut elle un moment de bonheur?" (*Philosophische Vorlesungen* [Hg. Weiß 1994]: 53 f.): Die von Lenz in der Theorie zitierte Frage eines französischen Philosophen wird im Gedicht eindeutig zugunsten des Augenblicks entschieden. Damit wird der im 18. Jahrhundert fortschreitende Prozess der Säkularisierung mit einer provozierenden Pointe versehen. Die menschliche Lebenszeit, deren Vergänglichkeit und Hinfälligkeit bisher von einer sinngebenden ewigen Ordnung überwölbt war, emanzipiert sich und löst aus ihrem Verlauf einzelne befristete Zeitstellen heraus, denen ein tragfähiger, sich selbst genügender Sinn zugeschrieben wird. Knapp zwei Jahrzehnte nach dem Lenzschen Gedicht ist es die Französische Revolution, die in einem einzigen Augenblick den bisherigen Geschichtsverlauf aufhebt und einen neuen Geschichtssinn ausruft. Lenzens lyrisches Gebilde skizziert eine Geschichtswende im Reich der Moral und der Religion, insofern es die Ewigkeit im Namen des Augenblicks herabstuft und diesen im Namen des erotisch-sexuellen Begehrens zum Lebenssinn erhebt.

Damit sind keineswegs die überlieferte Moral und Religiosität außer Gefecht gesetzt. Sie erweisen ihr Gewicht vielmehr darin, dass sie die erste Liebesbegegnung des Ichs paralysiert haben. „Große Götter was hielt mich zurück/ Was preßte mich nieder", fragt der Liebende. Die Antwort kann nur lauten: christliches Sündenbewusstsein und moralische Normen, denn beide verbieten voreheliche ,Wollust' und erlauben bis zur Ehe allein die verehrende ‚empfindsame Liebe', keinesfalls begehrende Sexualität. Das Leiden an diesem Tabu vergegenwärtigt die Eingangsstrophe. Es scheint zunächst, als würde das lyrische Ich auf die Sonnenfinsternis bei der Kreuzigung Christi und auf dessen Klage „Mein Gott, mein Gott, warum hast du mich verlassen?" (Mt 27,46) anspielen, folglich nur in christlichem Sinne „des Himmels Tore verschlossen" finden. Doch dann zeigt sich, dass dieses Ich auch „im Himmel auf Erden" ausgeschlossen ist, „ausgesperret verloren" im Liebeshimmel, und dies aufgrund seines moralisch-religiösen Über-Ichs, das der Klagende als Instanz des Selbsthasses empfindet. Der von sich selbst „Verworfne" ist sich selbst „sein unversöhnlichster Feind", so, als hätte er durch eigene Schuld eine Lebenschance verspielt und müsste daher den Tod, der seinem Leiden ein Ende setzt, als sein „einziges Glück" gewärtigen. Doch das erotisch-sexuelle Begehren bricht sich erneut Bahn und erhofft die Wiederkehr des „einzigen Augenblicks", der die Erfüllung des Begehrens und des Lebenssinnes gleichwohl heraufführen könnte, aller Tabus, aller moralisch-religiösen Verbote zum Trotz.

Aus der Evokation des unerfüllten Begehrens in naher Zukunft entsteht und lebt das Gedicht. Dergestalt erweist sich das noch unerfüllte körperliche Begehren als *poetisch* produktiv. Es ist wie eine ‚gespannte Feder', die vom Leiden am unterdrückten Eros zur Sehnsucht nach dem ‚einzigen Glück', dem sinnlich-leibhaftigen Liebesglück, reicht. Ausgespannt zwischen diesen extremen Polen ist das noch unerfüllte Begehren als ästhetische Produktivkraft wirksam.

Nicht zufällig gibt sich das Ich im *Verlornen Augenblick* vorübergehend einem Todeswunsch hin. Das unerfüllte Begehren wünscht sich den Tod auch in anderen Gedichten, etwa in *Auf ein Papillote* (Damm III: 107–109). Das lyrische Ich möchte hier seiner Liebesqual dadurch ein Ende setzen, dass es durch die Hand der Geliebten zu sterben wünscht, auf ihren „süßen Schoß herabgesunken". So könnte es den ersehnten Liebesakt, „von Lieb und Wollust trunken", ersatzweise durch den tödlichen „Stoß" der Geliebten erleben: als Todeswollust (vgl. zum Gedicht Winter 1994a). Paradoxe dieser Art sind für Lenzsche Dichtung charakteristisch.

Auch das Gedicht *Auf eine Quelle* (Damm III: 168) lebt aus einem tief- und abgründigen Widerspruch. Das lyrische Ich schreibt – einerseits – einer Quelle Heiligkeit zu, weil die geliebte Frau anscheinend darin zu baden pflegt. Mit der Heiligung der Quelle spielt Lenz auf eine religiöse Tradition an, die dem Wasser eine hohe Wertschätzung verleiht, etwa bei der Taufe, die durch Johannes den Täufer eine urchristliche Würdigung erhalten hat. Entsprechend wird im Gedicht die Geliebte – gemäß der Liebesphilosophie Lenzens – dem Hoheitsgebiet des Göttlichen angenähert. Sie empfängt dadurch den Status der Unberührbarkeit, durchaus im Einklang mit dem von Lenz entworfenen *Catechismus* (vgl. *Catechismus* [Hg. Weiß 1994], → 2.4 Theoretische Schriften: Schriften zur Theologie und Moralphilosophie), in dem er jeden körperlichen Kontakt mit einer Frau vor und außer der Ehe verwirft. Dennoch möchte das lyrische Ich dieses Tabu experimentell, im Aggregatzustand des Wünschens, anfechten. Es macht die Quelle – das Sinnbild der weiblichen Unberührbarkeit – gleichzeitig zum Medium seines sexuellen Begehrens: eine heillose Paradoxie. Das Begehren durchläuft zunächst das Verbot des Wunsches – „Ach wärst du nicht so rein/ Ich legte mich hinein" – und äußert sich dann unbewusst, doch gerade deshalb umso auffälliger. Die Vorstellung des Ichs, dass die Quelle beim Bad der Geliebten vor lauter „Glut" trocknet, ist schlechthin irreal, ist die Geliebte doch keineswegs in Liebesglut entflammt. Der Liebende phantasiert hier die eigene Glut in die Quelle hinein; er projiziert in sie auch sein „geistiges Verlangen", das er, verräterisch genug, sogleich dem „schönen Leib" der Geliebten zuwendet, um ihn zu „umfangen".

Auch der Baum, der sich über die Quelle neigt, wird zum Medium des ‚Geschlechtertriebs'. Er wirft „sein blühend Haar" – eine erotische Metapher für sein Blattwerk – auf das „Augen Paar" der Geliebten und bedeckt so ihren „Rubinenmund", ja ihren Körper „um und um". Augen, Mund und Leib der Geliebten werden vom Baum – einem klassischen Phallus-Symbol – gleichsam umarmt und umschlossen. Der Wunsch nach einem Liebesakt äußert sich ungesäumt und doch im selben Atemzug gebändigt. Denn es sind Lilien – das ehrwürdige Sinnbild der Reinheit –, die aus dem „blühend Haar" des Baums gleichsam hervorwachsen und damit die Erotik des Begehrens einfangen. Dergestalt bewacht, zügelt das moralisch-religiöse Über-Ich den eben erwachten Triebwunsch. Mitten in der „Glut" der männlichen Begierde soll doch die weibliche Reinheit erhalten bleiben: eine unlösbar scheinende Aporie. Dreimal apostrophiert das heftig begehrende Ich die Quelle – und damit die Geliebte – als unantastbar „heilig", ohne dass ihm die Sublimierung der Triebdynamik gelingt. Das „Leiden" des Baums, des Sinnbilds der Männlichkeit und der erotisch-sexuellen Sehnsucht, zeugt von dem fortbestehenden, unbewältigten Wunsch. Dessen Vergeblichkeit tritt in den Schlusszeilen drastisch hervor. Die ersehnte Besitzergreifung der Geliebten rückt in weite Ferne: „Ach aber ich – mich kennt sie nicht/ Und gönnt mir nicht ihr Angesicht." So bleibt das Ich in der „Hölle" eingesperrt, die es durch die Abwesenheit der Geliebten erleidet.

An diesem fundamentalen Mangel, der Abwesenheit des begehrten Wesens, entzündet sich die Fernliebe des Ichs – und damit seine ästhetische Produktivität. Die Fernliebe schießt über die Wirklichkeit hinaus, sie versetzt sich in die Quelle – das Badewasser der Geliebten – und in den nahe gelegenen Baum sehnsüchtig hinein und erzeugt Metaphern für seine Sehnsucht. Das erotisch-sexuelle Begehren ist ‚wie eine Feder gespannt'; es hat nicht die geringste Aussicht auf Erfüllung, aber es inspiriert die dichtende Phantasie und wird zu einer poetischen Produktivkraft.

3. Das Spannungsverhältnis von Sexualität und Ehe in der Erzählprosa

Zerbin oder die neuere Philosophie lautet der Titel einer Erzählung, in der Lenz Liebe, Sexualität und Ehe in ein prekäres Spannungsverhältnis versetzt. Sexuelle Leidenschaft regiert den Protagonisten der Erzählung, einen jungen Gelehrten, als er mit Marie, seiner Aufwartefrau, ein Liebesverhältnis eingeht und sie schwängert. Anders als Lenz es in der Theorie vorsieht, zähmen das freundliche Wesen, Charme und Anmut der jungen Frau – einer schlichten Bauerntochter – den ‚Geschlechtertrieb' des Gelehrten keineswegs, sie stimulieren ihn vielmehr zu *vorehelicher* Aktivität. Anstatt die Sexualität in eine Ehe einzubinden und so der Geliebten moralischen und rechtlichen Schutz zu gewähren, verweigert der Protagonist eine offizielle Bindung aus Gründen des Sozialprestiges. Eine Eheschließung in städtisch-universitärem Umfeld mit einer einfachen Frau vom Lande könne, so argumentiert er, seine akademische Laufbahn beeinträchtigen. Die Krönung der Liebe und Sexualität in der Ehe, eine der zentralen Ideen der Lenzschen Geschlechtertheorie, wird vom Protagonisten unterlaufen. Er spaltet die Sexualität von Ehe und verantwortungsbewusster Moral ab und steuert eine Zukunft an, in der die Geliebte ihm als seine heimliche Konkubine zur Verfügung stehen soll – eine soziale und moralische Schmach für die hingebungsvoll liebende Frau. In der Gestalt dieses jungen Mannes zeichnet der Erzähler mit scharfem Umriss patriarchalische Verhaltensmuster – und präsentiert Zerbin sogleich auch die Quittung für seinen herrisch-amoralischen, dem gesellschaftlichen Ruf hörigen Lebensentwurf. Die unverheiratete Geliebte, die ihr Kind tot zur Welt bringt, wird nach dem geltenden Gesetz als Kindsmörderin verurteilt und enthauptet. Damit bringt der Erzähler ein zeitgeschichtlich bedeutsames Phänomen kritisch zur Sprache. Während die meisten Zeitgenossen eine Kindsmörderin, ja schon eine unverheiratete Schwangere als Verbrecherin bzw. als Hure ächten, besteht der Erzähler auf der Menschlichkeit seiner Heldin. Sie gibt die Identität des Vaters ihres Kindes aus Liebe zu ihm nicht preis, allem Drängen der Obrigkeit und ihrer Eltern zum Trotz, und zeigt damit das Beispiel einer tapferen Widerstandskraft. Die an der patriarchalischen Welt zugrunde gehende Frau wächst moralisch über diese hinaus. Den Protagonisten treibt dagegen das Schuldbewusstsein zum Selbstmord. Beide Schicksale verweisen darauf, wie veränderungsbedürftig die bestehende Ordnung, ihre Geschlechterrollen, ihre Rechtsprechung, ihre Moral ist.

Der Protagonist der Erzählung verirrt sich im Laufe seines Liebeslebens von der Anbetung einer städtischen Geliebten, die ihm ein „überirdisches Wesen", ja die „Gottheit selber" dünkt (Damm II: 361 f.), zur sexuellen Entwürdigung eines Mädchens vom Lande auf das Niveau einer Konkubine: eine extreme und typisch männliche Polarisierung des Geschlechtswesens Frau, die Lenz auch in seiner Erzählung *Der Waldbruder* kritisch darstellt (vgl. Stephan 1994). Indem Zerbin – seinem Liebesleben entsprechend – vom Lebensentwurf eines „durch seine eigenen Kräfte [...] gemachten Mannes" (Damm II: 355) zu einem würdelosen Taktierer und Betrüger der Geliebten wird, stellt Lenz wie auch im *Waldbruder* den Anspruch des bürgerlichen Individuums auf Autonomie in Frage und deckt darin egozentrisches Eigeninteresse auf (vgl. Rector 1994b).

Lenz hat die in den *Soldaten* (zweite Fassung) am Ende vom Obristen vorgetragene Idee „einer Pflanzschule von Soldatenweibern" (Damm I: 734) in der Schrift *Über die Soldatenehen* korrigiert und neu gefasst (Damm II: 787–827). Das Reformprojekt, das er entwirft und zu dessen Adressaten Herzog Karl August von Weimar und der damalige französische Kriegsminister gehören, geht von den „üblen Folgen der Ehelosigkeit der Soldaten" (ebd.: 805) aus, einer staatlich verordneten Ehelosigkeit. Zu diesen Folgen zählt er jene vorehelichen „Lüste" (ebd.: 804), die sich in „Lüderlichkeit" und „Zügellosigkeit" äußern (ebd.: 805) und die Kräfte der Soldaten im militärischen Bereich schwächen, aber auch auf die zivile Sphäre übergreifen und im Bürgertum „zerrissene Ehen", „sitzengebliebene Jungfrauen", „gefährliche Buhlerinnen", „Kindermorde" und anderes mehr verschulden (ebd.). Dagegen würde Lenz zufolge die staatlich erlaubte Ehe des Soldaten diesem „des Nachts mit seinem Weibe viele Freude" gewähren (ebd.: 800) und so einen Lebensgenuss ermöglichen, der seiner „Selbstliebe" förderlich wäre (ebd.: 795). Hand in Hand damit ginge das Engagement für sein eheliches Hauswesen. Voraussetzung dafür wäre nach Lenz eine neue Gliederung der Arbeitsverhältnisse des Soldaten, ein Gleichgewicht zwischen Dienstzeit und familialer (ehelicher) Zeit. Auf dieser Basis einer erhöhten Lebensqualität des Soldaten würde auch die Idee der Vaterlandsliebe Wurzeln schlagen und die militärische Einsatzbereitschaft wachsen können. Würde das jedoch nicht in erster Linie dem staatlichen Absolutismus dienen? Und würde die Ehefrau des Soldaten für die Interessen des Absolutismus nicht geradewegs instrumentalisiert, wie W. Daniel Wilson (1994) darlegt? Auch Brita Hempel sieht hier vor allem die Idee einer „staatlich verordnete Triebregulierung" (Hempel 2003b: 375) am Werk, die sie bestätigt sieht durch Lenzens „Entwurf umfassender Fremdbestimmungen" der Soldatenfrau (ebd.: 374) in seinen fragmentarischen *Loix des femmes Soldats* (Krakauer Handschriften).

4. Schluss

Lenz hat dem Thema Sexualität eine für seine Zeit ungewöhnliche Aufmerksamkeit gewidmet; ebenso ungewöhnlich sind der Freimut, mit dem er das von Tabus umstellte Thema behandelt, und die Wertschätzung, die er ihm entgegenbringt. Damit betont Lenz eine im Sturm und Drang zum Ausdruck gelangende Tendenz, wie Luserke/Marx (2001 [1992]) sie profiliert haben. Seine Aussage „der Geschlechtertrieb ist die *Mutter aller unserer Empfindungen*" (*Philosophische Vorlesungen* [Hg. Weiß 1994]: 68; Hervorh. im Orig.) ist mehr als ein Aperçu, sie ergibt sich folgerichtig aus dieser Wertschätzung. Lenz war sich zugleich der explosiven Dynamik des ‚Geschlechtertriebs' bewusst und suchte ihn, wie seine theoretischen Überlegungen zeigen, vor der Ehe durch die Kraft der Sublimierung und des Triebaufschubs zu bändigen. Die Theorie geriet nicht selten in Widerstreit mit der dichterischen Praxis, die zuweilen die unsublimierte Macht der vorehelichen Sexualität exponiert (z. B. *Die Soldaten*) oder die ihr entspringenden Wunschbilder und Sehnsüchte umkreist (*Der Hofmeister, Die Freunde machen den Philosophen*), womit ein körperbiologisch bzw. sozialpsychologisch aufschlussreiches Phänomen zur Sprache kommt. Gelegentlich werden die Wunschbilder der ungestillten Sexualität vom Unbewussten mitgesteuert und sprengen die theoriegeleitete Selbstdisziplin, namentlich beim lyrischen Ich (vgl. dazu auch Sautermeister 2000/2001), das auf diese Weise eine bedeutsame Komplexität gewinnt (vgl. die zitierten Gedichte). Lenzens „theoretische Überzeugungen" von der Autonomie des vernünftig handelnden Individuums werden wiederholt durch die soziale und psychologische Realitätsnähe seiner „ästhetischen Wahrheitsprobe" in Frage gestellt (Rector 1994b: 294).

Es entspricht dem sozialkritischen und sozialpsychologischen Interesse von Lenz, dass er die Bedeutung der Sexualität bis in die patriarchalischen Disproportionen männlich-weiblichen Rollenverhaltens (*Zerbin oder die neuere Philosophie*) und bis in das militärische Berufsfeld verfolgt, wo Sublimierung und Triebaufschub periodisch zur Geltung kommen sollten (allerdings um den Preis weiblicher Fremdbestimmung). Theoretische Kategorien haben bei Lenz auch eine ästhetische Bedeutung. Dass man zeitweise seine sexuelle „Begier wie eine elastische Feder beständig gespannt", also sublimiert „halten" sollte (*Philosophische Vorlesungen* [Hg. Weiß 1994]: 7), demonstriert Lenz selbst, wenn sein eigenes Begehren zu einer Produktivkraft seines literarischen Schreibens wird.

5. Weiterführende Literatur

Freud, Sigmund: *Das Unbehagen in der Kultur.* Wien 1930.

3.7 Familie
Dagmar von Hoff

1. Familienkonstellationen 369
2. Verfallspanorama 370
3. Versöhnungsrituale 373
4. Resümee 374
5. Weiterführende Literatur 374

Der Begriff der Familie ist abgeleitet aus dem lateinischen Wort *familia* und entspricht im Griechischen der Verwendung οἶκος; ‚dominium', das nicht nur ‚Haus', ‚Wohnung' und ‚Zimmer', sondern auch ‚Hausstand', ‚Hausgemeinschaft' und ‚Familienbesitz' meint (vgl. *Frese 1972: 895). Bis ins 18. Jahrhundert hinein wird Familie synonym mit dem Begriff ‚Hausgemeinschaft' verwendet und zielt auf den gesamten Hausstand des männlichen Familienvorstands: seine Ehefrau, Kinder, Sklaven und Angestellten sowie das Vieh. So heißt es im *Deutschen Wörterbuch* von Jacob und Wilhelm Grimm: „dies ist meine familie, hier ist meine ganze familie, hier ist mein ganzes haus (οἶκος), hier sind alle meine leute, die meinigen, meine lieben oder trauten, frau und kinder, auch die dienstboten" (*Deutsches Wörterbuch: Bd. 3, 1305). Erst die Trennung von Produktions- und Konsumtionssphäre in der bürgerlichen Gesellschaft lässt den Begriff der Familie geläufig werden. Diese Veränderung vom ‚ganzen Haus' zur ‚Familie' hat Otto Brunner als „Aufspaltung in Betrieb und Haushalt" verstanden, wobei „der ‚Rationalität' des Betriebs die ‚Sentimentalität' der Familie" gegenübergestellt wird (*Brunner 1978: 89). Mit der Neudefinition der bürgerlichen Familie geht eine Dichotomisierung einher, die das Orientierungsfeld Familie neu organisiert. Die veränderten Liebesauffassungen und Ehemodelle erzeugen neue Geschlechterordnungen, die nach Karin Hausen als eine Polarisierung der

‚Geschlechtscharaktere' beschrieben werden können, „die wiederum als eine Spiegelung der Dissoziation vom Erwerbs- und Familienleben" (*Hausen 1978: 161) zu verstehen ist.

Reflektiert finden sich diese Familien- und Geschlechtermodelle in den Dramen und Romanen des 18. Jahrhunderts, die versuchen, die Intimität bürgerlichen Familienlebens auszugestalten und vor allem zu begründen. Jürgen Habermas spricht in diesem Zusammenhang allgemein von „einer spezifischen Subjektivität, deren Heimstätte im buchstäblichen Sinne [...] die Sphäre der patriarchalischen Kleinfamilie" (*Habermas 1962: 61) ist. Bengt Algot Sørensen zeigt und analysiert anhand des Bürgerlichen Trauerspiels, wie sich eine neue Subjektivität ausgestaltet und ein Hervortreten des ‚zärtlichen Hausvaters' und der ‚guten Mutter' auf der Bühne (vgl. *Sørensen 1984: 40) vonstattengeht. Die Familie erscheint also als ein Konzept, ja, ein Modell, in dem sich die bürgerliche Gesellschaft in der zweiten Hälfte des 18. Jahrhunderts selbst thematisiert. Dabei wird an der familiären Institution ablesbar, wie sich Reformbestrebungen und ein neuer juristischer Diskurs in Europa behaupten. Die Familie besteht jetzt nicht mehr ausschließlich im Recht des Vaters über sein Kind, sondern es kommt das Recht des Kindes auf seine Abstammung hinzu. Vatersein bedeutet jetzt auch, seine Rolle als Erzieher zu erfüllen. Und Mutterliebe heißt, Gefühl und Intuition zu besitzen, die sowohl vom Herzen als auch von der körperlichen Erfahrung der Schwangerschaft, der Geburt und des Stillens kommen. Und so wie die Rollen von Vater und Mutter in Bezug auf neue Liebessemantiken verhandelt werden, entwickeln auch die Söhne und Töchter neue Passionen, die sie als ihre Natur ausgeben.

Lenz schreibt sich in seinen Dramen und Prosaschriften in das thematische Feld Familie hinein. Immer wieder verwendet er diesen Begriff. So bezeichnet er etwa in einem Brief an Boie Anfang Februar 1776 sein kurzes Drama *Die beiden Alten* (1776) als „Familiengemälde", das „Ihre Augen füllen wird" (Damm III: 381). Schon Lessing hatte in seiner *Hamburgischen Dramaturgie* im 22. Stück (1767) von „wahre[n] Familiengemälden" gesprochen, „in denen man sogleich zu Hause ist" (*Lessing 1978: 88). Zugleich verweist diese Gattungsbezeichnung aber auch auf ein dramatisches Konzept, das in gewissem Sinne August Wilhelm Ifflands und August von Kotzebues spätere Rührstückkonzeption vorwegnimmt (vgl. Schulz 2001a: 126). Aber auch schon in Lenz' Prosadichtung *Etwas über Philotas Charakter* (1781) hieß es: „Warum ich die Wunden der Familie wieder aufreiße?" (Damm II: 464), und in *Die Buhlschwester* in der zweiten gedruckten Fassung im Jahr 1773, einem Lustspiel nach Plautus, lässt er die Figur Reibenstein Folgendes sagen: „Er kann mich nicht heiraten sagte sie, weil ich unter seinem Stande bin und er seine ganze Familie dadurch sich zu Feinden machen würde" (ebd.: 242). Verwendet und variiert Lenz das Wort ‚Familie' in unterschiedlichen Kontexten, geht es ihm vordringlich darum, Familienkonstellationen in seinen Dramen zu entwickeln. Dabei ist auffallend, dass er gängige Familienkonzepte in Frage stellt, wenn nicht sogar dekonstruiert. Darüber hinaus deutet sich eine Personenführung in seinen Dramen an, bei der utopische Vorstellungen von neuen Familienmodellen und Wahlverwandtschaften entworfen werden. Inwieweit seine Familiendramen aber dennoch letztlich wieder einen versöhnenden Charakter haben, da Lenz immer wieder Schlusstableaus mit einem konfliktvermeidenden und zudeckenden Impetus am Ende seiner Stücke in Szene setzt, muss offen bleiben. Festzuhalten aber bleibt, dass seine Dramen von einer tiefen Ambiguität gegenüber der Familie gekennzeichnet sind.

1. Familienkonstellationen

Wie nun sehen die Väter und Mütter, wie die Söhne und Töchter in Lenz' Dramen aus? Was schon auf den ersten Blick auffällt, ist, dass Lenz mit dem Regelkorsett des Trauerspiels bricht. Kurzerhand nennt er sein Drama *Der Hofmeister oder Vorteile der Privaterziehung* (1774) „Komödie" und verabschiedet sich damit von der rigiden Trennung von Komödie und Trauerspiel. Die strengen Regeln der geschlossenen Dramenform, die Einheit von Ort, Zeit und Handlung, werden in seinen dramatischen Entwürfen nicht mehr aufrechterhalten. Auch die Zusammensetzung des dramatischen Personals ist genreübergreifend, so dass ebenfalls Figuren aus dem Arsenal der deutschen Typenkomödie auftreten können. So stellt Lenz etwa das Bürgerliche Trauerspiel „auf den Kopf" (Guthrie 1991: 200), wenn das aristokratische Mädchen – wie in seinem Drama *Der Hofmeister oder Vorteile der Privaterziehung* – von einem einfachen Hofmeister verführt wird. Geradezu grotesk wird es, wenn diese Figur sich kurzerhand kastriert und so in keiner Weise mehr eine bürgerliche Fortsetzungsfamilie begründen kann. Damit ist das durchkreuzt, was üblicherweise am Ende der dramatischen Handlung steht: dass nämlich Söhne zu Vätern werden. Überhaupt entsprechen die Söhne, wie auch die Töchter, nicht mehr ihren ihnen zugeschriebenen Rollenmustern.

Aber auch die Väter und Mütter sind bei weitem nicht so ‚zärtlich' und ‚gut', wie sie in Lessings Bürgerlichem Trauerspiel erscheinen mögen. Im Mittelpunkt der dramatischen Handlungen stehen die konflikthaften Beziehungen zwischen Vater und Sohn, aber auch zwischen Vater und Tochter. Der Mutter als Teil der *dramatis personae* kommt hingegen eine eher untergeordnete Rolle zu. Während Lenzens Väter und Mütter sich in ihren heimlichen Wünschen eher einem – wie Sørensen es formuliert – „Fehlverhalten" (*Sørensen 1984: 152) schuldig machen, behaupten sich sowohl die Söhne als auch die Töchter in ihrem Anliegen, wenn sie versuchen, ihrem Begehren eine Bühne zu verschaffen. So stehen neben der Tyrannei des Vaters, aber auch der berechnenden Mutterliebe, Kinder, die vor der familialen Ordnung fliehen, die sich verlieben und die sich schließlich doch wieder einzufügen und einzugliedern scheinen. Während Bengt Algot Sørensen und in neuerer Zeit Albrecht Koschorke v. a. den die Familienordnung stabilisierenden Aspekt von Lenzens Dramen betont haben, hat Peter von Matt das Scheitern und das familiale Desaster in den Mittelpunkt seiner Untersuchungen gestellt. So schlägt Koschorke vor, Lenz' Stück *Der Hofmeister* „als eine literarische Experimentalanordnung zu entziffern, in der das spannungsvolle Verhältnis zwischen Ehe, Familie und Prokreation" (*Koschorke 2000: 93) neu entworfen wird. Am Ende dieses Prozesses stehe dann eine „Recodierung der väterlichen Instanz" (ebd.: 94), die in den sich umarmenden Eltern-Kind-Paaren zum Ausdruck kommt. Diese modernisierte Vaterschaft wertet von Matt demgegenüber eher als Ausdruck eines Familiendesasters und damit als Kritik an einer patriarchal strukturierten Familienordnung. Denn die Väter in Lenz' Dramen sind äußerst streng, so etwa der Major in *Der Hofmeister*, aber auch Wesener in *Die Soldaten* (1776). Sie zwingen ihre Söhne und ihre Töchter sogar zur Flucht. Auch die Mütter sind nicht unschuldig, vielmehr sind sie voller Neid. So verweist von Matt darauf, dass ähnlich der Mütter in Lessings *Emilia Galotti* (1772) und Schillers *Kabale und Liebe* (1784) auch Lenzens Mütter – so zum Beispiel in seinem Stück *Die Soldaten* – „das Unglück der Kinder befördern" (*Matt 1995: 57). Denn sie sind „erregt von der Vorstellung, wie es wäre, wenn ihr Kind eine adlige Partie machte" (ebd.).

Im Mittelpunkt der Forschungsliteratur steht vor allem die Auseinandersetzung mit der Beziehung Vater/Sohn in Lenzens Texten. So formuliert Albrecht Schöne in Bezug auf das Verhältnis Vater/Sohn: „Wichtiger als die Schuldfrage ist die Ausbildung des Zerwürfnisses" (Schöne 1968: 91). Dies hat vor allem mit Lenz' schwieriger Auseinandersetzung mit seinem eigenen Vater, dem Pastor und Generalsuperintendenten Christian David Lenz in Livland, zu tun. Dieser wird – so resümiert Georg-Michael Schulz die Sekundärliteratur – beschrieben „als ein kämpferischer und strenger Verfechter des Glaubens" (Schulz 2001a: 15), der dem Pietismus verhaftet ist und patriarchalische familiäre Muster vertritt, mit denen Lenz notgedrungen in Konflikt geraten musste. Doch überschreitet Lenz bei weitem diesen Konfliktdiskurs in seinen Texten und entwirft vielschichtige Vaterbilder. Peter von Matt spricht in diesem Zusammenhang von einer kreativen und variationsreichen Gestaltung der Vaterfigur: „Da ist also ein Vater, und weil er von der Art ist, daß man an ihm zugrunde gehen kann, wird Lenz schöpferisch" (Matt 1994 [1992]: 103). Lenz überzieht die Väter mit einer Komik, so dass deren Intrigen, Eifer und Gewalttätigkeiten offen zutage treten. Dabei ist der Vater in *Der tugendhafte Taugenichts* (1775) in seiner Anmaßung kaum zu übertreffen, denn er fungiert fast wie der Urvater in Freuds *Totem und Tabu* (1913). Diesem allmächtigen Vater steht sowohl bei Lenz wie auch in Freuds Konstruktion das gesamte weibliche Personal zur Verfügung, und er ist nicht bereit, die Frau mit seinen Söhnen zu teilen. Auffallend ist außerdem, dass Lenz in seinen Dramen die Person der Mutter in den Hintergrund drängt, während geradezu zwei Väter als *dramatis personae* in einigen seiner Dramen fungieren. Dies gilt für den *Hofmeister*, aber auch für den *Engländer*. In der dramatischen Phantasie *Der Engländer* (1777) existiert ein eigentümliches Paar, nämlich Lord Hot und sein Freund Lord Hamilton, die ein Ehearrangement zwischen ihren Kindern herbeiführen wollen. Doch Robert Hot, der junge Engländer, der verheiratet werden soll, erkrankt an Liebesmelancholie. Zwar versuchen die beiden Väter, Robert Hot durch allerlei Tricks vom Wahnsinn zu kurieren, letztlich treiben sie ihn aber immer weiter in den Wahnsinn hinein (vgl. Hoff 1994: 215). Im Verlauf der Kur liegt der junge Engländer dann schließlich im Bett und wird von den Vätern bewacht – unterstützt in der Pflege von dem Arzt, dem Wächter und schließlich dem Pfarrer. Für Robert Hot gibt es in dieser männlich dominierten Welt kein Entkommen. Erst indem er sich mit einer Schere die Kehle durchschnitten hat, kann er sich gegen die Übermacht der Väter und ihrer Institutionen zur Wehr setzen. Und doch sind die Väter, trotz ihrer Härte und Grausamkeit, zu einer seltsamen Zärtlichkeit fähig. Dies galt schon für den ungestümen Major im *Hofmeister*, vielmehr aber noch für den Vater des Robert Hot, der voller Reue im Angesicht des Todes seines Sohnes ist: „Mörder! Mörder! [...] [I]hr habt mich um meinen Sohn gebracht" (Damm I: 335).

2. Verfallspanorama

Das Szenario, in das Lenz die Familie treibt, hat zum Teil einen extremen Charakter. Insbesondere in der Komödie *Der Hofmeister* drückt sich sein satirisch-realistischer

Stil vor allem dann aus, wenn die Tatkraft seines Helden sich an tabuisierte Bereiche bindet. Denn indem sich sein Hofmeister Läuffer durch seinen radikalen Akt der körperlichen Verstümmelung als ‚eunuchenhaft' markiert, ist es undenkbar geworden, dass er die Tradition des Hausvaters und damit einer patriarchalen Autorität weiterführt. Albrecht Koschorke hat das Deutungspotential des protestantischen Hausvaters in seiner dreifachen Funktion dargestellt, nämlich „Gatte, Familienoberhaupt und häuslicher Priester" (*Koschorke 2000: 152) zu sein. Dies wird dem Hofmeister Läuffer verwehrt sein, so wie auch seine Braut nicht ihre Erfüllung in der ‚natürlichen Mutterschaft' finden kann. So verstanden ist der *Hofmeister* von Lenz also eine Karikatur auf die bürgerliche Kleinfamilie mit ihrem Figurenensemble und ihren Semantiken von Liebe und Transzendenz. Diese Infragestellung der Familie durch das Zeigen des Skandalösen ist schon von den Zeitgenossen erkannt worden. So ist es nur konsequent, dass bei der zu Lebzeiten des Autors stattfindenden Aufführung des *Hofmeisters* 1778 in Hamburg durch Friedrich Ludwig Schröder kurzerhand auf die Kastrationsszene verzichtet wurde (vgl. Schulz 2001a: 89). Dies zielte selbstverständlich darauf ab, dem Stück seine Radikalität zu nehmen und die entscheidende Aussage zu entschärfen. Aber nicht nur im Drama *Der Hofmeister*, das im Untertitel die Bezeichnung *Vorteile der Privaterziehung* führt, wird auf Rousseaus *Émile* (1762) ironisch angespielt. Auch in seinen anderen Dramen führt Lenz das Familienmodell in seiner der Stereotypie verhafteten Form vor, um es dann der Lächerlichkeit preiszugeben. Die Familienmodelle, die Lenz in seinen Dramen beschreibt, scheinen zerrüttet zu sein. So konstatiert der Major im *Hofmeister*: „Es gibt keine Familie; wir haben keine Familie." (Damm I: 87) Lenz zeigt seine *dramatis personae*, wie sie unter dem gesellschaftlichen Druck – der bei ihm eben immer auch als familiär begriffen werden kann – leiden bzw. wie sie an ihm scheitern. Hierzu gehört der bereits erwähnte an der Liebesmelancholie leidende Engländer im gleichnamigen Stück von 1777 mit Namen Hot, der sich schließlich ersticht. Aber auch die Hauptfigur des nach ihr benannten Dramenfragments *Catharina von Siena* (entst. ca. 1775, gedr. 1884) zählt dazu, die vor der Liebe und der Tyrannei ihres Vaters fliehen muss. Und selbst in der Erzählung *Zerbin oder die neuere Philosophie* (1776) flieht der Sohn vor der Willkür des Vaters.

Zugleich aber ist Lenz fasziniert von einem anderen Skandal, der die Moralität der Kernfamilie ebenfalls zu durchkreuzen scheint, ihre Begründung in der Natur sogar ad absurdum führt. Für die bürgerliche Familie im 18. Jahrhundert gilt, dass Erotik und Leidenschaft sich jetzt ausschließlich am Naturbegriff orientieren, weshalb die ‚Natürlichkeit' der familiären Beziehung sich auch vorerst durch ein Abgrenzungsmanöver darstellt. Denn es ist das Gegenbild des Außermoralischen – so zum Beispiel die ‚Blutschande' bzw. der Inzest –, von dem sich das intakte Familiensystem abhebt. Allein dadurch kann sich das Familiäre als das ‚Natürliche' einschreiben (vgl. *Hoff 2003: 84). Dies gilt sowohl für Lenzens Drama *Der neue Menoza oder Geschichte des cumbanischen Prinzen Tandi* (1774) mit der Inszenierung des inzestuösen Geschwisterpaars als auch für *Die Soldaten*, in denen der lüsterne Vater Wesener seine Tochter geradezu prostituiert. War Inzest bisher etwas, das ausgegrenzt und als etwas Fremdes abgespalten wurde, wird die Problematik jetzt mitten im bürgerlichen Wohnzimmer platziert. Und genau hier setzt Lenz mit seinen Texten ein. So heißt es in *Der neue Menoza*: „Umarmen Sie sich. Sie sind Bruder und

Schwester" (Damm I: 159). Diese Worte spricht Herr von Zopf, der auf die beiden Vermählten Wilhelmine von Biederling und den Prinzen Tandi trifft, wobei beide *"sitzend beieinander auf dem Kanapee"* (ebd.: 158) miteinander poussieren, bis eben die Botschaft zu ihnen dringt: *"Wilhelmine fällt auf den Sofa zurück. Tandi bleibt bleich mit niederhangendem Haupte stehen"* (ebd.: 160). Der Ausspruch Wilhelmines schließlich: „Wir sind Mann und Frau miteinander" (ebd.) macht die Brisanz der Szene III,3 überdeutlich. Später wird sich jedoch der Inzest als vermeintlicher zu erkennen geben, denn die beiden sind gar keine Geschwister. Insofern kann die Bezeichnung „Komödie", die Lenz seinem Drama gegeben hat, zur Geltung gebracht werden. Lenz selbst hat seine deutliche Anspielung auf einen möglichen Geschwisterinzest scheinbar als problematisch eingeschätzt. So schreibt er an Herder am 28. 8. 1775: „Ich verabscheue die Szene nach der Hochzeitsnacht. Wie konnte ich Schwein sie auch malen. Ich, der stinkende Atem des Volkes" (Damm III: 333). Lenz spielt hier auf die zuvor beschriebene Szene III,3 an. Warum er die Konstruktion des Geschwisterinzests im Nachhinein verwirft, lässt sich unterschiedlich auslegen. Sigrid Damm meint, das Briefzitat an Herder bezieht sich auf Einwände von Sophie von La Roche gegen die Szene, die einen Inzest offenbart (ebd.: 837 f.). Georg-Michael Schulz demgegenüber sieht in der Selbstkritik von Lenz ein Nachwirken von Schlossers Einwand: „Ach *Lenz*, vertilge die Szene, die du ganz verzeichnet hast" (Schlosser zit. nach Schulz 2001a: 64), den der Freund in einer Verteidigungsschrift des Stücks mit dem Titel *Prinz Tandi an den Verfasser des neuen Menoza* (1775) erhoben hat. Auch in Heinrich von Kleists Novelle *Die Marquise von O...* (1808) kommt es zu einer deutlich inzestuös aufgeladenen Versöhnungsszene zwischen Vater und Tochter, die wiederum von der Mutter begehrlich beobachtet wird. Inzest und Voyeurismus binden sich hier aneinander und bezeichnen eine geradezu mythisch gründierte kleinfamiliäre Konstellation. Sigmund Freud wird dieses Initiationsritual später mit dem Begriff der Urszene fassen.

Lenz untergräbt das empfindsame Drama, wenn er die versteckten Gewaltpotentiale der neuen Institution Familie offenlegt. Christine Künzel weist darauf hin, dass Lenz das Motiv der verführten Unschuld – wie es von Hellmuth Petriconi eingeführt worden ist – neu variiert. In seinen beiden Dramen *Die Soldaten* und *Der Hofmeister* kommt es zu Szenen der Verführung, bei welcher der Grad der physischen Gewalt evident ist, weshalb auch Künzel von Vergewaltigung spricht (vgl. Künzel 2003: 342). Das Besondere aber nun ist, dass Lenz die Verführungsszene weder als Notzucht noch als komplizenhafte Einwilligung des Opfers in die Verführung markiert, sondern die Szene sich vielmehr hinter den Kulissen abspielen lässt und so eine seltsame ambivalente Doppeldeutigkeit erzeugt, worin letztlich „die Repräsentation sexueller Gewalt" (ebd.: 344) anklingt. So wird etwa der Verführungsakt in *Die Soldaten* in der dritten Szene des zweites Aktes nur im Nebentext kenntlich: „[...] *derweil das Geschrei und Gejauchz im Nebenzimmer fortwährt"* (Damm I: 214). Die Grenzziehung zwischen Verführung und sexueller Gewalt in den Dramen wird von Lenz zwar markiert, durch die Abwesenheit der Handlung jedoch die Spannung zwischen Hure und „Schlachtopfer" (ebd.: 245) erhalten. Auch im *Hofmeister* existiert diese Doppeldeutigkeit. So enthält die Verführungsszene immer schon die sexuelle Gewalt, da der Hofmeister Läuffer von Wenzeslaus als „reißender Wolf in Schafskleidern" (ebd.: 116) beschrieben wird.

3. Versöhnungsrituale

Interessant ist zu sehen, welche Intertexte Lenz heranzieht, um darüber Umschreibungen, Demontagen und Überschreitungen von familialen Konstruktionen vorzunehmen. Schon in Lessings *Nathan der Weise* (1779) existiert am Ende des Stücks ein Schlusstableau, in dem sich nicht die Herkunftsfamilie etabliert, sondern „ein Familientyp, der offensichtlich nicht nur als Ersatz, sondern als Überbietungsmodell gegenüber der Fortpflanzungsfamilie gedacht ist" (*Hoffmann 2011: 374). Nathan, Saladin, Sittah, der Tempelherr und Recha umarmen sich rührselig in einer Art „Geschwister-, Verwandten- und Freundschaftsfamilie" (ebd.) – und: „Unter stummer Wiederholung allseitiger Umarmungen fällt der Vorhang" (*Lessing 1993: 627) Hierbei geht es um eine fiktive Familie, die dem Toleranzpostulat verpflichtet ist und insofern die patriarchal dominierte Familie verabschiedet. Kein Hausvater kann länger bestimmen, was für seine Familie die richtige Religion ist. Zugleich ist es ein egalitäres Prinzip, das sich hier an eine Familienvorstellung bindet. Auch Lenz unterläuft mit seinen Schlussbildern subversiv das Hausvatermodell, wenn er die schon bei Lessing vorhandene inzestuöse Implikation aufgreift und in *Die Soldaten* in der vierten Szene des fünften Aktes Vater und Tochter in einer innigen Umarmung sich versöhnen lässt. Inzestuös geprägte Versöhnungsrituale, die sich in der Familie ausbilden, verhindern damit letztlich, dass die Familienkonstruktion scheitert. Mariane, eigentlich fast schon eine Hure, nähert sich ihrem zu dem Zeitpunkt noch nicht entdeckten Vater. Doch dieser wehrt ihr erotisches Ansinnen – *„zupft ihn am Rock"* (Damm I: 244) – ab: „Laß Sie mich – ich bin kein Liebhaber von solchen Sachen" (ebd.). Kurz darauf folgt die Entdeckung und sie wird durch ihren Vater gerettet: „Wesener *schreit laut*: Ach, meine Tochter. Mariane: Mein Vater! *Beide wälzen sich halb tot auf der Erde. Eine Menge Leute versammeln sich um sie und tragen sie fort."* (ebd.: 245)

Damit ist auch hier ein weiterer wichtiger Intertext Lessings aufgegriffen worden. Denn nicht viel anders ist es Emilia Galotti ergangen, wenn sie im siebten Auftritt des fünften Aktes ihren Vater Odoardo provoziert und darauf anspielt, dass sie ihre Unschuld verlieren könnte, und sich als Hure inszeniert: „Du [gemeint ist die Rose, Sinnbild für Frau und Liebe, D. v. H.] gehörest nicht in das Haar Einer, – wie mein Vater will, daß ich werden soll!" (*Lessing 2000: 370) Odoardo schließlich rettet sie vor der „Schande" (ebd.), indem er sie erdolcht. Allein so kann sie als geopferte Stütze eines väterlichen familiären Gesetzes fungieren. So resümiert Emilia: „Eine Rose gebrochen, ehe der Sturm sie entblättert. – Lassen Sie mich sie küssen, diese väterliche Hand" (ebd.). Dieses tragisch Motivierte, das in der Bezeichnung ‚Trauerspiel' zum Ausdruck kommt, ist bei Lenz in den Begriff ‚Komödie' umgemünzt worden. Dominant bleibt aber weiterhin der Prätext *Nathan der Weise*, wenn die Versöhnung mit der Welt in Lenzens *Die Soldaten* im Abschlussbild der fünften und letzten Szene letztlich durch ein libertäres Konkubinen-Bild abgerundet wird: „Die durch unsere Unordnungen zerrüttete Gesellschaft würde wieder aufblühen und Fried und Wohlfahrt aller und Ruhe und Freude sich untereinander küssen." (Damm I: 246)

Diese Freizügigkeit geht vor allem auf den römischen Dichter Titus Maccius Plautus zurück, den Lenz ins Deutsche übertragen hat (→ 2.8 Übersetzungen). Dabei reichen seine Übersetzungen von philologisch exakten bis zu freien Transformationen, wobei Lenz vor allem die Anpassung an die zeitgenössische deutsche Leserschaft im Auge gehabt hat.

4. Resümee

Man könnte sagen, dass Lenzens Familienmodelle eher das Außergewöhnliche sowie Abseitige fokussieren und insofern weniger auf Ordnung als auf Unordnungen in den Familien- und Geschlechterverhältnissen zielen. J. M. R. Lenz zeigt, wie die Figuren in der bürgerlichen Familie agieren, wobei der Autor die Familie als ein Machtdispositiv reflektiert, das sich in die Seelen der Menschen eindrückt. So gesehen fungiert die familiale Institution also als Unterdrückungsinstanz, bei denen die Söhne und Töchter zugerichtet werden; es wird ihnen sogar etwas angetan. Dass dies von Lenz mit Spott und Humor in Szene gesetzt wird, demonstriert seine produktive Schreibweise. Dabei findet sich das Familientribunal bei Lenz unterschiedlich ausgestaltet. Manchmal ist es komisch, dann wieder traurig. Immer aber erscheint es – wie Peter von Matt es treffend bezeichnet – als Desaster (vgl. *Matt 1995). Darüber können auch die Schlusstableaus, in denen die Familie am Ende der Dramen wieder in neuen Formationen hergestellt wird, nicht hinwegtäuschen.

5. Weiterführende Literatur

Brunner, Otto: „Vom ‚ganzen Haus' zur ‚Familie'". In: Heidi Rosenbaum (Hg.): *Seminar: Familie und Gesellschaftsstruktur. Materialien zu den sozioökonomischen Bedingungen von Familienformen*. Frankfurt/Main 1978, S. 83–91.

Deutsches Wörterbuch von Jacob Grimm und Wilhelm Grimm. Bd. 3. Leipzig 1862, S. 1305 [Art. „Familie"].

Frese, Jürgen u. a.: [Art.] „Familie, Ehe". In: Joachim Ritter (Hg.): *Historisches Wörterbuch der Philosophie*. Bd. 2: D–F. Basel, Stuttgart 1972, S. 895–904.

Habermas, Jürgen: *Strukturwandel der Öffentlichkeit: Untersuchungen zu einer Kategorie der bürgerlichen Gesellschaft*. Neuwied, Berlin 1962.

Hausen, Karin: „Die Polarisierung der ‚Geschlechtscharaktere': Eine Spiegelung der Dissoziation von Erwerbs- und Familienleben". In: Heidi Rosenbaum (Hg.): *Seminar: Familie und Gesellschaftsstruktur. Materialien zu den sozioökonomischen Bedingungen von Familienformen*. Frankfurt/Main 1978, S. 161–191.

Hoff, Dagmar von: *Familiengeheimnisse. Inzest in Literatur und Film der Gegenwart*. Köln 2003.

Hoffmann, Volker: „Tod der Familie und Toleranz. Lessings ‚Nathan der Weise' (1779, 1783) und Goethes ‚Iphigenie auf Tauris' (1787) als Programmstück der Goethezeit". In: *Deutsche Vierteljahrsschrift für Literaturwissenschaft und Geistesgeschichte* 85.3 (2011), S. 367–379.

Koschorke, Albrecht: *Die Heilige Familie und ihre Folgen*. Frankfurt/Main 2000.

Lessing, Gotthold Ephraim: *Hamburgische Dramaturgie. Kritisch durchgesehene Gesamtausgabe*. Mit Einl. u. Kommentar v. Otto Mann. Stuttgart 1978, S. 88–91.

Lessing, Gotthold Ephraim: „Nathan der Weise. Ein dramatisches Gedicht in fünf Aufzügen". In: Gotthold Ephraim Lessing: *Werke und Briefe in zwölf Bänden*. Bd. 9: *Werke 1778–1780*. Hg. v. Klaus Bohnen u. Arno Schilson. Frankfurt/Main 1993, S. 483–627.

Lessing, Gotthold Ephraim: „Emilia Galotti. Ein Trauerspiel in fünf Aufzügen". In: Gotthold Ephraim Lessing: *Werke und Briefe in zwölf Bänden*. Bd. 7: *Werke 1770–1773*. Hg. v. Klaus Bohnen. Frankfurt/Main 2000, S. 291–371.

Matt, Peter von: *Verkommene Söhne, mißratene Töchter. Familiendesaster in der Literatur*. München 1995.

Matt, Peter von: *Die Intrige. Theorie und Praxis der Hinterlist*. München, Wien 2006.

Petriconi, Hellmuth: *Die verführte Unschuld. Bemerkungen über ein literarisches Thema*. Hamburg 1953.

Sørensen, Bengt Algot: *Herrschaft und Zärtlichkeit. Der Patriarchalismus und das Drama im 18. Jahrhundert*. München 1984.

3.8 Freundschaft
Inge Stephan

1. Scheiternde Freundschaften in den Briefen 377
2. Prekäre Freundschaften in den Werken 379
3. Weiterführende Literatur 386

Der paradoxe Ausspruch „Meine lieben Freunde, es gibt keinen Freund!" wird Aristoteles zugeschrieben (*Safranski 2011: 11) – zu Unrecht, denn es gibt dafür keinen Beleg in seinen philosophischen Schriften. Im 8. und 9. Buch seiner *Nikomachischen Ethik*, die bis heute zu den Grundlagentexten des Freundschaftsdiskurses zählt, hatte er Freundschaft als eine Praxis des nahen Zusammenlebens zwischen Gleichen bestimmt und den Freund „als ein zweites Selbst" (*Aristoteles 1995: 226) definiert. Trotz solcher Hochschätzung schleichen sich in sein Lob der Freundschaft Zweifel ein, wenn er von „Störungen" (ebd.: 188), „Differenzen" (ebd.: 206), „Zerwürfnissen" (ebd.: 209) und „Mißverständnissen" (ebd.: 214) spricht, die das freundschaftliche Verhältnis belasten oder gar vernichten können. Bei genauerer Lektüre zeigt sich, dass Aristoteles die „Herzensbünde" (ebd.: 186) zwischen Männern durchaus kritisch sieht und ‚wahre' Freundschaft für ihn ein seltenes und kostbares Gut ist. Diese ambivalente Sicht auf die Freundschaft vertieft sich bei Montaigne und La Rochefoucauld, die mit Aristoteles ein philosophisches ‚Dreigestirn' in dem die Jahrhunderte umspannenden Freundschaftsdiskurs des Abendlandes bilden.

In seinem Essay *Von der Freundschaft* (1597) unterscheidet auch Montaigne zwischen ‚wahren' und ‚falschen' Freunden:

> Im übrigen sind das, was wir gemeinhin Freunde und Freundschaften nennen, nur Bekanntschaften und Begegnungen, die bei irgendeiner Gelegenheit entstanden oder um einer Annehmlichkeit willen geknüpft worden sind, durch deren Vermittlung unsere Seelen miteinander sprechen. In der Freundschaft aber, die ich meine, vereinigen sich die Seelen und fließen in so vollkommener Weise ineinander über, daß sie die Nahtstelle, die sie zusammengeschweißt hat, verwischen und nicht mehr wiederfinden. (*Montaigne 1963: 14)

Ähnlich skeptisch äußert sich La Rochefoucauld in seinen *Sentenzen und Maximen* (1678). „Wahre Liebe" und „wahre Freundschaft" (*La Rochefoucauld [o. J.]: 76) hält er für äußerst selten anzutreffende Gefühle. Lakonisch stellt er fest: „Die meisten Freunde verleiden uns die Freundschaft" (ebd.: 72). Eine positive Bestimmung der Freundschaft suchen wir bei dem notorisch skeptischen La Rochefoucauld vergeblich, ihm geht es darum, die Selbstliebe als Triebfeder menschlichen Handelns zu entlarven: „Freundschaft nennen es die Menschen schon, wenn sie sich zusammentun, sich in ihren Interessen nacheinander richten und gegenseitig Gefälligkeiten austauschen: dies ist im Grunde nur ein Verkehr, bei dem die Selbstliebe irgendeinen Gewinn erhofft." (ebd.: 31)

Die Schriften von Aristoteles, Montaigne und La Rochefoucauld waren Standardlektüre für aufklärerische Intellektuelle im 18. Jahrhundert. Die kritische Sicht auf die Freundschaft, die sie darin finden konnten, hielt sie jedoch nicht davon ab, einen Freundschaftskult zu entfalten, der in seiner ekstatischen Übersteigerung aus heutiger Sicht eine Reihe von befremdlichen Momenten enthält. Der hochgestimmte, zum Teil schwülstige Ton, der die Briefe und Romane der Zeit durchzieht, macht es schwer zu entscheiden, ob von Freundschaft oder Liebe die Rede ist und wie konkret das Begehren nach Nähe und Verschmelzung eigentlich gemeint war. Den Text *Unsere Ehe*, den J. M. R. Lenz Goethe als Dokument der Freundschaft übersandte, hielt Goethe wohl auch deshalb unter Verschluss, weil er annehmen musste, dass ein solcher Text zu Missdeutungen Anlass geben könnte.

Das 18. Jahrhundert ist eine Epoche, in der die Hochschätzung der Freundschaft als ein der Liebe gleichwertiges oder sogar überlegenes Gefühl zu einer Grundüberzeugung von bürgerlichen Intellektuellen wurde (vgl. *Rasch 1936). Dabei wurden die Problematiken durchaus gesehen. So spricht Justus Möser im ersten Band seiner *Patriotischen Phantasien* (1774) von der „Politik der Freundschaft" und den Schwierigkeiten, die im Verhältnis der Freunde untereinander auftreten können (*Möser 1978: 127 f.). Kant gibt in seinen Ethik-Vorlesungen, die er zwischen 1775 und 1780 gehalten hat und die sich in Mitschriften erhalten haben, die Devise aus: „Gegen den Freund hat man sich so aufzuführen, daß er uns nicht schadet, wenn er unser Feind wäre" (*Kant 1924: 264). Positiver war die Einschätzung von Christian Fürchtegott Gellert. In seinen *Moralischen Vorlesungen* (posthum 1770) vertritt er die Auffassung, es sei „eben der größte Nutzen der Freundschaft für uns und die Welt, daß wir immer besser und zu unsrer großen und ewigen Bestimmung geschickter werden." (*Gellert 1992: 261) Johann Wilhelm Ludwig Gleim, ein berühmt-berüchtigter ‚Netzwerker' im 18. Jahrhundert (vgl. *Pott 2004) richtete sich gar einen Freundschaftstempel in Halberstadt ein, in dem er eine Porträtsammlung seiner Freunde anlegte, die am Ende seines Lebens auf stolze 150 *followers* angewachsen war (vgl. *Der Freundschaftstempel 2000).

Für Schriftsteller hatte der Freundschaftskult einen besonderen Wert. Dichterbünde wie der Göttinger Hain beruhen auf der Freundschaft der Beteiligten und dienten der Durchsetzung gemeinsamer Interessen. Auch der Sturm und Drang als ein Zusammenschluss junger Autoren war zunächst einmal eine Verbindung von Gleichgesinnten, die sich einig waren in dem gemeinsamen Streben nach einer neuen Sprache und einer neuen Literatur.

Die Freundschaftsbünde gingen aber über eine Interessenvertretung weit hinaus. Freundschaft wird zum „Inhalt von Gedichten und Reflexionen und Mittel literarischer Produktion. Ist der Freund abwesend, kann man sich seiner wortreich erinnern; umgekehrt regt das Ereignis der Begegnung, man denke nur an Klopstocks Ode *Der Zürchersee*, zu literarischer Produktion an." (Kagel 2003a: 329) Frauen hatten in diesen ‚Männerbünden' keinen Platz (vgl. Stephan 2000), die Frage, ob sie zur Freundschaft untereinander oder in der Beziehung zu Männern überhaupt fähig seien, war seit Aristoteles umstritten (vgl. *Mauser/Becker-Cantarino 1991).

Freundschaft im 18. Jahrhundert ist ein männlich codiertes Konzept, was nicht ausschließt, dass es Freundschaften zwischen Frauen und zwischen Männern und Frauen gab bzw. diese in der Literatur als Realität oder Wunsch ausgestaltet wurden. Hierfür finden sich im Werk von J. M. R. Lenz zahlreiche Beispiele, wobei es Unterschiede zwischen den Briefen und den literarischen Texten im engeren Sinne gibt. In den Briefen wirbt Lenz – zum Teil verzweifelt – um Freundschaft, in seinen Dramen und Prosatexten dekonstruiert er die Konzepte von Freundschaft so schonungslos, dass die Freundschaftsbeteuerungen in seinen Briefen in einem anderen Licht erscheinen.

3.8 Freundschaft

Wenn man sich die Biographie von Lenz anschaut, fällt auf, dass er sein Leben lang nach Freundschaft gesucht hat, dass die Beziehungen, die er zu Männern wie Herder, Lavater, Wieland und Goethe oder Frauen wie Sophie von La Roche, Cornelia Schlosser und Frau von Stein knüpfen konnte, jedoch nur von kurzer Dauer und im hohen Maße ‚prekär' waren (vgl. *Jung/Müller-Doohm 2011). Die Freundschaft zu Goethe endete im Desaster, dessen Nachbeben noch in *Dichtung und Wahrheit* zu spüren ist. Ein Freundschaftspaar wie *Goethe & Schiller* (*Safranski 2011) sind Lenz und Goethe nicht geworden.

In seiner zweibändigen Biographie *Goethe. Eine psychoanalytische Studie* (1983/1985) rechnet der Autor Kurt Robert Eissler Lenz – neben dem heute weitgehend vergessenen Freund Friedrich Victor Leberecht Plessing und der Schwester Cornelia – zu den unvermeidbaren ‚Opfern', die das ‚Genie' auf seinem Weg zur Vollendung erbringen musste. Eissler deutet Lenz als „Spiegelbild" (Eissler 1983: Bd. 1, 72), von dem sich Goethe habe abwenden müssen, um nicht in die „Psychose" (ebd.: 66) des Freundes verwickelt zu werden: „Lenzens Leben [...] sieht aus wie eine tragische Karikatur von Goethes Leben" (ebd.). Die „überraschende Ähnlichkeit" (ebd.: 67), die Eissler zwischen den beiden Freunden konstatiert, führt zu einem dramatischen Bruch, von dem sich Lenz nicht erholen sollte. Eine solche Beobachtung heißt nicht, dass Goethe die ‚Schuld' am tragischen Ende des Freundes trägt, wohl aber, dass Ähnlichkeit nicht unbedingt ein Garant für eine harmonische und dauerhafte Freundschaft zwischen ‚Gleichen' ist, wie Aristoteles angenommen hatte.

In seinem Beitrag „Verzicht und Verrat. Begriff und Problematik der Freundschaft bei J. M. R. Lenz" hat Martin Kagel den Begriff der Freundschaft nicht nur kenntnisreich in zeitgenössischen Debatten des 18. Jahrhunderts verankert, sondern zugleich eine Reihe von Werken vorgestellt, die zeigen, wie gebrochen der Freundschaftsdiskurs bei Lenz ist:

> Mit seiner Kritik am illusionären Charakter des überlieferten Freundschaftsbegriffs schließt Lenz an die von Kant und Möser zur Sprache gebrachte Politik der Freundschaft an, die Verrat als notwendigen Bestandteil des Begriffs voraussetzt. Mit ihnen entdeckt er, daß Freundschaft weder jenseits gesellschaftlicher Machträume noch tatsächlich in der Identität existieren kann. Indessen wendet Lenz diese Einsicht nicht gegen den Begriff der Freundschaft selbst, sondern macht sie zur Basis einer Politik, die Verrat als notwendiges und keineswegs negatives Attribut der Freundschaft fasst (Kagel 2003a: 335).

Kagel vertritt die These, dass Lenz mit seinem Konzept von Freundschaft, die ‚Politik der Trennung' vorweggenommen habe, wie sie Jacques Derrida in seiner *Politik der Freundschaft* (*Derrida 2000: 87 f.) formuliert habe.

1. Scheiternde Freundschaften in den Briefen

Die Freundschaften, die sich Lenz in seinen Briefen zu erschreiben suchte, haben zumeist keine glücklichen Verläufe genommen, obwohl sich Lavater, Herder und La Roche durchaus als treue Freunde bzw. Freundinnen erwiesen, die sich bemühten, Lenz nach Kräften zu unterstützen. Nur die gemeinschaftliche finanzielle Anstrengung der Freunde ermöglichte dem kranken Dichter die Reise zu Oberlin und rettete ihn vor der Einlieferung in das „Tollhaus" (Damm III: 754) in Frankfurt.

Wie sehr Lenz die Geduld der Freunde auf die Probe stellte, zeigt ein Brief an Lavater (ebd.: Ende September 1775). Dieser hatte sich – wie auch andere Freunde –

dafür ausgesprochen, die Literatursatire *Die Wolken*, die Lenz in Anlehnung an Aristophanes' Komödie *Die Wolken* und Goethes Satire *Götter, Helden und Wieland* (1774) verfasst hatte, vor einer möglichen Drucklegung an Wieland zu schicken, um absehbare Konflikte zu vermeiden. Lenz reagierte darauf mit einem Wutausbruch, in dem sich Freundschaft und Feindschaft in schwer zu trennender Weise vermischen:

> Lieben Freunde, wo ist Euer Verstand, wo ist Euere Freundschaft für mich? Was hab ich mit W. zu schaffen! Kennt ihr die süßlächelnde Schlange mit all ihren Krümmungen noch nicht. [...] Und W. der Euch allen im Herzen Hohn spricht, die Achseln über Euch zuckt u lächelt – mit dem wollt Ihr Vertraulichkeit machen, sobald es wider ihn geht. Liebe, liebe Freunde – überlaßt mich wenigstens mir allein.
> Unsere Feindschaft ist so ewig als die Feindschaft des Wassers und Feuers, des Tods und des Lebens, des Himmels und der Hölle. Und ihn zu bekehren – wäre Lästerung. Ihn durch dies Stück bekehren wollen – Freunde, ich fahre aus der Haut. Alle seine Absichten befördern, sagt, und mich zerhauen, im Mörser zusammen stoßen. Schreib ich denn das Stück für mich? Oder hab ich hier mit W. *dem Menschen*, nicht mit Wiel. dem *Schriftsteller* zu tun? Tu ich mir nicht den größten Schaden damit? Und jetzt W. in die Hände geben, damit er *frohlocken kann über mich*? Und das meine eignen Freunde. (ebd.: Ende September 1775 an Lavater; Hervorh. im Orig.)

Der Brief des Herausgebers Heinrich Christian Boie zeigt, dass Lenz mit dem sich über Monate hinziehenden Konflikt, vor allem aber mit seinem eigenen Verhalten, die Nachsicht der Freunde über Gebühr strapazierte:

> Ich war im Begriff Ihnen zu schreiben, und Ihnen das zu schicken, worum Sie mich gebeten hatten, als ich Ihren Brief vom 12ten erhielt. Diesen Brief von *Ihnen an mich*! – wo mir was in meinem Leben unerwartet gewesen ist, so war's dieser Brief. Ich habe gewartet, bis ich kalt geworden bin, und will Ihnen nun auch von meiner Seite das lezte Wort in dieser Sache sagen, die mir wahrlich! von Anfang an keine Freude gemacht hat. Was hab ich davon gehabt? Mühe, Kosten, Verdruß, Plackerei! Und warum? Weil ich Sie schätzte, Sie liebte! Es war Übereilung von mir, von einer Seite nicht zu verzeihende Übereilung, daß ich mich mit den W. einließ. Hernach hab ich mir nichts mehr vorzuwerfen. Wenn Sie in irgend einem Vorfall Ihres Lebens einen treuern, wärmern, uneigennützigern Freund finden, so wünsch ich Ihnen Glück. Mich hat mein Herz wieder zu weit geführt. Ich wills künftig fester halten. (ebd.: 19.5.1776, Boie an Lenz)

Der Konflikt, in den auch Herder, Schlosser und weitere Freunde verwickelt waren, löste sich anders als gedacht. Lenz nahm die Satire zurück, vernichtete sie und verfasste die Gegenschrift *Vertheidigung des Herrn W. gegen die Wolken von dem Verfasser der Wolken*, die 1776 gedruckt wurde. Zu Wieland, der sich gegenüber Konkurrenten im literarischen Feld stets generös und langmütig erwies, stellte sich ein herzlicher Kontakt her, von dem Lenz noch in Weimar profitieren sollte, als seine Freundschaft zu Goethe endgültig zerbrach.

Offensichtlich ist Freundschaft ein dehnbares Konzept. Die Unterscheidung zwischen dem „*Menschen*" und dem „*Schriftsteller*" Wieland macht deutlich, dass ‚Freundschaft' und ‚Feindschaft' als Empfindungen in einem Menschen gegenüber einem anderen Menschen nebeneinander existieren können und dass sie im Übrigen durchlässig und umkehrbar sind. Vor allem aber zeigt sich, dass Freundschaft sehr stark von den Kontexten abhängt, in denen sich die Partner jeweils befinden. Das Werben von Lenz um Freundschaft, das seine Briefe durchzieht, ist eng von seiner unterlegenen sozialen und vor allem bedrückten finanziellen Lage bestimmt. Eine ‚ideale' Freundschaft wie die zwischen Sokrates (vgl. ebd.: Mitte August 1772 an

Salzmann) und Alcibiades (vgl. ebd.), in die sich Lenz hineinphantasiert, gibt es nur auf dem Papier. In der Praxis war er auf „gesellschaftliche Freunde" (ebd.: 14. 1. 1776 an Gotter) angewiesen, die Geld schickten, ihm Kontakte vermittelten, sich für den Druck seiner Texte einsetzten und ihn in seiner Autorschaft bestätigten.

Dabei wusste Lenz, dass er ein ‚schwieriger' Freund war. In einem Brief an Sophie von La Roche schreibt er dringlich: „[E]ntziehen Sie mir Ihre Freundschaft nicht! Ich nehme das Wort in der strengsten, eigentlichsten Bedeutung; nichts mehr, aber auch nichts weniger ist mein Herz stolz genug von Ihnen zu verlangen" (ebd.: Juni 1775), um dann sogleich ängstlich nachzufragen: „Sagen Sie mir, könnten Sie die Freundin eines solchen Menschen sein?" (ebd.) Ausdrücke wie „Halbfreunde" (ebd.: 11. 11. 1777, Salis an Lenz), „glühende Freundschaft" (ebd.: 11. 2. 1780 an Peuker) oder „ungeheuchelter Freund" (ebd.: 15. 4. 1780 an Lavater), Briefunterschriften wie „Ihr bereitwilligster Diener und gehorsamster Freund" (ebd.: Juli 1778 an Sarasin) und „Ihr Freund und Verehrer" (ebd.: Juli 1775 an La Roche) bzw. die an Boie gerichtete Drohung „oder unsere Freundschaft ist tot" (ebd.: Anfang März 1776 an Boie) machen deutlich, dass Freundschaft ein ambivalentes und stets gefährdetes Gefühl im Leben von Lenz gewesen ist. Die Erfahrung, „daß Liebe und Liebe sich so oft verfehlt" (ebd.: Juli 1775 an La Roche), gilt auch für die Freundschaft.

Eine tiefe Zuneigung scheint Lenz in der Phase seiner Krankheit zu dem „Handwerksburschen" (ebd.: einige Tage vor Johanni 1778 an Sarasin) Conrad Süß gefasst zu haben, den er bei einem Schuhmacher in Emmendingen kennenlernt, zu dem ihn die besorgten Freunde für eine Zeit gegen Bezahlung in Obhut gegeben haben. Conrad wird für Lenz zum „beste[n] Freunde und Kameraden" (ebd.): „Er ist mein Schlafkamerad und wir sitzen den ganzen Tag zusammen" (ebd.). Inständig bittet er die Freunde, Conrad auf seiner Wanderschaft zu unterstützen und ihm eine Stelle zu verschaffen. In der Sorge um den „Bruder" (ebd.) Conrad überlagern sich Freundschaft und Selbstliebe. Die Rückkehr mit dem leiblichen Bruder Carl Heinrich Gottlob zum Vater nach Livland im Sommer 1779 setzte der ‚Wahlverwandtschaft' zwischen den beiden ‚Schlafkameraden' ein jähes Ende. Weder Conrad Süß noch die anderen Freunde in Deutschland und der Schweiz sollte Lenz jemals wiedersehen.

2. Prekäre Freundschaften in den Werken

Auch in den Werken ist Freundschaft als erwünschte Beziehung oder als scheiterndes Konzept ein durchgängiges Thema. Die *Briefe über die Moralität der Leiden des jungen Werthers* (1774/1775) sind an einen fiktiven Freund gerichtet, dem Lenz mit seiner Rezension die Augen für die Schönheit des Romans öffnen möchte. Zugleich ist die Rezension ein Freundschaftsdienst für Goethe, dessen Roman *Die Leiden des jungen Werthers* (1774) eine Reihe von orthodoxen Kritikern auf den Plan gerufen hatte, die sich für eine Zensur oder gar ein Verbot des Skandalromans aussprachen. Der Text wird zum Prüfstein für Freundschaft im literarischen Feld im Allgemeinen: Wenn der Freund sich auf die Seite der Gegner des Romans schlägt, kann er nicht länger Freund von Lenz sein. Es ist nicht ohne Ironie, dass Goethe die Rezension, die ihm Lenz zuschickte, unter Verschluss gehalten hat. Diese wurde erst 1918 nach einer zufällig aufgefundenen Abschrift publiziert, so dass den Zeitgenossen diese Hommage ebenso vorenthalten blieb wie Lenzens emphatische Rezension *Über Götz von Berlichingen* (1773–1775), die erstmals 1901 veröffentlicht wurde.

Für Lenz ist Goethes *Werther* ein Unterpfand der Freundschaft, das er mit den anderen Freunden teilen will:

> Als ich das Buch zum erstenmal gelesen, voll von den süßen Tumult den es in meiner Brust erregt, lief ich herum und pries es allen meinen Freunden an. Das erste Exemplar das ich hatte (ein Geschenk des Verfassers) verehrte ich demjenigen Frauenzimmer das ich unter allen meinen Bekannten am höchsten schätzte [...]. (Damm II: 676)

Zugleich nimmt Lenz die Rezension zum Anlass, um anhand der Dreieckskonstellation Albert – Lotte – Werther über die Abgrenzung zwischen Freundschaft und Liebe nachzudenken:

> Wer erfahren hat was die beiden Namen sagen wollen, *Freund* und *Geliebte*, der wird keinen Augenblick anstehen, seinen Freund für den er übrigens das Leben geben könnte, seiner Geliebten nachzusetzen. Wer das nicht tut, hat weder ein Herz für den Freund, noch für die Geliebte. (ebd.: 680; Hervorh. im Orig.)

In dem Briefroman *Der Waldbruder, ein Pendant zu Werthers Leiden* (entst. 1776, gedr. 1797), der nach dem Tod von Lenz auf Drängen von Schiller aus den unter Verschluss gehaltenen ‚Lenziana' Goethes 1797 in den *Horen* veröffentlicht wurde, wird das Thema ‚Freundschaft und Liebe' in obsessiver Weise durchbuchstabiert. Hinter dem Freundespaar Rothe und Herz sind unschwer Goethe und Lenz als Konkurrenten im literarischen Feld zu erkennen. Anders als in der Literatursatire *Pandämonium Germanikum* (entst. 1775, gedr. 1819), die ebenfalls erst aus dem handschriftlichen Nachlass veröffentlicht wurde und in der Goethe und Lenz als Figuren – wenn auch in grotesker Verzerrung – namentlich auftreten, ist der Konflikt im *Waldbruder* in einem kaum zu entwirrenden Intrigenspiel von Freundschaft, Liebe und Hass angesiedelt: Rothe und Herz begehren die gleiche Frau, aus den ursprünglichen Freunden werden erbitterte Feinde, wobei Rothe in dem Roman eine äußerst zwielichtige Rolle spielt. Er weiß um die adelige Abkunft von Herz, hält diese aber geheim, um sich selbst Vorteile bei Hofe zu verschaffen.

Man kann den *Waldbruder* als vehementen Einspruch gegen den *Werther* lesen:

> Im „Waldbruder" von Lenz formuliert sich die ‚Nachtseite' zu dem Erfolgstext von Goethe und zwar auf inhaltlicher wie formaler Ebene. Der Text ist chaotisch, verwirrend, aggressiv und pessimistisch. Er gehört zu den sogenannten ‚dunklen Texten' der Aufklärungszeit. Er markiert eine dialektische Position im Freundschafts- und Liebesdiskurs der Epoche, die die seines ‚Pendants', den „Werther" von Goethe, an radikalem Skeptizismus weit übertrifft. Im „Waldbruder" sind Liebe und Freundschaft eine bloße Chimäre, hinter der die eigentlichen Triebkräfte – fratzenhaft verzerrt – erkennbar werden: Die sexuellen Triebe, das Machtbegehren und das Geld. (Stephan 1994: 275)

Ein ähnlich pessimistischer Blick auf Freundschaft findet sich in dem fragmentarisch erhaltenen *Tagebuch* (1774), das Lenz im Sommer 1775 als Zeichen seiner Freundschaft Goethe schenkte und das erstmals 1877 aus Schillers Nachlass veröffentlicht wurde. Darin hält Lenz in verschlüsselter Form die Erfahrungen fest, die er in den Diensten der Brüder von Kleist in Straßburg gemacht hat. Das *Tagebuch*-Ich sieht sich verwickelt in eine Affäre aus Liebe, Leidenschaft und Verrat, die als ‚Keimzelle' sowohl des Dramas *Die Soldaten* (1776) wie auch des Dramenfragments *Die alte Jungfer* (1773–1775) angesehen werden kann. Im Mittelpunkt steht Cleophe Fibich, für die Lenz mehr als Freundschaft empfindet. Für den Baron Friedrich Georg von Kleist, der sich ebenfalls um die vielumschwärmte Tochter des Straßburger Juweliers

3.8 Freundschaft

bemüht, setzt Lenz einen Ehekontrakt auf, den der Baron jedoch offenbar nur als taktisches Manöver sieht, so dass der Tagebuchschreiber zwischen Loyalität zu seinem Herrn und Zuneigung zu dem betrogenen Mädchen hin- und hergerissen ist. Das *Tagebuch*-Ich gerät in einen Strudel der Gefühle, in dem es zwischen Freundschaft und Feindschaft ebenso wenig unterscheiden kann wie zwischen Freundschaft und Liebe.

Dass Freundschaft und Liebe sich schwer vereinbaren lassen, zeigt auch die Erzählung *Zerbin* (1776). Der „warme, sorgsame Freund" (Damm II: 364) Graf Altheim und der unerfahrene Zerbin entfremden sich in dem Moment, als sie um dieselbe Frau konkurrieren: „[Z]wei Passionen können das Herz eines gewöhnlichen Menschen nie zu gleicher Zeit beschäftigen" (ebd.). Ihr Umgang wird „kalt, trocken, mürrisch" (ebd.). Auch hier ist das Geld ein untrügliches Anzeichen für die Zerrüttung der Beziehung. Altheim vergisst, Zerbin die Pension auszuzahlen, und dieser ist zu stolz, den ehemaligen Freund zu mahnen. Der Erzähler kommentiert den „Tod der Freundschaft" mit den Worten:

> Das Gefühl der Freundschaft ist so zart, daß der geringste rauhe Wind es absterben macht und oft in tödlichen Haß verwandelt; die Liebe zankt und söhnt sich wieder aus; die Freundschaft verbirgt ihren Verdruß und stirbt auf ewig. Zwei Freunde sehen nur ein anders gestaltetes Selbst an einander; sobald diese Täuschung aufhört, muß ein Freund vor dem andern erblassen und zittern. (ebd.: 364 f.)

Die Behauptung, dass Liebe ein beständigeres Gefühl als Freundschaft sei, wird durch den Gang der Handlung entschieden dementiert.

Im Drama *Die Soldaten* ist der Schauplatz des Geschehens im französischen Flandern angesiedelt und die autobiographischen Elemente sind weitgehend getilgt. Statt um Liebe geht es um sexuelles Begehren und gesellschaftliche Aufstiegshoffnungen, statt um Freundschaft um menschenverachtende Kameraderie, die sich gleichermaßen gegen Frauen und Juden richtet. Dem mitleidslosen Blick auf Mariane, die Tochter des Galanteriewarenhändlers Wesener – „Eine Hure wird immer eine Hure" (Damm I: 199) –, korrespondiert die aggressive Haltung gegenüber dem Offizier Rammler, auf dessen Kosten sich das Freundesduo Haudy und Mary einen makabren „Spaß" (ebd.: 212) erlauben, in dem das eigentliche Opfer „ein alter Jude von sechzig Jahren" (ebd.: 211) ist. Mit dem Versprechen, dass im Haus des Juden Aaron „die schönste Frau in ganz Armentières" (ebd.: 212) wohne, wird Rammler nachts in das Haus des Juden gelockt, den Mary mit der Warnung, „es sei einer da der Absichten auf sein Geld habe" (ebd.), bewusst in die Irre geführt hat. Die „Komödie" (ebd.) verläuft ganz nach Plan: Aaron lässt Rammler in sein Haus, damit dieser als Dieb überführt werden kann, und dieser legt sich zu dem Juden ins Bett, weil er meint, dass es sich um „eine Jüdin" (ebd.: 216) handelt. Im entscheidenden Moment stürzt Mary mit einem großen Gefolge von Offizieren in das Zimmer. Haudys Frage „Bist du toll geworden, Rammler, willst du mit dem Juden Unzucht treiben?" (ebd.) stellt Rammler und den Juden gleichermaßen bloß. Das *„abscheulich Gelächter"* (ebd.), das die Offiziere anstimmen, zeigt, dass Männerfreundschaften im soldatischen Milieu sich auf Gewaltaktionen gründen, die sich sowohl gegen Mitglieder des eigenen homosozialen Verbandes wie insbesondere gegen Außenstehende bzw. Außenseiter richten können (vgl. Stephan 2015).

Ein von der sexualisierten und gewalttätigen ‚Judenszene' in den *Soldaten* abweichendes Bild von Freundschaft unter Männern entwirft das Drama *Der Hofmeister* in den ‚Studentenszenen', die bei Inszenierungen häufig als verwirrende Nebenhandlung gestrichen werden. Die drei Freunde Fritz von Berg, Pätus und Bollwerk studieren in Halle und halten auch in finanziellen Notlagen treu zueinander. Als Pätus seine Rechnungen nicht bezahlen kann, geht Fritz von Berg an seiner Stelle ins Gefängnis, damit der Freund Geld von seinem Vater, dem Geheimen Rat, erbitten kann. Auf die Vorhaltungen seines Hofmeister Seiffenblase, dass Pätus ihn nur ausnütze („Und nun läßt der lüderliche Hund dich an seiner Stelle prostituieren"; Damm I: 73), antwortet Fritz: „Er war mein Schulkamerad – – Laßt ihn zufrieden. Wenn ich mich nicht über ihn beklage, was geht's euch an?" (ebd.) Als Pätus schließlich ohne Geld zurückkehrt, um den einsitzenden Freund auszulösen, drängt Fritz von Berg ihn zur Flucht („Pätus, ewig mein Feind, wo du nicht im Augenblick –"; ebd.: 74). Bollwerk, der dritte im Freundschaftsbund, versucht den Konflikt pragmatisch zu lösen, weil er sicher ist, dass der Geheime Rat die Kaution bezahlen wird. Gegen den Widerstand des Hofmeisters Seiffenblase bringt er den „Freund in Sicherheit" (ebd.) und schreckt dabei auch vor gewaltsamen Handlungen nicht zurück.

Der Geheime Rat ist entsetzt, als er von Seiffenblase erfährt, dass sein Sohn an Stelle eines anderen im Gefängnis sitzt. Geschickt versteht es Seiffenblase, Zwietracht zwischen Vater und Sohn zu säen, wenn er die Freundschaft zwischen Pätus und Fritz als bloße „Komödie" bezeichnet, die Fritz nach dem Muster „von Damon und Pythias" (ebd.: 81) aufführe und sich dabei in kriminelle Handlungen verwickele: „Vielleicht überfallen sie wieder so irgend einen armen Studenten mit Masken vor den Gesichtern auf der Stube und nehmen ihm die Uhr und Goldbörse, mit der Pistol auf der Brust, weg, wie sie's in Halle schon einem gemacht haben." (ebd.: 81 f.)

Auf die bestürzte Frage des Vaters „Und mein Sohn ist der dritte aus diesem Kleeblatt?" antwortet Seiffenblase zwar ausweichend „Ich weiß nicht" (ebd.: 82), der weitere Verlauf scheint aber die düsteren Prognosen von Seiffenblase zu bestätigen. Fritz flieht aus dem Gefängnis, nachdem er vergeblich darauf gewartet hat, dass ihn der Vater auslöst. Um Schande von der Familie abzuwenden, hat ein Professor aus Halle „für die Summe gutgesagt" (ebd.: 87), die er nun von dem Geheimen Rat einfordert. Als verlassene Väter befinden sich der Geheime Rat und der Major in einer vergleichbaren Lage, ihre Kinder Fritz und Gustchen sind beide auf der Flucht, wobei der Major das eigene Schicksal am härtesten empfindet: „Komm Bruder, dein Junge ist nur ein Spitzbube geworden: das ist nur Kleinigkeit; an allen Höfen gibt's Spitzbuben; aber meine Tochter ist eine Gassenhure" (ebd.: 88).

Fritz ist zwar keineswegs zum Spitzbuben geworden, die Freundschaft zu Pätus gerät jedoch in eine ernsthafte Krise. Beide halten sich inzwischen in Leipzig auf, wo sie bei dem Lautenisten Rehaar Musikunterricht nehmen. Fritz kündigt Pätus die Freundschaft („wir können so nicht gute Freunde zusammen bleiben"; ebd.: 95), weil dieser den Ruf der Tochter von Rehaar ruiniert und sie „unglücklich gemacht" (ebd.) habe. Als der Vater Pätus zur Rede stellt und dieser ihm gegenüber gewalttätig wird, ergreift Fritz die Partei von Tochter und Vater („Du hast sie entehrt, du hast ihren Vater entehrt"; ebd.: 99) und fordert den Freund auf, sich bei dem Vater zu entschuldigen. Daraufhin kommt es zum Duell zwischen den Freunden, das Pätus jedoch abbricht: „Ich kann mich mit dir nicht schlagen. [...] Laß uns gute Freunde bleiben, ich will mich gegen den Teufel selber schlagen, aber nicht gegen dich." (ebd.: 100 f.) Auch das Duell zwischen Pätus und Rehaar endet glimpflich, weil Fritz von Berg dem Lautenisten den Degen abnimmt. Pätus zeigt sich einsichtig und hält bei

Rehaar um die Hand seiner Tochter an, wobei er auf die Erbschaft spekuliert, die ihm nach dem Tod seines Vaters zufallen wird. Der Konflikt löst sich damit auf eine unerwartete Weise: Die drei Kontrahenten werden unversehens zu Freunden, die „Punsch" (ebd.: 102) zusammen trinken und gemeinsam musizieren.

Diese überraschende Wendung nimmt das absurde Happy End des Dramas vorweg. Zunächst spitzt sich die Handlung jedoch weiter zu. Fritz erfährt durch einen Brief von Seiffenblase vom Schicksal Gustchens und ist verzweifelt: „Genotzüchtigt – ersäuft. [...] Meine Schuld! [...] [M]eine Schuld einzig und allein" (ebd.: 107). Nun ist die Reihe an Pätus, den Freund zu trösten und aufzurichten. Er vermutet zu Recht hinter dem Brief eine Intrige von Seiffenblase und beschließt, zusammen mit Fritz nach Hause zu reisen, um die Wahrheit herauszufinden. Das fehlende Reisegeld fällt ihnen ganz unvermutet in den Schoß: Pätus hat eine große Summe in der Lotterie gewonnen und die beiden Freunde können wie „Prinzen" (ebd.: 110) in die Heimat zurückkehren, wo Fritz und Gustchen als glückliches Paar im Angesicht der Väter zusammengeführt werden. Zu dem Major und dem Geheimen Rat gesellt sich als Dritter der Vater von Pätus, der sich als Sohn der blinden Großmutter erweist, die Gustchen das Leben gerettet hat und die von dem alten Pätus verstoßen worden war, nachdem sie dem Sohn „den ganzen Nachlaß" des Vaters und „ihr Vermögen mit übergeben hatte" (ebd.: 121). Der alte Pätus ist tief beschämt und überschreibt in einer spontanen Geste seinem Sohn sein Vermögen, so dass die Verbindung zwischen Pätus und der Jungfer Rehaar durch den Lotteriegewinn und die vorzeitige Erbschaft gleich doppelt abgesichert ist.

Auffällig ist, dass Freundschaft und Geld in der Komödie auf der Handlungsebene so eng aneinandergekoppelt sind, dass es schwer fällt, die Motive auseinanderzuhalten. Die Freundschaft von Pätus und Fritz wird zwar mehrfach auf die Probe gestellt, sie bewährt sich jedoch wider Erwarten. Beide erweisen sich nicht nur als treue Freunde, sondern zeigen sich auch großmütig in der Liebe: Fritz verzeiht Gustchen ihren „Fehltritt" (ebd.: 122) und Pätus sieht generös darüber hinweg, dass die Jungfer Rehaar sich ihm selbst gegenüber nicht energisch genug widersetzt und Seiffenblase ihr ebenfalls in seiner Abwesenheit nachgestellt hat. Ganz im Gegensatz zu dem Tugenddiskurs der Zeit, nach dem die sexuelle Integrität der Frau eine unverzichtbare Bedingung für die Eheschließung ist, nehmen es sowohl die Söhne wie die Väter nicht so ernst mit dem weiblichen Keuschheitsgebot. Damit aber erweist sich *Der Hofmeister* als eine Komödie, die spielerisch materielle und gesellschaftliche Bedingungen außer Kraft setzt, um gegen jede Wahrscheinlichkeit ein Happy End zu ermöglichen. Das gilt auch für Läuffer, der nach seiner Kastration eine Ehe mit dem Bauernmädchen Lise eingeht, in der an die Stelle des ‚sexuellen Vollzugs' eine „Liebe" (ebd.: 117) tritt, die freundschaftliche Züge trägt.

Um Freundschaft geht es – darauf verweist bereits der Titel – auch in der Komödie *Die Freunde machen den Philosophen* (1776). Im Mittelpunkt der Handlung, die in Cadiz spielt, stehen Strephon, „ein junger Deutscher, reisend aus philosophischen Gründen" (Damm I: 273), und Dorantino, Strombolo und Mezzotinto, die im Personenverzeichnis als seine „Freunde" aufgeführt werden. Das Drama wird eröffnet mit einer Szene, in der ein Vetter Strephon zur Rückkehr in die Heimat auffordert und ihn eindringlich vor falschen Freunden warnt: „Ihr seid in der Wahl Eurer Freunde zu unvorsichtig gewesen. Euer Herz hat Euch verführt." (ebd.: 275) Die Antwort von Strephon zeigt, dass er zutiefst von seinen Freunden enttäuscht ist:

> Ich habe brave Leute gekannt, sobald sie meine Freunde waren, mußt ich vor ihnen auf der Hut sein. Ich übergab mich ihnen mit aller Offenheit eines gerührten Herzens, sobald ich eine schöne Seite an ihnen wahrnahm; und dafür mißhandelten sie mich. Ihr Hochmut blähte sich so weit über mich hinaus, daß sie mich als einen weggeworfenen Klumpen im Kot liegen sahen, blind dafür, daß ich mich ihnen weggeworfen. Sie vernachlässigten mich dafür, daß ich Ihnen zuvorkam, ich stellte sie auf ihre Füße, daß sie stehen konnten, und sie traten mich mit Füßen. (ebd.)

Trotz dieser Einsicht hält Strephon an der Fiktion von Freundschaft fest und betont gegenüber dem Vetter, dass „[a]lle diese Leute" dennoch seine „Freunde" (ebd.: 280) seien und dass er als Fremder im Übrigen nicht wählerisch sein könne:

> Ach nehmen wir, was wir bekommen können, oder wählen uns die Bären zu Gesellschaftern! Ich bin ein Fremder, ich habe keinen Umgang, keine andere Mittel, dieses Land und seine Sitten kennen zu lernen, und jeder dieser Leute vermehrt meine innere Konsistenz durch das, was er mir entzieht. (ebd.)

Dieses merkwürdig anmutende Freundschaftskonzept liest sich wie eine ironische Paraphrase des Titels: Die Freunde, die in Wahrheit gar keine sind, machen aus Strephon einen ‚Philosophen', der erkennt, dass es keine Freundschaft gibt und dass er auf sich selbst gestellt ist. Das Drama zeigt jedoch, dass Strephon nicht der abgeklärte Philosoph ist, als der er sich in Szene setzt. Angetrieben wird er von einer unglücklichen Leidenschaft zu Donna Seraphina, der Schwester von Don Alvarez, für den er gegen Bezahlung „geheime Briefe" (ebd.: 277) verfasst, weil dieser des Lesens und Schreibens unkundig ist. Nach Strephon ist Don Alvarez „der beste unter allen meinen Freunden" (ebd.), er braucht ihn ebenso wie die drei anderen Spanier, um Nähe zu Donna Seraphina herzustellen und Neuigkeiten über ihre angeblich kurz bevorstehende Vermählung mit Don Prado zu bekommen. Anders als der zaudernde Strephon, der sich aufgrund seiner gesellschaftlichen und finanziellen Lage außerstande sieht, um die geliebte Frau offensiv zu werben, hat Donna Seraphina längst Pläne gemacht, um Strephon für sich zu gewinnen. Sie will den Franzosen La Fare in der Hoffnung heiraten, dass dieser im Gegensatz zu dem noblen Don Prado ein ‚bequemer Ehemann' (vgl. ebd.: 304) sein und ihrer Verbindung zu Strephon keine Steine in den Weg legen wird. Strephon ist entsetzt von diesem Plan einer *ménage à trois* und beschließt, Donna Seraphina dem ursprünglichen Bewerber Don Prado wieder zuzuführen.

Mit diesem Vorhaben verliert er die Geliebte, gewinnt aber die Freundschaft von Don Prado, für den Strephon zum „vollkommenste[n] Freund" (ebd.: 309) wird, in dessen ewiger Schuld er steht: „Ich komme, Sie tausendmal an mein Herz zu drücken, bester unter allen Freunden, den mir jemals die Vorsicht gab." (ebd.) Im Brautgemach überrascht Donna Seraphina ihren Ehemann mit dem Geständnis, dass sie seit sieben Jahren Strephon liebt. Don Prado erklärt sich daraufhin zum Verzicht bereit („Strephon sei dein, weil du ihn zuerst gewählt hast"; ebd.: 315) und phantasiert sich „[m]it einer Art der Verzückung" (ebd.) in die Rolle des uneigennützigen Freundes hinein: „Liebt mich meine Freunde, ihr müßt mich lieben, ich zwinge euch dazu, ich bin das Werkzeug des Himmels zu eurem Glück –" (ebd.). In diesem Moment steigt Strephon in das Fenster des Brautgemaches ein, um sich im Angesicht des Paares in einem melodramatischen Akt zu erschießen. Prado entwindet ihm die Pistole und führt ihm Donna Seraphina als Braut zu: „Sie heiraten Seraphinen in meinem Namen, und ich will Ihr beiderseitiger Beschützer sein. Die Wollust einer großen Tat

3.8 Freundschaft

wiegt die Wollust eines großen Genusses auf" (ebd.: 316). Am Ende des Dramas fallen sich Strephon und Don Prado schluchzend in die Arme. In dem Freundschaftsbund der beiden Männer bleibt Donna Seraphina eine stumme Beobachterin der Szene. Strephon umfasst die Knie des Freundes mit den Worten: „O welche Wollust ist es, einen Menschen anzubeten!" (ebd.)

Das Happy End dieser Komödie, das durch den großmütigen Verzicht von Don Prado ermöglicht wird, ist ebenso unvermittelt wie das Happy End im *Hofmeister*, in dem die Freundschaft über alle Intrigen siegt. Wie im *Hofmeister* bleiben auch in *Die Freunde machen den Philosophen* die LeserInnen/ZuschauerInnen mit gemischten Gefühlen zurück. Die Frage von Don Prado, wer am Ende „am meisten zu beneiden" (ebd.) sei, und die Selbstsicherheit, mit welcher er den „Plan" (ebd.) eines geheimen Lebens zu dritt entwirft, lässt ebenso wenig Gutes für die Zukunft erwarten wie die Überzeugung von Fritz von Berg, dass Gustchens „Fehltritt" (ebd.: 122) sie zu einer besonders gefügigen Ehefrau machen werde. In beiden Dramen werden Freundschaft und Liebe durch Zufälle – durch einen unerwarteten Lotteriegewinn und durch eine überraschende Generosität des Konkurrenten – ermöglicht, was letztlich bedeutet, dass es sich in beiden Fällen um Gefühle handelt, auf die kein Verlass ist.

Wenig Verlass ist auch auf die Freundschaft zwischen Frauen, wie das dramatische Fragment *Catharina von Siena* zeigt, das in vier Entwürfen vorliegt und zum ersten Mal 1884 veröffentlicht wurde. In einer handschriftlichen Notiz hat Lenz den Text „Goethen und seine[r] *Schwester*" (Damm I: 758) gewidmet. Lenz liefert kein historisches Drama über die legendäre Heilige, die von 1347 bis 1380 lebte, sondern übernimmt nur den Namen und den Schauplatz. Catharina ist von den Freundinnen Laura, Araminta, Clementina, Cäcilia und Camilla umgeben, fühlt sich aber dennoch allein und verlassen im Palast des Vaters. Sie verzehrt sich in einer unglücklichen Liebe zu einem Maler und wehrt sich gegen die Verheiratung mit einem Freier, den der Vater für sie vorgesehen hat. In der Eingangsszene der zweiten Bearbeitung klagt Catharina in einem Monolog die Freundin Araminta als Sprachrohr des Vaters an:

> Sie sagt' es wäre Stolz, die Welt nach sich
> Und sich nicht nach der Welt bequemen wollen.
> Sie nennt' es Wahnsinn – Araminta – Wahnsinn!
> Du bist nicht meine Freundin: konnte meine Freundin
> So unbarmherzig, so unchristlich sprechen?
> Stolz? Wahnsinn? daß ich diesen Leuten nicht
> Mein Herz – ein solches Herz zum besten gebe?
> Nein Araminta, sei es Stolz – auch du,
> Auch du hast es verloren – Gott, wie elend –
> Gott – ohne Freundin – unterstütze mich!
> Nicht einmal eine Freundin – ah ich sterbe! (ebd.: 434 f.)

In einem etwas kryptischen, grammatisch nicht ganz ausgefeilten Prosaeinschub fasst Lenz den Konflikt des Dramas folgendermaßen zusammen:

> – – ihre Freundin, die andere, die unter ihr stehen, mit ihr in eine Klasse wirft aus einem falschen *Principio der Tugend und Aufopferung*, das ihr eigentlich die *Stärke* gibt, den Vater bittet, er soll die Tochter zwingen den Trufaldino zu heuraten, um sie dahin zu vermögen ihr eine Freundin bringt, die sterblich in Trufaldino verliebt war und von der sie sagt, daß sie so edel, so gut und besser als sie sei – das *tötet* sie; hernach da sie sich quält und anfängt es sehen zu lassen – ihr wirkliches Mitleid bezeuget – das sind nur Netze womit sie sie ins Verderben reißen will. Diese wirklichen Empfindungen der Freundschaft,

womit sie sie hintergeht, und sichtbar mit ihrem eigenen Wissen hintergeht, sind das allergefährlichste, das allerempfindlichste, das allergiftigste, womit sie sie zu Grunde richtet, und zwingt auch zum Hause hinauszulaufen. (ebd.: 435 f.; Hervorh. im Orig.)

Catharina ist zwar von vielen Freundinnen umgeben, aber diese treiben ein falsches Spiel mit ihr, aus welchen Gründen auch immer – aus „falsche[r] moralische[r] Delikatesse" (ebd.: 437), „Kaltsinn" (ebd.), aus Eigeninteresse, Konkurrenz, Lust an der Intrige oder schlicht aufgrund ihres schlechten Charakters. Catharina muss erkennen, dass Freundschaft „nur ein Hirngespinst" (ebd.) ist. Für den Freundschaftsdiskurs ist das fragmentarisch erhaltene Drama vor allem deshalb interessant, weil auch hier Freundschaft Teil eines übergreifenden, unstillbaren Liebesverlangens ist. Die ekstatische Hinwendung zu der neuen Freundin Aurilla, die Catharina am Ende der vierten Bearbeitung vollzieht, ist aufgrund der negativen Erfahrungen mit den anderen Freundinnen und mit den Männern zwar verständlich, aber kein Ausweg aus der Krise. Der Wunsch von Catharina, dass Aurilla „ihr Vater, Liebhaber, Freundin, alles sein" (ebd.: 471) solle, stellt nicht nur eine Überforderung der Freundin dar, sondern strapaziert das Freundschaftskonzept insgesamt in unzulässiger Weise.

Wie in anderen Texten von Lenz bleibt auch hier offen, ob die überzogenen Wünsche nach Freundschaft und Liebe oder die kritische Sicht darauf nur Ausdruck einer momentanen Einsamkeit und Verstimmung oder Folge einer verzerrten Wahrnehmung der jeweiligen Figuren sind. Ebenfalls offen bleibt, ob es – wie es im *Waldbruder* oder der *Catharina von Siena* den Anschein hat – immer nur die anderen sind, die zur Freundschaft oder Liebe unfähig sind. Die ‚hitzige' Sicht auf die Welt, die Herz und Catharina mit Robert Hot im Drama *Der Engländer* teilen, macht sie zu ‚schwierigen' Freunden. Hinzu kommt, dass das Konzept von Freundschaft von Intrigen und Zweifeln nicht unbeschadet bleibt. Wenn die „wirklichen Empfindungen der Freundschaft" die Freundschaft „zu Grunde" (ebd.: 436) richten, wie im Fall der *Catharina von Siena*, gerät das Konzept selbst in die Krise. Die Figuren verlieren jegliche emotionale Sicherheit, sie werden vollständig auf sich selbst zurückgeworfen. Mit dieser Sicht schließt Lenz als Autor an die pessimistisch eingefärbten Freundschaftsdiskurse von Montaigne und La Rochefoucauld an und entzieht dem hochgestimmten Freundschaftskult der Empfindsamkeit die Basis in seinen Texten.

3. Weiterführende Literatur

Aristoteles: *Philosophische Schriften*. Bd. 3: *Nikomachische Ethik*. Nach der Übers. v. Eugen Rolfes bearb. v. Günther Bien. Hamburg 1995.
Der Freundschaftstempel im Gleimhaus zu Halberstadt. Porträts des 18. Jahrhunderts. Bestandskatalog. Bearb. v. Horst Scholke mit einem Essay v. Wolfgang Adam. Leipzig 2000.
Derrida, Jacques: *Politik der Freundschaft*. Übers. v. Stefan Lorenzer. Frankfurt/Main 2000.
Gellert, Christian Fürchtegott: *Gesammelte Schriften*. Hg. v. Bernd Witte. Bd. 6: *Moralische Vorlesungen. Moralische Charaktere*. Hg. v. Sibylle Späth. Berlin, New York 1992.
Jung, Thomas u. Stefan Müller-Doohm (Hgg.): *Prekäre Freundschaften. Über geistige Nähe und Distanz*. München, Paderborn 2011.
Kant, Immanuel: *Eine Vorlesung Kants über Ethik*. Hg. v. Paul Menzer. Berlin 1924.
Rochefoucauld, La: *Betrachtungen oder Moralische Sentenzen und Maximen*. Eingeleitet v. Wilhelm Weigand. Übers. v. Fritz Adler u. Wilhelm Willige. Leipzig o. J.
Mauser, Wolfram u. Barbara Becker-Cantarino (Hgg.): *Frauenfreundschaft – Männerfreundschaft. Literarische Diskurse im 18. Jahrhundert*. Tübingen 1991.

Möser, Justus: *Anwalt des Vaterlands*. Leipzig, Weimar 1978.
Montaigne, Michel de: *Essays*. Übers. v. Lieselotte Loos. Mit einem Nachwort v. Erich Loos. Frankfurt/Main, Hamburg 1963.
Münchberg, Katharina u. Christian Reidenbach (Hgg.): *Freundschaft. Theorien und Poetiken*. München, Paderborn 2012.
Pott, Ute (Hg.): *Das Jahrhundert der Freundschaft. Johann Wilhelm Gleim und seine Zeitgenossen*. Göttingen 2004.
Rasch, Wolfdietrich: *Freundschaftskult und Freundschaftsdichtung im deutschen Schrifttum des 18. Jahrhunderts*. Halle/Saale 1936.
Safranski, Rüdiger: *Goethe & Schiller. Geschichte einer Freundschaft*. Frankfurt/Main 2011.

3.9 Lenz und Goethe
W. Daniel Wilson

1. Erste Begegnung in Straßburg 388
2. Unterschiedliche Reformpläne in Weimar 390
3. Grenzüberschreitungen 391
4. Weiterführende Literatur 393

Die Beziehung zwischen Lenz und Goethe gehört zu den schwierigsten und zugleich brisantesten Themen der Lenz-Forschung. Goethe hatte nicht nur ein zunächst sehr enges, dann problematisches Verhältnis zu Lenz, sondern er prägte mit seinen Äußerungen in *Dichtung und Wahrheit* (1814) nachhaltig die Rezeption des einstigen Sturm-und-Drang-Mitstreiters. Nach Meinung einiger Interpreten trug Goethe mit seiner Beteiligung an Lenzens Ausweisung aus Weimar im November 1776 eine erhebliche Mitschuld an der gesundheitlichen Zerrüttung des Autors (z. B. Jens 1999: 13–32), andere (z. B. Eissler 1983: Bd. 1, 57–73) sahen in Goethes Verhalten eine „innere Notwendigkeit" (ebd.: 68), mit der sich dieser schützen musste, um nicht in die „Psychose" (ebd.: 69) des Freundes hineingezogen zu werden. Solche moralisierenden oder psychologisierenden Schuldzuweisungen gehören in den Bereich der Spekulation. Außer Frage steht jedoch, dass Lenz und Goethe sich nach einer kurzen euphorischen Phase der Übereinstimmung in ihren literarischen und gesellschaftspolitischen Vorstellungen sehr rasch auseinander zu entwickeln begannen. Die Entfremdung hatte Konsequenzen weit über den persönlichen Bereich hinaus.

> Die Wirkungsgeschichte von Lenz in Wissenschaft und Literaturkritik ist unmittelbar gebunden an die Hochwertung Goethes als ‚klassischem' Autor und als Höhepunkt der deutschen Literatur. Lenz hat zeitweilig in seinem Leben und auch in manchen Texten eine Nähe zu Goethe angestrebt, sich mit seinem Genie, das er früh erkennt und anerkennt, auseinandergesetzt. In der Rezeption schlägt dieses Verhalten auf unseren Autor als deutliche Abwertung zurück. (Stephan/Winter 1984: 53)

Immer wieder haben sich Forscher veranlasst gesehen, Partei für den einen oder anderen Dichter zu ergreifen. Der Topos vom „tragisch scheiternde[n] Genie neben dem großartigen Gelingen Goethes" (ebd.) prägte das Lenz-Bild in der Literaturwissenschaft bis weit ins 20. Jahrhundert.

1. Erste Begegnung in Straßburg

Bei der ersten Begegnung in Straßburg im Sommer 1771 war die Freundschaft noch ungetrübt. In diesem Vierteljahr bis zu Goethes Abschied genoss Lenz einen intellektuellen Austausch, den er in diesem Maße noch nie erfahren hatte. Im Stil des aus Sturm und Drang sowie der Empfindsamkeit zugleich gespeisten Freundschaftskults der Zeit finden die beiden Autoren nur Worte des überschwänglichen Lobes füreinander. Lenz feiert diese Freundschaft in der verschollenen Schrift *Über unsere Ehe*, über die Goethe dann in *Dichtung und Wahrheit* berichtet hat (*Goethe [MA]: Bd. 16, 635), ebenso wie in mehreren Gedichten aus dieser und späterer Zeit (Damm III: 100, 114, 119–121, 193 f., 194–197). Sie drücken die äußerst enge Bindung an Goethe aus:

> Sei zufrieden
> Göthe mein!
> Wisse, ietzt erst
> Bin ich dein;
> Dein auf ewig
> Hier und dort –
> Also wein mich
> Nicht mehr fort. (Damm III: 100)

Die Entstehungszeit dieses 1775 gedruckten Gedichts ist ungewiss. Es könnte mit der Beziehung zu Friederike Brion in Sesenheim bei Straßburg zusammenhängen (ebd.: 787). Lenz schloss sich eng an Friederike an, wurde gleichsam zum ‚Nachfolger' Goethes, als dieser sein eigenes Verhältnis zu ihr beendet und Straßburg verlassen hatte. Die Frage der ‚Nachfolge' hatte auch Konsequenzen auf der literarischen Ebene, wenn es um Fragen der Autorschaft ging: So wurden in dem Gedicht *Erwache Friederike*, an dem Lenz und Goethe gleichermaßen beteiligt waren, „aus stilistischen Gründen" (*Goethe [MA]: Bd. 1.1, 831) die gelungeneren Strophen Goethe zugewiesen, die anderen dagegen Lenz. In der neueren Forschung ist vorgeschlagen worden, die *Sesenheimer Gedichte* als eine Art Vorwegnahme der romantischen Sympoesie zu verstehen. In der „Arbeitsgemeinschaft" von Lenz/Goethe sei es zeitweilig „zur völligen Auflösung individueller Autorkonturen" gekommen, in der jeder die Gedichte des anderen „weitergedichtet" habe (Luserke 2001a: 18 f.). In dieser ersten Phase der Freundschaft waren die beiden Autoren vor allem durch die gemeinsame Vergötterung Shakespeares verbunden, wie Goethe in *Dichtung und Wahrheit* bezeugt hat (*Goethe [MA]: Bd. 16, 527 f.). Im Banne des englischen Dramatikers träumten sie von zukünftigem Dichterruhm.

Als sich Lenz und Goethe im Jahre 1775 wiedertrafen – Goethe machte auf dem Weg in die Schweiz und auf dem Rückweg in Straßburg halt –, hatte sich die Lage grundlegend geändert. Mit der Publikation des *Götz von Berlichingen* (1773) und vor allem der *Leiden des jungen Werthers* (1774) war Goethe zum berühmtesten jungen Autor in Deutschland geworden, zum gefeierten, unbestrittenen Tonangeber der aufstrebenden ‚Genies'. Zwar hatte auch Lenz 1774 eine Reihe von zum Teil positiv aufgenommenen Werken veröffentlicht, doch wurden seine Arbeiten oft mit denen Goethes verglichen. *Der Hofmeister* (1774) wurde sogar für ein Werk Goethes gehalten und hochgelobt, nach Klärung der Autorfrage aber „bewußt oder unbewußt" (Damm 1992 [1985a]: 136) abgewertet. Zu dieser Herabsetzung Lenzens trug

Goethe selbst bei: „Der Autor des *Werthers* wird keinen Zweifel daran lassen, wer der wahre, der bessere Dichter ist" (Luserke 2001a: 23). Die zunehmende Geldnot Lenzens vertiefte die soziale Kluft zwischen den beiden Dichtern und führte zu weiteren Empfindlichkeiten auf Seiten von Lenz.

Zur wachsenden Entfremdung führte letztlich aber die Auseinanderentwicklung ihrer dramatischen Konzeptionen. Goethe hatte 1773 im *Götz* gegenüber der handschriftlichen Fassung (1771) seine Kritik am Feudalismus und Absolutismus seiner Zeit sowie die Rechtfertigung des Bauernkrieges entschärft (vgl. *Wilson 2007: 15–31). Im *Werther* war die Sozialkritik zwar mit Händen zu greifen, aber Goethe hatte inzwischen die Bekanntschaft des jungen Erbprinzen Carl August von Sachsen-Weimar und Eisenach gemacht, der ihn nach Weimar einlud. Auch wenn die Ernennung zum herzoglichen Geheimen Legationsrat noch in der Zukunft lag, mag Goethe schon mit der Idee gespielt haben, in fürstliche Dienste zu treten. Er musste sich arrangieren, und in dieser Situation begann er, Lenz zu verübeln, dass dieser ihn zur Publikation seiner beißenden Personalsatire *Götter, Helden und Wieland* (1773) gedrängt hatte (Damm 1992 [1985a]: 160): Unglücklicherweise war Christoph Martin Wieland, der allseits geschätzte Erzieher des noch unmündigen Carl August, in diesem Werk als Repräsentant der älteren Schriftstellergeneration dargestellt worden. Diese Erfahrungen führten Goethe zu der Auffassung, die er später in *Dichtung und Wahrheit* folgendermaßen formuliert hat: „Erst lange nachher erfuhr ich, daß dieses einer von Lenzens ersten Schritten gewesen, wodurch er mir zu schaden und mich beim Publikum in üblen Ruf zu setzen die Absicht hatte" (*Goethe [MA]: Bd. 16, 693). An anderer Stelle heißt es, Lenz habe ihn „zum vorzüglichsten Gegenstande seines imaginären Hasses, und zum Ziel einer abenteuerlichen und grillenhaften Verfolgung ausersehn" (ebd.: 636). Ein solcher Vorwurf ist schwer zu beweisen oder zu widerlegen. Offensichtlich versuchte Goethe sich von der eigenen Verantwortung für die Attacke gegen Wieland zu distanzieren.

Während Goethe noch vor dem Besuch in Weimar, der schließlich zur Übersiedlung führte, zunehmend in konformistischen Kategorien dachte, entwickelte Lenz weiter seine radikalen Thesen. Im Juli 1775 schreibt er in einem Brief an Sophie von La Roche: „Überhaupt wird meine Bemühung dahin gehen, die Stände darzustellen wie sie sind; nicht, wie sie Personen aus einer höheren Sphäre sich vorstellen". Er beteuert so revolutionär wie unrealistisch, „daß mein Publikum das ganze Volk ist; daß ich den Pöbel so wenig ausschließen kann, als Personen von Geschmack und Erziehung" (Damm III: 325 f.). In einem Brief an Herder bezeichnet er sich als „der stinkende Atem des Volkes" (Damm III: 333 [28. 8. 1775]). Ausdruck dieser literarischen Konzeption war die Komödie *Die Soldaten* (1776), die an realistischer Drastik im Sturm und Drang nur von Heinrich Leopold Wagners *Die Kindermörderin* aus dem gleichen Jahr überboten wurde. Ausgerechnet die Arbeit an diesem Stück verheimlichte er zeitweise vor Goethe (Damm 1992 [1985a]: 151), der sich allmählich von seinen frühen Werken zu distanzieren und Lenz seine Unterstützung zu entziehen begann. Im *Pandämonium Germanikum* (1775) wurde *Götz* auf den böhmischen Bauernaufstand des Frühjahrs 1775 bezogen und Werther als ‚Antichrist' gezeichnet (ebd.: 162; vgl. Damm I: 262 f.). Goethe, dem Lenz unvorsichtigerweise die einzigen Kopien einiger seiner Werke anvertraut hatte, sorgte für ein ‚Verbot' der Publikation des *Pandämonium Germanikum* sowie der *Briefe über die Moralität der Leiden des jungen Werthers*: „Die Auslöschung des Dichters Lenz beginnt" (Luserke 2001a:

33 f.). Die schwärmerischen Beteuerungen der Liebe zwischen den beiden ‚Brüdern' blieben zwar die gleichen, aber die Spannungen waren unübersehbar.

2. Unterschiedliche Reformpläne in Weimar

Anfang April 1776 tauchte Lenz in Weimar auf, wo Goethe sich schon seit November 1775 aufhielt. Offenbar wurde er herzlich empfangen. „Ich bin hier unendlich wohl", schrieb er kurz nach seiner Ankunft an Boie (Damm III: 432 [Mitte April 1776]). Er stürzte sich ins ‚Genietreiben'. Die Freundschaft zwischen Lenz und Goethe im ‚Weimarer Sturm und Drang' scheint ungefährdet, aber die Begeisterung verdeckt die grundlegenden Unterschiede ihrer jeweiligen Projekte. Goethe nutzt den Sturm und Drang für ein ganz spezifisches Vorhaben, das auf Ideen des aufgeklärten Absolutismus aufbaute (zum Folgenden Wilson 2003). In einer eigenartigen Variante dieses Konzepts zeigt sich Goethe entschlossen, seinen neuen Herrn „zu einem Naturmenschen zu machen", wie Johannes Daniel Falk den „Plan" Goethes beschreibt (zit. nach *Grumach/Grumach 1965: 478). Goethe versucht, den Herzog mit einfachen Menschen in Berührung zu bringen, mit der ‚Natur', die im krassen Gegensatz zum gekünstelten, entfremdeten Leben am Hof steht. Die Auswüchse des ‚Genietreibens' in Weimar sind bekannt: Neben harmlosem Nacktbaden, Scharfreiten, Peitschenknallen und Fluchen kommt es auch zu gnadenlosen Schikanen gegen ‚Philister', hilflose Bauern und ‚Mädchen' vor Ort. Das alles gehörte offensichtlich zu einem Plan, den Goethe gegenüber Johann Christoph Bode, der ihm dieses Treiben vorgeworfen hatte, folgendermaßen verteidigte: „Freund, warte, warte auf den Erfolg, ich kann meine Absicht jezt nicht erklären, bald wird die Welt, Du und Weimar erkennen, daß ich einen Stuhl im Himmel verdient habe." (zit. nach ebd.: 424) Dass Goethe hinter dem skandalträchtigen Treiben in Weimar stand, bezeugt auch Lenz: „Goethe ist unser Hauptmann", schrieb er an Johann Georg Zimmermann (Damm III: 460 [Ende Mai 1776]).

Lenz verfolgt in dieser Zeit einen anderen Plan. Es handelt sich um ein Projekt, das mit seiner Schrift *Über die Soldatenehen* zusammenhängt (→ 2.6 DIE BERKAER SCHRIFTEN; vgl. zum Folgenden Wilson 1994). Lenz hoffte offenbar, in Weimar eine militärische Anstellung zu erhalten. „Vielleicht sehen Sie mich einmal in herzoglich sächsischer [d. h. sachsen-weimarischer, W. D. W.] Uniform wieder", schrieb er im Oktober 1776 aus Weimar an Salzmann (Damm III: 505). Da Salzmann in Straßburg war und zahlreiche Dokumente des Reformprojekts auf eine Eingabe an den französischen König oder die dortige Regierung hindeuten, plant Lenz wohl, als weimarischer Offizier seine Schrift der Regierung in Paris vorzustellen. Das hätte ihm – so hofft er – im französischen Verfahren der *noblesse militaire* den Rang eines adligen Offiziers einbringen sollen, so dass er Henriette von Waldner doch noch hätte heiraten können. Diese realitätsferne Phantasie spielt Lenz in vier verschiedenen Werken durch: *Henriette von Waldeck, Der Waldbruder, Die Freunde machen den Philosophen* und *Die beiden Alten* (vgl. Wilson 1994: 67 ff., → 2.1 DRAMEN UND DRAMENFRAGMENTE, → 2.2 ERZÄHLUNGEN). Kurz nach der Ankunft in Weimar im April 1776 erfährt der Dichter aber, dass Henriette von Waldner inzwischen standesgemäß geheiratet hat. Trotzdem verfolgt er sein Militärprojekt weiter, mit schwindender Hoffnung auf einen persönlichen Ertrag, er sieht sich als Todgeweihten. In dieser Situation kommt er auf seinen früheren Plan zurück, im amerikanischen Unabhängigkeitskrieg als Soldat in englischem Sold den Heldentod zu sterben, weil er den Selbstmord entschieden ablehnt (vgl. Wilson 1994: 71 f.). Nachdem sich die Heiratspläne zerschlagen haben, gewinnt das Projekt der Soldatenschrift ein Eigenleben, es wird zum Selbstzweck, ja zum Lebensinhalt. Schon im März 1776 – Lenz war noch in Straßburg – hatte er an Herder geschrieben: „Ich habe eine Schrift über die *Soldatenehen* unter Händen, die ich einem Fürsten vorlesen möchte, und nach deren Vollendung und Durchtreibung ich – wahrscheinlichst wohl sterben werde" (Damm III: 400).

3. Grenzüberschreitungen

In dieser verzweifelten Stimmung überschreitet er die Grenzen, die andere Stürmer und Dränger einhalten, und verletzt mit seinen eigenwilligen Handlungen die Hofetikette. Am bekanntesten ist sein Auftreten auf einem Maskenball, der nur Adligen vorbehalten war. Lenzens Normverstoß erinnert auffallend an Werthers Verbleiben bei einer adligen Abendgesellschaft zu einem Zeitpunkt, als Werther mit Fräulein von B*** vergeblich versucht, sich über die Standesschranken hinwegzusetzen, ähnlich wie die Genies in Weimar, die den Herzog duzten: „*Scheinbare* Gleichheit, nicht hier Adlige, da Bürger, nein, ‚Weltgeister' sind sie alle" (Damm 1992 [1985a]: 202; Hervorh. W. D. W.; vgl. *Goethe [MA]: Bd. 1.2, 253 ff.). Den Affront beim Hofball quittiert Goethe am nächsten Tag (25. April 1776) in einem Brief an Charlotte von Stein zunächst mit offensichtlicher Heiterkeit: „Lenzens Eseley von gestern Nacht hat ein Lachfieber gegeben. Ich kann mich gar nicht erhohlen" (*Goethe [WA]: Bd. IV/3, 54). In der Wahrnehmung Goethes scheint sich Lenz noch ganz in seinen eigenen bzw. Werthers Bahnen zu bewegen.

Eine solche Sicht auf Lenz war jedoch nicht von Dauer, vor allem weil Goethe inzwischen zum Mitglied des Geheimen Consiliums und damit – aufgrund seiner engen Freundschaft mit dem Herzog – zum mächtigsten Staatsdiener in Sachsen-Weimar aufgestiegen war. Weil er sich nun täglich mit den verschiedensten Aufgaben im Herzogtum beschäftigte, musste er sich notgedrungen den Erfordernissen seiner neuen politischen und gesellschaftlichen Stellung anpassen. Lenz dagegen verfolgte sein Projekt zielbewusst weiter, lehnte gar eine herzogliche Hofstelle ab und verließ Weimar, weil er die dortigen Verhältnisse nur als Ablenkung von seinen eigentlichen Vorhaben ansah. „Ich geh aufs Land, weil ich bei Euch nichts tun kann", schrieb er am 27. Juni 1776 an Goethe (Damm III: 472) – zwei Tage nach Goethes erster Sitzung im Consilium. Im Dorf Berka bei Weimar arbeitete er monatelang intensiv an seinem Projekt und beschäftigte sich dabei bewusst mit den Bauern, also den am meisten von seinen Plänen Betroffenen, ja er ließ sie sogar exerzieren.

Am 26. November 1776 erwähnte Goethe zum zweiten Mal in seinem Tagebuch „Lenzens Eseley" (*Goethe [WA]: Bd. III/1, 28), die zur abrupten Ausweisung Lenzens aus Weimar führte. Über die Gründe ist viel gerätselt worden; dass sie mit einer Beleidigung Goethes, wahrscheinlich durch ein „Pasquill" (Damm III: 517 [29. oder 30.11.1776 an Herder]) zu tun hatte, ist sicher. Die Beleidigung ist aber „wohl eher Anlass als Ursache" (Kaufmann 1999a: 15). Das Zerwürfnis hatte sich schon seit längerer Zeit angedeutet. Charlotte von Stein hatte Lenz im September für mehrere Wochen auf ihr Landgut nach Schloss Kochberg eingeladen, was Goethe verärgerte. Lenz hatte von dort aus an Goethe geschrieben: „Die Frau von Stein findet meine

Methode [des Englischunterrichts, W. D. W.] besser als die Deinige." (Damm III: 495 [September 1776]) Auch schenkte „Lenz in seiner wenig diplomatischen Art [...] seinem Jugendfreund Goethe in der Regel gerade solche Texte, die diesen persönlich betroffen machen mußten" (Kaufmann 1999a: 16). Lenz wusste, dass er Goethe beleidigt hatte (vgl. Damm III: 517 [29. oder 30. 11. 1776 an Herder]). Es hat den Anschein, dass Lenz – vielleicht unbewusst – den Bruch provozierte.

Die entscheidende Frage ist dabei nicht, *wie* es zu dem endgültigen Bruch kam, sondern *warum*. Lenzens Schrift *Über die Soldatenehen* spielt dabei eine zentrale Rolle. Spätestens im Herbst 1776 zeichnete sich das Scheitern seines Militärprojektes ab (vgl. Wilson 1994: 73 f.). Erstens konnte sich Lenz nicht länger der Einsicht verschließen, dass Henriette von Waldner für ihn verloren war; zweitens wurden Turgots Reformen in Frankreich nach dessen Entlassung rückgängig gemacht – was Lenz wohl erst im November erfuhr –; und drittens vermutete Lenz, dass der Bote, der seine Schrift am Versailler Hof vorlegen sollte, schon im Oktober aus Straßburg abgereist war, bevor er selbst die Schrift, wie geplant, „fertig gedruckt" hätte mitschicken können (Damm III: 460 [Ende Mai 1776 an Zimmermann]; vgl. ebd.: 505 [23. 10. 1776 an Salzmann] u. 522 [20. 12. 1776 an Salzmann]). Hinzu kam, dass man in Weimar seinem von ihm mit höchstem Engagement betriebenen Projekt mit äußerstem Unverständnis begegnete. Wieland schrieb am 5. Juli 1776 an Merck, Lenz sei nach Berka gegangen, „wo er vermuthl. Heuschrecken und Waldhonig frißt, und entweder ein neues Drama, oder ein Project die Welt zu bessern macht, das seit geraumer Zeit seine marotte ist" (zit. nach *Goethe [HKA]: Bd. 3.1, 345).

Noch entscheidender war sicherlich Goethes Ablehnung. Es ist unklar, ob es Goethe oder Lenz war, der – wie Goethe es später dargestellt hat – aufgrund der Argumente und des „tätigen Widerstand[s]" seiner „Freunde" seine Schrift zurückgezogen und verbrannt hat. Von größerer Bedeutung in diesem Zusammenhang ist, dass Goethe die Schrift negativ einschätzte: „Die Gebrechen jenes Zustandes waren ziemlich gut gesehn, die Heilmittel dagegen lächerlich und unausführbar." (*Goethe [MA]: Bd. 16, 634) Dieses vernichtende Urteil, wahrscheinlich vom Herzog und auf jeden Fall von Wieland und ungenannten ‚Freunden' sekundiert, musste Lenzens Projekt wie ein Kartenhaus zusammenfallen lassen und ihn tief verletzen. Goethe wirft Lenz mangelnde Selbsteinschätzung und eine falsche Wahrnehmung der Wirklichkeit vor, wenn er davon spricht, dass Lenz sich „für einen großen Kenner des Waffenwesens" gehalten habe und irrigerweise davon überzeugt gewesen sei, dass er durch sein „großes Memoire [...] bei Hofe großen Einfluß" (ebd.) habe gewinnen können. Vielleicht war Goethe schon 1776 von einer geistigen Störung bei Lenz überzeugt.

Trotzdem wäre es kurzschlüssig, nur Gefühle wie Neid und Verletzlichkeit (und zwar auf beiden Seiten) als Ursachen des Zerwürfnisses zu sehen. Angesichts der Differenzen konstatiert Damm: „Das ist nicht ein persönliches Problem Lenz – Goethe, nicht ein Problem ihrer Freundschaft. Es ist objektiv, es ist die Zeit." (Damm 1992 [1985a]: 157) Schließlich hingen Goethe und Lenz gleichermaßen dem Trugbild des ‚aufgeklärten' Absolutismus an. Goethe hoffte durch seinen persönlichen Einfluss auf den Herzog, die gesellschaftlichen Verhältnisse in Weimar zu verbessern, Lenz hoffte durch sein „Memoire", eine grundlegende Heeresreform zunächst in Weimar und – als sich dieser Plan dort als unrealistisch zerschlug – dann in Frankreich zu erzielen. Je stärker Goethe sich mit dem weimarischen Staat identifizierte, desto mehr rückte er von der radikalen Kritik am Bestehenden ab, die Lenz nach wie vor übte –

auch wenn er letztlich eine neue Art von Instrumentalisierung der unteren Schichten befürwortete (vgl. Wilson 1994). Die Vorstellungen der beiden Dichter darüber, was für eine Rolle die Literatur in der Gesellschaft spielen sollte, klafften immer weiter auseinander. In den Augen Lenzens war Goethe zum Gelegenheitsdichter geworden, der vor allem die höfischen Bedürfnisse nach Unterhaltungs-, Fest- und Lobesdichtung befriedigte.

Es ist bekannt, wie nachhaltig Goethe durch seine Lenz-Vignette in *Dichtung und Wahrheit* die Rezeption des Dichters geprägt hat. Als einen „talentvollen", „seltsamen" und „merkwürdigen Menschen" hat er ihn bezeichnet. Er spricht von „Selbstquälerei", von „der größten Fahrlässigkeit im Tun", „den seltsamsten Angewohnheiten und Unarten", vom „Abarbeiten in der Selbstbeobachtung" und schließlich von einem „entschiedenen Hang zur Intrige" (*Goethe [MA]: Bd. 16, 632 f.). Selbst die Komplimente sind mit Spott vermischt: „Man konnte in seinen Arbeiten große Züge nicht verkennen; eine liebliche Zärtlichkeit schleicht sich durch zwischen den albernsten und barockesten Fratzen, die man selbst einem so gründlichen und anspruchslosen Humor, einer wahrhaft komischen Gabe kaum verzeihen kann" (ebd.: 633). Im Vergleich dazu wird Friedrich Maximilian Klinger, der (noch vor Lenz) aus Weimar gedrängt worden war, in Goethes Rückschau gelobt. Während Lenz nur ein „vorübergehendes Meteor" (ebd.: 636) gewesen sei, wird Klinger, der durch seine spätere Tätigkeit in Russland Goethes politischen Kompromiss in Weimar bestätigt, als ein positives Beispiel gegen Lenz ausgespielt. Lenz erscheint als einer der „Un- oder Halbbeschäftigten" (ebd.: 633), der einen tätigen Platz in der Gesellschaft nicht erreichen konnte. Damit würdigt Goethe sowohl Lenzens dichterische Produktionen als auch seine politischen Pläne herab. Insgesamt sollten diese vernichtenden Urteile das wissenschaftliche und populäre Bild Lenzens bis ins 20. Jahrhundert hinein prägen (→ 4.1 Lenz in der Wissenschaft, → 4.2 Lenz in der Literatur bis 1945).

Goethe wollte nach dem „Verdruss" (so ein Tagebucheintrag vom 28. November 1776; *Goethe [WA]: Bd. III/1, 28) offenbar nichts mehr von und über Lenz hören. Seiner Meinung nach verschwand Lenz „plötzlich, ohne im Leben eine Spur zurückzulassen" (*Goethe [MA]: Bd. 16, 639). Mit seinen Äußerungen über den ehemaligen Weggefährten in *Dichtung und Wahrheit* wollte Goethe anscheinend dafür Sorge tragen, dass Lenz auch in der deutschen Literatur ohne Spuren blieb.

4. Weiterführende Literatur

Goethe, Johann Wolfgang: *Goethes Werke.* [Weimarer Ausgabe.] Hg. im Auftrage der Großherzogin Sophie von Sachsen. 133 Bde. Weimar 1887–1919. [= WA]

Goethe, Johann Wolfgang: *Sämtliche Werke nach Epochen seines Schaffens.* Münchner Ausgabe. Hg. v. Karl Richter in Zusammenarbeit m. Herbert G. Göpfert, Norbert Miller u. Gerhard Sauder. 21 Bde. München, Wien 1985 ff. [= MA]

Goethe, Johann Wolfgang: *Briefe.* [Historisch-kritische Ausgabe.] Bd. 3.1. Text. Hg. v. Georg Kurscheidt u. Elke Richter. Berlin, Boston 2014. [= HKA]

Grumach, Ernst u. Renate Grumach (Hg.): *Goethe. Begegnungen und Gespräche.* Bd. 1: *1749–1776.* Berlin 1965.

Wilson, W. Daniel: „Der junge Goethe – ein politischer Rebell? Opposition versus Fürstendienst in ‚Götz von Berlichingen' und kleineren Frühwerken". In: Hans-Jörg Knobloch u. Helmut Koopmann (Hgg.): *Goethe. Neue Ansichten – neue Einsichten.* Würzburg 2007, S. 11–35.

3.10 Geld

Inge Stephan

1. Der Kampf ums Geld 397
2. Triebstruktur und Geld 399
3. Geld und Verbrechen 400
4. Ökonomie des Geldes 401
5. Weiterführende Literatur 405

Es gibt kaum einen Autor im 18. Jahrhundert, in dessen Werk das Thema Geld eine so zentrale Rolle spielt wie bei Lenz. Sicher hängt das auch mit seiner materiellen Lage zusammen. In einem Brief an Merck schreibt er: „[I]ch bin arm wie eine Kirchenmaus" (Damm III: 14. 3. 1776). Durchgängig beklagt er seine desolate finanzielle Situation, die ihn immer wieder zum „Bettler" (ebd.: Januar 1776 an Heinrich Julius von Lindau) bei der Familie und den Freunden macht. Die Belegstellen sind so zahlreich, dass hier einige Beispiele genügen müssen.

Lenz scheint sein „öfteres unverschämtes Geilen nach Geld" (ebd.: 14. 10. 1768 an seinen Vater) mitunter selbst peinlich gewesen zu sein. Lebhaft stöhnt er über „Schulden" (ebd.: Dezember 1775 an Boie), bittet dringend um „Reisegeld" (ebd.: 16. 7. 1772 an seinen Bruder Johann Christian), benötigt mal „10 Dukaten" (ebd.: Januar 1776 an Boie), mal „eine Louisd'or und einen Dukaten" (ebd.: 7. 8. 1777 an Lavater), mal ein „Darlehn" mit Zinsen von „100 Rbl." (ebd.: 18. 1. 1780 an Behrens). In einem Brief an Johann Georg Zimmermann konstatiert er: „Ich brauche Geld nötiger als das Leben" (ebd.: 15. 3. 1776); an seinen Bruder Friedrich David schreibt er im Mai 1780: „[S]chick mir itzt so schnell als möglich 25 Rb." (ebd.: 20. 5. 1780). Tatsächlich haben ihn die Familie und die Freunde immer wieder unterstützt, wenn auch nicht in dem Maße, wie Lenz sich das erhofft hat. Im Juli 1776 schreibt Goethe in einem kurzen Billet: „Da ist ein Louisd'or" (ebd.: Juli 1776, Goethe an Lenz), im Januar 1776 hat Lenz endlich von Boie das „Paket mit den 10 Dukaten" (ebd.: Januar 1776 an Boie) als Honorar bekommen und im Juni 1781 bedankt er sich für die „50 Rubel" (ebd.: 2. 6. 1781 an seinen Vater), die ihm der Vater geschickt hat. Am Ende seines Lebens befindet sich Lenz nach dem Scheitern einer Reihe von verzweifelten Geschäftsideen in einer „kritischen Lage", wie aus seinem letzten erhaltenen Brief an Baron Stiernhielm aus Moskau (ebd.: 14. 1. 1792) hervorgeht. Seine Projekte, als „Entrepreneur[ ]" in die Ausbeutung von Berggruben (ebd.) oder in den „Warenverkehr" mit „Zobelpelze[n]" (ebd.: 1791 an Schottländer) einzusteigen, zerschlagen sich ebenso wie seine Pläne, sich als Vermittler in den Handel mit Brot, Gerstensaft, Leinwand, Strümpfen, Lachsen oder anderen Produkten einzuschalten.

Als Geschäftsmann ist Lenz gescheitert, als Autor gelang ihm zumindest zu seinen Lebzeiten der literarische Durchbruch nicht. Seine Einkünfte waren so gering, dass er davon nicht existieren konnte und ständig nach Nebeneinnahmen Ausschau halten musste. Damit teilte er das Schicksal einer Vielzahl von Schriftstellern im 18. Jahrhundert, die vergeblich versuchten, sich als ‚freie Autoren' auf dem Markt zu etablieren (vgl. *Bosse 1981). Das generell prekäre Verhältnis von *Genie und Geld* (*Corino 1987) verschärfte sich für alle diejenigen, die von Haus aus nicht begütert waren oder keine gut dotierte Stelle bei Hofe erlangen konnten.

Der Geniekult der Sturm-und-Drang-Bewegung ist auch eine Reaktion auf die sich verschärfende Konkurrenzsituation im literarischen Feld, die Lenz in seiner Satire *Pandämonium Germanikum* mit beißendem Spott, der die eigene Person schonungslos einbezog, als absurden Kampf um den ‚Gipfel' inszenierte. Mit seiner Rede *Zum Schäkespears Tag*, die in der Formulierung gipfelte: „Ich! Der ich mir alles bin, da ich alles nur durch mich kenne!" (*Goethe 1981: 224), profilierte Goethe das eigene Ich als eine ‚Währung', die der Autor in die Waagschale werfen muss, wenn er erfolgreich sein will.

Was aber bedeutet das für Schriftsteller, die in diesem Konkurrenzkampf nicht mithalten können oder wollen, wenn sie merken, dass ihnen eben dieses „Ich" fehlt? In seinem Buch *Der Ich-Effekt des Geldes* (2008) vertritt Fritz Breithaupt die These, dass das Geld in die Leerstelle einspringe, die sich zwischen dem herbeigesehnten Ich und der Erfahrung auftut, dass eben dieses Ich eine Fiktion ist. Als mittel- und erfolgloser Autor macht Lenz ähnlich wie Karl Philipp Moritz die demütigende Erfahrung, dass „Ich und Geld" (*Breithaupt 2008: 12) wie zwei Seiten einer Medaille zusammengehören. Der beruhigende „Ich-Effekt des Geldes" kann sich bei ihm aber nicht einstellen, weil er erstens kein Geld hat und zweitens von der „Luftigkeit des Ich" (ebd.: 51) überzeugt ist. In seiner zwischen 1771 und 1773 entstandenen, zu Lebzeiten ungedruckt gebliebenen Rede für die Straßburger Sozietät *Über die Natur unsers Geistes* fragt er sich ängstlich:

> Jemehr ich in mir selbst forsche und über mich nachdenke, destomehr finde ich Gründe zu zweifeln, ob ich auch wirklich ein selbstständiges von niemand abhangendes Wesen sei, wie ich doch den brennenden Wunsch in mir fühle. [...] Wie denn, ich nur ein Ball der Umstände? ich –? ich gehe mein Leben durch und finde diese traurige Wahrheit hundertmal bestätigt. (Damm II: 619)

Anders als Goethe, der es sich leisten konnte, über den „Preis des Geldes" (*Braun 2012) in subtiler Weise nachzudenken, wie *Wilhelm Meister* (vgl. *Hörisch 1983), insbesondere aber *Faust II* (vgl. *Binswanger 1985) zeigen, fehlten Lenz die Zeit und Muße, eine „Poetik des Geldes" (*Hörisch 1996) zu entwerfen. Das Thema war für ihn jedoch so existentiell, dass es in fast allen seinen Werken auftaucht.

In dem bereits 1766 entstandenen Jugenddrama *Der verwundete Bräutigam* (gedr. 1845) opponiert der Kammerdiener Tigras gegen seine subalterne Stellung mit den Worten: „Sein Geld unterscheidet ihn bloß von mir. Und reich kann ich durch einen Glücksfall eben sobald werden, als er." (Damm I: 15) Dieser Glücksfall stellt sich jedoch nicht ein. Im Drama *Der neue Menoza* (1774) antwortet Prinz Tandi auf die Sehnsucht des Baccalaureus nach den „goldenen Zeiten": „Solang wir selbst nicht Gold sind, nützen uns die goldenen Zeiten zu nichts" (ebd.: 148). In *Myrsa Polagi* (1782) heiratet Fatima ihren Geliebten „auf die bloße Spekulation einiger Fabriken, die er von dem Gelde [ihres] Vaters errichtet." (ebd.: 412) In dem aus dem Nachlass herausgegebenen dramatischen Fragment *Der tugendhafte Taugenichts* (gedr. 1884) fragt der Vater seine Söhne erbost: „Hab ich euch nicht für tausend Dukaten noch voriges Jahr allein Preise für eure Studien gekauft?" (ebd.: 501) In der Komödie *Die Freunde machen den Philosophen* (1776) reagiert Donna Seraphina auf den leidenschaftlichen Ausbruch ihres Geliebten, dass er sie „besitzen" müsse „oder nicht leben" könne, mit der ironischen Frage: „Und was für Mittel haben Sie?" (ebd.: 303) Im dramatischen Fragment *Magisters Lieschen* (1884) zieht der Magister „einen Dukaten" aus dem Beutel und fordert von Lieschen ungeniert sexuelle Gegenleistungen: „Aber dafür müßt Ihr auch diese Nacht in meinem Bette schlafen." (ebd.: 590) In dem Lustspiel *Die Aussteuer*, einer Bearbeitung von Plautus' Komödie *Aulularia*, geht es um einen „Schatz" (Damm II: 40), den ein Vater in seinem Haus gefunden hat und verborgen halten möchte, um keine Begehrlichkeiten bei den Nachbarn zu wecken. Sein Geiz geht so weit, dass er sogar der Tochter die Mitgift verweigert (vgl. Sittel 2003). Und in der *Buhlschwester*, ebenfalls einer Plautus-Bearbeitung, wird der Zusammenhang von Geld und Sexualität noch direkter thematisiert als in der *Aussteuer* (vgl. *Matt 2006: S. 161–169).

Auch in den Prosatexten geht es immer wieder um Geld. In dem aus dem Nachlass herausgegebenen fragmentarischen Briefroman *Der Waldbruder* (gedr. 1797) wird Herz sein „letztes Geld [...] von einem schelmischen Bauren gestohlen" (Damm II: 381). Der junge Zerbin in der Erzählung *Zerbin oder die neuere Philosophie* (1776) ist der „Sohn eines Kaufmanns, der seine unermeßlichen Reichtümer durch die unwürdigsten Mittel zusammengescharrt hatte und dessen ganze Sorge im Alter dahin ging, seinen Sohn zu eben diesem Gewerbe abzurichten." (ebd.: 355) Zerbin kann sich dem Vater zwar entziehen, sein Versuch, ihn durch ein vorbildliches Leben zu beschämen, scheitert jedoch kläglich.

In seinem Beitrag „Genie und Geld. Aspekte eines leidvollen Diskurses im Leben und Werk von J. M. R. Lenz" hat Hans-Ulrich Wagner die Schwierigkeiten von Lenz, sich eine ‚Laufbahn' im Sinne seiner Eltern zu eröffnen, eindrücklich nachgezeichnet (Wagner 2003). Ein ‚Lebenslauf in aufsteigender Linie' ist ihm nicht gelungen, zeitgenössische Vorstellungen von ‚Karriere' (vgl. Stanitzek 1998) konnte er als „Landläufer, Rebell, Pasquillant" – eine Formulierung, die sich in einem Brief an Herder befindet (Damm III: 30. 11. 1776) – nicht erfüllen.

In seinem Aufsatz „Genie und Geld" geht Wagner auch kurz auf einige literarische Werke ein. Interessant ist sein Hinweis auf die von der Forschung kaum beachtete kleine Schrift *Expositio ad hominem*, die erstmals von Élisabeth Genton 1962 in der Reihe *Études Germaniques* veröffentlicht worden ist und sich in einer textkritisch durchgesehenen neuen Fassung in dem von Ulrich Kaufmann u. a. herausgegebenen Katalog *„Ich aber werde dunkel sein"* (1996) befindet. In dieser Reformschrift in der Nachfolge von Klopstock, Lessing und Wieland entwirft Lenz ein „düsteres Bild des zeitgenössischen Buch- und Literaturmarktes" (Wagner 2003: 248). Als Ausweg aus der finanziellen Misere, die ja nicht nur ihn selbst betraf, schlug er eine Stipendienkasse vor, die junge Autoren unterstützen sollte:

> Zu dem Ende wünschte ich eine Leyhkasse errichtet zu sehen, wo jungen Schriftstellern von Genie für Arbeiten die sie entweder schon angefangen, oder wozu sie auch nur den Entwurf gemacht, eine gewisse Summe zum Voraus bezahlt würde um sie allenfalls in den Stand zu setzen die Arbeit mit Musse und ohne Hunger zu leiden, zu Ende zu bringen. Den Werth dieser angefangenen Arbeiten oder Entwürfe beurtheilte eine Gesellschaft Gelehrte von entschiedenem Ruf und Verdienst [...]. Damit desto eher aller Partheylichkeit vorgebeugt, oder vielmehr nur aller Verdacht derselben abgelehnt werde, schickte der Schriftsteller seine angefangene Arbeit oder Plan anonym [...] ein. (*Expositio ad hominem* [Hgg. Albrecht/Kaufmann 1996]: 85 f.)

Dieser Vorschlag realisierte sich nicht. Lenz blieb auf die eigenen, äußerst bescheidenen Einnahmen aus seinen Werken (vgl. die Aufstellung bei Wagner 2003: 247) und auf die Zuwendungen von Freunden angewiesen. Im Spätherbst 1777, Lenz war damals 26 Jahre alt, betrugen seine Schulden 300 Gulden, die zum großen Teil von dem vermögenden Jacob Sarasin, mit dem Lenz seit längerer Zeit in freundschaftlicher Verbindung stand, anonym beglichen wurden. Im November 1778, als „Lenzens Verrückung" (Dedner/Gersch/Martin 1999) nicht mehr zu übersehen war, versuchte der Schwager Goethes, Johann Georg Schlosser, eine neue Bleibe für den Kranken zu finden und die ehemaligen Freunde in Weimar in die finanzielle Verantwortung zu nehmen:

> Ich [...] wünschte von Lenzens freunden einen Vorschlag, wo mit hin. Ich will auch Jährlich was beytragen, aber den Beytrag ihn in meiner Nachbahrschaft zu wissen, und für ihn zu sorgen, muß ich mir verbitten [...]. Ich erwarte ob man in Weimar etwas für ihn weiter thun wird [...]. (Schlosser an Herder, 7.11.1778; zit. nach ebd.: 186f.)

Die einzige Person, die auf diesen „Hilferuf aus Emmendingen" (Wagner 2003: 256) spontan reagierte, war Goethes Mutter und Schlossers Schwiegermutter. Sie stellte einen detaillierten Plan der jährlich anfallenden Kosten auf, an denen sie sich – mit weiteren Freunden – anteilmäßig beteiligen wollte. In Weimar wurde anders entschieden: Der Herzog beglich die Arztrechnungen, seine Mutter Anna Amalia übernahm die Kosten für den Rücktransport des Kranken nach Livland. In Begleitung seines Bruders, der sich damals in Jena aufhielt, wurde Lenz im Juni 1779 zurück in sein Elternhaus gebracht.

Im Folgenden wird es um die Bedeutung des Geldes in den literarischen Texten von Lenz gehen. Damit greift er nicht nur ein Thema auf, von dem er ganz existentiell betroffen war, sondern das auch in den Texten seiner Zeitgenossen eine prominente Rolle spielte, wie Eder in seinem Aufsatz „,Beati possidentes'? Zur Rolle des ‚Geldes' bei der Konstruktion bürgerlicher Tugend" (*Eder 1993) aufgezeigt hat.

1. Der Kampf ums Geld

Im Drama *Der Hofmeister* (1774) ist Geld nicht nur ein „Symbol des Sozialen" (*Pape 1988) oder ein Thema unter anderen, sondern der eigentliche Akteur. Lenz holt den hochgestimmten Diskurs über das ‚Ich' auf die materielle Ebene zurück: Es geht um ganz konkrete Summen. In einem Gespräch in I,2 zwischen dem Geheimen Rat und dem Major ist von „dreihundert Dukaten" (Damm I: 43) als Bezahlung für einen Hofmeister die Rede, in Szene I,3 eröffnet die Majorin Läuffer, dass sie sich mit dessen Vater auf „hundert und funfzig" (ebd.: 44) geeinigt habe. Dabei weiß sie, dass normalerweise ein „jährliches Gehalt" von „fünfhundert Dukaten" und ein zusätzliches „Reisegeld" von „zweihundert Dukaten" (ebd.: 46) üblich sind. Dass auch dies eine geringe Summe ist, verrät der Hinweis des Grafen, dass er für seinen Tanzunterricht „einige dreißig tausend Gulden" (ebd.) ausgegeben habe und bereit sei, „noch einmal so viel" zu bezahlen, wenn es ihm gelänge, mit seinen Tanzkünsten die Gunst von Gustchen, der Tochter des Hauses, zu gewinnen. Im Gespräch mit Läuffer in I,4 setzt der Major den Betrag noch weiter herunter:

> MAJOR: [...] Hundert und vierzig Dukaten jährlich hab ich Ihnen versprochen: das machen drei – Warte – Dreimal hundert und vierzig: wieviel machen das?
> LÄUFFER: Vier hundert und zwanzig.

> MAJOR: Ist's gewiß? Macht das soviel? Nun damit wir gerade Zahl haben, vierhundert Taler preußisch Courant hab ich zu Ihrem *Salarii* bestimmt. Sehen Sie, das ist mehr als das ganze Land gibt.
> LÄUFFER: Aber mit Eurer Gnaden gnädigen Erlaubnis, die Frau Majorin hat mir von hundert funfzig Dukaten gesagt; das machte gerade vierhundert funfzig Taler, und auf diese Bedingungen hab ich mich eingelassen.
> MAJOR: Ei was wissen die Weiber! – Vierhundert Taler, Monsieur; mehr kann Er mit gutem Gewissen nicht fodern. Der vorige hat zweihundert funfzig gehabt und ist zufrieden gewesen wie ein Gott. (ebd.: 48)

Der Major versucht Läuffer nicht nur durch die falsche Umrechnung von Dukaten in Taler zu verwirren, sondern er betrügt ihn auch mit den Hinweisen auf die sonst übliche Bezahlung oder das niedrigere Gehalt des vorherigen Hofmeisters in schamloser Weise. Die endgültige Bezahlung fällt noch geringer aus, wie der Vater von Läuffer dem Geheimen Rat gegenüber in II,1 klagt:

> PASTOR: […] [H]undert arme Dukätchen; und dreihundert hatt er ihm doch im ersten Jahr versprochen: aber beim Schluß desselben nur hundert und vierzig ausgezahlt, jetzt beim Beschluß des zweiten, da doch die Arbeit meines Sohnes immer zunimmt, zahlt' er ihm hundert, und nun beim Anfang des dritten wird ihm auch das zu viel. (ebd.: 54)

Tatsächlich bekommt Läuffer im dritten Jahr „nur vierzig Dukaten" (ebd.: 67). Überdies hält der Major auch seine zusätzlichen Versprechungen nicht ein, und die Majorin macht sich über den Hofmeister lustig, als er sie daran erinnert: „[M]an hatte mir ein Pferd versprochen, alle viertel Jahr einmal nach Königsberg zu reisen, als ich es foderte, fragte mich die gnädige Frau, ob ich nicht lieber zum Karneval nach Venedig wollte" (ebd.: 59). Mit dem Bruch dieser Zusage ist der Major jedoch in seinem „Geiz" (ebd.: 71), den die Majorin scheinheilig beklagt, zu weit gegangen. Er, der vor nichts mehr Furcht hat, als dass ein Hofmeister ein „Schweinigel" (ebd.: 49) sein und seiner Tochter „zu nahe" (ebd.: 50) kommen könne, hat in diesem Fall an der falschen Stelle gespart. Die Reisen nach Königsberg hätten es Läuffer erlaubt, Abstand von Gustchen zu halten und seine sexuellen Bedürfnisse an anderer Stelle zu befriedigen. Die melodramatische Selbstkastration Läuffers und die uneheliche Schwangerschaft von Gustchen sind letztlich Folgen dieses Geizes.

Hinter dem Kampf um die angemessene Bezahlung scheinen also sexuelle Motive auf. Diese werden jedoch überlagert von einer gesellschaftlichen Konstellation, in der das Geld ungerecht verteilt ist. Während Graf Wermuth damit prahlt, in Königsberg „sechshundert Stück" Austern gegessen und „zwanzig Bouteillen Champagner dabei ausgetrunken" (ebd.: 69) zu haben, und sich überdies damit brüstet, beim Spielen viel „Geld verloren" (ebd.) zu haben, müssen sich Wenzeslaus und Läuffer im Schulhaus mit Wasser, Brot und Gurkensalat (ebd.: 84) begnügen. Von den „hundert Dukaten" (ebd.: 82), die der Hofmeister erhalten hat, kann Wenzeslaus nur träumen („ich hab in meinem Leben nicht so viel Geld auf einem Haufen beisammen gesehen!"; ebd.). Als Schulmeister ist Wenzeslaus zwar „eigner Herr" (ebd.: 84) im Haus und kann dem Grafen Wermuth den Eintritt in die Stube verweigern, der „Lohn" (ebd.), den er für seine Arbeit erhält, ist jedoch so gering, dass er sich davon nur ein äußerst bescheidenes Leben ohne Frau und Kind leisten kann. Im Pfeifenrauchen hat er jedoch eine Ersatzbefriedigung gefunden, die er seinem „Kollaborator" (ebd.: 85) Läuffer wortreich anpreist: Der Tabak tröste nicht nur über den „ungedeckten Tisch" (ebd.: 82) hinweg, sondern schläfere zugleich „die bösen Begierden" (ebd.) ein, vor denen auch Wenzeslaus nicht gefeit zu sein scheint.

Dass Geld zur Befriedigung menschlicher Grundbedürfnisse ebenso unerlässlich ist wie zur Erfüllung darüber hinausgehender Wünsche, zeigen die Studentenszenen in dem Drama. Auch wenn hier mehr das Thema ‚Geld und Freundschaft' (→ 3.8 FREUNDSCHAFT) im Mittelpunkt steht, ist doch deutlich, dass der jährliche „Wechsel" (Damm I: 62), den Pätus von zu Hause erhält, ihm vor allem dazu dient, sich ein angenehmes Leben zu finanzieren und Eindruck bei den Mädchen zu machen. Auch Fritz von Berg lebt offensichtlich über seine Verhältnisse. Seine Schulden betragen „hundertfunzig Dukaten" (ebd.: 108) und übersteigen damit das jährliche Einkommen von Läuffer beträchtlich. Als Söhne vermögender Väter können es sich Pätus und Fritz leisten, Schulden zu machen, es finden sich immer wieder Gläubiger, die ihnen Kredit geben. Als Sohn eines Pastors ist Läuffer so arm, dass er keine Unterstützung von seinem Vater erwarten kann. Es ist nicht ohne Ironie, dass der durch seine Herkunft privilegierte Pätus einen märchenhaften Gewinn von „[d]reihundert achtzig Friedrichsd'or" (ebd.: 110) in der Lotterie macht, mit dem er auf einen Schlag sowohl die eigenen Schulden wie die des Freundes zahlen und überdies die Reise nach Hause finanzieren kann.

2. Triebstruktur und Geld

Die Verbindung von Geld und Triebbefriedigung wird im Drama *Die Soldaten* (1776) ebenfalls sehr direkt thematisiert. Geld und Sexualität bilden in der ‚Judenszene' (→ 3.8 FREUNDSCHAFT) eine unauflösbare Allianz, sie sind aber auch in den gesellschaftlichen Aufstiegswünschen der Familie Wesener untrennbar verbunden. Der Baron Desportes versucht, den Galanteriehändler und dessen Tochter Mariane durch teure „Präsente" (Damm I: 197) zu beeindrucken. Die Hoffnung des Vaters, dass seine Tochter „gnädige Frau" (ebd.: 204) werden könne, veranlasst ihn zu einem riskanten Doppelspiel. Er rät der Tochter, ihren Verlobten Stolzius zu vergessen und ihr „Glück" (ebd.) in einer Verbindung zu dem Grafen zu suchen:

> Laß mich nur machen, ich weiß schon was zu deinem Glück dient, ich hab länger in der Welt gelebt als du mein' Tochter und du kannst nur immer allesfort mit ihm in die Komödien gehn, nur nimm jedesmal die Madam Weyher [eine Bekannte Marianes, I. S.] mit, und laß dir nur immer nichts davon merken, als ob ich davon wüßte sondern sag nur, daß er's recht geheim hält und daß ich sehr böse werden würde wenn ich's erführe. Nur keine Präsente von ihm angenommen Mädel, um Gotteswillen. (ebd.)

Offensichtlich will der Vater den Grafen mit den angeblich geheimen Komödienbesuchen in die ‚Ehefalle' locken. Der Baron verlässt jedoch fluchtartig die Stadt und hinterlässt Schulden von „siebenhundert Taler[n]" (ebd.: 218), für die Vater Wesener, der die Hoffnungen auf eine ‚Aufstiegsheirat' seiner Tochter immer noch nicht aufgegeben hat, mit seinem eigenen Vermögen bürgt. Den Wechsel schickt er zusammen mit der *Promesse de mariage*, die er sich als Sicherheit von Desportes hat geben lassen, an dessen Eltern (vgl. ebd.: 221). In der Zwischenzeit hat „sein bester Freund" (ebd.: 223) Mary unter dem Vorwand, dass er die Verbindung zu dem flüchtigen Grafen halte, dessen Position bei Mariane eingenommen. Desportes denkt nicht im Traum daran, sein Eheversprechen zu halten oder seine Schulden zurückzuzahlen. Geschickt fängt er die Briefe von Wesener ab und vertröstet Mariane. Diese hat vorübergehend Aufnahme bei der Gräfin La Roche gefunden, die vorgibt, sie vor dem „Abgrund" (ebd.: 231) retten zu wollen. Sie bietet ihr eine Position als Gesellschafterin an und setzt großzügig „tausend Taler" (ebd.) als Aussteuer in Aussicht, wenn Mariane den Kontakt zum Sohn der Gräfin abbricht, der sich offensichtlich in das Mädchen verliebt hat. Dieses schlau eingefädelte Arrangement der besorgten Mutter zerschlägt sich jedoch, und Mariane macht sich schließlich auf die Suche nach dem untreuen Geliebten, der sich jedoch verleugnen lässt und sie in die Hände seines Jägers treibt: „Was der nun aus ihr macht will ich abwarten (*lacht höhnisch*), ich hab ihm unter der Hand zu verstehen gegeben daß es mir nicht zuwider sein würde." (ebd.: 242) Im Übrigen fühlt sich Desportes unschuldig an der Situation. Dem Freunde Mary gegenüber erklärt er kalt und unbarmherzig: „Wie ich dir sage, es ist eine Hure von Anfang an gewesen und sie ist mir nur darum gut gewesen, weil ich ihr Präsenten machte. Ich bin ja durch sie in Schulden gekommen, daß es erstaunend war, sie hätte mich um Haus und Hof gebracht, hätt ich das Spiel länger getrieben." (ebd.)

In Wahrheit hat Desportes die Familie Wesener ins Unglück gestürzt. Der Vater hat sich durch seine Bürgschaft für den Grafen hochverschuldet und Mariane ist zum „Soldatenmensch" (ebd.: 224), schließlich zum „Bettelmensch" (ebd.: 241) geworden. Völlig verarmt und abgerissen spricht sie am Ende des Dramas ihren Vater auf der Straße an und bittet ihn, sie in ein Wirtshaus auf ein Glas Wein einzuladen. Der Vater, der seine Tochter ebenfalls nicht erkennt, ist entsetzt: „Ihr lüderliche Seele! schämt Ihr Euch nicht, einem honetten Mann das zuzumuten? Geht, lauft Euren Soldaten nach." (ebd.: 244) Schließlich packt ihn jedoch das Mitleid, als er an seine verschollene Tochter denkt: „Wer weiß wo meine Tochter itzt Almosen heischt. [...] Da hat Sie einen Gulden – aber bessere Sie sich." (ebd.)

Der eine Gulden als Almosen an ein ‚gefallenes Mädchen' steht am Ende von finanziellen Transaktionen, die zunächst sehr viel größer angelegt waren. Desportes kauft bei Wesener ein Schmuckstück für 150 Taler – ob Wesener das Geld je bekommen hat, ist fraglich, die kostbare „Zitternadel" (ebd.: 197) hat Mariane auf seine Veranlassung an Desportes zurückgeben müssen – und verlässt die Stadt mit 700 Talern Schulden. Die Gräfin La Roche versucht sich und ihren Sohn mit „tausend Taler[n]" (ebd.: 231) von der verführerischen Sexualität Marianes freizukaufen. Den „Preis des Geldes" (*Braun 2012) muss die Familie Wesener, insbesondere aber Mariane für ihre Hoffnungen auf Aufstieg und Glück bezahlen.

Geld entwickelt sein zerstörerisches Potential aber nicht nur in Verhältnissen, die durch soziale Unterschiede bestimmt sind, es zersetzt auch familiäre Beziehungen. Ansatzweise zeigt sich dies bereits im *Hofmeister*, wo der Vater von Pätus sich von seiner Mutter die Erbschaft bereits zu Lebzeiten auszahlen lässt und die Mutter dann aus dem Hause vertreibt. Am Ende bereut der Vater sein Verhalten und überträgt in einem plötzlichen Gefühlsüberschwang sein ganzes Vermögen auf den Sohn. Ob er damit aber nicht einen folgenschweren Fehler wiederholt, gehört zu den offenen Fragen, die das Happy End aufwirft.

3. Geld und Verbrechen

In dem Drama *Die beiden Alten* (1776) geht es ebenfalls um Erbschaftsangelegenheiten. In einer kurzen Notiz schreibt Lenz, dass ihn eine „Zeitungsanekdote" (Damm

I: 340) zu dem „Familiengemälde" – so der Untertitel – angeregt habe. Um vorzeitig in den Besitz der Güter des Vaters zu kommen, hat der Sohn diesen in einen Keller gesperrt und ihn für tot ausgegeben. Das Verbrechen wird zufällig durch einen Freund des Vaters aufgedeckt.

Im Drama von Lenz ist es der General Rochefort, der Bruder des Obristen Rochefort, der auf die Nachricht vom Tode des Obristen auf dessen Güter in die Provinz eilt. Er trifft dort auf den Sohn St. Amand und dessen Schwester Angelika, die mit dem Major Belloi verheiratet ist. St. Amand unterhält ein Verhältnis zu der Schwester seines Bedienten Valentin. Rosinette langweilt sich auf den Gütern und will mit ihrem Bruder und St. Amand nach Paris. Der dramatische Konflikt ergibt sich daraus, dass der Vater den Umgang des Sohnes missbilligt und nicht bereit ist, dessen Eskapaden zu finanzieren. Stattdessen hat er der Tochter und dem Schwager als Hochzeitsgeschenk „eins von seinen Gütern" (ebd.: 349) abgetreten und damit nicht nur die Eifersucht des Sohnes erregt, sondern auch dessen Furcht genährt, der Vater wolle ihn enterben.

Zu Beginn des Dramas ist die verbrecherische Tat bereits geschehen. St. Amand und sein Diener Valentin haben „den Alten ins Loch" (ebd.: 341) gesteckt, ihrem Aufbruch nach Paris steht jedoch ein entscheidendes Hindernis entgegen: St. Amand braucht dringend Geld. Deshalb will er die Güter des Vaters an den Schwager verkaufen, fürchtet aber, dass dieser versuchen wird, ihm diese „um den halben Preis abzuschwatzen" (ebd.: 342). Bei dem Onkel hofft er, mehr Geld zu bekommen. In einem vertraulichen Gespräch bittet der Schwager den General, St. Amand die Güter nicht abzukaufen, sondern ihm „statt des Kapitals, ein jährliches Leibgedinge von zwanzig-, dreißigtausend Livres" (ebd.: 349) auszuzahlen, damit der junge Mann haushalten lernt und nicht auf die schiefe Bahn gerät. Der General ist von dieser familiären Fürsorge so gerührt, dass er Bellois Sohn zum „Erbe[n] von Belcourt und allen [seinen] Gütern" (ebd.: 350) erklärt. In der Zwischenzeit bereiten St. Amand und Valentin die Abreise vor, sind sich aber uneinig, was sie „mit dem Alten drunten anfangen" (ebd.) sollen. Den „alten Griesgram seinem Schicksal zu überlassen" (ebd.: 345), wie Rosinette vorgeschlagen hatte, fällt ihnen schwer. St. Amand sieht sich jedoch außerstande, den Alten zu erschlagen, sondern lässt ihn frei. Am Ende des Dramas ist die Familie in einem rührenden Tableau vereint, in das auch der ‚gefallene' Sohn integriert wird, weil der Vater ihm verzeiht: „Komm an mein Herz zurück, das soll deine ganze Strafe sein." (ebd.: 357)

Wie immer bei Lenz mag man dem plötzlichen Happy End nicht trauen, zu negativ sind St. Amand und sein Diener, vor allem aber Rosinette gezeichnet, auf die am Ende die ganze Schuld abgewälzt wird. Es geht aber auch gar nicht um Glaubwürdigkeit, sondern um die Auseinandersetzung mit ‚Geiz' und ‚Gier' als zerstörerischen Triebkräften im Menschen. Diese erscheinen jedoch nicht als naturgegeben, sie sind – wenn auch nur angedeutet – Effekte von familiären Konstellationen, in denen Eifersucht und Neid zwischen den Geschwistern und Misstrauen zwischen Vätern und Söhnen herrschen. Liebevolle Mütter, die vermitteln könnten, fehlen in diesem Drama wohl nicht zufällig.

4. Ökonomie des Geldes

Lenz thematisiert den „Punkt[ ] des Geldes" (*Myrsa Polagi* Damm I: 398) aber nicht nur in Hinsicht auf dessen Funktionen im emotionalen und sozialen Gefüge, er interessiert sich auch ganz konkret für ökonomische Fragen. Bei seinem Aufenthalt in Emmendingen bei Johann Georg Schlosser hatte er die Physiokratie als eine Lehre, die auf die Selbststeuerung wirtschaftlicher Prozesse setzte und durch Reformen dafür die notwendigen Voraussetzungen schaffen wollte, in ihren praktischen Auswirkungen vor Ort kennengelernt. Schlosser, der Mann von Cornelia Goethe, war zusammen mit Johann Heinrich Merck Herausgeber der physiokratisch orientierten *Frankfurter Gelehrten Anzeigen* (vgl. Vollhardt 2002) und verfolgte die Reformen, um die sich Markgraf Carl Friedrich von Baden unter Berufung auf die physiokratischen Lehren im Nachbarland Frankreich in seinem eigenen Territorium bemühte, mit zunehmender Skepsis. Sein dem Schwager Goethe gewidmetes Buch *Xenokrates oder über die Abgaben* (1784) ist eine kritische Abrechnung mit der in Frankreich vor allem von François Quesnay entwickelten Physiokratie, die in Deutschland damals breit diskutiert wurde (vgl. *Braunreuther 1955/1956). Zur Popularisierung der physiokratischen Lehren trug insbesondere Johann August Schlettwein mit seinen Schriften *Die wichtigste Angelegenheit für das ganze Publicum oder die natürliche Ordnung in der Politik überhaupt* (2 Bde., 1772/1773) und *Evidente und unverletzliche, aber zum Unglück der Welt meistens verkannte oder nicht geachtete Grundwahrheiten der gesellschafftlichen Ordnung [...] zur Herstellung der wahren Gewerbe- und Handelsfreyheit der Staaten* (1777) bei. Aus einem Brief von Röderer an Lenz geht hervor, dass dieser den in Straßburg lebenden Freund um Informationen über das „Schlettweinische Ursystem" (Damm III: 23. 5. 1776) gebeten hatte. In seinen zwischen 1773 bis 1776 entstandenen Aufzeichnungen *Über die Soldatenehen* und in seinen bislang unveröffentlichten Notizen über die Landwirtschaft (vgl. ebd.: 869) geht er mehrfach auf Schlettwein ein.

Wie kritisch Lenz der ‚Theorie der Physiokratie' (vgl. *Bürger/Leithäuser 1976) gegenüberstand, zeigen seine Fragment gebliebenen *Briefe eines jungen L- von Adel an seine Mutter in L- aus ** in ***, die erstmals 1910 in der Werkausgabe von Blei veröffentlicht worden sind. Sie dürften zeitgleich mit der Erzählung *Der Landprediger* entstanden sein (vgl. Damm II: 952), in der sich Lenz ebenfalls auf Schlettwein bezieht. In satirischer Form entwirft Lenz in beiden Texten eine „Kritik des ökonomischen Menschen" (Twellmann 2008). Bei dem jungen „L" handelt es sich um einen livländischen Adligen, der die physiokratischen Reformen, die er in Deutschland kennengelernt hat, in seinem Heimatland umsetzen will, dabei aber weniger an die Verbesserung der Lage seiner Leibeigenen als an seinen eigenen Profit denkt.

> Liebe Mama wenn ich nach Hause komme soll alles anders werden. Ich sehe es kommt nichts dabei heraus wenn der Bauer wie das Vieh gehalten wird, er wird faul und unlustig. Es will ja bei uns mit nichts recht fort. Der Herr Prof. sagt die Schuld liegt am Bauer, denn der Bauer ist die Stütze des Staats. (Damm II: 828)

Der junge Adlige will zunächst einmal alle seine „Bauern aufschreiben" (ebd.), dann ausrechnen, „wieviel ein Bauer wohl Acker braucht, um damit für sich und seine Familie honett auszukommen" (ebd.), und den Bauern dann das Land als „Eigentum" übertragen, wo sie „schalten und walten" (ebd.: 829) können. Diese ‚Freisetzung' geschieht jedoch nicht aus Menschenliebe: „Ich hoffe, ich werde mehr dabei gewinnen als die andern alle. Vors erste bin ich sicher, daß niemand davon läuft und das ist schon viel. Vors andere arbeitet mir alles und das ist noch mehr [...]; denn wo nur Arbeit ist, da kann der Gewinst nicht fehlen, sagt der Herr Professor." (ebd.)

Diesen Gewinn will der junge Adlige den Bauern dann aber so bald als möglich wieder abnehmen:

> [W]enn ich erst sehe, daß es meinen Bauren gut geht und da muß ich mich aufs Spionieren legen und daß sie durch ihren Gewerb und Verkehr was vor sich gebracht haben, so komme ich ganz leise und milche sie ein bißchen, das will soviel sagen, Mama: ich komme und setz ihnen ein wenig mehr an an Zehnten und dergleichen, was sie bei uns die Gerechtigkeit nennen – [.] (ebd.)

Der junge „L", der sich mit seinem Professor, hinter dem unschwer Schlettwein zu erkennen ist, zunächst darüber empört, die Bauern wie Vieh zu halten, macht aus ihnen in der Konsequenz Milchkühe, die er nach Belieben melken kann. Dabei setzt er auf die sich entwickelnde Geldwirtschaft:

> Zuletzt halt ich sie an mir das in barem Gelde zu zahlen, wenn erst der Verkehr mit den Städten größer wird und sie bar Geld haben und nicht alles was sie lösen gleich in Branntwein vertrinken, wie sie jetzt wohl tun aus lauter Verzweiflung, sagt der Prof.: weil sie kein Eigentum nicht haben. (ebd.)

Im Übrigen hat der junge Livländer nicht vor, auf dem Lande zu leben. Das Geld, das er seinen Bauern abnimmt, soll ihm ein angenehmes und geselliges Leben in der Stadt ermöglichen. Die auf dem Lande durchgeführten Reformen will er zu seinem eigenen Vorteil auch in der Stadt einführen. Die Handwerker, die er dort beschäftigt, und die Kaufleute, mit denen er Handel treiben möchte, will er „in einer beständigen Jalousie" (ebd.: 830) halten, weil Konkurrenz das Geschäft belebt und die Preise drückt. In Ansätzen entwickelt der junge „L", der als fortschrittlicher ‚Reformer' in seinem Heimatland überall „den Ton" (ebd.) angeben möchte, in seinem ‚Brief an die Mutter' das ‚Idealbild' eines Mannes, der von seinen „Kapitalien" (ebd.) zu leben versteht. Sein Motto „laß es kosten – ich bring es schon wieder ein" (ebd.) setzt darauf, dass andere seinen Reichtum erwirtschaften sollen.

Ein wenig schmeichelhaftes Bild eines ‚ökonomischen Menschen' entwickelt Lenz auch in der Erzählung *Der Landprediger* (1777). Johannes Mannheim ist ein ‚fortschrittlicher' Theologe, der seine Gemeinde nicht mit theologischen Spitzfindigkeiten langweilt oder ängstigt, sondern sie in leicht fasslicher Weise über „die beste Art, die Wiesen zu wässern" (Damm II: 457) und „ihre Pflichten gegen ihre Herrschaft" (ebd.: 423) aufklärt. Als überzeugter Anhänger der physiokratischen Lehren verwandelt er seine Gemeinde in „eine ökonomische Gesellschaft" (ebd.): „Er hielt ein kurzes herzliches Gebet in der Kirche, alsdann versammlete er die Vorsteher und die angesehensten Bürger des Dorfs um sich herum und sprach mit ihnen von wirtschaftlichen Angelegenheiten." (ebd.: 423 f.) Mannheim beschränkt sich aber nicht auf Vorträge und Gespräche, mit einem wohlhabenden Bauern schließt er einen Vertrag, „vermittelst dessen jener ihm, gegen so und so viel Stück Vieh und Auslagen der Baukosten, einen verhältnismäßigen Anteil an seinem Kornacker sowohl als an seinem Wiesenbau zustand" (ebd.: 424). Dazu kommt ein Vertrag mit einem Weinbauern, so dass der Pfarrer am Ende „ein kleines Landgut" (ebd.) besitzt, das ihn und seine „Mitinteressenten reich machte": „Itzt beeiferte sich jeder einen gleichen Vertrag mit ihm einzugehen, und da dieses nicht wohl sein konnte, schlossen sie sich an einander und ahmten seinem Beispiele nach. So ward in kurzer Zeit das Dorf eines der wohlhäbigsten in der ganzen Gegend." (ebd.)

Im Folgenden ist von der prosperierenden Dorfgemeinschaft nur noch am Rande die Rede, dafür umso mehr vom Aufstiegswillen Mannheims. Beflügelt durch das Beispiel seines ‚Musterdorfes' möchte er seinen Ruf als erfolgreicher ‚Reformator' im ganzen Land bekannt machen. Die Ruhmsucht als „geheime Springfeder" (ebd.: 442) lässt ihn zum Autor werden. Zwar gelingt ihm der große Roman nicht, den er eigentlich schreiben wollte, er hinterlässt aber eine Reihe von Schriften, mit denen er sich selbst ein Denkmal setzt:

> Nichts desto weniger hat man nach dem Tode unsers Johannes Mannheim einige fürtreffliche Traktate gefunden, die in einer Sammlung seiner Schriften sämtlich zu Amsterdam in groß 8vo herausgekommen sind. Darunter war eine *Abhandlung von der Viehseuche, von den Pferdekuren, von dem Wieswachs und dem Nutzen der englischen Futterkräuter, von dem Klima* und dessen Einfluß auf Menschen, Tiere und Pflanzen, besonders der *Bevölkerung*, worinnen Blicke in die Menschennatur und in die allgemeine organisierte Natur waren, die einem Montesquieu würden haben erröten machen. (ebd.: 445)

Der ironische Unterton einer solchen Passage ist unüberhörbar. Offensichtlich handelt es sich nicht um eine ‚Wunschautobiographie' des Theologiestudenten Lenz, sondern um die ironische Auseinandersetzung mit einem selbstgefälligen und einfältigen ‚Weltverbesserer', der in den physiokratischen Lehren ein Sprungbrett für den eigenen, letztlich bescheidenden Aufstieg findet.

An der zunächst an den Herzog von Weimar, später an den französischen Hof gerichteten Schrift *Über die Soldatenehen* hat Lenz zeitgleich zu seinem Drama *Die Soldaten* gearbeitet. Sie wurde erstmals 1913 veröffentlicht und ist Teil von umfangreichen Entwürfen und Notizen, die David Hill und Elystan Griffiths unter dem Titel *Schriften zur Sozialreform: Das Berkaer Projekt* 2007 herausgegeben haben (→ 2.6 DIE BERKAER SCHRIFTEN). Mit diesen Schriften nimmt Lenz eben die Position ein, die er an dem Projektemacher und Traktateschreiber Mannheim im *Landprediger* sowie an dem jungen Adligen David in dem Dramenfragment *Der tugendhafte Taugenichts* satirisch vorgeführt hatte, ohne die eigenen Ansichten jedoch ironisch zu brechen. Das mag mit ein Grund dafür sein, dass die ‚Reformschrift' bis heute zu den verstörenden Texten von Lenz gehört (vgl. Wilson 1994: 52–85). Konnte man den Vorschlag, dass vom Staat bezahlte „Konkubinen" den Soldaten sexuell zur Verfügung stehen sollten, „damit die übrigen Gattinnen und Töchter verschont bleiben" (Damm I: 246), den Obrist und Gräfin am Ende des Dramas *Die Soldaten* machen, ironisch verstehen, so verbietet sich eine solche Lesart der *Soldatenehen*-Abhandlung. Die Reformvorschläge, die Lenz dort vorbringt, sind offensichtlich ernstgemeint: Die vorgeschlagene Eheschließung der Soldaten soll einerseits der sexuellen Libertinage ein Ende setzen und andererseits eine stärkere patriotische Anbindung an den Staat bewirken.

Die Schrift ist nicht nur Teil des sexualreformerischen, sozialpolitischen und militärischen Komplexes, dem Lenz zeitlebens ein großes Interesse entgegenbrachte, sie ist auch Ergebnis seiner Lektüren physiokratischer Schriften (vgl. Damm II: 875). *Über die Soldatenehen* weist durchgängig eine ökonomische Argumentation auf. Mit seinen Reformvorschlägen zielt Lenz auf das finanzielle Interesse von Herrscher und Untertanen gleichermaßen:

> Ich will Ihnen also beweisen, meine Fürsten, daß – durch meinen Vorschlag Ihre Kasse und die Kasse Ihrer Untertanen gewinnt, daß Ihrer Ausgaben weniger, Ihrer Einkünfte mehr

werden, daß dessen ungeachtet bei der neuen Einrichtung Ihre Untertanen sich besser befinden [...]. (ebd.: 806)

Dabei wird Lenz sehr konkret. Er rechnet dem König die Einsparmöglichkeiten detailliert vor:

> Der König hat 18 Millionen Menschen im Lande und dreihundert Millionen Einkünfte. Laßt uns nach der gewöhnlichsten und sichersten Art zu rechnen auf jede Familie 4 Kinder rechnen, so geben für 157 055 Menschen, soviel die stehenden Truppen gerechnet werden, eben soviel Weiber, wenn wir für jede Familie zwei Knaben und zwei Mädchen rechnen, 78 527 Familien, die von Abgaben frei bleiben. Nach eben diesem Maßstabe gäbe es in Frankreich 4 Millionen 500 000 Familien, die Abgaben zahlten. Oder vielmehr, da wir doch die Eltern mit, und folglich 6 Personen auf eine Familie rechnen müssen, 3 Millionen Familien; wenn diese 300 Millionen zahlen, so zahlen 78 527 nur 7 Millionen 852 700, verlöre also der König nur etwa den 38ten Teil seiner Einkünfte. Nun haben wir aber vorhin schon gegen 18 Millionen gerechnet, die er auf der anderen Seite gewinnt – und er gewinnt – mehr als alles – glücklichere, bräveren und zuverlässige Soldaten und glücklichere, bis über alle ihr Wünsche heraus glückliche Untertanen. (ebd.: 826 f.)

Auch wenn diese Rechnung in ihrer Scheingenauigkeit absurde Züge aufweist, zeigt sie doch, dass Lenz den ‚Punkt des Geldes' (Damm I: 398) ernst nimmt und die materielle Seite – hierin vergleichbar den sexuellen Bedürfnissen – stets in seine Überlegungen einbezieht.

5. Weiterführende Literatur

Binswanger, Hans Christoph: *Geld und Magie. Deutung und Kritik der modernen Wissenschaft anhand von Goethes „Faust"*. Stuttgart 1985.

Bosse, Heinrich: *Autorschaft ist Werkherrschaft. Über die Entstehung des Urheberrechts aus dem Geist der Goethezeit*. Paderborn, München, Wien u. a. 1981.

Braun, Christina von: *Der Preis des Geldes. Eine Kulturgeschichte*. Berlin 2012.

Braunreuther, Kurt: „Über die Bedeutung der physiokratischen Bewegung in Deutschland in der zweiten Hälfte des 18. Jahrhunderts. Ein geschichtlich-politökonomischer Beitrag zur ‚Sturm-und-Drang'-Zeit". In: *Wissenschaftliche Zeitschrift der Humboldt-Universität zu Berlin. Gesellschafts- und sprachwissenschaftliche Reihe* 5.1 (1955/1956), S. 15–65.

Breithaupt, Fritz: *Der Ich-Effekt des Geldes. Zur Geschichte einer Legitimationsfigur*. Frankfurt/Main 2008.

Bürger, Peter u. Gerhard Leithäuser: „Die Theorie der Physiokraten. Zum Problem der gesellschaftlichen Funktion wissenschaftlicher Theorien". In: Günter Schulz, Lessing-Akademie (Hgg.): *Die Frau im 18. Jahrhundert und andere Aufsätze zur Literatur und Philosophie der Aufklärung*. Heidelberg 1976 (= Wolfenbütteler Studien zur Aufklärung 3), S. 355–375.

Corino, Karl (Hg.): *Genie und Geld. Vom Auskommen deutscher Schriftsteller*. Nördlingen 1987.

Eder, Jürgen: „‚Beati possidentes?' Zur Rolle des ‚Geldes' bei der Konstitution bürgerlicher Tugend". In: Helmut Koopmann (Hg.): *Bürgerlichkeit im Umbruch. Studien zum deutschsprachigen Drama 1750–1800*. Tübingen 1993, S. 1–50.

Goethe, Johann Wolfgang: „Zum Shakespeares-Tag". In: Johann Wolfgang Goethe: *Goethes Werke. Hamburger Ausgabe in 14 Bänden*. Hg. v. Erich Trunz. Bd. 12: *Schriften zur Kunst. Schriften zur Literatur. Maximen und Reflexionen*. München 1981, S. 224–227.

Hörisch, Jochen: *Gott, Geld und Glück. Zur Logik der Liebe in den Bildungsromanen Goethes, Kellers und Thomas Manns*. Frankfurt/Main 1983.

Hörisch, Jochen: *Kopf oder Zahl. Die Poetik des Geldes*. Frankfurt/Main 1996.

Matt, Peter von: *Die Intrige. Theorie und Praxis der Hinterlist*. München, Wien 2006.

Pape, Walter: „Symbol des Sozialen. Zur Funktion des Geldes in den Komödien des 18. und 19. Jahrhunderts". In: *Internationales Archiv für Sozialgeschichte der deutschen Literatur* 13 (1988), S. 45–69.

3.11 Selbstmord

Simone Francesca Schmidt

1. Selbstverstümmelung als Selbstbefreiung 407
2. Reaktion auf gesellschaftliche Unterdrückung 408
3. Abkehr vom Selbstmordkonzept Werthers 410
4. Gegen die Vorverurteilung des Selbstmords 413
5. Weiterführende Literatur 415

Aus Fort Louis schreibt Jakob Lenz am 3. Juni 1772 an Johann Daniel Salzmann: „[…] da ich mich umbringen möchte, wenn das nichts Böses wäre." (Damm III: 255) Damit folgt Lenz zu Beginn seines Straßburger Aufenthaltes noch dem klassischen Selbstmordverdikt, wie es das konservativ-lutherische und pietistisch geprägte Weltbild des Vaters in Livland vorgegeben hatte. Und auch in seinem ersten Werk der Straßburger Zeit, dem Drama *Der Hofmeister oder Vorteile der Privaterziehung*, das 1771/1772 entstand, lässt Lenz den zur Passivität verdammten Hofmeister Läuffer das Suizidverbot reflektieren: „Ich muß sehen, wie ich das elende Leben zu Ende bringe, weil mir doch der Tod verboten ist –." (Damm I: 61) Doch schon bald erfassen Lenz und sein Werk die Einflüsse der großen europäischen Aufklärungsdebatte um den Selbstmord, die das bis dahin geltende kirchliche Selbstmordverdikt erstmals nachhaltig in Frage stellte.

Ab 1770 stieg die Zahl der Publikationen zum Suizid rapide an (vgl. *Baumann 2001: 44), es gab kaum ein Fachgebiet in jener Epoche, das sich nicht mit der Thematik auseinandersetzte. Theologie, Rechtswissenschaften, Medizin, Philosophie und Literatur beschäftigten sich mit der Selbsttötung. Vor allem von England und Frankreich gingen hierbei wichtige Impulse aus: Bereits im Jahre 1721 sprach sich Charles-Louis de Montesquieu in seinen *Lettres persanes*, in deren Tradition später auch Lenz' *Der neue Menoza* stehen wird, gegen das kirchliche Suizidverbot aus. Ebenso wie Montesquieu wandten sich Paul Thiry d'Holbach und David Hume gegen das Selbsttötungsverbot. Der in Edenheim in der Pfalz geborene Paul Thiry d'Holbach, der für Lenz gleichzeitig Bezugs- und Reibungspunkt darstellte, sah den Menschen in seinem 1770 in Amsterdam erschienenen und zeitweise von der französischen Zensur verbotenen Werk *Système de la Nature* als Teil des Naturkreislaufs (vgl. *d'Holbach 1978: 244). Als solches gehorcht der Mensch den Gesetzen der Natur. Einziges Ziel des Menschen ist laut Holbach sein Streben nach Glück. So wie der Mensch seine Ursache in der Natur hat, hat auch der Suizid seine Ursache in der Natur. Wenn die Natur also dem Menschen sein Ziel, das Glück, unmöglich macht, so bleibt nur der Selbstmord (vgl. ebd.: 244 f.). Wenn der Mensch auf diese Weise der Natur entgleitet, trifft ihn keine Schuld. Dabei gilt für Holbach wie für Montesquieu in Bezug auf die Gesellschaft das Utilitarismusprinzip: Ein Mensch, der aus dem Gesellschaftspakt keinen Vorteil mehr ziehen kann, darf diesen verlassen. Die theologische Debatte spielte für den Atheisten Holbach in seiner Argumentation keine Rolle mehr.

Als gegen die zeitgenössische Theologie gerichtet, aber nicht prinzipiell atheistisch kann auch David Humes Apologie *Of Suicide*, die erst 1777 veröffentlicht wurde, bezeichnet werden. Humes Schrift wendet sich gegen jeglichen Aberglauben, zu dem auch das Selbstmordtabu gezählt wird, und propagiert die angeborene Freiheit des Menschen. Bezüglich des Selbstmordes will Hume „zeigen, daß diese Handlung frei von jedem Vorwurf der Schuld oder des Tadels sein mag, wie dies auch die Auffassung der alten Philosophen ist" (*Hume 1984: 90).

Zur Debatte in der Philosophie trat auch eine verstärkte Ästhetisierung des Selbstmordes in der Literatur des 18. Jahrhunderts, die im Erscheinen von Goethes *Werther* kulminierte. Werthers Suizid schockierte eine breite Öffentlichkeit, da sich hier ein Individuum das Recht nahm, frei über sein Leben zu bestimmen: „Und dann, so eingeschränkt er [der Mensch, S. F. S.] ist, hält er doch immer im Herzen das süsse Gefühl der Freyheit, und daß er diesen Kerker verlassen kann, wann er will." (*Goethe 1999: 22) Der Selbstmord Werthers war der eines Intellektuellen und konnte nicht als unüberlegte, spontane Kurzschlusstat abgestempelt werden. Neu war auch die Darstellung des Selbstmordes als Folge pathologischen Leidens, als „Krankheit zum Todte" (ebd.: 98). In diesen Faktoren sehen daher viele *Werther*-Interpreten einen Teil der Sprengkraft des Romans. So urteilt Horst Flaschka über Werthers Tod: „Sein Tod, der den Schlußpunkt des pathologischen Verlaufs seines Leidens markiert, gerät zu einer Demonstration für die sittliche Freiheit des Menschen, über sein Leben selbst verfügen zu können." (*Flaschka 1987: 118)

Diese Schriften sind es, die auch Jakob Lenz prägen werden, als er im Frühjahr 1771 als Gesellschafter der beiden kurländischen Barone Friedrich Georg und Ernst Nikolaus von Kleist nach Straßburg kommt. Bereits im Juni lernt er Goethe kennen und findet Anschluss an die Tischgesellschaft Johann Daniel Salzmanns, zu der auch Goethe und Jung-Stilling gehören, und gerät in den Bann der Stürmer und Dränger. Wie sie rezipiert er die Werke der französischen Materialisten, von denen Goethe noch in *Dichtung und Wahrheit* schreibt, dass sie als „verbotene, zum Feuer verdammte Bücher, welche damals großen Lärmen machten" (*Goethe 1985: 523), gehandelt wurden. Den *Werther* liest Lenz im Frühherbst 1774 sogar noch vor seinem Erscheinen (vgl. Sommerfeld 1935 [1922]: 68). Unzweifelhaft wird Lenz von seiner Lektüre – sowohl von den französischen Materialisten wie auch von Goethe – nachhaltig beeinflusst, so dass sich auch sein Selbstmordverständnis bald zu wandeln beginnt. Allerdings setzt sich Lenz mit den Prätexten kritisch-produktiv auseinander, arbeitet sie ein in sein eigenes Konzept des freien Handelns bzw. negiert wie im Falle des *Werther* auch bestimmte Positionen und formuliert eigene Akzente.

1. Selbstverstümmelung als Selbstbefreiung

Wenn sich Lenz in seinem ersten Straßburger Drama *Der Hofmeister oder Vorteile der Privaterziehung* vordergründig auch noch an das Selbstmordverdikt hält, so deutet doch die Selbstkastration des Hofmeisters Läuffer in Szene V,3 bereits einen Wandel in Lenz' Selbstmordauffassung an: Kein Geringerer als Immanuel Kant zählte die freiwillige Kastration zum „partialen Selbstmorde" (*Kant 1990: 304). Läuffers Selbstkastration kann als ein solcher fokaler bzw. partialer Selbstmord aufgefasst werden, ohne dass Läuffer einen vollständigen Suizid begeht: Seine Frustrationen und Aggressionen haben sich im Dramenverlauf aufgestaut: das Domestikentum, der Geldmangel, die entwürdigende Behandlung durch die Herrschaft, die Perspektivlosigkeit, die erlittene Gewalt durch seinen Zögling, der erzwungene Handlungsverzicht, die aussichtslose Beziehung zu Gustchen und die Furcht vor Entdeckung, schließlich die Flucht. Als er schließlich erkennen muss, dass er vermutlich für die Schwangerschaft von Gustchen verantwortlich ist, kulminieren diese Frustrationen und Aggressionen verbunden mit Schuld- und Verzweiflungsgefühlen und richten sich gegen jenes Körperteil, dem er die Schuld an seiner Verfehlung und der Existenz des Kindes gibt. Läuffer hat seinen Trieben nachgegeben und bei der von Lenz geforderten Triebkontrolle, die allein zur Glückseligkeit führen kann, versagt. Stellvertretend zerstört er durch die Selbstkastration sein altes, fehlerhaftes Ich.

Tatsächlich rechnet Läuffer sogar damit, dass seine selbst zugefügte Verletzung so schwerwiegend ist, dass die Selbstverstümmelung als komplette Selbsttötung endet, wenn er sagt: „Ich werd es wohl nicht mehr lange machen." (Damm I: 102) Allerdings wird er nicht von asketisch-christlichen Motiven getrieben, wie sein Mentor Wenzeslaus glaubt. Wenn Läuffer auf eine Wiedergeburt als Wenzeslaus hofft, drückt er damit seine Hoffnung aus, sein altes Leben mit dieser Tat abschütteln und ein neues Leben in Freiheit beginnen zu können. Seine Aggressionen und seine Tat richten sich gegen sein altes Leben und sein altes Ich mit all den Demütigungen. Wenn er Wenzeslaus als Vorbild nennt, so meint er gewiss nicht in erster Linie dessen monotones Leben, sondern die bürgerlichen Freiheiten, die dieser im kleinen Rahmen gegen den Adel verteidigt und die Läuffer schon in der Szene III,4 ungeachtet Wenzeslaus' Einspruch gepriesen hatte. Die „güldene Freiheit" (ebd.: 83) ist sein neues Ziel. Der stellvertretende Tod des Organs bedeutet zugleich neues Leben. Deshalb schlagen seine obigen Todesahnungen auch schon bald in Hoffnung auf neues Leben um. Wenn Läuffer die Hoffnung ausdrückt, er könne „itzt wieder anfangen zu leben" (ebd.: 104), so meint dies ein Leben in Freiheit, das kein vorgezogener Tod ist. Seine Selbstkastration ist also keineswegs nur Selbstbestrafung, sondern gleichermaßen Selbstbefreiung und Überwindung von Passivität im Sinne einer ersten Entscheidung, die Läuffer unabhängig von seinen Übervätern fällt. Tatsächlich kann man die Selbstkastration Läuffers durchaus als „emanzipatorischen Akt" (Kagel 1997: 81) auffassen, wie dies alternative Lesarten und Interpretationen des Dramas vereinzelt auch getan haben. Damit verweist der partiale Selbstmord Läuffers nun schon auf die folgenden Suizide in Lenz' Werk, die alle mit dem Aspekt der Selbstbefreiung und des freien Handelns verknüpft sein werden.

2. Reaktion auf gesellschaftliche Unterdrückung

Bereits in seinem nächsten Straßburger Drama *Der neue Menoza. Oder Geschichte des cumbanischen Prinzen Tandi*, geschrieben 1773, weitet Lenz die Thematik Mord und Selbstmord aus. Mit Gustav, einem Diener des Grafen Camäleon, begeht wieder ein gesellschaftlicher Außenseiter Suizid. Während nahezu alle Figuren des Dramas mit Suizid kokettieren, ist Gustav, der zuvor selbst für einen Mordanschlag verantwortlich war, der einzige, der nie über Selbstmord redet, ihn aber realisiert: In Szene IV,6 hat sich Gustav während einer großen Tanzgesellschaft in einer Kammer neben dem Tanzsaal erhängt. Der Suizid ereignet sich für den Zuschauer völlig unmotiviert.

3.11 Selbstmord

Lenz selbst interpretiert Gustavs Tat als Selbstbestrafung und als Ausdruck der Reue für begangenes Unrecht (vgl. Damm II: 703). Eine andere Deutung bietet Claudia Benthien an: Für sie liegt das Selbstmordmotiv Gustavs in seiner unerfüllten Liebe zu Donna Diana begründet. Gustav, so Benthien, habe die Hybris seines Wunsches, die ihm standesgemäß überlegene Adlige zu begehren, erkannt und Selbstmord begangen (vgl. Benthien 2003: 371).

Nachstehend soll eine weitere Deutung vorgeschlagen werden, die zwar die eben beschriebenen Interpretationsmöglichkeiten berücksichtigt, aber erweitert. Gustav befindet sich durch seine unglückliche Liebe und seine Eifersucht in den Szenen IV,4 und IV,5 in einer emotionalen Ausnahmesituation. Erstmals erkennt er in seinem Zorn die Hohlheit der Gesellschaft, die ihn bis zu diesem Zeitpunkt benutzt hat. Diese Erkenntnis verhindert ein Zurück in diese Gesellschaft. Mit seinem Selbstmord verlässt er diese und zieht eine eindeutige Trennungslinie. Indem er erkennt, wohnt der Tat auch ein Ansatz von Reue inne. Dadurch, dass Gustav aber die Initiative ergreift und sich, wie Lenz sagt, selbst bestraft, wird er zum frei Handelnden. So hebt Lenz in den *Briefen über die Moralität der Leiden des jungen Werthers* insbesondere Werthers Fähigkeit, „*sich selbst zu strafen wenn er es wo versehen haben sollte*" (Damm II: 687; Hervorh. im Orig.), als besondere Eigenschaft hervor. Die Selbstbestrafung ist für Lenz Charakteristikum des frei agierenden Individuums. Im Falle Gustavs ist die Selbstbestrafung im Gegensatz zu seinen früheren Handlungen seine freie Entscheidung und nicht eingeflüstert. Sein Motiv ist ethisch gut, er will begangenes Unrecht sühnen. Darüber hinaus schreckt sein Selbstmord auf, sowohl die in der Kammer versammelte Tanzgesellschaft als auch das Publikum. Für beide ist der Selbstmord Mahnung, ihr Handeln zu verändern, sich zu bessern. Gustavs Selbstmord ist so innerhalb von Lenz' Handlungskonzept zu betrachten und zu deuten. Gustav lediglich als „eine weitere moralisch diskreditierte Figur" (Hempel 2003a: 245) des Dramas zu begreifen, greift daher zu kurz und berücksichtigt nicht den Entwicklungsprozess, dem die Figur trotz ihrer wenigen Auftritte auf der Bühne unterliegt.

In diesem Zusammenhang muss darauf hingewiesen werden, dass Lenz sich mit seiner oben skizzierten Darstellung von Gustavs Selbstmord in der Nachfolge Rousseaus befindet. Wenn Lenz Gustavs Selbstmord als selbstbestimmte Reaktion auf erkannte gesellschaftliche Unterdrückungsmechanismen erscheinen lässt, so kann dies insofern in Anlehnung an Rousseau geschehen, als für diesen der Selbstmord in einem Kausalzusammenhang mit der unfreien zivilisierten Gesellschaft zu sehen ist:

> Ich frage, welches Leben, das zivilisierte oder das natürliche, stärker dazu neigt, denen unerträglich zu werden, die es genießen. Wir sehen um uns herum fast nur Leute, die sich über ihre Existenz beklagen; sogar manche, die sich ihrer berauben, soweit sie dazu fähig sind; und die Verbindung von göttlichem und menschlichem Gesetz reicht kaum aus, um diese Verwirrung aufzuhalten. Ich frage, ob man jemals hat sagen hören, ein Wilder in Freiheit habe auch nur daran gedacht, sich über das Leben zu beklagen und sich den Tod zu geben. Man beurteile also mit weniger Hochmut, auf welcher Seite das wirkliche Elend ist. (*Rousseau 1998: 58)

Genau dieses Elend, von dem Rousseau hier spricht, motiviert Gustavs Selbsttötung. In einer freien Gesellschaft würde sich das Phänomen erübrigen, da die Menschen hier bereits zu Lebzeiten frei handeln könnten und ihre Freiheit nicht erst durch ihren Suizid zu realisieren gezwungen wären.

3. Abkehr vom Selbstmordkonzept Werthers

Die Gesellschaftskritik, die die Suizide von Lenz' Figuren transportieren, wird auch in dem Prosatext *Der Waldbruder, ein Pendant zu Werthers Leiden* fortgeführt. Durch seinen Titel setzt sich der Text in Beziehung zu Goethes *Werther*. Die Auseinandersetzung mit Werther und seinem Selbstmord stellt in Lenz' Werk eine Konstante dar, die von der Entstehung des *Werther*-Romans und Lenz' erster Lektüre in Straßburg 1774 bis zu seinen späten Werken in Moskau reicht. Dass Werthers Selbstmord für Lenz' Werk eine einschneidende Bedeutung hatte, zeigt sich auch daran, dass er die Rolle des Selbstmordes nach der Lektüre von Goethes Roman im eigenen literarischen Œuvre ausweitet. Was im Drama *Der neue Menoza* im Selbstmord Gustavs angedeutet wurde, wird nun als Reflex auf die *Werther*-Lektüre weiter ausgebaut.

In seiner Prosaschrift *Das Tagebuch* und im dritten Brief der *Moralitätsbriefe* berichtet Lenz selbst von seiner erstmaligen Lektüre des Briefromans und dem unmittelbaren Einfluss, den sie auf ihn hatte. Danach reagierte er mit Enthusiasmus auf den Roman, der „süßen Tumult" (Damm II: 676) in seinem Innern erregt habe. Allerdings bedeutet dieses erste Urteil nicht, dass Lenz' Auseinandersetzung mit Werther nur durch kritiklose Verehrung gekennzeichnet ist (vgl. Lenz-Michaud 2005: 1). Stattdessen ist sie – wie vieles in Lenz' Werk – mehrschichtig und mehrdeutig und unterliegt ebenso wie Lenz' Verhältnis zu Goethe einem Wandel. So radikalisiert Lenz in seinem polyperspektivischen Briefroman *Der Waldbruder* seine Gesellschaftskritik, indem er Herz als einen Sonderling entwirft, der die Waldeinsamkeit sucht. Indem Lenz Herz als parodistische und inaktive Überzeichnung Werthers erscheinen lässt, kritisiert er zugleich die ihm zu undeutliche Autonomieforderung Goethes, die überdeckt wird von der pathologischen Perspektive auf Werthers Leiden.

Diesbezüglich hat insbesondere Susanne Lenz-Michaud darauf hingewiesen, dass Lenz am *Werther* die „durchgehend pathographische Perspektive" (ebd.: 20) kritisiere, die die Leiden Werthers als Krankheit und nicht als „Verlangen nach höherer Glückseligkeit" (ebd.: 21) und somit als Freiheitsstreben erscheinen lasse. Dem entspricht, dass die Pathologisierung von Herz ausschließlich von außen erfolgt. Damit nimmt Lenz eine deutliche Neuakzentuierung vor: Die Gesellschaft erklärt Herz für krank, während er selbst seine Leiden im Gegensatz zu Werther nicht als Krankheit begreift.

Anders als im *Werther* geschieht im *Waldbruder* auch kein Selbstmord, wird nicht einmal der Versuch eines Suizids unternommen. Und trotzdem sind Tod und Selbstmord schon sehr früh sprachlich präsent. Schon im dritten Brief, den Herz an Rothe schickt, macht sich bei Herz eine melancholische, sich im Bild des Herbstes symbolisierende Grundstimmung breit, obwohl er zu Beginn des Briefes noch versichert hatte, glücklich zu sein. Herz äußert: „Abzusterben für die Welt, die mich so wenig kannte, als ich sie zu kennen wünschte – o welche schwermütige Wollust liegt in dem Gedanken!" (Damm II: 382) Zugleich wird hier offensichtlich, dass die Ursache dieser Todessehnsucht nicht allein in seinem Leiden an einer unerfüllten Liebe zu suchen ist, sondern gleichfalls in einer grundsätzlichen Dissonanz zwischen Herz und der Gesellschaft. Die sogenannte Welt kann Herz' Gefühle nicht nachempfinden bzw. verstehen. Herz leidet an dieser Gesellschaft und distanziert sich von ihr, indem er in die Waldeinsamkeit flüchtet. Durch offene und subtile Art der Anspielung rekurriert Lenz im *Waldbruder* permanent auf den Selbstmord Werthers, so dass ein Selbstmord von Herz ständig erwartet wird, aber ausbleibt. Da die Erzählung Fragment geblieben ist, ist natürlich nicht auszuschließen, dass Lenz seinen Text mit einem solchen beendet hätte, doch es erscheint sehr unwahrscheinlich.

Lenz' Roman bricht damit ab, dass Herz in den Krieg nach Amerika zieht. Dieses Vorhaben kann erneut als massive Kritik an der Person Werthers gewertet werden. Denn in seinem Brief vom 25. May berichtet Werther: „Ich wollte in Krieg! Das hat mir lang am Herzen gelegen." (*Goethe 1999: 156) Rückblickend bezeichnet er dieses Vorhaben jedoch abwertend als „Grille" (ebd.). Damit verzichtet Werther auf eine Handlungsoption, die im 18. Jahrhundert Inbegriff des Handelns und Tätigseins war, und qualifiziert sie ab als Spleen, als melancholische Illusion. Dass Lenz mit solch einer Abqualifizierung einer Handlungs- und Selbstverwirklichungsmöglichkeit nicht einverstanden war, zeigt seine deutliche Modifizierung bei Herz. Der schwache und parodistisch überzeichnete Herz schafft zuletzt, was Werther zu Lebzeiten nicht gelingt: Er, der als Karikatur Werthers erscheint, übertrumpft Werther in diesem Punkt und stellt die Verhältnisse vollends auf den Kopf.

Dass dieses Vorhaben aber trotz dem ihm innewohnenden Charakter der Selbstverwirklichung auch etwaige suizidale Elemente beinhaltet, verrät eine Bemerkung Rothes an Plettenberg. Indem er Herz' Unfähigkeit und Untauglichkeit zum Soldaten beschreibt, wird für den Leser deutlich, dass Herz diese Reise möglicherweise nicht überleben wird. So spricht auch Honesta von den „schröcklichsten Aussichten für diesen Menschen" (Damm II: 406). Da dies jedoch wieder subjektive Einschätzungen einzelner Figuren sind, bleibt der Ausgang von Herz' Abenteuer in der Schwebe. In diesem Zusammenhang erscheint auch die Beobachtung von Wilson bedeutsam, dass der Tod auf dem Schlachtfeld in Amerika für den Sturm und Drang „ein Signum für den ehrenvollen Selbstmord, für das Ausleben gewalttätiger Phantasien gegen die bestehende Ordnung" (Wilson 1994: 72) gewesen sei. Sollte Herz tatsächlich auf dem Schlachtfeld sterben, wäre sein Tod aus der Perspektive des 18. Jahrhunderts ein indirekter Suizid auf dem Höhepunkt menschlicher Handlungsmöglichkeiten. Wilsons Feststellung untermauert die These, dass Lenz mit seinem Romanende Werthers Suizid kritisiert, da dessen Selbstmord aufgrund der pathographischen Implikationen keine solch eindeutige Autonomieforderung transportiert.

Zusammenfassend lässt sich feststellen, dass die Selbstmordauffassung, die im *Waldbruder* zutage tritt, obwohl ein solcher bis zum Abbruch der Romanhandlung nicht realisiert wird, keine Entsprechung zu Goethes Selbstmordauffassung im *Werther* darstellt. Sie unterzieht die pathographische Sichtweise der Kritik und fordert ein Konzept ein, in dem das Freiheitsstreben des Individuums in der Gesellschaft als Forderung konsequenter formuliert ist. Dem Suizidkonzept Goethes setzt Lenz ein eigenes, deutlich rebellischeres entgegen.

Dass Lenz' Selbstmörder versuchen, ihre Fremdbestimmung durch ihre Tat zu durchbrechen und somit eine Gesellschaftskritik transportieren, die Lenz gegenüber der im *Werther* deutlich radikalisiert sehen wollte, zeigt auch Lenz' letztes Straßburger Drama *Der Engländer*, das im Winter 1775/1776 entstanden ist. Gleichzeitig spiegelt sich in dem Drama Lenz' intensive Auseinandersetzung mit den französischen Materialisten. Der Selbstmord, mit dem Robert Hot im fünften Akt seinem Leben ein gewaltsames Ende setzt, ist im Drama von Anfang an präsent. Robert wurde von seinem Vater jeglicher Handlungsoption und jeglichen Glücks beraubt, der Tod bedeutet für ihn die Freiheit. Lenz, der zwar der rein körperlichen Definition des Menschen durch die französischen Materialisten und deren Immanenzphilosophie kritisch gegenüberstand, teilte mit Holbach dessen Auffassung vom Menschen als beständigem Glückssucher und dessen Handlungspostulat. Gerade durch diese gemeinsame Glücksauffassung – bezeichnenderweise bedeutet für Robert Hot dementsprechend die Bewegungslosigkeit, das „Steinleben" (Damm I: 318), Unglück und Unzufriedenheit – nähert sich Lenz auch der Selbstmordauffassung Holbachs an. So führt ein direkter Weg von Roberts Arretierung und Ruhigstellung im fünften Akt zu seinem Selbstmord. Dass er durch die Arretierung symbolisch zur Bewegungslosigkeit verdammt ist, schließt jedes künftige Glück aus. Alle Handlungen des Menschen sind nach Holbach innerhalb des Systems der Natur zu betrachten, so dass er den Gedanken der Undankbarkeit gegenüber einem göttlichen Wesen ablehnt und das Leben unter dem Glücksanspruch des Einzelnen betrachtet:

> Der Mensch kann sein Dasein nur unter der Bedingung lieben, daß er glücklich ist. Wenn die gesamte Natur ihm das Glück versagt; wenn ihm seine ganze Umgebung unerträglich wird; wenn seine düsteren Ideen der Einbildungskraft nur niederschmetternde Bilder vorspiegeln, ist es ihm erlaubt, aus einer Ordnung auszuscheiden, die nicht mehr die seine ist, da er in ihr keine Unterstützung mehr findet; er existiert schon nicht mehr; er schwebt im leeren Raum; er kann weder sich selbst noch anderen von Nutzen sein. (*d'Holbach 1978: 244 f.)

Genau dies aber zeigt Lenz an Robert Hot: Robert wird von seiner Umgebung sein Glück versagt, er ist von Anfang an zutiefst unglücklich und spricht dies auch aus. Seine Umgebung wird ihm immer unerträglicher. „Die Fesseln der Autorität" (*d'Holbach 1978: 22), die Holbach beim Menschen beklagt und die auch die Väter im Drama ausüben, zwingen Robert in den Tod: „[L]aß mich dich noch einmal demütig anschauen, dann mit diesem Gewehr mir den Tod geben; meinem Vater auf ewig die grausame Gewalt nehmen, die er über mich hat." (Damm I: 318) Da Roberts Vater seinem Sohn keine erkennbaren Vorteile mehr bieten kann, hat er nach Holbachs Vorstellung seine Autoritätsrechte als Vater endgültig verwirkt: „Die Autorität, die ein Vater über seine Familie hat, gründet sich nur auf die vermeintlichen Vorteile, die er ihr verschafft." (*d'Holbach 1978: 272) Die Gewalt des Lords ist damit eine willkürliche. Indem er seinem Sohn die Leidenschaft für Armida verbieten will, nimmt er ihm nach Holbach sogar sein Menschenrecht: „Den Menschen die Leidenschaften untersagen, heißt ihnen verbieten, Mensch zu sein" (ebd.: 286). Der Lord vereint so in seiner Person zentrale Positionen, die Holbach als hinderlich für die freie Entfaltung des Menschen beschreibt – und die er sich anschickt, mit seinem Werk zu bekämpfen. Auch bei Lenz stellen die Positionen des Lords analog ein Hindernis für Roberts Selbstverwirklichung dar, so dass sie seinen Suizid verschulden.

Indem Robert eine radikal individualethische Glücksvorstellung vertritt – Glück ist für ihn seine Liebe zu Prinzessin Armida und seine Freiheit, und sollte dies nicht möglich sein, tritt an die Stelle von Armida und Freiheit der Tod – opponiert er gegen die konventionellen, vernunftdominierten Glücksvorstellungen des Vaters, die überindividuell und gesellschaftlich orientiert sind. Sein Unglücklichsein ist für Robert dementsprechend, ganz im Sinne Holbachs, Grund, sein Leben aufzugeben. Wenn Robert sich im Folgenden der Erwartung des Vaters widersetzt, der Gesellschaft nützlich zu sein und mit nach England zu kommen, so macht er nichts anderes, als den Vertrag zu kündigen, der nach Holbachs Vorstellung zwischen einem Individuum und einer Gesellschaft auf Zeit und zu wechselseitigem Vorteil geschlossen wird:

> Der Staatsbürger kann nur durch das Band des Wohlergehens mit der Gesellschaft, mit dem Vaterland, mit seinen Mitmenschen verknüpft sein; wenn dieses Band durchschnitten wird, so kann er wieder frei über sich verfügen. Behandeln ihn die Gesellschaft oder ihre Repräsentanten hart und ungerecht; machen sie ihm seine Existenz zur Qual; wird er inmitten einer hochmütigen und hartherzigen Welt von Armut und Schande bedroht; [...] – aus welcher Ursache auch immer – Kummer, Gewissensbisse, Melancholie, Verzweiflung ihm den Anblick des Universums verleidet; kann er seine Leiden nicht mehr ertragen: so scheide er aus dieser Welt, die für ihn nur zu einer schrecklichen Einöde geworden ist; er verlasse für immer ein unmenschliches Vaterland, das ihn nicht mehr zu seinen Kindern zählen will; er gehe aus einem Haus, das über ihm einzustürzen droht; er verzichte auf die Gesellschaft, zu deren Wohl er nichts mehr beitragen kann und die ihm nur dank seines eigenen Glückes teuer sein konnte. (*d'Holbach 1978: 245)

Exakt diesem Schema folgt der Selbstmord Roberts. Robert wird das Leben von den Vätern zur Qual gemacht. Zwang und Gewalt sind die entscheidenden Begriffe, die Robert mit seinem Vater verknüpft. Daher zertrennt Robert das Band, das ihn mit der Gesellschaft verband, durch Suizid.

Lenz' Auseinandersetzung mit dem Suizid während seines Aufenthaltes in Straßburg nimmt also deutliche Einflüsse von außen auf, verarbeitet diese aber dann zu einem eigenen Konzept, das sich wie im Falle des *Werther* sogar diametral von dem Prätext absetzt. Lenz' Suizidenten erobern – obwohl gesellschaftliche Außenseiter und im Leben zur Passivität verdammt – mit ihrem Suizid Handlungskompetenz zurück und sind somit innerhalb von Lenz' Handlungskonzept zu sehen. Letztlich erfüllen sie die göttliche Forderung des Handelns par excellence und weisen daher auch nicht zufällig häufig Christus-Analogien auf: „Aber er [Gott, S. F. S.] wollte ihn auch *handelnd* nicht blos leidend. Der Mensch sollte freilich einen Blik der Gottheit ins schoene Weltall thun, und alles uebereinstimmend empfinden: aber er sollte auch frei, ein kleiner Schoepfer der Gottheit nach-handeln." (Weiß XII: 15)

4. Gegen die Vorverurteilung des Selbstmords

Dieser Position, die sich Lenz in Straßburg in zunehmender Entfernung von den väterlichen Einflüssen erarbeitet, bleibt er auch in seinem Spätwerk treu, allerdings auf eine subtilere Art und Weise. Nach Lenz' selbstdestruktiver Krise, seinen eigenen vermeintlichen Selbstmordversuchen im Jahr 1778, seiner Rückkehr nach Livland und der sich anschließenden Übersiedlung nach Russland setzt sich Lenz in seinem Briefroman *Etwas über Philotas Charakter* erneut mit der Suizidthematik auseinander.

Der Roman nimmt auf mehrere Selbstmorde direkt oder indirekt Bezug. Schon der Titel beinhaltet diverse Anspielungen, darunter auch eine, die auf Suizid hinweist. Der Name ist einerseits eine Anspielung auf den historischen Philotas, andererseits trägt auch ein Trauerspiel Lessings aus dem Jahre 1759 den Titel *Philotas*. Dessen Held endet durch Selbstmord. Vor allem die Darstellung des Selbstmörders Philotas bei Lessing ist im Zusammenhang mit Lenz interessant, denn der Freitod des Philotas wird zur triumphalen Tat. Darüber hinaus wird der frei gewählte Tod des Philotas mit Freiheit assoziiert und der Selbstmord als freie Entscheidung des Menschen gerechtfertigt und verteidigt. So äußert Lessings sterbender Philotas: „Sollte die Freiheit zu sterben, die uns die Götter in allen Umständen des Lebens gelassen haben, sollte diese ein Mensch dem andern verkümmern können?" (*Lessing 1997: 34)

Nur dem Selbstmörder wird hier freie Verfügung über sein Leben zugestanden, keinem anderen außenstehenden Menschen sonst. Dabei erscheint der Suizid als göttliche und heldenhafte Tat. Indem Lenz mit dem Titel seines Briefromans auf Lessings Tragödie anspielt, übernimmt er indirekt auch die darin enthaltene Würdigung des Selbstmordes. Der zeitgenössische Leser, der Lessings Tragödie kennt, weiß um die dort vertretene Position; Lenz muss sie damit nicht noch einmal darstellen. Lenz nutzt also seine Anspielung zur Rechtfertigung von Selbstmord, ohne selbst in seinem intoleranten Umfeld konkreter werden zu müssen.

Auch in Lenz' Briefroman wird der verstorbene Philotas mit Selbstmord in Verbindung gebracht. Im fünften Brief zitiert der Verfasser den Verstorbenen mit den Worten: „Die Leute müssen mich für sehr schwermütig halten, überall, wo ich hintrete, bietet man mir Schermesser zum Verkauf an." (Damm II: 471)

Bezeichnenderweise enthüllt der Verfasser Philotas' Interpretation des Angebots im Folgenden als Missverständnis. Zwar scheint die eigene Interpretation für den Verstorbenen aufgrund seiner Schwermut ein nachvollziehbarer Gedanke gewesen zu sein, aber eine Schuld des Verstorbenen an seiner späteren Erkrankung wird mit einer Vehemenz bestritten, dass dem Leser der Verdacht kommt, jeglichem Gedanken der Möglichkeit eines Suizids solle widersprochen werden. Es lässt sich darüber spekulieren, dass Lenz auf diesem Weg auch die Interpretation seiner eigenen selbstdestruktiven Handlungen als Suizidversuche durch die Außenwelt als Missverständnis aufklären will, trägt doch die Figur des Philotas deutliche autobiographische Züge.

Der erste realisierte Selbstmord, der im Roman direkt angesprochen wird, ist der eines Jünglings, „von den schönsten Hoffnungen fürs Vaterland" (ebd.: 474). Er erschießt sich nach einer unglücklichen Liebe und nachdem er in ein Netz von Intrigen und Anfeindungen geraten war. Der Selbstmord des Jünglings findet keine Billigung vor den Augen des Verfassers: Er spricht davon, dass der Suizident „den Zügel der Vernunft" (ebd.) verloren habe und bezeichnet dessen Todesschuss als „verzweiflungsvoll" (ebd.). Im Folgenden wird er noch deutlicher: Es sei schlichtweg völlig unwürdig, dass der Jüngling

> das, was jedem Menschen heilig bleiben sollte, die edelste und zärtlichste alle unsrer Neigungen zu einem Vorwand brauchte, der Unzufriedenheit mit seinem Schicksal, der Ungeduld gegen seine Freunde, die sich in Ungerechtigkeit und Argwohn verwandelt hatte, wie es schien, vorsätzlich unterzuliegen. (ebd.)

Beachtenswert ist hier, dass vor allem die Gründe des Selbstmörders verworfen werden. Die missglückte Liebe wird nur als Vorwand gesehen, dem eigenen Lebensschicksal entfliehen zu können, statt sich ihm zu stellen. Der Suizid des Jünglings steht somit für Flucht statt für Handlungsautonomie. Dies missbilligt der Verfasser, was erneut als Abqualifizierung Werthers zu interpretieren ist. Dennoch ist seine Ablehnung weit entfernt von der klassischen Argumentation der zeitgenössischen Selbstmordgegner. So spielen kirchliche oder religiöse Aspekte in seiner Sichtweise keine Rolle. Vielmehr kritisiert der Verfasser die Unvernunft und Unbedachtheit der Tat.

Es bleibt im Folgenden jedoch nicht bei dieser einseitigen Ablehnung der Tat, sondern eine Relativierung findet statt: „Indessen, sagte ich, wer kann alle geheimen

Triebfedern wissen, die manchmal eine zu rasche Tat beschleunigen, und wer darf, ohne jene ganz zu kennen, die letzte pharisäisch verdammen?" (ebd.) Deutlich dominiert die Forderung nach größerer Toleranz gegenüber einem zu oberflächlichen Urteil. Persönlich kann man wie der Verfasser den Selbstmord des Jünglings als Lösung ablehnen, aber diese Ablehnung darf nicht zwangsläufig eine Verurteilung beinhalten, da kein Außenstehender ein fremdes Individuum völlig durchschauen kann.

Blickt man nun von der Metaebene des Romans auf Lenz' Biographie, so ergibt sich aus den Äußerungen des Verfassers eine durchaus wohlüberlegte Strategie der Selbstverteidigung. Lenz wusste um die Ablehnung des Selbstmords in seiner Umgebung, in seinem Frühwerk findet sie sich ja bei ihm selbst. Dass er nach seiner Rückkehr in die Heimat gegenüber seinem Umfeld unter einem „ungeheuren Rechtfertigungsdruck" (Weiß 1992: 20) in Bezug auf seine eigene Erkrankung gestanden haben muss, betont auch Christoph Weiß in seinem Kommentar zu Lenz' Schrift *Abgezwungene Selbstvertheidigung*. Das väterliche Suizidverdikt wird im Roman daher nicht offen in Frage gestellt, sondern subtil-subversiv unterlaufen. Durch seine Anspielung im Titel auf Lessings *Philotas* und die Unmöglichkeit einer Verdammung des Selbstmörders wird unterschwellig für eine Liberalisierung plädiert. Die Toleranz, die der Verfasser im Roman reklamiert, betrifft nicht nur den Fall des Jünglings, sondern ist universell. Auch Lenz kann sie für sich reklamieren. Auf der Metaebene des Romans und in der Form der rhetorischen Frage erteilt Lenz allen pauschalen Verurteilungen seiner Umgebung eine Absage und deutet sie darüber hinaus als Missverständnisse.

Insgesamt ist festzuhalten, dass Lenz für einen differenzierten Umgang mit dem Selbstmord plädiert und unhinterfragte Vorverurteilungen ablehnt. Die Forderung nach Toleranz erweist sich als charakteristisch für Lenz' Spätwerk. Sie findet sich nicht zuletzt in der Schrift *Ueber Delikatesse der Empfindung*. Hier ist es der Luftgeist, der durch Mord aus dem irdischen Leben geschieden ist und der sich gegen Vorverurteilungen wendet: „Nichts weiter als daß die allzu raschen Urteile fein gestimmter Seelen die allergefährlichsten sind, weil sie am schnellsten um sich greiffen und am aller wircksamsten schaden." (zit. nach Meinzer 1996: 34)

5. Weiterführende Literatur

Baumann, Ursula: *Das Recht auf den eigenen Tod. Die Geschichte des Suizids vom 18. bis zum 20. Jahrhundert in Deutschland*. Weimar 2001.

d'Holbach, Paul Thiry: *System der Natur oder von den Gesetzen der physischen und der moralischen Welt*. Frankfurt/Main 1978.

Flaschka, Horst: *Goethes „Werther". Werkkontextuelle Deskription und Analyse*. München 1987.

Goethe, Johann Wolfgang: *Sämtliche Werke nach Epochen seines Schaffens. Münchner Ausgabe*. Bd. 16: *Aus meinem Leben. Dichtung und Wahrheit*. Hg. v. Karl Richter. München, Wien 1985.

Goethe, Johann Wolfgang: *Die Leiden des jungen Werthers. Paralleldruck der Fassungen von 1774 und 1787. Studienausgabe*. Hg. v. Matthias Luserke. Stuttgart 1999.

Hume, David: „Über Selbstmord". In: David Hume: *Die Naturgeschichte der Religion. Über Aberglaube und Schwärmerei* [u. a.]. Hg. v. Lothar Kreimendahl. Hamburg 1984, S. 89–99.

Kant, Immanuel: *Die Metaphysik der Sitten*. Stuttgart 1990.
Lessing, Gotthold Ephraim: „Philotas". In: Gotthold Ephraim Lessing: *Werke und Briefe in zwölf Bänden*. Bd. 4. Hg. v. Wilfried Barner u. a. Frankfurt/Main 1997, S. 9–35.
Rousseau, Jean-Jacques: *Abhandlung über den Ursprung und die Grundlagen der Ungleichheit unter den Menschen*. Stuttgart 1998.

3.12 Militär
Martin Kagel

1. Biographische Bezüge 416
2. Reguliertes Sexualverhalten: *Über die Soldatenehen* 418
3. Literarische Bezüge 420
4. Ästhetische Dimension 422
5. Rezeption und Forschung 423
6. Weiterführende Literatur 425

Das 18. Jahrhundert kennt eine Unterscheidung nicht, die in Deutschland seit der zweiten Hälfte des 20. Jahrhunderts gang und gäbe geworden ist, die Gegenüberstellung von kritischem Intellektuellen und Angehörigem des Militärs. Im Gegenteil, als eine Institution von immenser sozialer und politischer Bedeutung zieht das Militär im Zeitalter der Aufklärung auch bürgerliche Schriftsteller in seinen Bann, die entweder selbst zeitweise im Dienst stehen oder sich literarisch mit ihm zu assoziieren versuchen. Solches gilt für zahlreiche der bedeutendsten männlichen Autoren der Epoche, von Johann Wilhelm Ludwig Gleim, Gotthold Ephraim Lessing und Thomas Abbt über Friedrich Maximilian Klinger, Jakob Michael Reinhold Lenz und Johann Wolfgang Goethe bis hin zu Friedrich Schiller, Heinrich von Kleist und Johann Gottfried Seume. Zur Zeit des Siebenjährigen Krieges verkörperte der 1759 in der Schlacht bei Kunersdorf tödlich verwundete Ewald von Kleist das Ideal des patriotischen Intellektuellen, der sich sowohl literarisch als auch militärisch auf Seiten Preußens verdient machte. So wichtig war sein Vorbild, dass seine *persona* vielfach literarischen Nachhall fand. Lenz nannte ihn „einen mir aus hundert Ursachen doppelt wichtigen Dichter" (Damm III: 549). Auch wenn die erste Welle des Patriotismus in den 1770er Jahren bereits verebbt war, stand Lenz – dies macht die Liste der Namen deutlich – mit seinem Interesse am Militär keineswegs allein. Vielmehr sind die von ihm thematisierten Verhältnisse von ziviler und militärischer Existenz, Zwangsrekrutierung und Patriotismus, von Schlachterfahrung und Ästhetik auch Gegenstand der Schriften anderer Autoren des Zeitalters.

1. Biographische Bezüge

Biographisch hat Lenz' Interesse an den Kriegswissenschaften seinen Ursprung vermutlich in der Erneuerung der Dorpater Befestigungsanlagen. Die umfassende Baumaßnahme muss einen nachhaltigen Eindruck beim jungen Autor hinterlassen haben, zumal sie unmittelbar mit einem anderen Großereignis seiner Jugendzeit verknüpft war, dem Besuch Katharinas II. im Jahre 1764. Diese hatte bei einer Besichtigung der Anlagen die Befestigung für unzureichend erklärt und ihre Erneuerung angeordnet (Damm 1989 [1985a]: 44). Drei Jahre nach dem Aufenthalt der Zarin wurde in Dorpat auch eine Garnisonsschule errichtet, in der man „in russischer Sprache Ingenieur- und Kriegskunst" (ebd.) unterrichtete.

Detaillierte Kenntnisse des militärischen Alltags verdankt Lenz seiner Anstellung als Bediener der kurländischen Barone Friedrich Georg und Ernst Nikolaus von Kleist, mit denen er im Frühjahr 1771 Königsberg verlässt, um sie nach Straßburg zu begleiten. Im Mai 1772 trifft die Gruppe in der elsässischen Universitätsstadt ein, wo die beiden Adligen wenig später in französische Dienste treten. Zwischen 1772 und 1774 lebt Lenz mit ihnen in Fort Louis auf einer Rheininsel und der Festung Landau. „Ich habe einige Jahre mit den Leuten gewirtschaftet in Garnisonen gelegen gelebt hantiert" (Damm III: 353), schreibt er im November 1775 an Johann Gottfried Herder, seine genauen Kenntnisse des Soldatenlebens unterstreichend. Indessen können diese nicht nur praktischer Natur gewesen sein, denn nachdem Lenz sich von den Kleists getrennt hatte, verdiente er sich seinen Lebensunterhalt mit *Informationen*, Privatunterricht, den er unter anderem in der Fortifikationslehre erteilte (Winter 1987: 35). Noch 1780, als Lenz bereits wieder ins Baltikum zurückgekehrt war, beabsichtigte er, sich um eine Stelle an der Kadettenschule in St. Petersburg zu bewerben, wo er Taktik, Militärgeschichte und Kriegsbaukunst zu unterrichten hoffte (Tommek I: 211). Dass er das Studium der Kriegswissenschaft dabei durchaus auch als ein schöngeistiges begriff, zeigt ein Brief an den Vater, in dem er schreibt, dass er in St. Petersburg auch über die „dazugehörigen alten und neuen Sprachen zu dozieren" hoffe (Damm III: 581).

Die, wenn man so will, heiße Phase von Lenz' theoretischer Beschäftigung mit militärischen Fragen fällt in das Jahr 1776. Seit April des Jahres befand sich Lenz in Weimar, wo er ein militärbezogenes Projekt weiterzuverfolgen suchte, welches er im Vorjahr im Zusammenhang mit seinem Schauspiel *Die Soldaten* begonnen hatte. In der räsonierenden Schlussszene des im Winter 1774/1775 entstandenen Stückes hatte der Autor jene Frage thematisiert, deren Beantwortung ihn im folgenden Jahr massiv in Anspruch nehmen sollte, die der Soldatenehen. Einfachen Soldaten war es im 18. Jahrhundert in der Regel nicht erlaubt zu heiraten, und selbst Offiziere mussten sich in der preußischen Armee eine Genehmigung des Königs einholen, bevor sie sich verehelichen konnten. In seinem Schauspiel kritisierte Lenz die moralisch und sozial schädigende Wirkung des Heiratsverbots, welches seiner Meinung nach außereheliche sexuelle Beziehungen notwendig machte, und gewinnt daraus den Impetus zu einem umfassenden sozialreformerischen Projekt. Im Zentrum dieses Projekts steht der Essay *Über die Soldatenehen*, dessen Abschluss er im März 1776 in einem Brief an Herder andeutete (ebd.: 400). Lenz hoffte zunächst, am Weimarer Hof für sein Projekt Gehör zu finden (vgl. Winter 1987: 87), lässt diesen Plan jedoch kurz nach seiner Ankunft fallen, wohl auf Abraten Goethes und weil das kleine Weimarer Regiment dem ambitionierten Umfang seines Projektes nicht entsprach. „Ich schreibe dieses für die Könige" (Damm II: 787), setzt der Essay an, und demgemäß sieht Lenz fortan den französischen Hof als eigentlichen Ansprechpartner. Ende Juni 1776 zieht er sich vorübergehend ins nahe gelegene Berka zurück, um dort über die nächsten zweieinhalb Monate intensiv an dem Reformvorschlag zu arbeiten (vgl. Griffiths/Hill I u. II, → 2.6 Die Berkaer Schriften). Das nachgelassene Konvolut mit Aufzeichnungen aus dieser Zeit reflektiert die gänzliche Umorientierung des Autors auf

Frankreich. Es enthält neben Briefentwürfen an die französischen Minister Saint-Germain und Maurepas auch zahlreiche auf Frankreich bezogene Berechnungen, die den Finanzhaushalt des Königreichs betreffen (vgl. Griffiths/Hill II: 433–435.). Dazu wird aus den Quellen deutlich, dass Lenz sich zu dieser Zeit intensiv mit zeitgenössischer Literatur zur Taktik, Kriegsführung, und Militärtheorie beschäftigte (vgl. Damm III: 470), etwa Jacques-Antoine-Hippolyte de Guiberts *Essai général de tactique* (1770), von dem das Motto für den Essay stammt, Jacques Marie Ray de Saint-Geniés *L'art de la guerre pratique* (1755) oder Maurice de Saxes *Rêveries* (1757), ein Text, der auch sexualpolitische Überlegungen enthielt (vgl. Kagel 1997: 123 f.). Lenz' Hoffnung, mit seiner Schrift am französischen Hof zu reüssieren und über ihren Erfolg in Weimar oder anderswo jene feste Anstellung zu erhalten, die dem verarmten Autor langfristig seinen Unterhalt gesichert und ihm dazu soziale Aufstiegsmöglichkeiten geboten hätte, erwies sich am Ende als illusionär. Gleichwohl unterstreicht sie die überaus große Bedeutung, die er seinem Reformprojekt zumaß.

2. Reguliertes Sexualverhalten: *Über die Soldatenehen*

Der Essay *Über die Soldatenehen* besteht aus einer eigenwilligen Mischung von sozialpolitischer Vision und sexualmoralischer Phantasie. Dem doppelten Ansatz gemäß ist die argumentative Anlage der Schrift durch zwei miteinander verbundene Absichten charakterisiert. Da ist zum einen das Bedürfnis der sexuellen Libertinage von Soldaten Einhalt zu gebieten, zum anderen das Bemühen um deren stärkere patriotische Anbindung an jenen Staat, für den sie ihr Leben einsetzen. Lenz zufolge würden beide Ziele durch die Eheschließung von Soldaten erreicht werden. In seinem Text imaginiert er eine Regelung, wonach Soldaten im Sommer unter Waffen stünden, im kriegsfreien Winter jedoch gemeinsam mit ihrer Familie Land bebauen würden, statt müßig in Garnisonen vor sich hinzuleben. Auf diese Weise hätten sie Gelegenheit zu einem regulären Familienleben und wären zugleich wirtschaftlich produktiv. Von den Kindern würden die Söhne vom Staat wiederum frühzeitig zu Soldaten erzogen, die Töchter eine Aussteuer aus der königlichen Kasse erhalten, bei Nicht-Verheiratung von Eltern oder Großeltern versorgt werden. Die Einbindung des Soldaten in die Familie soll dabei nicht nur das Problem außerehelichen Geschlechtsverkehrs lösen, ihr unterliegt neben dem moralischen auch ein militärtaktisches Kalkül. Denn im entscheidenden Moment der Schlacht, wo Todesangst und Überlebenswille im Wettbewerb stehen, würde der Soldat Bilder seiner Ehefrau und seiner Kinder vor Augen haben, was ihn emotional und psychisch dazu bewegen würde, „als ein Löwe [zu] fechten" (Damm II: 799). Aus „dem Instrument der Einfälle des Fürsten" wird derart der von innen motivierte „Verteidiger des Vaterlandes" (ebd.: 789).

Bis zur Französischen Revolution bestanden die europäischen Armeen des 18. Jahrhunderts zum größten Teil aus Söldnern, die kein übergeordnetes Interesse mit dem Gewinn von Kabinettskriegen verband. Fahnenflucht war mithin eines der größten Probleme der kriegerischen Auseinandersetzungen der Zeit. Oft verdoppelte sich die Zahl der ‚Verluste' in einer Schlacht durch die Anzahl von Deserteuren, die im Schlachtgetümmel das Weite gesucht hatten, und dies, obwohl die strikte Schlachtordnung der Epoche der Aufklärung bereits auf die Disziplinierung der eigenen Truppen zugeschnitten war. Seine Konzeption der Soldatenehen sieht Lenz als wesentlichen Schritt zur Behebung dieses Missstandes, da der Soldat hier ein unmittelbares Interesse an der Verteidigung des Vaterlandes hätte. „Der Soldat muss für sich selbst fechten, wenn er für seinen König ficht" (ebd.: 798), stellt Lenz unmissverständlich fest und antizipiert derart die Verwandlung des Söldnerheers in ein Bürgerheer, wie es im Zuge der Französischen Revolution entstand und in Preußen im 19. Jahrhundert in der Folge der Stein-Hardenbergschen Heeresreform Realität wurde.

Lenz' Überlegungen zur Motivation des Soldaten in der Schlacht schließen dabei an Thomas Abbts patriotischen Traktat *Vom Tode für das Vaterland* (1761) an, in dem dieser der Einbildungskraft eine ähnlich entscheidende Funktion zugemessen hatte. Nur imaginiert der Soldat bei Abbt im Moment der Gefahr die Person des Königs, anstatt das Bild der eigenen Familie vor Augen zu haben (*Abbt 1996: 633). Auch in Bezug auf das Verhältnis des Intellektuellen zur politischen Macht, ebenfalls ein Thema des Essays, war Lenz offenbar bei Abbt in die Schule gegangen, denn der hatte in seiner Abhandlung unzweideutig zum Ausdruck gebracht, dass es „das beste Glück" des Schriftstellers sei, „zum Nutzen des Staats, darin er lebt, gedacht und geschrieben zu haben" (ebd.: 592).

Lenz suchte diesen Nutzen, wusste jedoch nicht genau, wie er sich positionieren sollte. Schon der überlieferte Deckblattentwurf der ansonsten verschollenen französischen Fassung, auf dem sich Lenz sowohl namentlich als auch als „auteur" beziehungsweise „un allemand" präsentierte, zeigt die Unsicherheit der Selbstdefinition im Verhältnis zur absolutistischen Staatsgewalt (vgl. Kagel 2008: 98–100). Der Aufsatz selbst weist ebenfalls ein hohes Maß an Selbstreflexion des Autors auf. Auf keinen Fall will Lenz negativ als Poet, Schwärmer, oder bloßer „Projektenmacher" (Damm II: 807) verstanden werden. Vielmehr diente er sich in ernstzunehmender, beratender Funktion der politischen Macht an und sieht sich jenseits seiner militärischen Kenntnisse insbesondere als Experte für das Verständnis der *inneren Natur* des Soldaten.

Besonderes Augenmerk gilt in Lenz' Überlegungen dabei der sexuellen Disziplinierung. Dies betrifft einerseits die Soldaten selbst, deren aufgestaute sexuelle Energie sich im Kampf entladen soll, andererseits deren Ehefrauen, für die Lenz eine Reihe von Gesetzen entwirft, die ihr Sexualverhalten in Zeiten der Abwesenheit der Männer regeln sollen (vgl. Griffiths/Hill I: 216–218). Die ‚Freiheit' des zum Kampf abgerichteten Mannes wird, wie man hier sehen kann, wesentlich über die Domestizierung und Kontrolle weiblicher Sexualität gewonnen. Den Vorschriften des Autors folgend war es Soldatenfrauen beispielsweise nicht erlaubt, mit anderen Männern als dem Ehemann zu korrespondieren, Männerbesuch im eigenen Haus zu empfangen und ohne Begleitung von dritten an Ausflügen oder Vergnügungsveranstaltungen teilzunehmen (vgl. Hempel 2003a: 381 f.). Auf Ehebruch mit Kindesfolge stand die Todesstrafe. Insgesamt beschränkt Lenz die Rolle von Soldatenfrauen auf die Funktionen ‚männliches Lustobjekt' und ‚dienstbare Mutter', deren Aufgabe es ist, den Staat mit Kindern und kampfeswilligen Soldaten zu versorgen. Da die Eltern von Soldatenfrauen nach Lenz' Entwurf von Zöllen und Abgaben befreit wären, standen diese auch sozial unter Druck, „sexuelle und reproduktive Dienste zu leisten" (Wilson 1994: 64).

Die Elemente der sexuellen und sozialen Disziplinierung offenbaren den zutiefst ambivalenten Charakter der Schrift. Einerseits ist der Essay emanzipatorisch konzipiert, da Lenz sich für die Befreiung von Soldaten aus ihrer quasi sklavischen Abhängigkeit im Militärdienst einsetzt, ihre psychischen und emotionalen Bedürfnisse berücksichtigt, und auch an ihre Altersversorgung denkt. Andererseits stellen die von ihm vorgeschlagenen Reformen eine vertiefte Form ihrer Kontrolle dar, da eben diese Bedürfnisse rücksichtslos und ausschließlich im Sinne des politischen Interesses des Staates manipuliert werden sollen, dessen Zugriff von der Imagination des Soldaten bis in die Physis des Einzelnen reicht. Kadetten und Soldatenkinder lernten, so Lenz über sein Modell, „frühzeitig die Waffen führen und brauchen, damit ihnen diese Gewohnheit hernach zur andern Natur wird und ihr ganzer Nervenbau und Gelenksamkeit der Muskeln, Sehnen und Glieder dazu erzogen werden kann" (Damm II: 818). Eine derartige Reichweite des politischen Willens entspricht dem Konzept einer „Mikrophysik der Macht", wie sie Michel Foucault für das 18. Jahrhundert konstatiert hat, einer Form der Herrschaft, die nicht mehr auf Züchtigung, sondern auf Disziplinierung des Körpers und der dazugehörigen Seele basiert (*Foucault 1977: 191). Auch hier steht Lenz mit seinen Vorstellungen übrigens nicht allein. Foucault beispielsweise erwähnt eine Abhandlung des französischen Generals Joseph Servan mit dem Titel *Le Soldat citoyen* (1780), der von einem Militärapparat träumte, „der das gesamte Territorium der Nation überziehen würde", bei dem das militärische Leben im „frühesten Alter beginnen" würde und „Altgediente bis zu ihrem letzten Tag" die Kinder unterrichteten (ebd.: 213). Auch Moritz von Sachsen und der Comte de Guibert waren sich darin einig, „daß dereinst das Geheimnis der Schlachten in der Ordnung und den Beinen liegen werde" (*Guibert 1787: 71).

Allgemein reflektieren Lenz' Vorschläge zur Verschränkung von zivilen und staatlichen Interessen die zunehmende Militarisierung der Gesellschaft, wie sie sich in Preußen im 19. Jahrhundert durch die Einführung der allgemeinen Wehrpflicht vollzog (vgl. *Frevert 2011: 219–221.) Dazu zeigt er sich im Entwurf einer vom Subjekt selbst initiierten Affektkontrolle und Disziplinierung visionär auch in Bezug auf die Kontrollmechanismen totalitärer Regime des 20. Jahrhunderts. Das trifft auch auf die sexualpolitischen Überlegungen des Autors zu: Lenz' nahezu zwanghaftes Bedürfnis, das Sexualverhalten von Soldaten und Soldatenfrauen zu regulieren, mag ursächlich im Zusammenhang mit seiner pietistischen Erziehung und seinen persönlichen Erfahrungen im Umgang mit Soldaten gestanden haben. Strukturell ist es im Sinne der Dialektik der Aufklärung jedoch zugleich Ausdruck einer absolut gesetzten politischen Vernunft, die notwendig in Repression umschlagen muss.

3. Literarische Bezüge

Inhaltlich hat sich das Militär im literarischen Werk von Lenz neben dem Drama *Die Soldaten* insbesondere in dem Dramenfragment *Der tugendhafte Taugenichts* niedergeschlagen, welches wie Ersteres im Winter 1774/1775 entstand und „eins der besten Werke Lenzens zu werden versprach" (Rosanow 1909: 324; vgl. auch → 2.1 DRAMEN UND DRAMENFRAGMENTE). In ihm präsentiert Lenz einen jungen Adeligen namens David, der zur Zeit des Siebenjährigen Krieges freiwillig in die preußische Armee eintritt, und zwar als einfacher Soldat. „Ein großer Feldherr muss immer auch eine Zeitlang Soldat gewesen sein, damit er von allem Kenntnis hat" (Damm I: 513), heißt es so und ähnlich mehrfach im Stück, eine Überzeugung, die der des französischen Kriegsministers Comte de St. Germain und anderer Militärtheoretiker der Zeit nahesteht und die ihrerseits auf die Kenntnisse des Autors verweist (vgl. Griffiths/ Hill II: 440 f., Kagel 1997: 101).

Wie viele Texte von Lenz trägt auch dieses Schauspiel autofiktionale Züge. Neben der autodidaktischen Aneignung militärischen Fachwissens – David hat sich ebenso wie Lenz mit der Fortifikationslehre beschäftigt – ist das Militär hier ein Ort, welcher der Autorität des Vaters diametral entgegengesetzt ist. Als solcher besitzt der Soldatenstand auch erotische Signifikanz, da in ihm sexuelles Begehren zum Ausdruck gebracht werden kann. Eine derartige psychosoziale Konstellation lässt sich neben dem *Tugendhaften Taugenichts* auch im Drama *Der Engländer* finden, in dem der Protagonist Robert Hot dem Vater zu entfliehen versucht und zugleich in Uniform seine erotischen Wünsche verfolgt. Auch Strephon, der zögerliche Held des Schauspiels *Die Freunde machen den Philosophen*, zieht „das stille Land der Toten" (Damm I: 286) dem *Vater*land vor und setzt Liebestod und Kriegstod in eins. Herz schließlich, eine Figur aus Lenz' Briefroman *Der Waldbruder*, zieht es in den amerikanischen Unabhängigkeitskrieg, als seine Liebe hierzulande nicht erwidert wird. Als literarisches Motiv in den Stücken bezeichnet das Militär mithin einen Ort, an dem jenseits väterlicher Autorität das Bekenntnis zum eigenen Verlangen möglich wird. Dieses ist auch in der Todessehnsucht, der Negation des Selbst, noch präsent. Selbstverwirklichung und Selbstvernichtung gehen Hand in Hand (→ 3.11 SELBSTMORD).

Wird der Kriegstod einerseits als transzendenter Fluchtort idealisiert, so thematisiert Lenz andererseits auch die säkulare Realität des Krieges. Eine der wohl ungewöhnlichsten Szenen im deutschen Drama des 18. Jahrhunderts findet sich im dritten Akt des *Tugendhaften Taugenichts*, wo das Kriegstheater nach der Schlacht gezeigt wird. Die Bühnenanweisung spricht von einem von Preußen und Österreichern verlassenen „Waldplatz" (Damm I: 516) mit Toten und schwer Verwundeten, den kurz darauf ein Bauer mit der Absicht zu plündern betritt. Zwar wird dieser von einem anderen Bauern davon abgehalten, den verwundeten David zu erschlagen, um auch ihn seiner Habe zu berauben, gleichwohl zeigt die Szene mit radikalem Gestus die unverstellte Wirklichkeit des Krieges, in dem sich der Tod des einen in den wirtschaftlichen Vorteil des anderen verwandelt. Dabei rekurriert sie auf den frühen Lenz, in dessen Gedichtzyklus *Die Landplagen* (1769) es unter der Überschrift *Der Krieg* heißt: „Feigere Sieger/ Plündern die Leichen in ihrem Blut. Abscheulicher Anblick!/ Menschlicher sind die, die mütterlich Erdreich den Toten eröffnen/ Und unter schönen Blumen Helden zu ruhen vergönnen" (Damm III: 40 f.).

Der moralisierende Ton, der *Die Landplagen* prägt – ein Gedicht, in dem der junge Autor vor allem auf den Schrecken des Krieges und seine menschlichen Kosten verweist – ist für die späteren Texte, die Krieg als Realität voraussetzen und in denen militärtaktische Überlegungen und nationales Ethos dominieren, eher untypisch. Zu Letzteren gehört auch die 1781 veröffentlichte Brieferzählung *Etwas über Philotas Charakter*, in der Lenz einen Protagonisten präsentiert, der „vollkommene Kenntnis von der neuen Kriegskunst hatte" (Damm II: 470). Spätestens seit Lessings Einakter *Philotas* (1759) steht die Figur im Zusammenhang mit zeitgenössischen Diskussionen um Patriotismus und Opferbereitschaft und auch Lenz stellt keinen historischen, sondern einen gegenwärtigen Charakter zur Debatte, in dem sich nach dem Vorbild Ewald von Kleists melancholische Anlage und Vaterlandsliebe zu Todesbereitschaft verbinden. Unter den Reflektionen des Verfassers der Briefe befinden sich dabei auch allgemeine Überlegungen zu einer Frage, die Lenz seit Mitte der 1770er Jahre offenbar besonders beschäftigte, nämlich die, wie eine Armee von im Prinzip willenlosen Soldaten innerlich zu bewegen sei, wie man die „Puppen auf dem Schachbrette" (ebd.: 469) beseele. Der Verfasser der Briefe gibt darauf eine zweifache Antwort. Was die Soldaten betrifft, sollen sie sich gerade in Friedenszeiten das zur zweiten Natur machen, was sie in Kriegszeiten benötigen. Lenz denkt dabei nicht bloß ans Exerzieren, sondern auch an die emotionale und psychische Disposition des Soldaten: „Er lernt hier Mäßigung und Weisheit, die ihm in den gefahrvollsten Unternehmungen zur Seite stehen" (ebd.: 472). Der General seinerseits muss lernen, sich eben jene Disposition zu eigen zu machen, das heißt, die Schlacht nicht bloß äußerlich, sondern vor allem innerlich aus der Sicht des Soldaten begreifen lernen, um seine Regimenter effektiv lenken zu können. „Wodurch wird der General?", heißt es in der Erzählung in Briefen: „Wodurch bewegt er die Seele aller seiner Offiziere und Soldaten, als durch die lange Routine, die er sich in jeder dieser Klassen, von ihrer Art zu denken und zu fühlen erworben?" (ebd.: 470) Unendlich furchterregender als „die taktfestest[e] Armee von Marionetten" ist danach eine Armee in der zur „innerlichen Disposition Einsichten und Disposition von außen" kommen (*Über die Soldatenehen*; Damm II: 793). Lenz zu Lebzeiten unveröffentlicht gebliebenes Gedicht *Was ist Satyre?* (1788), der späteste Text, in dem militärische Taktik Erwähnung findet, fasst denselben Tatbestand wie folgt zusammen:

> Der Krieg ist keine Uhr und dennoch ist er eine
> Bewegungen so wir von Jugend auf gelernt
> Die werden uns Natur und fallen offt ins Kleine
> Doch ohne Seele ist man weit davon entfernt
> Aus einem Automat ein Führer ganzer Heerden
> Durch tausend Schlünde der Gefahr zu werden" (Tommek I: 102).

4. Ästhetische Dimension

Lenz beschäftigt das Verhältnis von Mensch und Maschine, von Automaten und lebendigen Charakteren, nicht nur als eine militärische, sondern auch als eine ästhetische Frage. Bezeichnenderweise basiert er seine produktions- und wirkungsästhetischen Überlegungen dabei auf dem Paradigma des militärischen Diskurses. Sichtbar ist dies vor allem in seinen noch in Straßburg entstandenen *Anmerkungen übers Theater* (1774), einem der wichtigsten theatertheoretischen Texte der Epoche. Im Bewusstsein der erkenntniskritischen Diskussion der rationalistischen Philosophie des 18. Jahrhunderts entwickelt Lenz hier ein erkenntnistheoretisches Modell, wonach Theater Wirklichkeit nicht bloß diskursiv repräsentiert, sondern in der Form *anschauender Erkenntnis* auch intuitiv zugänglich macht: „Trost! Ich wollte nicht gelesen werden. Angeschaut." (Damm II: 657) Sein Publikum fordert Lenz auf, dem Erkenntnismodus eines Genies zu folgen, welches den Zuschauer auf eine Höhe führt, „wo Sie einer Schlacht mit all ihrem Getümmel, Jammern und Grauen zusehen können, ohne Ihr eigen Leben, Gemütsruhe, und Behagen hineinzuflechten, ohne auf dieser grausamen Szene Akteur zu sein" (ebd.: 655).

Solche und ähnliche Verweise, einschließlich des Gebrauchs einer Reihe militärischer Metaphern, lassen den diskursiven Zusammenhang von militärischen und ästhetischen Kategorien plausibel erscheinen. Dies gilt auch für den in den *Anmerkungen* zentralen Begriff des Standpunkts, der wesentliche Charakteristika mit dem militärischen *terminus technicus* des *coup d'œil* teilt (Kagel 1997: 144 ff.). In der militärtaktischen Literatur bezeichnet das *coup d'œil* die Fähigkeit des Generals, im entscheidenden Augenblick die zum Erfolg führende Entscheidung zu treffen. In ihm vereinen sich die Augenblicklichkeit der Einsicht in die militärische Lage mit dem Augenmaß zur taktisch richtigen Bewegung der Truppen. Letztere ist, wie Lenz an anderer Stelle entwickelt hat, dann am erfolgreichsten, wenn es zur Angleichung der Perspektiven von General und einfachem Soldaten kommt.

Analog zur militärischen Theorie schließt Lenz auch im Begriff des Standpunkts die Absicht ein, aus „Marionettenpuppen" Menschen zu machen, ein Schöpfungsakt zu dem der „Blick der Gottheit in die Welt" gehört (Damm II: 654). So wie der General die Schlacht übersieht und sich zugleich die Disposition der Soldaten zu eigen macht, so ist der Dramatiker dazu in der Lage, Realität als *alter deus* aus übergeordneter Perspektive anschauend zu begreifen und dabei zugleich den Standpunkt seiner Charaktere einzunehmen und diese nicht als Automaten, sondern als lebendige Figuren aus sich heraus zu bewegen. Die beseelte Szene schafft eine zweite Realität, die der ersten unmittelbar gleicht: „Man könnte das Gemälde mit der Sache verwechseln" (ebd.: 648). Dem Zuschauer indessen bietet sie das Privileg eines ‚Erkenntnismodus', der diesem ohne künstlerische Vermittlung verschlossen geblieben wäre. Freilich ist, gemäß der militärtaktischen Überlegungen von Lenz, auch die ästhetische Erkenntnis nicht frei vom politischen Interesse der Disziplinierung. Denn hier wie dort verbindet der gottähnliche Blick auf die Akteure die emanzipatorische Einsicht in die Bedürfnisse der Subjekte mit deren Unterwerfung unter das Kalkül der politischen Macht.

5. Rezeption und Forschung

Weder Lenz' Aufsatz *Über die Soldatenehen* noch die anderen auf dieses Projekt bezogenen Schriften wurden zu Lebzeiten des Autors veröffentlicht. Von der Existenz von Lenz' Essay erfuhr die literarische Öffentlichkeit erstmals durch seine Erwähnung in Goethes *Dichtung und Wahrheit*, wo dieser von einem „Memoire an den französischen Kriegsminister spricht", welches „schon sauber abgeschrieben, mit einem Briefe begleitet, kuvertiert und förmlich adressiert war" (*Goethe 1981: 9f.). Goethe zufolge wurde die Schrift auf Drängen der ‚Freunde' von Lenz verbrannt, und sie ist in der Tat nicht überliefert. Erst 1914 (im Privatdruck bereits 1913) wurde, ediert von Karl Freye, eine sich im Nachlass befindliche deutsche Version publiziert und damit zum ersten Mal auf das Interesse des Autors an diesem Thema jenseits des Schauspiels *Die Soldaten* hingewiesen. Freye sah die Schrift als nationalpolitische Abhandlung sowie als Ausdruck der „sozialen Tendenzen des Sturm und Drang" (Einleitung zu *Über die Soldatenehen*, hg. v. Freye 1914: XVI).

Da auch andere militärbezogene Texte lediglich vereinzelt veröffentlicht wurden – das Gedicht *Was ist Satyre?* erschien erstmals in der Tieckschen Ausgabe, vom Herausgeber „frei ergänzt" (Tommek II: 237), *Der tugendhafte Taugenichts* erst 1884 in Karl Weinholds Edition des dramatischen Nachlasses von Lenz – und das Interesse an den nachgelassenen Notizen eines Autors, der lange Zeit im Schatten Goethes stand, vergleichsweise gering war, wurde das Militär bis weit in die zweite Hälfte des 20. Jahrhundert hinein überhaupt nicht als ein motivischer Komplex erkannt. Es gab, mit anderen Worten, längere Zeit nur eine sehr unvollständige Vorstellung davon, dass beispielsweise Lenz' Drama *Die Soldaten* im Kontext einer langjährigen Beschäftigung mit militärischen Themen stand und dass die darin stattfindende Diskussion über die Wirkung des Theaters (vgl. Damm I: 198–200) sich strukturell mit Lenz' Auffassung des Kriegstheaters überschnitt.

Die erste kritische Bewertung des *Soldatenehen*-Essays stammte von Maria E. Müller, die in einem Aufsatz aus dem Jahre 1984 zeitgenössische Kontexte untersuchte, die misogynen Elemente in Lenz' Konzeption hervorhob und auf die Modernität der Lenzschen Ideen im Hinblick auf die „Einbeziehung der Affektstruktur der Beherrschten" und die „Techniken zur Perfektionierung von Herrschaft" verwies (M. Müller 1984: 161). Ansporn zur weiteren Erforschung militärischer Themen ging 1990 von Rüdiger Scholz' Ruf nach einer historisch-kritischen Gesamtausgabe der Werke Lenz' aus. Ihm gebührt das Verdienst, Lenz' militärische Kenntnisse und Erfahrungen erstmals als biographisch-literarischen Komplex begriffen zu haben, welcher sich „von der Gegenwelt zum väterlichen Bereich über die finanzielle Sicherung bis zum Thema Sexualität" (Scholz 1990: 216) erstreckte. Mit wenigen Strichen skizzierte er in seiner Kritik an der fehlenden Textbasis für die weitere Lenz-Forschung den Zusammenhang biographischer, literarischer, psychologischer Aspekte des Komplexes Militär – eine Einsicht, hinter die die Forschung in der Folge nicht mehr zurückfallen konnte.

1994 folgte der mittlerweile einschlägige Essay von W. Daniel Wilson zu *Militärphantasien und Geschlechterdisziplinierung bei J. M. R. Lenz*, der als die erste umfassende systematische Diskussion der *Soldatenehen* grundlegend für die weitere Forschung zum Reformprojekt wurde. Wilson arbeitete in seiner klugen Analyse insbesondere „das Problem des öffentlichen Intellektuellen" (Wilson 1994a: 55) im Verhältnis zur absolutistischen Herrschaft heraus und hob dazu das Verstörende an Lenz' Vorstellungen staatlich verordneter Prostitution hervor (vgl. ebd.: 59). Für ihn war das *Soldatenehen*-Projekt „ein paradigmatisches Beispiel dafür, wie der Intellektuelle dem Staat Propagandadienste" leiste, und dazu Ausdruck einer „konservativen sozialen Ideologie der Geschlechtscharaktere", welche die „bei aller Brisanz einzelner Einsichten affirmative Tendenz der Reformbestrebungen des aufgeklärten Absolutismus" offenbarte (ebd.: 64). Die Konstruktion von weiblicher und männlicher Sexualität sowie die Repräsentation von Frauen und Weiblichkeit bei Lenz wurde in den 1990er Jahren und zu Beginn des 21. Jahrhunderts auch anderweitig anhand des Stückes *Die Soldaten* und des damit verbunden *Soldatenehen*-Projekts erforscht (vgl. z. B. Hempel 2003a; Hallensleben 1994).

Martin Kagel unternahm 1997 den Versuch, den Motivkomplex Militär diskurstheoretisch zu begreifen und insbesondere dessen Relevanz für die Ästhetik von Lenz herauszuarbeiten. Über die ausführliche Diskussion des literarischen Motivs hinaus gelang es ihm dabei zu zeigen, „daß Lenz' hochsensiblem Umgang mit den Gegenständen seiner Imagination auch ein gewalttätiges Moment anhaftet" (Winter 2000a: 34). Kagel zufolge weist Lenz' Wahrnehmungsästhetik, die nach militärischem Modell sinnliche Erkenntnis und Handlungsanlass miteinander verbindet, dabei auf poetologische Konzeptionen des 20. Jahrhunderts voraus, die ebenfalls den Augenblick zur zentralen ästhetischen Kategorie machen (vgl. z. B. *Bohrer 1981, *Virilio 1989).

Wichtige Impulse für die Forschung zum Komplex Militär gingen darüber hinaus von David Hill aus, der bereits 1990 über das „Politische" in Lenz *Soldaten* publiziert hatte und sich ab Mitte der 1990er Jahre mehrfach zu Lenz' ‚militärischem

Nachlass' äußerte. Hills verdienstvolle Arbeit an der Edition der bis dahin unveröffentlichten Schriften aus dem Umkreis des Essays *Über die Soldatenehen* kulminierte in den gemeinsam mit Elystan Griffiths herausgegebenen Berkaer Entwürfen und Notizen, die 2007 unter dem Titel *Schriften zur Sozialreform: Das Berkaer Projekt* erschienen. Die ausführlich kommentierte Edition stellte der Forschung erstmals sämtliche überlieferte Texte, die im Zusammenhang mit dem *Soldatenehen*-Projekt entstanden waren, zur Verfügung. Die von Heribert Tommek edierte historisch-kritische Ausgabe der *Moskauer Schriften und Briefe*, die im selben Jahr erschien, machte ihrerseits zahlreiche unveröffentlichte oder bislang ungesicherte Quellen aus Lenz' letzter Lebensphase in historisch-kritischer Form zugänglich, wozu auch das Gedicht *Was ist Satyre?* und das *Exposé zur Unterrichtung militärischer Taktik am Kadettenkorps in St. Petersburg* gehörten (Tommek I: 98–100 und 211 f.). Damit vervollständigte sich das Bild der aufs Militär bezogenen Überlegungen und Initiativen des Autors. Tommeks Feststellung, dass Lenz' Moskauer Schriften „quer zu einem engen Literaturbegriff [stehen], der Dichtung und ‚Projektschriften' klar trennt" (Tommek II: 1), lässt sich auch auf den Motivkomplex Militär anwenden, der methodisch am besten mit Hilfe eines kritischen Apparates zu verstehen ist, der es erlaubt, die genreübergreifenden Verbindungen der verschiedenen Texte sichtbar zu machen statt diese zu unterschlagen.

6. Weiterführende Literatur

Abbt, Thomas: „Vom Tode für das Vaterland". In: Johannes Kunisch (Hg.): *Aufklärung und Kriegserfahrung. Klassische Zeitzeugen zum Siebenjährigen Krieg*. Frankfurt/Main 1996, S. 589–650.

Bohrer, Karl Heinz: *Plötzlichkeit. Zum Augenblick des ästhetischen Scheins*. Frankfurt/Main 1981.

Foucault, Michel: *Überwachen und Strafen. Die Geburt des Gefängnisses*. Frankfurt/Main 1977.

Frevert, Ute: „Citizen-Soldiers: General Conscription in the Nineteenth and Twentieth Centuries". In: Elisabeth Krimmer u. Patricia Anne Simpson (Hgg.): *Enlightened War: German Cultures of Warfare from Frederick the Great to Clausewitz*. Rochester/NY 2011, S. 219–237.

Goethe, Johann Wolfgang: *Werke. Hamburger Ausgabe*. Hg. v. Erich Trunz. Bd. 10: *Autobiographische Schriften* II. München 1981.

Guibert, Jacques-Antoine-Hippolyte de: *Denkschrift auf Friedrich den Großen vom Verfasser des allgemeinen Versuchs über die Taktik, Herrn Obristen Guibert*. Leipzig 1787.

Virilio, Paul: *Krieg und Kino. Logistik der Wahrnehmung*. Frankfurt/Main 1989.

3.13 Genie

Gerhard Bauer

1. Handeln und Begehren 428
2. Spontaneität, bejahtes ‚aktives' Leiden und Sozialbezug 429
3. Selbstverständlichkeit und handwerkliche Gediegenheit der Kunst 432
4. Weiterführende Literatur 434

„Als literaturwissenschaftlicher Terminus ist *Genie* weder geeignet noch in Gebrauch" (*Weimar 1997: 701). Lenz gebraucht das Wort häufig und akzentuiert damit eine locker zusammenhängende Reihe von Einstellungen und Verhaltensweisen, Denkanstrengungen, Produktionsfähigkeiten sowie geistigen Produkten als die höchsten oder auch schärfsten, raffiniertesten, die Menschen erreichen können. Dabei schillert sein Gebrauch zwischen vorherrschender Begeisterung/Selbstverpflichtung/Affirmation und sporadischer Skepsis, ja Aversion und Denunziation. Lenz bezieht sich sowohl zustimmend als auch kritisch auf mindestens drei Konzeptionen von Genie, die in seiner Zeit konkurrierend koexistierten. In der Auseinandersetzung mit ihnen entwickelt er seinen komplexen Wortgebrauch – eine Anschauung und Wunschvorstellung mehr als ein Begriff –, der nach dieser historischen Vergegenwärtigung zu entfalten sein wird.

Genialität wurde lange vor der ‚Genieepoche' propagiert und zugeschrieben. Die antike Vorstellung von einer Stimme der Gottheit oder der Natur, die durch die menschliche *persona* hindurchtönt, ist aus dem aufflammenden Geniediskurs des 18. Jahrhunderts nicht wegzudenken. Sie reibt sich jedoch an dem erstarkenden Bewusstsein von der Selbsttätigkeit und der Individualität des schöpferischen Menschen; sie wird nur noch als kurante Metapher beibehalten. Lenz bewahrt auch noch die ererbte Hochachtung vor den Propheten des Alten Testaments sowie den Aposteln des Herrn, die seine Verkündigung erstaunlich kongenial aufgefasst hätten. Auch ihre Aussprüche aber sucht der *laien*-haft theologisierende Exeget Lenz aus der Unverfügbarkeit von Gottes Willen herabzuholen auf einen verstehbaren Kern, der menschlichen Gemütsbedürfnissen entgegenkommt.

Die Fähigkeit des Menschen, mit dem eigenen Kopf zu denken, ist ihm wie bei Descartes, wie im Hörsaal des ‚Genies' Kant, eine geniale Gabe dieses triebgeplagten, in anderer Hinsicht ‚unbehelfsamen' Wesens. Leibniz' Philosophie und Theologie verehrt er gleichermaßen und nimmt die Definition des Intellekts als gottähnliche Gabe, der denkenden Menschen als ‚kleine Götter' dankbar auf. Der ersten Selbstbefreiung aus der *tier*-haften Abhängigkeit von der Natur, Abel gegenüber Kain, schreibt er „Genie", d. h. „selbstständiges Denken" zu (Damm II: 533). Lenz greift aber die Aufklärer an, weil sie von dieser himmlischen Gabe einen zu schematischen oder nur deduktiven Gebrauch gemacht hätten. Jedem Tugendideal, das allgemeine Geltung beansprucht, wirft er vor, es sei einschüchternd, also abschreckend, es verführe zum Dogmatismus, mithin zu Heuchelei und Streit, es lasse den Menschen stillhalten, statt das Maximum seiner Handlungsmöglichkeiten zu befördern, und beschneide die Freiheit und Beweglichkeit, zu der der Mensch bestimmt sei (Damm II: 584–611). Selbst aus der schieren Aversion gegen kontinuierliche Gedankenschlüsse von einiger Länge („Sklavenketten"; Damm III: 285) spricht nicht nur seine Vorliebe für abruptes Auf und Ab, sondern auch ein Argwohn gegen die Gedankenlosigkeit des Fortfahrens in gewohnten Denkbahnen. So kann er auch intellektuelle Machenschaften – List, Egoismus, Rücksichtslosigkeit – als missbräuchliche Anwendung von Genie erscheinen lassen. Judas gilt als „Genie" des Verrats (Damm I: 291).

Das Bewusstsein des Menschen, ein sinnliches Wesen zu sein, machte schöpferische Akte anderer Art möglich als der pure Verstand. Der Sensualismus war im britischen Geistesleben schon lange ein *Cantus firmus* und hatte auf dem Kontinent etwa ab Mitte des 18. Jahrhunderts zu dominieren begonnen. Laut Marquard war es vor allem der Ästhetikdiskurs, in dem der „homo sensibilis et genialis" zum führenden Ideal wurde (*Marquard 1981: 41). Erfahrung und Erfahrungskritik setzten sich durch gegen die Vorherrschaft von abgeleiteten Sätzen. Das Individuum, die unableitbare, nur biographische und soziale Geprägtheit seines ‚Charakters', die unberechenbare, oft unendlich genannte Mannigfaltigkeit von Individuen (sowie Naturgegebenheiten aller Art und menschlichen Kreationen) wurden wichtiger als die Kategorien und Wertungen, mit denen der Verstand sie zu verorten suchte. Die „Mannigfaltigkeit der Individuen und Psychologien" nennt Lenz eine „Fundgrube der Natur", „hier allein schlägt die Wünschelrute des Genies an" (Damm II: 661). Er beruft sich gern auf Shaftesbury, Young und einige andere Briten, vorab auf Shakespeare als unübertroffenes Vorbild. Französische und deutschsprachige Theoretiker führt er seltener an, doch war der gesamte Zeitraum, in den das Schaffen Diderots und Lessings fällt, erfüllt von Bestrebungen, die idealen Vorstellungen vom richtigen oder ‚edlen' Menschen und seinem Handeln (Musterbild: Cato) auf die Ebene des Machbaren, möglichst des tatsächlich Gemachten/Gelebten herabzuholen (vgl. etwa die Aneignung von Batteux' Kunsttheorie durch seinen Übersetzer Johann Adolph Schlegel) – bis hin zum ‚Sozialcharakter' der genialen Person (vgl. *Lühe 1979: bes. 210–15; ferner Lenz' Dramenentwurf *Cato*). Da bei Lenz wie bei Young jeder Mensch, seiner geistigen Potenz nach, Original ist – auf die Originalitätssucht anderer Enthusiasten wie etwa Gerstenberg (vgl. J. Schmidt 1985: 168) hat er sich nicht eingelassen –, versteht es sich, dass der Mensch Spielraum braucht, um sich zu entwickeln. Jede Abrichtung ist verwerflich, kann insbesondere die Jugend nur verderben. Genie bricht sich Bahn, wenn nur die zerstörerische Reglementierung aufhört (Damm III: 184, mit Berufung auf das halbe Erziehungsprogramm Rousseaus). Lenz' Spezialität in diesem Sensualismusdiskurs ist das unverblümte, damals aggressiv wirkende Ausspielen der menschlichen Physis, der Zusammengehörigkeit von Triebgrundlage und sämtlichen höheren Aspirationen. „Die Natur geht und wirkt ihren Gang fort, ohne sich um uns und unsere Moralität zu bekümmern" (Damm II: 485). Bei hinreichender Weitsicht kann uns „unser lieber Hausherr unserer Seele" sogar Belehrungen über die uns eigentlich verschlossene „Geisterwelt" erteilen (ebd.: 507).

Den Schwung der Geniebewegung, ihre kollektive Begeisterung, ihre Hoffnung auf Selbstbefreiung und ihr Vertrauen auf Spontaneität hat Lenz aus voller Überzeugung mitgemacht. In seinen dithyrambischen Adaptationen aus der Theologie spricht er von „unserer gen Himmel schwingenden Seele" (Damm II: 585) und sieht die eigentliche Bestimmung des Menschen darin, „ein fröhlich emporschwebender und herabsteigender Engel" zu sein – freilich nur, wenn er auf „Eigenliebe und Hochmut" verzichtet (ebd.: 595). Doch von dem „Geniestrom, der hoch einherbraust" (*Schubart über den *Werther* in der *Deutschen Chronik* vom 16. 3. 1775), ließ er sich nie forttragen. Er widerstand der Schwärmerei mancher seiner Dichtergenossen, ließ sich auf die ‚Hitze' (Gerstenbergs) und alle künstlich-übermäßige Erregung nicht ein. Lenz betont die Schwäche auch des gutherzigsten Menschen (ein „Wurm"; ein „Tor", wo man ein „Gott" zu sein vermeinte; Damm I: 474, Damm III: 174). Er spielt selbst in seinem übermütigsten Drama *Pandämonium* seine persönliche literarische Zweitrangigkeit aus; er neigt dazu, sich vor der sieghaft ergreifenden Größe zu verkriechen (Damm I: 269 f., Damm III: 117). In Absetzung von manchem hochfahrenden Gehabe entwickelt er eine qualitativ andere Vorstellung vom Genie und seiner Bestimmung.

1. Handeln und Begehren

Der Mensch sehnt sich danach, ‚handeln' zu können, das bestätigen dem jugendlich-eifrigen Autor all seine Erfahrungen und sein Austausch mit den anderen Genies, am geballtesten der *Götz*. Der Mensch soll sich nicht passiv, *maschinen*-haft, in einer zugeteilten Existenzform „stoßen und treiben" lassen, auch nicht nur genießen oder „empfinden"; er soll Gott ähnlich werden, indem er ebenfalls wirkt und schafft (Damm II: 637f.). Nur im Handeln erweisen wir uns unsere Freiheit der Wahl, unsere „Unabhängigkeit" (ebd.: 622). „Wir müssen dran, wir müssen arbeiten, wir müssen losrammeln" (ebd.: 612). Auch Glauben heißt im Wesentlichen „tun", wenn es nottut sogar „mit eisernem Arme dazwischenschlagen wie Götz" (ebd.: 613 u. 610). Statt wirklich zu handeln aber, statt eine Abfuhr des Tatendrangs in tollen Tiraden (wie Kaufmann) oder in gewaltig-gewaltsamen Dramenhandlungen (wie Klinger) zu imaginieren, konzentriert sich Lenz auf die Sehnsucht danach. Die „handelnde Kraft" in uns soll „wirken, regen, toben", bis sie einen leeren Platz zum Handeln geschaffen hat, an dem wir darüber „brüten" können, „bis was herauskäme" (ebd.: 638). „Auf dem großen Theater der Welt" wird uns die Rolle, „welche sie auch sei" (auch die einer stummen Person), eben doch von den gnädigen „Directeurs" zugeteilt. Die Huldigung an den großen „ganzen Mann" Götz mündet in den Vorschlag, Goethes *Götz* aufzuführen: in einem Zimmertheater mit anderen ungeübten Liebhabern (ebd.: 640f.). Und statt bei der Tat des Brutus verweilt der Shakespeare-Kommentator Lenz bei der „Symphonie seiner Gemütsbewegungen", ja dem „Wehgeschrei der Gebärerin", ehe der furchtbare Entschluss fällt (ebd.: 664f.). Aus dem Evangelium des Aktivismus wird in Lenz' Vorstellungspraxis ein unaufhörliches Streben, im Bewusstsein der nie besiegten Widerstände („alles unseres erbärmlichen Nisus und Renisus"; ebd.: 585) und des ständigen Zusammenbrechens und neuen Aufschwungs („fehlgeschlagene Versuche haben auch ihren Nutzen"; ebd.: 579). „Verflucht sei die Ruhe" (ebd.: 594). Nicht Taten oder Werke, sondern das „Bestreben [...] sich zur Selbstständigkeit hinaufzuarbeiten", macht „ein für sich bestehendes Wesen" aus. Dieser Stolz soll „der einzige Keim unserer immer im Werden begriffenen Seele" sein (Damm II: 620). Statt auf enorme Größe setzt Lenz auf die stillen Wirkungen der „Demut" und spricht in strikter Parallelität zu Jesu „Gottestaten" von „[d]einer dir anvertrauten Kindskraft" (Damm III: 92; → 3.14 DEMUT UND STOLZ). Als Autor lässt er sich aus berufenem Munde loben, dass er zwar „nichts" geleistet, aber doch „groß geahndet" habe (Damm I: 270). Mit „Genie" bezeichnet er „lieber den ganzen innern Menschen" als seine „schöpferische Kraft", nur für sich genommen (Blei IV: 30). So kann auch als ‚Beschluss' des dramatischen „Gemäldes" *Die Kleinen* ein nur skizzierter ‚Kleiner' auftreten, der das Wahre und Schöne nur vollkommen ‚ausfühlt' und nichts daraus macht oder vorzeigt. „Genie bringt auf einmal dann aus der Tiefe eine Welt hervor" (Damm I: 497).

Auch der gebremste, partielle Optimismus dieses Handlungskonzepts reibt sich mit dem Determinismus, den manche, angeblich besonders konsequente Sensualisten vertraten. An den handelnden Figuren von Lenz' Dramen lässt sich selbst das reduzierte Quantum von Willensfreiheit nur schwer ausmachen; manche Interpreten (z. B. Schöne 1968 [1958]: 117) sehen in ihnen schiere „Marionetten". Die provozierende Darstellung wird durchsichtiger beim Blick auf Lenz' Verständnis von der Triebnatur des handelnden Menschen. Das Begehrungsvermögen, die Konkupiszenz, darf weder expurgiert noch verteufelt werden. Das zu ihrer Lenkung aufgebotene „Denken heißt nicht vertauben". Die Empfindungen sollen „mit aller ihrer Gewalt wüten", und erst in der Auseinandersetzung mit ihnen, in ihrer „Untersuchung" gewinnt das Denken seine Kraft (Damm II: 621 f.). Das wird in Lenz' anthropologischer Reflexion (z. B. *Über die Natur unsers Geistes*; ebd.: 619–624) vom Erfolgsfall aus gestaltet; Rector spricht zu Recht von „vernünftiger Sublimierung" der Triebe (Rector 1992: 632 f.; vgl. auch Hayer 1995: passim). In seiner Zeichnung von Alltagsmenschen aber wird eine weite Skala von schwachen, törichten, halbherzigen, abgelenkten oder drastisch gewaltsamen Auseinandersetzungen mit den Einschränkungen der Existenz von außen wie mit den verführerisch-lästigen inneren Trieben gestaltet. Jochen Schmidt findet, gerade dieser „Fundamentalrealismus" mute „utopisch und anarchisch" an (J. Schmidt 1985: 178). In dieser Vielfalt, der immer neu ausgetragenen Widersprüchlichkeit ist die „Gewissensangst", das „traurende[ ], angsthafte[ ] Gefühl", eigentlich selbständig zu sein, obgleich „hundert kleine Zwischenfälle" dem widersprechen (Damm II: 619), überzeugender bewahrt als im Aufschwung zum befreiten Denken, zum Handeln und schließlich *gut* Handeln (ebd.: 622). Die Vorliebe für die Antike wie das christliche Erbe bringen den klassisch gebildeten Pastorensohn immer wieder zu stoischen, pietistischen oder dogmatisch-protestantischen Abfertigungen der so bedrohlichen Konkupiszenz. Doch die volle „zu seinem Glück notwendige Spannung", die er „unsere[m] Geist" verspricht (ebd.: 619), gewinnt er erst durch Ernstnehmen, Aushalten und Bewahren des Vermögens, das im Begehren liegt. „Wir schwanken immer, müssen zwischen Hoffnung und Verzweiflung schwanken; die am kühnsten beflügelte Seele schwankt desto fürchterlicher." (*Zerbin*; Damm II: 363)

2. Spontaneität, bejahtes ‚aktives' Leiden und Sozialbezug

Der Aufbruch aus einer eingesessenen Existenz, die Seefahrt, das Spähen nach unentdeckten Ländern hat für die Landratte Lenz unwiderstehlichen Reiz. „Columbus' Schifferjunge[ ]", der sieht, „wo es hinausgeht", wäre er für sein Leben gern (Damm II: 648 f.). Beleben, Erwecken gehört zu den wichtigsten Vorgängen von Lenz' Poetik. Die Einstellung auf das Neue gibt der Einbildungskraft mehr zu denken als das, was jeweils zu entdecken wäre, und am Neuland fasziniert am meisten die erste Ahnung: „Vögel, die verkündten Land" (Damm III: 94; vgl. Winter 2008, der Lenz' „Traum vom Dichtergenie" eine leitende Kraft zuspricht). Das Erfinden dagegen, laut Gerstenberg u. a. die Krönung des Genies, lehnt Lenz ab und verwirft ausdrücklich, mit Berufung auf Leibniz, die „Mißgeburten" von „möglichen bessern Welten" (Damm II: 487). Er findet auf der Welt, wie sie ist, genug zu tun für die schöpferischen wie die kritischen Geister. In den beiden voll ausgestalteten „Komödien" *Hofmeister* und *Soldaten* richtet er den Forscherblick auf längst bekannte Sozialverhältnisse und Denkweisen, die aber noch nie in dieser verstörenden Schärfe wahrgenommen wurden und die, so wenig belustigend sie auch sind, unter der ertappenden Dringlichkeit dieser Exploration einen Schimmer bekommen wie zum ersten Mal ans Licht gezogen.

Lenz' Handlungskonzept beruht und zielt auf Spontaneität. So sehr er dem Genie Vollständigkeit in der Wahrnehmung wie in der Ausführung andichtet (als verkleinerndes Abbild von Gottes ‚Alldurchschauung'), die Emphase seiner Huldigung liegt darauf, dass es ‚das alles' „mit einem Blick" überschaut und durchdringt (Damm II:

646 f.) und mit einem Griff, der sofort ‚sitzt', ins Wort oder auf die Bildfläche bannt (ebd.: 648). Hier wie in den folgenden Punkten liefern die genialisch hingeworfenen *Anmerkungen übers Theater* zwar keine stringente Theorie, aber die dichteste, der Intention nach ansteckende Anschauung von der Vorgehensweise des Genies. So rasch Lenz das unablässige Besserungsbestreben (wider besseres Wissen) zur „Vervollkommnung" stilisiert, die Wendung dahin, der erste Schritt ist das, was zählt. Die folgenden Schritte müssen/werden sich finden; Vollkommenheit ist *eo ipso* unerreichbar. „Tun was vor die Hand kommt", „vom Herzen ab" schreiben wie handeln, darin war er strikt lutherisch (vgl. Damm II: 594 f.). Alle ‚ehrlichen' unter seinen Dramenfiguren, so töricht oder rücksichtslos sie ansonsten sein mögen, sagen und tun ‚frei heraus', als solche können sie (hier: Mariane in den *Soldaten*) auch einmal ausdrücken, wie eine Maxime des spontan drauflos lebenden Menschen: „Trifft mich's, so trifft mich's, ich sterb nicht anders als gerne." (Damm I: 204)

Eine der wichtigsten Dimensionen des Handelns ist bei Lenz das Leiden. Gegen die bloße Passivität der Hinnahme setzt er das aktive, bewusste, bejahte Leiden. Das Leiden wird nicht wie bei den Pietisten (vgl. Pautler 1999: v. a. 155 f.) geschickt, um es auszukosten, sondern um sich an sich selbst zu halten, sich einer gedachten, gewollten Aktion zuzuwenden (vgl. Hayer 1995: passim). Selbst bei der klassischen Wendung, Unterwerfung unter das nicht zu ändernde Fatum, schaut der gedachte Poet dann doch jedes Leiden an und fragt: „[W]oher kommt dir das? und wie kannst du das zum Besten anwenden" (Damm II: 352). Den Prometheus, unentbehrlich für jede Genieästhetik, sieht Lenz als Dulder mehr denn als Macher, Könner oder Stifter. An der Gestalt Christi hebt er eindringlich den Verzicht auf Größe und Triumph, die Demütigung, als höchstes Leiden „die Geringschätzung" durch die Obrigkeit und die „Vielen" hervor (Damm II: 622–624). In seiner Identifikationspädagogik und Identifikationspoetik folgert er aus diesem Bild Christi: „wieviel Aufmunterung für edle Menschen, leidende Helden, leidende Halbgötter" (Damm II: 576). Die Tragödie soll sich an der Passion ausrichten: „Die Leiden griechischer Helden sind für uns bürgerlich [d. h. nichts Neues?, G. B.], die Leiden unserer sollten sich einer verkannten und duldenden Gottheit nähern." (*Pandämonium Germanikum*; Damm I: 269) Was laut Inge Stephan Lenz und seine Werke auszeichnet, ist ihre besondere Sensibilität „für die Mechanismen von Marginalisierung, Demütigung und Ausgrenzung" (Stephan 2000: 54). Wo er doch Stolz entwickelt, ist es ein kollektiver Stolz der charakteristisch, *natur*-gemäß und mit ‚Empfindung' Schaffenden, die als solche wie Dante aus der bewohnten Welt in die grausigste Tiefe – oder in die wildeste Phantasie – verbannt werden: „[U]nd freilich, wenn man uns auf der Erde keinen Platz vergönnen will, müssen wir wohl in der Hölle spielen" (Damm II: 659; zu seinen programmatisch ‚unheroischen' oder antiheroischen Figuren vgl. Joch 2007: 538 u. passim).

Erst in Bezug auf andere Menschen entscheidet sich für Lenz der Wert, ja schon die Relevanz wirklicher wie erdachter Handlungen. Dieser Bezug aber war in Lenz' Sicht bei weitem problematischer als bei den anderen Genies und verlangte umso mehr Gedankenarbeit. Viele Gestalten in seiner sentimentalen Prosa und seinen Dramenentwürfen leiden an unerfüllbarer Sehnsucht nach (einem) anderen Menschen. Ihr Ich verfügt über nur „ungnügende[ ] Selbstsucht", wie Goethe das hymnisch in *Harzreise im Winter* benennt (*Goethe 1987: 37–41). Im *Waldbruder* mahnt Rothe den tiefbedrückten Herz wiederholt, mehr „Selbstliebe" zu entwickeln, aber der sträubt sich nicht nur (vgl. die Zurückweisung der Selbstverliebtheit und „Selbstgefälligkeit" auch durch den *Poeten*, Damm II: 352), sondern kann es einfach nicht. Lenz zeichnet in vielen Variationen einen schmachtenden jungen Intellektuellen, der sich abwechselnd oder zugleich in selbstausgedachten Beseligungen (mit viel „Göttergefühl" und „Göttertraum" [ebd.: 349], oft taktlos gegenüber seinen ‚Gegenständen') ergeht oder verzweifelt suchen muss, „sein Herz anderswo anzuhängen" (ebd.: 366). Lebhafte Teilnahme an den Mitmenschen überhaupt oder an der Welt gilt als natürlich, aber durch den Fortgang der Zivilisation gefährdet. Unter einfachen Leuten, auch bei schlichten Gemütern in den höheren Klassen, äußert sie sich unverstellt, am drastischsten im gegenseitigen Bedauern bis zum gemeinsamen Heulen; nur die Raffinierten und Beflissenen kreisen peinlich-läppisch um sich selbst. Das Genie Shakespeares sieht Lenz besonders ergreifend in dem Detail bestätigt, dass er Brutus bei seinem weltbewegenden Entschluss an den Diener Lucius und dessen Schlafbedürfnis denken lässt (ebd.: 665). Er fordert Toleranz für alle Menschen in ihren Eigenarten, auch wenn sie von der „seltsamen drolligten Art" sind, wie er seine Identifikationsfiguren gern zeichnet (ebd.: 353). Soziale Gleichheit ist höchstens in Ahnungen konzipierbar, aber die Gleichbehandlung von ‚hohen' wie ‚niederen' Figuren vor dem Gericht, das die Bühne darstellt, verlangt er in starken Sprachgesten. Die Menschenkenntnis des Autors soll nicht nur eine individuell-differenzierte sein, sondern auch eine „unekle" (vor nichts zurückscheuende) und „immer gleich glänzende", die selbst den sozial (oder ästhetisch) „Geringen" einen eigenen, gleich starken Glanz verleiht. Mit aggressiver, ja obszöner Wucht fegt er die Ständeklausel hinweg: „[S]ie [die ‚Menschenkenntnis', G. B.] mag im Totengräberbusen forschen oder unterm Reifrock der Königin" (ebd.: 652). Am französischen Theater vergisst er „den Lichtputzer" nicht (der als einziger von der wie eine Sauce ausgegossenen Amourösität nichts abbekommt; ebd.: 643). Im deutschen Theater, diesem Mischmasch aller fremdländischen Stile, sieht er durch die gestelzte Diktion wie schon durch die generelle Einrichtung den größten Teil der eigentlich zu gewinnenden Adressaten ausgeschlossen: „[D]as Volk ist verflucht" (ebd.: 644). Selbst der eigene Aufschwung zur Genialität wird (bei ‚großen' wie ‚kleinen' Genies, in deren Ton er verfallen könnte; ebd.: 590 f.) als fatale Unterscheidungssucht kritisiert und auf die altmodische „Religion" zurückgenommen, die uns „unsere lieben Nächsten für ebenso große Genies halten lehrt, als wir selber sind". Der Appell, „andere um uns herum glücklich zu machen", bildet den Gipfelpunkt von Lenz' moralischem Programm, wie schon bei Diderot und vielen der (in dieser Frage) formelgläubigen Aufklärern. Lenz konkretisiert das Postulat immerhin durch einen Blick auf die Bedingungen: „nicht allein ihre Fähigkeiten zu entwickeln, sondern sie auch in solche Zustände zu setzen, worin sie ihre Fähigkeiten am besten entwickeln können" (Damm II: 510). Die Selbstverpflichtung, gerade beim sozialen Aufstieg die ‚unten' Bleibenden nicht zu vergessen oder selbst einer der ‚Kleinen' zu werden, kommt auch in dem fragmentarischen Drama *Die Kleinen* nicht über Rousseaus Geste der gerührten Herablassung hinaus. Dem Dilemma, eine selbstgewählte Kompetenz jenseits der gesellschaftlich anerkannten parzellierten zu beanspruchen und dennoch gerade damit nach gesellschaftlicher Anerkennung zu streben, entrinnt Lenz so wenig wie alle auf ihre Eigenständigkeit pochenden Intellektuellen. Bei ihm wird dieses Dilemma noch verschärft durch sein Bewusstsein, ein Außenseiter oder „schweifender Wilder" zu sein, geographisch wie sozial (vgl. Damm III: 185 u. ö.). Anders als manche Zeitgenossen behandelt er sein Publikum niemals herrisch. Er lädt es ein zum Dialog, auch explizit zum Widersprechen, sucht es tunlichst zu schonen (vgl. Damm II: 470), respektiert es jedenfalls in seiner eigenen Gedankentätigkeit (offenbar ein Erfolg seiner jahrelangen Übung als Vortragender in Salzmanns und seiner Société in Straßburg). Er baut die Rolle eines zum Mitreden Befugten ohne die Anmaßung eines Amtes oder besonderer Schulung aus: Als ‚Laie' legt er die biblischen Geschichten und das Evangelium für die Gemütsbedürfnisse zweifelnder und strebender Menschen zurecht, als irrender oder ‚sündiger' Mensch mit nichts als gutem Willen eruiert er, was moralisch unerlässlich ist, als Amateur oder „Dilettant" mischt er sich in die ästhetiktheoretische Diskussion ein, als „Narr" insistiert er auf „Wahrheit" im Widerspruch gegen den schlechten Ruf von Narrenfragen (ebd.: 584).

3. Selbstverständlichkeit und handwerkliche Gediegenheit der Kunst

Da Lenz wie manche Zeitgenossen die wichtigsten Handlungsakte ins literarische Darstellen verlegt, ist seine Schreibhaltung und sind die Manöver, zu denen er beim Schreiben greift, die entscheidende Probe seiner Genialität. Beide haben Anteil an der bisher festgestellten Überlappung, Verschiebung und Vertauschung von Höhe und Niedrigkeit, wie sie unübertroffen in den *Anmerkungen übers Theater* dominiert. Lenz arbeitet mit einem strengen, z. T. rabiaten Anspruch an die Kunst (der literarischen Darstellung). Der dramatische Dichter ist „Richter der Lebendigen und der Toten" (Damm II: 658). Er darf „keinen Menschen auf die Folter bringen, ohne zu sagen warum" (ebd.: 668). Die Erfüllung der weitreichenden Postulate aber, die so gepriesene Genialität des Künstlers, besteht in keinerlei seltener, weit hergeholter Befähigung, sie soll sogar frei von Willkür sein. Der ‚wahre Dichter' begreift ‚die Sache', das sozial Gegebene, den spezifischen ‚Charakter' und insgesamt ‚die Welt' und kann dann nicht anders, als sie ebenso schlicht und getreu in seiner ‚kleinen Welt' nachzubilden. Die Notwendigkeit, „Standpunkt zu nehmen" (ebd.: 648), unterstreicht die Konkretheit, die handwerklich kognitive, laut Kagel 1997 militärisch konnotierte Pragmatik dieses Nach-Schaffens (nur ist das Bedeutungsspektrum dieser Operation so komplex wie umstritten; vgl. Rector 1989: 194–200, und die noch weiter geführte Diskussion). Sofern er den „Standpunkt" oder „Gesichtspunkt" richtig wählt, übt er den „Blick der Gottheit in die Welt" aus, und auch das ist keine rare, sonderlich begnadete Kunst, es wird von „uns" überhaupt, im Gegensatz zu den antiken Dramatikern, verlangt, wenn „wir" nur auf der Höhe der Zeit sind (Damm II: 654). Maßstab für die Richtigkeit, d. h. Kon-Genialität dieser Nach-Schöpfung ist die affektive Wirkung auf die Rezipienten (und der adäquate Leser eines Genies ist ein anderes ‚Genie'; ebd.: 657). Die Nachgestaltung kann durch ihre Prägnanz und Bündelung die Emotionalität der Lebenswirklichkeit übertreffen: „Cäsar ist in Rom so nie bedauert worden, als unter den Händen Shakespeares" (ebd.: 658). Sogar der üblichen Bequemlichkeit beim Kunstgenuss trägt Lenz, etwas spöttisch, Rechnung, indem er gewaltige Bewegungen, z. B. eine ganze Schlacht (die er nicht als grandios, sondern als „Jammern und Grauen" auffasst), zu einem ungefährlichen „Vergnügen", aber dabei zur Anteilnahme an wirklicher „Welt" aufgeführt sieht (ebd.: 655).

Beglaubigt wird die Genialität der so konzipierten Schreibvorhaben durch ihre dramaturgische und sprachliche Ausführung. Dabei beruft sich Lenz weniger auf die subjektive Kompetenz und Begeisterung als auf den Bezug zur ‚Welt', der dem Darzustellenden ebenso die Situationen wie die Ausdrücke liefern soll. Shakespeares Sprache ist „die Sprache des kühnsten Genius, der Erd und Himmel aufwühlt, Ausdruck zu den ihm zuströmenden Gedanken zu finden" (Damm II: 670). Seine eigenen Kreationen sind von solcher Wucht und Üppigkeit weit entfernt. Aber auch er durch-‚wühlt' mit seinen sehr anders bestückten Erfahrungen, mit seiner hellwachgerüttelten Beobachtungsgabe viele Register des plumpen und des gezierten, des stockenden oder verstockten wie des flüssigen und bramarbasierenden (Selbst-)Ausdrucks; er verleiht seinen dramatischen ‚Charakteren' ein zwar nie wie angegossen sitzendes, aber immer auffälliges, beziehungsreiches, oft anzügliches sprachliches Gewand. Besonders genialisch und weit komischer als seine bemüht komischen Szenen sind seine ‚rhapsodisch' gestalteten (zunächst mündlich vorgetragenen) Essays, mit den beiden Höhepunkten *Stimmen des Laien* und *Anmerkungen übers Theater*. Das darin entfaltete Theater der Vorstellungen – Begriffe und Urteile mit ständigen Selbstunterbrechungen und Zurücknahmen, Abschweifungen, Überraschungen, Kurzschlüssen, absichtlichen Paradoxien – entspringt nicht dem puren Übermut des Amateurs, sondern reagiert auf die erkannte Komplexität seiner Gegenstände. Der Rhapsode verwirft jedes denkbare ordnende Nacheinander und vertraut auf das Prinzip des Durcheinanders, auf Erregung maximaler Beweglichkeit und Wendigkeit der Gedanken, mit der seine Hörer die nicht auf einmal zu fassenden moralischen wie ästhetischen Sachverhalte ahnen und für sich selbst synthetisieren sollen. „Da die Wahrheit immer in der Mitte liegt, müssen wir von einer Seite zur andern balancieren, ehe wir auf dem Seile gehen lernen" (ebd.: 579). Auch bei Lenz ist das Genie die Instanz, die die Regeln überflüssig macht, jedoch nicht (nicht nur) durch „Unwissenheit oder Übertretung jener kritischen Gesetze", wie Hamann wollte (*Hamann 1949–1957: Bd. 2, 75), sondern dadurch, dass es an ihnen zupft, sie zerpflückt, umtanzt, bis ihr wahrer Kern sichtbar und die Fragwürdigkeit jedes ‚Wahrheits'-anspruchs wenigstens ahnbar wird.

Die Sprache selbst gilt noch überwiegend, wie in der gesamten Aufklärungsepoche, als ein verlässliches Medium, sich selbst und die Relation dieses Selbst zur Welt auszudrücken. „Lieb, Unschuld, Größe, Wärme, Adel!" lässt sich einem Menschenkind klar ansehen und in einer ‚Ode', unbedenklich in derlei weiträumige Maximalvokabeln packen (Damm III: 93). Sprachskeptische Wendungen sind selten. Im Ringen um die Darstellungssprache aber, im evozierenden Gebrauch, der die Stimmigkeit oder die emotionale Füllung eines Ausdrucks dem Lesepublikum zu eigener Prüfung übergibt, wird dem historisch späteren Turn zur Sprachkritik ein wenig vorgearbeitet. ‚Sprechende' Gesten, die nicht aus dem akzeptierten Gestenreservoir stammen und einigermaßen opak bleiben (vgl. *Die Soldaten*, IV,1), waren neu. Dem konventionellen Unsagbarkeitstopos fügt Lenz die Variante hinzu, dass ein für unermesslich erklärter Begriff nur als Rahmen geliefert und der Gedankenfülle Raum zur Ausmalung gelassen wird: Wenn Shakespeares Darstellung des überforderten Brutus nicht „den ganzen Umfang des Wortes Mensch – fühlen lässt –" (Damm II: 665). Das Genie besteht auf spontanem, ja sofortigem Ausdruck des Gedankens, der ihm gerade ‚kommt'. Es vergibt damit die Chance, ihn (gedanklich, sprachlich) zu feilen oder auch zu verwerfen. Es führt aber dieses Verfahren unbeschönigt vor, gibt sich damit in die Hand seines kritischen Publikums: „[…] denn einen Gedanken bei sich zu behalten und eine glühende Kohle in der Hand –" (ebd.: 646). Das ‚Genie' selbst ist bei Lenz kein Arkanum mehr, keine unbezweifelbare Instanz. Es verwickelt sich und alle, die seine Suchbewegungen ernst nehmen mögen, in sämtliche Aporien und Kalamitäten des wirklichen, nun der ‚Anschauung' ausgelieferten Lebens.

4. Weiterführende Literatur

Goethe, Johann Wolfgang: *Sämtliche Werke nach Epochen seines Schaffens. Münchner Ausgabe.* Bd. 2.1. Hg. v. Hartmut Reinhardt. München, Wien 1987.
Hamann, Johann Georg: *Sämtliche Werke.* 6 Bde. Hg. v. Josef Nadler. Wien 1949–1957.
Lühe, Irmela von der: *Natur und Nachahmung. Untersuchungen zur Batteux-Rezeption in Deutschland.* Bonn 1979.
Marquard, Odo: *Abschied vom Prinzipiellen.* Stuttgart 1981.
Ortland, Eberhard: [Art.] „Genie". In: Karlheinz Barck (Hg.): *Ästhetische Grundbegriffe. Historisches Wörterbuch in sieben Bänden.* Stuttgart 2001, Bd. 2., S. 661–709.
[Schubart, Christian Friedrich Daniel:] [Rez. zu Nicolais *Freuden des jungen Werthers*.] In: C. F. D. Schubart (Hg.): *Deutsche Chronik auf das Jahr 1775*, Erstes Vierteljahr. Vom 1sten bis 26sten Stück (1775), S. 173–174.
Weimar, Klaus: [Art.] „Genie". In: Klaus Weimar (Hg.): *Reallexikon der deutschen Literaturwissenschaft.* 3., neubearb. Aufl. Berlin, New York 1997, Bd. 1, S. 701–703.

3.14 Demut und Stolz

Marie-Christin Wilm

1. Begriffs- und forschungsgeschichtliche Anmerkungen 436
2. Irreduzible Begriffskonstruktionen und divergierende Definitionsansätze . . 439
3. Weiterführende Literatur 447

Ebenso kontinuierlich wie kontrovers setzt sich Lenz mit dem Thema *Demut und Stolz* in allen Genres seines Werkes auseinander: in Drama, Brief, theoretischem Text, Prosa und Lyrik. Bereits sein erstes Stück *Der verwundete Bräutigam* macht den Stolz eines Dieners, der sich in seiner Ehre als „freier Mensch" verletzt sieht (Damm I: 15), zur treibenden Kraft der Handlung. In den *Soldaten* tötet ein gewisser Stolzius nicht nur den Verführer seiner Geliebten, sondern auch sich selbst, weil er diese nicht zu beschützen vermochte. Im Juni 1772 erinnert sich Lenz angesichts seiner Begegnung mit Friederike Brion in Sesenheim daran, dass er „zu gewissen Zeiten stolz einen gewissen G. [Goethe, M.-C. W.] tadelte", während ihn nun sein „Gewissen" dafür strafe und er als „armer Sünder" ausrufe: „Was ist der Mensch?" (Damm III: 3.6.1772 an Salzmann) Drei Monate später predigt Lenz am selben Ort über „die schädlichen Folgen des Hochmuts" (Damm III: 31.8.1772 an Salzmann), vor Selbstüberschätzung hatte er bereits 1765 in einer Schulrede gewarnt (vgl. Hempel 2000/2001: 41 f.). Und auch in seiner frühen Straßburger Zeit ab 1771 fordert Lenz „Demuth" zur Erlangung „moralische[r] Vollkommenheit", wobei er spezifiziert: „Demuth, aber nicht die der Mienen, der Gebehrden, der Worte, sondern des Herzens" (*Catechismus* [Hg. Weiß 1994]: 45). Im gleichen Zeitraum bezeichnet er allerdings die „Begierde viel zu seyn und auch das was wir sind zu scheinen" als eine

„natürlich[e] und edel[e]" Anlage, die „der höchste Sporn zur Vollkommenheit" sei (ebd.). In der später in Straßburg entstandenen Schrift *Über die Natur unsers Geistes* predigt ein „Laie" vom Stolz als dem „einzigen Keim unserer im Werden begriffenen Seele", ja vom Stolz als jener „gütige[n] Gabe des Himmels", die „das Gegengewicht gegen die schmerzhaftesten Gefühle" halte und eben jener spezifisch menschliche „Trieb" sei, „sich zur Selbstständigkeit hinaufzuarbeiten" (Damm II: 620). In der *Moralischen Bekehrung eines Poeten* wird „Hochmut" einerseits zur „wahre[n] Folterbank aller Sterblichen" und andererseits zur „*vis centrifuga* der menschlichen Seele, ohne die sie nie aus dem Flecken kommt" (ebd.: 345; Hervorh. im Orig.), während das erzählende Ich zugleich hofft, bei seiner „Vereinzelung nicht in Stolz [zu] geraten", was hieße, sich „zu weit über die andern Menschen hinaus[zu]setze[n]", so dass er „am Ende keinen mehr recht ertragen" könnte (ebd.: 344). In einem Gedicht von 23 Strophen, das *Die Demuth* betitelt ist, sucht das lyrische Ich seine Zuflucht in der Demut „dunkle[m] Schattentale/ Voll lebendiger springender Brunnen", auf dass jene „die Wunden/ Des schwingenversengenden Stolzes" heile (Damm III: 89), während Lenz in den *Werther-Briefen* feststellt: „Auf sein Herz stolz zu sein, ist höhere Tugend als alle lumpigte Demut und erkünstelte Bescheidenheit" (Damm II: 667).

Wie die Beispiele zeigen, erstreckt sich das *Thema* Demut und Stolz nicht nur über das gesamte Lenzsche Œuvre, sondern ist unmittelbar mit der Frage nach den Lenzschen *Definitionen* der Begriffe ‚Demut' bzw. ‚Stolz' verbunden. Bemerkenswert ist dabei zunächst, dass nicht nur die Begriffe selbst zu changieren scheinen, sondern das gesamte von Lenz aufgerufene semantische Feld programmatisch widersprüchlich erscheint: So verwendet er alternativ zum Begriff Demut nicht nur synonyme oder sachverwandte Termini, wie etwa „Bescheidenheit" (Damm II: 677 u. ä.), „Geduld" (ebd.: 517 u. 575) oder „Selbsterniedrigung" (*Catechismus* [Hg. Weiß 1994]: 45), sondern spricht eben auch generalisierend von „lumpigte[r] Demut" und „erkünstelte[r] Bescheidenheit" (Damm II: 667).

Für den Begriff des Stolzes wiederum verwendet Lenz variierend die eher negativ konnotierten Begriffe „Hochmut" (z. B. Damm III: 31. 8.1772 an Salzmann), „Eigenliebe" und „Selbstgefälligkeit" (Damm II: 595), „Eigendünkel" und „Eitelkeit" (*Catechismus* [Hg. Weiß 1994]: 45), „eitle[ ] Ehre" (Damm III: 89), aber auch im positiven Sinne „Verdienst" (Damm I: 683). Charakteristisch sind für Lenz darüber hinaus folgende, den Begriff des Stolzes ebenfalls gegensätzlich bewertende Umschreibungen, wie „eine Begierde, mehr vor den Leuten zu scheinen, als man ist", oder aber „eine Begierde, viel zu sein und auch das was wir sind zu scheinen" (beide *Catechismus* [Hg. Weiß 1994]: 45), sowie eben „der einzige[ ] Keim unsrer immer im Werden begriffenen Seele", „dieses Gefühl über das die Leute so deklamieren" (Damm II: 620), „das einzige Gut, das du [Gott, M.-C. W.] uns gegeben hast um uns selbst dadurch dir nah zu bringen" (ebd.: 623). Anderseits spricht Lenz auch gänzlich ohne Enthusiasmus vom Stolz als von jenen „Empfindungen, die so wenig von Trost, so wenig von Glückseligkeit in sich enthalten, daß ohne sie der Mensch ein fröhlich emporschwebender und herabsteigender Engel sein würde, da er mit ihnen oft bis zum Teufel herunterarten kann" (ebd.: 595).

Darüber hinaus gehören zum semantischen Feld von Demut und Stolz auch metaphorische Anspielungen, etwa wenn Lenz formuliert, Christus habe „sein Licht [...] nicht scheinen und blenden lassen", würde dafür „aber wärmen", oder wenn er die

Nachfolge Christi empfiehlt, „weil wir dadurch glücklich den Schwindel und Taumel vermeiden, der uns wenn wir oft der Sonne schon ziemlich nah, wieder wie Ikarus meerherab führt" (beide *Catechismus* [Hg. Weiß 1994]: 45 f.).

Die Reduktion dieser widersprüchlichen, oftmals polyvalenten Bezeichnungs- und Beschreibungsfülle auf das eine Gegensatzpaar *Demut und Stolz*, das sich nicht nur sprachhistorisch, sondern auch in der Lenz-Forschung durchgesetzt hat (vgl. Osborne 1969; Hill 1992, Hempel 2000/2001), scheint naheliegend, um das spezifische semantische Feld mit seinen zahlreichen Unterbegriffen, komplexen Oppositionen und metaphorischen Bestimmungen prägnant zusammenzufassen. Eine Analyse ausgewählter Textstellen legt aber zudem nahe, dass sich die Lenzsche Beschäftigung mit dem Thema *Demut und Stolz* eben nicht im Nachgang dieser traditionellen Antonymie erschöpft. Im Gegenteil, Lenz scheint sein Selbstverständnis als Dichter gerade darin zu sehen, hinsichtlich des Begriffsgebrauches einen poetischen Mehrwert zu produzieren, der zu einer Reflexion komplexer Sachverhalte statt zu ihrer begrifflichen Reduktion und damit Vereinfachung führt. In seinen *Anmerkungen übers Theater* weist Lenz ausdrücklich auf den problematischen Zusammenhang von Begriffsreduktion und Erkenntnisvielfalt hin:

> Wir suchen alle gern unsere zusammengesetzte Begriffe in einfache zu reduzieren und warum das? weil er [der Mensch, M.-C. W.] sie dann schneller – und mehr zugleich umfassen kann. Aber trostlos wären wir, wenn wir darüber das Anschauen und die Gegenwart dieser Erkenntnisse verlieren sollten, und das immerwährende Bestreben, all unsere gesammelten Begriffe wieder auseinander zu wickeln und durchzuschauen, sie anschaulich und gegenwärtig zu machen [...]. (Damm II: 647)

Neben der Freude an der Nachahmung oder genauer einer „Schöpfung ins Kleine", die Lenz als „erste[n] Trieb" zur Poesie definiert (ebd.: 645), sieht er die „zweite Quelle der Poesie" (ebd.: 647) im Vermögen des Dichters, das Leben und die Fülle wieder erfahrbar werden zu lassen, die *logisch* einer strukturell notwendig verkürzenden Begriffsbildung zwar vorausgeht, *empirisch* jedoch oft erst vermittelt durch das Medium der Dichtung erfahren werden kann.

1. Begriffs- und forschungsgeschichtliche Anmerkungen

Wie die angeführten Beispiele belegen, macht sich Lenz hinsichtlich seines Begriffsgebrauchs die ganze Bandbreite jener Bedeutungen zunutze, die den semantischen Feldern von Demut bzw. Stolz im ausgehenden 18. Jahrhundert zugeschrieben werden. Generell werden die zunächst vergleichsweise eindeutigen theologischen Wertzuweisungen in der zweiten Jahrhunderthälfte in moralphilosophischen (Kant), soziologischen (Fontenelle, Bayle) und anthropologischen (Hume, Rousseau) Kontexten relativiert oder sogar aufgehoben (vgl. *Fuchs 1974: Sp. 1155). Definiert der ebenso durch Aufklärung wie Pietismus geprägte Kirchenhistoriker Johann Lorenz Mosheim (1693–1755) in seiner *Sittenlehre der heiligen Schrift* (1743) Demut noch als „ein[en] gläubige[n] und lebendige[n] Vorsatz des wiedergeborenen Willens, den angeborenen Hochmut des Herzens und die große Meinung von unsern Vorzügen und Verdiensten durch den Glauben und die Vernunft bis auf den Tod zu verfolgen" (zit. nach *Schütz 1972: Sp. 58), so stellt Kant in seiner Unterscheidung zwischen ,wahrer' und ,erlogener' Demut auch die Vorzüge der Selbstwertschätzung deutlich heraus:

3.14 Demut und Stolz

> Aus unserer aufrichtigen und genauen Vergleichung mit dem moralischen Gesetz (dessen Heiligkeit und Strenge) muß unvermeidlich wahre Demuth folgen: aber daraus, daß wir einer solchen inneren Gesetzgebung fähig sind, daß der (physische) Mensch den (moralischen) Menschen in seiner eigenen Person zu verehren sich gedrungen fühlt, zugleich Erhebung und die höchste Selbstschätzung, als Gefühl seines inneren Werths (*valor*), nach welchem er für keinen Preis (*pretium*) feil ist und eine unverlierbare Würde (*dignitas interna*) besitzt, die ihm Achtung (*reverentia*) gegen sich selbst einflößt. (*Kant 1914: 436)

Einschätzungen wie diejenige Kants greifen antike Traditionsstränge auf, welche weder einen positiven Demutsbegriff noch eine durchgängige Ablehnung des Begriffsfeldes Stolz/Hochmut kennen (vgl. *Schütz 1972: Sp. 57). Dort werden die griechischen Nomen χαυνότης bzw. ὑπερηφανία sowie das lateinische *superbia* als „Oberbegriff für alle Formen des Selbstwert*erlebens*" verwendet (*Fuchs 1974: Sp. 1150). Während materielles Streben nach Gütern und körperlichen Freuden meist eindeutig negativ konnotiert sind, wird das Bedürfnis nach Ehre und Anerkennung als geistiges Konzept verstanden und oft befürwortet, so dass es selbst innerhalb des Wortschatzes einzelner antiker Autoren zur Begriffsambiguität kommt: *Superbia* ist beispielsweise je nachdem entweder mit „Übermut, Hochmut, Hoffart, Stolz" oder aber mit „Hochgefühl, stolzes Selbstgefühl" zu übersetzen (ebd.).

Mit der Aufwertung des Individuums in der Neuzeit wird das Selbstwertgefühl in außertheologischen Kontexten weitgehend bejaht und nur dessen übersteigerte Form als Hybris abgelehnt. In Konkurrenz zum christlichen Verständnis manifestiert sich daher eine gespaltene Einschätzung dieses Affektes, die sich im Verlauf des 18. Jahrhundert noch dadurch verstärkt, dass in einigen staatstheoretischen Schriften Stolz als Antrieb für das wirtschaftliche Wohlergehen eines Volkes gesehen und somit systematisch aufgewertet wird. Insgesamt lässt sich so auch bei vielen Autoren des 18. Jahrhunderts ein ambivalenter Begriffsgebrauch nachweisen (vgl. ebd.: Sp. 1155).

Dass dies auch für Lenz gilt, hat David Hill in einem einschlägigen Aufsatz aufgezeigt (vgl. Hill 1992), worin es ihm

> zunächst darum [geht], etwas von der Verschiedenheit und Mannigfaltigkeit der Formen darzustellen, in denen das mit dem Begriff Stolz zusammenhängende Begriffsfeld (einschließlich etwa Hochmut, Eitelkeit sowie auch Demut) in den Werken von Lenz erscheint, um dann vorsichtig Regelmäßigkeiten und Strukturen herauszuarbeiten (ebd.: 70, Anm. 11).

Hill, der vor allem die Wechselwirkung zwischen anthropologischen und ästhetischen Definitionsansätzen verfolgt, hebt in seinen Ausführungen insbesondere die „beiden gegensätzlichen Bedeutungen des Wort[es] ‚Stolz'" hervor, die Lenz in „seinen theoretischen Schriften [...] kaum versucht habe [...] in Beziehung zu setzen" (ebd.: 86): Stolz sei für Lenz demnach einerseits das „Grundübel einer Gesellschaft, in der jeder bestrebt ist, sich auf Kosten anderer durchzusetzen, obwohl er gerade durch seine Teilnahme an diesem Konkurrenzgebaren seine Freiheit und sein Selbst aufgibt" (ebd.: 82), andererseits aber erkenne Lenz im Stolz auch einen uneingeschränkt positiven Affekt. In diesem Sinne sei der Aufsatz *Über die Natur unsers Geistes* ein „Extrembeispiel für eine positive Bewertung" (ebd.: 85), da in diesem Text der Stolz als „das Bewußtsein oder wenigstens die Ahnung" menschlicher „Unabhängigkeit" definiert werde (ebd.: 85 f.). Von hier aus gesehen stelle das Mitleid, das Lenz sonst auf der Ebene demütigen Handelns verorte, nun „nicht das Gegenteil, sondern die Ergänzung" zum Stolz dar, insofern Christus in seinem göttlichen Mitleiden als tätig Handelnder begriffen werde (ebd.: 86). In vergleichbarer Weise sieht Britta O'Regan die Funktion des Stolzes in *Über die Natur unsers Geistes* in der Kraft, den Menschen zur Freiheit zu treiben („a drive in the human psyche that propels the individual towards freedom"; O'Regan 1997: 71), weswegen sie Stolz hier mit einem weiteren für Lenz zentralen Antrieb in Verbindung bringt, dem der ‚Konkupiszenz' (vgl. ebd.: 72, mit Bezug auf Lenz' *Supplement zur vorhergehenden Abhandlung*, Weiß XII: 16; zum Konkupiszenzkonzept vgl. Sauder 1994).

Das, was maßgeblich zur Bedeutung und Brisanz des Themas *Demut und Stolz* im Lenzschen Werk beiträgt, scheint vor allem in der Spannung zu liegen, die sich zwischen einer punktuell ausgestellten Entsprechung von Stolz und menschlicher Freiheit und den wiederkehrend vorgeführten schädlichen Folgen eines hochmütigen Stolzes (z. B. Maßlosigkeit, Vereinsamung) aufbaut.

Bereits John Osborne hat in den 1960er Jahren darauf aufmerksam gemacht, dass unter den verschiedenen für Lenz zentralen semantischen Feldern ohne Zweifel der Stolz „one unifying element" darstelle (Osborne 1969: 58) Da Osborne selbst nach dem Konzept des Stolzes insbesondere vor dem Hintergrund der Lenzschen Heldenentwürfe fragt, beschäftigt er sich vor allem mit dem Stolz als Ermöglichungsfigur eines Widerstands im Leiden. Hierbei sieht er jedoch die (von ihm unterstellte) Nähe der Lenzschen Position zum Stoizismus als problematisch an, da zwischen heroischer Leidensfähigkeit (als Mittel zur Erreichung eines Zieles) und einem masochistisch motivierten Stolz auf das Leiden (als Selbstzweck) schwer zu unterscheiden sei:

> The impression left by many of his creative works is not so much that of an affirmation of his proud resistance which can withstand suffering without fleeing from it, as of a perverse and obsessive eulogy of his capacity for suffering itself; the dividing-line between stoicism and masochism can be very thin. (ebd.: 69 f.)

Definitorische Ambivalenz zeichnet aber auch den Lenzschen Demutsbegriff aus, der insbesondere bei Mathias Bertram und Britta Hempel diskutiert wird. Ausgehend von dem Gedicht *Die Demuth* stellt letztere heraus, dass „Demut bei Lenz keine Haltung der permanenten Selbstinfragestellung, sondern eine Utopie der Geborgenheit durch den Schutz vor Überschätzung und die Fähigkeit zum Verzicht auf übertriebene Geltungsansprüche durch die Akzeptanz des eigenen Zustandes vor Gott" bedeute (Hempel 2000/2001: 44; vgl. auch M. Bertram 1994a: 162). Allerdings fällt in einer solchen Generalisierung dieser (für das Lenzsche Gedicht zunächst überzeugenden) Lesart jenes traditionell christliche Begriffsverständnis weg, dessen sich Lenz durchaus in einigen seiner Texte bedient, etwa wenn er betont, dass es der Zweck der Erscheinung Jesu Christi, der „mit Demut und Geduld" gelitten habe, sei, „uns zu zeigen, daß je weiter diese Unterwerfung, diese Ergebenheit, diese Dependenz von dem Willen der Gottheit gehe, desto herrlicher der Lohn sei, der unser warte" (*Stimmen des Laien*, Damm II: 575; vgl. auch *Philosophische Vorlesungen*, Weiß XII: 28).

Bert Kasties bringt für das Lenzsche Begriffsverständnis ergänzend den spezifisch „protestantischen" Aspekt in Anschlag, demzufolge „Demut keine Unterwürfigkeit bzw. [k]eine knechtische Gesinnung, sondern eine Existenzweise, nämlich das *Verhältnis* des Christen zu Gott sowie das der Ethik verpflichtete Handeln den Mitmenschen gegenüber" sei (Kasties 2003: 132, Anm. 52). Von hier aus definiere Lenz auch den zum semantischen Feld von Demut und Stolz gehörenden „Begriff der Sünde" (ebd.) als „Vernachlässigung des Verhältnisses, in welchem wir mit der Gottheit stehen" (*Meinungen eines Laien*; Damm II: 530).

Insgesamt lässt sich konstatieren, dass die Ambivalenzen, die zweifelsfrei im Lenzschen Begriffsgebrauch festzustellen sind, oft als bipolar widersprüchlich ausgestellt werden (wie etwa bei Hill), oder aber die terminologischen Spannungen auf einer höheren Bedeutungsebene aufgehoben werden, indem *einem* Begriffsaspekt eine Art Grundbedeutung zugeschrieben wird (etwa bei Hempel und Kasties).

In beiden methodischen Zugangsweisen wird zur Pointierung der als *doppeldeutig* oder als *genuin* ausgewiesenen Position des Autors mit terminologischen Reduktionen gearbeitet, insofern das von Lenz vielschichtig ausgemessene semantische Feld auf zwei Pole zugeschnitten oder auf einen zentralen Standpunkt verengt wird. Beides sind methodisch praktikable Verfahren, um prägnante Begriffe zu destillieren, die dann insbesondere bei der Interpretation des poetischen Werkes eingesetzt werden können.

2. Irreduzible Begriffskonstruktionen und divergierende Definitionsansätze

Angesichts der Tatsache, dass sich Lenz nicht auf ein oder zwei Bedeutungsvarianten der Begriffe Demut bzw. Stolz beschränkt, sondern sprachlich wie thematisch ein komplexes semantisches Feld erkundet, ja dieses durch seine divergierenden Definitionsansätze sogar auszuweiten sucht, steht eine Dokumentation jener terminologischen Vielfalt allerdings ebenso aus wie die Frage nach den Gründen offenbleibt, die jenseits der allgemeinen geistesgeschichtlichen Umbrüche des ausgehenden 18. Jahrhunderts über das *autorspezifische* Warum eines so polyvalenten Wortgebrauchs näheren Aufschluss geben könnten.

Nachzugehen wäre generell der Funktion, die die Bedeutungs- und Definitionsvielfalt der Lenzschen Begriffe Stolz und Demut sowie ihrer semantischen Felder innerhalb des Lenzschen Sprach- und Dichtungsverständnisses zukommt. Auffällig ist, dass sich Lenz der Termini Demut und Stolz nicht als vorgegebener Entitäten bedient, sondern permanent Arbeit am Begriff leistet, indem er die von ihm verwendeten Begriffe im Moment ihres Gebrauches stets neu bestimmt. Dadurch sind diese in ihrem jeweils aktuellen Gebrauch nicht auf eine Grundbestimmung oder auf ein Gegensatzpaar reduzierbar. Der disparate Begriffsgebrauch legt dabei die These nahe, dass der argumentative bzw. poetische Mehrwert des Lenzschen Begriffsverständnisses gerade aus jenen singulären Begriffskonstruktionen gewonnen wird, deren Bedeutungen weniger aus logisch zu verknüpfenden „Regelmäßigkeiten und Strukturen" (Hill 1992: 70, Anm. 11) resultieren als aus ihrer situativen oder diskursiven Irreduzibilität.

Wenn sich etwa Hill mit Blick auf Lenz darauf beschränkt, den Begriff Hochmut (der ausschließlich negativ beurteilt werde, dem Mitleid entgegengesetzt) von einem *qualitativ* gänzlich anders konstruierten Begriff des Stolzes (der dem Mitleid komplementär sei) zu unterscheiden, welcher keine gemeinsame Schnittmenge mit dem Begriff des Hochmuts mehr habe (ebd.: 86), so ist hinzuzufügen, dass wir bei Lenz selbst auch *quantitativ* verfahrende Begriffsbestimmungen finden. So definiert er etwa im *Catechismus*, dass Hochmut ein Übermaß jener „Begierde viel zu seyn und auch das was wir sind zu scheinen" sei, nämlich die Begierde, „mehr zu seyn als wir sind und [...] auch mehr zu scheinen" (*Catechismus* [Hg. Weiß 1994]: 45). Christus wiederum wird in dieser Passage als jemand charakterisiert, dem es darum gegangen sei, „weniger zu scheinen als er ist" (ebd.). Auf dem semantischen Feld des Stolzes arbeitet Lenz also sowohl mit qualitativen als auch mit quantitativen Unterscheidungen.

Um also den Gebrauch und die Verschiebungen der Begriffsfelder Demut und Stolz innerhalb des Lenzschen Textkorpus jeweils kontext- und disziplinspezifisch zu beschreiben, scheint es aus heuristischen Gründen sowohl sinnvoll, nicht nur den jeweiligen Entstehungszeitraum im Blick zu haben, als auch, zwischen verschiedenen Ebenen des Lenzschen Begriffsgebrauches zu unterscheiden. Zu klären ist jeweils, ob Lenz in biographischer, theologischer, moralphilosophischer, universalanthropologischer, poetologischer oder soziologischer Hinsicht mit dem semantischen Feld Demut bzw. Stolz arbeitet bzw. wie sich die in Lenzschen Texten oft überlagernden Argumentationsebenen hinsichtlich des Begriffsgebrauches zueinander verhalten. Insbesondere für die ästhetischen Werke gilt dabei, dass es zu einer durchgängigen Überlagerung der semantischen Ebenen kommt, weswegen hier Aussagen zur Wortbedeutung noch schwerer zu systematisieren sind als hinsichtlich der theoretischen Texte. In seiner Poesie verfährt Lenz quasi von Beginn an problematisierend, indem er gängige Begriffe und ihre disziplinären Konzeptualisierungen in ihrer Kontextabhängigkeit und Widersprüchlichkeit thematisiert. Dies gilt für die Herangehensweise an alle ästhetischen Werke, die das Thema Demut und Stolz in besonderer Weise aufgreifen: für die Dramen und dramatischen Entwürfe (*Der verwundete Bräutigam, Die Soldaten, Der Engländer, Coriolan, Die Kleinen, Catharina von Siena*) ebenso wie für die Prosatexte (*Tagebuch, Der Landprediger, Etwas über Philotas Charakter*) und Gedichte (*Die Demuth, Zum Jahreswechsel 1776, Schauervolle und süss-tönende Abschiedsode*). Jede begriffsbezogene Textstelle bedarf hier einer individuellen Analyse, selbst jene bereits vielschichtigen terminologischen Fixierungen, die sich in den theoretischen Schriften nachweisen lassen, sollten für die Deutung poetischer Texte nur vergleichend hinzugezogen, aber nicht als definitorische Grundlage übernommen werden.

Insgesamt gesehen scheint es (zum Zweck chronologischer Orientierung) dennoch möglich, drei voneinander abzugrenzende Lenzsche Definitionsansätze zu unterscheiden: Erstens finden wir insbesondere in den frühen Schriften eine (vor pietistischem Hintergrund) entfaltete theologisch begründete Verurteilung des Stolzes bzw. Hochschätzung der Demut; zweitens zeichnet sich die Straßburger Zeit durch einen relativierenden Umgang mit beiden Kategorien aus, die nun maßgeblich moralphilosophisch definiert werden (*Catechismus, Versuch über das erste Principium der Moral, Baum des Erkenntnisses Gutes und Bösen, Drittes Supplement*); drittens schließlich kommt es ab ca. 1774/1775 zu einer vermehrt diskursiven Aufspaltung des Begriffsgebrauches, wobei Lenz dezidiert zwischen theologischer, anthropologischer, poetologischer und soziologischer und Semantik unterscheidet:

In poetologischer Hinsicht entwirft er nach den *Anmerkungen übers Theater* (also ungefähr ab 1774) den Dichter nicht länger als ein Genie, auf den der „Schöpfer [hinab]sieht [...], wie auf die kleinen Götter, die mit seinem Funken in der Brust auf den Thronen der Erde sitzen und seinem Beispiel gemäß eine kleine Welt erhalten" (Damm II: 648). Vielmehr macht ihn Lenz nun zu einem „handhohen Sterblichen der nichts als sich umsehen will" (*Pandämonium Germanikum* [Hgg. Luserke/Weiß 1993], H^2: 11).

Das demütige Credo eines solchen Dichters scheint in der Lenzschen Äußerung an Sophie von La Roche anzuklingen: „Stille, Stille gehört dazu; stille, heitre, ruhige,

3.14 Demut und Stolz

göttlichertragende Beobachtung" (Damm III: Juli 1775 an La Roche; zum Lenzschen Genie- und Dichterverständnis vgl. Wilm [2018]; zur Lenzschen Geniekritik insgesamt vgl. auch H.-G. Kemper 2002b; zur Lenzschen Auseinandersetzung mit Sophie La Roche vgl. Martin 2014a).

Im gleichen Tenor thematisiert Lenz auch die Diskrepanz zwischen genieästhetischem Anspruchsdenken und künstlerischer Selbstbescheidung, etwa im Rollengedicht *Aus einem Neujahrswunsch aus dem Stegreif. Aufs Jahr 1776* das, wie es ironisch im Untertitel heißt, „[i]n einer Gesellschaft guter Freunde *vorgelesen*" wird (Damm III: 172; Hervorh. M.-C. W.). Hier kontrastiert Lenz den „ungebändigt stolzen Geist" eines lyrischen Ichs, den seine kraftgenialen Forderungen nach Unsterblichkeit im *genus grande* von „Welt zu Welt, von Sphär zu Sphäre" und weiter „brüllend [...] zur Unausfüllbarkeit/ Der grenzenlosen Ewigkeit" reißen (Damm III: 175), mit jenem Dichter, der im *genus humile* der letzten Strophe aus der genialen Rolle fallend, seinen hochtrabenden Neujahrswunsch als „Flügelroß" entlarvt und denjenigen, die mit ihm „auf die Erde" zu steigen gewillt sind, „[e]in *fröhlich stilles* neues Jahr" wünscht (Damm III: 176; Hervorh. im Orig.; zum Typus des Kraftgenies vgl. Schmiedt 2002/2003, der allerdings die im Sturm und Drang geleistete Kritik am Kraftgenie nicht als eine konstruktive poetologische Umwertung liest, sondern darin eine Zerstörung der „gedankliche[n] Basis der eigenen Produktivität" sieht, die „dem raschen Ende des Sturm und Drangs zu[gearbeitet]" hätte, ebd.: 153 f.).

Einen vergleichbaren Kontrast präsentiert Lenz im *Pandämonium Germanikum* (1775). Hier bringt er eine Lenz-Figur auf die Bühne, die in ebenso *prophetischen* wie *pathetischen* Worten die „Höhe des Tragischen" ahndet (II,6), während der Autor selbst seinen Entwurf einer literaturgeschichtlichen Wertsetzung zurückhaltend im Modus einer *satirischen Skizze* präsentiert (vgl. Krauß 2011a: 533–606).

Ist *poetologisch* also für Lenz eine Tendenz zum *genus humile*, zur dichterischen Bescheidenheit zu konstatieren (vgl. hierzu auch sein um 1775 begonnenes Dramenprojekt *Die Kleinen*), so scheint er innerhalb seiner anthropologischen Entwürfe eine gegenläufige Tendenz zu vertreten und formuliert in *Über die Natur unsers Geistes* sogar eine Absolutsetzung des Stolzes:

> Sollte er [der Stolz, M.-C. W.] nicht ein Wink von der Natur der menschlichen Seele sein, daß sie eine Substanz die nicht selbstständig geboren, aber ein Bestreben ein Trieb in ihr sei sich zur Selbstständigkeit hinaufzuarbeiten, sich gleichsam von dieser großen Masse der in einander hangenden Schöpfung abzusondern und ein für sich bestehendes Wesen auszumachen, das sich mit derselben wieder nur soweit vereinigt, als es mit ihrer Selbstständigkeit sich vertragen kann. Wäre also nicht die Größe dieses Triebes das Maß der Größe des Geistes – wäre dieses Gefühl über das die Leute so deklamieren, dieser Stolz nicht der einzige Keim unsrer immer im Werden begriffenen Seele, die sich über die Welt die sie umgibt zu erhöhen und einen drüber waltenden Gott aus sich zu machen bestrebt ist. (Damm II: 620)

Realisiert werde dieser Trieb Lenz zufolge im Prozess eines fühlenden Denkens, das als vergleichende Beobachtungstätigkeit und Selbstreflexion bestimmt wird:

> Denken heißt nicht vertauben – es heißt, seine unangenehmen Empfindungen [...] zu untersuchen und *sich so* über sie hinauszusetzen. Diese Empfindungen mit vergangenen zusammenzuhalten, gegeneinander abzuwägen zu ordnen und zu übersehen. [...] So, möcht ich sagen erschafft sich die Seele selber und somit auch ihren künftigen Zustand. [...] So gründet sich all unsere Selbständigkeit all unsre Existenz auf die Menge den Umfang die Wahr-

> heit unsrer Gefühle und Erfahrungen, und auf die Stärke mir der wir sie ausgehalten, das heißt über sie gedacht haben oder welches einerlei ist, uns ihrer *bewußt geworden sind*. (ebd.: 621 f.; Hervorh. im Orig.)

Die in einem Akt solchen Denkens erworbene Position der Unabhängigkeit mache den Menschen nicht nur seines eigenen Wertes bewusst, sondern ermögliche ihm auch eine mitfühlende, mitleidende und mitdenkende Position gegenüber anderen. Dies exemplifiziert Lenz an der paradigmatischen Figur Jesu Christi, den er in gnostischer Tradition als „Symbol […], was den vollkommenen Menschen mache und wie der nur durch allerlei Art Leiden und Mitleiden *werde* und *bleibe*" (Damm II: 624; Hervorh. im Orig.; vgl. Wilm 2017) definiert. Von der Position eines solchermaßen durch Stolz angetriebenen Selbstbewusstseins her hebt Lenz auch in anderen Zusammenhängen die Fähigkeit hervor, nicht nur den eigenen, sondern gerade auch „den Wert" eines „Zeitverwandten ganz zu fühlen" (vgl. den dritten *Werther-Brief*, Damm II: 677). Damit integriert Lenz in dieser Definition des Stolzes auch jenen Aspekt des menschlichen Selbstverständnisses, der aus dem Gefühl des eigenen Wertes heraus einen humanen, mitfühlenden und wertschätzenden Umgang mit dem anderen ermöglicht.

Entsprechend kommt der Terminus Demut in *Über die Natur unsers Geistes* nicht vor: Da der Stolz hier in uneingeschränkter Weise als der „einzige Keim" des menschlichen Selbständigkeitsstrebens ausgewiesen wird, kann es ein Zuviel an Stolz nicht geben, weshalb in diesem Denkmodell die Demut nicht als Korrektiv zum Stolz fungiert. Im Gegenteil: Nicht der Stolz erscheint hier problematisch, sondern lediglich sein Mangel, d. h. ein „zu Boden sinkende[r] Stolz", der aus der stoi(zisti)schen Ansicht resultiere, das Abstumpfen oder Einschläfern der Seele würde die menschliche „Independenz auf den höchsten Grad" treiben (ebd.: 621). Ein solcher Versuch im Zeichen der Apathie kann Lenz zufolge nur zu einer inneren „Wüste und Leere" führen und somit zu einem Verlust von Stolz, wohingegen es das Ziel sein müsse, „durch innere Stärke den äußeren unangenehmen Eindrücken das Gegengewicht zu halten" (ebd.).

Dem Verzicht auf den Demutsbegriff in *Über die Natur unsers Geistes* korrespondiert eine Lenzsche Überlegung im *soziologischen* Kontext: In der 1777 entstandenen Erzählung *Der Landprediger* wird der „gerechte […] Stolz aller edlen Menschen" nur noch vom „Ungenießbare[n] des Adelstolzes" und jenem „Stolz der niedern Stände" unterschieden, „der eben so unerträglich ist" (ebd..: 431), während Lenz den Begriff der *Demut* nun durch den der *Großmut* ablöst:

> Wenn jeder Teil [der Stände, M.-C. W.] dem andern *voraus hinlegte*, was ihm gehört, würde jeder Teil auch seiner Seits sich zu bescheiden wissen, nicht mehr zu fodern und lieber aus Großmut etwas von seinen Rechten fahren zu lassen, die ihm der andere aus eben dieser Großmut mit Zinsen wieder bezahlte. (ebd.: 432; Hervorh. im Orig.)

Im *theologischen* Kontext greift Lenz ab ca. 1774 das Thema Demut und Stolz innerhalb der Frage nach Anspruch und Beurteilung menschlichen Handelns auf und kommt zu einer Umwertung der traditionellen christlichen Semantik, die seinem anthropologischen Ansatz in *Über die Natur unsers Geistes* vergleichbar erscheint. Ausgehend von der Bergpredigt diskutiert er in den *Stimmen des Laien*, ob Christus „in seiner Lehre" ein moralisches Ideal habe aufstellen wollen (vgl. ebd.: 596), was Lenz in der *Zweiten Stimme* bestreitet. Denn ein solches Ideal würde nicht nur abschreckend wirken oder die Menschen dazu bringen, es nur äußerlich nachzuahmen, sondern es würde vor allem für das menschliche Streben, das Lenz als anthropologischen Grundtrieb ausweist, fatale Folgen haben:

> Was war denn das moralische Ideal, als das Resultat aller unsrer Betrachtungen und Spekulationen über die Tugend, der Ruhepunkt, auf den wir mit der ganzen Karawane unserer Weltkenntnis […], Erfahrungen, Beobachtungen, Vernunftschlüsse gekommen sind, und wo wir uns nun wie der müde Wanderer unter dem Schatten des Ahorns nach überstandner Tageslast und Hitze hinwerfen und sanft zu entschlummern gedenken. Ist aber ein solcher Ruhepunkt möglich, ist er nötig und nützlich, ist er einem endlichen Wesen unter irgend einem Vorwande anzuraten, zu empfehlen, auch nur zu verzeihen? Ihm, dessen ganze Existenz Streben ist, ihm, dessen Streben, so sehr er es auch zu unterdrücken suchen wird, nie nachläßt, als bis diese himmlische Flamme in ihm ausgelöscht ist, die ihn streben macht […]. (ebd.: 593 f.)

Der Mensch, so Lenz, würde sich nicht nur bei der bloßen Befolgung eines Moralsystems zur Ruhe setzen und sein angeborenes Streben vernachlässigen, sogar das beste Moralsystem würde dazu führen. Denn selbst das beglückende Gefühl, das auf eine „lang überlegte gute Handlung" folge, sei so „zart, geistig und spirituös", dass es schon nach kürzester Zeit „verraucht ist, und gemeiniglich nichts als eine abgedämpfte saure Grundsuppe von Selbstgefälligkeit zurückläßt, die zuletzt in Eigenliebe und Hochmut ausartet" (ebd.: 595).

Statt des Antonyms Stolz und Demut argumentiert Lenz in diesem Text mit dem Begriffen Streben und Ruhe, um menschliches Handeln und seine Glücksoptionen zu kategorisieren. Bemerkenswert ist hier vor allem, dass Lenz Hochmut nicht (länger) als übersteigerten Stolz bzw. übertriebenes Streben fasst, sondern im Gegenteil als eine unvermeidliche Nebenwirkung einer selbstgerechten und -gefälligen Ruhe. Hochmut und Eigenliebe, so Lenz, resultierten aus der Befolgung eines (vermeintlich göttlichen, tatsächlich aber kirchlich bzw. gesellschaftlich festgelegten) Moralsystems, da der Mensch innerhalb eines solchen Systems den Eindruck erhalte, er habe bestmöglich gehandelt und könne sich folglich zur Ruhe setzen. Dies erweise sich jedoch als Trugschluss: Statt des erhofften Glücksgefühls setzten schon bald „Empfindungen" ein, die – um abermals das eingangs angeführte Zitat aufzugreifen – „so wenig von Trost, so wenig von Glückseligkeit in sich enthalten, daß ohne sie der Mensch ein fröhlich emporschwebender und herabsteigender Engel sein würde, da er mit ihnen oft bis zum Teufel herabarten kann" (ebd.: 595). Aus diesem Grund dürfe die Ruhe nur als ein Durchgangsstadium genutzt werden:

> Verflucht sei die Ruhe und auf ewig ein Inventarium der tauben Materie, aber wir, die wir Geist in Adern fühlen, ruhen nur dann, wenn wir zu noch höherem Schwunge neue Kräfte sammeln, wenn wir freiwillig zu sinken scheinen, um weit über den Gesichtskreis der gewöhnlichen Sterblichen emporzusteigen (ebd.: 594).

Ein Vergleich mit dem Lenzschen Gedicht *Die Demuth* (Damm III: 88–92), dessen Datierung umstritten ist (vgl. Hempel 2000/2001: 43 f.), kann exemplarisch verdeutlichen, dass nicht nur verschiedene Diskurse, sondern auch unterschiedlichen Textgattungen den Lenzschen Begriffsgebrauch bzw. sein Begriffsverständnis beeinflussen. Obwohl sich beide Texte auf theologische Argumentationsmuster beziehen, fällt die Bewertung des jeweils zentralen Begriffs der Ruhe und damit der Demut zunächst unterschiedlich aus: Formuliert die *Zweite Stimme* das stolze Ziel, weit über den Gesichtskreis der gewöhnlichen Sterblichen emporzusteigen, und bedient sich (wie gesehen) zur Stärkung seiner Kräfte des Demutsgestus eines (temporären) freiwilligen Sinkens, so wird im Gedicht die Demut zu einem schattenspendenden, ja paradiesischen Ruheort stilisiert. Als solch ein Ort erscheint dieser zumindest in der Imagination des lyrischen Ichs, das „empor[getrieben]" (Z. 17) in „steile[r] Höh" (Z. 17) zu „häng[en]" (Z. 18) und „um dich verlorne Demut" (Z. 25) zu weinen scheint, weil diese als einzige vermag, „die Wunden/ Des schwingenversengenden Stolzes" zu heilen (Z. 28 f.). Kontrastiert wird der „unmitleidige[ ] Sand" (Z. 41) jener „trostlos heißen öden/ heißen öden verzehrenden Wüste/ Eitler Ehre" (Z. 31 ff.), auf dem – „So heiß war der Sand" (Z. 44) – „die Tränen [...] auf und nieder" rollen (Z. 43), mit „der Demut geheimen[n]/ Pfade[n]" (Z. 47 f.), so dass die Wahl entschieden scheint. Aus der Wüste des Stolzes, so scheint es, erschallt das Gebet an „der Christen Erretter und Vater" (Z. 45), an den „Gott in verachteter Bildung" (Z. 46):

> Führe mich weit und nieder hinunter
> In ihre [der Demut, M.-C. W.] dunkele Schattentale
> Voll lebendiger springender Brunnen
> Wo die Einsamkeit oder die Freude
> Also lispelt:
>
> Komm gerösteter Laurentius
> Unglückseliger Sterblicher
> Ruh von deinem Streben nach Unglück,
> Ruhe hier aus.
>
> Oder wenn von glücklicherem Streben
> Du zu ruhen, Beruf in dir fühlest,
> Wenn deine Flügel sinken,
> Wenn deine Federkraft sich zurücksehnt,
> Du die Gebeine nur fühlst, der Geister
> All entledigt – Gerippe –
> Ruhe hier aus! (Z. 49–64)

Lenz überführt in den hier zitierten Strophen 13–15 das Gebet des lyrischen Ichs in eine von diesem selbst imaginierte Antwort, welche – in signifikanter Unentschiedenheit – der „Einsamkeit" oder der „Freude" nur zugeschrieben wird (Z. 52). Die paradiesische Gegenwelt der „rauschen[den] Quellen/ in lieblichen Melodien" (Z. 70 f.) entspringt damit ebenso wie die „Unverdorbene[n] Lilien-Mägde[ ]" (Z. 75) nur der Einbildungskraft eines Individuums, dessen Status letztlich ungeklärt bleibt.

Hempel vertritt in ihrer Analyse des Gedichtes die These, dass es Lenz selbst in der „lyrische[n] Gestaltung eines Moments tiefer Ratlosigkeit und Verzweiflung" darum gehe, „seine Hoffnung auf eine Emanzipation des Individuums" integrieren zu können, und zwar „ohne die Preisgabe internalisierter Glaubensinhalte" – sein Ziel sei das „rechte Maß an Demut, ohne von dem Projekt einer Selbstverwirklichung absehen zu müssen" (Hempel 2000/2001: 55). Doch wird aus einem vergleichenden Blick auf die *Zweite Stimme des Laien* und ihrer Konstruktion eines Ruhepunktes, der sich auch in der *Demuth* findet (vgl. Z. 57 f.), deutlich, dass das Lenzsche Gedicht nicht von einem christlich-theologischen Standpunkt her argumentiert. Ein solcher wäre etwa gegeben, wenn das lyrische Ich im Garten der Demut wie Christus im Garten Gethsemane bekennen würde: „Mein Vater, ist's möglich,

3.14 Demut und Stolz

so gehe dieser Kelch von mir; doch nicht, wie ich will, sondern wie du willst" (Mt 26,39).

Das im Gedicht präsentierte Selbstverständnis des Sprechers aber ist von jener Unterwerfung des eigenen Willens unter eine göttliche Allmacht kategorisch getrennt, das lyrische Ich imaginiert lediglich sein eigenes Leiden („O wenn ich diesen Felsengang stürzte"; Z. 22) sowie die Zuflucht in den Garten Gethsemane, worin Jesus „seinen reinen Atem dem Vater,/ Seufzend über die Torheit und Mühe/ Menschlicher Grillen, zurückgeschickt hat" (Z. 94 ff.). Die Figur des Ausruhens „von den Spielen,/ Deiner dir anvertrauten Kindskraft" (Z. 99 f.), mit der das Gedicht endet, instrumentalisiert lediglich die christliche Demut, indem sie diese zu einer temporären Trostquelle „Unglückseliger Sterblicher" (Z. 55) und zu einer individuellen Kraftquelle „glücklicherm Streben[s]" (Z. 58) macht.

Vergleichbar mit seinen anthropologischen und theologischen Schriften der Jahre ab 1774/1775 thematisiert Lenz in *Die Demuth* das Leiden des Menschen an seinem Streben nach Freiheit, welches diesem allerdings natürlich und unvermeidbar ist – so wie den Weidenbäumen, sich nach dem Frühlingslicht zu strecken, oder der Rakete, „sobald der Funken/ Sie angerührt, gen Himmel" zu steigen (Z. 11 f.). Lenz kontrastiert dieses Leiden mit der Position christlicher Demut, die hier allerdings nicht als alternatives Handlungsmuster aufgezeigt wird, sondern dem Menschen auf seinem Weg zu Selbstentwicklung und Selbstbestimmung dienen soll. Die hier erhoffte Ruhe wäre damit weniger, wie Hempel es formuliert, als eine „komplementäre[ ]" (Hempel 2000/2001: 52) zu denken, sondern erweist sich innerhalb der menschlichen Entwicklungsgeschichte als lediglich transitorisch.

Wie weit sich Lenz mit dieser Sicht auch von seiner eigenen früheren christlichen Interpretation der Demut entfernt hat, zeigt sich auch im Dramenentwurf *Die Kleinen*, der ebenfalls ins Jahr 1775 zu datieren ist (vgl. Damm I: 473–498, Osborne 1969: 83). Die Szenen zeigen den Reisenden „aus philosophischen Absichten" Hanns von Engelbrecht, dessen Vorsatz, die Demut der einfachen Bevölkerung näher kennenzulernen, offensichtlich aus dem eigenen Scheitern großer Ansprüche heraus resultiert:

> Das sei mein Zweck, die unberühmten Tugenden zu studieren, die jedermann mit Füßen tritt. Lebt wohl große Männer, Genies, Ideale, euren hohen Flug mach ich nicht mehr mit, man versengt sich Schwingen und Einbildungskraft, glaubt sich einen Gott und ist ein Tor. Hier wieder auf meine Füße gekommen wie Apoll, als er aus dem Himmel geworfen ward, will ich unter den armen zerbrochenen schwachen Sterblichen umhergehn und von ihnen lernen, was mir fehlt, was euch fehlt – Demut. (Damm I: 474)

Allerdings weist Lenz schon in diesem ersten Auftritt den Kritiker des hochmütigen Adels selbst als eine Figur aus, dessen Haltung gegenüber den sogenannten Kleinen Einsicht in die Dialektik der Demut gewährt. Zeigt Engelbrechts Vertrauen in die eigene Stärke doch durchaus Züge von Selbstherrlichkeit:

> Willkommen ihr lieben Kleinen! kommt an meine Brust, hier ist ein Herz, das euch tragen kann, das eure Größe in sich vereinigen möchte, wie eine große Hauptstadt alles was schön und vorzüglich im Königreich ist, in sich verschlingt und dadurch allein Hauptstadt wird. (ebd.)

Die von Engelbrecht gewählte Metapher der alles verschlingenden Hauptstadt zeugt nicht gerade von eigener Zurückhaltung und demonstriert, wie einfach es ist, fremden Hochmut zu erkennen und wie schwer, den eigenen zu zähmen.

Mit Blick auf das Lenzsche Gesamtwerk wären die in der Forschung vorliegenden begriffs- wie ideengeschichtlich aufbereiteten Materialsammlungen durch eine diachrone und zugleich diskursspezifische Analyse der Textbasis zu ergänzen, um die offensichtlichen Änderungen innerhalb der Lenzschen Argumentation nach Möglichkeit chronologisch zu dokumentieren (Ansätze finden sich bei Wilm 2017) bzw. verschiedenen Diskursen zuzuordnen.

Dabei wäre meines Erachtens insbesondere zu berücksichtigen, dass die für Lenz typische Vermischung der Diskursebenen hinsichtlich der von ihm jeweils neu formulierten Bestimmungen innerhalb des semantischen Feldes von Demut und Stolz zu Begriffskonstruktionen führt, die in ihrer situativen Bedeutung durchaus irreduzibel sein können, d. h. weder auf eine allgemeingültige Definition noch auf einen für Lenz sonst spezifischen Wortgebrauch zurückzuführen sind.

Ein solches Verfahren, das generell der Erweiterung des jeweiligen Wortspektrums dient, scheint Lenz darüber hinaus einzusetzen, um der im Prozess der Aufklärung auftretenden Begriffsreduktion ein poetisches Gewicht entgegenzusetzen, um nämlich eben „all unsere gesammelten Begriffe wieder auseinander zu wickeln und durchzuschauen, sie anschaulich und gegenwärtig zu machen" (Damm II: 647).

Auf dieses *sinnliche* Potential (dichterischen) Sprechens weist Lenz auch angesichts des Goetheschen *Werthers* nochmals hin. Es sei „das Verdienst *jedes Dichters*", seine Leser „mit Leidenschaften und Empfindungen bekannt" zu machen, „die jeder in sich dunkel fühlt, die er aber nicht mit Namen zu nennen weiß" (ebd.: 682; Hervorh. im Orig.). In diesem bewusstseinsbildenden Sinne legt Lenz auch in seinen sprachtheoretischen Schriften dar, dass der Gebrauch der deutschen Sprache und insbesondere ihrer „alten Schriftsteller" dazu dienen könne, „unsere[ ] ganze[ ] Art zu denken, zu empfinden und *zu handeln*" zu beeinflussen, wobei insbesondere Tätigkeitsworte „auf Sinnesart und Handlungen" wirkten (ebd.: 773; Hervorh. im Orig.). Hingegen hätte die Bevorzugung von Fremdwörtern dazu geführt, dass „in unserer Sprache noch unendlich viele Handlungen und Empfindungen unserer Seele namenlos" seien, was dem „National-Charakter[ ], -Geschmack[ ] und -Stolz[ ]" nicht zuträglich sei, weil sich darin eine „Trägheit" manifestiere, „die gar zu gern in sklavische Unterwürfigkeit ausartet, und den Adel der Seele tötet" (ebd.).

Indem Lenz mit seinen vielfältigen und polyvalenten Definitionen an die Komplexität und Varietät möglicher Bestimmungen innerhalb des semantischen Feldes Demut und Stolz erinnert, wobei er beide Nomen als substantivierte Tätigkeiten bzw. Handlungsweisen (demütig bzw. stolz sein) interpretiert, wirkt er seinem eigenen Verständnis zufolge also sprach- und damit bewusstseinsbildend. Statt „unsere zusammengesetzten Begriffe in einfache zu reduzieren", wodurch „das Anschauen und die Gegenwart dieser Erkenntnisse" verlorengehen würde (ebd.: 647), können die Nuancierungen und Widersprüchlichkeiten des Lenzschen Wortgebrauchs innerhalb des semantischen Feldes als Strategie gelesen werden, um das höchst spannungsreiche Handlungsspektrum, das seines Erachtens mit den Begriffen Demut und Stolz verbunden ist, aber eben weder eindeutig noch erschöpfend bezeichnet werden kann, zu vergegenwärtigen und zu veranschaulichen. Die Reflexion der Bedeutungsvielfalt und Macht der Sprache aber bleibt die kritische Aufgabe der Leser.

3. Weiterführende Literatur

Fuchs, H. J.: [Art.] „Hochmut". In: Joachim Ritter (Hg.): *Historisches Wörterbuch der Philosophie*. Bd. 3: *G–H*. Basel, Stuttgart 1974, Sp. 1150–1155.
Kant, Immanuel: „Metaphysik der Sitten". In: *Kant's gesammelte Schriften*. Hg. v. der Preußischen Akademie der Wissenschaften. Bd. 6. Berlin 1914, S. 203–493.
Schütz, W.: [Art.] „Demut". In: Joachim Ritter (Hg.): *Historisches Wörterbuch der Philosophie*. Bd. 2: *D–F*. Basel, Stuttgart 1972, Sp. 57–59.

3.15 Kulturelle Differenz
Stefan Hermes

1. ‚Nationalcharakter' und ‚Volksgeschmack' 448
2. Europäische Völkervielfalt 451
3. Juden und ‚Orientalen' 453
4. Weiterführende Literatur 455

Die literaturwissenschaftliche Auseinandersetzung mit Aspekten kultureller Differenz hat seit den 1980er Jahren zusehends an Bedeutung gewonnen. In diesem Zusammenhang ist hervorgehoben worden, dass die Unterscheidung zwischen Eigenem und Fremdem nicht auf ‚objektiv' zu ermittelnden Eigenschaften von Individuen oder Kollektiven beruht, sondern als das Ergebnis reziproker Zuschreibungen zu verstehen ist (vgl. *Gutjahr 2002: 352 f.). Überdies hat man im Rekurs auf die *Postcolonial Studies* argumentiert, dass Kulturen sich kaum je als strikt voneinander abgrenzbare Entitäten beschreiben lassen; stattdessen sei ihre interne Heterogenität herauszustellen und gesteigerter Wert auf die Exploration jener Kontaktzonen zu legen, in denen kulturelle Vermischungsprozesse zu beobachten sind (vgl. überblicksartig *Hofmann 2001). Vor allem Homi Bhabhas Begriff der Hybridität hat dabei forschungsleitenden Status erlangt (vgl. *Bhabha 2000, erläuternd *Mecklenburg 2008: 112–119).

Inwiefern derartige Erwägungen nicht allein für die Analyse moderner und postmoderner Literatur fruchtbar gemacht werden können, ist wiederholt gezeigt worden (vgl. exemplarisch *Dunker 2005, *Uerlings 2006). Dafür, dass ihre Berücksichtigung auch und gerade zu einem vertieften Verständnis deutschsprachiger Werke der Aufklärungsepoche beitragen kann, sind verschiedene Faktoren ausschlaggebend. Dazu zählt die Popularisierung des Konzepts der Nation, wie sie seit Mitte des 18. Jahrhunderts zu verzeichnen war (vgl. *Echternkamp 1998, *Florack 2007) und sich etwa in den Frühschriften Herders niederschlug. Ein Räsonieren in universalistischen Kategorien wird darin als inakzeptable Nivellierung nationaler Besonderheiten abgelehnt; Herder hegt keinerlei Zweifel daran, dass „Söhne Eines Stammvaters [...] einander ähnlicher denken [müssen], als Antipoden an Sitte und Empfindung" (*Herder 1994: 368). Indes wurden solcherlei kulturrelativistische Anschauungen nicht nur in den Gelehrtendiskussionen um die Nationen Europas immer häufiger geäußert, sondern auch in denen um die auf anderen Kontinenten beheimateten Völker. Speziell die ungeheure Vielfalt der während des zweiten Entdeckungszeitalters publizierten Reiseberichte führte „zu einer kritischen Besinnung darüber [...], ob denn nun der europäische Mensch und seine Formen der Kultur, der Gesellschaft und des Staates wirklich die besten und einzig möglichen seien." (*Mühlmann 1986: 40; vgl. *Wuthenow 1980)

Infolge einer weitgehenden Ausblendung dieser Gesichtspunkte ist die Relevanz, die Inszenierungen kultureller Differenz für Lenz' Gesamtwerk besitzen, von der bisherigen Forschung nicht systematisch gewürdigt worden (vgl. jedoch Deupmann 2005 sowie ferner Maurach 1996 u. Hermes 2009). Erstaunlich ist dies auch deshalb, weil politisch-soziale und geschlechtsbezogene ‚Wissensbestände' – mit denen sich die Lenz-Philologie seit langem intensiv befasst – in fast jedem historischen Kontext mit den zeitgenössischen Kenntnissen über die jeweiligen Eigenheiten der Völker und Nationen verknüpft werden. Darüber hinaus stützt bereits ein flüchtiger Blick auf Lenz' Vita die Vermutung, dass die Auswirkungen von Kulturunterschieden diesem Autor nicht gleichgültig bleiben konnten (→ 1.1 LEBEN).

So hob sich der Alltag des jungen, der deutschsprachigen Oberschicht Livlands angehörenden Lenz auch in kultureller Hinsicht erheblich von demjenigen der estnischen und lettischen Bevölkerung ab. In Straßburg, wo er – nach einem knapp dreijährigen Studium in Königsberg – ab Mai 1771 lebte, fand Lenz wiederum ein genuin interkulturelles Milieu vor; das öffentliche Leben war dort von einem Spannungsverhältnis „zwischen Franzosen als Einheimischen und Deutschen als Fremden" (H.-G. Kemper 2002a: 300) geprägt. Vor diesem Hintergrund hat man betont, dass „der Aufbruch der Sturm und Drang-Generation ohne den Wettbewerb zwischen deutscher und französischer Kultur in dieser geschäftigen Stadt" (Winter 2000a: 32) gar nicht denkbar gewesen wäre. Lenz' spätere Übersiedlung nach St. Petersburg und schließlich nach Moskau verlangte ihm abermals die Integration in eine ihm unvertraute Umgebung ab, ungeachtet der Tatsache, dass er von Geburt an russischer Untertan war. Da Lenz sich zudem über längere Zeiträume in der Schweiz und in verschiedenen deutschen Staaten aufhielt, kann er als vergleichsweise weitgereist gelten.

Dass dieser Umstand in Lenz' Schriften Spuren hinterlassen hat, belegen etwa zahlreiche Briefe (→ 2.5 BRIEFE), in denen er von seinen Alteritätserfahrungen berichtet. Zu ihnen zählt ein in Straßburg verfertigtes Schreiben, in dem Lenz konstatiert, ein „in diesen Gegenden völlig fremder, halber Lapländer" (Damm III: 386 [Ende Februar 1776 an Sophie von La Roche]) zu sein; er stilisiert sich also in identifikatorischer Weise zum Angehörigen eines Volkes, das gemeinhin als besonders ‚unzivilisiert' diffamiert wurde. Doch auch Lenz' Übersetzungen sind als wichtiger Teil seiner kontinuierlichen Beschäftigung mit Fragen kultureller Differenz anzusehen (→ 2.8 ÜBERSETZUNGEN), zumal sich kaum ein Übersetzungsprozess als rein technischer Vorgang auffassen lässt: Vielmehr verlangt das Gros dieser Prozesse nach eingehenden Reflexionen über kulturelle Grenzen und die Möglichkeiten ihrer Überwindung (vgl. *Bachmann-Medick 1997). Gleichwohl soll Lenz' Umgang mit derartigen Phänomenen im Folgenden anhand einschlägiger theoretischer Arbeiten (→ 2.4 THEORETISCHE SCHRIFTEN) sowie primär anhand seiner Dramen (→ 2.1 DRAMEN UND DRAMENFRAGMENTE) nachvollzogen werden.

1. ‚Nationalcharakter' und ‚Volksgeschmack'

Einen geeigneten Ausgangspunkt bietet Lenz' Teilnahme an der aufklärerischen Debatte um die europäischen ‚Nationalcharaktere'. Die Verwendung dieses Begriffs ermöglichte es, „gesellschaftlich bedingte und historisch gewachsene Unterschiede zwischen den Bewohnern verschiedener Länder als natürliche Eigentümlichkeiten [zu] erfa[ssen]" (*Florack 2007: 232), was nicht zuletzt die sprachpolitischen Vorträge bestätigen, die Lenz vor der Straßburger Deutschen Gesellschaft hielt. So erklärt er in seinen Ausführungen *Über die Bearbeitung der deutschen Sprache im Elsaß, Breisgau und den benachbarten Gegenden* zwar, dass es die gemeinsame Sprache sei, welche die „Provinzen Deutschlands" als ein „allgemeines Band" (Damm II: 777) zusammenhalte, doch ist er keineswegs der Ansicht, dass unter einer Nation nichts anderes als eine Sprachgemeinschaft zu verstehen sei. Lenz zufolge handelt es sich bei der Muttersprache lediglich um eine sekundäre Erscheinung; ihre Beschaffenheit führt er auf die „Anlage unseres Nationalcharakters" (ebd.: 772 f.) zurück. Der in den 1770er Jahren bereits nachdrücklich relativierten, aber weiterhin populären Klimatheorie erteilt er dabei eine Absage: „[D]er Deutsche wird an der Küste der Kaffern so gut als in Diderots Insel der Glückseligkeit immer Deutscher bleiben, und der Franzose Franzos." (ebd.: 770) Daraus resultiert der Eindruck, die Nation bilde für Lenz – ähnlich wie für Herder – eine „essenzialistische" und „organische Einheit" (Deupmann 2005: 24), die sich zuvorderst aus der Abstammung ihrer Mitglieder ergibt.

Dass sich derlei Positionierungen in erster Linie gegen den als schädlich wahrgenommenen Einfluss der französischen Sprache und Kultur richteten, liegt auf der Hand. Allerdings geht damit eine logische Inkonsistenz einher, denn dieser Einfluss kann ja nur dann als verderblich interpretiert werden, wenn man der Stabilität des eigenen ‚Nationalcharakters' doch nicht recht trauen will. Dementsprechend insinuiert Lenz mehrfach, die kulturelle Identität der Deutschen sei einer akuten Bedrohung ausgesetzt (vgl. schon Deupmann 2005: 25). Geradezu widerwärtig ist ihm jede ‚Anbiederung' an Frankreich, die „auf Kosten unserer ganzen Art zu denken, zu empfinden und *zu handeln*, auf Kosten unsers National-Charakters, -Geschmacks und -Stolzes" (Damm II: 773; Hervorh. im Orig.) betrieben werde, und so warnt er vor der Ausbreitung eines „*Deutschfranzösisch* […], das der Reinigkeit beider Sprachen gleich gefährlich werden könnte" (ebd.: 771; Hervorh. im Orig.). Angesichts dieser puristischen Überzeugung – die Lenz auch in seinem Vortrag *Über die Vorzüge der deutschen Sprache* artikuliert (vgl. ebd.: 778) – stellt es fraglos einen neuerlichen Argumentationsbruch dar, wenn er andernorts zwar ebenfalls von der Veränderlichkeit kultureller Spezifika ausgeht, sie nun aber affirmiert und explizit dafür plädiert, die deutsche Sprache um „französische Leichtigkeit" wie auch um „griechische Ründe, römische Stärke, englischen Tiefsinn" (ebd.: 772) zu bereichern.

Wendet man sich Lenz' dezidiert poetologischen (und weitaus bekannteren) Schriften zu, so lassen sich mitunter ähnliche Beobachtungen machen. Dies betrifft etwa die *Anmerkungen übers Theater*, in denen er in der Nachfolge Herders und in Abgrenzung von den Gottschedianern die Auffassung verficht, dass eine literarische Ästhetik unter keinen Umständen aus *allgemeinen* Prinzipien abgeleitet werden dürfe. So könne die strenge Wahrung der Einheit von Ort, Zeit und Handlung, wie sie bei den Dramatikern der griechischen Antike und ihren französischen Epigonen zu registrieren sei, dem Schaffen der *deutschen* Bühnendichter nur abträglich sein. Stattdessen müssten diese aus dem kulturellen Fundus *ihrer* Nation schöpfen; entscheidend sei es, „den Volksgeschmack der Vorzeit und unsers Vaterlands zu Rate [zu] ziehen, der noch heut zu Tage Volksgeschmack bleibt und bleiben wird." (ebd.: 668)

Mithin hat es den Anschein, als erachte Lenz den „Volksgeschmack" für historisch unwandelbar, doch nehmen sich seine poetologischen Erörterungen letztlich genauso aporetisch aus wie die sprachpolitischen. Dies wird evident, wenn Lenz in seinem kurzen Text *Über Götz von Berlichingen* dazu aufruft, dem vorbildlichen „Charakter dieses antiken deutschen Mannes" nachzueifern, „damit wir wieder Deutsche werden, von denen wir so weit ausgeartet sind" (ebd.: 639 f.) – allzu sicher ist er sich der diachronen Konstanz des ‚Volksgeschmacks' offenbar doch nicht.

Dass der vermeintlich diametrale Gegensatz von deutschem und französischem ‚Nationalcharakter' auch für Lenz' dramatische Praxis von enormer Bedeutung ist, zeigt beispielhaft seine Literatursatire *Pandämonium Germanikum*. Allerdings werden die positiv gezeichneten deutschen Autoren – neben Klopstock, Lessing, Herder und Goethe tritt Lenz selbst als Figur auf – dort nicht allein von den französischen *dramatis personae* (darunter Rabelais, Molière und Voltaire) abgegrenzt, sondern auch von kulturell hybriden Charakteren wie Gellert, Weiße, J. G. Jacobi oder Wieland. Diese stilisiert Lenz in parodistischer Manier zu willfährigen Totengräbern ‚deutscher Art und Kunst'; sie alle sind stets um die „Nachahmung der Franzosen" (*Pandämonium Germanikum* [Hgg. Luserke/Weiß 1993]: 52) sowie bisweilen der Italiener bemüht und machen sich damit – in der Perspektive des Stücks – des Verrats an ihrer Herkunftskultur schuldig. Doch so scharf die genannten und einige andere Schriftsteller auch aufs Korn genommen werden: Ihre Desavouierung als ‚vaterlandslose Gesellen' illustriert ein weiteres Mal, wie illusionär die Annahme einer ‚naturgegebenen' Nationenzugehörigkeit ist. In poetologischer Hinsicht erweist sich einerseits, dass es Lenz „um die Befreiung der deutschen Autoren von der Dominanz fremder Muster [geht]. Andererseits wird [...] deutlich, wie diese Muster zunächst notwendig sind, um den Grund für eine eigenständige Literatur zu legen." (Winter 1995: 52)

Im Übrigen ist das Gewicht, das kulturellen Hybridisierungen im *Pandämonium Germanikum* zufällt, schon anhand des aus griechischen und lateinischen Morphemen kompilierten Titels erkennbar. Indem Lenz den Umlaut *ä* und das ‚typisch deutsche' *k* verwendet, nimmt er außerdem eine keineswegs belanglose ‚Germanisierung' vor; es ist daher kaum einsichtig, dass einige Ausgaben entgegen den überlieferten Handschriften *ae* und/oder *c* drucken. Hinzu kommt, dass es sich beim ersten Wort des Titels um einen Miltons *Paradise Lost* (1667) entlehnten Neologismus handelt (der dort freilich ohne den Umlaut erscheint), so dass Lenz alles in allem eine griechisch-lateinisch-deutsch-englische Kreolisierung präsentiert (vgl. Winter 1995: 50 f.). In Analogie dazu ist auch der Haupttext seines Dramas multi- statt monolingual gestaltet. Gewiss herrscht die deutsche Sprache vor, doch werden wiederholt französische Sätze, griechische und englische Wortfolgen sowie vereinzelte lateinische Termini eingestreut.

Als Hybridisierungen können denn auch etliche Phänomene beschrieben werden, die auf der Handlungsebene von Lenz' Komödie *Die Soldaten* zu beobachten sind: Dort etabliert er abermals eine kulturelle Differenz zwischen ‚Französischem' und ‚Deutschem', die jedoch erneut in mannigfacher Weise dekonstruiert wird. Dies vollzieht sich vornehmlich auf dem Gebiet der Sexualmoral, denn zwar thematisiert das Stück den „Trieb [...] in *allen* Menschen" (Damm I: 246; Hervorh. S. H.), doch wird die Fähigkeit zu seiner Einhegung davon abhängig gemacht, an welchem ständischen, aber auch kulturellen Kollektiv sich das Individuum orientiert. In Anbetracht derartiger Befunde hat man festgestellt, dass der soziale Dualismus bei Lenz häufig „in eine nationale Antithese umgebrochen" (Deupmann 2005: 21) wird.

In diesem Sinne erfährt Marianes (bzw. Maries) adeliger Verführer Desportes nicht bloß durch seinen Namen eine Kennzeichnung als ‚undeutsch', sondern zusätzlich dadurch, dass Lenz ihn als „aus dem französischen Hennegau" stammend und „in französischen Diensten" (Damm I: 191) stehend charakterisiert. Demgegenüber werden andere Figuren allein durch ihre (sprechenden) Namen (vgl. im Einzelnen Lützeler 1997 [1987]: 150 f.) als ‚französisch' oder ‚deutsch' markiert – wobei es ein anachronistisches Missverständnis wäre, darin die Zuschreibung einer Staatsangehörigkeit zu erblicken. Auch strebt Lenz in diesem Zusammenhang keine Eindeutigkeit an, denn obwohl die Namen der Aristokraten meist französisch klingen und die der Vertreter bürgerlicher Werte – genannt seien Karl Stolzius und der Feldprediger Eisenhardt – vorwiegend deutsch anmuten, sind Ausnahmefälle wie der des Grafen Spannheim nicht zu übersehen. Zu denken ist ferner an die Figur der Gräfin La Roche, deren Adelstitel zwar mit ihrem französischen Namen korrespondiert, die aber unweigerlich auf die reale Sophie von La Roche verweist, die als eine Gutermann von Gutershofen in Kaufbeuren geboren wurde.

Darüber hinaus ist Lenz' Wahl des Schauplatzes ursächlich dafür, dass es verfehlt wäre, seine Figuren *als* Franzosen oder Deutsche identifizieren zu wollen. Zu eruieren ist vielmehr, inwiefern sie in bestimmten Situationen den französischen bzw. den deutschen ‚Nationalcharakter' *repräsentieren*. Denn wenngleich der Plot der *Soldaten* zum Teil auf Ereignissen basiert, deren Zeuge Lenz in Straßburg geworden war, hat er ihn im „französischen Flandern" (Damm I: 191) angesiedelt, vor allem in Lille und Armentières: Zurückgeführt werden kann dies zum einen auf seinen künstlerischen Gestaltungswillen, zum anderen auf die von ihm erkannte Notwendigkeit, ein Mindestmaß an Persönlichkeitsschutz zu gewährleisten. Somit entwickelt sich die Handlung von Lenz' Drama zwar in einer Region, deren Bevölkerung – wie die des Elsass – zu seiner Entstehungszeit aus Sprechern verschiedener Muttersprachen bestand, doch handelte es sich dabei um Französisch und Flämisch, nicht um Französisch und Deutsch. Daher mag es zunächst irritieren, dass in der Komödie derart viele Figuren auftreten, die einen deutschen Familiennamen tragen: Weder wäre es plausibel, sie sämtlich zu Flamen zu erklären – wenngleich diese (nicht nur) im 18. Jahrhundert als den Deutschen eng verwandt galten –, noch erscheint es triftig, sie allesamt für Einwanderer aus den deutschen Staaten zu halten. Folglich ist es auch eine müßige Frage, in welcher Sprache (oder in welchen Sprachen) Lenz' Figuren ‚eigentlich' miteinander kommunizieren. Festzuhalten bleibt lediglich, dass Mariane das Französische kaum beherrscht, scheitert sie zu Beginn des Dramas doch daran, einige französische Phrasen in ihren Brief an Stolzius zu integrieren. Kurzum: Hinsichtlich der kulturellen Verortung seines Personals erlaubt sich Lenz gewisse Freiheiten, die schlagend belegen, weshalb fiktionale Texte nicht ohne Umschweife auf die außerliterarische Wirklichkeit zu beziehen sind.

2. Europäische Völkervielfalt

Jedoch ändern diese Relativierungen nichts daran, dass der Antagonismus von ‚Französischem' und ‚Deutschem' ein zentrales Strukturmerkmal der *Soldaten* darstellt; speziell das Gebaren Desportes' und seiner Offizierskollegen deckt sich weitgehend mit jenen Stereotypen, die zu Lenz' Lebzeiten über die Franzosen im Umlauf waren. Unmittelbar ersichtlich wird dies, sobald man das Benehmen seiner Figuren zu Kants *Beobachtungen über das Gefühl des Schönen und Erhabenen* (1764) ins Verhältnis setzt. Laut Lenz' Königsberger Lehrer besteht die Haupteigenschaft der Franzosen nämlich darin, „scherzhaft und frei im Umgange" (*Kant 1966: 872) zu sein; angeblich neigen sie fortwährend zum „Leichtsinnige[n]", da es ihnen am „Gefühl sowohl der wahren Achtung als auch der zärtlichen Liebe" (ebd.: 873) gebricht. Diesen Ansichten, die keineswegs als Ausdruck einer rein individuellen Idiosynkrasie einzustufen sind (vgl. *Florack 2001), entsprechen Lenz' Desportes und seine Standesgenossen dadurch, dass sie kaum einen Gedanken an die Konsequenzen verschwenden, die ihre ‚galante' Zudringlichkeit für Mariane haben wird. Ohne ernsthaft an einer Mesalliance mit ihr interessiert zu sein, bemühen sie sich um die Gunst der Minderjährigen, sodass deren soziale Reputation unweigerlich zuschanden geht.

Ablesbar wird Lenz' Bestreben, den Ständegegensatz durch eine supplementäre kulturelle Codierung noch stärker zu akzentuieren, auch an seiner Konzeption der Bürgerfamilie Wesener. Allerdings kommen gerade hier die schon angesprochenen Hybridisierungstendenzen zum Tragen, denn obgleich die Weseners durch ihren Nachnamen als ‚deutsch' etikettiert werden, verspürt Marianes Vater, der bezeichnenderweise als „Galanteriehändler" (Damm I: 191) tätig ist, eine beträchtliche Affinität zur französischen Sprache und Kultur. Dies suggerieren bereits die Taufnamen, die er seinen Töchtern gegeben hat – Marianes ältere Schwester heißt Charlotte –, sind sie doch in Frankreich ebenso wie im deutschen Sprachraum verbreitet. Überdies signalisiert Lenz die frankophile Gesinnung des *pater familias* dadurch, dass er dessen Figurenrede – ähnlich derjenigen der Offiziersfiguren – mit französischen Begriffen spickt. Angesichts dessen verwundert es kaum, dass Wesener die verquere Hoffnung seiner jüngeren Tochter nährt, durch die Verbindung mit Desportes „noch einmal gnädige Frau" (ebd.: 204) werden zu können. Mit dem Ideal ‚deutscher Biederkeit' ist es in seinem Falle also nicht weit her, und dass dies auf Mariane abgefärbt hat, vermag die bereits erwähnte Auftaktszene der *Soldaten* zu veranschaulichen, in der sie just den gestelzten Ton des Vaters zu imitieren trachtet. Indem Lenz sie die dafür unverzichtbaren französischen Floskeln beinahe durchweg falsch gebrauchen lässt, sucht er seinem Publikum jedoch klarzumachen, wie rasch die Verleugnung des eigenen kulturellen Hintergrundes zur lächerlichen Selbsterniedrigung gerinnen kann. Demselben Zweck gehorcht eine Regieanweisung, der zufolge auch Marianes äußere Erscheinung wenig ‚authentisch' ausfällt: Gegen Ende des ersten Akts tritt sie in vermeintlich französischer Manier *„ganz geputzt"* (ebd.: 201) auf. Insofern führt Lenz' Komödie die Negation des eigenen ‚Nationalcharakters' durchaus als Verirrung vor, doch macht sie zugleich deutlich, wie prekär die essentialistische Annahme einer prinzipiell nicht abzustreifenden kulturellen Identität gerät. Obwohl die Adaption ‚französischer' Gepflogenheiten die Familie Wesener um ein Haar ins Verderben stürzt, gibt ihr Verhalten auch zu erkennen, dass die Grenzziehungen zwischen den Nationen (und die zwischen den Ständen) keineswegs ‚naturgegeben' sind.

Zu den übrigen Dramen Lenz', deren Figuren nicht bloß durch soziale, sondern zusätzlich durch kulturelle Barrieren voneinander getrennt sind, gehören *Die Freunde machen den Philosophen* und *Der Engländer*. Zwar wird dieser Gesichtspunkt im zuletzt genannten Stück nur *en passant* thematisiert, doch ist der Unwille des Protagonisten Robert Hot, aus Turin in die verhasste Heimat zurückzukehren, für

3.15 Kulturelle Differenz

den Geschehensverlauf alles andere als irrelevant. Des Weiteren verweist der Suizid, den der in hoffnungsloser Liebe zur Prinzessin Armida entbrannte Hot schließlich verübt, auf ein spezifisches Nationalstereotyp: Bekanntlich wurde den Engländern im Europa des 18. Jahrhunderts eine fatale Neigung zur Melancholie und zum Selbstmord nachgesagt. Und dennoch: Eine ungleich wichtigere dramatische Funktion gewinnen Aspekte kultureller Differenz in Lenz' Komödie *Die Freunde machen den Philosophen*. So wird darin abermals das konfliktträchtige Verhältnis von ‚französischem Wesen' und ‚deutscher Art' inszeniert – unabhängig davon, dass sich Lenz' Hauptfigur Reinhold [!] Strephon vornehmlich im andalusischen Cadiz aufhält und nur einen kurzen Abstecher nach Marseille unternimmt. Denn allenthalben rekurriert der „junge[ ] Deutsche[ ]" (Damm I: 273) auf gängige Franzosenklischees, um seinen Konkurrenten um die Gunst der Donna Seraphina, den Adligen La Fare, zu diskreditieren: Ohne Zweifel wolle der „Franzose[ ]", dieses „gepuderte Totengerippt", die Spanierin „durch nachgemachte Empfindungen, verstellte Lebhaftigkeit […] hintergeh[en]" (ebd.: 292). Im Kontrast dazu geriert sich Strephon insofern als rückhaltlos ehrlich und damit ‚typisch deutsch', als er seine Emotionen niemals versteckt, sondern stets kompromisslos nach außen kehrt.

Auffällig ist indes, dass die spanischen Figuren in *Die Freunde machen den Philosophen* kaum einmal mit den in der Aufklärungsära üblichen Vorurteilen belegt werden, wie sie sich wiederum bei Kant finden. Diesem zufolge handelt es sich bei den Spaniern um das ‚wildeste' aller europäischen Völker, das zu intellektuellen Anstrengungen weder willens noch imstande ist, sich „öfters hart und wohl auch grausam" (*Kant 1966: 871) gibt und einen übersteigerten Stolz kultiviert. Dieser „Hochmut" (Damm I: 275) ist zwar auch einigen Spaniern in Lenz' Komödie nicht fremd – die irritierenderweise italienische Namen wie Strombolo und Mezzotinto tragen –, doch wird das von Kant evozierte Bild durch die Figur des großherzigen Don Prado entschieden konterkariert. Dieser ist nämlich mitnichten zu grausam oder zu stolz, um die ihm angetraute Donna Seraphina freiwillig dem verzweifelten Strephon zu überlassen und so das (ironisch anmutende) *happy ending* des Stücks herbeizuführen.

3. Juden und ‚Orientalen'

Neben Lenz' Teilhabe am Diskurs um die europäischen ‚Nationalcharaktere' verdient auch sein literarischer Umgang mit ethnisch oder religiös definierten Minderheiten Beachtung, die in den Werken der Stürmer und Dränger generell sehr präsent sind. Dabei wären etwa die Figuren der trunksüchtigen ‚Zigeunerin' Feyda und des Juden Moses Hirzel in *Die Türkensklavin* zu berücksichtigen, einer Bearbeitung von Plautus' Lustspiel *Curculio* (um 190 v. Chr.), dessen Handlung Lenz ins neuzeitliche Wien verlegt hat. Über einen weit höheren Bekanntheitsgrad verfügt dagegen sein Entwurf des alten Juden Aaron, der im dritten Akt der *Soldaten* dem sadistischen Humor der Offiziere ausgesetzt ist. Lenz, dem es offenkundig um einen „burlesken Effekt" (*Och 1995: 210) zu tun ist, legt dem Greis ein skurriles Bühnenjiddisch in den Mund und lässt ihn furchtsam und recht tölpelhaft agieren. Es ist daher nicht völlig abwegig, dass man von der „Reproduktion eines klischierten Judenbildes" und einem „bedauerliche[n] Mißgriff des ansonsten selbst noch in der satirischen Überzeichnung so differenzierten Dramatikers" (ebd.; vgl. auch Horn 1994: 158) gesprochen hat. Jedoch bleibt ein solches Verdikt allzu einseitig, wenn der gesellschaftskritische

Gehalt der zutiefst ambivalenten Szene unterschlagen wird: Die Unmenschlichkeit des Verhaltens, welches die Soldatenfiguren gegenüber dem Angehörigen einer schutzlosen Minorität an den Tag legen, wird darin plastisch vorgeführt.

Eine noch größere Bedeutung für Lenz' Œuvre, das ja während des zweiten Entdeckungszeitalters entstand, besitzt die wiederkehrende Auseinandersetzung mit der außereuropäischen Welt. Viele seiner Schriften enthalten zumindest knappe Erwähnungen überseeischer Gefilde, darunter *Die Freunde machen den Philosophen*, wo auf die Geschäfte der „Westindischen Compagnie" (Damm I: 281) angespielt wird, oder das Romanfragment *Der Waldbruder*, in dem der amerikanische Revolutionskrieg zur Sprache kommt (vgl. Damm II: 406). Demgegenüber schreibt sich Lenz' *Lied eines schiffbrüchigen Europäers* konsequenter in den exotistischen Diskurs des ausgehenden 18. Jahrhunderts ein (vgl. Stephan 2003; → 2.3 LYRIK), kündet das Gedicht doch vom als ‚Entdecker' Tahitis geltenden „Capitain Wallis" sowie von „Cokusnüsse[n]" und „[w]ilde[n] Teufel[n]", die „kauderwelsche[ ] Friedenslieder" (Vonhoff 1990a: 222) anstimmen. Allerdings wird der genannte Diskurs dadurch unterlaufen, dass das lyrische Ich nicht als triumphaler Eroberer fremder Welten figuriert, sondern als in jeder Beziehung Gescheiterter. Damit transportiert Lenz' Text eine eindringliche Kritik am eurozentrisch-kolonialistischen Superioritätsdenken, wie sie in ähnlicher Form auch sein Dramenfragment *Der tugendhafte Taugenichts* vermittelt (vgl. Damm I: 518 f.). In manchem erinnert diese Kritik an Herders Abhandlung *Auch eine Philosophie der Geschichte zur Bildung der Menschheit*, die von Lenz geradezu euphorisch aufgenommen wurde: Dies dokumentiert seine Rezension in den *Frankfurter Gelehrten Anzeigen*, in der er energisch auf jene Vorwürfe reagiert, die Christian Heinrich Schmid im *Teutschen Merkur* gegen Herder (und gegen Lenz selbst) erhoben hatte (vgl. ebd.: 671 f.).

Von Belang sind aber in erster Linie Lenz' Rekurse auf Elemente des literarischen Orientalismus (vgl. nach wie vor *Said 1981), die sich etwa anhand der *Türkensklavin* zeigen und in *Freündschaft geht über Natur oder Die Algierer*, einer Nachdichtung von Plautus' *Captivi* (wohl um 200 v. Chr.), noch deutlicher zutage treten. Der Plot des Stücks entfaltet sich im südspanischen Cartagena, und vorangetrieben wird er durch einen Identitätstausch, den der Christ Pietro und sein muslimischer Freund Osmann, ein aus Nordafrika stammender Seeräuber, vollziehen. Durch diesen Rollenwechsel gelingt es ihnen, den zuvor existierenden „Graben zwischen den Religionen" (Schulz 2001a: 228) zu überbrücken, und angesichts dessen ist Lenz' kurzes Drama als ein „Vorverweis auf den Lessing'schen *Nathan*" (ebd.: 228) gelesen worden (vgl. auch Kes-Costa 1993). In den hier eröffneten Kontext gehört ferner das „Lustspiel à la chinoise" (Damm I: 389) *Myrsa Polagi oder Die Irrgärten*, dessen Handlung Lenz der „persischen Geschichte" (Damm I: 390) entnommen haben will. Als maßgebliche Quelle hat man Adam Olearius' Bericht über seine Asienreise (1647) identifiziert, doch zielt Lenz' Stück gewiss nicht darauf ab, ein autopoetisch beglaubigtes Orientbild zu reproduzieren – was dort kreiert wird, ist ein gleichermaßen farbenprächtiges wie phantasmatisches ‚Morgenland'.

Eine erheblich breitere Rezeption als *Myrsa Polagi* hat Lenz' Komödie *Der neue Menoza oder Geschichte des cumbanischen Prinzen Tandi* erfahren, deren ‚exotischen' Protagonisten es ins sächsische Naumburg verschlägt. Anfänglich attestiert man ihm dort ein Höchstmaß an kultureller Alterität; die Einheimischen titulieren ihn in kontradiktorischer Weise als „indianischen Prinzen" (ebd.: 132) wie auch als

3.15 Kulturelle Differenz

„Prinz[en] aus Arabien" (ebd.: 170), ja sogar als Geschöpf „aus einer andern Welt" (ebd.: 126). Allerdings wird sukzessive erkennbar, dass Lenz' Titelfigur keineswegs den populären Typus des *bon sauvage* im Sinne eines schwärmerischen Rousseauismus verkörpert (vgl. dazu *Bitterli 1976; *Kohl 1983) – obwohl man dies verschiedentlich behauptet hat (vgl. v. a. Hinck 1965b: 334). Denn wenngleich Tandi den naiven Progressismus des blasierten Akademikers Zierau vehement zurückweist und die restriktive Naumburger Sozialordnung in Wort und Tat subvertiert, behält der an der Leipziger Universität ausgebildete ‚Orientale', der sich schließlich als gebürtiger Sachse entpuppt, seinen Glauben an den Wert der „Vernunft" (Damm I: 142) unbeirrt bei: Anstatt auf die Überwindung jeglicher Rationalität hat er es darauf abgesehen, sie mit den sinnlichen Anteilen des Menschen zu versöhnen. Demnach nutzt Lenz die von ihm konzipierte Identifikationsfigur nicht etwa dazu, die Rückkehr in einen harmonischen ‚Naturzustand' zu propagieren; vielmehr bezeugt seine Komödie exemplarisch, dass der Sturm und Drang *cum grano salis* nicht aufklärungsfeindlich war, sondern gerade den „Geist der Aufklärung [...] gegen die eigene Gegenwart" (Luserke 1997a: 10) in Stellung brachte. Besonders effektvoll nimmt sich die dem Drama inhärente Gesellschaftskritik dadurch aus, dass sie mit Hilfe einer Inversion des ‚ethnologischen Blicks' zum Ausdruck gebracht wird: Es trifft wohl zu, dass bestimmte Missstände „nur Fremden so auffallen" (Damm I: 140).

Indem Lenz erneut eine sichtbar hybride Figur ins Zentrum des Geschehens rückt, vermeidet er auch im *Neuen Menoza* einen an Stereotypen ausgerichteten Umgang mit Kulturunterschieden: Lediglich die Charakterisierung der Donna Diana, einer ungemein stolzen und rachsüchtigen Spanierin, vermag diesen Eindruck ein wenig zu trüben. Bemerkenswert ist zudem, dass die kulturelle Hybridität des Protagonisten – wie auch in anderen Werken Lenz' – in der formalen Gestaltung des Textes ihre Entsprechung findet (vgl. Rector 1989). Denn da der Autor auf heterogene Versatzstücke diverser National- und Regionalliteraturen zurückgreift (vgl. Hinck 1965b: 328–348) und überdies eine Vielzahl intertextueller Verflechtungen generiert (vgl. im Detail Unglaub 1989), ist seine Komödie, die schon Wieland als „Mischspiel" (zit. nach Luserke 1993: 107) deklariert hat, gattungspoetisch ebenso schwer zu verorten wie ihr Titelheld in kultureller Hinsicht. Dies mag als ein letzter Beleg für den Facettenreichtum und die hohe Komplexität fungieren, durch die sich Lenz' Inszenierungen kultureller Differenz mehrheitlich auszeichnen.

4. Weiterführende Literatur

Bachmann-Medick, Doris (Hg.): *Übersetzung als Repräsentation fremder Kulturen*. Berlin 1997.

Bhabha, Homi: *Die Verortung der Kultur*. Tübingen 2000.

Bitterli, Urs: *Die ‚Wilden' und die ‚Zivilisierten'. Grundzüge einer Geistes- und Kulturgeschichte der europäisch-überseeischen Begegnung*. München 1976.

Dunker, Axel (Hg.): *(Post-)Kolonialismus und Deutsche Literatur. Impulse der angloamerikanischen Literatur- und Kulturtheorie*. Bielefeld 2005.

Echternkamp, Jörg: *Der Aufstieg des deutschen Nationalismus (1770–1840)*. Frankfurt/Main, New York 1998.

Florack, Ruth: *Tiefsinnige Deutsche, frivole Franzosen. Nationale Stereotype in deutscher und französischer Literatur*. Stuttgart, Weimar 2001.

Florack, Ruth: *Bekannte Fremde. Zu Herkunft und Funktion nationaler Stereotype in der Literatur*. Tübingen 2007.

Gutjahr, Ortrud: „Alterität und Interkulturalität (Neuere deutsche Literatur)". In: Claudia Benthien u. Hans Rudolf Velten (Hgg.): *Germanistik als Kulturwissenschaft. Eine Einführung in neue Theoriekonzepte*. Reinbek bei Hamburg 2002, S. 345–369.

Herder, Johann Gottfried: „Vom Erkennen und Empfinden der menschlichen Seele. Bemerkungen und Träume" [1778]. In: Johann Gottfried Herder: *Werke in zehn Bänden*. Bd. 4. Hg. v. Jürgen Brummack u. Martin Bollacher. Frankfurt/Main 1994, S. 327–393.

Hofmann, Michael: „Literatur und kulturelle Differenz. Problemkonstellationen in Geschichte und Gegenwart". In: *Weimarer Beiträge* 47 (2001), S. 387–402.

Kant, Immanuel: „Beobachtungen über das Gefühl des Schönen und Erhabenen" [1764]. In: Immanuel Kant: *Werke in sechs Bänden*. Bd. 1. Hg. v. Wilhelm Weischedel. Darmstadt 1966, S. 821–884.

Kohl, Karl-Heinz: *Entzauberter Blick. Das Bild vom Guten Wilden und die Erfahrung der Zivilisation*. Frankfurt/Main, Paris 1983.

Mecklenburg, Norbert: *Das Mädchen aus der Fremde. Germanistik als interkulturelle Literaturwissenschaft*. München 2008.

Mühlmann, Wilhelm Emil: *Geschichte der Anthropologie*. 4. Aufl. Wiesbaden 1986.

Och, Gunnar: *Imago judaica. Juden und Judentum im Spiegel der deutschen Literatur 1750–1812*. Würzburg 1995.

Said, Edward: *Orientalismus*. Frankfurt/Main, Berlin, Wien 1981.

Uerlings, Herbert: *„Ich bin von niedriger Rasse". (Post-)Kolonialismus und Geschlechterdifferenz in der deutschen Literatur*. Köln, Weimar, Wien 2006.

Wuthenow, Ralph-Rainer: *Die erfahrene Welt. Europäische Reiseliteratur im Zeitalter der Aufklärung*. Frankfurt/Main 1980.

3.16 Satirische Groteske und ironische Schreibweisen
Maria E. Müller

1. Satirisches 458
2. Groteskes 460
3. Ironie, Selbstironie 463
4. Weiterführende Literatur 466

Der Terminus ‚Schreibweise' bezeichnet transhistorische Invarianten. Als primäre Schreibweisen gelten die narrative und dramatische, eventuell auch eine – in der Forschung umstrittene – lyrische. Unter sekundären Schreibweisen werden Schreibweisen verstanden, die wie das Didaktische, das Phantastische oder das Satirische primäre Schreibweisen überlagern und gattungskonstitutiv werden können. Dies ist zum Beispiel der Fall bei Lenzens Literatursatire *Pandämonium Germanikum*. Zwar sind auch andere sekundäre Schreibweisen in dieser ‚Skizze' auszumachen, etwa parodistische, ironische, utopische, diese können jedoch interpretiert werden als Verfahren, die der Umsetzung des Literatursatirischen als dominantem Gattungs- beziehungsweise Genremerkmal dienen. Sofern dieser funktionale Bezug zur dominanten Schreibweise nicht gegeben ist oder absichtlich gesprengt wird, ist es methodisch angemessen, terminologisch zu differenzieren. Statt von der Deformation einer sekundären Schreibweise durch andere sekundäre Schreibweisen zu sprechen (vgl. *Schönert 2011: 7), empfiehlt sich der Begriff der tertiären Schreibweise.

3.16 Satirische Groteske und ironische Schreibweisen

Bei Lenz überlagern sich primäre, sekundäre und tertiäre Schreibweisen. Unerwartet und oft plötzlich brechen sie in Textwelten ein und stören deren Kohärenz. Teils Blitzgeburten, teils nur in Untertönen wahrnehmbar, sind sie auf mikrostruktureller Ebene von Wort, kleineren Texteinheiten oder Satz angesiedelt, können sich aber episodisch oder szenisch verdichten. Tertiäre Schreibweisen begegnen bei Lenz im gesamten Werk, sind jedoch besonders auffällig bei Verfahren, die Inkongruenz, Kontrast und Inversion mit nicht unmittelbar didaktischem, moralphilosophischem oder theologischem Impetus anvisieren und sich an den Grenzen des Komischen bewegen.

Diese Grenzformen sollen im Folgenden terminologisch als Satirisches, Groteskes und Ironisches eingekreist und an Beispielen illustriert werden. Schon im Sprachgebrauch des späteren 18. Jahrhunderts handelt es sich um Kategorien, die oft synonym verwendet werden und häufig vage bleiben. Die Analyse dieser Phänomene gestaltet sich deshalb so vertrackt, weil sie nicht ‚direkte‘, ‚gerade‘, unmittelbar verständliche Sprechakte darstellen, sondern Überformungen, Transformationen, Umkehrungen, Entstellungen in der artifiziellen Textwirklichkeit präsentieren, die idealiter so transparent gestaltet werden sollten, dass sie von Rezipienten dechiffriert werden können. Verfremdende Verfahren steigern jedoch die Komplexität der für Lenz typischen ‚Allusionsästhetik‘ (vgl. Schmalhaus 1994a: 204).

Mit der sich herausbildenden Autonomieästhetik gegen Ende des 18. Jahrhunderts, die objektive Aspekte der Textgestaltung betont, wird Subjektivität, auf die die genannten Grenzformen des Komischen verwiesen sind, textstrategisch unkalkulierbar. Paratexte in Form von Vorworten oder Fußnoten, die explizit zur Rückübersetzung des indirekt Gesagten ins Gemeinte anleiten, werden zunehmend verpönt. Bei Rezipienten wird ein hohes Maß kulturellen und literarischen Wissens vorausgesetzt. Vor allem Einverständnis bedarf es zunächst des Vorverständnisses für die Rahmenbedingungen der Kommunikation. Die tertiären Schreibweisen, die episodisch oder auch nur punktuell den Hauptdiskurs stören, setzen darüber hinaus eine blitzschnelle Erfassung des Sachverhalts voraus. Damit ist eine weitere Steigerung der Rezeptionsanforderungen verbunden.

Rezeptionsbarrieren für das Werk von Lenz beruhen nicht nur auf Kontextverlusten aufgrund eines wachsenden Zeitabstands. Auch zeitgenössische Leser werden von der ‚konversationellen Implikatur‘ (Paul Grice zit. nach *Stempel 1976: 210 f.) seiner Werke überfordert oder lassen sich als ‚Eingeweihte‘ bewusst auf die seinen literarischen Verfahren eingeschriebene Kooperation nicht ein. So lehnt Goethe extravagante Schreibweisen Lenzens als ‚fratzenhaft‘ – für ihn ein Synonym von ‚grotesk‘ – und das *aptum* verletzend ab (vgl. *Kayser 2004: 43 u. 49), während sich andere Autoren wie etwa der von Lenz mehrfach heftig attackierte Wieland weit großzügiger zeigen.

Bei der Sondierung der fluiden Terminologie des Satirischen, Grotesken und Ironischen im Werk von Lenz fällt auf, dass der Autor sehr unterschiedliche parodistische Schreibweisen funktionalisiert. Diese sind intertextuell auf Vorlagen bezogen: teils auf Einzeltexte (z. B. Bibelstellen; Wielands *Der goldene Spiegel*), teils auf Textgruppen (z. B. Anakreontik; Rührendes Lustspiel), teils auf literaturexterne Gegenstände (z. B. ‚Modephilosophie‘; Kameralistik). Die Kenntnis der Originaltexte ist für das Textverständnis unabdingbar, der philologische Nachweis der Textabhängigkeit meist aufwendig.

1. Satirisches

„[I]ch weiß nicht: soll das Satire sein, oder –", fragt Läuffer im Eingangsmonolog des *Hofmeisters* (Damm I: 42). Lenzens späteres, schlecht überliefertes Gedicht *Was ist Satyre?* (Damm III: 234; vgl. Vonhoff 1990a: 249) scheint eine Antwort zu versprechen. Lenz mag eine Programm-Satire in der Nachfolge von Horaz vorgeschwebt haben, auf dessen *Ars poetica* er eingangs (V. 1 f.) rekurriert. Tenor der ersten Versgruppen ist das „ridentem dicere verum" (Horaz, *Sermones*, I, 1, 24), das ‚Scherzend-die-Wahrheit-Sagen'. Wir sehen, so heißt es, durch „geschliffne Gläser" (V. 14) verzerrte, übertriebene Bilder, die ein ‚launigtes Genie' uns als Spiegel vorweist, „[u]m uns nach Kummer, Tränen, Wachen/ Durch ein recht herzlich biedres Lachen/ Die Galle [...] und die Milz ein wenig leicht zu machen." (V. 18–20) Satirische Aggressivität wird im Folgenden nicht negiert, soll aber nicht kränken, sondern „dem Thor zur Weißheit Pfade zeigen." (V. 79) Zu Unrecht wittert Tommek, der das Gedicht zwischen 1788 und 1792 datiert und Bezüge zur in Russland geführten Satiredebatte herstellt, Kritik an Horaz (vgl. Tommek 2003a 375 f.; 380). Bezogen auf die tradierte Unterscheidung zwischen lachender (Horaz) und pathetisch-strafender Satire (Juvenal), auf die Schiller wenige Jahre danach in *Über naive und sentimentalische Dichtung* (1795/1796) rekurriert, votiert Lenz hier für die scherzhafte Satire als der einzig zulässigen. Vers 35 polemisiert gegen den Repräsentanten der satirischen Gegenpartei Juvenal und dessen Vorstellung vom dichterischen Wort als Schwert: „Ists denn des Messers Schuld wenn ichs zum Mordschwerdt mache?" Deutlich distanziert sich der Autor von früheren aggressiven Personalsatiren, die insbesondere gegen Wieland gerichtet waren und Lenz als prominenten Vertreter einer „Genieclique" (vgl. E. Schmidt 1880b: 187) ausweisen, die mit perfiden Mitteln Gegner im literarischen Feld der Lächerlichkeit preisgaben. Aufschlussreich sind vor allem die Zeugnisse zu dem nur fragmentarisch überlieferten Wieland-Verriss *Die Wolken* (vgl. Herboth 2002: 258–271). Möglicherweise ist von diesem Rechtfertigungsdruck auch Lenzens bedeutendste Satire *Pandämonium Germanikum* betroffen, deren Motto von Juvenal stammt: „Difficile est satiram non scribere" (Damm I: 247). Beide überlieferten Handschriften haben den nachträglichen Vermerk von Lenzens Hand „wird nicht gedruckt" (vgl. *Pandämonium Germanikum* [Hgg. Luserke/Weiß 1993]: 8 f.). Eigengesteuert oder von Goethe erzwungen? Zur Einschätzung von Lenzens Einzelsatiren im Rahmen der Sturm-und-Drang-Satiren, die eine vorzügliche Kenntnis des zeitgenössischen Literaturbetriebs voraussetzen, kann auf die von Franziska Herboth erstellte Quellenbibliographie (vgl. Herboth 2002: 289–293) verwiesen werden.

Die satirische Schreibweise ist indes insgesamt weder für Lenz' Hauptdramen noch für seine Erzählungen dominant. Überdies wird Satirisches fast durchgängig mit anderen tertiären Schreibweisen kombiniert, die aus heuristischen Gründen jedoch gesondert aufgeführt werden. Komisch-satirisch sind viele sprechende Namen, die insbesondere über die Plautus-Rezeption, an der sich Lenz als Übersetzer beteiligt hat, in die Lustspieltradition eingegangen sind: Graf Wermuth, die Rätin Frau Hamster samt Tochter, Jungfer Knicks, Frau Blitzer (*Hofmeister*); die von Biederlings, Graf Camäleon, Herr von Zopf, Herr Zierau (*Menoza*); Jungfer Zipfersaat, Feldprediger Eisenhardt, Offizier Rammler (*Soldaten*); der Held der *Landprediger*-Erzählung heißt – eventuell unfreiwillig komisch – Mannheim, Pfarrer von Großendingen (vgl. Damm II: 456). Als kennzeichnend für das komische Faktum gilt seine Enthebbarkeit, das heißt, es darf folgenlos gelacht werden: Die komischen Objekte erleiden keinen ernsthaften Schaden und der Lachende muss sich kein schlechtes Gewissen machen (vgl. *Stierle 1976: 251). In diesem Sinne weniger enthebbar erweisen sich Namen wie Stolzius (*Soldaten*) oder Honesta, eine intrigante Briefschreiberin im *Waldbruder*. Läuffer (*Hofmeister*), der auf den griechischen Standardnamen Dromo (Renner) für einen Sklaven anspielt und Lenz über die Terenz-Komödie *Adelphoe* schon in Schülerjahren bekannt geworden sein dürfte, verrennt sich existentiell. Bei Terenz, wie dann auch bei Lenz, geht es um Fragen der richtigen Erziehung. Aber Läuffer hat eben nicht nur zu laufen und auf dem Laufenden zu sein, sondern wird zur zwiespältigen tragikomischen Figur. Enthebbar sind wiederum die Marotten von Figuren, so die Passion Herrn von Biederlings für die Seidenraupenzucht (*Menoza*), ein Running Gag. Der Komik lateinischer Komödien entsprechend sind auch Techniken scheinlogischer Tiraden oder stupider Formelwiederholung wie die Reden des Hauptmanns Pirzel in *Die Soldaten*: „Das macht weil die Leute nicht denken." (Damm I: 222) Am Exerzieren hindere ihn das Denken nicht: „[D]as geht so mechanisch [...]. Das geht alles mechanisch." (ebd.: 222) Unter allen von Bergson analysierten Aspekten verkörpert dieser Pirzel-Pürzel in idealer Weise dessen Zentralformel für Komik: „Etwas Mechanisches überdeckt etwas Lebendiges" (*Bergson 1988: 39).

Alle Lenz-Texte weisen, anknüpfend an ihren jeweiligen Problemgehalt, satirische Überlagerungen auf. Die sozialkritisch konturierten Dramen *Der Hofmeister* und *Die Soldaten* zeichnen sich etwa in ihrer amimetischen Wirklichkeitsmodellierung insbesondere durch zeit- und gesellschaftskritische Elemente aus. Ästhetik wird hier funktionalisiert „zum Ausdruck einer auf Wirkliches negativ und implizierend zielenden Tendenz" (*Hempfer 1972: 34). Die ‚ästhetisch sozialisierte Aggression' (vgl. *Brummack 1971: 282) schließt alle Stände und Figuren ein, ohne positive Gegennormen zu etablieren. Die Gegenstände dieser Komödien sind alles andere als komisch. So kommt Martin Rectors 2009 vorgelegte Interpretation von *Der Hofmeister*, die unter dem Titel „Strategien der Triebregulierung" zweifelsfrei die zentrale Problematik des Stücks trifft, auf Satire gar nicht zu sprechen. Im Vordergrund der Studie steht die Perspektive der Figuren, denen es bitterernst ist. Dem satirischen Angriffsarsenal verdanken sich jedoch zahlreiche Gestaltungszüge: Die Charakterisierung der drei Pädagogikspezialisten von Berg, Wenzeslaus und Läuffer karikieren zeitgenössische Erziehungskonzeptionen (vgl. hierzu Elm 2002). In allen Werken von Lenz ist eine ‚transparente Entstellung' (vgl. *Preisendanz 1976: 413) von Geschlechterstereotypen virulent, etwa wenn Mütter erotisch mit ihren Töchtern konkurrieren (Majorin/Graf Wermuth im *Hofmeister*; Frau von Biederling/Graf Camäleon im *Menoza*); Machtkämpfe unter Männern erscheinen als kindische Spiele (vgl. Winter 2000b: 59); als satirisches Lieblingssujet der Zeit wird die weibliche Lesewut pointiert, die im *Hofmeister* zur Julia-Romeo-Parodie gerät; die Gräfin La Roche in den *Soldaten* vermutet als Ursache weltfremder, Ordnung gefährdender Hirngespinste bei Mariane deren Romanlektüre (vgl. III,10); im *Landprediger* muss sich Mannheim von der „Begierde ein Romanschreiber zu werden" (Damm II: 444) erst selbst losreißen, bevor er seine Albertine von ihrer empfindsamen Verseschmiederei kurieren kann.

In der von Lenz als Zivilisationskritik ernstgemeinten Komödie *Der neue Menoza* (vgl. hierzu Hermes 2009) gelten die satirischen Angriffe dem über die Überlegenheit der eigenen Kultur schwadronierenden jungen Zierau ebenso wie dem „waisenhäuserische[n] Freudenhässer" Beza (*Rezension des neuen Menoza*; Damm II: 701), der „in der Philosophie und Sprache der Morgenländer so bewandert [sei], als ob er für Cumba geboren wäre, nicht für Sachsen." (*Der neue Menoza*; Damm I: 145) Satirische Aggressivität im *Zerbin* zielt auf die im Titel annocierte „neuere Philosophie" (Damm II: 354; vgl. hierzu Rector 1994b). Erwähnt sei schließlich das literatursatirisch verdichtete Nachspiel im *Neuen Menoza* (V,2 f.) mit seinen handgreiflichen Auseinandersetzungen um das „Püppelspiel", auf dessen metadramatische Funktion bereits Kayser aufmerksam gemacht hat (vgl. *Kayser 2004: 46). Tertiäre Schreibweisen bei Lenz sind, um einen Zwischenstand festzuhalten, selten beliebig. Aber die in ihnen kondensierten Versuchsanordnungen werden als irrelevant ignoriert oder sind nur schwer rekonstruierbar.

2. Groteskes

Das Wort ‚grotesk', ursprünglich abgeleitet von künstlerischen Kombinationsverfahren heterogener Elemente nach Art antiker *grottesche* (Grottenmalerei), erfährt seit Mitte des 18. Jahrhunderts eine Bedeutungserweiterung als ästhetisch-literarische Kategorie. Konstitutiv ist das plötzliche und unfassliche Einbrechen verfremdender Wort-Bild-Phantasmen in eine vertraute, durch Natur- und Vernunftkonstruktionen geordnete Welt (vgl. Oesterle in *Kayser 2004: XIV u. XVI). Abhängig von der Disposition des Wahrnehmenden werden widersprüchliche Empfindungen erweckt, die auch Lächeln oder Lachen über Deformationen hervorrufen können, als Grundgefühl aber behaupte sich Wieland zufolge, so Kayser, „ein Erstaunen, ein Grauen, eine ratlose Beklommenheit, wenn die Welt aus den Fugen geht und wir keinen Halt mehr finden." (*Kayser 2004: 32) Gegen Kaysers Sicht, die groteske Welt sei vor allem das Unheimliche, die entfremdete Welt, hat Bachtin im Rahmen seiner Karnevalisierungsthese protestiert (vgl. *Bachtin 1969: 26). Zugrunde liegt ein anachronistisch-romantisierender Volksbegriff, dem zufolge die „wirkliche Natur des Grotesken" untrennbar sei „von der volkstümlichen Lachkultur und vom karnevalistischen Weltempfinden" (ebd.: 25): „Die Relativität des Bestehenden ist in der Groteske stets die fröhliche Relativität." (ebd.: 27) Schon für die Vormoderne ist der naive Volksmystizismus Bachtins wissenschaftlich desavouiert. Vollends unplausibel ist er, wenn er auf Lenzens Komödienkonzeption übertragen wird. Die Absichtserklärung des Autors, für das ganze Volk zu schreiben, betont die Verderbnis der Sitten „von den glänzenden zu den niedrigen Ständen hinab", der er gegensteuern wolle (Damm III: Juli 1775 an Sophie von La Roche).Von einer vitalen Rebellion des Volks gegen die offizielle Kultur, die Bachtins These vom ‚grotesken Realismus' fundiert, kann keine Rede sein. Lenzens Stücke als „Verkörperung des Volkshumors und der Volkskultur" (vgl. Madland 1994b: 178) verstehen zu wollen, überzeugt ebenso wenig wie das Festhalten an Bachtins ‚groteskem Realismus', obwohl dem ‚realistisch-grotesken Detail' bei Lenz „kein sinnenfreudiges Moment" eigne (Nikogda 2007: 37).

Betrachten wir exemplarisch an *Der neue Menoza*, was es mit der von und mit Bachtin beschworenen karnevalesken Festkultur auf sich hat. Angelegt ist eine groteske Zuspitzung von Festszenen durch sich steigernde Wiederholung. Zunächst bietet der Brautvater Wilhelmines dem unterlegenen Bewerber einen folkloristischen Bericht der Hochzeit seiner Tochter mit dem orientalischen Prinzen Tandi. Dieser

3.16 Satirische Groteske und ironische Schreibweisen

habe, dem „Gebrauch in Cumba" folgend, „ein Banket gegeben, wo alles, was fressen konnte, Teil daran nahm [...], Bettler und Studenten und alte Weiber und Juden und ehrliche Bürgersleut auch genug" (Damm I: 155; vgl. Mt 22,9: ‚Ladet zur Hochzeit ein, wen ihr findet'). Karneval in Reinkultur? Nachdem der Prinz glauben muss, eine Inzestehe mit seiner Schwester vollzogen zu haben, entflieht er in ein Leipziger Gasthaus. Alle Tage „ist Assemblee bei ihm von Buckligten, Lahmen, Blinden, fressen und saufen auf seine Rechnung" (Damm I: 170). Es ist „ein Fest der Lemuren, ein Totentanz" (*Kayser 2004: 45). Noch gespenstischer ist der Maskenball als Klimax der grotesken Fest-Triade. Komödiantische Standardkonstellationen prallen unvermittelt mit der Inszenierung von Makabrem zusammen. Graf Camäleon hat sich zum Zwecke der Notzüchtigung Wilhelmines in einem Kabinett verschanzt, findet aber unter der Maske die von ihm betrogene Donna Diana vor. Sie *„schreit hinter der Szene*: Zu Hülfe! er erwürgt mich." Ein dicker Kerl *„rennt die Tür ein. Ein stockdunkles Zimmer erscheint*. Licht her! Licht her! sie liegen beide auf der Erde. [...] *Donna Diana rafft sich auf.* GRAF *zieht sich ein Messer aus der Wunde*: Ich bin ermordet." Der Bediente Gustav, aussichtslos in die Donna verliebt, *„erscheint in einem Winkel hat sich erhenkt."* (Damm I: 184 f.) In der Tat melodramatisch-grotesk (vgl. Liewerscheidt 1983; vgl. hierzu Lösel 1994). „Soll die hogarthische Karikaturscene, die Gesellschaft von schmausendem Pöbel und Bettlern, Lahmen und Blinden, wirklich gespielt werden?", fragt ein anonymer Rezensent 1776 (zit. nach Luserke 1993: 117). Lenzens Zeitgenossen rücken „das Groteske nahe an die Karikatur, die Satire, die Komik" (*Kayser 2004: 43), und in diesem Kontext ist die Aussage von Lenz in den *Anmerkungen übers Theater* zu verstehen, er schätze „selbst den Karikaturmaler zehnmal höher als den idealischen" (Damm II: 653).

Wie die Charakterisierung von Figuren ins Groteske kippt, mag vielleicht am besten an Wenzeslaus (*Hofmeister*) zu studieren sein. Schwer nachvollziehbar ist das Urteil, er entspreche „vollständig dem Idealbild des aufgeklärten Menschen", sei „Statthalter einer idealen Aufklärung" (Luserke 2001b: 110; ebenso Luserke 1993: 45). Die floskelreichen, mit biblischen, griechischen und lateinischen Zitaten gespickten Perorationen der Figur, die den gesamten Kosmos von den Elementen bis zur Knackwurst umfassen, zeigen ihn als komische „Sprechmaschine" (*Bergson 1988: 43). Als Ordnung stiftende Gewalt, die allein dem Verfall der Sitten und Wissenschaften entgegenwirken könne, beschwört er immer wieder das Linienziehen und Geradeschreiben seiner Buben (vgl. Damm I: 78). Seine satirische Zeichnung wird durch diese *idée fixe* zur Karikatur im Sinne einer individualisierenden Übertreibung von Einzelzügen (vgl. Lichtenbergs *Hogarth-Erklärungen* ab 1784). Die von Läuffers Selbstkastration provozierten Exaltationen stehen dazu in groteskem Kontrast: „Ich glückwünsche Euch, ich ruf Euch ein *Jubilate* und *Evoë* zu, [...] sing Er mit Freudigkeit: Ich bin der Nichtigkeit entbunden, nun Flügel, Flügel, Flügel her." (Damm I: 103)

Donna Diana im *Menoza* dagegen ist eine rundum monströse, Schauder und Schrecken verbreitende Furie. Als vom Grafen verlassene und beleidigte Frau überbietet sie die Leidenschaftlichkeit einer Marwood oder Gräfin Orsina (Lessing) wie deren blinde Raserei. „Laß uns Hosen anziehn und die Männer bei ihren Haaren im Blute herumschleppen." (ebd.: 138) Sie belässt es ihrer Amme gegenüber, die sich in II,3 als ihre Mutter zu erkennen gibt, nicht bei Verbalinjurien: „Lies Hexe! oder ich zieh dir dein Fell ab, das einzige Gut, das du noch übrig hast, und verkauf es einem

Paukenschläger." (ebd.: 139) Sie schlägt Babet, reißt sie zur Erde, droht ihr als Vatermörderin den Tod an, „damit ich auch Muttermörderin werde" – um einen völligen Affektumschwung zu vollziehen: „Nein. *Hebt sie auf.* Komm! *Fällt ihr um den Hals und fängt laut an zu weinen.* Nein Mutter! Mutter! *Küßt ihr die Hand* […]. *Fällt auf die Knie vor ihr.*" (ebd.) Für den Problemgehalt der Komödie ist diese hybride Figur, „mi-hommes, mi-bêtes" (Schneilin 1997: 6), abkömmlich. Sie ist tertiär und wird von Lenz gerade deswegen mit Lust entworfen. Clemens Brentano, der in einer Liebhaberaufführung 1809 die Rolle der Donna Diana gab (vgl. Klose 2005: 315), hat die groteske Komik des Stücks in einem Brief an Achim von Arnim vom 15. Februar 1806 bereits ausführlich gewürdigt (vgl. *Brentano 1991: 499).

Groteskes entfaltet sich bei Lenz häufig in kontrastreichen Bildpanoramen wie der Seefahrt, der Kriegsbaukunst oder den Stadt-Land-Gemälden, worauf der Eröffnungsbrief im *Waldbruder* eigens abhebt: „Grotesk übereinander gewälzte Berge, die sich mit ihren schwarzen Büschen dem herunterdrückenden Himmel entgegen zu stemmen scheinen, tief unten ein breites Tal, wo an einem kleinen hellen Fluß die Häuser eines armen aber glücklichen Dorfs zerstreut liegen." (Damm II: 380) Das *Pandämonium Germanikum* lebt von der Metapher der Bergbesteigung mitsamt ihren Risiken (vgl. Rieck 1985 [1969]: 152–154, Wefelmeyer 1994: 140–144, Luserke 1994a: 260–267, Schmalhaus 1994a: 144 f., Winter 2000b: 63 f., Chen Ying 2008: 45 f., Schmitt-Maaß 2008: 131 f.). Einschlägig ist auch die Szene, in der Albertine im *Landprediger* von ihrem Gatten in eine der „furchtbarsten und wildesten" Gegenden geführt wird, die einem schauerromantischen „Macbethgemälde" gleicht (Damm II: 449; vgl. Dedert 1990: 81 f.). Auf schwindelerregender Felsenhöhe stellt der Gipfelstürmer Mannheim seine zu Tode geängstigte Gattin hin, hebt sie erst ein wenig, dann höher vom Boden ab und fordert sie in Erinnerung an den legendären Freitod der Sappho „mit erschrecklicher Stimme" auf: „Wohlan, wenn du denn die Rolle der Poetin spielen willst, so mußt du sie ganz spielen, wie sie ehemals die Griechin gespielt hat. Stürz dich herab von diesem Felsen" (Damm II: 450). Der vermeintliche Aufstieg zum Musensitz auf den Helikon, von dem sich Albertine Inspirationen für eine Ode erhofft hatte, wird vom Ehemann als ihr Gang nach Canossa inszeniert: ab und herunter ins prosaische Eheleben! Gerade die Diskrepanz zu den parodierten Vorlagen, der Versuchung Christi durch den Teufel, Petrarcas Besteigung des Mont Ventoux (vgl. Wefelmeyer 1994: 141 f.), lässt die in der Textinnenwelt blühende Spießerideologie grotesk hervortreten.

Die zeitgenössisch wie zeitversetzt rezeptionsabhängige Wahrnehmung komischer Randphänomene wird besonders deutlich am Beispiel des viel interpretierten Gedichts *Die Demuth* (→ 3.14 DEMUT UND STOLZ). Auch hier geht es um Fallhöhe in tertiär-grotesker Überschreibung. In den ersten vier parallel gebauten Strophen beschwört das Sprecher-Ich in spannungsreichen Bildern den Gipfelsturm. „Ich wuchs empor wie Weidenbäume […]/ Ich kroch empor wie das geschmeide Epheu […]/ Ich flog empor wie die Rakete […]." Und weiter:

> Ich kletterte wie junge Gemsen
> Die nun zuerst die Federkraft
> In Sehn'n und Muskeln fühlen, wenn sie
> Die steile Höh' erblicken, empor. (Damm III: 89)

Die Temporaladverbien ‚nun zuerst' intensivieren die neu erfahrene Lust, das ins Auge gefasste Ziel aus eigener Kraft zu erreichen. Das handschriftlich in Kommata gesetzte ‚Erblicken', das diesen ‚Augenblick' festhält und eine Sperrstellung syntaktisch zusammengehöriger Worte erzielt, treibt zum Hyperbaton ‚empor' als Schlussmarkierung. Die Klimax bringt den Umschlag in die fünfte Strophe, akzentuiert durch Alliteration: „Hier häng' ich itzt aus Dunst und Wolken/ Nach dir furchtbare Tiefe nieder – (Damm III: 89) Gegen das ‚Empor' wird das ebenfalls nachgestellte ‚Nieder' gesetzt, gegen die steile Höhe die furchtbare Tiefe. Dazwischen hängt ein in seiner Selbst- und Weltwahrnehmung abstürzendes Ich, das sich der Schrecknisse nicht erwehren kann und grotesk-bedrohliche Erfahrung artikuliert. Diese kann im Gesamtkontext religiös aufgefangen werden (vgl. hierzu Hempel 2000/2001), worin gegenüber modernen Gestaltungen eine historisierbare Differenzqualität besteht.

3. Ironie, Selbstironie

In der klassisch-rhetorischen Tradition wird Ironie als eine Form uneigentlichen Sprechens definiert, bei der das Gemeinte durch sein Gegenteil ausgedrückt wird. Ironische Sprechakte in Schrifttexten, die nicht durch Tonfall, Mimik oder Gestik des Vortragenden unterstützt werden können, stellen an Rezipienten oft hohe intellektuelle und ästhetische Ansprüche. In literarischen Texten werden sie zusätzlich durch gattungsspezifische Funktionsmechanismen verfremdet. Umfangreichere Texte von Lenz unterliegen nicht einer den Gesamttext erfassenden ‚Fiktionsironie'. Auch verzichtet Lenz häufig auf eindeutige Ironiesignale. Daher seien zunächst Beispiele angeführt, bei denen die rhetorische Grundfigur vergleichsweise einfach zu erkennen ist. Dies gilt etwa für Werktitel wie *Der Hofmeister oder Vortheile der Privaterziehung. Eine Komödie* von 1774: Tadel durch Lob. Oder *Empfindsamster aller Romane, oder Lehrreiche und angenehme Lektüre für Frauenzimmer* von 1781: Wie gravierend empfindsame Erwartungshorizonte gestört und ‚faunisch' zum Absturz gebracht werden, ist evident. Im Sinne dramatischer Ironie lassen sich viele Einzelszenen auffassen, so etwa wenn der Geheime Rat von Berg durch seine elaborierten Erziehungskonzepte wie dem Liebesbriefverbot das Scheitern der Liebesbeziehung zwischen Gustchen und seinem Sohn Fritz herbeiführt; so wenn die Weseners zugunsten ihrer Aufstiegsambition die Tochter Mariane der Deklassierung preisgeben und das eigene Haus in den Ruin treiben. Ironisch lassen sich auch tragikomische Dramenschlüsse auffassen (*Hofmeister, Menoza, Soldaten*), die konventionelle Dramenschemata parodieren → 2.1 DRAMEN UND DRAMENFRAGMENTE. Parodie liegt ebenso wie das Satirische und Groteske stets im Einzugsbereich von Ironie, die sich selten im Gegensatzkriterium erschöpft. Aufgrund ihrer Verankerung im Dramendiskurs des späteren 18. Jahrhunderts sind diese Dramenschlüsse jedoch nicht als absurd zu bewerten (so Arendt 1992: 60 f.). Beiläufig erwähnt sei, dass Lenz durchaus auch Absurdes, im zeitgenössischen Sprachgebrauch Widersinniges (*Deutsches Wörterbuch, Neubearbeitung: Bd. 1, 1113 f.) inszeniert. Warum wirft Pätus im *Hofmeister* die Kaffeekanne aus dem Fenster? Der Forscher Leidner (1992: 46 u. 51) versteht es so wenig wie – „*mit grässlichem Geschrei*" – die Dramenfigur Frau Blitzer. „Es war eine Spinne darin" sagt Pätus und fragt scheinheilig: „Was kann ich dafür, daß das Fenster offen stand?" (Damm I: 64) In Wahrheit ist es aber wohl keine Spinne, sondern die Verärgerung darüber, dass „der Kaffee nach Gerste" (ebd.) schmeckt, die Pätus zu seinem Zornesausbruch veranlasst.

In Erzählungen macht sich Ironie ganz unterschiedlich geltend. Am auffälligsten ist im *Zerbin* und *Landprediger* die distanzierend-ironische Erzählhaltung. Die sekundäre Schreibweise im *Zerbin* lässt sich als die moraldidaktische bestimmen, die gegen Ende zugespitzt wird auf eine Kritik des Strafrechts, die mit der Figur Marie todernste Konturen gewinnt. Parodistisch-satirischer Spott trifft dagegen das kokette Renatchen, die den Helden zugunsten ihrer anderweitigen Heiratspläne in sich verliebt macht: „Zerbin war das erste Schlachtopfer dieses weiblichen Alexandergeistes. Nicht daß ihre Bemühungen auf ihn selbst abgerichtet waren, sondern er sollte das Instrument in ihrer Hand sein, auf ein anderes Herz Jagd zu machen." (Damm II: 359) Die Frage, inwieweit sie – auf sekundärer Ebene – für die Inhumanität und den menschenverachtenden Egoismus galanter Gesellschaftskreise steht (vgl. Dedert 1990: 42), kann mit Blick auf Tertiäres hier vernachlässigt werden. Ihre Feldherrenpose, die auf ovidianische Liebeskrieg- und Liebesjagdmotive zurückgeht, invertiert die Belagerungsallegorie für die männliche Eroberung einer Frau. Lenz wirft ein kühnes metaphorisches Netz über die Kriegsbaukunst, die Zerbin den beiden möglichen Heiratsobjekten Renatchens beizubringen sucht. Bei Hohenheim geht ihre Taktik nicht auf, weil „ihr kleines Köpfchen" (Damm II: 360) versäumt hat, die militärische Lage auszukundschaften: Der Herr Graf ist bereits in unauflösbare Ehebindungen verstrickt. Parallel richtet sie ihre Manöver auf den „durch lange Verschanzungen bebollwerkten" Phlegmaticus Altheim (ebd.: 360):

> Sie machte also einen Plan, diese Festung zu unterminieren, den unser scharfsinnige Kriegsbaumeister einzusehen unwissend war, ein Triumph, der ihrer aufgebrachten Einbildung mehr schmeichelte als *Alexandern* die Eroberung von *Babylon* [sic!]; und ihr erster Angriff war auf Zerbinen gerichtet, den sie für den Kommendanten dieses Platzes hielt. (ebd.; Hervorh. im Orig.)

Im ironischen Kontrast steht die Ausstattung der Kriegsheldin mit anakreontischen Versatzstücken. „Grazien schienen bei ihrer Geburt in Beratschlagung gesessen zu sein." (ebd.: 358) Dies wird betont durch eine retrospektive Zitatmontage eines Liedtextes von Johann Peter Uz, den die rivalisierenden Liebhaber Renatchens, Hohendorf und Altheim, in der ‚Zeit des Noviziats' im der Angebeteten gegenüber liegenden Kaffeehaus absingen: „Ich aber steh, und stampf, und glühe" (ebd.: 371). Der erste Vers des damals beliebten Liedes fragt, ob Chloe vom geheimen Verlangen weiß. Freilich, Renatchen hat es ja erst geschürt. Eingefügt ist die Passage in den auf die Katastrophe zulaufenden dritten Teil des Textes. Die beiden Nebenbuhler treffen beim Billardspiel „in einer sogenannten Guerre" zusammen, die im Duell gipfelt (ebd.: 372). Der eine wird totgeschossen, der andere muss fliehen, Renatchen ist beide los und landet im Kloster. Mit ihrer barocken Metanoia endet der Text (vgl. ebd.: 379).

Zerbin, der im Zeichen einer ich-zentrierten Radikalempfindsamkeit angetreten war und dem bereits die Erzählervorrede Schiffbruch prophezeit (vgl. ebd.: 354 f.), wird mit zunehmend schärferer Ironie bedacht. Auch er hegt Ehepläne. Ein Professor, „dem itzt erst die Fackel der Wahrheit zu leuchten anfing", kann sich schwerlich mit einer schönen Bäuerin verbinden; „er ward vernünftig" (ebd.: 369). Er übersah

> die Irrtümer der Phantasei und das unermeßliche Gebiet der Wahrheit im echtesten Licht [...]. Von dieser Zeit an faßte er den Entschluß, Professor der ökonomischen Wissenschaften, neben an des Naturrechts, des Völkerrechts, der Politik und der Moral, zu werden.

3.16 Satirische Groteske und ironische Schreibweisen

> Saubere Moral, die mit dem Verderben eines unschuldigen Mädchens anfing! [...] Alles ging gut: er fing hierauf an [...], ein Kollegium über die Moral und eins über das Jus naturae zu lesen, das ihm gar kein Kopfbrechen kostete und ungemein gut von der Lunge ging. Er bekam einen Zulauf, der unerhört war [...]. (ebd.: 370 f.)

Der bitterste Sarkasmus, eine Unterart der Ironie, die nur in gravierenden Situationen verwendet wird (vgl. *Kolmer/Rob-Santer 2002: 145), begleitet dieses Genie der Unmoral, bis er sich nach der von ihm verschuldeten Hinrichtung Maries selbst hinrichtet.

Hoch artifiziell verwendet Lenz in Werken und Briefen die Techniken der Selbstironie, die immer wieder vorschnell auf seine privat-pathologischen Dispositionen bezogen werden. Dies scheint nahe zu liegen bei Texten mit nachweislich biographischem Hintergrund wie dem Gelegenheitsgedicht *Placet* (Damm III: 187), mit dem sich Lenz Anfang April 1776 beim regierenden Herzog Karl August am Weimarer Musenhof eingeführt hat (→ 2.3 Lyrik). Der Titel wählt die tradierte Formel für Gnadengesuche (vgl. Kaufmann 1999c: 305), die Eingangsverse stehen im intertextuellen Bezug zu Ewald Christian von Kleists Versfabel *Der gelähmte Kranich*. Bei Kleist muss ein vom Jagdpfeil getroffener Kranich unter dem lauten Spott der Artgenossen beim Flug über das Meer zurückbleiben. Das Epimythion endet mit dem Versprechen an schuldlos ins Unglück Geratene: „Jenseit dem Ufer giebts ein beßer Land,/ Gefilde voller Lust erwarten euch!" (V. 33 f.; zit. nach Bonacchi 2001: 191)

Der Poet Lenz nun präsentiert sich als possierlicher, physisch und psychisch lädierter Zugvogel, der vorbeugend um Schutz und Hilfe nachsucht:

> Ein Kranich lahm, zugleich Poet
> Auf einem Bein Erlaubnis fleht
> Sein Häuptlein dem der Witz geronnen
> An Eurer Durchlaucht aufzusonnen. (Damm III: 187)

Die hyperbolische Selbstverniedlichung, die selbstironischer Tradition entspricht, sollte nicht ablenken von der Frechheit, die Sonnenmetapher übersteigernd auf einen provinziellen Duodezfürsten zu projizieren, für die sie zeitgenössisch nicht eben reserviert war. Wiederum einlenkend-vorbeugend lauten Lenzens Abschlussverse:

> Auch woll' er keiner Seele schaden
> Und bäte sich nur aus zu Gnaden
> Ihn nicht in das Geschütz zu laden. (ebd.)

Der Ton, so heißt es, sei „für Lenz ungewöhnlich souverän, scherzhaft" (Bonacchi 2001: 191), während Kaufmann notiert, dass es sich um eine zunächst witzig erscheinende Wendung handle, die mit dem militärischen Vokabular im Schlussvers dem Gedicht „jedoch urplötzlich Ernsthaftigkeit" (Kaufmann 1999c: 305) verleihe. Dieser plötzliche Einbruch ins Bildinventar: ein abgeschossener Zugvogel, der nicht in umgekehrter Richtung verfeuert werden will, ist schlechterdings grotesk. Dass Lenz schon bald danach dieses prophetisch imaginierte Schicksal als Person ereilt hat, steht auf einem anderen Blatt. Darüber hinaus übersehen biographistische Deutungen erstens, dass das Gedicht im Widerspruch zum dritten Vers von außerordentlichem Witz zeugt; sie übersehen zweitens die aggressive Potenz der Selbstironie, die gerade durch die indirekt-verkehrende Formulierung den Geltungsanspruch des Autors betont (vgl. *Stempel 1976: 221); drittens übersehen sie „die reflexive Negativität der Selbstironie" (ebd.: 218), die in den *Anmerkungen übers Theater* symptomatisch ins Bild gesetzt wird. Nachdem Lenz „rhapsodienweis" „die Bühne aller Zeiten und Völker in aller Geschwindigkeit zusammengenagelt" hat (Damm II: 641 u. 644), will er „bei phlegmatischem Nachdenken" (ebd.: 649) seine genialische Ästhetikkonzeption entworfen haben. „Doch dies sind so Gedanken neben dem Totenkopf auf der Toilette des Denkers" (ebd.). Mit Toilette meint Lenz einen mit Spiegeln ausgestatteten Toilettentisch, drapiert mit einem Totenkopf nach Art barocker Stillleben. Für Lenzens Poetologie dürfte die selbstironische Spiegel- und Rückspiegelungsmetapher, die seiner genialischen, „unwillkürlich-blitzhaften, divinatorischen Inspiration des Künstlers" Ausdruck verleiht, Richtung weisend sein (vgl. Rector 1994a: 17).

4. Weiterführende Literatur

Bachtin, Michail: *Literatur und Karneval. Zur Romantheorie und Lachkultur*. Aus dem Russ. übers. u. mit einem Nachwort v. Alexander Kaempfe. München 1969.

Bergson, Henri: *Das Lachen. Ein Essay über die Bedeutung des Komischen*. Aus dem Franz. v. Roswitha Plancherel-Walter. Nachwort v. Karsten Witte. Frankfurt/Main 1988.

Brentano, Clemens: *Sämtliche Werke und Briefe. Historisch-kritische Ausgabe veranstaltet vom Freien Deutschen Hochstift*. Bd. 31: *Briefe 3. 1803–1807*. Stuttgart u. a. 1991.

Brummack, Jürgen: „Zu Begriff und Theorie der Satire". In: *Deutsche Vierteljahrsschrift für Literaturwissenschaft und Geistesgeschichte* 45 (1971), S. 275–377.

Deutsches Wörterbuch von Jacob Grimm und Wilhelm Grimm. Neubearbeitung. Bd. 1: *A–Affrikata*. Stuttgart 1983.

Hempfer, Klaus: *Tendenz und Ästhetik. Studien zur französischen Verssatire des 18. Jahrhunderts*. München 1972.

Kayser, Wolfgang: *Das Groteske. Seine Gestaltung in Malerei und Dichtung*. Nachdr. der Ausgabe 1957. Mit einem Vorwort „Zur Intermedialität des Grotesken" u. mit aktueller Auswahlbibliographie zum Grotesken, Monströsen u. zur Karikatur v. Günter Oesterle. Tübingen 2004.

Kolmer, Lothar u. Carmen Rob-Santer: *Studienbuch Rhetorik*. Paderborn 2002.

Preisendanz, Wolfgang: „Zur Korrelation zwischen Satirischem und Komischem". In: Wolfgang Preisendanz u. Rainer Warning (Hgg.): *Das Komische*. München 1976, S. 411–413.

Schönert, Jörg: „Theorie der (literarischen) Satire. Ein funktionales Modell zur Beschreibung von Textstruktur und kommunikativer Wirkung". In: *Textpraxis. Digitales Journal für Philologie* 2 (1.2011). http://www.uni-muenster.de/Textpraxis/joerg-schoenert-theorie-der-literarischen-satire (11. 1. 2017).

Stempel, Wolf-Dieter: „Ironie als Sprachhandlung". In: Wolfgang Preisendanz u. Rainer Warning (Hg.): *Das Komische*. München 1976, S. 205–235.

Stierle, Karlheinz: „Komik der Handlung, Komik der Sprachhandlung, Komik der Komödie". In: Wolfgang Preisendanz u. Rainer Warning (Hgg.): *Das Komische*. München 1976, S. 237–268.

3.17 Fragmentarische Schreibweisen
Judith Schäfer

1. Ästhetik der fragmentarischen Anschauung 468
2. Von der Notwendigkeit einer neuen Form 472
3. Fragmentierung der Zusammenhänge 473
4. Fragmentierung der Figuren 473
5. Fragmentierung der Sprache 474
6. Unsichere Raum- und Zeitordnung 474
7. Fragmentierung des Blicks 476
8. Neue Spielräume 477
9. Weiterführende Literatur 478

Vermutlich im Sommer 1776 schreibt Lenz an den Rand eines Briefentwurfs den Satz: „Es ist alles in der Welt schraubenförmig u. wir sehen grade" (Biblioteka Jagiellońska Kraków, Lenziana 4: Bl. 2 verso). Die in sich verdrehte Welt versetzt den nur „grade" Blickenden in die unangenehme Erfahrung, dass sie ihm als Ganzes unverfügbar bleibt, sich ihm nur in Bruchstücken zeigt. Und zwischen diesen gibt es, so Lenz in seinen *Anmerkungen übers Theater*, „keine Brücken" (Damm II: 645).

Im Versuch, sich zur Welt ins Verhältnis zu setzen, wird der Mensch mit seinen beschränkten Erkenntnisfähigkeiten darum von „Unruhe", „zitternde[m] Verlangen" und schließlich „lähmende[r] Furcht" geplagt, und um einen Ausweg aus dieser existentiellen Verunsicherung zu finden, „schwärm[t] [er] nach Brücken" (ebd.: 646 f.). Er, dem als Mischwesen zwischen Geist und Materie (vgl. ebd.: 647) die göttliche „Alldurchschauung" (*Entwurf eines Briefes an einen Freund*; Damm II: 484) verwehrt ist, verfällt in eine „Einheitssucht" (*Versuch über das erste Principium*; Damm II: 500) und versucht, alle auf ihn einstürmenden Eindrücke auf eines zurückzuführen. Auf diese Weise nimmt er einen

> Standpunkt [ein] [...], aus dem er alle Dinge um sich herum ansieht, aus dem er eine Linie ins Unendliche zieht und derselben so steif und fest folgt als Theseus dem Faden der Ariadne; ob sie ihn aber allezeit so glücklich aus dem Labyrinth heraushilft, ist eine andere Frage. (ebd.: 500 f.)

Diese gerade Linie will Lenz jedoch verlassen, um stattdessen der Schraubenform zu folgen, in welche die Welt gewunden sei. Er „schwärmt nach Brücken", sucht und knüpft sie zwischen den Bruchstücken, in welchen die Welt sich dem menschlichen Blick darbietet: zwischen Autor und Leser, Leser und Leser, und zwischen Leser und Zuschauer, wie nun zu zeigen sein soll.

Die Notiz vom „graden" Blick in einer „schraubenförmigen Welt" wird erstmals von David Hill in seinen *Studien zum Gesamtwerk* (Hill 1994a) bzw. in seinem Bericht über die Krakauer Handschriften zu den Soldatenehen im gleichen Jahr zitiert (Hill 1994b: 125–127). Er interpretiert sie denn auch eng entlang der Thematik des verworfenen Briefes, aus dem sie stammt, und bezieht sie auf die adlig-politische Sphäre, in der Lenz sich mit seinem Anschreiben bewegt und die ihm in ihrer Verfasstheit befremdlich und entfremdet erscheint.

Brita Hempel hingegen stellt Lenz' Gedanken nicht zuletzt durch ihre Titelwahl explizit in den Mittelpunkt ihrer Untersuchung *Der gerade Blick in einer schrauben-*

förmigen Welt. Deutungsskepsis und Erlösungshoffnung bei J. M. R. Lenz (Hempel 2003a). Obgleich sie einen Zusammenhang zwischen dem in der Notiz formulierten Gedanken und der Ästhetik von Lenz feststellt, untersucht sie nicht diese, sondern legt den Fokus auf inhaltliche Untersuchungen jener „Deutungsskepsis und Erlösungshoffnung" in diversen Schriften Lenzens. Nur kurz geht sie direkt auf das Zitat als „Grundbedingung seines Denkens und Schreibens" ein (Hempel 2003a: 101). Ihrer Untersuchung insgesamt dient es als produktiver Hintergrund für die von Lenz in allen Schriften formulierte Spannung zwischen Skepsis und Hoffnung. In ihrem Beitrag *Lenz' „Loix des femmes Soldats": Erzwungene Sittlichkeit in einer schraubenförmigen Welt* greift Hempel das Zitat erneut auf, ohne es jedoch zu diskutieren (vgl. Hempel 2003b). Dies sind meines Wissens nach die einzigen Arbeiten, die diese für Lenz' Ästhetik so wichtige Notiz aufgreifen.

Das in ihr formulierte erkenntnistheoretische Problem ist im 18. Jahrhundert nicht neu. Immanuel Kants drei *Kritiken* stellen zu dieser Zeit den wohl bedeutendsten Versuch dar, Verstand und Vernunft des Menschen, seine im Zeitalter der Aufklärung als primäre Wissensquellen angesehenen Fähigkeiten, auf ein neues Fundament zu stellen und ihre Bedingungen, Zusammenhänge und Grenzen in einem philosophischen System darzustellen. René Descartes' Bild vom Stab, der, in ein Wasserglas gestellt, gebrochen *erscheint*, ist ein zu dieser Zeit noch immer präsentes Sinnbild für die Unzuverlässigkeit nicht nur der Sinne, sondern auch des Verstandes, der sich der unsicheren sinnlichen Eindrücke bedienen muss.

Die Verunsicherung, die Welt nicht so erkennen zu können, wie sie in Wahrheit sei, trifft 30 Jahre nach Lenz dann auch Heinrich von Kleist und stürzt ihn in eine (in der Forschung als ‚Kantkrise' bekannte) Bedrängnis, die sein Leben und Schreiben entscheidend beeinflusst (vgl. *Muth 1954; *Mandelartz 2006).

Aus dieser Krise heraus kommt Kleist zu einem Schreiben, in dem sich Verwandtschaften zu Lenz' fragmentarischer Ästhetik finden lassen. Statt der grünen Gläser wählt Lenz zur Beschreibung der unzugänglichen, nicht überblickbaren Welt das Bild der Schraube. In ihm enthalten ist auch die Faszination des 18. Jahrhunderts für Technik, Maschinen und Automaten. Lenz' Affinität zu Metaphern aus diesem Bereich, wie Maschine, Drehrad und Uhrwerk, wird ihn zu diesem Bild verleitet haben (vgl. Rector 1988; Tommek I: 757f.).

Ähnlich wie Kleist, dem nach eigener Aussage „auf Erden nicht zu helfen war" (*Kleist 1996/2001: Bd. 4.3, 732) und der sich schließlich das Leben nahm, lässt diese Krise Lenz zwar verzweifeln, zugleich aber äußerst produktiv werden. Denn aus der Erfahrung des immer wieder neu ansetzenden Weltzuganges und des eigenen Mangels werde, so schreibt er in den *Anmerkungen übers Theater*, die Poesie geboren. Ihr liege das Bedürfnis zugrunde, einen Spiegel der Welt zu erschaffen und ihrer Disparatheit so zumindest im ‚Nachahmen' handelnd zu begegnen (Damm II: 645). Im Schreiben des Autors, also der kreativen Spiegelung der Welt, und der Rezeption des Lesers oder Zuschauers, sei nicht nur Handlung – nämlich Schreiben und Reflektieren – möglich, sondern zuallererst *Anschauung* dieser Welt.

1. Ästhetik der fragmentarischen Anschauung

Fasst man, wie Jean-Luc Nancy es in seinem Essay „Die Kunst – ein Fragment" getan hat, das Fragment nicht nur als Gattung, sondern vor allem als Ereignis und

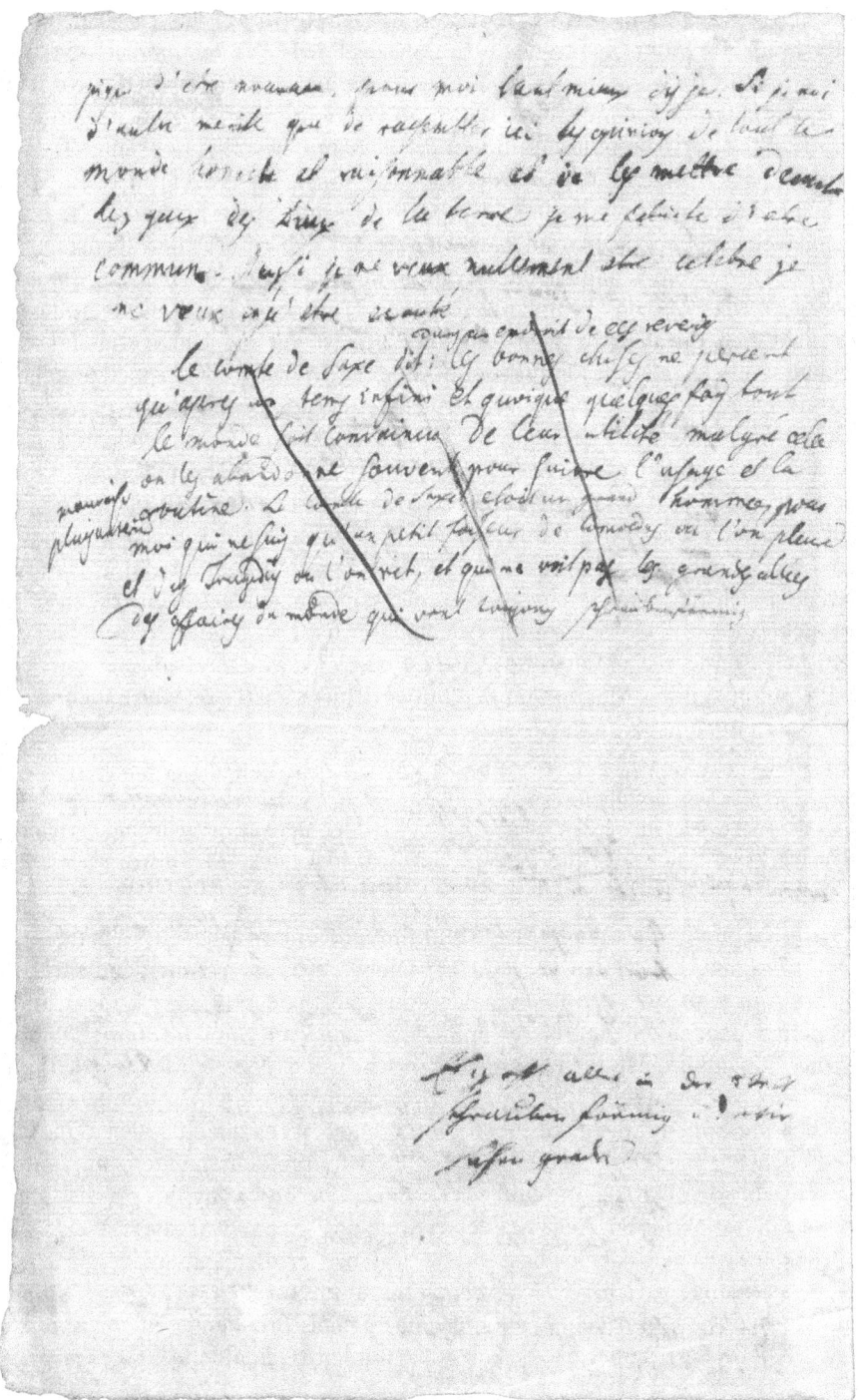

Abb. 1: „Es ist alles in der Welt schraubenförmig u. wir sehen grade". Lenziana 4: Bl. 2 verso. Biblioteka Jagiellońska Kraków.

unendliche Lektüre, als prozesshafte Text- und Denkform auf, lässt sich Lenz' Dramaturgie in diesem Sinne als fragmentarisch bezeichnen. *Anschauung* ist, wie Martin Rector es für die *Anmerkungen übers Theater* herausgearbeitet hat (Rector 1991), für Lenz' gesamtes Werk ein Schlüsselwort. So vollzieht Lenz selbst in seinem Schreiben ein Theater der Anschauung, indem er nicht nur bestrebt ist, seine Gedanken nachvollziehbar zu machen, als würde der Leser ihnen im Prozess ihres Entstehens folgen. Überdies sind die einzelnen Werke regelrechte Spielräume (vgl. J. Schäfer 2016), in welchen Lenz Szenarien eröffnet, die auf den (inneren) Augensinn zielen und gewissermaßen ein Schauspiel der Argumente bieten (hierfür sind die *Anmerkungen übers Theater* nur das prägnanteste Beispiel). Eine Reihe von Metaphern des Sehens zieht sich durch seine Schriften, die zumeist auf die Unzuverlässigkeit des menschlichen Blicks, also des Sinnes- und Verstandesvermögens anspielen (vgl. Rector 1994a). Dabei ist bezeichnenderweise weniger der unverstellte, also gottgegebene ‚natürliche' und individuell geprägte Blick unzuverlässig und unzureichend, als vielmehr ein durch Sehinstrumente bewehrter, d. h. auch kultivierter und dergestalt verstellter Blick. „Brillen" (Damm II: 671) sind das von Lenz am häufigsten gewählte Sinnbild für einen Blick, der durch scheinbare Optimierung verzerrt auf die Welt schaut. Das Sehinstrument verschiebt das Gesehene und täuscht damit das Auge. Lenz wendet sich dagegen an einen Leser, der seinen eigenen Augen trauen will; er schätzt nicht „den und den, der durch Augengläser bald so, bald so verschoben drauf losguckt […], sondern wer Lust und Belieben trägt, jedermann, bringt er nur Augen mit und einen gesunden Magen" (ebd.). Ihn spricht er auf diese Weise nicht nur als Leser, sondern auch als Zuschauer an:

> Werd ich gelesen und der Kopf ist so krank oder so klein, daß alle meine Pinselzüge unwahrgenommen vorbei schwimmen, geschweige in ein Gemälde zusammenfließen – Trost! ich wollte nicht *gelesen* werden. *Angeschaut*. Werd ich aber vorgestellt und verfehlt – so möcht ich Palett und Farben ins Feuer schmeißen, weit inniger betroffen, als wenn eine Betschwestergesellschaft mich zum Bösewicht afterredet. (ebd.: 657; Hervorh. J. S.)

Lenz' Leser ist nicht Zuschauer eines (umrahmten) unbeweglichen Gemäldes, sondern eines Fragmentes, das zu lesen Arbeit bedeutet: „Bedenkt ihr denn nicht, daß der Dichter nur eine Seite der Seele malen kann die zu seinem Zweck dient und die andere dem Nachdenken überlassen muß." (*Briefe über die Moralität*; Damm II: 685) Eine „geschwungne[ ] Phantasei" (*Rezension des Neuen Menoza*; Damm II: 703), so Lenz, sei vonnöten, um seine Werke angemessen lesen zu können. Mit ihr, so ließe sich in Bezug auf die ‚Schrauben-Notiz' sagen, ist es möglich, den Windungen der Welt nachzugehen. Die Leerräume zwischen den Fragmenten regen zum Handeln an, zur schreibenden Darstellung und zeitweiligen Überbrückung ihrer Zwischenräume sowie zur reflektierten Auseinandersetzung mit ihnen. Auf diese Weise bildet Lenz Brücken zwischen den Bruchstücken, in denen er die Welt widerspiegelt. Die zahlreichen Gedankenstriche, welche Lenz' Texte durchziehen, lassen sich so einerseits als Markierung von Brüchen, andererseits auch als Brücken lesen – in ähnlichem Sinne, wie Michel Serres über die vielen Brücken in den Gemälden Vittore Carpaccios denkt:

> Die Brücke ist ein Weg, der zwei Ufer verbindet oder ein Unstetiges stetig, ein Diskontinuierliches kontinuierlich macht. Oder einen Bruch überquert oder einen Riß näht. Der zu durchlaufende Raum hat einen Sprung […]. Von daher gibt es nicht mehr einen Raum,

sondern zwei Mannigfaltigkeiten ohne gemeinsamen Rand. Sie sind so sehr unterschieden, dass ein schwieriger oder auch gefährlicher Operator vonnöten ist, um ihre Ränder zu verknüpfen. (*Serres 1980: 25)

Dieser „schwierige[ ] oder auch gefährliche[ ] Operator" ist bei Lenz eine Dramaturgie, die lieber „übelzusammenverbundene Materialien" (*Freunde machen den Philosophen*; Damm I: 750) als solche belässt, als sie in ein falsches harmonisches Ganzes zu zwingen. Stattdessen bleibt der dargestellte Raum geöffnet, bleibt ‚der Sprung' in ihm sichtbar.

Wie aber verfährt Lenz nun genau, welche Anforderungen stellen sich ihm angesichts der ‚schraubenförmigen' und ‚brückenlosen' Welt als Autor? Wie genau sieht die fragmentarische Ästhetik aus, welche Eigenheiten zeichnet sie aus und welche Räumlichkeiten öffnen sich in ihr? Welche Anforderungen stellt das an die Rezipienten?

Wichtigste Aufgabe des Autors sei es zunächst, so Lenz, *Standpunkt* zu beziehen, sich also zu der Welt in ein Verhältnis zu setzen, um sie in seine Werke hineinspiegeln und so für den Rezipienten anschaulich machen zu können. Dieser Standpunkt des Dichters ist für Lenz nicht fixiert und kann es nicht sein, da sonst nur eine beschränkte Perspektive möglich wäre, die ‚grade Linie', wie er sagt (vgl. *Hofmeister*; Damm I: 43; vgl. auch Damm III: Oktober 1772 an Salzmann). Dem sich aus ihr ergebenden ‚graden' Blick aber zerfiele die Schraubenform, sie verlöre ihre räumliche Struktur und ihre Bewegung. Lenz hingegen versucht, in seinem Schreiben der Räumlichkeit der Schraubenform nachzugehen. Dieser Nachgang ist kein rein rationaler, sondern er ist, wie für Lenz jeder Erkenntnisversuch und jede Anschauung, begleitet von „Empfindung": „Empfindung", das sei „in Verhältnis gebrachtes Gefühl" (*Meinungen eines Laien*; Damm II: 527). Fühlend, d. h. auch mit allen Sinnen, verhält er sich zur Welt, um dieses Gefühl mittels Reflexion und Standpunktnahme in eine gewisse Ordnung bringen und danach wiederum seine Texte gestalten zu können. Diese zeichnet ein ständiger Perspektiv- und Standpunktwechsel aus: „Ach! das große Geheimnis, sich in viele Gesichtspunkte zu stellen, und jeden Menschen mit seinen eigenen Augen ansehen zu können!" (Damm III: Juli 1775 an Sophie von La Roche; vgl. dazu auch Rector 1989: 193–200.). Die Anschauungsbewegung ist bei Lenz so eine doppelte: Der Blick streift peripher die in sich verdrehte Welt, zugleich wandert das Auge dabei unablässig.

Lenz selbst hat für seinen beweglichen Standpunkt die Metapher der Fahrt auf offenem Meer gefunden (Damm II: 648 f. u. 669). Das Motiv findet sich, gemeinsam auch mit dem Topos des Standpunkts des Dramenautors, schon bei Johann Gottfried Herder, den Lenz verschiedentlich zitiert. So schreibt Herder in seinem *Journal meiner Reise im Jahr 1769*, wie wohltuend es sei, nun das „immer wankende Schiff [...] zwischen Himmel und Meer" zum Standpunkt zu haben anstelle des „todten Punkt[es]" auf fester Erde (*Herder 1877–1913: Bd. 4, 348; vgl. dazu Melchinger 1929: 68). Dieser Untergrund schwankt und birgt Ungewissheiten, doch liegt vor ihm der offene Horizont, nichts ist hier geschlossen, umrahmt oder stillgestellt. Ob auf dem Schiff oder auf einem wellenumtosten Felsen inmitten der Fluten: Er, der Dichter, hat Halt unter den Füßen, sein Blick wandert dabei immerzu, das Auge wird nicht fixiert und der Körper scheint sich mit zu bewegen im Rhythmus der Wellen. Diesen Standpunkt des Dichters könne auch der Leser getrost einnehmen: „Kommt es Ihnen so sehr auf den Ort an, von dem Sie sich nicht bewegen möchten, um dem

Dichter zu folgen: wie denn, daß Sie sich nicht den Ruhepunkt Archimeds wählen: *da mihi figere pedem et terram movebo?*" (Damm II: 655; vgl. dazu ebd.: 910)

In der Erzähltheorie wird der ‚Standpunkt' erst mit Henry James (1845–1916) zu einem wichtigen Schlagwort:

> In den Vorworten zu seinen Romanen lenkt James den Blick auf die Abhängigkeit aller Weltbilder von bestimmten Standpunkten und auf die daraus resultierende Kunst – diese lebe vom Austausch der Ansichten und dem Vergleich der Standpunkte. Mehrfach bedient er sich des Begriffs des *point of view*, des Terminus, der im Mittelpunkt der Diskussion der nächsten knapp hundert Jahre stehen wird. Er bezieht sich dabei auf den beschränkten Blickwinkel einer Romanfigur, durch deren Augen das Geschehen vermittelt erscheint. (*Muny 2008: 89; Hervorh. im Orig.)

Das Verhältnis von Autorstandpunkt und Kunstform aber beschäftigt Lenz offenbar bereits gut 100 Jahre zuvor. Der Autor ist bei Lenz, so ließe sich sagen, „der Ort, an dem sich Kunst ereignet" (Hempel 2003a: 123).

2. Von der Notwendigkeit einer neuen Form

Die im Umbruch der überkommenen Ordnungen zwischen Aufklärung, Revolution und Restauration wankende Gesellschaft des 18. Jahrhunderts nimmt Lenz als zerfallend und repressiv wahr (vgl. Staatsmann 2000). Ihre Repressionen lassen dem Einzelnen keine Möglichkeit der individuellen Entfaltung. Indem sie seine Talente und Kräfte unterdrücken, widersprechen diese Ordnungen, so Lenz, seiner göttlichen Bestimmung. Betrachtet er die Gesellschaft seiner Gegenwart, die alles andere als „lachend" (Damm II: 703) ist, ergibt sich für ihn als Autor die Notwendigkeit, eine neue Form des Dramas, genauer: der Komödie zu finden. Wenn die Gesellschaft aus der Sicht des Autors aufgrund ihrer sozialen Verwahrlosungen (vgl. H. Schäfer 2007) und repressiven Verhältnisse aus lauter „Fratzengesichter[n]" (*Pandämonium*, I,4; Damm I: 256) bestehe, dann sei es angemessen, „Karikatur[en]" zu ‚malen', die in diesem Falle mehr Wahrheit haben als die „schöne Natur" (*Versuch über das erste Principium*; Damm II: 502; vgl. auch ebd.: 648, Madland 1982a: 135 f.) und die ‚abgezirkelten' „Ideal[e]" der klassizistischen und sogar der bürgerlichen Dramen (Damm II: 653).

In seinen „nicht lachend[en]" Komödien reihen sich folgenschwere Ereignisse aneinander. Selbstkastration, Inzestverdacht, Selbstmord- und Mordanschläge, Intrigen, unerwünschte Schwangerschaft, Gefangenschaft und Flucht, Leichenberge auf einem Schlachtfeld und der erhängte Diener in der Ecke des Zimmers auf einem rauschenden Fest: In solchen Szenen zeigt Lenz, wie verstrickt der Einzelne in Zwangslagen ist. Er ist als „vorzüglichkünstliche kleine Maschine" in das Räderwerk der „große[n] Maschine, die wir Welt, Weltbegebenheiten, Weltläufte nennen" (*Über Götz*; Damm II: 637), verschaltet. Das macht es ihm unmöglich, selbstbewusst zu handeln, sich selbst zu verorten und sich selbst eine Bestimmung zu geben. Lenz zeigt das Subjekt so als Spielball seiner Umstände (vgl. *Über die Natur unsers Geistes*; Damm II: 619), die es zu zermalmen drohen. Es ist, wie Lenz es in einer Notiz beschreibt, stets gefährdet, dass es „wie Glas zubrechen thät und ich auch selbst zubrechen muß nehmlich mein Eigenhaut" (Tommek I: 206).

3. Fragmentierung der Zusammenhänge

> Es gibt zweierlei Art Gärten, eine die man beim ersten Blick ganz übersieht, die andere da man nach und nach wie in der Natur von einer Abwechselung zur andern fortgeht. So gibt es auch zwei Dramata, meine Lieben, das eine stellt alles aufeinmal und aneinanderhangend vor und ist darum leichter zu übersehen, bei dem andern muß man auf- und abklettern wie in der Natur. [...] [S]ind aber die Sachen die man sieht und hört wohl der Mühe wert seine Phantasei ein wenig anzustrengen, dem Dichter im Gang seiner vorgestellten Begebenheiten nachzufolgen, so nennt man das Drama gut. (*Für Wagnern*; Damm II: 673)

Neben den Schilderungen kruder Ereignisse wird durch den *Aufbau* der Texte anschaulich, wie der Einzelne in der ‚Maschine Welt' untergehen kann: So verliert der Zuschauer vermeintliche Hauptfiguren immer wieder aus dem Fokus, weil sie zwischen all den Handlungsfäden verlorengehen. Eine Haupthandlung, wie sie durch einen Stücktitel wie *Der neue Menoza oder Geschichte des cumbanischen Prinzen Tandi* suggeriert ist, wird zerschnitten und fragmentiert von nahezu unzähligen Nebenhandlungen. Kaum scheint sich eine von ihnen einer Auflösung zu nähern, knüpft Lenz einen neuen Strang, ereignet sich wieder eine Katastrophe oder ein ‚glücklicher Zufall' (wie der Lotteriegewinn im *Hofmeister* oder die erneute Vertauschung eines Geschwisterteils im *Neuen Menoza*), so dass die Konzentration auf eine Haupthandlung oder -figur verhindert wird (vgl. Batley 1994: 187). Die Handlungsfäden, jeweils Szenenausschnitte der Welt, laufen bei Lenz oft nicht chronologisch, sondern parallel, was eine Übersicht nicht nur für die zwischen den Handlungen hängenden Figuren, sondern auch für den Zuschauer/Leser erschwert. Die verschiedenen Stränge werden oftmals erst durch einen wiederum das Stück reflektierenden Schluss zusammengeführt (vgl. Greiner 2006 [1992]: 180). So werden die Figuren im *Hofmeister* wie gewaltsam zu einem Schlusstableau versammelt, während die Handlung im *Neuen Menoza* und in den *Soldaten* geradezu nachlässig und plötzlich zu Ende geführt wird und sich eine Szene anschließt, die wie ‚angeklebt' wirkt. In ihr wird dann über die Dramaturgie eines gelungenen Dramas bzw. über seine Thematik diskutiert: Der Vorhang kann sich schon gesenkt haben, die Handlung des Stückes wirkt wie launisch ‚abgehandelt', ein letztes Wort über die Ereignisse wird dann auf einer Metaebene gesprochen. So fordern die Dramen den Dialog mit ihrem Leser ein.

Doch auch innerhalb von Szenen lässt Lenz Kommunikation und Handlung abrupt einsetzen oder abreißen, indem er beispielsweise mitten in einem Satz den Vorhang aufziehen oder fallen lässt (vgl. Schulz 1994: 200; Titel 1963: 88). Wie mit einem Beil zerhackt er das Sprechen der Figuren und kappt den Blick des Zuschauers auf das Geschehen einfach ab.

4. Fragmentierung der Figuren

Eine Perspektive auf nur ein zentrales Ereignis oder eine Figur gibt es nicht. Und überdies scheint es nicht nur so, als würden manche *Figuren* im Wirrwarr der gezeigten Ereignisse, im ständigen Ortswechsel und innerhalb der unsicheren Chronologie verlorengehen: Figuren treten wie aus dem Nichts auf und verschwinden, nachdem sie etwas beigesteuert haben, plötzlich und kommentarlos. So verstärkt Lenz die Erzählung einer nicht vom Schicksal, sondern vom Zufall bestimmten Welt. Das gilt nicht nur für die Dramen: Im Prosatext *Ueber Delikatesse der Empfindung* (ca. 1789) beispielsweise mischt sich unvermittelt ein auktorialer Erzähler ein, der durch die allmähliche Fragmentierung ihrer Namen das Verschwinden der Figuren ankündigt. So wird aus einem „schwedischen Offizier" irgendwann „der – – – Offizir" und schließlich nur noch „der . . . ." bzw. „der – " und „der S - -e" (Tommek I: 197–202). Als würden sie durch die Maschen des Textes fallen, an den ‚Bruchstrichen' verlorengehen, den Gedankenstrichen, von denen auch dieser letzte lange literarische Text von Lenz durchfurcht ist. Für diese Markierungen gilt, was Jacques Derrida über den Strich der Zeichnung sagte: „Er verbindet nur, fügt nur zusammen, indem er trennt." (*Derrida 1997: 57) Neben den Gedankenstrichen nutzt Lenz hier verschiedene Möglichkeiten des – mal plötzlichen, mal unauffälligen, mal harten – (Ab-)Bruchs: von die Seite zerschneidenden Strichen über den Kapitel abbrechenden Kommentar „– – / ein Fragment" (Tommek I: 171) bis hin zur Aussage einer der Figuren, „Abbrechen" sei angesichts der komplexen Welt der letztmögliche Ausdruck (ebd.: 175).

5. Fragmentierung der Sprache

Auch die *Sprache* der Lenzschen Figuren ist von Brüchen durchzogen. Stumme Gebärden, abbrechende oder grammatikalisch gestörte Sätze und die Texte durchsetzende Auslassungspunkte durchlöchern die Sprache und spiegeln die tiefe Verunsicherung der Figuren. Ihre Sprache gibt ihre eingeschränkte, aus jedem Sinn stiftenden Zusammenhang herausgelöste Perspektive wieder; sie vermittelt nicht mehr zwischen den Menschen und zwischen ihnen und der Welt. Jeder hat seine individuelle, brüchige Sprache, die geprägt ist von einer „psychographische[n] Qualität" (Titel 1963: 187), und jede Figur spricht von ihrem Gesichtspunkt aus (ebd.: 189). Eine wirkliche Verständigung zwischen den Figuren erscheint unmöglich, doch auch dem Zuschauer/Leser ist keine tiefere Einsicht gewährt.

6. Unsichere Raum- und Zeitordnung

Ebenso verweigert Lenz mit der Gestaltung des „Nebenraums", wie Anke Detken die Szenenanweisungen und Regiebemerkungen von Dramentexten bezeichnet (Detken 2009), eine sichere Perspektive, fragmentiert auch hier die Wahrnehmung (vgl. Hempel 2003a: 165). Das gilt schon für die Personenverzeichnisse, umso mehr dann für die Gestaltung des Raums und der Zeit sowie für die Lenkung des (zusehenden) Blicks. Generell ist für die Nebentexte der Lenzschen Dramen festzustellen, dass sie eine Orientierung eher erschweren, als sie dem Leser oder auch einem Schauspieler zu bieten. Anke Detken hat einige seiner „Destabilisierungsstrategien" (Detken 2009: 266) an Beispielen herausgearbeitet. Sie zielen nicht nur auf die Verwirrung der ‚Koordinaten' des lesenden Zuschauers – wie in den Raum- und Zeitangaben –, sondern nutzen die Spannung zwischen Lese- und Aufführungstext, zwischen Schriftlichkeit und Darstellungsmöglichkeit, kurz: zwischen Lesen und Zuschauen. So streut Lenz einerseits Hinweise für den Leser, die einem Schauspieler kaum von Nutzen sind (indem er beispielsweise die *inneren* Beweggründe dafür nennt, warum Stolzius bei

Tisch in scheinbar sinnloser Wiederholung Servietten faltet; vgl. *Soldaten*, V,3; Damm I: 242; vgl. Detken 2009: 256), und im gleichen Text solche, die dem Leser den Nachvollzug erschweren und sich an einen Schauspieler richten, wie es in Bemerkungen wie „*in der obigen Attitüde*" oder „*in der beschriebenen Pantomime*" (*Hofmeister*, III,2 u. II,5; Damm I: 79 u. 68) der Fall ist. Sie werfen ihn aus dem Handlungsverlauf und machen ihm den Prozess des Lesens bewusst, da er suchen und blättern muss, um nachzulesen, was denn die „obige Attitüde" gewesen ist (vgl. Detken 2009: 230). Ein besonders prägnantes Beispiel, das wiederum nur für den Leser ‚lesbar' ist, ist die Bezeichnung eines Möbelstücks als „Lehnstuhl" bzw. „Sorgstuhl" in den Szenen II,3 und III,3 der *Soldaten*. Der Wechsel der Bezeichnung zeigt den Wechsel der Stimmungen an, denen Marie sich ausgesetzt sieht und in welchen sie den Stuhl jeweils wahrnimmt (vgl. Detken 2009: 252).

Lenz vollzieht vielfältige und teils sehr rasche Schauplatzwechsel. Sie werden oft nicht näher bestimmt: „Der Schauplatz ist hie und da" (*Der neue Menoza*; Damm I: 125). Es sind häufig Orte eines Überganges oder einer Grenze: die offene Landstraße, ein Posthaus, eine Allee in der Dämmerung (*Der neue Menoza*), ein von Schießpulver vernebeltes Schlachtfeld (*Der tugendhafte Taugenichts*), ein steiler Berg, von dessen Gipfel aus die Menschen im Tal wie Ameisen aussehen (*Pandämonium Germanikum*, I,1–4), oder sogar ein Labyrinth (*Myrsa Polagi*). Hinzu kommen irritierende, Raumgrenzen hinterfragende Angaben, wie das Abbrechen einer Rute von einem Strauch, wobei die Szene aber in einem Kaminzimmer (bzw. in einem Gartenhaus mit Kamin) spielt (*Der neue Menoza*, II,2). Solche Beispiele machen deutlich, dass es Lenz nicht um eine konkrete Ausgestaltung des Bühnenraums geht – die sei ohnehin Sache der „Dekorationenmaler" (*Anmerkungen übers Theater*; Damm II: 658) –, sondern um den imaginierten Raum, den er mit Hilfe des Nebentextes erschafft (vgl. Detken 2009: 245). Er dient vor allem anderen der „geschwungnen Phantasei" (*Rezension des Neuen Menoza*; Damm II: 703) des Rezipienten, mithin der Anschauung. Das gilt auch für den Raum von *Ueber Delikatesse der Empfindung*, der in der Luft „in der Polhöhe von dem . . . . Grad des Sinus der Trionen und dem x x x des Cosinus der Emersion der Satelliten Jupiters" (Tommek I: 167 f.) angesiedelt ist. Verortung bedeutet hier, wie bei der Fahrt auf dem Meer, Bodenlosigkeit und Verunsicherung.

Ebenso verunsichernd und unkonventionell geht Lenz bei der Gestaltung der Zeitebenen und -verläufe seiner Texte vor. Nicht nur durch die raschen Szenenwechsel und Parallelmontagen muss sich der Leser/Zuschauer aus der üblichen Erwartungshaltung, einem sukzessiven Ablauf beizuwohnen, lösen. Szenenangaben wie eine „*minutenlange Stille*"(*Der neue Menoza* II,7; Damm I: 150) erzeugen eine Stillstellung der Handlung mit Konzentration auf einen handlungsleeren, gedehnt wirkenden Augenblick. Solche Stellen eines langen Schweigens gibt es auch in der *Sizilianischen Vesper* (Damm I: 369) oder in *Die beiden Alten* (ebd.: 351) (vgl. Detken 2009: 236). Ähnliches geschieht, wenn die von einem Berggipfel an der Figur Goethe vorbei in die Tiefe stürzenden Journalisten noch die Zeit haben, wohltemperiert zu sagen: „Wir wollen alle Künstler werden." (*Pandämonium Germanikum*, I,4 [erste Fassung]; Damm I: 255) Dann wiederum zeigt Lenz in Kürzestszenen, die manchmal nur eine Geste umfassen, sich überschlagende Ereignisse, während sich die Erzählung auf Monate oder gar Jahre erstreckt. Zudem erscheinen manche Figuren, wie Walter

Hinck betont, mitunter wie aus der Zeit gefallen. So sei beispielsweise Prinz Tandi aus dem *Neuen Menoza* „ohne eigentliche Vorgeschichte, ohne Kausalität. Mit dem Beginn der Bühnenhandlung werden die Brücken zum Gewesenen abgebrochen; die Daten der Vergangenheit sind ungültig oder unkenntlich geworden. Es wird keine feste Zeitordnung außerhalb des Spielablaufs anerkannt." (Hinck 1965b: 343)

7. Fragmentierung des Blicks

Noch auf einer weiteren Ebene zeigt Lenz eine disparate Welt, zwischen deren Bruchstücken sich der Leser/Zuschauer selbst die Brücken imaginieren muss. Sie bewirkt eine Fragmentierung des Blicks. Bisher ging es um die horizontale Führung des (lesenden) Blicks, d. h. um die Ebene der formalen Gestaltung der Texte und des Textverlaufs. Nun ist es interessant, dass Lenz den Blick auch auf der Vertikalen lenkt, indem er innerhalb seiner Erzählungen Nähe- und Distanzverhältnisse schafft, die das eingangs formulierte Erkenntnisproblem auf einer weiteren Ebene verschärfen: Lenz lenkt den Betrachter auf die visuellen Aspekte einzelner Szenen, die sich wiederum einer ‚Zusammenschau' oder „Alldurchschauung" (*Entwurf eines Briefes an einen Freund*; Damm II: 484) verweigern und so zu einer fragmentierten Wahrnehmung bzw. fragmentarischen Anschauung führen.

Lenz führt den Blick in manchen Szenen nahe an Details heran und schafft in anderen Szenen Vogelperspektiven. Richtet er das Auge auf kleinste Ausschnitte, verlieren sich die Zusammenhänge und damit jede Orientierung. Dieses Verfahren der Annäherung zeigt sich beispielsweise im Gedicht *Gemählde eines Erschlagenen* (→ 2.3 LYRIK). In ihm kommt der Blick dem „zerzerreten Körper" (Damm III: 31) eines Mordopfers so nahe, dass sich ihm dessen aus dem zum Schrei geöffneten Mund herausragenden Zähne wie „Dürre Beine aus Gräbern" entgegenstrecken (Damm III: 30). Dieses Detail aber macht den Tathergang und die ihm vorausgehenden Motive nicht verständlicher, es fragmentiert nur die sichtbaren Auswirkungen des Geschehens. Das betrachtende Ich entfernt sich dann auch vom Anblick des geschundenen Gesichtes, tritt zurück und imaginiert schließlich, den Blick von der Leiche abgewendet, was geschehen sein könnte. Auch in seinen Dramen richtet Lenz den Blick scharf auf einzelne Körperteile oder Gesten, die damit wiederum für Augenblicke aus ihrem gesamtkörperlichen Zusammenhang gelöst werden und den Körper des Schauspielers fragmentieren. So scheinen die ‚aufeinander gehefteten' Gesichter von Stolzius und Desportes ineinander zu fließen, so nah wird der lesende Blick herangeführt (*Soldaten*, V,3; Damm I: 243; vgl. Detken 2009: 256 f.). Der Blick wird, kommt er den Körpern so nahe, fast zu einer Berührung, zu einem tastenden Blick.

Manchmal entzieht Lenz das Geschehen dem (lesenden) Blick und setzt dafür auditive ‚Heranfahrten' ein, wie in der Szene IV,3 der *Soldaten*, in welcher die Gräfin das Gespräch von Mary und Mariane hinter einer Hecke belauscht. Im selben Stück „kriecht" die sehschwache Großmutter Marianes, *„die Brille auf der Nase"*, *„durch die Stube"*, während das Geschäker und *„Gejauchz"* von Marie und Desportes aus dem Nebenzimmer nur zu hören ist (II,3; Damm I: 214). Ein weiteres Beispiel für den entzogenen Blick bietet das Stück *Myrsa Polagi*, für dessen Umsetzung sich die Frage stellt, was der Zuschauer von der Handlung eigentlich zu sehen bekäme, spielt ihr Großteil doch nicht nur am Rande, sondern auch innerhalb eines bedrohlich verwirrenden Labyrinths an der Grenze eines „ungeheuren Fichtenwaldes" (Damm I: 391; vgl. I,8).

Auch die Entfernung vom angeschauten Szenario, d. h. der distanzierte Standpunkt, der einen Überblick ermöglichen könnte, hilft nicht bei der Orientierung, sondern bedroht den Blickenden: Vom himmelhohen Pyramidenturm aus, in dem er gefangen sitzt, kann Prinz Tandi nur ein Wolkenmeer sehen, während die Erde sich seinem Blick entzieht, eine „Tiefe [...], die feucht und nebligt alle Kreaturen aus meinem Gesichte entzog. Ich sah in dieser fürchterlich-blauen Ferne nichts als mich selbst" (*Der neue Menoza*, I,1; Damm I: 127). Die Unmöglichkeit des Überblicks wirft den Blickenden immer wieder auf sich selbst zurück. Ähnlich stellt sich die Luftfahrt in *Ueber Delikatesse der Empfindung* dar: Der Flug ermöglicht zwar einen Blick von oben, aber die Sensation des Fliegens in der Höhe erzeugt Schwindel und lässt die eigene Position unsicher werden, unter ihm verschwimmt alles, wie bei der Fahrt auf offenem Meer.

Mit diesen beweglichen Distanz- und Näheverhältnissen zeigt Lenz, dass der Blickende nie einen Standpunkt der ‚Alldurchschauung' finden wird; er ist immer zu nah dran oder zu weit weg. In der Konzentration auf die Details lösen sich die Zusammenhänge auf und müssen vom Blickenden imaginiert werden, und im Versuch, sich einen Überblick zu schaffen, verschwimmen die Details und damit das, was Zusammenhänge überhaupt stiften könnte. Und es gibt in den sich durch die Texte öffnenden Räumen kein Tableau, dem gegenüber der Zuschauer seiner Werke situiert wäre, sondern nur den stets wandernden Blick auf bewegte, nicht gerahmte Ausschnitte der schraubenförmigen Welt.

8. Neue Spielräume

Lenz eröffnet mit und in seinen Texten, im Dialog mit dem Leser/Zuschauer, Spielräume. Ob er als Leser/Zuschauer einer Predigt oder einer Theateraufführung (*Ueber Delikatesse der Empfindung*, „Sechste Dramatische Darstellung"), einer Abhandlung oder Aufführung beiwohnt (*Anmerkungen übers Theater*; Damm II: 642–644) oder ob er direkt angesprochen wird (*Die Entführungen*, II,1): Jeweils verwandelt sich dabei ein Raum, öffnet sich ein Raum hin zu einem anderen, wird aus der Flächigkeit der Schrift eine Öffnung, wird der Text zu einer Bühne, auf der sich Autor und Leser, Leser und Leser, Leser und Zuschauer begegnen.

Lenz macht in seinen Texten die nur fragmentarische Wahrnehmungsmöglichkeit der schraubenförmigen Welt anschaulich. Brüche ziehen sich durch die erzählten Handlungsabläufe, die Sprache und die räumliche Gestaltung seiner Werke. Er fordert die „geschwungne[ ] Phantasei" (Damm II: 703) des Lesers heraus, denn nur mit ihr ist es möglich, Brücken zwischen den Fragmenten der Welt zu imaginieren, vielleicht für Augenblicke der Form der Schraube zu folgen und über das durch ihn eröffnete ‚Text-Theater' einen Raum zu teilen. Lenz wiegt seinen Leser nicht in Sicherheit, er entlässt ihn in die (Interpretations- und Handlungs-)Freiheit und damit in die volle Verantwortung. Angesichts der brückenlosen Welt fordert er von ihm, was er sich selbst immer wieder aufs Neue zumutet: Standpunktnahme.

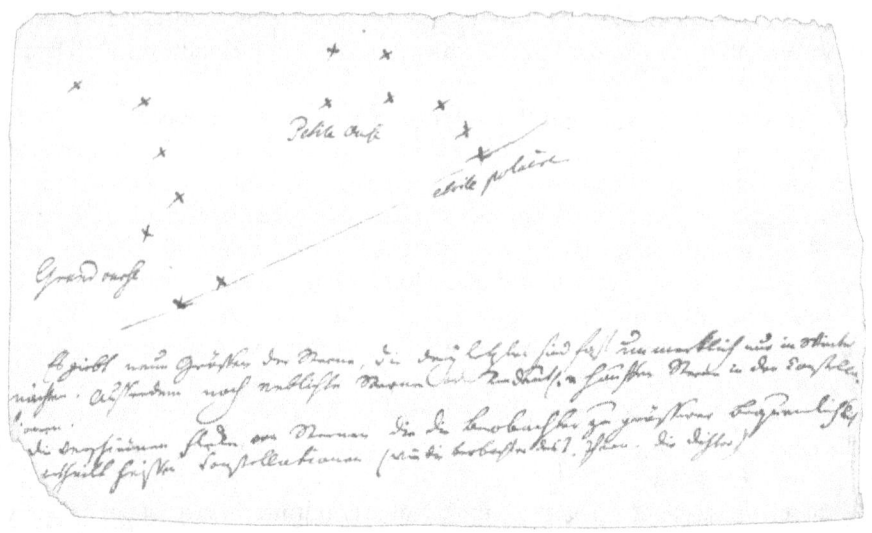

Abb. 2: „Petite ourse". Zettel aus „Blätter der Erinnerung" der Lenziana 2. Biblioteka Jagiellońska Kraków. *Transkription von Gregor Babelotzky:*
Grand ourse
Petite ourse
etoile polaire
Es giebt neun Grössen der Sterne, die drey letzten sind fast unmerklich nur in Winternächten. Ausserdem noch neblichte Sterne oder undeutliche Hauffen Sterne in den Constellationen. Die verschiedenen Fleke von Sternen die die Beobachter zu grösserer Bequemlichkeit vertheilt heissen Constellationen (wie die Beobachter des 1. Paar. Die Dichter)

9. Weiterführende Literatur

Derrida, Jacques: *Aufzeichnungen eines Blinden. Das Selbstporträt und andere Ruinen.* Hg. v. Michael Wezel. München 1997.

Herder, Johann Gottfried: *Sämtliche Werke.* Hg. v. Bernhard Suphan. Berlin 1877–1913. Bd. 4.

Kleist, Heinrich [von]: *Sämtliche Werke. Brandenburger Ausgabe.* Bd. 4.1: *Briefe 1: März 1793–April 1801*; Bd. 4.3: *Briefe 3: September 1807–November 1811.* Hg. v. Roland Reuß u. Peter Staengele. Basel, Frankfurt/Main 1996/2010.

Mandelartz, Michael: „Von der Tugendlehre zur Lasterschule. Die sogenannte ‚Kantkrise' und Fichtes ‚Wissenschaftslehre'". In: *Kleist-Jahrbuch* 2006, S. 120–136. Auch unter: http://www.kisc.meiji.ac.jp/~mmandel/pdf/kleist_kantkrise.pdf (13. 01. 2017).

Muny, Eike: *Erzählperspektive im Drama. Ein Beitrag zur transgenerischen Narratologie.* München 2008.

Muth, Ludwig: *Kleist und Kant: Versuch einer neuen Interpretation.* Köln 1954.

Nancy, Jean-Luc: „Die Kunst – ein Fragment". In: Jean-Pierre Dubost (Hg.): *Bildstörung. Gedanken zu einer Ethik der Wahrnehmung.* Leipzig 1994, S. 170–184.

Serres, Michel: „Mythischer Diskurs und erfahrener Weg". In: Jean-Marie Benoist (Hg.): *Identität. Ein interdisziplinäres Seminar unter Leitung von Claude Lévi-Strauss.* Stuttgart 1980, S. 22–36.

4. Rezeption

4.1 Lenz in der Wissenschaft
Hans-Gerd Winter

1. Abwertung Lenz' durch Goethe und in der Germanistik 479
2. Lenz-Apologeten 485
3. Lenz zwischen Ausgrenzung und begrenzter Anerkennung – vier kontroverse Zugänge 488
   Psychologie und Psychopathologie 488
   Nationalismus und Rassismus 490
   Marxistische Literaturwissenschaft 490
   Immanente Interpretation und New Criticism 492
4. Endgültige Anerkennung als Forschungsobjekt 495
5. Aspekte der aktuellen Lenz-Forschung 500
   Sozialgeschichte 500
   Realismus 503
   Aufklärung 505
   Neue methodische Ansätze 511
6. Lenz als Autor 512
7. Gattungen und einzelne Werke 515
8. Weiterführende Literatur 522

Ob und in welchem Maß Biographie und Werk von Jakob Michael Reinhold Lenz zum Gegenstand der Forschung werden, hängt von der generellen Bewertung des Autors ab. Diese ändert sich in den 1980er und 1990er Jahren. 1977 ist Lenz für Benno von Wiese, den Herausgeber des Bandes *Deutsche Dichter des 18. Jahrhunderts*, das „tragisch scheiternde Genie neben dem großartigen Gelingen Goethes" (Wiese 1977: 26). Von Wieses Äußerung belegt, dass die Auseinandersetzung mit dem Autor noch geprägt wird durch einen an Goethe orientierten Blick auf die Literatur des 18. Jahrhunderts. Immerhin konzediert von Wiese schon, in Lenz' Schriften kündige sich „sehr viel Zukünftiges" (ebd.) an. Doch schwingt in diesem Urteil noch die Abwertung des Autors mit, die in der Wissenschaft sehr lange vorgeherrscht hat. Nur 14 Jahre später schreiben die Herausgeber Matthias Luserke und Christoph Weiß in der Vorbemerkung zum neu gegründeten *Lenz-Jahrbuch*: „Jakob Michael Reinhold Lenz zählt zu den bedeutendsten Schriftstellern in der zweiten Hälfte des 18. Jahrhunderts." (Luserke/Weiß 1991a: 7) Die Einschätzung Lenz' hat sich radikal verändert, was sich auch in einer zunehmenden Zahl von Forschungsarbeiten ausdrückt.

1. Abwertung Lenz' durch Goethe und in der Germanistik

Die Auseinandersetzung mit Lenz in der Wissenschaft (zum Lenz-Bild in der Wissenschaft vgl. u. a. Madland 1994a: 17 ff., Leidner/Wurst 1999, Winter 2000a: 6 ff., Luserke 2001b: 29 ff., Martin 2002a, Winter 2006b) wurde seit dem 19. Jahrhundert maßgeblich bestimmt durch die früh einsetzende Orientierung der Germanistik an der deutschen Nation. In dieser Perspektive galt die Weimarer Klassik als Höhepunkt der deutschen Literaturgeschichte, auf welche die Einigung Deutschlands als Höhepunkt der politischen Geschichte zu folgen hatte oder gefolgt war. Der Sturm und Drang wurde nur als eine Übergangsphase angesehen. Dass Lenz die Nähe zu Goethe gesucht hat, wurde Autor und Werk zusätzlich zum Verhängnis. Goethe fällte im 11. und 14. Buch von *Dichtung und Wahrheit* ein vernichtendes Urteil über seinen ehemaligen Freund, das mehr als eineinhalb Jahrhunderte in Studien und Literaturgeschichten nachgewirkt hat. Der Wandel vom Sturm und Drang zur Klassik erscheint im Rückblick des alternden Goethe als ein „Prozeß der Zivilisierung" (Martin 2002a: 58). Der zu dem Zeitpunkt, als Goethe das schreibt, längst verstorbene Lenz wird exemplarisch als ein Autor präsentiert, der sich aufgrund moralischen und ästhetischen Scheiterns diesem notwendigen Prozess nicht stellen konnte. Er sei unfähig gewesen, den Sturm und Drang hinter sich zu lassen; er fungiert in *Dichtung und Wahrheit* entsprechend als ein abschreckendes Beispiel für die ‚Werther-Krankheit', eine intensive und zugleich unproduktive Selbstquälerei, die in den 1770er Jahren einen Teil der jungen Intelligenz befallen habe. Goethes Abwertung und Ablehnung betrifft Person und Werk. Lenz' Habitus habe ans Pathologische gegrenzt, er sei ein „Schelm in der Einbildung" gewesen und geprägt von einer „Neigung zum Absurden" (Goethe 1814: 376 u. 118). Ferner unterstellt Goethe Lenz einen „entschiedenen Hang zur Intrige, und zwar zur Intrige an sich" (ebd.: 375). Der Grund liege darin, dass Lenz Wirklichkeit und Imagination nicht habe auseinanderhalten können. (Nicht zufällig wird nach diesem Urteil Lenz in der Rezeption oft mit Goethes Tasso-Figur in Beziehung gebracht, die am Gegensatz zwischen Ordnung und Genie-Imagination scheitert, zuerst von Tieck, in der Wissenschaft zuletzt 1999 von Richard Faber.) Werke eines solchen Autors können sich in Goethes Sicht nicht zu einem ästhetischen Ganzen formen. Goethe konstatiert „albernste und barockeste Fratzen" und ein „formlose[s] Schweifen" (ebd.: 377 u. 381). Es sei Lenz nicht gelungen, „die Bildungsgabe, die ihm angeboren war, mit kunstgemäßer Fassung [zu] benutzen" (ebd.: 381 f.). Entsprechend sei Lenz ein nur „vorübergehendes Meteor" (ebd.: 385) in der Literaturgeschichte gewesen (→ 4.2 LENZ IN DER LITERATUR BIS 1945: DAS LENZ-PORTRÄT IN GOETHES DICHTUNG UND WAHRHEIT).

Die Werkausgabe Ludwig Tiecks von 1828 nimmt, so sehr sie einerseits Ausdruck einer ersten Wertschätzung für Lenz ist, die sich in der Romantik entwickelt, Goethes Urteile auf. Die umfangreiche Einleitung zur Werkedition, die später auch unter dem bezeichnenden Titel *Goethe und seine Zeit* erscheint, geht auf Lenz eher am Rande ein, was schon die Zeitgenossen verwundert hat. Die Beschäftigung mit ihm ist von der mit Goethe abgeleitet, jener findet nur „Beachtung", um „für die Freunde der Göthischen Muse" den „großen Genius" Goethe „ganz zu fassen und seine Zeit und Umgebung vollständiger kennen zu lernen" (Tieck I: I). Diese Argumentation findet sich später in vielen wissenschaftlichen Werken wieder. Auch Goethes Gegenüberstellung des Gesunden und Kranken wird von Tieck aufgenommen: „Gelingt es der Schöpferkraft, sogleich im Schaffen und Darstellen das Richtige und Wahre zu ergreifen, so geht aus dem Kampf unmittelbar Besänftigung, Ruhe und wahre Glückseligkeit hervor. [...] Geschieht dies nicht [...], so muß der Charakter, um sich zu retten, nach und nach das Talent verzehren [...]." (Tieck I: XV) Auch diese Argumentation hat Folgen für die Lenz-Rezeption. Die polyperspektivische Form des Essays, Ausdruck romantischer Geselligkeit, lässt allerdings Raum für das Eingeständnis einer untergründigen Faszination, die zur Arbeit an der Ausgabe mehr beigetragen hat, als Tieck zugeben will. Zum einen ist seine Goethe-Faszination nicht ungebrochen, da der junge Goethe dem Weltmann und Höfling in Weimar gegenübergestellt wird, der Entwicklungsmöglichkeiten als Mensch und Dichter aufgegeben habe. Zum andern erscheint Lenz' Weg in den Wahnsinn als eine Folge seiner dichterischen Begabung, in deren Beschreibung sich auch positive Wertungen finden, wenn die Faszination des sich in ihr ausdrückenden Kranken und Disharmonischen gegen die von Goethe verkörperte Harmonie von Werk und Person ausgespielt wird. Die Forschung hat herausgearbeitet, dass Tiecks lebenslängliches Interesse an Lenz weiter reicht, als es in dem Essay zum Ausdruck kommt. Doch wegen der vorherrschenden Bestätigung von Goethes Urteil kann die bis zur Ausgabe Bleis zwischen 1909 und 1913 einzige umfangreiche Lenz-Edition nicht wirklich zu einer Aufwertung des Autors beitragen – außer in den Kreisen, in denen ohnehin Sympathie für ihn besteht.

Lenz gilt für die Goethe folgenden Germanisten des 19. und lange Zeit auch des 20. Jahrhunderts als ein Autor deutlich minderen Ranges. Das führt zu einer regelrechten Verfemung von Person und Werk, gegen die 1984 Stephan und Winter in ihrer rezeptionsgeschichtlichen Lenz-Studie „*Ein vorübergehendes Meteor*"? Stellung beziehen. Die Vorbemerkung zum ersten *Lenz-Jahrbuch* von 1991 spricht von einer „die Misere zugleich fortschreibenden fehlenden Kontinuität innerhalb der Lenz-Forschung, die erst in den beiden letzten Jahrzehnten allmählich begonnen" habe, „sich diesen Namen zu verdienen" (Luserke/Weiß 1991a: 7). In weiteren neueren Studien zur Rezeptionsgeschichte wird ähnlich argumentiert (vgl. Leidner/Wurst 1999: 24, Madland 1994a: 37, Unglaub 1983: 271 f.; zu Goethes Lenz-Bild vgl. Martin 2002a: 66–81). Seit den 1970er, besonders aber seit den 1980er Jahren ist das Interesse an Lenz in der Wissenschaft stark angestiegen, ablesbar an der zunehmenden Zahl von Aufsätzen, Sammelbänden, Studien und Dissertationen und an der Gründung des *Lenz-Jahrbuchs* 1991.

In den seit dem 19. Jahrhundert erscheinenden Literaturgeschichten lässt sich die Anknüpfung an Goethes Verdikt immer wieder nachweisen. Dies gilt schon für die *Geschichte der poetischen National-Literatur der Deutschen*, die der liberale Historiker Georg Gottfried Gervinus in der Klassik als dem Modellfall für die deutsche Einheit gipfeln lässt. Nach Weimar ist Gervinus' mehrbändiges Werk im 19. Jahrhundert ein „Standardwerk", an dem man „jahrzehntelang nicht vorbeigehen konnte", ein „Referenzwerk schlechthin für Literaturgeschichtsschreiber" (*Weimar 1989: 317). Die Darstellung des Sturm und Drang ist strikt auf Goethe bezogen; folgerichtig wird die in dieser Perspektive bei anderen Autoren zum Pathologischen neigende Periode nur als ein Übergang charakterisiert. Lenz wird nur knapp erwähnt und firmiert als „traurigste[s]" Beispiel der „Ueberspannungen dieser Periode" (Gervinus 1840: 581). Die Freundschaft mit Goethe habe den Autor erst zu „Dünkel", dann zu „Neid und Bosheit" verführt, „da auch keine Spur von eigentlicher Sittlichkeit in ihm gewesen zu sein scheint" (ebd.). Entsprechend sei er in seinen Dramen „ganz zügellos und wild, und moralisch und ästhetisch gleich ungenießbar" (ebd.: 582). Goethes Verdikt weiterdenkend, kommt Gervinus zu grotesken Urteilen, etwa über den *Engländer*, in dem „Freigeisterei und die geile Wollust" dominieren würden (ebd.). Wenn Lenz' „schauderhafte Komödien" als „regellos" (ebd.: 583) und als „gemischt von tragischen, krassen und komischen Situationen" (ebd.: 582) gekennzeichnet werden, wird hier schon ein antiklassisches Element erkannt, aber abgewertet. Der ebenfalls liberal eingestellte Hermann Hettner nimmt in seiner *Geschichte der deutschen Literatur im achtzehnten Jahrhundert* die Bezeichnung von Lenz als „Affen Goethes" (Hettner 1866/1867: 385) zum Ausgangspunkt seiner Darstellung. Dieses Urteil Karl Augusts lässt sich dabei gar nicht belegen (vgl. dazu Martin 2002a: 250). Wie von Tieck vorbereitet, dann bei Heinrich Düntzer (*Aus Goethes Freundeskreise*, 1868 [1858]) und in Vilmars (1845) und Scherers (1883) Literaturgeschichten, in August Sauers Einleitung zum Lenz-Band in seiner *Reihe Deutsche National-Literatur* (1883) und sogar bei Karl Weinhold (*Dramatischer Nachlass*, 1884), der sich mit Editionen um Lenz verdient gemacht hat, wird dieser von Hettner als ein Kranker gegen den ‚gesunden' Nationalheros Goethe abgesetzt. Hinzu kommt eine moralische Abwertung: „Lenz war, was Goethe ein forciertes Talent nennt. Im gewaltsamen Wetteifer mit Goethe suchte Lenz sich über seine natürliche Begabung hinaufzuschrauben; so ging er unter in ungezügelter Großmannssucht." (Hettner 1869: Tl. 3, 235; vgl. auch Hettner 1866/1867) Bei Hettner stehen, Goethe folgend, wie schon bei Gervinus weitere moralische Verfehlungen im Vordergrund, die auch spätere Autoren Lenz immer wieder anlasten – „fratzenhaftester Dünkel", „leichtfertige Haltungslosigkeit" und „viel verlogene Schauspielerei" (Hettner 1869: Tl. 3, 236, 246 u. 241) –, was auch die Abwertung des Werks zur Folge hat. Lenz' *Waldbruder* zum Beispiel ist in dieser Perspektive nur die „Geschichte eines albernen Phantasten" (ebd.: 243), das Werk erreiche nicht die Tiefe des *Werther*. Den Dramen fehle es an „durchschlagendem tiefen inneren Gehalt", „an überzeugender und folgerichtiger Durchführung der Charaktere" und „an festem Form- und Kompositionsgefühl" (ebd.: 239). Auch für Friedrich Gundolf ist Lenz in dem einflussreichen Werk *Shakespeare und der deutsche Geist* nur der „durchschnittliche Typus eines Zerrissenen mit Genieprätentionen" (Gundolf 1911: 256). Er sei ein „genialisch beanlagter und zerrütteter Mensch gewesen, der mittelmäßige Nachahmungen Goethes und einige kuriose dramatisch-problematische Aktualitäten mit kulturhistorischem, aber ohne seelengeschichtlichen, geschweige dichterischen Wert hinterlassen" habe (ebd.).

Dass die positivistische Philologie der Kaiserzeit sich durch die Sammlung biographischer Fakten, durch Editionen und die Herstellung halbwegs gesicherter Texte um Lenz verdient macht, hat entsprechend weniger mit einer Wertschätzung des Autors zu tun als mit dem Interesse, Goethes Umfeld systematisch aufzuarbeiten. Damit können sich ambitionierte Germanisten wie der spätere Nachfolger Wilhelm Scherers in Berlin Erich Schmidt durchaus qualifizieren. Das Verhältnis Schmidts zu Lenz bleibt dabei kühl-distanziert, wie schon die Monographie *Lenz und Klinger* (1878) zeigt. Zwar vergleicht Schmidt Lenz mit dem „schicksalverwandten Hölderlin" (E. Schmidt 1878: 61), doch ist er für ihn eine „kranke Natur" (ebd.: 7). Ein jeder „nur einigermaßen gebildete Geschmack" werde sich „von diesem rohen Realismus und Cynismus mit Ekel abwenden" (ebd.: 44). In Schmidts späteren Editionen verschärft sich dieses Urteil über Lenz noch. Es ist Martin zuzustimmen, die sich hierin Weimar anschließt, dass Schmidt die in der Wissenschaft gängigen Urteile über Lenz weitgehend übernimmt und entsprechend das Werk moralisch und ästhetisch abwertet (Martin 2002a: 256 ff.), obwohl oder gerade weil er bemerkt, dass die Zahl der Lenz-Sympathisanten – er nennt u. a. Otto Gruppe – steige.

1925 erscheint die erste ausführliche Arbeit über das Gesamtwerk Lenz', die Habilitationsschrift von Heinz Kindermann *J. M. R. Lenz und die Deutsche Romantik*.

Kindermann setzt sich prononciert ab von der Auffassung, Lenz sei ein Goethe-Nachahmer gewesen, und kommt zu dem Ergebnis, dass dieser „von ganz anderen Voraussetzungen ausgegangen war und infolgedessen – trotz zahlreicher Berührungspunkte mit Goethe – eine völlig andere Entwicklungsmöglichkeit vor sich hatte" (Kindermann 1925a: VIII). Hier wird es allerdings problematisch, da Kindermann ein Anhänger der antiaufklärerischen Wende in der Germanistik ist. Er deutet den Sturm und Drang als Präromantik und Lenz als Irrationalisten. Lenz' Wurzeln in der Aufklärung werden radikal gekappt. Kindermann akzentuiert eine „scharf ausgeprägte Richtung der Schaffenskurve auf die Romantik zu" (ebd.). Immerhin wird hier Lenz' Werk unter einem übergreifenden Gesichtspunkt behandelt und aufgewertet. Dies zeigen schon die nach dem Prinzip der Steigerung angeordneten Überschriften, denen die Analyse einzelner Werke zugeordnet wird: „Pietistisches Welt- und Ich-Erleben", „Befreiung des Lebens und der Kunst", „Willkür der Weltbildgestaltung", „Kampf als Schaffenswille", „Enthusiasmus der Imagination" und „Ekstase". Mit der „Ekstase der Verzückung" in der *Catharina von Siena* habe Lenz den „religiöse[n] Gipfelpunkt romantischen Schaffens" vorweggenommen (ebd.: 324 f.). Hierin trifft sich Kindermann mit Josef Nadler, der in seiner *Geschichte der deutschen Stämme und Landschaften* ebenfalls in der *Catharina* den Gipfelpunkt von Lenz' Schaffen sieht. Deutlich von Wagners *Tristan* inspiriert, preist er die Todeserotik in der Geißelungsszene (*Nadler 1931: 120). Schon für Nadler weist die *Catharina* auf Novalis' *Hymnen an die Nacht* voraus. Kindermanns sehr einlässliche, heute durchaus noch lesenswerte Auseinandersetzungen mit dem Werk führen trotz der einseitigen Perspektive zu Einsichten in den Subjektivismus, die Religiosität und die Ästhetik Lenz', an die später vor allem die französische Germanistik (Girard 1986, Genton 1966) anknüpfen kann.

Betrachtet man die großen geistesgeschichtlichen Darstellungen der Literatur, so ist auch in ihnen zunächst aufgrund der forcierten Orientierung an Goethe für Lenz kaum Raum. Dies gilt insbesondere für den mehrbändigen *Geist der Goethezeit* von Hermann August Korff, dem späteren Professor in Leipzig. Lenz taucht im Sturm-und-Drang-Band (1923) nur kurz mit seinen Dramen *Der Hofmeister* und *Die Soldaten* auf. Er habe allein „als naturalistischer Karikaturist", aber „nicht im Zusammenhange ernsthafter Ideengeschichte eine gewisse Bedeutung" (Korff 1923: 253). Lenz passt schlecht in die Epochenkonstruktion, die Korff entwirft. Zum Beispiel belegten die verführten Frauen in den Dramen mit ihrem „traurigen, aber doch keineswegs tragischen Geschick" „den ungeheuren Unterschied" im Vergleich mit der „ideengeschichtlichen Bedeutung des Klärchen-Gretchen-Schicksals" (ebd.: 254 f.). Korff folgt Hebbels Wertung, dass die Frauenfiguren, weil sie nicht unschuldig an ihrem Geschick seien, im Gegensatz zu Gretchen nicht die für den Sturm und Drang behauptete Spannung zwischen Realität und humanitärem Ideal verkörperten.

Deutlich differenzierter urteilt Ferdinand Josef Schneider, Professor an der Universität Halle-Wittenberg, in seinem literaturgeschichtlichen Überblick über *Die deutsche Dichtung vom Ausgang des Barocks bis zum Beginn des Klassizismus* (1924). Zwar wird auch hier Goethe als einzigem Autor ein eigenes Kapitel gewidmet, aber ansonsten wird in der nach Gattungen geordneten Darstellung der Sturm-und-Drang-Literatur Lenz breiterer Raum gegeben. Die Dramen und Romane werden als Ausdruck der „seelischen Energien" (*Schneider 1924: 357) der Sturm-und-Drang-Jugend hinsichtlich Thematik und Form dargestellt. Moralische Verurteilungen fehlen. Tradierte negative Urteile wirken aber abgemildert nach: „Des Dichters ganzes Leben war schließlich nichts anders als eine unausgeglichene Mischung aus dem subjektiven Ernst seiner Gefühlsphantastik und den lächerlichen Situationen, in die er durch sie geriet." (ebd.: 361)

Im Gegensatz dazu dominiert in den *Deutschen Dichtern 1700–1900. Eine Geistesgeschichte in Lebensbildern* (1948) des späteren Professors in Zürich Emil Ermatinger in der Darstellung des 18. Jahrhunderts wieder eindeutig Goethe. Auf Lenz wird nur im Kapitel über „Seine Freunde im Sturm und Drang" eingegangen. Ermatinger relativiert einen Zusammenhang zwischen Genie und Wahnsinn: „Der Unterschied zwischen den ‚gesunden' und den ‚kranken' Dichtern ist dann bloß der, daß jene auch tiefste Störungen durch entsprechende Gegenkräfte immer wieder zu überwinden vermögen, während die kranken auch leichteren rettungslos und dauernd anheimfallen." (Ermatinger 1948: 21) Dass Lenz zu den letzteren gehöre, habe seinen Grund in der „sklavischen Goethenachahmung, in die er sich hineinbegeben hatte" (ebd.). Er habe „um dieses starke und glühende Licht wie eine Motte" herumgeschwirrt (ebd.: 333). Begründet wird dies unter anderem mit dem *Pandämonium Germanikum*. Die offenkundige Ambivalenz der Satire wird nicht wahrgenommen. Ermatinger sieht Lenz als einen wenig originellen Nachfahren der Aufklärung an, der eher durch ein Missverständnis versucht habe, sich nahe bei Goethes Genievorstellung zu platzieren.

Ganz so einseitig charakterisiert Richard Newald im sechsten Band seiner *Geschichte der deutschen Literatur* (1957) Lenz nicht. Doch beginnt er mit Goethes Verurteilung von Lenz in *Dichtung und Wahrheit*, und in der folgenden Darstellung bleibt der Vergleich mit jenem erkenntnisleitend, der für Lenz meist nachteilig ausfällt. Auch fehlt das Verständnis für die antiaristotelische Form der Dramen. Newald knüpft an tradierte moralische Urteile an: „Der sittliche Rigorismus, der in der grotesken Selbstentmannung Läuffers zum Ausdruck kommt, steht in scharfem Gegensatz zu Lenz' eigenem haltlosen Treiben. Sein Argwohn ließ ihn in Welt und Menschen seine Feinde, in sich selbst den stets Verkannten erblicken." (*Newald 1957: 270)

Dass in Lenz bis in die 1960er Jahre – Goethe folgend – zuerst der kranke Dichter gesehen wird und der literarische Wert seines Werkes von daher bestimmt wird, zeigt sich auch in Kurt Eisslers umfangreicher psychoanalytischer Studie *Goethe* (Bd. 1, engl. 1963, dt. 1983). Nach Eissler verkörpert Lenz für Goethe nicht bewältigte traumatische Erfahrungen, die dieser – um des Überlebens und der eigenen Produktivität willen – habe abspalten müssen, unter anderem indem er Lenz aus Weimar verbannte. Auch in Richard Friedenthals erfolgreicher Biographie *Goethe: Sein Leben und seine Zeit* (1963) fungiert Lenz als ein pathologischer Autor und zweifelhafter Freund, dessen sich Goethe habe entledigen müssen. Eckart Oehlenschlägers Lenz-Artikel in dem Band *Deutsche Dichter des 18. Jahrhunderts*, den Benno von Wiese herausgegeben hat, gewinnt den Zugang zum „kurzen literarischen Leben" des Autors auch über die Beziehung zu Goethe und referiert dessen Urteile. Erst im zweiten Teil seines Aufsatzes versucht der Verfasser, sich davon freizumachen, und fragt nach der „das Werk von Grund auf organisierenden Spannung" (Oehlenschläger 1977: 754). Leidner und Wurst konstatieren nicht zu Unrecht, dass derartige Studien nicht sehr weit entfernt seien „from the critical mood of mid-nineteenth century" (Leidner/Wurst 1999: 74).

2. Lenz-Apologeten

Lenz' Abwertung in der Wissenschaft steht bereits im 19. Jahrhunderts eine kleine, sehr langsam wachsende Zahl von Anhängern gegenüber, die zunächst meist in Distanz zur Germanistik an den Universitäten argumentiert. Die Lenz-Anhänger zieht oft gerade das an, was die Goetheaner abwerten: die Nähe von Genie und Wahnsinn, das „Krankhafte" bei Lenz, später auch die als antiaristotelisch und antiklassisch einzuordnende Form seiner Werke. Gegen die moralischen Vorwürfe, die Lenz' Lebensform betreffen, wird er in Schutz genommen. Martin spricht von einem „Mitleidsgestus" und einer „Klagepose" der Lenz-Apologeten (Martin 2002a: 263). Doch gibt es auch Bemühungen, ein differenzierteres Lenz-Bild philologisch abzusichern. Zunächst sind diejenigen zu nennen, die Lenz' Handschriften sammeln, vor allem Georg Friedrich Dumpf, Jégor von Sivers, Wendelin Freiherr von Maltzahn und der Erbe von Tiecks Nachlass, Rudolf Köpke. Doch gelingen diesem Kreis keine bzw. keine wegweisenden Publikationen, und die Pläne Dumpfs, Köpkes und von Sivers' für eine Biographie gelangen über handschriftliche Entwürfe nicht hinaus.

Oft stoßen Forscher aus Interesse an der Gegend, in der sie leben, auf Lenz. Gelangen sie an neues Material, versuchen sie das Lenz-Bild zu beeinflussen und zu verändern. Dies gilt außer für die Besitzer von Handschriften für August Stöber, den elsässischen Editor der Briefe von Lenz an Johann Daniel Salzmann. Stöber versucht, Interesse für Lenz zu wecken, nicht nur indem er auf den Lyriker Lenz eingeht, sondern vor allem indem er die These der Liebesmelancholie des Autors als Ursache für seinen Wahnsinn, die schon bei Tieck auftaucht, auf das Verhältnis zu Friederike Brion bezieht (vgl. Martin 2002a: 139–155). Obwohl Stöber damit eher einen Mythos schafft, als dass die Briefe seine These belegen, wird sie schnell adaptiert. Unter anderem gelangt sie in Hettners Literaturgeschichte, wird hier aber durch den Vorwurf der Schauspielerei relativiert, der Lenz entgegen Stöbers Intention moralisch deutlich abwertet. Der Goetheaner Heinrich Düntzer nutzt die These mit der gleichen Absicht unter anderem in *Aus Goethes Freundeskreise* (1868; vgl. auch den Erstdruck Düntzer 1858). Er kontrastiert Lenz' unaufrichtiges Werben um Friederike mit Goethes wahrer Liebe zu ihr. Der Berliner Autor Otto F. Gruppe wendet sich in seiner Monographie *Reinhold Lenz, Leben und Werke* (1861) vehement gegen Stöbers Mythos: „Es besteht kein Zusammenhang zwischen Lenzens Liebe zu Friederike und seinem Wahnsinn." (Gruppe 1861: 97) Eine Ehrenrettung von Lenz bezüglich seines Verhältnisses zu Friederike unternimmt Paul Theodor Falck in seiner Biographie *Friederike Brion von Sesenheim* (1884). Hier ist Lenz zunächst Opfer der Konstellation, dass Friederike von ihrem Geliebten Goethe verlassen worden ist. Lenz habe sich seine Zuneigung erst eingestanden, als klar gewesen sei, dass Goethe an Friederike „meineidig" (Falck 1884a: 50) geworden sei. Die Mutter und das Umfeld hätten dann eine Beziehung, die von beiden gewollt worden sei, verhindert. Daraus erst resultiere Lenz' Liebesmelancholie.

Gruppes Buch *Reinhold Lenz. Leben und Werke* erhebt den Anspruch, den Autor erstmals vollständig darzustellen. Vor allem soll er rehabilitiert werden. Vehement wird Lenz gegen moralische Vorwürfe in Schutz genommen. Die hohe Moralität von Lenz' Leben und Werk wird immer wieder betont. Im Gegensatz zu der vorwiegenden Meinung, Lenz' Verhalten und Werk seien sehr früh schon von Einbildungen und Wahnsinn geprägt, ist für Gruppe die Krankheit ein plötzliches und unerwartetes

Ereignis, an dem das vielversprechende dichterische Genie zerbreche. Obwohl oder gerade weil Gruppe im Grunde die antiaristotelische Struktur von Lenz' Werken nicht erkennt, kann er ihre ‚Schönheit' und ‚Harmonie' preisen. Wie vor ihm Dorer-Egloff (1857) macht Gruppe Lenz zu einem Vorbild für Goethe. Die Behauptung der Nachahmung wird umgekehrt. Zum Beispiel sei der *Hofmeister* ohne Kenntnis von Goethes *Götz* vollendet worden und für die Gretchentragödie im *Faust* bilde Maries Schicksal in den *Soldaten* ein Vorbild. Gruppe fordert, Lenz endlich die notwendige Anerkennung zu gewähren. Philologische Unkorrektheiten und Spekulationen machen Gruppes Buch für seine Gegner angreifbar, doch ist es für die Lenz-Anhänger ein wichtiges Werk.

Vehement setzt sich für Lenz auch Paul Theodor Falck ein, ein Bahnbeamter, Dr. phil. und Privatgelehrter in Riga, und zwar neben der eben erwähnten Monographie über Friederike Brion vor allem mit *Der Dichter J. M. R. Lenz in Livland* (1878). Im Untertitel werden „unbekannte Jugenddichtungen von Lenz" versprochen. Edward Schröder kann in „Die Sesenheimer Gedichte von Goethe und Lenz" (1905) allerdings nachweisen, dass Falck bereits gedruckte Fassungen benutzt hat, um sie teilweise abzuändern. Entsprechend steht Falck als Fälscher da. Heinrich Bosse weist wohl zu Recht zustimmend auf Franz Bleis Einschätzung von Falck hin:

> [E]r will in den Gedichten die Schicksale des Dichters lesen, wie er sie sich zurechtgemacht hat: mit unglücklicher Liebe, Verkanntsein, Vernichtetwerden aus künstlerischer Eifersucht und Irrsinn aus unglücklicher Liebe zu – Henriette von Waldner, in summa die landläufige Vorstellung vom ‚genialen unglücklichen Dichter'. (Blei I: 533; Bosse 1992: 113)

Falck sammelt intensiv Lenziana, die überwiegend aus dem Nachlass des Pastors der lutherischen Gemeinde in Moskau, Johann Michael Jerzembsky, stammen sollen. Tatsächlich enthält Falcks Nachlass, der in der Fundamentalbibliothek in Riga aufbewahrt wird, nach Bosses erster Durchsicht vor allem Alternativ- und Paralleltexte zu Lenz' originalen Texten, die er dem Autor untergeschoben habe. Eine genaue Prüfung aller Materialien steht noch aus.

Der Elsässer Wissenschaftler Johannes Froitzheim (u. a. *Zu Strassburgs Sturm- und Drangperiode 1770–1776*, 1888; *Lenz, Goethe und Cleophe Fibich in Strassburg*, 1888; *Lenz und Goethe*, 1891) bemüht sich, Goethes Behauptungen in *Dichtung und Wahrheit*, Lenz' Charakter und seine Beziehungen zu Friederike Brion und Cleophe Fibich betreffend, im Gegensatz zu Gruppe und Falck möglichst philologisch korrekt zu widerlegen. Widerspruch und Empörung seitens der Goetheaner erregt sein Versuch, Goethe aus der Beziehung zu Friederike Brion ein uneheliches Kind nachzuweisen. Vor allem arbeitet Froitzheim mit historischem Material die Geschichte der Straßburger Gesellschaft auf, deren Sekretär Lenz zeitweise war, und klärt Details über Lenz' Zeit in dieser Stadt. Wie Gruppe sieht er in der Marie der *Soldaten* ein Vorbild für Goethes Gretchen.

Ariane Martin (2001c u. 2002a) hat auf eine Rezeptionslinie aufmerksam gemacht, in der die Krankheit von Lenz nicht als zerstörendes, sondern als ästhetisch produktives Element gewertet werde. In Friedrich Theodor Vischers *Aesthetik* (1848) fungiert die Dichotomie zwischen ‚gesund' und ‚krank' als Unterscheidungsmerkmal zwischen dem vollständigen und dem ‚fragmentarischen Genie'. Während das erstere seine Krisen überwinde, verharre das letztere in einem unlösbaren und krisenhaften Zwiespalt zwischen der eigenen Subjektivität und der Welt. Weil sie die „wirkliche

Welt nicht ertragen" können, fallen sie „leicht in Wahnsinn, wie Lenz" (*Vischer 1848: Bd. 2.2, 392). Angelegt ist die Unterscheidung zwischen den beiden Typen des Genies schon bei Tieck, doch kommt bei Vischer eine heroische Komponente dazu, die zur Aufwertung des Kranken beiträgt. Der Prager Kritiker und Wissenschaftler Josef Bayer führt in *Von Gottsched bis Schiller. Vorträge über die classische Zeit des deutschen Dramas* (1863) diese Argumentationslinie weiter. Für ihn resultiert Lenz' Werk aus einer engen Wechselwirkung zwischen Leben und Kunst, die sich aus der Krankheit ergebe. Die besondere Sensibilität des Autors, die auf seine Leidenserfahrung zurückzuführen sei, erreiche in der Kunst einen hohen Grad an Wahrnehmung der Realität. Im kranken Dichter komme die besondere poetische Sendung, die begnadete Natur des Künstlers überzeugend zum Ausdruck. Diese Qualität wurde Lenz von seinen Gegnern abgesprochen. Es verwundert daher nicht, dass Bayer sich ausdrücklich von den diffamierenden moralischen Urteilen Gervinus' absetzt.

Dass ein wichtiger Teil der Naturalisten in Lenz einen Vorläufer für die eigene Bewegung sieht, hat Auswirkungen auch auf die Wissenschaft. Nur ein Jahr nach Max Halbes wegweisendem Essay „Der Dramatiker Reinhold Lenz" (1892) erscheint Arthur Wohlthats Kieler Dissertation *Zur Charakteristik und Geschichte der Genieperiode*, die Lenz als den „Sturm und Drang-Dramaturg" (Wohlthat 1893: 15) vorstellt, ohne Goethe gegen ihn auszuspielen. Wohlthat beschreibt, wie Lenz das moderne Charakterdrama dem antiken Schicksalsdrama gegenüberstelle und dass dies zu einer antiaristotelischen Dramaturgie führe, deren Elemente im Einzelnen erläutert werden. In Oskar Gluths in der Forschung einflussreicher Dissertation von 1912, die im Umkreis der Münchner Theaterwissenschaftlers Artur Kutscher entsteht, findet sich die bereits von den Naturalisten propagierte Trennung zwischen ‚realistischen' Werken Lenz', zu denen vor allem der *Hofmeister* und die *Soldaten* zählen, und subjektivistischen, in denen für ihn ein „krankhafter Idealismus" (Gluth 1912: 9) herrscht. Georg Hausdorff spricht 1913 in *Die Einheitlichkeit des dramatischen Problems bei Jakob Michael Reinhold Lenz* diesbezüglich von den ‚objektiven' und den ‚subjektiven' Werken. Diese Trennung führt zu einer Aufwertung der explizit sozialkritischen Werke, während die übrigen nur selten untersucht werden. Hausdorff sieht die Einheit der Dramen konstituiert in einer Szenenfolge, die nach dem Prinzip einer Bildergalerie organisiert sei. Dies liege daran, dass Lenz statt einer Konfrontation von Figuren oder Ideen das Ausgesetztsein des Individuums in einer immobilen Gesellschaft vergegenwärtige. Letztlich führten diese Erfahrungen zur Resignation, aber der eigentliche Katalysator für die Konflikte in Lenz' Dramen sei die Liebe. Zwar seien Lenz' Dramen von dem melancholischen Temperament des Autors geprägt, doch zugleich übernehme er auch den im Sturm und Drang Shakespeare zugeschriebenen Konflikt zwischen dem Beharren auf eigener Entscheidungsfreiheit und dem unerbittlichen Gang der Geschichte.

Karl Holl grenzt in seiner *Geschichte des deutschen Lustspiels* Lenz' Bemühungen um eine Erneuerung des Dramas deutlich gegen die naturalistische Kunst ab. Er betont unter Hinweis auf Heinrich Wilhelm von Gerstenberg, dass Lenz eine „Illusionskunst" angestrebt habe, „die den Zuschauer glauben macht, ‚er sehe das wahre Werk der Natur'" (Holl 1923: 187). Holl macht das an der Konstruktion der Figuren und vor allem an der Sprache fest, die über die Orientierung an volkstümlicher Rede und Soziolekten hinaus in Wortwahl, Bildern und Stil eine geformte Kunstsprache darstelle. Eine erste ausführliche und genaue Untersuchung der Sprache hatte schon 1890 Curt Pfütze geliefert in *Die Sprache in J. M. R. Lenzens Dramen.*

1909 ist ein großes Jahr für die Lenz-Forschung, in der nicht weniger als drei Werkausgaben erscheinen. Vor allem die von Blei bildet für die nächsten Jahrzehnte den Bezugspunkt für die Forschung. Ferner wird Matvej Rozanovs Biographie *Jakob M. R. Lenz. Der Dichter der Sturm und Drangperiode. Sein Leben und seine Werke* auf Deutsch herausgebracht, ein Buch, das noch heute wegen der Fülle an Details trotz mancher fragwürdiger Urteile sehr lesenswert ist. Der russische Germanist geht davon aus, dass bei Lenz Leben und Werk eng miteinander zusammenhängen: „Seine Dichtungen sind ein Kommentar zu seinem Leben, seine Lebensgeschichte erklärt sein poetisches Schaffen." (Rosanow 1909: 441) Nach diesem Prinzip werden Leben und Werke betrachtet und die geistigen Einflüsse zum Teil erstmals dargestellt; ferner geht es um die persönlichen Beziehungen. Rozanov würdigt Lenz' innovative Schreibweise und den revolutionären Impetus seiner Dramentheorie. Lenz erscheint als der „selbständigste und vielseitigste Vertreter der wichtigsten Zeitabschnitte der deutschen Literatur mit allen ihren Eigenschaften" (ebd.: 448). Er sei einerseits einer der „subjektivsten Poeten, die die Literaturgeschichte kennt" (ebd.: 451), andererseits ein „Adept der Annäherung der Dichtung an das Leben", ein „Vorkämpfer des Realismus" (ebd.: 456). Bis zu Damms Biographie von 1987 bleibt Rozanovs Werk der einzige Versuch einer Gesamtdarstellung, die Leben und Werk aufeinander bezieht.

3. Lenz zwischen Ausgrenzung und begrenzter Anerkennung – vier kontroverse Zugänge

Psychologie und Psychopathologie

Lenz wird in den 1920er Jahren nicht nur unter geistes- und ideengeschichtlichen Gesichtspunkten beurteilt. Die Auseinandersetzung mit der angeblichen oder wirklichen Pathologie Lenz', welche in den kontroversen Positionen der Forschung zum Argument wird, fordert, sich mit der Psychologie des Autors genauer auseinanderzusetzen. Im Zeitalter des Ausbaus der Psychiatrie, der sich entwickelnden Psychoanalyse und darüber hinaus eines großen Interesses an möglichen Zusammenhängen zwischen Genie und Wahnsinn geht es darum, Lenz' psychische Konstitution und seine Krankheit näher zu bestimmen. Gefördert wird dies auch durch die wachsende Aufmerksamkeit für Büchners *Lenz*-Novelle, die als Darstellung der Krankheit interpretiert werden kann. Huber-Bindschedler sucht 1922 die psychologische Entwicklung des Autors aus – so der Titel der Dissertation – der „Motivierung in den Dramen" herzuleiten und deutet seinen Weg von den sozialkritischen zu den ‚subjektiven' Dramen und Fragmenten als Ausdruck einer Haltung zum Leben, die immer autistischer werde. Der Psychiater Rudolph Weichbrodt bestimmt 1921 in „Der Dichter Lenz. Eine Pathographie" Lenz' Krankheit als „Katatonie (Spannungsirresein)" (Weichbrodt 1921: 187). Er macht sie an Symptomen wie Übererregung, körperlicher und geistiger Bewegungslosigkeit, der Unfähigkeit zu sprechen und bestimmten Verhaltensstereotypen fest. Der Psychiater Wilhelm Mayer spricht angesichts der überlieferten Symptome erstmals von „Schizophrenie" (W. Mayer 1921: 890). Dieser Begriff wird 1927/1928 von Max Marcuse aufgenommen und setzt sich bei den Medizinern und dann auch Literaturwissenschaftlern durch. Auf die Bonner medizinische Dissertation von Herwig Böcker *Die Zerstörung der Persönlichkeit des Dichters J. M. R. Lenz' durch die beginnende Schizophrenie* (1969) wird immer wieder verwiesen. Die Ärztin Johanna Beuthner spricht in ihrer Dissertation *Der Dichter Lenz. Beurteilung und Behandlung seiner Krankheit durch seine Zeitgenossen* fast zeitgleich von einer „Schizophrenie mit katatonen Symptomen" (Beuthner 1968: 1). Dass über diese 1921 gefundene Diagnose noch Jahrzehnte später weitgehend Konsens herrscht, belegt 1990 Rüdiger Scholz' Argumentation für eine historisch-kritische Werkausgabe, für die Lenz auch als „manifester Fall eines schizophrenen Schriftstellers im 18. Jahrhundert" (Scholz 1990: 212) von Bedeutung ist.

Johannes Schnurr will das „klinische Profil" Lenz' mit Bezug auf das *Diagnostische und Statistische Manual Psychischer Störungen* herausarbeiten (Schnurr 2004: 17). Anne-Christin Nau geht es in ihrer Dissertation *Schizophrenie als literarische Wahrnehmungsstruktur am Beispiel der Lyrik von Jakob Michael Reinhold Lenz und Jakob von Hoddis* (2003) um „Paradigmen der Übertragung psychopathologischer Strukturen auf Texte" (Nau 2003: 461). Hier wird auf fragwürdige Weise das Werk einbezogen. Nach Nau handelt es sich nicht um „offensichtlich psychopathologische Texte", doch kämen in ihnen „psychopathologische Wahrnehmungsstrukturen" zum Ausdruck (ebd.: 470). Uta Bamberger, die Lenz' Sprachverwendung und religiöse Bekenntnisse untersucht, weicht 1998 von der Schizophrenie-Hypothese ab, indem sie eine manisch-depressive Krankheit Lenz' annimmt. Wie problematisch es ist, bestimmte sprachliche Mittel für pathologische Strukturen zu vereinnahmen, zeigt sich darin, dass die von Bamberger als Beleg angeführte Aposiopese zeittypisch und bei vielen Sturm-und-Drang-Autoren verbreitet ist.

Die Implikationen der Zuweisung einer Diagnose wie ‚Schizophrenie' diskutiert Timm Menkes Aufsatz „Zwei Thesen zur Rezeption und Krankheit von J. M. R. Lenz" (1994). Menke polemisiert gegen die in den 1970er und 1980er Jahren auch von Literaturwissenschaftlern übernommene psychosoziale Begründung der Schizophrenie, um diese rein endogen als eine „physiologische Erkrankung des Gehirns" darzustellen (Menke 1994: 231 f.). Im Bewusstsein, dass gerade die Definition psychischer Erkrankungen in hohem Maße soziokulturell und historisch bestimmt ist und dies auch für die Aussagen von Lenz und seiner Zeitgenossen gelten muss, wird heute mehrheitlich von einer festen Definition Abstand genommen. Man rekurriert lieber auf zeitgenössische Begriffe wie den des ‚Wahnsinns' oder der ‚Melancholie' oder spricht wie im Titel einer sehr nützlichen Zusammenstellung wichtiger Quellen von *Lenzens Verrückung* (Dedner/Gersch/Martin 1999), der an eine Formulierung in einem Brief Georg Wilhelm Petersens an Friedrich Nicolai vom 9. März 1778 anschließt (vgl. ebd.: 50). Der Begriff „Verrückung" im Titel der genannten Arbeit verweist auf die zeitgenössische Qualifizierung von Lenz nach seinem Scheitern in Weimar, wo er ja schon vor dem Konflikt mit Goethe durch wenig angepasstes Verhalten aufgefallen war (vgl. dazu Böttiger 1838), als ‚verrückt'. Dieses Urteil sprach sich herum; es beinhaltete von vornherein eine Abwertung des Werkes und legitimierte ein allein noch bestehendes Interesse an der Pathologie des Autors. Heute werden sprachliche und Eigenheiten und Werkstrukturen Lenz', die als Symptome des Pathologischen gewertet wurden, häufig gerade als ein Merkmal der ästhetischen Qualität erkannt. Dass Lenz allerdings als gar nicht krank eingeschätzt wird, kommt heute selten vor (vgl. aber Boëtius 1985: 121).

Nationalismus und Rassismus

Mit den Feinheiten einer Krankheitsdefinition gibt sich die nationalistische und rassistische Literaturbetrachtung nicht ab, die sich schon weit vor der nationalsozialistischen Herrschaft entwickelt. Diese ideologische Richtung kann mit Lenz nichts anfangen. Der Antisemit und Nationalist Adolf Bartels stellt schon 1909 in seiner *Geschichte der deutschen Literatur in zwei Bänden* fest: „In ein deutsches Pantheon [...] gehören die Stürmer und Dränger nicht, man braucht sie nicht zu kennen." (*Bartels 1909: Bd. 1, 469) Sie teilen dieses Schicksal zum Beispiel mit Büchner und Wedekind, erst recht mit jüdischen Autoren. Bartels unterscheidet eine internationale ‚jüdische' Geschichtsschreibung von einer nationalen, die sich auf die Suche nach dem wahren Deutschtum zu begeben habe. Entsprechend nutzt er den Gegensatz zwischen dem Gesunden und dem Kranken. Im gesunden Goethe sieht er die vollkommene Verkörperung des rassisch begründeten deutschen Nationalcharakters: „Aber wehe dem, der den wirklichen Unterschied zwischen Goethe und einem Lenz nicht sieht oder nicht sehen will. [...] Er wird zu Grunde gehen, wie Lenz zu Grunde ging." (ebd.) Gleiche Urteile finden sich in der einbändigen *Geschichte der deutschen Literatur*, die zuerst 1919 herauskommt. Beide Literaturgeschichten werden bis in den Zweiten Weltkrieg hinein immer wieder aufgelegt, Bartels selbst sieht in der einbändigen Ausgabe „ein nationales Erziehungsbuch [...], das das völkische Woher und Wohin deutlich" aufzeige (*Bartels 1919: VI). Unter dem bezeichnenden Titel *Die Sturm und Drangbewegung im Kampf um die deutsche Lebensform* versucht Heinz Kindermann, der 1933 NSDAP-Mitglied, 1936 Professor in Münster und 1943 Professor in Wien wird, Autoren wie Lenz erneut als Kämpfer gegen die Aufklärung ins Feld zu führen, „gegen jene westisch vorgeformten, mechanistisch-individualistischen Eigenheiten", die „jede aktive Hingabe des Einzelnen an die großen Gemeinschaften des Staates, des Reiches, der Nation unterbinden" (*Kindermann 1941: 6). Für den „wehrhaften Charakter" der „neuen, volkhaften Sendung" der Stürmer und Dränger kann Kindermann bei Lenz allerdings kaum Anhaltspunkte finden (ebd.: 49). Er wird mit dem *Hofmeister* und den *Soldaten* eingeordnet als ein Kämpfer für die „ideelle" und „soziale" Befreiung des Bürgertums (ebd.: 18). Zwei Jahre zuvor hatte Kindermann Lenz' „Sozialdramatik" als Etappe auf dem Weg zur nationalen Selbstverwirklichung des deutschen Volkes charakterisiert: „Die deutsche Phantasie stürmt hier der politischen Wirklichkeit weit voraus. Mächtig pochen diese Sozialdramen an das Tor der deutschen Volksgerechtigkeit." (Kindermann 1939: 42) Die übrigen Texte Lenz', die in der Habilitationsschrift noch ausführlich betrachtet wurden, werden jetzt ignoriert. Aus heutiger Perspektive grotesk erscheint Wilhelm Müllers rassebiologische Studie von 1938, die den Autor anhand Heinrich Pfenningers Lenz-Porträt und Goethes Darstellung in *Dichtung und Wahrheit* einer vermeintlichen ostbaltischen Rasse zuordnet. Aufgrund von Rassemerkmalen, die an der Physiognomie abgelesen werden, und mit Bezug auf Goethes Urteile kommt Müller zu dem Ergebnis, dass Lenz keine große Kunst habe hervorbringen können.

Marxistische Literaturwissenschaft

Dass die nationalistisch gesinnten Germanisten mit Lenz nichts anfangen können, liegt nahe. Verwunderlicher ist, dass die marxistische Literaturwissenschaft Lenz zunächst fast völlig ignoriert. Der Grund liegt darin, dass sie wie die bürgerliche

Germanistik dem Erbe der deutschen Klassik – vor allem Goethe und Schiller – verpflichtet ist. An die Klassik soll eine humanistisch-realistische Ästhetik anknüpfen. ‚Modernistische' Auffassungen im Bund proletarisch-revolutionärer Schriftsteller (BPRS) können sich nur kurz halten und werden bekämpft. Zur Zeit der Weimarer Republik steht die Orientierung der marxistischen Literaturwissenschaft an der Klassik auch in Zusammenhang mit der Abkehr von der avantgardistischen Literatur in der Sowjetunion, danach im Exil mit der Volksfrontpolitik, über die man bürgerliche Schriftsteller gewinnen will. Franz Mehring, der große marxistische Literaturkritiker vor dem Ersten Weltkrieg, ignoriert Lenz in *Der preußische Staat und die klassische Literatur* (1910) völlig. Zwar sieht er im Sturm und Drang „eine Art geistiger Revolution", meint aber entgegen dem damaligen Stand der Wissenschaft, dass seine „Träger" „bis auf Goethe" und seinen „späten Nachfolger Schiller" „alle verschollen" seien (*Mehring 1972: 40). Ohnehin spielt der Sturm und Drang als Bewegung von Autoren bei Mehring kaum eine Rolle. Das ändert sich jedoch bei Georg Lukács (*Skizze einer Geschichte der neueren deutschen Literatur*, 1953), der den Sturm und Drang im Gegensatz zu reaktionären Autoren wie Kindermann eng an die Aufklärung anschließt. Lukács legt die ideologischen Grundlagen der Beziehung des Sturm und Drang auf die Romantik offen und zeigt die Bedeutung der französischen Aufklärung für den Ersteren auf. Er erklärt die Präromantikthese unter anderem mit dem Versuch, die deutsche Literaturgeschichte aus Gründen des Nationalismus von der französischen zu trennen, um den Sturm und Drang auf Irrationalismus und eine Feindschaft gegen die Aufklärung festzulegen. Dagegen sieht er die deutsche Aufklärung bestimmt durch eine „gemeinsame politische Grundlage, durch die gemeinsamen Feinde – Absolutismus, Adel, Spießertum – und durch die gemeinsamen Aufgaben" (*Lukács 1964: 26 f.). Aber Lukács orientiert sich wie die bürgerlichen Wissenschaftler allein an Goethe. Lenz fehle die „Genialität der ahnenden Voraussicht": „Zwar kann Lenz als Menschengestalter, als Schöpfer einzelner Szenen ehrenvoll vor seinen besten Zeitgenossen bestehen, aber seine Dramen bauen sich stets auf einer aufgeregt-philiströsen anspruchsvoll-sinnlosen Schrulle auf." (ebd.: 34) Weil „alles im Nebel der sozialen Ungeformtheit des deutschen Lebens" verschwimme, werde sein Werk „als Ganzes [...] verzerrt und erdrückt" (ebd.). Die Nichtbeachtung Lenz' findet sich auch bereits in Leo Balets *Die Verbürgerlichung der deutschen Literatur, Kunst und Musik im 18. Jahrhundert* von 1936. Balet zitiert zustimmend Hettners Wort vom „Affen Goethes" und Goethes Urteil (Balet 1973: 223 f.). Er wirft Lenz wie die bürgerlichen Philologen ‚Geniewahn' vor.

Dass die in der DDR erscheinenden Literaturgeschichten anders urteilen, liegt zum einen am Einfluss Bertolt Brechts, der mit seiner *Hofmeister*-Bearbeitung (Erstaufführung 1950) auf Lenz aufmerksam macht, zum anderen an der Möglichkeit, Lenz wegen seiner sozialkritischen Werke zu beerben. Allerdings ist Brecht, der in Lenz schon 1940 einen Vorläufer seines epischen Theaters und einen ‚Realisten' sieht (vgl. *Brecht 1993), mit dieser Meinung in der DDR nicht unumstritten. Was Realismus beinhaltet, die an der Klassik orientierte Variante von Lukács' oder Brechts Definition und Schreibweise, bleibt Gegenstand der Diskussion. Der Anerkennung von Lenz bleiben Grenzen gesetzt, solange in der marxistischen Erbetheorie die Kanonisierung der deutschen Klassik anhält. Wilhelm Girnus zum Beispiel ruft Goethe Anfang der 1950er Jahre zum größten Realisten aus (vgl. *Girnus 1953). Im Gegensatz dazu will Nahke in ihrer Dissertation Lenz' Realismus in den Dramen nachweisen. In die gleiche Richtung argumentiert 1968 Lorenz in seiner *Untersuchung zur Tradition des Realismus in der deutschen Dramenliteratur*. In der ersten Ausgabe der *Erläuterungen zur deutschen Literatur (Klassik)* (1956) beginnt die Geschichte realistischer Schreibweisen in der deutschen Klassik (vgl. *Albrecht/Mittenzwei 1956). Allerdings gilt Lenz 1958 in den *Erläuterungen zur deutschen Literatur (Sturm und Drang)* als ein „selbständiger Dichter von Rang", der „Grundforderungen einer realistischen Ästhetik entwickelt habe (Böttcher/Krohn 1958: 156 u. 162). Die seit Gluth und Hausdorff bestehende Tradition, ,objektive' sozialkritische und ,subjektive' Werke zu unterscheiden und nur die ersteren anzuerkennen, setzt sich in den Analysen des ,Realisten' Lenz fort. Dies zeigt sich zum Beispiel in der ansonsten sehr differenzierten Lenz-Darstellung im sechsten Band der *Geschichte der deutschen Literatur* von 1979. Nur in den Dramen *Der Hofmeister* und *Die Soldaten* erreiche Lenz, so heißt es dort, die „Tiefe der sozialkritischen Analyse" (Geschichte der deutschen Literatur, 1979: Bd. 6, 621). Dass die subjektiven Elemente bei Lenz ausgeklammert werden, hat hier auch mit dem Konzept der Literaturgeschichte zu tun, in welchem der Sturm und Drang etikettiert wird als „Theorie und Praxis der sich herausbildenden Nationalliteratur" in der „Endphase des Feudalabsolutismus und am Vorabend der bürgerlichen Revolution in Frankreich" (ebd.: Bd. 6, 10).

In den 1970er Jahren ändern sich die Positionen der Erbetheorie und der Wertung der Literatur des 18. Jahrhunderts. Es fehlen aber, solange die DDR besteht, größere Arbeiten, die dem in Bezug auf Lenz entsprechen würden – mit Ausnahme des einfühlsamen Essays Joachim Seyppels zu seiner Lenz-Ausgabe (1978) und der Lenz-Biographie von Sigrid Damm (1985a). Dies gilt für die Wissenschaft, nicht aber für die Literatur. Auch Damms Biographie strebt eine Mittelstellung zwischen wissenschaftlicher Analyse und literarisch-fiktionaler Vergegenwärtigung an.

Immanente Interpretation und New Criticism

In einer zunächst sehr deutlichen Abkehr von ,außerliterarischen' Beanspruchungen der Literatur wie Psychologie, Nationalismus und Marxismus entwickeln sich in Deutschland nach dem Zweiten Weltkrieg immanente Interpretation und New Criticism – letzterer in Anknüpfung an die Germanistik in den englischsprachigen Ländern. Leidner und Wurst führen überzeugend drei Positionen dieser Richtung auf, die sich auch in ihrer Haltung zu Lenz unterscheiden. Konservative Humanisten wie Emil Staiger, die den universalen ästhetischen Wert eines Werkes erweisen wollten, hätten kaum Interesse an Lenz. Eine zweite Gruppe beschäftige sich mit den Formelementen von Literatur. Bei ihnen steige das Interesse an Lenz. Dazu zählen Leidner und Wurst unter anderem Paul Böckmann. Eine dritte Gruppe, aus der Walter Höllerer herausrage, suche die Formelemente der Literatur im Hinblick auf die Moderne zu reflektieren. In dieser Perspektive werde Lenz geschätzt als ein Autor mit Schreibweisen, die auf die Moderne vorausweisen (Leidner/Wurst 1999: 67). In den Fokus dieser Forschungsrichtung kommen vor allem die Dramen.

Paul Böckmann hebt im ersten Band seiner *Formgeschichte der deutschen Dichtung* (1949) Aggressivität als ein Formmerkmal von Lenz' Sprache heraus. Zugleich übertreibe und überspitze Lenz seine Charaktere, so dass sie zu Karikaturen würden. So sehr Böckmann wesentliche Merkmale von Lenz' Schreibweise erfasst, letztlich sieht er in ihm nur einen Übergang in der Formgeschichte hin zur Weimarer Klassik.

Schillers pathetische Schreibweise wird Lenz entgegengestellt, weil sie Aggressivität mit einem übergreifenden Idealismus verbinde. Ebenso sind für Otto Mann in seiner *Geschichte des deutschen Dramas* (1960) die Stürmer und Dränger nur interessant, „um Goethes und Schillers Größe würdigen zu können" (*Mann 1960: 197). Lenz habe das Drama als eine „feste Gattungsform" preisgegeben zugunsten eines Shakespeares freie Form missverstehenden „Bilderbogens des epischen Nacheinanders" (ebd.).

Walter Höllerer hingegen lässt sich auf keinen Vergleich mit Goethe ein; er argumentiert von Brechts epischem Theater und der Dramenpraxis anderer moderner Autoren aus – von Gesichtspunkten, die auch die weitere Diskussion der Formelemente von Lenz' Werk anregen. Höllerer arbeitet 1958 in seiner heute noch sehr lesenswerten *Soldaten*-Interpretation Lenz' „Lapidarstil" heraus; dieser beinhalte eine Aufwertung der Gestik, die Technik der Kurzszenen und die „Dekomposition des Tragischen" (Höllerer 1958: 146). Dazu gehöre auch Lenz' Umgang mit der Sprache, die sehr sorgfältig nach dem jeweiligen sozialen Stand und darüber hinaus dem Begehren der Figuren gestaltet sei. Lenz entwickele auch einen Sinn für die Manipulation mit und durch Sprache. Höllerer rechnet die *Soldaten* einer antiaristotelischen Tradition zu, die über Büchner, Grabbe, den jungen Hauptmann und Wedekind bis zu Brecht reiche. In diesem Sinne argumentiert auch Volker Klotz 1960 in *Geschlossene und offene Form im Drama*. Klotz entwickelt diese Unterscheidung der Bauform in Anknüpfung an Fritz Strich und vor allem Heinrich Wölfflin als eine Kategorie der Ästhetik, die er auf die Poetik des Dramas überträgt. Lenz' Dramen fungieren als ein wichtiges Beispiel für die „offene Form", die in Epochen auftrete, die in Opposition zu einer normativen Poetik und zu ganzheitlichen Werken mit einer konsequenten Funktionalität der Teile stünden. Bei Lenz führe die Aufhebung der drei Einheiten und die Auflösung der Finalität des Dramas zu zwei oder mehr Handlungen, die miteinander verflochten würden, zu einer Betonung der Autonomie der Einzelszene, zu Kurzszenen und plötzlichen Abbrüchen sowie zu einer individualisierenden, der jeweiligen Figur entsprechenden Sprache (vgl. *Klotz 1960). Britta Titel knüpft in ihrer 1963 veröffentlichten Dissertation an Klotz an und versucht, die „offene Form" von Lenz' Stücken genauer zu analysieren. Indem sie Lenz' Verständnis von Nachahmung im Rahmen der zeitgenössischen Diskussion untersucht, stellt sie den Zusammenhang zu den *Anmerkungen übers Theater* her. John Guthrie führt in *Lenz and Büchner. Studies in Dramatic Form* (1984) Klotz' Überlegungen weiter, setzt sich aber auch kritisch mit dem methodischen Ansatz der Arbeit auseinander. Gleiches gilt für Hiebel 1992.

Karl S. Guthke versucht, den Bau der Dramen Lenz' unter dem Gesichtspunkt der Tragikomödie zu erfassen. Diese Mischgattung war in dieser Zeit – Ende der 1950er, Anfang der 1960er Jahre – durch Dürrenmatts Theaterpraxis sehr aktuell. Guthke geht von einer Unangemessenheit, einem Zwiespalt zwischen Charakter und Situation aus. Daraus ergibt sich für ihn, dass Lenz' Dramenfiguren komisch und tragisch zugleich seien. Läuffer sei einerseits ein komischer Charakter, zu vergleichen mit einer Figur der Sächsischen Typenkomödie, andererseits habe er tragische Züge und nehme ein tragisches Schicksal. Er sei ein tragischer Held und zugleich ein Anti-Held (Guthke 1959, 1961a). Die Schwäche dieser Argumentation liegt darin, dass die Gattungsbestimmung hier vorausgesetzt und den Stücken eher oktroyiert wird. Dagegen zeigen Walter Hinck (1965b), Élisabeth Genton (1955, 1966) und Helmut

Arntzen (1968), dass Lenz' letztliche Entscheidung für den Gattungsbegriff ‚Komödie' durchaus zutreffend ist. Auch Prang (1968) und Burger (1968) folgen in ihren Geschichten des Lustspiels Lenz' Definition. René Girard geht über eine reine Formanalyse hinaus, wenn er 1968 in *Lenz 1751–1792. Genèse d'une dramaturgie du tragi-comique* aufzeigt, wie Lenz' Verbindung von Tragischem und Komischen die ästhetischen und sozialen Funktionen der Komödie parodiert und dekonstruiert. Diese Gattungsuntersuchung bezieht die Sozial- und Mentalitätsgeschichte mit ein. Auch Walter Hinck betont in seiner Untersuchung *Das deutsche Lustspiels* (1965b) und in seiner Einleitung zu dem von ihm edierten *Menoza* (1965a), dass zu Lenz' Komödienauffassung die Darstellung der sozialen Wirklichkeit gehöre. An der Bauform des *Menoza* zeigt Hinck den Einfluss von Puppenspiel und Haupt- und Staatsaktionen auf, von Theaterformen, welche die Aufklärung seit Gottsched von der Bühne verbannt hatte. Auf diesen Einfluss hatte schon 1966 Élisabeth Genton hingewiesen. Wenn Hinck allerdings konstatiert, gelegentlich werde „einer Dynamisierung um jeden Preis [...] die Glaubwürdigkeit der Welt aufgeopfert" (Hinck 1965a: 84), übersieht er die dramaturgische Radikalität, mit der Lenz zeigt, wie die handelnden Figuren von den sie bestimmenden Umständen getrieben und zerrieben werden. Im Gegensatz zu früheren Publikationen (u. a. *Deutsche Literaturgeschichte. Von den Anfängen bis zur Gegenwart*, 1949) stellt Fritz Martini 1970 in „Die Einheit der Konzeption in J. M. R. Lenz' ‚Anmerkungen übers Theater'" den innovativen Charakter von Lenz' Dramentheorie heraus. Er nennt sie „wohl die eigenartigste und eigenwilligste Schrift, die sich in der deutschen Literatur mit der Theorie der Dichtung und mit der ästhetischen Reflexion einer Gattung, des Dramas beschäftigt" (Martini 1970: 159). Martini knüpft an die grundlegende Arbeit von Theodor Friedrich (1908) an, der die Einheit und Selbständigkeit des Textes sowie seinen zeitlichen Vorrang vor Goethe nachgewiesen hatte. Martini geht die einzelnen Thesen der *Anmerkungen* sehr genau durch und kommt zu dem frühere Formuntersuchungen einzelner Dramen bestätigenden Ergebnis, dass sich in Lenz' Argumentation „die Form des gesellschaftskritischen und ‚offenen' Dramas zuerst im neuzeitlich weiterwirkenden Sinne verwirklicht" habe; Lenz werte den Typ einer Mischform zwischen Komischen und Tragischen allerdings „nur als eine Zwischenform, als etwas Vorbereitendes und Überleitendes", als die „Widerspiegelung der Zerspaltenheit der deutschen zeitgenössischen Gesellschaft" (Martini 1970: 181).

Das „Strukturgesetz" von Lenz' Werken versucht Albrecht Schöne in *Säkularisation als sprachbildende Kraft* zu ermitteln (Schöne 1958: 82). Aus der übergreifenden geistesgeschichtlichen Fragestellung nach der Säkularisation heraus sucht Schöne nach dem Modell, das Lenz' Selbstdeutung, das Arrangement der Szenen und die Schicksale seiner Figuren in seinen Werken präfiguriere. Lebensverständnis und Werk findet er bestimmt durch den „Modellzwang" (ebd.: 96) des biblischen Gleichnisses vom verlorenen Sohn. Schöne kann aufzeigen, dass Lenz nicht an eigener Unfähigkeit scheitert, sondern Leben und Werk in eine übergreifende Entwicklung einzuordnen sind. Dass Schöne die Vater-Sohn-Konstellation überzeugend als prägend herausarbeitet, erweist sich für die weitere Forschung als sehr produktiv. Daran ändert auch die notwendige Einseitigkeit der Untersuchung nichts. Sozial- und kulturgeschichtliche Aspekte fehlen noch, werden allerdings von der an Schönes Einsichten anknüpfenden Forschung nachgetragen.

4. Endgültige Anerkennung als Forschungsobjekt

In den 1970er, verstärkt in den 1980er Jahren tritt ein Umbruch in der Lenz-Forschung ein, der diesen allmählich zu einem der interessantesten und umstrittensten Autoren des 18. Jahrhunderts und damit zu einem oft gewählten Forschungsobjekt macht. Brecht hatte mit seiner *Hofmeister*-Bearbeitung die Anregung gegeben, Lenz als Sozialkritiker und Realisten zu betrachten. Daran wird ab Ende der 1960er Jahre, in der Zeit der Studentenbewegung und eines Generationswechsels in der Wissenschaft angeknüpft. Bis heute bleibt die Frage nach dem ‚Realisten' Lenz aktuell, allerdings wird nicht immer genügend berücksichtigt, dass Lenz' soziale Kritik keinesfalls ‚realistische' Abbildung oder Wiederholung der Realität meint. Bekanntlich wendet sich Lenz in den *Werther-Briefen* gegen „moralische Endzwecke und philosophische Sätze" als Ziel seiner Dramen; diese seien nur ein „bedingtes Gemälde [...] von Sachen, wie sie da sind" (Damm II: 675). Der Begriff „bedingtes Gemälde" verweist auf die ästhetische und poetologische Strukturierung von Welt, im Besonderen auf die vom Autor geschaffenen dramatischen Wechselreden und Szenen, die Anschaulichkeit, Verkörperung und Theatralität erzeugen sollen. Ein Bezug auf die ‚außerästhetische' Wirklichkeit, wie immer sie definiert wird, ist damit nicht aufgegeben. Doch Lenz' Schreibweise erweist sich, versucht man Bezüge herauszuarbeiten, generell als hoch komplex; ihr Sinn ist oft nicht leicht festzulegen. Auch ist seine Haltung als Autor keineswegs immer mit dem verbunden, was zeitweise als gesellschaftlicher ‚Fortschritt' im 18. Jahrhundert bewertet wurde.

In den 1970er Jahren sucht eine jüngere Generation nach der ‚gesellschaftlichen Funktion' der Literatur – auch motiviert durch Ansätze der marxistischen Literaturwissenschaft und der Sozialgeschichte. Dabei gerät die Lenz-Büchnersche Tradition des Dramas in den Blick. Parallel dazu entwickelt sich eine heftige Kritik an der „Klassik-Legende" (*Grimm/Hermand 1971) und damit verbunden an der Dominanz des Klassik-Modells. Die Weimarer Klassik wird als ‚Hof-Klassik' entwertet; die Suche nach antiklassischen Positionen führt zu einer Aufwertung von Lenz. Ein Beispiel dafür ist 1980 das Lenz-Kapitel in Leo Kreutzers *Mein Gott Goethe*. Dieser schreibe am „Märchen der bürgerlichen Gesellschaft" „von der freien und allseitigen Entwicklung des Individuums", „während Lenz' Scheitern deren Realität" repräsentiere (Kreutzer 1980: 85 f.). Schon Hans Mayer, der als marxistischer Literaturwissenschaftler die DDR 1963 verlassen hat, sieht 1967 in einem Nachwort zur Werkausgabe von Titel und Haug in Lenz die „Alternative" zur Weimarer Klassik, die nicht zum Zuge gekommen sei. Er kritisiert die Meinung, Lenz' persönliches Scheitern sei Symptom einer mangelnden künstlerischen Begabung. Lenz stehe für die Lage des gesellschaftlich engagierten Intellektuellen in seiner Zeit. Mayer setzt sich dafür ein, die „eigenen und authentischen Dimensionen" von Lenz' Werk zu erfassen (H. Mayer 1967: 827). Es ergebe sich dann erst die Frage nach den Möglichkeiten des Autors und nach seinem symptomatischen Schicksal. Gegen Mayer kann eingewendet werden, dass „der emphatische Verweis auf das Verlorene" noch nicht gegen den Verlust agiert: „Er verbleibt in den Bahnen, innerhalb derer dieser zustande kam." (G. Bertram 2000: 260) Es geht, mit Freud gesprochen, um zwei Aufgaben der Forschung, denen sie sich in den folgenden Jahrzehnten auch angenähert hat: um das ‚Erinnern' und ‚Durcharbeiten'. Dies betrifft die Diskurse, an die Lenz anknüpft und die sich in seinen Werken finden, ebenso wie die Diskurse der Rezeption.

Schon Mayer hebt Lenz' kritische Haltung zur Gesellschaft hervor, für die sich dann Peter Christian Giese 1974 verbunden mit einer vehementen Kritik an der ‚formalistischen Germanistik' in Das „Gesellschaftlich-Komische" stark macht, indem er Lenz' Komödien, vor allem den Hofmeister, als realistische Dokumente einer ‚deutschen Misere' (Engels), der ausbleibenden deutschen Revolution herausstellt. Mit dem Interesse an dem Zusammenhang zwischen Literatur und Geschichte der Gesellschaft geht auch eine deutliche Aufwertung der Epoche der Aufklärung einher, die zugleich in ihren ‚dunklen' Seiten erkannt wird. Dieses Bild wird stark durch Horkheimers und Adornos Dialektik der Aufklärung beeinflusst, was sich auch in Interpretationen von Lenz-Texten auswirkt. Dieser Autor wird dadurch in die Nähe der Moderne gerückt, wofür spricht, dass er in der Gruppe der Autoren, der er angehörte, von vornherein ein Außenseiter gewesen ist. Schon bevor sein Werk zeitgenössisch als pathologisch gebrandmarkt wurde, nahm es eine Randstellung ein. Nicht zuletzt deswegen wächst das Interesse an Lenz, den in seinem Werk der Gegensatz umtreibt zwischen den philanthropischen Ideen der Aufklärung und den begrenzten Möglichkeiten des Einzelnen, diese zu leben. Horst Albert Glaser spricht 1969 mit Bezug auf den „Fall Lenz" in Anknüpfung an eine Formulierung Wielands von „Heteroklisie"; dieses bedeutet, dass die Figuren „einmal als Agenten der Verhältnisse", einmal mit „eigener Stimme" sprächen (Glaser 1969: 138). Glaser bezieht sich auf die sozialkritischen Dramen Lenz', die er gegen das Drama Lessings abgrenzt. In diesem werde eine Motivierung der Handlung aus den Charakteren angestrebt, während Lenz' „bürgerliche Hampelmänner" „zwischen den Schranken der Ständegesellschaft einfach zu Fall kommen" (ebd.: 151). Sie könnten auch nicht wie später bei Schiller „ihr Interesse als allgemeines Standesinteresse" geltend machen (ebd.). Scharf polemisiert der Autor wie Giese gegen eine reine Formanalyse der Dramen wie bei Guthke, die sich dem „historischen Exkurs in die Epoche" (ebd.: 147) versage. Diese Anknüpfung an Lenz als Realisten und Sozialkritiker vernachlässigt zunächst die mehr ‚subjektivistischen' Texte, die später allerdings doch den wissenschaftlichen Diskurs beschäftigen. Den Hintergrund bildet ein sich verstärkendes Interesse an Innerlichkeit, an Psychologie und psychosozialen Fragestellungen in einer Zeit der Desillusionierung und der Ermüdung der Fixierung auf eine zudem allzu eng definierte ‚gesellschaftliche Funktion' der Literatur, in welcher zunehmend die ‚neue Subjektivität' dominiert. Parallel dazu stellt sich die Frage nach der historischen Fixierung der Geschlechterrollen, was zu feministischen und genderbezogenen Arbeiten führt.

1984 fragen Stephan und Winter nach der „Kultfigur" Lenz (Stephan/Winter 1984: 1). Sie versuchen, aus der „produktiven Aneignung" (ebd.: 3) Lenz' bei Autoren neue Perspektiven für die Wissenschaft und für eine Aufwertung des Autors zu gewinnen. Das in Frage gestellte Goethe-Zitat im Titel der Arbeit „Ein vorübergehendes Meteor"? zeigt an, dass die Untersuchung von Biographie, Werk und Rezeption sich dezidiert gegen die von und nach Goethe betriebene Ausgrenzung des Autors wendet. Dieser soll dem „toten Winkel", in dem er sich nach der Beobachtung von Udo Müller 1980 immer noch befindet, entrissen werden (ebd.: 1; U. Müller 1980: 7). Die Verfasser unterscheiden die Aneignung der Biographie von der des Werkes. In beiden Bereichen arbeiten sie die Zerrissenheit und Identitätskrise des Intellektuellen Lenz heraus, die zum Identifikationsobjekt für jeweils aktuelle Erfahrungen von Rezipienten werde. Ferner zeigen sie auf, wie die weit über eine plakative Sozialkritik hinausgehende Vorführung sozialpsychologischer Zwänge zu innovativen Darstellungsformen führt. 1987 veröffentlicht Winter seine Monographie *J. M. R. Lenz* im Rahmen der Sammlung Metzler. Das Buch enthält neben der Darstellung von Leben und Werk auch die produktive Rezeption (2., überarb. Aufl. 2000). Es ist neben der ebenfalls zuverlässig informierenden Arbeit von Georg-Michael Schulz (2001a) bis heute die einzige umfassende Monographie. Werden die Werke bei Winter stärker im Kontext der Biographie behandelt, hält Schulz in der Darstellung Leben und Werk getrennt. Die Werkvorstellung erfolgt nach Gattungen. Beide Autoren setzen sich auch mit der Sekundärliteratur auseinander.

1985 erscheint Sigrid Damms Lenz-Biographie *Vögel, die verkünden Land*. Aufgrund einer aufwendigen Recherche fügt die Arbeit Lenz' Leben gegenüber Rozanov neue Details hinzu und klärt Zusammenhänge. Beeindruckend ist die Sensibilität, mit der die äußeren und inneren Zwänge dargestellt werden, denen der Autor unterliegt. Damm bekennt sich zu einem „parteilich rehabilitierenden Blick" (Dedner 2001: 66), wobei sie in der Darstellung der Zerrissenheit des Autors an das traditionelle Interpretationsmodell ‚Genie und Wahnsinn' anknüpft. Die Krankheitssymptome führen in dieser Perspektive eher zu einer Aufwertung des Autors. Allerdings lässt die Biographie in ihrer Verbindung von Recherche und Fiktion dem Leser auch Raum für eigene Perspektiven. Die Arbeit knüpft einerseits an die veränderte Haltung zum kulturellen Erbe in der DDR an, die unter anderem Anna Seghers' Gegenposition zu Lukács wieder aktuell werden lässt. Seghers hatte sich schon 1938 gegen die Kanonisierung Goethes für verkannte Autoren wie Lenz stark gemacht, die gerade keine geschlossenen Werke geschrieben hätten (vgl. Brief vom 28.6.1938 in *Lukács/Seghers 1939). Zum anderen stellt Lenz für die Autorin eine „geheime Lernfigur" (vgl. die Wiederabdrucke bei Damm 1988) dar, an der Ausgrenzungserfahrungen ihrer eigenen Generation abgearbeitet werden können. In Band 3 ihrer Werkausgabe von 1987 veröffentlicht Damm zusätzlich einen einfühlsamen Essay über Lenz. Weitere Details zur Biographie finden sich u. a. in Werner H. Preuß' Darstellung des Oberpahlener Kreises (1994), in Heinrich Bosses Forschungen zu Lenz in Livland und Königsberg (Bosse 1994, 1997, 2002, 2003), in Ulrich Kaufmanns Chronologie zu Lenz' Aufenthalt in Weimar (1999a), in der bereits genannten Chronik und den Dokumenten *Lenzens Verrückung*, herausgegeben von Dedner, Gersch und Martin (1999), in Herbert Wenders Darstellung der Quellenlage zum Aufenthalt Lenz' bei Oberlin im Steintal (1996) und in Tommeks Kommentarband zu seiner 2007 veröffentlichten Edition der in Russland entstandenen Texte (Tommek II).

Henning Boëtius begibt sich 1985 auf die „Suche nach dem inneren Kontinent" des ‚verlorenen' Lenz. Dabei macht er auf das Spätwerk aufmerksam. Es geht ihm wie Damm um eine Parteinahme für den Pathologisierten, für dessen Kritik an der Aufklärung und für die Lesbarkeit vor allem des Spätwerks, das lange übersehen wurde. Für Boëtius ist die damalige Gesellschaft pathologisch; Lenz habe ihr gegenüber seine Symptome als eine Form theatralischer Inszenierung entwickelt. Rüdiger Scholz plädiert dann 1990 nicht zufällig gerade mit Bezug auf den pathologisierten Lenz für die Notwendigkeit einer historisch-kritischen Ausgabe, die er mit einem gewachsenen Interesse am Autor begründen kann.

Vor dem und im 200. Todesjahr von Lenz finden Konferenzen statt, nachdem es zuvor keine gegeben hatte. 1991 organisieren Helga Madland, Alan C. Leidner und Karin Wurst ein internationales Lenz-Symposium in Oklahoma/USA (vgl. Leidner/

Madland 1993a). 1992 gibt es gleich zwei internationale Konferenzen: in Birmingham (vgl. Hill 1994a) und in Hamburg (vgl. Stephan/Winter 1994a). Die Konferenzbände, zu denen 1992 noch Wursts Sammelband kommt, dokumentieren eine neue Breite an Fragestellungen und eine sich verstärkende Intensität in Recherche und Interpretation.

1991 wird auch das *Lenz-Jahrbuch. Sturm und Drang-Studien* von Luserke und Weiß in Verbindung mit Gerhard Sauder gegründet. Es will „der Lenz-Forschung ein Forum zum Austausch ihrer Ergebnisse" bieten, aber auch Studien zum Sturm und Drang im Sinne einer „kritischen Aufklärungsforschung" (Luserke/Weiß 1991a: 7 f.) fördern. Seit Band 15 (2008, ersch. 2009) heißt es *Lenz-Jahrbuch. Literatur, Kultur, Medien 1750–1800* und wird von Nikola Roßbach, Ariane Martin und Matthias Luserke-Jaqui herausgegeben. Der veränderte Titel soll für eine „Ausweitung des thematischen, zeitlichen und methodologischen Spektrums" (Lenz-Jahrbuch 15 [2008, ersch. 2009]: 17) stehen. Die Bände des Jahrbuchs enthalten Untersuchungen zu Lenz und seinem Umfeld sowie Editionen bisher nicht oder nicht zuverlässig publizierter Texte. Zentrale Beiträge der früheren Forschung und auch Briefäußerungen zu Lenz sind gesammelt in Peter Müllers *Jakob Michael Reinhold Lenz im Urteil dreier Jahrhunderte* (1995 u. 2005) und Luserkes *Jakob Michael Reinhold Lenz im Spiegel der Forschung* (1995). Peter Müllers vierbändiges Werk beeindruckt durch die umfangreiche Dokumentation auch von Archivmaterialien. Der erste Band enthält zudem Rezeptionsdokumente aus der Lebenszeit des Autors. Nachträge zu Müllers Sammlung publiziert Wolfgang Albrecht 2009. Bis Anfang 2005 gibt es unter der Leitung von Christoph Weiß an der Universität Mannheim eine Lenz-Arbeitsstelle, deren umfangreiche Datensammlung nach wie vor über www.jacoblenz.de abgerufen werden kann. 1996 gibt es in Jena erstmals eine große Ausstellung zu Leben und Werk von Lenz. Dazu erscheint ein Buch mit Abbildungen und Aufsätzen (Kaufmann/Albrecht/Stadeler 1996). Das wachsende Interesse der internationalen, vor allem angloamerikanischen Germanistik drückt sich in der Gründung der Lenz/Storm and Stress Society aus, deren erste Mitgliederversammlung 2000 anlässlich der Tagung der American Society for Eighteenth-Century-Studies stattfindet. Die Gründung der Gesellschaft ist von Madland und Wurst betrieben worden. Inzwischen haben zu Lenz zwei weitere Konferenzen in Berlin stattgefunden, deren Ergebnisse nachzulesen sind: *Die Wunde Lenz* 2002 (vgl. Stephan/Winter 2003a) und *Zwischen Kunst und Wissenschaft* 2005 (vgl. Stephan/Winter 2006). Beide Bände dokumentieren den jeweils aktuellen Stand der Forschung zu Autor, Werk und Rezeption. Der an eine Formulierung Heiner Müllers von 1985 („Die Wunde Woyzeck") anknüpfende Titel des ersten richtet den Blick auf die Faszination, aber auch auf die Verstörung, die von Lenz' Texten ausgehen. Der zweite Sammelband konfrontiert Ergebnisse der Forschung zu Lenz mit aktuellen Aneignungen in Literatur, Theater, Musik und Kunst.

2015 erscheint Herbert Krafts Biographie *J. M. R. Lenz*. Hinsichtlich Umfang und Aufarbeitung von Quellen setzt sie einen neuen Maßstab. Die ihm erreichbaren Quellen – Lenz' Werke und Briefe, Äußerungen von Zeitzeugen, zeitgenössische Publikationen – hat Kraft ausgewertet und zum Teil sehr ausführlich zitiert. Zugleich profitiert seine Arbeit vom Fortgang der aktuellen Forschung. Für Kraft ist Lenz offensichtlich keine ‚geheime Lernfigur', er nähert sich dem Autor eher wissenschaftlich distanziert. Seine Schreibweise ist sachlich dokumentierend, fiktionale Passagen wie bei Damm fehlen. Knüpft diese noch an den Diskurs über Genie und Wahnsinn an, hält sich Kraft diesbezüglich zurück. Lenz' ‚Krankheit' wird zwar durch Quellenzitate belegt, aber nicht näher analysiert. Die Frage, ob und inwieweit Lenz auch durch die Umwelt pathologisiert wurde, ist kaum Thema. Ferner versucht Kraft, Lenz von der Profilierung gegen Goethe zu befreien. Am Abstand zwischen Lenz und Goethe besteht kein Zweifel. Letzterer kommt ausführlich mit Werken und Äußerungen zu Wort, erscheint als Lenz' Anreger und Förderer, auch als einer, der ihm Grenzen setzt. Er fungiere für Lenz beim Fragen nach der eigenen Identität als „Bruder" (H. Kraft 2015:144 u. 223; vgl. Damm I: 249), zu dem jener Nähe suche. Nicht zufällig wird im Gegensatz zur bisherigen Forschung Goethe davon entlastet, die treibende Kraft bei der Ausweisung Lenz' aus Weimar gewesen zu sein. Krafts Darstellung fokussiert im Hinblick auf die Ausweisung nicht die gegensätzlichen Einstellungen der beiden Autoren zum Hof und zur Autorschaft oder Goethes neue Rolle als Minister, der auf seinen Ruf in der Öffentlichkeit zu achten hatte, sondern anknüpfend an Ghibellino (vgl. *Ghibellino 2007) ein Pasquill auf Anna Amalia, das Goethe selbst eigentlich gar nicht so ernst genommen habe (zuletzt zu Lenz in Weimar und zu seiner Ausweisung Bosse 2014; vgl. ferner Luserke 2001a: 229–260 und zu älteren Thesen Zeithammer 2000: 262–267). Im Gegensatz zu Damm profiliert Kraft den Autor generell nicht nur über dessen Lebensschicksal, sondern ausführlich auch über die Werke. Er deutet zusätzlich deren zeitgenössische Rezeption an. Die Analysen stellen primär Bezüge zur Biographie her. Entsprechend befassen sie sich eher mit Motiven und Themen, weniger mit Schreibweise und Form. Durchgängig attestiert Kraft Lenz eine starke Sensibilität für Machtverhältnisse zwischen Individuen und in der zeitgenössischen Gesellschaft. Er dokumentiert die erste Verarbeitung derartiger Erfahrungen bereits in Livland. Ferner zeigt Kraft – anknüpfend an vorangegangene Diskurse der Forschung – Lenz' Hinwendung zur Aufklärung, deren Auslöser er im Königsberger Studium bei Kant sieht. Lenz entwickle auch ein Sensorium für deren Ambivalenzen bis hin zu ihrer Dialektik. Es fällt auf, dass Kraft im Gegensatz zu Tommek im Rahmen der von diesem 2007 herausgegebenen *Moskauer Schriften* für Lenz' Zeit in Russland keinen grundsätzlichen Wandel der Autorposition betont. Dadurch erscheint Lenz' Wirken dort eher als von zufälligen Umständen bestimmt, bis hin zum Nachlassen der geistigen Kraft. Eine deutliche Grenze dieser Biographie liegt generell darin, dass sie ihren Protagonisten eher negativ bestimmt, in dem, was er nicht erreicht, obwohl es „seinem Leben den Sinn gegeben hätte: eine Frau – Frauen, der Wahlbruder, die Gesellschaft der Gleichen und Freien" (H. Kraft 2015: 360). Damit fällt der Blick nicht auf das, was an Lenz heute mehr denn je als sein Besonderes fasziniert: die enge Verbindung von Schreiben und Leben, ein Begehren, das sich den bestehenden Ordnungen verweigert, und ein ‚ver-rücktes' Schreiben, das Bezüge, Brüche, Lücken, Dissonanzen und Ambivalenzen bis an den Rand des Verständlichen treibt. Ob Krafts Werk daher die wesentlich kürzere, aber deutlicher aus innerer Betroffenheit heraus geschriebene Biographie Damms ablösen wird, bleibt abzuwarten. Derjenige, der sich eingehend mit dem Autor beschäftigt, wird an Krafts *J. M. R. Lenz* aber nicht vorbeikommen.

Eine Goethe-Biographie jüngeren Datums trägt den Untertitel *Kunstwerk des Lebens*. Rüdiger Safranski geht es 2013 darum, Goethe als einen „Meister des Lebens" zu beschreiben, der „geistigen Reichtum, schöpferische Kraft und Lebensklugheit" in sich vereine (*Safranski 2013: 15). In dieser Perspektive erscheint Lenz von vornherein in einem ungünstigen Licht. Er ist eben kein „Meister des Lebens", und seine Werke können hier ohnehin nicht gewürdigt werden. Goethe habe sich in der Zeit, in der er mit Lenz in Berührung kam, „als Lernender" gefühlt: „Er wußte: Genie schützt nicht vor Lebensdilettantismus." (ebd.: 216) Er habe sich in Weimar 1776 von Lenz abgewendet, weil er sich „in Pragmatismus" habe üben müssen, dem „alles zuwider" sei, „was an die großsprecherischen Empörungsgesten von Literaten" erinnere (ebd.: 231). Lenz wird als Autor gesehen, für den die Literatur Leben bedeutet. Goethe hingegen habe sich in Weimar von dieser Haltung abgekehrt und meinte, dass die Literatur sich dem Leben unterzuordnen habe. Zudem habe Lenz in Goethe ein vergrößertes „Ebenbild" seiner selbst gesehen, was zwangsläufig zu Enttäuschungen habe führen müssen (ebd.: 219). Entsprechend wird die Rothe-Figur im *Waldbruder* sehr direkt auf Goethe bezogen. Das ist alles sicher richtig gesehen, aber aus Goethes Perspektive geurteilt. Den Bruch zwischen den Autoren sieht Safranski im Dreiecksverhältnis mit Charlotte von Stein: „Es muß ihn in einer Herzensangelegenheit verletzt haben, weil er so trotzig erklärt, er könne in dieser Angelegenheit nicht anders als seinem ‚Herzen folgen'." (ebd.: 227)

5. Aspekte der aktuellen Lenz-Forschung

Sozialgeschichte

Die Frage nach Lenz' Darstellung der zeitgenössischen Gesellschaft und nach seiner Haltung zu ihr bleibt bis heute ein Thema der Forschung, wobei sich die Antworten darauf ausdifferenzieren. Franz Werner sieht 1981 in der Selbstreflexion der „bürgerlichen Intelligenz" den „organisierenden Gesichtspunkt" im *Hofmeister*. Mit Bezug auf Läuffer schreibt Werner: „Die Freiheit zur Selbstbestimmung, die die Gesellschaft dem eigenen Intellektuellen einräumt, ist so restringierend, daß er nicht nur soziale Ansprüche, sondern selbst natürliche Regungen und Gefühle unterdrücken muß, da sie einem Repräsentanten einer unzeitgemäßen Schicht nicht erfüllt werden." (F. Werner 1981: 322) Das Scheitern Läuffers werde am Ende mit der Hochzeit nur „notdürftig" kaschiert, sie sei Ausdruck einer vom Autor geteilten „Evasionsneigung in die Kleinfamilie" (ebd.: 323). Ob Läuffer (und sein Autor) einer „unzeitgemäßen Schicht" angehören, sollte freilich hinterfragt werden. Der unterstellten Evasionsneigung entspricht bei Mattenklott und Scherpe die These, die Stürmer und Dränger seien generell ‚Sezessionisten'. Ihre Aufbruchsbewegung münde in Innerlichkeit und Privatheit, was „das antifeudale Tugendideal um sein kämpferisches Potential" gebracht habe (*Mattenklott/Scherpe 1974: Bd. 1, 193). Diese Einschätzung beruft sich auf Friedrich Engels' bereits angeschnittene These von der ‚deutschen Misere', d. h. nie gelingender Revolutionen und der Schwäche des Bürgertums im 18. Jahrhundert. Diese linke Kritik an der deutschen Geschichte, der auch Lepenies in *Melancholie und Gesellschaft* (1969) folgt, steht im Gegensatz zur geschichtsoptimistischen Sicht eines Teils der DDR-Germanistik, vor allem zu der von Heinz Stolpe formulierten These von einem Bündnis zwischen Bürgern und Bauern als Grundlage einer gesellschaftskritischen Zielrichtung des Sturm und Drang (*Stolpe 1953/1954). Diese These hat sich als nicht haltbar erwiesen.

Dagegen werden Phänomene wie Melancholie und Handlungslähmung betont – auch in Mattenklotts Studie *Melancholie in der Dramatik des Sturm und Drang*

(1968). Mattenklott versucht zu belegen, dass eine melancholische Haltung der Autoren im Sturm und Drang erst den Geniekult bewirkt habe. Melancholie bilde „die ursprünglichere Haltung der Zeit" (Mattenklott 1968: 47). In einer immer noch lesenswerten Interpretation werden für Mattenklott alle Figuren im *Hofmeister* melancholisch – bis auf den Geheimen Rat. Wenn die Melancholie jedoch bereits als Voraussetzung der Sturm-und-Drang-Bewegung postuliert wird, können – so ist mit Andreas Huyssen (1980) einzuwenden – die psychohistorischen und sozialpsychologischen Bedingungen von Melancholie nicht geklärt werden. Außerdem neigten die Vertreter der literarhistorisch gewendeten ‚Misere'-These wie ihre Kontrahenten in der DDR-Germanistik zu einer normativen Auffassung des Geschichtsverlaufs, an der die Autoren und ihre Werke gemessen würden. Hinzu kommt, dass man sich fragen muss, worin denn das Genie-Ideal besteht, wenn es nur in seiner Negation dargestellt sein soll. Entsprechend gerät die Eskapismusthese in die Kritik. Von Graevenitz und Mog zeigen auf, dass bürgerliche Innerlichkeit und Privatheit sich häufig an der öffentlichen Selbstdarstellung des Adels orientieren, ihr also nicht unbedingt entgegengesetzt sind (vgl. *Graevenitz 1975, *Mog 1976). Mog sieht im Subjektivismus der 1770er Jahre ein Produkt der „bürgerlichen und höfischen Zivilisation", das sich bereits gegen deren „Realitätsprinzip" (*Mog 1976: 93) wende. Damit wird klar, dass der Sturm und Drang nicht nur auf eine Opposition gegen den Adel zurückgeführt werden kann, sondern dass dieser auch massiv das Bürgertum kritisiert. Dieses betont auch Andreas Huyssen, für den sich die Modernität von Lenz' Texten daraus ergibt, dass dieser, ohne den aufklärerischen Anspruch auf Emanzipation aufzugeben, die „Funktionalisierung und Verdinglichung bürgerlichen Lebens schon unter absolutistischer Herrschaft" beschrieben habe (Huyssen 1980: 118). So legt Lenz den Bürgern einseitige Leistungsorientierung, voreilige Einordnung in bestehende soziale Strukturen, Askese und Triebunterdrückung zur Last. Den Maßstab bildet dabei das Recht des Einzelnen auf Selbstentfaltung und Glück.

Matthias Luserke und Reiner Marx formulieren in „Die Anti-Läuffer. Thesen zur Sturm-und-Drang-Forschung" (2001, urspr. Luserke/Marx 1992) die „Verschiebungsthese", nach der „die für die Aufklärung kennzeichnende Kritik an Adel und Hof auf eine Binnenkritik bürgerlicher Normen und Bewusstseinsformen" verschoben werde, die dennoch „von Adligen und Bürgerlichen repräsentiert" würden (Luserke/Marx 2001 [1992]: 19). Luserke und Marx erklären:

> Die SuD-Komödie wird zum ‚Kampfinstrument' kritischer bürgerlicher Autoren gegen die Repressionsmechanismen, die dieses Bürgertum zunehmend selbst produziert. Lösungsangebote wie Familie, Tugend, Toleranz, Empfindsamkeit, Mitleid usf. als Beispiel für Sublimate von tatsächlich existierenden Defiziten offerieren die Texte der Sturm-und-Drang-Autoren nicht. Widersprüche werden – am radikalsten bei Lenz – unversöhnbar hervorgetrieben und zur Darstellung gebracht. (ebd.: 20 f.)

Luserke und Marx verknüpfen die „Verschiebungsthese" mit der „Dialektikthese", dass der Sturm und Drang sowohl die Aufklärung vorantreibe als auch sie von innen heraus kritisiere, womit „Emanzipation" und „Kompensation" ineinander greifen würden (ebd.: 21). Damit verbunden sei auch eine Tendenz zu „Vereinzelung" und gleichzeitig „Einzigartigkeit", was sich sowohl im Geniekult als auch im Kult der Freundschaft zeige. Marx und Luserke sprechen diesbezüglich von „Kokonisierung" (ebd.: 24).

Klaus Scherpe weist 1977 darauf hin, dass Lenz einerseits in seinen Texten Widersprüche vergegenwärtige, die in der Realität nicht aufgehoben werden könnten, andererseits aber Reformvorschläge unterbreite, die versuchten, sich auf die Wirklichkeit pragmatisch einzulassen. Scherpe sieht darin einen Gegensatz zwischen ‚dichterischer Erkenntnis' und ‚Projektemacherei'. Lenz gebe die Hoffnung nicht auf, in die Realität eingreifen zu können. Scherpe spricht diesbezüglich von zwei „unterschiedlichen Methoden" zur Erkenntnis der sozialen Realität und unterscheidet die „sinnliche Wahrnehmung", welche die Grundlage der literarischen Werke präge, von der „abstrakt-begrifflichen" Methode als Basis der Erkenntnisprojekte (Scherpe 1977: 210). Um die Eigenart von Lenz' Wirken als Autor zu erfassen, müssten beide Methoden und ihre Ergebnisse aufeinander bezogen werden – eine Position, der später u. a. Hempel folgt.

Maria E. Müller deckt als erste die repressiven Strukturen der Gedenkfeier im *Landprediger* auf und kommt zu dem allgemeinen Ergebnis: „Die Wirklichkeit Lenzens lässt keine andere als gewaltsame Utopien zu." (M. Müller 1984: 155) Müller beruft sich auf Horkheimers und Adornos *Dialektik der Aufklärung*, wenn sie konstatiert, dass sich in Lenz' Projekten „unvermeidlich" „die Gewalttätigkeit der gesellschaftlichen Realität" fortsetze (ebd.). Diese wird zum Beispiel an der massiven Repression deutlich, mit der die Frau in der Schrift *Über die Soldatenehen* in ein System zur Reform des Soldatenstandes eingebunden wird. Wertet Müller Lenz noch als einen Realisten und Aufklärer, wird er bei W. Daniel Wilson 1994 zu einem Intellektuellen, der sich nicht ohne Selbstüberschätzung den Fürsten andiene, deren Interessen zu definieren versuche und den absolutistischen Staat stärken wolle. Sein *Soldatenehen*-Projekt sei „auf Sozialdisziplinierung angelegt" (Wilson 1994: 64). Karl Eibl argumentiert 1995, die Eskapismusthese wieder aufnehmend, dass die Gesellschaftsutopien der Stürmer und Dränger nur „auf der Basis persönlicher Beziehungen in kleinen sozialen Einheiten hinter einer Mauer" beschrieben werden könnten (Eibl 1995 [1974]: 293). Daran anknüpfend stellt Stefan Pautler 1999 fest, dass Lenz, wenn er in seinen Projekten darüber hinausgehe, die „Zwangsharmonisierung zum ‚großen' Gesellschaftsprogramm" ausweite (Pautler 1999: 39). Sein Genieverständnis nehme, wenn es auf nicht-poetische soziale Handlungsfelder übertragen werde, „autoritär-messianische Züge mit zum Teil ungeheurem Repressionspotential" (ebd.) an. Müller formuliert einen möglichen Ausweg aus dem Gegensatz zwischen Lenz als kritischem Realisten und als autoritärem Projektemacher, indem sie konstatiert, der Autor habe „in bitteren Leidenserfahrungen Einsichten in die psychopathologische Bedingtheit des neuzeitlichen Individuums" gewonnen (M. Müller 1984: 161). Dieses löse sich zwar bei ihm von überkommenen religiösen und sozialen Normen, aber nur, um in „tiefere Abhängigkeiten und Zwänge" zu geraten (ebd.).

Martin Rector geht in seinem Aufsatz „La Mettrie und die Folgen. Zur Ambivalenz der Maschinen-Metapher bei Jakob Michael Reinhold Lenz" (1988) von einem anderen Widerspruch aus als Scherpe und Müller. Rector bezieht sich nicht auf die Projekte, sondern auf die anthropologischen Schriften, in denen Lenz das autonome Subjekt fordere. In seinen Straßburger Dramen hingegen seien die Figuren psychischen und sozialen Determinationen unterworfen; Subjektautonomie werde hier negiert.

Tommek zeigt 2007 im Kommentarband zur Edition der *Moskauer Schriften* auf, dass Lenz' Selbstverständnis als Autor sich in dieser Zeit zugunsten eines Engagements in den Bereichen Erziehung, Handel und Geschichte verändert habe. Dieser Wandel kündigt sich schon in den großen Weimarer Studien zum Soldaten-Projekt an, die Griffiths und Hill zeitgleich publiziert und kommentiert haben. Nach Tommek belegen die Projekte ein Vertrauen in den aufgeklärten Absolutismus und in Reformen von oben, andererseits würden sie die Einwirkungsmöglichkeiten von Intellektuellen verkennen. Dieser Widerspruch betrifft grundsätzlich auch die Projekte vor Moskau.

Als sozialhistorisch kann auch eine Herangehensweise an Lenz' Werke gelten, die sie als Dokumente der zeitgenössischen Realität nimmt und fragt, was sie über diese aussagen. In derartige Untersuchungen wird oft die Biographie des Autors einbezogen. In diesem Sinne bettet bereits 1981 Werner seine Untersuchung des *Hofmeisters* in eine sozialhistorische Betrachtung der Lage der Hofmeister, Pastoren, Lehrer und bürgerlichen Intellektuellen zu Lenz' Zeit ein. Heinrich Bosse untersucht 1994 die „Berufsprobleme der Akademiker im Werk von J. M. R. Lenz". Im 2011 erschienenen *Lenz-Jahrbuch* 17 setzt sich Bosse genauer mit den zeitgenössischen Schulverhältnissen auseinander, von denen Lenz betroffen ist. Sie bilden den Hintergrund für Läuffers Schicksal. Unter anderem zeigt Bosse, dass die von Läuffer anvisierte Bezahlung im Vergleich zu den zeitgenössischen Zuständen sehr hoch ist. Seine massive Zurückstufung bezeichne eine erhebliche Fallhöhe – und zwar umgekehrt zu der zeitgenössisch üblichen Gehaltsprogression minderen Ausmaßes (Bosse 2010). Bosse untersucht auch die Einbindung des jungen Lenz in die livländische Gesellschaft; insbesondere interessiert ihn, wie Lenz sich in seinen Werken auf Vorfälle in der Gesellschaft sowie auf die Schriften einzelner ihrer Vertreter wie Hupel bezieht. Für Straßburg hatte dies schon Froitzheim getan. Viele Werke Lenz' gehen auf Vorfälle zurück, die sich wirklich ereignet haben. Dies betrifft nicht nur die *Soldaten*, die auf das Schicksal von Cleophe Fibich verweisen, sondern auch das erste Drama *Der verwundete Bräutigam* und den *Hofmeister* (vgl. Bosse 1994 u. 1997). Winter wiederum verfolgt 2009 die schon von Damm formulierte Hypothese, dass sich Lenz' Sozialkritik bereits aus den Erfahrungen in Livland herleitet.

Hans-Ulrich Wagner fragt 2003 nach dem Verhältnis von „Genie und Geld" und untersucht, wie sich dieser Diskurs in das Leben des Autors und in sein Werk einschreibt. Wagner zeigt, dass Lenz' Lage, nachdem er die Anstellung bei den adligen Offizieren aufgegeben hat, ökonomisch zunehmend unhaltbar wird. Er gehöre zu den Verlierern in der Zeit der Entstehung des ‚freien Schriftstellers'. Folgerichtig erteile Lenz dem freien Spiel des Marktes in seiner Projektschrift *Expositio ad hominem* eine Absage und fordere doch wieder ein fürstliches Mäzenatentum. Wagner weist darauf hin, dass damit korrespondierend Geldprobleme auch in den Werken eine zentrale Rolle spielen.

Realismus

Lenz ist in der Forschung immer wieder als ‚realistischer' Autor wahrgenommen worden – unter anderem im Anschluss an Brecht. Dass dieses Urteil nicht leicht zu begründen ist und Lenz' Schreibweise nicht im ‚Realismus' aufgeht, zeigt zum Beispiel die Arbeit von Stefan Schmalhaus (1994a), welche die zahlreichen intertextuellen Anspielungen untersucht, die typisch für Lenz' Schreibweise sind. Zwar dienten die Anspielungen dem Ziel, eine realitätsorientierte Literatur zu schaffen, doch erschlössen sie sich nur einem informierten Leser, der durch seinen Scharfsinn an der Sinngebung des Textes mitwirke. Zugleich zwinge der Autor den Leser in eine

Auseinandersetzung mit der Tradition in einer Zeit, in der überkommene ästhetische, poetologische und moralische Werte und Ausdrucksformen problematisch würden. Letztlich gehe es Lenz dabei um eine ästhetische und poetologische Selbstvergewisserung und -positionierung. Angela Hansen analysiert 1991 in ihrem Versuch einer Neuinterpretation des *Hofmeisters* sehr genau die literarischen Modelle, Konventionen und Formen, auf die sich das Stück bezieht. Unter anderem werden Bezüge zu Holberg, Rousseau und Shakespeare herausgestellt, ferner Parallelen zu Goethes *Urfaust*, wobei Hansen davon ausgeht, dass Goethe, der die Arbeit am *Urfaust* erst 1773 aufgenommen hat, sich auf den *Hofmeister* habe beziehen können.

Britta Titel stellt 1963 den Nachahmungsbegriff Lenz' in die zeitgenössische Diskussion. Gerhard Sauder liest die *Anmerkungen* 1997 als einen „Versuch, eigene Überlegungen nach dem Prinzip der Opposition und der stilistischen Abweichung gleichsam experimentell in Worte zu fassen" (Sauder 1997: 51). Die *Anmerkungen* würden aber nur die „Vorstellungen von Lenz' früher Phase" enthalten und seien damit keineswegs grundlegend für seine Theaterpraxis (ebd.). Damit ist die grundsätzliche Frage gestellt, inwieweit die *Anmerkungen* verbindlich für die Werke sind. Da sie für den Autor ein Medium und Forum begleitender Reflexion darstellen – Imamura zeigt 1996 im Anschluss an Theodor Friedrich (1908) die Chronologie der Entwicklung der Thesen auf –, ist von möglichen Differenzen auszugehen. Dass die *Anmerkungen* aber ganz grundlegende, wenn auch nicht immer in sich konsistente poetologische Thesen zur Nachahmung, zum Genie und seiner Schreibweise, aber auch zum Drama enthalten, scheint Konsens der Forschung zu sein. Jörg Schlieske knüpft 2000 an Britta Titel an. Er klärt die unterschiedlichen Verwendungen des Mimesisbegriffs: in Bezug auf die Realität, auf die ‚mimetische' Konstruktion von Werken und als Prozess produktiver Aneignung von Vorbildern (zum Beispiel von Plautus und Shakespeare). Roger Bauer (1977) bezieht die Komödientheorie Lenz' auf die älteren Plautus-Kommentare. Er zeigt, dass einige der Thesen Lenz' zum Drama – auch solche, die eine ‚realistische' Intention belegen – dort vorformuliert sind. Lenz' Wertung von Plautus und den Plautus-Übersetzungen widmet sich 1999 Angela Sittel. Sein Shakespeare-Bild und den großen Einfluss dieses Autors untersucht 1892 bereits Herman Rauch, danach Hans-Günther Schwarz (1971, 1972 u. 1977) sowie Eva Maria Inbar (vgl. Inbar 1982).

Mehrere Untersuchungen befassen sich mit der Redeweise in den *Anmerkungen*. Rector erkennt in ihnen „anschauendes Denken" als das die „Reflexion organisierende Verfahren" (Rector 1991: 95). Er weist auf die zahlreichen der Optik entnommenen Metaphern als Rhetorik des „Blicks" hin, die vor allem am Anfang der *Anmerkungen* auftauchen (ebd.: 101). McBride spricht von einem „self-undermining style", „which seems to place into question the soundness of the arguments advanced and thus directly challenges the validity of the text's overall enterprise" (McBride 1999: 407). Lenz' Selbstrelativierungen versteht Morton als „(necessarily negative) image of autonomy" (Morton 1988: 136). Es ergebe sich aus dem erfahrenen sozialen Druck, der ein wirklich autonomes Sprechen des Subjekts verhindere. Mit dieser rhetorischen Haltung begründet Morton seine Einschätzung von Lenz als Realisten.

Unter dem Aspekt des ‚Realismus' Lenz' muss es auch um die Art gehen, wie ‚Realität' im Werk strukturiert wird. Martin Rector bestimmt 1994 Lenz' „Verfahren von ästhetischem Realismus" als die „Enthüllung eines als schmerzhaft empfundenen Widerspruchs zwischen Entwurf und Wirklichkeit", aus dem die „aporetische Struktur" der „zugleich tragischen und komischen Stücke" resultiere (Rector 1994b: 294). Der Frage nach der Verbindung von Realismus und Ästhetik geht 1997 Martin Kagel in seiner innovativen Arbeit *Strafgericht und Kriegstheater* nach. Sie versteht sich ausdrücklich als ein Beitrag zur Ästhetik. Kagel untersucht zum einen den Diskurs des Strafens und belegt seine Signifikanz als „Kristallisationspunkt der Auseinandersetzung mit Fremd- und Selbstbestimmung, von der Lenz' Werk fundamental durchzogen ist" (Kagel 1997: 58). Kagel zeigt dies vor allem an der Bestrafung des Dieners im *Verwundeten Bräutigam* und an der Selbstkastration Läuffers im *Hofmeister*. Ferner geht es um den Diskurs des Militärischen. Lenz hat militärische Ambitionen, er kennt viele militärtaktische Schriften und solche zur Kriegsbaukunst seiner Zeit, er wendet seine Kenntnisse in den Schriften zur Militärreform an. Kagel kann nachweisen, dass militärische Kategorien in die Ästhetik des Autors eingehen, umgekehrt komme es zu einer Überschneidung militärtaktischer und poetologischer Konzepte im Bereich der Wahrnehmung. Dies macht Kagel unter anderem an Lenz' ‚Standpunkt'-Definition in den *Anmerkungen* fest, die er mit dem militärtaktischen Begriff des *coup d' œil* korreliert. Im Anschluss an Rector begreift Kagel Wahrnehmung als den Versuch, „begriffliche Erkenntnis durch sinnliche zu ersetzen, besser noch, sinnliche Erkenntnis in ihr eigenes Recht zu setzen" (ebd.: 151). Wahrnehmung in diesem Sinne beinhalte das Spezifikum von Lenz' „realistischer" Schreibweise, die „das sinnlich Erkannte möglichst unvermittelt zu reflektieren" versuche (ebd.: 11). Zugleich kennzeichne der Begriff „den affirmativen Zug der Darstellung, bei der es [...] darum geht, [...] das Reale zu wiederholen und als ästhetische Erfahrung für den Rezipienten erneut positiv zu realisieren" (ebd.).

Aufklärung

Mit dem Bild von Lenz als Realisten ist das des Aufklärers und Kritikers der Aufklärung eng verbunden. Dass die Sturm-und-Drang-Autoren Positionen der Aufklärung aufgreifen, zum Teil kritisch revidieren und damit die Aufklärung auch gegen sich selbst wenden, ist in der Forschung inzwischen weitgehend Konsens. Huyssen sieht im Sturm und Drang und bei Lenz primär die Kritik an der Aufklärung:

> Was der Sturm und Drang angriff und zu überwinden versuchte, waren bestimmte mit Aufklärung verknüpfte geistige und gesamtgesellschaftliche Tendenzen der Zeit. [...] Ohne Frage hielten die Stürmer und Dränger am klassenspezifischen emanzipatorischen Interesse des Zeitalters fest, aber gerade der unter den drückenden deutschen Verhältnissen nur schleppende Fortschritt der Emanzipation [...] ließ die Schattenseiten der Aufklärung deutlicher ins Bewußtsein treten, als es etwa bei den im politischen Tageskampf stärker gebundenen französischen Intellektuellen denkbar war. (Huyssen 1980: 48)

Luserke akzentuiert 1993 dagegen neben der Kritik die gleichzeitige Übernahme von Positionen der Aufklärung, was Huyssen durchaus im Blick hat, wenn er die „Notwendigkeit, die Aufklärung auch vom Sturm und Drang her zu verstehen" (*Huyssen 1983: 177), betont. Luserke zitiert Gerhard Sauders einprägsame Formel von der „Dynamisierung und Binnenkritik der Aufklärung" (Luserke 1993: 16; *Sauder 1985: 756). Dabei ist zunächst zu berücksichtigen, dass es im zeitgenössischen Verständnis *die* Aufklärung nicht gibt und auch noch keinen Konsens, was eigentlich als aufklärerisch zu gelten hat. Lenz setzt sich mit unterschiedlichen Positionen auseinander, er kennt Leibniz (vgl. Blunden 1978) und die Leibniz-Wolffsche Tradition des Rationalismus, den vorkritischen Kant, nimmt über diesen und Herder den englischen Sensualismus und Empirismus wahr und studiert Rousseau (vgl. Diffey 1981), aber auch den französischen Materialismus (La Mettrie und Helvétius). Von diesem grenzt er sich ab; gleichwohl geht zum Beispiel die Metapher vom Menschen als Maschine in seine Schilderung des Menschen ein (vgl. Rector 1988). Luserke bezeichnet Paul Thiry d'Holbach als eine Vorläuferfigur des Sturm und Drang und mahnt eine genauere Untersuchung an (Luserke 1997a: 57). Lenz' Verständnis von Glückseligkeit (vgl. Schmidt-Neubauer 1982, ferner Lehmann 2003), aber auch von Tod und Selbstmord ist deutlich von Holbach beeinflusst (S. F. Schmidt 2009), möglicherweise auch die Betonung der Freiheit der Leidenschaften, denen aber Grenzen gesetzt bleiben. Zu Herder, dessen Einfluss auf die Poetologie, die Anthropologie und die Auffassung von Zivilisation und Geschichte kaum überschätzt werden kann, äußert sich 1993 Koepke. Eine umfassende Studie fehlt bisher. Den Einfluss von Lenz' Königsberger Lehrer Kant untersucht 2003 Bert Kasties. Diese Studie geht aus meiner Sicht zu weit, wenn eine weitgehende Abhängigkeit der theoretischen Schriften Lenz' vom „Entwurf einer allgemeinen Sittenlehre" (Kasties 2003: 32 u. 105 ff.) seines Königsberger Lehrers behauptet wird und zugleich unter diesem Gesichtspunkt die literarischen Werke nur als Veranschaulichung seiner Vorträge und Predigten herangezogen werden.

Neben der Aufklärung ist auch die Empfindsamkeit zu berücksichtigen, deren Diskurse über Herzenssprache, Emotionalität und Freundschaft den Sturm und Drang und gerade auch Lenz radikalisieren (vgl. dazu *Wegmann 1988, *K. P. Hansen 1990). Klaus P. Hansen beschreibt dies als Abkehr von „weichen Affekten" – also „Mitgefühl, Sympathie und Sensibilität" – zugunsten von „harten" – also Lockerung der Triebkontrolle, Kampf des Einzelnen um persönliche „Freiräume, das Recht auf Sinnlichkeit, Körperlichkeit und Sexualität" (*K. P. Hansen 1990: 8; vgl. auch *Titzmann 1990, Sauder 1990a). Emotionalität wird zu einem Leitthema des Sturm und Drang. Nikolaus Wegmann ordnet den Sturm und Drang gar als eine Erscheinungsform unter die *Diskurse der Empfindsamkeit* ein (*Wegmann 1988: 116). Generell muss bei der Kategorisierung von Lenz' Werk berücksichtigt werden, dass Epochenbegriffe nur Ordnungsprinzipien im Nachhinein darstellen, selbst wenn sie auf zeitgenössische Gruppenbildungen wie bei den Sturm-und-Drang-Autoren zurückgehen, wie sie Richard Quabius 1976 zum Thema macht. Möglichkeiten der Infragestellung und des Zweifels sind von vornherein zuzugestehen.

Ottomar Rudolf positioniert 1970 Lenz als „Moralist und Aufklärer". Er stellt die Nähe von Lenz' moralischen Schriften zur Aufklärungstheologie unter anderem von Spalding heraus. In seinem Streben nach Glückseligkeit und sittlichem Handeln mache er das Drama zu einer ‚moralischen Anstalt'. Die Einseitigkeit dieser These ist heute überholt. Lenz hat sich ja gegen einen direkt ableitbaren moralischen Endzweck seiner Werke gewehrt, zum Beispiel in den *Werther-Briefen*. Rudolf erkennt auch nicht die Ambivalenz von Lenz' Texten. Zum Beispiel sieht er den Geheimen Rat uneingeschränkt als eine Vorbildfigur, was die neuere Forschung in Zweifel zieht. Auch John Osborne betont in *J. M. R. Lenz. The Renunciation of Heroism* (1975c) Lenz' Anteil am Aufklärungsdiskurs. Er arbeitet den Konflikt zwischen heroischem und tragischem Diskurs bei Lenz heraus, welcher letztlich in einem Konflikt zwischen dem Bedürfnis des Einzelnen nach Glückseligkeit und Emanzipation und der bittern Erkenntnis wurzele, als Mensch von vornherein unzulänglich und schuldig zu sein.

Johannes F. Lehmann kommt 2003 zu dem Ergebnis, dass Lenz im Gegensatz zum Konsens der Aufklärung Moral und Glückseligkeit trenne und damit auch den wichtigen „Belohnungszusammenhang" streiche (Lehmann 2003: 287). Entsprechend könne sich Lenz in einer Imitatio des leidenden Christus radikal der Unvollkommenheit der Welt zuwenden. Glaube und Imitatio träten an die Stelle einer Belohnung. Daraus ergebe sich eine wesentliche Motivation für die Kritik an der Gesellschaft.

Die Wiederentdeckung der *Philosophischen Vorlesungen* und ihr Faksimiledruck 1994 lösen eine neue Diskussion über Lenz' Verständnis von Aufklärung aus. Festgemacht wird dies vor allem am Verhältnis zu Begehren und Sexualität. Schon 1991 hatte Martin Rector in seinen „Sieben Thesen zum Problem des Handelns bei Jakob Lenz" festgestellt, dass dessen eher negatives Verhältnis zum Körper sein Subjektkonzept mitpräge, weil er „das rohe Potential der Begehrungskräfte" „durch bewußt vernünftige Steuerung in der Anwendung in selbstbestimmtes Handeln" transformiere (Rector 1992b: 632). Luserke und Marx verengen den Kampf der Stürmer und Dränger etwas einseitig allein auf die sexuelle Repression, wenn sie das Kürzel „SuD" als „Sexualität und Diskursivierung" interpretieren (Luserke/Marx 2001 [1992]: 11): „Den Autoren des aufklärungskritischen Sexualdiskurses der Sturm-und-Drang-Literatur ging es um ein emanzipatives Aufbegehren gegen die Herrschaft der aufgeklärten Vernunft und deren Auswirkungen auf die Disziplinierung des Körpers." (ebd.: 13) Diese These kann Luserke durchaus überzeugend auf den *Hofmeister*, *Die Soldaten* und den *Menoza* anwenden. Lenz finde allerdings an keiner Stelle eine zufriedenstellende Lösung des Problems. Die Selbstkastration Läuffers interpretiert Luserke entsprechend als eine „schwarze Parodie", weil die vermeintliche Lösung des Problems, der Umgang mit der Sexualität, als „absurde Unlösung" präsentiert werde (ebd.: 13 f.). So richtig dies ist, der Umgang mit der Sexualität muss auch innerhalb des größeren Rahmens des von Lenz propagierten Rechtes des Einzelnen auf Selbstverwirklichung und Glück diskutiert werden, zu dem die Möglichkeit, die eigenen Fähigkeiten zu entwickeln, ebenso gehört wie der notwendige Freiraum – „Platz zu handeln" (Damm II: 638). In der gut informierenden Monographie *Sturm und Drang. Autoren – Texte – Themen* (1997a) bezieht Luserke diesen und andere Aspekte in seine Charakterisierung des Sturm und Drang ein.

Der Herausgeber der *Philosophischen Vorlesungen*, Christoph Weiß, grenzt sich 1994 gegen Luserkes Charakterisierung des Aufklärers Lenz ab. Zwar dokumentierten die Vorlesungen in Bezug auf die Sexualität eine „Enttabuisierungswut" (Luserke/Marx 1992: 134), doch habe Lenz „die religiös konnotierten Beschränkungen der Sexualität während seiner Sozialisation so sehr verinnerlicht, daß sie Vorahnungen einer anderen Möglichkeit von Sexualität gleichsam strafend dementieren" (*Philosophische Vorlesungen* [Hg. Weiß 1994]: 99). Mit „holzschnittartigen Begriffspaaren wie Vernunftherrschaft vs. Emanzipation" sei Lenz' Umgang mit der Sexualität „nicht zu fassen" (ebd.: 95). Entsprechend dürfe auch der Schluss des *Hofmeisters* „nicht zwingend parodistisch gelesen werden" (ebd.: 110). Während Weiß die Disziplinierung des Sexualtriebes durch Vernunft und religiöse Vorschriften betont, gehen Luserke und Marx von Lenz' Aussage aus, der Geschlechtstrieb sei die „Mutter aller Empfindungen" (ebd.: 68). Zwar bestreiten Luserke und Marx nicht die Ambivalenz' des Umgangs mit der Sexualität, sie werfen Weiß aber vor, er mache Lenz zu einem Vertreter einer „konservativ-bürgerlichen Spätaufklärung" (Luserke/Marx 1995: 409). Wilson, der die Schrift *Über die Soldatenehen* untersucht hat, würde dieser Charakterisierung vermutlich zustimmen (vgl. Wilson 1994). Ferner warnen Luserke und Marx davor, die Dramen von den *Vorlesungen* her zu deuten. Die Ehe zwischen Läuffer und Lise am Ende des *Hofmeisters* habe aufgrund des durch die Kastration erfolgten Triebverzichts keine „definitorische Substanz" und sei folglich als Karikatur und als Ironisierung der Thesen aus den *Vorlesungen* zu begreifen (Luserke/Marx 1995: 410). Die *Philosophischen Vorlesungen* zeigen freilich Lenz' Einsicht, dass die Triebnatur des Menschen nicht einfach unterdrückt werden kann. Sie soll in vernünftiger Sublimierung in der Ehe oder vorher in der „empfindsamen Liebe" (*Philosophische Vorlesungen* [Hg. Weiß 1994]: 72) zur Geltung kommen. Lehmann (2003) liest die *Philosophischen Vorlesungen* entsprechend so, dass die Sexualität, obwohl sie auch eine Bedrohung darstelle, als „Gottes Gabe" (*Philosophische Vorlesungen* [Hg. Weiß 1994]: 5) Freiheit und moralisches Handeln erst ermögliche und unentbehrlich sei für das eigene Glück.

Der Disput zwischen Luserke/Marx und Weiß wirft die grundsätzliche Frage auf, inwieweit die theoretischen Schriften als Maßstab für die fiktionalen Texte fungieren können. Sicher kann und sollte man mit den Schriften argumentieren, doch ist zu berücksichtigen, dass die in Poesie, Prosa und Dramen vergegenwärtigte Realität auch die Argumentationen in den Essays widerlegen und relativieren kann – wie auch umgekehrt. Es darf nicht von einer Einheit und Widerspruchsfreiheit des Werks ausgegangen werden. Repressive und emanzipative Elemente enthalten ohnehin beide Textsorten, die poetischen wie die Essays. Poetologische Darstellungsmittel finden sich ebenso in den Essays wie Bezüge auf philosophische und technisch-naturwissenschaftliche Diskurse in den anderen Werken. Entsprechend besteht zwischen den Essays und den übrigen Schriften kein fundamentaler Unterschied. Allerdings ist eine Dualität zwischen dem Theoretiker und Theologen Lenz und dem poetischen Autor nicht ausgeschlossen (so auch Hempel 2003a: 19).

Stefan Pautler untersucht in *Jakob Michael Reinhold Lenz. Pietistische Weltdeutung und bürgerliche Sozialreform im Sturm und Drang* (1999) Lenz' Vorstellung von Bildung, wie er sie in den verschiedenen Etappen seiner Entwicklung, ausgehend vom pietistisch geprägten Elternhaus, erfahren habe, und setzt diese in Beziehung zu den gesellschaftspolitischen Aktivitäten und Projekten. Diese werden auch auf das Werk rückbezogen. Pautler zeigt, wie Lenz ein „subjektutopisches Lebensmodell" entwickelt, das in einem „selbstreflexiven Bildungsprozeß" durch gesellschaftliches Engagement individuelles Glück und im Zusammenwirken aller zugleich eine Verbesserung der Gesellschaft fördern solle (Pautler 1999: 461). Pautler sieht in Lenz' Primat des Handelns einen „säkularisierten pietistischen Denkstil" (ebd.) wirken, der nach einem individuellen Ausgleich zwischen Sinnlichkeit und Moral suche. Zugleich beziehe er lebenspraktische Prinzipien der Aufklärung und die Idee des frei handelnden Individuums ein. Im konkreten Lebensvollzug scheitere das subjektutopische Programm an dem Ausgeliefertsein des Individuums an soziale, aber auch innerpsychische Zustände. Entsprechend versuche Lenz in sozialreformerischen Projekten ‚Glückseligkeit' zu erreichen, doch misslinge ihm die Zusammenführung von Subjektutopie und Gesellschaftsreform. Auch Pautler konstatiert Lenz' Schwanken zwischen Anerkennung und rigider Bekämpfung des Begehrens. In seine Projekte schreibe sich das negativ besetzte Verhältnis zur Leiblichkeit als Psycho- und Sozialdisziplinierung ein. Zugleich verbinde sich diese Tendenz mit einem Vertrauen in den absolutistischen Fürsorgestaat, das er mit zahlreichen Aufklärern und Protestanten teile. In diesem Zusammenhang zieht Pautler eine Parallele zwischen dem Reformvorschlag in den *Soldaten*, der den im Drama entfalteten individuellen Lebensentwürfen nicht gerecht werde, und dem Plädoyer für ein fürstliches Mäzenat in Form einer „Leyhkasse" (*Expositio ad hominem* [Hgg. Albrecht/Kaufmann 1996]: 85), die die ‚wahre' Literatur unabhängig vom entstehenden marktbezogenen pluralen Literatursystem fördere, dem Lenz aufgrund eigener negativer Erfahrungen distanziert gegenüberstehe.

Wenn Pautler konstatiert, dass Lenz letztlich einem pluralen Subjektkonzept misstraue, das er zwar anstrebe, aber in der sozialen Realität nicht situieren könne, muss eingewendet werden, dass es Lenz immer um den Einzelnen geht, den er gegen Vereinnahmungen stark machen möchte und auch gegen die, die „an dem menschlichen Geschlecht nur die Gattung, nie die Individuen lieben" (*Zerbin*; Damm II: 354). Martin Rector hat 1989 in seinem Aufsatz „Götterblick und menschlicher Standpunkt" aufgezeigt, dass Lenz, anknüpfend an Leibniz' Monadenlehre, auf den „individuellen Gesichtspunkt" des Einzelnen pocht, auf seine „Wahrnehmungsweise der Welt" (Rector 1989: 197). Weil die Menschen an ihren „Standpunkt" (*Anmerkungen übers Theater*; Damm II: 648) gebunden seien, müssten sie sich notwendig missverstehen. Damit werde auch die „Totalität der Gesellschaft […] als amorph und kontingent" erfahren (Rector 1989: 198). Indem Pautler Lenz primär als Theoretiker und Projektemacher sieht, neigt er dazu, diese Kontingenzerfahrung zu unterschlagen, welche die literarischen Werke als chaotisch und widersprüchlich erscheinen lässt. Ein Beispiel bildet seine Interpretation des *Landpredigers*, die diesen Text durchaus überzeugend als ein Medium und Forum praktischer Aufklärung zwischen Spalding und Herder, Philanthropismus und physiokratischer Agrarreform situiert. Doch vernachlässigt die an den Theoriebezügen orientierte Interpretation die Ambivalenz der Landprediger-Figur und ihres Aufklärungsprojektes sowie das problematische Verhältnis des Sohnes zum Vater und das diesem gewidmete Erinnerungsfest, welches das bürgerlich-aufklärerische Erbe des Vaters auslöscht (vgl. dazu Winter 2003).

Brita Hempel betont hingegen in ihrer Dissertation *Der gerade Blick in einer schraubenförmigen Welt. Deutungsskepsis und Erlösungshoffnung bei J. M. R. Lenz* die irritierende Widersprüchlichkeit der dargestellten Welt. Sie betont die „Widerspenstigkeit, Mehrdeutigkeit und Heterogenität" (Hempel 2003a: 409) der Schreibweise Lenz'. Allerdings grenzt sie diese gegen Versuche ab, sie als völlig offen zu verstehen. Keinesfalls dürfe sie mit postmodern anmutender „Indifferenz" (ebd.: 408) verwechselt werden. Nach dem Durchgang durch die theologischen und moralphilosophischen Schriften des Autors konstatiert Hempel:

> Er besteht auf der Vorstellung von einem absolut unerreichbaren, sich jeder Kritik entziehenden christlichen Gott; er besteht auf einem universalen Geltungsanspruch der einen Moral, die mit einer in der Natur vorfindlichen und aus Naturgesetzen abstrahierbaren Moral identisch sei, und die in der Bibel nachgelesen werden könne, der Moral der Bergpredigt von Jesus Christus. (ebd.)

Nur Gott komme freilich die Fähigkeit zur „Alldurchschauung" (ebd.: 137) der Welt zu. Der Mensch hingegen sei geprägt durch ein grundsätzliches Erkenntnisdefizit. Er könne keine eindeutige, unbedingt zutreffende Weltdeutung vornehmen. Das zeige Lenz in der Struktur seiner Werke und im Entwurf von Handlung und Figuren. Die poetischen Texte präge ein Probehandeln, das innerhalb der Undurchschaubarkeit der Welt versuchsweise organisiert werde und immer wieder scheitern müsse. Das zwinge den Rezipienten zu einer fortlaufenden Deutungsanstrengung. Aus der Haltung Lenz' resultierten die formale Radikalität seiner Schreibweise, ferner einerseits die ungewöhnlich scharfe Kritik am Absolutismus und am sich in diesen einordnenden Bürgertum, andererseits Formierung und Zwang in den gesellschaftsreformerischen Projekten, ferner die ambivalente Haltung zur Sexualität, die zwischen Anerkennung und Repression schwanke. Hempel besteht mit ihrem Ansatz, der unterschiedliche Positionen der Forschung integriert, auf dem Anspruch, den Gesamtzusammenhang des Werkes herauszuarbeiten, was auch bedeutet, dass die theoretischen und die poetischen Texte wechselseitig aufeinander bezogen werden.

Hempels Ansatz ermöglicht, die theologischen Positionen Lenz' auch auf seine Poetologie beziehen zu können, was meist unterlassen wird. Lenz religiöse Überzeugungen und ihre Relevanz für sein Werk sind allerdings schon länger ein Gegenstand der Forschung. Nach den älteren Arbeiten von Heinrichsdorff (1932) und Wien (1935) bietet die erwähnte Monographie von Rudolf (1970) erste verlässliche Informationen. Rudolf konnte freilich den *Catechismus* und die *Philosophischen Vorlesungen* noch nicht berücksichtigen. Jean-Claude Chantre untersucht 1982 Lenz' *Considérations religieuses et esthétiques* und konstatiert, dass die Bindung an die Religion Lenz als Stürmer und Dränger deutlich einschränke (Chantre 1982: 594). Uwe Hayer will 1995 die „konzeptionelle Einheit theologischer und ästhetischer Reflexion" in den theoretischen Schriften erschließen. Er ordnet Lenz' Positionen in den zeitgenössischen theologischen Diskurs ein. Hempel übt zu Recht Kritik an Hayers Versuch, Lenz eine Art „Abschied vom Ordo der Väter" (Hayer 1995: 73) zu unterstellen, und zwar mit Bezug auf ein am Vorbild Christi orientiertes Genieparadigma (vgl. dazu Hempel 2003a: 24). Diese These leuchtet zwar zunächst ein, unterschlägt aber andere bestimmende Einflüsse auf das Genieverständnis und beachtet nicht, dass Lenz an wichtigen Einstellungen seiner Kindheit auch später festhält. Dies räumt im Verlauf seiner Untersuchung auch Hayer ein, für den der Autor sich in Ablehnung eines mechanistischen Weltbildes für ein ‚ganzheitliches' Verständnis des Menschen einsetzt, das Körper und Seele übergreife. Er lehne zwar die theologische Argumentation der väterlichen Autorität ab (zum Beispiel mit den Neologen die orthodoxe Satisfaktionslehre), doch stelle er deren christliche Grundlage nicht in Frage, was auch beinhalte, dass er sich gegen ein rein rationalistisches Weltbild abgrenze:

> Die Menschlichkeit Christi wird emphatisch betont, zugleich jedoch keineswegs das Göttliche in Christus neutralisiert. [...] Es ist die ausdrückliche Anlehnung an die Strukturen johanneischer und paulinischer Theologie, durch die es Lenz faktisch gelingt, den Schritt in das rationalistische Substitutionsmodell zu vermeiden. (Hayer 1995: 266)

Möglicherweise ordnet Hayer Lenz' Denken etwas zu strikt traditionellen Mustern zu. Doch gelingt es der Untersuchung, das in der Forschung anzutreffende Klischee vom kindlich gläubigen Lenz, der dann in der Emphase des Genies Texte verfasse, die von innerer Zerrissenheit zeugten, zu überwinden. Im Grunde bleibt aber ungeklärt, wie die angestrebte Vermittlung zwischen beiden Haltungen aussehen könnte und welche poetologischen Konsequenzen diese hat.

Pautler charakterisiert die Vermittlung als „Säkularisierung" (Pautler 1999: 137) der pietistischen Grundhaltung, die der Sohn bereits im Elternhaus kennengelernt habe. Pautlers Ergebnis ist nicht weit von Martin Rector entfernt, der dafür plädiert, die theologischen Texte Lenz' als Teil seiner „Anthropologie" zu lesen (Rector 1999b), was freilich an den religiösen Gehalten nichts ändern kann.

Neue methodische Ansätze

Abschließend ist noch auf drei jüngere Arbeiten einzugehen, die für sich beanspruchen, mit einem neuen methodischen Ansatz an die Texte Lenz und seiner Zeit heranzugehen. Zu nennen ist hier die Diskurstheorie und Dekonstruktion verpflichtete Arbeit von Georg W. Bertram (2000), welche *Die Philosophie des Sturm und Drang. Eine Konstitution der Moderne* zu de- und rekonstruieren versucht. In der Wiederkehr ihrer „Formationen", „Formen und Figuren" zeige sich eine „Disposition, die Diskurse prägt" (G. Bertram 2000: 19): „Es werden Momente des Diskurses wiederholt und in dieser Wiederholung zugleich als Figuren sichtbar gemacht." (ebd.: 21) Was auch immer der Sturm und Drang auf die Bühne gebracht habe, stelle einen Versuch dar, Funktionen des Diskurses sichtbar zu machen (ebd.). Diesen zeichne aus, den „Ansatz des Denkens" zu thematisieren, „die Selbstverständlichkeit des Ansetzens" zu unterbrechen (ebd.: 29). Zur Beschreibung des Diskurses arbeitet Bertram mit den Kategorien Exklusion und Inklusion als Versuch, „widerständige Momente […] zu vereinigen" (ebd.: 30). Die Dramen Lenz' bezeichnet Bertram als „Marginaldramen" (ebd.: 77), ihre Figuren stünden am Rande der um sie herrschenden Welt. Dies wird unter anderem am „enteigneten Sprechen" (ebd.: 80) der Figuren in den *Soldaten* festgemacht. Den Figuren komme weder „Kohärenz" noch „Kontinuität" zu (ebd.: 98). In ihrem Sprechen schlössen sie sich in Orte ein, die außerhalb ihrer bestünden. Entsprechend spricht Bertram von „inklusiven Orten" (ebd.: 76). An der Schreibweise der *Anmerkungen übers Theater* hebt Bertram die Figuren der „Zerstreuung" und der „Reflexion" hervor (ebd.: 200 u. 202). Das Ästhetische des Textes niste sich „in den Brüchen, den Lücken, den Verwerfungen des Diskurses ein und bietet diese dar" (ebd.: 204). Diese Beobachtung ist nicht neu. Als Einwand gegen die Arbeit liegt nahe, dass mit einem enormen Aufwand an Theorie gearbeitet wird, in die dann die postulierte „Philosophie" des Sturm und Drang in Bruchstücken ihrer textbezogenen Vergegenwärtigung eingeordnet wird. Die Historizität des Gegenstandes droht dabei verlorenzugehen, was bei dem Ziel, den Sturm und Drang auf die Moderne hin hochzurechnen, nicht verwundert. Dies gilt für die Lesart, die Texte als völlig offen und amorph zu rezipieren, um sie der „Zweiheit […] der Differenz von Dekonstruktion und Rekonstruktion" (ebd.: 19) zu unterwerfen.

Der Vorwurf des Ahistorischen lässt sich gegen die Arbeit von Andrea Krauß *Lenz unter anderem. Aspekte einer Theorie der Konstellation* (2011a) nicht erheben. Obwohl Lenz hier als Demonstrationsobjekt für das im Anschluss vor allem an Foucault und Benjamin entwickelte Verfahren des konstellativen Lesens von Texten fungiert, führt die sehr einlässliche Lektüre, die die vorgenommenen Erkenntnisschritte fortwährend reflektiert, zu meist überzeugenden Ergebnissen:

> Einerseits befragt konstellierendes Lesen, indem es die historische (Re-)Situierung des Gegenstandes erprobt, diesen auf das Moment (s)einer noch ausstehenden Erzeugung hin; andererseits praktiziert es, hinsichtlich der eigenen Darstellung als ‚Schriftbild-Fläche', das zweite und mehrfache Zurück- wie Querlesen der schon vollzogenen Lektüre. (Krauß 2011a: 609)

Auf diese Weise setzt sich Krauß zum Beispiel mit dem Problem, ja den ‚Paradoxien' des Endes in der Lenz-Shakespeare-Übersetzung *Amor vincit omnia* und im *Hof-*

meister auseinander, mit dem Problem der ‚Skizze' im *Pandämonium Germanikum*, die auf den ‚Entwurf' des *Waldbruder*-Fragments bezogen wird. Im Blick auf derartige Konstellationen löse sich die Abgeschlossenheit der Werke auf, was sich bei Lenz bereits in den Schwierigkeiten seiner Editoren zeige, ‚gesicherte' Texte zu finden. So liest Krauß *Amor vincit omnia* in engem Zusammenhang mit den *Anmerkungen übers Theater*, denen die Übersetzung angehängt wurde. Shakespeare, Wieland und Eschenburg werden als konstellative Instanzen in die Lektüre einbezogen. Der Autorname Lenz begegne immer in Konstellationen, im Zusammentreffen mit anderen Namen.

Einen wichtigen bisher nicht untersuchten Aspekt, der Weltbild, Schreibweise und Darstellungsformen Lenz' produktiv verbinden kann, entwickelt Judith Schäfers Dissertation über *Dramaturgien des Fragmentarischen* (2016) (→ 3.17 FRAGMENTARISCHE SCHREIBWEISEN). Sie geht von der Beobachtung aus, dass die in den Texten dargestellte Welt sich tendenziell dem Zugriff des Lesers entziehe. Wenn dieser nur bewegte Bruchstücke zu fassen bekomme, zwischen denen die Brücken meist fehlen, sei der Leser gezwungen, den eigenen Standpunkt ständig zu wechseln. Dies entspreche auch dem „Standpunkt" des Autors, wie er in den *Anmerkungen übers Theater* als suchend, letztlich ortlos charakterisiert werde. Diese Haltung werde bei Lenz bestimmt durch einen grundsätzlichen Zweifel an den Möglichkeiten des Verstandes, die Welt zu erfassen und zu ordnen. Mit dem Begriff des Fragmentarischen, der über das Fragment als Gattung weit hinausreicht, ist das Fragment als Ereignis, als unendliche Lektüre gemeint. „[Ü]belzusammenverbundene Materialien" (*Freunde machen den Philosophen*; Damm I: 750) werden so gelassen und nicht in ein harmonisches Ganzes eingebunden. Die Fragmentierung betreffe Figuren, Handlungen, Raum und Zeit und vor allem auch die Perspektive, in der die Welt dargestellt wird. Dabei unterscheidet Schäfer verschiedene ‚Muster'. Nicht zufällig gehört die am gründlichsten in der Arbeit untersuchte Schrift dem Spätwerk an, das sich erst unter dem Aspekt der konsequent verfolgten „Dramaturgien des Fragmentarischen" erschließe: *Ueber Delikatesse der Empfindung*. Hier konstatiert Schäfer eine gewollte „Verwirrung" (J. Schäfer 2016: 168), die auf einer Technik der „Verschiebung, Neuanordnung und Spiegelung" (ebd.: 179) beruhe. Wenn Sprache meist als Machtinstrument und Medium der Entfremdung des Menschen fungiere, werde ‚Delikatesse' als Maß für ein gelingendes menschliches Miteinander verfehlt. Schäfers Lektüre Lenz' wird erst möglich durch ihre Einbettung in einen sehr aktuellen Diskurs mit Bezug auf Freud, Derrida, Benjamin, Foucault und – hinsichtlich des Fragmentarischen – Jean-Luc Nancy. Eine historische Verortung der Schreibweise wird nur im Ansatz versucht (u. a. durch den Verweis auf Hamann). Wichtig ist auch festzuhalten, dass das fragmentarische Schreiben bei Lenz mit anderen Schreibweisen korrespondiert, zum Beispiel mit Ironie und Satire (→ 3.16 SATIRISCHE GROTESKE UND IRONISCHE SCHREIBWEISEN).

6. Lenz als Autor

Wenn für Krauß der Autorname immer in Konstellationen auftaucht, ist die in der Forschung schon vorher diskutierte Frage aufgeworfen, wie Lenz sich zur eigenen Autorschaft stellt, wie er sich als Autor positioniert und inwieweit sich seine literarische Laufbahn rekonstruieren lässt. Nach dieser fragt zuerst Georg Stanitzek in „Genie. Karriere/Lebenslauf" (1998). Heribert Tommek (2003a) versucht eine „Sozioanalyse" der literarischen Laufbahn. Er fragt mit Pierre Bourdieu nach dem ‚literarischen Habitus' Lenz', nach seiner Stellung im literarischen Feld und in einem umfangreichen Abschnitt, der auf seine späteren Studien zu den Moskauer Schriften vorausweist, nach der Position des Autors als Intellektueller im Russischen Reich. Tommek behandelt nicht das Gesamtwerk und auch nicht alle Stationen der Biographie. Den Ausgangspunkt bilden die literarischen Prägungen in Livland und die Ausbildung des Autor-Habitus im Frühwerk. Die dort aufgewiesenen Strukturen werden weiterverfolgt in der Auseinandersetzung mit Lenz' Übersetzungen von Plautus und Shakespeare, in der Komödie *Der neue Menoza* und im Streit mit Wieland. In diesem Zusammenhang geht es unter Einbeziehung von *Expositio ad hominem* auch um Lenz' ‚meritokratische' Antwort auf die Ökonomisierung des literarischen Feldes, die mit dem Wandel vom ständischen zum freien Autor verbunden ist. Es folgt die Beschreibung von Lenz als Intellektuellem in Russland. Die Arbeit zeigt, wie Lenz bezüglich der Klassifikationsmuster pietistischer und empfindsamer Prägung sehr schnell zum Häretiker werde. Er entwickle ein Sensorium für „soziale Verhältnisse im Moment ihrer Entstellung" (Tommek 2003a: 391). Der wachsende charismatische Bildungsanspruch stehe in zunehmendem Kontrast zur realen Lage des Autors. Daraus entwickle sich eine ‚meritokratische Auflehnung' (Bourdieu), die mit dem Scheitern in Weimar ein Ende finde. In Russland definiere sich Lenz im Glauben an die Reformmöglichkeiten von oben im Absolutismus patriotisch als ein intellektueller Streiter für das Allgemeinwohl. Mit der Zurückdrängung der philanthropischen und publizistischen Gesellschaften und der Freimaurerbewegung kündige Lenz die Komplizenschaft mit der Macht auf und versuche, eine „selbstbewußte Subjektivität" (Tommek 2003a: 398) zu verteidigen.

Tommeks Arbeit ist innovativ in dem Versuch, Bourdieus Kategorien zur Beschreibung von Autorschaft und Feld einzusetzen. Die Befragung literarischer Werke auf den in ihnen sich vergegenwärtigenden Habitus vermittelt neue Perspektiven für die Autorschaft wie den Textgehalt. Die Grenze der Arbeit liegt im engen Bezug auf die soziale Genese von Lenz' Autorschaft. Diese sollte, Tommeks Perspektive erweiternd, stärker auch als Programm aus den Werken selbst herausgearbeitet werden. Dazu gibt es in der Forschung bisher nur vereinzelte Ansätze.

Winter beschreibt 2008 mit Bezug auf das *Pandämonium Germanikum* und einige Gedichte Lenz' äußerst ambivalenten Traum vom Dichtergenie. Lenz schwanke zwischen Größenphantasien und Selbstverkleinerung. Das Hin und Her werde zum poetischen Programm, das die Werke präge. Lenz erkenne die Anmaßung und narzisstische Selbstüberhebung, die im Genieprogramm stecke. Er begegne beiden mit Ironie und Selbstunterbrechung. Aufschwung und Abschwung dienten aber auch dazu, zwischen dem Affekt des Dichters und der Höhe und Intensität seiner Wahrnehmung und Gestaltung eine glaubwürdige und nachvollziehbare Beziehung herzustellen, sie besäßen damit auch eine poetologische Funktion. Es bleibt nämlich richtig, was Luserke feststellt: Alle Texte sind Ausdruck einer „beanspruchten Genialität" (Luserke 1997a: 272). Lenz vertritt uneingeschränkt das Programm einer von Regeln befreiten Autorschaft. Allerdings bleibt für ihn „die – fraglos schmerzliche – Erkenntnis eines menschlichen Erkenntnisdefizites" unabweisbar. Diesem kann er sich als selbstgewisser genialer Deuter und Seher nicht entziehen (so Hempel 2003a: 137). Insofern muss Rectors Behauptung, der Dichter vermittle in seinem Werk in Analogie zum Schöpfer

„Alldurchschauung" an den Rezipienten (Rector 1994a: 24), als zu weit gehend in Frage gestellt werden.

Lenz geht überdies, wie das *Pandämonium Germanikum* zeigt, von der fundamentalen Einsamkeit seiner Autorschaft aus, die allenfalls ein Versprechen für die Zukunft darstelle. Zu diesem Befund passt Klaues Auseinandersetzung mit der „Verdunkelung" des Autors in dem Gedicht *So soll ich dich verlassen liebes Zimmer*. In Abgrenzung gegen eine poststrukturalistische Vereinnahmung des Autors stellt Klaue zu Recht fest:

> Die ‚Verdunkelung' des Autors meint bei Lenz eben nicht die Auflösung des Subjekts im anonymen Prozess der écriture – was immer darunter im Einzelnen gedacht wird – sondern ist selbst Konstituens lyrischer Subjektivität. Der Freiheitsanspruch des Subjekts und dessen ‚Dunkelheit' schließen sich nicht aus; sie werden vielmehr als paradoxe und wohl auch schmerzhafte, aber dennoch notwendige Einheit begriffen. (Klaue 2000/2001: 259)

Am deutlichsten schreibt sich das Problem der Autorschaft in den *Landprediger* ein, worauf Winter 2003 und vor allem Franz Werner 2009 hinweisen. Der Protagonist Mannheim setzt sich ein rigides Verbot, fiktionale Texte, vor allem Romane zu schreiben. Dieses Verbot setzt er auch bei seiner Frau durch, die an einem empfindsamen Lesezirkel teilnimmt und Gedichte schreibt. Mannheim stellt Albertine auf einem Felsvorsprung vor die Alternative, entweder zu leben oder zu schreiben, wobei Letzteres die Bereitschaft zum Tod einschließe. Auch danach wird im Hause Mannheim Literatur rezipiert, aber nur als harmlose Freizeitbeschäftigung. Auch das Schreiben kann nicht ausgerottet werden. Selbst die Magd Liesgen schreibt. Mannheim verfasst weiterhin gesellschaftlich ‚nützliche' Literatur, Traktate, für die er sich ein Publikationsverbot auferlegt. Der Sohn entdeckt sie im Nachlass. Trotz der Problematisierung des Schreibens verfasst der Herausgeber der Quellen zum *Landprediger* die Geschichte. In ihr spiegelt sich die Selbstinfragestellung des Autors. Ob es sich um ein ironisches Spiel handelt, um eine existentielle Auseinandersetzung mit der eigenen Rolle oder um beides, wäre zu prüfen. Auffällig ist das Quälerisch-Zwanghafte im Umgang mit der Autorschaft, das sich vor allem bei Mannheim zeigt.

Dies zeigt sich auch im *Pandämonium Germanikum*. Luserke wendet es biographisch: „Der Autor muß sich gegen die zunehmende (kommunikative und soziale) Isolation verteidigen, an deren Ende dann als Folge subtiler Diffamierung die Psychiatrisierung durch die ehemaligen Freunde und Sturm-und-Drang-Gruppenmitglieder steht." (Luserke 1994a: 269) Freilich bleibt es in der Forschung strittig, ob die Figur Lenz mit dem Autor gleichzusetzen ist oder nur „Anlaß und Mittel, um das Bewußtsein des Zuschauers für das eigene Selbst zu schärfen" (Wefelmeyer 1994: 158). Für Winter steckt 1995 der Autor in den beiden im Text gegeneinandergesetzten Figuren, in Goethe und Lenz. Den Letzteren zeichne die Überzeugung aus, ein Einzelner zu sein und sich nicht integrieren zu können. Im Scheitern und Leiden bringe Lenz seine Vollkommenheit als Autor zum Ausdruck, die zugleich prophetische und erlösende Züge trage.

Was Klaue zum Freiheitsanspruch des Autorsubjekts und zu seiner „Verdunkelung" sagt, trifft auch auf das *Pandämonium Germanikum* zu. Dass dieses innerhalb der Satiren des Sturm und Drang eine Sonderstellung einnimmt, arbeitet 2002 Franziska Herboth heraus:

> Es sind drei Punkte, die das ‚Pandämonium Germanikum' gegenüber der übrigen Satireproduktion des Sturm und Drang distinkt erscheinen lassen: Lenz' Satire bietet erstens formale

Neuerungen; sie wählt zweitens nicht einen einzelnen Schriftsteller oder eine einzelne Institution des literarischen Feldes als Satireobjekt aus, sondern kritisiert das ganze zeitgenössische und teils vergangene Literaturpanorama; und sie zeigt drittens eine differenzierte Binnensicht der angreifenden Instanz Sturm und Drang selbst. (Herboth 2002: 247)

Wie Herboth im Einzelnen ausführt, besteht die Lenz-Figur im dargestellten Netzwerk aus Texten, Gerüchten, Meinungen und Wertungen ohne Anspruch auf gelehrte oder finanzielle Anerkennung (ebd.: 255). Die Konsequenz ist letztlich in Abgrenzung zum Freund und Konkurrenten Goethe ein „Dasein im Winkel" (ebd.: 54).

7. Gattungen und einzelne Werke

Im nächsten Abschnitt geht es darum, wie die Forschung die dargelegten übergreifenden Fragestellungen auf der Ebene der Gattungen und Einzelwerke weiterverfolgt. Meist stehen bei der Frage nach dem ‚Realisten' und ‚Aufklärer' Lenz die Dramen im Vordergrund (dazu auch → 2.1 DRAMEN UND DRAMENFRAGMENTE). Bernhard Greiner untersucht ihren Charakter als Komödien. Er spricht vom „Aufklärungstheater als Leerstelle". Es könne sich im *Hofmeister* keine Position endgültig etablieren:

Das gattungsbestimmende Lachen dieser Komödie setzt frei, was der Aufklärungsdiskurs konstitutiv unterdrückt, regressive Wünsche der Selbstauslöschung, des Freiwerdens von Verantwortung in der Entäußerung an herangetragene Rollensysteme. Solch freisetzendes Lachen ist aber eines, das dem Lachenden seine Grundlage, die Grundlage eines sicheren Ich, entzieht; darum ist es angemessen, dieses Lachen grotesk zu nennen. (Greiner 1992: 195)

Den *Menoza* bezeichnet Greiner als ein „bürgerliches Lachtheater", das sich entfalte, „wenn ausfällt, was im Zentrum bürgerlicher Wirklichkeit und Wertvorstellung steht: das Ich als Repräsentant der Ausdrucks- und Sinngebote" (ebd.: 205). Über *Tandi* urteilt er: „Als Zivilisationskritiker ist der Prinz hohl und unglaubwürdig, nur eine Parodie des literarischen Vorbildes." (ebd.: 199) Marita Pastoors-Hagelüken sieht 1990 im *Menoza* ein verfrühtes Dramenkonzept, das seiner Zeit weit voraus sei, oder wie schon Lenz selbst meinte: „eine übereilte Komödie" (Damm III: 10. 5. 1775 an Gotter). Es schwanke, so Pastoors-Hagelüken (1990), zwischen Genieprimat und Mimesis. Rector (1992a) untersucht mit der „Fremdheit des Eigenen" einen zentralen Aspekt des *Menoza*. Während Hinck (1965a) die Widersprüche und Ungereimtheiten als einen Verstoß gegen den Realismusanspruch wertet, betonen Gerth (1988) und Greiner (1992) die Lust an ‚Unsinn' und Spiel. Für Liewerscheidt (1983) ist der *Menoza* eine „apokalyptische Farce". Für Christian Neuhuber stellen Lenz' Dramen in *Das Lustspiel macht Ernst. Das Ernste in der deutschen Komödie auf dem Weg in die Moderne: von Gottsched bis Lenz* (2003) den Endpunkt einer Entwicklung dar, die das „Ernste" mit der zunehmend enger werdenden Beziehung zwischen Kunstwelt und Realität zu einem zentralen Bestandteil der Komödie mache. Bei Lenz differenziere sich das „Ernste" am weitesten aus. Leider bezieht die Untersuchung nur den *Hofmeister* ein. Karl Eibl führt 1974 in die Diskussion über Lenz' Realismus einen völlig anderen Aspekt ein: Er sieht jenen als „Widerlegung von Literatur". Literarische Konventionen und Zuschauererwartungen würden in den Komödien mit konkurrierenden Realitätserfahrungen konfrontiert. Eibl macht das unter anderem an den Schlussszenen im *Hofmeister* und in den *Soldaten* fest. In ihnen finde eine Widerlegung zeitgenössischer Komödienformen statt, wobei diese in ihrer ästhetischen und sozialen Wertigkeit durch die imaginierte Realität dekonstruiert würden. Eibl bezeichnet Lenz' Realismus in Abgrenzung zu sozialhistorischen Deutungen als eine „literaturkritische Attitüde" (Eibl 1974: 467). Osborne untersucht 1993 als ein wichtiges Strukturelement die Tableaus und bewegten Bilder in den Dramen. Hinzuweisen ist auch auf die Arbeiten zu den Dramen von Landwehr (1996), Imamura (1996) und Haag (1997).

Der *Hofmeister* ist das von der Forschung am häufigsten analysierte Stück. Galt der Geheime Rat lange Zeit als Vertreter der Aufklärung und Sprecher des Autors, werden heute die Ambivalenzen auch dieser Figur gesehen. Keine der Figuren ist frei von Widersprüchen. Für Andrea Krauß verkörpert der Geheime Rat den Typ von Aufklärung, der die ‚vernünftige' Einpassung des Einzelnen ins Bestehende fordere. Es gehe ihm letztlich um konsequent zu verfolgende Karrieremuster und um „Brauchbarkeit" am „Markt" (Krauß 2011a: 320). Die von ihr aufgezeigte Parallele zum Philanthropismus Campes überzeugt. Der studierte Dilettant Läuffer hingegen stehe für die „Unvorhersehbarkeit individueller Entwicklung" und passe sich damit in kein Muster ein. Während der Erziehungsplan des Geheimen Rates auf eine zielförmig formatierte Vervollkommnung ziele, unterliege Läuffers Bewegungsprinzip einer „perfectibilité" (ebd.: 321), die sich jeder klaren Vorbestimmtheit entziehe. In der Zeichnung dieser Figur zeige sich Lenz von Rousseau beeinflusst (ebd.: 347). Luserke unterscheidet Sexualität und Erziehung als die zentralen Diskurse, die das Stück prägten. In beide seien „Machtstrukturen" eingeschrieben, „deren Widerspruch zu komischen und utopischen Lösungen Lenz überdeutlich hervorgetrieben" habe (Luserke 1993: 53).

Dies dürfte in der Forschung kaum strittig sein. Widersprüchlich werden hingegen die drei Eheschließungen am Ende gewertet. Sind sie in ihrer Anlehnung an die Komödiendefinition zugleich eine ironische Destruktion von Publikumserwartungen? Drückt sich in ihnen die Utopie eines besseren Zusammenlebens aus, dann allerdings mit der für Lenz' Projekte typischen Zwanghaftigkeit und Rigidität? Oder werden Liebes- und Familiendiskurs destruiert? Fest steht, dass dieses Ende aufgrund einer Folge von Zufällen zustande kommt und gerade nicht aufgrund von Planung, für die der Geheime Rat steht (vgl. Krauß 2011a).

Auf einen zentralen, vorher wenig gesehenen Aspekt des Werkes hat Kagel aufmerksam gemacht: „Bis in das Geringste der Beziehungen der Figuren zu sich selber und zueinander ist dieses Stück durchzogen von Verhaltensweisen, die durch die mehr oder minder subtile Präsenz unterschiedlicher Formen von Bestrafungsakten geprägt sind." (Kagel 1997: 73) In diesem Zusammenhang nimmt Kagel die zuerst von Schöne formulierte These auf, die Kastration sei als ein „emanzipatorischer Akt" (ebd.: 81) zu werten. Die Selbstverstümmelung sei zugleich „Affirmation jenes Triebes" (ebd.: 82). Läuffer wende sich damit gegen den Hofmeisterstand, gegen die „asketische Schulmeisterei" (ebd.: 86) und gegen die persönliche Vaterschaft, welche die gegebenen sozialen Verhältnisse nur verlängern würde. Durchaus folgerichtig verspreche das Kind, das offenkundig nicht von Läuffer stammt, was von der Forschung heftig diskutiert wurde (vgl. zuerst Lappe 1980a u. 1980b), und dessen Geschlecht sich beiläufig vom Mädchen zum Jungen wandelt, keine neue Ordnung, sondern die „ewige Wiederkehr der alten" (Kagel 1997: 86). Dass sich die radikal antiaristotelische Form mit der Vielzahl von Szenen, Orten und Figuren daraus erklären könnte, dass übergreifende Werte und Berechenbarkeit verweigert werden, die eine Finalität des Dramas begründen könnten, lässt sich aus Krauß' und Kagels Lesarten des Stückes folgern.

Der Gattungszuordnung des *Hofmeisters* wendet sich 2012 Carolin Steimer zu. Sie zeigt auf, wie Lenz' Drama thematisch und strukturell auf die in seiner Zeit aktuellen Dramenkonzepte (aristotelische Tradition, Shakespeares Tragödien und Komödien, Lessings Bürgerliches Trauerspiel, Gellerts weinerliche Komödie u. a.) anspiele, zugleich aber diese Konzepte durch den Versuch dekonstruiere, „den Menschen in seiner Umwelt zu verankern und ihn in der Folge aus dieser zu erklären" (Steimer 2012: 437). Im Verfolgen dieser Intention deute sich „bereits eine Auflösung des allumfassenden Sinnhorizontes" (ebd.) an, welchen das Drama – auch das Shakespeares – bisher voraussetzte. Damit kommt Steimer zu einem Ergebnis, das nahe bei den Lesarten Krauß' und Kagels liegt.

Die *Soldaten* gelten wegen des Zeitbezugs und der sprachlichen Gestaltung als am deutlichsten ‚realistische' Komödie Lenz'. Edward McInnes versteht das Stück als einen Entwicklungsschritt zum „bürgerlichen oder Familiendrama"; dieses sei geprägt durch ein „neuartiges Bewußtsein vom Leben des Individuums und seiner Verhältnisse zu den Gewalten, die es bestimmen" (McInnes 1977a: 80). So sehr dieses Stück aufgrund der Konsequenz seines Handlungsablaufes anerkannt wird, wird die Schlussszene in der Forschung häufig als unpassend kritisiert. Für David Hill ergibt sich die Diskrepanz aus dem Verlauf des Schreibens: „Lenz, it seems, set out with the pen of writing a play that would be […] political, but gradually discarded this approach as he realises the complexity of the problems he was presenting, and the play became more a general condemnation of the world in which he lived." (Hill 1988: 313)

Auch die ‚subjektiven' Dramen Lenz' werden zum Gegenstand der Forschung. Insbesondere gilt dies für den *Engländer*, zu dem Glarner 1992 eine Monographie vorgelegt hat. Er bezieht das Stück biographisch auf Lenz' Auseinandersetzung mit der Welt des Vaters und kommt zu dem Ergebnis, dass sich Hot „den Forderungen der Realität durch die Kreation einer teils gelebten, teils fiktiven dramatischen Wirklichkeit" entziehe (Glarner 1992a: 177). Seine Autonomie könne nur durch den Akt einer Selbstauslöschung hergestellt werden. Simone Francesca Schmidt geht diesbezüglich noch einen Schritt weiter: Im „säkularisierten Himmel Roberts" deute sich eine „religiöse Utopie an, in der der Mensch frei von sozialen und religiösen Determinismen Christus folgen und autonom handeln kann, um so Glückseligkeit zu erlangen" (S. F. Schmidt 2009: 29 f.). Die Lektüre atheistischer Schriften der französischen Aufklärung – Schmidt zeigt den Einfluss Holbachs auf – befähige Hot zu seiner Tat. Lenz argumentiere also im Bewusstsein der radikalen Aufklärung und zugleich relativiere er diese aufgrund seiner religiösen Sozialisation (ebd.: 30). Glarner (1992a: 54–60) verweist darauf, dass Lenz mit dem aus der Musik übernommenen Untertitel „Phantasei" einer Gattungszuordnung des Dramas ausweiche. Lenz distanziert sich freilich nicht nur von den dominanten Anforderungen an das Drama seiner Zeit, sondern er weicht auch von seinen eigenen Gattungsdefinitionen ab. Allenfalls handelt es sich „um eine Verschärfung der Komödien-Konzeption, die Erleidende vorführt; gerade Roberts hilflose Aktionsversuche, seine Selbstvernichtung als einzig glückende Tat, zeigen, daß er zum selbstbestimmten Heldentum unfähig ist" (Hempel 2003a: 395), was er mit anderen ‚Selbsthelfern' bei Lenz (zum Beispiel Stolzius) gemeinsam hat.

Stehen unter den Gesichtspunkten ‚Realismus' und ‚Aufklärung' lange Zeit die Dramen im Vordergrund, so werden inzwischen die Erzählungen und die Lyrik verstärkt zum zusätzlichen Forschungsobjekt. Ausführlich widmet sich bereits 1975 John Osborne der Prosa (Osborne 1975c: 63–99; vgl. auch → 2.2 ERZÄHLUNGEN) In einer „Leseanleitung" zu den Erzählungen betont Karin Wurst die wichtige Rolle der intertextuellen Bezüge, was natürlich auch für die Dramen gilt. Lenz formuliere in den Texten keineswegs „systematische, in sich stimmige Positionen", sondern stelle, indem unterschiedliche Aspekte gegeneinandergesetzt würden, „eine Form von Offenheit" her, „die sich ihrer konkreten Bedingtheit und Begrenztheit ihrer jeweiligen, momentan eingenommenen Positionen bewusst ist und die gleichzeitig willens ist, diese immer wieder neu zu erarbeiten und zu verhandeln" (Wurst 2000: 41 f.). Wurst bezieht sich vor allem auf den *Zerbin* und den *Landprediger* sowie den Roman *Der Waldbruder*, d. h. die Texte, die von der Forschung am meisten analysiert worden sind. Stimmt Wursts These, lassen sich die Erzählungen nicht auf eine alleinige Interpretation festlegen. Dieser Offenheit ist sich die Forschung erst allmählich bewusst geworden.

Hartmut Dedert zeigt 1990 auf, wie Lenz im *Zerbin* das zeitgenössische Genre der moralischen Erzählung nutzt, um das Versagen der Hauptfigur im Zusammenspiel individueller und sozialer Widersprüche zu verdeutlichen, wobei allein schon durch das katastrophische Ende der Tugendoptimismus des Genres unterlaufen werde. Hervorgehoben werden muss in diesem Zusammenhang Martin Rectors Lektüre der Erzählung als eine „Parabel für das notwendige Scheitern des ‚freihandelnden' Menschen an den herrschenden ‚Umständen', für die unausweichliche Verkehrung des abstrakt-idealen Autonomie-Anspruchs in die konkret-reale Determinations-Erfahrung" (Rector 1994b: 295). Martin Kagel diskutiert 1997 die Frage, warum sich die Geschichte Zerbins im Verlauf der Erzählung in die Maries wandelt. Er sieht den Grund dafür in der nur scheinbar marginal auftauchenden Kindsmordproblematik und im Motivkomplex der Strafe, der die Geschichte nicht nur am Schluss bestimme. Kagel untersucht auch die Rolle der Vaterfigur. Die Beziehung zu ihr treibe die Handlung erst voran. Auf die eigentümliche Erzählperspektive und die Art des Erzählens geht Karin Wurst 1993 ein. Wurst bezieht dabei ein Zitat, das den Zustand der Hauptfigur in *Zerbin* beschreibt, allgemein auf den Schreibprozess: Die Textur der Erzählung funktioniere, „solange das Maschinenwerk des fremden Verstandes" den Antrieb zu schreiben „in Bewegung" halte (Damm II: 358). Entsprechend sei es falsch zu sagen, dass in der Erzählung „die ‚Wirklichkeit' […] schon textuell vorgeformt" sei (Wurst 1993a: 77). Zwischen ihr und der Darstellung im Text lasse sich nicht trennen. Bertram spricht 2000 von der Figur des „Entlaufens", die sowohl die Geschichte präge als auch die Art der Annäherung an sie: „Der Text notiert nicht eine Figur, an der er partizipiert, sondern die er distanziert in ihren Bewegungen noch einmal betrachtet, um so hinter diese Bewegungen zu kommen." (G. Bertram 2000: 58)

Der *Landprediger* ist viele Jahre als eine Wunschbiographie des Verfassers gelesen worden. Tatsächlich handelt es sich um die Darstellung einer Erfolgsgeschichte, die sich, so scheint es, allein der Leistung und Planung des Protagonisten verdankt. Für Ottomar Rudolf ist Mannheim ein „Geistlicher der Zukunft" und ein „idealer Reformator" (Rudolf 1970: 236). Scherpe sieht in der Erzählung den Versuch, „abstrakte Erkenntnisse über den Zustand der Gesellschaft und seine mögliche Veränderung unmittelbar zu literarisieren" (Scherpe 1977: 213). Auch Osborne betont den utopischen Charakter der Erzählung, „in that the hero meets no real obstacles to his good intentions; in the story we are always on, if not beyond, the borders of the possible" (Osborne 1975b: 81). 1984 macht Maria E. Müller auf die gewaltsamen Aspekte des in der Erzählung entworfenen sozialen Ideals aufmerksam. Dies betrifft vor allem die von Machtanwendung nicht freie Beziehung zwischen Johannes und Albertine. Karin Wurst stellt 1995 eine widersprüchliche Beziehung zwischen „artistic vision" und „social reform" heraus; weil der Text „moments of instability" produziere, werde eine lineare Lesart verhindert (Wurst 1995: 28 f.). Dies betrifft beispielsweise die ironische Haltung des Erzählers, die von anderen hingegen als keinesfalls gegen den Lebensentwurf Mannheims gerichtet verstanden wird. Winter sieht 2003 in der Geschichte einen Erinnerungstext, der auf der vom Sohn Mannheims verfassten Lebensbeschreibung beruhe. Für Winter wird der Aufklärungsoptimismus, der die Figur des Vaters präge, in der Perspektive des Sohnes destruiert. Besonders deutlich werde dies an der Art der Erinnerung, die sich in den Gedenkfeierlichkeiten, dem „Johannisfest zu Adlersburg" (Damm II: 455) zeige. Durch Sakralisierung und Ästhetisierung finde hier eine Auslöschung des Vatererbes statt, um es zum Medium von Macht und ständischer Hierarchie zu machen. Dem Erzähler fehle ein ungebrochener Aufklärungsoptimismus, doch halte er auch Distanz zum Repräsentationsstreben des Sohnes. Franz Werners Monographie von 2009 stellt den *Landprediger* in verschiedene Kontexte – Biographie, intertextuelle Bezüge, Zustand der Landwirtschaft, Rolle der Kirche –, um dann den Text im Hinblick auf die Figur Mannheims und seine Beziehung zu den Bauern, auf das Literatur- und Selbstverständnis als Autor und die sprachlichen Strukturen zu analysieren.

Der Waldbruder wurde lange Zeit eng biographisch interpretiert mit Hinweis auf die Namensähnlichkeit von Goethe/Rothe und Herz/Lenz. Dagegen wendet sich 1990 Wurst, die den Text, ohne eine biographische Ebene zu leugnen, nicht darauf reduzieren will (Wurst 1990: 71). Es stellt sich ohnehin die Frage, ob der Autor nicht hinter beiden Figuren zu sehen ist, die er entworfen hat. Inge Stephan zeigt in ihrer Interpretation die im *Waldbruder* vergegenwärtigte Kontingenzerfahrung auf. Die zeitgenössischen Freundschafts- und Liebesvorstellungen würden radikal dekonstruiert: „Im ‚Waldbruder' sind Liebe und Freundschaft eine bloße Chimäre, hinter der die eigentlichen Triebkräfte – fratzenhaft verzerrt – erkennbar werden: die sexuellen Triebe, das Machtbegehren und das Geld." (Stephan 1994: 275) Entsprechend zeige sich im *Waldbruder* die „Nachtseite" zu Goethes *Werther* (ebd.). Stephans Wertung des Romans als einen der „‚dunklen Texte' der Aufklärungszeit" (ebd., im Anschluss an Horkheimer/Adorno) lässt sich auch auf andere Werke Lenz' übertragen. Eine große Rolle spielt in der Forschungsdiskussion die im Gegensatz zum Bezugstext *Werther* polyperspektivische Form des Briefromans. Für Heilmann beinhaltet der *Waldbruder* einen Wendepunkt der Formgeschichte: „Das erklärte ‚Pendant' zu Goethes Text leistet auf dessen Errungenschaft ‚dichterischer Wahrheit' (Blanckenburg), auf ein ästhetisch vermitteltes Sinnganzes Verzicht und macht die polyperspektivische Darstellungsform, zu der Lenz zurückkehrt, zum Vehikel eines offen dissonanten Wortes." (Heilmann 1992: 209) Für Demuth führt die „Point-de-vue-Technik" zur „Preisgabe eines auktorialen Erzählens" mit der Folge, dass der Leser sich „aufgrund der komplizierten Informationsstrategie des Texts wesentliche Zusammenhänge selbst konstruieren, einbilden muss" (Demuth 1994: 230). Der Roman beinhalte darüber hinaus die „Selbstauflösung des Briefromans als Darstellung einer Individuationsgeschichte"; „narrative Lebenserfahrung" werde zu einem „Erzählproblem und mithin zu einem Existenzproblem" (ebd.: 227). Die Dissonanz der sieben Stimmen wird in der Forschung als ein sehr spezifisches Medium und Forum der Selbstkritik des Autors Lenz (Aufarbeitung seiner Erfahrungen am Weimarer Hof) und der Gesellschaftskritik verstanden (so u. a. Käser 1987: 359, Stötzer 1992: 96 ff.).

Die übrigen Prosatexte werden noch wenig beachtet – mit Ausnahme der autobiographischen Texte (vgl. aber zu *Empfindsamster aller Romane* Winter 1993, Lenz-Michaud 2002/2003; zu *Ueber Delikatesse der Empfindung* Preuß 1983, Meinzer 1996, Tommek 2007, J. Schäfer 2016; zu *Geschichte des Felsens Hygillus* Osborne 1973; zu *Die Fee Uranda* Osborne 1994b, Weiß 2003c).

Das *Tagebuch* und die *Moralische Bekehrung* gelten als autobiographische Texte. Doch muss eingeräumt werden, dass in einem weiteren Sinn nahezu alle Texte Lenz' autobiographisch sind. Dies gilt dann, wenn man Lehmanns weit gefasste Definition zugrunde legt:

> Autobiographie ist eine Textart, durch die ihr Autor in der Vergangenheit erfahrene innere und äußere Erlebnisse sowie selbst vollzogene Handlungen in einer das Ganze zusammenfassenden Schreibsituation sprachlich in narrativer Form so artikuliert, daß er sich handelnd in ein bestimmtes Verhältnis zur Umwelt setzt. (*Lehmann 1988: 36)

Für Demuth werden im *Tagebuch* und in der *Moralischen Bekehrung* „Evidenztechniken und -modelle getestet, durch die sich das eigene Leben analysieren und begreifen lassen soll" (Demuth 1994: 204) – eine Definition, die ebenfalls für weitere Prosa gelten kann. In beiden Texten geht der Autor aber einen Schritt weiter, indem er sich unmittelbar zum Thema macht und auf Selbsterlebtes rekurriert. Der Autor liefere einen „bei ungewissem Ausgang fortlaufend abgefaßten Bericht seiner Erlebnisse" (Hempel 2003a: 272). Dieser direkte Bezug fehlt zum Beispiel im *Waldbruder*, der gegen Demuth schon wegen des Effekts der polyperspektivischen Form nicht zum *Tagebuch* und der *Moralischen Bekehrung* gestellt werden darf. Im Ersteren geht es um das Scheitern „des instabilen Konstrukts einer erwiderten, bedrohten Liebe" (ebd.: 278), in Letzterer um das Modell einer Bekehrungsgeschichte, die angesichts der Verwirrung der eigenen Gefühle Klarheit schaffen soll. Wie schon Osborne feststellt, verbindet das Thema der idealisierten Frau, das sich auch in anderen Werken findet (z. B. im *Engländer*) beide Texte (Osborne 1975c: 65).

Am *Tagebuch* arbeitet die Forschung heraus, dass ihm ein „objektivierender Horizont" völlig fehlt (Käser 1987: 329). Käser spricht von einer „Transformation eines Nichts an Erfahrung in pathetische Schreibe" (ebd.: 54). Zwar ließen sich die konkreten Vorgänge nur begrenzt erkennen, doch werde deutlich, dass „die Gesetze des Spiels sozial dominieren und gesellschaftliche Strategien von Gewinn und Verlust" (Demuth 1994: 213). Der *Tagebuch*-Schreiber setze für sich „empfindsame Vorgaben" ein, denen die realen Umstände widersprechen würden: „Der empfindsame Roman als lebensgeschichtliches Muster, sowohl narrativ wie normativ, wird beispielhaft ad absurdum geführt." (ebd.: 215) In der *Moralischen Bekehrung* scheitert letztlich die angestrebte Konversion. Für Käser geht es diesbezüglich in der *Bekehrung* um eine „petrarkistisch und christologisch verbrämte Phantasieliebe", die zur

„Absolutsetzung des Bildes gegenüber dem Abgebildeten" führe (Käser 1987: 336). Demuth beobachtet, dass das autobiographische Schreiben dazu dient, einen Selbstverlust zu konstatieren (Demuth 1994: 222). Rudolf Käser sieht in Lenz' Selbstdarstellungsversuchen eine Tendenz zur „Ichspaltung", „gerade weil er ihnen die Beweislast der Autonomie auferlegt" (Käser 1987: 264).

Auch die Lyrik (vgl. auch → 2.3. LYRIK) ist nach langer Vernachlässigung zu einem anerkannten Forschungsobjekt geworden. Gerade bezüglich der Gedichte neige die Forschung „zum Biographischen, ja zum Familiären", wobei dann der scheinbar private Charakter vieler Texte nicht als „poetologisches Spezifikum" verstanden und zum Beispiel auf Lenz' Vorstellung von Autorschaft bezogen werde (Klaue 2000/2001: 248). Eher sollte man mit Luserke von einer gezielten „Literarisierung des Lebens" (*Luserke 1999: 63) sprechen, die von Selbststilisierung nicht frei ist. Nicht zufällig nennt Egon Menz Lenz „einen Meister der Maskierung" (Menz 1996b: 76). Nach Heinz Dwengers umfangreicher Dissertation *Der Lyriker Lenz* (1961), die unter anderem die petrarkistische Prägung der Liebeslyrik herausarbeitet, gibt es zwei neue übergreifende Darstellungen. Vonhoff will in *Subjektkonstitution in der Lyrik von J. M. R. Lenz* die Lyrik in ihrem „soziohistorischen" und „literaturgeschichtlichen Verweisungszusammenhang" untersuchen (Vonhoff 1990a: 10). Entsprechend gliedert sich seine Arbeit nach chronologisch-topographischen Aspekten. Den Stationen von Lenz' Werdegang werden dort entstandene Gedichte zugeordnet. Diese werden dann einzeln, aber mit Bezug auf die jeweiligen Kontexte interpretiert. Nicht immer kann Vonhoff dabei der Gefahr ausweichen, die Gedichte in ihren Kontext aufzulösen, statt die Geschichtlichkeit aus den Werken selbst zu entwickeln. Vonhoff liest die Lyrik als Medium und Forum eines emanzipativen Anspruchs auf Individualität, der letztlich scheitere. Weil ‚Subjektbestimmung' misslinge, wichen die Gedichte von den dominanten zeitgenössischen Tendenzen in Empfindsamkeit und Sturm und Drang ab. Schwierigkeiten bereitet Vonhoffs Verständnis des in der Wissenschaft schon zur Zeit der Publikation der Arbeit umstrittenen Subjektbegriffs. Eine weitere Grenze der Arbeit liegt in ihrer ideologiekritischen Fixierung auf die Unmöglichkeit von Selbstverwirklichung in der zeitgenössischen Ständegesellschaft. Momente von Glück, die sich in den Gedichten auch finden, sind in diesem Sinne Ausdruck eines ‚falschen Bewusstseins', Momente des Leidens, die in der Tat überwiegen, gelten hingegen als „Materialisation" des richtigen (ebd.: 61). Dennoch sind die Einzelinterpretationen oft sehr einleuchtend. Mathias Bertram will 1994 in *Jakob Michael Reinhold Lenz als Lyriker* mit Bezug auf zwölf exemplarisch behandelte Gedichte das „Weltverhältnis", die zur Sprache gebrachten „Welt- und Selbsterfahrungen" und ihre Struktur herausarbeiten. Bertram hält die Berücksichtigung von Lenz' Biographie dabei für „unentbehrlich" (M. Bertram 1994a: 18). In seinen Gedichten trete wie bei Goethe ein individuelles Subjekt auf, das über seine Erfahrungen und Emotionen spreche. Dadurch öffneten sich die Gedichte auch der „realen Konflikthaftigkeit und inneren Widersprüchlichkeit menschlicher Weltbeziehungen" (ebd.: 220). Der Glücksanspruch des Einzelnen könne nur selten eingelöst werden. Das liege unter anderem daran, dass es Lenz nicht gelinge, sich von religiös bestimmten Verhaltensnormen zu lösen. Christliches Sündenbewusstsein und „Schicksalsgläubigkeit" (ebd.: 222) prägten viele Gedichte bis hin zur Identitätskrise. Für David Hill kreist die Lyrik, anknüpfend an die Argumentationslinie von Vonhoff und Bertram, „um die Gegenüberstellung von Möglichkeit und Unmöglichkeit, Notwendigkeit und Hoffnungslosigkeit der Selbstverwirklichung des Ich, die das Fundament einer besseren Welt bilden müsste" (Hill 2000: 34). Zu Recht fordert er aber in Abgrenzung zu biographischen Lesarten, mehr darauf zu achten, dass in den Gedichten mit mehreren Perspektiven gespielt werde und verschiedene Möglichkeiten des Ichs gegeneinandergestellt würden, ohne dass diese einer Idee oder Norm untergeordnet würden. Eine auf Dissonanz setzende Schreibweise prägt offensichtlich, wie die Dramen und die Prosa, auch die Lyrik.

8. Weiterführende Literatur

Albrecht, Günter u. Johannes Mittenzwei (Hgg.): *Erläuterungen zur deutschen Literatur (Klassik)*. Berlin 1956.
Bartels, Adolf: *Geschichte der deutschen Literatur in zwei Bänden*. Leipzig 1909.
Bartels, Adolf: *Geschichte der deutschen Literatur*. Hamburg 1919.
Brecht, Bertolt: „Notizen über realistische Schreibweise" [1940]. In: Bertolt Brecht: *Werke. Große kommentierte Berliner und Frankfurter Ausgabe.* Bd. 22.2: *Schriften 2: 1933–1942*, Tl. 2. Berlin, Frankfurt/Main 1993, S. 620–640.
Faber, Richard: *Der Tasso-Mythos. Eine Goethe-Kritik*. Würzburg 1999.
Friedenthal, Richard: *Goethe. Sein Leben und seine Zeit*. München 1963.
Gervinus, Georg Gottfried: *Geschichte der poetischen National-Literatur der Deutschen.* Bd. 4: *Von Goethe's Jugend bis zur Zeit der Befreiungskriege*. 2. Aufl. Leipzig 1843.
Ghibellino, Ettore: *Goethe und Anna Amalia. Eine verbotene Liebe?* 3. Aufl. Weimar 2007.
Girnus, Wilhelm: „Goethe. Der größte Realist deutscher Sprache. Versuch einer kritischen Darstellung seiner ästhetischen Auffassungen". In: Johann Wolfgang Goethe: *Über Kunst und Literatur. Eine Auswahl*. Hg. und eingel. v. Wilhelm Girnus. Berlin 1953, S. 7–197.
Graevenitz, Gerhart von: „Innerlichkeit und Öffentlichkeit. Aspekte deutscher ‚bürgerlicher' Literatur im frühen 18. Jahrhundert". In: *Deutsche Vierteljahrsschrift für Literaturwissenschaft und Geistesgeschichte* 49 (1975), Sonderheft: 18. Jahrhundert, S. 1–82.
Grimm, Reinhold u. Jost Hermand (Hgg.): *Die Klassik-Legende. Second Wisconsin Workshop*. Frankfurt/Main 1971.
Hansen, Klaus P.: „Emotionalität und Empfindsamkeit". In: Klaus P. Hansen: *Empfindsamkeiten*. Passau 1990, S. 7–14.
Huyssen, Andreas: „Sturm und Drang". In: Walter Hinderer (Hg.): *Geschichte der deutschen Lyrik vom Mittelalter bis zur Gegenwart*. Stuttgart 1983, S. 177–201.
Kindermann, Heinz: „Die Sturm und Drang-Bewegung im Kampf um die deutsche Lebensform". In: Gerhard Fricke, Franz Koch u. Clemens Lugowski (Hgg.): *Von Deutscher Art in Sprache und Dichtung*. Bd. 4. Stuttgart, Berlin 1941, S. 3–52.
Klotz, Volker: *Geschlossene und offene Form im Drama*. München 1960.
Lehmann, Jürgen: *Bekennen – Erzählen – Berichten. Studien zu Theorie und Geschichte der Autobiographie*. Tübingen 1988.
Lepenies, Wolf: *Melancholie und Gesellschaft*. Frankfurt/Main 1969.
Lukács, Georg: *Skizze einer Geschichte der neueren deutschen Literatur*. Darmstadt 1964.
Lukács, Georg u. Anna Seghers: „Briefwechsel". In: *Internationale Literatur* 5 (1939), S. 97–121.
Luserke, Matthias: *Der junge Goethe. „Ich weis nicht warum ich Narr soviel schreibe"*. Göttingen 1999.
Mann, Otto: *Geschichte des deutschen Dramas*. Stuttgart 1960.
Martini, Fritz: *Deutsche Literaturgeschichte. Von den Anfängen bis zur Gegenwart*. Stuttgart 1949
Mattenklott, Gert u. Klaus R. Scherpe (Hgg.): *Grundkurs 18. Jahrhundert*. Bd. 1: *Analysen*. Bd. 2: *Materialien*. Kronberg/Ts. 1974.
Mehring, Franz: *Aufsätze zu deutschen Literaturgeschichte*. Frankfurt/Main 1972.

Mog, Paul: *Ratio und Gefühlskultur. Studien zu Psychogenese und Literatur im 18. Jahrhundert.* Tübingen 1976.

Nadler, Josef: *Literaturgeschichte der deutschen Stämme und Landschaften.* Bd. 3. 3. Aufl. Regensburg 1931.

Newald, Richard: *Geschichte der deutschen Literatur.* Bd. 6: *Von Klopstock bis zu Goethes Tod.* Tl. 1. München 1957.

Safranski, Rüdiger: *Goethe. Kunstwerk des Lebens.* München 2013.

Sauder, Gerhard (Hg.): *Der junge Goethe 1757–1775.* Bd. 1.1. München 1985.

Scherer, Wilhelm: *Geschichte der deutschen Litteratur.* Berlin 1883.

Schneider, Ferdinand Josef: *Die deutsche Dichtung vom Ausgang des Barocks bis zum Beginn des Klassizismus.* Stuttgart 1924.

Stolpe, Heinz: „Versuch einer Analyse der gesellschaftsgeschichtlichen Grundlagen und Hauptmerkmale der Sturm-und-Drang-Bewegung der deutschen Literatur im 18. Jahrhundert". In: *Wissenschaftliche Zeitschrift der Humboldt-Universität zu Berlin, Reihe 3* (1953/1954), Nr. 5, S. 347–389.

Titzmann, Michael: „,Empfindung' und ,Leidenschaft': Strukturen, Kontexte, Transformationen der Affektivität/Emotionalität in der deutschen Literatur in der 2. Hälfte des 18. Jahrhunderts". In: Klaus P. Hansen (Hg.): *Empfindsamkeiten.* Passau 1990, S. 137–165.

Vilmar, August Friedrich Christian: *Geschichte der deutschen National-Literatur.* Marburg 1845.

Vischer, Friedrich Theodor: *Aesthetik oder Wissenschaft des Schönen.* Reutlingen, Leipzig 1848.

Wegmann, Nikolaus: *Diskurse der Empfindsamkeit. Zur Geschichte eines Gefühls in der Literatur des 18. Jahrhunderts.* Stuttgart 1988.

Weimar, Klaus: *Geschichte der deutschen Literaturwissenschaft bis zum Ende des 19. Jahrhunderts.* München 1989.

Wölfflin, Heinrich: *Kunstgeschichtliche Grundbegriffe. Das Problem der Stilentwicklung in der modernen Kunst.* München 1915.

4.2 Lenz in der Literatur bis 1945

Ariane Martin

1. Vorbemerkung und Überblick	523
2. Literarische Rezeption in den 1770er Jahren	525
3. Das Lenz-Porträt in Goethes *Dichtung und Wahrheit*	527
4. Romantische Literaturgeschichtsschreibung: Ludwig Tiecks Herausgabe der *Gesammelten Schriften*	531
5. Die Liebesmelancholielegende: Goethe – Friederike Brion – Lenz	532
6. Büchners *Lenz*	534
7. Nicht realisierte literarische Lenz-Projekte	540
8. Literarische Rezeption des Werks im 19. Jahrhundert	540
9. Identifikationsfigur der frühen Moderne	542
10. Literarische Rezeption von Werk und Leben im frühen 20. Jahrhundert	543
11. 1918 bis 1945	544
12. Weiterführende Literatur	545

1. Vorbemerkung und Überblick

Der psychisch kranke Dichter, der vergessene unverstandene Dichter – das sind zwei Topoi, die im Zusammenhang mit Lenz besonders häufig genutzt worden sind. Sie dienen einerseits allgemeinen Aussagen zur Existenz des Künstlers, so etwa im Vergleich von Lenz und Hölderlin (vgl. Martin/Stiening 1999). Andererseits aber betreffen sie die Biographie und Autorschaft von J. M. R. Lenz in ihrem Kern, denn er durchlebte 1777/78 eine heftige psychische Krise, *Lenzens Verrückung* (vgl. Dedner/Gersch/Martin 1999), deren Folge unter anderem war, dass er als Autor zunächst aus dem Blick der literarisch interessierten Öffentlichkeit geriet und vergessen wurde (vgl. Unglaub 1983).

Beide Topoi sind seiner allmählichen Wiederentdeckung im 19. Jahrhundert geschuldet. Seit der Romantik hatte sich ein Interesse für den ‚Wahnsinn' als psychischen Grenzbereich entwickelt. Außerdem interessierte sich das 19. Jahrhundert generell für Fragen von Norm und Abweichung auch im literarischen Feld, für das Spannungsverhältnis zwischen kanonisierter Literatur und vergessener oder verdrängter Literatur. Damit sind exemplarisch zwei relevante Kontexte benannt, die jeweils kultur-, sozial-, mentalitäts- und geschlechtergeschichtlich zu beschreiben wären und die das Phänomen Lenz-Rezeption im 19. Jahrhundert grundieren.

Richtet man den Blick auf inhaltliche Übereinstimmungen, dann erweist sich Rezeptionsgeschichte als ein Prozess der Verfestigung. Sie entwirft ein ganz bestimmtes Autorbild, sie ist es, die den Autor eigentlich erst ‚erfindet', indem sie Deutungsmuster für sein Profil generiert. Die Rezeptionsgeschichte von Lenz stellt sich als Fiktionalisierungsgeschichte dar – von ihren Anfängen im späten 18. über das 19. Jahrhundert, das maßgeblich charakteristische Zuschreibungen entwickelt und reproduziert hat, bis zur Mitte des 20. Jahrhunderts. Die Dokumente zeigen insgesamt eine starke Orientierung auf sein Leben, weniger auf sein Werk, das häufig mit Blick auf biographische Aspekte gedeutet wurde. Dreh- und Angelpunkt der Deutungen ist die psychische Krise des Autors gegen Ende der 1770er Jahre. Die allgemeinen Deutungsmuster sind jedoch nicht nur fortgeschrieben, sondern auch ausdifferenziert und mit weiteren Facetten neu konturiert worden; dabei haben auch substantielle Aspekte jenseits tradierter Zuschreibungen Berücksichtigung gefunden.

Hier wird im Überblick die „produktive Rezeption" (Stephan/Winter 1984: 3) von Lenz in der Literatur dargestellt, chronologisch nach ihren prominenten Stationen, im Rahmen dieser Chronologie aber auch inhaltlich gegliedert. Skizziert wird der Bezug auf Lenz und sein Werk in literarischen Texten. Verbreitet durch die Medien der Wissenskultur, die literarhistoriographische Erzählungen vermittelnden Lexika und Literaturgeschichten, bildet die spannungsvolle Auseinandersetzung um Lenz in der Literaturgeschichtsschreibung den Hintergrund der literarischen Aneignungen des Autors. Die maßgebliche Literaturkritik lässt zu Lebzeiten von Lenz ein relativ vielstimmiges Autorbild erkennen (vgl. Unglaub 1983: 183–205), ablesbar an den zeitgenössischen Rezensionen (vgl. deren Dokumentation in den einzelnen Bänden der Faksimiles der Erstausgaben der zu Lebzeiten selbständig erschienenen Texte, die Christoph Weiß 2001 herausgibt), und korrespondiert im 19. und 20. Jahrhundert mit literarhistoriographischen Urteilen (vgl. Leidner/Wurst 1999). Die Rezeption von Lenz in der Literaturgeschichtsschreibung seit Georg Gottfried Gervinus mit seinem wirkungsmächtigen Verdikt über den Autor des Sturm und Drang als das „traurigste Opfer der Ueberspannungen dieser Periode" (Gervinus 1840: 581) hat die Deutungsmuster der Pathologisierung und Stigmatisierung wie etwa das Bild repräsentativer Gegensätzlichkeit des ‚kranken' Lenz versus des ‚gesunden' Goethe kulturgeschichtlich im allgemeinen Bewusstsein erst verankert, und die diversen Rehabilitationsbemühungen im Laufe des 19. Jahrhunderts sind erst als Reaktion darauf erklärbar (vgl. Martin 2002a: 228–276, → 1.2 HANDSCHRIFTEN UND WERKAUSGABEN, → 4.1 LENZ IN DER WISSENSCHAFT).

Skizziert wird zunächst die Rezeption zu Lebzeiten von Lenz. Anschließend wird das Lenz-Porträt in Goethes *Dichtung und Wahrheit* als wirksame Rezeptionsvorgabe seiner Bedeutung gemäß ausführlich vorgestellt. Im Zusammenhang mit der 1828 von Ludwig Tieck verantworteten ersten Gesamtausgabe *Gesammelte Schriften, von J. M. R. Lenz* ist die Wertschätzung der romantischen Literaturgeschichtsschreibung für den Repräsentanten des Sturm und Drang in den Blick zu nehmen. Des Weiteren muss das im 19. Jahrhundert populäre Deutungsmuster der Liebesmelancholie thematisiert werden, die das Dreiecksverhältnis Goethe – Friederike Brion – Lenz in den Mittelpunkt stellt. Etwa gleichzeitig mit dieser von Georg Büchners Freund August Stöber begründeten Legende ist der wohl berühmteste literarische Text über Lenz entstanden, der jedoch erst gegen Ende des 19. Jahrhunderts mit seiner Entdeckung durch die Naturalisten breite Wirkung entfaltete: Büchners *Lenz* (1835), der qualitativ und wirkungsgeschichtlich eine exponierte Stellung in der Literaturgeschichte einnimmt. Anschließend geht es um die spärliche Rezeption des Werks, wobei hier insbesondere die *Soldaten* Beachtung gefunden haben. Dann wird Lenz als Identifikationsfigur der frühen Moderne in den Blick genommen und zuletzt die wenig ausgeprägte literarische Rezeption in den Jahren zwischen 1918 und 1945 skizziert. Weiterführend sei auf die umfassende, von Peter Müller herausgegebene Textsammlung *Lenz im Urteil dreier Jahrhunderte* (1995 u. 2005) verwiesen; auch im Hinblick auf die Theaterrezeption (vgl. Genton 1966).

2. Literarische Rezeption in den 1770er Jahren

Lenz stand in den 1770er Jahren mit Goethe „an der Spitze" jener „jungen Generation von Schriftstellern" (Zeithammer 2000: 269), die später mit dem Gruppennamen ‚Sturm und Drang' bezeichnet wurde und zeitgenössisch großes Aufsehen erregte – bei Gleichgesinnten Begeisterung, Distanzierung dagegen bei der älteren Schriftstellergeneration in ihrem Misstrauen gegen die damals so genannten Genies, gegen das „itzige Goethisieren und Lenzisieren" (zit. nach Müller I: 107), wie es in einem Brief vom 20. Februar 1775 an Lessing heißt. Die Dramatik von Lenz beeinflusste Autoren in seinem Umfeld, so Friedrich Maximilian Klinger (1752–1831), dessen Drama *Das leidende Weib* (1775) von der Kritik als Nachahmung des *Hofmeisters* bewertet wurde (Voit 2002 [1986]: 110). Noch Ludwig Tieck wollte Klingers Stück für eines von Lenz halten, denn es habe „ganz den Ton und die Manier unsers Lenz, und bei vielen Gebrechen große Schönheiten, neben krampfhafter Uebertreibung viel Wahrheit und Natur" (Tieck I: CXXII). Der *Hofmeister* wurde gleich nach seinem Erscheinen 1774 als charakteristisch für die Dramatik der jungen Genies angesehen. Am 22. April 1778 erlebte er in Hamburg seine Uraufführung in der Inszenierung Friedrich Ludwig Schröders (1744–1816), in der der Text „drastische Kürzungen, Umstellungen und hinzugefügte Passagen" (Voit 2002 [1986]: 112) aufwies; bald kam das Stück auch in Berlin und Mannheim auf die Bühne (vgl. Genton 1966: 65–96).

Inmitten des literarischen Lebens der 1770er Jahre wurde Lenz in zahlreichen Briefen und Rezensionen der Zeitgenossen nicht nur exponiert als junges Genie wahrgenommen, er wurde im Umkreis des Sturm und Drang auch bedichtet und regte zu literarischer Produktion an, wie bereits das Beispiel Klinger im Bereich der Dramatik zeigt. Ein freundschaftliches kleines Gedicht, ein Stammbucheintrag vom 5. Juni 1775, ist von Goethe erhalten: „Zur Erinnerung guter Stunden/ Aller Freuden, aller Wunden,/ Aller Sorgen, aller Schmerzen,/ In zwei tollen Dichtern Herzen,/ Noch im lezten Augenblick/ Lass ich Lenzgen dies zurück" (zit. nach Müller I: 118). Die Freundschaft zwischen Lenz und Goethe hat ihren Niederschlag nicht zuletzt in den Gedichten gefunden, die als *Sesenheimer Lieder* überliefert sind. Sie stammen teils von Goethe, teils von Lenz, wobei die Forschung die Verfasseranteile nicht bis ins letzte Detail klären kann. Die *Sesenheimer Gedichte* (so die ebenfalls gebräuchliche Bezeichnung) können, was Goethe angeht, mit Blick auf die kommunikative Komponente ihrer Entstehung als besonderes Dokument produktiver Rezeption angesehen werden, als gemeinschaftliche Dichtung zweier Autoren.

In kommunikative Zusammenhänge sind außerdem noch drei weitere bekannte Zeugnisse produktiver Lenz-Rezeption aus dem Freundeskreis einzuordnen. Erstens: Die in Form eines offenen Briefes anonym publizierte Schrift *Prinz Tandi an den Verfasser des neuen Menoza* (1775) von Goethes Schwager Johann Georg Schlosser (1739–1799) antwortet auf die 1774 erschienene Komödie *Der neue Menoza oder Geschichte des cumbanischen Prinzen Tandi*. Die Schrift ermuntert den jungen Dramatiker und spricht ihn mehrfach emphatisch mit Namen an: „Ach Lenz! [...] Sieh, Lenz! [...] Ja, lieber Lenz! [...] O Lenz! [...] Liebster Lenz!" (Schlosser 1993 [1774]: 6–18) Sie signalisiert literarische Akzeptanz, zielt auf kritischen Dialog und gibt Sympathie zu erkennen. Zweitens: Eine mehrere Autoren (darunter Lenz selbst) umfassende quasi simultane Interaktion liegt einer anonymen Sammelpublikation zugrunde, deren Beiträge unmittelbar in geselliger Runde entstanden sind und ein wichtiges Zeugnis der Gruppenkultur des Sturm und Drang darstellen. Diese Sammlung *Jupiter und Schinznach* (1777) enthält Scherzgedichte auf Lenz (und solche von ihm), die im Gruppenzusammenhang während der Jahresversammlung der Helvetischen Gesellschaft in Schinznach vom 12. bis 15. Mai 1777 spontan entstanden sind, wie auch der Titelzusatz verrät: *Nebst einigen bei letzter Versamlung ob der Tafel recitierten Impromptus*. „Herr Lenz, der mächtige Versifex", werde „noch einer der grösten Poeten", die „unsern deutschen Helicon zieren", dichtete Gottlieb Konrad Pfeffel (1736–1809) über den Lyriker, um dann in drastischer Anspielung auf die Figur Läuffer im *Hofmeister* fortzufahren: „Und sollt' ich ja meine Wette verlieren,/ So ist es wahrlich blos seine Schuld:/ Dann aber verlier' ich die Geduld,/ Und lass ihn, ohne ferners Hofiren,/ Von Schärer Phoebus, wie Läufern – castriren" (*Jupiter und Schinznach* [Hg. Luserke 2001]: 22 f.). Ebenfalls namentlich genannt ist Lenz in den Versen von Johann Kaspar Lavater (1741–1801), der ihn als „Poet von vieler Licenz" zunächst lobt und dann im Wortspiel scherzt, Lenz sei ein „Faullenz" (ebd.: 19 f.). Ein ganz anderes Bild entwarf Lavater, der 1777 im dritten Band seiner *Physiognomischen Fragmente* auch vier Porträts von Lenz abgedruckt hat, dann 1793 retrospektiv in seiner Veröffentlichung *Zwei Gedichte von dem seeligen Lenz* in der *Urania* unter Hinweis auf das „unglückliche Schicksal" des Autors: „Sein rastloser Geist, seine übermässige Reizbarkeit, sein Durst nach Liebe, [...] verbunden mit der Tiefe seines Gefühls" hätten ihn „zerrüttet" (zit. nach Müller I: 350). Nun präsentierte Lavater ein tragisch getöntes Bild von Lenz, das mit dem scherzhaften Ton von 1777 nichts mehr zu tun hat. Nicht nur Lavater war in Schinznach zugegen gewesen, sondern auch Louis Ramond de Carbonnières (1755–1827) nahm an der Versamm-

lung teil. Die französische Erstausgabe seines anonym im gleichen Jahr wie die
„Schinznacher Impromptüs" (Damm III: 212) publizierten Stücks *Les dernières des
aventures du jeune d'Olban, fragment des amours Alsaciennes* (1777) war mit der
Widmung „A Monsieur Lenz" (vgl. Luserke 1994b: 89) versehen und ist – drittens –
als Zeugnis produktiver Lenz-Rezeption in kommunikativem Zusammenhang einzuschätzen. Diese ausdrückliche Würdigung von Lenz in der Publikation eines Stücks
im Stil des Sturm und Drang, das gleich in der Vorrede auf „die Verirrungen, die
Leiden empfindsamer Herzen" (*[Carbonnières] 1778: 10; vgl. *Jupiter und Schinznach* [Hg. Luserke 2001]) hinweist, kann als Anspielung des mit Lenz gut bekannten
Verfassers auf dessen sensible Befindlichkeit interpretiert werden. Sie fehlt zwar in
der deutschen Übersetzung *Die letzten Tage des jungen Olban*, die im April 1778 in
der Zeitschrift *Olla Potrida* erschienen ist, das Titelblatt dieser Nummer ist aber mit
einem (offenbar den *Physiognomischen Fragmenten* entnommenen) Porträt von Lenz
illustriert, das den Autor damit programmatisch zum Inhalt des Heftes in Beziehung
setzt. Ramond „ergänzte" am 3. Oktober 1780 – vermutlich infolge der Falschmeldung der *Litteratur- und Theater-Zeitung* aus diesem Jahr, Lenz sei gestorben – „die
Dedikation in seinem Handexemplar des *Olban*" (Luserke 2001e: 90) mit einem
kurzen Nachruf auf Lenz, dessen Auftakt lautet: „Malheureux Lenz!" Die nun
mit zusätzlichem Text versehene Widmung, ergänzt mit dem Ausruf über den unglücklichen Lenz und weiteren Ausführungen über den von Familie und Vaterland
verstoßenen und ohne ein Adieu aus der Welt geschiedenen Lenz, ist dann 1829 in
der Neuedition des *Olban* von Charles Nodier veröffentlicht worden, die auch die
Verfasserschaft Ramonds bestätigte.

Mit der Beschwörung des unglücklichen Dichters zeigt sich im Ansatz bereits das
später dann ausgeformte pathologisierende Rezeptionsmuster, zu dem auch der Mitleidsgestus gehört. „Tot zu Lebzeiten" (Unglaub 1983: 229) war Lenz als Autor
infolge seiner psychischen Krise im öffentlichen Bewusstsein, das diesen Autor dann
bald so gut wie vergessen hatte. Die ersten Nachrufe auf Lenz erinnerten wieder an
ihn, beförderten aber das Bild des Gescheiterten, des Kranken, des Verlierers. Und
sie eröffneten das breite Feld der biographischen Darstellungen über Lenz, indem sie
dazu aufforderten, diese zu schreiben. Gleich der erste Nachruf auf ihn im vielgelesenen *Intelligenzblatt der Allgemeinen Literatur-Zeitung* 1792 kündigte eine solche an:
„Eine genauere Schilderung seiner letzten Lebensjahre müste äusserst interessant in
psychologischer und moralischer Hinsicht seyn – und der Concipient dieser Nachricht wird vielleicht diesen Gedanken realisieren, wenn es Zeit und Geschäfte erlauben." (zit. nach Müller I: 350) Der Verfasser (Johann Michael Jerzembsky, ein Moskauer Pfarrer) hat sie nicht realisiert. Bekräftigt ist die Forderung einer solchen
Schilderung „zum Nutzen junger feuriger Freunde der schönen Literatur" gleich im
zweiten Nachruf auf Lenz, in Friedrich Schlichtegrolls *Nekrolog auf das Jahr 1792*,
dass nämlich eine „zweckmässige Nachricht von seinem Leben [...] sehr interessant
und lehrreich in philosophischer und moralischer Hinsicht seyn" (zit. nach ebd.:
351) müsse. Die Miniatur einer solchen Darstellung in ganz eigener Kontur lieferte
Goethe in seiner literarischen Autobiographie.

3. Das Lenz-Porträt in Goethes *Dichtung und Wahrheit*

1814 erschien der dritte Teil der Retrospektive *Aus meinem Leben* (1829 in der
Ausgabe letzter Hand), deren inzwischen als Titel gebräuchlicher Untertitel *Dichtung*

und Wahrheit darauf verweist, dass sich die Darstellung aus fiktionalen Elementen und Fakten zusammensetzt. Es handelt sich um einen Rückblick auf die *Werther*-Zeit, von der Goethe sich distanzierte, indem er eine Pathologisierung der Epoche des Sturm und Drang vornahm und in einem ihrer Repräsentanten verdichtete. Es war dies der jahrzehntelang totgeschwiegene frühere Freund Lenz, den Goethe im 11. und 14. Buch auf wenigen Seiten vordergründig freundlich porträtierte. Tatsächlich aber schuf er mit diesem abwertend konturierten Lenz-Porträt eine wirkungsmächtige Rezeptionsvorgabe, die das Bild von Lenz von da an prägte (vgl. Martin 2002a: 56–81). In der Folgezeit wurde Goethes „fortan kanonisch geltendes Lenz-Bild" (Winter 2000a: 104) entweder in seiner abwertenden Tendenz fortgeschrieben oder aber zur Negativfolie kontrastiver Entwürfe.

Die Darstellung von Lenz im 11. Buch nennt zunächst zwei Werke von Lenz, die *Anmerkungen übers Theater* und die daran angehängte Übersetzung *Amor vincit omnia* von Shakespeares Komödie *Love's Labour's Lost*. Sie stellt den Autor als Nachfolger Shakespeares heraus: „Lenz beträgt sich [...] bilderstürmerisch gegen die Herkömmlichkeit des Theaters, und will [...] all und überall nach Shakspearescher Weise gehandelt haben" (Goethe 1814: 115). Darauf kommt Goethe gleich zurück, kann aber, da er auf Lenz überhaupt zu sprechen kommt, wohl oder übel die bekannte frühere Freundschaft zwischen ihnen nicht verschweigen, die er aber deutlich relativiert, indem er sich von Lenz distanziert:

> Da ich diesen so talentvollen als seltsamen Menschen hier zu erwähnen veranlaßt werde, so ist wohl der Ort, versuchsweise Einiges über ihn zu sagen. Ich lernte ihn erst gegen das Ende meines Straßburger Aufenthalts kennen. Wir sahen uns selten; seine Gesellschaft war nicht die meine, aber wir suchten doch Gelegenheit uns zu treffen, und theilten uns einander gern mit, weil wir als gleichzeitige Jünglinge, ähnliche Gesinnungen hegten. (ebd.)

Dann beschreibt er die äußerliche Erscheinung von Lenz in verniedlichender und degradierender Weise (Madland 1994a: 37). Die Anerkennung der erwähnten Talente wird so gleich relativiert:

> Klein, aber nett von Gestalt, ein allerliebstes Köpfchen, dessen zierlicher Form niedliche, etwas abgestumpfte Züge vollkommen entsprachen; blaue Augen, blonde Haare, kurz, ein Persönchen, wie mir unter nordischen Jünglingen von Zeit zu Zeit Eins begegnet ist; einen sanften, gleichsam vorsichtigen Schritt, eine angenehme, nicht ganz fließende Sprache, und ein Betragen, das, zwischen Zurückhaltung und Schüchternheit sich bewegend, einem jungen Manne gar wohl anstand. Kleinere Gedichte, besonders seine eignen, las er sehr gut vor, und schrieb eine fließende Hand. Für seine Sinnesart wüßte ich nur das englische Wort whimsical, welches [...] gar manche Seltsamkeiten in Einem Begriff zusammenfaßt. (Goethe 1814: 115 f.)

Lenz wird von Goethe also als grillenhaft, wunderlich, schrullig, absonderlich, seltsam charakterisiert, um ihn dann dezidiert als Komödiendichter in der Nachfolge Shakespeares zu beschreiben und auf die anfangs erwähnte Übersetzung hinzuweisen:

> Niemand war vielleicht eben deswegen fähiger als er, die Ausschweifungen und Auswüchse des Shakspeareschen Genies zu empfinden und nachzubilden. [...] Er behandelt seinen Autor mit großer Freiheit, ist nichts weniger als knapp und treu, aber er weiß sich die Rüstung oder vielmehr die Possenjacke seines Vorgängers so gut anzupassen, sich seinen Gebärden so humoristisch gleichzustellen, daß er demjenigen, den solche Dinge anmutheten, gewiß Beyfall abgewann. (ebd.: 116 f)

Die Anempfindungskraft wird als Fähigkeit zur kongenialen Nachahmung hervorgehoben, zugleich aber ist sie auf den Bereich des Komischen begrenzt, jenseits von Ernst und Nützlichkeitsdenken entfaltet. Entsprechend schließt das Teilporträt im 11. Buch mit dem Hinweis: „Die Absurditäten der Clowns machten besonders unsere ganze Glückseligkeit und wir priesen Lenzen, als einen begünstigten Menschen" (ebd.: 117). Das ‚wir' rückt die Gruppenkultur des Sturm und Drang in den Blick, die *Werther*-Zeit, die Lenz in *Dichtung und Wahrheit* repräsentiert und die Goethe über ihren Repräsentanten als Clownerie diskreditiert. Dass die Darstellung im 11. Buch Lenz als Person und Autor mehr Wertschätzung entgegenbringt (Hill 1994d: 224) als das Teilporträt im 14. Buch, kann nicht über die Distanzierung hinwegtäuschen. Das Disharmonische (Lenz und damit dem Sturm und Drang zugeordnet) schätzt der Verfasser von *Dichtung und Wahrheit* nicht, implizit dagegen das Harmonische (signifikant für die Ästhetik der Weimarer Klassik). Aus der Perspektive der Weimarer Klassik ist die Charakterisierung vernichtend, nicht aber aus der Perspektive der Romantik, wie später Tiecks gleichwohl ambivalente Würdigung von Lenz zeigt (siehe unten). Das von Goethe im 11. Buch seiner literarischen Autobiographie als bestimmend für das Autorprofil von Lenz hervorgehobene Element der Komik in der Tradition Shakespeares wird in der Rezeptionsgeschichte gelegentlich aufgegriffen. Es wird aber ästhetisch oft im Sinne eines normativ auf Harmonie verpflichteten Kunstverständnisses abgewertet, da die Rezeptionsvorgabe „die Ausgrenzung des Lachens" (Martin 2003a: 66) durch Diskreditierung des Clowns betrieben hat. Die Darstellung von Lenz im 14. Buch (vgl. Goethe 1814: 373–385) setzt diese Ausgrenzung fort. Das dortige Teilporträt gibt sich gleich anfangs dezidiert als Charakterporträt zu erkennen, wobei Goethe „von seinem Character mehr in Resultaten als schildernd sprechen [will], weil es unmöglich wäre, ihn durch die Umschweife seines Lebensganges zu begleiten, und seine Eigenheiten darstellend zu überliefern." (ebd.: 374)

Lenz wird in einem dichten Netz von moralisch diskreditierenden Zuschreibungen als Repräsentant der *Werther*-Zeit entworfen, als „Beispielfall der Zeitkrankheit" (Inbar 1978: 424). Goethe beschreibt den zuvor als Komödiendichter vorgestellten Autor nun als Komödianten, der ausschließlich sinn- und zwecklos im Imaginären agiert habe:

> Er hatte nämlich einen entschiedenen Hang zur Intrigue, und zwar zur Intrigue an sich, ohne daß er eigentliche Zwecke, verständige, selbstische, erreichbare Zwecke dabey gehabt hätte; vielmehr pflegte er sich immer etwas Fratzenhaftes vorzusetzen, und eben deswegen diente es ihm zur beständigen Unterhaltung. Auf diese Weise war er Zeitlebens ein Schelm in der Einbildung, seine Liebe wie sein Haß waren imaginär, mit seinen Vorstellungen und Gefühlen verfuhr er willkührlich, damit er immer fort etwas zu thun haben möchte. Durch die verkehrtesten Mittel suchte er seinen Neigungen und Abneigungen Realität zu geben, und vernichtete sein Werk immer wieder selbst; und so hat er Niemanden den er liebte, jemals genützt, Niemanden den er haßte, jemals geschadet, und im Ganzen schien er nur zu sündigen, um sich strafen, nur zu intriguieren, um eine neue Fabel auf eine alte pfropfen zu können. (Goethe 1814: 375 f.)

Mit der Imagination ist der Bereich, der genuin die Literatur betrifft, hier verbunden mit dem psychisch problematischen Charakter. Diese Verquickung ist als pathologisch beurteilt und mit dem Aspekt des komischen Talents so in Verbindung gebracht, dass Lenz als kranker Clown und seine ästhetische Produktivität fragwürdig erscheint:

> Aus wahrhafter Tiefe, aus unerschöpflicher Productivität ging sein Talent hervor, in welchem Zartheit, Beweglichkeit und Spitzfindigkeit mit einander wetteiferten, das aber, bey aller seiner Schönheit, durchaus kränkelte [...]. Seine Tage waren aus lauter Nichts zusammengesetzt, [...] und er konnte um so mehr viele Stunden verschlendern, als die Zeit, die er zum Lesen anwendete, ihm, bei einem glücklichen Gedächtniß, immer viel Frucht brachte, und seine originelle Denkweise mit mannigfaltigem Stoff bereicherte. (ebd.: 376 f.)

Nach diesem Charakterporträt, das zugleich das künstlerische Profil umreißt, nennt Goethe die Umstände des Aufenthalts von Lenz in Straßburg, um seine Version der Angelegenheit um Cleophe Fibich zu erzählen und Lenz auch in Liebesdingen in ein fragwürdiges Licht zu setzen, ohne jedoch ein Wort darüber zu verlieren, dass Lenz das gesellschaftspolitisch brisante Geschehen in seinem Drama *Die Soldaten* und im *Tagebuch* verarbeitet hatte. Stattdessen ist die Rede von „wundersamen Anschauungen, die er später in dem Lustspiel *die Soldaten* aufstellte" (ebd.: 379). Das Drama wird genannt, um Lenz' „großes Memoire an den französischen Kriegsminister" über das Soldatenwesen zu thematisieren, das Projekt zu den *Soldatenehen*. Goethe urteilt:

> Die Gebrechen jenes Zustandes waren ziemlich gut gesehn, die Heilmittel dagegen lächerlich und unausführbar. Er aber hielt sich überzeugt, daß er dadurch bey Hofe großen Einfluß gewinnen könne, und wußte es den Freunden schlechten Dank, die ihn, theils durch Gründe, theils durch thätigen Widerstand, abhielten, dieses phantastische Werk, das schon sauber abgeschrieben, mit einem Briefe begleitet, couvertirt und förmlich adressirt war, zurückzuhalten, und in der Folge zu verbrennen. (ebd.: 379 f.)

Im Zusammenhang mit Lenz' Verhältnis zu Cleophe Fibich stellt Goethe die angebliche Korrespondenz von literarischen Verfahrensweisen mit psychischen Eigenarten heraus, mit dem ausdrücklichen Hinweis auf den Wahnsinn. Er habe Lenz angesichts der komplexen Verstrickungen geraten,

> einen kleinen Roman daraus zu bilden; aber es war nicht seine Sache, ihm konnte nicht wohl werden, als wenn er sich grenzenlos im Einzelnen verfloß und sich an einem unendlichen Faden ohne Absicht hinspann. Vielleicht wird es dereinst möglich, nach diesen Prämissen, seinen Lebensgang, bis zu der Zeit da er sich in Wahnsinn verlor, auf irgend eine Weise anschaulich zu machen [...]. (ebd.: 380)

Im Anschluss daran kommt Goethe auf die Schriftstellerfreundschaft zwischen ihm und Lenz zu sprechen, wobei er herausstellt, dass es Lenz war, der über die Zusendung des Texts *Über unsere Ehe* die Verbindung mit ihm gesucht habe:

> Das Hauptabsehen dieser weitläuftigen Schrift war, mein Talent und das seinige neben einander zu stellen; bald schien er sich mir zu subordiniren, bald sich mir gleich zu setzen; das alles aber geschah mit so humoristischen und zierlichen Wendungen, daß ich die Ansicht, die er mir dadurch geben wollte, um so lieber aufnahm, als ich seine Gaben wirklich sehr hoch schätzte und immer nur darauf drang, daß er aus dem formlosen Schweifen sich zusammenziehen, und die Bildungsgabe, die ihm angeboren war, mit kunstgemäßer Fassung benutzen möchte. Ich erwiederte sein Vertrauen freundlichst, und weil er in seinen Blättern auf die innigste Verbindung drang [...], so theilte ich ihm von nun an alles mit, sowohl das schon Gearbeitete als was ich vorhatte; er sendete mir dagegen nach und nach seine Manuscripte [...]. (ebd.: 381 f.)

Goethe beschreibt die Beziehung als durchweg asymmetrisch, indem er für sich selbst die Rolle eines wohlwollenden Förderers reklamiert, dem die Vermittlung von dessen Texten für den Druck zu verdanken sei, Lenz jedoch als von ihm selbst abhängige und nachgeordnete Figur entwirft, die sich am Ende ohne Grund gegen ihn gewandt habe. Bei der dramentheoretischen Schrift *Anmerkungen übers Theater* zieht Goethe in Zweifel, dass sie vor seinem Drama entstanden sei, und spricht Lenz damit implizit eine literarische Vorreiterrolle ab. Lenz' Aussage, der Aufsatz sei bereits „vor einigen Jahren, als Vorlesung, einer Gesellschaft von Literaturfreunden bekannt geworden, zu der Zeit also, wo Goetz noch nicht geschrieben gewesen", bewertet Goethe als

> etwas problematisch; allein ich ließ es hingehen, und verschaffte ihm zu dieser wie zu seinen übrigen Schriften bald Verleger, ohne auch nur im mindesten zu ahnden, daß er mich zum vorzüglichsten Gegenstande seines imaginären Hasses, und zum Ziel einer abenteuerlichen und grillenhaften Verfolgung auserschn hatte. (ebd.: 382 f.)

Dann kommt Goethe auf andere Autoren des Sturm und Drang zu sprechen, auf Wagner und Klinger, um Lenz insbesondere von Klinger abzugrenzen und damit sein Lenz-Porträt zu schließen: „Beyde waren gleichzeitig, bestrebten sich in ihrer Jugend mit und neben einander. Lenz jedoch, als ein vorübergehendes Meteor, zog nur augenblicklich über den Horizont der deutschen Literatur hin und verschwand plötzlich, ohne im Leben eine Spur zurückzulassen" (ebd.: 385).

Dass auch Goethe „gleichzeitig" mit Lenz war, sich aber rückblickend im Gegensatz zu diesem verstand, macht dieselbe Metapher des Himmelskörpers deutlich, mit der er sich einige Seiten zuvor selbst beschrieben hat. Er schildert sich in der Rückschau auf den Sturm und Drang als ein bewundertes „literarisches Meteor", das allseits „angestaunt" (ebd.: 363) worden sei. Im Unterschied zu ihm selbst, der noch gegenwärtig ein berühmter Dichter war und mit *Dichtung und Wahrheit* dem Publikum seine literarischen Memoiren über seine Anfänge präsentierte, war Lenz kein beständiger Stern, sondern eine flüchtige Erscheinung. Darauf zu insistieren ist als einer der Beweggründe Goethes für sein Lenz-Porträt zu vermuten.

4. Romantische Literaturgeschichtsschreibung: Ludwig Tiecks Herausgabe der *Gesammelten Schriften*

Die Romantik hat sich für Lenz interessiert, wie vereinzelte Stimmen etwa von Achim von Arnim oder Clemens Brentano zeigen, die Anfang 1806 über die Komödie *Der neue Menoza* korrespondierten. Aber „,der' Gewährsmann romantischer Lenz-Rezeption" (Martin 2003c: 199) ist Ludwig Tieck (1773–1853), dessen erste Werkausgabe *Gesammelte Schriften, von J. M. R. Lenz* (1828), zu der er eine ausführliche Einleitung mit einem polyperspektivischen Lenz-Porträt geschrieben hat, als der „wichtigste Beitrag der Romantik zur Lenz-Rezeption" (Winter 2000a: 108) gilt. Seine produktive Leistung ist einerseits in seiner Edition zu sehen, andererseits in seinem literarhistorischen Einleitungstext zu der Ausgabe. Dieser ist später unter dem passenden Titel „Goethe und seine Zeit" (vgl. Tieck 1848: 171–312) nachgedruckt worden, denn er kreist überwiegend um den jungen Goethe des Sturm und Drang, der gegen den Goethe der Weimarer Klassik ausgespielt wird. Zugleich handelt er aber von Lenz, der als Repräsentant des Sturm und Drang vorgestellt ist, und damit von jenem literarischen Traditionsbezug, zu dem der Romantiker sich mit der vorgelegten Ausgabe bekennt.

Der Text gibt sich als romantische Literaturgeschichtsschreibung zu erkennen und ist durch und durch literarisch strukturiert (vgl. Martin 2002a: 87–139). So integriert er fiktionale Versatzstücke und präsentiert das vielstimmige Lenz-Porträt in charakteristisch romantischen Strukturelementen, nämlich in der Konversationsform, im Rahmen inszenierter Geselligkeit. Tieck schreibt romantische Literaturgeschichte, indem er eine Reihe von Standpunkten entwirft und in einer Gesprächsrunde aufeinandertreffen lässt – personifiziert in dem Ketzer, dem Orthodoxen, dem Historiker und weiteren Figuren, die er in geselliger Runde vieldeutig über Lenz disputieren lässt. Der Ketzer propagiert das Werk von Lenz, der Orthodoxe kommentiert das Leben, indem er Lenz zu einem Typus stilisiert, der Historiker agiert vermittelnd. Alle drei weisen in unterschiedlicher Ausprägung Züge ihres Erfinders auf, der sich durch die ständigen Relativierungen nicht festlegt und dennoch in der kalkulierten Ambivalenz für Lenz als einen wiederzuentdeckenden interessanten Autor plädiert.

Tiecks literarisches Verfahren, mit dem er Lenz präsentierte, wurde später beispielhaft für einen der programmatischen Texte der frühen Moderne, die in Lenz eine Identifikationsfigur gesehen hat, den Essay *Die jüngste deutsche Litteraturströmung und das Prinzip der Moderne* (1888) von Eugen Wolff (1863–1929), vom Verfasser zuerst am 10. September 1886 im naturalistischen Verein ‚Durch!' gehalten (siehe unten). Dieser Text gibt sich explizit als Imitatio des romantischen Textes zu erkennen, er greift formal auf Tiecks Text als Muster und Vorbild zurück, indem er die literarhistorischen Erörterungen ebenfalls in einem Gesprächskreis inszeniert (vgl. Martin 2002a: 317–320).

Aber auch zuvor hatten Tiecks Ausführungen über Lenz beispielhaften Charakter, so insbesondere für August Stöber (1808–1884), einen Theologiestudenten aus Straßburg, der seinen folgenreichen Artikel „Der Dichter Lenz" mit der Edition der Briefe von Lenz an Johann Daniel Salzmann im *Morgenblatt für gebildete Stände* vom 19. und 20. Oktober 1831 mit einer Hommage an Tieck eröffnete: „Den unglücklichen, fast bis auf den Namen verschollenen Dichter *Lenz* hat der Lebenserwecker so vieler herrlichen Blüthen, *Ludwig Tieck*, wieder zuerst unter die Auferstandenen gebracht" (Stöber 1831: 997). Ein Zitat über Lenz aus Tiecks Einleitung zur Lenz-Ausgabe war der Nummer des *Morgenblatt für gebildete Stände* als Motto vorangestellt, die als ersten Beitrag den Aufsatz Stöbers brachte.

5. Die Liebesmelancholielegende: Goethe – Friederike Brion – Lenz

Stöber, der die Briefe von Lenz an Salzmann in der Straßburger Stadtbibliothek entdeckt hatte, zeigte ein gesteigertes „Interesse an dem unglücklichen melancholischen Jüngling" (zit. nach Martin 1998/1999a: 119), wie er im Zuge seiner Recherchen zu Lenz am 12. Mai 1831 an seinen Freund August Schnezler (1809–1853) schrieb. Stöber zitierte in seinem Lenz-Aufsatz für das *Morgenblatt* aus dem bis dahin unbekannten Bericht des Pfarrers Johann Friedrich Oberlin (1740–1826) über den Aufenthalt von Lenz im Steintal vom 20. Januar bis zum 8. Februar 1778, der Büchner später als Quelle seines Lenz-Projektes diente (siehe unten) und den Stöber besaß, da sein Vater der Nachlassverwalter Oberlins war. Durch den Bericht Oberlins war die heftige psychische Krise von Lenz dokumentiert, auf die Stöber aufmerksam machte. Er interpretierte das Dokument in Verbindung mit weiteren Quellen (den Briefen von Lenz an Salzmann von 1772, in denen Friederike Brion aus Sesenheim erwähnt ist, der romanhaften Erzählung Goethes über seine Liebe zu der Sesenheimer Pfarrerstochter in *Dichtung und Wahrheit*, von der man bis dahin nichts wusste, und

Goethes Lenz-Porträt in seiner literarischen Autobiographie), und glaubte dann auch die Ursache für den ‚Wahnsinn' von Lenz gefunden zu haben: eine unglückliche Liebe zu einer Geliebten von Goethe. Stöber imaginiert zunächst Lenz in Sesenheim bei Friederike Brion: „Heiße, ewige Liebe schworen sich beide. Lenz trank einen vollen Kelch der süßesten Wonne, die sich leider in der Folge in den bittersten Schmerz auflöste und seinem ganzen Leben jene traurige Wendung gab, welche ihn verzehrte." (Stöber 1831: 998) Dann erfolgt der Sprung aus dem Jahr 1772 in das Jahr 1778: „Wie von einem unvermeidlichen Schicksale erfaßt, kam er [...] wieder in das Elsaß. Hier brach sein, oft in dumpfes Hinbrüten, in bange Schwermuth versunkenes Gemüth in vollen Wahnsinn aus, der zuweilen zur tollsten Raserei wurde." (ebd.: 1002) Lenz gerät nun nämlich, in Stöbers Darstellung, „im Jänner 1778, in seinem Aeußern auf's Höchste vernachläßigt" in das Haus Oberlins, und Stöber referiert den Bericht des Pfarrers über den „kranken Zustande" des Gastes, über dessen „Wahnsinn" und darüber, dass Lenz nicht nur „oft den Namen ‚Friederike'" ausgerufen, sondern überdies in offensichtlicher Verwirrung ein verstorbenes „Mädchen, Namens Friederike" wiederzuerwecken versucht habe (ebd.). Darüber hinaus präsentierte Stöber noch ein längeres Zitat aus Oberlins Bericht, demzufolge Lenz über ein namentlich nicht genanntes „Frauenzimmer" deliriert habe (ebd.). Mit dieser Geschichte ist einerseits unglückliche Liebe als Ursache für die Krankheit von Lenz diagnostiziert, andererseits die mit einem Dreiecksverhältnis zwischen Goethe, Friederike Brion und Lenz begründete Liebesmelancholielegende in die Welt gesetzt, eines der erfolgreichsten Deutungsmuster in der Lenz-Rezeption des 19. Jahrhunderts.

Eine ganze Reihe von literarischen Lenziaden haben die von August Stöber begründete Legende um die Liebesmelancholie von Lenz als erotischen Trivialmythos weitergesponnen. Zu nennen ist zunächst das in Straßburg und Sesenheim angesiedelte Schauspiel *Friederike* (1859) von Albert Grün (1822–1904), das zwar als Beginn „der produktiven, dramatischen Rezeption" (May 1991: 180) gilt, in dem der plakativ als promiskuitiver Sittenstrolch diffamierte Lenz aber nur eine charakterlich bedenklich gezeichnete Nebenfigur darstellt, so dass es sich eher um ein Goethe-Drama handelt (vgl. Martin 2002a: 165–170). Bereits in der Vorbemerkung des Autors, der sein über 300 Druckseiten umfassendes Schauspiel als dramatisierten Wirklichkeitsbericht verstanden wissen wollte, heißt es, „daß sich der eitle Lenz nach Göthe's Abschied in Friedrikens Liebe einzudrängen suchte, was, weil's mißlang, den Ausbruch seines Wahnsinns beschleunigte" (Grün 1859: XXX), wobei Grün dem Handlungsschema von Stöbers Liebesmelancholielegende folgt.

Kaum anders stellt sich im Kern das Lenz-Bild in den beiden Lenziaden dar, die Friedrich Geßler (1844–1891) geschrieben hat (vgl. Martin 2002a: 170–174). Sein zuerst im *Friederiken-Album* des Brion-Denkmal-Komitees erschienenes Drama *Reinhold Lenz* (1867), dessen Personenverzeichnis einen Dichter Reinhold Lenz und eine Friederike, Tochter des Pfarrers in Sesenheim, aufführt, erzählt in unverkennbarer Anlehnung an Stöbers These, wie der junge Dichter Lenz in Liebe zur Pfarrerstochter entflammt, sein Herz in Szene II,2 durch jene Friederike „zu glühndem Brande angefacht" (Geßler 1899 [1867]: 84) wird und sie schließlich in Szene III,2 entsetzt feststellt: „Er ist wahnsinnig!" (ebd.: 99) Geßler „will die bürgerlichen Normen von Sitte und Anstand durch das abschreckende Beispiel eines pathologischen Außenseiters festigen, der von ihnen abgefallen ist" (Winter 2000a: 118). In Geßlers Novelle *Herr Reinhold* (1879), die in Emmendingen im Jahr 1778 angesiedelt ist und einen still verwirrten ehemaligen Dichter als Schustergesellen zeigt, spielt der Sesenheim-Stoff zwar keine explizite Rolle, untergründig klingt er aber dennoch an. Die Begegnung mit einem naiven jungen Mädchen vom Lande lässt in dieser Erzählung den melancholischen jungen Mann, der sich seiner früheren Existenz erinnert, plötzlich heftig und auffällig werden: „Er lacht jetzt grell auf. Ich bin ja ein Dichter, ich soll ja ein Genie sein! Hahaha! Was ist ein Genie! Ein Mensch, wie der Reinhold Lenz, der den Kopf voll Narrenpossen hat, worüber die Leute lachen." (Geßler 1899 [1879]: 309)

Die Dreieckskonstellation Goethe – Friederike Brion – Lenz steht dagegen ganz im Vordergrund in dem als Novelle bezeichneten Bändchen *Reinhold Lenz* (1871) von Wilhelm Bennecke (1846–1906), das eher ein kleiner Roman ist (vgl. Martin 2002a: 174–177). Während Goethe in diesen Text eingeführt wird als „ein götterschöner Jüngling, der träumte wilde Dinge von der Auferstehung der deutschen Kunst", wird Lenz als ein verwahrlostes Subjekt diffamiert, als Säufer und Raufbold und „einer der verrufendsten Burschen", die „je" in Straßburg „herumgestrolcht" seien (Bennecke 1871: 60 f.). Die „Friederike-Thematik" nimmt dabei „großen Raum" ein, indem Lenz „als unglücklich Liebender und auf Goethe fixierter Dichterkonkurrent und als exzentrischer Bohemien" (Winter 2000a: 118) beschrieben wird.

Lenz dient in allen diesen und weiteren Texten als Objekt einer Ausgrenzung, die geschlechtergeschichtlich aufschlussreich symbolisch ein ‚männliches' Künstlertum legitimieren soll, für das Goethe gesetzt ist. Begründet hat dies in biedermeierlichem Bewusstsein eben August Stöber, der seinen Freund Georg Büchner für Lenz zu interessieren wusste und ihm Material an die Hand gab, das dieser in seinem Erzählprojekt *Lenz* produktiv verarbeitete.

6. Büchners *Lenz*

Der aufgrund seiner literarischen Qualität und seiner Wirkungsgeschichte berühmteste literarische Text über Lenz stammt von Georg Büchner (1813–1837). Mit Büchners *Lenz* „beginnt die moderne europäische Prosa" (zit. nach Goltschnigg 2001: 329), wie Arnold Zweig 1923 die ästhetische Wertschätzung auf den Punkt brachte, die dieser Prosatext in der Moderne erfahren hat, nachdem er im 19. Jahrhundert nur punktuell zur Kenntnis genommen worden war. Das Interesse der sehr umfangreichen Forschung zu Büchners *Lenz*, auf die hier nur pauschal verwiesen sei, gilt insbesondere der Form des Erzählens unter den Aspekten Gattung, Erzählstil, Erzähltechnik, Zitat und Dokumentation; als bevorzugte Analysefelder zu konstatieren sind das ‚Kunstgespräch', Religion, Wahnsinn und Körper (vgl. mit Hinweisen auf die Forschung *Borgards 2009: 58–69).

Büchner hat in seinem Text einen literaturgeschichtlichen Stoff verarbeitet, indem er mit Lenz einen seinerzeit umstrittenen und halb vergessenen Autor aus der Genieperiode des 18. Jahrhunderts biographisch in den Blick genommen hat. Erzählt ist auf wenigen Seiten strikt chronologisch eine kurze Episode aus dem Leben des Dichters Lenz (vgl. *Büchner 2012: 153–181). Die Zeit der Handlung umfasst die 20 Tage vom 20. Januar bis zum 8. Februar 1778. Ort der Handlung ist ein abgelegenes Tal in den Vogesen. Die Erzählung über die Episode des historisch verbürgten knapp dreiwöchigen Aufenthalts von Lenz im Steintal gibt sich als literarische Pathographie zu erkennen. Erzählt wird von der Melancholie des Dichters, der in Gefahr ist, dem Wahnsinn zu verfallen, hin- und hergerissen ist zwischen Hoffnung und Verzweiflung und schließlich in Apathie versinkt. Der letzte Satz lautet: „So lebte er hin." (ebd.: 181)

Der Handlungsverlauf der Erzählung markiert in einem seelischen Auf und Ab Stationen einer Leidensgeschichte, die lapidar beginnt: „Den 20. ging Lenz durch's Gebirg." (ebd.: 155) Daran schließen sich subjektive Landschaftsschilderungen an, welche die krisenhafte Befindlichkeit von Lenz suggestiv vermitteln. Die Eingangssequenz macht durch die expressive Naturschilderung die Zerrissenheit von Lenz transparent und führt den Wahnsinn mit Hilfe des biblischen Bilds der apokalyptischen Reiter ein. Zunächst sind da „die Wolken", die „wie wilde wiehernde Rosse heransprengten", dann die Empfindung des Helden, „als jage der Wahnsinn auf Rossen hinter ihm" (ebd.: 155 f.). Lenz kommt ins Steintal, nach Waldbach, wo sich sein psychisch äußerst kritischer Zustand unter dem Einfluss seines väterlich-fürsorglichen Gastgebers, des Pfarrers Oberlin, und der friedlich beruhigenden Atmosphäre der dörflichen Welt zu bessern scheint. Schon in der ersten Nacht aber erfasst ihn wieder „eine unnennbare Angst" und er „stürzte sich in den Brunnstein", ist dann aber gleich beschämt darüber, „daß er den guten Leuten Angst gemacht" (ebd.: 157 f.). Er wird sozial integriert, hat aber immer wieder Angstzustände und flüchtet sich in Bibellektüre. Man weiß, dass er Theologe ist, und so predigt er gleich „nächsten Sonntag" (ebd.: 160), wobei sich ihm die Landschaft und die dörflichen Kirchgänger idyllisch darstellen, als eine einzige „harmonische Welle" (ebd.: 161). Zwischenzeitlich schafft ihm die Religion als soziale Erfahrung von Solidarität Beruhigung. Die christliche Leidenstheologie wird aber keineswegs als Sinngebung propagiert. Die religiöse Begeisterung, das „Plätzchen", das er sich „zurechtgemacht" (ebd.: 163) hat, erweist sich als brüchig.

Eine deutliche Zäsur in der Erzählung setzt das ‚Kunstgespräch', das Lenz mit dem im Steintal eingetroffenen Kaufmann führt (wobei Büchner über den historischen Christoph Kaufmann, eine Zentralfigur der Geniebewegung, nichts weiß). Es handelt sich um einen breit angelegten Monolog, in welchem Lenz ästhetische Ansichten in den Mund gelegt sind, die Büchner in Briefen selbst vertreten hat. Lenz beruft sich namentlich auf Shakespeare und Goethe (auf den des Sturm und Drang, nicht den der Weimarer Klassik). Er beruft sich auf eine Kunst, die an lebendiger Wirklichkeit und nicht an klassizistischen Normen orientiert ist und lehnt eine Kunst ab, die nur „idealistische Gestalten, […] Holzpuppen" gebe: „Dieser Idealismus ist die schmählichste Verachtung der menschlichen Natur." (ebd.: 164) Entsprechend ist das ‚Kunstgespräch' immer wieder als Kritik am Idealismus gelesen worden. Zugleich stellt es eine poetologische Selbstreflexion Büchners dar. Lenz entwirft ein Programm mimetischer Kunst, welches nicht fragt, „ob es schön, ob es häßlich ist", Hauptsache, das Geschaffene habe „Leben", dies „sey das einzige Kriterium in Kunstsachen" (ebd.). Beispielhaft führt Büchner die Dramen *Der Hofmeister* und *Die Soldaten* des historischen Autors an.

Nachdem Lenz sich im ‚Kunstgespräch' „ganz vergessen" (ebd.: 166) konnte, drängt Kaufmann ihn zur Rückkehr zu seinem Vater, wogegen Lenz sich heftig wehrt. Der Konflikt mit dem Vater rückt hier als eine der möglichen Ursachen für die psychische Krise in den Blick. Als eine weitere mögliche Ursache deutet sich während der zwischenzeitlichen Abwesenheit Oberlins eine unglückliche Liebesgeschichte an. Der ahnungslosen Madame Oberlin erzählt Lenz von einem „Frauenzimmer", „dessen Schicksal" ihm „so centnerschwer auf dem Herzen liegt" (ebd.: 170) und dessen Erinnerung sich verflüchtige.

Nach weiteren „religiösen Quälereien" (ebd.: 171) erfährt Lenz, „ein Kind in Fouday sey gestorben" (ebd.: 172), und beschließt, eine Wiedererweckung zu versuchen, auf die er sich durch religiöse Rituale vorbereitet, was als Symptom eines religiösen Wahns gewertet werden kann. Der Versuch misslingt. Seine Imitatio Christi – er spricht zur Leiche die Worte „Stehe auf und wandle!" (ebd.) – bleibt folgenlos. Lenz ist verzweifelt. Es kommt zu einem radikalen Umschwung in seinem Verhältnis zu Gott. Zuvor auf Gott fixiert, verfällt Lenz unmittelbar nach der missglückten Kindeserweckung in einem prometheischen Akt der Empörung dem Atheismus. Glücklich macht er ihn nicht, auch wenn der Erkenntnis ein Element der Befreiung inhärent ist. Die Erfahrung des Atheismus verursacht ihm Grausen: „Dann steigerte sich seine Angst, die Sünde in den heiligen Geist stand vor ihm" (ebd.: 173). Diese Sünde ist innerhalb der christlichen Sündendogmatik die schlimmste Sünde, da Gott sie nicht vergeben kann. Solche einschneidenden Erlebnisse wie der Atheismus nach der missglückten Kindeserweckung sind im weiteren Verlauf des Textes nicht mehr zu verzeichnen.

Nach Oberlins Rückkehr rückt der Konflikt mit dem Vater nochmals in den Blick, indem Oberlin, „das Leben eines Landgeistlichen glücklich preisend", Lenz nun ebenfalls ermahnt, „sich dem Wunsche seines Vaters zu fügen, seinem Berufe gemäß zu leben, heimzukehren" (ebd.). Wieder wird ihm die theologische Laufbahn nahegelegt, worüber Lenz in heftige Unruhe gerät, hält er sich doch für verdammt. Auch das „Frauenzimmer" wird noch zweimal thematisiert. Zeitweise ist Lenz dabei, „die wahnwitzigsten Possen auszusinnen" (ebd.: 178) und versucht in einer grotesken Szene, eine Katze zu magnetisieren. Seine „halben Versuche zum Entleiben" (ebd.: 180) werden erwähnt, bis er schließlich nach Straßburg gebracht wird. Überwiegend aus der figuralen Innenperspektive der Hauptfigur erzählt, macht der Text eine massive psychische Krise durch den Leidenden selbst transparent, seine Gefühle und Gedanken, seine Ängste und seine zwischenzeitlichen Beruhigungen. Wirkungsästhetisch entsteht so Empathie. Auffällig sind antithetische Setzungen wie die von Ruhe und Bewegung, Fülle und Leere, Licht und Finsternis, Heimatgefühl und Unheimlichkeit, weshalb neben der narrativen Struktur der Erzählstil des *Lenz* in der Forschung besondere Aufmerksamkeit gefunden hat und die Erzählung als zentral für die Entwicklung von Erzählprosa im 19. Jahrhundert angesehen wird. Büchners Text entwickelte stilistisch und erzähltechnisch innovativ Verfahrensweisen, psychische Extremzustände glaubhaft darzustellen, und damit eine auf die Moderne vorausweisende Erzählkunst, welche in der Moderne dann auch entsprechend rezipiert wurde.

Büchners einziger Prosatext ist Fragment geblieben. In einem Brief vom Oktober 1835 aus Straßburg, dem einzigen unmittelbaren Zeugnis seiner Arbeit an dem Erzählprojekt, schrieb Büchner an seine Familie: „Ich habe mir hier allerhand interessante Notizen über einen Freund Goethe's, einen unglücklichen Poeten Namens *Lenz* verschafft, der sich gleichzeitig mit Goethe hier aufhielt und halb verrückt wurde. Ich denke darüber einen Aufsatz in der deutschen Revue erscheinen zu lassen." (*Büchner 2011: 39) Den geplanten Aufsatz (etwas schriftlich Aufgesetztes) hat Büchner nicht abgeschlossen, da die *Deutsche Revue* nach dem Verbot sämtlicher

Schriften des Jungen Deutschland durch den Bundestagsbeschluss vom 10. Dezember 1835 nicht erscheinen konnte.

Die 1835 entstandenen handschriftlichen Aufzeichnungen Büchners zu seinem auf der Grundlage des Berichts des Pfarrers Oberlin (siehe oben) und weiterer Quellen begonnenen Erzählprojekt über den Aufenthalt von Lenz im Steintal und dessen damit literarisch dokumentierte psychische Krise sind verschollen. Oberlins Bericht, ein 1778 nach der Abreise von Lenz diktierter Text *Herr L……* mit handschriftlichen Korrekturen des Pfarrers, wurde nach Oberlins Tod von Daniel Ehrenfried Stöber entdeckt, wie dessen Sohn, Büchners Freund August Stöber, berichtet hat: „Der [...] Aufsatz ist von meinem sel. Vater in Oberlins Nachlaß aufgefunden worden, nach der Original-Handschrift abgeschrieben und von mir in der Erwinia zuerst veröffentlicht worden. Eine andere Abschrift übergab ich dem genialen zu frühe gestorbenen Freunde Georg Büchner." (Stöber 1874: 42) Diese verschollene Abschrift war die Hauptquelle von Büchners *Lenz*. Auszüge aus Oberlins Bericht hat Stöber 1831 in seinem Artikel „Der Dichter Lenz" mitgeteilt (siehe oben), der Büchner als weitere Quelle vorlag. Im Januar 1839 veröffentlichte Stöber den Bericht Oberlins vollständig unter dem Titel *Der Dichter Lenz, im Steinthale* mit folgender Anmerkung:

> Dieser rührende, schlicht und herzlich geschriebene Aufsatz, ist aus Pfarrer Oberlin's Papieren gezogen, ein merkwürdiger Beitrag zur Lebensgeschichte eines unglücklichen, talentvollen Dichters. [...] Mein seliger Freund, der am 19. Februar 1837 zu Zürich gestorben, G. *Büchner*, hat auf den Grund dieses Aufsatzes eine Novelle geschrieben, die aber leider nur Fragment geblieben ist [...]. (Stöber 1839: 6)

Büchners *Lenz* ist trotz der Zitate aus Oberlins Bericht keine Dokumentation. Das „montierende Verfahren" der Integration des Berichts als Materialgrundlage in einer den gesamten Text prägenden „dokumentarischen Geste" (*Borgards 2009: 61) ist fiktional aufgeladen durch literarische Traditionsbezüge, aktualisiert durch die Integration psychiatrischer Debatten der 1830er Jahre und erzähltechnisch so präsentiert, dass der Eindruck von Unmittelbarkeit entsteht. Zugleich gibt sich der Text als eine produktive Antwort auf *Dichtung und Wahrheit* zu erkennen (siehe oben). Goethe hat dort vage in Aussicht gestellt, den „Lebensgang" von Lenz „bis zu der Zeit da er sich in Wahnsinn verlor, auf irgend eine Weise anschaulich zu machen" (Goethe 1814: 380). Dieses Projekt hat Büchner in Kontrafaktur zum Lenz-Bild Goethes zu realisieren übernommen, indem er sich weiterer Bezugstexte bediente, wobei hier „diskontinuierliche Abhängigkeitsverhältnisse zwischen Quelle und Verarbeitung" (Will 2000: Bd. 2, 3) zu beobachten sind. Zu verzeichnen sind intertextuelle Korrespondenzen mit literarischen Texten aus der Zeit zwischen Sturm und Drang und Romantik, die von Goethes *Werther* bis zu Tieck, E. T. A. Hoffmann oder Jean Paul reichen und die Wahnsinnsdarstellung betreffen. Büchner kannte auch die von Tieck herausgegebene dreibändige Ausgabe *Gesammelte Schriften, von J. M. R. Lenz* sowie sonstige Lenziana und biographische Literatur über Oberlin. Schließlich ist auch zeitgenössische psychiatrische Fachliteratur zu vergegenwärtigen, denn Büchner hatte mit seiner literarischen Pathographie einen Fall „religiöser Melancholie" (Seling-Dietz 1995–1999: 188) rekonstruiert und sich damit in der in den 1830er Jahren zugespitzten Melancholiedebatte zwischen Somatikern und Psychikern eher auf die Ersteren bezogen, auch wenn sich im *Lenz* keine „somatische Ursachenbestimmung, wie sie die liberalen Psychiater der Zeit fordern, findet" (*Borgards 2009: 67).

Büchner hat das Material zum *Lenz*, dessen weitere Bearbeitung sich vorerst erübrigt hatte, als die geplante Veröffentlichung in der *Deutschen Revue* nicht zustande kam, gleichwohl von Straßburg mit nach Zürich genommen. Es befand sich in seinem Nachlass, den Wilhelm Schulz gesichtet und wenige Tage nach Büchners Tod beschrieben hat: „Außerdem findet sich unter seinen hinterlassenen Schriften [...] das Fragment einer Novelle, welche die letzten Lebenstage des so bedeutenden als unglücklichen Dichters *Lenz* zum Gegenstande hat" (*Schulz 1837: [71]). Später bezeichnete Schulz das Material präziser als Büchners „Sammlung der Notizen zu seinem Novellenfragmente und dessen Ausarbeitung" (*Schulz 1851: 223). Während Schulz aufgrund mangelnder biographischer Kenntnisse in Sachen Lenz im Februar 1837 in seinem *Nekrolog* irrtümlich angenommen hat, Büchners Prosatext behandle dessen letzte Tage, war Karl Gutzkow, der sich für das Dreiecksverhältnis Goethe – Friederike Brion – Lenz interessierte, in seinem Nachruf „Ein Kind der neuen Zeit" vom Juni 1837 hinsichtlich der Gattung ein Irrtum unterlaufen. Er erklärte dort über das Projekt, Büchner habe sich „mit einem Lustspiele" befasst,

> wo *Lenz* im Hintergrund stehen sollte. Er wollte viel Neues und Wunderliches über diesen Jugendfreund Göthes erfahren haben, viel Neues über Friederiken und ihre spätere Bekanntschaft mit Lenz. Ich höre, daß sich in seinem Nachlaße Einiges von der Ausarbeitung dieses Stoffes vorgefunden haben soll. Möchte es in fromme Hände gekommen sein, die es durch geordnete Herausgabe zu ehren wissen! (*Gutzkow 1837: 345)

Auch als Gutzkow durch Büchners Verlobte Wilhelmine Jaeglé auf die irrtümlichen Annahmen in seinem Nachruf hingewiesen worden war, blieb er am Büchnerschen Nachlass interessiert, wie aus seinem Brief an sie vom 30. August 1837 hervorgeht, in dem er sie bittet: „Vertrauen Sie mir Alles an, was Sie von Büchner haben! [...] Sind wirklich noch Produktionen, fertige und Fragmente, vorhanden [...]?" (zit. nach *Andler 1897: 190) Fragmentarisch hinterlassen hatte Büchner eben jene (verschollenen) Ausarbeitungen, die Gutzkow dann nach der von Jaeglé angefertigten (verschollenen) Abschrift des Materials unter dem Titel *Lenz* herausgeben sollte. Am 14. September 1837 äußerte Gutzkow sich dazu: „*Lenz* ist ein außerordentlich wichtiger Beitrag zur Literaturgeschichte, den ich vollständig abdrucken lasse; denn von dieser Berührung mit Oberlin hat man bisher nichts gewußt" (zit. nach ebd.: 192). Der Druck verzögerte sich aber beträchtlich. In seinem überarbeiteten Nachruf auf Büchner von 1838 erwähnte Gutzkow „die saubern Abschriften des poetischen Nachlasses Büchners von der Hand seiner Geliebten", die er „erhalten" habe, darunter „das Fragment des *Lenz*" mit der abschließenden Bemerkung: „Es findet sich wohl Gelegenheit, einen dieser Schätze nach dem andern bekannt zu machen." (*Gutzkow 1838: 49f.) Dass er den *Lenz* bekannt machen würde, versprach er Jaeglé am 26. Juni 1838 im Gedenken an Büchner: „So denk' ich auch noch mit den Bruchstücken des *Lenz* auf den Seligen zurückzukommen und in dieser Weise seinem Gedächtnisse zu opfern" (zit. nach *Andler 1897: 193). Diese Bruchstücke hat Gutzkow zu einem Fragment vereinigt, das gleichwohl Anhaltspunkte zur Rekonstruktion des nicht erhaltenen handschriftlichen Materials bietet.

Die Textgenese des *Lenz* ist detailliert rekonstruiert worden, indem als Kriterien „Grade von Quellenabhängigkeit" (Dedner 1990–1994: 10), die unterschiedlichen „Zeitverhältnisse bei Oberlin und Büchner" (ebd.: 14) und Beobachtungen zur Differenz „Chronik versus Erzählung" (ebd.: 17) angelegt und als Ergebnis drei textgenetische Schichten ermittelt wurden: eine erste Arbeitsstufe, die sich als erweiternde Quellenbearbeitung (der Hauptquelle Oberlin) zu erkennen gebe, eine zweite Arbeitsstufe, die psychologische Aspekte ausforme, und eine dritte Arbeitsstufe, die den Text umfasse, der als Anfangs- und Schlusspassage überliefert ist. Eine aus diesen Untersuchungen rekonstruierte genetische Darstellung der drei hypothetisch angenommenen Arbeitsstufen [H 1], [H 2] sowie [H 3,1] und [H 3,2] ist in die *Marburger Ausgabe* eingegangen (vgl. Büchner 2001: 5–27).

Büchners Text ist nur durch den Erstdruck überliefert, den Gutzkow im Januar 1839 im *Telegraph für Deutschland* unter dem Titel „Lenz. Eine Reliquie von Georg Büchner" mit einer Vor- und Nachbemerkung versehen in acht Fortsetzungsfolgen herausgegeben hat. Gutzkow motiviert die Herausgabe des Fragments mit dem neuen Bild von Lenz, das der Text zeichne:

> Hier theilen wir eine [...] Dichtung dieses zu früh gestorbenen Genies mit. Sie hat den Straßburger Aufenthalt des bekannten Dichters der Sturm- und Drangperiode, Lenz, zum Vorwurf und beruht auf authentischen Erkundigungen, die Büchner an Ort und Stelle über ihn eingezogen hatte. Leider ist die Novelle Fragment geblieben. Wir würden Anstand nehmen, sie in dieser Gestalt mitzutheilen, wenn sie nicht Berichte über Lenz enthielte, die für viele unsrer Leser überraschend seyn werden. Sollte man glauben, daß Lenz, Mitglied einer als frivol und transcendent bezeichneten Literaturrichtung, je in Beziehung gestanden hat zu dem durch seine pietistische Frömmigkeit bekannten Pfarrer *Oberlin* in Steinthal [...]? (Büchner 1839, 34 f.)

Gutzkow hat sich der Darstellungskunst Büchners in seiner Nachbemerkung gewidmet:

> In Betreff Georg Büchners [...] wird man einräumen, daß diese Probe seines Genies aufs Neue bestätigt, was wir mit seinem Tod an ihm verloren haben. Welche Naturschilderungen; welche Seelenmalerei! Wie weiß der Dichter die feinsten Nervenzustände eines, im Poetischen wenigstens, ihm verwandten Gemüths zu belauschen! Da ist Alles mitempfunden, aller Seelenschmerz mitdurchrungen; wir müssen erstaunen über eine solche Anatomie der Lebens- und Gemüthsstörung. G. Büchner offenbart in dieser Reliquie eine *reproduktive Phantasie*, wie uns eine solche selbst bei Jean Paul nicht so rein, durchsichtig und wahr entgegentritt. (ebd.: 110 f.)

Gutzkows Stichworte von der Anatomie und der reproduktiven Phantasie erfassen wesentliche Elemente von Büchners literarischem Verfahren, problematische psychische Befindlichkeit in innenperspektivisch gestalteter Figurenwahrnehmung und im intertextuellen Rekurs auf Bezugstexte so zu verdichten, dass die Schilderung jenseits von stigmatisierenden Zuweisungen die Krise nachvollziehbar macht, sie ernst nimmt. In der Moderne ist Büchners *Lenz* aus diesem Grunde emphatisch rezipiert worden. Mit der Entdeckung des Textes durch die Naturalisten gegen Ende des 19. Jahrhunderts vermischten sich allerdings Lenz-Rezeption und Büchner-Rezeption, wobei beides voneinander abzugrenzen und die Berufung auf Lenz von der auf Büchners Text und dessen Protagonisten zu unterscheiden ist (vgl. Martin 2002a: 521–536). Die fast nicht mehr überschaubaren literarischen Bezugnahmen auf Büchners *Lenz* im 20. Jahrhundert liegen im „Aktualisierungspotential" (Neuhuber 2007: 67) von Büchners Text begründet und kaum mehr im Gedanken an den historischen Lenz und dessen Werk. Die um 1900 massiv einsetzende Rezeption von Büchners *Lenz* ist nur noch sehr vermittelt Ausdruck der Lenz-Rezeption.

7. Nicht realisierte literarische Lenz-Projekte

Auffällig an der literarischen Lenz-Rezeption ist, dass die Projekte nicht selten im Planungsstadium oder Fragment geblieben sind. Büchners *Lenz* ist hierfür das prominenteste Beispiel. Sein Text ist überdies entstanden als gegenläufig intendierte Ausführung über Lenz zu einem Text von Goethe über Lenz, der in *Dichtung und Wahrheit* zwar angekündigt worden ist, das Vorhaben, den „Lebensgang" von Lenz „anschaulich" (Goethe 1814: 380) zu machen, aber nicht eingelöst wurde. Dasselbe gilt für den ersten Nekrolog auf Lenz, der ebenfalls eine biographische Darstellung ankündigte, die nicht realisiert wurde (siehe oben).

Auf ein weiteres nicht zustande gekommenes literarisches Projekt ist hinzuweisen, da es den Plan zu einem Roman über Lenz betrifft und die epische Großform in der Lenz-Rezeption kein Beispiel kennt. Der republikanische Schriftsteller Johann Christoph Freieisen (1803–1849), der nach Straßburg und dann in die Schweiz geflohen war, plante einen Roman über Lenz. Von diesem Projekt ist in einem unveröffentlichten Brief Freieisens an August Stöber vom 8. März 1838 die Rede, in dem Freieisen um „die Manuscripte, auf denen Büchner seine Novelle aufbauen wollte" bittet, da er „im Augenblick mit dem Entwurf eines Romans ‚Lenz' beschäftigt" sei (zit. nach Büchner 2001: 116). In seiner Novelle (so die Gattungsbezeichnung des halbfiktionalen Buchs in den Verlagsanzeigen) *Die beiden Friedericken in Sesenheim* (1838) lässt er seinen Erzähler im Gespräch mit einem Freund den Misserfolg seiner Recherchen bekennen und gibt zugleich einen Einblick in die Tonart und Tendenz, die der mangels Material schließlich nicht zustande gekommene Roman über Lenz, „der sich die unbändigsten Dinge erlaubte in seiner fortstürmenden, ungeregelten Kraft" und „seinen Freunden erschien als der Seltsamste der Seltsamen", vermutlich gehabt hätte:

> Wie viel Mühe ich mir nun auch gab, diesen Gerüchten auf die Spur zu kommen, um sie entweder in ihr Nichts zurückzuwerfen, aus dem sie entsprungen sein mögen, oder sie zur Bestimmtheit umzugestalten; so blieb doch all mein Bestreben, so blieben alle meine Nachforschungen bei Männern, die Näheres wissen konnten, vergebens. (*Freieisen 1838: 151 f.)

Die Nachforschungen Freieisens bei Stöber, der gleichzeitig mit dem von Gutzkow veranstalteten Erstdruck von Büchners *Lenz* den Bericht Oberlins publizierte, waren offenbar erfolglos geblieben.

8. Literarische Rezeption des Werks im 19. Jahrhundert

Büchner hat sein biographisches Erzählprojekt über Lenz abgebrochen und sich stattdessen auf das Werk des Autors konzentriert, insbesondere auf das Drama *Die Soldaten*. Das Werk lag ihm in der Ausgabe von Tieck vor, der die *Soldaten* als „ausdrucksvolles, markiges Gemälde, wo die Schönheit durch die Häßlichkeit mancher Figuren gehoben wird" (Tieck I: CXXIII), charakterisierte. Bereits im *Lenz* hat Büchner als Beispiele antiklassizistischer Dramatik den *Hofmeister* und die *Soldaten* angeführt. Im Kunstmonolog lässt er Lenz sagen, dort sei „der menschlichen Natur" adäquat Rechnung getragen, „das Leben des Geringsten" wiedergegeben bis zu den „Zuckungen, den Andeutungen, dem ganzen feinen, kaum bemerkten Mienenspiel; er hätte dergleichen versucht im ‚Hofmeister' und den ‚Soldaten'. [...] Man muß nur Aug und Ohren dafür haben." (*Büchner 2012: 164) Büchner selbst hat dieses realistische Konzept in seinem Dramenfragment *Woyzeck* (entst. 1836/1837, als *Wozzeck* 1875 erstmals in Auszügen gedr., 1878 und 1880 dann in problematischer Fassung vollständig gedr.) umzusetzen gesucht, zu dessen maßgeblichen Quellen die *Soldaten* zählen. Wörtliche Übernahmen und Anspielungen sind nachweisbar, die weibliche Hauptfigur heißt wie in dem Stück von Lenz ebenfalls Marie, die Figur des Woyzeck ist teilweise auch in der Eifersuchtssituation durch die des Stolzius präfiguriert und insbesondere die Szene H 4,4 im *Woyzeck* ist strukturell und inhaltlich nach der Szene I,6 der *Soldaten* gestaltet. Aber die *Soldaten* sind auch in dem gleichzeitig mit *Woyzeck* entstandenen Lustspiel *Leonce und Lena* punktuell als Komödie präsent: Der beständig philosophierende Hauptmann Pirzel ist eine komische Bezugsfigur für den philosophisch herumschwadronierenden König Peter.

Während im 19. Jahrhundert insgesamt eine spärliche Lenz-Rezeption zu verzeichnen ist, sind *Die Soldaten* durchaus literarisch produktiv geworden. Nach Büchner hat der Wiener Dramatiker Eduard von Bauernfeld (1802–1890) sich auf Anregung Heinrich Laubes das Stück vorgenommen. Seine Bearbeitung der *Soldaten* unter dem Titel *Soldatenliebchen. Schauspiel in vier Akten, zum Theil nach Lenz' „Die Soldaten" von Bauernfeld*, wie das Plakat zur Uraufführung am 9. Dezember 1863 am Burgtheater in Wien angibt (vgl. Ranke 2004: 89), hat den Text von Lenz nur in den ersten beiden Akten berücksichtigt und zudem stark verändert (vgl. Genton 1966: 103–108). Die Handlung ist von Frankreich nach Preußen verlegt, die Offiziere haben deutsche Namen. Inszeniert ist anders als bei Lenz ein „Klassenkompromiß", der adelige Offizier, der die Bürgerstochter verführt hat, „heiratet Marie" (Winter 2000a: 119). Das Stück wurde als „Fiasco" von der Kritik verrissen; Bauernfeld habe

> den ungeschicktesten Griff seines Lebens gethan, als er sich beifallen ließ, Lenz' „Soldaten" für die Bühne der Gegenwart zu bearbeiten. Damit will ich nicht gesagt haben, daß die Bearbeitung an sich unmöglich, im Gegentheil, ich bin überzeugt, daß das alte Stück sich zu einem Trauerspiel verarbeiten läßt, das noch heut mit Recht das Publikum aufs tiefste erschüttern würde. Allein dazu war Bauernfeld [...] nicht der geeignete Mann; das ungeheuerliche aber geniale Product der Sturm- und Drangperiode ist unter seinen Händen zu einem sentimentalen, ebenso anständigen als langweiligen Familienstück mit obligater Schlußheirath geworden. (*[E. O.] 1864: 188)

Dieser Rezension zufolge ist das *Soldatenliebchen* seiner Vorlage nicht gerecht geworden. Max Halbe (1865–1944) plädierte 1892 in seinem Essay „Der Dramatiker Reinhold Lenz" für eine endlich adäquate Aufführung der *Soldaten*, die er in Abgrenzung zu Bauernfeld als „ein Zeitbild von brennender Wahrhaftigkeit" (Halbe 1892: 577) beschreibt: „Aber es müßte eine Wiedergabe sein, die all die wirbelnde Schönheit, all dies wechselnde Leben jener bunten Bürger- und Soldatenkreise zu Ausdruck und Gestalt brächte" (ebd.: 580 f.). Halbe würdigte außer den *Soldaten* ausführlicher die Komödie *Der neue Menoza*, knapper *Die Freunde machen den Philosophen* und den *Engländer*, sehr ausführlich den *Hofmeister*, für dessen erneute Aufführung er nachdrücklich eintrat:

> Es müßte eine Freude sein, dieses Stück achtzehntes Jahrhundert [...] vor unsern Augen wieder zu Fleisch und Blut auferstehen zu sehen, diese starken, vollen, stürmischen Menschen, welche unsere Urgroßväter und Urgroßmütter waren und noch nichts wußten von Decadence und Fin de Siècle Pariser und Berliner Marke [...]. (ebd.: 574)

Das Werk von Lenz wird hier als Traditionsbezug des Naturalismus beschworen, die Dramatik von Max Halbe, die Lyrik dagegen von Wilhelm Arent, zwei Autoren der frühen Moderne, der Lenz eine Identifikationsfigur war.

9. Identifikationsfigur der frühen Moderne

Die treibende Kraft in der literarischen Lenz-Rezeption der frühen Moderne war Wilhelm Arent (1864–?), einer der für die Formierung des Naturalismus maßgeblichen Autoren, der sich der Lyrik verschrieben hatte (vgl. Martin 2002a: 341–465). Auf ihn ist das Interesse anderer Naturalisten wie Max Halbe, Karl Bleibtreu oder Hermann Conradi an Lenz zurückzuführen, da ihm durch eine ganze Reihe von Publikationen eine Vermittlerrolle zukam, vor allem als Herausgeber der berühmtesten naturalistischen Lyrikanthologie, *Moderne Dichter-Charaktere* (1885), der im Zeichen des Weltschmerzes als Zitat und freie Adaption zwei Lenz-Mottos vorangestellt waren, die zu Codeworten des Naturalismus wurden. Das erste Motto lautet: „Wir rufen dem kommenden Jahrhundert!" Das zweite Motto: „Der Geist des Künstlers wiegt mehr als das Werk seiner Kunst." Kaum weniger Einfluss hatte allerdings sein zuvor pseudonym publiziertes Bändchen *Reinhold Lenz. Lyrisches aus dem Nachlaß, aufgefunden von Karl Ludwig* (1884), das eigene Gedichte Arents enthielt und als Fälschung Skandal machte, ein Fiktionalisierungsprojekt besonderer Art, das als solches zur produktiven Lenz-Rezeption zu rechnen ist (→ 1.2 HANDSCHRIFTEN UND WERKAUSGABEN). Das Bändchen zeichnet sich durch Wissenschaftsschelte aus, imitierte positivistische Editionsstandards, um die Fachgermanistik zu provozieren und ist als frühnaturalistische Kampfschrift zu werten, deren publizistische Strategie der Provokation überdies mit fingierten Rezensionen durch den Verfasser noch potenziert wurde. Der in die Sache eingeweihte Karl Bleibtreu hat die Mystifikation 1885 dann aufgedeckt. Einige Jahre später hat Arent mit Lenz gewidmeten Gedichten und mit seinem Essay „Mein alter ego" (1892 in der naturalistischen Zeitschrift *Die Gesellschaft*) Legendenbildung um seine Person betrieben und zugleich Lenz als Repräsentanten der Décadence entworfen.

Darin folgten ihm in Varianten zunächst der Mitherausgeber der *Modernen Dichter-Charaktere* Hermann Conradi (1862–1890), der Lenz beispielsweise in seinem Gedicht *Lauf der Welt* (am 15. Juli 1886 in der *Gesellschaft*) als „Prinz aus Genieland" feierte (vgl. Martin 2002a: 510–520), und Karl Bleibtreu (1859–1928), der sich eher kraftgenialisch gerierte und in seiner frühnaturalistischen Programmschrift *Revolution der Literatur* (1886) entschieden für Lenz Partei nahm (vgl. Martin 2002a: 502–509).

Deutlich stärker ausgeprägt ist die produktive Aneignung von Lenz oder von dem, was das mit dem Namen von Lenz bezeichnete Autorbild inzwischen ausmachte, bei Max Halbe, dem nach Wilhelm Arent zweiten maßgeblichen Repräsentanten naturalistischer Lenz-Rezeption (vgl. Martin 2002a: 466–501). Der Dramatiker Halbe hat zum 100. Todestag von Lenz dessen Dramen in seinem Essay „Der Dramatiker Reinhold Lenz" (1892 in der *Gesellschaft*) programmatisch gewürdigt (siehe oben) und den Autor des Sturm und Drang als „Ahnherr des Naturalismus" (Halbe 1892: 582) bezeichnet. Diese Erklärung zum Traditionsbezug legitimiert Halbe, indem er Nietzsches Philosophie der ewigen Wiederkunft anspielungsreich mit dem ersten Lenz-Motto der *Modernen Dichter-Charaktere* in Verbindung bringt und Dissonanz als Prinzip der Moderne beschwört. In seinem erfolgreichen Drama *Jugend* (1893) kehrt er dagegen zu Konventionen der Lenz-Rezeption des 19. Jahrhunderts zurück, indem er eine Dreieckskonstellation zugrunde legt, in der die inzwischen zum Klischee geronnene Beziehung Goethe – Friederike Brion – Lenz aufscheint, was er in autobiographischen Bekenntnissen explizit macht. Sesenheim wird zum autobiographischen Fluchtpunkt erklärt, wobei die Identifikation Halbes einen Paradigmenwechsel von Lenz zu Goethe erkennen lässt.

10. Literarische Rezeption von Werk und Leben im frühen 20. Jahrhundert

Die produktive literarische Rezeption nach 1900 ist verhalten (nicht aber die literaturwissenschaftliche Rezeption) und verstreut. Wieder sind es vor allem die *Soldaten*, die Interesse finden. Robert Walser (1878–1956) befasste sich in seinem am 19. September 1907 in der *Schaubühne* publizierten Prosatext *Lenzens „Soldaten"* mit dem Stück. Die Inszenierung der *Soldaten* am 28. November 1911 im Münchner Künstlertheater durch den Theaterwissenschaftler Artur Kutscher (1878–1960), der bei einer ganzen Reihe jüngerer Dramatiker das Interesse für Lenz weckte, gilt als die eigentliche Uraufführung des Stücks (vgl. Genton 1966: 136–141), da Bauernfelds Bearbeitung *Soldatenliebchen* sehr stark von der Vorlage abwich. Aber auch Kutscher hat in den Text wesentlich eingegriffen: „Ich hatte das gänzlich regellose Sturm- und Drangstück gewissenhaft bearbeitet und seine 18 verschiedenen Bilder und 35 Szenen schonend auf 9 Bilder und 16 Szenen zusammengezogen." (*Kutscher 1960: 63) Das Stück endet „in Kutschers Bearbeitung – vermutlich von Büchners *Woyzeck* inspiriert – mit Stolzius' Rache und Selbstmord" (Ranke 2004: 90). Nach der freien Bearbeitung der *Soldaten* durch Kutscher wurde das Stück von Max Reinhardt (1873–1943) inszeniert, der „großen Wert auf textgetreue Inszenierung legte" (ebd.: 91), gleichwohl die Szenen III,1 und IV,8 und die Schlussszene strich. Reinhardts *Soldaten* hatten am 13. Oktober 1916 in Berlin Premiere und erlebten viele Aufführungen (vgl. Genton 1966: 155–163). Auch die Bearbeitung des *Hofmeisters* durch Klabund (d. i. Alfred Henschke, 1890–1928) war durch Kutscher angeregt, dessen Rolle für „die moderne Lenz-Renaissance" (Voit 2002 [1986]: 137) nicht zu unterschätzen ist.

Die literarische Rezeption des Lebens im frühen 20. Jahrhundert ist dagegen nur wenig ausgeprägt, wenn man von verstreuten Lektüren (wie bei Kafka; vgl. dessen Tagebucheintrag vom 21. August 1912) oder Plänen (wie bei Hofmannsthal; vgl. dazu M. Mayer 1988) oder vom Interesse Robert Walsers an Lenz absieht, der in der *Schaubühne* am 18. April 1912 sein Szenenfragment *Lenz* publizierte, das in Sesenheim (in einer Stube und in Friederikes Kammer), in Straßburg (auf dem Münster) und in Weimar spielt, mit der Frage Friederikes „Warum sind Sie traurig, lieber Herr Lenz?" (Walser 1912: 453) beginnt und durchaus unabhängig ist von Büchners Text. Es „dokumentiert eine Einfühlung in die Person"; Walser perspektiviert das Dreiecksverhältnis im Hinblick auf konträre ästhetische Entwürfe und soziale Rollen von Goethe und Lenz bzw. die „unaufhebbare Antinomie zwischen den beiden Dichtern" (Winter 2000a: 129 f.). Hugo von Hofmannsthal (1874–1929) hat das Gedicht *Die Geschichte auf der Aar* mehrfach verarbeitet; in seinem Erzählfragment *Andreas* (1930) begegnet die Titelfigur der Frau aus dieser Ballade. Während die Literaturwissenschaft sich zunehmend mit dem Autor befasst, ist das literarische Interesse an ihm gleichwohl spärlich.

11. 1918 bis 1945

Dies gilt in noch stärkerem Maße für die Zeit der Weimarer Republik. Nach dem Ersten Weltkrieg war Lenz kaum Gegenstand lyrischer, dramatischer oder epischer Darstellungen, sein Werk auf den Schauspielbühnen kaum und schon gar nicht prominent vertreten (siehe jedoch → 4.5 Lenz in der Musik). Der Autor aus dem 18. Jahrhundert, über den im Verlauf des 19. Jahrhunderts und affirmativ akzentuiert in der frühen Moderne immer und immer wieder mehr oder weniger dasselbe gesagt worden ist, war in den Jahren nach 1918 offenbar wenig interessant. In der umfangreichen Literaturproduktion der 1920er und frühen 1930er Jahre spielt Lenz so gut wie keine Rolle. Zu nennen ist nur ein Drama: Waldfried Burggraf (1895–1958) hat das Leben von Lenz als Stoff für sein expressionistisch inspiriertes Stationendrama *Weh um Michael* (1927) in fünf Akten gewählt, das eine „reißerisch-kolportagehafte, aber geschickt gebaute Handlung zeigt" (Winter 2000a: 131). Burggraf entwickelt ein Lenz-Bild mit neuen Motiven, darunter „a proletarian character" (Harris 1973: 225). In Sympathie mit dem Helden, der in leidenschaftlicher Konkurrenz zu Goethe vorgeführt ist, wird die Wahnsinnsthematik entfaltet. Das Stück wurde am 14. Dezember 1929 in Nürnberg uraufgeführt und erlebte dort weitere Vorstellungen. Und auch nur ein Gedicht ist zu nennen, das im Druck auf 1927 datiert ist, allerdings erst drei Jahrzehnte später veröffentlicht wurde (1957 überarbeitet in *Sinn und Form*): *Lenz* von Peter Huchel (1903–1981). Entstanden ist es während eines Frankreich-Aufenthalts des Autors, der ihn auch nach Straßburg führte. Es trägt als Motto „So lebte er hin ... Büchner" (Goltschnigg 2001: 352), ist aber dennoch nicht Büchners *Lenz* verpflichtet, sondern auf Lenz orientiert, dessen Aufenthalt im Steintal es schildert, während es Erinnerungen an Straßburg (die Stadt ist aber nicht explizit genannt) dazu in Kontrast setzt. Das Gedicht interpretiert die Befindlichkeit der dreimal direkt mit Namen angesprochenen Titelfigur ohne die üblichen Pauschalisierungen. Die „soziale Verfassung der Welt" (Winter 2000a: 132) und deren Erkenntnis durch den hierfür sensiblen Lenz ist das Thema dieses formal auf die „Heroen der modernen Lyrik" (Beise 2006b: 184) bezogenen Gedichts, „das Büchners Novelle zum Kristall verdichtet" (Schaub 1996: 114). Ansonsten ist lediglich zu konstatieren, dass der junge Bertolt Brecht, vermutlich angeregt durch den Münchner Kreis um den Theaterwissenschaftler Artur Kutscher, auf Lenz aufmerksam, aber erst später produktiv wurde (→ 4.3 Lenz in der Literatur der DDR). Insgesamt ist eine produktive Rezeption von Lenz in der Literatur der Weimarer Republik nur punktuell greifbar und als breiteres Phänomen nicht dingfest zu machen.

Während des Nationalsozialismus 1933 bis 1945 ist keine nennenswerte produktive Rezeption zu verzeichnen. Dies gilt nicht nur für Deutschland, sondern weitgehend auch für die Exilliteratur, sieht man von vereinzelten Stimmen wie der von Anna Seghers einmal ab, die Lenz in ihrer Rede *Vaterlandsliebe* 1935 auf dem 1. Internationalen Schriftstellerkongress zur Verteidigung der Kultur in Paris (gedruckt im gleichen Jahr) wirkungsmächtig als Symbolfigur gesellschaftspolitischer Ohnmacht interpretiert hat, indem sie ihn in eine Reihe mit Hölderlin, Büchner, Günderrode,

Kleist und Bürger stellte: „Diese deutschen Dichter schrieben Hymnen auf ihr Land, an dessen gesellschaftlicher Mauer sie ihre Stirnen wund rieben." (zit. nach Müller III: 43) Durch das in der Lenz-Rezeption bewährte Muster der Reihenbildung entwarf sie Lenz als eine Identifikationsfigur politischer Opposition und schuf eine in der DDR wirksam werdende Vorgabe für Christa Wolf und später für Sigrid Damm, sich mit Lenz auseinanderzusetzen. Brecht, der den *Hofmeister* nach dem Krieg in der DDR auf die Bühne brachte, hat sich bereits im Exil Ende der 1930er Jahre mit Lenz als „Kronzeuge[n]" (Winter 2000a: 136) für eine realistische Schreibweise befasst und in diesem Zusammenhang ein (zeitgenössisch unveröffentlichtes) Sonett *Über das bürgerliche Trauerspiel „Der Hofmeister" von Lenz* geschrieben. Den bürgerlichen Protagonisten deutet er in diesem Sonett als einen deutschen „Figaro", dessen Selbstkastration seine revolutionäre Ohnmacht symbolisiere, wenn er sein „Glied" dem „Brotkorb" opfere, so dass es in der letzten Strophe heißt: „Sein Magen knurrt, doch klärt auch sein Verstand sich./ Er flennt und murrt und lästert und entmannt sich./ Des Dichters Stimme bricht, wenn er's erzählt." (zit. nach Müller III: 46)

12. Weiterführende Literatur

Arent, Wilhelm (Hg.): *Moderne Dichter-Charaktere*. Mit Einleitungen v. Hermann Conradi u. Karl Henckell. Leipzig 1885.
Andler, Charles: „Briefe Gutzkows an Georg Büchner und dessen Braut". In: *Euphorion* 4 (1897), 3. Ergänzungsheft, S. 181–193.
[Bleibtreu, Karl:] Aufdeckung einer literarischen Mystifikation. In: *Kauz* 2 (1885), S. 181–182.
Borgards, Roland: „Lenz". In: Roland Borgards u. Harald Neumeyer (Hgg.): *Büchner-Handbuch*. Leben – Werk – Wirkung. Stuttgart, Weimar 2009, S. 51–70.
Büchner, Georg: *Die Briefe*. Hg. von Ariane Martin. Stuttgart 2011.
Büchner, Georg: *Sämtliche Werke und Briefe*. Hg. von Ariane Martin. Stuttgart 2012.
[Carbonnières, Ramond de:] „Die letzten Tage des jungen Olban. Nach Dorat von H. (ungedruckt)". In: *Olla Potrida*, Erster Vierteljahrgang (1778), S. 10–48. Reprint in: *Jupiter und Schinznach*. Ramond de Carbonnières: *Die letzten Tage des jungen Olban*. Mit einem Nachwort hg. v. Matthias Luserke. Hildesheim, Zürich, New York 2001, S. 35–79.
[E. O.:] „Correspondenz. Aus Wien". In: *Deutsches Museum. Zeitschrift für Literatur, Kunst und öffentliches Leben* 14.5 (4. 2. 1864), S. 186–189.
Freieisen, Johann Christoph: *Die beiden Friedericken in Sesenheim. Wahrheit und Dichtung*. Zürich 1838.
Gutzkow, Karl: „Ein Kind der neuen Zeit". In: *Frankfurter Telegraph* (N. F.) 3.42–44 (Juni 1837), S. 329–332, 337–340 u. 345–348.
Gutzkow, Karl: *Götter, Helden, Don Quixote. Abstimmungen zur Beurtheilung der literarischen Epoche*. Hamburg 1838.
Kutscher, Artur: *Der Theaterprofessor. Ein Leben für die Wissenschaft vom Theater*. München 1960.
Schulz, Wilhelm: „Nekrolog". In: *Schweizerischer Republikaner*, 28. 2. 1837, S. 71–72.
Schulz, Wilhelm: „Nachgelassene Schriften von G. Büchner". In: *Deutsche Monatsschrift für Politik, Wissenschaft, Kunst und Leben* 2.2 (Februar 1851), S. 210–233.
Wolff, Eugen: *Die jüngste deutsche Litteraturströmung und das Prinzip der Moderne*. Berlin 1888.

4.3 Lenz in der Literatur der DDR
Ulrich Kaufmann

1. Lenz auf dem Theater (Brecht) 546
2. Lyrische Bezugnahmen (Bobrowski) 548
3. Büchners *Lenz* als Anregung für die Prosa (Seghers, Wolf, Schulz und Bräunig) . 549
4. Erneute Zuwendung zu Lenz (Hein, Damm, Prenzlauer Berg) 553
5. Lenz – „eine geheime Lernfigur" 556
6. Weiterführende Literatur 558

Die Geschichte der Lenz-Rezeption in der DDR hat einen eindeutigen Beginn und ein offenes Ende. Am Anfang steht die Premiere von Bertolt Brechts *Hofmeister*-Bearbeitung am 15. April 1950 im Berliner Ensemble. Das politische Ende der DDR am 3. Oktober 1990 bedeutet jedoch nicht den Abschluss einer produktiven Lenz-Rezeption bei Schriftstellern, die in der DDR politisch, sozial und ästhetisch geprägt wurden. Dies zeigen Dichter wie Volker Braun, Peter Hacks, Christoph Hein u. a. Am intensivsten hat sich Sigrid Damm in ihrer Edition und ihrer Biographie mit Lenz auseinandergesetzt.

1. Lenz auf dem Theater (Brecht)

Weniger als die Hälfte der Berliner Spielfassung des *Hofmeisters* stammt aus Brechts Feder (vgl. Kitching 1976, Winter 2000a: 137). In der Forschung war deshalb zugespitzt von einer „Kastration von Lenz' ‚Hofmeister' durch Brecht" (Knopf 2003) die Rede (vgl. auch Stephan/Winter 1984: 178–210). Mit seiner Bearbeitung und Inszenierung verfolgte Brecht mehrere Ziele. Zum einen ist sein *Hofmeister* (zusammen mit der Inszenierung des *Urfaust* von 1952) ein nachgereichter Beitrag zu den offiziellen Goethe-Jubelfeiern des Jahres 1949. Für den Theatermann Brecht war die Traditionslinie Shakespeare-Lenz-Büchner als Bekenntnis zu den „fragmentarisch gebliebenen Anfänge[n] der realistischen Literatur" (*Mittenzwei 1986: Bd. 2, 405) wesentlicher als der zunehmend offiziell propagierte Erbekanon, für den etwa Lessing, Goethe, Schiller, Heine, Fontane und Thomas Mann standen. Brechts Anliegen war es zudem, sein vorwiegend junges Ensemble mit dem epischen Theater vertraut zu machen. Sowohl durch den Prolog als auch durch den Epilog wollte Brecht Distanz zum gezeigten Geschehen schaffen. Er betrachtete den *Hofmeister* bewusst aus einer gegenwärtigen Perspektive und warf einen parodistisch-verfremdenden Blick auf das Original. Die antiaristotelischen Elemente bei Lenz verstärkend, strebte der Dramatiker eine „Episierung des Textes" (Winter 2000a: 138) an.

Dem Stückeschreiber und Regisseur ging es an keiner Stelle um literaturhistorische und geschichtliche Exaktheit, sondern er wollte in aktuelle Debatten um eine notwendige Neugestaltung der Bildung nach den Schrecknissen des Zweiten Weltkrieges eingreifen. Das Theaterplakat der Uraufführung zeigte den Hauslehrer Läuffer als sich duckenden Domestiken. Läuffer erhält Brechts „Mitgefühl" und zugleich seine „Verachtung, da er sich so sehr unterdrücken läßt" (*Mittenzwei 1986: Bd. 2, 405). Bei Brecht wird der Hofmeister zur Parabel für die deutsche Misere, wie sie der Dichter gleich im Prolog thematisiert:

Der Adel hat mich gut trainiert
Zurechtgestutzt und exerziert
Daß ich nur lehre, was genehm
Da wird sich ändern nichts in dem.
Will euch verraten, was ich lehre:
Das ABC der Teutschen Misere! (Brecht 1959a: 121)

Im Vorfeld der Uraufführung hat Brecht in einem Brief an Hans Mayer das Anliegen seiner Inszenierung folgendermaßen fixiert:

> Die bedeutenden realistischen Anfänge müssen wieder etabliert werden. Die Unterdrückung Lenzens durch die Literaturgeschichte muß man aufzeigen. Das Theater muß zurückgehen zu diesem Punkt, um vorwärtszukommen [...]! (Brecht an Mayer, 25. 3. 1950, in: *Brecht 1983: 604)

In der Forschung ist weniger bekannt, dass Brecht seine Lenz-Inszenierung durch eine *Hofmeister*-Ausstellung ergänzt wissen wollte. Helene Weigel schrieb als Theaterleiterin in dieser Angelegenheit im März 1950 an Gerhard Scholz, der zu jener Zeit in Weimar das Goethe- und Schiller-Archiv leitete, und bat ihn, Kopien von Handschriften, Vignetten und Erstausgaben zur Verfügung zu stellen (vgl. Weigel an Scholz, 16. 3. 1950, in: Kaufmann/Albrecht/Stadeler 1996: LVI). Auf den 16 Schautafeln der Ausstellung wurden u. a. folgende Schwerpunkte herausgestellt: „Die deutsche Misere, Soziale Herkunft und Einkommen der Lehrerschaft eines deutschen Fürstentums der Goethezeit, Ständeordnung in Preußen, ‚Produktion' der Fürsten" (ebd.: 131). Auf zwei Tafeln wurde das Verhältnis zwischen Junkern und Bauern beleuchtet.

Scholz, der eine Vielzahl von DDR-Germanisten prägte und sie bereits in den späten 1940er Jahren namentlich auf die Potenzen der Sturm-und-Drang-Dichtung verwies, kannte Brecht bereits aus dem skandinavischen Exil. Eva Nahke, die entscheidende Impulse im Scholz-Kreis erhielt und 1955 die erste Dissertation zur Dramatik von Lenz in der DDR verfasste (*Über den Realismus in J. M. R. Lenzens sozialen Dramen und Fragmenten*), hat für den Katalog der Jenaer Lenz-Exposition 1997 ihre Erinnerungen an die *Hofmeister*-Ausstellung notiert: Brecht und Scholz seien sich darin einig gewesen, Lenz als „Talent von unten" zu sehen und ihn aus dem Schatten der „bürgerlichen Geschichtsschreibung" zu holen (Nahke 1996: 127). Diese habe Lenz als „Intriganten und Affen Goethes" bezeichnet und seine Texte „als künstlerisch minderwertigen krassen Naturalismus" abgetan (ebd.). Nach der Lektüre der Brechtschen Spielfassung kritisierten die Teilnehmer des Scholz-Kreises, zu denen u. a. auch Gerhard Kaiser zählte, die unhistorische Aktualisierung Brechts, die radikale Verabsolutierung der Klassenkämpfe im Deutschland des 18. Jahrhunderts zur deutschen Misere, die „einlinige Typisierung des deutschen Schulmeisters zum Prototyp des feigen deutschen Kleinbürgertums" sowie die „Überstrapazierung der Motivik der Sexualnot Läuffers" (ebd.: 130); die kritischen Fragen der jungen Wissenschaftler übermittelte man Brecht.

Brechts *Hofmeister*-Adaption von 1950 war für das Berliner Ensemble bislang der „unbestritten größte Erfolg", schreibt der Brecht-Biograph Werner Mittenzwei, „und er sollte es auch bleiben" (*Mittenzwei 1986: Bd. 2, 412). Das Lob der Presse in Ost und West war einhellig. Hervorzuheben ist, dass der Stückbearbeiter Brecht, der sonst stets einen erfahrenen Regisseur an seiner Seite hatte, hier als alleiniger Regisseur wirkte, auch wenn sein Bühnenbildner Caspar Neher als Koregisseur genannt wurde. Diesmal nahm Brecht Einfluss auf die gesamte Inszenierung, erarbeitete genauestens die Rollen und kümmerte sich um alle künstlerischen Details. Regine Lutz, die in der *Hofmeister*-Fassung von 1950 das Gustchen spielte, nennt Brecht als „Interpret seiner Stücke absolut autoritär" (*Lutz 1997: 137). Brecht gelang es mit dem *Hofmeister*, ein Ensemble aus jungen Talenten und erfahrenen, aus dem Exil zurückgekehrten Schauspielern zu formen und sich als Regisseur zu profilieren, „nicht nur als Sachverwalter seiner ästhetischen Ansichten" (ebd.).

2. Lyrische Bezugnahmen (Bobrowski)

Indem er sich in seinem Gedicht *J. R. M. Lenz* auf die Biographie des Autors bezog, ging Johannes Bobrowski einen anderen Weg als Brecht und als Peter Huchel, sein Mentor. Dieser hatte sich bereits in seinem Gedicht *Lenz* (1927) von Büchners fiktionalem Text anregen lassen (vgl. Huchel 1967), Bobrowski indessen interessierte sich eher für den historischen Lenz (vgl. Bobrowski 1966).

Das fünf Versgruppen umfassende, reimlose und freirhythmische Gedicht entstand am 9. August 1963. Die Umstellung der Initialen „J. R. M." statt „J. M. R." im Titel ist wohl kein Versehen, sondern soll als Indiz für die Zerrissenheit Lenzens wirken. Zugleich verweist dieser Titel darauf, dass kein historisch exaktes Porträt zu erwarten ist. Das Merkwürdige an dem Gedicht ist, dass sich als lyrischer Sprecher weder das Autor-Ich noch aber Lenz eindeutig ausmachen lassen. Gerade die nicht scharf markierten Übergänge gehören zu Bobrowskis Sprechweise.

Das Gedicht beginnt mit den Meinungen, die über den Autor kursieren. In dem Bemühen um eine eigene Sicht auf Lenz setzt sich der lyrische Sprecher zunächst mit von anderen geprägten Lenz-Bildern auseinander. Dabei wird nur scheinbar Beliebiges über Lenz *geredet*. In den Eingangszeilen der zweiten Versgruppe entsteht Spannung dadurch, dass bekannte und für die Lenz-Rezeption folgenreiche Aussagen Goethes und Büchners aufeinanderprallen. Die Eingangsstimmung („der niedliche Lenz") wird durch das Zitat aus Büchners Exposition des *Lenz*-Fragments konterkariert. Was Lenz beim „Gang durchs Gebirg" widerfahren ist, setzt Bobrowski als bekannt voraus. Mehr interessieren ihn die Folgen, das Scheitern, die Sterbestunden seines baltischen ‚Wahlbruders' auf dem Moskauer Straßenpflaster. Es setzt eine Reflexion darüber ein, wie ein angemessenes *Reden* über Lenz aussehen könnte.

Zu Beginn der dritten Versgruppe, dem Kernstück des Gedichts, signalisiert der Wechsel vom Präsens ins Präteritum („War einiges zu reden") eine Verschiebung der Perspektive. Jetzt wird nicht mehr nur *über* Lenz gesprochen: In den Sterbestunden kommt Lenzens eigene Lebensbilanz in den Blick. Der vierte Versblock scheint auf den ersten Blick der einzige zu sein, in dem das *Reden* nicht thematisiert wird. Indem Bobrowski hier Aussagen über das Werk („Daß die Hauslehrer/ ein Pferd brauchen") und das Leben Lenzens („Daß/ der Winterhimmel herabfiel/ im Monat Mai") syntaktisch gleichförmig aufzählt, verweist er auf die bei Lenz in besonderem Maße ausgeprägte Einheit von Leben und Werk. In der vorletzten Strophe, signalisiert durch einen Wechsel der grammatischen Zeit, wird dem Leser die Sterbesituation erneut in Erinnerung gerufen. Für den Moment des Sterbens findet Bobrowski das absurd anmutende Bild des Winterhimmels im Monat Mai, das er aus dem Lenz-Gedicht *Wo bist du itzt, mein unvergeßlich Mädchen* entlehnt, um den einsamen Tod des unbehausten Lenz' mit dem Eingangsbild, der Gebirgswanderung des wahnsinnig Gewordenen im Januar 1778, zu verklammern.

Als authentische *Rede* über Lenz erweisen sich die Texte des Dramatikers selbst – Bobrowski spielt auf dessen Hauptwerke *Der Hofmeister* und *Die Soldaten* an. Er beobachtet, dass der von ihm Porträtierte als Dramatiker auch in den 1960er Jahren kaum authentisch zu uns *redet*, sondern, wenn überhaupt, durch Bearbeitungen vorgestellt wird. Dies gilt etwa für Brechts mehrfach nachgespielte *Hofmeister*-Adaption (1950). Aus der *Bobrowski-Chronik* wissen wir, dass der Besuch einer Vorstellung der Brechtschen *Hofmeister*-Fassung im Berliner Ensemble den Anlass für das Lenz-Gedicht lieferte (*Gajek/Haufe 1977: 39).

Lenz gehörte für Bobrowski gewiss nicht zu jenen „Sternbildern" (Bobrowski an Max Hölzer, 12.4.1960, in: *Haufe 1994: 51), zu denen er immer wieder aufschaute. Klopstock, Hölderlin, Herder und Hamann etwa hatten für sein Schaffen ein ungleich größeres Gewicht. Für die Lenz-Aufnahme bei Bobrowski dürfte jedoch von Interesse sein, dass er den bis in die Gegenwart weithin unterschätzten Lyriker Lenz zur Kenntnis nahm. In der handschriftlich zusammengestellten Anthologie, die posthum unter dem Titel *Meine liebsten Gedichte* (1985) erschien, finden sich zwei Lenz-Texte: *Wohin?* (d. i. *Wo bist du itzt, mein unvergeßlich Mädchen*) und *An Henriette* (d. i. *Verzeih den Kranz, den eines Wilden Hand*), zwei Liebesgedichte aus der Feder von Lenz.

Bobrowski hatte eine Abneigung gegen arrivierte Dichter und so war ihm etwa der ‚Großschriftsteller' Goethe nicht übermäßig nahe. Die Affinität zu Außenseitern, Gescheiterten, Bedrängten wie Boehlendorff, Lenz und anderen war es auch, die nicht wenige der nachfolgenden Dichter dazu führte, mit dem literarischen Erbe im Allgemeinen und dem Lenzschen im Besonderen in ähnlicher Weise zu verfahren wie Bobrowski. Seine Methode des Porträtierens, „jene verschmelzende Aneignung [...], die den einen Dichter mit dem anderen in einer Stimme vereint" (*Heukenkamp 1981: 219), hat in der DDR-Literatur Schule gemacht. Auch Manfred Jendryschik, Klaus Körner, Ulrich Berkes, Gerd Adloff, Kurt Bartsch, Friedemann Berger, Ulrich Kiehl, Gottfried Meinhold, Harald Gerlach und Kai Agthe haben lyrische Lenz-Porträts geschrieben (vgl. den Anhang in A. Meier 2001a).

Bobrowski gehörte zu den wenigen DDR-Autoren, die gelegentlich an Sitzungen der Gruppe 47 teilnahmen und schon früh deutschlandweit zur Kenntnis genommen wurden. Sein Lenz-Gedicht hat z. B. den lyrischen Text *Reinhold Michael Lenz* des (west)deutschen Lyrikers Gregor Laschen beeinflusst (vgl. Kaufmann 1996c: 137 f.).

3. Büchners *Lenz* als Anregung für die Prosa (Seghers, Wolf, Schulz und Bräunig)

Eine so produktive und souveräne Auseinandersetzung mit Lenz, wie sie Brecht 1950 demonstrierte, indem er zum wiederholten Mal vor allem auf den Materialwert des literarischen Erbes verwies, hat es in der DDR seit den frühen 1950er Jahren nicht wieder gegeben. Die neue Generation der Schriftsteller musste sich erst emanzipieren, sich so weit wie möglich freimachen von politischen Vorgaben und aus dem gewaltigen Schatten treten, den die aus dem Exil zurückgekehrten Autor/innen wie Becher, Brecht, Seghers geworfen hatten.

Emanzipation schloss jedoch Bewunderung nicht aus. Die Jenaer Studentin Christa Wolf beobachtete bei einem Weimar-Gastspiel des Berliner Ensembles abwechselnd den Hofmeister Läuffer und den Regisseur Brecht (vgl. *Wolf 1979: 235). Heiner Müller erinnert sich vor allem an die Kastrationsszene: „So etwas habe ich nie wieder im Theater erlebt. Ein ganzes Publikum, das die Luft anhielt." (*Müller 1992: 124 f. u. 227 f.)

Als prägend für eine neue Sicht auf das literarische Erbe erweist sich erneut ein Blick auf die essayistischen Texte von Anna Seghers. Im April 1964, eine Woche vor der 2. Bitterfelder Konferenz, auf der die Schriftsteller durch die SED energisch ermuntert wurden, sich noch intensiver der Arbeitswelt zu widmen, meldete sich Seghers als Präsidentin des Schriftstellerverbandes zu Wort. Sie sprach sich dagegen aus, Autoren „gewisse Stücke der Weltkultur, vor allem aber der eigenen, der deutschen Literatur, als eine Art Pflicht" zu empfehlen oder gar aufzudrängen. Damit könne man als „Berater" einem Kollegen eher schaden als nützen: „Bis ich selbst den abrückenden historischen Stil Kleists begriff und liebte, verging ziemlich viel Zeit. Heute erscheint mir die Novelle ‚Lenz' von Georg Büchner als der Anfang der modernen Prosa. Man hätte mich aber lange nicht zwingen können, die Novelle wie heute zu bewundern." (*Seghers 1964)

Seghers, die sich bereits im Exil wiederholt an nicht-klassischen Traditionslinien orientiert hatte, lenkte den Blick der jüngeren Generation auf Lenz zurück, wobei für sie Lenz und Büchner eine untrennbare Einheit bildeten. Büchner hat in seinem Erzählfragment *Lenz*, das aus vielen Quellen gespeist ist, sein Kunstkonzept der Lenz-Figur in den Mund gelegt. Von Christa Wolf befragt, ob die Erzählungen ihres Zyklus *Die Kraft der Schwachen*, an dem sie bis 1965 arbeitete, einen thematischen Mittelpunkt hätten, antwortet Anna Seghers: „Es handelt sich um lauter unbekannte, einfache Menschen, sagen wir, ohne die geringste Spur von dem, was man Personenkult nennt, Menschen, die völlig lautlos etwas Wichtiges tun. Wenn ich nicht über sie schreiben würde, dann würde man nie das geringste über sie erfahren." (*Seghers 1969: 359) Deutlich korrespondieren diese Sätze mit den Intentionen Büchners, der seinen Lenz in den Kunstdebatten mit Kaufmann fordern lässt: „Man muß die Menschheit lieben, um in das eigentümliche Wesen jedes einzudringen, es darf einem keiner zu gering, keiner zu häßlich sein" (Büchner 2001: 38).

Anna Seghers entwickelt, von Büchners kunstkritischen Bestrebungen ausgehend, Mitte der 1960er Jahre ihre Konzeption von der „Kraft der Schwachen" (vgl. den gleichnamigen Erzählband: *Seghers 1968) weiter, zu einer Zeit, als die SED-Parteiführung forderte, der Künstler solle sich einen tieferen Einblick in den gesellschaftlichen Gesamtprozess verschaffen und zunehmend aus der Sicht des Planers und Leiters, also von der ‚Königsebene' aus, gestalten.

Die Dokumentarliteratur der 1970er und 1980er Jahre – wie sie etwa von Maxie Wander geschrieben wurde – knüpft an diese Tradition unverkennbar an. Was Wander einleitend zu ihrem Buch *Guten Morgen, du Schöne* schrieb, liest sich wie eine moderne Version des Lenz-Büchnerschen Literaturkonzepts: „Ich halte jedes Leben für hinreichend interessant, um anderen mitgeteilt zu werden. Man lernt dabei, das Einmalige und Unwiederholbare jedes Menschenlebens zu achten" (*Wander 1977: 8).

1967/1968 kommen mit Christa Wolf, Max Walter Schulz und Werner Bräunig drei Autoren in ihrer Essayistik auf Georg Büchner zu sprechen. Vor allem der ausschließlich Büchner gewidmete Aufsatz von Schulz und Christa Wolfs Überlegungen zur Prosa korrespondieren deutlich miteinander.

In seinem Essay „Rendezvous mit Georg Büchner" macht Schulz die Stufen eigener Rezeption deutlich und entwickelt daraus seine Lesart der *Lenz*-Erzählung. Schulz möchte den Leser zur vertieften Büchner-Lektüre anregen und zugleich einen Beitrag zur Realismusdiskussion leisten. Auch wenn ihn die „gute Presse" skeptisch machte, die Büchners Prosaarbeit bei vielen Autoren erhielt, lobt er den „Realismus erster Güte" (*Schulz 1978: 48). Zur Überraschung des Lesers hebt Schulz an der Exposition der Novelle die „hellvernünftige Seite" (die „Naturbeschreibung") und die „dunkelvernünftige Seite" (die „Geistbeschreibung") als Kontrast hervor, obgleich die Gefährdung Lenzens bereits aus der Naturschilderung der ersten Sätze ablesbar werde (ebd.). Den zwischen Lenz und Büchner bestehenden Abstand betont Schulz sehr stark. An einen Brief vom Oktober 1835 erinnernd, wonach Büchner von Freunden eine glänzende Zukunft prophezeit wurde, attestiert Schulz Büchner ein nichttragisches Lebensgefühl – „den Mut zur geistig-politischen Aktion: gedankenreich und unternehmenslustig, unsentimental, seine ganze geistige Energie wie besessen auf die materialistische Erkennbarkeit der Welt" (ebd.: 50f.) – und widerspricht damit der These vom ‚heldischen Pessimismus'. Der aktuelle Kontext, der sich aus diesem eindimensional-optimistischen Büchner-Porträt ableitet, wird sofort deutlich: „Und nichts hat er von wegen: Laß dich aufheben, Herzbruder Lenz, daß ich mir dein Elend um den Hals hänge und du dir das meine" (ebd.: 51). An dem Realisten Büchner bewundert Schulz gerade, wie er sich den Lenz „vom Leib [hält]" (nicht mit ihm „weint", „sabbert", „sudelt") und dennoch „Ergriffenheit wie intellektuelle Aufregung" beim Leser erzeugt: „Büchners Realismus hatte genug Substanz, den unglücklichen Lenz aufzuheben. Wenn wir über den sozialistischen Realismus reden oder dazu schreiben, müssen wir die Substanz ‚haben' (nicht nur postulieren), den unvollendeten Büchner aufheben." (ebd.: 53f.)

Gleichzeitig mit ihren Prosaversuchen *Juninachmittag* (1967) und dem Roman *Nachdenken über Christa T.* (1968) entwickelt Christa Wolf einen neuartigen poetischen Ansatz. Auf der Suche nach „wirklich neuen Erzählweisen" (Wolf 1979 [1971]: 26) stößt auch sie auf Büchners *Lenz* und macht erstaunliche Beobachtungen. In dem umfangreichen Essay „Lesen und Schreiben" von 1971 wirft sie die Frage auf, weshalb wir diesen Text „den Anfang und [...] einen Höhepunkt der modernen deutschen Prosa" nennen, obgleich der Dichter in „horrend unverfrorener Weise den Krankenbericht des Pfarrers Oberlin" verwende (ebd.: 27). Das Geheimnis liegt für sie darin, dass der „Erzähler den vollen Einsatz gezahlt" habe (ebd.). Im Gegensatz zu Schulz betont Wolf Büchners „unlösbaren Lebenskonflikt, die eigene Gefährdung, die ihm wohl bewußt ist" (ebd.).

Die Distanz der Beobachterrolle, die sich durch den vorgefundenen Krankenbericht anbot, übersieht Christa Wolf keinesfalls, obgleich sie, anders als Schulz, einräumt, dass Büchner die „Variante Wahnsinn – Lenz – [...] nicht ganz fremd gewesen sein" kann (ebd.). Aus diesen Beobachtungen leitet Christa Wolf ihre Hauptthese ab: Büchners Entdeckung bestehe darin, gezeigt zu haben, dass

> der erzählerische Raum vier Dimensionen hat; die drei fiktiven Koordinaten der erfundenen Figuren und die vierte, ‚wirkliche' des Erzählers. Das ist die Koordinate der Tiefe, der Zeitgenossenschaft, des unvermeidlichen Engagements, die nicht nur die Wahl des Stoffes, sondern auch seine Färbung bestimmt. Sich ihrer bewußt zu bedienen ist eine Grundmethode moderner Prosa. (ebd.)

Büchnersche Erzählmittel, so der scheinbar zufällige Wechsel vom „Er" zum „Ich", bereiteten Lesern noch immer Rezeptionsprobleme. In ihrer Begeisterung für den *Lenz*-Text geht die Autorin so weit, dass sie andere Erzählweisen (den „trüben Strom konventioneller Prosa"; ebd.) unterbewertet. Erzählkunst, die auf die traditionelle Fabel baut, erscheint ihr zunehmend verdächtig. Büchners Leistung als Prosaautor gilt es nicht „aufzuheben", wie dies Schulz tut, sie stellt vielmehr für Christa Wolf Realismus schlechthin dar: „Einsicht herrscht, Nüchternheit und Kenntnis bei gesteigerter Sensibilität: Realismus. Nicht Dürre der Konstruktion oder Naturalismus, aber auch der Überschwang erhitzter Empfindungen nicht. Sondern: phantastische Genauigkeit." (ebd.: 28)

Auf einen seiner Meinung nach problematischen Aspekt dieser Sicht auf Büchners *Lenz* durch Christa Wolf hat Hans Kaufmann hingewiesen. Der Anspruch, sich in das „Leben des Geringsten zu senken", sei für die Autorin von *Nachdenken über Christa T.* bedeutsam:

> Von dem Büchner-Lenzschen Programm, auch in dem Menschen, dem die Verwirklichung seiner Anlagen und Kräfte versagt bleibt den ganzen Menschen und würdigen Mitmenschen zu sehen, schreitet sie tendenziell fort zu der Erwägung, ob nicht gerade die Nichtverwirklichung das wahrhaft Menschliche sei. (*H. Kaufmann 1976: 53 f.)

Parallelen zu Christa Wolf lassen sich auch in Werner Bräunigs Überlegungen zur Prosa finden. Der Mitteldeutsche Verlag hatte den Autor ermuntert, seine Erfahrungen als Seminarleiter des Leipziger Becher-Instituts aufzuarbeiten und auf diese Weise einen künstlerischen Neuansatz zu finden. Nach erhitzten Debatten um den Fragment gebliebenen Roman *Rummelplatz* steckte Bräunig in einer tiefen Lebens- und Schaffenskrise. In seinem Essay *Prosa schreiben* stellt sich der Büchner-Bezug ebenfalls über das Bekenntnis zum Konzept Seghers' von der ‚Kraft der Schwachen' her. An diese Literaturtradition versuchte er mit seinem Erzählband, den er programmatisch-nüchtern *Gewöhnliche Leute* nennt, anzuknüpfen. In der für Bräunig so schwierigen Zeit stellte sich Büchner für ihn als ein Autor dar, an dem niemand vorbei könne – vereinte er doch praktisch-revolutionären Tatendrang, künstlerisches Neuerertum mit streng materialistischem Denken und einem nüchternen Blick auf die gesellschaftlichen Zustände.

Wie Schulz bewundert auch Bräunig die Exposition der *Lenz*-Erzählung. Jedoch betont Bräunig nicht den Kontrast, sondern gerade die Einheit von Figuren- und Natursicht in der Prosa Büchners: „Die Tatsache, daß eins aus dem anderen zu reden vermag, liegt der Dichtung sowieso zugrunde. [...] Da will einer auf dem Kopf gehen! Nichts mehr von einer Landschaft hier und einer Figur dort, von einem Autor ausgeführt: Eins spricht im anderen, eins spricht durchs andere." (*Bräunig 1968: 10 f.)

Seinem Leser empfiehlt Bräunig, den *Lenz*-Text daraufhin zu studieren, wie gute Prosa gemacht wird. Büchner betrachte seinen Helden nicht gelassen, auch nicht mit den Augen „des gottesgleichen Erzählers", erreiche jedoch eine „objektivierende Prosa" (ebd.). Dem *Lenz*-Autor gelinge es dennoch, sehr „nahe an die Dinge" heranzurücken, sich ins „Wirkliche" vorzuwagen. Bräunig lobt an Büchners Prosa, dass sie nicht nur wirkliche Dinge wolle, sondern „sie will die Dinge, wie sie wirklich sind" (ebd.).

4. Erneute Zuwendung zu Lenz (Hein, Damm, Prenzlauer Berg)

Zu Beginn der 1980er Jahre schuf Christoph Hein eine behutsame Bearbeitung der Komödie *Der neue Menoza*, die 1982 in Schwerin ihre Uraufführung erlebte (vgl. Hein 1981, Winter 2000a: 145–147). Damit stellte sich der Autor (nach Brecht und Kipphardt) in die Reihe jener Autoren, die Lenzens Dramen dem Publikum des 20. Jahrhunderts nahe zu bringen versuchten. Hein steht damit in einer Tradition, markiert jedoch zugleich einen Unterschied, der für seine frühe, wie auch für eine spätere Lenz-Bearbeitung (2001) zutreffend ist: „Auf den Bühnen erscheinen seine Stücke meist in Bearbeitungen, mißliche Krücken für ein Publikum, das die Vorzeit nur in zeitgemäßer Form anzuerkennen bereit ist. Ein Umschmelzen ins handliche Format, um zumindest das Material zu bewahren, aufzuheben." (Hein 1987 [1984/1985]: 94)

Im Umfeld der *Menoza*-Bearbeitung entstand Heins umfangreicher Essay *Waldbruder Lenz*, der 1981 zunächst nur in Frankreich erscheinen durfte. Mit Blick auf die DDR, wo der Text 1987 herauskam, forderte der Autor in diesem Essay nachdrücklich eine uneingeschränkte Öffentlichkeit: „Fehlende Öffentlichkeit trocknet die Poesie zum Stammbuchblatt aus, degradiert die poetische Metapher zur Sklavensprache." (ebd.: 75)

Hein studiert Lenzens „beispiellosen", „kleinmalenden Realismus"; der Autor bringe „einen Querschnitt der deutschen Stände des 18. Jahrhunderts, ein Panorama der Zustände" (ebd.: 95). Im Rückblick auf seine dramatischen Anfänge, namentlich auf das 1974 an der Ostberliner Volksbühne uraufgeführte Zeitstück *Schlötel oder Was solls*, betont Hein, wie wesentlich Lenz für ihn war.

> Lenz ist für mich sehr wichtig und war es auch damals schon, die Lenzsche Dramatik, die bedauerlicherweise dann abgebrochen wurde mit dem 19. Jahrhundert. Es gibt noch Büchner, das ist für mich so etwas wie ein Glanzstück der Lenzschen Dramatik und Dramaturgie. Das war wesentlich für ‚Schlötel', ich hätte diese Art Dramatik damals auch gerne weiterbetrieben. (*Hein 1992: 15)

Im Lenz-Jahr 2001 gab es auf deutschen Bühnen wenig innovative Ideen im produktiven Umgang mit diesem Dichter. Die Berner Kornhausbühne bat jedoch Christoph Hein, einen der besten Kenner des Sturm-und-Drang-Autors, um ein neues Stück zu Lenz, das im Frühjahr 2002 zur Uraufführung kam (vgl. *Hein 2005).

Heins Text ist eine Collage aus eigener Phantasie und Materialien von Christian Friedrich Daniel Schubart und Lenz. Den Kern des Stückes, das Spiel im Spiele, bildet ein wenig bekannter dramatischer Versuch von Lenz. Im Untertitel macht Christoph Hein deutlich, dass er sich ganz in den Dienst des anderen Dichters stellt: *Komödie nach dem Fragment ‚Der tugendhafte Taugenichts' von Jakob Michael Reinhold Lenz*. Lenzens Text liegt in zwei Versionen vor. Hein griff durchgehend auf die vieraktige Erstfassung zurück, die 1775/1776 noch in Straßburg entstand, während die zweite Bearbeitung dann in Berka und Kochberg erfolgte, nachdem Lenz eigene Erfahrungen an einem Musenhof machen durfte (→ 2.1 DRAMEN UND DRAMENFRAGMENTE: DER TUGENDHAFTE TAUGENICHTS). Wie Schillers epochales Stück *Die Räuber* geht auch Lenzens Fragment auf das Sujet der ungleichen und feindlichen Brüder zurück, das Schubart 1775 vorgeprägt hatte (vgl. *Schubart 1979 [1838]). Schubarts Überschrift liefert den ersten Teil von Heins Doppeltitel: *Zur Geschichte des mensch-*

lichen Herzens oder Herr Schubart erzählt Herrn Lenz einen Roman, der sich mitten unter uns zugetragen hat.

Heins Stückidee, in der Rahmenhandlung den dramatischen Autor Lenz mit Schubart, der ihm den Stoff lieferte, zusammenzuführen, ist originell. Auch das Jahr des vermeintlichen Dichtertreffens ist geschickt gewählt: 1774 begann Schubart seine weithin bekannte *Deutsche Chronik* und im gleichen Jahr stand Lenz im Zenit seines Schaffens. In Leipzig erschienen gleich vier seiner Bücher. Die geistige Nähe der Dichter Schubart und Lenz ist gerade Mitte der 1770er Jahre offenkundig, auch wenn sich beide Poeten niemals persönlich begegneten. Lenzens Fragment *Der tugendhafte Taugenichts* ist rein quantitativ für einen Theaterabend zu kurz. Es gab für den Dramatiker und erfahrenen Dramaturgen Hein bei diesem Auftragswerk nur zwei Möglichkeiten. Er hätte den Stückentwurf – eventuell um Varianten der Zweitfassung ergänzt – ‚fertigstellen' können. Wie schon bei seiner Bearbeitung des *Neuen Menoza* nahm sich Hein jedoch zurück, griff nur ganz behutsam ein. Diesmal blieb Lenzens Text fast unangetastet. Hein zog lediglich Szenen zusammen, damit diese sich gemeinsam mit der Rahmenhandlung, dem Dichterdisput, zu einer fünfaktigen Komödie fügen lassen. Der Leser/Theaterbesucher kann mühelos dem Geschehen folgen, unabhängig davon, ob dieses durch den Darsteller Schubarts vorgelesen oder aber durch Figuren des Lenzschen Dramas verkörpert wird. Das Stück gewinnt durch den alternierenden Wechsel der epischen und dramatischen Darbietungsweise. Hein hat Schubarts ‚Wanderlegende' weitergesponnen, Lenzens Stück jedoch nicht vollendet, sondern als Torso erhalten.

Der Beitrag, den Sigrid Damm zur Lenz-Rezeption geleistet hat, ist kaum zu überschätzen, vor allem angesichts der Ausgangssituation: Eine verlässliche Lenz-Edition stand seinerzeit noch aus, große Teile des Werkes und die meisten seiner Briefe galten als verschollen oder waren vernichtet worden. Am Anfang stand 1979 eine schmale Lyrikauswahl für die Reihe *Poesiealbum* (Heft 142). Es folgte 1985 im Aufbau-Verlag Berlin und Weimar ihr Prosadebüt mit der Lenz-Biographie *Vögel, die verkünden Land* (Damm 1985a). Für dieses Buch, das sie für ihr bestes hält, wurde ihr 1987 der Lion-Feuchtwanger-Preis verliehen. Ihre Dankesrede „Unruhe" (später: „Lenz – eine geheime Lernfigur") erschien 1988 in *Sinn und Form*, der renommiertesten Literaturzeitschrift der DDR (Damm 1988). Die Dammsche Lenz-Ausgabe in drei Bänden kam 1987 im Insel-Verlag Leipzig und im Carl Hanser Verlag München heraus. Das Buch über Goethes Schwester *Cornelia Goethe*, welches mit einem Lenz-Gedicht beginnt und endet, fand in Ost (1987) und West (1988) Beachtung. Rezensionen, Essays und Vorträge Sigrid Damms ergänzen ihre Bemühungen um Lenz.

Nirgendwo verwischt Sigrid Damm in ihrem Lenz-Buch die Grenze zwischen belegbaren Fakten und biographischen Leerstellen. Trotz intensiver Quellenforschung blieben Fragen offen, etwa zu Lenzens folgenreichem Abgang vom Weimarer Hof. Die Autorin zeichnet, auf der Grundlage geprüfter Fakten, die Lebenslinie von Jakob Lenz nach. Dem entspricht ein Gestus des Berichtens. In der Auswahl der Fakten, der Behutsamkeit, mit der sich Sigrid Damm in den Dienst des Autors Lenz stellt, in der zurückhaltenden Kommentierung, in der Feinfühligkeit, mit der Intimes in Lenzens Leben erkundet wird, zeigt sich auf indirekte Weise ein Erzähler-Ich. Stärker erzählende Passagen des Buches finden sich zumeist dort, wo es um jene ‚weißen Flecken' in Lenzens Leben geht. Sie werden eingeleitet durch Formulierungen wie „wir wissen es nicht" (Damm 1985a: 26), „wie so vieles in seiner Studienzeit liegt auch das im dunkeln" (ebd.: 68). Für den Leser deutlich abgehoben, kommt die Phantasie der Autorin ins Spiel: „So mag es vielleicht gewesen sein." (ebd.: 121) Gewagte Hypothesen meidet Sigrid Damm ebenso wie vordergründige Aktualisierungen. Ihre Schilderung spricht nicht zuletzt deshalb an, weil von dem Dichter des 18. Jahrhunderts in der Präsensform erzählt wird. Zwar ist Jakob Lenz Zentrum des Erzählwerkes, nicht aber alleiniger Bezugspunkt, von dem aus Ereignisse und Personen bewertet werden. Auch Goethe, Herder, Lavater, Wieland, Merck, Schlosser, Oberlin und andere erfahren eine ausgewogene Bewertung. Dies ist im Falle Goethes besonders hervorzuheben, wird doch in Texten vergleichbarer Art höchst selten ein gerechtes Goethe-Bild gezeichnet. Indem Sigrid Damm das Leben von Lenz nicht isoliert darstellt, erfasst sie die geistige Biographie jener geschichtlich und kulturell so bedeutsamen zweiten Hälfte des 18. Jahrhunderts, erweckt „historische Emotionen" (*Lotman 1985: 611). Bei Lenz, der deutschsprachig in Livland aufwuchs, entscheidende Jahre in Deutschland, Frankreich und der Schweiz verbrachte und schließlich unfreiwillig in das wenig geliebte Heimatmilieu zurückkehrte, verbietet sich eine enge nationalliterarische Sehweise. Der Leser erfährt, wie die französische, in Sonderheit jedoch die osteuropäische Kultur auf Lenz wirkte und dieser sich zunehmend als Mittler zwischen den Nationalliteraturen begriff.

Lenzens Leben wird in sieben Kapiteln erzählt, die unterschiedlichen sozialen Milieus werden eindrücklich erfasst, literarische Landschaften wie Dorpat, Königsberg, Straßburg, Weimar, Zürich, Petersburg und Moskau atmosphärisch dicht eingefangen. Der Weimar-Part, der die tragische Wende in Lenzens Leben einleitet, bildet das erzählerische Zentrum und ist der mit Abstand umfangreichste Teil des Buches. Neben eindringlich erzählenden Partien stehen solche, die erkennen lassen, dass die Autorin auch Literaturwissenschaftlerin ist. Sie will nicht nur das Leben des Autors erzählen, sondern ihn auch als Dichter und Theoretiker würdigen. Entstanden ist eine Mischform, in der wissenschaftliche Passagen Platz finden. Autorin und Verlag hatten sich nicht auf ein Genre festgelegt. Offenbar wollte der Aufbau-Verlag vornehmlich Romanleser ansprechen und hat deshalb auf bibliographische Angaben verzichtet.

Sigrid Damm geht es darum, das Leben von Lenz analytisch aufzuarbeiten und Legendenbildungen entgegenzuwirken. An Büchners *Lenz* kommt sie dabei ebenso wenig vorbei wie alle anderen, die sich nach ihm mit Lenz befasst haben. In der Lebensbeschreibung wie in einer Schreib-Auskunft nennt Sigrid Damm Büchners Lenz-Porträt einen der „beeindruckendsten Prosatexte der deutschen Literatur" (Damm 2010: 18). Zu Recht verweist sie jedoch darauf, dass man Oberlins Bericht über den kranken Lenz, Büchners Hauptquelle, kritischer als bisher bewerten sollte. Ein Verdienst der Lenz-Biographie Sigrid Damms liegt darin, die Beziehung zwischen Lenz und Büchner in vielfältiger Weise erfasst zu haben. Denn Büchner hat nicht nur Wesentliches zur Verbreitung des Lenzschen Werkes beigetragen, sondern als Dramatiker intensiv von dem Sturm-und-Drang-Dichter gelernt: Sein *Woyzeck* wäre ohne die *Soldaten* nicht denkbar (→ 4.2 LENZ IN DER LITERATUR BIS 1945).

Der Leser findet den Buchtitel *Vögel, die verkünden Land* erst auf der letzten Textseite wieder, auch wenn dieser motivisch vielfältig angelegt ist. Der Titel liest sich als Kontrast zum geschilderten Leben dieses starken Talents, das trotz ungezählter privater und beruflicher Miseren seinem „Kastratenjahrhundert" (Schillers *Die Räuber*, I,2) ein in großen Teilen bleibendes Werk abrang. Artikuliert wird die Hoffnung, dass Lenzens Œuvre, das von seinem Leben noch weniger als bei anderen Dichtern zu trennen ist, nach Jahrhunderten den Weg zu Lesern und Zuschauern finden möge. Die Autorin hat mit ihrem Buch ein bedeutsames wissenschaftliches wie schriftstellerisches Werk vorgelegt. Egon Günthers Film *Lenz* (D 1992; → 4.7 LENZ IM FILM) ist, auch wenn dies der Regisseur bestritten hat, wesentlich von Sigrid Damms Buch inspiriert worden (vgl. Höpfner 1995: 84).

Von den Literaten des Prenzlauer Bergs, jener Autorengruppe der dritten Generation, die sich in den 1970er und 1980er Jahren neben der offiziellen Literatur der DDR zusammengefunden hatte, sagt man, sie habe sich kaum für die Debatten um das literarische Erbe interessiert (*Opitz/Hofmann 2009: 167). Für Joerg Waehner, einen dieser Vertreter der inneren Emigration, war J. M. R. Lenz als Symbol für Isolation, Wirkungslosigkeit und Scheitern im Wahnsinn wichtig. 1987 erschien in Ostberlin eine von Hand gesetzte, unpaginierte Eigenedition, ein Bändchen mit dem Titel *Der andere LENZ*. Darin enthalten sind zwei Beiträge über Lenz: *second hand* und *Die Lethargie der Bewegung*. Zudem ist unter dem Titel *Mein Vater ist ein Gespenst* eine Abhandlung zu Heiner Müllers *Hamletmaschine*, die zu dieser Zeit in der DDR noch nicht verfügbar war, und *Ein Fragment* von Fernando Pessoa abgedruckt. Waehners Lenz-Texten, die sich durch kühne Thesen, wuchtige Bilder und Zitatmontagen auszeichnen, ist deutlich die Nähe zu Heiner Müllers Arbeiten anzumerken, etwa zu dessen fulminanter, anderthalb Seiten langer Dankesrede zum Büchner-Preis („Die Wunde Woyzeck", 1985), auf die Waehner explizit anspielt. Der erste Text *second hand* erschien zuerst 1986 als Künstleredition zusammen mit Klaus Hähner-Springmühl. Er ist versehen mit einer Widmung „für Georg Büchner" und hebt wie folgt an: „Und wieder geht Lenz durchs Gebirge, sucht nach verlorenen Träumen, wünscht auf dem Kopf zu laufen, reißt es ihm in der Brust, Augen und Mund weit offen, DAS EMPFINDEN DES ERDUMFANGES ZU ZERSTÖREN (Jessenin)." (zit. nach dem unpaginierten Exemplar im Besitz des Verf.) Waehners Dialog mit den toten Dichtern, der auf den Beginn von Büchners Erzählung *Lenz* anspielt, schreibt das offene Ende des synthetischen Fragments fort:

> Nicht Kafkas URTEIL trieb ihn zum Wahnsinn. Der Kalk weißt die Wände. Dahinter verschwand Lenz im Schnürboden der Anstalt von Straßburg, dem neuen Ghetto der Toleranz. Dort trifft er sich / und mich und den anderen zur Sicherheitsverwahrung bei den Irren: Die LITERATUR auf den Kopf gestellt bin ich die Katze, die Lenz gegenübersitzt. Und wir springen uns in die Worte, die Krallen gewetzt, bis das Copyright aus zweiter Hand uns trennt. (ebd.)

5. Lenz – „eine geheime Lernfigur"

Leben und Werk von Jakob Michael Reinhold Lenz boten mehr als vier Jahrzehnte lang Autor/innen aus der DDR vielfältige Anregungen. Er war, wie Damm formuliert hat, „eine geheime Lernfigur" (vgl. Damm 1988: 246) für verschiedene Generationen ostdeutscher Schriftsteller/innen. Die nachhaltige Beschäftigung mit Lenz trug wesentlich zum Paradigmenwechsel im Umgang mit dem Erbe in der DDR bei. Spuren von Lenz finden sich in der Dramatik, seit 1963 im Porträtgedicht sowie im Essay und in der biographischen Prosa. Joachim Seyppels Essay von 1978, als Nachwort zu einem Band mit Erzählungen und Briefen Lenzens gedacht, zeigt, wie die Bemühungen um Lenz mit editorischen Vorhaben einhergingen (vgl. Seyppel 1978). Auch

Horst Ulrich Wendlers Stück *Lenz oder die Empfindsamen* (Uraufführung in Weimar am 26. November 1986) ist ein Dokument der Auseinandersetzung mit Lenz.

Von den Autor/innen, die sich insbesondere für Lenz interessierten, haben einige einen Teil ihres Lebens in der DDR verbracht: Heinar Kipphardt etwa, der die DDR 1953 verließ und 1968 Lenzens *Soldaten* bearbeitete, oder der ehemalige Leipziger Student Gert Hofmann, der 1981 die Novelle *Die Rückkehr des verlorenen Jakob Michael Reinhold Lenz nach Riga* veröffentlichte. Seyppel, der in seinem Nachwort eine besondere Nähe zwischen Lenz und Volker Braun herausstellte, und Peter Hacks gingen den umgekehrten Weg. Ersterer lebte von 1973 bis 1979 in der DDR, Hacks siedelte noch zu Brechts Lebzeiten (1955) nach Ostberlin über.

Peter Hacks, dessen Werk nach der Wende eine bemerkenswerte Renaissance erlebte, definierte sich selbst seit den 1970er Jahren als ‚Klassiker'. Zwangsläufig zog dies für ihn die Kritik an der Romantik und am Vormärz nach sich. Büchner, den er seit 1976 als Zerstörer des Dramas sah, könne er noch gelten lassen, nicht aber die ‚Büchnerianer'. Hiermit waren vor allem Heiner Müller und Volker Braun gemeint, die in seinen Überlegungen zum Erbe auffallend ausgeblendet werden. Zu Beginn der 1980er Jahre schrieb Hacks:

> Wie auf manchen alten Walstätten später noch kämpfende Geister sich sehen lassen, kämpfen die Geister der DDR-Literatur auf den Napoleonischen Schlachtfeldern ihre allerheutigsten Kriege aus. De Bruyn, Fühmann, Hacks, Mickel und Wolf haben die Leitfiguren jenes die Neuzeit eröffnenden Jahrzehnts beschrieben und ihre Lösungsangebote geprüft. (*Hacks 1984: 442)

Hacks blieb sich nach der Wende treu, indem er seine Polemiken gegen alles ‚Nicht-Klassische' fortsetzt. In seinem Essay „Lenzens Eseley" (1990) unterbreitet er den Vorschlag, Goethes *Tasso* nunmehr als ein Stück über Lenz zu lesen. Goethe erzähle hier von sich, „aber anhand des Lenz-Stoffes und also vermittelt über eine unerfreuliche Figur" (zit. nach Müller III: 158). Für Hacks ist Lenz ein „kleinerer Poet", „auf den es sonst nicht ankommt", zudem ein „Pumpgenie und geborener Schmarotzer" (ebd.: 147f.), ein bloßer „Nachwuchsdichter" (ebd.: 159).

Auch Volker Braun beschäftigt sich vor und nach dem Ende der DDR mit Lenz. In seinem 1982 uraufgeführten Stück *Schmitten* bezieht er sich auf den *Hofmeister*: „[u]nwirkliche[n] Szene" (Braun 1981: 18) trennt die Arbeiterin Schmitten ihrem Geliebten, dem Betriebsdirektor Kolb, der sich öffentlich nicht zu dieser Liebe bekennt, das Geschlecht ab.

Inspiriert von Sigrid Damms Buch *Vögel, die verkünden Land* und angeregt durch Kochberg, einen seiner liebsten Schreiborte, verfasste Braun – im lyrischen Gespräch mit Lenz – zu Beginn der 1990er Jahre das politische Gedicht „Abschied von Kochberg". Braun nimmt von Lenzens Gedicht ohne Titel (1776) vor allem die Eingangszeile „So soll ich dich verlassen liebes Zimmer" auf (vgl. Kaufmann 2003: 74–88).

Anders als Hacks, der Lenz gegen Goethe ausspielt, versucht Braun die beiden Traditionslinien zu verbinden, indem er sich als Sympathisant beider Dichter zu erkennen gibt:

> Lenz war ein vortrefflicher Dramatiker. Dieses arme Schicksal, seine Unfähigkeit, sich einer Herrschaft anzudienen, hat mich zeitlebens beschäftigt. Weil es die Alternative gab in einer Goetheschen Biographie, eines produktiven und glücklichen Umgangs mit gesellschaftlichen Bedingungen. [...] Zwei Freunde, die nicht Freunde bleiben konnten. Und immer war es auch unsere Frage: Welches Leben? Das von Goethe vorgezeichnete oder das, das die

Verhältnisse schneidet und höhnisch abweist, mit dem Preis, der dann zu zahlen ist. Natürlich, die Sympathie gehörte Lenz oder Büchner. Das minderte aber nicht die Liebe zu Goethe als einer ganz begreiflichen irdischen Figur. (Braun im Gespräch mit *Kaufmann/Quilitzsch 1998/2009)

6. Weiterführende Literatur

Bobrowski, Johannes: *Meine liebsten Gedichte. Eine Auswahl deutscher Lyrik von Martin Luther bis Christoph Meckel. Mit zehn Wiedergaben nach der handschriftlichen Sammlung.* Hg. v. Eberhard Haufe. Berlin 1985.
Bräunig, Werner: *Prosa schreiben – Anmerkungen zum Realismus.* Halle 1968.
Brecht, Bertolt: *Briefe 1913–1956.* Bd. 1: *Texte.* Berlin, Weimar 1983.
Damm, Sigrid: *Cornelia Goethe.* Berlin, Weimar 1987. Frankfurt/Main 1988.
Gajek, Bernhard u. Eberhard Haufe: *Johannes Bobrowski. Chronik, Einführung, Bibliographie.* Frankfurt/Main 1977.
Hacks, Peter: „Über eine goethesche Auskunft zu Fragen der Theaterarchitektur". In: Peter Hacks: *Essais.* Leipzig 1984, S. 439–462.
Hähner-Springmühl, Klaus u. Jörg Waehner: *Second Hand.* Berlin, Karl-Marx-Stadt [1987].
Haufe, Eberhard: *Bobrowski-Chronik. Daten zu Leben und Werk.* Würzburg 1994.
Hein, Christoph: „‚Dialog ist das Gegenteil von Belehren.' Gespräch mit Christoph Hein". In: Klaus Hammer (Hg.): *Chronist ohne Botschaft. Christoph Hein. Ein Arbeitsbuch. Materialien, Auskünfte, Bibliographie.* Berlin, Weimar 1992, S. 11–50.
Hein, Christoph: „Zur Geschichte des menschlichen Herzens oder Herr Schubart erzählt Herrn Lenz einen Roman, der sich mitten unter uns zugetragen hat". In: Christoph Hein: *Stücke.* Frankfurt/Main 2005, S. 647–696.
Heukenkamp, Ursula: „Dichterporträts". In: Ingrid Hähnel (Hg.): *Lyriker im Zwiegespräch – Traditionsbeziehungen im Gedicht.* Berlin, Weimar 1981, S. 217–264.
Kaufmann, Hans: „Zu Christa Wolfs poetischem Prinzip". In: Eva Kaufmann u. Hans Kaufmann: *Erwartung und Angebot. Studien zum gegenwärtigen Verhältnis von Literatur und Gesellschaft in der DDR.* Berlin 1976, S. 45–61.
Kaufmann, Ulrich u. Frank Quilitzsch: „Gespräch mit Volker Braun (1998)". In: Ingrid Pergande u. Ulrich Kaufmann (Hgg.): *„Gegen das GROSSE UMSONST" – Vierzig Jahre mit dem Dichter Volker Braun.* Berlin, Jena 2009, S. 245.
Lotman, Juri: „Über biographische Literatur". In: *Kunst und Literatur* 5 (1985), S. 603–612.
Lutz, Regine: „Gedanken, die mir herüber und hinüber gehen". In: Marc Silberman (Hg.): *drive b. Brecht 100. Arbeitsbuch. The Brecht Yearbook 23.* Im Auftrag der Interessengemeinschaft Theater der Zeit e. V. Berlin und der International Brecht Society. Theater der Zeit 1997, S. 137–139.
Mittenzwei, Werner: *Das Leben des Bertolt Brecht oder Der Umgang mit den Welträtseln.* 2 Bde. Berlin, Weimar 1986. Frankfurt/Main 1987.
Müller, Heiner: *Krieg ohne Schlacht.* Köln 1992.
Opitz, Michael u. Michael Hofmann: *Metzler Lexikon DDR-Literatur.* Stuttgart, Weimar 2009.
Schubart, Christian Friedrich Daniel: „Zur Geschichte des menschlichen Herzens". In: Christian F. D. Schubart: *Gesammelte Schriften und Schicksale.* 8 Bde. in 4 Bdn. Stuttgart 1838. Bd. 6. ND Hildesheim, New York 1979, S. 82–89.
Seghers, Anna: „Das Neue und das Bleibende". In: *Neues Deutschland,* 18.4.1964, S. 7.
Seghers, Anna: *Die Kraft der Schwachen.* Berlin, Weimar 1968.
Seghers, Anna: *Glauben an Irdisches. Essays aus vier Jahrzehnten.* Hg. v. Christa Wolf. Leipzig 1969.
Schulz, Max Walter: „Rendezvous mit Georg Büchner". In: Max W. Schulz: *Pinocchio und kein Ende. Notizen zur Literatur.* Halle, Leipzig 1978, S. 47–54.
Wander, Maxie: *Guten Morgen, du Schöne.* Berlin 1977.

Wolf, Christa: „Brecht und andere". In: Christa Wolf: *Fortgesetzter Versuch. Aufsätze, Gespräche, Essays.* Leipzig 1979, S. 235–237.

4.4 Lenz in der Literatur der BRD
Inge Stephan

1. Auf der Bühne (Kipphardt) 560
2. Büchners *Lenz* als Anregung für die Prosa (Celan, Herzog, Schneider u. a.) . 562
3. Vater-Sohn-Konflikte (Hofmann und Beyse) 565
4. Und wieder: Lenz und Goethe 567
5. Weiterführende Literatur 569

Wie im Falle der Wirkungsgeschichte insgesamt ist die Lenz-Rezeption mit derjenigen von Büchner so eng verbunden, dass es häufig schwerfällt, klare Abgrenzungen vorzunehmen. Ein Grund hierfür ist die herausragende Bedeutung der Büchnerschen Erzählung *Lenz* (gedr. 1839), die vor allem seit dem 20. Jahrhundert zum *master narrative* geworden ist, von dem aus Leben und Werk des historischen Autors betrachtet werden. Ein weiterer Grund liegt in den Ähnlichkeiten der beiden Autoren, die in ihren Schreibweisen, ihrem sozialen Engagement, ihrer Abneigung gegen Autoritäten und ihrer sarkastisch-ironischen Sicht auf die menschliche ‚Natur' und die gesellschaftlichen Verhältnisse so viele Gemeinsamkeiten aufweisen, dass sie zu einem ‚Zwillingsgestirn' in einer ‚antiklassischen' Traditionslinie verschmolzen sind. Lenz und Büchner bilden eine gemeinsame Figuration, die für nachfolgende Autor/innen zu einer wichtigen Orientierung bei ihrer eigenen literarischen Positionierung wird.

In einer Besprechung des Büchnerschen *Lenz* für die *ZEIT-Bibliothek der 100 Bücher*, die am 13. Juli 1979 in der *ZEIT* erschien, wies Peter Schneider, dessen Erzählung *Lenz* (1973) zu einem ‚Kultbuch' der Studentenbewegung avancierte, auf die enge Verwandtschaft zwischen beiden Autoren hin:

> Büchner, radikaler in seiner politischen Überzeugung als Lenz und kühner in ihrer praktischen Exekution, hat in dem Sturm-und-Drang-Dichter eine Verwandtschaft gespürt [...]. Über Büchners wie über Lenz' politischem Programm steht das geschichtliche Urteil: zu früh. J. M. R. Lenz entdeckte die Widersprüche zwischen den niederen Ständen und den gebildeten Klassen für die Literatur zu einer Zeit, da Goethe und Schiller die Emanzipation des Bürgertums vom Feudalismus literarisch vorbereiteten. Fünfzig Jahre später drang Georg Büchner auf die praktische Auflösung des Gegensatzes zwischen „Armen und Reichen" zu einer Zeit, da [...] nicht einmal eine bürgerliche Revolution bevorstand. [...] Anders als Goethe, der mit einem soliden Sinn für Macht ausgestattet war, waren Büchner und Lenz weder bereit noch fähig, soziale Widersprüche aus der Wahrnehmung auszugrenzen, weil ihre Aufhebung noch nicht an der Zeit war. Beide waren sie „ihrer Zeit weit voraus", wie die Späteren gern anerkennen, freilich ohne den Preis zu nennen, den diese Zufrühgekommenen zu Lebzeiten zahlten: Verhaftung, Verbannung, Flucht in den Wahnsinn. (Schneider 1980: 194 f.)

Auch wenn eine solche Einschätzung recht plakativ ist und mehr oder minder unfreiwillig der Pathologisierung von Lenz zuarbeitet, so vermittelt sie doch einen guten Eindruck der damaligen emphatischen Sicht auf einen Autor, der als Antipode zu

Goethe und ‚Bruder' von Büchner im Rahmen der Studentenbewegung in der Bundesrepublik nach 1968 von Autoren neu entdeckt wurde.

Aufgrund der politischen Teilung Deutschlands nach 1945 entwickelte sich eine ‚gespaltene' Rezeption. Es gibt jedoch interessante Überschneidungen, die zeigen, dass die beiden Staaten nicht so hermetisch voneinander abgeschottet waren, wie die politischen Machthaber dies anstrebten oder wahrgenommen haben. So wirkt Brechts *Hofmeister*-Bearbeitung (1949/1950) über den DDR-Kontext weit hinaus und Sigrid Damms Beschäftigung mit Lenz – ihre romanhafte Biographie *Vögel, die verkünden Land* (1985) und ihre wissenschaftliche Werkausgabe (1987) – gaben auch der westdeutschen Lenz-Rezeption wichtige Impulse. In der Rückschau wird deutlich, dass Lenz als ein ‚unerwünschter' Autor zu einer gemeinsamen Projektionsfigur für Intellektuelle in Ost und West lange vor 1989 geworden ist.

In der Rezeption von Lenz in der BRD verschränken sich musikalische, künstlerische, wissenschaftliche und literarische Ebenen. In der literarischen Rezeption im engeren Sinne spielen vor allem das Theater und die Prosa eine wichtige Rolle bei der Neuentdeckung des Autors. Nicht nur die beiden zentralen Dramen von Lenz – *Hofmeister* und *Soldaten* – erobern sich die westdeutschen Bühnen, auch weniger bekannte Texte kommen zur Aufführung, so dass Gunter Schäble im Jahre 1972 in *Theater heute* anlässlich von gleich drei Aufführungen des *Neuen Menoza* von einer „Lenz-Renaissance" spricht (zit. nach Stephan/Winter 1984: 205). Auf die besondere Bedeutung des Schneiderschen ‚Kultbuches' für die Selbstverständigung der westdeutschen Linken ist bereits hingewiesen worden.

Im Folgenden werden die Rezeptionsstränge im Bereich des Theaters und der Prosa nicht chronologisch, sondern der Übersichtlichkeit wegen getrennt vorgestellt.

1. Auf der Bühne (Kipphardt)

Die Bearbeitung der *Soldaten* von Heinar Kipphardt in München muss im Zusammenhang der Bemühungen von Brecht um den *Hofmeister* in Ostberlin gesehen werden. Kipphardt, der unter Wolfgang Langhoff als Chefdramaturg am Deutschen Theater in Berlin arbeitete und mit dem Brechtschen Theater bestens vertraut war, verließ 1959 nach zahlreichen Kontroversen mit Kulturfunktionären die DDR. In der BRD avancierte er rasch zu einem erfolgreichen Autor politisch-dokumentarischer Stücke in der Nachfolge von Brecht und Piscator. Seine Theatertexte *Der Hund des Generals* (1962), *In der Sache J. Robert Oppenheimer* (1964) und *Joel Brand* (1965) setzten sich mit der verdrängten nationalsozialistischen Vergangenheit so kompromisslos auseinander (vgl. *Kipphardt 1973/1974), dass er als Autor zunehmend unter Druck geriet und seine einflussreiche Dramaturgen-Stelle an den Münchner Kammerspielen 1970 aufgeben musste. Seine Bearbeitung der *Soldaten* (gedr. 1968) fiel in eine Zeit, in der Kipphardt als Reaktion auf die öffentlichen Anfeindungen und die ‚Krise des Dokumentartheaters' nach neuen Schreibweisen und ästhetischen Orientierungen suchte. Als Begründung für seine Bearbeitung, die in der Folge zur Grundlage einer Reihe von Aufführungen an westdeutschen Bühnen (z. B. Düsseldorf 1968, Hamburg 1974) wurde, führte Kipphardt an, dass er das ‚Original' bühnenwirksam umgestalten wollte. Das Stück sollte eine Modernität bekommen, die es – vermittelt über die Oper *Die Soldaten* (1960) von Bernd Alois Zimmermann – sonst nur im avantgardistischen Musiktheater jener Zeit besaß:

> Von den Schönheiten des Stückes angezogen und dessen Schwächen vor Augen, unternahm ich den Versuch, das Stück in einer verbesserten Fassung vorzulegen. Die Absicht ist, die Schönheiten des alten Stückes zur Geltung zu bringen, verdeckte Schönheiten sichtbar zu machen und gleichzeitig die Schwächen und Unschärfen der Vorlage zu beseitigen. Dabei durfte der unruhige und unregelmäßige Gang der Handlung nicht geglättet werden, dabei sollten die Rauheiten und Kraßheiten des Originals eher verstärkt werden als verlorengehen. (Kipphardt 1968: 91)

Bei der damaligen Theaterkritik wie auch in der Lenz-Forschung stieß die Kipphardtsche Bearbeitung auf wenig Gegenliebe – obgleich unverkennbar ist, dass sie eine wichtige Stufe bei der Wiederentdeckung des Autors in Westdeutschland bildete und letztlich den Weg für eine Aufführung des ‚Originals' in den folgenden Jahrzehnten bereitet hat.

Der Theaterkritiker Ivan Nagel äußerte sich skeptisch sowohl zu dem historischen Autor wie zu seinem aktuellen Bearbeiter. In seiner Besprechung in der *Süddeutschen Zeitung* vom 21. Dezember 1970 monierte er, dass Kipphardt nur „im Rückblick ein Bild von der Totalität jener Gesellschaft" gegeben habe, „während Lenz, mitten darin kämpfend, ihren Einzelheiten verfallen" gewesen sei. In der *Frankfurter Allgemeinen Zeitung* vom 19. Dezember 1970 bemängelte der Rezensent Wolfgang Drews dagegen, dass Kipphardt die „genialische Explosion" des Originalstückes „in eine vernünftige Erläuterung, mit politisch-moralischer Tendenz" verwandelt habe, während Horst Ziemann anlässlich der Hamburger Aufführung am 8. April 1974 in der *Welt* keinen Hehl aus seiner politischen Antipathie Kipphardt gegenüber machte und diesem „Zeigefinger-Theater" und „Indoktrinierungsversuche" vorwarf (alle zit. nach Stephan/Winter 1984: 221 f.). Auch Hans-Gerd Winter kommt zu einer kritischen Einschätzung. Ohne die Aversionen mancher Kritiker dem aktuellen politischen Theater gegenüber zu teilen, macht er sich zum Anwalt des Originaltextes. Zu Recht weist er darauf hin, dass die Kipphardtsche Bearbeitung „auf Kosten des inneren Reichtums und der Vielschichtigkeit von Figuren und Handlung" (ebd.: 220) des Originals gehe. Im Vergleich zum ursprünglichen Text sei Kipphardts Stück zwar „klarer, leichter spielbar und durch den klassenanalytischen Zugriff rationaler" (ebd.), dieser ‚Vorteil' aber werde mit Verlusten erkauft, die die Substanz des Dramas beträfen und sich letztlich gegen die Intention des historischen Autors richten würden:

> Kipphardt strafft das Stück. Gegenüber Lenz' 35 Szenen kommt er mit 32 aus, wovon er drei hinzufügt. Indem Kipphardt die Beweggründe und Absichten der Figuren akzentuiert, stärkt er die aristotelischen Elemente des Stückes. So wird die relative Autonomie der Einzelszene aufgehoben. Die ‚gezackten Ränder' werden geglättet. Weil die Personen ihre Antriebe kennen, ist die Sprachverwendung bewußter, die Dialoge sind dramatischer. Sprachlicher Ausdruck und eigentliches Wollen treten nicht so auseinander wie bei Lenz [...]. Überhaupt enthalten die Dialoge auch – vor allem wenn die sozialen Abhängigkeiten dargelegt werden – erzählende Teile. (ebd.)

In der Tat hat sich die Kipphardtsche Bearbeitung nicht lange auf den Bühnen halten können. Wie im Falle des Brechtschen *Hofmeister* trug auch im Falle der *Soldaten* das ‚Original' den Sieg über die Bearbeitungen davon, wobei die jeweiligen Inszenierungen mehr oder minder ‚frei' mit den Ausgangstexten umgingen. Bis heute fehlt eine systematische und kritische Darstellung der Wirkungsgeschichte von Lenz' Dramen auf dem Theater. Nicht einmal eine punktuelle Bestandsaufnahme, wie sie Dörte

Schmidt in ihrer Studie *Lenz im zeitgenössischen Musiktheater* (1993) vorgelegt hat, gibt es für die Dramen.

Aus einzelnen Aufsätzen – Cornelia Berens (1994) setzt sich mit Christoph Heins Bearbeitung des *Neuen Menoza* auseinander, Gad Kaynar (2003) mit einer Aufführung der *Soldaten* in Tel Aviv und Götz Zuber-Goos (2006) erinnert sich an seine *Hofmeister*-Inszenierung aus dem Jahr 1995 – wird deutlich, wie produktiv mit den Texten von Lenz auf dem Theater umgegangen worden ist. Ein Blick in die Werkstatistik des Deutschen Bühnenvereins zeigt, dass auch weniger bekannte Stücke von Lenz wie *Catharina von Siena*, *Der Engländer* und *Das Väterchen* inszeniert worden sind. In Paris kam es im Jahr 1988 zu einer viel beachteten Uraufführung von *Die Freunde machen den Philosophen*. Trotzdem muss mit Hans-Gerd Winter festgehalten werden, dass die „Aufmerksamkeit, die Lenz in der Wissenschaft findet, keine Entsprechung im deutschsprachigen Theater" (Winter 2000a: 174) gefunden hat.

2. Büchners *Lenz* als Anregung für die Prosa (Celan, Herzog, Schneider u. a.)

Anders sieht es im Bereich der Prosa aus. Hier liegt eine Reihe von Texten vor, die von einer produktiven Aneignung von Werk und Leben Zeugnis ablegen. Zu nennen ist zunächst das frühe, hermetisch anmutende Prosastück „Gespräch im Gebirg" (1960) von Paul Celan, das eine verdeckte Erinnerung an J. M. R. Lenz enthält. In der Erzählung begegnen sich zwei Juden und gehen zusammen „wie Lenz, durchs Gebirg" (Celan 1983: Bd. 3, 173), wobei der Text eine Fülle an literarischen und politischen Assoziationen enthält und um die Themen ‚Sprechen' und ‚Verstummen' kreist (vgl. Wergin 2006). Wenn man die spätere Büchner-Preis-Rede von Celan, bekannt unter dem Titel „Der Meridian" (1960; vgl. Celan 1983: Bd. 3, 187–202), hinzunimmt, ergibt sich ein komplexer Verweisungszusammenhang auf den historischen Lenz. In seiner *Meridian-Rede* nähert sich Celan behutsam dem historischen Autor, der für ihn aufgrund eigener Erfahrung von Verfolgung, Marginalisierung und Ausschluss zu einer wichtigen Identifikationsfigur für das eigene Schreiben wird. Im Rekurs auf das Datum, mit dem Büchners Erzählung einsetzt, schlägt Celan einen Bogen zur Wannseekonferenz, die ebenfalls an einem 20. Januar – im Jahre 1942 – stattgefunden hat. Dort wurde die ‚Endlösung' der ‚Judenfrage' beschlossen.

> Für den Juden Celan ist dies ein wichtiges Datum, das das eigene Leben und Werk bestimmt, für Lenz wird mit dem am 20. Januar beginnenden Aufenthalt endgültig der Prozeß manifest, der ihn zum Ausgeschlossenen unter den Menschen macht. An Lenz' Verstummen zeigt Celan die Gefährdung des Dichters auf, der „seiner Daten eingedenk" bleibt. Für Celan neigt das Gedicht „zum Verstummen", aber es soll aus dem „Schon nicht mehr" zurückrufen ins „Immer-noch": „Das Gedicht spricht ja! Es bleibt seiner Daten eingedenk, aber – es spricht." (Winter 2000a: 148)

Der „20. Jänner" aus Büchners Erzählung wird zu einer Chiffre der Erinnerung, an der sich die Ausgestoßenen und Verfemten erkennen. In seiner Büchner-Preis-Rede erinnert Celan an die eigene, ein Jahr zuvor entstandene Erzählung „Gespräch im Gebirg":

> Und vor einem Jahr, in Erinnerung an eine versäumte Begegnung im Engadin, brachte ich eine kleine Geschichte zu Papier, in der ich einen Menschen „wie Lenz" durchs Gebirg gehen ließ.

Ich hatte mich, das eine wie das andere Mal, von einem „20. Jänner", von meinem „20. Jänner" hergeschrieben.
Ich bin ... mir selbst begegnet. (Celan 1983: Bd. 3, 201)

An die durch Büchners Erzählung berühmt gewordene Gebirgswanderung knüpft auch ein anderer Text jener Zeit an. Werner Herzogs tagebuchartige Aufzeichnungen *Vom Gehen im Eis* (1978) berichten von einer Fußwanderung von München nach Paris, die den damals vor allem als Filmemacher bekannten Autor auf eine ‚Winterreise' durch verschneite Landschaften führt und ihn mit Erfahrungen konfrontiert, die denen ähneln, die Büchner den historischen Lenz auf seiner Wanderung durch die verschneiten Vogesen machen lässt. Herzogs Text beschwört eine Stimmung herauf, die auf Vorbilder verweist, wie Volker Hage in seiner Kritik in der *Frankfurter Allgemeinen Zeitung* anmerkt: „Der sich da selbst beschreibt auf seinem Weg durch Eis und Schnee, wird im Buch mehr und mehr zu einer literarischen Figur. Diese Wanderung, so authentisch sie sein mag, wird zu einem eindrucksvollen Bild einer Seelenlandschaft." (zit. nach dem Klappentext zur Taschenbuchausgabe 1981)

Diese über den Büchnerschen Text vermittelte Identifikation mit Lenz prägt auch andere Texte der Zeit. Die Romane *Klassenliebe* (1973) und *Die Mutter* (1975) von Karin Struck, *März* (1976) von Heinar Kipphardt, *Der Schleiftrog* (1977) von Hermann Kinder und *Kerbels Flucht* (1980) von Uwe Timm ebenso wie die Aufzeichnungen *Provinz-Leben* (1977) von Albert Herrenknecht, in denen ein ‚Provinz-Lenz' durch den Text geistert, beschwören in unterschiedlicher Weise ein ‚Lenz-Gefühl', das in Peter Schneiders 1973 erschienener Erzählung *Lenz* seine erfolgreichste Ausprägung finden sollte. Vor allem durch seine Nachahmung von Büchners Sprache, Erzählhaltung und Stil, durch seine zahlreichen Paraphrasen und Zitate – eine Zusammenstellung findet sich bei Goltschnigg (1975) –, orientiert sich Schneider so eng an dem Büchnerschen Vorbild, dass der Text in erster Line in den Bereich der Büchner-Wirkungsgeschichte gehört. Er ist aber auch integraler Bestandteil der Rezeptionsgeschichte des historischen Lenz, da dieser die ‚Urfigur' für die Seelenzustände abgibt, die in den Texten seiner Nachfolger und Nachahmer beschworen werden.

Schneiders Erzählung entsteht in einer politischen und literarischen Umbruchszeit. In ihr werden wesentliche Erfahrungen und Gefühle der 68er-Generation zur Sprache gebracht. Schneider erzählt die Geschichte des Studenten Lenz, der sein Studium aufgegeben hat, zeitweise in der Produktion arbeitet, durch die Trennung von seiner Freundin aus der Bahn geworfen wird, den Kontakt zu seinen politischen Freunden zunehmend verliert und den Zerfall und die Zersplitterung der Studentenbewegung am eigenen Leibe erfährt. Er zeichnet das Psychogramm eines Intellektuellen, der in eine Identitätskrise gerät, weil er Theorie und Praxis, Politik und Leben, Öffentlichkeit und Privatheit nicht verbinden kann. In Italien, wohin Lenz flieht, findet er ansatzweise das, was er sich erträumt: die Befriedigung von politischen *und* emotionalen Bedürfnissen. Mit der Ausweisung durch die Fremdenpolizei endet diese kurze Spanne des Glücks jedoch in sehr abrupter Weise. Offen bleibt, ob Lenz die italienischen Erfahrungen für sein Alltagsleben in Deutschland produktiv machen kann. Seine knappe Antwort „Dableiben" (Schneider 1973: 90) auf die Frage eines Freundes, was er denn nach seiner unfreiwilligen Rückkehr in Berlin machen wolle, ist vielseitig auslegbar, sie kann als offenes Ende, als Happy End oder aber als Resignation gelesen werden (vgl. Stephan/Winter 1984: 121–126).

Schneider hat sich dagegen verwahrt, seine Erzählung als einen autobiographischen Text zu lesen, und auf dem fiktionalen Charakter seines Protagonisten und der Handlung bestanden: „Der Lenz ist eine kollektive Figur, er besteht zum Teil aus mir, zum Teil aus Leuten, die ich kenne, zum Teil aus Leuten, die ich mir vorgestellt habe. Ich hatte mir mit dem Lenz ein bestimmtes Thema vorgenommen, nicht eine bestimmte Biographie." (*Schneider 1977: 203)

Für die Lenz-Rezeption ist diese Nach- und Neuerzählung der Büchnerschen ‚Vorlage' vor allem deshalb von Bedeutung, weil in dem Text von Schneider über die Chiffre ‚Lenz' nicht nur eine Verbindung zu den revolutionären Aufbruchszeiten um 1830 hergestellt wird, an denen Büchner aktiv teilgenommen hat, sondern zugleich eine Erinnerung an die Sturm-und-Drang-Bewegung aufscheint, in der eine junge Generation von Autoren sich gegen die Obrigkeiten empört und nach neuen literarischen Ausdrucksformen gesucht hatte. Als einer der wenigen Autoren, der sich in ein öffentliches Amt nicht zu schicken wusste und an den rebellischen Postulaten der Sturm-und-Drang-Zeit festhielt, geriet Lenz ins gesellschaftliche und literarische Abseits; aus dem Kanon der Literaturgeschichtsschreibung war er für Jahrzehnte ausgegrenzt (→ 4.1 LENZ IN DER WISSENSCHAFT).

Damit wurde er aber gerade für solche Autoren wichtig, die mit den Unangepassten, Ausgegrenzten und Widerständigen sympathisierten. So wandte sich Henning Boëtius, der kurz zuvor bereits mit der Recherche *Der andere Brentano* (1985) hervorgetreten war, mit seinem Buch *Der verlorene Lenz. Auf der Suche nach dem inneren Kontinent* (1985) einem Dichter zu, der zu dieser Zeit – die Werkausgabe von Sigrid Damm erschien erst 1987 – noch weitgehend ein Schattendasein in der Wissenschaft führte. Wohl nicht zufällig enthält der satirische „Brief eines lebenden Germanisten aus dem Diesseits an den toten Dichter" (Boëtius 1985: 11–13) auch bissige Seitenhiebe gegen einen Wissenschaftsbetrieb, aus dem sich Boëtius wenige Jahre davor verabschiedet hatte, um ‚freier Schriftsteller' zu werden. Boëtius lässt Lenz diesen Brief seines vermeintlichen Verehrers mit dem ironischen Satz kommentieren: „Mein Gott, ist es nicht eine Form der Gerechtigkeit, daß Eure Schubladen klemmen!" (ebd.: 13)

Eine Dekade später erinnerte Rüdiger Görner in seinem Essay „Lenz. Eine Verstörung" (1992), auch erschienen in dem Sammelband *Grenzgänger. Dichter und Denker im Dazwischen* (1996), an den vergessenen Dichter, den er in eine Reihe mit Karl Philipp Moritz, Hölderlin, Karoline von Günderrode, Chamisso, Lenau, Platen und Grabbe stellt. Er schließt damit an eine ‚antiklassische' Traditionsbildung an, die sich bereits seit Ende der 1970er Jahre in der kritischen Auseinandersetzung von DDR-Autor/innen mit dem ‚klassischen Erbe' herausgebildet hatte und in deren Kontext auch die Recherchen und die Werkausgabe von Sigrid Damm gehören. Hier zeigt sich, dass in der gemeinsamen ‚Entdeckung' von Lenz in Ost und West die Grenzen lange vor 1989 durchlässig geworden sind. Die Dankesrede „Unruhe", die Sigrid Damm anlässlich der Verleihung des Lion-Feuchtwanger-Preises im Jahre 1987 hielt und in der sie „Jakob Lenz" (Damm 1988: 244) ins Zentrum rückte, legt zwar in erster Linie ein bedrückendes Zeugnis von den Erfahrungen kritischer DDR-Intellektueller ab, die sich in ihrem Land nicht gebraucht fühlen. Damms Einschätzung, dass „Lenz eine geheime Lernfigur" (ebd.: 246) sei, lässt sich jedoch auch auf die Verhältnisse in der BRD übertragen, wo 1984 eine erste kritische Monographie zu Lenz erschien (Stephan/Winter 1984).

3. Vater-Sohn-Konflikte (Hofmann und Beyse)

Einen besonderen Rang im Rahmen der Lenz-Rezeption im engeren Sinne nimmt die Novelle *Die Rückkehr des verlorenen Jakob Michael Reinhold Lenz nach Riga* (1981) ein. Dieser Text von Gert Hofmann erschien erstmals in dem Band *Gespräch über Balzacs Pferd* (1981, Taschenbuchausgabe 1984) und erlebte in der Folgezeit zwei separate Neuauflagen (1988 bei Reclam, 2011 in der Edition Kammweg). Diese Neuauflagen belegen, dass die Erzählung – anders als andere modische Texte der 1970er und 1980er Jahre, die das ‚Lenz-Gefühl' häufig nur am Rande emphatisch beschwören – nicht veraltet ist und sich einen festen Platz im Kanon der Nachkriegsliteratur erobert hat.

Gert Hofmann setzt mit seiner Erzählung dort ein, wo Büchner aufgehört hatte. Sein Text ist eine kongeniale Zwiesprache mit dem Büchnerschen Text über den historischen Autor, den Hofmann sehr genau kennt. Bei Büchner hatte Lenz auf die Aufforderung von Kaufmann, doch nach Hause zu seinem Vater zurückzukehren, gesagt: „Hier weg, weg! nach Haus? Toll werden dort?" (Büchner 2001: 39) Hofmann zeigt, wie Lenz zu Hause beim Vater endgültig zugrunde geht. Er entwirft ein Szenario, das in seiner grotesken Zuspitzung und Verzerrung an Kafkas Texten geschult ist.

Hofmann erzählt in einer gedrängten, atemlosen Prosa einen Tag aus dem Leben von Lenz. Der 23. Juli 1779 ist der Ankunftstag von Lenz in seiner Vaterstadt Riga nach einem elfjährigen Aufenthalt in der Fremde, und er ist zugleich – gegen die historische Realität – das Ende seines Lebens. Dieser Tag ist aber auch ein Schicksalstag für den Vater, der im Zenit einer beeindruckenden Karriere steht. Kurz zuvor ist er zum Generalsuperintendenten befördert worden und hat mit der neuen Frau, die er nach dem Tod von Lenzens Mutter geheiratet hat, ein repräsentatives 24-Zimmer-Haus bezogen. Als der Sohn heimkehrt, ist er gerade mit den Vorbereitungen für ein großes Fest beschäftigt, mit dem er seinen Erfolg öffentlich zur Schau stellen will.

Die biblische Geschichte von der Rückkehr des verlorenen Sohnes ist die Folie, auf der sich die Erzählung entfaltet. Lenz ist der verlorene Sohn, der als Versager – krank, arm und verschuldet – zu seinem Vater zurückkehrt. Im Gegensatz zum biblischen Gleichnis nimmt ihn dieser aber nicht mit Freuden auf, sondern verweigert sich dem Sohn. Er ist ein starrer, alttestamentlicher Vater, der Vergebung und Nachsicht nicht kennt.

Der Text ist ein langer verzweifelter Monolog des Sohnes mit einem Vater, der nicht antwortet. Zunächst spricht Lenz über die Vergangenheit. Die Erinnerungen an den Aufenthalt bei Oberlin und das Tollhaus in Frankfurt und die Sehnsucht nach seinem Freund Conrad, einem Schustergesellen, drängen aus ihm heraus. Er spricht aber auch über seine gegenwärtigen Gefühle und über seine Wünsche für die Zukunft. Die hektische, sprunghafte, zwischen Hoffnung und Verzweiflung schwankende Rede ist Bericht, Selbstanklage, Vorwurf und Angriff zugleich. Immer wieder stellt Lenz Fragen, aber der Vater lässt ihn ins Leere laufen. Er scheint ihn weder zu hören noch zu sehen. In Wirklichkeit ist er irritiert und geängstigt durch die Ankunft des Sohnes. Er fürchtet einen Skandal, zumindest die Störung des Festes. Immer wieder versucht sich Lenz dem Vater zu nähern, durch Worte, Gesten, Nachlaufen, aber die Barriere, die zwischen dem „würdigen" Vater und dem „unwürdigen" Sohn (Hofmann 1981: 37) besteht, lässt sich nicht einreißen. Einschmeichelnd, beschwörend, bittend, flehend, verzweifelnd redet der Sohn auf den Vater ein und sucht in demütiger, anbiedernder und unterwürfiger Haltung eine Reaktion von ihm zu erhaschen. Er küsst die Stiefel des Vaters, wirft sich ihm zu Füßen, greift nach der Hand des Vaters und nähert sich immer wieder dessen „gutem Ohr" (ebd.: 12). Vergeblich bittet er den Vater um Unterstützung bei der Suche nach einer Stelle und versichert, dass er das Dichten aufgegeben habe und zur Anpassung bereit sei. Das Schweigen des Vaters demoralisiert, verunsichert und zermürbt ihn. Er spürt dahinter die Ablehnung, die er sich schließlich zu eigen macht:

> Sie haben recht! Ich bin nicht das, was man sich unter dem Rektor der Lateinschule vorstellt. Aber ich hatte gedacht … (Er hatte gedacht, daß er hätte versuchen können, sich diesem Ideal durch Fleiß zu nähern.) Aber sie haben recht, mit Fleiß allein ist in so einem Fall nichts getan. Man muß die Stelle jemandem überlassen, der durch den *Umfang seiner Nerven* … Sie haben recht: Keine Empfehlung! (ebd.: 14 f.)

Der Vater ist eine überwältigende Gestalt, er ist Gott selbst, wie Lenz in der Kirche begreift, als er den Vater predigen hört. Alles, was der Vater sagt, bezieht Lenz auf sich selbst. Die Predigt ist für ihn die Rede, die ihm der Vater bis dahin versagt hatte. Lenz erkennt, dass er in der Schöpfung des Vaters keinen Platz und keine Berechtigung hat. Seine Auflehnung erschöpft sich in unklaren Todeswünschen gegen den Vater („Trotz seines Alters, wie ist das denn möglich, daß er noch so kräftig ist"; ebd.: 14) und in einer kritischen, aber folgenlosen Wendung gegen den Vater-Gott: „‚Wenn ich Gott wäre, wie Sie, das erste, was ich täte, ich würde mir die Angst nehmen' denkt Lenz." (ebd.: 35) Der Aufstand gegen den Vater bleibt jedoch aus. Stattdessen versucht Lenz mit einem neuen Plan, Gehör beim Vater zu finden. Er bietet ihm an, ihn in einer „Lebensbeschreibung großer Männer, die aber noch nicht tot sind" (ebd.: 36), zu verewigen, dafür müsste der Vater dem Sohn aber einen Einblick in sein Leben geben. Auch auf diesen Annäherungsversuch reagiert der Vater nicht und provoziert damit zum ersten Mal eine aggressive Reaktion des Sohnes. Aufgebracht durch das anhaltende Schweigen des Vaters geht Lenz zum Angriff über: „Das wirft ein häßliches Licht auf ihren Charakter, daß sie so schweigsam sind." (ebd.: 37) Er fragt: „Warum lehnen Sie mich ab? Warum lehnen Sie mich ab? Warum lehnen sie sogar meine Werke ab?" (ebd.: 38) Vergeblich versucht der Vater den Sohn, der sich an seine Rockschöße geklammert hat, abzuschütteln, und als dies nicht gelingt, reagiert der Vater zum ersten Mal direkt auf den Sohn: „Da macht der Vater seinen schönen schwarzen Rock dann gewaltsam los und hebt endlich seinen Arm und befiehlt mit Donnerstimme, seinen schwierigen Sohn aus dem festlichen Saal zu entfernen." (ebd.: 38 f.)

Diese Vertreibungsszene ist der Höhepunkt der Erzählung. Deutlich wird, dass Lenz jemand ist, der durch sein Verhalten die ‚Harmonie' in Frage stellt und als Störenfried und Außenseiter sein Lebensrecht in der Welt des Vaters verwirkt hat. Die kurze abschließende Szene der Erzählung zeigt konsequent die Exekution des Sohnes, die an das Ende von Josef K. in Kafkas *Prozeß* erinnert. Verstoßen vom Vater wird der Sohn zum Freiwild. Zwei Matrosen, denen Lenz noch Geld schuldet und die ihn bereits die ganze Zeit verfolgt haben, fallen über ihn her und schlagen ihn zusammen. Lenzens ungläubige, wiederholte Frage „Meine Herren, was wollen Sie von mir?" (ebd.: 39) bricht mitten im Satz ab und bleibt ohne Antwort (vgl. Stephan/Winter 1984: 128–133).

Wenige Jahre später stellt Jochen Beyse in seiner Erzählung *Der Aufklärungsmacher* (1985) ebenfalls einen Vater-Sohn-Konflikt ins Zentrum. Er lässt den Sohn von Friedrich Nicolai, der als Verlagsbuchhändler ein einflussreicher Vertreter der Aufklärungsbewegung war, sein schwieriges Verhältnis zum Vater reflektieren. Als Gegenbild zum verhassten Vater taucht „Jakob Michael Lenz" auf, der – wie Nicolais Sohn glaubt – „die Versuchsanordnungen des Verstandeslaboratoriums" des Vaters (Beyse 1985: 27) bedroht habe und dessen Werke deshalb eine verbotene Lektüre für den Sohn seien. In einer längeren Passage (ebd.: 113–118) denkt der Sohn über die „Verwandtschaft" (ebd.: 115) zwischen sich und Lenz nach:

> Der Dichter Lenz, mein Favorit, ein toter. Meine Würdigung des Falles Lenz als Nachruf blieb unveröffentlicht. Auf diese Art einen toten Dichter zu ehren paßt nicht in die Inszenierung unserer zeitgenössischen Kulturaufführung. So wird Lenz vergessen und verschwinden und eines Tages, nach zweihundert Jahren vielleicht, wieder ausgegraben werden und sofort in den Zeugenstand gerufen und erneut als Beweisobjekt mißbraucht. Ich bin an den Dichter Lenz als Mensch geraten und ins Wanken gekommen, wie der Mensch Lenz an den Dichter Goethe geraten ist und zu Fall gekommen. Die geschlossene Form aufzubrechen, in der Dichtung, im Leben, sagte ich laut vor mich hin aus dem Fenster und sah den auf offener Straße verendeten Lenz in Moskau liegen. Augenblicklich erinnerte ich mich an das über Jahre bestehende, von meinem Vater, dem Aufklärungsmacher, gegen mich ausgesprochene Leseverbot der Lenzschen Dramen. [...] Hätte ich Lenz lesen dürfen, hätte ich dessen radikalen Geist verstanden. Ich wäre im Büchermagazin im Boden versunken vor Scham. Oben verkaufte mein Vater Lenz wie einen Aussätzigen, unten hielt er Lenz unter Verschluß. (ebd.: 114 f.)

Der Sohn plant, „über Lenz eine Novelle zu schreiben" (ebd.: 115), schreckt davor aber zurück, weil er fürchtet, einem solchen Vorhaben nicht gewachsen zu sein:

> Ich wäre der ideale Verfasser einer Novelle über Lenz, darum bleibt mir nur das Verstummen. Die Beschreibung der Lenzschen Lebenskatastrophe während der letzten Wochen seines Straßburger Aufenthalts kurz vor seiner Rückkehr nach Riga in einen über vierzehn Jahre fortdauernden, jährlich sich steigernden Wahnsinn als Verzweiflungsklarsicht würde mich, den Verfasser der Novelle, in der Person Lenz' übers Gebirge jagen, über Schneeflächen unter Felsen und Tannen entlang in Schluchten hinein, wie ich mir vorstelle, mit dem manchmal unbezwinglich werdenden Verlangen, auf dem Kopf gehen zu wollen. (ebd.: 117 f.)

Stattdessen will der Sohn ein Buch über den Vater schreiben und mit dessen Aufklärungsprojekt schonungslos abrechnen. Aber auch hier kommt er über Ansätze nicht hinaus, weil es ihm nicht gelingt, „aus dem Schatten [...] des Vaters herauszutreten" (ebd.: 127). Die Novelle endet mit den letzten Worten der Büchnerschen Erzählung – „so lebte er hin ..." (ebd.: 130) –, die der Sohn auf den Vater bezogen wissen will, die sich aber auch auf ihn selbst als verhinderten Autor beziehen lassen.

4. Und wieder: Lenz und Goethe

Der in Beyses Novelle mehrfach angesprochene Goethe-Lenz-Konflikt – hier der erfolgreiche Dichter, dort der ausgegrenzte Autor – knüpft an eine biographische und literarische Konstellation an, die auch in der Forschung immer wieder zu Spekulationen und Parteinahmen geführt hat. In den Romanen *Goethes Mord* (1999) von Hugo Schultz und *Der rote Domino* (2002) von Marc Buhl entwickeln sich aus dem Konkurrenzverhältnis von Goethe und Lenz zwei unterschiedliche Kriminalgeschichten, in denen Goethe beide Male keine gute Figur abgibt. Ariane Martin hat sich mit den Romanen ausführlich auseinandergesetzt und die trivialen Aspekte – sowohl in der Anlage wie in der ideologischen Ausrichtung vor allem in Hinsicht auf den Roman von Schultz – treffend charakterisiert (Martin 2006a; vgl. Unger 2002/2003: 119–132).

Beide Romane spielen nicht im 18. Jahrhundert, sondern rekonstruieren das Verhältnis zwischen den beiden Autoren aus der Perspektive der Gegenwart. Schultz, der in reißerischer Weise eindeutige Schuldzuweisungen vornimmt – immerhin ermordet Goethe den Nebenbuhler nicht eigenhändig, sondern begeht an ihm einen „Seelenmord", wie es im Untertitel heißt –, berührt sich in seiner Sicht mit der drei Jahre zuvor erschienenen Schmähschrift *Goethe und seine Opfer* von Tilman Jens, in der Lenz einen prominenten Platz einnimmt (Jens 1999: 13–32).

Demgegenüber ist der Roman von Buhl subtiler gearbeitet, aber auch er spielt mit kolportagehaften Elementen und vor allem mit alten Täter-Opfer-Klischees, die im Roman auf die flotte Formel „Goethe war das Schwein und Lenz die arme Sau" (Buhl 2002: 61) gebracht werden. Der Roman, der auf drei zeitlichen Ebenen angesiedelt ist, kreist nicht ungeschickt um ein mysteriöses Briefkonvolut, auf das eine Doktorandin, die über die sogenannten *Sesenheimer Lieder* arbeitet, im Verlaufe ihrer Nachforschungen gestoßen ist. Diese Briefe sind auf abenteuerliche Weise im Goethe- und Schiller-Archiv in Weimar gelandet, wo ein Goethe-Forscher ein existentielles Interesse daran hat, sie nicht an die Öffentlichkeit gelangen zu lassen. Im Kampf um die Manuskripte prallen die Sichtweisen der beiden Kontrahenten unversöhnlich aufeinander, wenn Buhl die Studentin sagen lässt: „Alle sollen es hören, wer Goethe wirklich war. Ein mieser Plagiator. Ein mieser, schwuler Plagiator. Ein Schwein. Ein Verräter. Nicht der Gott der Literatur. Und dann bekommt Lenz den Platz, der ihm seit 250 Jahren verweigert wird." (ebd.: 273) Der Goethe-Archivar hält jedoch dagegen und besteht auf seiner Entscheidung, die aufgetauchten Materialien, die Goethe dem Kontrahenten im Jahre 1776 gewaltsam entrissen hatte und die nach einem wechselvollen Schicksal in russischen Archiven schließlich in Weimar gelandet sind, nicht in seine geplante Briefausgabe aufzunehmen: „Lenz ist eine Fußnote der Literaturgeschichte. Nicht mehr. Und das ist schon zuviel. Ein Wahnsinniger. Ein Spinner. Das Einzige, was ihn auszeichnet, ist, dass er im Schatten Goethes lebte. Und nicht einmal das hatte er verdient." (ebd.)

Am Ende des Romans werden die beiden Kontrahenten in ihrem Handgemenge um die Briefe von einer Kugel getroffen, die sich versehentlich aus der Pistole eines Russen gelöst hat, der das Briefkonvolut an das Archiv in Weimar verkauft hat. Danach ist das Konvolut, wie der Verfasser in seinem Nachwort „Dichtung und Wahrheit" mitteilt, wieder verschwunden, so dass die „Rekonstruktion des Briefwechsel zwischen Lenz und Goethe" (ebd.: 279), die der Roman bietet, ein „Produkt der dichterischen Phantasie, eine Fiktion" (ebd.: 280) ist, solange „der unbekannte Sammler, sei er aus Berlin oder anderswoher" (ebd.), die Briefe der Öffentlichkeit nicht zur Verfügung stellt. Die Leser und Leserinnen aber bleiben mit dem irritierenden Gefühl zurück, dass die Doktorandin mit ihrer Meinung recht haben und Lenz unter Umständen sogar der Autor des *Faust* sein könnte, mit dem Goethe Weltruhm erlangt hat.

In den folgenden Jahren sind es eher der Film, die Musik und die Kunst, die sich mit Lenz beschäftigen. Sigrid Damm, die sich nach ihren Lenz-Arbeiten zunächst Goethes Schwester Cornelia (1987) und Goethes Frau Christiane (1998) zugewandt hatte, kommt jedoch immer wieder auf ihren ‚Lieblingsautor' Lenz zurück wie z. B. in ihren Essays *Atemzüge* (1999) und dem Text- und Bildband *Tage- und Nächtebücher aus Lappland* (zus. mit Hamster Damm, 2002), während ihre römischen Impressionen *Wohin mit mir* (2012) – wohl dem *genius loci* geschuldet – ausschließlich um Goethe kreisen, dem in den letzten Jahren ihr zunehmendes Interesse gilt, wie ihre Bücher *Goethes letzte Reise* (2007) und *„Geheimnißvoll offenbar". Goethe im Berg* (zus. mit Hamster Damm, 2009) zeigen. Von einer Lenz-Forscherin im engeren Sinne hat sich Damm kontinuierlich zu einer erfolgreichen Autorin des ‚Weimarer Viergestirns' (Wieland, Goethe, Herder und Schiller) entwickelt.

Im Jahre 2010 erschien von Katharina Gericke im Henschel Schauspiel Theaterverlag die dramatische Skizze *Lenz. Fragmente*, die zunächst als Hörspiel im Deutschlandradio (2011) und später als Bühnenfassung zur Aufführung kam (Gießen 2013). Hierbei handelt es sich um eine Collage aus fiktiven und historischen Texten, in der Szenen aus dem Leben von Lenz, aber auch Figuren und Zitate aus seinen Dramen zu einem bizarren Szenario zusammengeführt sind. Auch wenn die Autorin der Beziehung zwischen Goethe und Lenz viel Raum gibt, so steht im Zentrum des Textes doch Lenz. Nach einem kurzen Vorspiel auf dem Theater, in dem Goethe und Lenz gemeinsam auftreten, beginnt das Drama mit einer alptraumartigen Erinnerung an die Kindheit von Lenz in Dorpat. Der Knabe ist auf der Suche nach seiner geliebten Katze und erfährt, dass der Vater sie getötet und dem Sohn als Mahlzeit vorgesetzt hat, um ihn an die „Regel Nummer 93 im Haus der Kindheit" (Gericke 2010: 2) zu erinnern, dass man sein Herz nicht an ein Haustier hängen dürfe. Das Stück endet mit der Farce „Der seufzende Baum" (ebd.: 27), in der Lenz von einem Beil getroffen wird, mit dem Chasbulatow, ein „irrer Mörder" (ebd.), einen Baum fällt, von dem er sich in seinem Wahn bedroht fühlt. Die Autorin erinnert mit dieser Szene an das Lenz-Gedicht *Gemählde eines Erschlagenen* (1769), in dem ein Mann im Wald von Unbekannten ermordet wird. Die letzten Worte des Dramas – „Das Hirn spritzt vom Scheitel./ Die Locken – aus Blut./ Das Gesicht zeigt noch immer/ Den freundlichen Zug" (Gericke 2010: 29) – variieren Passagen aus dem Jugendgedicht von Lenz, das zu den beeindruckendsten Zeugnissen seines dichterischen Schaffens gehört (→ 2.3 Lyrik).

5. Weiterführende Literatur

Boëtius, Henning: *Der andere Brentano. 130 Jahre Literatur-Skandal*. Frankfurt/Main 1984.
Damm, Sigrid: *Cornelia Goethe*. Berlin u. Weimar 1987. Frankfurt/Main 1988.
Damm, Sigrid: *Christiane und Goethe. Eine Recherche*. Frankfurt/Main 1998.
Sigrid, Damm: *Goethes letzte Reise*. Frankfurt/Main u. Leipzig 2007.
Sigrid, Damm: *Wohin mit mir*. Berlin 2012.
Damm, Sigrid u. Hamster Damm: *Tage- und Nächtebücher aus Lappland*. Frankfurt/Main 2002.
Damm, Sigrid u. Hamster Damm: *„Geheimnißvoll offenbar". Goethe im Berg*. Frankfurt/Main u. Leipzig 2009.
Kipphardt, Heinar: *Stücke*. 2 Bde. Frankfurt/Main 1973/1974.

Schneider, Peter: *Atempause. Versuch, meine Gedanken über Literatur und Kunst zu ordnen.* Reinbek bei Hamburg 1977.

4.5 Lenz in der Musik
Peter Petersen

1. Von Lenz' Dramen zum Musiktheater 573
2. Von Büchners *Lenz* zur Kammeroper *Jakob Lenz* 577
3. Lenz-Gedichte in Musiktheaterwerken 579
4. Lenz-Gedichte in freier Vertonung 582
5. Weiterführende Literatur 586

Dichtung und Leben von Jakob Michael Reinhold Lenz sind seit dem letzten Drittel des 20. Jahrhunderts auch in der Musikgeschichte präsent. Bernd Alois Zimmermanns Oper *Die Soldaten* von 1965 gab den entscheidenden Impuls für eine reichhaltige Lenz-Rezeption durch Komponisten und Komponistinnen. Schon zu Lebzeiten des Dichters sowie auch später entstandene gelegentliche Vertonungen Lenzscher Gedichte fallen als Vorläufer der eigentlichen Lenz-Rezeption nicht wirklich ins Gewicht, desgleichen nicht eine Lenz-Oper von 1930. Es bedurfte der weltweiten Studenten- und Intellektuellenbewegung in den 1960er Jahren (Stephan/Winter 1984: 118 ff.), um ein soziales Klima entstehen zu lassen, in dem Lenz' gesellschaftskritische Themen auf fruchtbaren Boden fallen und seine neuen Ideen zur Kunst und zum Theater und überhaupt seine Widerständigkeit als Künstler und Mensch ein vernehmbares Echo in der Kunstmusik finden konnten.

Zimmermann sah sich in der Nachfolge Alban Bergs, der 1925 mit seinem *Wozzeck* die Georg-Büchner-Rezeption angestoßen hatte, so wie Zimmermann nun 1965 die Lenz-Rezeption. Sowohl in Bergs *Wozzeck* als auch in Zimmermanns *Soldaten* zeigte sich die Öffnung der Oper für den Typus des Anti-Helden und für nichtaristotelische Dramenformen. Beide operngeschichtlichen Ereignisse – die Büchner-Oper von 1925 und die Lenz-Oper von 1965 – sind aufeinander bezogen, so wie im Übrigen die literarischen Rezeptionszweige von Lenz und Büchner seit Ende des 19. Jahrhunderts miteinander verflochten sind (Petersen/Winter 1991: 16).

Ursächlich dafür ist nicht zuletzt Büchners *Lenz* mit seiner „intensiven Wirkungsgeschichte bis in die Gegenwart", wie sie „kaum ein anderer deutschsprachiger Prosatext" vorzuweisen hat (Winter 1997: 203). Vertonungen von Büchners Erzählung gehören zwar eigentlich zur produktiven Büchner-Rezeption, sind aber zugleich wegen des biographischen Bezugs auf J. M. R. Lenz gerichtet, zumal wenn – wie bei Wolfgang Rihms *Jakob Lenz* – auch originale Verse aus Lenz-Gedichten in die Komposition miteinbezogen werden. In Nachfolge von Zimmermanns *Soldaten* wandten sich Komponisten und Komponistinnen seit den 1970er Jahren weiteren Theaterstücken von Lenz sowie dessen lyrischem Schaffen zu. Dabei ist ein Prozess der intermedialen Diversifikation zu beobachten, der einerseits die bisher bekannten Formen des Musiktheaters bereicherte, andererseits über vokale Typen wie Klavierlied und A-cappella-Chormusik hinaus in Bereiche der Rundfunk- und Filmkunst vorstieß (Neuhuber 2007: 72).

4.5 Lenz in der Musik

Lenz-Texte und ihre Vertonungen
(Auflösung der Siglen in der nachfolgenden Liste)

Dramen
Die Soldaten: Gurlitt 1930; Zimmermann 1965
Der Engländer: Goldmann 1977
Der Hofmeister: Reverdy 1990

Gedichte (nach Anfängen)
Abschied von Kochberg → „So soll ich dich verlassen, liebes Zimmer"
„Ach, bist du fort?": Rihm 1979 (11. Bild)
„Ach, eh ich dich, mein höchstes Ziel" (*An W—*): Gurlitt 1930 (I,2)
„Ach, ihr Wünsche junger Jahre" (*Poetische Malerey*): Zimmermann 1965 (III,5)
„Ach rausche, rausche ... nicht lallendes Kind mehr" (*Nachtschwärmerei*): Rihm 1979 (7. Bild)
An den Geist → „O Geist, Geist! der du in mir lebst"
An die Sonne → „Seele der Welt"
An W— → „Ach, eh ich dich, mein höchstes Ziel"
Ausfluss des Herzens → „Oft fühl' ichs um Mitternacht"
„Blutige Locken fallen" (*Gemälde eines Erschlagenen*): Hölszky 1993
Das Vertrauen auf Gott → „Ich weiß nichts von Angst und Sorgen"
den 28 December 1775 → „Die Todeswunde tief in meiner Brust"
Der neue Amadis → „Welch eine schöne Kunst"
Der verlorne Augenblick → „Von nun an die Sonne in Trauer"
„Die Todeswunde tief in meiner Brust" (*den 28 December 1775*): Kayser 1778 (Nr. 27 u. 29); Rihm 1980 (Nr. 1)
„Du höchster Gegenstand": Gurlitt 1930 (I,5); Zimmermann 1965 (I,5)
„Du kennst mich nicht, wirst nie mich kennen" (*Urania*): Kampe 2004, (Stadium 7)
„Ein Mädele jung ein Würfel ist": Zimmermann 1965 (II,2)
Ein Versuch über die neunte Canzonetta Petrarchs, Nr. 2 → „Was fang ich an?"
Freundin aus der Wolke → „Wo, du Reuter, meinst du hin?"
„Fühl alle Lust fühl alle Pein": Rihm 1980 (Nr. 3); Bredemeyer 1988 (Nr. 4)
Gemälde eines Erschlagenen → „Blutige Locken fallen"
„Göttin, Freude! dein Gesicht": Schönfeld 1778
„Hasch ihn, Muse ... Deutschlands Freude und Lieflands Stolz" (*Über die deutsche Dichtkunst*): Rihm 1979 (2. Bild)
Hymne → „O du mit keinem Wort zu nennen"
„Ich beklage mich ... Alle Schmerzen, die ich leide" (*Strephon an Seraphinen*): Zimmermann 1965 (I/3)
„Ich weiß nichts von Angst und Sorgen ... Dem hab' ich mich übergeben" (*Das Vertrauen auf Gott*): Rihm 1979 (5. Bild)
„Ich will, ich will den nagenden Beschwerden ein Ende machen": Rihm 1980 (Nr. 2)
„Kleines Ding, uns zu quälen" (*Unser Herz*): Dessau 1950; Zimmermann 1965 (I,1)
Lied zum deutschen Tanz → „O Angst! tausendfach Leben!"
Nachtschwärmerei → „Ach rausche, rausche ... nicht lallendes Kind mehr"
„O Angst! tausendfach Leben!" (*Lied zum deutschen Tanz*): Zimmermann 1965 (II,1); Rihm 1980 (Nr. 5)
„O du mit keinem Wort zu nennen" (*Hymne*): Rihm 1979 (5. Bild)
„O Geist, Geist! der du in mir lebst" (*An den Geist*): Rihm 1979 (1. Bild)
„Oft fühl' ichs um Mitternacht" (*Ausfluss des Herzens*): Rihm 1979 (3. Bild)
Poetische Malerey → „Ach, ihr Wünsche junger Jahre"
„Seele der Welt" (*An die Sonne*): Rihm 1980 (Nr. 4); Dinescu 1982 (Nr. 3); Bredemeyer 1988 (Nr. 4)

„*So geht's denn aus dem Weltchen raus*": Goldmann 1977 (11. Pose)
„*So soll ich dich verlassen, liebes Zimmer*" (*Abschied von Kochberg*): Dittrich 1987; Bredemeyer 1988
Strephon an Seraphinen → „*Ich beklage mich ... Alle Schmerzen, die ich leide*"
Über die deutsche Dichtkunst → „*Hasch ihn, Muse ... Deutschlands Freude und Lieflands Stolz*"
Unser Herz → „*Kleines Ding, uns zu quälen*"
Urania → „*Du kennst mich nicht, wirst nie mich kennen*"
„*Von nun an die Sonne in Trauer*" (*Der verlorne Augenblick*): Gurlitt 1930 (III,4); Rihm 1979 (11. Bild)
„*Was fang ich an? was räthst du Liebe mir?*" (*Ein Versuch über die neunte Canzonetta Petrarchs*, Nr. 2): Rihm 1979 (11. Bild)
„*Welch eine schöne Kunst ... Wer sähe nicht die nackte Wahrheit lieber*" (*Der neue Amadis*): Rihm 1979 (6. Bild)
„*Willkommen kleine Bürgerin*": Rihm 1979 (7. Bild)
„*Wo bist du itzt*": Gurlitt 1930 (III,2); Dessau 1950
„*Wo, du Reuter, meinst du hin?*" (*Freundin aus der Wolke*): Rihm 1979 (9. Bild)

Essays
Über Götz von Berlichingen („*Wir werden geboren*"): Goldmann 1977 (49. Pose)
Versuch über das erste Principium der Moral: Goldmann 1977 (110. Pose)

Büchners *Lenz*
Sitsky 1974; Rihm 1979; Grosskopf 1992

Musikwerke und Lenz-Texte
(nach Komponist/inn/en; UA = Uraufführung, US = Ursendung)

Bredemeyer 1988. Reiner Bredemeyer (1929–1995): *Abschied von Kochberg*, Liederzyklus (sieben Lieder) nach verschiedenen Autoren für Tenor und Klavier, Nr. 2: „Seele der Welt" (*An die Sonne*), Nr. 4: „Fühl alle Lust". In: Reiner Bredemeyer: *Gedanken. Gedichte für Singstimme und Klavier (1956–1981)*. Leipzig u. a.: Peters 1983, S. 14 ff.; UA: Berlin 1988.
Dessau 1950. Paul Dessau (1894–1979): *Zwei Lieder* („Wo bist du itzt"; „Herz, kleines Ding, uns zu quälen") für Gesang und Klavier (für ein „Lenz"-Feature von Elisabeth Hauptmann). In: Paul Dessau. *Lieder aus dem Nachlass*. Frankfurt/Main u. a.: Peters 2009, S. 128 f.; US: Berliner Rundfunk (DDR) 1950. Beide Lieder gibt es auch in einer Fassung für dreistimmigen Frauenchor a cappella (Paul Dessau Archiv in der Akademie der Künste, Berlin).
Dinescu 1982. Violeta Dinescu (geb. 1953): *Drei Lieder* für Männerchor, Nr. 3: „Seele der Welt", 1982 (Mskr.).
Dittrich 1987. Paul-Heinz Dittrich (geb. 1930): *Abschied von Kochberg* („So soll ich dich verlassen liebes Zimmer") für Singstimme und Klavier, Paul-Heinz Dittrich-Archiv in der Akademie der Künste, Berlin; UA: Schloss Kochberg 1987.
Goldmann 1977. Friedrich Goldmann (1941–2009): *R. Hot bzw. Die Hitze*. Opernphantasie in über einhundert dramatischen, komischen, phantastischen Posen, Libretto von Thomas Körner, Leipzig (jetzt Frankfurt/Main): Peters 1974; UA: Berlin (DDR) 1977, Hamburger Fassung 1978.
Grosskopf 1994. Erhard Grosskopf (geb. 1934): *L+L & L. Der dunkle und der helle Wahn*. Musiktheaterprojekt, 1992–1994, darin: *Sieben Gesänge für Sopran, Akkordeon, Violine und Violoncello (1994)*. In: *MusikTexte* 67/68 (Köln 1997), S. 16–21.
Gurlitt 1930. Manfred Gurlitt (1890–1972): *Soldaten*. Tragische Oper, Libretto vom Komponisten. Wien: Universal Edition 1930; UA: Düsseldorf 1930.

Hölszky 1993. Adriana Hölszky (geb. 1953): *Gemälde eines Erschlagenen* (ursprünglich: *Bildnis*) für 72 Vokalisten (36 Frauen, 36 Männer). Chorstück a cappella. Wiesbaden: Breitkopf & Härtel 1993; UA: Wien 1993.

Kampe 2004. Gordon Kampe (geb. 1976): *Mondstrahl.* Kammeroper. Berlin: Edition Juliane Klein 2005; UA: Hamburg 2004.

Kayser 1778. Philipp Christoph Kayser (1755–1823): *Der Liebhaber* („Die Todeswunde..."*)* und *Nachschlag* („Sanfte [Stille] Freuden..."), zwei Lenz-Lieder, in: Goethes Notenheft von 1778 (Nr. 27, 29), Weimar: Goethe- und Schiller-Archiv 32/1477, pag. 49 u. 51.

Reverdy 1990. Michèle Reverdy (geb. 1943): *Le Précepteur.* Oper, Libretto von Hans-Ulrich Treichel. Paris: Salabert 1990; UA: München 1990.

Rihm 1979. Wolfgang Rihm (geb. 1952): *Jakob Lenz.* Kammeroper, Libretto von Michael Fröhling. Wien: Universal Edition 1978; UA: Hamburg 1979.

Rihm 1980. Wolfgang Rihm: *Lenz-Fragmente* für Gesang und Orchester, 2. Fassung (1. Fassung mit Klavier). Wien: Universal Edition 1981; UA: Mainz 1982.

Schönfeld 1778. Johann Philipp Schönfeld (1742–1790): „Göttin Freude", Schlussarie aus Lenz' „Familiengemählde" *Die beyden Alten*. In: J. Ph. Schönfeld: *Lieder aus der Iris und eine Arie mit Begleitung einer Violine; zum Singen beym Claviere*. Berlin: Haude & Spener 1778 (online zugänglich über die Universitätsbibliothek Freiburg i. Br.).

Sitsky 1974. Larry Sitsky (geb. 1934): *Lenz.* Tragische Oper in einem Akt, Libretto von Gwen Harwood, Australian Music Centre 2001; UA: Sidney 1974.

Zimmermann 1965. Bernd Alois Zimmermann (1918–1970): *Die Soldaten.* Oper, Libretto vom Komponisten, Studienpartitur. Mainz: Schott 1975; UA: Köln 1965.

1. Von Lenz' Dramen zum Musiktheater

Manfred Gurlitt, von dem die erste Lenz-Oper stammt, war Dirigent und Komponist. Von 1914 bis 1927 wirkte er in Bremen als Kapellmeister bzw. Generalmusikdirektor, lebte und arbeitete dann in Berlin und ging 1939 ins japanische Exil; hier starb er 1972. In den 1920er Jahren hatte Gurlitt eine Vorliebe für sozialkritische Sujets, wie unter Anderem seine Opern nach Büchner (*Wozzeck*, 1926), Lenz (*Soldaten*, 1930) und Zola (*Nana*, 1932, UA 1958) belegen. Das Libretto von *Soldaten* erstellte Gurlitt durch Kürzung des Dramentextes selbst, wobei er den originalen Wortlaut beibehielt. Leitende Idee bei der Raffung des Bezugstextes war die Konzentration auf „den redlichen, arglosen Tuchhändler Stolzius, den gewissenlose Menschen in seiner Liebe, seinem Ehr- und Rechtsgefühl furchtbar verwunden, bis er mordet und Selbstmord begeht" (Gurlitt zur UA; zit. nach *Götz 1996: 196). Nicht immer frei von sentimentalen Übertreibungen (Petersen/Winter 1991: 34 f.), zielt die Oper auf Affirmation mit dem guten Bürger Stolzius. Der Schluss des Werks erklingt in ungebrochenem Dur und Moll, wodurch die Rachehandlung und die Selbsttötung Stolzius', die durch Szenenvertauschung ans Ende der Oper gerückt sind, in einem versöhnlichen Licht erscheinen (vgl. Becker 1982: 100).

Widerspricht die Fokussierung auf das individuelle Schicksal eines Protagonisten den dramaturgischen Vorstellungen von Lenz, so stimmt die nicht-aristotelische Szenendisposition mit ihren vielen kleinen geschlossenen Nummern, deren Charaktere auf die Operntradition von Buffa und Seria zurückverweisen und oft wie Genrezitate funktionieren (Rezitative, Arien, Lieder, Couplets, Tänze, Märsche), auch wieder mit Lenz' Präferenz für die ‚Sache' statt für die ‚Person' (*Anmerkungen übers Theater*; Damm II: 641–671) überein. Um zusätzliche Arien für die insgesamt 14 solistischen

Darsteller schreiben zu können, fügte Gurlitt drei Gedichte von Lenz in das Libretto ein, die dieser in seiner „Komödie" nicht verwendet hatte (siehe unten). Außerdem werden in der Kaffeehausszene (I,7) Liedtexte von Johann Rist und Molière verwendet und in der Apothekenszene (III,3), in der Stolzius das Gift kauft, zwei Strophen der Sequenz zur katholischen Totenmesse (*Dies irae, dies illa*) zitiert, ohne allerdings die bekannte gregorianische Melodie zu benutzen.

In einer Rezension der Uraufführung der *Soldaten* in Düsseldorf 1930 wird Gurlitts „Tragische Oper" mit Alban Bergs *Wozzeck* verglichen und mit dem Vermerk „ohne tiefere Bedeutung" abqualifiziert (Adolf Raskin; zit. nach *Götz 1996: 323). Zwar meint man sich hier im falschen Film zu befinden, da doch allenfalls Gurlitts *Wozzeck* mit Bergs *Wozzeck* hätte verglichen werden können. Gleichwohl sollte der Rezensent in der Tendenz Recht behalten: Die Oper geriet trotz mehrerer Neuinszenierungen lange Zeit in Vergessenheit. Seit 1991 gibt es Wiederaufführungen und eine CD-Produktion (Orfeo, DDD, 1998).

Der Komponist Bernd Alois Zimmermann, der von 1957 bis 1970 eine Kompositionsklasse an der Musikhochschule Köln leitete, schrieb seine Oper *Die Soldaten* offenbar ohne Kenntnis von Gurlitts Vertonung. Vertraut mit den Techniken ‚elektronischer' und ‚konkreter' Musik und den Prinzipien ‚seriellen' Komponierens, blieb Zimmermann doch ein Außenseiter aus der Sicht der Darmstädter Nachkriegsavantgarde, die seinen Hang zum Szenisch-Theatralen und seine Vorliebe für pluralistisches Komponieren nicht zu schätzen wusste. Die Entstehungszeit der *Soldaten* erstreckte sich über acht Jahre (*Gruhn 1985, Schmidt 1993), was nicht zuletzt der außerordentlichen Komplexität der Komposition geschuldet war. Das Werk galt lange als unaufführbar.

Zimmermanns *Soldaten* entsprechen dem Typus ‚Literaturoper' im neueren Sinn (Petersen/Winter 1997, Petersen 1999). Lenz' Bezugstext wird nicht einfach umgesetzt, sondern die Partitur bezieht Stellung zu ihm. Die historische Distanz zwischen dem Schauspiel aus dem 18. und der Oper aus dem 20. Jahrhundert wird nicht etwa vergessen gemacht, sondern im Gegenteil betont. Zimmermanns avancierte Klangsprache der 1960er Jahre trifft unvermittelt auf die Sprachwendungen der bürgerlichen, soldatischen und adeligen Milieus in Lenz' Komödie und führt zu planvollen Anachronismen, die das Werk eher als Musik *über* Literatur denn als Vertonung *von* Literatur erscheinen lassen. Dazu passt, dass der Komponist als Spielzeit „gestern, heute und morgen" angibt. Zimmermann fasste diese Anachronismen unter den Begriff der „Kugelgestalt der Zeit" (Zimmermann 1974: 35 u. ö.).

Für Zimmermann ist das Soldatische in Lenz' Schauspiel der entscheidende Anknüpfungspunkt; die Elemente, die auf das Bürgerliche Trauerspiel verweisen, treten dagegen in den Hintergrund. Der Komponist setzt einen riesigen Apparat ein, um die katastrophische Dimension, die dem Soldatenbegriff in 200 Jahren zugewachsen ist, ausdrücken zu können. Wie nie zuvor in einer Oper kommen neue Medien ins Spiel (vorproduzierte Filme und Tonbänder) und wird mit Bühnenteilung und Bühnenmusiken gearbeitet (darunter eine Jazz Combo mit ‚echten' Jazzmusikern). In der Schlussszene kommen zehn Lautsprechergruppen zum Einsatz, die um die Bühne herum und im Saal verteilt sind. Auf fünf Einspielbändern sind Alltagsgeräusche (‚konkrete Musik') gespeichert, die vom kreatürlichen Schrei (gebärende, weinende und ‚orgasmierende' Frauen) bis zu militärischem Lärm (Kommandos in mehreren Sprachen, marschierende Kolonnen, Gefechtslärm von modernen Panzern) reichen.

Entsprechende visuelle, teils äußerst drastische Informationen werden mittels Projektion auf drei Filmleinwände beigesteuert. Am Ende „wird auf der Bühne die langsam sich herabsenkende Atomwolke sichtbar. Gleichzeitig wird ein [...] ‚Schrei-Klang' von der größten Lautstärke bis zum völligen Erlöschen abgebaut." (*Die Soldaten*, Partitur: 466).

Zimmermann hat Lenz' *Anmerkungen übers Theater* nachweislich rezipiert, allerdings zum Teil auch ‚produktiv' missverstanden (Schmidt 1993: 37 ff.). Wichtiger für die Geschichte der Lenz-Rezeption insgesamt ist aber die enorme Überhöhung des Schauspiels, das sich in der Lesart Zimmermanns zu einer apokalyptischen Vision auswächst. Viele Schichten der Partitur sind der direkten ästhetischen Erfahrung unzugänglich, sie haben symbolische Bedeutung, die nur der Analysierende erfassen kann (vgl. dazu *Michaely 1988). So ist z. B. die gregorianische Melodie des *Dies irae*, die Zimmermann gegen Ende des „Preludio" (*Die Soldaten*, Partitur: 35–39) zitiert, vom Hörer nicht wahrzunehmen, da der Komponist sie in einem 36-stimmigen Kanon mit 36 Augmentations- und 12 Transpositionsstufen planvoll ‚untergehen' lässt. Dieses hochkomplexe Tongefüge steht hier für „Unentrinnbarkeit und Undurchschaubarkeit", der alle Figuren des Stücks – nach Zimmermanns Auffassung – ausgesetzt sind (Petersen/Winter 1991: 45 ff.). Blickt man auf das *Dies irae*-Zitat in Gurlitts *Soldaten* zurück, wird die Distanz zwischen den beiden *Soldaten*-Vertonungen deutlich: Ein Ideentheater größten Kunstanspruchs und härtesten Wirklichkeitsbezugs hier, und eine genregerechte, durchaus wirkungsvolle Oper dort.

Friedrich Goldmann, der 1951 als Zehnjähriger im Dresdner Kreuzchor Aufnahme fand, studierte in Dresden Musik und in Berlin Musikwissenschaft und arbeitete bis zu seinem frühen Tod (2009) als freier Dirigent und Komponist in der DDR. Seine Kammeroper *R. Hot bzw. Die Hitze* auf ein Libretto von Thomas Körner nach Lenz' *Der Engländer* entstand 1973/1974, konnte aber erst 1977 an der Deutschen Staatsoper Berlin uraufgeführt werden (Schmidt 1993: 104 f.).

Der etwas komplizierte Untertitel des Werks: „Opernfantasie in über einhundert dramatischen, komischen, fantastischen Posen" deutet bereits an, dass Goldmann und Körner nicht nur an Lenz' Plot, sondern auch an dessen Theaterexperimenten interessiert waren. Der Wortbestandteil ‚Fantasie' verweist auf Lenz' eigenen Untertitel zum *Engländer* („dramatische Phantasei"), und das Zahlwort ‚einhundert' dürfte auf eine Wendung aus Lenz' *Anmerkungen übers Theater* („hundert Einheiten will ich euch angeben"; Damm II: 655) zurückgehen.

Goldmann und Körner übernahmen von Lenz die konventionelle, wenngleich schon im Schauspiel parodistisch gemeinte Gliederungsebene mit fünf Akten bei nur sechs Szenen (Petersen/Winter 1991: 15). Sie führten indessen die neue Formkategorie ‚Pose' ein, mit der sie die Tendenz zur Bildung von Splitterszenen auf die Spitze trieben. Von den insgesamt 112 ‚Posen' gibt es elf, in denen kein Wort fällt, sondern nur eine Haltung, eine Handlung oder ein Vorgang zu sehen sind (z. B. die 53. Pose: „*HOT schleicht ab.*") In anderen Fällen sind ursprüngliche Dialogszenen in mehrere kurze Posen zerlegt. Des Weiteren kommt es aber auch vor, dass eine Szene in ihrer Dialogstruktur erhalten bleibt und als solche eine einzelne Pose bildet (II,1 ≈ Pose 11). Goldmann zum Sinn des Posenprinzips: „Wir möchten aber auf keinen Fall einen Identifikationshelden schaffen. Wir wollen Beispiele für Verhaltensweisen zeigen, aus denen der Zuschauer (Hörer) für sich entscheiden kann, was ihn angeht." (*Goldmann 1979: 156)

Interessant ist, dass Körner das dramaturgische Prinzip der Zersplitterung in die Sprachgestaltung überträgt: „Es wird eine Art Baukastenprinzip, das sich dramaturgisch in der Idee der Pose zeigt, in die Fragmentierung der Sprache übertragen" (D. Schmidt 1993: 119). Körner hält sich an den Wortlaut seiner Vorlage; gleichzeitig verändert er den Text aber entscheidend, indem er dessen Syntax auflöst und aus intakten Sätzen isolierte Evokationen werden lässt, die dem Komponisten Raum für Musik lassen (vgl. ebd.: 114 ff.). *R. Hot* wurde in dem Bewusstsein der großen zeitlichen Distanz zwischen dem Referenztext und dem heutigen Werk geschrieben und kann gerade deswegen als ‚Literaturoper' im spezifischen Sinn gelten.

Goldmann kommt bei seiner ‚Opernfantasie' mit sieben Darstellern und sieben Instrumentalisten aus. Da die Darsteller teils zwei Rollen verkörpern und die Instrumentalisten (Bläserquintett, Kontrabass und Hammondorgel) allerlei Schlagwerk nebenbei zu bedienen haben, ist der Gesamteindruck mächtiger, als es die 14 Spieler vermuten lassen. Dazu tragen auch die Tonbandeinspielungen bei, mit denen eine Rockband (13. Pose) und ein Kinderchor samt Streichquartett und Metallschlagzeug (letzte Pose) akustisch vergegenwärtigt und elektronische Klänge dazu gemischt werden.

Insgesamt streben Goldmann und Körner keineswegs Homogenität und Stilreinheit an, sondern kehren Brüche in der musikalischen Sprachhöhe und -art hervor und formen eher Typen als individuelle Personen. Deutlich in der Tradition von Brechts epischem Theater stehend, wird ein psychologischer Sog vermieden und stattdessen das Nachdenken stimuliert. Durch den bewussten Einsatz von Klischees erzielt Goldmann komische oder schockartige Wirkungen. So auch am veränderten Schluss: R. Hot muss nicht sterben, Armida und Robert dürfen sich in die Arme fallen. Doch weder ihr Duett „Behaltet euren Himmel für euch" (111. Pose), das im Walzerrhythmus gehalten ist, noch die (von Körner hinzugedichteten) Schlussworte des Kinderchors („Hitze heißt der Fluch"; 112. Pose), die im Charakter eines Weihnachtsliedes gesungen werden, sind wirklich glaubhaft. Es bleibt das Vergnügen darüber, dass es wieder einmal gelungen zu sein scheint, der Welt der Väter („Weg mit den Vätern!"; Vorspiel) ein Schnippchen zu schlagen und mit dem echten Leben zu beginnen: „Hier ist Leben/ Freuden ohne Grenzen/ Der Mensch/ Nur der Mensch" (5. Pose).

Die französische Komponistin Michèle Reverdy hat am Pariser Konservatorium studiert und dort auch später bis zu ihrer Emeritierung selbst gelehrt. 1989 erteilte ihr der Leiter der Münchener Biennale, Hans Werner Henze, einen Kompositionsauftrag für eine Oper kleinerer Besetzung. Ein Jahr später wurde *Le Précepteur* nach dem *Hofmeister* von J. M. R. Lenz in München uraufgeführt. Das Libretto, das für die Uraufführung ins Französische übersetzt wurde, schrieb Hans-Ulrich Treichel, und zwar in ständiger Absprache mit der Komponistin (Petersen 1994, *Schwalgin 1999).

Die Oper folgt in Handlung, Dramaturgie und Sprache der Lenzschen Komödie, ungeachtet einiger Kürzungen und Figurenreduzierungen. Die berühmte *Hofmeister*-Bearbeitung von Bertolt Brecht war dem Germanisten Treichel selbstverständlich bekannt, spielte aber keine Rolle bei der Abfassung des Librettos, auch wenn Reverdy und Treichel – wie auch Brecht – die Kastrationshandlung in einer eigenen monologischen Szene auf die Bühne bringen. Der Tendenz nach rückt die Oper das Liebes-

und Sexualgeschehen in den Fokus, während die gesellschaftskritischen Momente in Lenz' Schauspiel nicht eigens betont werden.

Man mag hierin die Spur französischer Mentalität erblicken, galten doch die Franzosen schon immer als Meister in Liebesdiskursen. Beispielsweise bringt Michèle Reverdy in ihrer Oper eine Figur in den Vordergrund, die bei Lenz nur eine untergeordnete Bedeutung hat. Diese Figur ist Lise, die in Lenz' Komödie zu den Schulkindern gehört und nur in einer einzigen Szene (V,11) vorkommt. Die Opern-Lise wird dagegen schon in der ersten Schulszene ein- und dann noch in weiteren vier Szenen durchgeführt (Nr. 15, 17, 20 und 21). Die entscheidende Akzentsetzung erfolgt dabei durch die Musik: Lise lässt sich in textlosen Vokalisen hören und verbreitet mit ihren Koloraturen eine Atmosphäre der Schuldlosigkeit. Manchmal klingt ihr reiner Gesang als eine dritte Stimme in ein textiertes Duett hinein. Der Handlungszusammenhang Läuffer und Lise mit der kaum glaublichen Auflösung der tragischen Lage Läuffers – dieser heiratet Lise am Ende – hat in der Oper den Charakter eines gerichteten Prozesses, der den ganzen zweiten Teil überspannt.

Die Partitur von *Le Précepteur* verlangt zwölf Sängerdarsteller und ein größeres Kammerorchester mit fünf Streichern, 13 Bläsern und zwei Schlagzeugern. Stefan Schwalgin hat in seiner Monographie über die Oper aufgezeigt, dass Stimmfächer, Instrumentalfarben und sogar Kompositionstechniken ein semantisches Geflecht bilden, das das Werk als eine Oper klassischen Zuschnitts – etwa nach dem Vorbild von Bergs *Wozzeck* – erscheinen lässt (*Schwalgin 1999). Es gibt weder vokale Experimente noch aleatorische Lizenzen. Reverdy bekennt sich zur Institution des bürgerlichen Theaters, wie sie in ihrem *Tagebuch* zu *Le Précepteur* schreibt: „Warum engagiert man einen Sänger, wenn er dann nicht singt?" Und: „Ich [...] schreibe Opern, weil ich das Theater – auch eine konventionelle Form – und den Gesang liebe. Niemals werde ich in einer Oper auf Gesang verzichten." (Reverdy 1990: 70) Insgesamt lässt sich sagen, dass Reverdy mit ihrer Vertonung den Einklang mit Lenz' Dichtung angestrebt und eine bruchlose musikalisch-dramatische plurimediale Form verwirklicht hat. Ihr Werk entspricht zwar formal dem Typus ‚Literaturoper', lässt aber die Diskrepanz zwischen Sprache und Mentalität des 18. Jahrhunderts und der Gegenwart des 20. Jahrhunderts nicht als Problem künstlerischer Umsetzung erkennen. Insofern berührt sich *Le Précepteur* auch mit Gurlitts *Soldaten*. Typisch für Reverdys opernästhetische Ansichten ist diese Notiz aus ihrem Tagebuch: „Ich habe die meisten Stücke von Lenz gelesen. In allen steigert sich der dramatische Rhythmus bis zur Frenetik. [...] Deshalb wird man dieselbe frenetische Bewegtheit in meiner Musik wiederfinden." (Reverdy 1990: 68)

In den 1980er Jahren hatte der Plan bestanden, Lenz' Komödie *Der neue Menoza* als Oper zu adaptieren. Thomas Körner trug diese Idee an den Ostberliner Komponisten Reiner Bredemeyer heran. Leider wurde das von Körner bei der Staatsoper Unter den Linden eingereichte Exposé abgelehnt, womit auch Bredemeyers bereits vorliegende Kompositionsskizzen hinfällig waren. Spielort und -zeit der geplanten Literaturoper sollte übrigens „DDR 18. Jahrhundert" sein (D. Schmidt 1993: 103).

2. Von Büchners *Lenz* zur Kammeroper *Jakob Lenz*

Der Komponist Wolfgang Rihm ist der bekannteste und produktivste deutsche Komponist aus der nach dem Zweiten Weltkrieg geborenen Generation von Musikern. In seinem umfangreichen Œuvre spielen Vokalmusik und Bühnenwerke eine erhebliche Rolle, wobei Rihm die Bezugstexte vorzugsweise dem zentraleuropäischen Kulturkreis entnimmt. Sein Interesse für Jakob Michael Reinhold Lenz wurde durch Büchners *Lenz*-Erzählung geweckt. Die Kammeroper *Jakob Lenz*, zu der der Dramaturg Michael Fröhling das Libretto schrieb (siehe dazu Einzelheiten bei D. Schmidt 1993 u. 1997), wurde 1979 in Hamburg uraufgeführt. Wohl infolge der Beschäftigung mit Leben und Werk von Lenz vertonte Rihm fünf Gedichte Lenz' und fasste sie zu dem Zyklus *Lenz-Fragmente* zusammen (siehe unten).

Der Gattungs- und Medienwechsel – von einem narrativen zu einem dramatischen Text und von Sprache zu Musik – fällt bei Rihms Kammeroper *Jakob Lenz* nicht besonders auf. Die drei Hauptfiguren Lenz (Bariton), Oberlin (Bass) und Kaufmann (Tenor) singen Büchner-Text in direkter Rede, sind dabei aber stets eingehüllt in andere Vokal- und Instrumentalaktionen, die alles wie im Traum und wie unter „Verstörung" (Rihm 1997: 314) erscheinen lassen. So sind den drei Männerstimmen drei in Tonlage und Klangfarbe angepasste Violoncelli parallel geschaltet. Außerdem treten sechs „Stimmen" auf, die ins Innerste von Lenz verweisen, „Stimmen, die nur er hört" (ebd.). Der Komponist hat im Programmheft der Uraufführung genau erläutert, was für ihn das Problem und zugleich das Faszinierende bei der Umsetzung dieses Sujets war: „Eine Person wie Jakob Lenz auf der Bühne ist kompliziert allein dadurch, daß sie selbst mehrere Bühnen in sich birgt. Diese ständig präsenten Bühnen muß die Musik repräsentieren." (ebd.: 315)

Auf diesen imaginären Bühnen können Gegenstände und Geschehnisse erscheinen, die auf Lenz' wirkliches Leben verweisen, aber auch auf Zeiten und Epochen nach ihm. So sind in den Büchner-Text z. B. Gedichte des empirischen Lenz (siehe unten) und ein Briefzitat des empirischen Büchner („Arbeiten ist mir unmöglich"; Büchner an Jaeglé, 8./9. 3. 1834, *Büchner 2012: 34) einmontiert. Es kommen Volkslieder und Gassenhauer, Tanzmusik und Kirchenchoral vor. Auffällig ist auch ein Klavierstück von Robert Schumann, das tongetreu zitiert wird. Was wie postmodernes Spiel aussehen mag, ist inhaltlich begründet und mit dem Kern des Stücks verbunden. Beispielsweise bestehen zwischen Lenz und Schumann Parallelen in der Biographie (geistige Zerrüttung). Und die Wahl eines bestimmten Klavierstücks, „Kind im Einschlummern" (Nr. 12 aus den *Kinderszenen*), berührt sich mit den Wahnvorstellungen (Erweckung des toten Kindes) und Angstzuständen (der verlorene Sohn) des Protagonisten in der Erzählung. Schließlich gibt es sogar eine harmonische Substanzgemeinschaft zwischen dem Hauptklang der Oper: ges^1-f^1-h und Schumanns Klavierstück, denn dessen anfängliche Intervallkonstellation h-c^1-fis^1 ist die genaue intervallische Umkehrung des Hauptklangs (- 1 - 6 / + 1 + 6), ungeachtet des tonalen bzw. atonalen Kontexts beider Bezugswerke (Petersen/Winter 1991: 52).

Rihms Oper gehört eher der Lenz- als der Büchner-Rezeption an, nur sofern „sie sich von Büchners Erzählung leiten läßt […], ist sie Literaturoper" (Petersen/Winter 1997: 26). Komponist und Librettist interessierten sich primär für die besondere Persönlichkeit des originellen, widerständigen und letztlich kranken Dichters. Zudem haben sie Lenz-Gedichte in den Büchner-Text hineingezogen. Dies ist bei anderen Adaptionen von Büchners Lenz-Erzählung anders. So basiert die Oper *Lenz* des australischen Komponisten Larry Sitsky auf einem neu geschriebenen Libretto von Gwen Harwood, das sich zwar am Gang der *Lenz*-Erzählung orientiert, aber weder original Büchnerschen noch original Lenzschen Text enthält (*Wood 2006). Spezifisch auf Büchner bezogen ist eine Werkgruppe von Erhard Grosskopf, die insgesamt 15 Kompositionen umfasst und als Musiktheaterwerk unter dem Titel *L+L&L* (i. e. *Lenz* plus *Leonce und Lena*) bekannt geworden ist (*Grosskopf 1997). Christian Neuhuber verweist zudem auf eine Schuloper des Schweizer Komponisten David Wohnlich von 2001 mit dem Titel *En passent Lenz* sowie auf radiophone und filmmusikalische Werke bzw. auch bloße Widmungskompositionen mit Bezug auf Büchners *Lenz* (*Neuhuber 2009: 21 ff.).

3. Lenz-Gedichte in Musiktheaterwerken

Erscheinen Gedichte von Lenz in Musiktheaterwerken, dann sind sie fast immer vom Librettisten oder Komponisten als Fremdtexte in den neuen Kontext hereingeholt worden. Lenz selbst sieht in seinen Dramen nur ausnahmsweise den gesungenen Vortrag von Gedichten bzw. Liedern vor. In jedem Fall gilt, dass Gedichte, die von Figuren des inneren Kommunikationssystems (*Pfister 1977) dargeboten werden, die Funktion von Inzidenzmusiken haben, auch wenn die Gedichte ursprünglich als frei geschaffene Lyrik rezipiert wurden.

In Manfred Gurlitts Oper *Soldaten* werden die beiden Gedichte, die schon im Schauspiel Desportes („Du höchster Gegenstand von meinen reinen Trieben", I,5; Thema mit sieben Variationen bis zum Ende der Szene) bzw. Weseners alter Mutter („Ein Mädel jung ein Würfel ist", II,1; auch als Verwandlungsmusik zur zweiten Szene möglich) zugeordnet sind, in Musik gesetzt und gesungen. Darüber hinaus hat Gurlitt drei Gedichte von Lenz ausgewählt, die er Stolzius (*Ach, eh' ich dich, mein höchstes Ziel*, I,2), den jungen Grafen (*Wo bist du itzt, mein unvergeßlich Mädchen*, III,2) und Marie (*Von nun an die Sonne in Trauer*, III,4) singen lässt. Die Verse der Stolzius-Arie, die dieser unter dem Eindruck eines zweideutigen Briefs seiner Verlobten Marie singt, waren ursprünglich an eine Dame gerichtet, deren Verlobung Lenz – als vergeblich Liebender – leidenschaftlich beklagt hatte („Jetzt hab' ich dich und soll dich lassen,/ Eh' möge mich die Hölle fassen"). Das *Lied des jungen Grafen*, der sich in die bürgerliche Marie verliebt hat, basiert auf jenem (lange Zeit Goethe zugeschriebenen) Gedicht an eine abwesende Geliebte, das Lenz 1772 auf Friederike von Sesenheim geschrieben hatte. Gurlitt verwendet das Lied *Wo bist du itzt, mein unvergeßlich Mädchen* als Thema für drei sich anschließende Variationen. Er versucht mit dieser Form, mehrere Splitterszenen zusammenzubinden: Wesener mit der Nachricht, dass Marie fortgelaufen sei, Mary und Stolzius auf der Suche nach Marie, Weseners Familie in Sorge um das Leben von Marie, Desportes im Gefängnis. Maries letzte große Arie hat den (verkürzten und veränderten) Text des ursprünglich Cornelia Schlosser zugedachten Gedichts *Der verlorne Augenblick*. In diesem Fall müssen die Metaphern und auch der ganze Ausdrucksgestus des Gedichts umfunktioniert und auf die Situation einer ins Elend Gefallenen („Wie das quält, nun ein Bettelmensch!") umgepolt werden, was nicht ohne Gewaltsamkeit gelingt.

Bernd Alois Zimmermann übernimmt in seiner Oper *Die Soldaten* (nicht anders als Gurlitt) die schon von Lenz vorgesehenen Inzidenzmusiken (I,5 u. II,2), fügt dann aber andere Lenz-Gedichte zur Erweiterung seines Librettos ein. Gleich in der allerersten Szene singt Charlotte das Gedicht *An das Herz* (in der vierstrophigen Fassung, Damm III: 105 f.; Weinhold-G: 111 [Variante B.a.]); in Abweichung vom Original zieht Zimmermann das Wort „Herz", das bei Lenz ja nur im Titel vorkommt, in die erste Gedichtzeile hinein, damit diese und somit das ganze Gedicht verständlich wird („Herz, kleines Ding, uns zu quälen"). In der dritten Szene bekommt Desportes eine Art Auftrittsarie unter Verwendung der sechs letzten Zeilen des (ursprünglich auf die von Lenz umschwärmte Cleophe-Seraphine gemünzten) Gedichts *Strephon an Seraphinen*. Die Namen Strephon und Seraphine gehören im Übrigen auch zu zwei Hauptfiguren aus Lenz' Komödie *Die Freunde machen den Philosophen*, wobei Strephon das Alter Ego von J. M. R. Lenz ist. Hier nun, in der Oper *Die Soldaten*, werden die Verse von dem Verführer Desportes benutzt und instrumentalisiert, nicht anders als in dem bald darauffolgenden ‚Widmungsgedicht' an Marie *Du höchster Gegenstand von meinen reinen Trieben*. In der großen Kaffeehaus-Szene (II,1) bringt Zimmermann ein weiteres Lenz-Gedicht: *Lied zum teutschen Tanz*, das den Atem des Sturm und Drang und der vorrevolutionären Jahre ausströmt („Frei wie der Wind,/ Götter wir sind!"; Damm III: 191). Es wird von einem jungen Fähnrich und vom jungen Grafen „in höchster Begeisterung hervortretend" (Partitur: 202) gesungen, wobei Versmaß und Strophenstruktur aufgebrochen werden und das Ganze im Trubel des Offizierslärms unterzugehen droht. Ein viertes und letztes Lenz-Gedicht lässt Zimmermann am Ende des dritten Akts von der Gräfin anstimmen (Partitur: 412 ff.), die angesichts der jugendlichen Schwärmerei ihres Sohnes für Marie als gute und weise Herrscherin eingreift und sich dafür der kontemplativen ersten Strophe aus dem zweiten Teil von Lenz' *Poetischer Malerey* bedient: „Ach, ihr Wünsche junger Jahre" (Weinhold-G: 194). Die Thematisierung des Alters, die Rolle als Adlige und die Besetzung mit drei Frauenstimmen lassen das berühmte Terzett Marschallin – Sophie – Octavian aus Richard Strauss' *Rosenkavalier* assoziieren. Die fünf Verse, an deren Ende eine Todesahnung („Bahre") steht, werden insgesamt dreimal gesungen: einmal von der Gräfin allein, danach weitere zweimal im Terzett Gräfin-Marie-Charlotte (Letztere anfangs mit abweichendem Text).

In Lenz' Komödie *Der Engländer*, die dem Libretto von Goldmanns und Körners Kammeroper *R. Hot* zugrunde liegt, kommt eine einzige Inzidenzmusik vor: Robert, in Erwartung seines Todesurteils, singt sein ‚Galgenlied': „So gehts denn aus dem Weltgen 'raus,/ O Wollust, zu vergehen!" (II,2) Lenz hat die siebenzeilige Strophe eigens für das Stück geschrieben und das Gedicht auch nicht separat veröffentlicht. Die Regieanweisung („Robert *spielt die Violine und singt dazu*") lässt keinen Zweifel daran, dass das Lied dem inneren Kommunikationssystem angehört. Goldmann und Körner belassen es in ihrer Kammeroper dabei (Pose 11), führen allerdings einen eklatanten Stilbruch ein, indem Robert plötzlich die Attitüde eines Rockstars annimmt und nach Art des Playbackverfahrens zur Musik vom Tonband heftig ‚aus der Rolle fällt'. Der Komponist reagiert damit auf seine Weise auf die Ausnahmestellung des Gedichts, die dieses – durch die gebundene Rede – bereits im Schauspiel besitzt. Obgleich die Oper *R. Hot* mit sehr heterogenem Material bestückt ist, ziehen die Autoren kein weiteres Lenz-Gedicht hinzu. Stattdessen lassen sie Robert den Anfang von Lenz' Essay *Über Götz von Berlichingen* vortragen (Pose 49), und zwar im Idiom eines Agitprop-Lieds. Ist die Übernahme zunächst sprachlich frei, so wird am Ende wörtlich zitiert: „Aber heißt das gelebt?" (Damm II: 637) Ein weiterer Prosa-Text von Lenz (*Versuch über das erste Principium der Moral*) liegt der Rede des Beichtvaters (Pose 110) zugrunde, der zu dem vermeintlich toten Robert herantritt. Wenn dieser gleich darauf von seinem Totenlager aufspringt, wird die vorangegangene Predigt vollends ironisiert, soweit dies nicht bereits durch die Fragmentierung des Textes durch den Librettisten geschehen ist (D. Schmidt 1993: 126 f.).

Wolfgang Rihm verwendet für seine Kammeroper *Jakob Lenz* nicht weniger als zwölf Gedichte des empirischen Lenz (vgl. die Liste bei Schmidt 1993: 189 f., außerdem Petersen/Winter 1991: 22 ff.). Da alle Lenz-Zitate von der Figur Jakob Lenz bzw. den ihr zugeordneten oder an ihrer Stelle sprechenden „Stimmen" vorgetragen werden, sind sie einerseits Teil des inneren Kommunikationssystems, andererseits vermitteln sie aber auch zwischen Innen und Außen, sofern die Texte als nicht von Büchner, sondern von Lenz stammend erkannt werden.

Das erste Bild der Oper basiert ausschließlich auf Lenz' Gedicht *An den Geist* (erste Strophe). Durch die Regiebemerkung „Die Natur dringt auf Lenz ein" und durch den Suizidversuch am Ende der Szene (Lenz stürzt sich ins Wasser) wird der Rezeption des Gedichts eine Richtung gegeben, die bereits der erste Kommentator, Lavater, 1793 geäußert hatte, dass nämlich mit „Geist" auch die gefährdete geistige Verfassung des in Ich-Form monologisierenden Dichters gemeint sein könnte (vgl. Weinhold-G: 315 f., Damm III: 226 f.). Im zweiten Bild klingt Lenz' Gedicht *Über die deutsche Dichtkunst* an, und zwar mit nur einer Zeile: Lenz stellt sich vor Oberlin in Positur und singt „ironisch": „Jakob Lenz, Deutschlands Freude und Livlands [sic!] Stolz". Im dritten Bild (Lenz mit ‚Stimmen') singt Lenz zwei (von zehn) Strophen des Gedichts *Ausfluss des Herzens*, in dem die Liebe zu Gott und die Liebe zu einem Mädchen – bei Rihm wird, im Gegensatz zu Lenz, „Friederike!" explizit angerufen – auf ein und dieselbe Wurzel des Gefühls zurückgeführt werden. In Bild 5 sind gleich zwei Lenz-Gedichte berührt: *Hymne* und *Das Vertrauen auf Gott*. Der Librettist Fröhling entnimmt aus beiden Gedichten einige Zeilen und fügt sie zu einem neuen Absatz zusammen, der dann von Lenz als improvisierte Predigt vorgetragen wird. Das sechste Bild enthält das ‚Kunstgespräch', in dem Büchner seine Figur Lenz jenen für ihn selbst wie auch für seinen Vorgänger zentralen Satz sagen lässt: „Es darf einem keiner zu gering, keiner zu häßlich sein, erst dann kann man ihn [recte: „sie", gemeint ist ‚die Menschheit', P. P.] verstehen!" (vgl. auch Büchner 2001: 38) Diesem Satz Büchners werden in der Oper entsprechende Sätze von Lenz vorgeschaltet, die dessen Gedicht *Der neue Amadis* entnommen sind („Wer sähe nicht die *nackte Wahrheit* lieber/ Als tausend schöne Lügen, die der Geist/ Allein geheckt"; Weinhold-G: 100; Hervorh. im Orig.). Der Dialog zwischen Lenz und Kaufmann ist dabei so gestaltet, dass die Gedichtzitate stets von der Figur Lenz gesungen werden. In Bild 7 ist Lenz wieder allein im Gebirge, wo er zu dichten scheint. Hier montiert der Librettist zunächst einen Pseudo-Lenz ein: die erste Hälfte des Gedichts *Fata morgana* („Wie milde und süß des Abends Kühle herniedersinkt") von Wilhelm Arent (1864–?), der seine Gedichte gern als von J. M. R. Lenz stammend ausgab (Martin 2002a: 341 ff.). Die Zeilenfragmente „nicht lallendes Kind mehr" und „ein brennender Jüngling" sind dann echter Lenz: sie stammen aus dessen Gedicht *Nachtschwärmerei* (Damm III: 119–121 [Z. 17 u. 18]). Vier Zeilen aus Lenz' Gedicht *Willkommen kleine Bürgerin* knüpfen daran ironisierend an: „Was weinest du? die Welt ist rund/ Und nichts darauf beständig./ Das Weinen nur ist ungesund/ Und der Verlust notwendig." (Damm III: 213) Auch im neunten Bild ist Lenz mit seinen ‚Stimmen' allein im Gebirg. Grundlage des ‚inneren Dialogs' ist Lenz' Gedicht *Freundin aus der Wolke*, das ursprünglich der problematischen Freundschaft zu Goethe galt („Sei zufrieden/ Göthe mein!"; Damm III: 100). Fröhling deutet das

Gedicht um, er lässt „Lenz sich als Objekt von Friederikes Begehren imaginieren" (Petersen/Winter 1991: 25), was ihm Angst macht und zu Fluchtreflexen führt. Im elften Bild wird Lenz ein letztes Mal allein in morgendlicher Landschaft gezeigt. Ihm bzw. den ‚Stimmen' sind einzelne Zeilen aus drei Gedichten von Lenz in den Mund gelegt: „Von nun an die Sonne in Trauer" aus *Der verlorne Augenblick / Die verlorne Seligkeit* (Damm III: 140), „Was räthst du Liebe mir?" (ebd.: 135; bei Fröhling/Rihm: „Was rät die Liebe dir?") aus Lenz' Petrarca-Nachdichtung *Petrarch* (Damm III: 124–136 [9. Canzonetta, Nr. 2]), und „entsetzlicher Gedanke!" aus dem Gedicht *Ach, bist du fort?* (ebd.: 97 [Schlusszeilen]).

Insgesamt ist der Anteil von originalem Lenz in Rihms Kammeroper *Jakob Lenz* erheblich, so dass in textlicher Hinsicht von einem Fall produktiver Büchner- *und* Lenz-Rezeption ausgegangen werden kann. Im Übrigen ist es bemerkenswert, dass sämtliche Lenz-Zitate von der Figur ‚Lenz' bzw. von ‚seinen Stimmen' gesungen werden, der empirische Autor also mit einer fiktiven Figur identifiziert wird.

Soweit bekannt, gibt es nur noch ein weiteres Musiktheaterwerk, in dem ein Lenz-Gedicht zitiert wird: *Mondstrahl*, eine 2004 in Hamburg uraufgeführte Kammeroper des 1976 geborenen Komponisten Gordon Kampe. Das experimentelle Klangstück basiert auf Texten diverser Autoren. Angesiedelt im Ambiente einer psychiatrischen Anstalt, wird ‚Pierrot' am Ende mit einer letzten Spritze stillgestellt. Zwei Stadien vorher erscheinen geheimnisvolle Zahlen, die mit beweglichen Projektoren durch das Auditorium ‚gejagt' werden. Dazu lässt der Komponist/Regisseur auf einer Leinwand Fragmente aus Lenz' Gedicht *Urania* („Du kennst mich nicht,/ Wirst nie mich kennen"; Damm III: 138) erscheinen.

4. Lenz-Gedichte in freier Vertonung

Die frühesten Vertonungen von Lenz-Gedichten stammen aus dem Freundeskreis des Dichters. Dazu gehörte Johann Philipp Schönfeld, der aus Straßburg stammt und ebenda bis zum Ausbruch der Französischen Revolution eine prägende Rolle im Musikleben spielte (*Bayreuther 2005). Während Lenz' Zeit in Straßburg müssen sich die beiden kennengelernt haben. 1775 hatte Lenz im Hause des Straßburger Aktuarius J. D. Salzmann sein „dramatisches Familiengemälde" *Die beiden Alten* vorgelesen, dessen Schluss ein hymnischer Gesang an die „Göttin Freude" bildet (Damm I: 358, Weinhold-G: 156 u. 288). Nachdem das Schauspiel 1776 im Druck erschienen war, löste Schönfeld den Schlusshymnus heraus, setzte ihn für Sopran, obligate Violine und Clavier (Cembalo) und ließ die Noten 1778 in Berlin drucken.

Die Komposition umfasst 66 Takte und steht in Es-Dur. Häufige Wechsel der Lautstärke, weiträumige Modulationen, zahlreiche Fermaten im dritten Teil und der Wechsel vom 4/4- in den 3/4-Takt am Schluss sorgen für eine Bewegtheit des Ausdrucks, die durchaus an eine Sturm-und-Drang-Attitüde denken lässt. Dies kann von Lenz' Text nicht gesagt werden, denn das Stück *Die beiden Alten* gehört in die zeittypische Gruppe der Rührstücke. Es ist darauf angelegt, „die Augen" zu „füllen" (Damm III: Februar 1776 an Boie), anstatt wie sonst bei Lenz, über Verhältnisse aufzuklären.

Zum Freundeskreis von Lenz gehörte auch Philipp Christoph Kayser. Kayser dürfte Lenz durch die Vermittlung Goethes in Straßburg kennengelernt haben. Als Komponist von Liedern sehr gefragt (*Spieß 1931), vertonte Kayser auch das Lenz-Gedicht *Die Todeswunde tief in meiner Brust*. Kayser separierte allerdings die beiden Strophen des Gedichts (vgl. Damm III: 170 f.) und machte daraus zwei Lieder mit neu formulierten Titeln: *Der Liebhaber* (*Die Todeswunde tief in meiner Brust*) und *Nachschlag* (*Sanfte* [recte: stille, P. P.] *Freuden meiner Jugend*). Wie Heinrich Spieß auseinandergesetzt hat, waren diese beiden Lieder nicht in Kaysers veröffentlichten Liedersammlungen enthalten, fanden aber Eingang in ein Notenheft, das Goethe sich 1777/1778 in Weimar hat anfertigen lassen (*Spieß 1931: 148 f.). In diesem Notenheft, das im Goethe- und Schiller-Archiv der Klassik Stiftung Weimar aufbewahrt wird (Sign. GSA 32/1477), sind sie auf S. 49 und S. 51 zu finden.

Die Lieder sind im Klaviersatz notiert, wobei unter der Oberstimme der Text vermerkt ist. Beide Lieder stehen in As-Dur, das erste, jambisch rhythmisierte (*Der Liebhaber*) im 4/4-Takt mit Achtelauftakt, das zweite, trochäische (*Nachschlag*) im 3/8-Takt. Die Komposition ist äußerst bescheiden. Sie will nicht interpretieren oder gar ausdeuten, sie bietet einfach ein Klanggewand für den gehobenen Vortrag der Verse. Eine Ausnahme findet sich im ersten Lied: Die vierte Zeile wird hier in *forte*-Intonation wiederholt: „Steh ich und lache Lust."

Nach der großen, mehr als hundertjährigen Zäsur in der musikalischen Lenz-Rezeption war es Paul Dessau, der um 1950 erstmals wieder zwei Gedichte von Lenz vertonte. Es handelt sich dabei eigentlich um Ableger des *Hofmeister*-Projekts im Theater am Schiffbauerdamm von Brecht, für das Dessau übrigens eine Bühnenmusik beigesteuert hatte, die leider verschollen ist. Zur Vorbereitung auf die Premiere von Brechts/Lenz' *Hofmeister* war Elisabeth Hauptmann vom Berliner Rundfunk beauftragt worden, eine Hörfunksendung über den Dichter J. M. R. Lenz zu machen (Weiß 2000). Hauptmann bat daraufhin Dessau, mit dem sie zu der Zeit verheiratet war, um die Vertonung zweier Lenz-Gedichte: *Wo bist du itzt, mein unvergeßlich Mädchen* und *Kleines Ding, uns zu quälen* (erste Fassung von *Unser Herz*).

Die beiden Kompositionen für Singstimme und Klavier – später schrieb Dessau auch Varianten für dreistimmigen Frauenchor – sind überaus schlicht gehalten. Wie bei Volksliedern üblich, belässt es Dessau bei reiner Strophenform. Die Singstimme hält sich im Rahmen einer Oktave, die Harmonik bringt hier und da modale Ausweichungen (*Wo bist du itzt* in leicht erweitertem F-Dur, *Kleines Ding* in Fis-Phrygisch), Rhythmik und Metrik sind fast plan. Daniela Reinhold schreibt über die beiden Miniaturen im Booklet zu einer CD-Veröffentlichung von 2000: „Zwischen den zahlreichen Massenliedern und politischen Kantaten des Jahres 1950 nehmen sich die *Zwei Lenz-Lieder*, die trotz ihres volksliedhaften Tons einem verinnerlichten, individualisierten Empfinden Ausdruck geben, [...] eher ungewöhnlich aus" (*Reinhold 2000).

Nach Abschluss seiner Kammeroper *Jakob Lenz* machte Wolfgang Rihm sich an die Vertonung von fünf Lenz-Gedichten, auf die er im Zusammenhang mit der Beschäftigung mit dem Sturm-und-Drang-Dichter gestoßen sein wird, die er aber in der Oper nicht verwendet hatte. Der somit selbständig bestehende Liederzyklus *Lenz-Fragmente* wurde erst für Singstimme und Klavier, dann, 1980, für kleineres Orchester gesetzt. Die Gedichte stehen bei Rihm in dieser Reihenfolge: Nr. I. *Die Todeswunde tief in meiner Brust* (den 28 December 1775), Nr. II. *Ich will, ich will den nagenden Beschwerden ein Ende machen*, Nr. III *Fühl alle Lust, fühl alle Pein* , Nr. IV „*Seele der Welt*" (*An die Sonne*), Nr. V „*O Angst! tausendfach Leben!*" (*Lied zum deutschen Tanz*).

Nr. I verbreitet eine Lamento-Stimmung durch langsames Tempo (Viertel = 60), geringe Lautstärke und abwärts fallende, ruhig rhythmisierte Melodik. Nur einmal bricht die Singstimme laut hervor: bei den Worten „Steh ich und lache Lust"; diese Zeile fällt auch im Gedicht aus der sonst vorherrschenden melancholischen Stimmung heraus (vgl. Damm III: 170 f.). Nr. II ist wiederum langsam (Viertel = 60), klingt aber viel ungestümer, da äußerst leise und äußerst laute Intonationen sich ständig ablösen. Bezeichnend ist der Schluss, wo die Todessehnsucht in das Bild einer Metamorphose des Ichs in einen fließenden Quell gefasst ist: Die Instrumente verlöschen bis zum *pianissimo possibile*, während im Gesang die Worte „O seeliger Quell! und nehme mich für dich!" (ebd.: 169) gegenläufig in crescendierendem *forte* ertönen. Das langsame Tempo (Viertel = 60) wird auch in Nr. III beibehalten, desgleichen der ruhige Rhythmus und der geringe Ambitus der Singstimme. Reine Moll- oder Dur-Dreiklänge wechseln sich mit scharfen Reibeklängen (Kleinsekundcluster) ab. Der Gedanke, dass der Mensch schon auf Erden die ‚Seeligkeit' erlangen könne, sofern er nur liebt und geliebt werde, ist dem musikalischen Ich nicht ganz geheuer: ein ganz leiser Wirbel auf der großen Trommel beendet das Lied. Nr. IV, in dem Trennungsangst Thema ist („wie kann ich den Rücken dir wenden?"; ebd.: 137), die Verse werden gedehnt und durch instrumentale Zwischenspiele getrennt, so dass es – auch wegen des wiederum langsamen Tempos (Viertel = 60) – zu einem weit gestreckten Prozess kommt. Der Gedanke daran, dass der Einfluss der Sonne schwinden könnte, führt zu scheinbar endlos nach unten gerichteten chromatischen Tonstufen in Tremolo-Spielweise. Dagegen entspricht der Vorstellung von „Wärme" und „Milde" (Partitur ab Takt 37) ein rein diatonisches Klangfeld. Das *Lied zum deutschen Tanz*, Nr. V, beginnt wie ein langsamer Walzer im 3/4-Takt (Viertel = 60 „und etwas schneller") und endet in kaum verfremdetem G-Moll (mit tonal offenem Schluss). Verglichen mit dem stürmischen Impetus des Gedichts („taumeln", „wirbeln", „schweben" usw.; Damm III: 191), verzichtet die Komposition fast ganz auf Emphase und lebhaften Ausdruck.

Insgesamt hebt sich dieser Liederzyklus von der neo-expressionistischen Diktion, die man von Wolfgang Rihm bis dahin kannte, ab. Die Vertonungen verhalten sich geradezu schüchtern gegenüber dem Text, so als sollte unbedingt der Eindruck vermieden werden, dass Musik sich der lyrischen Sprache bemächtigt und sich womöglich an ihr vergreift.

Paul-Heinz Dittrich gehört zu den Komponisten, denen es gelang, innerhalb des Systems der Deutschen Demokratischen Republik Kontakte zur westlichen Musikmoderne zu unterhalten. 1976 aus der Hochschule für Musik „Hanns Eisler" Berlin entlassen, arbeitet er bis heute nahe Berlin als freischaffender Komponist und zudem seit 1990 wieder als Kompositionslehrer. Die Vertonung von Lenz' Gedicht *Abschied von Kochberg* für Singstimme und Klavier entstand 1986 und wurde ein Jahr später auf Schloss Kochberg – an historischem Ort also – uraufgeführt. Die Komposition ist der Literaturwissenschaftlerin und Lenz-Expertin Sigrid Damm gewidmet.

Das umfangreiche Lied – die Partitur umfasst 13 Seiten – präsentiert die 34 gereimten Verse vollständig (mit kleinen Veränderungen), löst aber den jambischen Rhythmus und das Versmetrum auf. Der Text soll trotz erheblicher Verfremdungsmittel (fast tonlos gesungen, halb gesprochen – halb geflüstert usw.) und sprunghafter Zeichnung der Gesangslinie verständlich sein. Den Interpreten stellen sich extrem schwierige Aufgaben, besonders auf rhythmischem Gebiet. Die insgesamt spröde,

4.5 Lenz in der Musik

bizarre Klanglichkeit hinterlässt den Eindruck von Grübelei, Verstörung und Verzweiflung. Die Pointe des Gedichts, die darin besteht, dass das lyrische Ich sich von den „höhern Wesen" (Damm III: 205 [Z. 17]; bei Damm unter dem Titel *So soll ich dich verlassen, liebes Zimmer*) abwendet – „Ich aber werde dunkel sein/ Und gehe meinen Weg allein" (ebd.: 206 [Z. 33 f.]) –, findet ihr Gegenstück in verlöschenden, kaum noch hörbaren Klängen: Im Klavier sind stumm niedergedrückte Tasten zu halten, und die Sängerin prolongiert die letzte Silbe zu einem Endlosklang mittels Nachatmen durch Einziehen der Luft während ganz schwacher Tongebung.

Reiner Bredemeyer studierte nach dem Zweiten Weltkrieg zunächst in München, bevor er sich 1954 entschloss, in die DDR überzusiedeln. Er wirkte in Berlin an verschiedenen Schauspielbühnen als musikalischer Leiter, sah seine eigentliche Berufung aber sicherlich im Komponieren. Er hat ein Œuvre von mehr als 400 Opera hinterlassen. 1980/1981 schrieb er den Liederzyklus *Abschied von Kochberg* für Tenor und Klavier, der 1988 in Berlin/DDR uraufgeführt wurde. Der Titel des Zyklus entstammt Lenz' gleichlautendem Gedicht (siehe auch die Vertonung von P.-H. Dittrich), dessen Verse allerdings nicht verwendet werden. Unter den insgesamt sieben Liedern des Zyklus befinden sich indessen zwei mit Gedichten von Lenz: Nr. 2, „*Seele der Welt*" (*An die Sonne*), und Nr. 4, *Fühl alle Lust, fühl alle Pein* . Die Dichter der anderen Lieder sind Heiner Müller, Erich Stadler, Johannes Bobrowski, Richard Leising und Adolf Endler.

An die Sonne fällt durch seine scheintonalen Bildungen (melodisierte Dreiklänge) auf, die aber niemals zu einem tonikalen Zentrum führen. Leitende Idee bei der Vertonung scheint der im Gedicht angesprochene Gegensatz von nah und fern zu sein. Der Schlussbitte des lyrischen Ichs, der Sonne „[n]ah wie der Adler" (Damm III: 137) sein und bleiben zu dürfen, antwortet der Komponist in ironischer Brechung mit der Darstellung größter Distanz innerhalb des Tonraums: Zwei lang gehaltene Töne im Klavier sind fast sechs Oktaven voneinander entfernt ($_1C - h^3$).

Das zweite Lenz-Lied von Bredemeyer, das nur aus vier Versen bestehende Sinngedicht *Fühl alle Lust*, kreist um die Denkfigur ‚Ewigkeit auf Erden', die allein in der Liebe erfahrbar sei. In der Musik wird Ewigkeit gelegentlich durch rückläufige Wiederholung einer Tonfolge dargestellt: Ein Geschehen kehrt quasi an den Anfang zurück und symbolisiert somit ein ‚Jetzt' und zugleich ein ‚Ewiges'. Bredemeyer lässt in der Vertonung des Gedichts die Singstimme der ersten beiden Zeilen in der dritten und vierten Zeile rückwärts laufen. Desgleichen dient die komplizierte Transpositionssymmetrie der Anfangs- und Schlussakkorde ($E/Gis/f-c^2/es^2/h^2 \parallel {_1Fis}/{_1A}/F-b^1/d^2/h^2$) der Darstellung ‚ewiger' Seligkeit von Liebenden.

Die in Bukarest geborene Komponistin Violeta Dinescu übersiedelte 1982 nach Deutschland, wo sie seit 1996 Professorin für angewandte Komposition an der Universität Oldenburg ist. Bestrebt, die Kluft zwischen Folklore und Hochkultur sowie zwischen der Kinder- und der Erwachsenenwelt zu überbrücken, hat sie ein vielfältiges Œuvre mit allen denkbaren Gattungen vorgelegt. Die drei Lieder für Männerchor mit dem Lenz-Lied „*Seele der Welt*" (*An die Sonne*) an dritter Stelle entstanden im Jahr ihrer Ankunft in Deutschland und blieben bisher unaufgeführt. Zweistimmig für Tenor und Bass gesetzt, verläuft das Bicinium in moderatem Tempo und Rhythmus und gedämpftem Ausdruck. Einzelne Wörter werden umgestellt und/oder wiederholt. Indem das Wort „Vaterland", das bei Lenz in der ersten Zeile der zweiten Strophe vorkommt (vgl. Damm III: 137), den Schluss des Chores bildet und zudem als einziges Wort im Oktaveinklang (*cis–cis¹*) und homorhythmisch gesungen wird, wird es zum Schlüsselbegriff. Denkbar, dass die Komponistin dabei ihr eigenes, gerade verlassenes Vaterland im Sinn hatte.

Die in Rumänien geborene und seit 1976 in Deutschland und Österreich lebende Komponistin Adriana Hölszky hat bisher zahlreiche Opern bzw. Werke für Musiktheater, außerdem Vokal-, Orchester- und Kammermusikwerke sowie Kompositionen für ungewöhnliche Besetzungen (z. B. für zwölf Schlagzeuggruppen) vorgelegt. Eine Spezialität von ihr sind A-cappella-Chorwerke, in denen alle denkbaren Formen von Vokalität eingesetzt und zu überwiegend geräuschhaften Klangdramen gestaltet werden. Zu dieser Werkgruppe gehört auch das 1993 entstandene Chorwerk *Gemählde eines Erschlagenen* für 72 Vokalisten, dem Lenz' gleichnamiges Gedicht zugrunde liegt.

Von einer ‚Vertonung' des Gedichts zu sprechen, wäre in diesem Fall inadäquat. Es handelt sich vielmehr um eine Transformation eines Sprach- in ein Klangkunstwerk. Grundsätzlich gilt, dass der Text des Gedichts nicht rezitiert, sondern transformiert wird:

> Beim Hören des Singwerks [...] muss man sich dem Klanggeschehen überlassen, um den ästhetischen Prozess mit verschiedenen Klangqualitäten wie tönend und schallend, hell und dunkel, rauh und glatt, spitz und rund, laut und leise usw. in Verbindung mit polyphoner Schichtung, periodischen und aperiodischen Strukturen, dichter und lockerer Zeitfüllung, Wiederkehr und Umbruch, Steigerung und Ausklang mitvollziehen und am Ende als Erlebnis bewahren zu können. [...] Im vorliegenden Fall werden [...] die Wörter, die die Ausführenden lesen, meistens in reinen Klang überführt und somit [...] weitgehend unverständlich. Dies ist indessen kein defizitärer Sachverhalt, sondern das Ergebnis einer medialen Verwandlung. Nicht mehr das Verstehen von Text steht jetzt an, sondern das Erleben von Klang in Erinnerung an den Text. (Petersen 2006: 65 f.)

Aus der Sicht der Lenz-Rezeption sind zwei weitere Aspekte bedeutsam: Die Intimität des Gedichts wird aufgebrochen, indem einerseits anstelle des einen Lesers oder Rezitators ein Sängerkollektiv von 72 Personen an der Realisierung der 22 Hexameter beteiligt ist. Andererseits kommt es aufgrund der Größe des Apparats und der Länge der Komposition (zehn Minuten) zu einer Überhöhung von ursprünglichem Gedicht und dessen Inhalt, an der auch die gesteigerte Wertschätzung des Dichters in unserer Zeit abzulesen ist.

5. Weiterführende Literatur

Bayreuther, Rainer: [Art.] „Schoenfeld, Schönfeld, Johann Philipp". In: *Die Musik in Geschichte und Gegenwart*. 2. Aufl., Kassel u. a. 2005, Personenteil Bd. 14, Sp. 1567–1568.

Büchner, Georg: *Briefwechsel. Marburger Ausgabe*. Bd. 10.1.: *Text*. Hg. v. Burghard Dedner, Tilman Fischer u. Gerald Funk. Darmstadt 2012.

Goldmann, Friedrich: „Gespräch zur Opernphantasie ‚Hot' (1978)" [Goldmann im Gespräch mit Ingrid Donnerhack]. In: *Komponisten der DDR über ihre Oper*. Teil 2. Hg. v. Verband der Theaterschaffenden der DDR, Berlin 1979 (= Material zum Theater 118), S. 155–157.

Götz, Helma: *Manfred Gurlitt – Leben und Werk*. Frankfurt/Main, Bern 1996.

Grosskopf, Erhard: „L+L&L – der dunkle und der helle Wahn". In: *MusikTexte* 67/68 (1997), S. 15–20.

Gruhn, Wilfried: „Zur Entstehungsgeschichte von Bernd Alois Zimmermanns Oper ‚Die Soldaten'". In: *Die Musikforschung* 38 (1985), S. 8–15.

Michaely, Aloyse: „Toccata – Ciacona – Nocturno. Zu Bernd Alois Zimmermanns Oper ‚Die Soldaten'. In: Peter Petersen u. a. (Hgg.) *Musiktheater im 20. Jahrhundert*, Laaber 1988 (= Hamburger Jahrbuch für Musikwissenschaft 10), S. 127–204.
Neuhuber, Christian: *Lenz-Bilder. Bildlichkeit in Büchners Erzählung und ihre Rezeption in der bildenden Kunst*. Wien, Köln, Weimar 2009.
Pfister, Manfred: *Das Drama. Theorie und Analyse*. München 1977.
Reinhold, Daniela: „Lieder von Paul Dessau". In: Booklet der CD *Paul Dessau. Lieder* mit Stella Doufexis, Dietrich Henschel, Hanna Dóra Sturludóttir und Axel Bauni, ORFEO International C 435 001 A. Berlin 2000.
Schwalgin, Stefan: „*Le précepteur*" von Michèle Reverdy. Analyse der Kompositionstechnik unter semantischem Aspekt. Kiel 1999.
Spieß, Heinrich: „Philipp Christoph Kayser und Goethes Notenheft vom Jahre 1778". In: *Jahrbuch der Goethe-Gesellschaft* 17 (1931), S. 132–153.
Wood, Alison: „Operatic Narratives: Textual Transformations in Gwen Harwood's and Larry Sitsky's *Golem* and *Lenz*". In: *Journal of the Association for the Study of Australian Literature* 5 (2006), S. 178–190. Online unter: http://openjournals.library.usyd.edu.au/index.php/JASAL/article/view/10178/10076 (16.1.2017).

4.6 Lenz in der Kunst

Inge Stephan

1. Bilder von Lenz 587
2. Grafik 590
3. Installationen 594
4. Künstlerische Rezeption außerhalb des deutschsprachigen Raums . . . 595
5. Weiterführende Literatur 596
   Künstlerbücher 597

1. Bilder von Lenz

Noch stärker als im Falle der Lenz-Rezeption in der Musik (→ 4.5 LENZ IN DER MUSIK) erweist sich im Bereich der bildenden Kunst die Erzählung *Lenz* von Georg Büchner, 1839 posthum veröffentlicht, als eine fast übermächtige Inspirationsquelle. Die Erzählung – von Elias Canetti als „das wunderbarste Stück deutscher Prosa" (*Neuhuber 2009: 16) gewürdigt und von Heiner Müller gar als „Prosa aus dem 21. Jahrhundert" (Hauschild 1993: 518) bezeichnet – hat ein Bild von Jakob Michael Reinhold Lenz geschaffen, das sich gleichsam als Folie über den historischen Autor gelegt hat. Fortan verschmelzen Büchner- und Lenz-Rezeption in einer Weise, dass im Einzelnen schwer zu entscheiden ist, ob sich nachfolgende Künstler auf ‚Büchners Lenz' oder auf den ‚realen Autor' beziehen. Auch wenn man das in Hinsicht auf eine säuberliche Trennung von Rezeptionslinien bedauern mag, für die Wahrnehmung von Jakob Michael Reinhold Lenz erweist sich seine bildmächtige ‚Auferstehung' in Büchners Erzählung als ein Glücksfall. Welch zweiter deutscher Dichter hat eine solche kongeniale Hommage durch einen anderen Autor erlebt?

Büchners Text lenkt die Aufmerksamkeit zurück auf einen Autor, der nach der verheerenden ‚Hinrichtung' durch Goethe in seinen autobiographischen Erinnerungen *Aus meinem Leben. Dichtung und Wahrheit* (1830) zu den Vergessenen und

Verdrängten der deutschen Literaturgeschichte gehörte, und eröffnet eine neue Perspektive auf den Sturm und Drang als antiklassische Traditionslinie. Büchners sensible Erzählung steht am Anfang einer Neubewertung des Autors, die vor allem seinem Werk und seiner ästhetischen Position gilt. Im sogenannten ‚Kunstgespräch' verleiht Büchner Lenz eine Stimme, die zugleich seine eigene ist. In der Ablehnung des „Idealismus" als „schmählichste[r] Verachtung der menschlichen Natur" (*Büchner 1988: 144) sieht sich Büchner in Übereinstimmung mit einem Autor, der für ihn zum Vorläufer des eigenen Schaffens und zum Vorbild eigenen Schreibens wird.

Das einfühlsame ‚Bild', das Büchner von Lenz entwirft und welches die ‚Nachbilder' in der Kunst in entscheidender Weise beeinflussen wird, ist seinerseits nicht ohne ‚Vorbilder'. Außer dem Werk, das autobiographische Lesarten bzw. Auseinandersetzungen bis heute provoziert, existieren vier überlieferte Porträts bzw. Selbstporträts des Dichters, die jedoch in ihrer Authentizität sehr umstritten sind und so wenige Gemeinsamkeiten aufweisen, dass man von einer bildlichen ‚Leerstelle' sprechen kann. Die satirisch verzerrten ‚Selbstbilder', die Lenz im *Waldbruder* und im *Pandämonium Germanikum* von sich entworfen hat, sind zu Lebzeiten des Autors ungedruckt geblieben.

Angesichts dieser Situation kommt dem Urteil des ehemaligen Weggefährten Goethe eine besondere Bedeutung zu. Das Porträt von Lenz, das in der Tradition von Johann Caspar Lavaters Abhandlung *Physiognomische Fragmente zur Beförderung der Menschenkenntnis und Menschenliebe* (1775–1778) steht, findet sich im 12. Buch von *Dichtung und Wahrheit* und gibt dem längst Verstorbenen ein ‚Gesicht', das als ‚Urbild' tiefe Spuren in der bildenden Kunst hinterlassen hat.

> Klein, aber nett von Gestalt, ein allerliebstes Köpfchen, dessen zierlicher Form niedliche etwas abgestumpfte Züge vollkommen entsprachen; blaue Augen, blonde Haare, kurz, ein Persönchen, wie mir unter nordischen Jünglingen von Zeit zu Zeit eins begegnet ist; einen sanften, gleichsam vorsichtigen Schritt, eine angenehme, nicht ganz fließende Sprache, und ein Betragen, das, zwischen Zurückhaltung und Schüchternheit sich bewegend, einem jungen Manne gar wohl anstand. Kleinere Gedichte, besonders seine eigenen, las er sehr gut vor, und schrieb eine fließende Hand. Für seine Sinnesart wüßte ich nur das englische Wort *whimsical*, welches, wie das Wörterbuch ausweist, gar manche Seltsamkeiten in *einem* Begriff zusammenfaßt. (*Goethe 1981a: 495)

In seinem Buch ... *fertig ist das Angesicht. Zur Literaturgeschichte des menschlichen Gesichts* (1983) hat Peter von Matt darauf hingewiesen, dass es sich um ein im hohen Grade tendenziöses Bildnis handelt: „Lenz wird unentwegt verkleinert und effeminiert. Er verringert sich förmlich vor den Augen des Lesers." (Matt 1983: 90) Auch wenn es Matt nicht darum geht, „die Ranküne Goethes gegen Lenz im Detail zu analysieren" (ebd.: 91), und er einräumt, dass Lenz durch sein Verhalten durchaus Anlass zu diesem verzerrenden Charakterbild abgegeben haben könnte, ist ihm die „mitleidslose Scheingerechtigkeit des Porträts unheimlich" (ebd.).

Goethe hat seine Auseinandersetzung mit Lenz nicht auf die boshafte Vignette im 12. Buch beschränkt. Im 14. Buch kommt er ausführlich auf den ehemaligen Konkurrenten im literarischen Feld zurück. Auch wenn er Lenz ein gewisses dichterisches Talent nicht abspricht, so wird doch deutlich, dass er die Leistungen des Autors im Vergleich zu den eigenen sehr gering einschätzt und in ihm vor allem einen lästigen Nachahmer sieht, der sich mit unlauteren Mitteln als Autor zu behaupten sucht (vgl. *Goethe 1981b: 8; → 4.2 Lenz in der Literatur bis 1945).

Die Abwertung von Lenz zum marginalen Autor, die Goethe im 12. Buch an dem stumpfen Gesicht und der kleinen Gestalt des „Persönchens" festgemacht hatte, wird im 14. Buch auf den ganzen Charakter ausgedehnt: Lenz ist ein unbedeutender Mensch, dessen Leben und Texte niemand ‚nützen', der sich vielmehr durch sein Verhalten nur selbst ‚schadet'. Der „Wahnsinn", in dem er sich schließlich „verlor" (*Goethe 1981b: 10), scheint Folge eines Lebens zu sein, das „aus lauter Nichts zusammengesetzt" (ebd.: 8) war. Mit dem Resümee, dass Lenz ein „vorübergehendes Meteor" gewesen sei, das „nur augenblicklich über den Horizont der deutschen Literatur" hinzog und plötzlich verschwand, „ohne im Leben eine Spur zurückzulassen" (ebd.: 12), versucht Goethe einen Schlussstrich unter eine Beziehung zu setzen, in der er sich selbst zum Opfer eines „imaginären Hasses" und einer „abenteuerlichen und grillenhaften Verfolgung" (ebd.: 11) durch den ‚wahnsinnigen' Lenz stilisiert.

Büchner kannte nicht nur das von Goethe verbreitete negative Bild vom wahnsinnigen und intriganten Lenz, gegen das er mit seinem eigenen Text Einspruch einlegte, sondern auch die Aufzeichnungen des Pfarrers Johann Friedrich Oberlin, der den Kranken auf Vermittlung von Freunden bei sich aufgenommen hatte und über den Aufenthalt ein Tagebuch verfasst hat (vom 20. Januar bis zum 8. Februar 1778). Dieses Tagebuch, das Büchner im Manuskript einsehen konnte und das für ihn die Basis der eigenen Erzählung abgibt, vermittelt das Bild eines zutiefst verstörten Menschen, der seinen Platz in der Welt nicht finden kann. Auch wenn der moralisierende und selbstrechtfertigende Ton der Aufzeichnungen nicht zu überhören ist, so liefert Oberlin doch eine sehr aufmerksame Beobachtung des Zustandes von Lenz, die Büchner in weiten Teilen fast wörtlich übernommen hat. Durch gezielte Veränderungen, Auslassungen und Umformungen, vor allem aber durch Hinzufügung fiktiver Passagen, wie z. B. der grandiosen Wanderung durch das verschneite Gebirge oder des poetologisch wie politisch gleichermaßen wegweisenden ‚Kunstgesprächs', entsteht eine Erzählung, die „Widerrede" (Stephan/Winter 1984: 77) sowohl gegen Oberlin wie gegen Goethe ist. Büchner geht es mit seiner Erzählung darum, „das entstellte Gesicht von Lenz wiederherzustellen" (ebd.: 78).

Wirkmächtig für die bildende Kunst ist die Erzählung *Lenz* vor allem durch ihre Bildlichkeit geworden, wie Christian Neuhuber in seiner einlässlichen Studie *Lenz-Bilder. Bildlichkeit in Büchners Erzählung und ihre Rezeption in der bildenden Kunst* (2009) an vielen Beispielen gezeigt hat. Bereits Gutzkow hat in den Nachbemerkungen zu dem von ihm besorgten Erstdruck der Erzählung von der „Seelenmalerei" des Autors gesprochen und Büchners Freund Wilhelm Schulz hat den Text in seiner Rezension als „düsteres Nachtgemälde" charakterisiert (*Neuhuber 2009: 33). Tatsächlich sind die Landschafts- und Krankheitsbilder von großer Suggestivkraft: „Die Eingangsschilderung des *Lenz* gehört – nicht zuletzt aufgrund ihrer starken Bildlichkeit – zu den bekanntesten Anfängen in der deutschen Erzählliteratur" (ebd.: 91):

> Den 20. ging Lenz durch's Gebirg. Die Gipfel und hohen Bergflächen im Schnee, die Täler hinunter graues Gestein, grüne Flächen, Felsen und Tannen. Es war naßkalt, das Wasser rieselte die Felsen hinunter und sprang über den Weg. Die Äste der Tannen hingen schwer herab in die feuchte Luft. Am Himmel zogen graue Wolken, aber Alles so dicht, und dann dampfte der Nebel herauf und strich schwer und feucht durch das Gesträuch, so träg, so plump. Er ging gleichgültig weiter, es lag ihm nichts am Weg, bald auf- bald abwärts. Müdigkeit spürte er keine, nur war es ihm manchmal unangenehm, daß er nicht auf dem Kopf gehen konnte. (*Büchner 1988: 137)

Die Bemerkung, dass es ihm unangenehm war, nicht auf dem Kopf gehen zu können, ist ein deutliches Anzeichen dafür, dass es sich bei Lenz um keinen ‚normalen' Wanderer handelt. In der Rezeption ist dieser lakonische Nebensatz zu einer zentralen Metapher für Lenzens ungewöhnliche und unbequeme Sicht auf sich selbst und die Welt geworden. Er wird immer dann zitiert, wenn es um die Beschwörung des „alten Lenz-Gefühls" geht, das „aus der deutschen Literatur nicht mehr wegzudenken ist", wie ein Rezensent anlässlich der Verleihung des Büchner-Preises an Wilhelm Genazino 2004 angemerkt hat (*Neuhuber 2009: 17). Solche starken Metaphern, für die es bei Oberlin keinerlei Vorlagen gibt, haben eine regelrechte Sogwirkung auf Autoren und bildende Künstler ausgeübt. Zu diesen starken Metaphern gehören auch Formulierungen wie die, dass „der Wahnsinn auf Rossen hinter ihm" (*Büchner 1988: 138) herjage, dass „die Welt, die er hatte nutzen wollen" (ebd.: 155), einen „ungeheuren Riß" (ebd.: 155) habe, dass es ihm so vorkomme, „als sei er doppelt und der eine Teil suchte den andern zu retten" (ebd.: 156), oder dass die „Stille" für ihn eine „entsetzliche Stimme" sei, „die um den ganzen Horizont schreit" (ebd.: 157).

Der Topos des ‚kranken Kindes' dagegen findet sich bereits bei Oberlin, der damit eine Sicht im Freundeskreis von Lenz aufgreift, für die Goethe in einem Brief an Johann Heinrich Merck folgende einprägsame Formulierung gefunden hatte: „Lenz ist unter uns wie ein krankes Kind, wir wiegen und tänzeln ihn, und geben und lassen ihm von Spielzeug was er will" (Goethe an Merck, 16.9.1776; zit. nach *Neuhuber 2009: 126). Büchner spricht zwar auch vom „kranken Kinde" (*Büchner 1988: 147), der Kinderstatus als solcher ist bei ihm jedoch nicht notwendig an Krankheit und Wahnsinn gebunden, wenn er z. B. das „helle Kindergesicht" erwähnt, „auf dem alles Licht zu ruhen schien" (ebd.: 138), Lenz Oberlin gegenüber in die Rolle des Kindes schlüpfen oder ihn im Traum eine frühkindliche Begegnung mit der Mutter am Weihnachtstag herbeiphantasieren lässt.

Auch für den selbstmörderischen Sprung aus dem Fenster in den Brunnentrog gibt es bei Oberlin gleich mehrfach Belege, nicht aber für den grotesken Kampf mit der Katze. Dieser tritt bei Büchner an die Stelle des dramatischen Selbstmordversuchs mit einer Schere, den Lenz bei Oberlin begeht:

> Einst saß er neben Oberlin, die Katze lag gegenüber auf einem Stuhl, plötzlich wurden seine Augen starr, er hielt sie unverrückt auf das Tier gerichtet, dann glitt er langsam den Stuhl herunter, die Katze ebenfalls, sie war wie bezaubert von seinem Blick, sie geriet in ungeheure Angst, sie sträubte sich scheu, Lenz mit den nämlichen Tönen, mit fürchterlich entstelltem Gesicht, wie in Verzweiflung stürzten Beide auf einander los, da endlich erhob sich Madame Oberlin, um sie zu trennen. (ebd.: 155)

Neben solchen eindrucksvollen Szenen, seien sie von Oberlin berichtet oder von Büchner als ödipales Dreieck fingiert, ist es vor allem die „psychotische und ästhetische Struktur der Naturschilderungen" (Schmidt 1994), die bildende Künstler im 20. und 21. Jahrhundert zu Visualisierungen angeregt hat.

2. Grafik

Zu *Lenz* liegen bis heute mehr als 800 bildliche Arbeiten vor, zum Teil handelt es sich um Illustrationen, die mit der Erzählung zusammen veröffentlicht worden sind, zum Teil um Einzelblätter oder freie Arbeiten, die sich mit bestimmten Aspekten und

4.6 Lenz in der Kunst

Themen des Textes auseinandersetzen. Eine Übersicht bietet die Habilitationsschrift *Lenz-Bilder* von Christian Neuhuber. Auch wenn die überwiegende Anzahl der Arbeiten eindeutig in den Bereich der Büchner-Rezeption gehört, gibt es doch auch Arbeiten, die hinter dem Büchnerschen Text Jakob Michael Reinhold Lenz aufscheinen lassen oder sich so weit von der Textvorlage entfernen, dass ein komplexer Sinn- und Verweisungszusammenhang entsteht.

Büchner- und Lenz-Rezeption sind also in vielen Fällen nicht zu trennen. Das zeigt sich vor allem an den *Lenz*-Kunstbüchern, von denen in erster Linie Walter Grammattés Radierungen (1925), Anton Watzls Original-Holzschnitte (1982), Baldwin Zettls Kupferstiche (1983), Alfred Hrdlickas Farbzeichnungen (1989) und Hans Scheibs Radierungen (1992) zu nennen sind. Sie gehören gleichermaßen in die Büchner- und die Lenz-Rezeption.

Arnd Beise hat sich in seiner Untersuchung „Bilderfolge einer ausweglosen Selbstzerfleischung" (2006a) ausführlich mit Hrdlickas Lenz-Illustrationen beschäftigt. Zu ihnen zählen nicht nur die zwölf Pastellzeichnungen aus den Jahren 1988, die Aufnahme in die bibliophile Ausgabe von 1989 gefunden haben, sondern auch fünf Radierungen aus dem Jahr 1987. Sie zeigen, wie gründlich sich Hrdlicka auf das Buchprojekt vorbereitet hat. Neben *Lenz* hat sich der Künstler auch intensiv mit *Woyzeck* auseinandergesetzt. Insgesamt liegen über 40 Zeichnungen und Drucke zu Büchners Texten vor. In seinem Nachwort „Lenz/Büchner/Hrdlicka: Realismus der Menschlichkeit" schreibt Theodor Scheufele:

> Lenz, Büchner, Hrdlicka – die drei Namen verbindet ein gemeinsamer Grundton. Es besteht eine Verwandtschaft zwischen diesen Künstlern über Zeiten und Kunstgattungen hinweg. Die Verwandtschaft ist freilich nicht leicht durch einen einzigen Begriff zu fassen. Sie hat mit einer ähnlichen menschlichen und daraus entspringenden künstlerischen Haltung zu tun: mit kritischem Vorbehalt bestehenden Verhältnissen gegenüber bei gleichzeitigem Mut zur Parteinahme für fundamentale Interessen der unter diesen Verhältnissen lebenden Menschen. Politisch zeigt sich eine solche Haltung im Zug zum Revolutionären, von dem Leben und Werk der drei Künstler bestimmt sind. Im persönlichen Bereich läßt sie sich als Mitgefühl für alle Erscheinungen der Wirklichkeit feststellen, gerade auch dort, wo diese den geltenden Schönheits- und Tugendnormen widersprechen. Ästhetisch bekennen sich die drei Künstler nachdrücklich zu einer realistischen Kunst, die, anstatt Idealvorstellungen des Schönen nachzuspüren, Wahrhaftigkeit des Ausdrucks anstrebt. (Scheufele 1988: 95)

Wie eng Büchner- und Lenz-Rezeption bei Hrdlicka verflochten sind, zeigt insbesondere die letzte Illustration, in der ein nur mit einer olivgrünen Jacke bekleideter Mann auf einer schmutzig-weißen Matratze in einem unbestimmten leeren Raum liegt und das blutige Geschlechtsteil in die Höhe reckt, das er sich soeben mit dem Messer abgeschnitten hat. Mit dieser Szene tritt Hrdlicka aus dem Büchnerschen *Lenz* heraus, wo sich der Protagonist nach diversen gescheiterten Selbstmordversuchen am Ende in eine gebrochene Figur ohne „Angst" und „Verlangen" verwandelt hat, für die das Dasein „eine notwendige Last" ist. Die Erzählung endet mit den Worten „So lebte er hin" (*Büchner 1988: 158). Die Selbstkastration erinnert an das Drama *Der Hofmeister* von Jakob Michael Reinhold Lenz, in dem sich der Protagonist Läuffer ‚entmannt', um sich in die bürgerlichen Verhältnisse einzupassen. Diesen Text von Lenz hat Hrdlicka nach eigener Aussage besonders geschätzt: „*Der Hofmeister* von Jakob Michael Reinhold Lenz ist ein Selbstporträt, jugendlicher Idealismus und sexuelle Not sind die beiden Pole, die sich abstoßen und anziehen und ‚schicksalhaft' den Helden der Handlung zerstören." (zit. nach Beise 2006a: 230)

Eine besondere Rolle im Rahmen der Büchner- und Lenz-Rezeption spielt die Künstlerin Susanne Theumer, die für ihr Buch *Georg Büchner: Lenz. Textauszüge mit Originalradierungen* (2004) den ersten Preis bei dem renommierten Otto-Ditscher-Illustrationswettbewerb (1993) erhalten und sich in der Folge mit dem originalgraphischen Buch *An das Herz* (2005) dem historischen Autor direkt zugewandt hat. Dieses Buch – in gewisser Weise handelt es sich um ein Pendant zu dem originalgraphischen Werk zu Büchners *Lenz* – enthält elf Radierungen und Bleisatztexte zu acht Gedichten von Lenz. Das Gedicht *An das Herz*, das der Sammlung den Titel gegeben hat, bildet die Achse und den Rahmen, um die sich die anderen Gedichte beziehungsreich gruppieren. Das Spiel mit dem ‚gebrochenen' und ‚entfesselten' Herzen, das als kleine Vignette den Auftakt und den Schlusspunkt der Sammlung bildet, und die Platzierung des emphatischen und zugleich ironisch gebrochenen Gedichts *An das Herz* in der Mitte des Buches verweist auf die zentrale Bedeutung der Herz-Metaphorik in der Sturm-und-Drang-Epoche. Goethes Werther, der sein Herz wie ein krankes Kind in den Händen wiegt, kann hier ebenso assoziiert werden wie Lenzens fragmentarischer, als Pendant zum *Werther* angelegter Roman *Der Waldbruder*, in dem der Held den bedeutungsschweren Namen Herz trägt und sich selbst als Leben spendendes Organ des abgespaltenen Freundes Rothe – hinter dem unschwer das ambivalente Bild des Nebenbuhlers Goethe zu erkennen ist – imaginiert und damit jene schmerzliche Spaltung des Subjekts vorwegnimmt, die in den späteren Doppelgänger-, Spiegelbild- und Schattengeschichten der Romantiker ausphantasiert wird (Stephan 2006a: 27 f.).

Das Buch *An das Herz* wurde erstmals auf der internationalen Lenz-Tagung *Zwischen Kunst und Wissenschaft* (Berlin 2005) zusammen mit der Radierung *Lenz* sowie weiteren 15 großformatigen Kohle-, Kreide- und Graphit-Zeichnungen präsentiert. Ein Großteil dieser Zeichnungen besteht aus zwei, drei oder fünf Teilen. Die scharfen Schnitte, durch die sie voneinander getrennt sind, verweisen auf den schmerzlichen Riss, der für Büchners Lenz durch die Welt geht. Für die Lenz-Rezeption im engeren Sinne sind vor allem die Arbeiten einschlägig, die Momente aus der Biographie von Lenz aufgreifen (*Lenzens Rückkehr nach Livland*), sich mit Dramen (*Die Soldaten*) und Gedichten (*Gemählde eines Erschlagenen*) von Lenz auseinandersetzen oder überzeugende Symbolisierungen für seine ungestüme dichterische Kraft (*Pegasus I* und *Pegasus III*) und sein gesellschaftliches Scheitern (*Fiasko* und *Schicksallos*) finden.

Die jeweils elf kleinformatigen Radierungen in den Künstlerbüchern *Lenz* (2004) und *An das Herz* (2005) und die großformatigen Zeichnungen weisen ungeachtet des unterschiedlichen Formats und künstlerischen Zugriffs eine Reihe von Gemeinsamkeiten auf:

> Die Verdoppelungen und Vervielfachungen, die Verkehrung von Oben und Unten, die Verzerrungen und Verschiebungen, die Fragmentarisierung und Neukomposition, die schiefen und angeschnittenen Bildausschnitte, der abrupte Wechsel zwischen kräftiger und filigraner Strichführung, die durchgehenden und die abbrechenden, im Nichts endenden Linien, der Gegensatz zwischen Hell- und Dunkelschraffierungen, das virtuose Spiel mit zwei-, drei- und fünfteiligen Bildarrangements – um nur die auffälligsten künstlerischen Verfahrensweisen zu nennen – sind niemals Selbstzweck, sondern sie entsprechen in kongenialer Weise dem expressiven, zuckenden und nervösen Schreibstil von Lenz. (Stephan 2006a: 27)

Unter den zum Otto-Ditscher-Preis eingereichten Arbeiten konnten die fünf Blätter von Susanne Theumer die Jury „sowohl wegen ihrer subtilen technischen Brillanz als auch wegen ihrer kühnen figurativen Umsetzung" (*Jöckle 2003: 91) überzeugen. In der Begründung der Jury heißt es:

> Alle fünf Blätter erreichen ein gleich hohes Niveau. Dabei wurde der Text Büchners in Wortassoziationen unmittelbar in eine Komposition umgesetzt, bei der das Liniengraphische durch Spuren und Zeichen in filigraner Vielheit und subtilen Grauwerten Eigenständigkeit gewinnt. Herausragend erscheint das gestenreiche Spiel der Hände. Ausdrucksstarke Gesichter und Körperelemente zwischen Emotion und Berechnung, zwischen Verdichtung und Auflösung machen den graphischen Reichtum dieser Bildserie aus. (ebd.)

Insgesamt lässt sich sagen, dass die bildnerische Auseinandersetzung mit Büchners Erzählung im engeren und mit Lenz im weiteren Sinne durch den Otto-Ditscher-Wettbewerb im Jahre 2003 wesentliche Impulse erhalten hat: „Für beinahe ein Drittel der 103 Künstlerinnen und Künstler war Büchners Erzählung offenbar das bildmächtigste und inspirierendste Werk unter den vorgeschlagenen, wobei das Teilnehmerfeld als durchaus repräsentativ bezeichnet werden kann." (*Neuhuber 2009: 271 f.) Ein Teil der Arbeiten wird von Neuhuber in seiner Studie *Lenz-Bilder* ausführlich vorgestellt. Auffällig ist, dass sich viele Künstler und Künstlerinnen wie Fritz Baumgartner, Peter Biskup, Dieter Goltzsche, Sven Großkreutz, Max P. Haering, Peter Haese, Claudia Hüfner, Stephanie Marx, Martin Meier und Ulla Schenkel mit mehrteiligen Serien, Bildfolgen und Zyklen an dem Wettbewerb beteiligt haben, wobei der Lenz-Bezug im engeren Sinne nur in wenigen Arbeiten ins Auge springt. Der historische Autor wird jeweils durch Büchners Text vermittelt wahrgenommen.

Eine direkte Auseinandersetzung mit Jakob Michael Reinhold Lenz, wie sie sich bei Theumer findet, ist bei diesen Künstlern und Künstlerinnen nicht zu beobachten. Das gilt auch für Arbeiten von Nadine Respondek-Tschersich, Nanna Max Vonessamieh und Thomas Kohl, die im Umfeld des Wettbewerbs oder unabhängig davon entstanden sind. Insbesondere die inzwischen auf mehr als 70 Leinwände angewachsene Bildfolge *Über die Ebene hin* (1992–2004) von Kohl schafft subtile ‚Seelenlandschaften', die auf den Betrachter zielen, der „sich selbst in der Konfrontation mit signifikanten titelgebenden Zitaten aus *Lenz* seine Bildwirklichkeit erfinden muss" (*Neuhuber 2009: 328).

Auch für Susanne Theumer stellt sich die Arbeit an Büchner/Lenz als *work in progress* heraus. In der Ausstellung „*... die Welt, die er hatte nutzen wollen, hatte einen ungeheuren Riß*" (2011) in Büchners Geburtshaus in Goddelau und in der Retrospektive *Welt im Kopf* (2011) in Hamburg waren weitere Arbeiten der Künstlerin zu sehen, die zeigen, dass Lenz für Theumer nach wie vor ein wichtiges Thema ist. Die drei kleinformatigen Kohle-Kreide-Zeichnungen *Im Wald*, *Sturz* und *Lenz* schaffen einen intimen Raum der Zwiesprache mit dem historischen Autor wie mit der Erzählung von Büchner. Die drei Blätter entwerfen düstere Bilder der Gefährdung und des Unbehaustseins. Auch die Natur bietet keinen Halt mehr für den Menschen, der zwischen kahlen Baumstämmen vergeblich Schutz sucht oder durch seinen Sturz gleichsam aus der Welt fällt. Das kindlich anmutende, leicht verzerrte En-face-Porträt des Dichters auf der dritten Zeichnung wird von einem dunklen Balken, der sich vor bzw. hinter die Augenpartie schiebt, gleichsam durchschnitten. Er verschattet das Gesicht, lässt zugleich aber ein Auge frei, das in eine imaginäre Ferne blickt. Als Papier für die drei Arbeiten hat die Künstlerin alte DDR-Thermokopien benutzt, die mit den Jahren einen Sepia-Ton angenommen haben. Es handelt sich um Konstruktionspläne von chemotechnischen Anlagen in Leuna, deren Abriss die Künstlerin in den Jahren von 1996 bis 1998 zeichnerisch festgehalten hat. Beim genaueren Hinschauen entdeckt man nicht nur ein kühles Konstrukt von Linien, die zerstörerisch auf den Kopf einwirken, sondern auch Zahlen und Wörter, die als ‚Hieroglyphen' einen beunruhigen Subtext der Zeichnung bilden und als Anspielungen auf den Zustand von Lenz verstanden werden können.

3. Installationen

Auf der Tagung *Zwischen Kunst und Wissenschaft* in Berlin war neben Susanne Theumer ein weiterer Künstler vertreten, der mit der Installation *Lenz' Brunnensturz* die nächtlichen Sprünge in den Brunnentrog, von denen Oberlin und Büchner übereinstimmend berichten, aufwendig in Szene setzte. Joachim Hamster Damm, der bereits zur Lenz-Biographie *Vögel, die verkünden Land* (1985) von Sigrid Damm ein eindrucksvolles Titelfoto beigesteuert hatte, ist mit Biographie und Werk des Sturm- und-Drang-Autors bestens vertraut. Hans-Gerd Winter schreibt über die Installation:

> Es handelt sich um eine Nachbildung der Brunnbütte. Der Wassertrog ist durch zwei Schläuche mit einem der Raumfenster verbunden. An der Einmündung des Schlauches in die Scheibe sind auf dem Fensterglas Glassplitter befestigt, die der Betrachter als eine Andeutung des Sturzes durch das Fenster deuten kann. Durch den einen Schlauch wird Wasser zum Fenster gepumpt, das durch den zweiten wieder zurückfließt. Unter dem Brunnen ist ein von außen nicht sichtbarer Monitor montiert. Schaut man in den Brunnen, ist man gefesselt durch die sich ständig verändernden Bilder an seinem Grund, die in dem Wasser, das sich über ihnen befindet, leicht verschwimmen. Ein Video zeigt das Gesicht einer Frau, die nicht verständliche Worte artikuliert; ferner werden Standbilder gezeigt, die ineinander übergehen (Morph-Technik). Es handelt sich um Naturobjekte wie Baum, Strauch, Koralle, Steine, um menschliche Körperteile wie Haare, Brust, Auge, Vagina; auch der Kopf eines kleinen Kindes taucht mehrfach auf, ebenso ein Frauengesicht und ein pochendes Herz [...]. Der Wasserbehälter des Brunnens ist ummauert von Backsteinen und einer braun gefärbten Pappkonstruktion, auf der in schwarzen Lettern das Wort „Lenz" steht. (Winter 2006a: 48)

Diese Installation ist nicht die erste Lenz-Arbeit des Bühnenbildners und Performancekünstlers Damm. In den zusammen mit Sigrid Damm veröffentlichten Reiseerinnerungen *Tage- und Nachtbücher aus Lappland* (2002) erinnert er sich an seine erste Lenz-Installation, die er noch als Student in Weißensee realisiert hat:

> Als Student an der Kunsthochschule meine Installation „Ich spende Haar an Lenzens Grab". Ein begehbarer schwarzer Raum. Winzige Fenster drin, Guckkästen. In allem war ein Mann – ich – im Lenz-Kostüm zu sehen, in der Landschaft, in Bewegung, im Sprung. Mit dem Selbstauslöser hatte ich fotografiert, alle Bilder hielten den Augenblick des Falles fest. (zit. nach Winter 2006a: 57)

Im Jahr 1999 folgte eine weitere Lenz-Installation in Leipzig, die aus einem mit Gras bewachsenen Hügel bestand, in dem sich eine Höhle befand. In dieser Höhle lief ein Video, das Damm in Teilen für die Installation in Berlin 2005 erneut nutzte. In einem Gespräch mit Hans-Gerd Winter hat der Künstler Hintergrundinformationen geliefert, die zeigen, wie intensiv er sich mit dem Autor beschäftigt hat. Auch wenn die Erzählung von Büchner ihn nach eigener Aussage bis heute fasziniert, so setzt er doch nicht bei Büchner, sondern bei dem historischen Autor an, der ihm seit seiner Jugend vertraut ist. Vor allem nach den politischen Veränderungen nach 1989 wird Lenz für ihn eine wichtige Reflexionsfigur für das eigene künstlerische Schaffen:

> Dadurch, dass Lenz in entscheidenden Momenten das Falsche tat, grenzte er sich aus der Ordnung der Umwelt aus. In Weimar provozierte er durch eine „Eseley", erzeugte damit Reibungen, die zu seiner Verbannung führten. Für mich bildet das Ausgegrenzt-Sein den Ausgangspunkt für kreative Prozesse, die Reibungen erzeugen. Es muss darum gehen, die Leute auszutricksen und zu verstören. (ebd.: 56)

Mit der Installation *Lenz' Brunnensturz*, die nach der Präsentation in Berlin auch noch – wenn auch in jeweils veränderten Fassungen – in Weimar und Hamburg gezeigt wurde, verstört der Künstler gezielt Wahrnehmungsweisen des Publikums und entwirft ein provozierendes Lenz-Bild. Die Schauspielerin, die auf dem Grunde des Brunnens manchmal scharf, manchmal verschwommen zu sehen ist, liest Gedichte von Lenz, was man als Beobachter jedoch nicht weiß, weil die Worte unverständlich bleiben.

Wenn man bedenkt, dass Goethe in seinem Lenz-Porträt auf die „nicht ganz fließende Sprache" von Lenz hingewiesen und gönnerhaft angemerkt hatte, dass er jedoch „[k]leinere Gedichte, besonders seine eigenen" recht gut vorgelesen habe (*Goethe 1981a: 495), ist eine solche Inszenierung nicht ohne Ironie. Auch die Wahl der Schauspielerin erfolgt mit Bedacht. Für Damm ist „Lenz weiblich": „Er ist ein Mann, hat aber deutlich weibliche Züge" (Winter 2006a: 53). Überdies verfügt die Schauspielerin nach Damm über eine gewisse Ähnlichkeit mit den bekannten Lenz-Porträts.

Damm und Theumers Arbeiten – so unterschiedlich sie auch sind – berühren sich in dem gemeinsamen Interesse an Jakob Michael Reinhold Lenz. Sie suchen hinter dem Büchnerschen Text den historischen Dichter auf und setzen sich mit seiner Produktivität als Autor auseinander. Gemeinsam ist beiden auch ihre ostdeutsche Herkunft, die sie – vor allem durch die Erfahrungen nach 1989 – für Ausgrenzungen besonders sensibilisiert hat.

4. Künstlerische Rezeption außerhalb des deutschsprachigen Raums

Das Interesse an Lenz ist keineswegs nur auf den deutschsprachigen Raum beschränkt. Das zeigen nicht nur die älteren bibliophilen *Lenz*-Editionen, die in Frankreich, Italien, Tschechien und den Niederlanden veröffentlicht worden sind und die Neuhuber in seiner Übersicht *Lenz-Bilder* vorstellt, sondern auch neuere Arbeiten von Künstlern, die international arbeiten. Hierzu gehören zum einen die Fotoarbeiten des Argentiniers Emilio García Wehbi, der in seiner Installation *Ensayo sobre la Tristeza* (2005) Aufnahmen von Puppengesichtern mit Textstellen aus Büchners *Lenz* collagiert hat (*Neuhuber 2009: 29). Zum anderen aber sind die Arbeiten des kanadischen Konzeptkünstlers Rodney Graham zu nennen, der 1983 die *Loop*-Version *In the Forest* hergestellt hat, die auf Büchners *Lenz* basiert. Graham illustriert den Text nicht, er thematisiert in seiner Arbeit vielmehr, was Schreiben und Lesen seiner Auffassung nach heute bedeuten:

> In einer auf zehn Exemplare limitierten, 336 Seiten umfassenden Buchform wird die büchnersche Erzählung in der englischen Übersetzung durch Carl Richard Müller nach der

ersten Seite in eine Endlosschleife geführt, die auf der Wiederholung der Formulierung ‚through the forest' in ähnlichem grammatischen Zusammenhang basiert. 83-mal wird die vierseitige Passage zwischen dem 243. (‚the [forest]') und dem 1434. (‚through') Wort wiederholt, wobei eine ausgeklügelte Layoutierung die Bruchstelle unkenntlich macht. Der daraus entstehende Text gibt über die Dekonstruktion des Konzepts temporärer Sukzession in Geschichten eine Vorstellung der Unentrinnbarkeit und Auswegslosigkeit, die auf thematischer Ebene der Gefühlssituation des kranken Dichters entspricht. (ebd.)

Die Wahl von Büchners Erzählung ist nicht zufällig. Graham interessiert sich nach eigener Aussage für einen „konzeptionellen Umgang mit dem Kunstschaffen, der die Formen der Wahrnehmung untersucht – in Wahrnehmungsweisen, die auf besondere Weise verändert sind" (*Lerm Hayes 2010: 70). Eine solch veränderte Wahrnehmungsweise liegt in der Büchnerschen Erzählung vor. Für den mit Freud und Lacan vertrauten Graham wird sie zu einem Schlüsseltext in der Auseinandersetzung mit Krankheit als Quelle oder Blockade von Kreativität. „Das traumartige, verwirrende Wandeln durch den Wald" (ebd.: 68) ist ein vom Unbewussten gesteuerter Irrlauf zwischen den Buchstaben und Wörtern, für den der *Loop* als endlose Wiederholung und Verschiebung eine überzeugende Metapher und zugleich eine technisch reizvolle Möglichkeit der künstlerischen Umsetzung ist. Auch wenn Graham in seiner Installation den historischen Text dekonstruiert, bestätigt er auf der anderen Seite in subtiler Weise „den Wert und die Aktualität älterer (kanonischer) Schriften und stellt sie innovativ neuen Lesern innerhalb ihres neuen Kontextes vor." (ebd.: 70)

Im Jahr 1993 hat Graham eine auf drei Exemplare limitierte *Reading Machine for Lenz* entworfen, die aus einer gerahmten Einzel- und zwei gerahmten Doppelseiten besteht, die jeweils von beiden Seiten betrachtet werden können, wobei der auf einem schwenkbaren Fuß angebrachte Leserahmen rotieren kann. Auch in diesem Fall handelt es sich um eine *Loop*-Installation, in der das Buch als inzwischen historisch gewordenes Medium ironisch ausgestellt wird. Ein solches Arrangement lässt sich kritisch sowohl auf Büchners Erzählung wie auf die Texte von Lenz beziehen. Für Graham sind alte Bücher heutigen Lesern nicht mehr unmittelbar zugänglich, durch ausgeklügelte technische Verfahrensweisen werden sie in mechanische Kunstobjekte verwandelt und wecken in ihrer Fremdartigkeit die Neugier und das Begehren der Zuschauer/innen. Zugleich spielen sie für Kenner/innen der Werke von Lenz in subtiler Weise auf die Maschinenmetaphorik in dessen Rezension *Über Götz von Berlichingen* an, wo der Autor die These vertritt, dass der Mensch nur eine „vorzüglich-künstliche kleine Maschine" ist, „die in die große Maschine, die wir Welt, Weltbegebenheiten, Weltläufte nennen besser oder schlimmer hineinpaßt" (Damm II: 637).

5. Weiterführende Literatur

Büchner, Georg: *Werke und Briefe. Münchner Ausgabe*. Hg. v. Karl Pörnbacher, Gerhard Schaub, Hans-Joachim Simm u. Edda Ziegler. München 1988.

Damm, Sigrid u. Hamster Damm: *Tage- und Nächtebücher aus Lappland*. Frankfurt/Main 2002.

Goethe, Johann Wolfgang: *Werke. Hamburger Ausgabe*. Hg. v. Erich Trunz. Bd. 9: *Autobiographische Schriften* I. München 1981. [= *Goethe 1981a]

Goethe, Johann Wolfgang: *Werke. Hamburger Ausgabe*. Hg. v. Erich Trunz. Bd. 10: *Autobiographische Schriften* II. München 1981. [= *Goethe 1981b]

Jöckle, Clemens: „Otto-Ditscher Preis des Landkreises Ludwigshafen für Buchillustration". In: *Illustration 63. Zeitschrift für die Buchillustration* 40.3 (2003), S. 90–91.

Lerm Hayes, Christa-Maria: „Rodney Graham. Literatur und was ein Künstler damit macht". In: *Rodney Graham. Through the Forest.* [Katalog zur Ausstellung in der Hamburger Kunsthalle, 22. 10. 2010–30. 1. 2011.] Ostfildern 2010, S. 64–85.

Neuhuber, Christian: *Lenz-Bilder. Bildlichkeit in Büchners Erzählung und ihre Rezeption in der bildenden Kunst.* Wien, Köln, Weimar 2009.

Künstlerbücher

Büchner, Georg: *Lenz. Ein Fragment. Mit zwölf Radierungen von Walter Grammatté.* Hamburg 1925.

Büchner, Georg: *Lenz. Mit 8 Reproduktionen nach Kupferstichen von Baldwin Zettl.* Berlin 1983.

Büchner, Georg: *Lenz. Mit dreizehn Original-Holzschnitten von Anton Watzl.* Neu-Isenburg 1982.

Büchner, Georg: *Lenz. Erzählung. Mit Bildern von Alfred Hrdlicka und einem Essay von Theodor Scheufele.* München 1988 [recte: 1989].

Büchner, Georg: *Lenz. Erzählung. Mit 44 Radierungen von Hans Scheib.* Leipzig 1992.

Theumer, Susanne: „An das Herz". Originalgraphisches Buch mit 11 Radierungen zu Gedichten von Jakob Michael Reinhold Lenz. Halle, Höhnstedt 2005.

Theumer, Susanne: „Lenz". Originalgraphisches Buch mit 12 Radierungen zu Texten von Georg Büchner. Halle, Höhnstedt 2004.

4.7 Lenz im Film

Manuel Köppen

1. George Moorse: *Lenz* (BRD 1970) 598
2. Alexandre Rockwell: *Lenz* (USA 1981) 600
3. Egon Günther: *Lenz* (SR/ORB 1992) 602
4. Thomas Imbach: *Lenz* (CH 2006) 605
5. Andreas Morell: *Lenz* (ZDF 2009) 607
6. Isabelle Krötsch: *Büchner. Lenz. Leben* (D 2011) 609
7. Filmographie 609
8. Weiterführende Literatur 610

Im Genre des Künstlerfilms fristen Schriftsteller ein eher verstecktes Dasein. Anders als etwa bei Malern, Schauspielern, Komponisten oder Musikern bietet ihre Tätigkeit wenig an Stoff, der audiovisuelle Phantasien beflügeln könnte. Sicher nimmt sich das große Ausstattungskino auch der Schriftsteller an. Roland Emmerichs Shakespeare-Film *Anonymus* (USA, D 2011) liefert dafür ebenso ein Beispiel wie John Maddens mit sieben Oscars ausgezeichnete Komödie *Shakespeare in Love* (USA, GB 1998). Und Ariane Mnouchkines mit dem Théâtre du Soleil realisierte Produktion *Molière* (I, F 1978) hat gleichermaßen Theater- wie Kinogeschichte geschrieben. Sofern es sich um Bühnendichter handelt, stellt sich das inszenatorische Problem der Performanz schriftstellerischen Schaffens ohnehin nicht. Den Schriftsteller bei der Arbeit zu zeigen, also dichtend, gelingt in entsprechend genialischer Pose allenfalls noch einem Film wie Herbert Maischs *Friedrich Schiller* (D 1940). Eine andere Lösung mag darin bestehen, das Arbeitsgerät zum leitmotivischen Objekt zu machen wie in David Cronenbergs *Naked Lunch* (CDN, GB 1991), in dem eine insektoide, aber sprechende Schreibmaschine die Entstehungsgeschichte von William S. Burroughs' Drogenphantasien in Tanger begleitet. Eine vergleichende Studie der Künstlerinszenierungen im Spielfilm steht indes noch aus.

Manchmal sind freilich die biographischen Rahmendaten dazu geeignet, dem Schriftstellerleben die Konturen eines dramatischen Ereignisses geben zu können. Im Fall von Jacob Michael Reinhold Lenz ist solches Künstler- als Lebensdrama durch Georg Büchners Erzählung *Lenz* vorstrukturiert. So verwundert es nicht, dass sich von den besprochenen *Lenz*-Filmen fünf auf Büchners Textvorlage beziehen und nur einer, Egon Günthers Film anlässlich des 200. Todestages des Dichters, einen anderen Fokus setzt. Statt der künstlerischen Lebenskrise als Identifikationsmuster interessiert bei Günther die Genese solcher Krise. Der Produktionshintergrund der Filme korreliert mit der kulturellen Bedeutung, die Lenz zugemessen wird. Er figuriert nicht als repräsentativer Dichter seiner Epoche, sondern als Außenseiter. Privat, durch die Filmförderung oder öffentlich-rechtlich finanziert, kommen die Filme mit einem Etat aus, der das Auswertungsspektrum begrenzt: auf die Fernsehausstrahlung oder das Cineastenerlebnis im Programmkino. Lenz, so scheint es, ist Geheimtipp geblieben, andererseits aber auch zu einer Art Label künstlerisch-lebensweltlicher Krise für Eingeweihte geworden. Damit wird sein Leben oder vielmehr seine durch Büchner vermittelte Lebenskrise zum Spiegel, in dem sich eigene Krisen, mehr oder weniger prismatisch gebrochen, wiederfinden lassen.

Die *Lenz*-Filme, soweit sie zu recherchieren waren, seien chronologisch vorgestellt, obschon es – mit der Ausnahme einer intertextuellen Anspielung – keine ästhetische Chronologie innerhalb dieses Filmkorpus gibt. Dennoch sind sie durch ein Merkmal verbunden: Wenn Lenz thematisiert wird, dann interessiert das jeweils Aktuelle.

1. George Moorse: *Lenz* (BRD 1970)

Aktuell ist George Moorses *Lenz*-Verfilmung im Kontext der frühen 1970er Jahre vor allem dadurch, dass er an der Schwelle des Jungen zum Neuen Deutschen Film einerseits bildsprachlich an die Trends des ‚großen' Kinos anzuknüpfen versucht, andererseits in der Figur des Hauptdarstellers ein Identifikationsangebot für die Protestgeneration jener Jahre schafft.

Im Vertrauen auf die Aussagekraft des Bildes und in der betonten Wortkargheit erinnert er an Vorbilder aus dem damals populären Genre des Italo-Western. Wie in Sergio Corbuccis Schnee-Western *Il grande silenzio* (I, F 1968; dt. Titel *Leichen pflastern seinen Weg*) taucht aus der Landschaftstotale ein einsamer Held auf. Nur sind es nicht die Berge Utahs, sondern die Fränkische Schweiz, deren Höhenzüge als bayerisches Pendant die Kulisse für den Originalschauplatz abgeben, das Steintal in den Vogesen. Erst nach knapp zehn Minuten fällt das erste Wort: „Willkommen", sagt Oberlin, von heimischer Tafel aufblickend, als Lenz in die ärmliche Stube tritt, worauf dieser die Klärung seiner Identität vorbereitet: „Ich bin ein Freund von Kaufmann und bringe Ihnen Grüße von ihm." Lenz, gespielt von Michael König, dem jugendlichen Helden aus dem damaligen Starensemble der Berliner Schaubühne, wartet mit historischem Kostüm und langwallender Haarpracht auf. Auch wenn Letztere

Abb. 1: Michael König am Grab Friederikes in George Moorses *Lenz* (Stiftung Deutsche Kinemathek).

die „blonden Locken" repräsentieren mögen, die auch Büchner seinem Protagonisten zuschreibt, so gerät Michael Königs Lenz doch unübersehbar zu einer sehr zeitgenössischen Ikone der Jugendkultur. Irritiert äußerte sich die Kritik zur „modernen Hippie-Frisur" des Hauptdarstellers (*[USE] 1971).

Dass Lenz' Krise von paradigmatischer Qualität ist, davon zeugen Pro- wie Epilog. Bevor der 20. Januar 1778 als Handlungsbeginn getitelt wird, ist ein Potpourri zeitgenössischer Illustrationen zu sehen, das nicht nur die historische Folie für Lenz' Leben, sondern ebenso die für Büchners Niederschrift der Ereignisse abgibt. Grundiert wird mit solchen Illustrationen, was sich zwischen 1778 und 1836 vollzog: die Sklavenhaltung in Amerika, die beginnenden Auswanderungsbewegungen, die Indianerkriege, das höfische Leben mit seinen Galanterien oder auch die beginnende Industrialisierung. Der Epilog ruft in seiner Illustrationsfolge die Französische Revolution wie die Märzereignisse in Deutschland auf. Lenz' Krise wird so in einer Ursache-Wirkungs-Konstellation in den Kontext der revolutionären Ereignisse an der Schwellenzeit zur Moderne gestellt. Schon Büchner hatte mit dem ‚Kunstgespräch' die persönliche als ästhetische Krise gedeutet. Der Film geht – orientiert mehr am Nimbus Büchners als dem des Sturm-und-Drang-Dichters – weiter, indem er den politischen Kontext solcher Krisenerfahrung wenn nicht aus-, so doch andeutet. Die Protestgeneration im Nachklang der Ereignisse von 1968 findet ein doppeltes historisches Vorbild: in einem der Ahnherren des Sturm und Drang wie in dem Interpreten der psychischen Krise, der seinerseits für die vormärzliche Rebellion steht.

Jenseits solcher Deutungs- als Identifikationsangebote hält sich Moorse eng an die literarische Vorlage, einer Partitur gleich. Jeder indirekte Dialog des distanzierten Büchnerschen Berichts wird in wörtliche Rede übersetzt, jede Station des psychischen Dramas wird exakt verfolgt. Auch Büchners ‚Kunstgespräch' ist mit seinen zentralen Passagen wortgetreu in Szene gesetzt. Dennoch zielt der Film nicht auf eine Transposition des Vorlagentextes, sondern adaptiert ihn, indem er das kinematographische Ausdruckspotential auszuschöpfen sucht. In langen Einstellungen wird Lenz mit der Landschaft konfrontiert, in der er ebenso verloren scheint wie in der klaustrophobisch inszenierten Enge der Stube, in der er haust. Lenz' innere Krise wird durch die Inszenierung der Landschafts- wie der Innenräume evoziert. Wenn Büchners Lenz zu Oberlin von der „entsetzlichen Stimme" spricht, „die um den ganzen Horizont schreit, und die man gewöhnlich die Stille heißt" (*Büchner 1988: 157), so weiß Moorse das Oxymoron einer still schreienden Landschaft als sinnlichen Eindruck zu vermitteln: durch hochgepegelte Windgeräusche, die unter den bläulich eingefärbten Bildern liegen, oder auch durch die interpretierend eingesetzten Orgel- und Klavierkompositionen David Llywelyns. Die Außenwelt wird zum Bild der Innenwelt des Protagonisten, wie andererseits die Innenräume, die in ihrer Licht- wie Farbinszenierung nicht zufällig an die von Lenz im Büchnerschen ‚Kunstgespräch' hochgeschätzten „[h]olländischen Maler" (ebd.: 145) erinnern, die phantasmatischen Visionen selbst hervorzubringen scheinen.

Bei solchen Visionen erlaubt sich Moorse einen interpretatorischen Zugriff, der über Büchner hinausweist, Lenz als historischen Helden der Sinnkrise in den Horizont einer adoleszenten Matrix der Gefühle setzt und so zeitgenössisch verständlich zu machen versucht. Denn im Konfliktszenario von Moorses Lenz begegnet dem Protagonisten nicht nur seine Mutter in nächtlichen wie wäldlichen Visionen, sondern ebenso Friederike, das jüngst verstorbene Mädchen aus dem Nachbardorf, dem seine religiös verzückten Wiederbelebungsversuche gelten: nur eben entkleidet, als Objekt der Begierde. Was Büchner nicht nahelegt, aber ein an Sigmund Freud geschulter Blick schon, wird bei Moorse zur Gewissheit. Das verklärte Madonnenbild einer übermächtigen Mutter muss Projektionen erzeugen. Die religiöse Verzückung ist immer schon libidinös grundiert.

Aber bei solch zurückhaltenden Aktualisierungen bleibt es auch schon. Die filmisch kompensierte Textnähe mag zuweilen überstrapaziert wirken ebenso wie das schauspielerische Ausagieren dessen, was bei Büchner in aller Distanz als ‚Zustände' mehr angedeutet als beschrieben wird. Ästhetisch reagiert der Film auf Büchners Realismus, bei aller betonten Langsamkeit, mit einer expressiven Bildsprache.

George Moorses *Lenz*, produziert durch das Literarische Colloquium Berlin, erhielt 1971 den Bundesfilmpreis. Soviel Aufmerksamkeit er damals bekam, so sehr ist er doch filmgeschichtlich in den Hintergrund jener Werke gelangt, mit denen bald die auch international erfolgreiche Epoche des Neuen Deutschen Films einsetzen sollte.

2. Alexandre Rockwell: *Lenz* (USA 1981)

Alexandre Rockwell dürfte das Thema des Außenseiters wohl eher in den Filmen Werner Herzogs begegnet sein. Zumindest fühlte sich die amerikanische Kritik bei seinem *Lenz* lebhaft an den Neuen Deutschen Film erinnert. Rockwell scheine entschlossen, „Herzogs Exzesse zu übertreffen", mutmaßte ein Kritiker der *Soho News* im November 1981 (zit. nach *internationales forum des jungen films 1982). Deutsch mutete der Film aber auch schon deshalb an, weil die Textbasis so abseitig schien, dass der gleiche Kritiker sie mit dem Quellenmaterial identifizierte, auf dem Herzogs *Kaspar Hauser – Jeder für sich und Gott gegen alle* (BRD 1974) basierte. Dass Rockwell selbst die thematische Anknüpfung an solche Quellen sehr frei interpretiert wissen wollte, belegt der Abspann seiner Low-Budget-Produktion: „This film was inspired by LENZ, a novel by George Buchner and the life of the 18th century poet Jacob Michael Rienhold LENZ."

Tatsächlich begegnet eine Hauptfigur namens Lenz, gespielt vom Drehbuchautor, Produzenten und Regisseur Rockwell, der von Oberlin und dessen Frau Rose aufgenommen wird (Cody Maher und Kim Radonovich). Nur ist es diesmal ein ärmliches Apartment in New York, das dem Verwirrten Zuflucht gewährt, während die Silhouetten der Großstadt das Panorama des Mittelgebirges ersetzen. Büchners verschneites Gebirge mag abweisend wirken, aber was Rockwell dem Zuschauer schon einleitend als aktualisiertes Substitut anbietet, nimmt wahrhaft apokalyptische Züge an: die Türme Manhattans in nebligen Schwaden, während eine einsame Figur apathisch auf dem Asphalt einer verlassenen Brücke hockt und alsbald über einen gebogenen Stahlträger läuft, als sei er ein Höhenrücken, um schließlich auf einem verlassenen und mit Schlaglöchern übersäten Highway zu stranden, der geradewegs in das Herz des urbanen Gebirges zu führen scheint. Dazwischen das um 180 Grad gekippte Bild der Brücke, gefolgt vom Titel *Lenz* in blutroten Lettern: Kein Zweifel, hier wird Existentielles verhandelt.

„New York sehe ich als prähistorische Umgebung", erläuterte der damals vierundzwanzigjährige Filmemacher sein Vorhaben. „Prähistorisch im Sinne von Zeitlosigkeit und Bewußtlosigkeit. Lenz sollte die Kamera sein, die ich in die Wildnis von New York trage." (zit. nach *internationales forum des jungen films 1982) Lenz als Kamera: Das meint den Versuch, in Allusion an Büchners Figur den Blick der Kamera konsequent auf das Wahrnehmungsparadigma der Fremdheit einzustellen. New York erscheint einerseits als endzeitliche Steinwüste, andererseits in Passagen, die in untersichtigem Blick auf die Türme Manhattans mit sakraler Musik unterlegt sind, als erhabener Raum. In diesem Spannungsfeld, das seine Entsprechungen in Büchners Novelle haben mag, vollzieht sich das Drama.

Die Exposition schildert nicht nur Lenz' Ankunft bei Oberlin, sondern etabliert auch als Erzähler einen alten Mann, einen Emigranten mit deutschem Hintergrund, der die Ereignisse im Rückblick kommentiert. Die Rolle dieses Erzählers bleibt obskur. Zumeist wird er nur als Off-Stimme eingefügt, bleibt extradiegetisch, wird aber doch szenisch als Person eingeführt, etwa wenn er in einem New Yorker Hinterhof in gebrochenem Deutsch Karl Kromers Volkslied *Nach der Heimat möcht ich wieder* intoniert.

Die weitere Handlung entwickelt sich fünfaktig. *2nd Day (People and Buildings)*, wie die weiteren Abschnitte als Insert getitelt, entfaltet das apokalyptische Szenario New Yorks, in dem sich Lenz nicht zurechtfindet. Wobei eine Schildkröte namens Bruno nicht nur in sinnfällige Analogie zu den (verlassenen) Wohnungen der Nachbarschaft gesetzt wird, sondern auch zum Seelenzustand des Protagonisten. Die Kröte will sich nicht akkommodieren, sie frisst nicht. Ein Notizzettel kündet von Lenz' inneren Konflikten: „I heard a guitar in the Blackwoods at night. In this city I hear myself in the buildings in the people." *2nd Week (Harmony)* bietet die Retardierung in Gestalt ekstatischer Gottesverzückung auf der Brücke und eines zumindest versuchten Tanzes in Oberlins Zwei-Zimmer-Apartment, einschließlich des nun musikalisch überhöhten New-York-Bildes. Indes klettert die Schildkröte an den Rand einer Emailleschüssel, die Peripetie vorausdeutend, die mit *3rd Week (Silence)* auch prompt geliefert wird: mit nächtlichen Visionen, in denen die ägyptische Wüste mit der New Yorker Stadtlandschaft ebenso narrativ verbunden wird, wie nun neben der Schildkröte ein Bestiarium an Mikroben und Milben auftritt, um Lenz' Ausnahmezustände in Anwesenheit der Stille sinnfällig zu machen. Er notiert: „At times I feel like my head scrapes against the sky, I loose, hold on to my head, hold on to the word, to the word." Die Schildkröte stapft in sinnfälliger Anwesenheit einer Taube durch ein Feld von Zinnsoldaten, worauf sich Lenz bald wieder auf dem einsamen Highway wiederfindet, der den Auftakt für den vierten Akt bildet: *Last Week (torn away)*. Dass Lenz nun entwurzelt ist, davon zeugt ein frei übersetztes Büchner-Zitat: „Oberlin, do you hear the screaming. The screaming all around, called silence." „Lenz cut loose", kommentiert der Erzähler, während analog zu Lenz' Seelenzuständen die Sprengung eines Hauses und Bilder aus New Yorks Schlachthöfen gezeigt werden, unterlegt mit Guillaume de Machauts *Kyrie Eleison*, das in solcher Juxtaposition die Katastrophe im fünften Akt sinnfällig machen will, die nach Büchners Textvorlage keine Katastrophe ist. *Final Day (Kyrie Eleison)* ist das Ende getitelt, in dem Lenz nach einem Dialog mit Oberlin und den letzten sich im Gemurmel verlierenden Worten des Erzählers klandestin verschwindet.

„On the 18th day of August 1980, Jacob Michael Reinhold LENZ left New York City", heißt es auf einer letzten Schrifttafel. Dass ausgerechnet eine Reinkarnation des Sturm-und-Drang-Dichters New York heimgesucht haben soll, wird kaum sinnfällig. Lenz ist das Label, Büchner lieferte die Vorlage. Ansonsten wird eine im adoleszenten Weltschmerz verbleibende Sinnkrise als Selbsterfahrungsexperiment in einer fremd gestellten Gegenwart erzählt, die indes dadurch beeindruckt, wie archaisch verwandelt New York erzählt werden kann. Es gibt neben wenigen Textzitaten weitere motivische Allusionen an Büchners Text. Im Bestiarium der Visionen Lenz' taucht eine Katze auf und Friederike findet eine Entsprechung in der lebenstüchtigeren Gestalt eines Jungen mit Krücken. Doch mehr als die Textvorlage interessiert, wie sich das Wahrnehmungsfeld des New York der frühen 1980er Jahre mit Büchners Beschreibung einer existentiellen Krise in Korrespondenz setzen lässt. *Lenz* – das meint Ausdruck eines Lebensgefühls.

3. Egon Günther: *Lenz* (SR/ORB 1992)

Die Aktualität bei Egon Günthers Film ist kulturpolitisch informiert. Entstanden zum 200. Todestag des Dichters, produziert in symbolischer Eintracht vom Saarländischen und Ostdeutschen Rundfunk, liefert ein beiderseits der ehemaligen Grenze geschätzter Fachmann der Inszenierung deutscher Klassik (*Lotte in Weimar*, DEFA 1974/1975; *Die Leiden des jungen Werthers*, DEFA 1976; sowie ein Kinofilm zu Christiane Vulpius: *Die Braut*, BRD 1999) seinen Beitrag zu einem nun gemeinsam wieder zu besichtigendem Erbe. Hier geht es nicht um individuelle Befindlichkeiten im Spiegel einer fernen Biographie, sondern um die Vergegenwärtigung eines sowohl in der DDR wie der BRD eher marginalisierten Künstlerschicksals.

4.7 Lenz im Film

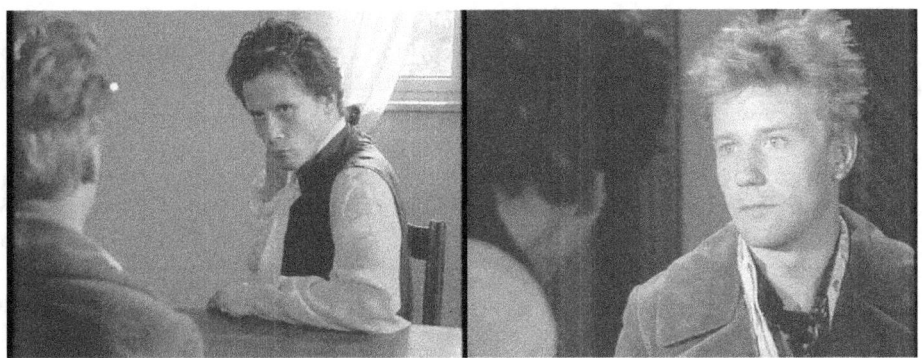

Abb. 2: Christian Kuchenbuch als Goethe und Jörg Schüttauf als Lenz in Egon Günthers *Lenz* (Screenshot).

„Du bist das Genie", sagt Goethe (Christian Kuchenbuch) zu Lenz (Jörg Schüttauf), während Letzterer mit kindlicher Begeisterung an seinem annähernd gleichaltrigen Idol hängt, das er eben nicht nur als genialen Dichter verehrt, sondern dessen brüderliche Liebe er in aller Empfindsamkeit begehrt. In Günthers Entwurf zum Leben und zur Krise Lenz' bildet diese Konstellation das Zentrum. Die Abwendung Goethes, die mit der Zuwendung der Genierolle an seinen allmählich als aufdringlich empfundenen Verehrer den Bruch markiert, den der Weimarer Dichter in machtgeschützter Innerlichkeit zu seiner eigenen Sturm-und-Drang-Phase vollzieht, löst Lenz' Krise aus. Aber sie wird nicht monokausal aus dieser Konstellation erklärt. In der Zeichnung der Figur des Lenz entwirft Günther ein Panorama sexueller Nöte, das in Lenz' Schriften Referenzen haben mag, nun aber vor allem dazu dient, einerseits Lenz' Krise psychologisch plausibel zu machen, in der sich libidinöse Überschüsse und projektive Verkennung überschneiden, andererseits jene standesbedingten Verhältnisse aufzuzeigen, die es Lenz bei aller von Jörg Schüttauf ausgespielten juvenilen Ungeschicklichkeit unmöglich machen, zu einer befriedigenden Lösung seiner Begehrensstrukturen zu gelangen: weder in der Liebe noch in der Kunst.

Konsequent zeichnet Günther seinen Lenz als Unzeitgemäßen, der in seinem empfindsamen Ungestüm ebenso von den Brüdern Kleist, denen er in Straßburg dient, kujoniert wie von Goethe düpiert wird, als dieser ihn schon vor seiner Karriere als Weimarer Geheimrat seine Überlegenheit spüren lässt. Zu Friederike, der von Lenz sehnsuchtsvoll Angebeteten, von Goethe ehemals Geliebten, reitet der Dichterfürst, während der ‚Läufer' des Sturm und Drangs nur mühsam Schritt halten kann. Wer gewinnen und wer verlieren wird, ist von Anfang an klar: „Er ist fort, der Schnösel", ruft Seidel, der Vertraute Goethes, zu Beginn der Handlung, die mit Lenz' Ausweisung aus Weimar einsetzt, um nun in zeitlichen Schichtungen zu erzählen, die auch als Memento für die Gegenwart des Unzeitgemäßen gemeint sind. Denn das Präsens jener Ausweisung, gefilmt in Normalkolorit, setzt sich von den Passagen, die durch ihre Sepia-Tönung als Vergangenheit gekennzeichnet werden, ebenso deutlich ab, wie die Eingangssequenz mit jener Normaltönung semantisch verbunden wird, mit der die Gegenwart des Filmemachens und damit auch des Erinnerns an den Dichter Lenz markiert ist. Diese Zeitebene, in der die Zeitgebundenheit der Repräsentation ausgestellt wird, taucht dreifach auf. Der Blick vom Straßburger Münster mit anschließenden Aufnahmen von Bettlerszenen markiert den ersten Wendepunkt der Handlung: Goethe hat Straßburg verlassen. Eine untersichtige Kamerafahrt um das Goethe-Schiller-Denkmal in Weimar, das zur Restaurierung eingehüllt wird, dient als Zäsur für den darauf einsetzenden Handlungsabschnitt, der Lenz in Goethes neuem Wirkungsfeld zeigt. Die Einstellung verweist auf eine sich nach der Wiedervereinigung fortsetzende Kontinuität: die Klassikerverehrung bei gleichzeitiger Marginalisierung einer Dichterfigur wie Lenz. Schließlich wechselt auch die Endsequenz vom Sepia der Vergangenheit in die Gegenwart. Stellvertretend begegnet der Leichnam eines anonymen Vierzigjährigen im Seziersaal der Moskauer Universität, womit eine andere Kontinuität aufgerufen wird: die der Mutmaßungen über die Todesursachen im Jahre 1792. Die Frage, ob Lenz eines natürlichen Todes starb oder staatlicher Gewalt im Kontext der Maßnahmen gegen Freimaurer zum Opfer fiel, wird dadurch offen gehalten, dass sich an den Bedingungen in Russland wenig geändert zu haben scheint: „In Russland sind immer schon Leute auf der Straße zusammengebrochen", weiß der Anatom zu berichten. „Moskau macht keine Ausnahme."

Die Eingangssequenz der Ausweisung Lenz' wird in der Chronologie der Handlung wiederholt, so dass sich der Film, farblich markiert, in vier Handlungsabschnitte gliedert: Lenz' schwärmerische Beziehung zu Goethe in Straßburg, die zwei scheinbar Seelenverwandte zeigt; Lenz' Straßburger Leben in Abwesenheit Goethes, in der vor allem die erotischen Verwirrungen des Dichters pointiert werden; die Zeit in Weimar, die durch seine Ungeschicklichkeiten zu Hofe präludiert werden; schließlich die Lebensphase nach der Ausweisung, bei der die von Büchner geschilderte Episode im Elsass bemerkenswert kurz eingespielt wird, um nun die Ankunft in der Heimat als Einlösung jener erotischen Versprechen zu inszenieren, deren Erfüllung ihm in Deutschland verwehrt blieben – ein biographisch nicht verbürgtes ‚Geschenk' des Filmemachers an die von ihm porträtierte Figur. Solch umfassenden Lebensentwurf im Fernsehformat von 90 Minuten inklusive Abspann präsentieren zu wollen, fordert ein Erzählen in kürzeren exemplarischen Szenen, deren Verbindung sich durch die Chronologie der Ereignisse ergibt. Dennoch ist der Plot klar strukturiert: Lenz scheitert an der Beziehung zu Goethe.

Entsprechend hebt sich die Sequenz, die den Wendepunkt der Beziehung markiert, schon durch ihre Länge von der lockeren Reihung der Szenenfolgen ab. Fast kammerspielartig, filmisch in einem beständigen Schuss-Gegenschuss montiert, widmet die Inszenierung 16 Minuten dem Bruch zwischen Lenz und Goethe. Am Anfang stehen die empfindsamen Anreden als „Bruder" oder auch Goethes „Brüderlein", am Ende dessen „Leck mich am Arsch" und Lenz' „Du mich auch". Dazwischen vollzieht sich dialogisch eine Anatomie scheiternder Seelenverwandtschaft, wobei Goethe als ein, wenn auch betroffener, Analytiker auftritt. „Du willst den Bruch, um übergangslos leichter, eleganter eintauchen zu können in die vierte bis siebente Dimension des Wahnsinns", konstatiert Goethe noch mit fragendem Unterton, um bald darauf seine Rolle in dem ihm zugemuteten Spiel zu charakterisieren und damit den Bruch manifest zu machen:

> An dem Größten, wie du meinst, willst du scheitern. Nicht einfach so an der billigen dreckigen Zeit, an den ordinären Zuständen, am Ekel vor der Politik, am Angeekeltsein vor den Leuten. Scheitern am eigenen maßlosen Anspruch, oh nein! Mich willst du zum Komplizen deines Scheiterns. Mir willst du damit eins auswischen. Was doch der Freund sein muss, der, wenn man schon scheitern muss, daran schuld sein soll. Scheitern an einem Feind? Das wärmt das Herz nicht beim Absturz. Der Freund muss es sein, der große.

Allerdings versäumt es Günther auch nicht, bei aller Goethe zugeschriebenen Einsicht in eine aus heutiger Sicht psychologisch plausibel erscheinende Konfliktsituation, den Weimarer Dichter mit allen Insignien einer Arroganz der Macht auszustatten. Nicht nur, dass er beschließt, Lenz ausweisen zu lassen, er adaptiert auch mit wenigen Federstrichen ein Friederike adressierendes Gedicht Lenz', dessen Manuskript der ebenso maßlose wie maßlos an sich zweifelnde Dichter zurückgelassen hat.

Dennoch desavouiert Günther die Figur Goethes keineswegs, insistiert aber auf das Machtgefälle zwischen den Freunden, das er in vertikalen Kameraperspektiven ausbuchstabiert. Beständig sieht sich Lenz Höhen gegenüber, die zu erklimmen sind, und seien es nur die Treppenstufen, die es zu überwinden gilt, um Cleophe einen Liebesbrief aus eigener Feder, aber mit der Unterschrift „Kleist" zu überbringen. Kulturpolitisch gewendet, stehen das Straßburger Münster mit seinen aufragenden Türmen oder auch das Denkmal in Weimar für die Differenz zwischen anerkannter Hochkultur und dem, was Lenz verkörpert: das dichterische Verlangen nach beständiger Grenzüberschreitung. Günthers Film ist ein Votum für die Orientierung an einem alternativen Erbe im wiedervereinigten Deutschland.

4. Thomas Imbach: *Lenz* (CH 2006)

Von solchen Traditionen gänzlich unbekümmert, entwickelt Thomas Imbach, realisiert mit eigener Produktionsfirma, seine *Lenz*-Fabel nach der Formel des fernen Spiegels, der doch – zumindest als Zitat – seine Brauchbarkeit erweisen könnte. Als Spiegel dient wieder Büchners Text, wobei dessen Zitierbarkeit eine andere mediale Brechung durchläuft, bevor sie noch einmal erprobt wird. Denn in der Exposition wird zunächst das Vorbild einer unverstellten Identifikation mit der Dichterfigur aufgerufen: eine parodistisch gefärbte Reminiszenz an Moorses Film. Bevor Lenz in Thomas Imbachs Variation des Stoffes seine Lebenskrise in Zermatt und damit im Angesicht des Matterhorns erleben wird, begegnet er als verstörte Figur in der nebelverhangenen Winterlandschaft der Vogesen: mit jener blonden Lockenpracht, wie sie einst Michael König auszeichnete. Die jedoch erweist sich schon bald als Perücke, mit der Milan Peschel als Hauptdarsteller die Rolle des Lenz gleichsam erprobt. Es gibt eine Reihe solch ironischer Distanznahmen, obschon der Film keinen Zweifel daran lässt, dass hier eine ernstzunehmende individuelle Krisensituation durchgespielt werden soll. Sie ist der literarischen Vorlage entsprechend doppelter Natur: als Krise künstlerischen Schaffens, vor allem aber als eine Beziehungskrise, die sich nicht mehr wie bei Moorse zwischen mütterlicher Mariengestalt und peripher angespieltem Objekt der Begierde vollzieht, sondern ausgesprochen gegenwärtige Signatur annimmt.

Lenz ist ein sechsunddreißigjähriger Berliner Filmemacher, der getrennt von Natalie (Barbara Maurer) und ihrem gemeinsamen neunjährigen Sohn Noah (Noah Gsell) lebt, die wiederum beide in Zürich wohnen, einem Ort, den Lenz nicht erträgt. Die Sehnsucht nach Heilung solch familialer Patchwork-Existenz treibt ihn aus den Vogesen nach Zermatt, wo er auf einem Koffer rodelnd dort anlangt, wo Noah gerade seine Ferien verbringt: in einem Chalet inmitten des Touristenidylls und einstweilen versorgt von Tanja, einem Schweizer Au-pair-Mädchen. Natalie wird nicht lange auf sich warten lassen, damit das Beziehungsdrama seinen Lauf nehmen kann. Das entwickelt sich in einer ersten Phase höchst konfliktreich, gefolgt von einer Zeit, in der Lenz die Vaterfreuden, aber auch das Riskante eines solchen Unternehmens ungeteilt erfahren darf. Denn Natalie – die moderne Jobmobilität erfordert dies – ist inzwischen abgereist, und schon bald wird sie auch ihren Sohn zurückholen. Für Lenz folgt ein Moratorium verzweifelter Kontaktsuche mit sich wie der touristischen Umwelt in Zermatt, bis er aus solch doppelter Fremde für ein glückliches Wochenende erlöst wird. Mit Natalie und Noah erlebt er das ersehnte Familien- als Liebesidyll, das sich jedoch nicht als Lebensperspektive verstetigen lässt. So stürzt der Held gänzlich in Verhaltensstörungen, als mit Noah und Natalie seine Teilfamilie wieder abgereist ist. Am Ende steht das wenig hoffnungsvolle Büchner-Zitat: „So lebte er hin." (vgl. *Büchner 1988: 158)

Verhandelt wird ein lebensnahes Drama aus dem Stoff heutiger Beziehungskomplikationen, das seine Würzung durch die Referenz auf Büchners *Lenz* erhält. Imbach inszeniert wie schon Moorse die Innenwelt des Protagonisten gespiegelt in der Außenwelt der winterlichen Landschaft, wobei der Blick auf den Gipfel des Matterhorns leitmotivisch wird. Das Matterhorn, das die Seelenzustände des Helden ebenso zu spiegeln scheint, wie sich sein Arbeitsgerät, die Kamera, allein auf dieses Objekt ausrichtet, überragt mit seinem Gipfel, bevorzugt in nächtlichem Blau visualisiert, die unerreichbaren Wünsche des Helden, auch wenn solcher Gipfel im Morgentau der sich vorübergehend erwärmenden Beziehung von den ersten Sonnenstrahlen beschienen wird, bevor er sich wieder verdüstert.

Imbachs Lenz treibt es um wie einst Büchners Protagonisten. Nachts zieht es ihn in die Schneelandschaft, um der Enge der Wohnung zu entfliehen; er schläft auch schon mal auf dem verschneiten Dach eines Schuppens und baut als Alternative zum Chalet für sich und seinen Sohn ein Iglu. Ausgerechnet dort findet auch das ‚Kunstgespräch' statt, das Lenz nun mit seiner Produzentin führt, die besorgt ist ob der „Distanzlosigkeit", mit der Lenz sein Filmprojekt angeht. Ohnehin sei es die falsche Zeit für solche Experimente. „Ich glaube, es ist gerade die richtige Zeit, weil alle immer viel zu viel Distanz haben zu dem, was sie machen. Es ist eh alles viel zu cool", erwidert Lenz, sich in seinem Iglu mit einem Glas Schnaps erwärmend: „Ich bin 36 Jahre alt und muss anfangen, von mir selber zu erzählen, und nicht irgendwie beobachten und Gesellschaft abbilden und mich irgendwie letztendlich doch raushalten." Auch hier geht es, wie schon in Büchners Selbstbezug auf Lenz' Poetik, um ein Realismuskonzept, nur eben in aktueller Färbung als Dokumentarstil mit subjektiven Ambitionen. „Der Film ist wie ein Dokument", sagt Imbachs Lenz und adressiert damit einen anderen Ahnherrn, den zuvor in einem Dialog mit Touristen aufgerufenen dänischen Filmemacher Lars von Trier.

Das alles ist ebenso selbstreflexiv auf die Filmhandlung und ihren von der Handkamera dominierten Darstellungsstil entworfen wie die Bezüge zu Büchners Text das vermeintlich distanzlos dargestellte Familiendrama beständig unterlaufen. Was buchstäblich zitiert wird, erweist sich als peripher. Tanja trägt aus der Reclam-Ausgabe der Novelle zwei unzusammenhängende Fragmente vor: „Er erwachte früh, in der dämmernden Stube schlief alles …", worauf Lenz die Betonung korrigiert und Tanja zwei Seiten später wieder einsetzt: „… und dann war mir's auch so, wie ein Kind hätte ich spielen können." Die Textreferenzen dienen dazu, mit sanfter Ironie zum gemeinsamen Computerspiel von Vater und Sohn überzuleiten. Allerdings präludieren sie auch die Erlebnisphase, in der Lenz mit seinem Sohn in Abwesenheit der mütterlichen Kontrollinstanz spielen darf, ein Spiel, in dem die Risiken der Behü-

Abb. 3: Milan Peschel mit Perücke in Thomas Imbachs *Lenz* (Screenshot).

tungspflicht mit der des künstlerischen Wagnisses überblendet werden. In seiner manischen Ich-Findung setzt Lenz seinen Sohn Gefahren und Ängsten aus, die jener jedoch, kindlich souverän, als Urängste des Vaters zu deuten vermag. Noah singt dem von seinen nächtlichen Eskapaden erschöpften Vater das Lied von einem Eskimo, der sich, durch das Radio inspiriert, ein Cembalo kauft, dessen in Fortissimo gespielte Klänge einen Eisbären in sein Iglu locken: „Kunst ist stets ein Risiko./ So kam er ums Leben./ Und Ihr seht die Moral davon,/ Kauft nie ein Cembalo,/ Sonst geht es euch grad ebenso/ Wie dem armen Eskimo." Das Kind weiß mehr als der Vater. Für Noah bleibt es reines Spiel, wenn er die Lenz-Perücke seines Vaters anprobiert, die wiederum nur mehr die Protestgeneration der 1970er Jahre camoufliert.

Genieverlangen und Lebensrealität sind kaum kompatibel. Diese Aussage verfolgt der Film durch zahlreiche Referenzen, wozu neben Büchners Lenz auch popkulturelle Schicksale zählen wie etwa das Kurt Cobains. So gerät der angespielte Referenztext in eine ubiquitäre Perspektive für jedwede persönliche und künstlerische Krise. Doch bei allen ironischen Distanznahmen wird Büchners *Lenz* als mögliche Bezugsgröße für solche Krisen spielerisch ernst genommen.

5. Andreas Morell: *Lenz* (ZDF 2009)

„Lenz im Spiegel", so ließe sich der Film von Andreas Morell titeln, der, im Auftrag von ZDFtheaterkanal und 3sat produziert, das Spiegelmotiv nun auch szenisch nutzt. Es ist ein genretypisches Signal, dass jener Lenz, der sich wiederholt seinem imaginären Abbild gegenübersieht, die Selbstprojektion halluzinatorischer Wahrnehmung sein könnte. Denn Morells Film knüpft an einen seit den 1990er Jahre anhaltenden Trend auch des Mainstream-Kinos an, gezielt ‚unzuverlässig' zu erzählen, und präsentiert einen Protagonisten, der sich – für den Zuschauer zunehmend erahnbar – in der Phantasiewelt seiner Träume, Obsessionen und Ängste befindet.

Abb. 4: Barnaby Metschurat in Andreas Morells *Lenz* (Screenshot).

Es beginnt mit einem Crash: Mitten im Thüringer Wald steuert Lenz (Barnaby Metschurat) auf einen Holzstapel zu. Zum Ort des Unfalls wird er ebenso obsessiv wiederkehren wie zu jenem Gehöft, in dem er statt Friederike aus Büchners Novelle einen todkranken Jungen findet, den er betend zu retten versucht. Oberlin begrüßt den Dichter in der Dorfgemeinschaft und Kaufmann taucht nun als sein Verleger auf, der darauf dringt, dass der von ihm alimentierte Jacob Lenz endlich eine publikumswirksame Version des Stückes liefert, an dem er gerade arbeitet: *Die Soldaten*. So sind über Büchners Novelle hinaus die Allusionen an den Dichter Jacob Michael Lenz frei gestreut. „Fühl alle Lust, fühl alle Pein/ Zu lieben und geliebt zu sein", notiert der Dichter auf seinem Laptop, womit jene stürmische Liebesbeziehung präludiert wird, die er mit der siebzehnjährigen Irene eingeht, die sich indes als Braut eines eifersüchtigen Bundeswehrsoldaten erweist (zu den Gedichtzeilen selbst vgl. Damm III: 114). Das leuchtende Grün, das sie trägt in Anspielung auf den grau-grünen Tarnanzug ihres Verlobten, verweist – dialogisch pointiert – auf das Versprechen sexueller Freiheit, die sich Lenz am wunscherfüllt verwandelten Ort seines initialen Crashs auch gönnt. Womit sich halluzinatorisch erfüllt, woran der historische Lenz bei seinem Entwurf zu den *Soldaten* einst gedacht haben mag.

Das ‚Kunstgespräch' aus Büchners Novelle findet Reflexe in den Dialogen zwischen Lenz und Oberlin. Auch hier insistiert Lenz darauf, an der „Wirklichkeit" zu arbeiten. Nur ist es nun die Wirklichkeit der eigenen Vorstellungskraft, die den Dichter zur Hybris seiner Schaffenskraft führt. „Die Wirklichkeit ist nur mit den Träumen vollkommen", so Lenz. „Wir ahnen alles, wir müssen es nur lesen. Und genauso umgekehrt. Wenn ich mir was ausdenke, dann ist es. Durch mich ist es. Ich kann die Situation selbst bestimmen, also lenken." An solch gottähnlichem Anspruch scheitert der Dichter ebenso wie an den marktkonformen Forderungen seines Verlegers. Oder wie es die Rahmenhandlung, in der Lenz dem Tode nahe in jenem Gehöft der imaginierten Wunderheilung aufgefunden wird, mit den Worten des Verlegers erklärt: „Jacob war völlig von der Rolle. [...] Arbeit und Schreiben, Angst, Visionen. Seine

Mutter ist gestorben." Karoline, die zuvor am Bett des todkranken Jungen begegnete, erweist sich nun als Lenz' Frau und der Junge als sein höchst lebendiger Sohn. Dem Drehbuch (Thomas Windrich) – „frei nach Büchners *Lenz*", wie es im Abspann heißt – ist zu attestieren, dass es für die Mechanismen der Verdichtung und Verschiebung traumförmiger Wahrnehmung eine bemerkenswerte Vorlage lieferte: oszillierend zwischen den Anspielungen auf Büchners Novelle, Lenz' Leben und der aus solchen Versatzstücken generierten Krise eines zeitgenössischen Schriftstellers.

Burnout mit suizidaler Gefährdung würde man heute solche Symptome diagnostizieren, die jedoch durch den Bezug auf Büchners Vorlage wie Lenz' Leben spezifische Qualitäten gewinnen – vor allem dadurch, dass der Film mit beeindruckenden Landschaftsaufnahmen aufzuwarten weiß, in denen Lenz situiert oder mit den denen er konfrontiert wird. Gerade auch darin scheint Büchners Novelle ihre Faszinationskraft für filmische Umsetzungen zu behaupten. Die Anspielungen auf Lenz' Leben oder seine Stücke, die über Büchners Text hinausgehen, sind auf das Konto eines Zielpublikums zu verbuchen, das im ZDFtheaterkanal mit dem Namen Lenz mehr als nur künstlerisches Ausbruchsverlangen zwischen Genie und Wahnsinn verbindet.

6. Isabelle Krötsch: *Büchner. Lenz. Leben* (D 2011)

Krötschs Film ist das künstlerisch ambitionierte Nebenprodukt einer für das Landesinstitut für Pädagogik und Medien (Saarland) produzierten Dokumentation zu jener von Büchner geschilderten Episode aus Lenz' Leben (vgl. auch Krötschs Dokumentarfilm „*... daß er nicht auf dem Kopf gehen konnte*" von 2011). Wenn dort Hans Kremer als Lenz wie als Erzähler der Lebensgeschichten von Lenz und Büchner auftritt, so erprobt er sich in *Büchner. Lenz. Leben* als eine Reflektorfigur des Textes. Büchners Fragment wird ungekürzt präsentiert: gelesen in wechselnden Situationen im Pfarrhaus oder der Kirche von Waldersbach, dem historischen Schauplatz des Geschehens, aber auch frei vorgetragen und szenisch inszeniert, etwa wenn Passagen des ‚Kunstgesprächs' lebendig gemacht werden sollen. Zudem ist er als einsame Figur in der Landschaft oder auch in Nahaufnahme gegenwärtig, weniger Lenz nachspielend, denn als Statthalter der Figur dienend, die durch Büchners Text evoziert wird.

Sorgfältig rhythmisiert in langen Einstellungen, die sich dem Duktus der Erzählung anzupassen suchen, versteht sich der Film als Inszenierung, die noch einmal die literarischen Qualitäten der Novelle zelebriert. Symptomatisch mag dieses Experiment insofern sein, als es bestätigt, was sich aus dem Überblick der *Lenz*-Filme ergibt. Vor der historischen Gestalt des Jacob Michael Reinhold Lenz steht in der Rezeption Büchners Novelle. Sie prägt einerseits das Bild des Sturm-und-Drang-Dichters, andererseits hält sie die Erinnerung wach. Erst Büchners Novelle hat den Dichter zu dem gemacht, was er schon für Büchner war: eine Identifikationsfigur. Dahinter wartet bei aller Büchner-Exegese weiter ein Geheimtipp, den Kremer in Krötschs Dokumentation, Jacob Michael Lenz meinend, raunend anmahnt: „Sein schriftstellerisches Werk ist noch zu entdecken."

7. Filmographie

Lenz (BRD 1970). Regie, Buch: George Moorse. Produktion: Literarisches Colloquium. Darsteller: Michael König (Lenz), Louis Waldon (Oberlin), Rolf Zacher (Kaufmann), Sigurd

Bischoff, Klaus Lea, Kristin Peterson. E.: 24. 3. 1971. Format: 35 mm, Farbe. Länge: 130 Minuten.

Lenz (USA 1981). Regie, Produktion, Buch, Kamera, Ton: Alexandre Rockwell (d. i. Alexandre Alexeieff). Darsteller: Alexandre Rockwell (Lenz), Kim Radonovich (Rose), Cody Maher (Oberlin). E.: 4. 5. 1981. Format: 16 mm, Farbe. Länge: 95 Minuten.

Lenz (SR/ORB 1992). Regie, Buch: Egon Günther. Produktion: Saarländischer Rundfunk, Ostdeutscher Rundfunk Brandenburg. Darsteller: Jörg Schüttauf (Lenz), Christian Kuchenbuch (Goethe), Götz Schubert (Herder), Rolf Ludwig (Seidel), Suzanne Stoll (Frau Salzmann), Francis Freyburger (Herr Salzmann), Anja Kling (Cleophe). E.: 24. 5. 1992. Länge: 95 Minuten.

Lenz (CH 2006). Regie, Buch: Thomas Imbach. Produktion: Bachim Film. Darsteller: Milan Peschel (Lenz), Barbara Maurer (Natalie), Noah Gsell (Noah). E.: 12. 2. 2006. Format: 35 mm, Farbe. Länge: 96 Minuten.

Lenz (ZDF 2009). Regie: Andreas Morell. Buch: Thomas Wendrich. Produktion: Novapool Artists im Auftrag von ZDFtheaterkanal und 3sat. Darsteller: Barnaby Metschurat (Lenz), Ronald Kukulies Oberlin), Karoline Teska (Irene), Lavinia Wilson (Konstanze), Heiko Pinkowski (Kaufmann), Andreas Leupold, Rosemarie Deibel. E.: 10. 11. 2009. Länge: 90 Minuten.

„... *daß er nicht auf dem Kopf gehen konnte.*" *Georg Büchners „Lenz". Eine Dokumentation* (D 2011). Regie: Isabelle Krötsch. Produktion: LPM 2011.

Büchner. Lenz. Leben (D 2011). Regie: Isabelle Krötsch. Produktion: Atelier Kremer | Krötsch in Zusammenarbeit mit dem LPM Saarland. Darsteller: Hans Kremer (Lenz). E.: 31. 5. 2015. Länge: 108 Minuten.

8. Weiterführende Literatur

Büchner, Georg: *Werke und Briefe. Münchner Ausgabe.* Hg. v. Karl Pörnbacher, Gerhard Schaub, Hans-Joachim Simm u. Edda Ziegler. München 1988.

internationales forum des jungen films/freunde der deutschen kinemathek (Hgg.): [Katalogblatt zu *Lenz*, R.: Alexandre Rockwell, anlässlich der 32. Internationalen Filmfestspiele Berlin – 12. Internationales Forum des jungen Films.] Berlin 1982. Online unter: http://www.arsenal-berlin.de/nc/berlinale-forum/archiv/katalogblaetter/action/open-download/download/lenz.html (17. 1. 2017)

[USE:] „Lenz". In: *film-dienst*, Nr. 17, 24. 8. 1971.

5. Zeittafel zu Leben und Werk

1751 – 12. 1.: Geburt von Jacob Michael Reinhold Lenz in Seßwegen/Cesvaine (ehemals Livland, Provinz des Russisches Reiches) als viertes von acht Kindern. Vater: Pastor Christian David Lenz (1720–1798), Mutter: Dorothea Neoknapp (1721–1778).

1759 – Umzug der Familie nach Dorpat/Tartu, wo der Vater die Stelle eines Oberpastors annimmt. Besuch der dortigen Lateinschule.

1765 – 2. 1.: Erster überlieferter Brief von Lenz an Friedrich Konrad Gadebusch (1719–1788), einen frühen Gönner und späteren Bürgermeister Dorpats. Lenz trägt zu Neujahr eine Schulrede *Über die Zufriedenheit* vor. Förderung dichterischer Versuche durch Theodor Oldekop (1724–1806), Pastor der estnischen Gemeinde in Dorpat.

1766 – Erste Veröffentlichung von Gedichten im 6. Stück der *Gelehrten Beyträge zu den Rigischen Anzeigen auf das Jahr 1766*.

1767 – Vermutlich Beginn der Arbeit an dem Hexametergedicht *Die Landplagen* (gedr. 1769), Fortsetzung der Arbeit an dem Drama *Der verwundete Bräutigam* (gedr. 1845).

1768 – Ende des Sommers reisen Lenz und sein jüngerer Bruder Johann Christian zum Studium nach Königsberg, Immatrikulation am 20. 9. Lenz besucht theologische und philosophische Lehrveranstaltungen und ist Hörer bei Kant. Während des Studiums lernt er Englisch und Italienisch und beschäftigt sich mit französischer Literatur. Er übersetzt Popes *An Essay on Criticism* und imitiert dessen Burlesken in *Belinde und der Tod* (gedr. 1988).

1770 – Im Auftrag der livländischen Studenten verfasst Lenz eine Preisode auf Kant anlässlich dessen Disputation zum Zweck der Übernahme des Lehrstuhls für Logik und Metaphysik. Sie wird als Widmungsexemplar gedruckt. Wahrscheinlich noch in Königsberg beginnt Lenz mit Übersetzungen von Shakespeare-Dramen.

1771 – Aus finanziellen Gründen bricht Lenz im Frühjahr gegen den Willen des Vaters das Studium nach fünf Semestern ab. Als bezahlter Gesellschafter reist er zusammen mit den Brüdern Friedrich Georg und Ernst Nikolaus von Kleist über Köslin, Berlin und Leipzig nach Straßburg. In Berlin Besuch bei dem einflussreichen Literaturkritiker Christoph Friedrich Nicolai (1733–1811), der die Pope-Übersetzung von Lenz ablehnt. In Straßburg lernt Lenz Goethe kennen, der seit April dort weilt, um den juristischen Grad eines Lizentiaten zu erwerben. Intensiver Austausch bis zu dessen Weggang im August. Aufnahme in die Straßburger Société de Philosophie et de Belles Lettres, wo er spätestens im Winter 1771/1772 Ehrenmitglied wird. Beschäftigung mit Theologie und Moralphilosophie, Ende des Jahres Beginn der Arbeit an den *Philosophischen Vorlesungen* (gedr. 1780).

1772 – Lenz hält sich mit dem jüngeren Bruder Ernst Nikolaus von Kleist (1752–1787) ab Frühjahr 1772 als Bedienter in der Garnison Fort Louis auf, von September bis Winter 1772/1773 in der Garnison Landau. An Johann Daniel Salzmann (1722–1812) schickt er im Oktober ein Exemplar des *Hofmeisters*, an dem er schon in Königsberg zu arbeiten begonnen hat. Im Sommer Bekanntschaft mit Friederike Brion (1752–1813), von der sich Goethe getrennt hat. 1772 oder auch später entstehen das Rollengedicht *Freundin aus der Wolke* (gedr. 1775) sowie die sogenannten *Friederike-Gedichte* (Auffindung erst 1835), deren Verfasserschaft teils Lenz, teils Goethe zugeordnet wird. Das Gedicht *Die Liebe auf dem Lande* (gedr. 1798) ist möglicherweise auch schon 1772 entstanden.

1773 – Lenz wieder in Fort Louis. Goethe regt Korrekturen an Lenz' *Plautus-Bearbeitungen* an, die 1772/1773 entstehen. Der erste Druck durch die Société scheitert an der Zensur. Zusammen mit dem Drama *Der Hofmeister oder Vorteile der Privaterziehung* erscheinen die *Bearbeitungen* im folgenden Jahr anonym bei Goethes Verleger Weygand. Erste Verbindung zu Johann Caspar Lavater (1741–1801), Pfarrer und Begründer der Physiognomik. Lenz fungiert als Vermittler zwischen dem älteren Bruder Friedrich Georg von Kleist (1751–1800) und Susanna Cleophe Fibich (1754–1820), Tochter eines Straßburger Juweliers, und setzt am 27. 10. 1773 eine *Promesse de mariage* auf, in der sich der Adelige zur Heirat des Bürgermädchens verpflichtet. Auch der jüngere Bruder Christoph Hieronymus Johann von Kleist (1753–1829) wirbt um Cleophe. Lenz behandelt diese Affären, in die er emotional tief verstrickt ist, sehr persönlich im *Tagebuch* (gedr. erst 1877) sowie in einem größeren sozialen Zusammenhang in dem Drama *Die Soldaten* (entst. Winter 1774/1775, gedr. durch Herders Vermittlung 1776).

1774 – Lenz gibt den Dienst bei den Brüdern von Kleist auf. Immatrikulation am 3. 9. als Student an der deutschen Universität in Straßburg. Publikation der *Anmerkungen übers Theater*, deren erste Fassung Lenz im Winter 1771/1772 in der Société vorgetragen hatte. Lenz fügt im Anschluss die Shakespeare-Übersetzung *Amor vincit omnia* an, an der er bereits in Königsberg gearbeitet hatte. Im Herbst wird *Der neue Menoza* publiziert, den Lenz selbst in den *Frankfurter Gelehrten Anzeigen* verteidigt.

1775 – Ab Ostern Unterkunft bei Luise König. Lenz korrespondiert u. a. mit Lavater, Johann Gottfried Herder (1744–1803), Sophie von La Roche (1730–1807), Heinrich Christian Boie (1744–1806) und Friedrich Wilhelm Gotter (1746–1797). Im Frühjahr Publikation der theologischen Schriften *Meinungen eines Laien*, *Stimmen des Laien*, die von der Familie abgelehnt werden. Goethe besucht Lenz in Straßburg vom 22. 5. bis zum 27. 5. auf dem Hinweg seiner Schweizer Reise, sowie vom 13. 7. bis zum 20. 7. auf dem Rückweg. Am 27. 5. reisen Goethe und Lenz nach Emmendingen zu Johann Georg Schlosser (1739–1799), der mit Goethes Schwester Cornelia (1750–1777) verheiratet ist. Die *Moralische Bekehrung eines Poeten* (gedr. 1889) belegt Lenz' Verehrung Cornelias. *Petrarch* (gedr. 1776) spiegelt die eigene vergebliche Liebeserfahrung in der unglücklichen Beziehung Petrarcas zu Laura. Vermutlich im Frühsommer schreibt Lenz die „Skizze" *Pandämonium Germanikum* (gedr. 1819), in der er sein Verhältnis zu Goethe vor dem Hintergrund des literarischen Feldes seiner Zeit abbildet. Im Oktober reorganisiert er die alte Société zur Deutschen Gesellschaft und wird deren Sekretär. Er eröffnet die Sitzungen mit zwei Vorträgen *Über die Vorzüge der deutschen Sprache* und *Über die Bearbeitung der deutschen Sprache im Elsaß, Breisgau und den benachbarten Gegenden* (beide gedr. 1776), liest aus eigenen Werken und bespricht Goethes *Werther* und *Götz*. Ende des Jahres schreibt er die Erzählung *Zerbin oder die neuere Philosophie* (gedr. im *Deutschen Museum* 1776) und verfasst eine polemische Satire gegen Christoph Martin Wieland (1733–1813), die er auf Druck Goethes vernichtet. Unter dem Titel *Verteidigung des Herrn W. gegen die Wolken* (gedr. 1776) versucht er, das Verhältnis zu Wieland zu entschärfen. Zahlreiche Dramen wie zum Beispiel *Die Kleinen* (gedr. 1884) bleiben Fragment. Desolate finanzielle Situation. Es entsteht die Idee zur Schrift *Expositio ad hominem* (gedr. 1962), in der er Ideen zur Versorgung von Schriftstellern entwickelt. Fertiggestellt wird der Text in Weimar.

1776 – Unglückliche Verehrung der Adligen Henriette von Waldner-Freundstein (1754–1803), einer Freundin Luise Königs. Am 19. 2. schickt Lenz die Komödie *Die Freunde machen den Philosophen* (gedr. im gleichen Jahr) an den Verleger Heinrich Christian Boie als Ersatz für die zu unterdrückenden *Wolken*. Er reist über Mannheim, Darmstadt und Frankfurt nach Weimar (Ankunft am 1. 4.), wo er durch Goethe am Hof eingeführt wird. Als Vorleser und Gesellschafter ist er dem Weimarer Herzog Carl August (1757–1828) nahe, es gelingt ihm aber nicht, eine gesicherte berufliche Position zu erreichen. Seine Denkschrift an den französischen Kriegsminister erreicht durch Goethes Einwirken den Herzog nicht (*Über die Soldatenehen*, gedr. 1913, Publikation der Notizen 2007). Ende Juni zieht sich Lenz in das nahe gelegene Berka zurück, wo er an seinem Gedicht *Tantalus* (gedr. 1798) und am *Waldbruder*-Roman (gedr. 1797) arbeitet. Im August bietet Lenz Boie vergeblich sein Drama *Der Engländer* an, es wird im folgenden Jahr bei Reich gedruckt. Er geht nach Kochberg, wo er Frau von Stein Englischstunden gibt (12. 9.–30. 10. 1776). Aufgrund einer „Eseley" (Notiz von Goethe am 26. 11. 1776), deren genauen Umstände strittig sind, wird Lenz auf Goethes Drängen am 29. 11. 1776 aus Weimar ausgewiesen. Er verlässt die Stadt am 1. 12. 1776 und geht nach Emmendingen zu Goethes Schwager Schlosser und dessen Frau Cornelia (Ankunft am 13. 12. 1776), wo er über ein Vierteljahr bleibt.

1777 – Arbeit in Emmendingen am *Landprediger* (gedr. 1777). Besuch von Freunden in der Schweiz (Zürich, Basel, Schaffhausen). Cornelia Schlosser stirbt am 8. 7. nach der Geburt ihres zweiten Kindes. Lenz kommt daraufhin nach Emmendingen zurück. Eine Reise nach Italien zerschlägt sich. Ab Mitte August ist er bei Lavater in Zürich. Ab Oktober reist er durch die Schweiz u. a. zum bereits aufgelösten Philanthropinum von Karl Ulysses von Salis (1728–1800). Danach ist er wieder in Zürich, dort während der Auseinandersetzungen um Lavater teilweise in einem „ganz verrückten Zustand" (Füssli an Sarasin, 15. 11. 1777). Ab 14. 1. weilt er als Gast bei Christoph Kaufmann (1753–1795) auf Schloss Hegi bei Winterthur.

1778 – Ab 8. 1. Reise mit Kaufmann und dessen Freunden nach Schaffhausen und Emmendingen. Am 19. 1. trennt sich Lenz vor Straßburg von der Gruppe und geht allein ins Steintal (Ankunft am 20. 1.) zu Pfarrer Johann Friedrich Oberlin (1740–1826), bei dem er sich 19 Tage aufhält. Oberlin verfasst über diesen Aufenthalt, bei dem sich der Zustand von Lenz drastisch verschlechtert, eine Rechtfertigungsschrift *Herr L......* (gedr. 1976). Georg Büchner verarbeitet den Aufenthalt in seiner Novelle *Lenz* (gedr. 1839). Wegen vermeintlicher oder tatsächlicher Selbstmordversuche lässt Oberlin Lenz am 9. 2. nach Straßburg transportieren, von wo er etwa zehn Tage später zu Schlosser nach Emmendingen geschickt wird. Dieser bemüht sich um Lenz' Heilung, ein Aufenthalt im Tollhaus in Frankfurt kann nicht finanziert werden. Arbeitstherapien bei einem Förster und einem Schuster bleiben ohne sichtbaren Erfolg.

1779 – Schlosser gelingt es, bei Lenz' Vater zu erreichen, dass ihn der jüngere Bruder Carl Heinrich Gottlob (1757–1836) heimholt. Am 23. 7. Ankunft in Riga, wo der Vater inzwischen zum Generalsuperintendenten ernannt worden ist. Die Mutter ist im Vorjahr gestorben, der Vater seit dem 4. 1. neu verheiratet. Eine Bewerbung um das Rektorat an der Domschule scheitert an Herders Nicht-Empfehlung. Auf Drängen der Familie geht Lenz nach St. Petersburg.

1780 – Anfang Februar Ankunft in St. Petersburg. Bemühungen um eine Anstellung am Hof bleiben erfolglos. Spätestens im September geht Lenz zurück nach Livland und nimmt verschiedene Hofmeisterstellen an. Überstürzte Flucht nach einer Liebesaffäre mit Julie von Albedyll. Erneute Rückkehr nach St. Petersburg. Anstellungen als Sekretär des Generalingenieurs Friedrich Wilhelm Bauer, bei Ivan Ivanovič Beckoj vom Landkadettenkorps oder beim Großfürsten Paul kommen nicht zustande.

1781 – Lenz geht im Spätsommer nach Moskau. In Gerhard Friedrich Müller (1705–1783), dem Direktor des Archivs im Ministerium für auswärtige Angelegenheiten und des Moskauer Findelhauses, findet er kurzfristig einen wichtigen Förderer. Durch dessen Vermittlung Tätigkeit als Lehrer und Erzieher im Pensionat von Madame Exter. Mitglied der ‚Gesellschaft der gelehrten Freunde', die von dem Professor für Philosophie und Dichtkunst Johann Georg Schwarz (1751–1784) und von Nikolaj Ivanovič Novikov (1744–1818) gegründet wird. Freundschaft mit Nikolaj Michajlovič Karamzin (1767–1826). Die Reise Karamzins nach Deutschland und in die Schweiz (1789) ist maßgeblich von Lenz inspiriert worden. In der Mitauer Zeitschrift *Für Leser und Leserinnen* erscheint der *Empfindsamste aller Romane*. Die Schrift *Ueber Delikatesse der Empfindung* wird erst 1828 gedruckt.

1782 – Im *Liefländischen Magazin der Lektüre* erscheint das Drama *Die sizilianische Vesper*, das bereits in Straßburg konzipiert, aber erst 1780/1781 fertiggestellt worden ist.

1783 – Der Kontakt zu Freimaurerkreisen intensiviert sich. Aufnahme in die Loge ‚Zu den drei Fahnen', wo Lenz von Oktober bis Mitte 1784 Mitglied ist.

1786 – Lenz findet Unterkunft in Novikovs Haus der Gesellschaft der gelehrten Freunde bzw. der Typographischen Gesellschaft. Bis 1789 wohnt dort auch Karamzin. Verbindung zu Michail Matveevič Cheraskov (1733–1807), dessen *Rossijada* Lenz übersetzt. Kontakt zu Sergej Ivanovič Pleščeev (1752–1802) dessen historische Darstellung Russlands Lenz unter dem Titel *Uebersicht des Russischen Reichs* ins Deutsche überträgt (gedr. 1787, 2. Aufl. 1790)

1787–1790 – Anhaltende finanzielle und gesundheitliche Probleme. Eine Verständigung mit dem Vater stellt sich auch in der Moskauer Zeit nicht her. Mehrfach setzt sich Lenz mit seinem unglücklichen Schicksal auseinander (u. a. *Abgezwungene Selbstvertheidigung*, gedr. 1992), arbeitet jedoch ungeachtet der widrigen Umstände an verschiedenen Projekten zur Erziehung, zur Gesellschaftspolitik und Geschichte Russlands, zur Einrichtung einer Universität in Livland, zur Schaffung eines Bankensystems in Russland, zur Gründung einer literarischen Gesellschaft für Adlige, zur Herausgabe einer französischen Zeitung in Moskau und zu Übersetzungen ins Russische. Ferner entstehen kurze Dramenfragmente und einige Gedichte, u. a. *Was ist Satyre?* (gedr. 1828 – fragmentarisch und frei ergänzt – in der Werkausgabe von Tieck, eine genaue Datierung der Entstehung ist nicht möglich).

1791 – Die Typographische Gesellschaft von Novikov, für die Lenz gearbeitet hat, wird aufgelöst, das Haus der Gesellschaft konfisziert. Novikov wird im Zuge der Freimaurerverfolgungen verhaftet und nach Sibirien verbannt.

1792 – Lenz stirbt unter ungeklärten Umständen im Mai in Moskau, vermutlich am 23. 5. oder 24. 5. (nach Julianischem Kalender), bzw. 3. 6. oder 4. 6. (nach Gregorianischem Kalender). Im Kirchenbuch der dortigen Michaeliskirche wird sein Tod erst nachträglich festgehalten. Die Grabstätte ist unbekannt.

6. Lenz-Bibliographie

1. Bibliographien (chronologisch) 617
2. Primärliteratur 617
   Lenz-Ausgaben (chronologisch) 617
   Lenz' Werke in sonstigen Ausgaben (chronologisch) 621
   Briefausgaben und einzelne Briefveröffentlichungen (chronologisch) 622
   Einzelne Werke (Auswahl) 626
3. Sekundärliteratur 630
4. Lenz-Rezeption (Bildende Kunst, Literatur, Essay, Hörspiel, Theater, Oper, Film) 726

Grundlage der vorliegenden Gesamtbibliographie zu J. M. R. Lenz sind die Homepage der Forschungsstelle J. M. R. Lenz der Universität Mannheim (URL: www.jacoblenz.de/), zuletzt aktualisiert 2006; die Bibliographie der deutschen Sprach- und Literaturwissenschaft; die MLA International Bibliography; Nikola Roßbach: Jakob Michael Reinhold Lenz. Bibliographie 2005–2010 in: Lenz-Jahrbuch 17 (2010, ersch. 2011) sowie im Anschluss an Roßbach: Ariane Martin unter Mitarbeit von Constanze Baum: Lenz-Bibliographie (1) in: Lenz-Jahrbuch 20 (2013, ersch. 2014). Die vorliegende Bibliographie wurde zuletzt im Februar 2017 aktualisiert.

1. Bibliographien (chronologisch)

Benseler, David Price: *Jakob Michael Reinhold Lenz. An Indexed Bibliography with an Introduction on the History of the Manuscripts and Editions*. Diss. phil., Univ. of Oregon, 1971. Masch.
Kooker, Uwe: „Bibliographie". In: Karin A. Wurst (Hg.): *J. R. M. Lenz als Alternative? Positionsanalysen zum 200. Todestag*. Köln, Weimar, Wien 1992, S. 229–243.
[Anonym:] „Bibliography". In: Alan C. Leidner u. Helga Stipa Madland (Hgg.): *Space to Act. The Theater of J. M. R. Lenz*. Columbia/SC 1993, S. 177–182.
Grund, Sonja: „Bibliografie Jakob Michael Reinhold Lenz". In: *Text + Kritik* 146 (2000): Jakob Michael Reinhold Lenz, S. 82–95.
Winter, Hans-Gerd: „Werkverzeichnis und Sekundärliteratur". In: Hans-Gerd Winter: *Jakob Michael Reinhold Lenz*. 2., überarb. u. aktual. Aufl. Stuttgart, Weimar 2000, S. 175–221.
Roßbach, Nikola: „Jakob Michael Reinhold Lenz". Bibliographie 2005–2010. In: *Lenz-Jahrbuch* 17 (2010, ersch. 2011), S. 135–148.
Martin, Ariane (unter der Mitarbeit von Constanze Baum): „Lenz-Bibliographie (I)". In: *Lenz-Jahrbuch* 20 (2013, ersch. 2014), S. 125–138.

2. Primärliteratur

Lenz-Ausgaben (chronologisch)

Kayser, Philipp Christoph (Hg.): *Flüchtige Aufsäzze von Lenz*. Zürich 1776. Enthält: „Die beiden Alten"; „Matz Höcker"; „Über die Bearbeitung der deutschen Sprache"; „Über die Veränderung des Theaters im Shakespeare"; „Über die Vorzüge der deutschen Sprache".

Philosophische Vorlesungen für empfindsame Seelen. Basel, Frankfurt, Leipzig 1780. Enthält: „Vom Baum der Erkenntnis Guten und Bösen"; „Erstes, zweites und drittes Supplement"; „Einige Zweifel über die Erbsünde"; „Unverschämte Sachen".

Tieck, Ludwig (Hg.): *Gesammelte Schriften, von J. M. R. Lenz.* 3 Bde. Berlin 1828. Online-Ausgabe München 2007. Rez.: Bernhard R. Abeken, in: Blätter für literarische Unterhaltung (Leipzig), Nr. 119, 22. 5. 1829 S. 473–474 [die Rez. ist mit der Sigle „24." unterzeichnet]; Karl Freye: „Die Lenz-Ausgabe Ludwigs Tiecks". In: Zeitschrift für Bücherfreunde N. F. 4.2 (1912/1913), S. 247–249.

Dorer-Egloff, Edward: *J. M. R. Lenz und seine Schriften. Nachträge zu der Ausgabe von L. Tieck und ihren Ergänzungen.* Baden 1857. ND Leipzig 1971. Rez.: [Heinrich Düntzer:] Der Dichter J. M. R. Lenz. In: Morgenblatt für gebildete Leser (Stuttgart), Nr. 37, 12. 9. 1858 S. 865–872 u. Nr. 38, 19. 9. 1858 S. 894–900.

Gruppe, Otto F.: *Reinhold Lenz, Leben und Werke. Mit Ergänzungen der Tieckschen Ausgabe.* Berlin 1861. Rez.: F.: Reinhold Lenz. In: Erste Beilage zur Königl. privilegirten Berlinischen Zeitung, Nr. 288, 8. 12. 1861 S. 1–4. – Heinrich Düntzer: Der Dichter Reinhold Lenz. In: Blätter für literarische Unterhaltung (Leipzig), Nr. 27, 1. 7. 1862 S. 481–494. – W.[endelin] v. Maltzahn: Reinhold Lenz, Leben und Werke. Mit Ergänzungen der Tieck'schen Ausgabe. Von O. F. Gruppe. […] Ein Wort der Kritik. In: Erste Beilage zur Königl. privilegirten Berlinischen Zeitung, Nr. 300, 22. 12. 1861 S. 1–4.

Ludwig, Karl (Hg.): *Reinhold Lenz: Lyrisches aus dem Nachlaß. Mit Silhouetten von Lenz und Goethe.* Berlin 1884. Von Wilhelm Arent unter dem Pseudonym ‚Karl Ludwig' fingierte Sammlung. Rez.: [Anonym,] in: Hamburger Nachrichten, Nr. 208, 31. 8. 1884 Morgenausgabe, S. [2]. – [Anonym:] Aufdeckung einer literarischen Mystifikation. In: Schalk. Blätter für deutschen Humor (Berlin), Jg. 8 (1885/1886), Nr. 333, 15. 2. 1885 Beiblatt Kauz, Nr. 46, S. 181–182. – W.[ilhelm] Arent, in: Auf der Höhe 13.38 (1884), S. 305. – Gloatz, in: Deutsches Litteraturblatt (Gotha), Jg. 7 (1884/1885), Nr. 37, 13. 12. 1884 S. 152. – [Jakob] Minor, in: Archiv für Litteraturgeschichte 13 (1885), S. 544–552. – August Sauer, in: Deutsche Litteraturzeitung (Berlin), Jg. 6 (1885), Nr. 15, 11. 4. 1885 Sp. 531–534 – Erich Schmidt: Aus dem poetischen Nachlaß von Jakob M. R. Lenz. In: Allgemeine Zeitung (München), Nr. 290, 18. 10. 1884 Beilage, S. 4281–4282 u. Nr. 291, 19. 10. 1884 Beilage, S. 4298–4299. – [Friedrich Zarncke], in: Literarisches Centralblatt für Deutschland (Leipzig), Nr. 25, 13. 6. 1885 Sp. 848–849. S. dazu auch: Fr. Z.: Berichtigung. In: ebd., Nr. 29, 11. 7. 1885 Sp. 989–990 u. Fr. Z.: Notiz. In: ebd., Nr. 38, 12. 9. 1885 Sp. 1332.

Weinhold, Karl (Hg.): *Dramatischer Nachlass von J. M. R. Lenz.* Frankfurt/Main 1884. Rez.: B–e, in: Die Gegenwart (Berlin), Nr. 42, 18. 10. 1884 S. 255. – C. [d. i. Wilhelm Creizenach], in: Literarisches Centralblatt für Deutschland (Leipzig), Jg. 1884, Nr. 37, 6. 9. 1884 Sp. 1290–1291. – A.[rthur] Chuquet, in: Revue critique d'histoire et de littérature (Paris) N. S. 26 (1888), S. 404–408 – G. [d. i. Rudolph Genée]: „Aus dem Nachlaß von Reinhold Lenz". In: National-Zeitung (Berlin), Nr. 443, 1. 8. 1884 Morgen-Ausgabe, S. [1–2]. – [Jakob] Minor, in: Archiv für Litteraturgeschichte 13 (1885), S. 544–552. – Q., in: Deutsche Revue 4.12 (1884), S. 374. – August Sauer. in: Deutsche Litteraturzeitung (Berlin), Jg. 6 (1885), Nr. 15, 11. 4. 1885 Sp. 531–534. – Erich Schmidt: Aus dem poetischen Nachlaß von Jakob M. R. Lenz. In: Allgemeine Zeitung (München), Nr. 290, 18. 10. 1884 Beilage, S. 4281–4282 u. Nr. 291, 19. 10. 1884 Beilage, S. 4298–4299.

Weinhold, Karl (Hg.): *Gedichte von J. M. R. Lenz. Mit Benutzung des Nachlaßes Wendelins von Maltzahn.* Berlin 1891. Rez.: [Anonym,] in: Deutsche Rundschau 66 (1891), S. 144–145. – O.[skar] Erdmann, in: Zeitschrift für deutsche Philologie 24.3 (1891), S. 410–411. – Paul Falck: Vorläufige Erklärung in Sachen der Lenz-Werke des Herrn K. Weinhold. In: Die Gesellschaft. Monatschrift für Litteratur, Kunst und Sozialpolitik 7 (1891), März-Heft, S. 444–446. – O. H., in: Preußische Jahrbücher 67 (1891), S. 227–228. – August Sauer, in: Anzeiger für deutsches Altertum und deutsche Litteratur 21.4 (1895), S. 337–345.

Blei, Franz (Hg.): *Jakob Michael Reinhold Lenz: Gesammelte Schriften.* 5 Bde. München, Leipzig 1909–1913. Bd. 1 (1909): Die Gedichte; Der Hofmeister; Anmerkungen übers

Theater; Amor vincit omnia. Bd. 2 (1909): Die Lustspiele nach dem Plautus; Der neue Menoza. Bd. 3 (1910): Dramen; Dramatische Fragmente; Coriolan. Bd. 4 (1910): Schriften in Prosa. Bd. 5 (1913): Schriften in Prosa. ND Hildesheim 2002. Rez.: P.[aul] T.[heodor] Falck, in: Baltische Monatsschrift 67 (1909), S. 360–366. – Hans Franck: Jakob Lenz. In: Die Gegenwart (Berlin), Nr. 3, 17. 1. 1914 S. 44–46. – Eduard Glock: Jacob Lenz. In: Die neue Rundschau 21.3 (1910), S. 1314–1316. – Albert Helms, in: Masken. Wochenschrift des Düsseldorfer Schauspielhauses, 13. 12. 1909 S. 239–240. – Hans Landsberg: Im Sturm und Drang. In: Allgemeine Zeitung (München), Nr. 43, 23. 10. 1909 S. 963–964. – Harry Maync: Jacob M. R. Lenz. In: Neue Jahrbücher für das klassische Altertum, Geschichte und deutsche Literatur 25.8 (1910), S. 613–616. – Erich Oesterheld: Der arme Dichter Lenz und die neueste Lenzliteratur. In: Preußische Jahrbücher 139 (1910), S. 156–162. – Robert Petsch: Aus Sturm und Drang. In: Das litterarische Echo 12.1 (1909/1910), Sp. 26–33. – Wilhelm von Scholz: Lenz. In: Der Kunstwart 23 (1909/1910), S. 37–38. – Edward Schröder, in: Göttingische gelehrte Anzeigen 171.6 (1909), S. 435–449. – Edward Schröder, in: Göttingische gelehrte Anzeigen 180.9–10 (1918), S. 396–397.

Lewy, Ernst (Hg.): *Gesammelte Schriften von Jacob Mich. Reinhold Lenz.* Bd. 1: Dramen. Bd. 2: Gedichte. Bd. 3: Plautus; Fragmente. Bd. 4: Prosa. Berlin 1909. Titelausgabe: Leipzig 1917. Rez.: Eduard Glock: Jacob Lenz. In: Die neue Rundschau 21.3 (1910), S. 1314–1316. – Hans Landsberg: Im Sturm und Drang. In: Allgemeine Zeitung (München), Nr. 43, 23. 10. 1909 S. 963–964. – Harry Maync: Jacob M. R. Lenz. In: Neue Jahrbücher für das klassische Altertum, Geschichte und deutsche Literatur 25.8 (1910), S. 613–616. – Richard M. Meyer, in: Archiv für das Studium der neueren Sprachen und Literaturen 125 (1910), S. 238. – Gustav Werner Peters: Reinhold Lenz. In: Die Hilfe. Wochenschrift für Politik, Literatur und Kunst 17.26 (1911), Beiblatt, S. 412–413. – Robert Petsch: Aus Sturm und Drang. In: Das litterarische Echo 12.1 (1909/1910), Sp. 26–33. – Erich Oesterheld: Der arme Dichter Lenz und die neueste Lenzliteratur. In: Preußische Jahrbücher 139 (1910), S. 156–162. – Edmund von Sallwürk: Reinhold Lenz. Zur Neuherausgabe seiner Werke. In: Frankfurter Zeitung, Nr. 101, 11. 4. 1909 Viertes Morgenblatt, S. [1]. – E. S. [d. i. Edward Schröder], in: Göttingische gelehrte Anzeigen 172.2 (1910), S. 144–150 u. 172.11 (1910), S. 786–788.

Oesterheld, Erich (Hg.): *Jakob Mich. Reinhold Lenz: Ausgewählte Gedichte.* Leipzig 1909. Rez.: Eduard Glock: Jacob Lenz. In: Die neue Rundschau 21.3 (1910), S. 1314–1316. – Hans Landsberg: Im Sturm und Drang. In: Allgemeine Zeitung (München), Nr. 43, 23. 10. 1909 S. 963–964. – Harry Maync: Jacob M. R. Lenz. In: Neue Jahrbücher für das klassische Altertum, Geschichte und deutsche Literatur 25.8 (1910), S. 613–616. – Erich Oesterheld: Der arme Dichter Lenz und die neueste Lenzliteratur. In: Preußische Jahrbücher 139 (1910), S. 156–162. – Robert Petsch: Aus Sturm und Drang. In: Das litterarische Echo 12.1 (1909/1910), Sp. 26–33. – Wilhelm von Scholz: Lenz. In: Der Kunstwart 23 (1909/1910), S. 37–38. – Edward Schröder, in: Göttingische gelehrte Anzeigen 172.1 (1910), S. 82–84. – Wolfgang Stammler, in: Euphorion 17 (1910), S. 689–691. – G. W. [d. i. Georg Witkowski], in: Zeitschrift für Bücherfreunde N. F. 1.8 (1909/1910), Beiblatt, S. 39–40.

Hollander, Karl von (Hg.): *J. M. R. Lenz: Auswahl aus seinen Dichtungen.* Weimar 1917.

Hammer, Klaus (Hg.): *Jakob Michael Reinhold Lenz: Erzählungen.* Leipzig 1966.

Titel, Britta u. Hellmut Haug (Hgg.): *Jakob Michael Reinhold Lenz: Werke und Schriften.* 2 Bde. Stuttgart 1966–1967. Lizenzausgabe: Darmstadt 1966–1967. Rez.: Élisabeth Genton: Quelques Lenziana. In: Études Germaniques (Paris) 25.4 (1970), S. 392–399. – Ivan Nagel: J. M. R. Lenz: Opfer des Pfarrhauses, in: Süddeutsche Zeitung, Nr. 225, 18. 9. 1968 Beilage Buch und Zeit, S. 8. – Peter Pfaff, in: Germanistik (Tübingen) 9.1 (1968), S. 139–140. – Wulf Segebrecht: Die dritte Wiederkehr des J. M. R. Lenz. Zu zwei neuen Ausgaben der Werke des Dichters, in: Frankfurter Allgemeine Zeitung, Nr. 252, 29. 10. 1968 Literaturblatt, S. 4.

Daunicht, Richard (Hg.): *Jacob Michael Reinhold Lenz: Gesammelte Werke in vier Bänden.* Bd. 1: Dramen 1. München 1967. Weitere Bände nicht erschienen. Rez.: Élisabeth Genton:

Quelques Lenziana. In: Études Germaniques (Paris) 25.4 (1970), S. 392–399. – Karl S. Guthke, in: Germanistik (Tübingen) 9.3 (1968), S. 582. – Ivan Nagel: J. M. R. Lenz: Opfer des Pfarrhauses. In: Süddeutsche Zeitung, Nr. 225, 18. 9. 1968 Beilage Buch und Zeit, S. 8. – Wulf Segebrecht: Die dritte Wiederkehr des J. M. R. Lenz. Zu zwei neuen Ausgaben der Werke des Dichters. In: Frankfurter Allgemeine Zeitung, Nr. 252, 29. 10. 1968 Literaturblatt, S. 4.

Haug, Hellmut (Hg.): *Jakob Michael Reinhold Lenz: Gedichte.* Stuttgart 1968.

Daunicht, Richard (Hg.): *Jakob Michael Reinhold Lenz: Werke und Schriften.* Reinbek bei Hamburg 1970.

Richter, Helmut (Hg.): *Lenz: Werke in einem Band.* Einleitung von Rosalinde Gothe. Berlin, Weimar 1972. 2. Aufl. 1975. – 3. Aufl. 1980. – 4. Aufl. 1986. – 5. Aufl. 1991.

Seyppel, Joachim (Hg.): *Jakob Michael Reinhold Lenz: Erzählungen und Briefe.* Berlin 1978.

Damm, Sigrid (Hg.): *Poesiealbum 142: Jakob Michael Reinhold Lenz.* Berlin 1979.

Hohoff, Ulrich u. Bettina Hohoff (Hgg.): *Der Engländer. Der tugendhafte Taugenichts. Die Aussteuer. Dramen und Gedichte.* Frankfurt/Main 1986. Gedichte in Auswahl.

Damm, Sigrid (Hg.): *Jakob Michael Reinhold Lenz: Werke und Briefe in drei Bänden.* Bd. 1: Dramen. Dramatische Fragmente, Übersetzungen. – Bd. 2: Lustspiele nach dem Plautus. Prosadichtungen. Theoretische Schriften. – Bd. 3: Gedichte. Briefe. Leipzig 1987. Lizenzausgabe: München, Wien 1987. Taschenbuchausgabe: Frankfurt/Main, Leipzig 1992. Rez.: Iris Denneler: Den Herrschern unbequem, den Freunden ein unglücklicher Junge. In: Der Tagesspiegel (Berlin), Nr. 14306, 30. 8. 1992 Beilage Weltspiegel, S. IX. – Willem P. Engel: Ein Stürmer und Dränger. In: Donaukurier (Ingolstadt), 7. 9. 1990 Sonderseite Bücher, unpag. – Eckhart G. Franz, in: Archiv für hessische Geschichte und Altertumskunde N. F. 48 (1990), S. 362–363. – David Hill, in: The Modern Language Review (Leeds) 85.1 (1990), S. 247. – Anneliese Klingenberg, in: Deutsche Literaturzeitung 111.11–12 (1990), Sp. 844–846. – Peter von Matt: Untergang eines Aufständischen. In: Frankfurter Allgemeine Zeitung, Nr. 43, 20. 2. 1988 Beilage Bilder und Zeiten, S. [5]. – John Osborne, in: Germanistik (Tübingen) 29.2 (1988), S. 454–455. – Jürgen Stötzer, in: Zeitschrift für Germanistik 10.6 (1989), S. 738–740. – Hans-Ulrich Wagner, in: Lenz-Jahrbuch 2 (1992), S. 233–237. – Karin Wurst, in: The German Quarterly (Cherry Hill/NJ) 61.4 (1988), S. 572–573.

Unglaub, Erich (Hg.): *Jakob Michael Reinhold Lenz: Dramen des Sturm und Drang.* München, Zürich 1988. Rez.: John Guthrie, in: The Modern Language Review (Leeds) 86.4 (1991), S. 1049–1050.

Voit, Friedrich (Hg.): *Jakob Michael Reinhold Lenz: Erzählungen: Zerbin, Der Waldbruder, Der Landprediger.* Stuttgart 1988.

Lauer, Karin (Hg.): *Jakob Michael Reinhold Lenz: Werke in einem Band.* Mit einem Nachwort von Gerhard Sauder. München, Wien 1992. Taschenbuchausgabe: München 1992. Rez.: Iris Denneler: Den Herrschern unbequem, den Freunden ein unglücklicher Junge. In: Der Tagesspiegel (Berlin), Nr. 14306, 30. 8. 1992 Beilage Weltspiegel, S. IX. – Hans-Ulrich Wagner, in: Lenz-Jahrbuch 2 (1992), S. 233–237.

Voit, Friedrich (Hg.): *Jakob Michael Reinhold Lenz: Werke.* Stuttgart 1992. Neuauflage 2006. Rez.: Michael Matthias Schardt, in: Germanistik (Tübingen) 33.3–4 (1992), S. 939. – Hans-Ulrich Wagner, in: Lenz-Jahrbuch 2 (1992), S. 233–237.

Weiß, Christoph (Hg.): *Jacob Michael Reinhold Lenz: Werke in zwölf Bänden.* Faksimiles der Erstausgaben seiner zu Lebzeiten selbständig erschienenen Texte. St. Ingbert 2001. Bd. 1: Die Landplagen. Bd. 2: Lustspiele nach dem Plautus. Bd. 3: Der Hofmeister. Bd. 4: Der neue Menoza. Bd. 5: Anmerkungen übers Theater. Bd. 6: Meynungen eines Layen. Bd. 7: Menalk und Mopsus./Eloge de feu Monsieur **nd./Vertheidigung des Herrn W. gegen die Wolken./Petrarch. Bd. 8: Die Freunde machen den Philosophen. Bd. 9: Die Soldaten. Bd. 10: Flüchtige Aufsäzze. Bd. 11: Der Engländer. Bd. 12: Philosophische Vorlesungen für empfindsame Seelen. Rez.: Alfred Anger, in: Lichtenberg-Jahrbuch (2001, ersch. 2002), S. 224. – Rolf-Bernhard Essig: Der Lenz ist da! Des Dichters Werke zu Lebzeiten in zwölf Faksimile-Bändchen. In: Süddeutsche Zeitung, Nr. 44, 22. 2. 2001 S. 16. – Tomas Fitzel: Die innere

Apparatur des menschlichen Selbst. „Von wenigen betrauert, von keinem vermißt": Jacob Michael Reinhold Lenz zum 250. Geburtstag. In: Frankfurter Rundschau, Nr. 17, 20.1.2001 S. 21; zugl. unter dem Titel: Goethes Affe. Jacob Michael Reinhold Lenz wurde zum Prototypen des wahnsinnigen Dichters, der an der Welt zerbricht. Zu seinem 250. Geburtstag ist jetzt eine zwölfbändige Werkausgabe erschienen. In: Badische Zeitung (Freiburg), Nr. 16, 20.1.2001 Beilage Magazin, S. V. – Ulrich Kaufmann: Eine Ausgabe von bleibendem Wert. In: Palmbaum. Literarisches Journal aus Thüringen 9.1–2 (2001), S. 169–170. – Roland Krebs: Lenziana. In: Études Germaniques (Paris) 57.1 (2002), S. 137–141. – Frank Schäfer: Der neue Lenz ist da. Am 23. Januar wäre Jacob Michael Reinhold Lenz 250 Jahre alt geworden. Nun ist eine neue Werkausgabe herausgekommen. In: Jungle World (Berlin), Nr. 4, 17.1.2001 S. 27; wiederabgedr. unter dem Titel: Der Wandelstern. Zum 250. Geburtstag von Jacob Michael Reinhold Lenz. In: Neue Zürcher Zeitung, Nr. 18, 23.1.2001 S. 35. – Robert Seidel: Im langen Schatten Goethes. Zum 250. Geburtstag des Dichters Jacob Michael Reinhold Lenz. In: Rhein-Neckar-Zeitung (Heidelberg), Nr. 16, 20.1./21.1.2001 Beilage Kultur, unpag. – Inge Stephan, in: Zeitschrift für Germanistik N. F. 12.2 (2002), S. 419–421. – Thorsten Unger, in: Germanistik (Tübingen) 42.1–2 (2001), S. 216.

Tommek, Heribert (Hg.): *J. M. R. Lenz: Moskauer Schriften und Briefe. Text- und Kommentarband.* Berlin 2007. Rez.: Lothar Müller: Der Hofmeister im Osten. Ein Ereignis: Die Moskauer Schriften des Jakob Lenz. In: Süddeutsche Zeitung, Nr. 137, 18.6.2007 S. 14. – Roland Reuß, in: TEXT 12 (2008), 165–167. – Roger Bartlett, in: Newsletter of the Study Group on Eighteenth-Century Russia (London) 35 (2007).

Griffiths, Elystan u. David Hill (Hgg.): *J. M. R. Lenz: Schriften zur Sozialreform. Das Berkaer Projekt.* Unter Mitwirkung von Heribert Tommek. 2 Bde. Frankfurt/Main u. a. 2007. Rez.: W. Daniel Wilson, in: Modern Language Review (Leeds) 104 (2009). – Anna Richards, in: The Year's Work in Modern Language Studies 69 (2006/2007, ersch. 2008), S. 743. – Matthias Luserke-Jaqui, in: Lenz-Jahrbuch 13–14 (2004–2007, ersch. 2008), S. 363–365.

Lenz' Werke in sonstigen Ausgaben (chronologisch)

Sauer, August (Hg.): *Stürmer und Dränger. Tl. 2: Lenz und Wagner.* Berlin, Stuttgart 1883 (= Deutsche National-Litteratur. Historisch kritische Ausgabe. Hg. von Joseph Kürschner, Bd. 80). Darin von Lenz: „Der Hofmeister" (S. 1–81); „Die Soldaten" (S. 83–135); „Pandaemonium germanicum" (S. 137–160); „Leopold Wagner" (S. 161–164); „Tantalus" (S. 165–173); „Der Waldbruder" (S. 175–209); Gedichte (S. 211–271). Rez.: A.[rthur] Chuquet, in: Revue critique d'histoire et de littérature (Paris) N. S. 20 (1885), S. 448–458, hier S. 455.

Freye, Karl (Hg.): *Sturm und Drang. Dichtungen aus der Geniezeit. In vier Teilen. Mit 6 Beilagen in Kunstdruck und zahlreichen Vignetten. Tl. 2: Lenz – Wagner.* Berlin u. a. 1911. Darin von Lenz: Gedichte (S. 9–58); „Der Hofmeister" (S. 59–130); „Die Soldaten" (S. 131–178); „Die beiden Alten" (S. 179–196); „Die Freunde machen den Philosophen" (S. 197–234); „Der Engländer" (S. 235–253); Dramatische Entwürfe: „Der tugenhafte Taugenichts", „Catharina von Siena", „Cato" (S. 255–307); „Die Entführungen" (S. 309–349); „Die Buhlschwester" (S. 351–386); „Pandämonium Germanikum" (S. 387–408); „Zerbin" (S. 409–432); „Der Waldbruder" (S. 433–463). Anmerkungen zu den Lenz-Texten in Tl. 4 der Ausgabe, S. 471–497.

Hoppe, Karl (Hg.): *Sturm und Drang.* Leipzig 1925 (= Volksgut deutscher Dichtung). Darin von Lenz: Gedichte (S. 31–46); „Der Hofmeister" (S. 48–96); „Die Soldaten" (S. 97–130); „Der Waldbruder" (S. 283–304).

Kindermann, Heinz (Hg.): *Von Deutscher Art und Kunst.* Leipzig 1935 (= Deutsche Literatur. Sammlung literarischer Kunst- und Kulturdenkmäler in Entwicklungsreihen. Reihe Irrationalismus 6). Darin von Lenz: „Anmerkungen übers Theater" (S. 241–266); „Über Götz von Berlichingen" (S. 267–270); „Pandaemonium Germanicum" (S. 283–303).

Kindermann, Heinz (Hg.): *Kampf um das soziale Ordnungsgefüge*. Tl. 1. Leipzig 1939 (= Deutsche Literatur. Sammlung literarischer Kunst- und Kulturdenkmäler in Entwicklungsreihen. Reihe Irrationalismus 8). Darin von Lenz: „Das Väterchen" (S. 106–133); „Der Hofmeister" (S. 134–207); „Der neue Menoza" (S. 208–266); „Die Soldaten" (S. 267–316).

Herrmann, Klaus u. Joachim Müller (Hgg.): *Sturm und Drang. Ein Lesebuch für unsere Zeit*. Weimar 1954 (= Lesebücher für unsere Zeit). Darin von Lenz: „Anmerkungen übers Theater" (Auszüge, S. 82–84); „Über Götz von Berlichingen" (S. 85–88); „Die Soldaten" (S. 159–209); „Der Hofmeister" (Auszüge, S. 209–216); „Der Waldbruder" (Auszüge, S. 218–224); „Zerbin" (Auszüge, S. 224–229); Gedichte (S. 229–235).

Loewenthal, Erich u. Lambert Schneider (Hgg.): *Sturm und Drang. Dramatische Schriften*. 2 Bde. Heidelberg 1958/1959. Lizenzausgaben: Darmstadt 1958/1959. – Berlin 1959. – Frankfurt/Main, Wien, Zürich 1964. In Bd. 1 von Lenz: „Der Hofmeister" (S. 135–214); „Der neue Menoza" (S. 215–277); „Die Soldaten" (S. 279–332); „Die Freunde machen den Philosophen" (S. 333–374); „Dramatische Entwürfe" (S. 375–406); „Pandaemonium Germanicum" (S. 407–431); „Lustspiele nach dem Plautus" (S. 433–554); Anmerkungen zu den Lenz-Texten in Bd. 2, S. 656–662.

Strasser, René (Hg.): *Sturm und Drang. Werke in drei Bänden. Bd. 3: Maler Müller/J. M. R. Lenz. Auf Grund der von Karl Freye besorgten Ausgabe neu bearbeitet*. Zürich 1966 (= Stauffacher Klassiker). Lizenzausgabe: Frankfurt/Main 1966. Darin von Lenz: Gedichte (S. 245–287); „Der Hofmeister" (S. 288–361); „Die Soldaten" (S. 362–410).

Nicolai, Heinz (Hg.): *Sturm und Drang. Dichtungen und theoretische Texte*. 2 Bde. München 1971. In Bd. 1 von Lenz: Gedichte (S. 568–591); „Der Waldbruder" (S. 591–620); „Zerbin" (S. 620–643); „Der Hofmeister" (S. 643–717); „Die Soldaten" (S. 717–767); „Die Freunde machen den Philosophen" (S. 767–805); „Pandämonium Germanicum" (S. 805–825); „Tantalus" (S. 825–830); „Über Götz von Berlichingen" (S. 831–834); „Anmerkungen übers Theater" (S. 834–861); „Briefe über die Moralität der Leiden des jungen Werthers" (S. 861–879); Anmerkungen zu den Lenz-Texten in Bd. 2, S. 1841–1860.

Müller, Peter (Hg.): *Sturm und Drang. Weltanschauliche und ästhetische Schriften*. Bd. 2. Berlin, Weimar 1978. Darin von Lenz: „Entwurf eines Briefes an einen Freund, der auf Akademien Theologie studiert" (S. 129–133); „Zweierlei über Virgils erste Ekloge" (S. 134–139); „Über Götz von Berlichingen" (S. 140–144); „Anmerkungen übers Theater" (S. 145–172); „Vom Baum der Erkenntnis Guten und Bösen" (S. 173–206); „Nur ein Wort über Herders ‚Philosophie der Geschichte'" (S. 207–208); „Briefe über die Moralität der Leiden des jungen Werthers" (S. 209–225); „Rezension des Neuen Menoza" (S. 226–231); „Über die Natur unsers Geistes" (S. 232–237); „Verteidigung des Herrn W. gegen die ‚Wolken'" (S. 238–259); „Das Hochburger Schloß" (S. 260–267).

Müller, Peter (Hg.): *Sturm und Drang. Ein Lesebuch für unsere Zeit*. Berlin 1992. Darin von Lenz: „Über Götz von Berlichingen" (S. 261–266); „Nur ein Wort über Herders ‚Philosophie der Geschichte'" (S. 266–268); „Für Wagnern" (S. 268); „Über die Natur unsers Geistes" (S. 269–274); Lyrik (S. 275–296); „Pandämonium Germanicum" (S. 297–322). Rez.: Gerhard Sauder, in: Lenz-Jahrbuch 2 (1992), S. 227–232.

Müller, Peter u. Jürgen Stötzer (Hgg.): *Jakob Michael Reinhold Lenz: Ein Lesebuch für unsere Zeit*. Berlin 1992. Rez.: Hans-Ulrich Wagner, in: Lenz-Jahrbuch 2 (1992), S. 233–237.

Finkbeiner, Markus (Hg.): *Deutsche Dramen von Hans Sachs bis Arthur Schnitzler*. CD-ROM. Frankfurt/Main 2005 (= Digitale Bibliothek). Enthält mehrere Dramen von Lenz.

Deutsche Literatur von Luther bis Tucholsky. Großbibliothek. DVD-ROM. Berlin 2005. Enthält Gedichte, Dramen, Erzählprosa, Essays und Reden von Lenz.

Briefausgaben und einzelne Briefveröffentlichungen (chronologisch)

[Engelhardt, Christian Moritz [Hg.]:] „Einige Briefe Goethes aus der Zeit seines Aufenthalts zu Straßburg und gleich darauf". In: *Morgenblatt für gebildete Leser* (Stuttgart), Nr. 25, 29.1.1838 S. 97–98; Nr. 26, 30.1.1838 S. 103; Nr. 27, 31.1.1838 S. 104–105; Nr. 28,

1. 2. 1838 S. 111–112; Nr. 36, 10. 2. 1838 S. 141–142; Nr. 38, 13. 2. 1838 S. 149–150. [Zu Lenz S. 98, 141–142 u. 149.] Die Einleitung zum Abdruck der Briefe Goethes an Salzmann ist S. 103 mit „C. M. E." unterzeichnet.

Stöber, August (Hg.): *Der Dichter Lenz und Friedericke von Sesenheim. Aus Briefen und gleichzeitigen Quellen; nebst Gedichten und Anderm von Lenz und Goethe.* Basel 1842.

Stöber, August (Hg.): „Der Aktuar Salzmann und seine Freunde". In: *Alsatia. Jahrbuch für elsässische Geschichte, Sage, Alterthumskunde, Sitte, Sprache und Kunst* [4] (1853), S. 5–110. Erweiterter Wiederabdruck: August Stöber (Hg.): *Der Aktuar Salzmann, Goethe's Freund und Tischgenosse in Straßburg. Eine Lebens-Skizze, nebst Briefen von Goethe, Lenz, L. Wagner, Michaelis, Hufeland u. A.; zwei ungedruckten Briefen von Goethe an Ch. M. Engelhardt und einem Aufsatze über Werther und Lotte, aus Jeremias Meyer's literarischem Nachlasse.* Mühlhausen 1855. Frankfurt/Main 1855.

Engelhardt, Christian Moritz (Hg.): „Zwei ungedruckte Briefe Goethe's, nebst einer Notiz über dessen Briefe an den Aktuar Salzmann". In: *Alsatia. Jahrbuch für elsässische Geschichte, Sage, Alterthumskunde, Sitte, Sprache und Kunst* [5] (1854–1855), S. 5–20. Wiederabdruck in: August Stöber (Hg.): *Der Aktuar Salzmann, Goethe's Freund und Tischgenosse in Straßburg. Eine Lebens-Skizze, nebst Briefen von Goethe, Lenz, L. Wagner, Michaelis, Hufeland u. A.; zwei ungedruckten Briefen von Goethe an Ch. M. Engelhardt und einem Aufsatze über Werther und Lotte, aus Jeremias Meyer's literarischem Nachlasse.* Frankfurt/Main 1855, S. 111–126.

Böttiger, E. [Carl!] W.[ilhelm] (Hg.): „Briefe aus der Weimarischen Literaturepoche". In: *Morgenblatt für gebildete Leser* (Stuttgart), Nr. 32, 5. 8. 1855 S. 756–760; Nr. 33, 12. 8. 1855 S. 782–785; Nr. 34, 19. 8. 1855 S. 806–809; Nr. 36, 2. 9. 1855 S. 855–859; Nr. 37, 9. 9. 1855 S. 879–881. [Zu Lenz Nr. 33, S. 782: Erstdruck eines undatierten Briefes von Lenz an Wieland.]

Düntzer, Heinrich u. Ferdinand Gottfried von Herder (Hgg.): *Aus Herders Nachlaß.* Bd. 1: *Goethe. Schiller. Klopstock. Lenz. Jean Paul. Claudius.* Frankfurt/Main 1856. [Zu Lenz S. 215–246: Briefe von Lenz an Herder; mit einer Einleitung von Heinrich Düntzer S. 217–224.] ND Hildesheim, New York 1976.

Düntzer, Heinrich (Hg.): *Zur deutschen Literatur und Geschichte. Ungedruckte Briefe aus Knebels Nachlaß.* Bd. 1. Nürnberg 1858. [Zu Lenz S. 56–59: Brief von Lenz an Knebel, 6. 3. 1776.]

Zoeppritz, Rudolf (Hg.): *Aus F. H. Jacobi's Nachlaß. Ungedruckte Briefe von und an Jacobi und Andere. Nebst ungedruckten Gedichten von Goethe und Lenz.* Bd. 2. Leipzig 1869. [Zu Lenz S. 285–320: Lenziana.]

Burkhardt, C.[arl] A.[ugust] H.[ugo] (Hg.): „Briefe aus der Sturm- und Drangperiode". In: *Die Grenzboten* 29.II.2 (1870), S. 421–433, S. 454–464, S. 498–507. [Zu Lenz S. 456–458: zwei Briefe von Lenz an Philipp Christoph Kayser.]

Stöber, August (Hg.): „Johann Gottfried Röderer von Straßburg und seine Freunde. Biographische Mittheilungen nebst Briefen an ihn von Goethe, Kayser, Schlosser, Lavater, Pfenninger, Ewald, Haffner und Blessig". In: *Alsatia. Beiträge zur elsässischen Geschichte, Sage, Sitte, Sprache und Literatur.* N. R. [9] (1868–1872). Colmar 1873, S. 1–149.

Stöber, August (Hg.): *Johann Gottfried Röderer von Straßburg und seine Freunde. Biographische Mittheilungen nebst Briefen an ihn von Goethe, Kayser, Schlosser, Lavater, Pfenninger, Ewald, Haffner und Blessig.* Zweite Aufl. mit einem Nachtrag von Briefen an Röderer und Lenz, sowie mit Aufsätzen des Letztern vermehrt. (Für Nichtbesitzer der *Alsatia* von 1873.) Colmar 1874.

Stöber, August (Hg.): *Johann Gottfried Röderer von Straßburg und seine Freunde. Nachtrag von Briefen an Röderer und Lenz: von Lavater, Schlosser, Blessig, Pfenninger und Wieland, nebst bisher ungedruckten Aufsätzen von Lenz.* (Für die Besitzer der *Alsatia* von 1873.) Colmar 1874.

Schmidt, Erich (Hg.): *Heinrich Leopold Wagner, Goethes Jugendgenosse. Nebst neuen Briefen und Gedichten von Wagner und Lenz.* Jena 1875. 2., völlig umgearb. Aufl. Jena 1879.

Rez.: Heinrich Düntzer, in: Archiv für Litteraturgeschichte 5 (1876), S. 249–260. – Oskar Erdmann, in: Anzeiger für deutsches Alterthum und deutsche Litteratur 5.3 (1879), S. 374–380.

Werner, Richard Maria (Hg.): „Drei Briefe aus der v. Radowitzschen Sammlung". In: *Archiv für Litteraturgeschichte* 8 (1879), S. 514–517.

Loeper, G.[ustav] von (Hg.): *Briefe Goethe's an Sophie von La Roche und Bettina Brentano.* Berlin 1879.

Weinhold, Karl: „Ein Brieflein Goethes an Lenz". In: *Chronik des Wiener Goethe-Vereins* 2.5, 15. 2. 1887 S. 27–28.

Riekhoff, Th. von (Hg.): „Aus der Paja von Petrovieschen Handschriftensammlung". In: *Jahresbericht der Felliner litterarischen Gesellschaft pro 1885 bis 1887.* Fellin 1888, S. 90–92. [Zu Lenz: S. 90–91: Erstdruck eines Briefs von Lavater an Lenz vom 22. 7. 1775.]

[Suphan, Bernhard [Hg.]:] „Zwei Briefe von Cornelie Schlosser. Mitgetheilt von B. Suphan". In: *Goethe-Jahrbuch* 9 (1888), S. 115–120. [Zu Lenz S. 118–119.]

Froitzheim, Johannes (Hg.): *Lenz und Goethe. Mit ungedruckten Briefen von Lenz, Herder, Lavater, Röderer, Luise König. Mit dem Porträt der Frau v. Oberkirch.* Stuttgart u. a. 1891. Rez.: Bdrmn [d. i. Woldemar von Biedermann]: Imaginärer Haß gegen Goethe. In: Wissenschaftliche Beilage der Leipziger Zeitung, Nr. 30, 12. 3. 1891 S. 117–119. Wiederabdruck unter dem Titel: Goethe und Jakob Lenz. In: Woldemar von Biedermann: Goethe-Forschungen. Anderweitige Folge. Leipzig 1899, S. 96–106. – Ludwig Geiger: Lenz und Goethe. In: Beilage zur Allgemeinen Zeitung (München), Nr. 9, 9. 1. 1891 Beilage Nr. 7, S. 1–3. – C.[urt] Grottewitz, in: Das Magazin für Litteratur (Berlin) 60 (1891), Nr. 40, 3. 10. 1891 S. 640. – Johann Loew: Aus den Tagen der Sturm- und Drangepoche. In: Straßburger Post, Nr. 122, 3. 5. 1891 Drittes Blatt, Morgen-Ausgabe, S. [2]. – O. H., in: Preußische Jahrbücher 67 (1891), S. 227. – Otto Pniower, in: Deutsche Litteraturzeitung (Berlin) 12 (1891), Nr. 41, 10. 10. 1891 Sp. 1496–1498. – S., in: Deutsche Rundschau 67 (1891), S. 313–315. – August Sauer, in: Anzeiger für deutsches Altertum und deutsche Litteratur 21.4 (1895), S. 337–345. – X. Y. Z., in: Die Gesellschaft. Monatsschrift für Litteratur, Kunst und Sozialpolitik 7 (1891), März-Heft, S. 439.

Waldmann, Fritz (Hg.): „Lenz' Stellung zu Lavaters Physiognomik. Nebst ungedruckten Briefen von Lenz". In: *Baltische Monatsschrift* 40 (1893), S. 419–436, 482–497 u. 526–533.

Waldmann, Fritz (Hg.): *Lenz in Briefen.* Zürich 1894. Rez.: h, in: Baltische Monatsschrift 41 (1894), S. 64–65. – Robert Hassenkamp, in: Euphorion 3.2 (1896), S. 527–540 [im Anhang der Rez. sind neun Briefe von Lenz an Sophie von La Roche als Erstdrucke mitgeteilt].

Schoell, Theodor (Hg.): „Elf durch Lenz, Voss, Gotter und Göckingk an Pfeffel gerichtete Briefe". In: *Jahrbuch für Geschichte, Sprache und Litteratur Elsass-Lothringens* 11 (1895), S. 21–38.

Geiger, Ludwig (Hg.): „Ein Brief von Lenz an Lindau". (Mit Worten der Erinnerung an Rudolf Brockhaus.) In: *Blätter für litterarische Unterhaltung* (Leipzig), Nr. 10, 10. 3. 1898 S. 145–148.

„Briefe deutscher Philologen an Karl Weinhold". In: *Mittheilungen aus dem Litteraturarchive in Berlin* 3 (1901–1905), S. 57–105. [Zu Lenz S. 89–90.] Das separate Heft mit den „Briefen deutscher Philologen an Karl Weinhold" erschien 1902 in der Reihe der „Mittheilungen".

„Briefe an Heinrich Christian Boie". In: *Mittheilungen aus dem Litteraturarchive in Berlin* 3 (1901–1905), S. 237–298 u. 299–376. [Zu Lenz S. 252–253, 299, 300, 306–307, 309–310, 312–314 u. 318.] Die beiden separaten Hefte mit den „Briefen an Heinrich Christian Boie" erschienen 1904 u. 1905 in der Reihe der „Mittheilungen".

[Funck, Heinrich [Hg.]:] „Ein Brief von J. M. R. Lenz an J. K. Hirzel. Mitgetheilt von Heinrich Funck". In: *Nord und Süd* 111/332 (1904), S. 212–213.

Warda, Arthur (Hg.): „Ein Brief von J. M. R. Lenz aus J. G. Hamanns Nachlaß". In: *Euphorion* 14 (1907), S. 613–615.

Müller, Gustav Adolf (Hg.): „Die vier Briefe, von Jakob Michael Reinhold Lenz für den Schustergesellen Konrad Süß von Emmendingen geschrieben 1778 an Herrn Sarassin in

Basel". In: Gustav Adolf Müller: *Goethe-Erinnerungen in Emmendingen. Neues und Altes in kurzer Zusammenfassung. Mit 12 Abbildungen und einer Urkunde in Faksimile.* Leipzig-Gohlis 1909, S. 79–85.

Stieda, Wilhelm (Hg.): „Ein Brief von Jakob Michael Reinhold Lenz". In: *Baltische Monatsschrift* 69 (1910), S. 240–246.

[Rubensohn, Max [Hg.]:] „Lenz an Boie. Mitgetheilt von Max Rubensohn in Cassel. Erläutert von Wolfgang Stammler in Hannover". In: *Euphorion* 19 (1912), S. 123.

Bobé, Louis (Hg.): *Efterladte Papirer fra den Reventlowske Familiekreds.* Bd. 8. Kjøbenhavn 1917. [Zu Lenz S. 81–83: Erstdruck des Briefes von Lenz an Friedrich Leopold Graf Stolberg, 10. 6. 1776; weitere Lenz-Bezüge: S. 25, 28, 38, 78–79, 141, nach 144, 377, 380, 389–390 u. 423.]

Freye, Karl u. Wolfgang Stammler (Hgg.): *Briefe von und an J. M. R. Lenz.* 2 Bde. Leipzig 1918. Rez.: Arthur Eloesser: Zu den Briefen von J. M. R. Lenz. In: Das litterarische Echo 21.1 (1918/1919), Sp. 20–21. – Edward Schröder, in: Göttingische gelehrte Anzeigen 180.9–10 (1918), S. 388–396.

Kurrelmeyer, W.[illiam] (Hg.): „Ein unbekannter Brief Lenzens an Boie". In: *Modern Language Notes* (Baltimore) 56.6 (1941), S. 445–447.

Genton, Elisabeth (Hg.): „Ein unveröffentlichter Brief von Jakob Michael Reinhold Lenz an Christian Heinrich Boie". In: *Jahrbuch der Deutschen Schillergesellschaft* 8 (1964), S. 6–18.

Stern, Martin (Hg.): „Akzente des Grams. Über ein Gedicht von Jakob Michael Reinhold Lenz. Mit einem Anhang: Vier unbekannte Briefe von Lenz an Winckelmanns Freund Heinrich Füssli". In: *Jahrbuch der Deutschen Schillergesellschaft* 10 (1966), S. 160–188.

Rumpf, Josefine (Hg.): „Unbekannte Goethe-Briefe aus dem Besitz des Freien Deutschen Hochstifts". In: *Jahrbuch des Freien Deutschen Hochstifts* (1967), S. 1–56. [Zu Lenz S. 3 u. 56: Erstdruck des Briefs von Schlosser, Lenz und Goethe an Heinrich Julius von Lindau, 23. 12. 1775–8. 1. 1776.]

Hassenstein, Friedrich (Hg.): „Ein bisher unbekannter Brief von J. M. R. Lenz aus Petersburg". In: *Jahrbuch des Freien Deutschen Hochstifts* (1990), S. 112–117.

Hill, David (Hg.): „‚Lettre d'un soldat Alsacien a S Excellence Mr le Comte de St Germain sur la retenue de la paye des Invalides'. An unpublished manuscript by J. M. R. Lenz". In: Alan Deighton (Hg.): *Order from Confusion. Essays presented to Edward McInnes on the Occasion of his Sixtieth Birthday.* Hull 1995, S. 1–27. [= Hill 1995a]

Briefe an den livländischen Historiographen Friedrich Konrad Gadebusch (1719–1788). Regesten. Bearbeitet von Friedrich von Keußler. Hg., eingeleitet u. mit Registern versehen von Christina Kupffer u. Peter Wörster. Marburg 1998.

Wägenbaur, Birgit (Hg.): „Jakob Michael Reinhold Lenz: Brief an Charlotte von Stein. Weimar, Mitte 1776". In: Jochen Meyer (Hg.): *Dichterhandschriften. Von Martin Luther bis Sarah Kirsch.* Stuttgart 1999, S. 40–41.

Markert, Heidrun: „‚Wenn zwei sich streiten …'. Ein Brief zum Problem um den Lenz-Nachlaß: Lenz an Kraukling zur Mitteilung an Tieck". In: *Zeitschrift für Germanistik* N. F. 10.2 (2000), S. 369–378.

Fechner, Jörg-Ulrich (Hg.): „Ein wiedergefundener Brief von Lenz aus Weimar 1776 an Friedrich Leopold Graf Stolberg". In: Andreas Meier (Hg.): *Jakob Michael Reinhold Lenz. Vom Sturm und Drang zur Moderne.* Heidelberg 2001, S. 23–36.

Fischer, Bernhard u. Helmuth Mojem (Hgg.): „Sturm und Pädagogik. Keine Eseley. Ein verschollener Brief von Lenz an Pfeffel". In: *Frankfurter Allgemeine Zeitung,* Nr. 209, 8. 9. 2005 S. 36.

Niedermeier, Michael (Hg.): „Sexualität und Freimaurergeheimnis. Ein neu aufgetauchter Brief von J. M. R. Lenz und sein Kontext". In: Manfred Beetz (Hg.): *Physis und Norm. Neue Perspektiven der Anthropologie im 18. Jahrhundert.* Göttingen 2007, S. 225–236.

Jürjo, Indrek: „Ein Archivfund in St. Petersburg. Briefe von Christian David Lenz an Gerhard Friedrich Müller (1781/1782)". In: *Lenz-Jahrbuch* 13–14 (2004–2007, ersch. 2008), S. 163–182.

Einzelne Werke (Auswahl)

Abgezwungene Selbstvertheidigung. In: Christoph Weiß: „Ein bislang unveröffentlichter Text von J. M. R. Lenz aus seinem letzten Lebensjahr". In: *Lenz-Jahrbuch* 2 (1992), S. 7–41.

An das Herz. In: Susanne Theumer: *Jakob Michael Reinhold Lenz: An das Herz. Acht Gedichte mit Radierungen von Susanne Theumer.* Halle, Höhnstedt 2005. Aufl.: 15 nummerierte Exemplare u. 2 Künstlerexemplare. Format: 43 × 30 cm.

„Anfang eines fantastischen Romans, von Lenz, von dessen eigner Hand." Hg. von Karl Weinhold. In: *Goethe-Jahrbuch* 10 (1889). S. 46–70 u. S. 89–105. [Abdruck des „Anfangs eines fantastischen Romans", S. 46–70, Anmerkungen des Herausgebers S. 89–105.]

„Die *Anmerkungen übers Theater* des Dichters Jakob Michael Reinhold Lenz. Nebst einem Anhang". In: Theodor Friedrich: *Neudruck der „Anmerkungen übers Theater" in verschiedenen Typen zur Veranschaulichung ihrer Entstehung.* Leipzig 1908. Rez.: Robert Petsch: Aus Sturm und Drang. In: Das litterarische Echo 12.1 (1909/1910), Sp. 26–33. – Hermann Schneider, in: Anzeiger für deutsches Altertum und deutsche Litteratur 33.4 (1909), S. 295–300. – Wolfgang Stammler: Literatur über Sturm und Drang. In: Euphorion 18 (1911), S. 772–787.

Anmerkungen übers Theater. Hg. von Fritz Schöne. Bielefeld, Leipzig 1929.

Anmerkungen übers Theater. Shakespeare-Arbeiten und Shakespeare-Übersetzungen. Hg. von Hans-Günther Schwarz. Stuttgart 1976. Bibliographisch ergänzte Ausgabe Stuttgart 2005. Rez.: Edward P. Harris, in: Lessing Yearbook/Lessing-Jahrbuch 11 (1979), S. 273.

Als Sr. Hochedelgebohrnen der Herr Professor Kant den 21sten August 1770 für die Professor-Würde disputierte. Faksimile des Erstdrucks Königsberg 1770. Hg. von Christoph Weiß. Laatzen 2003 (= Lenziana 1).

Belinde und der Tod. Carrikatur einer Prosepopee. Mit einem Nachwort von Verena Tammmann-Bertholet u. Adolf Seebaß. Basel 1988. Rez.: Erich Unglaub, in: Lenz-Jahrbuch 1 (1991), S. 230–233.

Briefe über die Moralität der Leiden des jungen Werthers. Eine verloren geglaubte Schrift der Sturm- und Drangperiode aufgefunden und hg. von L.(udwig) Schmitz-Kallenberg. Münster i. W. 1918. Rez.: Edward Schröder, in: Göttingische gelehrte Anzeigen 180.9–10 (1918), S. 397–398.

Briefe zu Werthers Leiden. Mit einem Essai von Christoph Hein. Frankfurt/Main, Leipzig 1992.

„Catechismus". In: Christoph Weiß: „J. M. R. Lenz' ‚Catechismus'". In: *Lenz-Jahrbuch* 4 (1994), S. 31–67.

Der Hofmeister oder Vortheile der Privaterziehung. Eine Komödie von J. M. Reinhold Lenz. Mit biographischem Vorwort hg. von Ernst Joh. Groth. Leipzig 1880.

Der Hofmeister oder Vorteile der Privaterziehung. Eine Komödie. Mit einem Nachwort von Hans Dahlke. Leipzig 1955.

Der Hofmeister oder Vorteile der Privaterziehung. Eine Komödie. Hg. von Karl S. Guthke. Stuttgart 1963. Durchges. Ausgabe: 1984. Um Anmerkungen ergänzte Ausgabe: 1986, 1993, 2005, 2007, 2008. Anmerkungen von Friedrich Voit; Nachwort von Karl S. Guthke.

Der Hofmeister oder Vorteile der Privaterziehung. Eine Komödie. Anmerkungen übers Theater. Mit einem Nachwort von Klaus Hammer. Leipzig 1963.

Der Hofmeister oder Vorteile der Privaterziehung. Eine Komödie. Mit Materialien. Ausgewählt u. eingeleitet von Udo Müller. Stuttgart 1980.

Der Hofmeister. Synoptische Ausgabe von Handschrift u. Erstdruck hg. von Michael Kohlenbach. Basel, Frankfurt/Main 1986. Rez.: Wolfgang Kuttenkeuler, in: Germanistik (Tübingen) 29.2 (1988), S. 454. – Peter von Matt: Untergang eines Aufständischen. In: Frankfurter Allgemeine Zeitung, Nr. 43, 20. 2. 1988 Beilage Bilder und Zeiten, S. [5].

Der Hofmeister oder Vorteile der Privaterziehung. Eine Komödie. Heftbearbeitung: Elke Lehmann u. Uwe Lehmann. Husum/Nordsee 1986.

Der Hofmeister oder Vortheile der Privaterziehung. Eine Komödie. ND der Erstausgabe Leipzig 1774. Hg. von Joseph Kiermeier-Debre. München 1997.

Der Hofmeister oder Vorteile der Privaterziehung. Eine Komödie. Mit einem Kommentar von Werner Frizen. Frankfurt/Main 2009.
Der neue Menoza. Eine Komödie. Text und Materialien zur Interpretation besorgt von Walter Hinck. Berlin 1965. Rez.: Élisabeth Genton: Quelques Lenziana. In: Études Germaniques (Paris) 25.4 (1970), S. 392–399.
Der neue Menoza. Oder Geschichte des cumbanischen Prinzen Tandi. Eine Komödie von Jakob Michael Reinhold Lenz. Text und Materialien hg. von Erich Unglaub. München 1987.
Der verwundete Bräutigam. Im Manuscript aufgefunden u. hg. von Karl Ludwig Blum. Berlin 1845.
Der Waldbruder. Ein Pendant zu Werthers Leiden. Neu zum Abdruck gebracht u. eingeleitet von Max von Waldberg. Berlin 1882. Rez.: L. G. [d. i. Ludwig Geiger]: J. M. R. Lenz: Der Waldbruder. In: Beilage zur Allgemeinen Zeitung (München), Nr. 256, 13.9.1882 S. 3761–3763. – J.[akob] Minor, in: Anzeiger für deutsches Altertum und deutsche Litteratur 9.2 (1883), S. 203–205. – Erich Schmidt, in: Deutsche Litteraturzeitung (Berlin), Jg. 3 (1882), Nr. 49, 9.12.1882 Sp. 1751–1752.
Die Liebe auf dem Lande, von J. M. R Lenz. Hg. von Erich Schmidt. In: *Goethe-Jahrbuch* 6 (1885), S. 326–327.
Die Sizilianische Vesper. Trauerspiel von J. M. R. Lenz. Hg. von Karl Weinhold. Breslau 1887. Rez.: [Anonym], in: Westermann's illustrirte deutsche Monats-Hefte 63/380 (1887/1888), S. 278. – A.[rthur] Chuquet, in: Revue critique d'histoire et de littérature (Paris) N. S. 26 (1888), S. 404–408. –Oskar Erdmann, in: Zeitschrift für deutsche Philologie 20.2 (1888), S. 255. – Max Koch, in: Literaturblatt für germanische und romanische Philologie 8.8 (1887), Sp. 346–347. – [Karl] Reinhardstoettner, in: Litterarischer Merkur (Weimar), Jg. 7 (1886/1887), Nr. 14, 20.2.1887 S. 120. – Schr. [d. i. K. J. Schröer], in: Chronik des Wiener Goethe-Vereins 2.6, 15.3.1887 S. 36. – Bernhard Suphan, in: Deutsche Litteraturzeitung (Berlin), Jg. 8 (1887), Nr. 16, 16.4.1887 Sp. 571–572.
Die Soldaten. Eine Komödie. Von Jakob Michael Reinhold Lenz. Mit 18 handkolorierten Federzeichnungen nach der Aufführung des Deutschen Theaters zu Berlin von Ernst Stern. Berlin 1916/1917.
Die Soldaten. Eine Komödie von Jakob Michael Reinhold Lenz. Mit einer Einleitung von Paul Friedrich. Leipzig 1917.
Die Soldaten. Komödie. Leipzig 1947.
Die Soldaten. Mit einer Einleitung hg. von Leonard Forster. Cambridge 1950.
Die Soldaten. Eine Komödie. Mit einem Nachwort von Manfred Windfuhr. Stuttgart 1957. Durchges. Ausgabe: 1970. Um Anmerkungen ergänzte Ausgabe: 1993. Anmerkungen von Herbert Krämer; Nachwort von Manfred Windfuhr. Durchges. Ausgabe: 2004.
Die Soldaten. Ein Schauspiel. Mit Materialien. Ausgewählt u. eingeleitet von Udo Müller. Stuttgart 1980.
Die Soldaten. Komödie. Heftbearbeitung: Elke Lehmann u. Uwe Lehmann. Husum/Nordsee 1994.
Die Soldaten. Der Hofmeister. Frankfurt/Main 2008.
Drei Gedichte von Jac. M. R. Lenz. Zu Weihnachten 1882 einbeschert von Karl Weinhold. Als Handschrift gedruckt. Breslau 1882.
„Drei unbekannte poetische Werke von J. M. R. Lenz. Die Elegie *Ernstvoll – in Dunkel gehüllt ...,* die Posse *Der Tod der Dido* und der Lukianische Dialog *Der Arme kömmt zuletzt doch eben so weit".* Hg. von Werner H. Preuß. In: *Wirkendes Wort* 35 (1985), S. 257–266.
„Ein bisher ungedrucktes Straßburger Hochzeitscarmen des Dichters J. M. R. Lenz". Hg. von Gustav A. Müller. In: *Der Gesellschafter. Litterarische Monatsschrift* (Hamburg) 1.5 (1894/1895), S. 123–126.
„Ein bisher unbekanntes Straßburger Hochzeitslied des Dichters Jacob Michael Reinhold Lenz". In: Gustav A. Müller (Hg.): *Ungedrucktes aus dem Goethe Kreise. Mit vielen Facsimiles.* München 1896, S. 92–100.

„Ein geistliches Lied Goethe's nebst einem Gedichte von Lenz". Hg. von Heinrich Düntzer. In: *Blätter für literarische Unterhaltung* (Leipzig), Nr. 2, 2.1.1847 S. 7–8.

„Ein Hochzeitscarmen des Dichters Jakob Michael Reinhold Lenz". Hg. von Gustav Adolf Müller. In: *Antiquitäten-Rundschau*, Nr. 11, April 1903, S. 137–138.

Expositio ad hominem. In: Wolfgang Albrecht u. Ulrich Kaufmann: „Lenzens ‚expositio ad hominem' in historisch-kritischer Edition (mit Faksimile)". In: Kaufmann/Albrecht/Stadeler 1996, S. 78–91.

Jupiter und Schinznach. Jakob Michael Reinhold Lenz u. a. (Zusammen mit Ramond de Carbonnières: *Die letzten Tage des jungen Olban.* Berlin 1778.) Mit einem Nachwort von Matthias Luserke. Reprint der Ausgabe von 1777. Hildesheim, Zürich, New York 2001.

Pandaemonium germanicum. Eine Skizze von J. M. R. Lenz. Aus dem handschriftlichen Nachlasse des verstorbenen Dichters hg. von Georg Friedrich Dumpf. Nürnberg 1819.

Pandaemonium Germanicum (1775). Nach den Handschriften hg. u. erläutert von Erich Schmidt. Berlin 1896. Rez.: [Anonym:] Eine neue Ausgabe des Pandaemonium Germanicum von J. M. R. Lenz. Nach den (beiden vorhandenen) Handschriften hg. u. erläutert (von Prof. Dr. Erich Schmidt). Berlin 1896. Eine Ergänzungsstudie von Paul Falck. In: Stern's Literarisches Bulletin der Schweiz (Zürich) Jg. 5, Nr. 1, 1.7.1896 S. 742–743 u. Nr. 2, 1.8.1896 S. 762–763.

Pandämonium Germanikum. Eine Skizze. Synoptische Ausgabe beider Handschriften. Mit einem Nachwort hg. von Matthias Luserke u. Christoph Weiß. St. Ingbert 1993. Rez.: Richard T. Gray, in: Lessing Yearbook/Lessing-Jahrbuch 26 (1994, ersch. 1995), S. 173–174. – hfr.: Pandämonium. In: Frankfurter Allgemeine Zeitung, Nr. 256, 3.11.1993 S. N 6. – U. J. [d.i. Ulrich Joost], in: Lichtenberg-Jahrbuch (1994, ersch. 1995), S. 269–270. – R.[oland] Krebs, in: Études Germaniques (Paris) 50.4 (1995), S. 752. – Alexander Michailow, in: Zeitschrift für Germanistik N. F. 5.1 (1995), S. 141–143.

Philosophische Vorlesungen für empfindsame Seelen. Faksimiledruck der Ausgabe Frankfurt u. Leipzig 1780. Mit einem Nachwort hg. von Christoph Weiß. St. Ingbert 1994. Rez. (Auswahl): [Anonym:] Konkupiszenz ohne Dezenz. In: Die Zeit, Nr. 3, 14.1.1994 S. 50. – [Anonym:] Weibchen erkannt. Nach zwei Jahrhunderten sind sie aufgetaucht – die Sexualthesen des Goethe-Freundes Lenz. In: Der Spiegel, Nr. 5, 31.1.1994 S. 178–179. – Burkhard Baltzer: Die unverschämten Sachen des Jakob M. R. Lenz. Wiederentdeckt: Seine philosophischen Vorlesungen. In: Saarbrücker Zeitung, Nr. 5, 7.1.1994 S. 11. – Heinrich Bosse, in: Freiburger Universitätsblätter (Freiburg/Br.) 34/130 (1995), S.107. – Thomas Ehrsam: „Unverschämte Sachen". Eine Entdeckung: Jakob Michael Reinhold Lenz' „Philosophische Vorlesungen". In: Schweizer Monatshefte für Politik, Wirtschaft, Kultur (Zürich) 75.7–8 (1995), S. 24–27. – Patrik H. Feltes: Nicht nur für empfindsame Seelen. „Unverschämte Sachen" und andere wiederentdeckte Texte von Jakob Michael Reinhold Lenz. In: Der Standard (Wien), Nr. 1566, 25.1.1994 S. 11. – Regine Fourie, in: Jahrbuch für Internationale Germanistik 28.1 (1996), S. 158–160. – Erich Garhammer, in: Theologie und Glaube (Paderborn), Jg. 86 (1996), 3. Vierteljahr, S. 442–443. – Hans Jansen: Vom Trieb der Triebe. Wiederentdeckt: die Vorlesungen von Lenz. In: Westdeutsche Allgemeine Zeitung (Essen), Nr. 18, 22.1.1994 Beilage WAZ-Wochenende, S. [2]. – Ludger Lütkehaus: Unverschämtes über den Geschlechtertrieb. Wiederentdeckt: Jakob Michael Reinhold Lenz' „Philosophischen Vorlesungen für empfindsame Seelen" von 1780. In: Badische Zeitung (Freiburg/Br.), Nr. 12, 17.1.1994 S. 13. Wiederabdruck unter dem Titel: Der erotische Gottesbeweis. Ein bedeutender Fund: Die lange verschollenen „Philosophischen Vorlesungen für empfindsame Seelen" von Jakob Michael Reinhold Lenz. In: Die Zeit, Nr. 4, 21.1.1994 S. 45. – Ludger Lütkehaus, in: Freiburger Universitätsblätter (Freiburg/Br.) 34/128 (1995), S. 91–94. – Lothar Müller: In der Ehe ist alles erlaubt. Literaturkenntnis schützt nicht vor Neuentdeckungen: Ein wiedergefundenes Buch von J. M. R. Lenz. In: Frankfurter Allgemeine Zeitung, Nr. 40, 17.2.1994 S. 35. – Wolfgang Müller-Funk: Nicht vergeblich schön. Wiederentdeckt: J. M. R. Lenz' Vorlesungen. In: Die Presse (Wien), Nr. 13985, 8./9.10.1994 Beilage Spectrum, S. VIII. – Manfred Osten: „Das Paradies der Ehe". Ein wiedergefundenes Buch von J. M. R. Lenz. In: Lesart 1.2 (1994), S. 20. – Günter Ott: J. M. R. Lenz: Lektion in Sachen Liebe. In London entdeckt und jetzt veröffentlicht: Philosophische Vorlesungen des Dichters. In: Augsburger Allgemeine, Nr. 16, 21. 1. 1994 S. 11. – Martin Rector: Triebnatur. J. M. R. Lenz' Versuch, das Dogma der Erbsünde zu widerlegen. In: Der Tagesspiegel (Berlin), Nr. 14817, 6. 2. 1994 Sonntagsbeilage Weltspiegel, S. VII. – Albert von Schirnding: Licht in die Raupennester. Eine wiederentdeckte Schrift von J. M. R. Lenz. In: Süddeutsche Zeitung, Nr. 65, 19./20. 3. 1994 Beilage SZ am Wochenende, S. IV. – Hannelore Schlaffer: Gott als schlauer Psychologe. Jakob Michael Reinhold Lenz' „Philosophischen Vorlesungen für empfindsame Seelen". In: Nürnberger Zeitung, Nr. 81, 9. 4. 1994 Beilage NZ am Wochenende, S. 2. – Heinz Schlaffer: Das Neue am Alten. In: Frankfurter Rundschau, Nr. 68, 22. 3. 1994 S. 10. – Rüdiger Scholz, in: Germanistik (Tübingen) 35.2 (1994), S. 561. – Christiane Schott: Sittenwidrig im Geist der Tradition. Gesucht und endlich gefunden – die Vorlesungen des Jakob M. R. Lenz: ein Plädoyer für die „Geschlechterliebe". In: Deutsches Allgemeines Sonntagsblatt (Hamburg), Nr. 4, 28. 1. 1994 S. 24. – Manfred Strecker: Vom Trieb, sich zu gatten. Lenz' „Vorlesungen für empfindsame Seelen" glücklich aufgefunden. In: Neue Westfälische (Bielefeld), Nr. 11, 14. 1. 1994 S. [7]. – Thorsten Unger, in: Das achtzehnte Jahrhundert 20.1 (1996), S. 95–97. – Harro Zimmermann: Urstoff Liebe. Wie sensationell ist der Fund in der Lenz-Forschung? In: Frankfurter Rundschau, Nr. 25, 31. 1. 1994 S. 8. Wiederabdruck unter dem Titel: Ein sensationeller Fund. Nach 200 Jahren sind Lenz' „Vorlesungen" wiederaufgetaucht. In: Hannoversche Allgemeine Zeitung, Nr. 28, 3. 2. 1994 S. 12.

Placet. In: Carl Schüddekopf (Hg.): *Goethe-Kalender auf das Jahr 1911*. Leipzig 1910, S. 99. [Goethe und Lenz. April 1776. Erstdruck des Gedichts.]

Über Delikatesse der Empfindung. In: Elke Meinzer: *„Über Delikatesse der Empfindung". Eine späte Prosaschrift von Jakob Michael Reinhold Lenz*. St. Ingbert 1996, S. 28–86. Rez.: Claudia Albert, in: Germanistik (Tübingen) 38.1 (1997), S. 204–205. – Martin Rector, in: Lenz-Jahrbuch 7 (1997), S. 185–188. – Karin A. Wurst, in: German Studies Review (Tempe/AZ) 21.1 (1998), S. 128–129.

Über die Soldatenehen. Nach der Handschrift der Berliner Königlichen Bibliothek zum ersten Male hg. von Karl Freye. Leipzig 1914. Neben 250 für den Handel bestimmten Exemplaren mit der o. g. Titelei wurden 200 Exemplare als Privatdruck hergestellt mit abweichendem Titelblatt: Jakob Michael Reinhold Lenz: Über die Soldatenehen. Gedruckt für die Teilnehmer an der Generalversammlung der Gesellschaft der Bibliophilen in Hamburg, am 28. September 1913.

„Ungedrucktes zu Lenzens Gedichten". Hg. von Karl Freye. In: *Goethe-Jahrbuch* 34 (1913), S. 3–12.

Sergei Pleschtschejew: *Übersicht des Russischen Reichs nach seiner gegenwärtigen neu eingerichteten Verfassung. Übersetzung aus dem Russischen von J. M. R. Lenz*. Nachdruck der Ausgabe Moskau 1787. Mit einem Nachwort hg. von Matthias Luserke u. Christoph Weiß. Hildesheim, Zürich, New York 1992.

Vertheidigung des Herrn Wieland gegen die Wolken von dem Verfasser der Wolken (1776). Von J. M. R. Lenz. Hg. von Erich Schmidt. Berlin 1902. ND Nendeln/Liechtenstein 1968. Rez.: G. W. [d. i. Georg Witkowski], in: Zeitschrift für Bücherfreunde 6.10 (1902/1903), S. 426.

„Vier Gedichte von J. M. R. Lenz". Hg. von Richard Daunicht. In: *Dichtung und Volkstum, Euphorion* N. F. 41 (1941), S. 500–503.

„Waldbruder-Fragmente. Über einige bislang ungedruckte Entwürfe zu J. M. R. Lenz' Briefroman *Der Waldbruder, ein Pendant zu Werthers Leiden*". Hg. von Christoph Weiß. In: *Lenz-Jahrbuch* 3 (1993), S. 87–98.

Zerbin oder die neuere Philosophie. Hg. von Alfred Gerz. Potsdam [ca. 1943].

3. Sekundärliteratur

[Anonym:] [Art.] „Lenz, Jakob Michael Reinhold". In: Gero von Wilpert, Adolf Gühring: *Erstausgaben deutscher Dichtung. Eine Bibliographie zur deutschen Literatur 1600–1960.* Stuttgart 1967, S. 777–778.

[Anonym:] [Art.] „Lenz, Jakob Michael Reinhold". In: Wilhelm Lenz (Hg.): *Deutschbaltisches biographisches Lexikon 1710–1960. Im Auftrage der Baltischen Historischen Kommission* [...]. Köln, Wien 1970, S. 447.

[Anonym:] [Art.] „Lenz, Jakob Michael Reinhold". In: Heinz Ludwig Arnold (Hg.): *Kindlers Literatur Lexikon* (KLL). 3., völlig neu bearbeitete Aufl. 18 Bde. Stuttgart, Weimar 2009. Bd. 9, S. 811.

[Anonym:] [Ohne Titel.] In: *Das Inland* (Dorpat), Jg. 23, Nr. 7, 17. 2. 1858 Sp. 115–116. Kurzer Artikel zu Lenz anläßlich der Monographie von Dorer-Egloff 1857.

[Anonym:] [„Reinhold Lenz".] In: *Der Kunstwart* 5 (1891/1892), S. 257–258.

[Anonym:] „Briefe aus Elsaß und Lothringen". In: *Blätter für literarische Unterhaltung* (Leipzig), Nr. 5, 5. 1. 1837 S. 17–18. [Zu Lenz S. 18.] Der Artikel ist mit der Sigle „117." unterzeichnet.

[Anonym:] „Der Wahnsinn der Liebe: Jakob Michael Reinhold Lenz". In: *Regio-Magazin* 6 (2005), S. 58 f.

[Anonym:] „Die ‚Soldaten' des Dichters Reinhold Lenz". In: *Dörptsche Zeitung*, Nr. 186, 15. 8. 1872 S. [1–2].

[Anonym:] „Ein neuer Lenz". In: *Die Zeit*, Nr. 13, 19. 3. 1998 S. 46.

[Anonym:] *Erinnerungen aus der Zeit vor dem Dorpater Brande am 25. Juni 1775.* Dorpat 1874.

[Anonym:] „Freies Deutsches Hochstift [...]. Ordentliche Sitzung, am 10. Lenzmonates 1878". In: *Allgemeine Literarische Correspondenz für das gebildete Deutschland* (Leipzig), Bd. 2, Nr. 15, 15. 4. 1878 S. 34–35. [Zu Lenz S. 35.]

[Anonym:] „Freies Deutsches Hochstift [...]. Ordentliche Sitzung, am 13. Weinmonates 1878". In: *Allgemeine Literarische Correspondenz für das gebildete Deutschland* (Leipzig), Bd. 3, Nr. 28, 1. 11. 1878 unpag. [Zu Lenz S. 1–2.] Der vierseitige Sitzungsbericht ist der Zeitschrift im Anhang beigegeben.

[Anonym:] „Friederike Brion und Reinhold Lenz". In: *Die Post* (Berlin), Nr. 161, 15. 6. 1897 1. Beilage, S. 1–2.

[Anonym:] „Gestern sind hier Tageszettel folgenden Inhalts ausgetragen worden [...]". In: *Revalsche Zeitung*, Nr. 263, 11./23. 11. 1878 S. [3]. Redaktioneller Beitrag ohne Titel im Zusammenhang mit Auseinandersetzungen um Paul Theodor Falck: *Der Dichter J. M. R. Lenz in Livland.* Winterthur 1878.

[Anonym:] „Jacob Michael Reinhold Lenz". In: Gottfried Honnefelder (Hg.): *Warum Klassiker? Ein Almanach zur Eröffnungsedition der Bibliothek deutscher Klassiker.* Frankfurt/Main 1985 S. 260–262.

[Anonym:] „Lenziana". In: *Rigasche Zeitung*, Nr. 221, 23. 9./5. 10. 1878 Beilage, S. [1–2].

[Anonym:] „Noch ein Mal J. M. R. Lenz". In: *Das Inland* (Dorpat), Jg. 23, Nr. 22, 2. 6. 1858 Sp. 361–362.

[Anonym:] „Tieck und der Nachlaß des Dichters Jakob Michael Reinhold Lenz". In: *Beilage zur Allgemeinen Zeitung* (München), Nr. 255, 12. 9. 1866 S. 4190–4191. Wiederabdruck in: *St. Petersburger Zeitung*, Nr. 241, 27. 10./8. 11. 1866 S. 2.

[Anonym:] „Ueber die verschiedenen poetischen Behandlungen der Nationallegende vom Doctor Faust in deutscher Sprache". In: *Journal von und für Deutschland* 9.8 (1792), S. 657–671. [Darin S. 665 zu Lenz' „Fragment aus einer Farce, die Höllenrichter genannt".]

Aabrams, Vahur: „Die negative Gesetzgebung als Lenzens Rebellionsbasis". In: *Triangulum. Germanistisches Jahrbuch für Estland, Lettland und Litauen* (Vilnius u. a.) 12 (2007), S. 12–19.

Achilles, Inga: „Biografie postmodern: der Entwurf einer literaturwissenschaftlichen Lenz-Biografie". In: Stephan/Winter 2006 S. 133–143.

Ackermann, Matthias: *Wahn und Narrentum im 19. Jahrhundert (1815–1848). Zur Bedeutung eines literarischen Motivs zwischen Restauration und Vormärz*. Diss. phil., Technische Hochschule Darmstadt, 1992. [Zu Büchners „Lenz" S. 108–118.]

Adey, Louise: „Büchner and the ‚Sturm und Drang'. A Question of Perspective". In: Ken Mills, Brian Keith-Smith (Hgg.): *Georg Büchner – Tradition and Innovation. Fourteen Essays*. Bristol 1990 S. 61–76.

Afonso Soares, Luísa Suzete: „‚Die Soldaten' de J. M. R. Lenz. A Comédia do Fracasso ou a Imolação de Andrómeda". In: *Runa* (Lissabon) 13–14 (1990), S. 49–57.

Agricola, Kathrin: „‚Wäre ich König, so wäre der Autor mein Freund'. Der ‚Wandsbecker Bothe' über den ‚Neuen Menoza' und andere Werke von Jakob Michael Reinhold Lenz (1751–1792)". In: *Jahresschriften der Claudius-Gesellschaft 5* (1996), S. 5–16.

Agthe, Kai: „‚Nervi Corrupti' oder Die Rückkehr nach Riga als Untergang. Gert Hofmanns Lenz-Novelle aus dem Jahre 1981 ist in Reclams (Stuttgart) Universalbibliothek neu aufgelegt worden". In: *Palmbaum. Literarisches Journal aus Thüringen* 6.3 (1998), S. 117–119.

Albert, Claudia: „Verzeihungen, Heiraten, Lotterien. Der Schluß des Lenzschen ‚Hofmeisters'". In: *Wirkendes Wort* 39 (1989), S. 63–71.

Albrecht, Wolfgang: „Lenz und Sophie von La Roche. Empfindsamer Tugendidealismus als Konsensstifter für Sturm und Drang und (Spät-)Aufklärung". In: Kaufmann/Albrecht/Stadeler 1996 S. 24–31.

Albrecht, Wolfgang: „Nachträge zu Peter Müllers Lenz-Dokumentation (für den Zeitraum bis 1800). Mit einem bislang unbeachteten Auszug aus einem Lenz-Brief". In: *Lenz-Jahrbuch* 15 (2008, ersch. 2009), S. 11–89.

Albrecht, Wolfgang u. Ulrich Kaufmann: „Lenzens ‚expositio ad hominem' in historisch-kritischer Edition (mit Faksimile)". In: Kaufmann/Albrecht/Stadeler 1996 S. 78–91.

Alt, Peter-André: *Begriffsbilder. Studien zur literarischen Allegorie zwischen Opitz und Schiller*. Tübingen 1995. [Zu Lenz bes. S. 524–529.]

Altenhein, Hans: „Die Wolken, oder wir arbeiten alle vergeblich. J. M. R. Lenz als Autor". In: *Lichtenberg-Jahrbuch* 1991 (ersch. 1992), S. 85–90.

Altmayer, Claus: „Bloß ein vorübergehender Meteor am Horizont der Literaturgeschichte? Zur Lenz-Forschung der neunziger Jahre". In: *Der Ginkgo-Baum* (Helsinki) 12 (1993), S. 148–161.

Aly, [Friedrich]: „Der Soldat im Spiegel der Komödie. Ein Vortrag". In: *Preußische Jahrbücher* 79 (1895), S. 467–487.

Angel, Pierre: „Lenz et la scène allemande". In: *Études Germaniques* (Paris) 23.3 (1968), S. 403–405.

Anisimova, Aleksandra: „Gëte i Lenc". In: *Getevskie čtenija/Goethe-Studien* (Moskau) (2003), S. 98–108. Dt. Übers. d. Titels: „Goethe und Lenz".

Anwand, Oskar: *Beiträge zum Studium der Gedichte von J. M. R. Lenz*. München 1897.

Anz, Thomas: *Gesund oder krank? Medizin, Moral und Ästhetik in der deutschen Gegenwartsliteratur*. Stuttgart 1989. [Zu Lenz S. 3–21, 68–78 u. 185–201.]

Anz, Thomas: „Expressionismus, Sturm und Drang. Zur Affinität literarischer Jugendbewegungen". In: Helmut Koopmann u. Manfred Misch (Hgg.): *Grenzgänge. Studien zur Literatur der Moderne. Festschrift für Hans-Jörg Knobloch*. Paderborn 2002 S. 101–112. [Zu Lenz S. 107–109.]

Anz, Thomas: „Medizinische Argumente und Krankengeschichten zur Legitimation und Durchsetzung sozialer Normen". In: Ute Gerhard u. a. (Hgg.): *(Nicht) normale Fahrten. Faszinationen eines modernen Narrationstyps*. Heidelberg 2003 S. 147–156. [Zu Lenz S. 147–150.]

Apel, Friedmar: „Komische Melancholie, lustige Entfremdung. Zur Struktur der Komik im neueren Lustspiel". In: *Sprache im technischen Zeitalter* 70 (1979), S. 145–170. [Zu Lenz S. 146, 154–157.]

Arendt, Dieter: „Georg Büchner über Jakob Michael Reinhold Lenz oder: ‚die idealistische Periode fing damals an'". In: Burghard Dedner u. Günter Oesterle (Hgg.): *Zweites Internationales Georg Büchner Symposium 1987. Referate*. Frankfurt/Main 1990 S. 309–332.

Arendt, Dieter: „J. M. R. Lenz. ‚Der Hofmeister' oder Der kastrierte ‚pädagogische Bezug'". In: *Lenz-Jahrbuch* 2 (1992), S. 42–77.

Arendt, Dieter: „Johann Wolfgang Goethe und Jakob Michael Reinhold Lenz oder: ‚Ich flog empor wie die Rakete'". In: *Germanisch-Romanische Monatsschrift* 43 (1993), S. 36–62.

Arntzen, Helmut: *Die ernste Komödie. Das deutsche Lustspiel von Lessing bis Kleist.* München 1968. [Zu Lenz S. 60–64 u. 83–101.]

Aschner, S.: „Einiges zu Lenz und Goethe". In: *Goethe-Jahrbuch* 32 (1911), S. 184.

Asmus, Charlotte: *Die dramatischen Faust-Dichtungen neben Goethe von 1775–1832.* Diss. phil., Univ. Wien, [1930]. Masch. [Zu Lenz S. 54–57.]

Auer, Elisabeth: „‚Der Waldbruder. Ein Pendant zu Werthers Leiden'. Gedanken aus psychoanalytischer Sicht". In: Eva Lambertsson Björk u. Elin Nesje Vestli (Hgg.): *Stationen – Stationer. Festschrift für Axel Fritz.* Halden 2000 S. 191–202.

Avgerinou, Sophia: „Literarische Gestaltung und soziale Realität bei J. M. R. Lenz, Georg Büchner und Bertolt Brecht". In: Willi Benning, Katerina Mitralexi u. Evi Petropoulou (Hgg.): *Das Argument in der Literaturwissenschaft. Ein germanistisches Symposion in Athen.* Oberhausen 2006 S. 99–115.

Baake, Bodo: „Lenz-Preis an Dea Loher. Dem Heimatlosen eine Heimat geben – Jena vergab den Jakob-Michael-Reinhold-Lenz-Preis für Dramatik". In: *Weimar-Kultur-Journal* 7.1 (1998), S. 20.

Baake, Bodo: „Stückemarkt. Zum Jakob-Michael-Lenz-Preis der Stadt Jena 2000". In: *Weimar-Kultur-Journal* 10.1 (2001), S. 28–29.

Babelotzky, Gregor: „Ein Meteor". In: *Alois Zimmermann, „Die Soldaten".* Programmheft. Bayerische Staatsoper. München 2014 S. 52–66. Spielzeit 2013/14; Programmbuch zur Neuinszenierung.

Babelotzky, Gregor u. Judith Schäfer: „Zur kritischen Edition von Lenz' dramatischen Entwürfen und Notizen". In: *Lenz-Jahrbuch* 21 (2015), S. 159–163.

Babelotzky, Gregor u. Judith Schäfer: „‚sonst wärs jammerschade um die unterdrükten Scenen' – Für die kritische Edition der dramatischen Entwürfe und ästhetischen Notate von Lenz". In: Roland Reuß u. a. (Hgg.): *TEXT. Zur Theorie und Praxis der Transkription* 15.2 (2016), S. 137–170.

Babelotzky, Gregor: „‚Warum berühmt' – Zu einer Erzählung aus Jakob Michael Reinhold Lenz' Nachlaß". In: Roland Reuß u. a. (Hgg.): *TEXT. Zur Theorie und Praxis der Transkription* 15.2 (2016), S. 171–196.

Babelotzky, Gregor: *Jakob Michael Reinhold Lenz – Prediger der „weltlichen Theologie" und des „Naturalismus".* Basel u. Frankfurt/Main 2017.

Baier, Adalbert: *Das Heidenröslein oder Goethes Sessenheimer Lieder in ihrer Veranlassung und Stimmung.* [2 Tle.] Heidelberg 1877. [Zu Lenz bes. S. 94–95, 99–100.]

Balet, Leo in Arbeitsgemeinschaft mit E. Gerhard [d. i. Eberhard Rebling]: *Die Verbürgerlichung der deutschen Kunst, Literatur und Musik im 18. Jahrhundert.* Straßburg, Leipzig u. a. 1936. [Zu Lenz S. 230–232.] Neuauflage hg. u. eingel. von Gert Mattenklott, Frankfurt/Main, Berlin, Wien 1973.

Ballof, Rudolf: „Über die Entstehungszeit des Dramas ‚Die beiden Alten' von Jacob M. R. Lenz". In: *Euphorion* 20 (1913), S. 738–739.

Ballof, Rudolf: „Jacob M. R. Lenz und Fräulein v. Albedyll". In: *Euphorion* 21 (1914), S. 297–298.

Ballof, Rudolf: „Lenz, Goethe und das Trauerspiel ‚Zum Weinen'". In: *Euphorion* 22 (1915), S. 702–711.

Ballof, Rudolf: „Über die Echtheit des Sesenheimer Liedes ‚Balde seh ich Rickgen wieder'". In: *Archiv für das Studium der neueren Sprachen und Literaturen* 140 (1920), S. 247–251.

Ballof, Rudolf: „Über die ‚Sizilianische Vesper' von J. M. R. Lenz." In: *Archiv für das Studium der neueren Sprachen und Literaturen* (1920), Deutsches Sonderheft, S. 156–157.

Ballof, Rudolf: „Zu J. M. R. Lenz". In: *Germanisch-Romanische Monatsschrift* 8 (1920), S. 375–376.

Ballof, Rudolf: „Zur Frage der Sesenheimer Lieder". In: *Archiv für das Studium der neueren Sprachen und Literaturen* (1920), Deutsches Sonderheft, S. 155–156.

Ballof, Rudolf: „Zur Datierung des Fragments ‚Graf Heinrich' von J. M. R. Lenz". In: *Euphorion* 23 (1921), S. 294–295.

Bamberger, Uta: *„Ein solch unerträgliches Gemisch von Helldunkel". Krankheit und tragikomisches Genie bei J. M. R. Lenz.* Ann Arbor/MI 1997. Zugl. Diss. phil., University of Massachusetts, Amherst 1997.

Bangor, Kaleigh: „Writing in the Gap between J. F. Oberlin and J. M. R. Lenz: Promoting Empathy and Political Change via the Persuasive Depiction of Madness". In: Barbara Hahn (Hg.): *Büchner-Lektüren. Festschrift für Dieter Sevin.* Hildesheim 2012 S. 41–66.

Bartel, Heinrich u. Mechthild Lindemann: „Karamzin entdeckt Deutschland". In: Dagmar Herrmann (Hg.): *Deutsche und Deutschland aus russischer Sicht. 18. Jahrhundert: Aufklärung.* Unter Mitarb. von Karl-Heinz Korn. München 1992 S. 480–516. [Zu Lenz S. 488–491.]

Batley, Edward: „A Critique of J. M. R. Lenz's Art of Scenic Variation". In: Hill 1994a, S. 179–189.

Bauer, Gerhard: „Genialität und Gewöhnlichkeit". In: Stephan/Winter 1994a, S. 1–9.

Bauer, Gerhard: „Luftwurzeln? Eine deterritorialisierte Existenz und ihre lebens-,praktischen', sozial-imaginativen und sprachlichen Notbehelfe. Zu Jakob Michael Reinhold Lenz". In: *Triangulum. Germanistisches Jahrbuch für Estland, Lettland und Litauen* (Vilnius u. a.) 8 (2001, ersch. 2003), S. 9–24.

Bauer, Gerhard: „Verstreute/gezielte Provokationen. Lenz – Merck – Kaufmann". In: Stephan/Winter 2003a, S. 195–208.

Bauer, Gerhard: „Das Widerborstigkeitspotential von Lenz' deterritorialisierter Existenz und Schreibart". In: *Triangulum. Germanistisches Jahrbuch für Estland, Lettland und Litauen* (Vilnius u. a.) 12 (2007), S. 5–11.

Bauer, Roger: „Die Komödientheorie von Jakob Michael Reinhold Lenz, die älteren Plautus-Kommentare und das Problem der ‚dritten' Gattung". In: Stanley A. Corngold, Michael Curschmann u. Theodore J. Ziolkowski (Hgg.): *Aspekte der Goethezeit.* Göttingen 1977 S. 11–37.

Bauer, Roger: „‚Plautinisches' bei Jakob Michael Reinhold Lenz". In: Herbert Mainusch (Hg.): *Europäische Komödie.* Darmstadt 1990 S. 289–303.

Baumann, Ernst: *Straßburg, Basel und Zürich in ihren geistigen und kulturellen Beziehungen im ausgehenden 18. Jahrhundert. Beiträge und Briefe aus dem Freundeskreise der Lavater, Pfeffel, Sarasin und Schweighäuser (1770–1810).* Frankfurt/Main 1938. [Zu Lenz S. 10–14.]

Baumann, Gerhart: „Georg Büchner: Lenz. Seine Struktur und der Reflex des Dramatischen". In: *Euphorion* 52 (1958), S. 153–173.

Bayer, Josef: *Von Gottsched bis Schiller. Vorträge über die classische Zeit des deutschen Dramas.* Tl. 2. Prag 1863. [S. 54–120: Reinhold Lenz.] Zweite, mit Zusätzen u. Ergänzungen versehene Ausg.: Tl. 2. Prag 1869. [Zu Lenz S. 54–120.]

Bdrmn [d. i. Woldemar von Biedermann]: „Zur Goethekunde". In: *Wissenschaftliche Beilage der Leipziger Zeitung,* Nr. 30, 10. 3. 1892 S. 117–119. Wiederabdruck unter dem Titel: „Briefgedicht an Merck". In: Woldemar von Biedermann: *Goethe-Forschungen.* Anderweite Folge. Leipzig 1899 S. 214–221.

Beare, Mary: *Die Theorie der Komödie von Gottsched bis Jean Paul.* Bonn 1928 Zugl. Diss. phil., Univ. Bonn, 1927. [Zu Lenz S. 47–51.]

Beaulieu Marconnay, Carl von: „Ist J. M. R. Lenz der Verfasser des Schauspiels ‚Die Soldaten'?" In: *Archiv für Litteraturgeschichte* 2 (1872), S. 245–257.

Beck, Adolf: *Griechisch-deutsche Begegnung. Das deutsche Griechenerlebnis im Sturm und Drang.* Stuttgart 1947. [Zu Lenz S. 91–94.]

Becker, Peter: „Aspekte der Lenz-Rezeption in Bernd Alois Zimmermanns Oper ‚Die Soldaten'". In: Hellmut Kühn (Hg.): *Musiktheater heute. Sechs Kongreßbeiträge.* Mainz u. a. 1982 S. 94–104.

Becker, Peter von: „Ödipus in Naumburg? Benno Besson entdeckt in Wien ein Stück von Lenz: ‚Der Neue Menoza'". In: *Theater heute* 23.8 (1982), S. 40–41.

Becker, Peter von: „Hohenemser startet durch die Mitte. Jakob Michael Reinhold Lenz: Der neue Menoza oder Geschichte des Cumbanischen Prinzen Tandi". In: *Theater heute* 26.6 (1985), S. 51. Wiederabdruck in: Klaus Hammer (Hg.): *Chronist ohne Botschaft: Christoph Hein. Ein Arbeitsbuch. Materialien, Auskünfte, Bibliographie.* Berlin, Weimar 1992 S. 246.

Becker, Peter von: „Catharina von Siena". In: *Theater heute* 33.12 (1992), S. 18.

Becker, Sabina: „Lenz-Rezeption im Naturalismus". In: *Lenz-Jahrbuch* 3 (1993), S. 34–63.

Becker-Cantarino, Barbara: „Jakob Michael Reinhold Lenz: Der Hofmeister". In: *Interpretationen. Dramen des Sturm und Drang.* Stuttgart 1987 S. 33–56. Dass. ebd. in erweit. Ausg. Stuttgart 1997.

Beise, Arnd: „Rousseau oder Petrarca? Zur intertextuellen Situierung von Jakob Michael Reinhold Lenz' ‚Pygmalion'". In: *Lenz-Jahrbuch* 10–11 (2000/2001, ersch. 2003), S. 267–282.

Beise, Arnd: „Bilderfolge einer ausweglosen Selbstzerfleischung. Alfred Hrdlickas Lenz-Illustrationen". In: Stephan/Winter 2006 S. 213–231. [= Beise 2006a]

Beise, Arnd: „Lyrische Lenz-Porträts im 20. Jahrhundert. Zu Texten von Huchel, Messow, Bobrowski und Körner". In: Stephan/Winter 2006 S. 179–195. [= Beise 2006b]

Beise, Theodor u. Carl Eduard Napiersky: [Art.] „Lenz, Jacob Michael Reinhold". In: *Allgemeines Schriftsteller- und Gelehrten-Lexikon der Provinzen Livland, Esthland und Kurland* von J.[ohann] F.[riedrich] v. Recke und C. E. Napiersky. Nachträge und Fortsetzungen, unter Mitwirkung von C. E. Napiersky [...] bearbeitet von Theodor Beise [...]. Bd. 2: Nachträge L–Z. Mitau 1861 S. 10–11 u. ebd. mit separater Paginierung in den Nachträgen zu den Nachträgen S. 19–20. ND Berlin 1966. Ergänzungen zum Lexikoneintrag in: Recke/Napiersky 1831.

Beller, Manfred: *Le Metamorfosi di Mignon. L'immigrazione poetica dei tedeschi in Italia da Goethe ad oggi.* Neapel, Rom 1987. [Zu Schneiders „Lenz" S. 111–128: L'esperimento di „Lenz" in Arcadia.]

Benn, Joachim: „Die Klassiker des literarischen Impressionismus". In: *Frankfurter Zeitung und Handelsblatt*, Nr. 196, 17.7.1912 Erstes Morgenblatt, S. 1–3. [Zu Lenz S. 2–3.]

Benthien, Claudia: „Lenz und die ‚eloquentia corporis' des Sturm und Drang. ‚Der Neue Menoza' als ‚Fallstudie'". In: Stephan/Winter 2003a, S. 355–371.

Bentz, Oliver: „Die Welt war ihm zu eng. Vor 250 Jahren wurde der Dichter Jakob Michael Reinhold Lenz geboren". In: *Die Rheinpfalz* (Ludwigshafen), Nr. 11, 13.1.2001.

Benz, Richard: *Die Zeit der deutschen Klassik. Kultur des achtzehnten Jahrhunderts. 1750–1800.* Stuttgart 1953. [Zu Lenz bes. S. 357–376 u. 414–420.]

Berens, Cornelia: „‚Das gegenwärtige Theater ist Schreibanlaß für Prosa'. Christoph Hein und J. M. R. Lenz – vom Theater zur Prosa und zurück". In: Stephan/Winter 1994a, S. 391–405.

Bernewitz, Elsa: „Baltische Dichter". In: *Eckart. Ein deutsches Literaturblatt* 5 (1910/1911), S. 739–752 u. S. 798–811. [Zu Lenz S. 744–749.]

Bernhardt, Rüdiger: „‚Jakob Michael Reinhold Lenz aus Livland' – Tagung in Travemünde vom 15. bis 17. März 1996". In: *Deutschunterricht* (Berlin, Braunschweig) 49.6 (1996), S. 327–328.

Bernhardt, Rüdiger: „Zwischen Elsaß und Baltikum. Spuren des Livländers Jakob Michael Reinhold Lenz". In: *Kulturpolitische Korrespondenz* 969 (1996), S. 7–10.

Bernhardt, Rüdiger: „Vom Aufstand der Sinne. Bertolt Brechts Bearbeitung des ‚Hofmeisters' von Jakob Michael Reinhold Lenz aus dem Jahre 1950". In: *Das Brecht-Jahrbuch/The Brecht-Yearbook* (Madison/WI) 22 (1997), S. 305–337.

Bernhardt, Rüdiger: *Erläuterungen zu Jakob Michael Reinhold Lenz, Der Hofmeister.* Hollfeld 2006.

Bernhardt, Rüdiger: *Erläuterungen zu Georg Büchner. Lenz.* Hollfeld 2007.

Bertram, Georg W.: *Philosophie des Sturm und Drang. Eine Konstitution der Moderne.* München 2000. [Zu Lenz vgl. Reg.]

Bertram, Mathias: „Zum Lenz-Bild Ludwig Tiecks". In: *Zeitschrift für Germanistik* 8 (1987), S. 588–591.

Bertram, Mathias: *Jakob Michael Reinhold Lenz als Lyriker. Zum Weltverhältnis und zur Struktur seiner lyrischen Selbstreflexionen*. St. Ingbert 1994. [= Bertram 1994a] Rez.: Wolfgang Albrecht, in: Germanistik (Tübingen), 37.1 (1996), S. 209–210. – Rüdiger Scholz, in: Lenz-Jahrbuch 5 (1995), S. 224–226. – Thorsten Unger, in: Arbitrium 14.1 (1996), S. 353–355.

Bertram, Mathias: „Das gespaltene Ich. Zur Thematisierung disparater Erfahrung und innerer Konflikte in der Lyrik von J. M. R. Lenz". In: Stephan/Winter 1994a, S. 353–371. [= Bertram 1994b]

Beßlich, Barbara: „Lenz und Petrarca. Stationen einer literarischen Begegnung zwischen Anakreontik und Selbstkritik des Sturm und Drang". In: Achim Aurnhammer (Hg.): *Francesco Petrarca in Deutschland. Seine Wirkung in Literatur, Kunst und Musik*. Tübingen 2006 S. 361–374.

Beuthner, Johanna: *Der Dichter Lenz. Beurteilung und Behandlung seiner Krankheit durch seine Zeitgenossen*. Diss. med., Univ. Freiburg/Br. 1968.

Bickelhaupt, Thomas: „Ein gescheiter Mensch – ein gescheiterter Mensch. 250. Geburtstag des Dramatikers Jakob Michael Reinhold Lenz. Sein Werk ist exemplarisch für die Zeit des Sturm und Drang". In: *Saarbrücker Zeitung*, Nr. 10, 12. 1. 2001 S. 15.

Biedermann, Fr.: „Reinhold Lenz". In: *Unterhaltungen am häuslichen Herd* (Leipzig), Folge 3, Bd. 2, Nr. 9, 27. 2. 1862 S. 172–175.

Biedermann, Karl: *Deutschland im Achtzehnten Jahrhundert. Bd. 2: Geistige, sittliche und gesellige Zustände. Tl. 2: Von 1740 bis zum Ende des Jahrhunderts. Abt. 1–3.* Leipzig 1867 (Abt. 1), 1875 (Abt. 2), 1880 (Abt. 3). [Zu Lenz vgl. Reg.] ND Aalen 1969.

Bielschowsky, Albert: „Über Echtheit und Chronologie der Sesenheimer Lieder". In: *Goethe-Jahrbuch* 12 (1891), S. 211–227.

Birgin, Christian: *La blessure. Histoire de jeune homme Lenz*. Le Chambon-sur-Lignon 1996. Rez.: Roland Krebs, in: Lenz-Jahrbuch 8–9 (1998/1999, ersch. 2003), S. 338.

Birnbaum, Karl: *Psychopathologische Dokumente. Selbstbekenntnisse und Fremdzeugnisse aus dem seelischen Grenzlande*. Berlin 1920. [Zu Lenz S. 296–299.]

Blei, Franz: „Lenz". In: *Die Schaubühne* (Berlin), 7 (1911), Bd. 2, Nr. 39, 28. 9. 1911 S. 253–256. 1. Wiederabdruck in: Franz Blei: *Das Rokoko. Variationen über ein Thema*. München, Leipzig 1911 (Franz Blei: Vermischte Schriften, Bd. 3), S. 259–270. 2. Wiederabdruck in: *Die Aktion* (Berlin), 2 (1912), Nr. 20, 15. 5. 1912 Sp. 624–627. 3. Wiederabdruck unter dem Titel „Michael Reinhold Lenz". In: Franz Blei (Hg.): *Der Geist des Rokoko*. München 1923 S. 243–247.

Bleibtreu, Carl: „Marlowe, Grabbe und Lenz". In: *Wiener Rundschau*, Jg. 4, Nr. 24, 15. 12. 1900 S. 429–432.

Blödorn, Andreas u. Madleen Podewski: „Sexualität und Gewalt im Spiegel von ‚Reden' und ‚Handeln'. Textuelle Konkretisierungsverfahren zwischen Zeichendeutung und Referenzialisierung in der Komödie ‚Der Hofmeister' von J. M. R. Lenz". In: *Kodikas/Code. Ars semeiotica* 32.3–4 (2010), S. 311–325.

Blunden, Allan: „Jakob Michael Reinhold Lenz". In: Alex Natan u. Brian Keith-Smith (Hgg.): *German Men of Letters. Literary Essays*. London 1972 S. 209–240.

Blunden, Allan George: *A Study of the Role of Language in Personal Relationships in the Major Works of J. M. R. Lenz*. Diss. phil., University of Cambridge, 1973.

Blunden, Allan: „Lenz, Language and ‚Love's Labour's Lost'". In: *Colloquia Germanica* (Tübingen u. a.) 8 (1974), S. 252–274.

Blunden, Allan: „Notes on Georg Heym's Novelle ‚Der Irre'". In: *German Life and Letters* (Oxford) 28 (1974–1975), S. 107–119. [Zu Büchners „Lenz" S. 113–114.]

Blunden, Allan: „Language and Politics. The Patriotic Endeavours of J. M. R. Lenz". In: *Deutsche Vierteljahrsschrift für Literaturwissenschaft und Geistesgeschichte* 49 (1975), Sonderheft: 18. Jahrhundert, S. 168–189.

Blunden, Allan G.: „A Case of Elusive Identity. The Correspondence of J. M. R. Lenz". In: *Deutsche Vierteljahrsschrift für Literaturwissenschaft und Geistesgeschichte* 50 (1976), S. 103–126.

Blunden, Allan: „J. M. R. Lenz and Leibniz. A Point of View". In: *Sprachkunst. Beiträge zur Literaturwissenschaft* 9 (1978), S. 3–18.

Bochan, Bohdan: „The Dynamics of Desire in Lenz's ‚Der Hofmeister'". In: Hill 1994a, S. 120–128.

Bock, W.[oldemar] von: „Die Historie von der Universität zu Dorpat, und deren Geschichte". In: *Baltische Monatsschrift* 9 (1864), S. 107–193 u. 487–522.

Böcker, Herwig: *Die Zerstörung der Persönlichkeit des Dichters J. M. R. Lenz durch die beginnende Schizophrenie.* Bonn 1969. Zugl. Diss. med., Univ. Bonn, 1968.

Böckmann, Paul: *Formgeschichte der deutschen Dichtung.* Bd. 1: *Von der Sinnbildsprache zur Ausdruckssprache. Der Wandel der literarischen Formensprache vom Mittelalter zur Neuzeit.* Hamburg 1949. [Zu Lenz S. 661–668: Der gesteigerte Naturalismus bei Lenz.]

Bode, Wilhelm: *Der weimarische Musenhof 1756–1781.* Mit zahlreichen Abbildungen. Berlin 1917. [Zu Lenz S. 222–253: Lenz und Klinger [1776].]

Bohm, Arnd: „Klopstock's Influence on J. M. R. Lenz". In: *Colloquia Germanica* (Tübingen u. a.) 25.3–4 (1992), S. 211–227.

Böhm, Michael: *Zur Dialektik von philosophisch-weltanschaulichem Gehalt, ästhetischen Anschauungen und bürgerlichem Emanzipationsbestreben in der geistigen Kultur des Sturm und Drang. (Hamann und Lenz).* Diss. phil., Univ. Jena, 1989. Masch.

Bohnen, Klaus: „Irrtum als dramatische Sprachfigur. Sozialzerfall und Erziehungsdebatte in J. M. R. Lenz' ‚Hofmeister'". In: *Orbis Litterarum. International Review of Literary Studies* (Oxford, Kopenhagen) 42.3–4 (1987), S. 317–331.

Bonacchi, Silvia: „Ewald Christian von Kleist und J. M. R. Lenz im Kontext der Rokokolyrik". In: Matthias Luserke, Reiner Marx u. Reiner Wild (Hgg.): *Literatur und Kultur des Rokoko.* Göttingen 2001 S. 177–195.

Bonacchi, Silvia: „Titanismo minore ovvero la caduta di Icaro. Lenz autore innico". In: *Rivista di Letterature moderne e comparate* (Pisa) N. S. 56.4 (2003), S. 391–401.

Boonruang, Tawat: *Die Rezeption von Büchners „Lenz" in Georg Heyms „Der Irre".* Ann Arbor/MI 1987. Zugl. Diss. phil., Univ. of California, Santa Barbara, 1986.

Borchert, Hans Heinrich: *Der Roman der Goethezeit.* Urach, Stuttgart 1949. [Zu Lenz S. 40–44: Lenz' „Waldbruder".]

Borgards, Roland: „Qualifizierter Tod. Zum Schmerz der Hinrichtung in der Rechtsprechung um 1800". In: Roland Borgards u. Johannes Friedrich Lehmann (Hgg.): *Diskrete Gebote. Geschichten der Macht um 1800. Festschrift für Heinrich Bosse.* Würzburg 2002 S. 77–98. [Zu Lenz S. 95–98.]

Borries, Erika von u. Ernst von Borries: *Aufklärung und Empfindsamkeit, Sturm und Drang.* München 1991. [Zu Lenz vgl. Reg.]

Böschenstein, Hermann: *Deutsche Gefühlskultur. Studien zu ihrer dichterischen Gestaltung.* Bd. 1: *Die Grundlagen. 1770–1830.* Bern 1954. [Zu Lenz bes. S. 223–232.]

Bosse, Heinrich: [Art.] „Lenz, Jakob Michael Reinhold". In: Walther Killy (Hg.): *Literatur Lexikon. Autoren und Werke deutscher Sprache.* Bd. 7. Gütersloh, München 1990 S. 225–228. Wiederabdruck in: Walther Killy (Hg.): *Deutsche Autoren. Vom Mittelalter bis zur Gegenwart.* Bd. 3. Gütersloh, München 1994 S. 378–381.

Bosse, Heinrich: „Über den Nachlaß des Lenz-Forschers Paul Theodor Falck". In: *Lenz-Jahrbuch* 2 (1992), S. 112–117.

Bosse, Heinrich: „Berufsprobleme der Akademiker im Werk von J. M. R. Lenz". In: Stephan/Winter 1994a, S. 38–51.

Bosse, Heinrich: „Lenz' livländische Dramen". In: Anselm Maler (Hg.): *Literatur und Regionalität.* Frankfurt/Main u. a. 1997 S. 75–100.

Bosse, Heinrich: „Lenz in Königsberg". In: Stephan/Winter 2003a, S. 209–239.

Bosse, Heinrich: „‚Wie schreibt man Madam?' Lenz, ‚Die Soldaten' I/1". In: Martin Stingelin (Hg.): *„Mir ekelt vor diesem tintenklecksenden Säkulum". Schreibszenen im Zeitalter der*

Manuskripte. In Zusammenarbeit mit Davide Giuriato u. Sandro Zanetti. München 2004 S. 70–85.
Bosse, Heinrich: „Lenz' ‚Hofmeister' und die Schulverhältnisse seiner Zeit". In: *Lenz-Jahrbuch* 17 (2010, ersch. 2011), S. 7–43.
Bosse, Heinrich: „Unendliches Beglücken. Lenz' panegyrische Empfindungen eines jungen Russen". In: Friederike Felicitas Günther u. Torsten Hoffmann (Hgg.): *Anthropologien der Endlichkeit. Stationen einer literarischen Denkfigur seit der Aufklärung. Festschrift Hans Graubner*. Göttingen 2011 S. 337–356. [= Bosse 2011a]
Bosse, Heinrich: „Jakob Michael Reinhold Lenz: Bittschrift eines Liguriers an den Adel von Ligurien (Teutscher Merkur 3 [1776], S. 151–156). Text und Kommentar". In: *Lenz-Jahrbuch* 18 (2011, ersch. 2012), S. 7–26. [= Bosse 2011b]
Bosse, Heinrich: „Lenz in Weimar". In: *Jahrbuch des Freies Deutschen Hochstifts* 2014 S. 112–149.
Bosse, Heinrich u. Johannes Friedrich Lehmann: „Sublimierung bei Jakob Michael Reinhold Lenz". In: Christian Begemann u. David E. Wellbery (Hgg.): *Kunst – Zeugung – Geburt. Theorien und Metaphern ästhetischer Produktion in der Neuzeit*. Freiburg/Br. 2002 S. 177–201.
Bosse, Heinrich u. Ursula Renner: „Generationsdifferenz im Erziehungsdrama. J. M. R. Lenzens ‚Hofmeister' (1774) und Frank Wedekinds ‚Frühlings Erwachen' (1891)". In: *Deutsche Vierteljahrsschrift für Literaturwissenschaft und Geistesgeschichte* 85.1 (2011), S. 77–84.
Boëtius, Henning: *Der verlorene Lenz. Auf der Suche nach dem inneren Kontinent*. Frankfurt/Main 1985.
Boëtius, Henning: „Jakob Michael Reinhold Lenz". In: Gunter E. Grimm u. Frank Rainer Max (Hgg.): *Deutsche Dichter. Leben und Werk deutschsprachiger Autoren*. Bd. 4: *Sturm und Drang, Klassik*. Stuttgart 1989 S. 175–188. Wiederabdruck in: Gunter E. Grimm u. Frank Rainer Max (Hgg.): *Deutsche Dichter. Leben und Werk deutschsprachiger Autoren vom Mittelalter bis zur Gegenwart*. Durchges. u. aktualisierte Auswahlausgabe des achtbändigen Werkes. Stuttgart 1993 S. 234–239.
Böttcher, Kurt u. Paul Günter Krohn (Hgg.): *Erläuterungen zur deutschen Literatur: Sturm und Drang*. Berlin 1958. [Zu Lenz bes. S. 155–182.] 5. [überarb.] Aufl. 1978. Bearbeitung u. Redaktion der 5. Aufl. Friedel Wallesch. [Zu Lenz bes. S. 143–175.]
Boetticher, E.[lse] von: „Der Dichter Lenz unter dem Einfluß der Geistesströmungen des 18. Jahrhunderts". In: *Baltische Monatsschrift* 72 (1911), S. 94–118.
Böttiger, Karl August: „Literarische Zustände und Zeitgenossen". In: *Schilderungen aus Karl Aug. Böttiger's handschriftlichem Nachlasse*. Hg. von K. W. Böttiger, Hofrathe und Professor zu Erlangen. Erstes Bändchen. Leipzig 1838. [Zu Lenz S. 13–14, 18–19, 53.] ND Frankfurt/Main 1972. Siehe auch: Böttiger 1998.
Böttiger, Karl August: *Literarische Zustände und Zeitgenossen. Begegnungen und Gespräche im klassischen Weimar*. Hg. von Klaus Gerlach u. René Sternke. Berlin 1998. [Zu Lenz S. 35, 45–46, 73.] Siehe auch: Böttiger 1838.
Boubia, Fawzi: *Theater der Politik – Politik des Theaters. Louis-Sebastien Mercier und die Dramaturgie des Sturm und Drang*. Frankfurt/Main u. a. 1978.
Bourquin, Christophe: „Die Übertragung der Übertragung. ‚Die Entführungen' und ‚Die Buhlschwester' des Jakob Michael Reinhold Lenz". In: *Variations. Literaturzeitschrift der Universität Zürich* 16 (2008), S. 91–102.
Brahm, Otto: *Das deutsche Ritterdrama des achtzehnten Jahrhunderts. Studien über Joseph August von Törring, seine Vorgänger und Nachfolger*. Straßburg 1880. [Zu Lenz vgl. Reg.] ND Hamburg 2010.
Braemer, Edith: *Goethes Prometheus und die Grundpositionen des Sturm und Drang*. Weimar 1959. 2., unveränd. Aufl. ebd. 1963. 3., durchges. Aufl. Berlin, Weimar 1968.
Braendlin, Hans P.: „The Dilemma of Luxury and the Ironic Structures of Lessing's ‚Emilia Galotti' and Lenz's ‚The Soldiers'". In: *Studies on Voltaire and the Eighteenth Century* (Oxford) 151 (1976), S. 353–362.

Braun, Michael: *„Hörreste, Sehreste". Das literarische Fragment bei Büchner, Kafka, Benn und Celan.* Köln, Weimar, Wien 2002. [Zu Büchners „Lenz" S. 70–95.]

Brauneck, Manfred: *Die Welt als Bühne. Geschichte des europäischen Theaters.* Bd. 2. Stuttgart, Weimar 1996. [Zu Lenz bes. S. 802–808.]

Bräuning-Oktavio, Hermann: „Aus Briefen der Wertherzeit". In: *Die Grenzboten* 70.1 (1911), S. 411–417, 463–469, 557–563 u. 611–620.

Bräuning-Oktavio, Hermann: „Ungedrucktes aus dem Goethe-Kreise". In: *Goethe-Jahrbuch* 32 (1911), S. 19–30.

Bräuning-Oktavio, Hermann: „Wo ist Goethes ‚Götz von Berlichingen' gedruckt? Ein Beitrag zur Geschichte eines Verlages aus der Sturm- und Drang-Zeit". In: *Hessische Chronik* 1 (1912), S. 13–16 u. S. 88–97. [Zu Lenz S. 96–97.]

Brenker, Anne-Margarete: *Die Meyersche Hofbuchhandlung in Lemgo in der zweiten Hälfte des 18. Jahrhunderts.* Bielefeld 1996. [Zu Lenz bes. S. 55 u. 81.]

Brown, M. A. L.: „Lenz's ‚Hofmeister' and the drama of Storm and Stress". In: J. M. Ritchie (Hg.): *Periods in German Literature.* Bd. II: *Texts and Contexts.* London 1969 S. 67–84.

Bruchmann, Erich: *Vom Satzbau des Sturm- und Drangdramas.* Diss. phil., Univ. Greifswald, 1920. Masch.

Bruford, W.[alter] H.[orace]: *Theatre, Drama and Audience in Goethe's Germany.* London 1950.

Brug, Manuel: „Wird Ulm wieder Ulm? Über den Start der neuen Spielzeit unter neuer Leitung". In: *Theater heute* 32.12 (1991), S. 23–26. [Zu Lenz S. 24 u. 26.]

Brummack, Jürgen: „‚... daß Handeln die Seele der Welt sei'. Über das Verhältnis des Ethischen und des Ästhetischen in Lenz' ‚Soldaten'". In: Cornelia Blasberg u. Franz-Josef Deiters (Hgg.): *Geschichtserfahrung im Spiegel der Literatur. Festschrift für Jürgen Schröder zum 65. Geburtstag.* Tübingen 2000 S. 44–64. Wiederabdruck in: Dietmar Mieth (Hg.): *Erzählen und Moral. Narrativität im Spannungsfeld von Ethik und Ästhetik.* Unter Mitarb. von Dominik Pfaff. Tübingen 2000 S. 83–110.

Brümmer, Franz: [Art.] „Lenz, Jakob Michael Reinhold". In: *Deutsches Dichter-Lexikon. Biographische und bibliographische Mittheilungen über deutsche Dichter aller Zeiten. Unter besonderer Berücksichtigung der Gegenwart für Freunde der Literatur zusammengestellt von Franz Brümmer.* Bd. 1. Eichstätt, Stuttgart 1876 S. 510.

Brümmer, Franz: [Art.] „Lenz, Jakob Michael Reinhold". In: *Lexikon der deutschen Dichter und Prosaisten von den ältesten Zeiten bis zum Ende des 18. Jahrhunderts.* Bearbeitet von Franz Brümmer. Leipzig 1884 S. 295–296.

Brunkhorst, Martin: *Shakespeares „Coriolanus" in deutscher Bearbeitung. Sieben Beispiele zum literarästhetischen Problem der Umsetzung und Vermittlung Shakespeares.* Berlin, New York 1973.[Zu Lenz bes. S. 23–33.]

[Buchholtz, Arend:] „Johann Heinrich Voß und Jakob Michael Reinhold Lenz auf der Wahl zum Rector der Rigaschen Domschule. Mittheilungen von c, vorgetragen in der Sitzung der Gesellschaft für Geschichte und Alterthumskunde der Ostseeprovinzen am 13. April 1888". In: *Rigasche Zeitung*, Nr. 93, 23.4./5.5.1888 S. [1]; Nr. 94, 26.4./8.5.1888 S. [1–2]. 1. Wiederabdruck in: *Sitzungsberichte der Gesellschaft für Geschichte und Alterthumskunde der Ostseeprovinzen Russlands aus dem Jahre 1888.* Riga 1889 S. 25–40. – 2. Wiederabdruck unter dem Titel: „Wie sich Lenz und Voß um das Rektoramt in Riga bewarben". In: *Vossische Zeitung* (Berlin), Nr. 115, 8.3.1896 Sonntagsbeilage Nr. 10, S. [2–3].

Buchner, Christian Friedrich: [Art.] „Lenz (Jakob Michael Reinhold)". In: G.[otthilf] S.[ebastian] Rötger (Hg.): *Nekrolog für Freunde deutscher Literatur. Zweites Stück, welches das Verzeichniss sämtlicher im Jahr 1792 verstorbener deutscher Schriftsteller und ihrer Schriften enthält.* Helmstädt 1797 S. 101–102.

Buchner, Karl: *Aus den Papieren der Weidmannschen Buchhandlung.* Berlin 1871. [Zu Lenz S. 92.]

Buchner, Karl: *Aus dem Verkehr einer deutschen Buchhandlung mit ihren Schriftstellern. Mit dem einleitenden Aufsatze. Schriftsteller und Verleger vor hundert Jahren.* Berlin 1873. [Zu Lenz S. 58–61 u. 65.]

Buck, Theo: „‚Man muss die Menschheit lieben'. Zum ästhetischen Programm Georg Büchners". In: Heinz Ludwig Arnold (Hg): *Georg Büchner III.* München 1979 (= Text + Kritik Sonderband), S. 15–34.

Buck, Theo: „‚Lenz' oder erzählter Selbst- und Weltverlust. Zum Erzählsystem Büchners". In: *Zeitschrift der Germanisten Rumäniens* (Bukarest) 9.1–2 (= 17–18) (2000), S. 92–99.

Büren, Simone von: Zürich: „Gänsejagd in seelenverderblichen Zeiten. Schauspielhaus Zürich: ‚Der Hofmeister' von Jakob Michael Reinhold Lenz". In: *Theater der Zeit* 65.3 (2010), S. 42.

Burger, Heinz Otto: „J. M. R. Lenz: Der Hofmeister". In: Hans Steffen (Hg.): *Das deutsche Lustspiel.* Tl. 1. Göttingen 1968 S. 48–67.

Burger, Heinz Otto: „Jakob M. R. Lenz innerhalb der Goethe-Schlosserschen Konstellation". In: Rainer Schönhaar (Hg.): *Dialog. Literatur und Literaturwissenschaft im Zeichen deutsch-französischer Begegnung. Festgabe für Josef Kunz.* Berlin 1973 S. 95–126.

Burgess, Gordon: „Büchner, Schneider and Lenz. Two Authors in Search of a Character". In: Ken Mills u. Brian Keith-Smith (Hgg.): *Georg Büchner – Tradition and Innovation. Fourteen Essays.* Bristol 1990 S. 207–224.

Burke, Ilse H.: *„Man muß die Menschheit lieben". Georg Büchner und J. M. R. Lenz. Ein Beitrag zur Rezeptionsgeschichte.* Ann Arbor/MI 1987. Zugl. Diss. phil., Michigan State Univ., 1986.

Burkhardt, Armin: „‚... als die Lippe mir blutet' vor Sprache'. Zum Problem des Sprachzerfalls in Büchners ‚Lenz' und Celans ‚Gespräch im Gebirg'". In: Jochen C. Schütze, Hans-Ulrich Treichel u. Dietmar Voss (Hgg.): *Die Fremdheit der Sprache. Studien zur Literatur der Moderne.* Hamburg 1988 S. 135–155.

Burkhardt, C.[arl] A.[ugust] H.[ugo]: „Das Tiefurter Journal. Literarhistorische Studie". In: *Die Grenzboten* 30.II.1 (1871), S. 281–299.

Burkhardt, C.[arl] A.[ugust] H.[ugo]: „Zu Goethes Briefen vom 1. April bis 18. October 1775". In: *Goethe-Jahrbuch* 9 (1888), S. 121–127. [Zu Lenz S. 123–126.]

Burkhardt, Werner: „Alles taumelt. ‚Der neue Menoza' von Lenz im Hamburger Thalia Theater". In: *Süddeutsche Zeitung*, Nr. 72, 27. 3. 1995 S. 11.

Burschell, Fritz: „J. M. Reinhold Lenz und seine Komödien ‚Der Hofmeister' und ‚Die Soldaten'". In: *Masken. Wochenschrift des Düsseldorfer Schauspielhauses*, 27. 12. 1909 S. 260–266.

Büscher, Elisabeth: *Ossian in der Sprache des XVIII. Jahrhunderts.* Köslin 1937. Zugl. Diss. phil., Univ. Königsberg, 1937.

Butler, E. M.: *The Fortunes of Faust.* Cambridge u. a. 1952. [Zu Lenz bes. S. 152–154.]

Butler, Michael: „Character and Paradox in Lenz' ‚Der Hofmeister'". In: *German Life and Letters* (Oxford) 32 (1978–1979), S. 95–103.

Cadieu, Martine: „‚Les Soldats' de Zimmermann". In: *Europe. Revue littéraire mensuelle* (Paris) 72.779 (1994), S. 194–196.

Caflisch-Schnetzler, Ursula: „Originale, im Druck erschienene Briefe und Exzerpte. Die Korrespondenz zwischen Jacob Michael Reinhold Lenz und Johann Caspar Lavater". In: *Lenz-Jahrbuch* 19 (2012, ersch. 2013), S. 83–112.

Campe, Elisabeth: *Zur Erinnerung an F. L. W. Meyer, den Biographen Schröder's. Lebensskizze nebst Briefen von Bürger, Forster, Göckingk, Gotter, Herder, Heyne, Schröder u.a.* 2 Tle. Braunschweig 1847. [Zu Lenz Tl. 2, S. 12–13.]

Carrington, Herbert: *Die Figur des Juden in der dramatischen Litteratur des XVIII. Jahrhunderts.* Heidelberg 1897. Zugl. Diss. phil., Univ. Heidelberg, 1897. [Zu Lenz S. 70.]

Castello, Maria Leonarda: *Schwärmertum und Gewalt in Goethes „Werther", Tiecks „William Lovell" und Büchners „Lenz".* Würzburg 1993.

Catholy, Eckehard: *Das deutsche Lustspiel. Von der Aufklärung bis zur Romantik.* Darmstadt 1982. [Zu Lenz S. 110–135: Sturm und Drang. Das Komische als Strukturelement der Wirklichkeit.]

Cercignani, Fausto: „Georg Büchner e l'incubo della follia". In: *Studia theodisca* (Mailand) 4 (1997), S. 207–234. [Zu Büchners „Lenz" bes. S. 210–218.]

Chamberlain, Timothy J.: „Rhetoric and the Cultural Code of the ‚Sturm und Drang'. J. M. R. Lenz's Speech ‚Über Götz von Berlichingen'". In: *Teaching Language Through Literature* 27.2 (1987/1988), S. 24–33.

Chantre, Jean-Claude: *Les considérations religieuses et esthétiques d'un „Stürmer und Dränger". Etude des écrits théoriques de J. M. R. Lenz (1751–1792).* Bern, Frankfurt/Main 1982. Rez.: Armand Nivelle, in: Lessing Yearbook/Lessing-Jahrbuch 16 (1984), S. 310–312.

Chee, Hans-Martin: „Literatur als Aufklärung. Jakob Michael Reinhold Lenz' Drama ‚Der Hofmeister oder Vorteile der Privaterziehung'. Modell einer Unterrichtseinheit für den fortgeschrittenen Literaturunterricht im Fach Deutsch". In: *Wirkendes Wort* 41 (1991), S. 265–275. Zugl. abgedruckt in: *Deutschunterricht im Südlichen Afrika* (Bellville) 22.1 (1991), S. 45–68.

Chen, Ying: „Gegenspielerinnen: Marie Wesener und die Gräfin La Roche: die ständische Konfrontation in den ‚Soldaten'". In: *Literaturstraße* 8 (2007), S. 91–105.

Choi, Jung-Ok: „Lenz als Sozialreformer. Sozialreformkonzept in ‚Über die Soldatenehen'". In: *Dogilmunhak. Koreanische Zeitschrift für Germanistik* (Seoul) 37.1 (1996), S. 1–26. Beitrag auf Korean. mit dt. Zusammenfassung.

Choi, Jung-Ok: „Die Modernität des ‚Hofmeisters' von J. M. R. Lenz". In: *Büchner und moderne Literatur* (Daejeon) 15 (2000), S. 237–260. Beitrag auf Korean. mit dt. Zusammenfassung S. 259–260.

Choi, Jung-Ok: „Die Offenheit des Erzählens in ‚Das Tagebuch' von Jakob Michael Reinhold Lenz". In: *Dogilmunhak. Koreanische Zeitschrift für Germanistik* (Seoul) 44.3 (2003), S. 86–104. Beitrag auf Korean. mit dt. Zusammenfassung.

Christiani, Wilhelm Arnold: „Liv-, Est- und Kurländer auf der alten Universität Straßburg". In: *Baltische Monatsschrift* 64 (1907), S. 33–55. [Zu Lenz S. 51.]

Clarke, Karl [= Charles] H.: „Lenz' Übersetzungen aus dem Englischen". In: *Zeitschrift für vergleichende Litteraturgeschichte* N. F. 10 (1896), S. 117–150 u. S. 385–418.

Clarke, Ch.[arles] H.: *Fielding und der deutsche Sturm und Drang.* Freiburg/Br. 1897. Zugl. Diss. phil., Univ. Freiburg/Br., 1897. [Zu Lenz S. 44–79.]

Clasen, Thomas: „‚Den Trieb haben doch alle Menschen.' Sexualobsessionen in den Dramen des J. M. R. Lenz". In: Thomas Schneider (Hg.): *Das Erotische in der Literatur.* Frankfurt/Main u. a. 1993, S. 55–68.

Clasen, Thomas: „Die Entdeckung der Jugend im Drama des Sturm und Drang". In: Günter Oesterle (Hg.): *Jugend – ein romantisches Konzept?* In Verb. mit Alexander von Bormann u. a. Würzburg 1997 S. 277–295.

Claus, Erich: *Die soziale Kritik im deutschen Drama des letzten Viertels des achtzehnten Jahrhunderts.* Diss. phil., Univ. Leipzig, 1921. Masch.

Conrady, Karl Otto: „Zu den deutschen Plautusübertragungen. Ein Überblick von Albrecht von Eyb bis zu J. M. R. Lenz". In: *Euphorion* N. F. 48 (1954), S. 373–396.

Cordelli, Franco: „Lenz agonista". In: Fausto Cercignani (Hg.): *Studia Büchneriana. Georg Büchner 1988.* Mailand 1990 S. 195–205.

Costin, Dietlinde-Sigrid: „Jakob Michael Reinhold Lenz' ‚Die Soldaten' und Georg Büchners ‚Woyzeck' – ein Vergleich". In: *Germanistentreffen Bundesrepublik Deutschland – Bulgarien – Rumänien, 28.2.–5.3.1993. Dokumentation der Tagungsbeiträge.* Hg. vom Deutschen Akademischen Austauschdienst. Redaktion: Werner Roggausch. Bonn 1994 S. 79–88.

Craig, Gordon A.: „Jakob Michael Reinhold Lenz. Wo bist du itzt?" In: *Ein solches Jahrhundert vergißt sich nicht mehr. Lieblingstexte aus dem 18. Jahrhundert.* Ausgewählt u. vorgestellt von Autorinnen u. Autoren des Verlages C. H. Beck. München 2000 S. 323–325.

Crighton, James: *Büchner and Madness. Schizophrenia in Georg Büchner's „Lenz" and „Woyzeck".* Lewiston/NY u. a. 1998.

Cysarz, Herbert: *Erfahrung und Idee. Probleme und Lebensformen in der deutschen Literatur von Hamann bis Hegel.* Wien, Leipzig 1921.

Daemmrich, Horst S.: „Lenz in themengeschichtlicher Sicht". In: Stephan/Winter 1994a, S. 10–26.

Dahnke, Hans-Dietrich: „Brecht und Lenz – Erbeaneignung und aktuelle Literaturfunktion im Spiegel des *Hofmeister*-Stückes". In: *Brecht 78. Brecht-Dialog Kunst und Politik, 10.–15. Februar 1978. Dokumentation*. Hg. von Werner Hecht, Karl-Claus Hahn u. Elifius Paffrath für das Brecht-Zentrum der DDR. Berlin 1979 S. 109–115.

Damm, Sigrid: *Vögel, die verkünden Land. Das Leben des Jakob Michael Reinhold Lenz*. Berlin, Weimar 1985. [= Damm 1985a] 2. Aufl. 1988. Frankfurt/Main 1989. Frankfurt/Main 1992. Frankfurt/Main u. a. 2005 [ED 1989]. Rez.: Frank Hörtreiter, in: Erziehungskunst 55.7–8 (1991), S. 752–753. – Ulrich Kaufmann: Dichterbiographie von Rang. In: Siegfried Rönsch (Hg.): DDR-Literatur '85 im Gespräch. Berlin, Weimar 1986 S. 116–121. – Ulrich Kaufmann, in: Germanistische Mitteilungen (Brüssel, Heidelberg) 23 (1986), S. 91–92 (wieder abgedruckt ebd. 27 [1988], S. 147–148). – Gunnar Müller-Waldeck, in: Weimarer Beiträge 33.8 (1987), S. 1370–1376. – Wolfgang Neuber, in: Deutsche Bücher (Amsterdam) 21.1 (1991), S. 36–37. – Christoph Parry, in: Neuphilologische Mitteilungen (Helsinki) 88.4 (1987), S. 494–497. – Ernst-Ullrich Pinkert, in: Georg Büchner Jahrbuch 5 (1985, ersch. 1986), S. 369–371. – Karin A. Wurst, in: The German Quarterly (Cherry Hill/NJ) 60.1 (1987), S. 115–116.

Damm, Sigrid: „Lenz in Sankt Petersburg". In: *Neue deutsche Literatur* 33.6 (1985), S. 98–112. [= Damm 1985b]

Damm, Sigrid: „Schreib-Auskunft". In: *Neue deutsche Literatur* 33.6 (1985), S. 113–116. [= Damm 1985c]

Damm, Sigrid: „Georg Büchner und Jakob Lenz". In: *Georg Büchner 1813–1837. Revolutionär, Dichter, Wissenschaftler*. [Katalog der Ausstellung Mathildenhöhe, Darmstadt, 2. August bis 27. September 1987.] Basel, Frankfurt/Main 1987 S. 258–261.

Damm, Sigrid: „Jakob Michael Reinhold Lenz. Ein Essay". In: Jakob Michael Reinhold Lenz: *Werke und Briefe in drei Bänden*. Hg. v. Sigrid Damm. Leipzig 1987, Bd. 3, S. 687–768. 1. Wiederabdruck in: Sigrid Damm: *Atemzüge*. Frankfurt/Main, Leipzig 1999 S. 90–189 – 2. Wiederabdruck in: Jakob Michael Reinhold Lenz: *Werke und Briefe in drei Bänden*. Hg. v. Sigrid Damm. Frankfurt/Main 2005, Bd. 3, S. 687–768.

Damm, Sigrid: „Unruhe. Anläßlich der Verleihung des Lion-Feuchtwanger-Preises 1987". In: *Sinn und Form* 40.1 (1988), S. 244–248. 1. Wiederabdruck in: Wurst 1992a, S. 23–28. – 2. Wiederabdruck unter dem Titel: „Lenz – eine geheime Lernfigur". In: *Insel-Almanach auf das Jahr 1992*. Frankfurt/Main, Leipzig 1992 S. 125–132. 3. Wiederabdruck unter dem Titel: „Lenz – eine geheime Lernfigur". In: Sigrid Damm: *Atemzüge*. Frankfurt/Main, Leipzig 1999 S. 190–198. Wiederabdruck unter dem Titel: „Lenz – eine geheime Lernfigur". In: Sigrid Damm: *„Einmal nur blick ich zurück". Auskünfte*. Berlin 2010 S. 214–223.

Damm, Sigrid: „Der Kopierstift hinter dem Ohr des Soldaten ... Schriftsteller und Archiv". In: Christoph König u. Siegfried Seifert (Hgg.): *Literaturarchiv und Literaturforschung. Aspekte neuer Zusammenarbeit*. München u. a. 1996 S. 21–37. [Zu Lenz S. 22–32.]

Damm, Sigrid: *„Einmal nur blick ich zurück". Auskünfte*. Berlin 2010. [Zu Lenz S. 20–26, 214–223 u. 307–315.]

Dannenberg, Hilary P.: „Die Dreidimensionalisierung des erzählten Raumes in Büchners *Lenz*". In: *Georg Büchner Jahrbuch* 9 (1995–1999, ersch. 2000), S. 263–280.

Daum, Inka: „‚Lettre adressée à quelques officiers de la commision hydraulique de la communication d'eau'. An einige Offiziere des Hydraulikausschusses der Wasserverbindung adressierter Brief. Eine französische Schrift aus der letzten Lebenszeit Lenz". In: Kaufmann/Albrecht/Stadeler 1996 S. 92–108.

Daunicht, Richard: *J. M. R. Lenz und Wieland*. Dresden 1942. Zugl. Diss. phil., Univ. Berlin, 1941.

Daunicht, Richard: „‚Freundschaft geht über Natur oder Die Algierer'. Die Entdeckung eines unbekannten Stückes von Jacob Michael Reinhold Lenz". In: *Neue Zürcher Zeitung*, Nr. 426 (Fernausgabe Nr. 191), 14. 7. 1968 S. 53.

Daunicht, Richard: „J. M. R. Lenz im Herbst 1777. Zu einem anonymen Gedicht in Wielands ‚Teutschem Merkur'". In: Stephan/Winter 1994a, S. 109–117.
Debrunner, Albert M.: „Frauenzimmerbibliotheken und Töchterschulen: Die Bemühungen Schweizer Aufklärer um die intellektuelle Bildung von Frauen". In: *Librarium* 41 (1998), S. 86–96. [Zu Lenz S. 92.]
Dedert, Hartmut u. a.: „J.-F. Oberlin: ‚Herr L......'. Edition des bisher unveröffentlichten Manuskripts. Ein Beitrag zur Lenz- und Büchner-Forschung". In: *Revue des Langues Vivantes* (Brüssel) 42 (1976), S. 357–385.
Dedert, Hartmut: *Die Erzählung im Sturm und Drang. Studien zur Prosa des achtzehnten Jahrhunderts.* Stuttgart 1990. [Zu Lenz S. 36–95: Jakob Michael Reinhold Lenz: Kritik und Konstruktion.]
Dedner, Burghard: „Büchners Lenz. Rekonstruktion der Textgenese". In: *Georg Büchner Jahrbuch* 8 (1990–1994, ersch. 1995), S. 3–68.
Dedner, Burghard: „Der autobiographische und biographische Text als literarische Quelle. Oberlins Bericht ‚Herr L......' und Büchners ‚Lenz'". In: Jochen Golz (Hg.): *Edition von autobiographischen Schriften und Zeugnissen zur Biographie. Internationale Fachtagung der Arbeitsgemeinschaft für germanistische Edition an der Stiftung Weimarer Klassik, 2.–5. März 1994, autor- und problembezogene Referate.* Tübingen 1995 S. 218–227.
Dedner, Burghard: „Jakob Lenz und Georg Büchner". In: Kaufmann/Albrecht/Stadeler 1996 S. 117–126.
Dedner, Burghard: „Die Darstellung von Quellenabhängigkeiten anhand von Beispielen". In: *Editio* 11 (1997), S. 97–115. [Zu Büchners „Lenz".]
Dedner, Burghard: „Der Fall Jakob Lenz, Büchners ‚Lenz' und die Gattung der literarischen Pathographie". In: *Georg Büchner. Lenz. Text und Kommentar. Neu hergestellt und mit zahlreichen Materialien versehen von Burghard Dedner.* Frankfurt/Main 1998 S. 41–56.
Dedner, Burghard: „Zur Genese des ‚Lenz'-Fragments. Aus Anlaß von Herbert Wenders Kritik". In: *Georg Büchner Jahrbuch* 9 (1995–1999, ersch. 2000), S. 371–377.
Dedner, Burghard: „Biographie und Pathographie. Jakob Lenz' Krankheitsgeschichte in den Erzählungen von Zeitzeugen, Dichtern und Wissenschaftlern". In: Irmela von der Lühe u. Anita Runge (Hgg.): *Biographisches Erzählen.* Stuttgart, Weimar 2001 S. 55–69.
Dedner, Burghard: „Zur Entwurfhaftigkeit von Büchners ‚Lenz'. Eine Replik". In: *Jahrbuch Forum Vormärz-Forschung* 10 (2004, ersch. 2005), S. 445–467.
Dedner, Burghard, Hubert Gersch u. Ariane Martin (Hgg.): *„Lenzens Verrückung". Chronik und Dokumente zu J. M. R. Lenz von Herbst 1777 bis Frühjahr 1778.* Tübingen 1999. Rez.: Sandra Kluwe, in: Psyche 54.8 (2000), S. 786–788. – Helga Madland, in: German Studies Review (Tempe/AZ) 25.1 (2002), S. 113–114. – Thorsten Unger, in: Germanistik (Tübingen) 41.1 (2000), S. 188. – Karin A. Wurst, in: Lessing Yearbook/Lessing-Jahrbuch 34 (2002, ersch. 2003), S. 217–218.
Dedner, Burghard u. Günter Oesterle (Hgg.): *Zweites internationales Georg Büchner Symposium 1987. Referate.* Veranstaltet vom Institut für Neuere deutsche Literatur der Philipps-Universität Marburg, dem Institut für Neuere deutsche Literatur der Justus-Liebig-Universität Gießen und der Georg-Büchner-Gesellschaft Marburg mit Unterstützung durch das Land Hessen. Frankfurt/Main 1990. [Zu Büchners „Lenz" S. 309–334.]
Delhey, Yvonne: „Goethe als Erlösergenie des Sturm und Drang. Das ‚Pandämonium Germanikum' von Jakob Michael Reinhold Lenz". In: Hans Ester u. Guillaume van Gemert (Hgg.): *Künstler-Bilder. Zur produktiven Auseinandersetzung mit der schöpferischen Persönlichkeit.* Unter Mitarb. von Christiaan Janssen. Amsterdam, New York 2003 S. 11–34.
Demčenko, V.[ladimir] D.: „Fars v ėstetičeskoj bor'be perioda ‚buri i natiska' (Gete, Vagner, Lenc)". In: *Getevskie čtenija/Goethe-Studien* (Moskau) (1993, ersch. 1994), S. 103–121. Dt. Übers. d. Titels: „Die Farce im ästhetischen Streit der Geniezeit (Goethe, Wagner, Lenz)".
Demuth, Volker: „Der gekreuzigte Prometheus. Grenzerfahrungen in fatalen Verhältnissen. Zum 200. Todestag von Jakob Michael Reinhold Lenz". In: *Allmende* 12.32–33 (1992), S. 7–25.

Demuth, Volker: *Realität als Geschichte. Biographie, Historie und Dichtung bei J. M. R. Lenz.* Würzburg 1994. Rez.: Heinrich Bosse, in: Lenz-Jahrbuch 5 (1995), S. 219–222. – Wolfgang Kuttenkeuler, in: Germanistik (Tübingen) 36.2 (1995), S. 527. – Karin A. Wurst, in: Monatshefte für deutschen Unterricht, deutsche Sprache und Literatur (Madison/WI) 89.1 (1997), S. 93–95.

Dentan, Michel: „De Reinhold Lenz à Bertolt Brecht". In: *Études de Lettres* (Lausanne) 25.3 (1953/1954), S. 28–34.

Detken, Anke: *Im Nebenraum des Textes. Regiebemerkungen in Dramen des 18. Jahrhunderts.* Tübingen 2009. [Zu Lenz' „Der neue Menoza" u. „Die Soldaten" S. 226–268]

Deupmann, Christoph: „,O pfui doch – tu doch so französisch nicht'. Identitätspolitik und ästhetische Repräsentation bei Jakob Michael Reinhold Lenz". In: Jens Häseler u. Albert Meier (Hgg.): *Gallophobie im 18. Jahrhundert.* Unter Mitarbeit von Olaf Koch. Berlin 2005 S. 13–32.

Deupmann, Christoph: „Der Waldbruder. Ein Pendant zu Werthers Leiden". In: Heinz Ludwig Arnold (Hg.): *Kindlers Literatur Lexikon* (KLL). 3., völlig neu bearbeitete Aufl. 18 Bde. Stuttgart, Weimar 2009. Bd. 9, S. 814–815.

[Diederichs, Heinrich:] [Rez.] „Das Baltische Dichterbuch. Herausgegeben von Jeannot Emil Freiherr von Grotthuß. Reval 1894". In: *Baltische Monatsschrift* 41 (1894), S. 245–251. [Zu Lenz S. 251.] Die Rezension ist mit dem Kürzel „H. D." gezeichnet.

Diederichs, Heinrich: „Zur Biographie des Dichters Jacob Lenz". In: *Baltische Monatsschrift* 47 (1899), S. 276–321.

Diersen, Inge: „Büchners ,Lenz' im Kontext der Entwicklung von Erzählprosa im 19. Jahrhundert". In: Henri Poschmann (Hg.): *Wege zu Georg Büchner. Internationales Kolloquium der Akademie der Wissenschaften (Berlin-Ost).* Unter Mitarb. von Christine Malende. Berlin u. a. 1992 S. 184–192.

Dieterich, Margret: „Die theatralische Satire als Anwalt der Menschenrechte". In: *Maske und Kothurn* 9 (1963), S. 153–168. [Zu Lenz S. 158–160.]

Dietrich, Margret (Hg.): *Faust. Vollständige Dramentexte.* Bd. 1. München, Wien 1970. [Zu Lenz S. 52–54; Abdruck des „Höllenrichter"-Fragments S. 373–376.]

Diffey, Norman R.: „Lenz, Rousseau, and the Problem of Striving". In: *Seminar* (Toronto) 10 (1974), S. 165–180.

Diffey, Norman R.: *Jakob Michael Reinhold Lenz and Jean-Jacques Rousseau.* Bonn 1981. Rez.: Susan L. Cocalis, in: Lessing Yearbook/Lessing Jahrbuch 15 (1983), S. 296–297. – Edward McInnes, in: Zeitschrift für deutsche Philologie 101.4 (1982), S. 593–595. – William A. O'Brien, in: The German Quarterly (Cherry Hill/NJ) 57.2 (1984), S. 317–320.

Diffey, Norman R.: „J. M. R. Lenz and the Humanizing Role of Literature". In: Hans-Günther Schwarz, David McNeil u. Roland Bonnel (Hgg.): *Man and Nature. Proceedings of the Canadian Society for Eighteenth-Century Studies.* Edmonton 1990 S. 108–117.

Diffey, Norman R.: „Language and Liberation in Lenz". In: Leidner/Madland 1993a, S. 1–9.

Dimter, Walter: „Jakob Michael Reinhold Lenz". In: Peter Mast u. Silke Spieler (Hgg.): *Ostdeutsche Gedenktage 1992. Persönlichkeiten und historische Ereignisse.* Bonn 1991 S. 89–92.

Disselkamp, Martin: „Ein ,Narr auf Charaktere'. Literarische Charakterkonstitution zwischen moralischer Norm und anthropologischer Empirie in Lenz' ,Waldbruder'". In: *Lessing Yearbook/Lessing-Jahrbuch* 36 (2006), S. 161–183.

Djoufack, Patrice: „Liebe/Inzest: Zur kulturellen Kodierung von Sexualität. Dargestellt am Beispiel von J. M. R. Lenz' Komödie ,Der neue Menoza'". In: *Studia theodisca* 19 (2012), S. 71–92.

Dosenheimer, Elise: *Das deutsche soziale Drama von Lessing bis Sternheim.* Konstanz 1949. [Zu Lenz S. 35–41.] ND Darmstadt 1967, 1974 u. 1989.

Dromgoole, Nicholas: *The Playwright as Rebel. Essays in Theatre History.* London 2001. [Zu Lenz S. 208–225.]

Duncan, Bruce: *Dark Comedy in Eighteenth-Century Germany. Lessing and Lenz.* Ann Arbor/MI 1970. Zugl. Diss. phil., Cornell University, Ithaca/NY, 1969.

Duncan, Bruce: „A ‚Cool Medium' as Social Corrective. J. M. R. Lenz's Concept of Comedy". In: *Colloquia Germanica* (Tübingen u. a.) 9 (1975), S. 232–245.

Duncan, Bruce: „The Comic Structure of Lenz's ‚Soldaten'". In: *Modern Language Notes* (Baltimore) 91.3 (1976), S. 515–523.

Duncan, Bruce: *Lovers, Parricides, and Highwaymen. Aspects of Sturm und Drang Drama*. Rochester/NY 1999. [Zu Lenz S. 117–150.]

Duncan, Bruce: „Some Common Themes in the Reception of ‚Sturm und Drang' Drama". In: Linda Dietrick u. David G. John (Hgg.): *Momentum dramaticum. Festschrift for Eckehard Catholy*. Waterloo 1990 S. 149–160.

Dune, Edmond: „Lenz et le ‚Sturm und Drang'". In: *Critique* (Paris) 14 (1958), Nr. 128, S. 18–31.

Düntzer, Heinrich: „Anspruchslose ‚Symbola Goethiana'". In: *Blätter für literarische Unterhaltung* (Leipzig), Nr. 53, 22. 2. 1842 S. 216. Der Artikel ist mit der Sigle „40." unterzeichnet.

Düntzer, Heinrich: *Frauenbilder aus Goethe's Jugendzeit. Studien zum Leben des Dichters*. Stuttgart, Tübingen 1852. [Zu Lenz bes. S. 57–102 u. 589–592.]

Düntzer, Heinrich: „Der Dichter J. M. R. Lenz". In: *Morgenblatt für gebildete Leser* (Stuttgart), Nr. 37, 12. 9. 1858 S. 865–872 u. Nr. 38, 19. 9. 1858 S. 894–900. Erweiterter Wiederabdruck unter dem Titel: „J. M. R. Lenz". In: Heinrich Düntzer: *Aus Goethe's Freundeskreise. Darstellungen aus dem Leben des Dichters*. Braunschweig 1868 S. 87–131.

Düntzer, Heinrich: „Zu den Briefen Goethes an Frau von Stein". In: *Archiv für Litteraturgeschichte* 6 (1877), S. 528–560. [Zu Lenz S. 542–544.]

Düntzer, Heinrich: „Klinger in Weimar". In: *Archiv für Litteraturgeschichte* 11 (1882), S. 64–86.

Düntzer, Heinrich: „Das Stammbuch des Dichters J. M. R. Lenz". In: *Kölnische Zeitung*, Nr. 326, 24. 11. 1883 Drittes Blatt, S. [1].

Düntzer, Heinrich: *Zur Goetheforschung. Neue Beiträge*. Stuttgart, Leipzig, Berlin u. a. 1891. [Zu Lenz S. 199–216: Die Sendung der Lenzischen „Lustspiele nach Plautus" an Merck; auch S. 53–76: Goethes Unterstützung des jungen Klinger.]

Düntzer, Heinrich: „Goethe's Sesenheimer Lieder". In: *Allgemeine Zeitung* (München), Nr. 299, 28. 10. 1891 Beilage Nr. 252, S. 6–7.

Düntzer, Heinrich: „‚Anmerkungen übers Theater' von J. M. Reinhold Lenz". In: *Blätter für literarische Unterhaltung* (Leipzig), Nr. 16, 21. 4. 1892 S. 241–243.

Düntzer, Heinrich: „Goethes Straßburger lyrische Gedichte". In: *Die Grenzboten* 51.1 (1892), S. 450–459 u. 629–639.

Düntzer, Heinrich: „Der Straßburger Actuarius Salzmann". In: *Allgemeine Zeitung* (München), Nr. 272, 30. 9. 1892 Beilage Nr. 229, S. 1–4.

Düntzer, Heinrich: *Friederike von Sesenheim im Lichte der Wahrheit*. Stuttgart 1893. [Zu Lenz S. 88–122: Friederike und Lenz.]

Düntzer, Heinrich: „Des Dichters Jakob Lenz Flucht von Straßburg an den Weimarer Hof". In: *Westermann's illustrirte deutsche Monats-Hefte* 74 (1893), Nr. 440, S. 266–272.

Düntzer, Heinrich: „Der Aktuarius Salzmann, Goethes Straßburger Mentor". In: *Zeitschrift für den deutschen Unterricht* 8 (1894), S. 286–343.

Düntzer, Heinrich: „Eine bestrittene Fälschung des großen Fälschers Jakob Michael Lenz". In: *Zeitschrift für den deutschen Unterricht* 15 (1901), S. 255–259.

Durzak, Manfred: „Das bürgerliche Trauerspiel als Spiegel der bürgerlichen Gesellschaft". In: *Propyläen Geschichte der Literatur. Literatur und Gesellschaft der westlichen Welt*. Bd. 4: *Aufklärung und Romantik*. Gesamtplanung u. Redaktion: Erika Wischer. Berlin 1983 S. 118–139. [Zu Lenz S. 134–136.]

Durzak, Manfred: „Die Modernität Georg Büchners. ‚Lenz' und die Folgen". In: *L80* 45 (1988), S. 132–146.

Durzak, Manfred: „Die Gegenwärtigkeit von Büchners ‚Lenz': Im Kontext modernen Erzählens". In: Manfred Durzak: *Die Kunst der Kurzgeschichte. Zur Theorie und Geschichte der deutschen Kurzgeschichte*. München 1989 S. 85–105.

Durzak, Manfred: Lenz' „‚Der Hofmeister' oder Die Selbstkasteiung des bürgerlichen Intellektuellen. Lenz' Stück im Kontext des bürgerlichen Trauerspiels". In: Hill 1994a, S. 110–119.

Dwenger, Heinz: *Der Lyriker Lenz. Seine Stellung zwischen petrarkistischer Formensprache und Goethescher Erlebniskunst.* Diss. phil., Univ. Hamburg, 1961. Masch.

E. K.: „Der literarische Nachlaß von Reinhold Lenz". In: *Magazin für die Literatur des Auslandes* 28, 14.7.1866 S. 382.

E. L.: „Familiennotiz über J. M. R. Lenz". In: *Deutsche Rundschau* (Berlin) 67 (1891), S. 154–157.

Eckstein, Ferdinand von: „Fragments d'un Essai sur les Écoles littéraires de l'Allemagne. (Cinquième article)". In: *Annales de la Littérature et des Arts* (Paris) 16 (1824), Nr. 196, S. 51–60. [Zu Lenz S. 54–55.]

Eckstein, Ferdinand von: „De la littérature dramatique chez les modernes". In: *Le Catholique* (Paris), Bd. 2, Nr. 4 (1826), S. 5–115. [Zu Lenz S. 113–114.]

Eckstein, Ferdinand von: „Œuvres dramatiques de Lenz". In: *Le Catholique* (Paris), Bd. 9, Nr. 26 (1828), S. 163–206.

Eckstein, Ferdinand von: „Aperçu des écoles littéraires de l'Allemagne". In: *Le Catholique* (Paris) Bd. 14, Nr. 41 (1829), S. 153–209. [Zu Lenz S. 191–192.]

Ehrich-Haefeli, Verena: „Individualität als narrative Leistung? Zum Wandel der Personendarstellung in Romanen um 1770 – Sophie LaRoche, Goethe, Lenz". In: Wolfram Groddek u. Ulrich Stadler (Hgg.): *Physiognomie und Pathognomie. Zur literarischen Darstellung von Individualität. Festschrift für Karl Pestalozzi zum 65. Geburtstag.* Berlin, New York 1994 S. 49–75. Erweiterte Fassung in: Reto Luzius Fetz, Roland Hagenbüchle u. Peter Schulz (Hg.): *Geschichte und Vorgeschichte der modernen Subjektivität.* Bd. 2. Berlin, New York 1998 S. 811–843.

Ehrlich, Lothar: „Brecht und Weimar. Die ‚Hofmeister'-Bearbeitung und der ‚Arbeitskreis' um Gerhard Scholz (1950)". In: Dieter Bähtz, Manfred Beetz u. Roland Rittig (Hgg.): *Dem freien Geiste freien Flug. Beiträge zur deutschen Literatur. Für Thomas Höhle.* Leipzig 2003 S. 157–165.

Eibl, Karl: „‚Realismus' als Widerlegung von Literatur. Dargestellt am Beispiel von Lenz' ‚Hofmeister'". In: *Poetica* 6 (1974), S. 456–467. Wiederabdruck in: Matthias Luserke (Hg.): *Lenz im Spiegel der Forschung.* Hildesheim, Zürich, New York 1995 S. 301–312.

Eissler, K.[urt] R.: *Goethe. Eine psychoanalytische Studie. 1775–1786.* In Verb. mit Wolfram Mauser u. Johannes Cremerius hg. von Rüdiger Scholz. 2 Bde. Aus dem Amerikanischen übers. von Peter Fischer (Bd. 1) u. Rüdiger Scholz (Bd. 2). Basel, Frankfurt/Main 1983–1985. [Zu Lenz Bd. 1, S. 57–73: Jakob Michael Reinhold Lenz [1751–1792].] Zuerst amerikan.: *Goethe. A Psychoanalytic Study. 1775–1786.* 2 Bde. Detroit 1963.

El-Dandoush, Nagla: *Leidenschaft und Vernunft im Drama des Sturm und Drang. Dramatische als soziale Rollen.* Würzburg 2004. [Zu Lenz bes. S. 57–60, 100–122 u. 148 ff.]

Elm, Theo: „Der Mensch als Nase. Ästhetik der Karikatur in J. M. R Lenz: ‚Der Hofmeister'". In: Helmut Koopmann u. Manfred Misch (Hgg.): *Grenzgänge. Studien zur Literatur der Moderne. Festschrift für Hans-Jörg Knobloch.* Paderborn 2002 S. 9–24.

Elm, Theo: *Das soziale Drama. Von Lenz bis Kroetz.* Stuttgart 2004.[Zu Lenz bes. S. 44–68.]

Eloesser, Arthur: *Das Bürgerliche Drama. Seine Geschichte im 18. und 19. Jahrhundert.* Berlin 1898. [Zu Lenz S. 126–130.] ND Genf 1970.

Emmel, Hildegard: *Geschichte des deutschen Romans.* Bd. 1. Bern, München 1972. [Zu Lenz S. 162–166.]

Ende, Dagmar: „Empfindsame Selbst- und Fremdinszenierungen. ‚Das Tagebuch' und die ‚Moralische Bekehrung eines Poeten von ihm selbst aufgeschrieben' von Jakob Michael Reinhold Lenz". In: *Euphorion* 96.4 (2002), S. 387–420.

Engel, Ingrid: *Werther und Wertheriaden. Ein Beitrag zur Wirkungsgeschichte.* St. Ingbert 1986. [Zu Lenz S. 88–89; zum „Waldbruder" S. 181–182 u. 212.]

Engelhardt, Christian Moritz: „Nekrolog. Aktuarius Saltzmann". In: *Morgenblatt für gebildete Stände* (Stuttgart), Nr. 261, 30.10.1812 S. 1041–1942 u. Nr. 262, 31.10.1812 S. 1045–1047.

Erb, Andreas: *Georg Büchner. „Lenz". Eine Erzählung. Interpretation von Andreas Erb.* München 1997.

Ermatinger, Emil: *Deutsche Dichter 1700–1900. Eine Geistesgeschichte in Lebensbildern.* Tl. 1: *Vom Beginn der Aufklärung bis zu Goethes Tod.* Bonn 1948. [Zu Lenz bes. S. 332–339 u. 362–364.]

Ernst, Fritz: *Aus Goethes Freundeskreis. Studien um Peter im Baumgarten.* Erlenbach-Zürich [1941]. [Zu Lenz S. 40, 90, 93, 95 u. 98–101.]

Ernst, Julius: *Der Geniebegriff der Stürmer und Dränger und der Frühromantiker.* Zürich 1916. Zugl. Diss. phil., Univ. Zürich, 1916. [Zu Lenz S. 31–32.]

Ettlinger, Josef: „Lenz. (gest. 24. Mai 1792)". In: *Vossische Zeitung* (Berlin), Nr. 237, 22.5.1892 Sonntagsbeilage Nr. 21, S. [2–3] u. Nr. 247, 29.5.1892 Sonntagsbeilage Nr. 22, S. [2].

Études Germaniques. Revue trimestrielle de la Société des Études Germaniques 52.1 (1997): J. M. R. Lenz. Hg. von Jean-Marie Valentin. Paris 1997.

Falck, Paul Theodor (Hg.): *Der Dichter J. M. R. Lenz in Livland. Eine Monographie nebst einer bibliographischen Parallele zu M. Bernay's jungem Goethe von 1766–1768, unbekannte Jugenddichtungen von Lenz aus derselben Zeit enthaltend.* Winterthur 1878. Rez.: [Anonym,] in: Zeitung für Stadt und Land (Riga), 15./27.10.1878 S. [2]. – [Anonym,] in: Revalsche Zeitung, Nr. 250, 27.10./8.11.1878 S. [1–2] u. Nr. 251, 28.10./9.11.1878 S. [1–2]. – Robert Boxberger, in: Archiv für Litteraturgeschichte 9 (1880), S. 101–102. – F.[ranz] Sintenis, in: Neue Dörptsche Zeitung, Nr. 251, 30.10./11.11.1878 S. [3]. – Jegór von Sivers: Jacob Michael Reinhold Lenz und sein neuester Monograph. In: Baltische Monatsschrift 26 (1878/1879), S. 327–365.

Falck, Paul Theodor: [Art.] „Lenz (Jakob Michael Reinhold)". In: J. S. Ersch u. J. G. Gruber (Hgg.): *Allgemeine Encyklopädie der Wissenschaften und Künste* […]. Zweite Section, hg. von August Leskien: H–N. Tl. 23: *Leibeigenschaft–Ligatur.* Leipzig 1889 S. 87–91.

Falck, Paul Theodor: *Friederike Brion von Sesenheim (1752–1813). Eine chronologisch bearbeitete Biographie nach neuem Material aus dem Lenz-Nachlasse. Mit einem Portrait, 4 Zeichnungen und 3 Facsimiles.* Berlin 1884. [= Falck 1884a] Rez.: [Anonym:] „Friederike Brion". In: Neue Evangelische Kirchenzeitung (Leipzig) 26 (1884), Nr. 50, 13.12.1884 Sp. 789. – H. K. [i.e. Heinrich Keck], in: Deutsches Litteraturblatt (Gotha), 7 (1884/1885), Nr. 36, 6.12.1884 S. 144. – [Jakob] Minor, in: Archiv für Litteraturgeschichte 13 (1885), S. 544–552. – Otto Roquette: Neues über Friederike Brion. In: Die Gegenwart (Berlin), Nr. 44, 1.12.1884 S. 278–280. – August Sauer, in: Deutsche Litteraturzeitung (Berlin), 6 (1885), Nr. 15, 11.4.1885 Sp. 531–534.

Falck, Paul Theodor: „Erklärung". In: *Rigasche Zeitung*, Nr. 166, 20.7./1.8.1884 S. [1]. [= Falck 1884b] Wiederabdruck unter dem Titel: „‚Erklärung' zur Lenz-Ausgabe ‚Lyrisches aus dem Nachlaß' von Karl Ludwig (Wilhelm Arent)". In: *Das Magazin für die Litteratur des In- und Auslandes* (Leipzig), 53 (1884), Nr. 35, 30.8.1884 S. 543.

Falck, Paul Theodor: „Neue Publikationen über Reinhold Lenz". In: *Das Magazin für die Litteratur des In- und Auslandes* (Leipzig), 53 (1884), Nr. 22, 31.5.1884 S. 351. [= Falck 1884c]

Falck, Paul Theodor: „Hat sich Lenz um eine Professur in St. Petersburg beworben?" In: *Sitzungsberichte der Gesellschaft für Geschichte und Alterthumskunde der Ostseeprovinzen Russlands aus dem Jahre 1888.* Riga 1889 S. 43–46. Zusammenfassung von Falcks Vortrag, gehalten auf der „530. Versammlung am 11. Mai 1888".

Falck, Paul Theodor: „Das Haus Lenz und dessen Stammbaum nach einem neuen System. Ein Beitrag zur Geschichte der baltischen Literatenfamilie Lenz von 1742 bis 1892. Mit einer Tafel". In: *Vierteljahrsschrift für Wappen-, Siegel- und Familienkunde* 22 (1894), S. 30–42.

Falck, Paul Theodor: „Die Jerzembskysche Abschrift der ‚Sesenheimer Lieder' des Dichters Lenz und die Echtheit und Chronologie der ‚Sesenheimer Lieder' (von Goethe und Lenz) nach Bielschowsky. Auf Grund des Jerzembskyschen Lenz-Nachlasses kritisch beleuchtet von Paul Theodor Falck". In: *Aus deutscher Brust. Fliegende Blätter für Geist und Gemüt. Zugleich Archiv für litterarhistorische Quellenkunde* (Frankfurt/Main) 1 (1894/1895), Nr. 1, August 1894, Sp. 8–12, Nr. 2, September 1894, Sp. 25–28 u. Nr. 3, Oktober 1894, Sp. 38–40.

Falck, Paul Theodor: „Eine Selbstbiographie von J. M. R. Lenz". In: *Düna-Zeitung* (Riga), Nr. 196, 30. 8./12. 9. 1903 S. [1–2].

Falck, Paul Theodor: „Fausts Erlösung im Jenseits. Ein Dramolet von J. M. R. Lenz". In: *Düna-Zeitung* (Riga), Nr. 269, 28. 11./11. 12. 1903 S. [1–2].

Falck, Paul Theodor: *Der Stammbaum der Familie Lenz in Livland, nach einem neuen System. Dazu als Pendant ein Goethe Stammbaum nach demselben System*. Nürnberg 1907. Rez.: C. G., in: Baltische Monatsschrift 64 (1907), S. 260–291. – Wolfgang Stammler: „Literatur über Sturm und Drang". In: Euphorion 18 (1911), S. 772–787.

Falck, Paul Theodor: „Das Drama im Baltenlande. Eine literarische Anregung". In: *Baltische Monatsschrift* 74 (1912), S. 199–222. [Zu Lenz bes. S. 200–201.]

Falck, Paul Theodor: „Etwas Neues von J. M. R. Lenz aus seiner Jugendzeit". In: *Baltische Monatsschrift* 76 (1913), S. 154–168.

Falk, Johannes: *Goethe aus näherm persönlichen Umgange dargestellt. Ein nachgelassenes Werk von Johannes Falk*. Leipzig 1832. ND (mit Nachwort, Bibliographie u. Namenverzeichnis von Ernst Schering) Hildesheim 1977. [Zu Lenz S. 125–129.]

Faul, Eckard u. Christoph Weiß: „Ferdinand von Ecksteins Aufsatz ‚Œuvres dramatiques de Lenz' in der Zeitschrift ‚Le Catholique' (1828). Ein unbekanntes Zeugnis zur Lenz-Rezeption im 19. Jahrhundert". In: *Lenz-Jahrbuch* 7 (1997), S. 51–88.

Faure, François u. François Pitangue: *Exposition L. F. E. Ramond (1755–1827), Musée Pyrénéen, Lourdes, 1953*. Pau 1953. [Zu Lenz S. 46.]

Fechner, A. W.: *Chronik der Evangelischen Gemeinden in Moskau. Zum dreihundertjährigen Jubiläum der Evangelisch-Lutherischen St. Michaels-Gemeinde*. Bd. 2. Mit Beilagen von H. H. Berg [...]. Moskau 1876. [Zu Lenz S. 24.]

Feilchenfeldt, Rahel E. u. Markus Brandis: *Paul Cassirer Verlag. Berlin 1898–1933. Eine kommentierte Bibliographie*. München 2002. [Zu Lenz bes. S. 306–309.]

Feise, Ernst: „Zwei Goethestudien (Pater Brey – Sesenheimer Lieder)". In: *Publications of the Modern Language Association of America* (New York) 57 (1942), S. 169–181.

Fernández Bueno, Marta: „Literatura de viajes e interculturalidad: ‚Der neue Menoza' de J. M. R. Lenz y su adopción por la literatura de la R. D. A.". In: José M. Oliver Frade u. a. (Hgg.): *Escrituras y reescrituras del viaje. Miradas plurales a través del tiempo y de las culturas*. Berlin u. a. 2007 S. 155–165.

Fertig, Ludwig: *Die Hofmeister. Ein Beitrag zur Geschichte des Lehrstandes und der bürgerlichen Intelligenz. Mit 14 Quellenschriften u. 15 Abbildungen*. Stuttgart 1979. [Zu Lenz S. 190–203: Auszüge aus „Der Hofmeister".]

Fertig, Ludwig: „Pfarrer in spe. Der evangelische Theologe als Hauslehrer". In: Martin Greiffenhagen (Hg.): *Das evangelische Pfarrhaus. Eine Kultur- und Sozialgeschichte*. Stuttgart 1984 S. 195–208. [Zu Lenz S. 199–202.]

Fertig, Ludwig: „‚... wollte Gott ich hätte Deine Art zu sehen und zu fühlen und Du zuzeiten etwas von der meinigen ...' Lenz' Fixierung auf ‚Bruder Goethe'". In: Ludwig Fertig: *Goethe und seine Zeitgenossen. Zwischen Annäherung und Rivalität*. Frankfurt/Main 1999 S. 15–36.

Fiechter, Elisabeth: *Die Gebärde im Sturm-und-Drang-Theater*. Diss. phil., Univ. Wien, 1956. Masch. [Zu Lenz bes. S. 86–95.]

Fingerhut, Karlheinz: „War Lenz wahnsinnig? Tatsachenorientiertes Schreiben im Dienste historischer Selbstverständigung. Zu Sigrid Damms ‚Vögel, die verkünden Land'". In: *Diskussion Deutsch* 20 (1989), H. 107, S. 302–313.

Fingerhut, Karlheinz: „So könnte es gewesen sein – Angebote an die Vorstellungskraft. Gespräch mit Sigrid Damm über ihre dokumentarischen Roman-Biographien". In: *Diskussion Deutsch* 20 (1989), H. 107, S. 313–317.

Fioravanti, Daniela: „Herz e l'identità di ‚Waldbruder' nel ‚Waldbruder' di Lenz". In: Gabriella D'Onghia (Hg.): *Maschere e dintorni. Tra racconto e raffigurazione*. Rom 2013, S. 95–112.

Fiori, Beth: „The Teacher in Jean Paul's ‚Schulmeisterlein Wutz' and J. M. R. Lenz's ‚Der Hofmeister'". In: *West Virginia University Philological Papers* (Morgantown/WV) 36 (1990), S. 16–21.

Firges, Jean: „Der Gang durch's Gebirg. Zu Büchner – Lenz – Celan". In: *Verschollener Bruder Heinrich Heine. FDA-Kongress 2006* [Kongress des Freien Deutschen Autorenverbands in Bensheim 2006]. München 2007 S. 51–85.

Fischer, Angelika u. Bernd Erhard Fischer: *Schloß Kochberg. Goethe bei Frau von Stein. Fotografien*. Berlin 1999. [Zu Lenz S. 37–38.]

Fischer, Heinz: *Georg Büchner. Untersuchungen und Marginalien*. Bonn 1972. [Zu Büchners „Lenz" S. 18–40 u. 41–61.] 2. Aufl. Bonn 1975.

Fischer-Lamberg, Hanna: „Die Prometheushandschriften". In: *Goethe. N. F. des Jahrbuchs der Goethe-Gesellschaft* 14/15 (1952/1953), S. 136–142. Wiederabdruck in: Ernst Grumach (Hg.): *Beiträge zur Goetheforschung*. Berlin 1959 S. 121–127.

Fischer-Lichte, Erika: *Geschichte des Dramas. Epochen der Identität auf dem Theater von der Antike bis zur Gegenwart*. Bd. 1: *Von der Antike bis zur deutschen Klassik*. Tübingen 1990. [Zu Lenz bes. S. 306–315.]

Fitzel, Tomas: „Ein vorüberziehender Meteor. Zum 200. Todestag von Jakob Michael Reinhold Lenz". In: *Neue Zeit* (Berlin), Nr. 120, 23. 5. 1992 S. 14.

Fitzel, Tomas: „Die innere Apparatur des menschlichen Selbst. ‚Von wenigen betrauert, von keinem vermißt'". Jacob Michael Reinhold Lenz zum 250. Geburtstag. In: *Frankfurter Rundschau*, Nr. 17, 20. 1. 2001 S. 21. Zugleich unter dem Titel: „Goethes Affe. Jacob Michael Reinhold Lenz wurde zum Prototypen des wahnsinnigen Dichters, der an der Welt zerbricht. Zu seinem 250. Geburtstag ist jetzt eine zwölfbändige Werkausgabe erschienen". In: *Badische Zeitung* (Freiburg), Nr. 16, 20. 1. 2001 Beilage Magazin, S. V.

Fitzell, John: *The Hermit in German Literature (from Lessing to Eichendorff)*. Chapel Hill/NC 1961.

Förster-Stahl, Heidemarie: „Abschied von Kochberg". In: Detlef Ignasiak (Hg.): *Dichter-Häuser in Thüringen*. Jena 1996 S. 144–156.

Förster-Stahl, Heidemarie: „Jakob Michael Reinhold Lenz auf Schloß Kochberg". In: *Rudolstädter Heimathefte* 43 (1997), Sonderheft: Von Goethe bis Greifen-Verlag, S. 38–40.

Fösel, Karl Richard: *Der Deus ex machina in der Komödie*. Erlangen 1975. [Zu Lenz S. 120–121.]

Francke, Otto: „Über Goethes Versuch, zu Anfang unseres Jahrhunderts die römischen Komiker Plautus und Terenz auf der weimarischen Bühne heimisch zu machen". In: *Zeitschrift für Vergleichende Litteraturgeschichte* 1.2 (1887), S. 91–116. [Zu Lenz S. 94–96.]

François, Jean-Claude: „Genèse et réception de deux pièces de Lenz, ‚Der Hofmeister' et ‚Die Soldaten'". In: E. Faucher u. J. Lajarrige (Hgg.): *Littérature, Civilisation, Linguistique aux concours d'allemand 1997*. Nancy 1997 S. 159–169.

François, Jean-Claude: „L'adaptation du ‚Hofmeister' de Lenz par Bertolt Brecht". In: Pierre Labaye (Hg.): *L'Allemagne des Lumières à la Modernité. Mélanges offerts à Jean-Louis Bandet*. Rennes 1997 S. 307–317.

Frank, Richard A.: *Lenz contra Wieland. An Episode in Eighteenth Century Polemics*. Ann Arbor/MI 1973. Zugl. Diss. phil., Rice University, Houston/TX, 1972.

Franzos, Karl Emil: „Ein Lenz-Curiosum". In: *Deutsche Dichtung* 13 (1893), S. 176–177 u. 203–204.

Freiberg, Theodor: „Reinhold Lenz. Eine Studie aus der Sturm- und Drangperiode". In: *Deutsches Dichterheim* 14.11 (1894), S. 182–183 u. 14.12 (1894), S. 198–199.

Frels, Wilhelm: [Art.] „Lenz, Jakob Michael Reinhold". In: Wilhelm Frels: *Deutsche Dichterhandschriften von 1400 bis 1900. Gesamtkatalog der eigenhändigen Handschriften deutscher Dichter in den Bibliotheken und Archiven Deutschlands, Österreichs, der Schweiz und der CSR*. Leipzig 1934 S. 181–182. ND Stuttgart 1970.

Freund, Hans: *Das Fremdwort bei J. M. R. Lenz.* Bottrop 1933. Zugl. Diss. phil., Univ. Greifswald, 1933.

Freund, Winfried: „Das Schweigen Gottes, der Menschen und der Natur. Die Rückkehr des verlorenen Jakob Michael Reinhold Lenz nach Riga. Eine Hommage an den Erzähler Gert Hofmann". In: *Die Horen. Zeitschrift für Literatur, Kunst und Kritik* 46.3 (2001) [= Gesamtfolge 203], S. 93–100.

Freye, Karl: „Neues aus dem Leben von J. M. R. Lenz". In: *Deutsche Literaturzeitung* 35.11 (1914), S. 682–683. Zusammenfassung eines von Freye am 18.2.1914 vor der Berliner ‚Gesellschaft für deutsche Literatur' gehaltenen Vortrags.

Freye, Karl: „Jakob Michael Reinhold Lenzens Knabenjahre". In: *Zeitschrift für Geschichte der Erziehung und des Unterrichts* 7 (1917), S. 174–193.

Freymann, Karl von: „Laster und Leidenschaft in J. M. R. Lenz' Dichtung". In: *Baltische Monatsschrift* 59 (1905), S. 20–40.

Frīde, Zigrīda: „Kristiāns Dāvids Lencs latviešu literatūrā". In: Gundega Grīnuma (Hg.): *Gēte un Baltija/Goethe und die baltischen Länder.* Riga 2002 S. 171–182. Beitrag auf Lettisch mit dt. Zusammenfassung S. 307–308: Christian David Lenz in der lettischen Literatur.

Friedrich, Gerhard: „Der kastrierte Vater. Der Konkupiscenz-Begriff in J. M. R. Lenz' ‚Philosophischen Vorlesungen für empfindsame Seelen' und die Vaterschaftsproblematik im ‚Hofmeister'". In: *Cultura tedesca* (Rom) 24 (2003, ersch. 2004), S. 119–149.

Friedrich, Gerhard: „I dolori di Lenz e Werther. Sullo smontaggio di un modello estetico". In: Gerhard Friedrich: *„Soffrire sia mia ogni ricompensa". Quattro saggi su Georg Büchner.* Alessandria 2001 S. 47–87. Wiederabdruck in dt. Sprache: „Lenzens und Werthers Leiden. Zur Demontage eines ästhetischen Modells". In: *Georg Büchner Jahrbuch* 10 (2000–2004, ersch. 2005), S. 133–171.

Friedrich, Theodor: *Die „Anmerkungen übers Theater" des Dichters Jakob Michael Reinhold Lenz. Nebst einem Anhang. Neudruck der „Anmerkungen übers Theater" in verschiedenen Typen zur Veranschaulichung ihrer Entstehung.* Leipzig 1908 (= Probefahrten 13). Rez.: Robert Petsch: Aus Sturm und Drang. In: Das litterarische Echo 12.1 (1909/1910), Sp. 26–33. – Hermann Schneider, in: Anzeiger für deutsches Altertum und deutsche Litteratur 33.4 (1909), S. 295–300. – Wolfgang Stammler: Literatur über Sturm und Drang. In: Euphorion 18 (1911), S. 772–787.

Friedrich, Wolfgang: *Die Darstellung der Bauern in der Literatur der Sturm und Drang-Zeit.* Diss. phil., Univ. Halle-Wittenberg, 1957. Masch. [Zu Lenz bes. S. 261–268 u. 302–309.]

Fries, Albert: „Miscellen zu Schiller. (Fortsetzung.)" In: *Die Hochschule. Wöchentliche Berichte aus dem Gebiete des Hochschulwesens* (Berlin), Jg. 1904/1905, Juli, 2. Woche, Nr. 23, S. 219. [Darin Abschnitt III der Artikelfolge: Zum Einfluss der Stürmer und Dränger. Lenz.]

Froitzheim, Joh.[annes]: *Zu Strassburgs Sturm- und Drangperiode 1770–1776. Urkundliche Forschungen nebst einem ungedruckten Briefwechsel der Strassburgerin Luise König mit Karoline Herder aus dem Herder- und Röderer-Nachlass.* Straßburg 1888. [Zu Lenz S. 24–59.] [= Froitzheim 1888a] Rez.: W. A. [Wilhelm Arent], in: Die Gesellschaft. Monatsschrift für Litteratur, Kunst und Sozialpolitik 8 (1892), Januar-Heft, S. 102–103. – H.[einrich] Düntzer: Goethe und Lenz in Straßburg. In: Die Gegenwart. Wochenschrift für Literatur, Kunst und öffentliches Leben (Berlin), Bd. 34 (1888), Nr. 34, 25.8.1888 S. 120–122.

Froitzheim, Joh.[annes]: *Lenz, Goethe und Cleophe Fibich von Strassburg. Ein urkundlicher Kommentar zu Goethes Dichtung und Wahrheit. Mit einem Bilde Araminta's und ihrem Facsimile aus dem Lenz-Stammbuch.* Straßburg 1888. [= Froitzheim 1888b] Rez.: [Anonym,] in: Straßburger Post, Nr. 347, 16.12.1887 Erstes Blatt, Morgen-Ausgabe, S. [1]. – [Anonym:] „Goethe und Lenz in Straßburg". In: Kölnische Zeitung, Nr. 326, 24.11.1887 Erstes Blatt, Morgen-Ausgabe, S. [1]. – [Anonym,] in: Literarisches Centralblatt für Deutschland (Leipzig), Jg. 1888, Nr. 8, 18.2.1888 Sp. 257. – Robert Boxberger, in: Baltische Monatsschrift 35 (1888), S. 164–166. – A.[rthur] Chuquet, in: Revue critique d'histoire et de littérature (Paris) N. S. 26 (1888), S. 318–329. – Heinrich Düntzer, in: Die Gegenwart. Wochenschrift für Literatur, Kunst und öffentliches Leben (Berlin), Bd. 33 (1888), Nr. 5, 4. 2. 1888 S. 78. – August Sauer, in: Deutsche Litteraturzeitung (Berlin), Jg. 9 (1888), Nr. 23, 9. 6. 1888 Sp. 839 f. – B.[ernhard] Seuffert, in: Anzeiger für deutsches Altertum und deutsche Litteratur 16.2–3 (1890), S. 326–329.

Froitzheim, [Johannes]: „Goethe und Lenz in Straßburg". In: *Straßburger Post*, Nr. 313, 10. 11. 1888 Mittag-Ausgabe, S. [1]. [= Froitzheim 1888c]

Froitzheim, Joh.[annes]: *Goethe und Heinrich Leopold Wagner. Ein Wort der Kritik an unsere Goethe-Forscher*. Straßburg 1889.

Froitzheim, [Johannes]: „Jakob Michael Reinhold Lenz (gest. 23./24. Mai 1792)". In: *Straßburger Post*, Nr. 143, 23. 5. 1892 Zweites Blatt, S. [1].

Froitzheim, J.[ohannes]: *Friederike von Sesenheim. Nach geschichtlichen Quellen*. Gotha 1893. [Zu Lenz bes. S. 72–81: Salzmanns Verhalten gegen Goethe und Lenz.]

Froitzheim, Joh.[annes]: „Noch einmal Friederike Brion und das Straßburger Goethe-Denkmal". In: *Die Gegenwart* (Berlin), Nr. 40, 4. 10. 1902 S. 215–218. [Zu Lenz S. 216.]

Fuld, Werner: „Hinausgeworfen aus dem Paradies. Warum Goethe den Dichter Lenz aus Weimar vertrieb". In: *Weimar-Kultur-Journal* 8.12 (1999), S. 11–13.

Furst, Lilian R.: „The Dual Face of the Grotesque in Sterne's ‚Tristram Shandy' and Lenz's ‚Der Waldbruder'". In: *Comparative Literature Studies* (Urbana/IL) 13.1 (1976), S. 15–21.

Gallèpe, Thierry: „La mise en place de l'interaction par les didascalies dans ‚Die Soldaten' et ‚Der Hofmeister' de J. M. R. Lenz". In: E. Faucher u. J. Lajarrige (Hgg.): *Littérature, Civilisation, Linguistique aux concours d'allemand 1997*. Nancy 1997 S. 112–126.

Gamper, Michael: „‚Die Verfassung sei republikanisch'. Verhandlungen über Ordnung und Unordnung in den Kunstdebatten des 18. Jahrhunderts". In: *Zeitschrift für deutsche Philologie* 118.2 (1999), S. 189–215.

Garbe, Ursula: *Beiträge zur Ethik der Sturm- und Drang-Dichtung*. Weida/Thüringen 1916. Zugl. Diss. phil., Univ. Leipzig, 1916.

Garland, H.[enry] B.: *Storm and Stress (Sturm und Drang)*. London u. a. 1952. [Zu Lenz bes. S. 57–71.]

Gaskill, Howard: „‚Blast, rief Cuchullin …!' J. M. R. Lenz and Ossian". In: Fiona Stafford u. Howard Gaskill (Hgg.): *From Gaelic to Romantic. Ossianic Translations*. Amsterdam, Atlanta 1998 S. 107–118.

Gaskill, Howard: „J. M. R. Lenz und Ossian". In: *Lenz-Jahrbuch* 8–9 (1998/1999, ersch. 2003), S. 51–81.

Gasseleder, Klaus: *Den zwanzigsten Jänner ging Lenz durchs Gebirg. Wanderungen auf den Spuren der Dichter und ihrer Figuren*. Geldersheim 2001. [Zu Lenz: S. 15–33: Den zwanzigsten Jänner ging Lenz durchs Gebirg. Eine Vogesenwanderung auf den Spuren von Jakob Michael Reinhold Lenz.]

Geiger, Ludwig: „Mittheilungen von Zeitgenossen über Goethe. Aus Bertuchs Nachlass". In: *Goethe-Jahrbuch* 2 (1881), S. 374–414.

Geiger, Ludwig: „Goethes Schwester". In: *Westermann's illustrirte deutsche Monats-Hefte* 68 (1890), Nr. 409, S. 41–53. [Zu Lenz S. 51 u. 53.] Wiederabdruck in: Ludwig Geiger: *Dichter und Frauen. Vorträge und Abhandlungen*. Berlin 1896 S. 69–93. [Zu Lenz S. 88–89 u. 92–93.]

[Geiger, Ludwig:] „Der Dichter Lenz". In: *Frankfurter Zeitung*, Nr. 315, 13. 11. 1901 Zweites Morgenblatt, S. [1]. Der Artikel ist mit dem Kürzel „L. G." gezeichnet.

Geiger, Ludwig, Erich Schmidt u. Bernhard Suphan: „Auszug einer Stelle aus einem Briefe des Herrn Klinger aus Giessen, eines gebohrnen Frankfurters an Lenzen". In: *Goethe-Jahrbuch* 9 (1888), S. 10–11 u. 83 [„Anmerkungen der Herausgeber"]. Der „Auszug" erschien in der Rubrik „Mittheilungen aus dem Goethe-Archiv. B.: Gedichte, Briefe und Aktenstücke, mitgetheilt von Ludwig Geiger, Erich Schmidt, mit vielen Bemerkungen von Bernhard Suphan" (S. 7–105); welcher Hg. für die Mitteilung des Textes u. die Anmerkungen zuständig war, ist unklar.

Geisenhanslüke, Achim: „Verstümmelte Klassik. Zum Vater-Sohn-Konflikt bei Goethe, Moritz und Lenz". In: *Der Deutschunterricht* (Seelze), 52.5 (2000), S. 13–20.

Geisenhanslüke, Achim: „Monströse Väter und missratene Töchter. Familiendramen und andere Katastrophen in Lessings ‚Emilia Galotti' und Lenz' ‚Der Hofmeister'". In: Inge Kroppenberg u. Martin Löhnig (Hgg.): *Fragmentierte Familien. Brechungen einer sozialen Form in der Moderne.* Bielefeld 2010, S. 185–206.

Gemeinhardt, Laurence E.: „Lenz's ‚Menalk und Mopsus'. A ‚Totengespräch'". In: *The Germanic Review* (Philadelphia u. a.) 17 (1942), S. 112–116.

Genée, Rudolph: *Geschichte der Shakespeare'schen Dramen in Deutschland.* Leipzig 1870. ND Hildesheim 1969. [Zu Lenz S. 123, 128, 138 u. 232.]

Genton, Elisabeth: *Lenz – Klinger – Wagner. Studien über die rationalistischen Elemente in Denken und Dichten des Sturmes und Dranges.* Diss. phil., Freie Univ. Berlin, 1955. Masch.

Genton, Élisabeth: „‚Expositio ad hominem'. Un inédit de Jacob Michael Reinhold Lenz". In: *Études Germaniques* (Paris) 17.3 (1962), S. 259–269.

Genton, Elisabeth: „Ein Brief Ludwig Tiecks über die nachgelassenen Schriften von Lenz". In: *Jahrbuch der Sammlung Kippenberg* N. F. 1 (1963), S. 169–184.

Genton, Elisabeth: „Ein unveröffentlichter Brief von Jakob Michael Reinhold Lenz an Christian Heinrich Boie". In: *Jahrbuch der Deutschen Schillergesellschaft* 8 (1964), S. 6–18.

Genton, Élisabeth: *Jacob Michael Reinhold Lenz et la Scène Allemande.* Paris 1966. Rez.: Pierre Angel: Lenz et la Scène Allemande. In: Études Germaniques (Paris) 23.3 (1968), S. 403–405. – Roy Pascal, in: German Life and Letters (Oxford) N. S. 23.2 (1969–1970), S. 182–183. – Roberto Rizzo: Un contributo franchese alla „Lenz-Forschung" contemporanea. In: Convivium (Bologna) 36.5 (1968), S. 597–609.

Genton, Élisabeth. „Quelques Lenziana ...". In: *Études Germaniques* (Paris) 25.4 (1970), S. 392–399.

Genton, Élisabeth: „Prometheus, Deukalion und seine Rezensenten. Eine umstrittene Literatursatire der Geniezeit". In: *Revue d'Allemagne* 3.1 (1971): Goethe et l'Alsace, S. 236–254.

Genton, Élisabeth: *La Vie et les Opinions de Heinrich Leopold Wagner (1747–1779).* Frankfurt/Main, Bern, Cirencester 1981. [Zu Lenz vgl. Reg.]

Ge[nton, François]: [Art.] „Lenz, Jakob Michael Reinhold". In: Helmut Reinalter, Axel Kuhn u. Alain Ruiz (Hgg.): *Biographisches Lexikon zur Geschichte der demokratischen und liberalen Bewegungen in Mitteleuropa.* Bd. 1: 1770–1800. Frankfurt/Main u. a. 1992 S. 72–73.

Genton, François: „Écrire pour qui? Réflexions sur les didascalies à propos de la comédie ‚Le Précepteur' de Lenz et de l'évolution du théâtre littéraire allemand". In: *Essais sur le dialogue.* [Bd. 5:] *Les didascalies dans le théâtre européen XVIe–XXe siècle.* Grenoble 1995 S. 39–60.

Genton, François: „Lenz et la ‚misère allemande'". In: *Études Germaniques* (Paris) 52.1 (1997): J. M. R. Lenz, S. 143–158.

Genton, François: *Des beautés plus hardies ... Le théâtre allemand dans la France de l'Ancien Régime (1750–1789).* Paris 1999. [Zu Lenz vgl. Reg.]

Gersch, Hubert: „Georg Büchners *Lenz*-Entwurf. Textkritik, Edition und Erkenntnisperspektiven. Ein Zwischenbericht". In: *Georg Büchner Jahrbuch* 3 (1983, ersch. 1984), S. 14–25.

Gersch, Hubert: „Nachwort". In: *Georg Büchner: Lenz. Studienausgabe.* Stuttgart 1984 S. 58–77.

Gersch, Hubert u. Stefan Schmalhaus: „Die Bedeutung des Details: J. M. R. Lenz, Abbadona und der ‚Abschied'. Literarisches Zitat und biographische Selbstinterpretation". In: *Germanisch-Romanische Monatsschrift* 41 (1991), S. 365–412.

Gersch, Hubert in Zusammenarb. mit Stefan Schmalhaus: „Quellenmaterialien und ‚reproduktive Phantasie'. Untersuchungen zur Schreibmethode Georg Büchners. Seine Verwertung von Paul Merlins Trivialisierung des Lenz-Stoffs und von anderen Vorlagen". In: *Georg Büchner Jahrbuch* 8 (1990–1994, ersch. 1995), S. 69–103.

Gersch, Hubert in Zusammenarb. mit Mitgliedern Münsterscher Forschungsseminare: *Der Text, der (produktive) Unverstand des Abschreibers und die Literaturgeschichte. Johann Friedrich Oberlins Bericht „Herr L......" und die Textüberlieferung bis zu Georg Büchners „Lenz"-Entwurf.* Tübingen 1998 (= Büchner-Studien 7). Rez.: Karlheinz Hasselbach, in:

Seminar (Toronto) 38 (2002), S. 181–183. – Gerhard Sauder, in: Arbitrium 19.2 (2001), S. 212–215. – Thorsten Unger, in: Germanistik (Tübingen) 41.1 (2000), S. 193–194.

Gerstmann, Günter: „Geboren in einem deutsch-baltischen Pfarrhaus. Gespräch über die Lenz-Ausstellung in Jena mit Dr. Ulrich Kaufmann". In: *Kulturpolitische Korrespondenz* 962 (1996), S. 6–8.

Gerth, Klaus: „Die Poetik des Sturm und Drang". In: Walter Hinck (Hg.): *Sturm und Drang. Ein literaturwissenschaftliches Studienbuch.* Kronberg/Ts. 1978 S. 55–80. Dass. ebd.: Durchges. Neuauflage Frankfurt/Main 1989.

Gerth, Klaus: „‚Vergnügen ohne Geschmack'. J. M. R. Lenz' ‚Menoza' als parodistisches ‚Püppelspiel'". In: *Jahrbuch des Freien Deutschen Hochstifts* (1988), S. 35–56.

Gerth, Klaus: „‚Moralische Anstalt' und ‚Sittliche Natur'. Zur Typologie des Dramas im Sturm und Drang". In: Wolfgang Wittkowski (Hg.): *Revolution und Autonomie. Deutsche Autonomieästhetik im Zeitalter der Französischen Revolution. Ein Symposium.* Tübingen 1990 S. 30–46.

Gerth, Klaus: *„Über unsere Ehe". Goethe und Lenz.* Kiel 1993 (= Goethe-Gesellschaft Kiel, Jahresgabe 1993).

Gervinus, G.[eorg] G.[ottfried]: *Neuere Geschichte der poetischen National-Literatur der Deutschen.* Tl. 1: *Von Gottscheds Zeiten bis zu Göthes Jugend.* Leipzig 1840 (= G. G. Gervinus: Historische Schriften, Bd. 5: Geschichte der deutschen Dichtung, Tl. 4). [Zu Lenz bes. S. 581–583; weitere Lenz-Bezüge S. 374, 514, 516, 568 u. 541.]

Geschichte der deutschen Literatur von den Anfängen bis zur Gegenwart. Bd. 6: *Vom Ausgang des 17. Jahrhunderts bis 1789.* Von einem Autorenkollektiv. Leitung: Erster Teil (1700–1770): Werner Rieck in Zusammenarb. mit Paul Günter Krohn; Zweiter Teil (1770–1789): Hans-Heinrich Reuter in Zusammenarb. mit Regine Otto. Berlin 1979. [Zu Lenz bes. S. 612–622.]

Gesse, Sven: „*Genera mixta*". *Studien zur Poetik der Gattungsmischung zwischen Aufklärung und Klassik-Romantik.* Würzburg 1997. [Zu Lenz S. 121–134: Ästhetik des Disparaten bei Lenz.]

Gestrich, Andreas: „Erziehung im Pfarrhaus. Die sozialgeschichtlichen Grundlagen". In: Martin Greiffenhagen (Hg.): *Das evangelische Pfarrhaus. Eine Kultur- und Sozialgeschichte.* Stuttgart 1984 S. 63–82. [Zu Lenz S. 68–69 u. 72.]

Ghoneim, Hala: „Figurenkonzeption und Sprachgestaltung in Jakob Michael Reinhold Lenz' ‚Die Soldaten'". In: *Kairoer germanistische Studien* 15 (2005), S. 79–114.

Gibbons, James M.: „J. M. R. Lenz's ‚Der Landprediger'. An Adaption of ‚The Vicar of Wakefield'-tradition?" In: *Colloquia Germanica* (Tübingen u. a.) 34.3–4 (2001), S. 213–236. [= Gibbons 2001a]

Gibbons, James M.: „Laying the Moral Foundations. Writer, Religion and Late Eighteenth-Century Society – The Case of J. M. R. Lenz". In: *German Life and Letters* (Oxford) N. S. 54.2 (2001), S. 137–154. [= Gibbons 2001b]

Gibbons, James: „Politics and the Playwright. J. M. R. Lenz and ‚Die Soldaten'". In: *The Modern Language Review* (Leeds) 96.3 (2001), S. 732–746. [= Gibbons 2001c]

Gibbons, James M.: „Der ‚Einsiedler' in Berka. Der Sommer 1776 und die ‚Lettres à Maurepas'". In: Stephan/Winter 2003a, S. 257–284.

Giese, Peter Christian: *Das „Gesellschaftlich-Komische". Zu Komik und Komödie am Beispiel der Stücke und Bearbeitungen Brechts.* Stuttgart 1974. [Zu Lenz bes. S. 160–210.]

Giesemann, Gerhard: *Kotzebue in Rußland. Materialien zu einer Wirkungsgeschichte.* Frankfurt/Main 1971. [Zu Lenz S. 33–35.]

Gille, Klaus F.: „‚Ein gekreuzigter Prometheus'. Zu Lenz und Werther". In: *Weimarer Beiträge* 40 (1994), S. 562–575. Wiederabdruck in: Klaus F. Gille: *Zwischen Kulturrevolution und Nationalliteratur. Gesammelte Aufsätze zu Goethe und seiner Zeit.* Hg. von Hannelore Scholz und mit einem Geleitwort von Karl Robert Mandelkow. Berlin 1998 S. 29–47.

Gille, Klaus F.: „Lectio und applicatio. Zu Lenzens Wertherrezeption". In: Steffen Groscurth u. Thomas Ulrich (Hgg.): *Lesen und Verwandlung. Lektüreprozesse und Transformationsdynamiken in der erzählenden Literatur.* Berlin 2011 S. 187–201.

Gilli, Marita: *Le Sturm und Drang. Une rupture?* Paris 1996.

Gim, Chang-Hwa: *Dramaturgie des Realismus. Eine Untersuchung zur dramaturgischen Grundlage des empirischen Realismus bei J. M. R. Lenz unter dem Einfluß Shakespeares.* Frankfurt/Main u. a. 1991.

Girard, René: *Lenz 1751–1792. Genèse d'une dramaturgie du tragi-comique.* Paris 1968. Rez.: Edward Harris, in: Lessing Yearbook/Lessing-Jahrbuch 3 (1971), S. 236–238. – J. Kunz: Die Dramaturgie von J. M. R. Lenz. In: Études Germaniques (Paris) 25.1 (1970), S. 53–61.

Girard, René: „Théâtre et vie quotidienne. ‚Les Soldats' de J. M. R. Lenz". In: *Revue d'Allemagne* 3.1 (1971), Sonderheft: Goethe et l'Alsace, S. 293–304.

Girard, René: „Die Umwertung des Tragischen in Lenzens Dramaturgie unter besonderer Berücksichtigung der ‚Soldaten'". In: Rainer Schönhaar (Hg.): *Dialog. Literatur und Literaturwissenschaft im Zeichen deutsch-französischer Begegnung. Festgabe für Josef Kunz.* Berlin 1973 S. 127–138.

Girard, René: „Lenz ou l'inquiétante étrangeté". In: *Études Germaniques* (Paris) 43.1 (1988), S. 15–24.

Giraud, Alain: „La bonne santé de Jacob Michael Reinhold Lenz, auteur du ‚Precepteur': Notes pour une mise en scène". In: *Nouvelle Critique, Politique, Marxisme, Culture* 79–80 (1975), S. 93–99.

Girdlestone, Cuthbert: *Poésie, politique, Pyrénées. Louis-François Ramond (1755–1827). Sa vie, son œuvre littéraire et politique.* Paris 1968.

Giuriato, Davide: „Johann Friedrich Oberlin und Herr L......". In: Martin Stingelin (Hg.): *„Mir ekelt vor diesem tintenklecksenden Säkulum". Schreibszenen im Zeitalter der Manuskripte.* In Zusammenarb. mit Davide Giuriato u. Sandro Zanetti. München 2004 S. 86–101.

Glarner, Hannes: *„Diese willkürlichen Ausschweifungen der Phantasey". Das Schauspiel „Der Engländer" von Jakob Michael Reinhold Lenz.* Bern u. a. 1992. [= Glarner 1992a] Rez.: Martin Rector, in: Lenz-Jahrbuch 3 (1993), S. 209–210. – Christoph Weiß, in: Germanistik (Tübingen) 34.2–3 (1993), S. 768–769.

Glarner, Hannes: „‚Weg mit den Vätern! – Lasst mich allein!' Zum 200. Todestag von Jakob Michael Reinhold Lenz (24. Mai)". In: *Neue Zürcher Zeitung,* Nr. 119, 23./24. 5. 1992 S. 27. [= Glarner 1992b]

Glarner, Johannes: „‚Der Engländer'. Ein Endpunkt im Dramenschaffen von J. M. R. Lenz". In: Stephan/Winter 1994a, S. 195–209.

Glaser, Horst Albert: „Heteroklisie – der Fall Lenz". In: Helmut Kreuzer (Hg.): *Gestaltungsgeschichte und Gesellschaftsgeschichte. Literatur-, kunst- und musikwissenschaftliche Studien. Fritz Martini zum 60. Geburtstag.* In Zusammenarb. mit Käte Hamburger. Stuttgart 1969 S. 132–151.

Glaser, Horst Albert: „Drama des Sturm und Drang". In: Horst Albert Glaser (Hg.): *Deutsche Literatur. Eine Sozialgeschichte.* Bd. 4: Ralph-Rainer Wuthenow (Hg.): *Zwischen Absolutismus und Aufklärung: Rationalismus, Empfindsamkeit, Sturm und Drang (1746–1786).* Reinbek bei Hamburg 1980 S. 299–322.

Glaser, Horst Albert: „Überlegungen eines Herausgebers. Zu methodologischen Problemen neuerer Literaturgeschichtsschreibung". In: *Comparatistica* 3 (1991), S. 127–137.

Glaser, Horst Albert: „Bordell oder Familie? Überlegungen zu Lenzens ‚Soldatenehen'". In: Wurst 1992a, S. 112–122.

Glock, Eduard: „J. M. R. Lenz". In: *Die Xenien* 3.5 (1910), S. 276–286 u. 3.6 (1910), S. 337–349.

Gluth, Oskar: *Lenz als Dramatiker.* München, Leipzig 1912. Zugl. Diss. phil., Univ. München, 1912.

Goebel, Julius: „The Authenticity of Goethe's Sesenheim Songs". In: *Modern Philology* 1 (1903–1904), S. 159–170.

Goltschnigg, Dietmar: „Büchners ‚Lenz', Hofmannsthals ‚Andreas' und Trakls ‚Traum und Umnachtung'. Eine literaturpsychologische Wirkungsanalyse". In: *Sprachkunst* (Wien) 5.4–5 (1974), S. 231–243.

Goltschnigg, Dietmar: *Rezeptions- und Wirkungsgeschichte Georg Büchners.* Kronberg/Ts. 1975.

Goltschnigg, Dietmar (Hg.): *Georg Büchner und die Moderne. Texte, Analysen, Kommentar.* 3 Bde. Berlin 2001–2004. Bd. 1 (2001): *1875–1945.* Bd. 2 (2002): *1945–1980.* Bd. 3 (2004): *1980–2002.*

Göres, Jörn (Hg.): *Sammlung Matheson. Autographen von Dichtern, Wissenschaftlern und Musikern aus Schweizer Privatbesitz. Eine Ausstellung des Goethe-Museums Düsseldorf / Anton-und-Katharina-Kippenberg-Stiftung.* Katalog: Irmgard Kräupl u. a. Düsseldorf 1976. [Zu Lenz Nr. 15a, Nr. 15b u. Nr. 17.]

Göres, Jörn (Hg.): *Hausschätze im Schatzhaus. Privatsammlungen in der Anton-und-Katharina-Kippenberg-Stiftung. Eine Ausstellung des Goethe-Museums Düsseldorf.* Katalog: Irmgard Kräupl u. a. Düsseldorf 1981. [Zu Lenz S. 204–207.]

Goergen, Peter: *Seitensprünge. Literaten als religiöse Querdenker. Mit einem Beitrag von Ludwig Harig.* Solothurn, Düsseldorf 1995. [Zu Lenz S. 66–76: Der Gott der Väter und die Treue zum geringsten Bruder. Bemerkungen zu Oberlin, Büchner und Lenz.]

Görg-Teschner, M.[atthias]: [Art.] „Anmerkungen übers Theater nebst angehängten übersetzten Stück Shakespeares". In: Rolf Günter Renner u. Engelbert Habekost (Hgg.): *Lexikon literaturtheoretischer Werke.* Stuttgart 1995 S. 30–31.

Görisch, Reinhard: *Matthias Claudius und der Sturm und Drang. Ein Abgrenzungsversuch. Vergleiche mit Goethe, Herder, Lenz, Schubart und anderen am Beispiel eschatologischer Vorstellungen im Kontext des Epochenbewußtseins.* Frankfurt/Main, Bern, Cirencester 1981. [Zu Lenz bes. S. 396–408.]

Görner, Rüdiger: „Lenz. Eine Verstörung. Vor 200 Jahren, vom 23sten auf den 24sten Mai 1792, starb der Dichter Jakob Michael Reinhold L.". In: *Die Presse* (Wien), Nr. 13267, 23./24. 5. 1992 Beilage Spectrum. Wiederabdruck in: Rüdiger Görner: *Grenzgänger. Dichter und Denker des Dazwischen.* Tübingen 1996 S. 43–53.

Goethe und sein Kreis in handschriftlichen Zeugnissen. Ein Geschenk an das Freie Deutsche Hochstift, Frankfurter Goethe-Museum. Bearbeitet von Jürgen Behrens u. Christoph Perels. Frankfurt/Main 1992. [Zu Lenz S. 41–42.]

Gothein, Eberhard: „Cornelia. Ein Gedenkblatt". In: *Frankfurter Zeitung und Handelsblatt,* Nr. 275, 4. 10. 1899 Erstes Morgenblatt, S. 1–3, Nr. 276, 5. 10. 1899 Erstes Morgenblatt, S. 1–3 u. Nr. 281, 10. 10. 1899 Erstes Morgenblatt, S. 1–3. [Zu Lenz Nr. 281, S. 1–3.]

Götte, Rose: *Die Tochter im Familiendrama des achtzehnten Jahrhunderts.* Diss. phil., Univ. Bonn, 1964. [Zu Lenz S. 120–151.]

Gottschall, Rudolf von: *Zur Kritik des modernen Dramas. Vergleichende Studien.* Berlin 1900. [Zu Lenz S. 13–50 im Kap. „Die Jüngstdeutschen des achtzehnten Jahrhunderts".]

Götz, Friedrich (Hg.): *Geliebte Schatten. Bildnisse und Autographen von Klopstock, Wieland, Herder, Lessing, Schiller, Göthe. [...] Nach authentischen Vorbildern, Originalien in Briefen, Gedichten u. s. w. seiner Sammlung zu Familiendenkwürdigkeiten entnommen und mit Erläuterungen.* Mannheim 1858. [Zu Lenz S. 26–29, [149] u. [151].]

Graf, Roman: *Voicing Limits. Rereading the Dramatic Theories of J. M. R. Lenz and L. S. Mercier.* Ann Arbor/MI 1992. Zugl. Diss. phil., University of North Carolina, Chapel Hill, 1992.

Graf, Roman: „‚Die Folgen des ehlosen Standes der Herren Soldaten'. Male Homosocial Desire in Lenz's ‚Die Soldaten'". In: Leidner/Madland 1993a, S. 35–44.

Graf, Roman: „The Homosexual, the Prostitute, and the Castrato. Closed Performances by J. M. R. Lenz". In: Alice A. Kuzniar (Hg.): *Outing Goethe and His Age.* Stanford/CA 1996 S. 77–93.

Grathoff, Dirk: „Literarhistorische Ungleichzeitigkeiten. ‚Der Hofmeister' von Lenz zu Brecht – ein Rückschritt im Fortschritt". In: Dirk Grathoff (Hg.): *Studien zur Ästhetik und Literaturgeschichte der Kunstperiode.* Frankfurt/Main, Bern, New York 1985 S. 163–207.

Grathoff, Dirk: „J. M. R. Lenz in den Fehden zwischen Klassikern und Romantikern". In: *Monatshefte für deutschen Unterricht, deutsche Sprache und Literatur* (Madison/WI), 87.1 (1995), S. 19–33.

Grätz, Katharina: „Aporien des Sturm und Drang. Die Selbstdemontage des Subjekts in J. M. R. Lenz' Erzählung ‚Das Tagebuch'". In: *Euphorion* 97.2 (2003), S. 163–191.

Graubner, Hans: „Kinder im Drama. Theologische Impulse bei Hamann, Lindner und Lenz". In: *Jahrbuch der Deutschen Schillergesellschaft* 46 (2002), S. 73–101.

Graubner, Hans: „Theologische Anthropologie bei Hamann und Lenz". In: Stephan/Winter 2003a, S. 185–193.

Greiner, Bernhard: „Bürgerliches Lachtheater als Komödie in der DDR. J. M. R. Lenz' ‚Der neue Menoza', bearbeitet von Christoph Hein". In: Anna Chiarloni, Gemma Sartori u. Fabrizio Cambi (Hgg.): *Die Literatur der DDR 1976–1986. Akten der Internationalen Konferenz Pisa, Mai 1987.* Pisa 1988 S. 329–345. Gekürzter Wiederabdruck in: Klaus Hammer (Hg.): *Chronist ohne Botschaft. Christoph Hein. Ein Arbeitsbuch. Materialien, Auskünfte, Bibliographie.* Berlin, Weimar 1992 S. 200–212.

Greiner, Bernhard: *Die Komödie. Eine theatralische Sendung. Grundlagen und Interpretationen.* Tübingen 1992. [Zu Lenz S. 185–207: Der Fluchtpunkt des Aufklärungstheaters als Leerstelle. J. M. R. Lenz' Komödien „Der Hofmeister" und „Der neue Menoza".] 2. aktual. u. erg. Auflage: Tübingen 2006.

Greiner, Bernhard: „Der Fluchtpunkt des Aufklärungs-Theaters als Leerstelle. J. M. R. Lenz' Komödie ‚Der Hofmeister'". In: Ortrud Gutjahr, Wilhelm Kühlmann u. Wolf Wucherpfennig (Hgg.): *Gesellige Vernunft. Zur Kultur der literarischen Aufklärung. Festschrift für Wolfram Mauser zum 65. Geburtstag.* Würzburg 1993 S. 43–55.

Greiner, Bernhard: „Bildbeschreibung und ‚Selbstsorge' – zwei Grenzfälle: Kleists Essay ‚Empfindungen vor Friedrichs Seelandschaft' und das Kunstgespräch in Büchners ‚Lenz'". In: Heinz J. Drügh u. Maria Moog-Grünewald (Hgg.): *Behext von Bildern. Bilder als Faszinosum für Texte.* Heidelberg 2001 S. 87–100.

Greiner, Norbert: „Shakespeare im Schatten der Klassik". In: *Shakespeare-Jahrbuch* 141 (2005), S. 81–97. [Zu Lenz S. 82–87.]

Griffiths, Elystan (Hg.): *La chercheuse d'esprit.* Birmingham 2005.

Griffiths, Elystan: „Action, communication and the problem of form. J. M. R. Lenz' social and political thought". In: *German Life and Letters* (Oxford) 59.1 (2006), S. 1–24.

Griffiths, Elystan u. David Hill: „Drafting the self. The poet as reformer and performer in J. M. R. Lenz' ‚Berkaer Projekt'". In: Nigel Harris u. Joanne Sayner (Hgg.): *The text and its context. Studies in modern German literature and society. Presented to Ronald Speirs on the occasion of his 65th. birthday.* Bern u. a. 2008 S. 79–94.

Grimberg, Michel: „Der junge J. M. R. Lenz und sein dramatisches Erstlingswerk ‚Der verwundete Bräutigam'". In: Anne Sommerlat-Michas (Hg.): *Das Baltikum als Konstrukt (18.–19. Jahrhundert). Von einer Kolonialwahrnehmung zu einem nationalen Diskurs.* Würzburg 2015 S. 151–162.

Grimm, Gunter u. a. (Hgg.): *Dichter-Porträts. Bilder und Daten.* Stuttgart 1992. Durchges. u. aktualisierte Ausgabe 1996. [Zu Lenz S. 98–99.]

Grimm, Reinhold: „The Descent of the Hero into Fame. Büchner's Woyzeck and his Relatives". In: Leidner/Madland 1993a, S. 45–59.

Groeper, Richard: „Lenz ‚Soldaten' und Lessings ‚Minna von Barnhelm'". In: *Zeitschrift für den deutschen Unterricht* 33 (1919), S. 16–18.

Großklaus, Götz: „Haus und Natur. Georg Büchners ‚Lenz'. Zum Verlust des sozialen Ortes". In: *Recherches Germaniques* (Strasbourg) 12 (1982), S. 68–77. Wiederabdruck in: Götz Großklaus: *Natur – Raum. Von der Utopie zur Simulation.* München 1993 S. 119–129.

Großklaus, Götz: „Kultursemiotischer Versuch zum Fremdverstehen". In: Alois Wierlacher (Hg.): *Das Fremde und das Eigene. Prolegomena zu einer interkulturellen Germanistik.* München 1985 S. 391–412. Wiederabdruck unter dem Titel: „‚Raum' in Büchners ‚Lenz'. Zur poetischen Analyse eines Codezusammenbruchs – und zur Grenze des Fremdverstehens". In: Götz Großklaus: *Natur – Raum. Von der Utopie zur Simulation*. München 1993 S. 130–151.

Grottewitz, Curt: „Der Dichter Jakob Reinhold Lenz nach seiner Verbannung von Weimar". In: *Wissenschaftliche Beilage der Leipziger Zeitung*, Nr. 155, 31.12.1891 S. 617–619.

Grottewitz, Curt: „Jakob Lenz. Zum hundertjährigen Todestage". In: *National-Zeitung* (Berlin), Nr. 323, 24.5.1892 S. 1–2.

Grottewitz, Kurt: „Jakob Lenz und Friederike Brion von Sesenheim. Zu des Dichters hundertjährigem Todestage am 23. Mai 1892". In: *Deutsche Warte* (Berlin), Nr. 120, 24.5.1892 S. 2–3.

Grudule, Māra: „Jākobs Mihaels Reinholds Lencs latviešu kultūras vēsturē". In: Gundega Grīnuma (Hg.): *Gēte un Baltija. Goethe und die baltischen Länder*. Riga 2002 S. 183–193. Beitrag auf Lettisch mit dt. Zusammenfassung, S. 308: Jakob Michael Reinhold Lenz in der lettischen Literaturgeschichte.

Grudule, Māra: „Das Nachleben von Jakob Michael Reinhold Lenz in der lettischen Kulturgeschichte". In: *Triangulum. Germanistisches Jahrbuch für Estland, Lettland und Litauen* (Vilnius u. a.) 12 (2007), S. 84–95.

Grünanger, Carlo: „La crisi etico-religiosa dello ‚Sturm und Drang' e il titanismo cristiano di Lenz". In: *Studi Germanici* (Florenz) 2.1 (1937), S. 76–89 u. 2.2 (1937), S. 171–194.

Grünanger, Carlo: *Scritti Minori di Letteratura Tedesca*. Hg. von Vittore Pisani. Brescia 1962.

Grund, Sonja: „Vita Jakob Michael Reinhold Lenz". In: *Text + Kritik* 146 (2000): Jakob Michael Reinhold Lenz, S. 78–81.

Grundmann, Ute: „Gefangen in der Einsamkeit. Rihms ‚Lenz' in Weimar". In: *Die deutsche Bühne* (Seelze) 68.10 (1997), S. 26.

Gruppe, Otto F.: *Reinhold Lenz, Leben und Werke. Mit Ergänzungen der Tieckschen Ausgabe*. Berlin 1861. Rez.: F.: Reinhold Lenz. In: Erste Beilage zur Königl. privilegirten Berlinischen Zeitung, Nr. 288, 8.12.1861 S. 1–4. – Heinrich Düntzer: Der Dichter Reinhold Lenz. In: Blätter für literarische Unterhaltung (Leipzig), Nr. 27, 1.7.1862 S. 481–494. – W.[endelin] v. Maltzahn: Reinhold Lenz, Leben und Werke. Mit Ergänzungen der Tieck'schen Ausgabe. Von O. F. Gruppe. [...] Ein Wort der Kritik. In: Erste Beilage zur Königl. privilegirten Berlinischen Zeitung, Nr. 300, 22.12.1861 S. 1–4.

Gruppe, Otto F.: „Ein Wort der Entgegnung". In: *Erste Beilage zur Königl. privilegirten Berlinischen Zeitung*, Nr. 11, 14.11.1862 S. 2–3. Replik auf die Rezension von Maltzahn 1861, siehe Eintrag unter Gruppe 1861.

Gruppe, Otto F.: [Ohne Titel.] In: *Berlinische Nachrichten von Staats- und gelehrten Sachen*, Nr. 190, 16.8.1863 S. [4]. Kurzer Artikel zum Verbleib der Lenz-Handschriften aus Dumpfs Besitz.

Grußendorf, Hermann: *Der Monolog im Drama des Sturms und Drangs*. Braunschweig 1914. Zugl. Diss. phil., Univ. München, 1914. [Zu Lenz bes. S. 47–54: Der Monolog in den Lenzschen Dramen.]

Gruettner, Mark: „Die Rezeption historischer Dichterfiguren in der deutschsprachigen Literatur der siebziger Jahre". In: *Wirkendes Wort* 42 (1992), S. 76–93. [Zu Peter Schneiders „Lenz" S. 76–78.]

Guarda, Sylvain: „Büchners ‚Lenz'. Eine kindliche Pastorale im Muttergeiste Rousseaus". In: *Monatshefte für deutschsprachige Literatur und Kultur* 101.3 (2009), S. 347–360.

Gündel, Vera: „Jakob Michael Reinhold Lenz' Mitgliedschaft in der Moskauer Freimaurerloge ‚Zu den drei Fahnen'". In: *Lenz-Jahrbuch* 6 (1996), S. 62–74.

Gundolf, Friedrich: *Shakespeare und der deutsche Geist*. Berlin 1911. [Zu Lenz S. 253–257.]

Günther, Karl: „Schlosser und der Förster Lydin". In: Gerhard A. Auer u. Thomas Zotz (Hgg.): *Weisweil. Ein Dorf am Rhein*. Weisweil 1995 S. 101–118. [Zu Lenz S. 101–105.]

Guthke, Karl S.: „Lenzens ‚Hofmeister' und ‚Soldaten'. Ein neuer Formtypus in der Geschichte des deutschen Dramas". In: *Wirkendes Wort* 9 (1959), S. 274–286.

Guthke, Karl S.: *Geschichte und Poetik der deutschen Tragikomödie*. Göttingen 1961. [Zu Lenz bes. S. 51–72.] [= Guthke 1961a]

Guthke, Karl S.: „Klingers Fragment ‚Der verbrannte Göttersohn', Lenzens ‚Tantalus' und der humoristische Fatalismus und Nihilismus der Geniezeit. Ein Beitrag zum Thema ‚Sturm und Drang und Romantik'". In: Gustav Erdmann u. Alfons Eichstaedt (Hgg.): *Worte und Werte. Bruno Markwardt zum 60. Geburtstag.* Berlin 1961 S. 111–122. [= Guthke 1961b]

Guthke, Karl S.: „‚Myrsa Polagi'. Ein J. M. R. Lenz zugeschriebenes Lustspiel". In: *Jahrbuch des Freien Deutschen Hochstifts* (1964), S. 59–101. Wiederabdruck unter dem Titel: „‚Myrsa Polagi' – ein Drama von Lenz?". In: Karl S. Guthke: *Wege zur Literatur. Studien zur deutschen Dichtungs- und Geistesgeschichte.* Bern, München 1967 S. 21–35.

Guthke, Karl S.: „Das bürgerliche Drama des 18. und 19. Jahrhunderts". In: Walter Hinck (Hg.): *Handbuch des deutschen Dramas.* Düsseldorf 1980 S. 76–92. [Zu Lenz S. 89–90.] Wiederabdruck unter dem Titel: „Die Ausnahme als Regel. Bürgerliches Drama in der Goethezeit". In: Karl S. Guthke: *Das Abenteuer Literatur. Studien zum literarischen Leben der deutschsprachigen Länder von der Aufklärung bis zum Exil.* Bern, München 1981 S. 187–209. [Zu Lenz S. 205–206.]

Guthrie, John: *Lenz and Büchner. Studies in Dramatic Form.* Frankfurt/Main, Bern, New York 1984. Rez.: James D. Davidheiser, in: Lessing Yearbook/Lessing-Jahrbuch 20 (1988, ersch. 1989), S. 349–350. – Walter K. Stewart, in: Seminar (Toronto) 22 (1986), S. 259–260.

Guthrie, John: „Revision und Rezeption. Lenz und sein ‚Hofmeister'". In: *Zeitschrift für Deutsche Philologie* 110 (1991), S. 181–200.

Guthrie, John: „Lenz's Style of Comedy". In: Leidner/Madland 1993a, S. 10–24.

Guthrie, John: „‚Shakespears Geist'. Lenz and the Reception of Shakespeare in Germany". In: Hill 1994a, S. 36–46.

Gutiérrez Girardot, Rafael: „Jakob Michael Reinhold Lenz o la inmortalidad del desamparo". In: *Quimera. Revista de literatura* (Barcelona) 131/132 (1994), S. 68–79.

Gutzkow, Karl: „[Nachbemerkung zu] Lenz. Eine Reliquie von Georg Büchner". In: *Telegraph für Deutschland* 2.14 (22.1.1839), S. 110.

H. N.: „Kleine Nachträge [zu:] ‚Deutsche Dichter in Rußland'. Studien zur Literaturgeschichte, von Jegór v. Sivers". Berlin 1855. In: *Das Inland* (Dorpat), Jg. 21, Nr. 17, 23.4.1856 Sp. 263–268. [Zu Lenz Sp. 266–268.]

Haag, Ingrid: „Die Dramaturgie der Verschiebung im ‚Hofmeister' von Lenz. Oder: Über die Konstellation von Lücke und Glück". In: *Études Germaniques* (Paris) 52.1 (1997): J. M. R. Lenz, S. 113–130.

Haag, Ingrid: „‚Lenzens Eseley' und ihre Folgen". In: Dorothee Kimmich u. Wolfgang Matzat (Hgg.): *Der gepflegte Umgang. Interkulturelle Aspekte der Höflichkeit in Literatur und Sprache.* Bielefeld 2008 S. 49–60.

Haas, Bodo u. a. (Hgg.): *Lenz. Eine Erzählung von Georg Büchner am 8. März im Schauspielhaus Wien. Materialheft zur szenischen Erarbeitung durch StudentInnen der Klasse für Bühnen- und Filmgestaltung, Institut für Bildende und Mediale Kunst, Universität für Angewandte Kunst Wien.* Wien 2006.

Haas, Norbert: *Spätaufklärung. Johann Heinrich Merck zwischen Sturm und Drang und Französischer Revolution.* Kronberg/Ts. 1975. [Zu Lenz vgl. Reg.]

Häcker, Phöbe Annabel: *Geistliche Gestalten – Gestaltete Geistliche. Zur literarischen Funktionalisierung einer religiösen Sprecherposition im Kontext der Neologie.* Würzburg 2009. [Zu Lenz S. 298–338: Dichtung in der Tat: Populartheologie bei Jakob Michael Reinhold Lenz.]

Hacks, Peter: „Lenzens Eseley. Warum wurde J. M. R. Lenz aus Weimar vertrieben? Späte Lösung eines literarischen Kriminalfalles anhand Goethescher Dichtung". In: *TransAtlantik* 8 (1990), S. 37–42.

Haffner, Herbert: *Lenz: Der Hofmeister, Die Soldaten. Mit Brechts „Hofmeister"-Bearbeitung und Materialien.* München 1979. Rez.: Susan L. Cocalis, in: Lessing Yearbook/Lessing-Jahrbuch 13 (1981, ersch. 1982), S. 309–310.

Hagenbach, K. R.: „Jakob Sarasin und seine Freunde. Ein Beitrag zur Litteraturgeschichte". In: *Beiträge zur vaterländischen Geschichte*. Hg. von der Historischen Gesellschaft zu Basel. Bd. 4. Basel 1850. S. 1–103. [Zu Lenz S. 85–103.]

Hähnel, Michael: „Täglich steht Lenz vor unserer Tür. Gespräch mit der Autorin Sigrid Damm". In: *Sonntag* (Berlin), Nr. 37, 13. 9. 1987 S. 4.

Halbe, Max: „Der Dramatiker Reinhold Lenz. Zu seinem hundertjährigen Todestage". In: *Die Gesellschaft. Monatschrift für Litteratur, Kunst und Sozialpolitik* 8 (1892), Mai-Heft, S. 568–582.

Hallensleben, Silvia: „,Dies Geschöpf taugt nur zur Hure …'. Anmerkungen zum Frauenbild in Lenz' ,Soldaten'". In: Stephan/Winter 1994a, S. 225–242.

Hanamoto, Mie: „Das Kind als Schlüsselmotiv in Büchners ,Lenz'". In: *Georg Büchner Jahrbuch* 9 (1995–1999, ersch. 2000), S. 254–262.

Hancke, Kurt: *Die Auffassung des Schicksals im deutschen Irrationalismus des achtzehnten Jahrhunderts*. Berlin [1935]. Zugl. Diss. phil., Univ. Berlin, 1935. [Zu Lenz S. 65–71.]

Hanimann, Joseph: „Wie modern ist J. M. R. Lenz? Zur Uraufführung seiner Komödie ,Die Freunde machen den Philosophen'". In: *Frankfurter Allgemeine Zeitung*, Nr. 109, 10. 5. 1988 S. 31.

Hansen, Angela: *Lenz' Komödie „Der Hofmeister oder Vorteile der Privaterziehung"* – *ein neuer Blick*. Ann Arbor/MI 1991. Zugl. Diss. phil., City University of New York, 1990. Überarb. u. erw. Fassung siehe Hansen 2000.

Hansen, Angela: *„Der Hofmeister" von J. M. R. Lenz. Ein Versuch einer Neuinterpretation*. New York u. a. 2000. Überarb. u. erw. Fassung von Hansen 1991. Rez.: Brita Hempel, in: Germanistik (Tübingen) 42.1–2 (2001), S. 217. – Roland Krebs: Lenziana. In: Études Germaniques (Paris) 57.1 (2002), S. 137–141.

Harig, Ludwig: „Reine Liebesklage. Jakob Michael Reinhold Lenz: Wo bist du itzt?" In: *Frankfurter Allgemeine Zeitung*, Nr. 118, 21. 5. 1988 Beilage Bilder und Zeiten, S. [4]. Wiederabdruck in: Marcel Reich-Ranicki (Hg.): *Frankfurter Anthologie. Gedichte und Interpretationen*. Bd. 12. Frankfurt/Main 1989 S. 81–84.

Harris, Edward P.: *The Structure of Dramatic Characterization in Four Plays by J. M. R. Lenz*. Ann Arbor/MI 1968. Zugl. Diss. phil., Tulane University, New Orleans/LA, 1967.

Harris, Edward P.: „Structural Unity in J. M. R. Lenz's ,Der Hofmeister'. A Revaluation". In: *Seminar* (Toronto) 8 (1972), S. 77–87.

Harris, Edward P.: „J. M. R. Lenz in German Literature. From Büchner to Bobrowski". In: *Colloquia Germanica* (Tübingen u. a.) 7 (1973), S. 214–233.

Harris, Edward P.: [Art.] „J. M. R. Lenz". In: James Hardin u. Christoph E. Schweitzer (Hgg.): *German Writers in the Age of Goethe: Sturm und Drang to Classicism*. Detroit, New York, London 1990 S. 167–176.

Harris, Edward P.: „Lenz on Stage. Schröder's Adaption of ,Der Hofmeister'". In: Leidner/Madland 1993a, S. 132–140.

Hartung, Hans: „Reinhold Lenz. Zur Erinnerung an einen Vergessenen". In: *Didaskalia. Unterhaltungsblatt des Frankfurter Journals*, Nr. 124, 28. 5. 1892 S. 494–495.

Hartung, Otto: „Neues von und über Lenz. Zum hundertsten Todestage des Dichters". In: *Deutsche Dichtung* 12 (1892), S. 126–128 u. 148–152.

Hartwig, Otto: „Der Krieg der sicilischen Vesper". In: *Deutsche Rundschau* 56 (1888), S. 124–137 u. S. 189–205. [Zu Lenz S. 124.]

Hasselbach, Karlheinz: *Georg Büchner. Lenz. Interpretation*. München 1986.

Hassenkamp, Robert: „Aus alten Briefen. Die Familie La Roche und ihr Freundeskreis in den Jahren 1760–1780". In: *Nord und Süd* 73 (1895), Nr. 219, S. 323–340. [Zu Lenz S. 333–335.]

Hauschild, Jan-Christoph: *Georg Büchner. Mit Selbstzeugnissen und Bilddokumenten*. Reinbek bei Hamburg 1992. Erw. u. überarb. Neuausgabe Reinbek bei Hamburg 2004. [Zu Lenz S. 106–116: „Lenz" – Bruchstück eines Dichterlebens.]

Hauschild, Jan-Christoph: *Büchner. Biographie*. Stuttgart, Weimar 1993. [Zu Lenz S. 498–517.]

Hausdorff, Georg: *Die Einheitlichkeit des dramatischen Problems bei Jakob Michael Reinhold Lenz.* Würzburg 1913. Zugl. Diss. phil., Univ. Würzburg, 1913.

Haußmann, J. F.: „Die Übereinstimmung von Hamann, Herder und Lenz in ihren Ansichten über die deutsche Sprache". In: *Euphorion* 14 (1907), S. 256–259.

Haustein, Jens: „Anmerkungen zur Interpunktion Lenzscher Briefe". In: *Euphorion* 80.1 (1986), S. 110–113.

Haustein, Jens: „Jacob Michael Reinhold Lenz als Briefschreiber". In: Stephan/Winter 1994a, S. 337–352.

Hayer, Uwe: *Das Genie und die Transzendenz. Untersuchungen zur konzeptionellen Einheit theologischer und ästhetischer Reflexion bei J. M. R. Lenz.* Frankfurt/Main u. a. 1995. Rez.: Martin Kagel, in: Monatshefte für deutschen Unterricht, deutsche Sprache und Literatur (Madison/WI) 90.1 (1998), S. 105–106. – Thorsten Unger, in: Lenz-Jahrbuch 7 (1997), S. 188–191.

Hedicke, Franz: *Die Technik der dramatischen Handlung in F. M. Klingers Jugenddramen.* Halle/Saale 1911. [Zu Lenz bes. S. 82–87.]

Hegner, Ulrich: *Beiträge zur nähern Kenntniß und wahren Darstellung Johann Kaspar Lavater's. Aus Briefen seiner Freunde an ihn, und nach persönlichem Umgang.* Leipzig 1836. [Darin S. 234–236 Auszüge aus Briefen von Lenz an Lavater.]

Heier, Edmund: „Das Lavaterbild im geistigen Leben Rußlands des 18. Jahrhunderts". In: *Kirche im Osten* 20 (1977), S. 107–127.

Heilmann, Markus: *Die Krise der Aufklärung als Krise des Erzählens: Tiecks „William Lovell" und der europäische Briefroman.* Stuttgart 1992. [Zu Lenz' „Waldbruder" S. 200–210.]

Heine, Carl: *Der Roman in Deutschland von 1774 bis 1778.* Halle/Saale 1892. [Zu Lenz vgl. Reg.]

Heine, Thomas: „Lenz's ‚Waldbruder'. Inauthentic Narration as Social Criticism". In: *German Life and Letters* (Oxford) 33.3 (1979/1980), S. 183–189.

Heinrichsdorff, Paul: *J. M. R. Lenzens religiöse Haltung.* Berlin 1932. ND Nendeln/Liechtenstein 1967.

Heister, Hanns-Werner: „Natur, Kreatur, Gesellschaft. J. M. R. Lenz und das neue deutsche Musiktheater". In: *Spielzeit 1979/80. Jahrbuch VII der Hamburgischen Staatsoper.* Hg. von der Intendanz der Hamburgischen Staatsoper. Zusammenstellung: Peter Dannenberg. Hamburg 1980 S. 183–203.

Heister, Hanns-Werner: „Historische Tragik und moderne Farce. Zu Friedrich Goldmanns Opernphantasie ‚R. Hot bzw. Die Hitze'". In: Stephan/Winter 1994a, S. 406–421.

Helbig, Karl Gustav: „Einige Bemerkungen zur Charakteristik des Dichters Reinhold Lenz". In: *Literarhistorisches Taschenbuch* 5 (1847), S. 453–457.

Hempel, Brita: „‚Ruhe hier aus!' Zu J. M. R. Lenz' Gedicht ‚Die Demuth'". In: *Lenz-Jahrbuch* 10–11 (2000/2001, ersch. 2003), S. 39–55.

Hempel, Brita: *Der gerade Blick in einer schraubenförmigen Welt. Deutungsskepsis und Erlösungshoffnung bei J. M. R. Lenz.* Heidelberg 2003. [= Hempel 2003a]

Hempel, Brita: „Lenz' ,Loix des femmes Soldats'. Erzwungene Sittlichkeit in einer ‚schraubenförmigen Welt'". In: Stephan/Winter 2003a, S. 373–387. [= Hempel 2003b]

Hempel, Brita: „,... die weltliche Theologie und der Naturalismus, den ich Ihnen predige'. Poetologische Konsequenzen der Religiosität bei J. M. R. Lenz". In: Hans-Edwin Friedrich, Wilhelm Haefs u. Christian Soboth (Hgg.): *Literatur und Theologie im 18. Jahrhundert. Konfrontationen – Kontroversen – Konkurrenzen.* Berlin, New York 2011 S. 285–294.

Henning, Hans: *Faust-Variationen. Beiträge zur Editionsgeschichte vom 16. bis zum 20. Jahrhundert.* München u. a. 1993. [Zu Lenz' „Höllenrichter"-Fragment S. 200–201.]

Henschen, Hans-Horst: [Art.] „Der Hofmeister oder Vortheile der Privaterziehung. Eine Komödie". In: Heinz Ludwig Arnold (Hg.): *Kindlers Literatur Lexikon (KLL).* 3., völlig neu bearbeitete Aufl. 18 Bde. Stuttgart, Weimar 2009. Bd. 9, S. 811–812.

Hense, Carl Conrad: „Deutsche Dichter in ihrem Verhältnis zu Shakespeare". In: *Jahrbuch der deutschen Shakespeare-Gesellschaft* 5 (1870), S. 107–147. [Zu Lenz S. 108–115.] Wiederabdruck in: Carl Conrad Hense: *Shakespeare. Untersuchungen und Studien.* Halle/Saale 1884, S. 225–316. [Zu Lenz S. 227–235.]

Hentschel, Uwe: „‚aber mein Herz wollte noch immer nicht klopfen'. Eine Kontroverse um das Naturerhabene am Ende des 18. Jahrhunderts". In: *Lenz-Jahrbuch* 7 (1997), S. 121–136. [Zu Lenz S. 131.]

Hentschel, Uwe: *Mythos Schweiz. Zum deutschen literarischen Philhelvetismus zwischen 1700 und 1850.* Tübingen 2002. [Zu Lenz S. 81–82, 334 u. 359–360.]

Herboth, Franziska: „‚Das will er aber nicht drucken lassen.' Anmerkungen zur Druck- und Rezeptionsgeschichte von Goethes Personalsatire ‚Götter Helden und Wieland'". In: Matthias Luserke (Hg.): *Goethe nach 1999. Positionen und Perspektiven.* Göttingen 2001 S. 67–78 u. 160–162. [Zu Lenz S. 73–78.]

Herboth, Franziska: *Satiren des Sturm und Drang. Innenansichten des literarischen Feldes zwischen 1770 und 1780.* Hannover 2002. [Zu Lenz bes. S. 142–146, 210–221 u. 240–271.]

Herbst, Hiltrud: *Frühe Formen der deutschen Novelle im 18. Jahrhundert.* Berlin 1985. [Zu Lenz bes. S. 102–109.]

Hering, Robert: „Aus Maler Müllers Briefen". In: *Jahrbuch des Freien Deutschen Hochstifts* (1913), S. 204–249. [Zu Lenz S. 206–208.]

Hermes, Stefan: „Zivilisierte Barbaren. Figurationen kultureller Differenz in Lenz' ‚Der neue Menoza' und Klingers ‚Simsone Grisaldo'". In: *Wirkendes Wort* 59 (2009), S. 359–382.

Hermes, Stefan: „Der fremde Sohn. Hybridität und Gesellschaftskritik in J. M. R. Lenz' interkulturellem ‚Familiendrama' ‚Der neue Menoza'". In: Michaela Holdenried u. Weertje Willms (Hgg.): *Die interkulturelle Familie. Literatur- und sozialwissenschaftliche Perspektiven.* Bielefeld 2012 S. 197–214.

Hermes, Stefan: „‚[D]er Deutsche wird [...] immer Deutscher bleiben, und der Franzose Franzos': Das anthropologische ‚Wissen' von den europäischen ‚Nationalcharakteren' bei Jakob Michael Reinhold Lenz". In: Stefan Hermes u. Sebastian Kaufmann (Hgg.): *Der ganze Mensch – die ganze Menschheit. Völkerkundliche Anthropologie, Literatur und Ästhetik um 1800.* Berlin, Boston 2014 S. 101–124.

Hertling, Gunter H.: „Georg Büchner und Jakob Michael Reinhold Lenz im ‚Kunstgespräch'. Anmerkungen übers Theater des Lebens". In: *Text & Kontext* (Kopenhagen, München) 19.1 (1994), S. 25–45.

Heß, David: *Salomon Landolt. Ein Charakterbild nach dem Leben ausgemalt.* Zürich 1820. [Zu Lenz S. 214–215.]

Hess, Jonas Ludwig von: *Durchflüge durch Deutschland, die Niederlande und Frankreich.* Bd. 1. Hamburg 1793. [Zu Lenz S. 191.]

Hettner, Hermann: „Bilder aus der deutschen Sturm- und Drangperiode: Reinhold Lenz". In: *Westermanns illustrirte deutsche Monats-Hefte* 21 (1866/1867), Nr. 124, S. 385–391. Wiederabdruck in: Hermann Hettner: *Literaturgeschichte im achtzehnten Jahrhundert. In drei Theilen.* Tl. 3: *Geschichte der deutschen Literatur im achtzehnten Jahrhundert. Drittes Buch: Das klassische Zeitalter der deutschen Literatur.* Abt. 1: *Die Sturm- und Drangperiode.* Braunschweig 1869 S. 234–251.

Heydorn, Heinz-Joachim: *Georg Büchner. Ein Essay aus dem Nachlaß.* Mit fünf Radierungen von Alfred Hrdlicka zu Georg Büchners „Lenz" u. Texten von Gernot Koneffke u. Reinhard Pabst. Darmstadt 1987.

Heyer, Katrin: *Sexuelle Obsessionen. Die Darstellung der Geschlechterverhältnisse in ausgewählten Dramen von Goethe bis Büchner.* Marburg 2005. [Zu Lenz' „Die Soldaten" S. 52–69.]

Heymach, Ferdinand: „Ramond de Carbonnières. Ein Beitrag zur Geschichte der Sturm- und Drangperiode". In: *Jahresbericht des Fürstlich Waldeckschen Gymnasiums zu Corbach für das Schuljahr 1886/87* [...], von Aug. Wiskemann. Mengeringhausen 1887 S. 3–20.

Hiebel, Hans H.: „Das ‚offene' Kunstwerk als Signum der Moderne". In: Wurst 1992a, S. 179–197.

Hiebel, Hans H.: „Lenz und Schiller. Die erlebnissymptomatische Dramensprache". In: Jeffrey L. High, Nicholas Martin u. Norbert Oellers (Hgg.): *Who is this Schiller now? Essay on his reception and significance.* Rochester/NY 2011 S. 25–36.

Hiekel, Jörn Peter: „Farben des Unheils. B. A. Zimmermanns großdimensionierte Werke ‚Die Soldaten' in Dresden, das ‚Requiem' in Berlin". In: *Musica* 49.6 (1995), S. 410–412.

Hill, David: „‚Das Politische' in ‚Die Soldaten'". In: *Orbis Litterarum. International Review of Literary Studies* (Oxford, Kopenhagen) 43.4 (1988), S. 299–315.

Hill, David: „Stolz und Demut, Illusion und Mitleid bei Lenz". In: Wurst 1992a, S. 64–91.

Hill, David (Hg.): *Jakob Michael Reinhold Lenz. Studien zum Gesamtwerk.* Opladen 1994. [= Hill 1994a] Rez.: Bruce Duncan, in: The Modern Language Review (Leeds) 91.3 (1996), S. 782–783. – Holger Helbig, in: Aurora. Jahrbuch der Eichendorff-Gesellschaft 55 (1995), S. 311–315. – R.[oland] Krebs, in: Études Germaniques (Paris) 52.2 (1997), S. 315. – Helga Stipa Madland, in: Seminar (Toronto) 31 (1995), S. 349–350. – Rüdiger Scholz, in: Arbitrium 14.3 (1996), S. 349–353. – Thorsten Unger, in: Germanistik (Tübingen) 35.2 (1994), S. 561–562. – Christoph Weiß, in: Lenz-Jahrbuch 5 (1995), S. 226–230.

Hill, David: „Die Arbeiten von Lenz zu den Soldatenehen. Ein Bericht über die Krakauer Handschriften". In: Stephan/Winter 1994a, S. 118–137. [= Hill 1994b]

Hill, David: „J. M. R. Lenz and William Hamilton: ‚Yärros Ufer'". In: *Forum for Modern Language Studies* (Oxford) 30.2 (1994), S. 144–151. [= Hill 1994c]

Hill, David: „The Portrait of Lenz in ‚Dichtung und Wahrheit'. A Literary Perspective". In: Hill 1994a, S. 222–231. [= Hill 1994d]

Hill, David: „‚Lettre d'un soldat Alsacien a S Excellence Mr le Comte de St Germain sur la retenue de la paye des Invalides'. An unpublished manuscript by J. M. R. Lenz." In: Alan Deighton (Hg.): *Order from Confusion. Essays presented to Edward McInnes on the Occasion of his Sixtieth Birthday.* Hull 1995 S. 1–27. [= Hill 1995a]

Hill, David: „J. M. R. Lenz' ‚Avantpropos' zu den ‚Soldatenehen'". In: *Lenz-Jahrbuch* 5 (1995), S. 7–21. [= Hill 1995b]

Hill, David: „‚– und macht mir die Erde zum Himmel'. Utopisches in der Lyrik von J. M. R. Lenz". In: *Text + Kritik* 146 (2000): Jakob Michael Reinhold Lenz, S. 27–35.

Hill, David (Hg.): *Literature of the Sturm und Drang.* Rochester/NY, Woodbridge/Suffolk 2003. [= Hill 2003a]

Hill, David: „‚Die schönsten Träume von Freiheit werden ja im Kerker geträumt'. The Rhetoric of Freedom in the Sturm und Drang". In: Hill 2003a, S. 159–184. [= Hill 2003b]

Hill, David: „Lenz und Plautus". In: Stephan/Winter 2003a, S. 173–184. [= Hill 2003c]

Hill, David: „Problems of Identity in the Poetry of J. M. R. Lenz". In: *Lenz-Jahrbuch* 12 (2002/2003, ersch. 2005), S. 7–29.

Hill, David: „Lenz and Schiller. All's well that ends well". In: Nicholas Martin (Hg.): *Schiller. National Poet – Poet of Nations. A Birmingham symposium.* Amsterdam u. a. 2006 S. 107–121.

Hill, David: „Configurations of Utopia. Lessing's ‚Nathan der Weise' and Lenz's ‚Der neue Menoza'". In: *Publications of the English Goethe Society* (Leeds) 77.1 (2008), S. 61–67.

Hill, David: „The citizen and the family in the reform project of J. M. R. Lenz". In: Inken Schmidt-Voges (Hg.): *Ehe – Haus – Familie. Soziale Institutionen im Wandel 1750–1850.* Köln, Weimar, Wien 2010 S. 239–258.

Hill, David: [Art.] „Über Götz von Berlichingen". In: Luserke-Jaqui 2017 S. 621–625.

Hille, Curt: *Die deutsche Komödie unter der Einwirkung des Aristophanes. Ein Beitrag zur vergleichenden Literaturgeschichte.* Leipzig 1907. [Zu Lenz S. 123–125.]

Hilsenbeck, Fritz: *Aristophanes und die deutsche Literatur des 18. Jahrhunderts.* Berlin 1908. [Zu Lenz bes. S. 35–41.]

Himmighoffen, Thur: „Jakob Michael Reinhold Lenz: ‚Anmerkungen übers Theater'". In: *Bielefelder Blätter für Theater und Kunst* 2.9 (1919/1920), S. 241–243 u. 2.10 (1919/1920), S. 255–257.

Hinck, Walter: *Die Dramaturgie des späten Brecht.* Göttingen 1959. [Zu Lenz bes. S. 30–32.]

Hinck, Walter (Hg.): *Der neue Menoza*. Berlin 1965. [= Hinck 1965a]
Hinck, Walter: *Das deutsche Lustspiel des 17. und 18. Jahrhunderts und die italienische Komödie. Commedia dell'arte und Théâtre italien*. Stuttgart 1965. [Zu Lenz bes. S. 324–348.] [= Hinck 1965b]
Hinck, Walter: *Das moderne Drama in Deutschland. Vom expressionistischen zum dokumentarischen Theater*. Göttingen 1973. [Zu Lenz bes. S. 86–87.]
Hinck, Walter: *Vom Ausgang der Komödie. Exemplarische Lustspielschlüsse in der europäischen Literatur*. Opladen 1977. [Zu Lenz S. 28–31.] Wiederabdruck in: Reinhold Grimm u. Walter Hinck: *Zwischen Satire und Utopie. Zur Komiktheorie und zur Geschichte der europäischen Komödie*. Frankfurt/Main 1982 S. 126–183.
Hinck, Walter: „Produktive Rezeption heute. Am Beispiel der sozialen Dramatik von J. M. R. Lenz und H. L. Wagner". In: Walter Hinck (Hg.): *Sturm und Drang. Ein literaturwissenschaftliches Studienbuch*. Kronberg/Ts. 1978 S. 257–269. Dass. in durchges. Neuauflage Frankfurt/Main 1989.
Hinck, Walter: *Magie und Tagtraum. Das Selbstbild des Dichters in der deutschen Lyrik*. Frankfurt/Main, Leipzig 1994. [Zu Lenz S. 55–77: „Forme Menschen nach meinem Bilde". Genie und Schöpfer. [Herder, Goethe, Gotthold Friedr. Stäudlin, Jakob Michael Reinhold Lenz].]
Hinck, Walter: „Der Grenzgänger Jakob Michael Reinhold Lenz. Zu einigen seiner Gedichte". In: Peter-André Alt u. a. (Hgg.): *Prägnanter Moment. Studien zur deutschen Literatur der Aufklärung und Klassik. Festschrift für Hans-Jürgen Schings*. Würzburg 2002 S. 81–90.
Hinderer, Walter: „Lebt wohl, große Männer. Über den ‚Affen Goethes', den Dichter Jakob Michael Reinhold Lenz". In: *Die Zeit*, Nr. 46, 13. 11. 1970 Literaturbeilage, S. 8–9.
Hinderer, Walter: „Pathos und Passion. Die Leiddarstellung in Büchners ‚Lenz'". In: Alexander von Bormann (Hg.): *Wissen aus Erfahrungen. Werkbegriff und Interpretationen heute. Festschrift für Herman Meyer zum 65. Geburtstag*. In Verb. mit Karl Robert Mandelkow u. Anthonius H. Touber. Tübingen 1976 S. 474–494. Wiederabdruck in: Walter Hinderer: *Über deutsche Literatur und Rede. Historische Interpretationen*. München 1981 S. 168–190.
Hinderer, Walter: „Lenz: ‚Der Hofmeister'". In: Walter Hinck (Hg.): *Die deutsche Komödie. Vom Mittelalter bis zur Gegenwart*. Düsseldorf 1977 S. 66–88 u. S. 370–373. Wiederabdruck unter dem Titel: „Gesellschaftskritik und Existenzerhaltung. ‚Der Hofmeister' von Jakob Michael Reinhold Lenz". In: Walter Hinderer: *Über deutsche Literatur und Rede. Historische Interpretationen*. München 1981 S. 66–94.
Hinderer, Walter: „Lenz. ‚Sein Dasein war ihm eine notwendige Last'". In: *Interpretationen. Georg Büchner: Dantons Tod, Lenz, Leonce und Lena, Woyzeck*. Durchges. Ausgabe. Stuttgart 2001 S. 63–113.
Hirose, Senichi: [Erweiterung der dramatischen Freiheit. Sturm und Drang und Shakespeare.] In: *Doitsu Bungaku* (Tokio) 90 (1993), S. 24–34. Originaltitel und Beitrag auf Japanisch (mit dt. Zusammenfassung).
Hirschfeld, Alice: *Die Natur als Hieroglyphe. Ein Beitrag zur Natursymbolik von Hamann bis Novalis*. Breslau 1936. Zugl. Diss. phil., Univ. Frankfurt/Main, 1934. [Zu Lenz S. 45–58: Lenz' Naturauffassung.]
Hirschfeld, Anni: *J. M. R. Lenz als Lyriker*. Diss. phil., Univ. Frankfurt/Main, 1924. Masch.
Hirzel, Ludwig: „Joh. Georg Schlosser, Lavater, Goethe und Cornelia Goethe". In: *Im neuen Reich* 9.1 (1879), S. 273–285. [Zu Lenz S. 285: Erstdruck eines undatierten Briefs von Schlosser an Lavater, Lenz und Pfenninger.]
Hobek, Friedrich: *Jakob Michael Reinhold Lenz, „Der Hofmeister oder Vorteile der Privaterziehung"*. Stuttgart 1993.
Hoff, Dagmar von: „Inszenierung des Leidens. Lektüre von J. M. R. Lenz' ‚Der Engländer' und Sophie Albrechts ‚Theresgen'". In: Stephan/Winter 1994a, S. 210–224.
Hoffmann, Volker: [Art.] „Der neue Menoza oder Geschichte des cumbanischen Prinzen Tandi. Eine Komödie". In: Heinz Ludwig Arnold (Hg.): *Kindlers Literatur Lexikon (KLL)*. 3., völlig neu bearbeitete Aufl. 18 Bde. Stuttgart, Weimar 2009. Bd. 9, S. 812–813.

Hoffmann, Volker: [Art.] „Pandaemonium germanicum. Eine Skizze". In: Heinz Ludwig Arnold (Hg.): *Kindlers Literatur Lexikon (KLL)*. 3., völlig neu bearbeitete Aufl. 18 Bde. Stuttgart, Weimar 2009. Bd. 9, S. 814.

Hohoff, Curt: *J. M. R. Lenz. Mit Selbstzeugnissen und Bilddokumenten*. Reinbek bei Hamburg 1977.

Holbein, Ulrich: „Jakob Michael Reinhold Lenz. Stürmer, Dränger, Genius, Bühnendichter, Wahnumflorter (1751–1792)". In: Ulrich Holbein: *Narratorium. Abenteurer, Blödelbarden, Clowns, Diven, Einsiedler, Fischprediger, Gottessöhne, Huren, Ikonen, Joker, Kratzbürsten, Lustmolche, Menschenfischer, Nobody, Oberbonzen, Psychonauten, Querulanten, Rattenfänger, Scharlatane, Theosophinnen, Urmütter, Verlierer, Wortführer, Yogis, Zuchthäusler. 255 Lebensbilder*. Zürich 2008 S. 585–588.

Holl, Karl: *Geschichte des deutschen Lustspiels. Mit 100 Abbildungen*. Leipzig 1923. [Zu Lenz vgl. Reg.] ND Darmstadt 1964.

Hollander, Bernhard: *Geschichte der Domschule, des späteren Stadtgymnasiums zu Riga*. Hg. von Clara Redlich. Hannover-Döhren 1980. [Zu Lenz S. 86–87.]

Höllerer, Walter: „Lenz: Die Soldaten". In: Benno von Wiese (Hg.): *Das deutsche Drama. Vom Barock bis zur Gegenwart. Interpretationen*. Bd. 1. Düsseldorf 1958 S. 127–146 u. S. 483. Wiederabdruck in: Walter Höllerer: *Zurufe, Widerspiele. Aufsätze zu Dichtern und Gedichten*. Hg. von Michael Krüger, Norbert Miller u. Siegfried Unseld. Berlin 1992 S. 133–158.

Holub, Robert C.: *Reflections of Realism. Paradox, Norm, and Ideology in Nineteenth-Century German Prose*. Detroit 1991. [Zu Lenz S. 36–61: The Paradoxes of Realism. Artistic Aporias of the „Kunstgespräch" in Büchner's „Lenz".]

Höpfner, Felix: „‚Un enfant perdu'. Anmerkungen zu Egon Günthers Lenz-Film und ein Gespräch mit dem Regisseur". In: *Lenz-Jahrbuch* 5 (1995), S. 79–91.

Hopmann, Erika, Sophie: *Die Organisation der Sinne. Wahrnehmungstheorie und Ästhetik in Laurence Sternes „Tristam Shandy"*. Würzburg 2008. [Zu Lenz S. 164–166.]

Hörisch, Jochen: „Oberlin oder die Verbesserung von Mitteleuropa". In: *Georg Büchner 1813–1837. Revolutionär, Dichter, Wissenschaftler*. [Katalog zur Ausstellung Mathildenhöhe, Darmstadt, 2. 8.–27. 9. 1987.] Basel, Frankfurt/Main 1987 S. 262–266.

Hörisch, Jochen: „Pathos und Pathologie. Der Körper und die Zeichen in Büchners ‚Lenz'". In: *Georg Büchner 1813–1837. Revolutionär, Dichter, Wissenschaftler*. [Katalog zur Ausstellung Mathildenhöhe, Darmstadt, 2. 8.–27. 9. 1987.] Basel, Frankfurt/Main 1987 S. 267–275. Wiederabdruck in: Jochen Hörisch: *Die andere Goethezeit. Poetische Mobilmachung des Subjekts um 1800*. München 1992 S. 222–237.

Horn, Anette: „Sinn und Sinnlichkeit in den Schriften J. M. R. Lenzens". In: *Temeswarer Beiträge zur Germanistik* 6 (2008), S. 149–168. Wiederabdruck in: Anette Horn: *„Denken heißt nicht vertauben". Aufsätze zur neueren deutschen Literatur*. Oberhausen 2011 S. 33–48.

Horn, Anette: „‚Denken heißt nicht vertauben.' J. M. R. Lenz' ästhetisches Credo im Spiegel von Büchners Erzählung ‚Lenz'". In: Hannelore van Ryneveld u. Janina Wozniak (Hgg.): *Einzelgang und Rückkehr im Wandel der Zeit. Unknown Passages – New Beginnings. Festschrift für Gunther Pakendorf*. Stellenbosch 2010 S. 285–302. Wiederabdruck in: Anette Horn: *„Denken heißt nicht vertauben". Aufsätze zur neueren deutschen Literatur*. Oberhausen 2011 S. 9–31.

Horn, Franz: *Die schöne Litteratur Deutschlands, während des achtzehnten Jahrhunderts*. Berlin, Stettin 1812. [Zu Lenz S. 160–162: Jakob Michael Reinhold Lenz (geb. 1750, gest. 1792).]

Horn, Peter: „‚Das heißt, sie wollen die Welt umkehren.' Realismus und Populismus in Lenz' ‚Die Soldaten' als ethisch-ästhetische Reaktion gegen den Ästhetizismus des Klassizismus". In: *Acta Germanica. Jahrbuch des Germanistenverbandes im Südlichen Afrika* (Frankfurt/Main u. a.) 22 (1994), S. 153–170.

Horstenkamp-Strake, Ulrike: *„Daß die Zärtlichkeit noch barbarischer zwingt, als Tyrannenwut!" Autorität und Familie im deutschen Drama*. Frankfurt/Main u. a. 1995. Zugl. Diss.

phil., Univ. Bonn, 1994. [Zu Lenz S. 81–86: Exkurs: Die Karikatur des bürgerlichen Trauerspiels bei Lenz.]

Horton, David: „Modes of Consciousness Representation in Büchners ‚Lenz'". In: *German Life and Letters* (Oxford) 43.1 (1989), S. 34–48.

Horton, David: „Transitivity and Agency in Georg Büchner's ‚Lenz'. A Contribution to a Stylistic Analysis". In: *Orbis Litterarum. International Review of Literary Studies* (Oxford, Kopenhagen) 45.3 (1990), S. 236–247.

Huber-Bindschedler, Berta: *Die Motivierung in den Dramen von J. M. R. Lenz. Ein Beitrag zur Psychologie Lenzens*. Calw 1922. Zugl. Diss. phil., Univ. Zürich, 1922.

Hübner, Klaus: „Gedenktage". In: *Fachdienst Germanistik* 19.3 (2001), S. 7–11. [Zu Lenz S. 7–8.]

Hüchting, Heide: *Die Literatursatire der Sturm- und Drang-Bewegung*. Berlin 1942. [Zu Lenz S. 92–95.]

Huyssen, Andreas: „Gesellschaftsgeschichte und literarische Form: J. M. R. Lenz' Komödie ‚Der Hofmeister'". In: *Monatshefte für deutschen Unterricht, Deutsche Sprache und Literatur* 71 (1979), S. 131–144.

Huyssen, Andreas: *Drama des Sturm und Drang. Kommentar zu einer Epoche*. München 1980. [Zu Lenz bes. S. 111–121 u. 157–173.]

Huyssen, Andreas: „The Confusions of Genre". In: David E. Wellbery u. Judith Ryan (Hgg.): *A New History of German Literature*. Cambridge/MA, London 2004 S. 399–404.

Huyssen, Andreas: „Februar 1778. Vermischung der Genres". In: David E. Wellbery u. a. (Hgg.): *Eine Neue Geschichte der deutschen Literatur*. Übers. von Christian Döring u. a. Darmstadt 2007 S. 510–516. [Zu Lenz bei Oberlin.]

Ichikawa, Akira: [Von Lenz zu Brecht. Über Brechts „Hofmeister"-Bearbeitung.] In: *Doitsu-bungaku-Ronkô/Forschungsberichte zur Germanistik* (Osaka) 35 (1993), S. 75–97. Originaltitel und Beitrag auf Japanisch (mit dt. Zusammenfassung).

Ignasiak, Detlef: „Die Herzogin ist ‚wirklich (ein) Engel'. Der Dichter Jakob Michael Reinhold Lenz in seinen Beziehungen zu Luise von Sachsen-Weimar und Eisenach". In: *Palmbaum. Literarisches Journal aus Thüringen* 8.3–4 (2000), S. 32–38.

Ilbrig, Cornelia: „(Irr-)Läufer: die verlorenen Werte in Jakob Michael Reinhold Lenz' Drama ‚Der Hofmeister'". In: *Wezel Jahrbuch. Studien zur europäischen Aufklärung* 14/15 (2011/2012), S. 175–192.

Imamura, Takeshi: *Jakob Michael Reinhold Lenz. Seine dramatische Technik und ihre Entwicklung*. St. Ingbert 1996. Rez.: Wolfgang Albrecht, in: Lenz-Jahrbuch 7 (1997), S. 191–193.

Imamura, Takeshi: [Der ‚politische' Aspekt im Drama "Die Soldaten" von J. M. R. Lenz.] In: *Herder-Studien* (Tokio) 4 (1998), S. 119–141. Originaltitel und Beitrag auf Japanisch (mit dt. Zusammenfassung).

Imamura, Takeshi: „J. M. R. Lenz und der neue Mythos: Die Suche nach einem neuen dramatischen Helden". In: *Kritische Revisionen. Gender und Mythos im literarischen Diskurs. Beiträge der Tateshina-Symposien 1996 und 1997*. Hg. von der Japanischen Gesellschaft für Germanistik. München 1998 S. 205–216.

Imamura, Takeshi: „Der Aspekt der Aufklärung in ‚Der neue Menoza' von J. M. R. Lenz". In: *Doitsu Bungaku* (Tokio) 103 (1999), S. 131–141. Beitrag auf Japanisch mit dt. Zusammenfassung.

Imamura, Takeshi: „Zur Sprachpolitik von J. M. R. Lenz". In: *Gête-nenkan/Goethe-Jahrbuch* (Tokio) 44 (2002), S. 77–88.

Imamura, Takeshi: „Das Baltikum im Schaffen Herders und Lenzens". In: *Gête-nenkan/Goethe-Jahrbuch* (Tokio) 51 (2009), S. 40–55.

Imamura, Takeshi: „Erzählte und erinnerte Geschichte im ‚Verwundeten Bräutigam' von J. M. R. Lenz". In: Franciszek Grucza u. Ulrike Gleixner (Hgg.): *Vielheit und Einheit der Germanistik weltweit: Erzählte Geschichte – Erinnerte Literatur*. Frankfurt/Main u. a. 2012 S. 49–53.

Inbar, Eva Maria: „Goethes Lenz-Porträt". In: *Wirkendes Wort* 28 (1978), S. 422–429.

Inbar, Eva Maria: „Shakespeare in der Diskussion um die aktuelle deutsche Literatur, 1773–1777: Zur Entstehung der Begriffe ‚Shakespearisierendes Drama' und ‚Lesedrama'". In: *Jahrbuch des Freien Deutschen Hochstifts* (1979), S. 1–39.

Inbar, Eva Maria: *Shakespeare in Deutschland. Der Fall Lenz*. Tübingen 1982. Überarb. Fassung der Diss. phil., University of California, Irvine, 1977. Rez.: James C. Davidheiser, in: Lessing Yearbook/Lessing-Jahrbuch 16 (1984), S. 338–340. – Edward McInnes, in: Zeitschrift für deutsche Philologie 102.4 (1983), S. 608–609.

Irle, Gerhard: *Der psychiatrische Roman. Mit einer Einführung von Walter Schulte*. Stuttgart 1965. [Zu Lenz S. 73–83: Büchners „Lenz", eine frühe Schizophreniestudie.]

Jacobi, Walter: „Die Entwicklung der bürgerlichen Gesellschaft im Spiegel ausgewählter Dramenliteratur". In: *Diskussion Deutsch* 6 (1975), H. 21, S. 26–37. [Zu Lenz S. 29–30.]

Jacobsohn, Siegfried: „Die Soldaten". In: Siegfried Jacobsohn: *Das Jahr der Bühne* 6 (1916/1917), S. 30–36.

Janentzky, Christian: *J. C. Lavaters Sturm und Drang im Zusammenhang seines religiösen Bewußtseins*. Halle/Saale 1916. [Zu Lenz bes. S. 152–153.]

Jannach, Hubert: *The antagonist in the german drama from Gottsched to Schiller*. Diss. phil., Northwestern University, Evanston/IL, 1954. Masch. [Zu Lenz S. 58–72.]

Jantzen, Hermann: „Proben der Breslauer Literaturkritik des 18. Jahrhunderts". In: Walther Steller (Hg.): *Festschrift Theodor Siebs zum 70. Geburtstag 26. August 1932*. Breslau 1933 S. 251–264. [Zu Lenz S. 259–261.]

Janz, Marlies: *Vom Engagement absoluter Poesie. Zur Lyrik und Ästhetik Paul Celans*. Frankfurt/Main 1976. [Zu Celans „Der Meridian" und Büchners „Lenz" bes. S. 99–112.]

Japp, Uwe: „Lesen und Schreiben im Drama des Sturm und Drang; insbesondere bei Goethe und Lenz". In: Paul Goetsch (Hg.): *Lesen und Schreiben im 17. und 18. Jahrhundert. Studien zu ihrer Bewertung in Deutschland, England, Frankreich*. Tübingen 1994 S. 265–276.

Japp, Uwe: „Aufklärung über Ehen bei August Wilhelm Hupel und Jakob Michael Reinhold Lenz". In: Ulrich Kronauer (Hg.): *Aufklärer im Baltikum. Europäischer Kontext und regionale Besonderheiten*. Heidelberg 2011 S. 133–141.

Jens, Tilman: *Goethe und seine Opfer. Eine Schmähschrift*. Düsseldorf 1999. [Zu Lenz S. 13–32.]

Jerenashvili, Tamara: „Sexualität und Asexualität im ‚Hofmeister'". In: *Lenz-Jahrbuch* 13–14 (2004–2007, ersch. 2008), S. 279–291.

[Jerzembsky, Johann Michael:] „Moskau, den 24. May. Heute starb allhier Jac. Mich. Reinh. Lenz [...]". In: *Intelligenzblatt der Allgem.[einen] Litteratur-Zeitung* (Jena), Nr. 99, 18.8.1792 S. 820–821.

Joch, Markus: „Wer verliert, gewinnt. J. M. R. Lenz' Werkphase 1774–1776 und ihre paradoxe Ökonomie". In: *Zeitschrift für Germanistik* N. F. 17.3 (2007), S. 533–546.

Joost, Jörg Wilhelm: [Art.] „‚Der Hofmeister' von Jacob Michael Reinhold Lenz". In: Jan Knopf (Hg.): *Brecht-Handbuch in fünf Bänden*. Bd. 1: *Stücke*. Stuttgart, Weimar 2001 S. 563–578.

Joost, Ulrich: „Lückenbüßer. Zu Lenz und Lichtenberg". In: *Lichtenberg-Jahrbuch* (1991, ersch. 1992), S. 90.

Jördens, Karl Heinrich: [Art.] „Jakob Michael Reinhold Lenz". In: Karl Heinrich Jördens (Hg.): *Lexikon deutscher Dichter und Prosaisten*. Bd. 6: *Supplemente*. Leipzig 1811 S. 482–486.

Jørgensen, Sven Aage, Klaus Bohnen u. Per Øhrgaard: *Aufklärung, Sturm und Drang, Frühe Klassik. 1740–1789*. München 1990 (= Geschichte der deutschen Literatur von den Anfängen bis zur Gegenwart 6). [Zu Lenz bes. S. 464–472.]

Jösl, Martin: „‚Ich bin ein Fremder, unstet und flüchtig' – Jakob Michael Reinhold Lenzens Beziehungen zu Basel". In: *Das Markgräflerland* 1 (1997), S. 141–152.

Jürjo, Indrek: „Das Archiv des Historischen Museums Estlands". In: *Berichte und Forschungen. Jahrbuch des Bundesinstituts für ostdeutsche Kultur und Geschichte* 1 (1993), S. 147–175. [Zu den Lenziana im Falck-Nachlass S. 163–164.]

Jürjo, Indrek: „Die Weltanschauung des Lenz-Vaters". In: Stephan/Winter 1994a, S. 138–152.
Jürjo, Indrek u. Heinrich Bosse: „Hofmeister gesucht. Neun Briefe von Christian David Lenz an Gotthilf August Francke". In: *Lenz-Jahrbuch* 8–9 (1998/1999, ersch. 2003), S. 9–49.
Kaarsberg Wallach, Martha: „Emilia und ihre Schwestern. Das seltsame Verschwinden der Mutter und die geopferte Tochter. Lessing, ‚Emilia Galotti', Lenz, ‚Hofmeister', ‚Soldaten', Wagner, ‚Kindermörderin', Schiller, ‚Kabale und Liebe', Goethe, ‚Faust', ‚Egmont'". In: Helga Kraft u. Elke Liebs (Hgg.): *Mütter – Töchter – Frauen. Weiblichkeitsbilder in der Literatur.* Stuttgart, Weimar 1993 S. 53–72.
Kafitz, Dieter: *Grundzüge einer Geschichte des deutschen Dramas von Lessing bis zum Naturalismus.* 2 Bde. Königstein/Ts. 1982. [Zu Lenz vgl. Reg.]
Kagel, Martin: *Strafgericht und Kriegstheater. Studien zur Ästhetik von Jakob Michael Reinhold Lenz.* St. Ingbert 1997. Rez.: Uta Bamberger, in: The German Quarterly (Cherry Hill/NJ) 73.1 (2000), S. 88–89. – Helga Stipa Madland, in: Monatshefte für deutschsprachige Literatur und Kultur (Madison/WI) 92.4 (2000), S. 512–513. – Peter Müller, in: Lenz-Jahrbuch 8–9 (1998/1999, ersch. 2003), S. 329–332. – Martin Rector, in: Arbitrium 18.2 (2000), S. 180–181. – Hans-Gerd Winter, in: Zeitschrift für Germanistik N. F. 10.2 (2000), S. 404–407.
Kagel, Martin: „Bewaffnete Augen. Anschauende Erkenntnis und militärischer Standpunkt in J. M. R. Lenz' ‚Anmerkungen übers Theater'". In: *Colloquia Germanica* (Tübingen u. a.) 31.1 (1998), S. 1–19.
Kagel, Martin: „Briefe an den Vater. Figurationen des Vaters in den Schriften von J. M. R. Lenz". In: *Text + Kritik* 146 (2000): Jakob Michael Reinhold Lenz, S. 69–77.
Kagel, Martin: „Körperschrift. Jakob Lenz' pädagogisches Gedicht ‚Aretin am Pfahl gebunden mit zerfleischtem Rücken'". In: *Lenz-Jahrbuch* 10–11 (2000/2001, ersch. 2003), S. 199–211.
Kagel, Martin: „‚Verzicht und Verrat. Begriff und Problematik der Freundschaft bei J. M. R. Lenz". In: Stephan/Winter 2003a, S. 323–338. [= Kagel 2003a]
Kagel, Martin: „Internationale Lenz-Gesellschaft". In: Stephan/Winter 2003a, S. 488. [= Kagel 2003b]
Kagel, Martin: „‚La Chercheuse d'esprit'. Gender, mobility, and the crisis of authorship in J. M. R. Lenz's conception of soldiers' marriages". In: *German Life and Letters* (Oxford) 61.1 (2008), S. 98–117.
Kähler, Hermann: „Das kritische erste Weimarer Jahrzehnt". In: *Sinn und Form. Beiträge zur Literatur* 42.1 (1990), S. 169–186. [Zu Lenz S. 169–170.]
Kahlert, August: „Reinhold Lenz und Charlotte von Stein". In: *Deutsches Museum* 11.49 (1861), S. 820–825.
Kahn-Wallerstein, Carmen: „Jakob Michael Reinhold Lenz und Cornelia Schlosser". In: *Schweizer Rundschau* (Zürich) 53 (1953/1954), S. 93–100.
Kaiser, Gerhard: *Von der Aufklärung bis zum Sturm und Drang* (1730–1785). Gütersloh 1966. [Zu Lenz bes. S. 94–97.] 2., erw. und vollständig überarb. Aufl. unter dem Titel: *Aufklärung, Empfindsamkeit, Sturm und Drang.* München (1976). [Zu Lenz bes. S. 221–230.] 3., überarb. Aufl. München (1979). [Zu Lenz bes. S. 225–234.]
Kaiser, Gerhard: „Georg Büchner. ‚Lenz' und der historische Autor Jakob Michael Reinhold Lenz". In: Gerhard Kaiser: *Christus im Spiegel der Dichtung. Exemplarische Interpretationen vom Barock bis zur Gegenwart.* Freiburg/Br., Basel, Wien 1997 S. 70–91.
Kaiser, Ilse: *„Die Freunde machen den Philosophen", „Der Engländer", „Der Waldbruder" von Jakob Michael Reinhold Lenz.* Erlangen 1917. Zugl. Diss. phil., Univ. Erlangen, 1916.
Kaminski, Nicola: „Herzbruder? ‚Lenzens Verrückung' über die Jahrhundertschwelle". In: *Das achtzehnte Jahrhundert* 28.1 (2004), S. 46–64.
Kanzog, Klaus: „Norminstanz und Normtrauma. Die zentrale Figuren-Konstellation in Georg Büchners Erzählung und Georgs Moorse's Film ‚Lenz'. Filmanalyse als komplementäres Verfahren zur Textanalyse". In: *Georg Büchner Jahrbuch* 3 (1983, ersch. 1984), S. 76–97.

Kapp, Ernst: *Die Schaubühne als moralische Anstalt von Gottsched bis zu den Naturalisten (1730–1900). Ein Beitrag zur Theorie des deutschen Dramas.* Diss. phil., Univ. Tübingen, 1926. Masch. [Zu Lenz S. 71–83.]

Karbach, Walter: Mit Vernunft zu rasen. Heinar Kipphardt. Studien zu seiner Ästhetik und zu seinem veröffentlichten und nachgelassenen Werk. Oberwesel am Rhein 1989. [Zu Kipphardts „Soldaten"-Bearbeitung S. 221–229.]

Karolak, Czesław: „Jakob Michael Reinhold Lenz' ‚Philosophische Vorlesungen für empfindsame Seelen'. Ein adoleszenter Moralkatechismus des Sturm und Drang?" In: Carsten Gansel u. Pawel Zimniak (Hgg.): *Zwischenzeit, Grenzüberschreitung, Aufstörung. Bilder von Adoleszenz in der deutschsprachigen Literatur.* Heidelberg 2011 S. 225–235.

Karthaus, Ulrich unter Mitarbeit von Tanja Manß: *Sturm und Drang. Epoche – Werke – Wirkung.* München 2000. [Zu Lenz S. 97–105: Das Elend des Lehrers. Jakob Michael Reinhold Lenz: „Der Hofmeister oder Vorteile der Privaterziehung. Eine Komödie".]

Käser, Rudolf: *Die Schwierigkeit, ich zu sagen. Rhetorik der Selbstdarstellung in Texten des „Sturm und Drang". Herder – Goethe – Lenz.* Bern u. a. 1987. [Zu Lenz S. 253–384.] Rez.: Heinrich Clairmont: Ein neues Herder-Bild befreit vom Firnis der Rezeption? [Sammelrez.] In: Das achtzehnte Jahrhundert 17.1 (1993), S. 70–89. – Richard Gray, in: Lessing Yearbook/Lessing-Jahrbuch 21 (1989, ersch. 1990), S. 242–244. – J.[ean] Mondot, in: Études Germaniques (Paris) 44.4 (1989), S. 452–453.

Käser, Rudolf: „Onanie und Selbstkastration. J. M. R. Lenz' ‚Hofmeister' am Schnittpunkt von Medizin- und Literaturgeschichte". In: *Triangulum. Germanistisches Jahrbuch für Estland, Lettland und Litauen* (Vilnius u. a.) 11 (2006), S. 7–30.

Käser, Rudolf: „Spiegel und Spiegelbilder in Lenz' dichterischem und poetologischem Werk. Anmerkungen zur Kehrseite seines ‚Realismus'". In: *Triangulum. Germanistisches Jahrbuch für Estland, Lettland und Litauen* (Vilnius u. a.) 12 (2007), S. 20–36.

Käser, Rudolf: „‚Die jungen Herren weiß und roth': J. M. R. Lenz' Drama ‚Der Hofmeister' im Kontext medizinischer, juristischer und moraltheologischer Diskurse des 18. Jahrhunderts". In: Rudolf Käser u. Beate Schappach (Hgg.): *Krank geschrieben. Gesundheit und Krankheit im Diskursfeld von Literatur, Geschlecht und Medizin.* Bielefeld 2014 S. 87–115.

Kaserer, Christian: „Lenzens drei Weimarer Pandämonien". In: *Zeitschrift für Germanistik* N. F. 25.1 (2015), S. 158–161.

Kasties, Bert: *J. M. R. Lenz unter dem Einfluß des frühkritischen Kant. Ein Beitrag zur Neubestimmung des Sturm und Drang.* Berlin, New York 2003. Rez.: York-Gothart Mix, in: Das achtzehnte Jahrhundert 29.2 (2005), S. 270–273. – Marie-Christin Wilm, in: Lenz-Jahrbuch 12 (2002/2003, ersch. 2005), S. 239–244. – Karin A. Wurst, in: Germanistik (Tübingen) 45.1-2 (2004), S. 323. – Karin A. Wurst, in: Zeitschrift für Germanistik N. F. 14.1 (2004), S. 206–209.

Kauffmann, Kai: „Polemische Angriffe im literarischen Feld. Literatursatiren der Stürmer und Dränger (Goethe, Merck, Lenz)". In: Matthias Buschmeier, Kai Kauffmann (Hgg.): *Sturm und Drang. Epoche – Autoren – Werke.* Darmstadt 2013 S. 29–48.

Kaufmann, Ulrich: *Dichter in „stehender Zeit". Studien zur Georg-Büchner-Rezeption in der DDR.* Erlangen, Jena 1992. [Zu Büchners „Lenz" bes. S. 45–51, 62–63 u. 129–130.]

Kaufmann, Ulrich: „Weimar – Wendepunkt im Leben eines Dichters. Zum 200. Todestag von Jakob Michael Reinhold Lenz". In: *Deutschunterricht* (Berlin, Braunschweig) 45.6 (1992), S. 323–324.

Kaufmann, Ulrich: „‚... die schönste Blüthe dieses Genius'. Gastspiel der Berliner Schaubühne zum Weimarer Kunstfest mit Lenzens Fragment ‚Catharina von Siena'". In: *Weimar-Kultur-Journal* 8 (1993), S. 32.

Kaufmann, Ulrich: „Eine Forschungsstelle für Jakob Michael Reinhold Lenz in Jena". In: *Palmbaum. Literarisches Journal aus Thüringen* 1.1 (1993), S. 84–85.

Kaufmann, Ulrich: „Forschungsstelle zu J. M. R. Lenz geplant". In: *Alma Mater Jenensis* 4.9–10 (1993), S. 3.

Kaufmann, Ulrich: „Heimstatt für einen ‚schiffbrüchigen Europäer'? Sieben Überlegungen zu einer Lenz-Ausstellung in Thüringen". In: *Palmbaum. Literarisches Journal aus Thüringen* 1.3 (1993), S. 92–100.

Kaufmann, Ulrich: „‚Ich geh aufs Land, weil ich bei Euch nichts tun kann.' Zu einigen Aspekten des Aufenthalts von J. M. R. Lenz am Weimarer Musenhof". In: Stephan/Winter 1994a, S. 153–166.

Kaufmann, Ulrich: „Neuer Blick auf alte Funde. Die Lenziana in Weimar". In: Hill 1994a, S. 214–221.

Kaufmann, Ulrich: „‚... ausgestoßen aus dem Himmel als ein Landläufer, Rebell, Pasquillant'. Jakob Michael Reinhold Lenz und der Weimarer Musenhof". In: Detlef Ignasiak (Hg.): *Beiträge zur Geschichte der Literatur in Thüringen. Mit 28 Abbildungen und einem Faksimile*. Rudolstadt, Jena 1995 S. 163–179.

Kaufmann, Ulrich: „Dichters Wort sucht sich den Ort. Eine Lenz-Trilogie in Goethes Park". In: Kaufmann/Albrecht/Stadeler 1996 S. 144–147. [= Kaufmann 1996a]

Kaufmann, Ulrich: „Der Gasthof ‚Zum Erbprinzen' – Lenzens Weimarer Domizil". In: Detlef Ignasiak (Hg.): *Dichter-Häuser in Thüringen*. Jena 1996 S. 138–142. [= Kaufmann 1996b]

Kaufmann, Ulrich: „‚Rede, daß ich dich sehe!' Johannes Bobrowskis Lenz-Gedicht und seine Folgen". In: Kaufmann/Albrecht/Stadeler 1996 S. 132–140. [= Kaufmann 1996c]

Kaufmann, Ulrich: „‚Steinreich an Worten ... bettelarm an Geld'. Ein Gespräch mit Henning Boëtius". In: Kaufmann/Albrecht/Stadeler 1996 S. 141–143. [= Kaufmann 1996d.]

Kaufmann, Ulrich: „‚Bitte um geschwinden aber korrekten Druck und gut Papier.' Jakob Michael Reinhold Lenz im Umgang mit seinen Verlegern und Herausgebern". In: Detlef Ignasiak u. Günter Schmidt (Hgg.): *Beiträge zur Geschichte des Buchdrucks und des Buchgewerbes in Thüringen. 3. Arbeitstreffen zur Geschichte der Literatur in Thüringen vom 3. und 4. November 1995 in Jena*. Jena 1997 S. 116–125. [= Kaufmann 1997a]

Kaufmann, Ulrich: „‚Mit Lenzen ist nichts [...], so lieb ich ihn habe.' J. G. Herder und J. M. R. Lenz im Spiegel ihrer Briefe". In: Claus Altmayer u. Armands Gutmanis (Hgg.): *Johann Gottfried Herder und die deutschsprachige Literatur seiner Zeit in der baltischen Region. Beiträge der 1. Rigaer Fachtagung zur deutschsprachigen Literatur im Baltikum, 14. bis 17. September 1994*. Riga 1997 S. 134–149. [= Kaufmann 1997b]

Kaufmann, Ulrich: „‚Lenz, Goethens Freund ist hier, aber er ist kein Goethe.' Lenz, Goethe und die Folgen. Ein Vortrag im Freundeskreis am 13. November 1997". In: *Die Pforte* 4 (1998), S. 24–38.

Kaufmann, Ulrich in Zusammenarb. mit Kai Agthe: *Lenz in Weimar. Jakob Michael Reinhold Lenz 1776 am Weimarer Hof. Zeugnisse – Beiträge – Chronik. Mit 15 Illustrationen*. München 1999. [= Kaufmann 1999a] Rez.: Jens-Fietje Dwars: „... von keinem vermißt". In: Palmbaum. Literarisches Journal aus Thüringen 7.4 (1999), S. 74. – Martin Kagel, in: The German Quarterly (Cherry Hill/NJ) 73.2 (2000), S. 197–198. – Birgit Liebold, in: Weimar-Kultur-Journal 8.12 (1999), S. 34. – Peter Müller: Lenz und Goethe, Jena und Weimar. In: Weimarer Beiträge 47.2 (2001), S. 292–299. – Thorsten Unger, in: Germanistik (Tübingen) 40.3-4 (1999), S. 918–919. – Hans-Gerd Winter, in: Zeitschrift für Germanistik N. F. 10.2 (2000), S. 404–407.

Kaufmann, Ulrich: *Lenz in Berka*. Bucha bei Jena 1999. [= Kaufmann 1999b]

Kaufmann, Ulrich: „‚Ein Kranich lahm, zugleich Poet ...' – Jakob Michael Reinhold Lenz' dichterische Gestaltung Weimarer Erfahrungen". In: Roswitha Jacobsen (Hg.): *Residenzkultur in Thüringen vom 16. bis zum 19. Jahrhundert*. Bucha bei Jena 1999 S. 303–314. [= Kaufmann 1999c]

Kaufmann, Ulrich: „‚Ich aber werde dunkel seyn'. Lenz, Lessing und eine Ausstellung". In: Lessing-Museum Kamenz (Hg.): *Lessing und die Literaturrevolten nach 1770. 37. Kamenzer Lessing-Tage 1998*. Kamenz 1999 S. 37–51. [= Kaufmann 1999d]

Kaufmann, Ulrich: „‚„Zur Gewohnheit gewordene Güte und Theilnehmung gegen Fremde ...'. Lenz und Bertuch". In: Gerhard R. Kaiser u. Siegfried Seifert (Hgg.): *Friedrich Justin Bertuch (1747–1822). Verleger, Schriftsteller und Unternehmer im klassischen Weimar*. Tübingen 2000 S. 101–111.

Kaufmann, Ulrich: „Doppelter ‚Abschied von Kochberg'. Volker Braun im lyrischen Zwiegespräch mit Jakob Lenz". In: Andreas Meier (Hg.): *Jakob Michael Reinhold Lenz. Vom Sturm und Drang zur Moderne.* Heidelberg 2001 S. 97–109.

Kaufmann, Ulrich: „Im Schatten Goethes. Jakob Michael Reinhold Lenz zum 250. Geburtstag". In: *Thüringer Allgemeine* (Erfurt), Nr. 10, 12. 1. 2001 S. 4.

Kaufmann, Ulrich: „Jakob Michael Reinhold Lenz". In: *Mitteldeutsches Jahrbuch für Kultur und Geschichte* (2001), S. 184–186.

Kaufmann, Ulrich: „Lyrische Lenzporträts". In: Andreas Meier (Hg.): *Jakob Michael Reinhold Lenz. Vom Sturm und Drang zur Moderne.* Heidelberg 2001 S. 112–139.

Kaufmann, Ulrich: „‚... Scenen von poetischer Wahrheit und wahrer Poesie ...'. Theodor Storm und Erich Schmidt im Briefgespräch über Jacob Lenz". In: *Storm-Blätter aus Heiligenstadt* 7 (2001), S. 37–43.

Kaufmann, Ulrich: „Zarter Stoff in plumper Form? ‚Die Liebe auf dem Lande' (1775)". In: *Lenz-Jahrbuch* 10–11 (2000/2001, ersch. 2003), S. 93–105.

Kaufmann, Ulrich: *Waldbruder Lenz. Eine Spurensuche von Theodor Storm bis Christoph Hein.* Bucha bei Jena 2003. Rez.: Heidemarie Förster-Stahl, in: Palmbaum. Literarisches Journal aus Thüringen 12.3-4 (2004), S. 174–177.

Kaufmann, Ulrich: „‚Ich aber werde dunkel seyn'. Die Jenaer Lenz-Ausstellung. Eine Rückschau". In: Stephan/Winter 2006 S. 291–300.

Kaufmann, Ulrich: „‚So leben wir hin'. Harald Gerlachs Annäherungen an Jakob Michael Reinhold Lenz". In: Stephan/Winter 2006 S. 233–244.

Kaufmann, Ulrich: „‚So führst Du uns ... bis nach Elysium hinüber'. Der Dichter Lenz traf 1776 Weimars ‚Zentralmuse' Anna Amalia". In: *Palmbaum. Literarisches Journal aus Thüringen* 15.1 (2007), S. 127–135.

Kaufmann, Ulrich: „‚Scenen von poetischer Wahrheit und wahrer Poesie'. Theodor Storms Interesse an J. M. R. Lenz". In: Ulrich Kaufmann (Hg.): *Dichters Worte – Dichters Orte. Von Goethe bis Gerlach. 30 Versuche.* Jena 2007 S. 23–31.

Kaufmann, Ulrich: „‚Ausgestoßen aus dem Himmel'. Lenz in Weimar (1776)". In: Ulrich Kaufmann (Hg.): *Dichters Worte – Dichters Orte. Von Goethe bis Gerlach. 30 Versuche.* Jena 2007 S. 180–195.

Kaufmann, Ulrich: „Ein zeitgemäßer ‚Hofmeister'. Lenzens Tragikomödie am DNT Weimar". In: *Palmbaum. Literarisches Journal aus Thüringen* 23.1 (2015), S. 175–184.

Kaufmann, Ulrich: „simpel und doch außerordentlich". Zu Lenzens lyrischen ‚Epitaphium' in Goethes ‚Dichtung und Wahrheit'. Eine Miszelle. In: *Palmbaum. Literarisches Journal aus Thüringen* 25.1 (2017), S. 21–23.

Kaufmann, Ulrich, Wolfgang Albrecht u. Helmut Stadeler (Hgg.): *„Ich aber werde dunkel sein". Ein Buch zur Ausstellung Jakob Michael Reinhold Lenz. Im Auftrag des Mercurius e. V. und der Kulturstiftung der deutschen Vertriebenen.* Jena 1996. [= Kaufmann/Albrecht/Stadeler 1996] Rez.: Felix Höpfner, in: Lenz-Jahrbuch 6 (1996), S. 230–231. – Hans-Georg von Arburg, in: Lichtenberg-Jahrbuch (1996), S. 240–243.

Kawerau, Waldemar: „Der Dichter Jakob Lenz". In: *Allgemeine Literarische Correspondenz für das gebildete Deutschland* (Leipzig), Bd. 3, Nr. 32, 1. 1. 1879 S. 1–4.

Kaynar, Gad: Lenz, „‚The Soldiers'. Ambivalent Revolt and Subversive Rhetoric". In: *Assaph. Studies in the Theatre* (Tel Aviv) 15 (1999), S. 63–80.

Kaynar, Gad: „A Pre-Modernist as Postmodernist. On the Dramaturgical and Theatrical Reception of ‚The Soldiers' at the Theatre Department of Tel-Aviv University". In: Stephan/Winter 2003a, S. 449–466.

Kayser, Wolfgang: *Das Groteske. Seine Gestaltung in Malerei und Dichtung.* Oldenburg, Hamburg 1957. [Zu Lenz: S. 42–46.]

Keckeis, Gustav: *Dramaturgische Probleme im Sturm und Drang.* Bern 1907. [Zu Lenz, bes. zu den „Anmerkungen übers Theater", S. 21–134.] ND Hildesheim 1974. Rez.: Walter Bormann, in: Studien zur vergleichenden Literaturgeschichte 8.3 (1908), S. 386–388. – Albert Köster, in: Anzeiger für deutsches Altertum und deutsche Litteratur 33.2-3 (1909), S. 214–219. – Robert Petsch, in: Das litterarische Echo 12.7 (1909/1910), Sp. 521.

Kehrer, Alois: *Das Bildungsideal der Stürmer und Dränger. Grundlagen und historische Entwicklung.* Diss. phil., Univ. Wien, 1928. Masch.

Keller, Bernard: „Relations et rayonnement. Les contacts de J. F. Oberlin avec l'Europe de la Culture". In: Malou Schneider u. Marie-Jeanne Geyer (Hgg.): *Jean-Frédéric Oberlin. Le divin ordre du monde. 1740–1826.* Mulhouse 1991 S. 19–36. [Zu Lenz S. 29 u. 35.]

Keller, Jules: „Les sociétés culturelles à Strasbourg vers 1770". In: *Revue d'Allemagne* 3.1 (1971): Goethe et l'Alsace, S. 223–235.

Keller, Mechthild: „Verfehlte Wahlheimat. Lenz in Rußland". In: Mechthild Keller (Hg.): *Russen und Rußland aus deutscher Sicht. 18. Jahrhundert: Aufklärung.* München 1987 (= West-östliche Spiegelungen. Reihe A 2), S. 516–535.

Kemper, Angelika: *„Auf, gelebt, du alter Adam!" ,Schuld' in der deutschsprachigen Komödie des 18. und frühen 19. Jahrhunderts.* St. Ingbert 2007. [Zu Lenz' Komödientheorie S. –48; zu Lenz' Auseinandersetzung mit der Tragikomödie S. 61–68; zu den Plautus-Übertragungen S. 68–110; zu „Der Hofmeister" u. „Die Soldaten" S. 222–302.]

Kemper, Hans-Georg: „,Der himlische Zug'. Zum pietistischen Einfluß auf Lenz' erstes Erlebnisgedicht". In: Wolfgang Breul-Kunkel u. Lothar Vogel (Hgg.): *Rezeption und Reform. Festschrift für Hans Schneider zu seinem 60. Geburtstag.* Darmstadt, Kassel 2001 S. 335–359.

Kemper, Hans-Georg: *Deutsche Lyrik der frühen Neuzeit.* Bd. 6.II: Sturm und Drang: Genie-Religion. Tübingen (2002). [= H.-G. Kemper 2002a]

Kemper, Hans-Georg: *Deutsche Lyrik der frühen Neuzeit.* Bd. 6.III: Sturm und Drang: Göttinger Hain und Grenzgänger. Tübingen (2002). [= H.-G. Kemper 2002b] [Zu Lenz vgl. Reg.]

Kemper, Hans-Georg: „,Wie lacht die Flur! – Wo lacht die Flur?' Intertextualität und historische Konstellation in Lenz' Sesenheimer Erlebnislyrik". In: Kálmán Kovács (Hg.): *Textualität und Rhetorizität.* Frankfurt/Main u. a. 2003 (= Debrecener Studien zur Literatur 10), S. 7–24.

Kes-Costa, Barbara R.: „,Freundschaft geht über Natur.' On Lenz's Rediscovered Adaptation of Plautus". In: Leidner u. Madland 1993Leidner/Madland 1993a, S. 162–173.

Kes-Costa, Barbara R.: „Ätolien, Algier und das Serail. Entführungsthema und Religionsersatz bei Plautus, J. M. R. Lenz und Mozart". In: *Carleton Germanic Papers* (Ottawa) 22 (1994), S. 95–105.

Kieffer, Bruce: *The Storm and Stress of Language. Linguistic Catastrophe in the Early Works of Goethe, Lenz, Klinger, and Schiller.* University Park, London (1986). [Zu Lenz S. 59–81: Lenz: Language against Reason.] Rez.: Susan E. Gustafson, in: Lessing Yearbook/Lessing-Jahrbuch 20 (1988, ersch. 1989), S. 354–356.

Kienitz, Oskar: „Die Sturm- und Drang-Periode und J. M. Reinhold Lenz". In: *Das Inland* (Dorpat), Jg. 23, Nr. 48, 1.12.1858 Sp. 769–775; Nr. 50, 15.12.1858 Sp. 809–814; Nr. 52, 29.12.1858 Sp. 833–844.

Kindermann, Heinz: *J. M. R. Lenz und die Deutsche Romantik. Ein Kapitel aus der Entwicklungsgeschichte romantischen Wesens und Schaffens.* Wien, Leipzig (1925). [= Kindermann 1925a] Rez.: Jos.[ef] Körner, in: Die Neueren Sprachen 34.3 (1926), S. 237–239. – Otto Koischwitz, in: The Germanic Review (Philadelphia u. a.) 1.4 (1926), S. 361–363. – Victor Michels, in: Anzeiger für deutsches Altertum und deutsche Litteratur 44.3 (1925), S. 134–142. – William Rose, in: The Modern Language Review (London) 21.2 (1926), S. 229–230.

Kindermann, Heinz: „Entwicklung der Sturm- und Drang-Bewegung". In: *Germanistische Forschungen. Festschrift anläßlich des 60semestrigen Stiftungsfestes des Wiener Akademischen Gemanistenvereins.* Wien 1925 S. 117–136. [= Kindermann 1925b]

Kindermann, Heinz: „Lenz und Goethe. Ein Wort zum ,Pandaemonium Germanicum'". In: *Ostdeutsche Monatshefte* 11.7 (1930), Sonderheft: Goethe und der Osten, S. 450–457. Rez.: O.[tto] von Petersen, in: Baltische Monatsschrift 61 (1930), S. 706–707.

Kindermann, Heinz (Hg.): *Kampf um das soziale Ordnungsgefüge.* Tl. 1. Leipzig 1939.

Kindermann, Heinz: *Meister der Komödie. Von Aristophanes bis G. B. Shaw.* Wien, München (1952). [Zu Lenz S. 201–224: Lessing und Lenz.]

King, Henry Safford: „Echoes of the American Revolution in German Literature". In: *University of California Publications in Modern Philology* (Berkeley) 14.2 (1929/1930), S. 23–193. [Zu Lenz S. 57–62.]

King, Janet K.: „Lenz Viewed Sane". In: *The Germanic Review* (Philadelphia u. a.) 49 (1974), S. 146–153.

Kirsch, Konrad: *Vom Autor zum Autosalvator. Georg Büchners „Lenz"*. Sulzbach 2001.

Kirsch, Sebastian: „Mühlheim an der Ruhr. Fruchtbare Söhne. Theater an der Ruhr: ‚Der Hofmeister' von Jakob Michael Reinhold Lenz". In: *Theater der Zeit* 62.10 (2007), S. 55–56.

Kirschfeldt, Johannes: „Der Pietismus des Christian David Lenz". In: *Baltische Blätter für allgemein-kulturelle Fragen* 2.3 (1924/1925), S. 99–105.

Kirschfeldt, Johannes: „Das Tagebuch eines unbekannten Pietisten". In: *Theologische Studien und Kritiken* 105.3 (1933), S. 337–345. [Zu Christian David Lenz' Tagebuch.]

Kistler, Mark O.: *Drama of the Storm and Stress*. New York (1969). [Zu Lenz bes. S. 32–73: Lenz: Life of a Genius.]

Kitching, Laurence Patrick Anthony: *„Der Hofmeister": A Critical Analysis of Bertolt Brecht's Adaption of Lenz's Drama*. München 1976. Rez.: Alexander von Bormann, in: Germanistik (Tübingen), 19.1 (1978), S. 181–182.

Kjølner, Torunn (Hg.): „Dramaturgy in Performance. An Erasmus Exchange and Six Workshops based on Büchner's ‚Lenz'". Århus 1994.

Klaue, Magnus: „Zur Aristoteles-Rezeption in Lenz' ‚Anmerkungen übers Theater'". In: *Lenz-Jahrbuch* 8–9 (1998/1999, ersch. 2003), S. 99–109.

Klaue, Magnus: „Die Verdunkelung des Autors. Autorschaft und Subjektkonzeption in ‚So soll ich dich verlassen liebes Zimmer'". In: *Lenz-Jahrbuch* 10–11 (2000/2001, ersch. 2003), S. 247–260.

Klein, Christian: „‚Ich weiß nicht, soll das Satire sein, oder –'. Intertextualité et indétermination dans ‚Le Précepteur' de Lenz". In: *Études Germaniques* (Paris) 52.1 (1997): J. M. R. Lenz, S. 131–142.

Kließ, Werner: *Sturm und Drang. Gerstenberg, Lenz, Klinger, Leisewitz, Wagner, Maler Müller*. Velber b. Hannover (1966). [Zu Lenz bes. S. 34–74.]

Klingenberg, Anneliese: „Smith-Rezeption als ideologische Einleitung der Kunstperiode. Beziehungen von Ökonomie, Staatskritik und Kunstidee". In: *Kunstperiode. Studien zur deutschen Literatur des ausgehenden 18. Jahrhunderts*. Von einem Autorenkollektiv. Leitung: Peter Weber. Berlin 1982 S. 73–103 u. 223–227. [Zu Lenz S. 82–83 u. 225–226.]

Klose, Jürgen: „Der Prinz aus Kumba. Auch zum Europabild bei Jakob Michael Reinhold Lenz und Christoph Hein". In: Sandra Kersten u. Manfred Frank Schenke (Hgg.): *Spiegelungen. Entwürfe zu Identität und Alterität. Festschrift für Elke Mehnert*. Berlin 2005 S. 315–340.

Kluckhohn, Paul: *Die Auffassung der Liebe in der Literatur des 18. Jahrhunderts und in der Romantik*. Halle/Saale (1922). [Zu Lenz S. 206, 209–211, 215 u. 226.]

Kluge, Karlheinz: *Landläuffer. Wegmarken zur Wanderung von Jakob Lenz vom Januar 1778. Coureur de pays. Signes pour le voyage de Jakob Lenz en janvier 1778. Traduit de l'allemand par Gisèle Argaud*. [Paralleldruck dt./frz.] Offenburg, Strasbourg 2003.

Kluth, Käthe: *Wieland im Urteil der vorklassischen Zeit. Greifswald 1917*. Diss. phil., Univ. Greifswald, (1927). [Zu Lenz S. 41–72: Lenz' Stellung zu Wieland.]

Knapp, Gerhard P.: *Georg Büchner*. Stuttgart (1977). [Zu Büchners „Lenz" S. 67–77.] 2., neu bearbeitete Aufl. (1984). [Zu Büchners „Lenz" S. 85–102]; 3., vollständig überarb. Aufl. (2000). [Zu Büchners „Lenz" S. 126–153.]

Knopf, Jan: *Brecht-Handbuch. Theater. Eine Ästhetik der Widersprüche*. Stuttgart (1980). [Zu Lenz S. 292–304: [Art.] „Der Hofmeister" von Jakob Michael Reinhold Lenz, Bearbeitung.] [= Knopf 1980a]

Knopf, Jan: „Noch einmal: Pätus. Zur Vaterschaft in Lenz' ‚Hofmeister'". In: *Deutsche Vierteljahrsschrift für Literaturwissenschaft und Geistesgeschichte* 54.3 (1980), S. 517–519. [= Knopf 1980b]

Knopf, Jan: „Die Kastration von Lenz' ‚Hofmeister' durch Brecht". In: Stephan/Winter 2003a, S. 431–439.

Knorr, Heinz: *Wesen und Funktion des Intriganten im deutschen Drama von Gryphius bis zum Sturm und Drang*. Diss. phil., Univ. Erlangen, 1951. Masch. [Zu Lenz S. 90–93.]

Knudsen, Hans: „Jak. Mich. Reinh. Lenz und Mannheim". In: *Mannheimer Geschichtsblätter* 19 (1918), Sp. 63–64.

Kob, Sabine: *Wielands Shakespeare-Übersetzung. Ihre Entstehung und ihre Rezeption im Sturm und Drang*. Frankfurt/Main u. a. (2000). [Zu Lenz bes. S. 82–84.]

Koberstein, August: „Wer hat die im Jahre 1776 mit dem Namen von J. M. R. Lenz erschienene Komödie ‚Die Soldaten' verfasst?" In: *Archiv für Litteraturgeschichte* 1 (1870), S. 312–314.

Kochendörffer, Karl: „Goethes Glaubwürdigkeit in Dichtung und Wahrheit". In: *Preußische Jahrbücher* 66 (1890), S. 539–563. Rez. zu Foitzheims „Goethe und Heinrich Leopold Wagner" (1889) mit zahlreichen Lenz-Bezügen. Siehe dazu auch Froitzheims „Erwiderung" und Kochendörffers „Replik", in: Preußische Jahrbücher 67 (1891), S. 315–316 bzw. 316–321.

Köhn, Lothar: „Lenz und Claude Frollo. Eine Vermutung zu Büchners ‚Lenz'-Fragment". In: *Deutsche Vierteljahrsschrift für Literaturwissenschaft und Geistesgeschichte* 66.4 (1992), S. 667–686.

Kohnen, Joseph: *Lyrik in Königsberg 1749–1799*. Frankfurt/Main u. a. (2000). [Zu Lenz S. 117–121: Jakob Michael Reinhold Lenz [1768–1771].]

Koischwitz, Otto: „Das Bühnenbild im Sturm und Drang-Drama. Eine theatergeschichtliche Skizze". In: *The Germanic Review* (Philadelphia u. a.) 1.2 (1926), S. 96–114.

Komfort-Hein, Susanne: „Die Medialität der Empfindsamkeit. Goethes ‚Die Leiden des jungen Werther' und Lenz' ‚Der Waldbruder. Ein Pendant zu Werthers Leiden'". In: *Jahrbuch des Freien Deutschen Hochstifts* (2002), S. 31–53.

Komfort-Hein, Susanne: „Literarische Reflexionen einer Sprache des Herzens. Jakob Michael Reinhold Lenz' Prosaschriften". In: Udo Sträter u. a. (Hgg.): *Interdisziplinäre Pietismusforschungen. Beiträge zum Ersten Internationalen Kongress für Pietismusforschung 2001*. Halle 2005 S. 481–492.

Koneffke, Marianne: *Der „natürliche" Mensch in der Komödie „Der neue Menoza" von Jakob Michael Reinhold Lenz*. Frankfurt/Main u. a. 1990. Rez.: Martin Rector, in: Lenz-Jahrbuch 2 (1992), S. 237–240.

Koneffke, Marianne: „Die weiblichen Figuren in den Dramen des J. M. R. Lenz: ‚Der Hofmeister', ‚Der neue Menoza', ‚Die Soldaten'. Zwischen Aufbegehren und Anpassung". In: *Wirkendes Wort* 42.3 (1992), S. 389–405.

Konicki, Ad.[olf]: „Reinhold Lenz und Friederike Brion. Zu Lenz' 100jährigem Todestage, am 14. Mai 1892". In: *Leipziger Tageblatt*, Abendausgabe, Nr. 271, 28. 5. 1892 S. [1–2].

Kontz, Albert: *Les drames de la jeunesse de Schiller. Les Brigands – Fiesque – Intrigue et Amour – Don Carlos. Étude historique et critique*. Paris (1899). [Zu Lenz S. 147–160.]

Kopfermann, Thomas: *Soziales Drama. Georg Büchner: „Woyzeck". Gerhard Hauptmann: „Die Weber". J. M. R. Lenz: „Die Soldaten". Friedrich Wolf: „Cyankali"*. Stuttgart 1986.

Kopfermann, Thomas: *Bürgerliches Selbstverständnis. Jakob Michael Reinhold Lenz: „Der Hofmeister". Gotthold Ephraim Lessing: „Emilia Galotti". Friedrich Schiller: „Kabale und Liebe"*. Stuttgart 1988.

Köpke, Rudolf: *Ludwig Tieck. Erinnerungen aus dem Leben des Dichters nach dessen mündlichen und schriftlichen Mittheilungen*. 2 Tle. Leipzig (1855). [Zu Lenz Tl. 2, S. 56 u. 198–201.]

Koepke, Wulf: „In Search of a New Religiosity. Herder and Lenz". In: Leidner/Madland 1993a, S. 121–131.

Koepke, Wulf: „Herder and the Sturm und Drang". In: Hill 2003a, S. 69–93.

Koeppen, Wolfgang: „Stadttheater Würzburg: Lenz". In: *Fränkischer Volksfreund*, Nr. 266, 19. 11. 1926 S. [9].

Korb, Richard Alan: „Der Hofmeister. Lenz's Sex Comedy". In: Leidner/Madland 1993a, S. 25–34.

Korch, Katrin: *Der zweite Petrarkismus. Francesco Petrarca in der deutschen Dichtung des 18. und 19. Jahrhunderts.* Aachen, Mainz (2000). [Zu Lenz S. 183–206.]

Korff, H.[ermann] A.[ugust]: *Geist der Goethezeit. Versuch einer ideellen Entwicklung der klassisch-romantischen Literaturgeschichte.* Tl. 1: Sturm und Drang. Leipzig (1923). [Zu Lenz bes. S. 253–254; weitere Lenz-Bezüge S. 133, 143, 180 u. 243.]

Koerner, Charlotte W.: „Volker Brauns ‚Unvollendete Geschichte'. Erinnerung an Büchners ‚Lenz'". In: *Basis. Jahrbuch für deutsche Gegenwartsliteratur* 9 (1979), S. 149–168.

Kosch, Wilhelm: [Art.] „Lenz, Jakob Michael Reinhold". In: Wilhelm Kosch: *Deutsches Theater-Lexikon. Biographisches und bibliographisches Handbuch.* Bd. 2. Klagenfurt, Wien 1960 S. 1211–1212.

Koschorke, Albrecht: „Der prägnante Moment fand nicht statt. Vaterlosigkeit und Heilige Familie in Lenz' ‚Hofmeister'". In: Peter-André Alt u. a. (Hgg.): *Prägnanter Moment. Studien zur deutschen Literatur der Aufklärung und Klassik. Festschrift für Hans-Jürgen Schings.* Würzburg 2002 S. 91–103.

Košenina, Alexander: „‚Wenn Wissenschaft Wissenschaft wird, ist nichts mehr dran'. Gelehrsamkeitskritik und Akademikersatire im Sturm und Drang". In: *Lenz-Jahrbuch* 8–9 (1998/1999, ersch. 2003), S. 163–199. [Zu Lenz S. 180 f.]

Kossmann, Alfred: „Reinhold Lenz". In: *Tirade* (Amsterdam) 8/95 (1964), S. 682–694.

Köster, Albert: „Ein Jugendfreund Goethe's". In: *Hamburgischer Correspondent*, Nr. 319, 16. 11. 1888 Mittagsblatt, S. 1–2 u. Nr. 320, 17. 11. 1888 Mittagsblatt, S. 2–3. Vortrag über Lenz im ‚Verein für Handlungscommis von 1858'.

Köster, Albert: *Die deutsche Literatur der Aufklärungszeit. Fünf Kapitel aus der Literaturgeschichte des achtzehnten Jahrhunderts mit einem Anhang: Die allgemeinen Tendenzen der Geniebewegung.* Heidelberg (1925). [Zu Lenz vgl. Reg.]

Kraft, Herbert: *J. M. R. Lenz: Biographie.* Göttingen 2015. Rez.: Alexander Kissler, in: Literaturen (2015), S. 39–40. – Heinrich Bosse, in: literaturkritik.de Nr. 8 (2015). – Thomas Meissner, in: Frankfurter Allgemeine Zeitung, 10. 12. 2015 S. 14.

Kraft, Stephan: *Zum Ende der Komödie. Eine Theoriegeschichte des Happyends.* Göttingen (2011). [Zu Lenz S. 128–139: „Das ist eine Komödie! ächzen die alten Frauen": J. M. R. Lenz' „Anmerkungen übers Theater"; S. 140–151: Vom Ende der Komödie als von ihrem Verschwinden als Gattung: J. M. R. Lenz' „Rezension des Neuen Menoza".]

Krämer, Herbert (Hg.): *Erläuterungen und Dokumente. J. M. R. Lenz: „Die Soldaten".* Stuttgart 1974. Bibliographisch ergänzte Ausgabe: Stuttgart 1990.

Krämer, Herbert: „In amore omnia insunt vitia. Lenzens ‚Hofmeister' wiedergelesen". In: *Der Ginkgo-Baum* (Helsinki) 12 (1993), S. 113–116.

Krauß, Adela: „Gestaltung und Gestalt in ‚Der Hofmeister' von J. M. R. Lenz". In: George Guţu (Hg.): *Wehn vom Schwarzen Meer …. Literaturwissenschaftliche Aufsätze.* Bukarest 1998 S. 31–39.

Krauß, Andrea: „Körper, Gespenster, ein Zwerg. Lenz und Lessing studieren Shakespeare". In: Ulrike Zeuch (Hg.:): *Lessings Grenzen.* [56. Wolfenbütteler Symposium zum Thema „Lessings Grenzen" vom 21. April bis 24. April an der Herzog August Bibliothek Wolfenbüttel.] Wiesbaden 2005 S. 101–125.

Krauß, Andrea. „Verlaufen: Perfectibilité in J. M. R. Lenz' ‚Der Hofmeister oder Vorteile der Privaterziehung'". In: *Modern Language Notes* (Baltimore) 125.3 (2010), S. 571–601.

Krauß, Andrea: *Lenz unter anderem. Aspekte einer Theorie der Konstellation.* Zürich (2011). [= Krauß 2011a]

Krauß, Andrea: „Pendant. Zeitstruktur und Romantheorie in J. M. R. Lenz' ‚Waldbruder'-Fragment". In: *Variations. Literaturzeitschrift der Universität Zürich* 19 (2011), S. 55–72. [= Krauß 2011b]

Krebs, Roland: „Lenz et le Sturm und Drang". In: *Études Germaniques* (Paris) 49.2 (1994), S. 195–197.

Krebs, Roland: „Lenz, lecteur de Goethe: ‚Über Götz von Berlichingen'". In: *Études Germaniques* (Paris) 52.1 (1997): J. M. R. Lenz, S. 64–78.

Krebs, Roland: „Lenz' Beitrag zur Werther-Debatte. Die ‚Briefe über die Moralität der Leiden des jungen Werthers'". In: Robert Theis (Hg.): *Die deutsche Aufklärung im Spiegel der neueren französischen Aufklärungsforschung.* Hamburg 1998 (= Aufklärung. Interdisziplinäres Jahrbuch zur Erforschung des 18. Jahrhunderts und seiner Wirkungsgeschichte 10.1), S. 67–79.

Krebs, Roland: „‚Le Précepteur' ou du bon usage de la citation". In: Michel Vanoosthuyse (Hg.): *Brecht 98. Poétique et politique. Poetik und Politik.* Montpellier 1999 S. 145–156.

Krebs, Roland: „Was ist Sturm und Drang? Periodisierungsgeschichtliche Überlegungen aus Anlaß zweier Neuerscheinungen". In: *Das achtzehnte Jahrhundert* 25.2 (2001), S. 289–293.

Krebs, Roland: „‚In Marmontels Manier, aber wie ich hoffe nicht mit seinem Pinsel'. ‚Zerbin' als ‚moralische Erzählung'". In: Stephan/Winter 2003a, S. 129–143.

Krech, Paul: *Die Landschaft im Sturm- und Drangdrama. Ein kunstwissenschaftlicher Versuch.* Berlin (1933). [Zu Lenz vgl. Reg.]

Kreienbrink, Ingegrete: *Johann Georg Schlosser und die geistigen Strömungen des 18. Jahrhunderts.* Diss. phil., Univ. Greifswald, (1948). [Zu Lenz bes. S. 48–49.]

Kreutzer, Leo: „Literatur als Einmischung. Jakob Michael Reinhold Lenz". In: Walter Hinck (Hg.): *Sturm und Drang. Ein literaturwissenschaftliches Studienbuch.* Kronberg/Ts. 1978 S. 213–229. Durchges. Neuauflage Frankfurt/ Main 1989.

Kreutzer, Leo: „Der Klassiker und ‚ein vorübergehendes Meteor': Jakob Michael Reinhold Lenz". In: Leo Kreutzer: *Mein Gott Goethe. Essays.* Reinbek bei Hamburg 1980 S. 81–101. Wiederabdruck des Aufsatzes von 1978 in erw., umgearb. Fassung.

Kroker, Ernst: *Die Ayrerische Silhouettensammlung. Eine Festgabe zu Goethes hundertfünfzigstem Geburtstag.* Leipzig (1899). [Zu Lenz S. 41 u. Tafel XXXII.]

Krüger, Michael: „Vielleicht lebst du weiter im Stein". In: Michael Krüger: *Literatur als Lebensmittel.* München 2008 S. 27–35.

Kruse, Heinrich: „Wallfahrt nach Sesenheim". In: *Deutsche Rundschau* 17 (1878), S. 218–226.

Kubik, Sabine: *Krankheit und Medizin im literarischen Werk Georg Büchners.* Stuttgart (1991). [Zu Büchners „Lenz" S. 46–61 u. 100–137.]

Kubitschek, Peter: „Die tödliche Stille der verkehrten Welt. Zu Georg Büchners ‚Lenz'". In: Hans Georg Werner (Hg.): *Studien zu Georg Büchner.* Berlin, Weimar 1988 S. 86–104.

Kuchinke-Bach, Anneliese: *Das dramatische Bild als existentielle Exposition. In der deutschen Tragödie vom 17. bis 19. Jahrhundert.* Frankfurt/Main u. a. (1999). [Zu Lenz S. 76–87.]

Kuchle, Eric: „Licht und Finsternis in Büchners ‚Lenz'". In: *New German Review* (Los Angeles) 15–16 (1999/2001, ersch. 2001), S. 23–35.

Kühn, Julius: *Der junge Goethe im Spiegel der Dichtung seiner Zeit.* Heidelberg (1912). [Zu Lenz S. 30–42 u. 73–97.]

Kunz, J.: „Die Dramaturgie von J. M. R. Lenz." In: *Études Germaniques* (Paris) 25.1 (1970), S. 53–61.

Künzel, Christine: „Dramen hinter den Kulissen. Anmerkungen zur Repräsentation sexueller Gewalt bei Lenz, Wagner und Lessing". In: Stephan/Winter 2003a, S. 339–353.

Küp, Peter: *Bühnenanweisungen im Drama des Sturm und Drang. Ein Beitrag zur speziellen Dramaturgie und Theatergeschichte.* Diss. phil., Univ. München, 1956. Masch.

Kuribayashi, Sumio: [Ein Aspekt des Geschichtsdramas. J. M. R. Lenz und G. Büchner.] In: *Doitsubungaku-Ronkô/Forschungsberichte zur Germanistik* (Osaka) 37 (1995), S. 1–18. Originaltitel und Beitrag auf Japanisch (mit dt. Zusammenfassung).

Kurth, Lieselotte E. u. William H. McClain: „Dichterhandschriften in der Bibliothek der Johns Hopkins-Universität, Baltimore". In: *Jahrbuch der Deutschen Schillergesellschaft* 11 (1967), S. 614–630. [Zu Lenz S. 624.]

Kurz, Werner: *F. M. Klingers „Sturm und Drang".* Halle/Saale (1913). [Zu Lenz bes. S. 142–154.]

Kurzmann, Peter: *„Die Kraft ist unsere Seel in unserem Körper": Körper- und Seelendarstellungen in den Werken von J. M. R. Lenz.* Dipl.-Arbeit, Univ. Wien, 2012.

Kutscher, Artur: „Eduard von Bauernfelds ‚Soldatenliebchen' und J. M. R. Lenz' ‚Soldaten'. Zur Aufführung der ‚Soldaten' im Münchner Künstlertheater". In: *Janus*, Jg. 1, Nr. 6, 15.11.1911 S. 121–124.

Laak, Lothar van: „Störung im Medienwechsel: Kipphardts Theater- und Fernsehspiel-Fassungen von Lenz' Komödie ‚Die Soldaten'". In: Sven Hanuschek u. Laura Schütz (Hgg.): *Stören auf lustvolle Weise*. Hannover 2014 S. 69–79.

Labaye, Pierre: „J. M. R. Lenz et la crise de la tragédie. Remarques sur ‚Les Soldats'". In: Pierre Labaye (Hg.): *L'Allemagne des Lumières à la Modernité. Mélanges offerts à Jean-Louis Bandet*. Rennes 1997 S. 63–76.

Labisch, Thomas: „Literatur als Gestaltung von Wirkungsgeschichte. Untersuchungen zu Aufbau und Struktur von Gert Hofmanns Novelle ‚Die Rückkehr des verlorenen Jakob Michael Reinhold Lenz nach Riga'". In: *Literatur in Wissenschaft und Unterricht* 20.3 (1987), S. 426–439.

Lambrecht, Ulrich: „Bertolt Brechts Verhältnis zur klassischen Tradition. Die ‚Hofmeister'-Bearbeitung im Lichte Brechtscher Geschichtsauffassung". In: Herbert Hömig (Hg.): *Leben und Wahrheit in der Geschichte. Festgabe zum 90. Geburtstag von Hans Tümmler*. Bochum 1996 S. 163–191.

Lamport, Francis: „‚Shakespeare has quite spoilt you'. The Drama of the Sturm und Drang". In: Hill 2003a, S. 117–139.

Landry, Karl: „Neues von Jacob Michael Reinhold Lenz". In: *Die Musen. Zwanglose Hefte für Produktion und Kritik* 1 (1895), S. 101–106.

Landsberg, Hans: „Deutsche literarische Zeitgemälde, Parodien und Travestien". In: *Zeitschrift für Bücherfreunde* 6.9 (1902/1903), S. 345–360. [Zu Lenz bes. S. 351 u. 353.]

Landwehr, Jürgen: „Das suspendierte Formurteil. Versuch der Grundlegung einer Gattungslogik anläßlich von Lenz' sogenannten Tragikomödien ‚Der Hofmeister' und ‚Die Soldaten'". In: *Lenz-Jahrbuch* 6 (1996), S. 7–61.

Lang, Walter: *Lenz und Hauptmann. Ein Beitrag zur Theorie und Geschichte des Naturalismus im Drama*. Diss. phil., Univ. Frankfurt/Main, 1921. Masch.

Lange, Kurt: *Der Student in der deutschen Literatur des 18. Jahrhunderts*. Breslau (1930). [Zu Lenz S. 57–58.]

Langmesser, August: *Jacob Sarasin der Freund Lavaters, Lenzens, Klingers u. a. Ein Beitrag zur Geschichte der Genieperiode. Mit einem Anhang: Ungedruckte Briefe und „Plimplamplasko, der hohe Geist"*. Zürich 1899.

Lappe, Claus O.: „Wer hat Gustchens Kind gezeugt? Zeitstruktur und Rollenspiel in Lenz' ‚Hofmeister'". In: *Deutsche Vierteljahrsschrift für Literaturwissenschaft und Geistesgeschichte* 54.1 (1980), S. 14–46. [= Lappe 1980a]

Lappe, Claus O.: „Noch einmal zur Vaterschaftsfrage in Lenz' ‚Hofmeister'". In: *Deutsche Vierteljahrsschrift für Literaturwissenschaft und Geistesgeschichte* 54.3 (1980), S. 520–521. [= Lappe 1980b]

Laroche, Bernd: „Dies Bildnis ist bezaubernd schön". Untersuchungen zur Struktur und Entwicklung der Bildnisbegegnung in der deutschen Literatur des 16.–19. Jahrhunderts. Frankfurt/Main u. a. (1995). [Zu Lenz S. 171–181: J. M. R. Lenz: „Der Waldbruder".] Zugl. Diss. phil., Univ. Münster, 1977.

Laube, Horst: „Gespräch über Lenz". In: Horst Laube (Hg.): *Theaterbuch 1*. München 1978 S. 46–50.

Laun, Fr.[iedrich] [d. i. Friedrich August Schulz]: „Friederike Brion, Goethes Geliebte". In: *Morgenblatt für gebildete Leser* (Stuttgart), Nr. 212, 4.9.1840 S. 845–846; Nr. 213, 5.9.1840 S. 850–851; Nr. 214, 7.9.1840 S. 853–855; Nr. 215, 8.9.1840 S. 858–859; Nr. 216, 9.9.1840 S. 862–863; Nr. 217, 10.9.1840 S. 867–868. In Nr. 216 u. Nr. 217 Abdruck der Gedichte aus dem ‚Sesenheimer Liederheft'.

[Lavater, Johann Caspar:] *J. C. Lavaters Fremdenbücher. Faksimile-Ausgabe*. 8 Bde. Mainz (2000). [Lenz-Bezüge in Bd. 3, S. [114] sowie im Kommentarband [Bd. 8], S. 140 u. 236.]

Le Berre, Aline: „J. M. R. Lenz, émancipateur frileux dans ‚Le Précepteur' et ‚Les Soldats'". In: E. Faucher u. J. Lajarrige (Hgg.): *Littérature, Civilisation, Linguistique aux concours d'allemand 1997*. Nancy 1997 S. 127–157.

Le Berre, Aline: „Un métier castrateur dans ‚Le Précepteur' de J. M. R. Lenz". In: Denis Bousch u. a. (Hgg.): *Héritage, transmission, enseignement dans l'espace germanique*. Rennes 2014 S. 53–64.

Leder, Daniela: *Wenn Mädchen überleben: Inventur im Gewalthaushalt bei J. M. R. Lenz und Frank Wedekind*. Diss. phil., New York University, 2011.

Lefevere, André: „‚Geht in die Geschichte'. Observations on the Study of Literary Translation on the Occasion of Lenz's ‚Coriolan'". In: Peter Pabisch u. Ingo R. Stoehr (Hgg.): *Dimensions. A. Leslie Willson & Contemporary German Arts and Letters*. Krefeld 1993 S. 184–194.

Lefftz, Joseph: *Die gelehrten und literarischen Gesellschaften im Elsass vor 1870*. Colmar (1931). [Zu Lenz vgl. Reg.]

Lehfeldt, Christiane: *Der Dramatiker Ferdinand Bruckner*. Göppingen (1975). [Zu Lenz S. 192–193.]

Lehmann, Johannes F.: „Vom Fall des Menschen. Sexualität und Ästhetik bei J. M. R. Lenz und J. G. Herder". In: Johannes F. Lehmann, Maximilian Bergengruen u. Roland Borgards (Hgg.): *Die Grenzen des Menschen. Anthropologie und Ästhetik um 1800*. Würzburg 2001 S. 15–35.

Lehmann, Johannes F.: „Glückseligkeit. Energie und Literatur bei J. M. R. Lenz". In: Stephan/Winter 2003a, S. 285–305.

Lehmann, Johannes F.: „Energie, Gesetz und Leben um 1800". In: Maximilian Bergengruen, Johannes F. Lehmann u. Hubert Thüring (Hgg.): *Sexualität – Recht – Leben. Die Entstehung eines Dispositivs um 1800*. München 2005 S. 41–66.

Lehmann, Johannes F.: „Leidenschaft und Sexualität: materialistische Anthropologie im Sturm und Drang. J. M. R. Lenz' ‚Die Soldaten' und ‚Zerbin'". In: Matthias Buschmeier u. Kai Kauffmann (Hgg.): *Sturm und Drang. Epochen – Autoren – Werke*. Darmstadt 2013 S. 180–202.

Leibacher, Rahel: „Männliche und weibliche Lesesucht: systemspezifisch differenzierte Anschlusskommunikation an den bürgerlichen Roman des 18. Jahrhunderts". In: Rudolf Käser u. Beate Schappach (Hgg.): *Krank geschrieben. Gesundheit und Krankheit im Diskursfeld von Literatur, Geschlecht und Medizin*. Bielefeld 2014 S. 63–85.

Leidner, Alan C.: „The Dream of Identity. Lenz and the Problem of ‚Standpunkt'". In: *The German Quarterly* (Cherry Hill/NJ) 59.3 (1986), S. 386–400.

Leidner, Alan C.: „A Titan in Extentuating Circumstances. Sturm and Drang and the ‚Kraftmensch'". In: *Publications of the Modern Language Association of America* (New York) 104 (1989), S. 178–189.

Leidner, Alan: „Zur Selbstunterbrechung in den Werken von Jakob Michael Reinhold Lenz". In: Wurst 1992a, S. 46–63.

Leidner, Alan C.: *The Impatient Muse. Germany and the Sturm und Drang*. Chapel Hill/NC, London (1994). [Zu Lenz S. 92–106: The Patient Art of J. M. R. Lenz.]

Leidner, Alan C. u. Helga Stipa Madland (Hgg.): *Space to Act. The Theater of J. M. R. Lenz*. Columbia (1993). [= Leidner/Madland 1993a] Rez.: E. M. Batley, in: The Modern Language Review (Leeds) 91.1 (1996), S. 251–252. – Karlheinz Hasselbach, in: Monatshefte für deutschen Unterricht, deutsche Sprache und Literatur (Madison/WI) 87.1 (1995), S. 97–99. – David Hill, in: Journal of European Studies (Chalfont St. Giles) 24.3 (1994), S. 312. – Todd Kontje, in: Journal of English and Germanic Philology (Champaign/IL) 94.3 (1995), S. 462 f. – Philip Mellen, in: Germanic Notes and Reviews (Lexington/KY) 25.2 (1994), S. 23 f. – Hans-Gerd Winter, in: Lenz-Jahrbuch 4 (1994), S. 209–212.

Leidner, Alan C. u. Helga Stipa Madland: „Introduction". In: Leidner/Madland 1993a, S. XIII–XVIII. [= Leidner/Madland 1993b]

Leidner, Alan C. u. Karin A. Wurst: *Unpopular Virtues. The Critical Reception of J. M. R. Lenz*. Columbia 1999. Rez.: J. K. Fugate, in: Choice (Middletown/CT), 37.1 (1999),

S. 149–150. – James Gibbons, in: The Modern Language Review (Leeds) 96.3 (2001), S. 882–883. – Robert Gould, in: Seminar (Toronto) 38 (2002), S. 278–279. – Helene M. Kastinger Riley, in: Germanic Notes and Reviews (Bemidji/MN) 32.2 (2001), S. 172–174. – Helga Stipa Madland, in: Colloquia Germanica (Tübingen u. a.) 33.4 (2000), S. 392–393. – Mathias Mayer, in: Germanistik (Tübingen) 40.3–4 (1999), S. 919. – Hans-Gerd Winter, in: The German Quarterly (Cherry Hill/NJ) 73.4 (2000), S. 423–424.

Leiser Gjestvang, Ingrid: *Machtworte. Geschlechterverhältnisse und Kommunikation in dramatischen Texten (Lenz, Hauptmann, Bernstein, Streeruwitz)*. Ann Arbor/MI (1998). [Zu Lenz S. 54–105.] Zugl. Diss. phil., University of Wisconsin, Madison, 1997.

Leistner, Bernd: „Vor 225 Jahren. Eine Episode in Kochberg. Zum 250. Geburtstag von Jakob Michael Reinhold Lenz". In: *Jahrbuch Landkreis Saalfeld-Rudolstadt* (Rudolstadt) 11 (2001/2002, ersch. 2001), S. 198–200.

Leitzmann, Albert: „Notizen zu Lenz". In: *Zeitschrift für deutsche Philologie* 68 (1943/1944), S. 161–165.

Leixner, Otto von: *Illustrirte Geschichte des deutschen Schriftthums in volksthümlicher Darstellung*. Bd. 2: *Vom Beginn des achtzehnten Jahrhunderts bis auf die neueste Zeit*. Leipzig, Berlin 1881 (= Illustrirte Literaturgeschichte der vornehmsten Kulturvölker 2.2). [Zu Lenz vgl. Reg.] 2., neugestaltete u. vermehrte Aufl.: Otto von Leixner: *Geschichte der deutschen Litteratur*. Leipzig (1893). [Zu Lenz S. 635–640, 700.]

Lemann-Karli, G. [d. i. Gabriela Lehmann-Carli]: „Ja. M. R. Lenc i N. M. Karamzin". In: *XVIII vek* (St. Petersburg) 20 (1996), S. 144–156.

Le Moël, Sylvie: „Lenz et Mercier adaptateurs de Shakespeare. Regard croisé sur les enjeux d'une réception productive". In: Christine Roger (Hg.): *Shakespeare vu d'Allemagne et de France des lumières au Romantisme*. Paris 2007 S. 91–107

Lenz, Friedrich: „Die pommersch-livländische Familie Lenz. Ein Beitrag zur baltischen Kulturgeschichte". In: *Baltische Hefte* 4.2 (1958), S. 121–131.

Lenz-Jahrbuch nach Bd.:

1: *Lenz-Jahrbuch. Sturm-und-Drang-Studien* (1991). Hg. von Matthias Luserke u. Christoph Weiß in Verb. m. Gerhard Sauder. St. Ingbert 1991. Rez.: [Anonym:] Sturm und Drang und Lenz. In: Die Zeit, Nr. 52, 20. 12. 1991 S. 49. – Ursula Caflisch-Schnetzler: Schlaglichter auf eine Epoche. Die Lenz-Jahrbücher 1991/1992: Sturm-und-Drang-Studien. In: Neue Zürcher Zeitung, Nr. 235, 10./11. 10. 1993 S. 29. – Regine Fourie, in: Jahrbuch für Internationale Germanistik 28.1 (1996), S. 158–160. – U. J. [d. i. Ulrich Joost], in: Lichtenberg-Jahrbuch (1991, ersch. 1992), S. 184. – Roland Krebs: Lenz et le ‚Sturm und Drang'. In: Études Germaniques (Paris) 49.2 (1994), S. 195–197. – Martin Rector, in: Zeitschrift für Germanistik N. F. 4.2 (1994), S. 398–401. – Waltraud Wende: Der neue Drang zu Jakob Michael Reinhold Lenz. Ausgewählte Publikationen im Gedenkjahr. In: Das achtzehnte Jahrhundert 18.2 (1994), S. 176–183.

2: *Lenz-Jahrbuch. Sturm-und-Drang-Studien* (1992). Hg. von Matthias Luserke u. Christoph Weiß in Verb. mit Gerhard Sauder. St. Ingbert 1992. Rez.: Ursula Caflisch-Schnetzler: Schlaglichter auf eine Epoche. Die Lenz-Jahrbücher 1991/1992: Sturm-und-Drang-Studien. In: Neue Zürcher Zeitung, Nr. 235, 10./11. 10. 1993 S. 29. – Regine Fourie, in: Jahrbuch für Internationale Germanistik 28.1 (1996), S. 158–160. – Alexander Košenina, in: Lichtenberg-Jahrbuch (1994, ersch. 1995), S. 254–256. – R.[oland] Krebs, in: Études Germaniques (Paris) 49.4 (1994), S. 494–495. – Waltraud Wende: Der neue Drang zu Jakob Michael Reinhold Lenz. Ausgewählte Publikationen im Gedenkjahr. In: Das achtzehnte Jahrhundert 18.2 (1994), S. 176–183.

3: *Lenz-Jahrbuch. Sturm-und-Drang-Studien* (1993). In Verb. mit Matthias Luserke, Gerhard Sauder u. Reiner Wild hg. von Christoph Weiß. St. Ingbert 1993. Rez.: Regine Fourie, in: Jahrbuch für Internationale Germanistik 28.1 (1996), S. 158–160. – Alexander Košenina, in: Lichtenberg-Jahrbuch (1994, ersch. 1995), S. 254–256. – R.[oland] Krebs, in: Études Germaniques (Paris) 52.1 (1997), S. 163–164. – Thomas Wolber, in: Lessing Yearbook/ Lessing-Jahrbuch 27 (1995, ersch. 1996), S. 216–217.

4: *Lenz-Jahrbuch. Sturm-und-Drang-Studien* (1994). In Verb. mit Matthias Luserke, Gerhard Sauder u. Reiner Wild hg. von Christoph Weiß. St. Ingbert 1994. Rez.: Regine Fourie, in: Jahrbuch für Internationale Germanistik 28.1 (1996), S. 158–160. – Detlef Gwosc, in: Deutsche Bücher (Amsterdam) 27.1 (1997), S. 52–54. – R.[oland] Krebs, in: Études Germaniques (Paris) 52.1 (1997), S. 163–164. – Christoph E. Schweitzer, in: Lessing Yearbook/ Lessing-Jahrbuch 28 (1996, ersch. 1997), S. 275–276.

5: *Lenz-Jahrbuch. Sturm-und-Drang-Studien* (1995). In Verb. mit Matthias Luserke, Gerhard Sauder u. Reiner Wild hg. von Christoph Weiß. St. Ingbert 1995. Rez.: R.[oland] Krebs, in: Études Germaniques (Paris) 52.2 (1997), S. 314–315.

6: *Lenz-Jahrbuch. Sturm-und-Drang-Studien* (1996). In Verb. mit Matthias Luserke, Gerhard Sauder u. Reiner Wild hg. von Christoph Weiß. St. Ingbert 1996.

7: *Lenz-Jahrbuch. Sturm-und-Drang-Studien* (1997). In Verb. mit mit Matthias Luserke, Gerhard Sauder u. Reiner Wild hg. von Christoph Weiß. St. Ingbert 1997. Rez.: Roland Krebs, in: Études Germaniques (Paris) 54.4 (1999), S. 637–638.

8–9: *Lenz-Jahrbuch. Sturm-und-Drang-Studien* (1998/1999). In Verb. mit Matthias Luserke, Gerhard Sauder u. Reiner Wild hg. von Christoph Weiß. St. Ingbert 2003.

10–11: *Lenz-Jahrbuch. Sturm-und-Drang-Studien* (2000/2001). Hg. von Matthias Luserke in Verb. mit Gerhard Sauder, Christoph Weiß u. Reiner Wild. St. Ingbert 2003.

12: *Lenz-Jahrbuch. Sturm-und-Drang-Studien* (2002/2003). Hg. von Matthias Luserke in Verb. mit Gerhard Sauder, Christoph Weiß u. Reiner Wild. St. Ingbert 2005.

13–14: *Lenz-Jahrbuch. Sturm-und-Drang-Studien* (2004–2007). Hg. von Matthias Luserke-Jaqui in Verb. mit Gerhard Sauder, Christoph Weiß u. Reiner Wild. St. Ingbert 2008.

15: *Lenz-Jahrbuch. Literatur – Kultur – Medien 1750–1800* (2008). Hg. von Nikola Roßbach, Ariane Martin u. Matthias Luserke-Jaqui. St. Ingbert 2009.

16: *Lenz-Jahrbuch. Literatur – Kultur – Medien 1750–1800* (2009). Hg. von Nikola Roßbach, Ariane Martin u. Matthias Luserke-Jaqui. St. Ingbert 2010.

17: *Lenz-Jahrbuch. Literatur – Kultur – Medien 1750–1800* (2010). Hg. von Nikola Roßbach, Ariane Martin u. Matthias Luserke-Jaqui. St. Ingbert 2011.

18: *Lenz-Jahrbuch. Literatur – Kultur – Medien 1750–1800* (2011). Hg. von Nikola Roßbach, Ariane Martin u. Matthias Luserke-Jaqui. St. Ingbert 2012.

19: *Lenz-Jahrbuch. Literatur – Kultur – Medien 1750–1800* (2012). Hg. von Nikola Roßbach, Ariane Martin u. Georg-Michael Schulz. St. Ingbert 2013.

20: *Lenz-Jahrbuch. Literatur – Kultur – Medien 1750–1800* (2013). Hg. von Nikola Roßbach, Ariane Martin u. Georg-Michael Schulz. St. Ingbert 2014.

21: *Lenz-Jahrbuch. Literatur – Kultur – Medien 1750–1800* (2014). Hg. von Nikola Roßbach, Ariane Martin u. Georg-Michael Schulz. St. Ingbert 2014.

22: *Lenz-Jahrbuch. Literatur – Kultur – Medien 1750–1800* (2015). Hg. von Nikola Roßbach, Ariane Martin u. Georg-Michael Schulz. St. Ingbert 2016

Lenz-Michaud, Susanne: „Acht Sofas. Textinterne Beobachtungen zum ‚Empfindsamsten aller Romane', die für Lenzens Autorschaft sprechen". In: *Lenz-Jahrbuch* 12 (2002/2003, ersch. 2005), S. 69–88.

Lenz-Michaud, Susanne: „‚Venus Urania allein kann dich retten mein Lieblingsdichter'. Zur ästhetischen und anthropologischen Kritik an Goethes ‚Werther' im Werk von J. M. R. Lenz". In: *Recherches Germaniques* (Strasbourg) 35 (2005), S. 1–21.

Leuschner, Eckhard: „Der vermessene Christus. Metrologie und Gottesbild bei Lavater, Thorvaldsen, Schadow und Lenz". In: Eckhard Leuschner u. Mark R. Hesslinger (Hgg.): *Das Bild Gottes in Judentum, Christentum und Islam. Vom Alten Testament bis zum Karikaturenstreit*. Petersberg 2009 S. 217–235.

Leyser, J.[akob]: *Goethe zu Straßburg. Ein Beitrag zur Entwicklungsgeschichte des Dichters*. Mit Abbildungen und Facsimilen. Neustadt a. d. Haardt 1871.

Liebman, Guili: „‚Werther' fra impegno morale e autonomia estetica nei ‚Briefe über die Moralität des jungen Werthers' di J. M. R. Lenz". In: *Annali. Sezione germanica: Studi tedeschi* (Neapel) 18.1 (1975), S. 7–18.

Liebman Parrinello, Giuli: *Morale e società nell'opera di J. M. R. Lenz*. Neapel 1976. Rez.: Wolfgang Kuttenkeuler, in: Germanistik (Tübingen), 19.2 (1978), S. 446.
Liebold, Birgit: „Ein polymediales Ereignis. Jenaer Stadtmuseum und Mercurius e. V. zeigen eine Ausstellung zu Jakob Michael Reinhold Lenz". In: *Weimar-Kultur-Journal* 5.1 (1996), S. 21.
Liewerscheidt, Dieter: „J. M. R. Lenz' ‚Der neue Menoza', eine apokalyptische Farce". In: *Wirkendes Wort* 33 (1983), S. 144–152.
Lindemann-Stark, Anke: „Lenz oder Hippel? Die Thesen von Margot Paterson zur Autorschaft der Lebensläufe nach aufsteigender Linie (1778–1781)". In: *Lenz-Jahrbuch* 13–14 (2004–2007, ersch. 2008), S. 317–390.
Linden, Ilse: „Lenz". In: Ilse Linden: *Literarische Visionen. Essays. Mit 5 Original-Lithographien von Charlotte Berend*. Berlin 1920 S. 20–27.
Linzer, Martin: „Sommertheater. ‚Der neue Menoza' von Lenz/Hein in Schwerin". In: *Theater der Zeit* 37.9 (1982), S. 28–29. Gekürzter Wiederabdruck in: Klaus Hammer (Hg.): *Chronist ohne Botschaft. Christoph Hein. Ein Arbeitsbuch. Materialien, Auskünfte, Bibliographie*. Berlin, Weimar 1992 S. 244–245.
Linzer, Martin: „Das Eigene im Fremden. theater 89 Berlin. ‚Der neue Menoza' von Christoph Hein". In: *Theater der Zeit* 49.4 (1994), S. 60.
List, Gotthard: „Nie allein. Anmerkungen zu Lenz' Nachleben in Literatur und Literaturwissenschaft der letzten Jahrzehnte". In: *Triangulum. Germanistisches Jahrbuch für Estland, Lettland und Litauen* (Vilnius u. a.) 12 (2007), S. 96–103
Litzmann, Bertold: *Friedrich Ludwig Schröder. Ein Beitrag zur deutschen Litteratur- und Theatergeschichte*. Tl. 2. Hamburg, Leipzig (1894). [Zu Lenz bes. S. 235–240.]
Lojkel', Ju. V.: „G. E. Lessing i Ja. M. R. Lenc o tragikomedii". In: Vladimir Artaäesoviö (Hg.): *Literaturnye svjazi i literaturnyi process: materialy Vserossijskoj mežvedomstvennoj naučnoj konferencii*. Izevsk 1992 S. 77–84.
Lojkel', Ju. V.: „Koncepcija tragikomedii v dramaturgiceskoj teorii Ja. M. R. Lenca". In: *Filologičeskie nauki* (Moskau), 1992, H. 3, S. 39–47.
Loeper, Gustav von (Hg.): *Aus Lenz's Stammbuch. Zum Achtundzwanzigsten August 1870*. Berlin 1870.
Lorenz, Heinz: *Die ästhetischen Anschauungen des Dramatikers Jakob Michael Reinhold Lenz. Eine Untersuchung zur Tradition des Realismus in der deutschen Dramenliteratur*. Diss. phil., Univ. Greifswald, 1968. Masch.
Lorenz, Heinz: „‚Die Anmerkungen übers Theater' als Programmschrift des Dramatikers Lenz". In: *Wissenschaftliche Zeitschrift der Ernst Moritz Arndt-Universitat Greifswald* 19.1–2 (1970), S. 121–138.
Lösel, Franz: „Melodrama und Groteske im dramatischen Werk von Reinhold Lenz". In: Hill 1994a, S. 202–213.
Lucius, Phil. Ferd.: *Friederike Brion von Sessenheim. Geschichtliche Mittheilungen*. Straßburg (1877). [Zu Lenz S. 120–133.]
Lukács, Georg: „Fortschritt und Reaktion in der deutschen Literatur". In: *Internationale Literatur. Deutsche Blätter* (Moskau) 15.8–9 (1945), S. 82–103 u. 15.10 (1945), S. 91–105. [Zu Lenz S. 87.] 1. Wiederabdruck: Berlin (1947). [Zu Lenz S. 22.]
Lukas, Liina: „‚Werther'-Lektüre von Jakob Michael Reinhold Lenz". In: *Triangulum. Germanistisches Jahrbuch für Estland, Lettland und Litauen* (Vilnius u. a.) 6 (1999), S. 116–127.
Lukas, Liina: „Jakob Michael Reinhold Lenz ‚Wertherit' lugemas". In: Vilja Küsler (Hg.): *Goethe Tartus. Konverentsi „Goethe Tartus" (1999) ettekanded*. Tartu 2000 (= Eesti Goethe-Seltsi aastaraamat 2), S. 131–141.
Lürßen, Ernst: „Büchners Lenz. Der psychotische Bruch mit der Realität oder das Scheitern an der Welt". In: Gisela Greve (Hg.): *Kunstbefragung. Dreißig Jahre psychoanalytische Werkinterpretation*. Tübingen 1996 S. 105–134.
Luserke, Matthias: *J. M. R. Lenz: Der Hofmeister – Der neue Menoza – Die Soldaten*. München 1993. Rez.: R.[oland] Krebs, in: Études Germaniques (Paris) 50.4 (1995), S. 752–

753. – Timm Menke, in: Germanic Notes and Reviews (Lexington/KY) 25.1 (1994), S. 44. – John Osborne, in: Germanistik (Tübingen) 34.4 (1993), S. 1163. – Martin Rector, in: Zeitschrift für Germanistik N. F. 4.2 (1994), S. 398–401. – Waltraud Wende: Der neue Drang zu Jakob Michael Reinhold Lenz. Ausgewählte Publikationen im Gedenkjahr. In: Das achtzehnte Jahrhundert 18.2 (1994), S. 176–183. – Hans-Gerd Winter, in: Lenz-Jahrbuch 3 (1993), S. 212–214. – Thomas Wirtz, in: Archiv für das Studium der neueren Sprachen und Literaturen 235 (1998), S. 137–140.

Luserke, Matthias: „Das ‚Pandämonium Germanikum' von J. M. R. Lenz und die Literatursatire des Sturm und Drang". In: Stephan/Winter 1994a, S. 257–272. [= Luserke 1994a]

Luserke, Matthias: „Louis Ramond de Carbonnières und sein Drama ‚Die letzten Tage des jungen Olban' (1778). Ein Beitrag zur vergessenen Geschichte des Sturm und Drang". In: Lenz-Jahrbuch 4 (1994), S. 81–100. [= Luserke 1994b]

Luserke, Matthias: *Die Bändigung der wilden Seele. Literatur und Leidenschaft in der Aufklärung.* Stuttgart, Weimar (1995). [= Luserke 1995a]

Luserke, Matthias (Hg.): *Jakob Michael Reinhold Lenz im Spiegel der Forschung.* Hildesheim, Zürich, New York (1995). [= Luserke 1995b] Rez.: Wolfgang Albrecht, in: Germanistik (Tübingen) 37.2 (1996), S. 555. – Werner H. Preuß, in: Lenz-Jahrbuch 6 (1996), S. 232–234. – Claudia Salchow, in: Referatedienst zur Literaturwissenschaft 28.4 (1996), S. 623–626. – Thorsten Unger: Jakob Michael Reinhold Lenz im Spiegel seiner Rezipienten – zwei Dokumentationen, in: Das achtzehnte Jahrhundert 20.2 (1996), S. 231–234.

Luserke, Matthias: *Sturm und Drang. Autoren – Texte – Themen.* Stuttgart (1997). [Zu Lenz bes. S. 265–310.] [= Luserke 1997a]

Luserke, Matthias: „Franz Blei als Editor. Das Beispiel der ‚Gesammelten Schriften' von Jakob Michael Reinhold Lenz". In: Dietrich Harth (Hg.): *Franz Blei. Mittler der Literaturen.* Hamburg 1997 S. 205–212. [= Luserke 1997b]

Luserke, Matthias (Hg.): *Goethe und Lenz. Die Geschichte einer Entzweiung. Eine Dokumentation.* Frankfurt/Main (2001). [= Luserke 2001a] Rez.: Kai Agthe: Entzweiung der Brüder, in: Palmbaum. Literarisches Journal aus Thüringen 9.1–2 (2001), S. 171–173; zugl. in: Deutschunterricht (Berlin, Braunschweig) 54.6 (2001), S. 45–46. – Benedikt Erenz, in: Die Zeit, Nr. 5, 24. 1. 2002 S. 46.

Luserke, Matthias: *Lenz-Studien. Literaturgeschichte – Werke – Themen.* St. Ingbert 2001. [= Luserke 2001b] Rez.: Thomas Albertsen, in: Literatur in Wissenschaft und Unterricht 35.4 (2002), S. 390–391.

Luserke, Matthias: „‚O vis superba formae!' Über die ‚Basia'-Gedichte des Johannes Secundus (1511–1536) und ihr Nachspiel bei Goethe". In: Matthias Luserke, Reiner Marx u. Reiner Wild (Hgg.): *Literatur und Kultur des Rokoko.* Göttingen 2001 S. 9–32. [Zu Lenz S. 9–11.] [= Luserke 2001c]

Luserke, Matthias: „Über Büchners *Lenz.* ‚<x-x>' oder ‚Hieroglyphen, Hieroglyphen [...] Hieroglyphen'". In: Andreas Meier (Hg.): *Jakob Michael Reinhold Lenz. Vom Sturm und Drang zur Moderne.* Heidelberg 2001 S. 47–59. [= Luserke 2001d]

Luserke, Matthias: „Nachwort". In: Jakob Michael Reinhold Lenz u. a.: *Jupiter und Schinznach / Ramond de Carbonnières: Die letzten Tage des jungen Olban.* Mit einem Nachwort hg. von Matthias Luserke. Hildesheim, Zürich, New York 2001 S. 81–96 [= Luserke 2001e].

Luserke-Jaqui, Matthias: *Medea. Studien zur Kulturgeschichte der Literatur.* Tübingen, Basel (2002). [Zu Lenz bes. S. 147–152.]

Luserke-Jaqui, Matthias: „Mutmaßungen über ‚Jupiter und Schinznach'". In: *Lenz-Jahrbuch* 10–11 (2000/2001, ersch. 2003), S. 287–295.

Luserke-Jaqui, Matthias: *Über Literatur und Literaturwissenschaft. Anagrammatische Lektüren.* Tübingen, Basel (2003). [Zu Lenz bes. S. 104–107 u. 191–199.]

Luserke-Jaqui, Matthias: „Rezension zu ‚J. M. R. Lenz: Moskauer Schriften und Briefe'". In: *Lenz-Jahrbuch* 13–14 (2004–2007, ersch. 2008), S. 363–365. [= Luserke-Jaqui 2004–2007]

Luserke-Jaqui, Matthias (Hg.): *Handbuch Sturm und Drang.* Unter Mitarb. von Vanessa Geuen und Lisa Wille. Berlin, Boston (2017). [= Luserke-Jaqui 2017]

Luserke, Matthias u. Reiner Marx: „Die Anti-Läuffer. Thesen zur SuD-Forschung oder Gedanken neben dem Totenkopf auf der Toilette des Denkers". In: *Lenz-Jahrbuch* 2 (1992), S. 126–150. Leicht veränderter Wiederabdruck unter dem Titel: „Die Anti-Läuffer. Thesen zur Sturm-und-Drang-Forschung". In: Luserke 2001b, S. 11–27.

Luserke, Matthias u. Reiner Marx: „Nochmals S(turm) u(nd) D(rang). Anmerkungen zum Nachdruck der ‚Philosophischen Vorlesungen' von J. M. R. Lenz". In: Matthias Luserke (Hg.): *Jakob Michael Reinhold Lenz im Spiegel der Forschung*. Hildesheim, Zürich, New York 1995 S. 407–414.

Luserke, Matthias u. Christoph Weiß: „Vorbemerkung der Herausgeber". In: *Lenz-Jahrbuch* 1 (1991), S. 59–91. [= Luserke/Weiß 1991a]

Luserke, Matthias u. Christoph Weiß: „Arbeit an den Vätern. Zur Plautus-Bearbeitung ‚Die Algierer' von J. M. R. Lenz". In: *Lenz-Jahrbuch* 1 (1991), S. 59–91. [= Luserke/Weiß 1991b]

Lustig, Frieda: *Die Darstellung der Frau in der Dichtung des Sturms und Drangs*. Diss. phil., Univ. München, 1918. Masch.

Luther, Arthur: „Jakob Michael Reinhold Lenz. Zum 150. Todestag des livländischen Dichters". In: *Deutsche Post aus dem Osten* 14.5 (1942), S. 17–20.

Lützeler, Paul Michael: „Jakob Michael Reinhold Lenz: ‚Die Soldaten'". In: *Interpretationen. Dramen des Sturm und Drang*. Stuttgart 1987 S. 129–159. Dass. in erw. Ausgabe Stuttgart 1997, S. 129–160.

Lyman, Linda Marian: *J. M. R. Lenz and the Development of Modern Tragicomedy*. Ann Arbor/MI 1975. Zugl. Diss. phil., University of Oregon, 1975.

Lyncker, Carl Wilhelm Freiherr von: *Am Weimarischen Hofe unter Amalien und Karl August. Erinnerungen von Karl Frhr. von Lyncker*. Hg. von seiner Grossnichte Marie Scheller. Mit acht Bildnissen. Berlin (1912). [Zu Lenz vgl. Reg.]

Lyncker, Carl Wilhelm Freiherr von: *Ich diente am Weimarer Hof. Aufzeichnungen aus der Goethezeit*. Zum ersten Mal vollständig hg. mit Anmerkungen und einem biographischen Nachwort von Jürgen Lauchner. Köln, Weimar, Wien (1997). [Zu Lenz vgl. Reg.]

Madland, Helga Stipa: *Non-Aristotelian Drama in Eighteenth Century Germany and its Modernity. J. M. R. Lenz*. Bern, Frankfurt/Main (1982). [= Madland 1982a] Rez.: Edward P. Harris, in: Colloquia Germanica (Tübingen u. a.) 17.3–4 (1984), S. 327–328. – Helmut Scheuer, in: Germanistik (Tübingen) 29.2 (1988), S. 455. – Edward J. Weintraut, in: Lessing Yearbook/Lessing-Jahrbuch 16 (1984), S. 312–314.

Madland, Helga Stipa: „J. M. R. Lenz's ‚Soldaten'. The Language of Realism – A Collision of Codes". In: *Selecta. Journal of the Pacific Northwest Council on Foreign Languages* (Pocatello/ID) 3 (1982), S. 100–104. [= Madland 1982b]

Madland, Helga Stipa: „Gesture as Evidence of Language Skepticism in Lenz's ‚Der Hofmeister' and ‚Soldaten' ". In: *The German Quarterly* (Cherry Hill/NJ) 57.4 (1984), S. 546–557.

Madland, Helga Stipa: „Lenz and Wieland. The Dialectics of Friendship and Morality". In: *Lessing Yearbook/Lessing-Jahrbuch* 18 (1986), S. 197–208.

Madland, Helga Stipa: „A Question of Norms. The Stage Reception of Lenz's ‚Hofmeister'". In: *Seminar* (Toronto) 23 (1987), S. 98–114.

Madland, Helga Stipa: „Imitation to Creation. The Changing of Mimesis from Bodmer and Breitinger to Lenz". In: Richard Critchfield u. Wulf Koepke (Hgg.): *Eighteenth-Century German Authors and their Aesthetic Theories. Literature and the Other Arts*. Columbia 1988 S. 29–43.

Madland, Helga Stipa: „Lenzens Sprachwahrnehmung in Theorie und Praxis". In: Wurst 1992a, S. 92–111.

Madland, Helga Stipa: „Madness and Lenz. Two Hundred Years Later". In: *The German Quarterly* (Cherry Hill/NJ) 66.1 (1993), S. 34–42.

Madland, Helga Stipa: *Image and Text. J. M. R. Lenz*. Amsterdam, Atlanta (1994). [= Madland 1994a] Rez.: Detlef Gwosc, in: Deutsche Bücher (Amsterdam), 27.1 (1997), S. 52–54. – Wolfgang Kuttenkeuler, in: Germanistik (Tübingen), 36.3–4 (1995), S. 913. – Timm

Menke, in: The German Quarterly (Cherry Hill/NJ) 70.1 (1997), S. 78–79. – Gert Vonhoff, in: Lenz-Jahrbuch 6 (1996), S. 237–239.

Madland, Helga Stipa: „Lenz, Aristophanes, Bachtin und die ‚verkehrte Welt'". In: Stephan/Winter 1994a, S. 167–180. [= Madland 1994b]

Madland, Helga Stipa: „Semiotic Layers in J. M. R. Lenz's ‚Der Engländer'". In: *Seminar* (Toronto) 30 (1994), S. 276–285. [= Madland 1994c]

Madland, Helga Stipa: „J. M. R. Lenz. Poetry as Communication". In: *Lessing Yearbook/Lessing-Jahrbuch* 29 (1997, ersch. 1998), S. 151–174.

Madland, Helga Stipa: „Does Lenz Appeal to Women Readers in Particular and Why This Question Bothered Me?" In: Stephan/Winter 2003a, S. 389–400.

Magenau, Jörg: „Baltische Luftwurzeln. Arbeit im Bergwerk der Kulturgeschichte: Mit Jakob Michael Reinhold Lenz in Riga und Tartu". In: *Frankfurter Allgemeine Zeitung*, Nr. 214, 14. 9. 2001 S. 64.

Mahal, Günther: „Das ‚Höllenrichter'-Fragment von Jakob Michael Reinhold Lenz. Eine Faust-Dichtung?" In: Günther Mahal (Hg.): „... *aus allen Zipfeln* ...". *Faust um 1775. Referate und Zusammenfassungen der Diskussionen des wissenschaftlichen Symposiums am 25./26. September 1999 in Knittlingen*. Knittlingen 1999 (= Publikationen des Faust-Archivs und der Faust-Gesellschaft 2), S. 89–120.

Mahoney, Dennis F.: „The Sufferings of Young Lenz. The Function of Parody in Büchner's ‚Lenz'". In: *Monatshefte* 76 (1984), S. 396–408.

Mahoney, Dennis F.: *Der Roman der Goethezeit (1774–1829)*. Stuttgart (1988). [Zu Lenz S. 22–27.]

Maisak, Petra: *„Sein Haus, ein Sammelplatz für Deutschland's Edle". Johann Georg Schlosser, Goethes Schwester Cornelia und ihre Freunde in Emmendingen*. Marbach/Neckar 1992.

Maltzahn, Wendelin von: „Der Dichter Jakob Michael Reinhold Lenz". In: *Blätter für literarische Unterhaltung* (Leipzig), Nr. 237, 24. 8. 1848 S. 945–947.

Maltzahn, Wendelin von (Hg.): *Deutscher Bücherschatz des sechzehnten, siebenzehnten und achtzehnten bis um die Mitte des neunzehnten Jahrhunderts. Mit bibliographischen Erläuterungen*. Jena (1875). [Zu Lenz S. 467, Nr. 1352 u. S. 498–500, Nr. 1765–1788.] Vgl. Register zu Wendelin von Maltzahn's Deutschem Bücherschatz [...]. Verfasst von Georg Völcker. Frankfurt/Main 1882. ND („Deutscher Bücherschatz" und „Register") Hildesheim 1966.

Manger, Klaus: „Probleme der Lenz-Edition". In: Carola L. Gottzmann (Hg.): *Deutsche Literatur und Sprache im östlichen Europa. Tagung über Forschungen und Forschungsvorhaben, 24.–26. 11. 1994*. Leipzig 1995 S. 61–62.

Mann, Grant Thomas: *Jakob Michael Reinhold Lenz and Georg Büchner. A Comparative Study*. Ann Arbor/MI 1980. Zugl. Diss. phil., Univ. of Michigan, 1979.

Mannsberg, Paul [d. i. Paul Peitl]: „Aus dem Nachlasse eines Kraft-Genies". In: *Deutsche Kunst- und Musik-Zeitung* (Wien), Jg. 11 (1884), Nr. 33, 19. 9. 1884 S. 459–460; Nr. 34, 27. 9. 1884 S. 471–474; Nr. 35, 5. 10. 1884 S. 485–486; Nr. 37, 21. 10. 1884 S. 513–515. Wiederabdruck mit einem Anhang „Stimmen der Gegenwart über Lenz" unter dem Titel: *Aus dem Nachlasse eines Kraft-Genies. Eine kritische Studie von Paul Mannsberg. Separat-Abdruck aus Nr. 33–37 der „Deutschen Kunst- und Musik-Zeitung" in Wien*. Berlin 1885. Rez. zum Separatdruck: [Anonym,] in: Blätter für literarische Unterhaltung (Leipzig), Nr. 38, 17. 9. 1885 S. 606. –Hermens, in: Deutsches Litteraturblatt (Gotha), Jg. 7 (1884/1885), Nr. 49, 7. 3. 1885 S. 200.

Manthey-Zorn, Otto: *Johann Georg Jacobi's „Iris"*. Zwickau 1905. Diss. phil., Univ. Leipzig, (1905). [Zu Lenz bes. S. 46–47, 56–66 u. 72–73.]

Marcuse, Max: „Lenz, Vater und Sohn". In: *Zeitschrift für Sexualwissenschaft* 14.10 (1927/1928), S. 395–397.

Markert, Heidrun: „Streit um einen großen Livländer. Jegór von Sivers und die Anfänge der Lenz-Forschung". In: Stephan/Winter 2003a, S. 401–417.

Markwardt, Bruno: *Geschichte der deutschen Poetik*. Bd. 2: *Aufklärung, Rokoko, Sturm und Drang*. Berlin (1956). [Zu Lenz bes. S. 406–418, 468–475 u. 624–636.] 2., unveränderte Aufl. 1970.

Marquardt, Axel: „Konterbande ‚Lenz'. Zur Redaktion des Erstdrucks durch Karl Gutzkow". In: *Georg Büchner Jahrbuch* 3 (1983, ersch. 1984), S. 37–42.

Marquardt, Marion: „Zu einigen Aspekten der *Hofmeister*-Bearbeitung Bertolt Brechts". In: *Exilforschung. Ein internationales Jahrbuch* 16 (1998): Exil und Avantgarden, hg. von Claus-Dieter Krohn u. a., S. 142–156.

Martin, Ariane: „Pfeffels Brief über Lenz im Steintal". In: *Lenz-Jahrbuch* 6 (1996), S. 93–99.

Martin, Ariane: „Die Ereignisse vor dem 20. Januar 1778. Jacob Michael Reinhold Lenz' ‚religiose Paroxismen' in Zürich und Emmendingen". In: *Georg Büchner Jahrbuch* 9 (1995–1999, ersch. 2000), S. 173–187.

Martin, Ariane: „Eine unbekannte Teilabschrift von Oberlins Bericht ‚Herr L......' durch August Stöber". In: *Georg Büchner Jahrbuch* 9 (1995–1999, ersch. 2000), S. 612–616.

Martin, Ariane: „‚Interesse an dem unglücklichen melancholischen Jüngling'. August Stöbers Recherchen zu J. M. R. Lenz im Jahr 1831". In: *Lenz-Jahrbuch* 8–9 (1998/1999, ersch. 2003), S. 111–146. [= Martin 1998/1999a]

Martin, Ariane: „Das fragmentarische Genie. Josef Bayers vergessenes Rezeptionszeugnis ‚Reinhold Lenz'". In: *Lenz-Jahrbuch* 8–9 (1998/1999, ersch. 2003), S. 147–161. [= Martin 1998/1999b]

Martin, Ariane: „Ehediskurs im Sturm und Drang. Das Einladungsgedicht ‚Zur Hochzeit zweyer Täubgen' von J. M. R. Lenz". In: *Lenz-Jahrbuch* 10–11 (2000/2001, ersch. 2003), S. 303–326.

Martin, Ariane: „250. Geburtstag von Jacob Michael Reinhold Lenz am 23. Januar 2001". In: *Der Deutschunterricht* (Seelze), 53.1 (2001), S. 76–79. [= Martin 2001a]

Martin, Ariane: „Goethe ... und Lenz! Plädoyer für eine vergleichsorientierte Rezeptionsforschung mit Blick auf den ‚Werther'". In: Matthias Luserke (Hg.): *Goethe nach 1999. Positionen und Perspektiven*. Göttingen 2001 S. 111–120 u. 169–171. [= Martin 2001b]

Martin, Ariane: „Die Nobilitierung der Krankheit. Zu einer Linie der Lenz-Rezeption im 19. Jahrhundert". In: Andreas Meier (Hg.): *Jakob Michael Reinhold Lenz. Vom Sturm und Drang zur Moderne*. Heidelberg 2001 S. 61–74. [= Martin 2001c]

Martin, Ariane: *Die kranke Jugend. J. M. R. Lenz und Goethes „Werther" in der Rezeption des Sturm und Drang bis zum Naturalismus*. Würzburg (2002). [= Martin 2002a] Rez.: Alfred Anger, in: Germanistik (Tübingen) 44.3–4 (2003), S. 852–853. – Karin A. Wurst, in: Zeitschrift für Germanistik N. F. 14.1 (2004), S. 206–209.

Martin, Ariane: „Biographische Travestien. Formen künstlerischer Selbstinszenierung in der Moderne". In: Günter Helmes u. a. (Hgg.): *Literatur und Leben. Anthropologische Aspekte in der Kultur der Moderne. Festschrift für Helmut Scheuer zum 60. Geburtstag*. Tübingen 2002 S. 117–129. [Zu Lenz S. 120–125.] [= Martin 2002b]

Martin, Ariane: „Erzählter Sturm und Drang. Büchners ‚Lenz'". In: *Der Deutschunterricht* (Seelze), 54.6 (2002), S. 14–23. [= Martin 2002c]

Martin, Ariane: „Bald abgeklungenes ‚Lachfieber' und die Possen eines Clowns. Über das Verschwinden des Lachens in der Rezeptionsgeschichte von J. M. R. Lenz". In: Arnd Beise, Ariane Martin u. Udo Roth (Hgg.): *LachArten. Zur ästhetischen Repräsentation des Lachens vom späten 17. Jahrundert bis zur Gegenwart. Mit einer Auswahlbibliografie*. Bielefeld 2003 S. 61–77. [= Martin 2003a]

Martin, Ariane: „Dissonanz als Prinzip der Moderne. Zur Etablierung eines affirmativen Lenz-Bildes in der Rezeptionsgeschichte". In: Stephan/Winter 2003a, S. 419–429. [= Martin 2003b]

Martin, Ariane: „Ludwig Tiecks polyperspektivisches Lenz-Porträt". In: *Literatur für Leser* 26.4 (2003), S. 199–210. [= Martin 2003c]

Martin, Ariane: „Auf der Spur eines Verbrechens. Das Genre Lenz-Krimi in den Romanen ‚Goethes Mord' (1999) von Hugo Schultz und ‚Der rote Domino' (2002) von Marc Buhl". In: Stephan/Winter 2006 S. 259–272. [= Martin 2006a]

Martin, Ariane: „‚Ich bin ein Fremder, ... unstet und flüchtig'. Exterritorialität als Selbstdeutungskonzept bei J. M. R. Lenz?" In: Carsten Jakobi (Hg.): *Exterritorialität. Landlosigkeit in der deutschsprachigen Literatur.* München 2006 S. 75–91. [= Martin 2006b]

Martin, Ariane: „Eine Kinderschreckgestalt? Nochmals Bemerkungen zur ‚Habergeise' und Büchners ‚Lenz' anlässlich der Veröffentlichung der volkskundlichen Habilitationsschrift ‚Untersuchungen zur Mythologie des Kindes' (Berlin 1933) von Richard Beitl". In: *Georg Büchner Jahrbuch* 12 (2009–2012), S. 361–370. Beitrag über Lenz bei Oberlin.

Martin, Ariane: „‚Gedanken des Verfaßers der Anmerkungen übers Theater'. Wagners Mitteilung wirkungsästhetischer Bemerkungen von Lenz im ‚Neuen Versuch über die Schauspielkunst'". In: *Lenz-Jahrbuch* 19 (2012, ersch. 2013), S. 49–57.

Martin, Ariane: „Starke Seele, Schwärmerin, Mutter des Sturm und Drang – gnädige Frau! Sophie von La Roche und ‚Rosaliens Briefe' in der Sicht von J. M. R. Lenz". In: Helga Meise (Hg.): *Sophie von La Roche & Le savoir de son temps.* Reims 2014 S. 59–71. [= Martin 2014a]

Martin, Ariane: „Stimmen über Lenz: Erich Mühsam". In: *Lenz-Jahrbuch* 21 (2014), S. 165–178. [= Martin 2014b]

Martin, Ariane: „J. M. R. Lenz im Auktionskatalog von Ludwig Tiecks Berliner Bibliothek". In: *Lenz-Jahrbuch* 21 (2014), S. 67–88. [= Martin 2014c]

Martin, Ariane: [Art.] „Briefe über die Moralität der Leiden des jungen Werthers". In: Luserke-Jaqui 2017 S. 224–228.

Martin, Ariane u. Gideon Stiening: „‚Man denke an Lenz, an Hölderlin'. Zum Rezeptionsmuster ‚Genie und Wahnsinn' am Beispiel zweier Autoren". In: *Aurora. Jahrbuch der Eichendorff-Gesellschaft für die klassisch-romantische Zeit* 59 (1999), S. 45–70.

Martin, Ariane u. Eva-Maria Vering: „Erinnerungen an das Steintal. Notizen von J. M. R. Lenz aus den letzten Lebensjahren". In: *Georg Büchner Jahrbuch* 9 (1995–1999; ersch. 2000), S. 617–636.

Martin, G. M.: „A Note on the Major Plays of J. M. R Lenz". In: *German Life and Letters* (Oxford) N. S. 31 (1977/1978), S. 78–87.

Martini, Fritz: „Die Einheit der Konzeption in J. M. R. Lenz' ‚Anmerkungen übers Theater'". In: *Jahrbuch der Deutschen Schillergesellschaft* 14 (1970), S. 159–182. [= Martini 1970] 1. Wiederabdruck in: *Revue d'Allemagne* 3.1 (1971): Goethe et l'Alsace, S. 267–292. – 2. Wiederabdruck in: Fritz Martini: *Geschichte im Drama – Drama in der Geschichte. Spätbarock, Sturm und Drang, Klassik, Frührealismus.* Stuttgart 1979 S. 80–103. – 3. Wiederabdruck in: Manfred Wacker (Hg.): *Sturm und Drang.* Darmstadt 1985 S. 250–278.

Martini, Fritz: „Die Poetik des Dramas im Sturm und Drang. Versuch einer Zusammenfassung". In: Reinhold Grimm (Hg.): *Deutsche Dramentheorien. Beiträge zu einer historischen Poetik des Dramas in Deutschland.* Bd. 1. Frankfurt/Main 1971 S. 123–166. Wiederabdruck in: Fritz Martini: *Geschichte im Drama – Drama in der Geschichte. Spätbarock, Sturm und Drang, Klassik, Frührealismus.* Stuttgart 1979 S. 39–79.

Martini, Fritz: „Pfarrer und Pfarrhaus. Eine nicht nur literarische Reihe und Geschichte". In: Martin Greiffenhagen (Hg.): *Das evangelische Pfarrhaus. Eine Kultur- und Sozialgeschichte.* Stuttgart 1984 S. 127–148. [Zu Lenz S. 134 u. 137–138.]

Martinson, Steven D.: „Friedrich Schiller's Preservation of the Work of J. M. R. Lenz". In: William Collins Donahue u. Scott Denham (Hgg.): *History and Literature. Essays in Honor of Karl S. Guthke.* Tübingen 2000 S. 319–326.

Marty, Philippe: „WEIT. Sur les pèlerins d'Emmaüs et la femme à la fenêtre dans ‚Lenz' de Büchner". In: *Romantisme* (Paris) 118 (2002), S. 23–36.

Matt, Peter von: *... fertig ist das Angesicht. Zur Literaturgeschichte des menschlichen Gesichts.* München, Wien (1983). [Zu Goethes Lenz-Porträt in „Dichtung und Wahrheit" S. 77–81.]

Matt, Peter von: „Hochgemut und chancenlos. Jakob Michael Reinhold Lenz. Willkommen". In: *Frankfurter Allgemeine Zeitung,* Nr. 155, 8. 7. 1989 Beilage Bilder und Zeiten, S. [4]. 1. Wiederabdruck in: Marcel Reich-Ranicki (Hg.): *Frankfurter Anthologie. Gedichte und*

Interpretationen. Bd. 13. Frankfurt/Main 1990 S. 85–88. – 2. Wiederabdruck in: Peter von Matt: *Die verdächtige Pracht. Über Dichter und Gedichte.* München, Wien 1998 S. 89–91. – Abermals in: Peter von Matt: *Wörterleuchten. Kleine Deutungen deutscher Gedichte.* München 2009, S. 44–46.

Matt, Peter von: „Schöpferischer Vaterhaß. Zum zweihundertsten Todestag des Dichters und Dramatikers Jakob Michael Reinhold Lenz". In: *Frankfurter Allgemeine Zeitung*, Nr. 120, 23. 5. 1992 Beilage Bilder und Zeiten, S. [4]. Wiederabdruck unter dem Titel: „Der tragische Klamauk. Über die vielen Väter bei Jakob Michael Reinhold Lenz". In: Peter von Matt: *Das Schicksal der Phantasie. Studien zur deutschen Literatur.* München, Wien 1994 S. 102–108.

Matt, Peter von: „Das letzte Lachen. Zur finalen Szene in der Komödie". In: Ralf Simon (Hg.): *Theorie der Komödie. Poetik der Komödie.* Bielefeld 2001 S. 127–140.

Mattenklott, Gert: *Melancholie in der Dramatik des Sturm und Drang.* Stuttgart (1968). [Zu Lenz S. 122–168: Jakob Michael Reinhold Lenz: Der Hofmeister oder Vorteile der Privaterziehung. Eine Komödie.] Erweiterte u. durchges. Aufl. Frankfurt/Main (1985). [Das Lenz-Kapitel ist gegenüber der 1. Aufl. unverändert.]

Matthias, Theodor: „Bekenntnisse Goethes und seines Freundes Lenz zur Sprachreinheit". In: *Zeitschrift des Allgemeinen Deutschen Sprachvereins* 28.2 (1913), Sp. 28–40.

Matthisson, Friedrich: *Briefe.Tl. 1.* Zürich (1795). [Zu Lenz S. 72.]

Maurach, Martin: „J. M. R. Lenzens ‚Guter Wilder'. Zur Verwandlung eines Topos und zur Kulturdiskussion in den Dialogen des ‚Neuen Menoza'". In: *Jahrbuch der Deutschen Schillergesellschaft* 40 (1996), S. 123–146.

Maurach, Martin: „Aufkärung im Gespräch. Eine interaktionsanalytische Untersuchung des Dramendialogs im Sturm und Drang am Beispiel von Jakob Michael Reinhold Lenz". In: *Das achtzehnte Jahrhundert* 21.2 (1997), S. 176–188.

Maurach, Martin: „Vom Beobachten und ‚Schreiben' einer literarischen Kultur. Ruhm und metaphorische Räume in J. M. R. Lenzens ‚Pandämonium Germanicum'". In: *Zeitschrift für Literaturwissenschaft und Linguistik* 32 (2002), H. 126: Bekenntnisse, hg. von Wolfgang Haubrichs, S. 146–157.

Maurach, Martin: „Götter, Helden – und Lenz. J. M. R. Lenzens Trauerspielentwurf im ‚Pandämonium Germanicum' und der Epenstreit". In: *Das achtzehnte Jahrhundert* 30.1 (2006), S. 67–78.

Maurach, Martin: [Art.] „Der Engländer. Eine dramatische Phantasei", in: Luserke-Jaqui 2017 S. 270–275.

Maurach, Martin: [Art.] „Die Freunde machen den Philosophen. Eine Komödie". In: Luserke-Jaqui 2017 S. 323–326.

Maurach, Martin: [Art.] „Die Soldaten. Eine Komödie". In: Luserke-Jaqui 2017 S. 394–404.

Maurach, Martin: [Art.] „Über die Soldatenehen". In: Luserke-Jaqui 2017 S. 612–617.

Maurach, Martin: [Art.] „Zerbin oder die neuere Philosophie". In: Luserke-Jaqui 2017 S. 663–668.

Maurer, Karl-Heinz: *From family to society. Nature, reflection, and dramatic form in G. E. Lessing and J. M. R. Lenz.* Ann Arbor/MI 2002. Zugl. Diss. phil., Indiana University, Bloomington, 2002.

Maurer, Th.[eodor]: *Die Sesenheimer Lieder. Eine kritische Studie.* Straßburg 1907 (= Beiträge zur Landes- und Volkskunde in Elsaß-Lothringen 32).

Maurer, Theodor: *Goethes Michaeliserlebnis im Elsass. Das Sesenheimer Liederbuch.* Leipzig, Strassburg, Zürich (1932). [Darin S. 93–126: Das Sesenheimer Liederbuch.]

May, Nicola: *Das Bild des Jakob Michael Reinhold Lenz als Bühnenfigur.* Stuttgart 1991.

Mayer, Dieter: „Vater und Tochter. Anmerkungen zu einem Motiv im deutschen Drama der Vorklassik. Lessing: Emilia Galotti; Lenz: Die Soldaten; Wagner: Die Kindermörderin; Schiller: Kabale und Liebe". In: *Literatur für Leser* (1980), S. 135–147.

Mayer, Hans: *Bertolt Brecht und die Tradition.* Pfullingen (1961). [Zu Brechts „Hofmeister"-Bearbeitung S. 52–63.]

Mayer, Hans: „Lenz oder die Alternative". In: *Jakob Michael Reinhold Lenz: Werke und Schriften*. Hg. von Britta Titel u. Hellmut Haug. Bd. 2. Stuttgart 1967 S. 795–827.

Mayer, Hans: *Vereinzelt Niederschläge. Kritik – Polemik*. Pfullingen (1973). [Darin S. 160–171: Lenz, Büchner und Celan. Anmerkungen zu Paul Celans Georg-Büchner-Preis-Rede „Der Meridian" vom 22. Oktober 1960.]

Mayer, Hans: *Lenz. Die Erzählung von Georg Büchner und der Film von George Moorse*. München 1994.

Mayer, Mathias: „‚Die Liebe auf dem Lande'. Ein Lenz-Zitat bei Hofmannsthal". In: *Germanisch-Romanische Monatsschrift* 38 (1988), S. 338–343.

Mayer, Mathias: „Erlösen und Erzählen. Lenz' Ballade ‚Die Geschichte auf der Aar'" In: *Jahrbuch des Freien Deutschen Hochstifts* (1998), S. 1–14.

Mayer, Mathias: „‚Der Wasserzoll'. Stumme Schrift der Tränen". In: *Lenz-Jahrbuch* 10–11 (2000/2001, ersch. 2003), S. 111–121.

Mayer, Thomas Michael: „Bemerkungen zur Textkritik von Büchners ‚Lenz'". In: *Georg Büchner Jahrbuch* 5 (1985, ersch. 1986), S. 184–197.

Mayer, Wilhelm: „Zum Problem des Dichters Lenz". In: *Archiv für Psychiatrie und Nervenkrankheiten* 62 (1921), S. 889–890.

McBride, Patrizia C.: „The Paradox of Aesthetic Discourse. J. M. R. Lenz's ‚Anmerkungen übers Theater'". In: *German Studies Review* (Tempe/AZ) 22.3 (1999), S. 397–419.

McInnes, Edward: „The Sturm und Drang and the Development of Social Drama". In: *Deutsche Vierteljahrsschrift für Literaturwissenschaft und Geistesgeschichte* 46 (1972), S. 61–81.

McInnes, Edward: *Jakob Michael Reinhold Lenz: Die Soldaten. Text, Materialien, Kommentar*. München (1977). [= McInnes 1977a] Rez.: Michael Winkler, in: Lessing Yearbook/Lessing-Jahrbuch 11 (1979), S. 272–273.

McInnes, Edward: „‚Die Regie des Lebens'. Domestic Drama and the Sturm und Drang". In: *Orbis Litterarum. International Review of Literary Studies* (Oxford, Kopenhagen) 32 (1977), S. 269–284. [= McInnes 1977b]

McInnes, Edward O'Hara: ‚*The Morality of Doubt'. Brecht and the German Dramatic Tradition*. Hull (1980). [Zu Lenz bes. S. 7–9.]

McInnes, Edward: „Louis-Sébastien Mercier and the Drama of the Sturm und Drang". In: *Publications of the English Goethe Society* (Leeds) 54 (1985), S. 76–100.

McInnes, Edward: *„Ein ungeheures Theater". The Drama of the Sturm und Drang*. Frankfurt/Main u. a. (1987). [Zu Lenz insb. S. 51–74.]

McInnes, Edward O.: „Büchner, Hauptmann and the Development of Tragic Realism in the Nineteenth Century". In: Ken Mills u. Brian Keith-Smith (Hgg.): *Georg Büchner – Tradition and Innovation. Fourteen Essays*. Bristol 1990 S. 145–160. [Zu Lenz S. 145–149.]

McInnes, Edward: „‚Kein lachendes Gemälde'. Beaumarchais, Lenz und die Komödie des gesellschaftlichen Dissens". In: Wurst 1992a, S. 123–137. [= McInnes 1992a]

McInnes, Edward: *Lenz: Der Hofmeister*. London (1992). [= McInnes 1992b] Rez.: David Hill, in: Journal of European Studies (Chalfont St. Giles) 23 (1993), S. 331–332.

McInnes, Edward: „Lenz und das Bemühen um realistische Tragödienformen im 19. Jahrhundert". In: Stephan/Winter 1994a, S. 373–390.

McInnes, Edward: „Lenz, Shakespeare, Plautus and the ‚Unlaughing Picture". In: Hill 1994a, S. 27–35.

McInnes, Edward: „‚Verlorene Töchter'. Reticence and Ambiguity in German Domestic Drama in the late Eighteenth Century". In: David Jackson (Hg.): *Taboos in German Literature*. Providence, Oxford 1996 S. 27–42. [Zu Lenz bes. S. 32–36.]

McKnight, Phillip S.: „‚Was heißt göthisiren?' Sprache und Gesinnung bei Wezel contra Sturm und Drang". In: *Wezel-Jahrbuch* 2 (1999, ersch. 2000), S. 131–152. [Zu Lenz S. 136–137 u. 144.]

Meid, Volker: *Metzler-Literatur-Chronik. Werke deutschsprachiger Autoren*. Stuttgart, Weimar (1993). [Darin Art. zum „Hofmeister" S. 244; zu den „Soldaten" S. 251–252; zu Büchners „Lenz" S. 403; zu Schneiders „Lenz" S. 675.]

Meid, Volker: [Art.] „Lenz, Jakob Michael Reinhold". In: Volker Meid: *Reclams Lexikon der deutschsprachigen Autoren*. Stuttgart 2001 S. 559–561.

Meier, Albert: *Georg Büchners Ästhetik*. München (1983). [Zu Lenz S. 104–111: Die Dramentheorie J. M. R. Lenz' und ihr Verhältnis zum Kunstgespräch in Büchners „Lenz"; weitere Lenz-Bezüge S. 52–61 u. 97–103.]

Meier, Andreas (Hg.): *Jakob Michael Reinhold Lenz. Vom Sturm und Drang zur Moderne.* Heidelberg (2001). [= A. Meier 2001a] Rez.: Arnd Bohm, in: Colloquia Germanica (Tübingen u. a.) 35.2 (2002), S. 176–177. – James Gibbons, in: The Modern Language Review (Leeds) 98.4 (2003), S. 1036–1037. – Martin Kagel, in: Monatshefte für deutschsprachige Literatur und Kultur (Madison/WI) 95.1 (2003), S. 123–125. – Karin A. Wurst, in: The German Quarterly (Cherry Hill/NJ) 76.3 (2003), S. 332–334.

Meier, Andreas: „Ankunft in der Moderne. Franz Bleis Lenz-Ausgabe". In: Andreas Meier (Hg.): *Jakob Michael Reinhold Lenz. Vom Sturm und Drang zur Moderne*. Heidelberg 2001 S. 75–95. [= A. Meier 2011b]

Meier, Lukas Jost: „‚Nein ich will selber schreiben': die Funktion der Briefe in Lenz' ‚Soldaten'". In: *Lenz-Jahrbuch* 20 (2013, ersch. 2014), S. 67–78.

Meier, Werner: *Der Hofmeister in der deutschen Literatur des 18. Jahrhunderts*. Zürich 1938. Zugl. Diss. phil., Univ. Zürich, 1937.

Meik, Markus: *Peter Schneiders Erzählung „Lenz". Zur Entstehung eines Kultbuches. Eine Fallstudie*. Siegen 1997. Zugl. Diss. phil., Univ. Siegen, 1997.

Meinicke, Herbert: *Das bürgerliche Drama in Deutschland und Samuel Richardsons Familienromane. Ein Beitrag zur vergleichenden Literaturgeschichte*. Diss. phil., Univ. Heidelberg, (1922). [Zu Lenz S. 97–98 u. 182.]

Meinzer, Elke: „Die Irrgärten des J. M. R. Lenz. Zur psychoanalytischen Interpretation der Werke ‚Tantalus', ‚Der Waldbruder' und ‚Myrsa Polagi'". In: *Deutsche Vierteljahrsschrift für Literaturwissenschaft und Geistesgeschichte* 68.4 (1994), S. 695–716. [= Meinzer 1994a] Dass. in: Hill 1994a, S. 161–178. [= Meinzer 1994b]

Meinzer, Elke: *„Über Delikatesse der Empfindung". Eine späte Prosaschrift von Jakob Michael Reinhold Lenz*. St. Ingbert 1996. Rez.: Claudia Albert, in: Germanistik (Tübingen) 38.1 (1997), S. 204–205. – Martin Rector, in: Lenz-Jahrbuch 7 (1997), S. 185–188. – Karin A. Wurst, in: German Studies Review (Tempe/AZ) 21.1 (1998), S. 128–129.

Meinzer, Elke: „Biblische Poetik. Die Analogie als Stilprinzip bei J. G. Hamann und J. M. R. Lenz". In: Joseph Kohnen (Hg.): *Königsberg-Studien. Beiträge zu einem besonderen Kapitel der deutschen Geistesgeschichte des 18. und angehenden 19. Jahrhunderts*. Frankfurt/Main u. a. 1998 S. 37–57.

Melchinger, Siegfried: „Reinhold Lenz. Zu seinem 135. Todestage am 23. oder 24. Mai". In: *Der Sonntag. Illustrierte Beilage der Süddeutschen Zeitung* (Stuttgart), Nr. 21, 22. 5. 1927 S. 163–164.

Melchinger, Siegfried: *Dramaturgie des Sturms und Drangs*. Gotha 1929.

Mendes, Anabela: „Preceptor, mentor, professor. Variações do acto pedagógico em J. M. R. Lenz, H. von Kleist e F. Hölderlin". In: *Runa* (Lissabon) 22.2 (1994), S. 145–159.

Menhennet, Alan: *Order and Freedom. Literature and Society in Germany from 1720 to 1805*. London (1973). [Zu Lenz bes. S. 167–173.]

Menke, Timm Reiner: *Lenz-Erzählungen in der deutschen Literatur*. Hildesheim, Zürich, New York 1984.

Menke, Timm: „The Reception of Lenz in the Final Years of the German Democratic Republic. Christoph Hein's Adaption of ‚Der neue Menoza'". In: Leidner/Madland 1993a, S. 150–161.

Menke, Timm: „Zwei Thesen zur Rezeption und Krankheit von J. M. R. Lenz". In: Stephan/Winter 1994a, S. 27–37.

Mensing, Erwin: *Jüngstdeutsche Dichter in ihren Beziehungen zu J. M. R. Lenz*. Dresden 1927. Zugl. Diss. phil., Univ. München, [1926].

Menz, Egon: „Lenzens Weimarer Eselei". In: *Goethe-Jahrbuch* 106 (1989), S. 91–105.

Menz, Egon: „Lenzens ‚Faust'". In: Klaus Deterding (Hg.): *Wahrnehmungen im Poetischen All. Festschrift für Alfred Behrmann zum 65. Geburtstag*. Heidelberg 1993 S. 166–186.
Menz, Egon: „Das ‚hohe Tragische von heut'". In: Stephan/Winter 1994a, S. 181–194. [= Menz 1994a]
Menz, Egon: „‚Der verwundete Bräutigam'. Über den Anfang von Lenzens Komödienkunst". In: Hill 1994a, S. 97–109. [= Menz 1994b]
Menz, Egon: „Aretins Passion". In: Kaufmann/Albrecht/Stadeler 1996 S. 66–77. [= Menz 1996a.]
Menz, Egon: „Die Mutter, die Kurtisane. Anmerkungen zu Lenz". In: *Lenz-Jahrbuch* 6 (1996), S. 75–92. [= Menz 1996b.]
Merlin, Christian: „‚Les Soldats' à l'opéra. Avatars lyriques d'un texte dramatique". In: M.[ichel] Grimberg u. a. (Hgg.): *Recherches sur le monde germanique. Regards, approches, objets. En hommage à l'activité de direction de recherche du professeur Jean-Marie Valentin*. Paris 2003 S. 287–298. Beitrag zu Bernd Alois Zimmermanns „Soldaten"-Oper.
Meusel, Johann Georg: [Art.] „Lenz (Jakob Michael Reinhold)". In: *Lexikon der vom Jahr 1750 bis 1800 verstorbenen Schriftsteller*. Ausgearbeitet von Johann Georg Meusel. Bd. 8. Leipzig 1808 S. 140–141.
Meuser, Anneliese: *J. M. R. Lenz: „Catharina von Siena". Eine Studie*. Diss. phil., University of Auckland/New Zealand 1998.
Meyer, Friedrich Ludwig Wilhelm: *Friedrich Ludwig Schröder. Beitrag zur Kunde des Menschen und des Künstlers*. Tl. 1. Hamburg (1819). [Zu Lenz S. 299–301.]
Meyer, Reinhart: „Mechanik und Dramenstruktur. Die Bedeutung der technischen Bühnenausstattung für die Struktur von Dramen bis zum Sturm und Drang". In: Hanno Möbius u. Jörg Jochen Berns (Hgg.): *Die Mechanik in den Künsten. Studien zur ästhetischen Bedeutung von Naturwissenschaft und Technologie*. Marburg 1990 S. 95–106. [Zu Lenz S. 101–102.]
Meyer, Richard M.: „M. R. Lenz. Zu seinem hundertsten Todestage". In: *Das Magazin für Litteratur*, Nr. 22, 28. 5. 1892 S. 349–351.
Meyer, Richard M.: *Deutsche Charaktere*. Berlin (1897). [Zu Lenz S. 105–113.]
Meyer, Richard M.: „Freundin aus der Wolke". In: *Goethe-Jahrbuch* 30 (1909), S. 210–216.
Meyer, Willy: Lenz' „Hofmeister". *Ein Kapitel aus der Entwicklungsgeschichte der deutschen Literatur*. Diss. phil., Univ. Erlangen, 1933. Masch.
Michaelis, Rolf: „Dreibund der Liebe. Bernard Sobel inszeniert ‚Die Freunde machen den Philosophen' in seinem ‚Centre Dramatique National' in Gennevilliers". In: *Die Zeit*, Nr. 18, 29. 4. 1988 S. 58.
Michaelis, Rolf: „Frauenopfer. Ungespielt. Unspielbar? Eine Legende, ein Fragment: In Berlin inszeniert Klaus Michael Grüber ‚Catharina' von Lenz, in Frankfurt Peter Eschberg ‚Antiphon' von Djuna Barnes". In: *Die Zeit*, Nr. 48, 20. 11. 1992 S. 71.
Michel, Gabriele: „Lenz – ‚ist er nicht gedruckt?'. Über die vernachlässigte Bedeutung der Schriften von J. M. R. Lenz für Georg Büchners Novellentext". In: *Lenz-Jahrbuch* 2 (1992), S. 118–125.
Michel, Willy: *Die Aktualität des Interpretierens. Hermeneutische Zugänge zu Lessing, Die Erziehung des Menschgeschlechts […]*. Heidelberg (1977). [Zu Lenz S. 24–57: Sozialgeschichtliches Verstehen und kathartische Erschütterung. Lenz' Tragikomödie „Der Hofmeister".]
Miladinovic, Mira: *Georg Büchners „Lenz" und Johann Friedrich Oberlins „Aufzeichnungen". Eine vergleichende Untersuchung*. Frankfurt/Main, Bern, New York 1986.
Milde, Wolfgang: „Deutsche Handschriften in der Universitätsbibliothek Krakau". In: *Wolfenbütteler Barock-Nachrichten* 11 (1984), S. 76–80.
Minamiôji, Shin-ichi: [Bericht über das Symposium: Jakob Michael Reinhold Lenz (1752–1792) – Der Dramatiker, seine Vorwegnahmen, sein Nachwirken.] In: *Doitsu Bungaku* (Tokio) 89 (1992), S. 206–209. Originaltitel und Beitrag auf Japanisch.
Mittenzwei, Werner: *Brechts Verhältnis zur Tradition*. Berlin (1972). [Zu Lenz S. 229–239.]

Mitterbauer, Helga: *Die Netzwerke des Franz Blei. Kulturvermittlung im frühen 20. Jahrhundert.* Tübingen, Basel (2003). [Zu Lenz S. 111–115.]

Mohal, Anna: „Durch die französische Brille. Lenz- und Achternbusch-Premieren im Raum Paris". In: *Süddeutsche Zeitung*, Nr. 151, 4. 7. 1988 S. 26.

Moeller-Bruck, Arthur: „Lenz". In: *Die Kultur: Halbmonatsschrift für Wissenschaft, Literatur und Kunst* (Köln) 2 (1903), S. 1468–1476.

Moeller van den Bruck, Arthur: *Verirrte Deutsche.* Minden i. W. [1905]. [Zu Lenz S. 46–72.]

Mondot, Jean: „Lenz, adaptateur de Plaute". In: *Études Germaniques* (Paris) 52.1 (1997): J. M. R. Lenz, S. 37–48.

Montiel, Luis: „Cuando Dios duerme. La locura de Lenz, según Georg Büchner". In: *Quimera. Revista de literatura* (Barcelona) 160 (1997), S. 56–59.

Moos, Walter: „Büchners Lenz". In: *Schweizer Archiv für Neurologie und Psychatrie* 42 (1983), S. 97–114.

Morell, Karl: *Die Helvetische Gesellschaft. Aus den Quellen dargestellt.* Winterthur (1863). [Zu Lenz S. 327.]

Morton, Michael: „Exemplary Poetics. The Rhetoric of Lenz's ‚Anmerkungen übers Theater' and ‚Pandaemonium Germanicum'". In: *Lessing Yearbook/Lessing-Jahrbuch* 20 (1988, ersch. 1989), S. 121–151.

Müller, Beatrix: „‚Wußten Sie schon …, daß die Alpen auch nichts Besonderes sind, wenn man sich die Berge wegdenkt?' Anmerkungen zu Georg Büchner: ‚Lenz' und die Psychoanalyse". In: Gertrude Cepl-Kaufmann u. a. (Hgg.): *„Stets wird die Wahrheit hadern mit dem Schönen". Festschrift für Manfred Windfuhr zum 60. Geburtstag.* Köln, Wien 1990 S. 279–288.

Müller, Désirée: [Art.] „Jupiter und Schinznach. Drama per Musica. Nebst einigen bey letzter Versammlung ob der Tafel recitirten Impromptüs". In: Luserke-Jaqui 2017 S. 474–475.

Müller, Gerhard: „Leben, Möglichkeit des Daseins. Zur DDR-Erstaufführung von Wolfgang Rihms ‚Jakob Lenz'". In: *Theater der Zeit* 37.4 (1982), S. 20–21.

Müller, Gustav A.: *Führer durch Sesenheim und Umgebung. Ein Wegweiser für die Freunde der Goethe'schen Idylle. Im Selbstverlage.* Bühl/Baden [1894].

Müller, Gustav A.: *Sesenheim, wie es ist und Der Streit über Friederike Brion, Goethes Jugendlieb. Ein Beitrag zu friedlicher Einigung. Mit mehreren Abbildungen in Lichtdruck nach Skizzen von M. Feurer.* Straßburg i. E., Bühl/Baden 1894.

Müller, Gustav A.: *Urkundliche Forschungen zu Goethes Sesenheimer Idylle und Friederikens Jugendgeschichte. Auf Grund des Sesenheimer Gemeindearchivs. Mit einer korrigierten Kopie und einer Wiedergabe des Falck'schen Friederikenportraits, sowie fünf Beigaben.* Bühl/Baden 1894. 2., unveränd. Aufl. unter dem Titel: *Urkundliche Forschungen zu Goethes Sesenheimer Idylle. Ein Beitrag zur Biographie Goethes und Friderikens auf Grund des Sesenheimer Gemeindearchivs.* 2. Aufl. Bühl/Baden 1895.

Müller, Gustav A.: *Goethe in Straßburg. Eine Nachlese zur Goethe- und Friederikenforschung aus der Straßburger Zeit. Mit vielen neuen Abbildungen.* Leipzig 1896.

Müller, Gustav Adolf: *Goethe-Erinnerungen in Emmendingen. Neues und Altes in kurzer Zusammenfassung. Mit 12 Abbildungen und einer Urkunde in Faksimile.* Leipzig-Gohlis (1909). [Zu Lenz S. 32–78: Der Dichter Jakob Michael Reinhold Lenz in Emmendingen; S. 79–85: Die vier Briefe, von Jakob Michael Reinhold Lenz für den Schustergesellen Konrad Süß von Emmendingen geschrieben 1778 an Herrn Sarassin in Basel.]

Müller, Johannes H.: *J. M. R. Lenz' „Coriolan".* Jena 1930. Rez.: O.[tto] von Petersen, in: *Baltische Monatsschrift* 61 (1930), S. 707–708.

Müller, Maria E.: „Die Wunschwelt des Tantalus. Kritische Bemerkungen zu sozial-utopischen Entwürfen im Werk von J. M. R. Lenz". In: *Literatur für Leser* 3 (1984), S. 148–161.

Müller, Maria E.: „‚Der verwundete Bräutigam'. Bemerkungen zu einem Jugenddrama von Jakob Michael Reinhold Lenz". In: *Lenz-Jahrbuch* 3 (1993), S. 7–33.

Müller, Maria E.: „‚Vom Kipp-Phänomen überrollt. Komik als narratologische Leerstelle am Beispiel zyklischen Erzählens". In: Harald Haferland u. Matthias Meyer (Hgg.): *Historische*

Narratologie – mediävistische Perspektiven. Berlin, New York 2010 S. 69–98. [Zu Lenz S. 90–97.]

Müller, Maria E.: „‚Da bin ich einfach paff': Sophie von La Roche und Jakob Michael Reinhold Lenz". In: Miriam Seidler u. Mara Stuhlfauth (Hgg.): *„Ich will keinem Mann nachtreten": Sophie von La Roche und Bettine von Arnim*. Frankfurt/Main u. a. 2013 S. 77–93.

Müller, Oliver: „Lyrik der siebziger Jahre. Hölty, Goethe, Lenz". In: Matthias Buschmeier u. Kai Kauffmann (Hgg.): *Sturm und Drang. Epoche – Autoren – Werke*. Darmstadt 2013 S. 104–121.

Müller, Peter (Hg.): *Jakob Michael Reinhold Lenz im Urteil dreier Jahrhunderte. Texte der Rezeption von Werk und Persönlichkeit. 18.–20. Jahrhundert*. Unter Mitarb. von Jürgen Stötzer. Bd. 1–3 u. 4. Bern, Berlin u. a. 1995 u. 2005. Rez.: Wolfgang Albrecht, in: Germanistik (Tübingen) 37.1 (1996), S. 210. – Karlheinz Hasselbach, in: Monatshefte für deutschen Unterricht, deutsche Sprache und Literatur (Madison/WI) 89.3 (1997), S. 400–401. – David Hill, in: Zeitschrift für Germanistik N. F. 16.3 (2006), S. 667–668. – Ulrich Kaufmann, in: Weimarer Beiträge 43.1 (1997), S. 156–159. – Michael Niedermeier, in: Jahrbuch für internationale Germanistik 27.2 (1995), S. 212–213. – Werner H. Preuß, in: Lenz-Jahrbuch 6 (1996), S. 232–234. – Claudia Salchow, in: Referatedienst zur Literaturwissenschaft 28.4 (1996), S. 623–626. – Thorsten Unger: Jakob Michael Reinhold Lenz im Spiegel seiner Rezipienten – zwei Dokumentationen. In: Das achtzehnte Jahrhundert 20.2 (1996), S. 231–234. – Karin A. Wurst, in: German Studies Review (Tempe/AZ) 20.3 (1997), S. 439–441.

Müller, Peter: „Goethes Straßburg 1770/71. Grenzüberschreitende Wirklichkeitserfahrung und literarische Innovation". In: Wolfgang Stellmacher (Hg.): *Stätten deutscher Literatur. Studien zur literarischen Zentrenbildung 1750–1815*. Frankfurt/Main u. a. 1998 S. 173–209.

Müller, Peter: „Lenz und Goethe, Jena und Weimar". In: *Weimarer Beiträge* 47.2 (2001), S. 292–299.

Müller, Udo: *Stundenblätter Lenz/Brecht: „Der Hofmeister", Lenz/Kipphardt: „Die Soldaten"*. Stuttgart 1980. 2., korrigierte Aufl. Stuttgart 1981.

Müller, Udo: *Lektürehilfen J. M. R. Lenz: „Der Hofmeister oder Vorteile der Privaterziehung", „Die Soldaten"*. Stuttgart 1991. Dass.: 5. Aufl. Stuttgart, Düsseldorf, Leipzig 1999 (Klett Lern-Training).

Müller, Wilhelm: *Studien über die rassischen Grundlagen des „Sturm und Drang"*. Berlin (1938). [Zu Lenz bes. S. 46–55 u. 92–107.]

Müller-Rastatt, Karl: „Ein Nebenbuhler Goethe's. (Zur Erinnerung an den 24. Mai 1792.)" In: *Frankfurter Zeitung und Handelsblatt*, Nr. 145, 24. 5. 1892 Erstes Morgenblatt, S. 1–2. Leicht veränderter Wiederabdruck in: *Zeitung für Literatur, Kunst und Wissenschaft*. Beilage des *Hamburgischen Correspondenten*, Nr. 11, 30. 5. 1909 S. 81–83.

Müller-Schoppen, Erik: *Jeder-Lenz*. Frankfurt/Main, Bern, New York 1985.

Munn, Kenneth E.: *Sexuality and the Ethical Construction of the Self. Reconstructing J. M. R. Lenz*. Ann Arbor/MI 2003. Zugl. Diss. phil., Michigan State University, East Lansing, 2003.

Murat, Jean: „Le ‚Pandaemonium Germanicum'". In: *Revue d'Allemagne* 3.1 (1971): Goethe et l'Alsace, S. 255–266.

Nahke, Evamarie: *Über den Realismus in J. M. R. Lenzens sozialen Dramen und Fragmenten*. Diss. phil., Humboldt-Univ. Berlin, 1955. Masch.

Nahke, Eva: „Ein Brief über das Umfeld der ‚Hofmeister'-Ausstellung 1950". In: Kaufmann/Albrecht/Stadeler 1996 S. 127–131.

Nantet, Marie-Victoire: „Images en transit le ‚Lenz' de Büchner". In: *Romantisme* (Paris) 118 (2002), S. 7–22.

Nau, Anne-Christin: *Schizophrenie als literarische Wahrnehmungsstruktur am Beispiel der Lyrik von Jakob Michael Reinhold Lenz und Jakob van Hoddis*. Frankfurt/Main 2003.

Neuhuber, Christian: *Das Lustspiel macht Ernst. Das Ernste in der deutschen Komödie auf dem Weg in die Moderne: von Gottsched bis Lenz*. Berlin 2003. Rez: Daniel Fulda, in: Arbitrium 22.3 (2004), S. 316–318.

Neuhuber, Christian: „Zur Rezeption der ‚Lenz'-Erzählung Georg Büchners". In: Dieter Sevin (Hg.): *Georg Büchner. Neue Perspektiven zur internationalen Rezeption.* Berlin 2007 S. 65–79.

Neumann, Franz: *Der Hofmeister. Ein Beitrag zur Geschichte der Erziehung im achtzehnten Jahrhundert.* Halle/Saale 1930. Zugl. Diss. phil., Univ. Halle-Wittenberg, 1930.

Neumann, Friedrich Wilhelm: „Jakob Michael Reinhold Lenz als Impressionist. Ein Beitrag zu seiner Wesensdeutung". In: *Jahrbuch der Philosophischen Fakultät der Albertus-Universität zu Königsberg Pr. 1924 und 1925.* Königsberg [1927], S. 78–79. Zusammenfassung der 1924 vorgelegten Diss. phil. von Neumann.

Neuse Kritsch, Erna: „Büchners Lenz. Zur Struktur der Novelle". In: *German Quarterly* (Cherry Hill/NJ) 43.2 (1970), S. 199–209.

Newald, Richard: *Von Klopstock bis zu Goethes Tod (1750–1832).* Tl. 1: Ende der Aufklärung und Vorbereitung der Klassik. München 1957. [Zu Lenz bes. S. 268–275.]

Nicolai, Friedrich: „Berichtigung einer Anekdote den Dichter J. M. R. Lenz betreffend". In: *Berlinisches Archiv der Zeit und ihres Geschmackes,* März 1796 S. 269–270.

Nicolaus, Charlotte: *Zur literarischen Spiegelung des Begriffskomplexes „Volk" vom „Sturm und Drang" bis zur „Heidelberger Romantik".* Berlin [1927]. [Zu Lenz S. 35–43.] Zugl. Diss. phil., Univ. Münster, 1926.

Nicolovius, Alfred: *Johann Georg Schlosser's Leben und literarisches Wirken.* Bonn 1844. [Zu Lenz S. 39–43 u. 63–69.] ND Bern, Frankfurt/Main 1975.

Niedermeier, Michael: „Natur – Ökonomie – Sexualität. Philanthropen zwischen Paradies und Plantage 1770–1810". In: Jost Hermand (Hg.): *Mit den Bäumen sterben die Menschen. Zur Kulturgeschichte der Ökologie.* Köln, Weimar, Wien 1993 S. 25–80. [Zu Lenz S. 42–48.]

Niedermeier, Michael: „Mitteldeutsche Aufklärer und elsässische ‚Genies' im Kampf um das pädagogische Musterinstitut des Philanthropismus in Dessau". In: *Lenz-Jahrbuch* 5 (1995), S. 92–117.

Niedermeier, Michael: „Sexualität und Freimaurergeheimnis. Ein neu aufgetauchter Brief von J. M. R. Lenz und sein Kontext". In: Manfred Beetz (Hg.): *Physis und Norm. Neue Perspektiven der Anthropologie im 18. Jahrhundert.* Göttingen 2007 S. 225–236.

Nieraad, Jürgen: *Die Spur der Gewalt. Zur Geschichte des Schrecklichen in der Literatur und ihrer Theorie.* Lüneburg 1994. [Zu Lenz S. 60–61.]

Nies, Martin: „Die innere Sicherheit: Gattungsselbstreflexion und Gesellschaftskritik in der Komödie ‚Die Soldaten' von J. M. R. Lenz". In: *Zeitschrift für Semiotik* 27 (2005), H. 1–2: Selbstreferenz und literarische Gattung, hg. von Hans Krah, S. 23–44.

Niesz, Anthony J.: *Dramaturgy in German drama. From Gryphius to Goethe.* Heidelberg 1980. [Zu Lenz S. 127–159.]

Niggl, Günther: „Neue Szenenkunst in Lenzens Komödie ‚Die Soldaten'". In: *Études Germaniques* (Paris) 52.1 (1997): J. M. R. Lenz, S. 99–111. Wiederabdruck in: Günther Niggl: *Studien zur Literatur der Goethezeit.* Berlin 2001 S. 47–62.

Niggl, Günter: „Ständebild und Ständekritik in Lenzens sozialen Dramen ‚Der Hofmeister' und ‚Die Soldaten'". In: Stephan/Winter 2003a, S. 145–153.

Nikogda, Anele: „Das realistisch-groteske Detail bei J. M. R. Lenz". In: *Triangulum. Germanistisches Jahrbuch für Estland, Lettland und Litauen* (Vilnius u. a.) 12 (2007), S. 37–45.

Nikolajeva, Rita: „Auf der Suche nach Lettland durch Johannes Bobrowskis Landschaften". In: *Triangulum. Germanistisches Jahrbuch für Estland, Lettland und Litauen* (Vilnius u. a.) 8 (2001, ersch. 2003), S. 124–135.

Nollert, Hans R.: „‚Immer schweb ich ums Haus herum'. How Cash Flow Spooks the Theatrical Household". In: *Modern Language Notes* (Baltimore) 129.3 (2014), S. 658–669.

Nonnenmacher, Hartmut: *Natur und Fatum. Inzest als Motiv und Thema in der französischen und deutschen Literatur des 18. Jahrhunderts.* Frankfurt/Main u. a. 2002. [Zu Lenz bes. S. 161–172.]

Nooijen, Annemarie: „Neologie und Aberglaubenskritik in den deutschen Landen im späten 18. Jahrhundert. Zum geistesgeschichtlichen Kontext von Lenz' ‚Landprediger'". In: *Lenz-Jahrbuch* 13–14 (2004–2007, ersch. 2008), S. 249–278.

Nürnberger, Helmuth: „Laudatio für Sigrid Damm". In: *Fontane-Blätter* 59 (1995), S. 159–167.

Oberender, Bettina: *Der Wandel von Dramaturgien in den Dramen des Sturm und Drang als Ausdruck des Untergangs einer kollektiven Bewegung in individuellen Lösungsversuchen. Weimar 1776 – die literarische Verarbeitung des Krisenjahres in Texten von Goethe, Lenz und Klinger.* Diss. phil., Humboldt-Univ. Berlin, 1999.

Oehlenschläger, Eckart: „Jacob Michael Reinhold Lenz". In: Benno von Wiese u. a. (Hgg.): *Deutsche Dichter des 18. Jahrhunderts. Ihr Leben und Werk.* Berlin 1977 S. 747–781.

Oh, Yongrok: „Das Gesellschaftsbild in J. M. R. Lenzens Drama ‚Der Hofmeister' (1774) und B. Brechts Konzeption der ‚deutschen Misere'". In: *Dogilmunhak. Koreanische Zeitschrift für Germanistik* (Seoul) 31.1 (1990), S. 65–95.

Ohm, Reinhard: *„Unsere jungen Dichter". Wielands literaturästhetische Publizistik im „Teutschen Merkur" zur Zeit des Sturm und Drang und der Frühklassik (1773–1789).* Trier 2001 [Zu Lenz bes. S. 113–127 u. 138–145.]

Okada, Tsuneo: [Marginalien zum 200. Todestag von Lenz.] In: *Doitsu Bungaku* (Tokio) 89 (1992), S. 157–159. Originaltitel und Beitrag auf Japanisch.

Okada, Tsuneo: „Über ‚Philosophische Vorlesungen'". In: *Gête-nenkan/Goethe-Jahrbuch* (Tokio) 38 (1996), S. 215–233. Beitrag auf Japan. mit dt. Zusammenfassung S. 22–23.

O'Regan, Brigitta: *Self and Existence. J. M. R. Lenz's Subjective Point of View.* New York u. a. 1997. Zugl. Diss. phil., University of British Columbia, Vancouver, 1991, unter dem Titel: *„Zuwachs unsrer Existenz". The quest for being in J. M. R. Lenz.* Rez.: Helga Madland, in: German Studies Review (Tempe/AZ) 21.3 (1998), S. 593–594. – Hans-Gerd Winter, in: Lenz-Jahrbuch 8–9 (1998/1999, ersch. 2003), S. 336–337.

Orehovs, Ivars: „‚Überraschungen' und ‚Vernunft' im ‚Hofmeister' von J. M. R. Lenz". In: *Der Ginkgo-Baum* (Helsinki) 12 (1993), S. 110–112.

Osborne, John: „The Problem of Pride in the Work of J. M. R. Lenz". In: *Publications of the English Goethe Society* (Leeds) 39 (1969), S. 57–84.

Osborne, John: „From Pygmalion to Dibutade. Introversion in the prose writings of J. M. R. Lenz". In: *Oxford German Studies* 8 (1973), S. 23–46.

Osborne, John: „Exhibitionism and Criticism. J. M. R. Lenz's ‚Briefe über die Moralität der Leiden des jungen Werthers'". In: *Seminar* (Toronto) 10 (1974), S. 199–212.

Osborne, John: „Anti-Aristotelian Drama from Lenz to Wedekind". In: Ronald Hayman (Hg.): *The German Theatre. A Symposium.* London, New York 1975 S. 87–105. [= Osborne 1975a]

Osborne, John: „The Postponed Idyll. Two Moral Tales by J. M. R. Lenz". In: *Neophilologus* 59 (1975), S. 68–83. [= Osborne 1975b]

Osborne, John: *J. M. R. Lenz. The Renunciation of Heroism.* Göttingen 1975. [= Osborne 1975c] Rez.: Wulf Koepke, in: Lessing Yearbook/Lessing-Jahrbuch 9 (1977), S. 269–271.

Osborne, John: „Lenz, Zimmermann, Kipphardt. Adaptation as Closure". In: *German Life and Letters* (Oxford) 38.4 (1984–1985), S. 385–394.

Osborne, John: „Motion Pictures. The Tableau in Lenz's Drama and Dramatic Theory". In: Leidner/Madland 1993a, S. 91–105.

Osborne, John: „Deux lettres de Louis-François Ramond de Carbonnières à Jakob Michael Reinhold Lenz". In: *L'art épistolaire dans l'Europe cosmopolite. Correspondances par-delà les frontières 1750–1830. Colloque international, Metz, 4 et 5 décembre 1987.* Paris 1994 S. 123–136. [= Osborne 1994a]

Osborne, John: „Zwei Märchen von J. M. R. Lenz oder ‚Anmerkungen über die Erzählung'". In: Stephan/Winter 1994a, S. 325–336. [= Osborne 1994b]

Osborne, John: „Sehnsucht nach Weimar. Bemerkungen zu den Briefen von Louis-François Ramond de Carbonnières an Jakob Michael Reinhold Lenz". In: *Lenz-Jahrbuch* 5 (1995), S. 67–78.

Oesterle, Günter: „Mascarade et mystification dans le Journal de Tiefurt". In: *Revue Germanique Internationale* (Paris) 12 (1999): Goethe cosmopolite, S. 111–122. Wiederabdruck in dt. Sprache unter dem Titel: „Maskerade und Mystifikation im Tiefurter Journal. Prinz August von Gotha – Johann Wolfgang Goethe – Jacob Michael Reinhold Lenz". In: Dagmar Ottmann u. Markus Symmank (Hgg.): *Poesie als Auftrag. Festschrift für Alexander von Bormann*. Unter Mitarb. von Constanze Keutler. Würzburg 2001 S. 43–54.

Oesterle, Ingrid: „‚Ach, die Kunst – ach, die erbärmliche Wirklichkeit'. Ästhetische Modellierungen des Lebens und ihre Dekomposition in Georg Büchners *Lenz*". In: Bernhard Spies (Hg.): *Ideologie und Utopie in der deutschen Literatur der Neuzeit*. Würzburg 1995 S. 58–67.

Osterwalder, Fritz: *Die Überwindung des Sturm und Drang im Werk Friedrich Maximilian Klingers. Die Entwicklung der republikanischen Dichtung in der Zeit der Französischen Revolution*. Berlin 1979. [Zu Lenz vgl. Reg.]

Ott, Michael: *Das ungeschriebene Gesetz. Ehre und Geschlechterdifferenz in der deutschen Literatur um 1800*. Freiburg/Br. 2001. [Zu Lenz S. 195–203.]

Pange, Jean de: *Goethe en Alsace*. Paris 1925. [Zu Lenz bes. S. 160–173.]

Pantielev, Georgij: „‚Soldaty' iz Stutgarta". In: *Sovetskaja muzyka* (Moskau) 8 (1990), S. 57–63. Beitrag zu Zimmermanns „Soldaten"-Oper.

Pape, Manfred: „‚Die Geschichte auf der Aar'. Dichtung und Wahrheit bei Jakob Michael Reinhold Lenz und Hugo von Hofmannsthal". In: *Neue Zürcher Zeitung*, Nr. 77, 1.4.1977 S. 25.

Parisot, Richard: „La mémoire du poète J. M. R. Lenz à travers la littérature, l'opéra et le cinéma allemands". In: Laurence Dahan-Gaida (Hg.): *Dynamiques de la mémoire. Arts, Savoir, Histoire*. Besançon 2010 S. 167–181.

Parisot, Richard: „Lenz und Shakespeare". In: Béatrice Dumiche (Hg.): *Shakespeare und kein Ende? Beiträge zur Shakespeare-Rezeption in Deutschland und in Frankreich vom 18. bis 20. Jahrhundert*. Bonn 2012 S. 45–50.

Parker, John J.: „Some Reflections on Georg Büchner's ‚Lenz' and its Principal Source, the Oberlin Record". In: *German Life and Letters* (Oxford) 21.2 (1967/1968), S. 102–110.

Parkes, Ford Briton: *Epische Elemente in Jakob Michael Reinhold Lenzens Drama „Der Hofmeister"*. Göppingen 1973. Rez.: Wulf Koepke, in: Lessing Yearbook/Lessing-Jahrbuch 8 (1976), S. 267–269.

Pascal, Roy: *Shakespeare in Germany. 1740–1815*. Cambridge 1937. [Zu Lenz S. 8–14 u. 91–98.] ND New York 1971.

Pascal, Roy: „J. M. R. Lenz, 1751–1792. A Bicentenary Lecture". In: *Publications of the English Goethe Society* (Leeds) 21 (1952), S. 1–26.

Pascal, Roy: „Lenz as Lyric Poet". In: *German Studies. Presented to Leonard Ashley Willoughby by pupils, colleagues and friends on his retirement*. Oxford 1952 S. 120–132.

Pascal, Roy: *The German Sturm und Drang*. Manchester 1953. Dt. Übersetzung: *Der Sturm und Drang*. Autorisierte deutsche Ausgabe von Dieter Zeitz und Kurt Mayer. Stuttgart 1963. – 2. Aufl. 1977.

Pastoors-Hagelüken, Marita: *Die „übereilte Comödie". Möglichkeiten und Problematik einer neuen Dramengattung am Beispiel des „Neuen Menoza" von J. M. R. Lenz*. Frankfurt/Main, Bern, New York, Paris 1990. Rez.: Martin Rector, in: Lenz-Jahrbuch 2 (1992), S. 237–240. – Christoph Weiß, in: Germanistik (Tübingen) 34.2–3 (1993), S. 769–770.

Paterson, Margot: „‚Liebe auf dem Lande'. A Critical Poem by Jakob Lenz". In: Christopher Smith (Hg.): *Essays in Memory of Michael Parkinson and Janine Dakyns*. Norwich 1996 S. 63–66.

Paterson, Margot: „Friederike Brion, Cornelia Schlosser and Charlotte von Stein viewed through the Eyes of the Poet Jakob Lenz". In: Margaret Ives (Hg.): *Women Writers of the Age of Goethe*. Bd. 9. Lancaster 1997 S. 63–79.

Paterson, Margot: „Lenz and Modern Subjectivity". In: Tatiana V. Artemieva u. Michael I. Mikeshin (Hgg.): *Ekaterina II i ee vremia: sovremennyi vzgliad. Catherine II and Her Time: A Modern Outlook*. St. Petersburg 1999 S. 113–124.

Paterson, Margot: *Semgallen Revisited. An account of Jakob Michael Reinhold Lenz's Fictional Autobiography „Lebensläufe in auffsteigender Linie" (1778–81)*. Norwich 2003. Rez.: Joseph Kohnen, in: Lenz-Jahrbuch 12 (2002/2003, ersch. 2005), S. 260–268.

Paterson, Margot. „"But Where Am I?'. Coriolan by J. M. R. Lenz". In: *Restoration and 18th Century Theatre Research* (Chicago) 20.1–2 (2005), S. 34–44.

Paterson, Margot: „'Lebensläufe in auffsteigender Linie' (1778–81) und ihre skandalträchtige Rezeption". In: Stefan Neuhaus (Hg.): *Literatur als Skandal. Fälle – Funktionen – Folgen*. Göttingen 2007 S. 170–178.

Paterson, Margot: „Wir werden, was wir waren". In: *Lenz-Jahrbuch* 13–14 (2004–2007, ersch. 2008), S. 293–316.

Patterson, Michael: „The Theater Practice of the Sturm und Drang". In: Hill 2003a, S. 141–156.

Patzer, Georg: „Durch's Gebirg. Der Lebensweg des Jakob Michael Reinhold Lenz". In: *Stuttgarter Zeitung*, Nr. 8, 11. 1. 2001 S. 33.

Patzer, Georg: *Lektüreschlüssel zu J. M. R. Lenz: „Der Hofmeister". Für Schülerinnen und Schüler*. Ditzingen 2009.

Paulin, Roger: *The Critical Reception of Shakespeare in Germany 1682–1914. Native Literature and Foreign Genius*. Hildesheim, Zürich, New York 2003.

Pausch, Holger A.: „Zur Widersprüchlichkeit in der Lenzschen ‚Dramaturgie'. Eine Untersuchung der ‚Anmerkungen übers Theater'". In: *Maske und Kothurn. Internationale Beiträge zur Theaterwissenschaft* 17 (1971), S. 97–108.

Pautler, Stefan Martin: „‚Wehe dem neuen Projektenmacher' – Überlegungen zur sozialreformerischen Programmatik im Werk von J. M. R. Lenz". In: Kaufmann/Albrecht/Stadeler 1996 S. 32–45.

Pautler, Stefan: *Jakob Michael Reinhold Lenz. Pietistische Weltdeutung und bürgerliche Sozialreform im Sturm und Drang*. Gütersloh 1999. Rez.: Wolfgang Albrecht, in: Lenz-Jahrbuch 8–9 (1998/1999, ersch. 2003), S. 327–329. – Albrecht Beutel, in: Theologische Literaturzeitung 125.12 (2000), S. 1300–1303. – Martin H. Jung, in: Zeitschrift für bayerische Kirchengeschichte 68 (1999), S. 280–281. – Hans-Georg Kemper, in: Germanistik (Tübingen) 41.2 (2000), S. 524–525. – Martin Rector, in: Arbitrium 18.2 (2000), S. 180–181. – Hans-Gerd Winter, in: Zeitschrift für Germanistik N. F. 10.2 (2000), S. 404–407.

Peischl, Margaret T.: „Büchner's Lenz. A Study of Madness". In: *Germanic Notes and Reviews* (Bemidji, Greenville) 27.1 (1996), S. 13–19.

Pellegrini, Alessandro: „‚Sturm und Drang' und politische Revolution". In: *German Life and Letters* (Oxford) 18 (1964–1965), S. 121–129.

Pelzer, Jürgen: „Das Modell der ‚alten' Komödie. Zu Lenz' ‚Lustspielen nach dem Plautus'". In: *Orbis Litterarum. International Review of Literary Studies* (Oxford, Kopenhagen) 42 (1987), S. 168–177.

Perels, Christoph (Hg.): *Sturm und Drang. Ausstellung im Frankfurter Goethe-Museum 2. Dezember 1988–5. Februar 1989, Goethe-Museum Düsseldorf 26. Februar–9. April 1989*. [Katalog.] Frankfurt/Main. Freies Deutsches Hochstift/Frankfurter Goethe-Museum 1988. [Zu Lenz vgl. Reg.]

Perugia, Stefan: *Die dramatischen Fragmente von J. M. R. Lenz*. Berlin, München 1925. Zugl. Diss. phil., Univ. München, 1925.

Peters, Gustav Werner: „Reinhold Lenz". In: *Die Hilfe. Wochenschrift für Politik, Literatur und Kunst* 17.26 (1911), Beiblatt, S. 412–413.

Peters, Kirsten: *Der Kindsmord als schöne Kunst betrachtet. Eine motivgeschichtliche Untersuchung der Literatur des 18. Jahrhunderts*. Würzburg 2001. [Zu Lenz S. 123–131.]

Petersen, Otto von: *„Myrsa Polagi oder die Irrgärten". Ein neuentdecktes Lustspiel des Sturm- und Drangdichters Jacob Michael Reinhold Lenz*. Diss. phil., Univ. Jena, 1924. Masch.

Petersen, Otto von: „Lenz, Vater und Sohn". In: Fritz Braun u. Kurt Stegmann von Pritzwald (Hgg.): *Dankesgabe für Albert Leitzmann*. Jena 1927 S. 91–103.

Petersen, Otto von: „J. M. R. Lenz und die Forschung der Gegenwart". In: *Baltische Monatsschrift* 60 (1929), S. 590–597.

Petersen, Otto von: *Goethe und der baltische Osten*. Unter Mitwirkung des Königsberger Freundeskreises der Deutschen Akademie hg. von R. v. Engelhardt u. a. Reval 1930. ND Hannover-Döhren 1976.

Petersen, Otto von: „Goethe und das baltische Grenzland". In: *Ostdeutsche Monatshefte* 11.7 (1930), Sonderheft: Goethe und der Osten, S. 423–428.

Petersen, Otto von: „Die Danziger Goethe-Woche". In: *Baltische Monatsschrift* 61 (1930), S. 711–716.

Petersen, Peter: „Eine Französin deutet den ‚Hofmeister'. Die Oper ‚Le Précepteur' (1990) von Michèle Reverdy". In: Stephan/Winter 1994a, S. 422–429.

Petersen, Peter: „Der Terminus ‚Literaturoper' – eine Begriffsbestimmung". In: *Archiv für Musikwissenschaft* 56 (1999), S. 52–70.

Petersen, Peter: „Das Lenz-Gedicht ‚Gemählde eines Erschlagenen' in der Vertonung durch Adriana Hölszky (1993)". In: Stephan/Winter 2006 S. 59–81.

Petersen, Peter u. Hans-Gerd Winter: „Lenz-Opern. Das Musiktheater als Sonderzweig der produktiven Rezeption von J. M. R. Lenz' Dramen und Dramentheorie". In: *Lenz-Jahrbuch* 1 (1991), S. 9–58.

Petersen, Peter u. Hans-Gerd Winter: „Die Büchner-Opern im Überblick. Zugleich ein Diskussionsbeitrag zur ‚Literaturoper'". In: Peter Petersen u. Hans-Gerd Winter (Hgg.): *Büchner-Opern. Georg Büchner in der Musik des 20. Jahrhunderts*. Frankfurt/Main u. a. 1997 (= Hamburger Jahrbuch für Musikwissenschaft 14), S. 7–31.

Pethes, Nicolas: „‚sie verstummten – sie gleiteten – sie fielen'. Epistemologie, Moral und Topik des ‚Falls' in Jakob Michael Reinhold Lenz' ‚Zerbin'". In: *Zeitschrift für Germanistik* N. F. 19.2 (2009), S. 330–345.

Petrich, Rosemarie E.: *Die Funktion der Komik in den Dramen „Der Hofmeister" und „Die Soldaten" von J. M. R. Lenz*. Ann Arbor/MI 1974. Zugl. Diss. phil., Ohio State University, Columbus, 1974.

Petrich, Rosemarie E.: „Religion und Komödie. ‚Der Hofmeister' von J. M. R. Lenz". In: Donald C. Riechel (Hg.): *Wege der Worte. Festschrift für Wolfgang Fleischhauer*. Köln, Wien 1978 S. 277–287.

Petter, Walter: *Das Satirische bei J. M. R. Lenz. Ein Beitrag zur Psychologie Lenzens und zur Geschichte des Satirischen im 18. Jahrhundert*. Diss. phil., Univ. Halle-Wittenberg, 1920. Masch.

Petzet, Erich: „Die Faustdichtungen der Sturm- und Drangzeit". In: *Die Grenzboten* 51.2 (1892), S. 157–170.

Petzet, Erich: „Jakob Michael Reinhold Lenz". In: *Allgemeine Zeitung* (München), Nr. 217, 6. 8. 1892 Beilage, Nr. 182, S. 1–5.

Pfäffle, Stefan: „Die subversive Kraft von Liebe und Sexualität. J. M. R. Lenz: Moraltheorie und literarisches Werk am Beispiel ausgewählter Texte". In: *Text & Kontext* (Kopenhagen, München) 20.1 (1997), S. 109–130.

Pfannenschmid, H. (Hg.): *Gottlieb Konrad Pfeffel's Fremdenbuch. Mit biographischen und culturgeschichtlichen Erläuterungen*. Colmar/Elsaß 1892. [Zu Lenz bes. S. 35–36.]

Pfeiffer, Herbert: „Reinhold Lenz: Der Hofmeister. Das Berliner Ensemble im Deutschen Theater". In: *Der Tagesspiegel* (Berlin), Nr. 1399, 18. 4. 1950 S. [5].

Pfütze, Curt: *Die Sprache in J. M. R. Lenzens Dramen*. Braunschweig 1890. Zugl. abgedruckt in: *Archiv für das Studium der neueren Sprachen und Litteraturen* 85 (1890), S. 129–202. Zugl. Diss. phil., Univ. Leipzig, 1890.

Philipp, Richard: *Beiträge zur Kenntnis von Klingers Sprache und Stil in seinen Jugend-Dramen*. Freiburg/Br. 1909. [Zu Lenz S. 11, 22, 55–56 u. 64–65.] Diss. phil., Univ. Freiburg/Br., 1909.

Pikulik, Lothar: „Zeiterfahrung im Sturm und Drang". In: *Aurora* 54 (1994), S. 1–17. [Zu Lenz S. 13–15.] Wiederabdruck in: Lothar Pikulik: *Signatur einer Zeitenwende. Studien zur Literatur der frühen Moderne von Lessing bis Eichendorff*. Göttingen 2001 S. 42–57.

Pilger, Andreas: „Die ‚idealistische Periode' in ihren Konsequenzen. Georg Büchners kritische Darstellung des Idealismus in der Erzählung ‚Lenz'". In: *Georg Büchner Jahrbuch* 8 (1990–1994, ersch. 1995), S. 104–125.

Pinatel, Joseph: *Le drame bourgeois en Allemagne au XVIIIme siècle*. Lyon 1938.

Pizer, John: „‚Man schaffe ihn auf eine sanfte Manier fort'. Robert Walser's ‚Lenz' as a Cipher for the Dark Side of Modernity". In: Leidner/Madland 1993a, S. 141–149.

Pizer, John: „Realism and Utopianism in ‚Der neue Menoza'. J. M. R. Lenz's Productive Misreading of Wieland". In: *Colloquia Germanica* (Tübingen u. a.) 27.4 (1994), S. 309–319.

Pizzo, Enrico: *Miltons Verlornes Paradies im deutschen Urteile des 18. Jahrhunderts*. Berlin 1914. [Zu Lenz S. 84–86.] Zugl. Diss. phil., Univ. Zürich, 1914.

Plard, Henri: „J. M. R. Lenz et la condition militaire". In: *Études sur le XVIIIe siecle*. Bd. III: *Les préoccupations economiques et sociales des philosophes, littérateurs, et artistes au XVIIIe siècle*. Hg. von Roland Mortier u. Hervé Hasquin. Brüssel 1976 S. 207–222.

Pocai, Romano: „Zwischen Differenz und Indifferenz des Affektiven. Eine Interpretation von Georg Büchners ‚Lenz'". In: Markus Hattstein u. a. (Hgg.): *Erfahrungen der Negativität. Festschrift für Michael Theunissen zum 60. Geburtstag*. Hildesheim, Zürich, New York 1992 S. 331–354.

Podak, Klaus: „‚Behaltet euren Himmel für euch!' Das traurige Leben des Jakob Michael Reinhold Lenz, der einer der bedeutendsten Poeten des Sturm und Drang war". In: *Süddeutsche Zeitung*, Nr. 16, 20./21. 1. 2001 Beilage SZ am Wochenende, S. 2.

Poll, Max: „Bericht über die während des Jahres 1894 in Amerika veröffentlichten Aufsätze über deutsche Literatur". In: *Euphorion* 2 (1895), S. 675–679.

Pollitzer, Viktor: *Die Charakterisierung des Geniedramas in Theorie und dichterischer Praxis*. Diss. phil., Univ. Wien, 1921. Masch.

Pollock, Emily R.: „To Do Justice to Opera's ‚Monstrosity'. Bernd Alois Zimmermann's ‚Die Soldaten'". In: *Opera Quarterly* (Chapel Hill/NC, Oxford) 30.1 (2014), S. 69–92.

Poos, Matthias A.: *Die Nichtrepräsentierbarkeit des ganz Anderen. Studien zu Adorno, Benjamin, Büchner, Goethe, Thomas Mann, de Sade*. Frankfurt/Main u. a. 1989. [Darin S. 126–137: Büchners Erzählung „Lenz". Paradigma eines Lebens in Nichtidentität.] Zugl. Diss. phil., Univ. Düsseldorf, 1988.

Pope, Timothy Fairfax: *The Concept of Action in the Works of J. M. R. Lenz*. Diss. phil., University of British Columbia, Vancouver, 1980. Masch.

Pope, Timothy F.: „J. M. R. Lenz's ‚Literarischer Zirkel' in Strasbourg". In: *Seminar* (Toronto) 20 (1984), S. 235–245.

Pope, Timothy: „The German Enlightenment. Literaturgeschichte or Theologiegeschichte?" In: *L'Homme et la nature/Man and Nature* 5 (1986), S. 153–163.

Pope, Timothy F.: *The Holy Fool. Christian Faith and Theology in J. M. R. Lenz*. Montreal u. a. 2003.

Prang, Helmut: *Geschichte des Lustspiels. Von der Antike bis zur Gegenwart*. Stuttgart 1968. [Zu Lenz S. 173–178.]

Preuß, Werner H.: *Selbstkastration oder Zeugung neuer Kreatur. Zum Problem der moralischen Freiheit in Leben und Werk von J. M. R. Lenz*. Bonn 1983. Rez.: J.[ean]-C.[laude] Chantre, in: Études Germaniques (Paris) 39.4 (1984), S. 444–445. – Bruce Duncan, in: Colloquia Germanica (Tübingen u. a.) 18.2 (1985), S. 170–171. – Richard Gray, in: Lessing Yearbook/Lessing-Jahrbuch 18 (1986), S. 252–253.

Preuß, Werner: „Anonyme Aphorismen aus Mitau 1780/81". In: *Photorin* 9 (1985), S. 33–46.

Preuß, Werner H.: „‚Lenzens Eseley'. ‚Der Tod der Dido'". In: *Goethe-Jahrbuch* 106 (1989), S. 53–90.

Preuß, Werner H.: „‚Der Tod der Dido' von Otto Heinrich von Gemmingen?" In: *Goethe-Jahrbuch* 108 (1991, ersch. 1992), S. 247–249.

Preuß, Werner H.: „‚Verfasser unbekannt' – ‚typisch Lenz'. Über den Anteil von J. M. R. Lenz an der Zeitschrift ‚Für Leser und Leserinnen'". In: *Lenz-Jahrbuch* 3 (1993), S. 99–115.

Preuß, Werner H.: "Der Oberpahlener Kreis. Bausteine zur Biographie des jungen Lenz". In: *Lenz-Jahrbuch* 4 (1994), S. 69–80.

Preuß, Werner H. (Hg.): *Jakob Heinrich von Lilienfeld (1716–1785). Der baltische Dichter und politische Schriftsteller. Eine Auswahl aus seinen Werken.* St. Ingbert 1997. [Zu Lenz bes. S. 233–237 u. 251–257.] [= Preuß 1997a]

Preuß, Werner H.: "Aus den Memoiren des ‚Verwundeten Bräutigams' Reinhold Johann von Igelström (1740–1799)". In: *Lenz-Jahrbuch* 7 (1997), S. 89–100. [= Preuß 1997b]

Preuß, Werner H.: "Einblicke in die Werkstatt des Dichters J. M. R. Lenz: Zur Identität des ‚Geheimen Raths' und: Die (Selbst-) Kastration des Kaufmanns Meyer wegen ‚häufig getriebener Onanie'. Ein authentischer Fall aus dem Jahre 1779". In: *Lenz-Jahrbuch* 13–14 (2004–2007, ersch. 2008), S. 223–248.

Preuß, Werner H.: "Gesellschaftskritik und Humanismus des Geheimen Rats Jakob Heinrich von Lilienfeld und ihre Rezeption durch Lenz". In: *Triangulum. Germanistisches Jahrbuch für Estland, Lettland und Litauen* (Vilnius u. a.) 12 (2007), S. 57–73.

Price, Lawrence Marsden: *English Literature in Germany.* Berkeley, Los Angeles 1953. Dt. Übersetzung: *Die Aufnahme englischer Literatur in Deutschland 1500–1960.* Ins Deutsche übertragen von Maxwell E. Knight. Bern, München 1961.

Prill, Meinhard u. a.: [Art.] "Jacob Michael Reinhold Lenz". In: Walter Jens (Hg.): *Kindlers Neues Literatur Lexikon.* München 1990, Bd. 10, S. 210–218. Darin folgende Einzelartikel: M. Pr. [d. i. Meinhard Prill]: "Anmerkungen übers Theater"; KLL (Lexikon-Redaktion): "Der Engländer"; H.-H. H. [d. i. Hans-Horst Henschen]: "Der Hofmeister"; V. Ho. [d. i. Volker Hoffmann]: "Der neue Menoza"; V. Ho. [d. i. Volker Hoffmann]: "Pandaemonium Germanicum"; M Fru. [d. i. Michael Fruth]: "Die Soldaten"; G. O. [d. i. Gert Oberembt]: "Der Waldbruder". Wiederabdruck der beiden Artikel zum "Hofmeister" und zu den "Soldaten" in: *Hauptwerke der deutschen Literatur. Einzeldarstellungen und Interpretationen.* Ausgewählt und zusammengestellt von Rudolf Radler. Bd. 1: *Von den Anfängen bis zur Romantik.* München 1994 S. 244–248.

Prill, Meinhard: "Anmerkungen übers Theater. Nebst angehängten übersetzten Stück Shakespears". In: Heinz Ludwig Arnold (Hg.): *Kindlers Literatur Lexikon (KLL).* 3., völlig neu bearbeitete Aufl. 18 Bde. Stuttgart, Weimar 2009. Bd. 9, S. 811.

Profitlich, Ulrich: "Zur Deutung von J. M. R. Lenz' Komödientheorie". In: *Deutsche Vierteljahrsschrift für Literaturwissenschaft und Geistesgeschichte* 72.3 (1998), S. 411–432.

Profitlich, Ulrich: "Komödien-Konzepte ohne das Element ‚Komik'". In: Ralf Simon (Hg.): *Theorie der Komödie – Poetik der Komödie.* Bielefeld 2001 S. 13–30.

Pusey, William W.: *Louis-Sébastien Mercier in Germany. His Vogue and Influence in the Eigtheenth Century.* New York 1939. ND New York 1966. [Zu Lenz vgl. Reg.]

Pütz, H.[einz] P.: "Büchners ‚Lenz' und seine Quelle". In: *Zeitschrift für deutsche Philologie* 84 (1965), Sonderheft: Moderne deutsche Dichtung, S. 1–22.

Pütz, Peter: *Die Zeit im Drama. Zur Technik dramatischer Spannung.* Göttingen 1970. [Zu Lenz vgl. Reg.] 2. Aufl. 1977.

Pütz, Peter: "Peter Schneiders ‚Lenz'. Von der Agitation zur Reflexion". In: Luc Lambrechts, Johan Nowé (Hgg.): *Bild-Sprache. Texte zwischen Dichten und Denken. Festschrift für Ludo Verbeeck.* Leuven 1990 S. 195–207.

Quabius, Richard: *Generationsverhältnisse im Sturm und Drang.* Köln, Wien 1976.

Rabelhofer, Bettina: "Das verborgene Elend der Lächler. Die Ambivalenz im Spiel mit der eigenen Identität bei Jakob Michael Reinhold Lenz". In: Eduard Beutner u. Ulrike Tanzer (Hgg.): *Literatur als Geschichte des Ich.* Würzburg 2000 S. 34–46.

Radisch, Iris: "Lenz. Warum die Literatur die Verrückten braucht". In: *Die Zeit*, Nr. 2, 4. 1. 2001 S. 41.

Rameckers, Jan Matthias: *Der Kindesmord in der Literatur der Sturm-und-Drang-Epoche. Ein Beitrag zur Kultur- und Literatur-Geschichte des 18. Jahrhunderts.* Rotterdam 1927. [Zu Lenz S. 179–188.] Zugl. Diss. phil., Univ. Amsterdam, 1927.

Ranke, Wolfgang: *Jakob Michael Reinhold Lenz: Die Soldaten. Erläuterungen und Dokumente.* Stuttgart 2004.

Raposo Fernández, Berta: „Los ‚Lustspiele nach dem Plautus' y ‚Die Algierer' de J. M. R. Lenz (1774). Adaptación racionalista o sentimental?" In: J. Vicente Bañuls u. a. (Hgg.): *El teatre clàssic al marc de la cultura grega i la seua pervivència dins la cultura occidental.* Bari 1998 S. 27–37.

Rapp, Eleonore: *Die Marionette in der deutschen Dichtung vom Sturm und Drang bis zur Romantik.* Leipzig 1924. [Zu Lenz S. 23–25.] Zugl. Diss. phil., Univ. München, 1917.

Raßmann, Friedrich: [Art.] „Lenz, Jakob Michael Reinhold". In: *Deutscher Dichternekrolog, oder gedrängte Uebersicht der verstorbenen deutschen Dichter, Romanenschriftsteller, Erzähler und Uebersetzer, nebst genauer Angabe ihrer Schriften.* Zusammengetragen von Friedrich Raßmann. Nordhausen 1818 S. 114–115.

Rauch, Herman: *Lenz und Shakespeare. Ein Beitrag zur Shakespeareomanie der Sturm- und Drangperiode.* Berlin 1892. Rez: Max Koch, in: Englische Studien 18.2 (1893), S. 235–236. – August Sauer, in: Anzeiger für deutsches Altertum und deutsche Litteratur 21.4 (1895), S. 337–345.

Raymond, Petra: „Gewährsmann Oberlin. Zu Gutzkows literaturpolitischer Strategie in seinem Kommentar zu Büchners ‚Lenz'". In: *Georg Büchner Jahrbuch* 5 (1985, ersch. 1986), S. 300–312.

Recke, Johann Fredrich von u. Karl Eduard Napierski: [Art.] „Lenz (Jakob Michael Reinhold)". In: *Allgemeines Schriftsteller- und Gelehrten-Lexikon der Provinzen Livland, Esthland und Kurland.* Bd. 3: *L–R.* Mitau 1831 S. 48–49. Nachträge zum Lexikoneintrag siehe Beise/Napiersky 1861.

Rector, Martin: „La Mettrie und die Folgen. Zur Ambivalenz der Maschinen-Metapher bei Jakob Michael Reinhold Lenz". In: Erhard Schütz (Hg.): *Willkommen und Abschied der Maschinen. Literatur und Technik – Bestandsaufnahme eines Themas.* Unter Mitarb. von Norbert Wehr. Essen 1988 S. 23–41.

Rector, Martin: „Götterblick und menschlicher Standpunkt. J. M. R. Lenz' Komödie ‚Der Neue Menoza' als Inszenierung eines Wahrnehmungsproblems". In: *Jahrbuch der Deutschen Schillergesellschaft* 33 (1989), S. 185–209.

Rector, Martin: „Grabbe von Lenz her zu verstehen". In: Detlev Kopp u. Michael Vogt (Hgg.): *Grabbe und die Dramatiker seiner Zeit. Beiträge zum II. Internationalen Grabbe-Symposium 1989.* Unter Mitwirkung von Werner Broer. Im Auftrag der Grabbe-Gesellschaft. Tübingen 1990 S. 26–44.

Rector, Martin: „Anschauendes Denken. Zur Form von Lenz' ‚Anmerkungen übers Theater'". In: *Lenz-Jahrbuch* 1 (1991), S. 93–105.

Rector, Martin: „Die Fremdheit des Eigenen. Wahrnehmungsperspektive und dramatische Form in J. M. R. Lenz's Komödie ‚Der neue Menoza'". In: Jan Papiór (Hg.): *Untersuchungen zur polnisch-deutschen Kulturkontrastivik.* Poznań 1992 S. 105–135. [= Rector 1992a]

Rector, Martin: „Sieben Thesen zum Problem des Handelns bei Jakob Lenz". In: *Zeitschrift für Germanistik* N. F. 2.3 (1992), S. 628–639. [= Rector 1992b] Wiederabdruck in engl. Sprache: „Seven Theses on the Problem of Action in Lenz". In: Leidner/Madland 1993a, S. 60–76.

Rector, Martin: „Optische Metaphorik und theologischer Sinn in Lenz' Poesie-Auffassung". In: Hill 1994a, S. 11–26. [= Rector 1994a]

Rector, Martin: „Zur moralischen Kritik des Autonomie-Ideals. Jakob Lenz' Erzählung ‚Zerbin oder die neuere Philosophie'". In: Stephan/Winter 1994a, S. 294–308. [= Rector 1994b]

Rector, Martin: „Ästhetische Liebesverzichtserklärung. Jakob Lenz' Dramenfragmente ‚Catharina von Siena'". In: Kaufmann/Albrecht/Stadeler 1996 S. 58–65.

Rector, Martin: „Lenz und Lessing. Diskontinuitäten der Dramentheorie". In: Lessing-Museum Kamenz (Hg.): *Lessing und die Literaturrevolten nach 1770. 37. Kamenzer Lessing-Tage 1998.* Kamenz 1999 S. 53–81. [= Rector 1999a]

Rector, Martin: „Zur Anthropologie von Jakob Michael Reinhold Lenz". In: Winfried Menninghaus, Klaus R. Scherpe (Hgg.): *Literaturwissenschaft und politische Kultur. Für Eberhard Lämmert zum 75. Geburtstag.* Stuttgart, Weimar 1999 S. 239–247. [= Rector 1999b]

Rector, Martin: „Der gescheiterte Lebensplan. Anmerkungen zu Jakob Michael Reinhold Lenz". In: *Zeitschrift für Literaturwissenschaft und Linguistik* 30/119 (2000), S. 9–23.

Rector, Martin: „Gepeinigtes Plädoyer für die Gottesgabe Sexualität. Jacob Michael Reinhold Lenz' Gedicht ,Der verlorne Augenblick Die verlorne Seeligkeit. eine Predigt über den Text: die Malzeit war bereitet, aber die Gäste waren ihrer nicht werth'". In: *Lenz-Jahrbuch* 10–11 (2000/2001, ersch. 2003), S. 129–145.

Rector, Martin: „Strategien der Triebregulierung in Jacob Michael Reinhold Lenz' Komödie ,Der Hofmeister oder Vorteile der Privaterziehung'". In: *Der Deutschunterricht* (Seelze) 61.3 (2009), S. 52–67.

Reddick, John: „,Man muß nur Aug und Ohren dafür haben'. ,Lenz' and the Problems of Perception". In: *Oxford German Studies* 24 (1995), S. 112–144. [Zu Büchners „Lenz".]

Redlich, May: *Lexikon deutschbaltischer Literatur. Eine Bibliographie.* Köln 1989. [Zu Lenz S. 209–211: [Art.] Lenz, Jakob Michael Reinhold.]

Refardt, Edgar: *Der „Goethe-Kayser". Ein Nachklang zum Goethejahr 1949.* Zürich 1950.

Rehm, Walther: *Der Todesgedanke in der deutschen Dichtung vom Mittelalter bis zur Romantik.* Halle/Saale 1928. [Zu Lenz S. 301–303.]

Reich-Ranicki, Marcel (Hg.): *Der Kanon. Die deutsche Literatur – Essays.* Frankfurt/Main 2006. [Zu Lenz S. 192–196.]

Reichardt, Johann Friedrich: „Etwas über den deutschen Dichter Jakob Michael Reinhold Lenz". In: *Berlinisches Archiv der Zeit und ihres Geschmackes*, Februar 1796 S. 113–123.

Reichlin, Nadia: *J. M. R. Lenz in der Literatur. Eine Untersuchung zu sechs biographisch-literarischen Annäherungen an den Dichter.* Master-Arbeit, Univ. Bern 2010.

Reicke, Rudolf: „Reinhold Lenz in Königsberg und sein Gedicht auf Kant". In: *Altpreußische Monatsschrift* 4 (1867), S. 647–658. Dass. auch als „Separat-Abdruck": Königsberg 1867.

Reiff, Paul: „,Pandaemonium germanicum', by J. M. R. Lenz". In: *Modern Language Notes* (Baltimore) 18.3 (1903), S. 69–72.

Reimer, Doris: *Passion & Kalkül. Der Verleger Georg Andreas Reimer (1776–1842).* Berlin, New York 1999. [Zu Lenz vgl. Reg.]

Reinert, Werner: *Das Wort „Herz" und seine Bedeutung im Sturm und Drang.* Diss. phil., Univ. Freiburg/Br., 1949. Masch.

Reinhardstoettner, Karl von: *Plautus. Spätere Bearbeitungen plautinischer Lustspiele. Ein Beitrag zur vergleichenden Litteraturgeschichte.* Leipzig 1886. [Zu Lenz vgl. Reg.] ND Hildesheim, New York 1980.

Reuchlein, Georg: „,… als jage der Wahnsinn auf Rossen hinter ihm'. Zur Geschichtlichkeit von Georg Büchners Modernität. Eine Archäologie der Darstellung seelischen Leidens im ,Lenz'". In: *Jahrbuch für Internationale Germanistik* 28.1 (1996), S. 59–111.

Richmond, Carolyn L.: *Characterization through Language. Lenz's Dramatic Technique in „Der Neue Menoza".* Diss. phil., University of Chicago, 1974.

Richter, Georg: „Jakob Michael Reinhold Lenz". In: Wilhelm E. Oeftering u. Georg Richter: *Mit Goethe am Oberrhein. Baden, Kurpfalz, Schweiz von W. E. Oeftering. Elsaß von G. Richter.* Karlsruhe 1981 S. 89–93.

[Richter, Georg [Hg.]:] *Liebstes bestes Clärchen! Briefe von Goethes Nichte Lulu Schlosser aus Karlsruhe 1792–1794.* Bearbeitet und kommentiert von Georg Richter. Karlsruhe 1982. [Zu Lenz S. 12, 16 u. 149.]

Rieck, Werner: „Literatursatire im Sturm und Drang". In: *Wissenschaftliche Zeitschrift der Pädagogischen Hochschule Potsdam* 13 (1969), S. 545–556. Wiederabdruck in: Manfred Wacker (Hg.): *Sturm und Drang.* Darmstadt 1985 S. 144–164.

Rieck, Werner: „Das ,Pandämonium Germanicum' von J. M. R. Lenz als poetischer Kommentar zur Literaturprogrammatik des frühen Sturm und Drang". In: *Kwartalnik Neofilologiczny* (Warschau) 26.2 (1979), S. 235–258.

Rieck, Werner: „Poetologische Positionen in poetischen Texten des Sturm und Drang unter besonderer Berücksichtigung des ,Pandaemonium Germanicum' von J. M. R. Lenz". In: Anna Garycka u. Augustyn Mańczyk (Hg.): *Vergleich und Verständigung. Festschrift für*

Prof. Dr. habil. Eugeniusz Klin zu seinem 60. Geburtstag. Zielona Góra 1991 (= Wyższa Szkoła Pedagogiczna [Zielona Góra], Studia i Materiały nr. 36, Germanistyka 8), S. 11–17.

Rieck, Werner: „Poetologie als poetisches Szenarium. Zum ‚Pandämonium Germanicum' von Jakob Michael Reinhold Lenz". In: *Lenz-Jahrbuch* 2 (1992), S. 78–111.

Rieger, Max: *Klinger in der Sturm- und Drangperiode. Mit vielen Briefen.* Teil 1. Darmstadt 1880. [Zu Lenz S. 143–146, 148–150 u. 221–223.]

Riemer, Friedrich Wilhelm: *Mittheilungen über Goethe. Aus mündlichen und schriftlichen, gedruckten und ungedruckten Quellen.* Bd. 2. Berlin 1841. [Zu Lenz S. 27–28, 31, 36.]

Rinsum, Annemarie van u. Wolfgang van Rinsum: *Interpretationen: Dramen.* München 1978. [Zu Lenz S. 47–55: Jakob Michael Reinhold Lenz: „Die Soldaten".] 2., überarb. Aufl., 1983. – 3., überarb. Aufl., 1991.

Rittmeyer, Fritz: *Das Problem des Tragischen bei Jakob Michael Reinhold Lenz.* Zürich 1927. Zugl. Diss. phil., Univ. Zürich, 1927.

Rizzo, Roberto. „Un contributo francese alla Lenz-Forschung contemporanea". In: *Convivium* 36 (1968), S. 597–609.

Rizzo, Roberto: *Strutture, linguaggio e caratterizzazioni tipologiche nel teatro di Lenz e Büchner. Proposte per un'analisi comparativa.* Bologna 1976.

Rizzo, Roberto. „Le traduzioni shakespeariane di Jakob Michael Reinhold Lenz". In: *Spicilegio Moderno: Saggi e Ricerche di Letterature e Lingue Straniere* 6 (1976), S. 40–78.

Rizzo, Roberto: *J. M. R. Lenz. Storia di una critica e di una ricezione.* Abano Terme 1979.

Rizzo, Roberto: „Pedagogia, sessualita e ‚deutsche Misere'. L'interpretazione brechtiana del ‚Precettore' di J. M. R. Lenz". In: *Studi Urbinati, Serie B: Scienza umane e sociali* (Urbino) 61 (1988), S. 401–432.

Rizzo, Roberto: „‚Ich verlange in allem – Leben, Möglichkeit des Daseins …'. La concezione dell'arte in Büchner e in Lenz". In: Fausto Cercignani (Hg.): *Studia Büchneriana. Georg Büchner 1988.* Mailand 1990 S. 125–155.

Rizzo, Roberto: „Brechts Interpretation des ‚Hofmeisters' von Jakob Michael Reinhold Lenz. Pädagogik, Sexualität und ‚Deutsche Misere'". In: Helmut Siepmann, Kaspar Spinner (Hgg.): *Meisterwerke der Weltliteratur.* Bd. 5: *Moderne und Gegenwart.* Ringvorlesung der Philosophischen Fakultät der RWTH Aachen im Sommersemester 1989. Bonn 1992 S. 155–177.

Robert, Marthe: „Reinhold Lenz et ‚Les Soldats'". In: *Théâtre populaire* (Paris) 25 (1957), S. 6–12.

Roeben, Antje. „Männlichkeit ex negativo. Unsichere Romanhelden des 18. Jahrhunderts". In: Sarah Colvin (Hg.): *Masculinities in German Culture,* Rochester 2008 (= Edinburgh German Yearbook 2), S. 50–64.

Rosanow, M.[atvej] N.[ikanorovič]: *Jakob M. R. Lenz, der Dichter der Sturm- und Drangperiode. Sein Leben und seine Werke.* Vom Verfasser autorisierte und durchgesehene Uebersetzung. Deutsch von C. von Gütschow. Leipzig 1909. 1. ND Leipzig 1972. – 2. ND Hildesheim, Zürich, New York 2001. Rez.: P.[aul Theodor] Falck, in: Baltische Monatsschrift 68 (1909), S. 382–384. – Eduard Glock: Jacob Lenz. In: Die neue Rundschau 21.3 (1910), S. 1314–1316. – Hans Landsberg: Im Sturm und Drang. In: Allgemeine Zeitung (München), Nr. 43, 23. 10. 1909 S. 963–964. – Arthur Luther: „Russischer Brief". In: *Das litterarische Echo* 3.19 (1901), Sp. 1359–1360. – Harry Maync: Jacob M. R. Lenz. In: Neue Jahrbücher für das klassische Altertum, Geschichte und deutsche Literatur 25.8 (1910), S. 613–616. – Erich Oesterheld: Der arme Dichter Lenz und die neueste Lenzliteratur. In: Preußische Jahrbücher 139 (1910), S. 156–162. – Robert Petsch: Aus Sturm und Drang. In: Das litterarische Echo 12.1 (1909/1910), 1. 10. 1909 Sp. 26–33. – Wolfgang Stammler: Literatur über Sturm und Drang. In: Euphorion 18 (1911), S. 772–787. – Zum Reprint 2001: Theo Buck, in: Germanistik (Tübingen) 43.1–2 (2002), S. 332–333.

Rosikat, August: „Über das Wesen der Schicksalstragödie". In: *Programm des städtischen Realgymnasiums in Königsberg i. Pr.* […]. Königsberg 1891 S. 4–26.

Rosikat, A.[ugust]: „Der Oberlehrer im Spiegel der Dichtung". In: *Zeitschrift für den deutschen Unterricht* 18.10 (1904), S. 617–633 u. 18.11 (1904), S. 687–703.

Rößer, Hans Otto: „Die kritische Perspektive aufs Subjekt in Büchners ‚Lenz'". In: *Georg Büchner-Jahrbuch* 10 (2000–2004, ersch. 2005), S. 173–205.

Roßmann, Andreas: „Der erneuerte Menoza. Christoph Heins Bearbeitung der Lenz-Komödie in Schwerin uraufgeführt". In: Klaus Hammer (Hg.): *Deutschland-Archiv* 15.12 (1982), S. 1256–1257. Gekürzter Wiederabdruck in: Klaus Hammer (Hg.): *Chronist ohne Botschaft. Christoph Hein. Ein Arbeitsbuch. Materialien, Auskünfte, Bibliographie.* Berlin, Weimar 1992 S. 245–246.

Roßmann, Andreas: „Die Wiederkehr des verlorenen Sohns. Lenz' ‚Der Neue Menoza' und eine Bearbeitung durch Christoph Hein, aufgeführt in Schwerin". In: *Theater heute* 23.8 (1982), S. 42–43.

Rotermund, Heinrich Wilhelm: [Art.] „Lenz (Jacob Mich. Reinhold)". In: *Fortsetzung und Ergänzungen zu Christian Gottlieb Jöchers allgemeinem Gelehrten-Lexikon [...]. Angefangen von Johann Christoph Adelung und vom Buchstaben K fortgesetzt von Heinrich Wilhelm Rotermund [...].* Bd. 3. Delmenhorst 1810, Sp. 1600–1601.

Rothe, Hans: „Karamzinstudien". In: *Zeitschrift für slavische Philologie* 29 (1961), S. 102–125.

Rothe, Hans: „Karamzinstudien II". In: *Zeitschrift für slavische Philologie* 30 (1962), S. 272–306.

Rothe, Hans: *N. M. Karamzins europäische Reise. Der Beginn des russischen Romans. Philologische Untersuchungen.* Bad Homburg v. d. H, Berlin, Zürich 1968). [Zu Lenz vgl. Reg.]

Röttinger, Werner: *Bauernfeld auf dem Burgtheater.* Diss. phil., Univ. Wien, 1945. Masch. [Zu Lenz S. 236–240.]

Rouse, John: „Brecht and the Art of Scenic Writing". In: *Brecht-Jahrbuch/Brecht-Yearbook* (Detroit, München) 13 (1984, ersch. 1987), S. 75–87.

Rouse, John: *Brecht and the West German Theatre. The Practice and Politics of Interpretation.* Ann Arbor/MI, London 1989. [Zu Brechts „Hofmeister"-Bearbeitung S. 63–80.]

Rozanov, M.[atvej] N.[ikanorovič]: *Poet perioda „Burnych stremlenij". Jakob Lenc. Ego žizn' i proizvedenija. Kritičeskoe izsledovanie. S priloženiem neizdannych materialov.* Moskau 1901. Zur dt. Übersetzung siehe Rosanow 1909.

Rubensohn, Max: „Schiller und Lenz". In: *Euphorion* 12 (1905), S. 692–693.

Rudolf, Ottomar: *Die Moralphilosophie von Jacob Michael Reinhold Lenz.* Diss. phil., University of Pennsylvania, 1964.

Rudolf, Ottomar: *Jacob Michael Reinhold Lenz. Moralist und Aufklärer.* Bad Homburg v. d. H., Berlin, Zürich 1970. Rez.: Élisabeth Genton: Quelques Lenziana. In: *Études Germaniques* (Paris) 25.4 (1970), S. 392–399. – Mark O. Kistler, in: Lessing Yearbook/Lessing-Jahrbuch 3 (1971), S. 238–239.

Rudolf, Ottomar: „Lenz: Vater und Sohn. Zwischen patriarchalem Pietismus und pädagogischem Eros". In: Wurst 1992a, S. 29–45.

Rühmann, Heinrich: „‚Die Soldaten' von Lenz. Versuch einer soziologischen Betrachtung". In: *Diskussion Deutsch* 2 (1971), H. 4, S. 131–143.

Ruland, Carl: „Verse und Niederschriften Goethes zu Zeichnungen". In: *Goethe-Jahrbuch* 14 (1893), S. 143–150. [Zu Lenz S. 146–147.]

Runge, Edith Amelie: *Primitivism and Related Ideas in Sturm und Drang Literature.* Baltimore 1946. [Zu Lenz vgl. Reg.]

Runkel, Ferdinand: „Goethes Jugendfreund. Zum 100jährigen Todestage des Dichters Jacob Michael Reinhold Lenz am 23. Mai 1892". In: *Der Zeitgeist. Beiblatt zum Berliner Tageblatt* (Berlin), Nr. 21, 23.5.1892 S. [1–2].

Ruppert, Hans: *Die Darstellung der Leidenschaften und Affekte im Drama des Sturmes und Dranges.* Berlin 1941. [Zu Lenz bes. S. 76–86.]

Rüth, Ulrich: „Zum Bericht des Pfarrers Oberlin über den psychotischen Dichter J. M. R. Lenz. Fremdanamnese einer schizophrenen Erkrankung". In: *Spektrum der Psychiatrie, Psychotherapie und Nervenheilkunde* 30.5 (2001), S. 108–114.

Rüth, Ulrich: „Jakob Michael Reinhold Lenz. Porträt eines schizophrenen Dichters". In: *NeuroTransmitter* 13.6 (2002), S. 94–98.

Saddeler, Heinz Hubert: *Die Muttergestalt im Drama des Sturmes und Dranges.* Düsseldorf 1938. [Zu Lenz bes. S. 42–45 u. 67–71.] Diss. phil., Univ. Münster, 1937.

Salumets, Thomas: „Unterwanderte ‚Normendestruktion'. Zur Poetologie des Sturm-und-Drang-Dramas". In: *Euphorion* 85 (1991), S. 70–84.

Salumets, Thomas: „Von Macht, Menschen und Marionetten. Zur Titelfigur in Lenz' ‚Der Hofmeister'". In: Wurst 1992a, S. 158–178.

Sahlberg, Oskar: „Peter Schneiders Lenz-Figur". In: Ludwig Fischer (Hg.): *Zeitgenosse Büchner.* Stuttgart 1979 S. 131–152.

Sanada, Kenji: „Der abwesende Andere. Georg Büchners ‚Lenz' im Licht von Descartes und Jacobi". In: Josef Fürnkäs, Masato Izumi u. Ralf Schnell (Hgg.): *Zwischenzeiten – Zwischenwelten. Festschrift für Kozo Hirao.* Frankfurt/Main u. a. 2001 S. 431–448.

Sanders, Daniel: „Einzelnes Sprachliche aus einem Buche von Jak. Mich. Reinhold Lenz". In: *Zeitschrift für deutsche Sprache* 9.8 (1895), S. 305–310.

San-Giorgiu, Jon: *Sebastien Merciers dramaturgische Ideen im „Sturm und Drang".* Basel 1921. [Zu Lenz bes. S. 60–79: Lenz als Dramaturg.] Diss. phil., Univ. Basel, 1920.

[Sarasin, Fritz [Hg.]:] *Geschichte der Familie Sarasin in Basel.* Bd. 1. Basel 1914. [Zu Lenz S. 165–176 in dem von Emil Schaub verf. Kap. IV zu Jakob Sarasin.]

Sato, Ken-ichi: [Über „Der neue Menoza" von J. M. R. Lenz. Volkstheater als Provokation.] In: *Doitsu Bungaku* (Tokio) 82 (1989), S. 92–101. Originaltitel und Beitrag auf Japanisch (mit dt. Zusammenfassung).

Sato, Ken-ichi: „Sozialkritik und Theaterspaß. J. M. R. Lenz' Komödie ‚Die Soldaten'". In: *Gête-nenkan/Goethe-Jahrbuch* (Tokio) 35 (1993), S. 21–36.

Sato, Ken-ichi: „J. M. R. Lenz' Fragment ‚Die Kleinen'". In: Stephan/Winter 1994a, S. 243–256.

Sato, Ken-ichi: „Rousseaus Einfluß auf J. M. R. Lenz, dargestellt am Drama ‚Der Engländer'". In: *Transactions of the Ninth International Congress on the Enlightenment,* Bd. 2. Oxford 1996 S. 544–546.

Sato, Ken-ichi: [Aufklärung und Glaube. Die natürliche Religiösität bei J. M. R. Lenz.] In: *Herder-Studien* (Tokio) 3 (1997), S. 77–99. Originaltitel und Beitrag auf Japanisch (mit dt. Zusammenfassung).

Sato, Ken-ichi: [Zwischenspiel der Aufklärung. „Der Hofmeister" von J. M. R. Lenz im Zusammenhang mit seiner Übersetzung von „Amor vincit omnia".] In: *Doitsu Bungaku* (Tokio) 102 (1999), S. 95–105. Originaltitel und Beitrag auf Japanisch (mit dt. Zusammenfassung).

Sato, Ken-ichi: „Lenz-Rezeption in Japan". In: Stephan/Winter 2003a, S. 441–447.

Sato, Ken-ichi: „Lenzens Kindheit in Livland als Grundlage seines ‚Sturm-und-Drang'-Schaffens". In: *Triangulum. Germanistisches Jahrbuch für Estland, Lettland und Litauen* (Vilnius u. a.) 12 (2007), S. 46–56.

Sauder, Gerhard: „Subjektivität und Empfindsamkeit im Roman". In: Walter Hinck (Hg.): *Sturm und Drang. Ein literaturwissenschaftliches Studienbuch.* Kronberg/Ts. 1978 S. 163–174. [Zu Lenz S. 171.] Dass in durchges. Neuauflage Frankfurt/Main 1989.

Sauder, Gerhard: „Die deutsche Literatur des Sturm und Drang". In: Heinz-Joachim Müllenbrock (Hg.): *Europäische Aufklärung.* Tl. 2. Wiesbaden 1984 (= Neues Handbuch der Literaturwissenschaft 12), S. 327–378. [Zu Lenz S. 347, 355, 363–365.]

Sauder, Gerhard: „Romantisches Interesse am Sturm und Drang (Maler Müller, Lenz, Goethe)". In: Gerhard Sauder, Rolf Paulus u. Christoph Weiß (Hgg.): *Maler Müller in neuer Sicht. Studien zum Werk des Schriftstellers und Malers Friedrich Müller (1749–1825).* St. Ingbert 1990 S. 225–242.

Sauder, Gerhard: „Konkupiszenz und empfindsame Liebe. J. M. R. Lenz' ‚Philosophische Vorlesungen für empfindsame Seelen'". In: *Lenz-Jahrbuch* 4 (1994), S. 7–29.

Sauder, Gerhard: „Lenz' eigenwillige ‚Anmerkungen über das Theater'". In: *Études Germaniques* (Paris) 52.1 (1997), S. 49–64.

Sauder, Gerhard: „Lessing im Sturm und Drang". In: Lessing-Museum Kamenz (Hg.): *Lessing und die Literaturrevolten nach 1770. 37. Kamenzer Lessing-Tage 1998*. Kamenz 1999 S. 11–35. [Zu Lenz S. 20–22 u. 33–35.]

Sauder, Gerhard: „Tiecks ‚vernachlässigter Lenz'". In: Andreas Meier (Hg.): *Jakob Michael Reinhold Lenz. Vom Sturm und Drang zur Moderne*. Heidelberg 2001 S. 37–46.

Sauder, Gerhard: „The Sturm und Drang and the Periodization of the Eighteenth Century". In: Hill 2003a, S. 309–331.

Sauder, Gerhard: „Gegen Aufklärung?" In: *Lenz-Jahrbuch* 13/14 (2004–2007, ersch. 2008), S. 7–28.

Sauder, Gerhard: „Wollen und Können: Lenz' ‚Die Landplagen'". In: *Lenz-Jahrbuch* 20 (2013, ersch. 2014), S. 9–37.

Sautermeister, Gert: „‚Unsre Begier wie eine elastische Feder beständig gespannt'. Der ‚Geschlechtertrieb' in Lenzens Theorie, Lyrik und Dramatik". In: *Études Germaniques* (Paris) 52.1 (1997), S. 79–98.

Sautermeister, Gert: „Mystik, Erotik, Ästhetik. Lenzens Ode ‚Ausfluß des Herzens'". In: *Lenz-Jahrbuch* 10–11 (2000/2001, ersch. 2003), S. 63–86.

Sautermeister, Gert: „‚Die Freunde machen den Philosophen'. Lenzens Traum vom Glück". In: Stephan/Winter 2003a, S. 307–321.

Schabert, Ina (Hg.): *Shakespeare-Handbuch. Die Zeit – Der Mensch – Das Werk – Die Nachwelt*. 5. [durchges. und ergänzte] Aufl. Stuttgart 2009. [Zu Lenz als Übersetzer S. 827–828.]

Schäfer, Frank: „Der neue Lenz ist da. Am 23. Januar wäre Jacob Michael Reinhold Lenz 250 Jahre alt geworden. Nun ist eine neue Werkausgabe herausgekommen". In: *Jungle World* (Berlin), Nr. 4, 17.1.2001 S. 27. Wiederabgedruckt unter dem Titel: „Der Wandelstern. Zum 250. Geburtstag von Jacob Michael Reinhold Lenz". In: *Neue Zürcher Zeitung*, Nr. 18, 23.1.2001 S. 35.

Schäfer, Helmut: „Das Prinzip Verwahrlosung. Über die ‚Hofmeister'-Inszenierung des Mülheimer Theaters an der Ruhr". In: *Fluchtpunkte. SchauplatzRuhr: Jahrbuch zum Theater im Ruhrgebiet* (2007). Hg. von Ulrike Haß u. Nikolaus Müller-Schöll für das Institut für Theaterwissenschaft, Ruhr-Universität Bochum, S. 40–42.

Schäfer, Horst: *Das Raumproblem im Drama des Sturm und Drang*. Emsdetten 1938. [Zu Lenz S. 90–98: Das Raumproblem im Drama von J.M.R. Lenz.] Zugl. Diss. phil., Univ. München, 1938

Schäfer, Judith: „Sprache und Fremdheitserfahrung. Zur Kommunikation im 18. Jahrhundert am Beispiel von Jakob Michael Reinhold Lenz". In: Günther Heeg u. Markus A. Denzel (Hgg.): *Globalizing areas, kulturelle Flexionen und die Herausforderung der Geisteswissenschaften*. Unter Mitarb. von Jeanne Bindernagel. Stuttgart 2011 S. 175–190.

Schäfer, Judith: „‚– – ein Fragment'. Zur Spannung zwischen Fragment, Werk und Edition bei Jakob Michael Reinhold Lenz". In: Matthias Berning, Stephanie Jordans u. Hans Kruschwitz (Hgg.): *Fragment und Gesamtwerk. Relationsbestimmungen in Edition und Interpretation*. Kassel 2015 S. 105–116.

Schäfer, Judith: *„Da aber die Welt keine Brücken hat ...". Dramaturgien des Fragmentarischen bei Jakob Michael Reinhold Lenz*. Paderborn 2016.

Schäfer, Walter Ernst: „‚Ehrliche Leute, die nicht nach Shakespeare-excrementen stinken' – Pfeffel und die Seinen als Gastgeber der Stürmer und Dränger". In: *Gottlieb Konrad Pfeffel. Satiriker und Philanthrop (1736–1809). Eine Ausstellung der Badischen Landesbibliothek Karlsruhe in Zusammenarbeit mit der Stadt Colmar*. [Ausstellungskatalog. Hg. von der Badischen Landesbibliothek.] Karlsruhe 1986 S. 77–102.

Schäfer, Walter Ernst: „Mädchenerziehung. Kontroversen zwischen Gottlieb Konrad Pfeffel und Jakob Michael Reinhold Lenz". In: Ortrud Gutjahr, Wilhelm Kühlmann u. Wolf Wucherpfennig (Hgg.): *Gesellige Vernunft. Zur Kultur der literarischen Aufklärung. Festschrift für Wolfram Mauser zum 65. Geburtstag*. Würzburg 1993 S. 277–296.

Scharloth, Joachim: *Sprachnormen und Mentalitäten. Sprachbewusstseinsgeschichte in Deutschland im Zeitraum von 1766–1785*. Tübingen 2005. [Zu Lenz bes. S. 268–274.]

Scharloth, Joachim: „Deutsche Sprache, deutsche Sitten. Die Sprachkonzeption von J. M. R. Lenz im Kontext der Sprachnormendebatte des 18. Jahrhunderts". In: *Lenz-Jahrbuch* 12 (2002/2003, ersch. 2005), S. 89–118.

Schaub, Gerhard: *Georg Büchner: Lenz. Erläuterungen und Dokumente.* Durchges. u. bibliogr. erg. Ausg. Stuttgart 1996.

Scheiffele, Eberhard: „Jakob Michael Reinhold Lenz 1751–1792. Einleitende Bemerkungen bei einem Symposium". In: *Jahresberichte des germanistischen Instituts der Kwangseigaku-in-Universität* (Uegahara) 32 (1991), S. 135–145.

Scherpe, Klaus R.: *„Werther" und Wertherwirkung. Zum Syndrom bürgerlicher Gesellschaftsordnung im 18. Jahrhundert.* Bad Homburg v. d. H., Berlin, Zürich 1970. [Zu Lenz S. 103–104.]

Scherpe, Klaus R.: „Dichterische Erkenntnis und ‚Projektemacherei'. Widersprüche im Werk von J. M. R. Lenz". In: *Goethe-Jahrbuch* 94 (1977), S. 206–235. 1. Wiederabdruck in: Klaus R. Scherpe: *Poesie der Demokratie. Literarische Widersprüche zur deutschen Wirklichkeit vom 18. zum 20. Jahrhundert.* Köln 1980 S. 12–42. – 2. Wiederabdruck in: Manfred Wacker (Hg.): *Sturm und Drang.* Darmstadt 1985 S. 279–314.

Scherpe, Klaus R.: „Historische Widersprüche in der Gattungspoetik des 18. Jahrhunderts". In: *Germanisch-Romanische Monatsschrift* 34 (1984), S. 312–322. [Zu Lenz bes. S. 317–322.]

Scheufele, Theodor: „Lenz/Büchner/Hrdlicka: Realismus der Menschlichkeit". In: Georg Büchner: *Lenz. Erzählung. Mit Bildern von Alfred Hrdlicka und einem Essay von Theodor Scheufele.* München 1988 [recte: 1989], S. 93–105.

Schimmerling, Else: *Das „Beiseite" im Drama des Sturms und Drangs und des Klassizismus.* Diss. phil., Univ. Wien, 1934. Masch.

Schings, Hans-Jürgen: *Melancholie und Aufklärung. Melancholiker und ihre Kritiker in Erfahrungsseelenkunde und Literatur des 18. Jahrhunderts.* Stuttgart 1977. [Zu Lenz vgl. Reg.]

Schings, Hans-Jürgen: *Der mitleidigste Mensch ist der beste Mensch. Poetik des Mitleids von Lessing bis Büchner.* München 1980. [Zu Lenz vgl. Reg.] 2., durchges. Aufl. Würzburg 2012.

Schirnick, Barbara: *J. M. R. Lenz als Zentralfigur deutschsprachiger Erzählschriften.* Egelsbach u. a. 1999. Mikrofiche-Ausgabe der masch. Magisterarbeit, Univ. Frankfurt/Main, 1989.

Schletterer, Hans Michael: *Joh. Friedrich Reichardt. Sein Leben und seine musikalische Thätigkeit.* Augsburg 1865. [Zu Lenz S. 90.] 1. ND Walluf bei Wiesbaden 1972. – 2. ND Vaduz/Liechtenstein 1986.

Schlichtegroll, Friedrich: [Art.] „Jac. Mich. Reinhold Lenz". In: *Nekrolog auf das Jahr 1792. Enthaltend Nachrichten von dem Leben merkwürdiger in diesem Jahre verstorbener Personen.* Gesammelt von Friedrich Schlichtegroll. Jg. 3. Bd. 2. Gotha 1794 S. 218–220.

Schlieske, Jörg: *Lenz und die Mimesis. Eine Untersuchung der Nachahmungspoetik bei Jakob Michael Reinhold Lenz (1751–1792).* Frankfurt/Main u. a. 2000. Rez.: James Gibbons, in: The Modern Language Review (Leeds) 98.3 (2003), S. 762–763. – Roland Krebs: Lenziana. In: Études Germaniques (Paris) 57.1 (2002), S. 137–141.

Schlösser, Rudolf: *Friedrich Wilhelm Gotter. Sein Leben und seine Werke. Ein Beitrag zur Geschichte der Bühne und Bühnendichtung im 18. Jahrhundert.* Hamburg, Leipzig 1894. [Zu Lenz S. 85–86, 90 u. 109–113.] ND Nendeln/Liechtenstein 1977.

Schlüchterer, Heinrich: *Der Typus der Naiven im deutschen Drama des 18. Jahrhunderts. Ein Beitrag zur Theatergeschichte.* Berlin 1910. [Zu Lenz S. 79–80.] ND Nendeln/Liechtenstein 1976.

Schmalhaus, Stefan: *Literarische Anspielungen als Darstellungsprinzip. Studien zur Schreibmethodik von Jakob Michael Reinhold Lenz.* Münster, Hamburg 1994. [= Schmalhaus 1994a] Rez.: Hans-Ulrich Wagner, in: Lenz-Jahrbuch 5 (1995), S. 222–224.

Schmalhaus, Stefan: „‚Mir ekelt vor jedem feinern Gesicht.' J. M. R. Lenz und die Physiognomik". In: Hill 1994a, S. 55–66. [= Schmalhaus 1994b]

Schmidt, Dörte: *Lenz im zeitgenössischen Musiktheater. Literaturoper als kompositorisches Projekt bei Bernd Alois Zimmermann, Friedrich Goldmann, Wolfgang Rihm und Michèle Reverdy.* Stuttgart, Weimar 1993. Rez.: Hanns-Werner Heister, in: Lenz-Jahrbuch 4 (1994), S. 212–214. – Beate Hiltner, in: Die Musikforschung 48.1 (1995), S. 100–101. – Beate Hiltner, in: Österreichische Musikzeitschrift 50.10 (1995), S. 707–708. – Peter Petersen: Standpunkte. In: Musica 48.3 (1994), S. 181–182. – Christoph Weiß, in: Germanistik (Tübingen) 36,3–4 (1995), S. 913–914.

Schmidt, Dörte: „Libretto frei nach G. Büchners ‚Lenz'. Zur Kammeroper ‚Jakob Lenz' von Wolfgang Rihm und Michael Fröhling". In: Peter Petersen u. Hans-Gerd Winter (Hgg.): *Büchner-Opern. Georg Büchner in der Musik des 20. Jahrhunderts.* Frankfurt/Main u. a. 1997 (= Hamburger Jahrbuch für Musikwissenschaft 14), S. 224–243.

Schmidt, Erich: *Heinrich Leopold Wagner, Goethes Jugendgenosse. Nebst neuen Briefen und Gedichten von Wagner und Lenz.* Jena 1875. 2., völlig umgearb. Aufl. Jena 1879. Rez.: Heinrich Düntzer, in: Archiv für Litteraturgeschichte 5 (1876), S. 249–260. – Oskar Erdmann, in: Anzeiger für deutsches Alterthum und deutsche Litteratur 5.3 (1879), S. 374–380.

Schmidt, Erich: „Nachträge zu Heinrich Leopold Wagner". In: *Zeitschrift für deutsches Alterthum und deutsche Litteratur* 19.3 (1876), S. 372–385.

Schmidt, Erich: „Friederike Brion". In: *Im neuen Reich* 7.2 (1877), S. 441–452. [Zu Lenz S. 446–449.] Wiederabdruck unter dem Titel „Friederike". In: Erich Schmidt: *Charakteristiken.* Berlin 1886 S. 272–285.

Schmidt, Erich: [Rez.] „Gregor Kutschera von Aichbergen: Johann Anton Leisewitz. Ein Beitrag zur Geschichte der deutschen Litteratur im 18. Jahrhundert. Wien 1876". In: *Anzeiger für deutsches Alterthum und deutsche Litteratur* 3.3 (1877), S. 190–201. [Zu Lenz S. 191.]

Schmidt, Erich: *Lenz und Klinger. Zwei Dichter der Geniezeit.* Berlin 1878. Rez.: [Anonym,] in: Literarisches Centralblatt für Deutschland, Jg. 1879, Nr. 19, 10. 5. 1879 Sp. 617–618. – Otto Brahm, in: Archiv für Litteraturgeschichte 11 (1882), S. 601–625. – Oskar Erdmann, in: Anzeiger für deutsches Alterthum und deutsche Litteratur 5.3 (1879), S. 374–380. – Richard Maria Werner: Zwei Dichter der Geniezeit. In: Beilage zur Wiener Abendpost, Nr. 186, 13. 8. 1879 S. 742–743.

Schmidt, Erich: „Beiträge zur Geschichte der deutschen Litteratur im Elsass". In: *Archiv für Litterarturgeschichte* 8 (1879), S. 317–360. [Zu Lenz S. 357–360.]

Schmidt, Erich (Hg.): „‚Prometheus'. Nach der Strassburger Handschrift". In: *Goethe-Jahrbuch* 1 (1880), S. 290–313. [Zu Lenz S. 290–292.] [= E. Schmidt 1880a]

Schmidt, Erich: „Satirisches aus der Geniezeit". In: *Archiv für Litteraturgeschichte* 9 (1880), S. 179–199. [Zu Lenz S. 179–188.] [= E. Schmidt 1880b]

Schmidt, Erich: [Art.] „Lenz, Jacob Michael Reinhold". In: *Allgemeine Deutsche Biographie.* Bd. 18: *Lassus – Litschower.* Leipzig 1883 S. 272–276.

Schmidt, Erich: „Lenziana". In: *Sitzungsberichte der Königlich Preußischen Akademie der Wissenschaften zu Berlin*, Jg. 1901, 41. Stück: Gesammtsitzung, 24. October, S. 979–1017. Dass. auch als Separatdruck mit zusätzlicher Paginierung, S. 1–39.

Schmidt, Harald: *Melancholie und Landschaft. Die psychotische und ästhetische Struktur der Naturschilderungen in Georg Büchners „Lenz".* Opladen 1994.

Schmidt, Harald: „Schizophrenie oder Melancholie? Zur problematischen Differentialdiagnostik in Georg Büchners ‚Lenz'". In: *Zeitschrift für deutsche Philologie* 117 (1998), S. 516–542.

Schmidt, Henry J.: *How Dramas End. Essays on the German Sturm und Drang, Büchner, Hauptmann, and Fleisser.* Ann Arbor/MI 1992. [Zu Lenz S. 63–89: The Impossibility of Ending: J. M. R. Lenz.] [= H. J. Schmidt 1992a]

Schmidt, Henry J.: „J. M. R. Lenz' ‚Der neue Menoza'. Die Unmöglichkeit einer Geschlossenheit". In: Wurst 1992a, S. 220–228. [= H. J. Schmidt 1992b]

Schmidt, Jochen: *Die Geschichte des Genie-Gedankens in der deutschen Literatur, Philosophie und Politik 1750–1945.* Bd. 1: *Von der Aufklärung bis zum Idealismus.* Darmstadt 1985. [Zu Lenz S. 175–178.] 2., durchges. Aufl. Darmstadt 1988.

Schmidt, Johann: „Wer hat die im J. 1776 mit dem Namen J. M. R. Lenz erschienene Komödie ‚Die Soldaten' verfasst?" In: *Zeitschrift für die österreichischen Gymnasien* 22 (1871), S. 542–549.

Schmidt, Simone Francesca: „‚Behaltet euren Himmel für euch.' Das Selbstmordverständnis in Lenz' Drama ‚Der Engländer' und Holbachs ‚System der Natur'". In: *Lenz-Jahrbuch* 16 (2009, ersch. 2010), S. 7–30.

Schmidt, Simone Francesca: „Oft ist das Leben ein Tod [...] und der Tod ein besseres Leben". *Selbstmord und Mord im Werk von J. M. R. Lenz*. München 2010. Zugl. Diss. phil., Univ. Mainz, 2010.

Schmidt, Simone Francesca: „Das Todesmotiv in Lenz' Prosaschrift ‚Etwas über Philotas Charakter'". In: *Lenz-Jahrbuch* 19 (2012, ersch. 2013), S. 59–82.

Schmidt, Wolf Gerhard: *‚Homer des Nordens' und ‚Mutter der Romantik'. James Macphersons „Ossian" und seine Rezeption in der deutschsprachigen Literatur.* 4 Bde. Berlin, New York 2003–2004. Bd. 1 (2003): *James Macphersons „Ossian", zeitgenössische Diskurse und die Frühphase der deutschen Rezeption*; Bd. 4 (2004): *Kommentierte Neuausgabe wichtiger Texte zur deutschen Rezeption.* Hg. von Howard Gaskill u. Wolf Gerhard Schmidt. [Zu Lenz Bd. 1, S. 7, 18–19 u. 257; Bd. 4, S. 494 u. 496.]

Schmidt-Neubauer, Joachim: *Die Bedeutung des Glückseligkeitsbegriffes für die Dramentheorie und -praxis der Aufklärung und des Sturm und Drang*. Bern, Frankfurt/Main, Las Vegas 1982. [Zu Lenz S. 96–112.]

Schmiedt, Helmut: „Wie revolutionär ist das Drama des Sturm und Drang?" In: *Jahrbuch der Deutschen Schillergesellschaft* 29 (1985), S. 48–61.

Schmiedt, Helmut: „Die literarische Fehlleistung. Sachlogische Widersprüche in epischer und dramatischer Literatur". In: *Arcadia* 26 (1991), S. 190–197. [Zu Lenz bes. S. 194–197.]

Schmiedt, Helmut: „Merkwürdige Helden. Zum Typus Kraftgenie im Sturm und Drang". In: *Lenz-Jahrbuch* 12 (2002/2003, ersch. 2005), S. 139–154.

Schmitt, Axel: „Die ‚Ohn-Macht der Marionette'. Rollenbedingtheit, Selbstentäußerung und Spiel-im-Spiel-Strukturen in Lenz' Komödien". In: Hill 1994a, S. 67–80.

Schmitt, Wolfram B.: „Psychisch Kranke und ihre Helfer am Ende des 18. Jahrhunderts. Pfarrer Oberlin und der Dichter Lenz". In: *Jahrbuch Literatur und Medizin* 2 (2008), S. 41–49.

Schmitt-Maaß, Christoph: „‚Unberühmt will ich sterben'. J. M. R. Lenz' Poetologie der Autorschaft". In: *Lenz-Jahrbuch* 15 (2008, ersch. 2009), S. 121–142.

Schnaak, Thomas: „Das theologische Profil des Vaters in einigen Grundzügen". In: Kaufmann/Albrecht/Stadeler 1996 S. 15–23. [= Schnaak 1996a]

Schnaak, Thomas: „Zum Bildungsgang des jungen Lenz". In: Kaufmann/Albrecht/Stadeler 1996 S. 11–14. [= Schnaak 1996b]

Schneider, Ferdinand Josef: *Die deutsche Dichtung der Geniezeit*. Stuttgart 1952. [Zu Lenz vgl. Reg.]

Schneilin, Gérard: „L'écriture grotesque dans le théâtre de Lenz". In: *Études Germaniques* (Paris) 52.1 (1997): J. M. R. Lenz, S. 5–13.

Schnierle-Lutz, Herbert: „Der Gang durchs Gebirg". In: *Allmende* 26.77 (2006), S. 31–39.

Schnorf, Hans: *Sturm und Drang in der Schweiz*. Zürich 1914. [Zu Lenz vgl. Reg.]

Schnurr, Johannes: *Begehren und lyrische Potentialität. Eine Untersuchung des „Konkupiscenz"-Begriffs in J. M. R. Lenz' „Philosophischen Vorlesungen für empfindsame Seelen" in Hinsicht auf seine Lyrik. Exemplarisch vorgenommen an dem Gedicht „An den Geist".* Würzburg 2001. Rez.: Alfred Anger, in: Germanistik (Tübingen) 44.3–4 (2003), S. 853.

Schnurr, Johannes: *Das Genie an der Grenze. Eine interdisziplinäre Annäherung an das klinische Profil des Jacob Michael Reinhold Lenz.* Würzburg 2004. Rez.: Martin Kagel, in: Monatshefte für deutschsprachige Literatur und Kultur (Madison/WI) 97.3 (2005), S. 544–546.

Scholz, Rüdiger: „Eine längst fällige historisch-kritische Gesamtausgabe: Jakob Michael Reinhold Lenz". In: *Jahrbuch der Deutschen Schillergesellschaft* 34 (1990), S. 195–229.

Scholz, Rüdiger: „Zur Biographie des späten Lenz". In: *Lenz-Jahrbuch* 1 (1991), S. 106–134.

Scholz, Rüdiger: [Art.] „Lenz, Jakob (Michael Reinhold)". In: Walther Killy u. Rudolf Vierhaus (Hgg.): *Deutsche Biographische Enzyklopädie (DBE)*. Bd. 6: *Kogel – Maxsein*. München 1997 S. 324.

Scholz, Rüdiger: „Goethe und die Menschenrechte im Staate Weimar. Ein Lehrstück zur politischen Parteilichkeit der Klassik". In: *Colloquia Germanica* (Tübingen u. a.) 33.4 (2000), S. 367–385. [Zu Lenz S. 384.]

Scholz, Rüdiger: „Jakob Michael Reinhold Lenz: ‚An den Geist'". In: *Lenz-Jahrbuch* 10–11 (2000/2001, ersch. 2003), S. 179–192.

Scholz, Rüdiger: „Jakob Michael Reinhold Lenz: ‚An mein Herz', ‚Unser Herz', ‚An das Herz'". In: *Lenz-Jahrbuch* 10–11 (2000/2001, ersch. 2003), S. 153–171.

Scholz, Wilhelm von: „‚Die Soldaten' von Lenz". In: *Stuttgarter Dramaturgische Blätter* 1 (1919/1920), S. 137–138.

Scholz, Wolfgang: *Abbildung und Veränderung durch das Theater im 18. Jahrhundert*. Hildesheim, New York 1980. [Zu Lenz bes. S. 68–83: Lenz oder der Wille zur Veränderung.]

Schöne, Albrecht: *Säkularisation als sprachbildende Kraft. Studien zur Dichtung deutscher Pfarrersöhne*. Göttingen 1958. [Zu Lenz S. 76–115: Wiederholung der exemplarischen Begebenheit: Jakob Michael Reinhold Lenz.] 2., überarb. u. erg. Aufl. 1968. [Zu Lenz o. g. Kapitel S. 92–138.]

Schönert, Jörg: „Literarische Exerzitien der Selbstdisziplinierung. ‚Das Tagebuch' im Kontext der Straßburger Prosa-Schriften von J. M. R. Lenz". In: Stephan/Winter 1994a, S. 309–324.

Schöpflin, Karin: *Theater im Theater. Formen und Funktionen eines dramatischen Phänomens im Wandel*. Frankfurt/Main u. a. 1993. [Zu Lenz S. 166–168.]

Schoeps, Karl H.: „Zwei moderne Lenz-Bearbeitungen". In: *Monatshefte. Für Deutschen Unterricht, Deutsche Sprache und Literatur* 67 (1975), S. 437–451.

Schößler, Franziska: *Einführung in das bürgerliche Trauerspiel und das soziale Drama*. Darmstadt 2003. [Zu Lenz' „Die Soldaten" S. 96–108.]

Schostack, Renate: „Ein Mensch ohne Netz. Vorschau: ‚Lenz' – Egon Günters Annäherung an einen Dichter". In: *Frankfurter Allgemeine Zeitung*, Nr. 120, 23. 5. 1992 S. 28.

Schottelius, Saskia: *Fatum, Fluch und Ironie. Zur Idee des Schicksals in der Literatur von der Aufklärung bis zur Romantik*. Frankfurt/Main u. a. 1995. [Zu Lenz S. 61–74: „Ich aber werde dunkel sein/ Und gehe meinen Weg allein" – Jakob Michael Reinhold Lenz.] Zugl. Diss. phil., Univ. Bonn, 1994.

Schreiber, Hermann: „Begegnungen in Straßburg. Goethe – Lenz – Casanova". In: *Damals* 20.10 (1988), S. 830–849.

Schreiber, Michael: „Literarische Ortsbesichtigungen im Elsaß". In: *Neue Deutsche Hefte* 30.1 (1983), S. 78–90. Beitrag zu Lenz' Aufenthalt im Steintal.

Schreiner, Christoph: „Es ist alles in der Welt schraubenförmig. Christoph Weiß über seine im St. Ingberter Röhrig Verlag erschienene Lenz-Faksimile-Ausgabe". In: *Saarbrücker Zeitung*, Nr. 26, 31. 1. 2001 S. 16.

Schrimpf, Hans Joachim: „Komödie und Lustspiel. Zur terminologischen Problematik einer geschichtlich orientierten Gattungstypologie". In: *Zeitschrift für deutsche Philologie* 97 (1978), Sonderheft: Studien zur deutschen Literaturgeschichte und Gattungspoetik. Festschrift für Benno von Wiese, S. 152–182. [Zu Lenz S. 168–169.]

Schröder, Edward: „Die Sesenheimer Gedichte von Goethe und Lenz mit einem Excurs über Lenzens lyrischen Nachlaß". In: *Nachrichten von der Königl. Gesellschaft der Wissenschaften zu Göttingen. Philologisch-historische Klasse*, Jg. 1905, S. 51–115.

Schröder, Edward: „Sesenheimer Studien". In: *Jahrbuch der Goethe-Gesellschaft* 6 (1919), S. 82–107.

Schuchard: „Lenz". In: *Der Sprecher oder Rheinisch-Westphälischer Anzeiger* (Hamm), Nr. 49, 21. 6. 1837 Sp. 769–770.

Schüddekopf, Carl: *Eine Tiefurter Matinée vom Hofe der Herzogin Anna Amalia aus dem Jahre 1776. Für den Leipziger Bibliophilen-Tag am 3. Dezember 1911 in Druck gegeben und mit Nachwort und Anmerkungen versehen. Als Handschrift gedruckt bei Poeschel & Trepte.* Leipzig [1911]. [Zu Lenz S. 7 u. 16.]

Schüller, Liane: [Art.] „Die Soldaten. Eine Komödie". In: Heinz Ludwig Arnold (Hg.): *Kindlers Literatur Lexikon (KLL).* 3., völlig neu bearbeitete Aufl. 18 Bde. Stuttgart, Weimar 2009. Bd. 9, S. 813–814.

Schulte-Strathaus, Ernst: [Art.] „Jakob Michael Reinhold Lenz". In: *Bibliographie der Originalausgaben deutscher Dichtungen im Zeitalter Goethes.* Nach den Quellen bearbeitet von Ernst Schulte-Strathaus. Bd. 1, Abt. 1. München, Leipzig 1913 S. 183–195.

Schulz, Georg-Michael: „Individuation und Austauschbarkeit. Zu Paul Celans ‚Gespräch im Gebirg'". In: *Deutsche Vierteljahrsschrift für Literaturwissenschaft und Geistesgeschichte* 53 (1979), S. 463–477.

Schulz, Georg-Michael: „Das ‚Lust- und Trauerspiel' oder Die Dramaturgie des doppelten Schlusses. Zu einigen Dramen des ausgehenden 18. Jahrhunderts". In: *Lessing Yearbook/ Lessing-Jahrbuch* 23 (1991, ersch. 1992), S. 111–126. [Zu Lenz S. 112.]

Schulz, Georg-Michael: „‚Läuffer läuft fort'. Lenz und die Bühnenanweisung im Drama des 18. Jahrhunderts". In: Hill 1994a, S. 190–201.

Schulz, Georg-Michael: *Jacob Michael Reinhold Lenz.* Stuttgart 2001. [= Schulz 2001a] Rez.: Brita Hempel, in: Arbitrium 19.3 (2001), 302–304.

Schulz, Georg-Michael: „Wie das liebende Ich verweht wird und das lyrische Ich sich behauptet. Zu Jacob Michael Reinhold Lenz' Gedicht ‚Ich suche sie umsonst'". In: Peter Heßelmann, Michael Huesmann u. Hans-Joachim Jakob (Hgg.): *„Das Schöne soll sein". Aisthesis in der deutschen Literatur. Festschrift für Wolfgang F. Bender.* Bielefeld 2001 S. 179–192. [= Schulz 2001b]

Schulz, Georg-Michael: [Art.] „Der neue Menoza oder Geschichte des cumbanischen Prinzen Tandi". In: Luserke-Jaqui 2017 S. 290–299.

Schulz, Georg-Michael: [Art.] „Für Wagnern. (Theorie der Dramata)". In: Luserke-Jaqui 2017 S. 433–434.

Schulz, Gudrun: „Klassikerbearbeitungen Bertolt Brechts. Aspekte zur ‚revolutionären Fortführung der Tradition'". In: Heinz Ludwig Arnold (Hg.): *Bertolt Brecht II.* München 1973 (= Text + Kritik Sonderband), S. 138–151. [Zu Brechts „Hofmeister"-Bearbeitung S. 146–148.]

Schulz, Günter: *Schillers „Horen". Politik und Erziehung. Analyse einer Zeitschrift.* Heidelberg 1960. [Zu Lenz S. 185–186.]

[Schulze Vellinghausen, Albert:] „Kollektive Lüste … Jakob Michael Reinhold Lenz: ‚Die Soldaten', Erstaufführung in Köln". In: *Frankfurter Allgemeine Zeitung,* Nr. 103, 5.5.1954 S. 8. Der Artikel ist mit dem Kürzel „ASV" gezeichnet. – Wiederabdruck in: Albert Schulze Vellinghausen: *Theaterkritik 1952–1960.* Ausgewählt u. mit einem Nachwort versehen von Henning Rischbieter. Hannover 1961 S. 61–62.

Schumann, Detlev W.: „Johann Georg Schlosser und seine Welt". In: Johann Georg Schlosser: *Kleine Schriften.* Mit einer Einführung von Detlev W. Schumann. Bd. 1. New York, London 1972, S. I–CXXI. [Zu Lenz S. XXI–XXV.]

Schuster, Jörg: „Probleme der Erlebnislyrik: Goethes ‚Mir schlug das Herz …' (1771) und J. M. R. Lenz' ‚Trost' (1776)". In: *Der Deutschunterricht* (Seelze) 61.3 (2009), S. 68–79.

Schuster, Gerhard u. Caroline Gille (Hgg.): *Wiederholte Spiegelungen: Weimarer Klassik 1759–1832. Ständige Ausstellung des Goethe-Nationalmuseums.* 2 Tle. München, Wien 1999. [Zu Lenz vgl. Reg.]

Schwachhofer, René: „Der Dichter des ‚Hofmeister'. Zum 160. Todestag von Michael Reinhold Lenz am 24. Mai". In: *Börsenblatt für den deutschen Buchhandel,* Jg. 119 (1952), Nr. 21, 24.5.1952 S. 378–379.

[Schwarz, Christa [Hg.]:] *Autographen der Universitätsbibliothek Berlin.* Verzeichnet u. kommentiert von Christa Schwarz. Berlin 1972. [Zu Lenz S. 115, Nr. 649.]

Schwarz, Hans-Günther: „Lenz und Shakespeare". In: *Jahrbuch der Deutschen Shakespeare-Gesellschaft West* (1971), S. 85–96.

Schwarz, Hans-Günther. „Lenz und Shakespeare". In: *Shakespeare-Jahrbuch* 108 (1972), S. 145–153.

Schwarz, Hans-Günther: „Lenz, Herder und die ästhetisch-poetologischen Folgen der Shakespearerezeption". In: Ingrid Nohl (Hg.): *Ein Theatermann – Theorie und Praxis. Festschrift zum 70. Geburtstag von Rolf Badenhausen*. München 1977 S. 225–230.

Schwarz, Hans-Günther: *Dasein und Realität. Theorie und Praxis des Realismus bei J. M. R. Lenz*. Bonn 1985. Rez.: J.[ean]-C.[laude] Chantre, in: Études Germaniques (Paris) 41.4 (1986), S. 488–489. – Richard Gray, in: Lessing Yearbook/Lessing-Jahrbuch 19 (1987, ersch. 1988), S. 363–364. – Lilith Schutte, in: German Studies Review (Tempe/AZ) 10.3 (1987), S. 579.

Schwarz, Hans-Günther: „Büchner und Lenz: Paradigmen des Realismus im modernen Drama". In: Linda Dietrick u. David G. John (Hgg.): *Momentum dramaticum. Festschrift for Eckehard Catholy*. Waterloo 1990 S. 195–208.

Schwarz, Hans-Günter: „,wenn die camera obscura Ritzen hat'. Das Problem des Sehens von J. M. R. Lenz bis zu Hermann Broch". In: Zoltán Szendi (Hg.): *Wechselwirkungen. Deutschsprachige Literatur und Kultur im regionalen und internationalen Kontext*. Wien 2012 S. 133–144.

Schweitzer, Christoph E.: *Men Viewing Women as Art Objects. Studies in German Literature*. Columbia 1998. [Zu Lenz bes. S. 25–28.]

Schwidtal, Michael: „Komparatistische und kulturwissenschaftliche Anregungen für die baltische Germanistik. Ein Bericht von der Lenz-Tagung in Riga und Tartu". In: *Triangulum. Germanistisches Jahrbuch für Estland, Lettland und Litauen* (Vilnius u. a.) 8 (2001, ersch. 2003), S. 268–273.

Seidel, Robert: „Im langen Schatten Goethes. Zum 250. Geburtstag des Dichters Jacob Michael Reinhold Lenz". In: *Rhein-Neckar-Zeitung* (Heidelberg), Nr. 16, 20./21. 1. 2001 Beilage Kultur, unpag.

Selbmann, Rolf: [Art.] „Anmerkungen übers Theater nebst angehängten übersetzten Stück Shakespears". In: Luserke-Jaqui 2017 S. 200–204.

Seling-Dietz, Carolin: „Büchners ,Lenz' als Rekonstruktion eines Falls ,religiöser Melancholie'". In: *Georg Büchner Jahrbuch* 9 (1995–1999, ersch. 2000), S. 188–236.

Selver, Henrik: *Die Auffassung des Bürgers im deutschen Drama des 18. Jahrhunderts*. Engelsdorf-Leipzig 1931. [Zu Lenz S. 77–87.] Zugl. Diss. phil., Univ. Leipzig, 1930.

Sengle, Friedrich: *Das deutsche Geschichtsdrama. Geschichte eines literarischen Mythos*. Stuttgart 1952. [Zu Lenz S. 32–33.]

Seraphim, Ernst: „Auf dem Wege zu Goethe. Lenz als Student in Königsberg". In: *Baltische Monatsschrift* (1931), S. 665–669.

Seuffert, Bernhard: *Wielands Abderiten*. Vortrag. Berlin 1878. [Zu Lenz S. 39–40.]

Sheehan, Martin Patrick: *On radical comedy*. Diss. phil., Univ. of Virginia, 2009. [Zu Lenz' „Der Hofmeister".]

Sheehan, Martin Patrick: „The ironic spectacle of resolution in ,Der Hofmeister'". In: *Studia Neophilologica* 83.1 (2011), S. 81–93.

Siblewski, Klaus: „Drastisch aus Demut. Vor 250 Jahren wurde der rätselhafte und verratselte Dichter Jakob Michael Reinhold Lenz geboren". In: *Die Welt* (Berlin), Nr. 17, 20. 1. 2001 Beilage Die literarische Welt, Nr. 3/2001, S. 4.

Siebs, Theodor: „Die Sesenheimer Lieder von Goethe und Lenz". In: *Preußische Jahrbücher* 88 (1897), S. 407–454.

Sinnreich, Maria: *Das gesellschaftskritische Element im Schaffen von J. M. R. Lenz*. Diss. phil., Univ. Wien, 1936. Masch.

Sint, Josef: *Bauerndichtung des Sturmes und Dranges. Mit besonderer Berücksichtigung des Göttinger Hains*. Diss. phil., Univ. Wien, 1936. Masch. [Zu Lenz S. 107–108, 111–112 u. 116–117.]

Sintenis, Franz: „Jacob Michael Reinhold Lenz in Moskau". In: *Archiv für Litteraturgeschichte* 5 (1876), S. 600–605.

Sittel, Angela: *Jakob Michael Reinhold Lenz' produktive Rezeption von Plautus' Komödien.* Frankfurt/Main u. a. 1999. Rez.: Roland Krebs: Lenziana. In: Études Germaniques (Paris) 57.1 (2002), S. 137–141. – Martin Rector, in: Lenz-Jahrbuch 8–9 (1998/1999, ersch. 2003), S. 333–336.

Sittel, Angela: „Schatzfund oder Lotteriegewinn? Lenz' ‚Aussteuer' und Plautus' ‚Aulularia' im Vergleich". In: Stephan/Winter 2003a, S. 155–171.

[Sivers, Jegór von:] „Eine Biographie unseres Dramatikers Jakob Michael Reinhold Lenz". In: *Das Inland* (Dorpat), Jg. 14, Nr. 26, 27. 6. 1849 Sp. 437–440. Der Beitrag ist mit „J. S-s." unterzeichnet.

Sivers, Jegór von: „Ein Brief an Baron Roman v. Budberg". In: *Das Inland* (Dorpat), Jg. 17, Nr. 42, 20. 10. 1852 Sp. 796–798 u. Nr. 43, 27. 10. 1852 Sp. 813–816. [Zu Lenz Sp. 797 u. 814.]

Sivers, Jegór von: „Jakob Michael Reinhold Lenz". In: Jegór von Sivers: *Deutsche Dichter in Rußland. Studien zur Literaturgeschichte.* Berlin 1855 S. 40–59.

Sivers, Jegór v.: „Jacob Michael Reinhold Lenz und Goethe". In: *Das Inland* (Dorpat), Jg. 23, Nr. 11, 17. 3. 1858 Sp. 180–184.

[Sivers, Jegór von:] „Berlin, den 9. Juli 1861". In: *Das Inland* (Dorpat), Jg. 26, Nr. 29, 17. 7. 1861 Sp. 443–444. Der Beitrag ist mit „J. v. S." unterzeichnet

Sivers, Jegór v.: „Jacob Michael Reinhold Lenzens schriftstellerischer Nachlaß und dessen Schicksale". In: *Das Inland* (Dorpat), Jg. 26, Nr. 39, 25. 9. 1861 Sp. 599–604.

Sivers, Jegór v.: „Jakob Michael Reinhold Lenz, seine neuesten Biographen, Herausgeber und Kritiker". In: *Das Inland* (Dorpat), Jg. 27, Nr. 19, 7. 5. 1862 Sp. 289–292.

Sivers, Jegór v.: „J. M. R. Lenz und eine Bitte um Materialien zu seiner Biographie". In: *Baltische Monatsschrift* 13 (1866), S. 210–225.

Sivers, Jegór von: *Jacob Michael Reinhold Lenz. Vier Beiträge zu seiner Biographie und zur Literaturgeschichte seiner Zeit.* Riga, Leipzig 1879.

Skersil, Gabriele: *Adel und Bürgertum bei Lessing und Lenz.* Diss. phil., Univ. Wien, 1944. Masch.

Smoljan, Olga: *Friedrich Maximilian Klinger. Leben und Werk.* Aus dem Russischen übersetzt von Ernst Moritz Arndt. Weimar 1962. [Zu Lenz vgl. Reg.]

Soares, Luísa S. [A.]: „‚Pandämonium Germanicum' von J. M. R. Lenz: Wunschszenarien und Wirklichkeitsbilder". In: *Runa* (Lissabon) 25 (1996), S. 136–143. Mit portug. Zusammenfassung.

Soares, Luísa [S.] A.: „Afinidades Desejadas, Dissonâncias Incontidas. Alguns aspectos da recepção de ‚Die Leiden des jungen Werther' em J. M. R. Lenz". In: Teresa Seruya (Hg.): *Contradições Electivas. Colóquio Comemorativo dos 250 Anos do Nascimento de Johann Wolfgang Goethe. Actas de Colóquio realizado em Lisboa a 21 e 22 de Outubro de 1999.* Lissabon 2001 S. 37–45.

Soboth, Christian: „Christian David Lenz und Jakob Michael Reinhold Lenz zwischen Halle und Herrnhut". In: *Pietismus und Neuzeit* 29 (2003), S. 101–133.

Söder, Thomas: „Jakob Michael Reinhold Lenz: ‚Der Hofmeister'. Gestaltung und Gehalt". In: Thomas Söder: *Studien zur Deutschen Literatur. Werkimmanente Interpretationen zentraler Texte der deutschen Literaturgeschichte.* Münster u. a. 2008 S. 11–44.

Sommer, Andreas Urs: „Theodizee und Triebverzicht. Zu J. M. R. Lenzens ‚Philosophischen Vorlesungen für empfindsame Seelen'". In: *Lichtenberg-Jahrbuch* (1995, ersch. 1996), S. 242–245.

Sommerfeld, Herbert: „Jakob Michael Reinhold Lenz bei Friedrich Nicolai". In: Felix Hasselberg u. Hans Winter (Hgg.): *Beiträge zur Geschichte Berlins. Hermann Kügler zum fünfzigsten Geburtstage am 18. Juli 1939 dargebracht von einigen Freunden aus dem Verein für die Geschichte Berlins.* Berlin 1939 S. 85–91.

Sommerfeld, Martin: *Friedrich Nicolai und der Sturm und Drang. Ein Beitrag zur Geschichte der deutschen Aufklärung. Mit einem Anhang: Briefe aus Nicolais Nachlaß.* Halle/Saale 1921. [Zu Lenz vgl. Reg.]

Sommerfeld, Martin: „Jakob Michael Reinhold Lenz und Goethes Werther. Auf Grund der neu aufgefundenen Lenzschen ‚Briefe über die Moralität der Leiden des jungen Werther'". In: *Euphorion* 24 (1922), S. 68–107. Wiederabdruck in: Martin Sommerfeld: *Goethe in Umwelt und Folgezeit. Gesammelte Studien.* Leiden 1935 S. 60–101 u. 263–267.

Sørensen, Bengt Algot: *Herrschaft und Zärtlichkeit. Der Patriarchalismus und das Drama im 18. Jahrhundert.* München 1984. [Zu Lenz bes. S. 142–161.]

Sørensen, Bengt Algot: „‚Schwärmerei' im Leben und Werk von Lenz". In: Hill 1994a, S. 47–54.

Soulé-Tholy, Jean-Paul: „Le personnage dramatique dans le théâtre de Lenz". In: *Études Germaniques* (Paris) 52.1 (1997): J. M. R. Lenz, S. 15–36.

Spach, Louis: Lenz. *Le rival de Goethe. Lecture publique faite à la préfecture de Strasbourg, le 25 Mai 1864.* Strasbourg 1864. Wiederabdruck unter dem Titel: „Lenz. Rival de Goethe; auteur dramatique et lyrique". In: Louis Spach: *Œuvres choisies.* T. 2: *Biographies Alsaciennes, Sér. 2.* Paris, Strasbourg 1866 S. 207–238.

Spach, Louis: „Ramond de Carbonnière, le naturaliste". In: Louis Spach: *Œuvres choisies.* T. 5: *Biographies Alsaciennes, nouvelle série. Archéologie, histoire et littérature Alsatiques.* Paris, Strasbourg 1871 S. 129–160.

Spalter, Max: *Brecht's Tradition.* Baltimore 1967. [Zu Lenz bes. S. 3–36.]

Sparowitz, Erich: *Die Liebe im Geniedrama des 18. Jahrhunderts.* Diss. phil., Univ. Wien, 1929. Masch.

Spies, Heike: „*... ein vorübergehendes Meteor ..."*. *Jakob Michael Reinhold Lenz (1751–1792) zum 200. Todestag.* Düsseldorf 1992. Begleitblatt zur Lenz-Ausstellung im Düsseldorfer Goethe-Museum vom 22. 5.–12. 7. 1992.

Spieß, Heinrich: „Erwache Friederike!" In: *Zeitschrift für deutsche Philologie* 56 (1931), S. 195–206.

Spieß, Reinhard F.: „Büchners ‚Lenz'. Überlegungen zur Textkritik". In: *Georg Büchner Jahrbuch* 3 (1983, ersch. 1984), S. 26–36.

Spiewok, Wolfgang: [Art.] „Jakob Michael Reinhold Lenz: Der Waldbruder". In: *Romanführer A–Z. Bd. 1: Der deutsche, österreichische und schweizerische Roman. Von den Anfängen bis Ende des 19. Jahrhunderts.* Von einem Autorenkollektiv unter Leitung von Wolfgang Spiewok. Berlin 1972 S. 257–258.

Staatsmann, Peter: „Inszenierung des Realen. J. M. R. Lenz und die Bühne". In: *Text + Kritik* 146 (2000): Jakob Michael Reinhold Lenz, S. 16–26.

Stabenow, Cornelia: „Das verlorene Gesicht. Zu den Lenz-Illustrationen von Walter Gramatté". In: *Pantheon* XLV (1987), S. 144–150.

Stadelmaier, Gerhard: „Die Liebe ist ein Maler. Schön fremd. Grüber inszeniert ‚Catharina von Siena' in Berlin". In: *Frankfurter Allgemeine Zeitung,* Nr. 263, 11. 1. 1992 S. 33.

Stadelmaier, Gerhard: *Traumtheater. Vierundvierzig Lieblingsstücke.* Frankfurt/Main 1997. [Zu Lenz S. 406–420: Behaltet euren Himmel für euch. Jakob Michael Reinhold Lenz, „Der Engländer".]

Stadler, Peter: „Das tumbe Dasein der Soldateska. Bernd Alois Zimmermanns ‚Soldaten' in der Inszenierung Harry Kupfers an der Wiener Staatsoper". In: *Neue Zeitschrift für Musik* 151.9 (1990), S. 37.

Staiger, Emil: *Stilwandel. Studien zur Vorgeschichte der Goethezeit.* Zürich, Freiburg/Br. 1963. [Zu Lenz S. 62–64.]

Stamm, Israel: „‚Sturm und Drang' and Conservatism". In: *The Germanic Review* (Philadelphia u. a.) 30 (1955), S. 265–281. [Zu Lenz S. 270–274.]

Stammler, Wolfgang: „*Der Hofmeister" von Jakob Michael Reinhold Lenz. Ein Beitrag zur Literaturgeschichte des 18. Jahrhunderts.* Halle/Saale 1908. Zugl. Diss. phil., Univ. Halle-Wittenberg, 1908. Rez.: Robert Petsch: Aus Sturm und Drang. In: *Das litterarische Echo* 12.1 (1909/1910), Sp. 26–33.

Stammler, Wolfgang: [Art.] „Jakob Michael Reinhold Lenz". In: *Grundriß zur Geschichte der deutschen Dichtung. Aus den Quellen von Karl Goedeke.* 3., neu bearb. Aufl. von Edmund

Goetze. Bd. 4, Abt. 1. Dresden 1916 S. 774–799 u. 1159–1160 („Berichtigungen und Ergänzungen").

Stanitzek, Georg: „Genie. Karriere/Lebenslauf. Zur Zeitsemantik des 18. Jahrhunderts und zu J. M. R. Lenz". In: Jürgen Fohrmann (Hg.): *Lebensläufe um 1800*. Tübingen 1998 S. 241–255.

Steimer, Carolin: *„Der Mensch! Die Welt! Alles". Die Bedeutung Shakespeares für die Dramaturgie und das Drama des Sturm und Drang*. Frankfurt/Main u. a. 2012. [Zu Lenz S. 292–333: Lenz' „Anmerkungen übers Theater" als Wegweiser der modernen Theatertheorie; S. 382–437: Lenz' „Der Hofmeister oder Vorteile der Privaterziehung" als erste (Tragi)Komödie in der Tradition Shakespeares.]

Steinhardt [d. i. Robert Steiger]: „Lenzens Unvollendung". In: *Das Goldene Tor* 2.7 (1947), S. 637–642.

Steinhorst, Heike: „Antinomien und Affinitäten der Aufklärung – Lenz und Wieland". In: *Euphorion* 96.4 (2002), S. 371–385.

Steinhorst, Heike: „Weibliches Glück als Zukunftsverheißung bei Lenz und Lessing oder: ‚[...] daß sie dem Triebe ihre ganze künftige Glückseligkeit zu danken hat'". In: Jan Standke u. Holger Dainat (Hgg.): *Gebundene Zeit. Zeitlichkeit in Literatur, Philologie und Wissenschaftsgeschichte. Festschrift für Wolfgang Adam*. Heidelberg 2014 S. 79–90.

Stellmacher, Wolfgang: „Die Neuentdeckung des Komischen in der Dramatik des Sturm und Drang". In: Helmut Brandt u. Manfred Beyer (Hgg.): *Ansichten der deutschen Klassik*. Berlin, Weimar 1981 S. 45–73.

Stephan, Inge: „Das Scheitern einer heroischen Konzeption. Der Freundschafts- und Liebesdiskurs im ‚Waldbruder'". In: Stephan/Winter 1994a, S. 273–293.

Stephan, Inge: „‚Meteore' und ‚Sterne'. Zur Textkonkurrenz zwischen Lenz und Goethe". In: *Lenz-Jahrbuch* 5 (1995), S. 22–43.

Stephan, Inge: „Geniekult und Männerbund. Zur Ausgrenzung des ‚Weiblichen' in der Sturm und Drang-Bewegung". In: *Text + Kritik* 146 (2000): Jakob Michael Reinhold Lenz, S. 46–54.

Stephan, Inge: „‚Gemählde eines Erschlagenen' und ‚Lied eines schiffbrüchigen Europäers'. Konstruktion und Dekonstruktion des lyrischen Ichs bei J. M. R. Lenz". In: Stephan/Winter 2003a, S. 95–107.

Stephan, Inge: „‚An das Herz'. Zu den Lenz-Arbeiten von Susanne Theumer". In: Stephan/Winter 2006 S. 17–41. [= Stephan 2006a]

Stephan, Inge: „Canetti – Büchner – Lenz. Das graphische Werk von Susanne Theumer". In: *Graphische Kunst* N. F. 1 (2006), S. 2–10. [= Stephan 2006b]

Stephan, Inge: „‚Er hatte einen entschiedenen Hang zur Intrige': Überlegungen zu J. M. R. Lenz, seiner Rezeption und seinen Werken". In: *Goethe Yearbook* (Columbia) 22 (2015), S. 247–260.

Stephan, Inge u. Hans-Gerd Winter: *„Ein vorübergehendes Meteor"? J. M. R. Lenz und seine Rezeption in Deutschland*. Stuttgart 1984. [= Stephan/Winter 1984] Rez.: Horst S. Daemmrich, in: Lessing Yearbook/Lessing-Jahrbuch 18 (1986), S. 253–254. – Sigrid Damm, in: Weimarer Beiträge 32.1 (1986), S. 172–175. – Michael Kohlenbach, in: Georg Büchner Jahrbuch 4 (1984, ersch. 1986), S. 356–359. – Jürgen Pelzer, in: Das Argument (Hamburg) 29.3 [=163] (1987), S. 440–442.

Stephan, Inge u. Hans-Gerd Winter (Hgg.): *„Unaufhörlich Lenz gelesen…" Studien zu Leben und Werk von J. M. R. Lenz*. Stuttgart, Weimar 1994. [= Stephan/Winter 1994a] Rez.: John Guthrie, in: The Modern Language Review (Leeds) 91.3 (1996), S. 784–785. – Detlef Gwosc, in: Deutsche Bücher (Amsterdam) 24.3 (1994), S. 216–218. – Rüdiger Scholz, in: Germanistik (Tübingen) 36.1 (1995), S. 203–204. – Rüdiger Scholz, in: Arbitrium 14.3 (1996), S. 349–353. – Christoph Weiß, in: Lenz-Jahrbuch 5 (1995), S. 226–230. – Karin A. Wurst, in: Lessing Yearbook/Lessing-Jahrbuch 29 (1997, ersch. 1998), S. 231–232.

Stephan, Inge u. Hans-Gerd Winter: „Vorwort". In: Stephan/Winter 1994a, S. IX–XXIX. [= Stephan/Winter 1994b]

Stephan, Inge u. Hans-Gerd Winter (Hgg.): „*Die Wunde Lenz*". *J. M. R. Lenz. Leben, Werk und Rezeption.* Bern u. a. 2003 (= Publikationen zur Zeitschrift für Germanistik N. F. 7). [= Stephan/Winter 2003a] Rez.: John Guthrie, in: The Modern Language Review (Leeds) 100.3 (2005), S. 862–863. – Anette Horn, in: Acta Germanica (Frankfurt/Main u. a.) 32 (2004, ersch. 2005), S. 115–117. – Susanne Lenz-Michaud, in: Études Germaniques (Paris) 59.3 (2004), S. 618–619. – Karin A. Wurst, in: Zeitschrift für Germanistik N. F. 14.1 (2004), S. 206–209.

Stephan, Inge u. Hans-Gerd Winter: „Einleitung". In: Stephan/Winter 2003a, S. 9–14. [= Stephan/Winter 2003b]

Stephan, Inge u. Hans-Gerd Winter (Hgg.): *Zwischen Kunst und Wissenschaft. Jakob Michael Reinhold Lenz.* Bern u. a. 2006.

Stern, Ludwig: *Die Varnhagen von Ensesche Sammlung in der Königlichen Bibliothek zu Berlin.* Berlin 1911. [Zu Lenz S. 454.]

Stern, Martin: „Akzente des Grams. Über ein Gedicht von Jakob Michael Reinhold Lenz. Mit einem Anhang: Vier unbekannte Briefe von Lenz an Winckelmanns Freund Heinrich Füssli". In: *Jahrbuch der Deutschen Schillergesellschaft* 10 (1966), S. 160–188.

Stern, Maurice von: „Lenz contra Lienhard. (Ein Wort über die Tragik des baltischen Deutschtums.)" In: *Deutsche Heimat. Blätter für Literatur und Volkstum* 5.2 (1902), S. 473–475.

Stöber, August: „Der Dichter Lenz". In: *Morgenblatt für gebildete Stände* (Stuttgart), Nr. 250, 19.10.1831 S. 997–998; Nr. 251, 20.10.1831 S. 1001–1003; Nr. 252, 21.10.1831 S. 1007–1008; Nr. 260, 31.10.1831 S. 1039; Nr. 261, 1.11.1831 S. 1043–1044; Nr. 275, 17.11.1831 S. 1100; Nr. 280, 23.11.1831 S. 1119–1120; Nr. 285, 29.11.1831 S. 1139–1140; Nr. 286, 30.10.1831 S. 1143–1144; Nr. 287, 1.12.1831 S. 1147; Nr. 290, 5.12.1831 S. 1159–1160; Nr. 295, 10.12.1831 S. 1179–1180; Nr. 299, 15.12.1831 S. 1193.

Stöber, August (Hg.): „Oberlin, Johann Friedrich. Der Dichter Lenz, im Steinthale". In: *Erwinia. Ein Blatt zur Unterhaltung und Belehrung in Verbindung mit Schriftstellern Deutschlands, der Schweiz und des Elsasses* (Straßburg), 1838/1839, Nr. 1 (5.1.1839), S. 6–8; Nr. 2 (12.1.1839), S. 14–16; Nr. 3 (19.1.1839), S. 20–22.

Stöber, August (Hg.): *Der Dichter Lenz und Friederike von Sesenheim. Aus Briefen und gleichzeitigen Quellen; nebst Gedichten und Anderm von Lenz und Goethe.* Basel 1842.

Stöber, August: „Der Aktuar Salzmannn und seine Freunde". In: *Alsatia. Jahrbuch für elsässische Geschichte, Sage, Alterthumskunde, Sitte, Sprache und Kunst* [4] (1853), S. 5–110.

Stöber, August (Hg.): *Der Aktuar Salzmann, Goethe's Freund und Tischgenosse in Straßburg. Eine Lebens-Skizze, nebst Briefen von Goethe, Lenz, L. Wagner, Michaelis, Hufeland u. A.; zwei ungedruckten Briefen von Goethe an Ch. M. Engelhardt und einem Aufsatze über Werther und Lotte, aus Jeremias Meyer's literarischem Nachlasse.* Mühlhausen 1855. Frankfurt/Main 1855. Erweiterter Wiederabdruck von Stöber 1853.

Stöber, August (Hg.): *G.[ottlieb] C.[onrad] Pfeffels Epistel an die Nachwelt, mit Anmerkungen und vierundzwanzig ungedruckten Briefen des Dichter's, zur Einweihung von dessen Denkmal in Colmar, den 5. Juni 1859.* Colmar [1859]. [Zu Lenz S. 39, 47, 48–52 u. 80.]

Stöber, August (Hg.): „Protokoll der vom Aktuar Salzmann präsidirten literarischen Gesellschaft in Strasburg, (2. November 1775–9. Jänner 1777)". In: *Alsatia. Beiträge zur elsässischen Geschichte, Sage, Sitte und Sprache* [8] (1862–1867, ersch. 1868), S. 173–181.

Stöber, August (Hg.): *Johann Gottfried Röderer von Straßburg und seine Freunde. Biographische Mittheilungen nebst Briefen an ihn von Goethe, Kayser, Schlosser, Lavater, Pfenninger, Ewald, Haffner und Blessig.* Zweite Aufl. Colmar 1874.

Stockhammer, Robert: *Leseerzählungen. Alternativen zum hermeneutischen Verfahren.* Stuttgart 1991. [Zu Lenz bes. S. 177–192.] Zugl. Diss. phil., Freie Univ. Berlin, 1989.

Stockhammer, Robert: „Zur Politik des Herz(ens). J. M. R. Lenz' ‚misreadings' von Goethes ‚Werther'". In: Hill 1994a, S. 129–139.

Stockmeyer, Clara: *Soziale Probleme im Drama des Sturmes und Dranges. Eine literarhistorische Studie.* Frankfurt/Main 1922. [Zu Lenz S. 108–132: „Der Soldatenstand".]

Stoll, Karin: *Christoph Martin Wieland. Journalistik und Kritik. Bedingungen und Maßstab politischen und ästhetischen Räsonnements im „Teutschen Merkur" vor der Französischen Revolution.* Bonn 1978. [Zu Lenz insb. S. 31–39.]

Stötzer, Jürgen: „,Lenz – ein Schatten nur einer ungesehenen Tradition'? Aspekte der Rezeption J. M. R. Lenz' bei Christoph Hein". In: *Zeitschrift für Germanistik* 9.4 (1988), S. 429–441.

Stötzer, Jürgen: „J. M. R. Lenz in der neueren DDR-Literatur". In: *Das Wort. Germanistisches Jahrbuch DDR–UdSSR* (Moskau, Berlin) 5 (1990), S. 306–310.

Stötzer, Jürgen: *Das vom Pathos der Zerrissenheit geprägte Subjekt. Eigenwert und Stellung der epischen Texte im Gesamtwerk von Jakob Michael Reinhold Lenz.* Frankfurt/Main, Bern, New York, Paris 1992. Rez.: Claudia Albert, in: Germanistik (Tübingen) 33.1 (1992), S. 172. – Roman Graf, in: Lessing Yearbook/Lessing-Jahrbuch 25 (1993, ersch. 1994), S. 236–237. – Friedrich Voit, in: Lenz-Jahrbuch 3 (1993), S. 211–212.

Strehlow, Falk: *Mann, Gott, Frau. „Lenz", Georg Büchner. „Der grüne Heinrich", Gottfried Keller. „Andrej Rubljow", Andrej Tarkowskij.* Stuttgart 2001.

Subiotto, Arrigo: *Bertolt Brecht's Adaptations for the Berliner Ensemble.* London 1975. [Zur „Hofmeister"-Bearbeitung S. 15–43.]

Sudau, Ralf: „Annährungen an Büchners ‚Lenz'. Ein Unterrichtsversuch in einem Grundkurs der Jahrgangsstufe 12". In: *Diskussion Deutsch* 17 (1986), H. 92: Georg Büchner, hg. von Hubert Ivo u. a., S. 641–662.

Sudau, Ralf: *Jakob Michael Reinhold Lenz, „Die Soldaten".* Stuttgart 1988.

Sudau, Ralf: *Jakob Michael Reinhold Lenz, „Der Hofmeister"/„Die Soldaten".* München 2003.

Suphan, Bernhard: „Die Rigischen ‚Gelehrten Beiträge' und Herders Anteil an denselben". In: *Zeitschrift für deutsche Philologie* 6.1 (1875), S. 45–83. [Zu Lenz S. 49.]

Süß, Walter: *Aristophanes und die Nachwelt.* 1. und 2. Aufl. Leipzig 1911. [Zu Lenz S. 115–116.]

Swales, Erika: „Büchner, Lenz". In: Peter Hutchinson (Hg.): *Landmarks in German Short Prose.* Oxford u. a. 2003 S. 79–94.

Sylla, Bernhard: „Radikale Europakritik in Lenz' ‚Der neue Menoza'". In: Jan Papiór (Hg.): *Eurovisionen III: Europavorstellungen im kulturhistorischen Schrifttum der frühen Neuzeit (16.–18. Jahrhundert).* Poznań 2001 S. 387–397.

Szondi, Peter: *Die Theorie des bürgerlichen Trauerspiels im 18. Jahrhundert. Der Kaufmann, der Hausvater und der Hofmeister.* Hg. von Gert Mattenklott. Mit einem Anhang über Molière von Wolfgang Fietkau. Frankfurt/Main 1973. [Zu Lenz vgl. Reg.]

Tacconelli, Luigi: *Faust. Reise in die Kulturalität. Von der textuellen Zeichenhaftigkeit zur hypertextuellen Entropie der „Rap"-performativen Ästhetik.* Triest 1998. [Zu Lenz S. 76–77.]

Tasso, Jean u. a.: „,Les Officiers' de Lenz (1774): Une pièce d'actualité? Un débat entre Jean Tasso, Bernard Dort, René Girard, Arthur Adamov, Edouard Pfrimmer et Jacqueline Moatti". In: *Les Lettres Françaises* (Paris), Nr. 970, 21.–27. 3. 1963 S. 1 u. 8.

Taterka, Thomas: „,Namen und Stimmen! Ihr bleibt zurück!' Vom Hausrecht des Autors und seiner Handhabung in Johannes Bobrowskis Erzählung ‚Boehlendorff'". In: *Triangulum. Germanistisches Jahrbuch für Estland, Lettland und Litauen* (Vilnius u. a.) 8 (2001, ersch. 2003), S. 136–175. [Zu Lenz S. 145–148.]

Text + Kritik 146 (2000): Jakob Michael Reinhold Lenz. Redaktionelle Mitarbeit: Martin Kagel. München 2000. Rez.: Roland Krebs: Lenziana. In: *Études Germaniques* (Paris) 57.1 (2002), S. 137–141.

Thieberger, Richard: „,Lenz' lesend". In: *Georg Büchner Jahrbuch* 3 (1983, ersch. 1984), S. 43–75.

Thieberger, Richard: „Über Hubert Gerschs neue ‚Studienausgabe' von Büchners ‚Lenz'". In: *Georg Büchner Jahrbuch* 4 (1984, ersch. 1986), S. 266–279.

Thiele, Johannes: „Jakob Michael Reinhold Lenz". In: Johannes Thiele: *Die großen deutschen Dichter und Schriftsteller.* Wiesbaden 2006 S. 52–54.

Thiele, Michael: „Ökonomie versus Ökonomie versus Ökonomie: Shakespeare, Lenz und Brecht". In: *Germanica Wratislaviensia* 130 (2010), S. 59–75.

Thorn-Prikker, Jan: „,Ach, die Wissenschaft, die Wissenschaft!' Bericht über die Forschungsliteratur zu Büchners ‚Lenz'". In: Heinz Ludwig Arnold (Hg.): *Georg Büchner III*. München 1981 (= Text + Kritik Sonderband), S. 180–194.

Thorn-Prikker, Jan: *Revolutionär ohne Revolution. Interpretationen der Werke Georg Büchners*. Stuttgart 1978. [Zu Büchners „Lenz" S. 59–84.]

Thyriot, Hans: „Lenz, Büchner, Grabbe". In: *Deutsche Kunstschau. Halbmonatsschrift für das gesamte Kunstleben Deutschlands* 1.13–14 (1924), S. 253–256.

Tieck, Ludwig: *Kritische Schriften. Zum erstenmale gesammelt und mit einer Vorrede hg. v. Ludwig Tieck*. Bd. 2. Leipzig 1848. [Zu Lenz S. 171–312: Goethe und seine Zeit.] ND Berlin, New York 1974.

Timmermann, Kerstin: *Der evangelische Landprediger. Studien zu seiner Darstellung bei Thümmel, Lenz, Goldsmith und Nicolai*. Marburg 2005. Zugl. Diss. phil., Univ. Kiel 2004.

Titel, Britta: *„Nachahmung der Natur" als Prinzip dramatischer Gestaltung bei Jakob Michael Reinhold Lenz*. Frankfurt/Main 1963. Zugl. Diss. phil., Univ. Frankfurt/Main, 1961.

Tögel, Maria: *Jakob Michael Reinhold Lenz. Die religiösen Wurzeln seiner Kunst*. Diss. phil., Univ. Wien, 1939. Masch.

Tokuzawa, Tokuji: [Lenz und Mercier in der Sturm-und-Drang-Periode.] In: *Doitsu Bungaku* (Tokio) 28 (1962), S. 70–79. Originaltitel und Beitrag auf Japanisch (mit dt. Zusammenfassung).

Tommek, Heribert: „Blick in die Fälscherwerkstatt. Was die Lenz-Forschung im Falck-Nachlaß finden kann". In: *Jahrbuch des Freien Deutschen Hochstifts* (2002), S. 156–167. [= Tommek 2002a]

Tommek, Heribert: „Lenz und das Tartarische. Skizze einer großen Konstruktion aufgrund einiger bislang ungedruckter Briefstellen aus Moskau". In: *Lessing Yearbook/Lessing-Jahrbuch* 34 (2002, ersch. 2003), S. 145–196. [= Tommek 2002b]

Tommek, Heribert: *J. M. R. Lenz. Sozioanalyse einer literarischen Laufbahn*. Heidelberg 2003. [= Tommek 2003a] Rez.: Brita Hempel, in: Zeitschrift für Germanistik N. F. 14.3 (2004), S. 651–652. – Peter Hoffmann, in: Zeitschrift für Geschichtswissenschaft 52.6 (2004), S. 566–567. – Thorsten Unger, in: Das achtzehnte Jahrhundert 29.2 (2005), S. 273–274.

Tommek, Heribert: „Wie geht man mit den Moskauer Schriften von Lenz um? Skizze eines Editionsprojektes und eines literatursoziologischen Kommentars". In: Stephan/Winter 2003a, S. 55–78. [= Tommek 2003b]

Tommek, Heribert: „Trennung der Räume und Kompetenzen. Der Glaube an die Gelehrtenrepublik. Klopstock, Goethe, Lenz (1774–1776)". In: Markus Joch u. Norbert Christian Wolf (Hgg.): *Text und Feld. Bourdieu in der literaturwissenschaftlichen Praxis*. Tübingen 2005 S. 89–108.

Tommek, Heribert: „À sa place. Essai de comparaison. Les trajectoires de J.-J. Rousseau et de J. M. R. Lenz". In: Jérôme Meizog (Hg.): *La circulation internationale des littératures. Colloque international (Lausanne, 27.–29. 1. 2005)*. Lausanne 2006 S. 37–59.

Tommek, Heribert: „Der Projektemacher J. M. R. Lenz in Moskau und das (scheiternde) Ideal einer ‚Ökonomie des ganzen Hauses'". In: *Lenz-Jahrbuch* 15 (2008, ersch. 2009), S. 91–120.

Tommek, Heribert: „Das (scheiternde) Ideal einer ‚Ökonomie des ganzen Hauses'. Der Projektemacher J. M. R. Lenz zwischen Rußland und Livland". In: Heinrich Bosse, Otto-Heinrich Elias u. Thomas Taterka (Hgg.): *Baltische Literaturen in der Goethezeit*. Würzburg 2011 S. 231–254.

Tommek, Heribert: [Art.] „Ach bist du fort?". In: Luserke-Jaqui 2017 S. 192–194.

Tommek, Heribert: [Art.] „Der Hofmeister oder Vortheile der Privaterziehung. Eine Komödie". In: Luserke-Jaqui 2017 S. 279–290.

Tommek, Heribert: [Art.] „Die Kleinen. Eine Komödie". In: Luserke-Jaqui 2017 S. 341–346.

Tommek, Heribert: [Art.] „Lenz, Jakob Michael Reinhold". In: Luserke-Jaqui 2017 S. 143–155.
Tommek, Heribert: [Art.] „Meinungen eines Laien den Geistlichen zugeeignet". In: Luserke-Jaqui 2017 S. 500–506.
Tommek, Heribert: [Art.] „Moralische Bekehrung eines Poeten von ihm selbst aufgeschrieben". In: Luserke-Jaqui 2017 S. 509–514.
Tommek, Heribert: [Art.] „Pandämonium Germanikum. Eine Skizze". In: Luserke-Jaqui 2017 S. 533–543.
Tommek, Heribert: [Art.] „Über die Veränderung des Theaters im Shakespear". In: Luserke-Jaqui 2017 S. 617–621.
Tommek, Heribert: [Art.] „Wo bist du itzt, mein unvergeßlich Mädchen". In: Luserke-Jaqui 2017 S. 661–663.
Topol'ská, Lucy: „Jakob Michael Reinhold Lenz als literarische Figur". In: *Acta Universitatis Palackianae Olomucensis, Facultas Philosophica, Philologica 66, Germanica Olomucensia* (Olomouc) 8 (1993), S. 31–39.
Torggler, Joseph: *Sozialbewußtsein und Gesellschaftskritik bei Jakob Michael Reinhold Lenz.* Diss. phil., Univ. Innsbruck, 1956. Masch.
Triangulum. Germanistisches Jahrbuch für Estland, Lettland und Litauen (Vilnius u. a.) 12 (2007): Literatur in baltischen Bezügen. Jakob Michael Reinhold Lenz und Kristian Jaak Petersen. Hg. von Liina Lukas. Riga u. a. 2007.
Trynogga, Andreas: *Privaterziehung oder öffentliche Erziehung? Ein Unterrichtsmodell auf der Basis eines Textarrangements zu J. M. R. Lenz' „Der Hofmeister".* Essen 1995.
Tutter, Helga: *Die Poetik der Komödie von Gottsched bis Jean Paul.* Diss. phil., Univ. Wien, 1944. Masch. [Zu Lenz S. 64 u. 101–102.]
Twellmann, Marcus: „Vertragsfiktionen. J. M. R. Lenz' ‚Der Hofmeister' vor naturrechtlichem Hintergrund". In: *Weimarer Beiträge* 53.2 (2007), S. 201–223.
Twellmann, Marcus: „Milchen. Lenz' Kritik des ökonomischen Menschen". In: *Modern Language Notes* (Baltimore) 123.3 (2008), S. 511–533.
Ueding, Cornelie: *Denken, sprechen, handeln. Aufklärung und Aufklärungskritik im Werk Georg Büchners.* Bern, Frankfurt/Main 1976. [Zu Büchners „Lenz" bes. S. 115–121 u. 125–126.]
Ueding, Gert: „Der melancholische Wanderer. J. M. R. Lenz: An die Sonne". In: *Frankfurter Allgemeine Zeitung*, Nr. 108, 27. 5. 1978 Beilage Bilder und Zeiten, S. [4]. Wiederabdruck in: Marcel Reich-Ranicki (Hg.): *Frankfurter Anthologie. Gedichte und Interpretationen.* Bd. 4. Frankfurt/Main 1979 S. 39–42.
Ullman, Bo: „Zur Form in Georg Büchners ‚Lenz'". In: Helmut Müssener u. Hans Rossipal (Hgg.): *Impulse. Dank an Gustav Korlén zu seinem 60. Geburtstag.* Stockholm 1975 S. 161–182.
Ulmann, Hanns: *Das deutsche Bürgertum in deutschen Tragödien des achtzehnten und neunzehnten Jahrhunderts.* Elberfeld 1923. [Zu Lenz S. 25–34.] Zugl. Diss. phil., Univ. Gießen, 1922.
Unger, Gerhart: *Lenz' „Hofmeister".* Diss. phil., Univ. Göttingen, 1942. Masch.
Unger, Thorsten: *Handeln im Drama. Theorie und Praxis bei J. Chr. Gottsched und J. M. R. Lenz.* Göttingen 1993. Rez.: Helga Brandes, in: Arbitrium 14.3 (1996), S. 348–349. – John T. Brewer, in: Lessing Yearbook/Lessing-Jahrbuch 27 (1995, ersch. 1996), S. 255–257. – Kurdi Imre, in: Helikon (Budapest) 43.4 (1997), S. 556–558. – Helga Stipa Madland, in: Journal of English and Germanic Philology (Champaign/IL) 94.3 (1995), S. 461–462. – Georg-Michael Schulz, in: Lenz-Jahrbuch 6 (1996), S. 234–237. – Teresa Seruya, in: Runa (Lissabon) 27 (1997/98, ersch. 1999), S. 329–330. – Christoph Weiß, in: Germanistik (Tübingen) 38.1 (1997), S. 174. – Hans G.[erd] Winter, in: Zeitschrift für Germanistik N. F. 5.1 (1995), S. 137–139.
Unger, Thorsten: „Contingent Spheres of Action. The Category of Action in Lenz's Anthropology and Theory of Drama". In: Leidner/Madland 1993a, S. 77–90.

Unger, Thorsten: „,Omnia vincit Amor' zum Mitlachen. Funktionen der Komik in frühen Übersetzungen von ,Love's Labour's Lost' (Lenz, Eschenburg)". In: Thorsten Unger, Brigitte Schulze u. Horst Turk (Hgg.): *Differente Lachkulturen? Fremde Komik und ihre Übersetzung.* Tübingen 1995 S. 209–242.

Unger, Thorsten: „Jacob Michael Reinhold Lenz". In: Frank Möbus u. Friederike Schmidt-Möbus (Hgg.): *Dichterbilder. Von Walther von der Vogelweide bis Elfriede Jelinek.* Stuttgart 2003 S. 44–45.

Unger, Thorsten: „Melancholie und Grausamkeit. J. M. R. Lenz' ,Gemählde eines Erschlagenen' als Beitrag zum Gewaltdiskurs des 18. Jahrhunderts". In: *Lenz-Jahrbuch* 10–11 (2000/2001, ersch. 2003), S. 11–29.

Unger, Thorsten: „J. M. R. Lenz als Opfer eines deutschen Opportunisten? Über Hugo Schultz' Roman ,Goethes Mord'". In: *Lenz-Jahrbuch* 12 (2002/2003, ersch. 2005), S. 119–132.

Unglaub, Erich: „*Das mit Fingern deutende Publicum*". Das Bild des Dichters Jakob Michael Reinhold Lenz in der literarischen Öffentlichkeit 1770–1814. Frankfurt/Main, Bern 1983. Rez.: Helga Stipa Madland, in: The German Quarterly (Cherry Hill/NJ) 59.1 (1986), S. 137–138. – Edward J. Weintraut, in: Lessing Yearbook/Lessing-Jahrbuch 16 (1984), S. 312–314.

Unglaub, Erich: „Werkimmanente Poetik als Dramenschluß. Zur Frage nach dem ursprünglichen Schluß der Komödie ,Der neue Menoza' von Jakob Michael Reinhold Lenz". In: *Text & Kontext* (Kopenhagen, München) 15.1 (1987), S. 182–187.

Unglaub, Erich: „Ein neuer Menoza? Die Komödie ,Der neue Menoza' von Jakob Michael Reinhold Lenz und der ,Menoza'-Roman von Erik Pontoppidan". In: *Orbis Litterarum. International Review of Literary Studies* (Oxford, Kopenhagen) 44.1 (1989), S. 10–47.

Urlichs, Ludwig: „Etwas von Lenz". In: *Deutsche Rundschau* 11 (1877), S. 254–292.

Urlichs, Ludwig: „Neues von Lenz". In: *Archiv für Litteraturgeschichte* 8 (1879), S. 166–170.

Van Dusen, Wanda: „Reconciling Reason with Sensibility. Jakob Michael Reinhold Lenz's ,Anmerkungen übers Theater'". In: Eitel Timm (Hg.): *Subversive Sublimities. Undercurrents of the German Enlightenment.* Columbia 1992 S. 27–35.

Varnhagen von Ense, Karl August u. Heinrich Düntzer: *„durch Neigung und Eifer dem Goethe'schen Lebenskreis angehören". Briefwechsel 1842–1858.* 2 Tle. Hg. von Berndt Tilp. Frankfurt/Main u. a. 2003. [Zu Lenz vgl. Reg.]

Vedder, Björn: *Wilhelm Heinse und der sogenannte Sturm und Drang. Künstliche Paradiese der Natur zwischen Rokoko und Klassik.* Würzburg 2011. [Zu Lenz: Kapitel 2: Lenz' Selbstobjektivierung des Subjekts, S. 39–61.]

Velez, Andrea u. Ulrich Kaufmann: „Über Begehren und Vernunft. Udo Samel hält am 23. Juni im Rahmen des Kunstfestes ,Philosophische Vorlesungen für empfindsame Seelen' von Lenz". In: *Weimar-Kultur-Journal* 3.6 (1994), S. 28–29.

Velez, Andrea: „Wie ,unverschämt' sind Lenz' ,Philosophische Vorlesungen'? Diskursive und persönliche Einflüsse auf Lenz' erste moralphilosophische Abhandlung". In: Kaufmann/Albrecht/Stadeler 1996 S. 46–57.

Vestli, Elin N.: „Dramaturgie des Widerstandes. J. M. R. Lenz – Bertolt Brecht – Hilda Hellwig". In: Thomas Jung (Hg): *Zweifel – Fragen – Vorschläge. Bertolt Brecht anläßlich des Einhundertsten.* Frankfurt/Main u. a. 1999 S. 125–137.

Viëtor, Karl: Lenz. „Erzählung von Georg Büchner". In: *Germanisch-Romanische Monatsschrift* 25 (1937), S. 2–15.

Villard, Claude: „Der Bürgerfreund. Eine Strassburgische Wochenschrift (1776–1777). Contribution à l'étude de la presse périodique en Alsace à la veille de la Révolution Française". In: Pierre Grappin (Hg.): *L'Allemagne des Lumières. Périodiques, Correspondances, Témoignages.* Paris 1982 S. 265–298.

Vischer, Friedrich Theodor: *Vorträge. Für das deutsche Volk.* 2. Reihe: *Shakespeare-Vorträge.* Bd. 1: *Einleitung. Hamlet, Prinz von Dänemark.* Stuttgart 1899. [Zu Lenz S. 199 u. 201.]

Vivian, Kim: „Storm and Stress". In: Kim Vivian (Hg.): *A Concise History of German Literature to 1900.* Columbia 1992 S. 139–163.

Vogel, Marianne: „Der ‚neue Lenz'. Heutige literatur- und kulturwissenschaftliche Sichtweisen auf Jakob Michael Reinhold Lenz am Beispiel der Geschlechterforschung". In: Stephan/Winter 2006 S. 119–131.

Vogel, Marianne: „Was heißt schon genial? Jakob Michael Reinhold Lenz, Kristian Jaak Peterson und die Problematik des Geniebegriffs". In: *Triangulum. Germanistisches Jahrbuch für Estland, Lettland und Litauen* (Vilnius u. a.) 12 (2007), S. 104–121.

Vogel, Martin: *Musiktheater XII: Lenz in Weimar.* Bonn 1996.

Voit, Friedrich (Hg.): *Jakob Michael Reinhold Lenz: Der Hofmeister oder Vorteile der Privaterziehung: Erläuterungen und Dokumente.* Stuttgart 1986. Durchges. Ausg. Stuttgart 2002. Rez.: Richard Gray, in: Lessing Yearbook/Lessing-Jahrbuch 20 (1988, ersch. 1989), S. 334–335.

Voit, Friedrich: „Nachwort". In: Jakob Michael Reinhold Lenz: *Werke.* Hg. von Friedrich Voit. Stuttgart 1992, S. 567–612.

Vollhardt, Friedrich: „Selbstreflexive Aufklärung. Johann Georg Schlosser in den literarischen Kontroversen des späten 18. Jahrhunderts". In: Achim Aurnhammer u. Wilhelm Kühlmann (Hgg.): *Zwischen Josephinismus und Frühliberalismus. Literarisches Leben in Südbaden um 1800.* Freiburg/Br. 2002 S. 367–394. [Zu Lenz S. 378–382.]

Vollmann, Rolf: „Halbmond in der abnehmenden Phase. Gespräche über Jakob Michael Reinhold Lenz in Tübingen". In: *Süddeutsche Zeitung,* Nr. 127, 3. 6. 1992 S. 14.

Vollmoeller, Carl Gustav: *Die Sturm- und Drangperiode und der moderne deutsche Realismus. Ein Vortrag.* Berlin 1897. [Zu Lenz S. 16, 41, 43 u. 46.]

Vonhoff, Gert: *Subjektkonstitution in der Lyrik von J. M. R. Lenz. Mit einer Auswahl neu herausgegebener Gedichte.* Frankfurt/Main u. a. 1990. [= Vonhoff 1990a] Rez.: Mathias Bertram, in: Zeitschrift für Germanistik N. F. 1.2 (1991), S. 442–446. – Horst S. Daemmrich, in: Lessing Yearbook/Lessing-Jahrbuch 24 (1992, ersch. 1993), S. 192–193. – Reiner Marx, in: Lenz-Jahrbuch 1 (1991), S. 228–230. – Christoph Weiß, in: Germanistik (Tübingen) 34.2–3 (1993), S. 770–771.

Vonhoff, Gert: „Unnötiger Perfektionismus oder doch mehr? Gründe für historisch-kritische Ausgaben". In: *Jahrbuch der Deutschen Schillergesellschaft* 34 (1990), S. 419–423. [= Vonhoff 1990b]

Vonhoff, Gert: „Kunst als ‚fait social'. Lenz' ‚Dido' – auch eine Kritik am Melodram". In: *Lenz-Jahrbuch* 1 (1991), S. 135–146.

Vonhoff, Gert: „Kontextualisierung als Notwendigkeit. Die Edition ‚ästhetischer Objekte' am Beispiel der Lyrik von Jacob Michael Reinhold Lenz". In: H. T. M. van Vliet (Hg.): *Produktion und Kontext. Beiträge zur Internationalen Fachtagung der Arbeitsgemeinschaft für germanistische Edition im Constantijn Huygens Instituut, Den Haag, 4. bis 7. März 1998.* Tübingen 1999 S. 145–154.

Vonhoff, Gert: „Das Profil einer möglichen digitalen historisch-kritischen Gesamtausgabe der Werke von J. M. R. Lenz". In: Stephan/Winter 2003a, S. 79–94.

Voß, Torsten: *Körper, Uniformen und Offiziere. Soldatische Männlichkeiten in der Literatur von Grimmelshausen und J. M. R. Lenz bis Ernst Jünger und Hermann Broch.* Bielefeld 2016. [Zu Lenz S. 143–176.]

Wacker, Manfred (Hg.): *Sturm und Drang.* Darmstadt 1985. [Zu Lenz S. 144–164, 250–278 u. 279–314.]

Wagner, Hans-Ulrich: [Art.] „Lenz, Jakob Michael Reinhold". In: Heide Hollmer u. Albert Meier (Hgg.): *Dramenlexikon des 18. Jahrhunderts.* Unter Mitarb. von Lars Korten u. Thorsten Kruse. München 2001 S. 185–195.

Wagner, Hans-Ulrich: „Genie und Geld. Aspekte eines leidvollen Diskurses im Leben und Werk von J. M. R. Lenz". In: Stephan/Winter 2003a, S. 241–256.

Wagner, Hans-Ulrich: „‚Du bist das Genie'. Gesellschaft, Poesie und Liebe im Lenz-Film von Egon Günther". In: Stephan/Winter 2006 S. 233–244.

Wald, Arthur: *The Aesthetic Theories of the German Storm and Stress Movement.* Chicago 1924. [Zu Lenz S. 6, 14, 50–51 u. 57.] Zugl. Diss. phil., University of Chicago, 1924.

Waldeck, Peter B.: *The Split Self from Goethe to Broch.* Lewisburg, London 1979. [Zu Lenz S. 46–61: J. M. R. Lenz: „Der Hofmeister".]
Waldmann, Fritz: „Ein Stammbuch des Dichters J. M. R. Lenz aus dem Jahre 1774". In: *Felliner Anzeiger,* Nr. 39, 12. 10. 1883 S. [2–3].
Waldmann, Fritz: „Noch einmal das Lenz'sche Stammbuch". In: *Felliner Anzeiger,* Nr. 43, 9. 11. 1883 S. [2–3].
Waldmann, Fritz: „Lenz' Stellung zu Lavaters Physiognomik. Nebst ungedruckten Briefen von Lenz". In: *Baltische Monatsschrift* 40 (1893), S. 419–436, 482–497 u. 526–533.
Walter, Karl (Hg.): *Die Brüder Stöber und Gustav Schwab. Briefe einer elsässisch-schwäbischen Dichterfreundschaft. Im Anhange Briefe von Karl Candidus, Daniel Hirtz und Friedrich Otte an Gustav Schwab.* Frankfurt/Main 1930. [Zu Lenz S. 28–29, 32–37, 39–40, 54, 65 u. 79.]
Walter, Karl: *Die Brüder Stöber. Zwei Vorkämpfer für das deutsche Volkstum im Elsaß des 19. Jahrhunderts. Mit sechs Bildtafeln.* Kolmar im Elsaß [1943].
Weber, Beat: *Die Kindsmörderin im deutschen Schrifttum von 1770–1795.* Bonn 1974. [Zu Lenz S. 75–80.]
Wefelmeyer, Fritz: „Der scheiternde Künstler auf der Höhe mit ‚Bruder Goethe' und Zuschauer. Selbstdarstellung im ‚Pandämonium Germanicum'". In: Hill 1994a, S. 140–160.
Weichbrodt, Rudolf: „Der Dichter Lenz. Eine Pathographie". In: *Archiv für Psychiatrie und Nervenkrankheiten* 62 (1921), S. 153–187.
Weiglin, Paul: „Sturm und Drang im alten Reich. Zur Erinnerung an Jakob Lenz, gestorben am 24. Mai 1792". In: *Daheim* (Leipzig) 78.31–32, 6. 5. 1942 S. 9.
Weiland, Werner: „Kritik der neuen Textanordnung von Büchners ‚Lenz'. Eine konstruktive Entgegnung mit ‚Werther'-Parallelen". In: *Jahrbuch Forum Vormärz-Forschung* 9 (2003, ersch. 2004), S. 203–243.
Weilen, Alexander von: „Drama". In: *Jahresberichte für die neuere deutsche Litteraturgeschichte* 2.2 (1891, ersch. 1893), S. 100–111. [Zu Lenz bes. S. 102, Nr. 16.]
Weinert, Gesa: „‚... und ich, ich sey Jacob.' Der Taufeintrag von J. M. R. Lenz im Kirchenbuch von Seßwegen". In: *Lenz-Jahrbuch* 8–9 (1998/1999; ersch. 2003), S. 83–97.
Weinert, Gesa: „Varianten der Bindung und Befreiung. Textgenese und lyrische Formen im ‚Lied zum teutschen Tanz' von J. M. R. Lenz". In: *Lenz-Jahrbuch* 10–11 (2000/2001, ersch. 2003), S. 215–239.
Weinert, Gesa: „‚Mässige meine Flammen um sie singen zu können'. Über die historisch-kritische Edition sämtlicher Werke in Versen von J. M. R. Lenz". In: Stephan/Winter 2003a, S. 35–53. [= Weinert 2003a]
Weinert, Gesa: „Verzeichnis der Lenziana in Kraków: Nachlaßteile von Jacob Michael Reinhold Lenz in der ‚Sammlung Lenziana', in der ‚Sammlung Autographa' und in der ‚Sammlung Varnhagen' – Bestand der ehemaligen Preußischen Staatsbibliothek zu Berlin, gegenwärtig in der Biblioteka Jagiellońska, Kraków". In: Stephan/Winter 2003a, S. 467–486. [= Weinert 2003b]
Weinert, Gesa: „Verheyrathung, F. Haus, Grabstätte und andere biografische Bruchstücke zu J. M. R. Lenz". In: Stephan/Winter 2006 S. 145–176.
Weinhold, Karl: *Heinrich Christian Boie. Beitrag zur Geschichte der deutschen Literatur im achtzehnten Jahrhundert.* Halle 1868. [Zu Lenz bes. S. 192–198.] ND Amsterdam 1970. Vgl. Weinholds Selbstanzeige seines Buches mit Nachträgen und Berichtigungen, in: *Zeitschrift für deutsche Philologie* 1.2 (1869), S. 378–388. [Zu Lenz S. 382.]
Weinhold, Karl: „J. M. R. Lenz ist Verfasser der Soldaten". In: *Zeitschrift für deutsche Philologie* 5 (1874), S. 199–201.
Weinhold, Karl: „Zur Notiz". In: *Literarisches Centralblatt für Deutschland,* Nr. 30, 17. 7. 1886 Sp. 1038.
Weinhold, Karl: „Goethe oder Lenz?" In: *Chronik des Wiener Goethe-Vereins* 5.4, 20. 4. 1890 S. 18–19.

Weinhold, Karl: „Anfang eines fantastischen Romans, von Lenz, von dessen eigner Hand". In: *Goethe-Jahrbuch* 10 (1889), S. 46–70 u. 89–105. Abdruck des ‚Anfangs eines fantastischen Romans' u. Anmerkungen des Herausgebers.

Weiß, Christoph: [Art.] „Jakob Michael Reinhold Lenz: ‚Der Waldbruder'". In: Imma Klemm (Hg.): *Deutscher Romanführer.* Stuttgart 1991 S. 308–391.

Weiß, Christoph: „Ein bislang unveröffentlichter Text von J. M. R. Lenz aus seinem letzten Lebensjahr". In: *Lenz-Jahrbuch* 2 (1992), S. 7–41.

Weiß, Christoph: „‚Waldbruder'-Fragmente. Über einige bislang ungedruckte Entwürfe zu J. M. R. Lenz' Briefroman ‚Der Waldbruder, ein Pendant zu Werthers Leiden'". In: *Lenz-Jahrbuch* 3 (1993), S. 87–98.

Weiß, Christoph: „J. M. R. Lenz' ‚Catechismus'". In: *Lenz-Jahrbuch* 4 (1994), S. 31–67.

Weiß, Christoph: „Elisabeth Hauptmanns Hörfunksendung über Jakob Michael Reinhold Lenz am Vorabend der Premiere von Brechts ‚Hofmeister'-Bearbeitung". In: *Text + Kritik* 146 (2000): Jakob Michael Reinhold Lenz, S. 3–15.

Weiß, Christoph: „‚Hoidke oma taevas endale!' Jacob Michael Reinhold Lenz (1751–1792)". In: *Sirp* (Tallinn), Nr. 28, 1. August 2003 S. 4–5. [= Weiß 2003a]

Weiß, Christoph: „www.jacoblenz.de". In: Stephan/Winter 2003a, S. 487. [= Weiß 2003b]

Weiß, Christoph: „Zu den Vorbereitungen einer Lenz-Gesamtausgabe. Wiederentdeckte und unbekannte Handschriften". In: Stephan/Winter 2003a, S. 15–34. [= Weiß 2003c]

Weiss, Richard: *Das Alpenerlebnis in der deutschen Literatur des 18. Jahrhunderts.* Horgen-Zürich, Leipzig 1933. [Zu Lenz S. 118–119.]

Weiss, Richard August: *The Attitudes of Jacob Michael Reinhold Lenz toward the Ancient Classics.* Ann Arbor/MI 1969. Zugl. Diss. phil., New York University, 1968.

Weißhaupt, Winfried: *Europa sieht sich mit fremdem Blick. Werke nach dem Schema der „Lettres persanes" in der europäischen, insbesondere der deutschen Literatur des 18. Jahrhunderts.* 2 Tle. [in 3 Bdn.] Frankfurt/Main, Bern, Las Vegas 1979. [Zu Lenz Tl. 2/2, S. 206–221.]

Wender, Herbert: „Gegründete Vermutungen? Eine Erwiderung auf Burghard Dedners Erwiderung". In: *Georg Büchner Jahrbuch* 9 (1995–1999, ersch. 2000), S. 378–381.

Wender, Herbert: „Zur Genese des ‚Lenz'-Fragments. Eine Kritik an Burghard Dedners Rekonstruktionsversuch". In: *Georg Büchner Jahrbuch* 9 (1995–1999; ersch. 2000), S. 350–370.

Wender, Herbert: „Was geschah Anfang Februar 1778 im Steintal? Kolportage, Legende, Dichtung und Wahnsinn". In: *Lenz-Jahrbuch* 6 (1996), S. 100–126.

Werber, Niels: *Liebe als Roman. Zur Koevolution intimer und literarischer Kommunikation.* München 2003. [Zu Lenz S. 404–406.]

Wergin, Ulrich: „‚Gespräch im Gebirg'. Celan gibt Büchners ‚Lenz' mit Nietzsche zu lesen". In: Stephan/Winter 2006 S. 197–212.

Werner, Franz: *Soziale Unfreiheit und ‚bürgerliche Intelligenz' im 18. Jahrhundert. Der organisierende Gesichtspunkt in J. M. R. Lenzens Drama „Der Hofmeister oder Vorteile der Privaterziehung".* Frankfurt/Main 1981. Rez.: Richard T. Gray, in: Lessing Yearbook/Lessing-Jahrbuch 18 (1986), S. 254–256.

Werner, Franz: „Landlebenidylle oder Intellektuellenutopie? J. M. R. Lenz: ‚Der Landprediger'". In: *Lenz-Jahrbuch* 12 (2002/2003, ersch. 2005), S. 31–67.

Werner, Franz: *Bettelnder Dichter oder dichtender Bauer. „Der Landprediger" von J. M. R. Lenz – eine literarische Folge seiner Verbannung aus Weimar?* Heidelberg 2009. Rez.: Oliver Overheu. In: Lenz-Jahrbuch 17 (2010, ersch. 2011), S. 159–166.

Werner, Horst: *Religiöse Problematik im Schrifttum der Sturm- und Drangbewegung.* Marburg 1937. [Zu Lenz bes. S. 22–29.] Zugl. Diss. phil., Technische Hochschule Danzig, 1937.

Werner, Oscar Hellmuth: *The unmarried mother in German literature. With special reference to the period 1770–1800.* New York 1917. [Zu Lenz vgl. Reg.] ND New York 1966.

Werner, Richard Maria: *Ludwig Philipp Hahn. Ein Beitrag zur Geschichte der Sturm- und Drangzeit.* Straßburg 1877. [Zu Lenz S. 120–125.]

Werner, Richard Maria: „Zu Lenz' ‚Hofmeister'". In: *Zeitschrift für Vergleichende Litteraturgeschichte und Renaissance-Litteratur* N. F. 4 (1891), S. 113–116.

Wesle, Carl: „Über die Katharina von Siena von J. M. R. Lenz". In: *Zeitschrift für deutsche Philologie* 46 (1915), S. 229–254.

Wiegmann, Hermann: *Geschichte der Poetik. Ein Abriß*. Stuttgart 1977. [Zu Lenz S. 81–84.]

Wien, Werner: *Lenzens Sturm- und Drang-Dramen innerhalb seiner religiösen Entwicklung*. Berlin 1935. Zugl. Diss. phil., Univ. Göttingen, 1935.

Wierlacher, Alois: *Das bürgerliche Drama. Seine theoretische Begründung im 18. Jahrhundert*. München 1968. [Zu Lenz vgl. Reg.]

Wiese, Benno von: *Die deutsche Tragödie von Lessing bis Hebbel*. Tl. 1: *Tragödie und Theodizee*. Tl. 2: *Tragödie und Nihilismus*. 2., völlig neu bearb. Aufl. Hamburg 1952. [Zu Lenz S. 61 u. 538–539]. In der Erstausgabe (2 Bde., Hamburg 1948) ist der Lenz-Bezug S. 538–539 noch nicht enthalten.

Wiese, Benno von: „Einleitung". In: Benno von Wiese u. a. (Hgg.): *Deutsche Dichter des 18. Jahrhunderts. Ihr Leben und Werk*. Berlin 1977 S. 9–34. [Zu Lenz S. 24–26.]

Wiessmeyer, Monika: „Gesellschaftskritik in der Tragikomödie. ‚Der Hofmeister' (1774) und ‚Die Soldaten' (1776) von J. M. R. Lenz". In: *New German Review* (Los Angeles) 2 (1986), S. 55–68. Wiederabdruck in: Matthias Luserke (Hg.): *Lenz im Spiegel der Forschung*. Hildesheim, Zürich, New York 1995. S. 368–381.

Will, Michael: „‚Autopsie' und ‚reproduktive Phantasie'. Quellenstudien zu Georg Büchners Erzählung ‚Lenz'". 2 Bde. Würzburg 2000.

Willand, Marcus: „Autorfunktion in literaturwissenschaftlicher Theorie und interpretativer Praxis. Eine Gegenüberstellung". In: *Journal of literary theory* 5.2 (2011), S. 279–301. [Zu Lenz' „Die Soldaten".]

Willems, Marianne: „Wider die Kompensationsthese. Zur Funktion der Genieästhetik der Sturm-und-Drang-Bewegung". In: *Euphorion* 94.1 (2000), S. 1–41. [Zu Lenz S. 14–37.]

Wilm, Marie-Christin: „Freiheit als Leidenschaft? Scheiternde Helden und ästhetische Erfahrung im Sturm und Drang". In: *Lenz-Jahrbuch* 13–14 (2004–2007), S. 29–57.

Wilm, Marie-Christin: „Laokoons Leiden. Oder über eine Grenze ästhetischer Erfahrung bei Winckelmann, Lessing und Lenz". In: *Ästhetische Erfahrung: Gegenstände, Konzepte, Geschichtlichkeit*. Hg. vom Sonderforschungsbereich 626. Berlin 2006. (http://edocs.fu-berlin.de/docs/receive/FUDOCS_document_000000015618)

Wilm, Marie-Christin: „Ansätze zu einem literarischen Experimentalsystem bei Jakob Michael Reinhold Lenz". In: Michael Gamper, Martina Wernli u. Jörg Zimmer (Hgg.): *„Es ist nun einmal zum Versuch gekommen". Experiment und Literatur I. 1580–1790*. Göttingen 2009 S. 472–492.

Wilm, Marie-Christin: *Experimentalpoetik. Jakob Michael Reinhold Lenz in anthropologischen und ästhetischen Kontexten*. Hannover 2017.

Wilm, Marie-Christin: „Zur psychologischen Dimension der Geniekonzeption bei J. M. R. Lenz und Otto Weininger". In: Hans Stauffacher u. Marie-Christin Wilm (Hgg.): *Wahnsinn und Methode. Zur Funktion von Geniefiguren in Literatur und Philosophie*. Bielefeld [in Vorbereitung für 2018].

Wilms, Ernst: „Ein vergessener Dichter. Zur Erinnerung an den 150. Geburtstag von Reinhold Lenz (12. Januar)". In: *Magdeburgische Zeitung*, Nr. 14, 9.1.1900 Morgen-Ausgabe, S. [1–2].

Wilms, Wilfried: „Dismantling the bourgeois family. J. M. R. Lenz's ‚Soldatenfamilie'". In: *Monatshefte für deutschsprachige Literatur und Kultur* 100.3 (2008), S. 337–350.

Wilpert, Gero von: *Deutschbaltische Literaturgeschichte*. München 2005. [Zu Lenz bes. S. 134–138.]

Wilson, W. Daniel: „Zwischen Kritik und Affirmation. Militärphantasien und Geschlechterdisziplinierung bei J. M. R. Lenz". In: Stephan/Winter 1994a, S. 52–85.

Wilson, W. Daniel: „Young Goethe's Political Fantasies". In: Hill 2003a, S. 187–215.

Winkler, Max: „Goethe and Lenz". In: *Modern Language Notes* (Baltimore) 9.2 (1894), S. 65–78.

Winkler, Willi: „Auf der Nadelspitze. Vor zweihundert Jahren wurde der deutsche Dichter Jakob Michael Reinhold Lenz in Moskau tot aufgefunden". In: *Die Zeit*, Nr. 23, 29. 5. 1992 S. 61.

Winter, Hans-Gerd: „Antiklassizismus: Sturm und Drang". In: Viktor Žmegač (Hg.): *Geschichte der deutschen Literatur vom 18. Jahrhundert bis zur Gegenwart*. Bd. I/1. Königstein/Ts. 1978 S. 194–256.

Winter, Hans-Gerd: [Art.] „Lenz, Jakob Michael Reinhold". In: Bernd Lutz (Hg.): *Metzler Autoren-Lexikon. Deutschsprachige Dichter und Schriftsteller vom Mittelalter bis zur Gegenwart*. Unter Mitarb. von Heidi Oßmann. Stuttgart 1986 S. 410–412. 2., überarb. und erw. Aufl. Stuttgart, Weimar 1994 S. 536–538.

Winter, Hans-Gerd: *J. M. R. Lenz*. Stuttgart 1987. Rez.: Daniel K. Aren, in: Lessing Yearbook/Lessing-Jahrbuch 21 (1989, ersch. 1990), S. 256. – John Guthrie, in: The Modern Language Review (Leeds) 84.4 (1989), S. 1028–1030. – Ulrich Kaufmann, in: Weimarer Beiträge 34.7 (1988), S. 1224–1227. – Peter von Matt: Untergang eines Aufständischen. In: Frankfurter Allgemeine Zeitung, Nr. 43, 20. 2. 1988 Beilage Bilder und Zeiten, S. [5]. – Timm Menke, in: The German Quarterly (Cherry Hill/NJ) 61.4 (1988), S. 573–575. – John Osborne, in: Germanistik (Tübingen) 29.1 (1988), S. 166. – Jan Watrak, in: Kwartalnik Neofilologiczny (Warschau, Poznań) 37.2 (1990), S. 231–232. – Karin A. Wurst, in: The German Quarterly (Cherry Hill/NJ) 76.3 (2003), S. 332–334.

Winter, Hans-Gerd: [Art.] „Lenz, Jakob Michael Reinhold". In: Gero von Wilpert, Adolf Gühring: *Erstausgaben deutscher Dichtung. Eine Bibliographie zur deutschen Literatur 1600–1990*. 2., vollständig überarb. Aufl. Stuttgart 1992 S. 973–974.

Winter, Hans-Gerd: „J. M. R. Lenz as Adherent and Critic of Enlightenment in ‚Zerbin; or, Modern Philosophy' and ‚The Most Sentimental of All Novels'". In: W. Daniel Wilson u. Robert C. Holub (Hgg.): *Impure Reason. Dialectic of Enlightenment in Germany*. Detroit 1993 S. 443–464.

Winter, Hans-Gerd: „‚Ein kleiner Stoß und denn erst geht mein Leben an!' Sterben und Tod in den Werken von Lenz". In: Stephan/Winter 1994a, S. 86–108. [= Winter 1994a]

Winter, Hans-Gerd: „‚Denken heißt nicht vertauben.' Lenz als Kritiker der Aufklärung". In: Hill 1994a, S. 81–96. [= Winter 1994b]

Winter, Hans-Gerd: „‚Poeten als Kaufleute, von denen jeder seine Ware, wie natürlich, am meisten anpreist'. Überlegungen zur Konfrontation zwischen Lenz und Goethe". In: *Lenz-Jahrbuch* 5 (1995), S. 44–66.

Winter, Hans-Gerd: „Georg Büchners ‚Lenz' – produktive Aneignung eines Dichters und Darstellung eines Verstörten". In: Peter Petersen u. Hans-Gerd Winter (Hgg.): *Büchner-Opern. Georg Büchner in der Musik des 20. Jahrhunderts*. Frankfurt/Main u. a. 1997 (= Hamburger Jahrbuch für Musikwissenschaft 14), S. 203–223.

Winter, Hans-Gerd: *J. M. R. Lenz*. 2., überarb. Aufl. Stuttgart 2000. [= Winter 2000a] Zu den Rez. siehe die Angaben unter dem Eintrag zur Erstausgabe: Winter 1987.

Winter, Hans-Gerd: „‚Pfui doch mit den großen Männern'. Männliche Kommunikationsstrukturen und Gemeinschaften in Dramen von J. M. R. Lenz". In: *Text + Kritik* 146 (2000): Jakob Michael Reinhold Lenz, S. 55–68. [= Winter 2000b]

Winter, Hans-Gerd: „‚Andern Leuten Brillen zu schleifen, wodurch sie sehen können'. ,Der Landprediger', gelesen als ambivalenter Erinnerungstext". In: Stephan/Winter 2003a, S. 109–127.

Winter, Hans-Gerd: „Lenz' Brunnensturz. Eine Installation von Joachim Hamster Damm". In: Stephan/Winter 2006 S. 43–58. [= Winter 2006a]

Winter, Hans-Gerd: „‚Recht beschwerliche Gedächtnisarbeit'. Über die Widersprüche zwischen den Lenz-Bildern in der Wissenschaft der letzten dreißig Jahre". In: Stephan/Winter 2006 S. 85–118. [= Winter 2006b]

Winter, Hans-Gerd: „‚So verwegen – so tollkühn [...], weil auch ich es gewagt zu dichten'. Jakob Michael Reinhold Lenz' Traum vom Dichtergenie". In: *Zeitschrift für Germanistik* N. F. 18.1 (2008), S. 55–71.

Winter, Hans-Gerd: „J. M. R. Lenz. Empfindsame Gemeinschaften und ihre gewaltsame Störung. Stilisierte Sozialerfahrungen des Autors in Livland und ihre Auswirkungen auf sein Schreibkonzept". In: Ulrich Wergin, Karol Sauerland (Hgg.): *Bilder des Ostens in der deutschen Literatur*. Unter Mitarb. von Daniel Eschkötter. Würzburg 2009 S. 39–63.

Winter, Hans-Gerd: [Art.] „Lenz, Jakob Michael Reinhold". In: Wilhelm Kühlmann (Hg.): *Killy Literaturlexikon. Autoren und Werke des deutschsprachigen Kulturraumes*. In Verb. mit Achim Aurnhammer u. a. 2., vollständig überarb. Aufl. Bd. 7. Berlin, New York 2010 S. 336–340.

Winter, Hans-Gerd: „Jakob Michael Reinhold Lenz – ‚schiffbrüchiger Europäer' und leidendes Genie". In: *Sturm und Drang. Epoche der Grenzüberschreitungen. Gefährdete Existenzen. Jahresgabe 2011*. Hg. von der Ortsvereinigung Hamburg der Goethe-Gesellschaft Weimar e. V. Dößel/Saalekreis 2011 S. 23–50.

Wirtz, Thomas: „‚Halt's Maul'. Anmerkungen zur Sprachlosigkeit bei J. M. R. Lenz". In: *Der Deutschunterricht* (Seelze) 41.6 (1989), S. 88–107.

Wirtz, Thomas: „Das Ende der Hermetik. Zu den Schlußszenen von J. M. R. Lenz' ‚Verwundetem Bräutigam' und dem ‚Hofmeister'". In: *Zeitschrift für deutsche Philologie* 111.4 (1992), S. 481–498.

Wirtz, Thomas: „Es ist alles in der Welt schraubenförmig. Die Riesen vom Schauplatz lachen: Vor 250 Jahren wurde Jakob Michael Reinhold Lenz geboren". In: *Frankfurter Allgemeine Zeitung*, Nr. 11, 13. 1. 2001 Beilage Bilder und Zeiten, S. 4.

Wittkowski, Wolfgang: „Aktualität der Historizität. Bevormundung des Publikums in Brechts Bearbeitungen". In: Walter Hinderer (Hg.): *Brechts Dramen. Neue Interpretationen*. Stuttgart 1984 S. 343–368. [Zu Brechts „Hofmeister"-Bearbeitung S. 356–358.]

Wittkowski, Wolfgang: [Art.] „Lenz". In: *Neue Deutsche Biographie*. Hg. von der Historischen Kommission bei der Bayerischen Akademie der Wissenschaften. Bd. 14: *Laverrenz – Locher-Freuler*. Berlin 1985 S. 226–231.

Wittkowski, Wolfgang: „‚Der Hofmeister'. Der Kampf um das Vaterbild zwischen Lenz und der neuen Germanistik". In: *Literatur für Leser* 19.2 (1996) S. 75–92.

Wohlthat, Arthur: *Zur Charakteristik und Geschichte der Genieperiode*. Wismar 1893. [Zu Lenz S. 13, 15–19 u. 22.] Zugl. Diss. phil., Univ. Kiel, 1892.

Wohlthat, Martina: „Marionetten im Einheitsschritt. Bernd Alois Zimmermanns Oper ‚Die Soldaten' an der New York City Opera". In: *Neue Zeitschrift für Musik* 153.2 (1992), S. 34–35.

Wolf, Charles: „‚Die Soldaten' von Jakob Michael Reinhold Lenz. Strassburger Erlebnisse und Gestalten in einem Drama des Sturmes und Dranges". In: *Elsaßland. Lothringer Heimat* 17 (1937), S. 199–202. Wiederabdruck in: Matthias Luserke (Hg.): *Lenz im Spiegel der Forschung*. Hildesheim, Zürich, New York 1995 S. 203–206.

Wolf, Norbert Christian: *Streitbare Ästhetik. Goethes kunst- und literaturtheoretische Schriften 1771–1789*. Tübingen 2001. [Zu Lenz vgl. Reg.]

Wölfel, Kurt: „Politisches Bewußtsein und Politisches Schauspiel. Zum Thema ‚Aufklärung als Politisierung'". In: Hans Erich Bödeker u. Ulrich Herrmann (Hgg.): *Aufklärung als Politisierung – Politisierung der Aufklärung*. Hamburg 1987 S. 72–89. [Zu Lenz S. 80–82.]

Wolff, Eugen: „Die Sturm- und Drang-Komödie und ihre fremden Vorbilder". In: *Zeitschrift für Vergleichende Litteraturgeschichte und Renaissance-Litteratur* N. F. 1.2 (1887/1888), S. 192–220 u. 1.3, S. 329–347.

Wolff, Hans M.: „The Controversy over the Theater in Lenz's ‚Die Soldaten'". In: *The Germanic Review* (Philadelphia u. a.) 14 (1939), S. 159–164.

Wolff, Hans M.: „Zur Bedeutung Batteux's für Lenz". In: *Modern Language Notes* (Baltimore) 56.7 (1941), S. 508–513.

Wübben, Yvonne: *Büchners „Lenz". Geschichte eines Falls*. Konstanz 2016.

Wurst, Karin A.: „Überlegungen zur ästhetischen Struktur von J. M. R. Lenz' ‚Der Waldbruder ein Pendant zu Werthers Leiden'". In: *Neophilologus* 74.1 (1990), S. 70–86.

Wurst, Karin A. (Hg.): *J. R. M. Lenz als Alternative? Positionsanalysen zum 200. Todestag*. Köln, Weimar, Wien 1992. [= Wurst 1992a] Rez.: Martin Kagel, in: Monatshefte für deutschen Unterricht, deutsche Sprache und Literatur (Madison/WI) 86.3 (1994), S. 455–457. – Christian Liedtke, in: Lessing Yearbook/Lessing-Handbuch 26 (1994, ersch. 1995), S. 174–176. – Waltraud Wende: Der neue Drang zu Jakob Michael Reinhold Lenz. Ausgewählte Publikationen im Gedenkjahr. In: Das achtzehnte Jahrhundert 18.2 (1994), S. 176–183. – Sally A. Winkle, in: German Studies Review (Tempe/AZ) 21.1 (1998), S. 127–128. – Hans-Gerd Winter, in: Lenz-Jahrbuch 4 (1994), S. 209–212.

Wurst, Karin A.: „J. M. R. Lenz als Alternative? Positionsanalysen zum 200. Todestag". In: Wurst 1992a, S. 1–22. [= Wurst 1992b]

Wurst, Karin A.: „J. M. R. Lenz' Poetik der Bedingungsverhältnisse. ‚Werther', die ‚Werther-Briefe' und ‚Der Waldbruder ein Pedant zu Werthers Leiden'". In: Wurst 1992a, S. 198–219. [= Wurst 1992c]

Wurst, Karin A.: „‚Von der Unmöglichkeit, die Quadratur des Zirkels zu finden'. Lenz' narrative Strategien in ‚Zerbin oder die neuere Philosophie'". In: *Lenz-Jahrbuch* 3 (1993), S. 64–86. [= Wurst 1993a]

Wurst, Karin A.: „A Shattered Mirror. Lenz's Concept of Mimesis". In: Leidner/Madland 1993a, S. 106–120. [= Wurst 1993b]

Wurst, Karin A.: „Contradictory Concepts? The Artist as Reformer. J. M. R. Lenz's ‚Der Landprediger'". In: Alan Deighton (Hg.): *Order from Confusion. Essays presented to Edward McInnes on the Occasion of his Sixtieth Birthday.* Hull 1995 S. 28–53.

Wurst, Karin A.: „‚Der gekreuzigte Prometheus'. J. M. R. Lenz: Wirkungsgeschichte in Literaturwissenschaft und -kritik". In: Kaufmann/Albrecht/Stadeler 1996 S. 109–116.

Wurst, Karin A.: „Erzählstrategien im Prosawerk von J. M. R. Lenz. Eine Leseanleitung". In: *Text + Kritik* 146 (2000): Jakob Michael Reinhold Lenz, S. 36–43.

Wurst, Karin A.: „‚Wilde Wünsche'. The Discourse of Love in the Sturm und Drang". In: Hill 2003a, S. 217–240.

Wurst, Karin A.: *Das Schlaraffenland verwilderter Ideen. Narrative Strategien in J. M. R. Lenz' Erzählwerk.* Würzburg 2014.

Wuthenow, Ralph-Rainer: „Rousseau im ‚Sturm und Drang'". In: Walter Hinck (Hg.): *Sturm und Drang. Ein literaturwissenschaftliches Studienbuch.* Kronberg/Ts. 1978 S. 14–54. [Zu Lenz S. 30–36.] Durchges. Neuauflage Frankfurt/Main 1989.

Wuthenow, Ralph-Rainer: *Die gebändigte Flamme. Zur Wiederentdeckung der Leidenschaften im Zeitalter der Vernunft.* Heidelberg 2000. [Zu Lenz S. 107–119: Natur und Leidenschaft bei J. M. R. Lenz.]

Wuthenow, Ralph-Rainer: „Ein gekreuzigter Prometheus". In: *Triangulum. Germanistisches Jahrbuch für Estland, Lettland und Litauen* (Vilnius u. a.) 12 (2007), S. 74–83.

Yakame, Tokuya: [Eine Untersuchung zur Realistik und Komik bei J. M. R. Lenz anhand des „Tugendhaften Taugenichts".] In: *Doitsu Bungaku* (Osaka) 35 (1991), S. 68–91. Originaltitel und Beitrag auf Japanisch (mit dt. Zusammenfassung).

Yakame, Tokuya: [J. M. R. Lenz und die Gegenwart. Betrachtungen zu seiner Rezeption nach dem Zweiten Weltkrieg.] In: *Doitsubungaku-Ronkô/Forschungsberichte zur Germanistik* (Osaka) 35 (1993), S. 1–18. Originaltitel und Beitrag auf Japanisch (mit dt. Zusammenfassung).

Yoon, Tae-Won: „Die Ästhetik des Sturm und Drang unter besonderer Betrachtung der Komödie ‚Der Hofmeister' von J. M. R. Lenz". In: *Dogilmunhak. Koreanische Zeitschrift für Germanistik* (Seoul) 41.3 (2000), S. 1–21. Beitrag auf Koreanisch mit dt. Zusammenfassung.

Zanders, Ojars: „Liivimaalane Jakob Michael Reinhold Lenz (1751–1792), Goethe noorpõlvesõber". In: Vilja Küsler (Hg.): *Goethe Tartus. Konverentsi „Goethe Tartus" (1999) ettekanded.* Tartu 2000 (= Eesti Goethe-Seltsi aastaraamat 2), S. 120–130.

Zanders, Ojārs: „Gētes jaunības draugs – cesvainietis Jākobs Mihaels Reinholds Lencs". In: Gundega Grīnuma (Hg.): *Gēte un Baltija/Goethe und die baltischen Länder.* Riga 2002 S. 82–93. Beitrag auf Lettisch mit dt. Zusammenfassung S. 300–301: Der Livländer Jakob Michael Reinhold Lenz, ein Jugendfreund Goethes.

Zeißig, Gottfried: *Die Überwindung der Rede im Drama. Vergleichende Untersuchung des dramatischen Sprachstils in der Tragödie Gottscheds, Lessings und der Stürmer und Dränger*. Dresden-Kötzschenbroda 1930. [Zu Lenz S. 91–100.] Zugl. Diss. phil., Univ. Leipzig, 1930. Nachdruck hg. von Hans H. Hiebel. Mit einer wissenschaftsgeschichtlichen Studie des Herausgebers: Auktoriales und personales Drama. Bielefeld 1990.

Zeithammer, Angela: *Genie in stürmischen Zeiten. Ursprung, Bedeutung und Konsequenz der Weltbilder von J. M. R. Lenz und J. W. Goethe*. St. Ingbert 2000.

Zelle, Carsten: „Alte und neue Tragödie – Mythos, Maschine, Macht und Menschenherz. Beiträge zur Querelle des Anciens et des Modernes von Saint-Évremond, Lenz, Molitor, Robert und Kürnberger". In: *Germanisch-Romanische Monatsschrift* 41 (1991), S. 284–300.

Zelle, Carsten: „Ist es eine Komödie? Ist es eine Tragödie? Drei Bemerkungen dazu, was bei Lenz gespielt wird". In: Wurst 1992a, S. 138–157.

Zelle, Carsten: „Zwischen Rhetorik und Spätaufklärung. Zum historischen Ort der Sturm- und-Drang-Ästhetik mit Blick auf Johann Georg Schlossers ‚Versuch über das Erhabene' von 1781 (mit einem unveröffentlichten Brief Schlossers im Anhang)". In: *Lenz-Jahrbuch* 6 (1996), S. 160–181.

Zelle, Carsten: „Maschinen-Metaphern in der Ästhetik des 18. Jahrhunderts (Lessing, Lenz, Schiller)". In: *Zeitschrift für Germanistik* N. F. 7.3 (1997), S. 510–520.

Zenke, Jürgen: „Das Drama des Sturm und Drang". In: Walter Hinck (Hg.): *Handbuch des deutschen Dramas*. Düsseldorf 1980 S. 120–133.

Zernischek, Klaus: *Jakob Michael Reinhold Lenz' Werke auf dem modernen Musiktheater. Ein Beitrag zur Strukturbestimmung des Opernlibrettos*. Diss. phil., Univ. Innsbruck, 1981. Masch.

Zierath, Christof: *Moral und Sexualität bei Jakob Michael Reinhold Lenz*. St. Ingbert 1995. Rez.: Elke Meinzer, in: Lenz-Jahrbuch 6 (1996), S. 239–241.

Zimmer, Reinhold: *Dramatischer Dialog und außersprachlicher Kontext. Dialogformen in deutschen Dramen des 17. bis 20. Jahrhunderts*. Göttingen 1982. [Zu Lenz S. 105–120: Jakob Michael Reinhold Lenz, Der Hofmeister.]

Zimmermann, Christian von: „Individuen, Dichter, Sonderlinge – Henning Boëtius' biographische Annäherungen an Brentano, Lenz, Günther und Lichtenberg". In: Christian von Zimmermann (Hg.): *Fakten und Fiktionen. Strategien fiktionalbiographischer Dichterdarstellungen in Roman, Drama und Film seit 1970. Beiträge des Bad Homburger Kolloquiums, 21.-23. Juni 1999*. Tübingen 2000 S. 101–118.

Zimmermann, Bernd A.: „Lenz und neue Aspekte in der Oper". In: *blätter und bilder* 9 (1960), S. 39–44.

Zimmermann, Bernd A.: „J. M. R. Lenz und neue Aspekte der Oper. Libretto, Vorwand oder Anlaß?" In: *Theater und Zeit* 8 (1961), S. 152–155.

Zimmermann, Bernd A., Elaine R. F. Gibbon u. Emily R. Pollock: „Lenz and New Aspects of Opera". In: *Opera Quarterly* (Chapel Hill/NC, Oxford) 30.1 (2014), S. 135–139, 140–141 u. 142–144.

Zimmermann, Rolf Chr.: „Marginalien zur Hofmeister-Thematik und zur ‚Teutschen Misere' bei Lenz und bei Brecht". In: Hans Dietrich Irmscher u. Werner Keller (Hgg.): *Drama und Theater im 20. Jahrhundert. Festschrift für Walter Hinck*. Göttingen 1983 S. 213–227.

Zorn, Joseph: *Die Motive der Sturm- und Drang-Dramatiker, eine Untersuchung ihrer Herkunft und Entwicklung*. Bonn 1909. [Zu Lenz insb. S. 45–47, 61–67 u. 87.] Zugl. Diss. phil., Univ. Bonn, 1909.

Zuber-Goos, Götz: „Erinnerung an eine Hofmeister-Inszenierung". In: Stephan/Winter 2006 S. 273–290.

Zumbusch, Cornelia: „Dem Erhabenen ein Bein gestellt: J. M. R. Lenz' Romanfragment ‚Der Waldbruder' als Tragikomödie". In: Hans Richard Brittnacher u. Thomas Koebner (Hgg.): *Vom Erhabenen und vom Komischen. Über eine prekäre Konstellation*. Würzburg 2010 S. 47–57.

Zybura, Marek: *Ludwig Tieck als Übersetzer und Herausgeber. Zur frühromantischen Idee einer „deutschen Weltliteratur".* Heidelberg 1994. [Zu Tiecks Lenz-Ausgabe S. 183–193.]

Zymner, Rüdiger: „Lenz und Shakespeare". In: Andreas Meier (Hg.): *Jakob Michael Reinhold Lenz. Vom Sturm und Drang zur Moderne.* Heidelberg 2001 S. 11–21.

4. Lenz-Rezeption (Bildende Kunst, Literatur, Essay, Hörspiel, Theater, Oper, Film)

Amann, Jürg: *Büchners Lenz. Hörspiel.* Mskr. Radio Bremen, Südwestfunk Baden Baden, 1983.

Amann, Jürg: „Sesenheim, Juni 1772". In: Jürg Amann: *Nachgerufen. Elf Monologe und eine Novelle.* München, Zürich 1983, S. 7–10.

Arent, Wilhelm: „Mein Alter ego. Einige notgedrungene Notizen von Wilhelm Arent". In: *Die Gesellschaft* 8.1 (1892), S. 711–713. [Zu Lenz S. 712.]

Arent, Wilhelm: *Reinhold Lenz. Lyrisches aus dem Nachlaß aufgefunden von Karl Ludwig* [d. i. Wilhelm Arent]. Berlin 1884.

Bachmann, Ingeborg: *Ein Ort für Zufälle. Mit dreizehn Zeichnungen von Günter Grass.* Berlin 1965.

Bauernfeld, Eduard von: *Soldatenliebchen.* Wien 1863.

Baulitz, Kai Ivo: *Der Hofmeister. Tragikomödie nach Jakob Michael Reinhold Lenz.* o. O. 2014.

Benz, Bernhard: *Die unsäglichen Leiden der jungen Cornelia Goethe. Szenen aus dem 18. Jahrhundert.* Jungingen 2003. Theaterstück mit den Hauptpersonen Cornelia und Johann Georg Schlosser, Goethe und Lenz.

Bleibtreu, Karl: *Revolution der Literatur.* Leipzig 1886. Neuauflage Tübingen 1973.

Bennecke, Wilhelm: *Reinhold Lenz. Eine Novelle.* Leipzig 1871.

Beyse, Jochen: *Der Aufklärungsmacher.* München 1985.

Bierbaum, Otto Julius: *Stilpe. Ein Roman aus der Froschperspektive.* Berlin, Leipzig 1897. ND München 1963.

Bobrowski, Johannes: „J. M. R. Lenz". In: Johannes Bobrowski: *Wetterzeichen.* Berlin 1966, S. 51.

Braun, Volker: „Schmitten". In: Volker Braun: *Stücke 2.* Frankfurt/Main 1981, S. 7–37.

Braun, Volker: *Unvollendete Geschichte.* Frankfurt/Main 1982.

Braun, Volker: „Abschied von Kochberg". In: Volker Braun: *Tumulus.* Frankfurt/Main 1999, S. 20.

Brecht, Bertolt: „Der Hofmeister nach J. M. R. Lenz". In: Bertolt Brecht: *Versuche.* H. 11: *Der Hofmeister. Studien. Neue Technik der Schauspielkunst. Übungsstücke für Schauspieler. Das Verhör des Lukullus.* Berlin u. a. 1951, S. 2331–2395.

Brecht, Bertolt: „Der Hofmeister". In: Bertolt Brecht: *Stücke 11: Bearbeitungen 1: Die Antigone des Sophokles. Der Hofmeister. Coriolan.* Frankfurt/Main 1959, S. 117–213. [= Brecht 1959a]

Brecht, Bertolt: „Coriolan". In: Bertolt Brecht: *Stücke 11: Bearbeitungen 1: Die Antigone des Sophokles. Der Hofmeister. Coriolan.* Frankfurt/Main 1959, S. 227–381. [= Brecht 1959b] Auch in: *Spectaculum* 8. Frankfurt/Main 1965 S. 7–70.

Brecht, Bertolt: „Das Werk der kleineren Genien". In: Bertolt Brecht: *Gesammelte Werke in 20 Bänden.* Bd. 19: Schriften zu Literatur und Kunst. Hg. in Zusammenarb. mit Elisabeth Hauptmann. Frankfurt/Main 1967, S. 465.

Bruckner, Ferdinand: *Die Buhlschwester. Komödie nach dem Plautus und Reinhold Lenz in einem Akt.* Berlin 1955. Hektograph. Manuskript F. Bruckner Archiv, Akademie der Künste, Berlin.

Büchner, [Georg]: „Lenz. Eine Reliquie von Georg Büchner". [Hg. von Karl Gutzkow.] In: *Telegraph für Deutschland,* Nr. 5, 7, 8, 9, 10, 11, 13 u. 14, Januar 1839, S. 34–40, 52–56, 59–62, 69–72, 77–78, 84–87, 100–104 u. 108–111.

Büchner, Georg: *Lenz*. Neu hergestellt, kommentiert und mit zahlreichen Materialien versehen von Burghard Dedner. Frankfurt/Main 1998.

Büchner, Georg: „Lenz". In: Georg Büchner: *Sämtliche Werke und Schriften. Historisch-kritische Ausgabe mit Quellendokumentation und Kommentar* [Marburger Ausgabe]. Bd. 5: *Lenz*. Hg. von Burghard Dedner u. Hubert Gersch unter Mitarbeit von Eva-Maria Vering u. Werner Weiland. Darmstadt 2001.

Buhl, Marc: *Der rote Domino. Roman.* Frankfurt/Main 2002.

Burggraf, Waldfried: *Weh um Michael.* Leipzig 1929.

Canetti, Elias: *Das Buch gegen den Tod.* Mit einem Nachwort von Peter von Matt. München 2014.

Celan, Paul: „Gespräch im Gebirg". In: *Die neue rundschau* 1960, S. 199–202. Wiederabdruck u. a. in: Paul Celan: *Gesammelte Werke.* 5 Bde. Hg. von Beda Allemann und Stefan Reichert. Frankfurt/Main 1983, Bd. 3, S. 169–174.

Celan, Paul: „Büchner-Preis-Rede 1960". In: *Büchner-Preis-Reden 1951–1971.* Stuttgart 1972, S. 88–102. Wiederabdruck unter dem Titel „Der Meridian" u. a. in: Paul Celan: *Gesammelte Werke.* 5 Bde. Hg. von Beda Allemann und Stefan Reichert. Frankfurt/Main 1983, Bd. 3, S. 187–202.

Dittrich, Paul Hans: *Abschied von Kochberg.* Leipzig 1986.

Döblin, Alfred: „Die Ermordung der Butterblume". In: Alfred Döblin: *Die Ermordung der Butterblume. Ausgewählte Erzählungen* (= Ausgewählte Werke in Einzelbänden in Verb. mit den Söhnen des Dichters hg. von Walter Muschg). Olten, Freiburg 1962, S. 42–55.

Fleißer, Marieluise: *Die Pioniere von Ingolstadt.* 2. Fassung [Berliner Fassung 1929]. Bühnenmskr. Berlin 1929. Gedruckt u. a. in: Marieluise Fleißer: *Gesammelte Werke.* Hg. von Günter Rühle. Frankfurt/Main 1972. Bd. 1, S. 178–222.

Gerlach, Hans: „,so leben wir hin' – Annäherungen an Jakob Lenz". In: Ulrich Kaufmann (Hg.): *Dichters Worte – Dichters Orte. Von Goethe bis Gerlach. 30 Versuche.* Jena 2007, S. 105–109.

Gericke, Katharina: *Lenz. Fragmente.* Berlin 2010.

Geßler, Friedrich: *Reinhold Lenz. Drama in 3 Akten.* Lahr 1867. Nachdruck in: Friedrich Geßler: *Gesammelte Werke.* Teil 2. Lahr 1899 S. 51–104.

Geßler, Friedrich: *Herr Reinhold. Eine Novelle.* Lahr 1879. Nachdruck in: Friedrich Geßler: *Gesammelte Werke.* Teil 2. Lahr 1899 S. 305–330.

Goethe, Johann Wolfgang von: *Aus meinem Leben. Dichtung und Wahrheit.* Tl. 3. Tübingen 1814. [Zu Lenz S. 114–117, 210, 373–385 u. 500.]

Goethe, Johann Wolfgang: *Johann Wolfgang Goethe's poetische und prosaische Werke in zwei Bänden.* Bd. 2, Abt. 1 u. 2. Stuttgart, Tübingen 1837. [Darin in der Rubrik „Biographische Einzelheiten", Abt. 2, S. 645, der Abschnitt „Lenz".]

Goldmann, Friedrich (Musik) u. Thomas Körner (Text): *R. Hot bzw. Die Hitze. Opernphantasie in über 100 dramatischen komischen phantastischen Posen. Nach dem Stück „Der Engländer" von Jacob Michael Reinhold Lenz.* 2 CDs. Babelsberg 2008.

Grün, Albert: *Friederike. Ein Schauspiel.* Straßburg 1859.

Günther, Egon (Regie): *Lenz* (Film). Produktion: Saarländischer Rundfunk, Ostdeutscher Rundfunk (D 1992).

Gurlitt, Manfred: *Die Soldaten. Oper in drei Akten. Dichtung von J. M. R. Lenz.* Bearbeitung vom Komponisten. Wien, Leipzig 1930.

Habsburg-Lothringen, Eduard: *Lena in Waldersbach. Eine Erzählung.* München 2013.

Halbe, Max: „Der Dramatiker Reinhold Lenz. Zu seinem 100-jährigen Todestage". In: *Die Gesellschaft* 8.1 (1892), S. 568–582.

Halbe, Max: *Jugend. Ein Liebesdrama.* Berlin 1893.

Hauptmann, Gerhart: „Fasching". In: *Siegfried* 3 (1887), S. 577–585 u. 623–636. Auch in: Gerhart Hauptmann: *Sämtliche Werke.* Hg. von Hans-Egon Hass. Bd. 6: *Erzählungen und theoretische Prosa.* Frankfurt/Main 1963 S. 13–34.

Hauptmann, Gerhart: „Bahnwärter Thiel". In: *Die Gesellschaft* 4 (1888), S. 747–774. Auch in: Gerhart Hauptmann: *Sämtliche Werke*. Hg. von Hans-Egon Hass. Bd. 6: *Erzählungen und theoretische Prosa*. Frankfurt/Main 1963 S. 35–68.

Hauptmann, Gerhart: „Der Apostel". In: *Moderne Dichtung*, Jg. 1, Bd. 2 (1890) H. 1, S. 406–414. Auch in: Gerhart Hauptmann: *Sämtliche Werke*. Hg. von Hans-Egon Hass. Bd. 6: *Erzählungen und theoretische Prosa*. Frankfurt/Main 1963 S. 69–84.

Hein, Christoph: „Der neue Menoza oder Geschichte des Kumbanischen Prinzen Tandi". In: Christoph Hein: *Cromwell und andere Stücke*. Berlin, Weimar 1981 S. 233–308.

Hein, Christoph: „Waldbruder Lenz". In: *Konkret Literatur* 1984/1985, S. 67–74. Nachdr. in: Christoph Hein: *Die wahre Geschichte des Ah. Q.* Neuwied, Berlin 1984 S. 136–160; Christoph Hein: *Öffentlich arbeiten. Essais und Gespräche*. Berlin, Weimar 1987 S. 70–96.

Herrenknecht, Albert: *Provinz-Leben. Aufsätze über ein politisches Neuland*. Frankfurt/Main 1977.

Herrmann, Harald: *Jakob Michael Reinhold Lenz. Ebenen.* [Katalog zur Ausstellung „LENZ – Ebenen mit Werken von Harald Herrmann" in der Galerie im Tor in Emmendingen/Baden, 6. 9.–9. 10. 2011.] Freiburg/Br. 2011.

Herrn Professor Steinthal zum sechzigsten Geburtstag, am 16. Mai 1883. Verehrungsvoll und dankbar Gotthilf Weisstein. [Berlin 1883.] [Zu Lenz S. 11.]

Herzog, Werner: *Vom Gehen im Eis. München – Paris 23.11. bis 14.12. 1974*. München, Wien 1978.

Heym, Georg: „Der Irre". In: Georg Heym: *Dichtungen und Schriften*, Bd. 2. Hamburg 1962 S. 19–34.

Hofmann, Gert: „Die Rückkehr des verlorenen Jakob Michael Reinhold Lenz nach Riga. Novelle." In: Gert Hofmann: *Gespräch über Balzacs Pferd. Vier Novellen*. Salzburg, Wien 1981, S. 7–39.

Hofmannsthal, Hugo von: „Fragment eines Romans". In: *Corona. Zweimonatsschrift* 1 (1930), H. 1 u. 2, S. 7–50 u. 139–164. ND Berlin 1932 unter dem Titel „Andreas oder Die Vereinigten. Fragmente eines Romans". – Unter dem Titel „Andreas" in: Hugo von Hofmannsthal: *Sämtliche Werke*. Bd. 30: *Aus dem Nachlaß*. Hg. von Manfred Pape. Frankfurt/Main 1982 S. 7–218.

Hofmannsthal, Hugo von: „Die Heilung". In: Hugo von Hofmannsthal: *Sämtliche Werke*. Bd. 29: *Erzählungen 2. Aus dem Nachlaß*. Hg. von Ellen Ritter. Frankfurt/Main 1978 S. 189–192.

Huchel, Peter: „Lenz (Straßburg, Paris 1927)". In: Peter Huchel: *Die Sternenreuse. Gedichte 1925–1947*. München 1967 S. 46.

Huchel, Peter: „Georg Büchners ‚Lenz'". In: *Die literarische Welt* 9.19 (1933), S. 3.

Imbach, Thomas (Regie): *Lenz* (Film). Produktion: Bachim Film (CH 2006).

Kafka, Franz: *Gesammelte Werke. Tagebücher 1910–1923*. Hg. von Max Brod. 2. Aufl. Frankfurt/Main 1954.

Kinder, Hermann: *Der Schleiftrog. Ein Bildungsroman*. Zürich 1977.

Kipphardt, Heinar: *Die Soldaten nach J. M. R. Lenz*. Frankfurt/Main 1968.

Kipphardt, Heinar: *März. Roman*. München, Gütersloh, Wien 1976.

Klein, Hans Joachim: *Ein Mann namens Lenz*. Bühnenmskr. Saarbrücken 1984.

Klett, Johannes u. Brigitte Landes: *Szenario ‚Lenz'*. Mskr. [1980]. Grundlage der Aufführung des Theatre National de Strasbourg 1980.

Koehn, Herma: *Jungfer Julchen. Lustspiel von J. M. R. Lenz*. Plattdeutsch von Herma Koehn. Bühnenmskr. Hamburg 1985.

Körner, Klaus: „J. M. R. Lenz in Moskau". In: *Neue Deutsche Literatur* 23.1 (1975), S. 119–121.

Körner, Thomas: „R. Hot". In: *Theater der Zeit* 8 (1976). S. 66–72.

Koppelmann, Leonhard (Regie): *Der Hofmeister oder Vorteile der Privatzierhung*. Produktion: Mitteldeutscher Rundfunk. 1 CD. Berlin 2007.

Krötsch, Isabelle (Regie): *Büchner. Lenz. Leben* (Film). Produktion: Atelier Kremer | Krötsch in Zusammenarbeit mit dem LPM Saarland (D 2011).

Léhar, Franz: *Friederike. Ein Singspiel*. Leipzig 1928.
Lodemann, Jürgen: *Im Steintal. Auf Spuren von Oberlin, Lenz und Büchner. Mit Anmerkungen über Goethe, Gott und die Germanisten*. Filmskript Südwestfunk. Kultur und Wissenschaft. Baden-Baden 1983.
Lodemann, Jürgen: „Durchs Gebirg. Eine Filmgeschichte – über Oberlin, Lenz und Büchner, über Germanisten, Goethe, Gott und Friederike". In: Alice Frank u. Guntram Vesper (Hgg.): *C'est la vie. Impressionen – Frankreich en passant*. Reinbek bei Hamburg 1989 S. 240–250.
Mayröcker, Friederike: „Phantasie über ‚Lenz' von Georg Büchner oder Gedächtnisrevolution im Steintale bei Pfarrer Oberlin in der vogesischen Wüste". In: *Deutsche Akademie für Sprache und Dichtung. Jahrbuch* (2001, ersch. 2002), S. 180–186. Wiederabdruck in: *Neue deutsche Literatur* 50 (2002), S. 5–12.
Moorse, George (Regie): *Lenz* (Film). Produktion: Literarisches Colloquium Berlin und Barbara Moorse Workshop München (BRD 1970).
Morell, Andreas (Regie): *Lenz*. (Film). Buch: Thomas Wendrich. Produktion: Novapool Artists im Auftrag von ZDFtheaterkanal und 3sat (ZDF 2009).
Müller, Heiner: „Die Wunde Woyzeck". In: *Heiner-Müller-Material*. Hg. von Frank Hörnigk. Leipzig 1989 S. 114–115.
Oberlin, Jean-Fréderic: „Herr L...". In: Hartmut Dedert u. a.: „J.-F. Oberlin: ‚Herr L.......'. Edition des bisher unveröffentlichten Manuskripts. Ein Beitrag zur Lenz- und Büchner-Forschung". In: *Revue des Langues Vivantes* (Brüssel) 42 (1976), S. 357–385.
Ostermaier, Albert: *Lenz im Libanon. Roman*. Berlin 2015.
Otto, Hermann: *Lenz oder die subjektive Wertschätzung nutzloser Geschäftigkeit. Schauspiel in neun Bildern*. Bühnenmskr. Verden 1985.
Reverdy, Michèle: *Le Précepteur*. Paris 1989.
Reverdy, Michèle: „Tagebuch (zum ‚Précepteur')". In: *Katalog der 2. Münchner Biennale*. Hg. vom Kulturreferat der Landeshauptstadt München. München 1990 S. 66–74.
Rihm, Wolfgang: „Chiffren von Verstörung. Anmerkungen zu *Jakob Lenz*". In: *Jakob Lenz*. Hamburg 1979. [= Rihm 1979a] Programmheft der Hamburgischen Staatsoper.
Rihm, Wolfgang: *Jakob Lenz. Kammeroper*. Mainz 1979. [= Rihm 1979b]
Rihm, Wolfgang: „Chiffren von Verstörung. Anmerkungen zu *Jakob Lenz*, Kammeroper Nr. 2 (1977–1978)". In: Wolfgang Rihm: *ausgesprochen. Schriften und Gespräche*. Bd. 2. Hg. von Ulrich Mosch. Winterthur 1997 S. 314–315.
Rihm, Wolfgang: *Lenz-Fragmente. Für Gesang und Klavier. 1. Fassung (1980). Fünf Gedichte von J. M. R. Lenz*. Neuausgabe Wien [ca. 2009].
Rockwell, Alexander (Regie): *Lenz* (Film). Produktion: Alexandre Rockwell (USA 1981).
Rühmkorf, Peter: *Die Jahre, die Ihr kennt. Anfälle u. Erinnerungen*. Reinbek bei Hamburg 1972.
Schlosser, Johann Georg: *Prinz Tandi an den Verfasser des neuen Menoza*. Mit einem Nachwort hg. von Matthias Luserke. Heidelberg 1993.
Schneider, Peter: *Lenz*. Berlin 1973.
Schneider, Peter: „Georg Büchner: ‚Lenz'". In: Fritz J. Raddatz (Hg.): *Die Zeit-Bibliothek der 100 Bücher*. Frankfurt/Main 1980 S. 193–198.
Schultz, Hugo: *Goethes Mord. Der Seelenmord an J. M. R. Lenz. Roman*. Eggingen 1999. Rez.: Ariane Martin, in: Lenz-Jahrbuch 8–9 (1998/1999, ersch. 2003), S. 339–341.
Schultz, Hugo: *Bruder Lenz. Georg Büchner und die Leiden des jungen J. M. R. Lenz. Eine Spurensuche*. Eggingen 2000. Rez.: Tilman Spreckelsen: Wandertag der Pädagogen. Hugo Schultz kämpft aufrecht für Brüderchen Lenz. In: Frankfurter Allgemeine Zeitung, Nr. 22, 26. 1. 2001 S. 42.
Stott, Michael: *Lenz. A play based (loosely) on the story by Georg Büchner*. Todmorden/Lancs. 1979.
Struck, Karin: *Klassenliebe*. Frankfurt/Main 1973.
Struck, Karin: *Die Mutter*. Frankfurt/Main 1975.

Struck, Karin: *Lieben*. Frankfurt/Main 1977.
Timm, Uwe: *Kerbels Flucht*. München 1980.
Trakl, Georg: „Traum und Umnachtung". In: *Der Brenner* IV.8–9 (1914), S. 358–363. Nachdruck u. a. in: Georg Trakl: *Dichtungen und Briefe. Historisch-kritische Ausgabe*. Hg. von Walter Killy u. Hans Szklenar. Salzburg 1959, Bd. 1, S. 231–243.
Walser, Robert: „Lenzens ‚Soldaten'". In: *Schaubühne* 3.2 (1907), Nr. 38, 19. 9. 1907 S. 269.
Walser, Robert: „Lenz". In: *Schaubühne* 8.1 (1912), Nr. 16, 18. 4. 1912 S. 453–457. Nachdr. u. a. in: Robert Walser: *Dichtungen in Prosa*. Hg. von Carl Seelig. Genf, Darmstadt 1953, Bd. 1, S. 319–332.
Wedekind, Frank: „Frühlings Erwachen" [1891]. In: Frank Wedekind: *Gesammelte Werke*. München 1924. Bd. 5, S. 93–174.
Wolf, Christa: „Büchner-Preis-Rede 1980". Sonderdruck für die Freunde des Luchterhand-Verlages. Darmstadt, Neuwied 1980. Nachdr. in: Christa Wolf: *Lesen und Schreiben. Neue Sammlung*. Darmstadt, Neuwied 1980 S. 319–332.
Wolf, Christa: „Lesen und Schreiben". In: Christa Wolf: *Lesen und Schreiben*. Berlin, Weimar 1971. Veränd. Nachdruck Darmstadt/Neuwied 1972, S. 181–220, u. in: Christa Wolf: *Fortgesetzter Versuch, Aufsätze, Gespräche, Essays*. Leipzig 1979 S. 7–41.
Zimmermann, Bernd A.: *Intervall und Zeit. Aufsätze und Schriften zum Werk*. Hg. von Chr. Bitter. Mainz 1974. [Zu den „Soldaten" insbes. S. 93–99]
Zimmermann, Bernd A.: *Die Soldaten. Studienpartitur*. Mainz, London, New York 1975.
Zimmermann, Bernd A.: *Die Soldaten. Oper in vier Akten*. Text vom Komponisten nach dem gleichnamigen Schauspiel von Jakob Michael Reinhold Lenz. Regie: David Poutney. Neuinszenierung, Gelsenkirchen, Kultur Ruhr 2006.

7. Register

Werkregister

À Mlle de Pl....ff enfant de huit ans et sa soeur de six 275, 287
Abgerissene Beobachtungen über die launigen Dichter 228–229
Abgezwungene Selbstvertheidigung 29, 43, 271, 273, 415, 615
Abhandlung [Moskauer Schriften] 287
Abhandlung von der Conkupiszenz und von den unverschämten Sachen *Siehe* Philosophische Vorlesungen für empfindsame Seelen
Abschied von Kochberg *Siehe* So soll ich dich verlassen liebes Zimmer
Ach, bist du fort? *Siehe* Sesenheimer Lieder
Amor vincit omnia [Übertragung von Shakespeares Love's Labour's Lost] 210, 298–301, 305, 511–512, 528, 612
An das Herz 163, 166, 170–171, 223, 579, 583, 592
An den Geist 163, 178, 189, 581
An die Sonne 583, 585
An Henriette 549
An mein Herz *Siehe* An das Herz
An Pastor Dingelstedt 274
An W– 579
Anmerkungen über die Rezension eines neu herausgekommenen französischen Trauerspiels 219–220
Anmerkungen übers Theater 18, 38, 47–49, 62, 66, 82, 115, 147, 187, 199, 210–216, 218–219, 221, 227, 275, 292, 299, 305, 318, 331, 343–344, 351, 422, 430, 432–433, 436, 440, 449, 461, 466–468, 470, 475, 477, 493–494, 504–505, 509, 511–512, 528, 531, 573, 575, 612
Aretin am Pfahl gebunden, mit zerfleischtem Rücken 163, 171–172
Auf das kleine Kraut Reinefarth an die Rosengesellschaft 270–271, 274
Auf den Tod S. Erl. des Oberkammerherrn Senateur und Grafen Boris Petrowitsch Scheremetjeff 274
Auf des Grafen Peter Borissowitsch Scheremetjeff vorgeschlagenes Monument 274
Auf ein Papillote 170, 361, 363
Auffschrift eines Pallastes 274
Aus einem Neujahrswunsch aus dem Stegreif. Aufs Jahr 1776 440–441

Aus Nowikoffs alter diplomatischer Bibliothek 270, 284, 288
Ausfluß des Herzens 163, 165, 170

Belinde und der Tod 11, 42, 611
Belles lettres sans principe 288
[Bibelübersetzungsplan] 283, 303
Bittschrift eines Liguriers an den Adel von Ligurien 42
[Boris] *Siehe* Historisches Theater
Brief vom Erziehungswesen an einen Hofmeister! 270–271
Briefe an einen jungen Herrn über einige Gerechtsame der Russen mit Erläuterungen aus der Geschichte dieses Reichs 279–280
Briefe eines jungen L- von Adel an seine Mutter in L- aus ** in ** 187, 235–236, 402
Briefe über die Moralität der Leiden des jungen Werthers 39, 49, 141, 145, 187, 221–223, 350–351, 379–380, 389, 409–410, 435, 442, 470, 495, 506

[Caroline] 124
[Catechismus] 42, 74, 187, 189–197, 200, 202, 207, 320, 344, 364, 434–436, 439–440, 510
Catharina von Siena 50–51, 100–107, 109, 371, 385–386, 440, 483, 562
Cato 50, 94, 115–116, 427
Comédie des bêtes 50, 278
Coriolan [Übertragung von Shakespeares The Tragedy of Coriolanus] 40, 42, 301–302, 305, 440

Das Hochburger Schloß 217–218, 302, 348
Das Tagebuch 16–17, 103, 117, 128–133, 135–137, 140, 146, 205, 380–381, 410, 440, 520, 530, 612
Das Väterchen [Übertragung von Plautus' Asinaria] 15, 220, 290, 295–296, 562
Das Vertrauen auf Gott 167, 581
Der Arme kömmt zuletzt eben doch so weit 42
Der Engländer 84, 87–92, 101, 112–113, 169, 312, 331–332, 346, 370–371, 386, 411, 421, 440, 452, 481, 517, 520, 541, 562, 575, 580, 613

Der Hofmeister oder Vorteile der Privaterziehung VIII, 9, 15, 18, 40–42, 48, 55–62, 67–68, 72–73, 75, 81, 88, 90, 92, 107, 136, 172, 201, 214, 237, 277–278, 282, 297, 299, 309–311, 331, 333, 335–338, 340, 344–347, 355–357, 366, 369–372, 381, 383, 385, 388, 397–400, 406–407, 429, 458–459, 461, 463, 471, 473, 475, 483, 486–487, 490–492, 495–496, 500–501, 503–505, 507–508, 512, 515–517, 525–526, 535, 540–541, 543, 545–550, 557, 560–562, 576, 583, 591, 612

Der Hofmeister oder Vorteile der Privaterziehung 612

Der Landprediger 24, 121, 128, 146, 155–160, 235, 283, 312–313, 323, 330, 332, 339, 343, 402–404, 440, 442, 458–459, 462, 464, 502, 509, 514, 518–519, 613

Der neue Amadis 581

Der neue Menoza oder Geschichte des cumbanischen Prinzen Tandi 18, 41, 48, 62–69, 72, 98, 107–108, 181, 214–215, 223, 310, 312, 335, 338–339, 344–346, 348–350, 360, 371, 395, 406, 408, 410, 454–455, 458–461, 463, 473, 475–477, 494, 507, 513, 515, 526, 531, 541, 553–554, 560, 562, 577, 612

Der Stundenplan eine Farse und Roman 50, 276–277

Der Tod der Dido 42

Der tugendhafte Taugenichts 50–51, 92, 107, 109–113, 370, 395, 404, 420–421, 423, 454, 475, 553–554

Der verlorne Augenblick/ Die verlorne Seligkeit 120, 163, 166, 361, 579, 582

Der Versöhnungstod Jesu Christi 7, 164, 167

Der verwundete Bräutigam 8, 37, 41, 51–55, 336, 395, 434, 440, 503, 505, 611

Der Waldbruder, ein Pendant zu Werthers Leiden 35, 42, 88, 97–99, 107, 109, 113, 115, 128, 135, 141–146, 223, 244, 253, 256, 297, 332, 365, 380, 386, 390, 396, 410–411, 421, 430, 454, 459, 462, 482, 500, 512, 518–520, 588, 592, 613

Der Wasserzoll 163

Die Algierer [nach Plautus' Captivi] 40, 291–292, 296, 305, 347, 454

Die alte Jungfer 51, 116–118, 380

Die Auferstehung 170

Die Aussteuer [Übertragung von Plautus' Aulularia] 290, 296, 396

[Die Baccalaurei] 124

Die beiden Alten 92–93, 335, 368, 390, 400–401, 475, 582

Die Buhlschwester [Übertragung von Plautus' Truculentus] 290–292, 295, 361, 368, 396

Die Demuth 163, 170, 435, 438, 440, 443–445, 462–463

Die Entführungen [Übertragung von Plautus' Miles gloriosus] 290, 292, 296, 477

Die Erschaffung der Welt 182–184

Die Familie der Projektenmacher 121–123

Die Fee Urganda 128, 146, 149–151, 520

Die Freunde machen den Philosophen 21, 83–87, 297, 330, 359–360, 366, 383–385, 390, 395, 421, 452–454, 471, 512, 541, 562, 580, 613

Die Kleinen 51, 107–109, 308–309, 337, 428, 431, 440–441, 445, 613

Die Landplagen 6, 8, 10, 12, 22, 40, 164, 166, 168–169, 173, 183, 274, 421, 611

Die Liebe auf dem Lande 35–36, 163, 170, 182, 612

Die Sizilianische Vesper 94–97, 475, 614

Die Soldaten VII–VIII, 8, 16, 19, 37, 48, 69–77, 107, 110, 112, 117–118, 130, 137, 172, 226, 257–259, 263–264, 296, 311, 331, 334–336, 339, 347, 357–359, 365–366, 369–373, 380–381, 389, 399–400, 404, 417, 420, 423–424, 429–430, 433–434, 440, 450–453, 458–459, 463, 473, 475–476, 483, 486–487, 490, 492–493, 503, 507, 509, 511, 516–517, 525, 530, 535, 540–541, 543, 549, 555, 557, 560–562, 570, 573–575, 577, 579–580, 592, 608, 612

Die Todeswunde tief in meiner Brust 583

Die Türkensklavin [Übertragung von Plautus' Curculio] 290, 296, 453–454

Die Wolken 19, 83, 227, 246, 252, 378, 458, 613

Dina und Sichem [verschollen] 8, 37

Dir, Himmel, wächst er kühn entgegen Siehe Sesenheimer Lieder

Divertissement zum Nachspiel: Die Christen in Abyssinien oder Die neue Schätzung 127

Eduard Allwills erstes geistliches Lied 170

[Ein Lustspiel in Alexandrinern] 126–127

[Eine Bemerkung von Lenz in Lavaters Physiognomischen Fragmenten] 226

Einige Auszüge aus dem 2ten Buch sechsten Teils der Russischen Handelsgeschichte Michael Tschulkoffs [Čulkov-Teilübersetzung] 270, 273, 284, 303
Eloge de feu Monsieur **nd, écrivain très célebre en poésie et en prose 227
Empfindsamster aller Romane, oder Lehrreiche und angenehme Lektüre für Frauenzimmer 128, 151–155, 463, 520, 614
Empfindungen eines jungen Russen 274
Emphiteusen der Aebte der geistlichen Stifte von Großrußland 283
Entwurf eines Briefes an einen Freund, der auf Akademieen Theologie studirt 199–200, 325, 467, 476
Entwurf einiger Grundsätze für die Erziehung überhaupt, besonders aber für die Erziehung des Adels 28
Epistel an Herrn B. über seine homerische Übersetzung 187, 224
Epistel eines Einsiedlers an Wieland 228
Epitre de Sancho Pajass à son Maitre en Küttelversen 270, 274, 288
Ernstvoll – in Dunkel gehüllt 42
Erwache Friederike
Es ist wahr die Einflüsse des Klima *Siehe* Rossijada
Es mag um diese Gruft die junge Freude klagen 274
Essai de comparaison des delices de la campagne 271, 283
Essai sur l'education présenté à Sg. Exc. 282
Etwas über den Unterschied zwischen regulärer und säkularer Geistlichkeit in Katholischen Ländern 283
Etwas über Philotas Charakter 368, 413–415, 421, 440
Exposé zur Unterrichtung militärischer Taktik am Kadettenkorps in St. Petersburg 425
Expositio ad hominem 19, 22, 40, 187, 235–236, 396, 503, 509, 513, 613

Flüchtige Aufsäzze von Lenz [Hg. Kayser] 92, 219, 233–234
Fragment aus einer Farce die Höllenrichter genannt 124–126
Fragment eines Gedichts über das Begräbnis Christi 167
Freundin aus der Wolke 581, 612
Freündschaft geht über Natur oder Die Algierer *Siehe* Die Algierer

Fühl alle Lust, fühl alle Pein *Siehe* Liebe! sollte deine Pein
Für Wagnern (Theorie der Dramata) 187, 218, 236, 473

Gedanken des Verfaßers der Anmerkungen übers Theater [in Wagners Mercier-Übersetzung] 351
Gemählde eines Erschlagenen 163, 168–169, 181, 476, 569, 586, 592
Geschichte des Felsen Hygillus 128, 146–150, 154, 520
Graf Heinrich. Eine Haupt- und Staatsaktion 50, 94, 120–121

Henriette von Waldeck [oder] Die Laube 51, 113–115, 127, 390
Herrn Börner 274
Historisches Theater 50, 276, 288
Hymne (O du mit keinem Wort zu nennen) 581

Ich bin kein Finanzminister 283

Jupiter und Schinznach [zusammen mit Lavater und Pfeffel] 163–164, 179, 526–527

Keistut Sacharii se sont creusé un roi 275
Kleider Speisen und Getränke 274
kleiner Karakterzüge machen es recht 287–288

Le jour d'Helene ou de fondation d'un nouvel ordre pour le Sexe 275
Leopold Wagner. Verfasser des Schauspiels von neun Monaten. Im Walfischbauch 127
Lettre adressée, à quelques officiers de la commission hydraulique de la communication d'eau 43, 271, 284
Lettre d'un soldat Alsacien 43, 260
Liebe! sollte deine Pein 166, 583, 585
Lied eines schiffbrüchigen Europäers VII, 42, 166, 180–182, 454
Lied zum teutschen Tanz 163, 166, 173, 176–177, 580, 583–584
Logique des Dames 287
Loix des femmes Soldats 263, 366, 468
Lustspiele nach dem Plautus fürs deutsche Theater 15, 18, 56, 136, 220, 294–295, 297, 304, 368

Magisters Lieschen 123–124, 396
Meine wahre Psychologie 187, 205, 321
Meinungen eines Laien den Geistlichen zugeeignet. Stimmen des Laien auf dem letzten theologischen Reichstage im Jahr 1773 18, 41, 190, 196 203–209, 235–236, 317, 325–326, 328–329, 331, 352, 433, 438, 442–444, 471, 612
Menalk und Mopsus 36, 227
Monseigneur! 284, 289
Moralische Bekehrung eines Poeten von ihm selbst aufgeschrieben 17, 38, 128, 132–137, 140, 144, 146, 332, 431, 435, 520, 612
Myrsa Polagi oder Die Irrgärten 40, 97–100, 108, 395, 454, 475–476

Nachruf zu der im Göttingischen Allmanach Jahrs 1778 an das Publikum gehaltenen Rede über Physiognomik 24, 224–225
Nachtschwärmerei 581
Neujahrs Wunsch an meine hochzuehrende Eltern von dero gehorsamsten Sohn Jakob Michael Reinhold Lenz 164, 167
Nowikoff-Studie *Siehe* Aus Nowikoffs alter diplomatischer Bibliothek
Nun sitzt der Ritter an dem Ort *Siehe* Sesenheimer Lieder
Nur ein Wort über Herders Philosophie der Geschichte 181, 187, 223–224, 454

Ode an Ihro Majestät Catharina die Zweite, Kaiserin von Rußland 12, 173

Pandämonium Germanikum 22, 36–38, 40, 78–83, 119, 126, 183, 380, 389, 395, 427, 430, 440–441, 450, 456, 458, 462, 472, 475, 484, 512–514, 588, 612
Pericles, Prince of Tyre [Shakespeare-Teilübersetzung] 217, 302
[Peter-I.-Studie] 270, 276, 284
Petrarch 17, 172, 582, 612
Philosophische Vorlesungen für empfindsame Seelen 42, 44, 74, 187–191, 193, 200–206, 208, 301, 322, 325–328, 354–355, 362, 366–367, 413, 438, 440, 507–508, 510, 611
– Baum des Erkenntnisses Gutes und Bösen 200 201 201 201 201 202 440
– Drittes und letztes Supplement 42 200 203 204 440
– Einige Zweifel über die Erbsünde 200 204 204 204 206 322

– Supplement zur vorhergehenden Abhandlung 42 200 202 203 438
– Unverschämte Sachen 200 201 202 202
– Zweites Supplement 42 200 203 203 204 208
Piramus und Thisbe 170
Placet 148, 165, 172–173, 182, 465
Plan zu einer Subscription für die Erziehung der Landleute 283
Poetische Malerey 580
[Programmentwurf einer Zeitschrift] 187, 232–233
Propositions de paix. ou projet d'ouverture d'une Assemblée litteraire à Moscou 271, 287
Pygmalion 163, 177–178

Rechenschafft von dem gegenwärtigen Zustande des Fortschritts in den Wissenschaften 30, 269, 271, 282
Rezension des Neuen Menoza, von dem Verfasser selbst aufgesetzt 49, 62–63, 67, 187, 214–216, 221, 228, 276, 294, 311, 409, 460, 470, 475, 612
Rossijada [Cheraskov-Teilübersetzung] 30, 268, 274, 285, 287, 303, 614
Russisches Allerley [Plan] 31, 279, 285, 287

Sangrado 28
Schauervolle und süss-tönende Abschiedsode 440
Schinznacher Impromptüs *Siehe* Jupiter und Schinznach
Schreiben Tankreds an Reinald 168–169
Schulrede zum Neujahrstag 1765 *Siehe* Über die Zufriedenheit [Schulrede]
Sesenheimer Lieder 15, 37, 73, 165, 388, 486, 526, 568
– Ach, bist du fort? 37 165 582
– Dir, Himmel, wächst er kühn entgegen 37
– Erwache Friederike 37 388
– Nun sitzt der Ritter an dem Ort 37
– Wo bist du itzt, mein unvergeßlich Mädchen 37 165 548 549 579 579 583 583
Shakespears Geist 127
Sic quæ nocent docent oder cic quæ docent nocent 50, 277
Sir John Oldcastle [Shakespeare-Teilübersetzung] 217, 302
So soll ich dich verlassen liebes Zimmer 163, 514, 557, 584–585
Stimmen des Laien *Siehe* Meinungen eines Laien

Strephon an Seraphinen 580
Sur l'Eglise des boulangers à Rome 275
Sur une Tabatière 275

Tantalus 35, 97, 125, 127, 182–183, 613

Über den Zweck der neuen Straßburger Gesellschaft 232–235
Über die Bearbeitung der deutschen Sprache im Elsass, Breisgau und den benachbarten Gegenden 107, 233–234, 293, 352, 449, 613
Über die deutsche Dichtkunst (Hasch ihn, Muse) 581
Über die Natur unsers Geistes 190, 209–210, 297, 311–312, 325, 331, 352, 395, 429, 435, 437–438, 441–442, 472
Über die Soldatenehen 20, 22, 38, 43, 74, 77, 124, 187, 257, 259, 261–265, 331–332, 359, 365, 390–392, 402, 404–405, 417–420, 422–425, 467, 502, 507, 530, 613
Über die Veränderung des Theaters im Shakespear 218–219
Über die Vorzüge der deutschen Sprache 233–234, 449, 613
Über die Zufriedenheit [Schulrede] 6, 325, 327, 434, 611
Über einige Schönheiten seiner Gedichte, insofern sie auf die Erziehung der russischen Jugend Einflüsse haben 30, 285
Über Götz von Berlichingen VII, 172, 209, 220–221, 255, 311–313, 320, 343, 379, 428, 450, 472, 580, 596
Über Ovid 231–232
Über unsere Ehe 376, 388, 530
Übersetzung einer Stelle aus dem Gastmahl des Xenophons 229–230
Ueber Delikatesse der Empfindung 44, 127–128, 155, 160–162, 270–271, 276, 280, 352–353, 415, 474–475, 477, 512, 520, 614

Uebersicht des Russischen Reichs nach seiner gegenwärtigen neu eingerichteten Verfassung [Pleščeev-Übersetzung] 30, 44, 269–270, 284, 303, 614
Unser Herz Siehe An das Herz
Urania 526, 582

Vergleichung der Gegend um das Landhaus des Grafen mit dem berühmten Steinthal 44, 271, 283
Versuch über das erste Principium der Moral 190, 196–198, 325–330, 440, 467, 472, 580
Verteidigung der Verteidigung des Übersetzers der Lustspiele 187, 220, 291–292, 294, 296
Verteidigung des Herrn W. gegen die Wolken von dem Verfasser der Wolken 19, 38, 227–228, 299, 328, 378, 613
Verzeih den Kranz, den eines Wilden Hand Siehe An Henriette
Von Shakespeares Hamlet 218–219
vüe des operations de la grande cloche 284

Was ist Satyre? 182, 184, 270, 274, 276, 288, 422–423, 425, 458, 615
Weh den Verblendeten 274
Wie Freundin fühlen Sie die Wunde [Gedicht für Gertrud Sarasin] 180
Willkommen kleine Bürgerin 178–180, 581
Wo bist du itzt, mein unvergeßlich Mädchen Siehe Sesenheimer Lieder

Zerbin oder die neuere Philosophie 19, 123–124, 128, 137–141, 145–146, 331, 336–337, 339, 365, 367, 371, 381, 396, 429, 460, 464, 509, 518, 613
Zum Jahreswechsel 1776 Siehe Aus einem Neujahrswunsch aus dem Stegreif. Aufs Jahr 1776
Zum Weinen oder Weil ihrs so haben wollt 118–120
Zur Hochzeit zweier Täubgen 163
Zweierlei über Virgils erste Ekloge 229

Namensregister

Abbt, Thomas 416, 419
Abel 108, 426
Adam 79, 83, 160, 202–204, 223
Addison, Joseph 115
Adloff, Gerd 549
Admetos 147–148
Adorno, Theodor W. 496, 502, 519
Aeskulap 147
Aglauros 232
Agthe, Kai 549
Aischylos 126
Albedyll, Julie von 29, 273, 614
Alcibiades 379
Amor 183
Andromeda 77
Anna Amalia, Herzoginmutter von Sachsen-Weimar und Eisenach 20–21, 23, 27, 148, 150, 311, 397, 499
Aphrodite 177, 183
Apollo 21, 147–148, 182, 445
Archimedes 472
Arent, Wilhelm 39, 542, 581
Aretino, Pietro 171–172, 182
Ariadne 467
Aristophanes 125–126, 188, 227, 229–230, 378
Aristoteles 40, 47–48, 188, 210–214, 216, 218–219, 292, 298–299, 342, 344, 375–377, 484–487, 493, 517, 546, 561, 570, 573
Arnim, Achim von 462, 531
Artemis *Siehe* Diana
Augustinus 189, 192, 194, 199, 204
Augustus 231–232

Bacchus 125
Bachmann, Ingeborg VIII
Bartsch, Kurt 549
Basedow, Johann Bernhard 171
Bathseba 204
Batteux, Charles 213, 288, 427
Bauer, Friedrich Wilhelm 29, 614
Bauernfeld, Eduard von 541, 543
Baumgarten, Alexander Gottlieb 197–198
Baumgarten, Siegmund Jacob 197–198
Bayle, Pierre 199–200, 436
Beaumarchais, Pierre Augustin Caron de 294
Becher, Johannes R. 549
Beckoj, Ivan Ivanovič 28, 614
Behrens, Georg 394

Benjamin, Walter 511–512
Bennecke, Wilhelm 534
Berg, Alban 570, 574, 577
Berger, Friedemann 549
Berkes, Ulrich 549
Bernhard von Weimar 261
Bertuch, Friedrich Justin 235
Beyse, Jochen 567
Bismarck, Karl Alexander von 245
Blanckenburg, Christian Friedrich von 519
Blei, Franz 36, 39–42, 44, 146, 149, 151, 160, 165–166, 180, 187–189, 200, 205, 214, 236, 271, 273, 402, 481, 486, 488
Bleibtreu, Karl 542
Blessig, Johann Lorenz 14
Blum, Karl Ludwig 8, 37, 51
Bobrowski, Johannes 548–549, 585
Bode, Johann Joachim Christoph 235, 390
Boehlendorff, Casimir Ulrich 549
Boëtius, Henning 166, 170, 180, 497, 564
Boie, Heinrich Christian 19, 24, 83, 87, 124, 137, 141, 177, 224, 227–228, 233, 244, 252–253, 259, 368, 378–379, 390, 394, 582, 612–613
Borck(e), Caspar Wilhelm von 299
Böttiger, Carl August 489
Böttiger, Karl August 23
Bourdieu, Pierre 296, 301, 333, 513
Braun, Volker 546, 557–558
Bräunig, Werner 550, 552
Brecht, Bertolt VIII–IX, 40, 47, 491, 493, 495, 503, 544–550, 553, 557, 560–561, 576, 583
Bredemeyer, Reiner 577, 585
Brentano, Clemens 462, 531
Breu, Johann Siegfried 235
Brion, Friederike 15, 17, 28, 37, 73, 119, 388, 434, 485–486, 525, 532–534, 538, 543, 579, 581–582, 603, 605, 608, 612
Brion, Sophie 37
Brockes, Barthold Heinrich 307
Brunner, Salomon 31
Brutus 231, 428, 431, 433
Büchner, Georg VIII, 1, 25, 36, 39, 47, 172, 176, 185, 243, 271, 488, 490, 493, 495, 525, 532, 534–541, 543–544, 546, 548–553, 555–560, 562–565, 567, 570, 573, 577–579, 581–582, 587–596, 598–602, 604–609, 614
Buhl, Marc 567–568
Bürger, Gottfried August 162, 188, 224, 280, 545

Burggraf, Waldfried 544
Burroughs, William S. 598
Busch, Wilhelm 170

Camerarius, Joachim, (der Ältere) 291
Campe, Joachim Heinrich 181, 516
Canetti, Elias VII, 587
Carbonnières, Louis Ramond de 18, 234, 526–527
Carl August, Herzog von Sachsen-Weimar und Eisenach 19–21, 23, 99, 148, 150, 165, 172–173, 182, 185, 259, 302, 366, 389–392, 397, 404, 465, 482, 613
Carl Friedrich, Markgraf von Baden-Durlach 235, 402
Carpaccio, Vittore 470
Cassius 231
Cato (der Jüngere) 115–116, 427
Celan, Paul 562–563
Čerkasskaja, Varvara Aleksandrovna 269
Chamisso, Adalbert von 564
Chapelle (d. i. Claude-Emmanuel Lhuillier) 79, 81
Chaucer, Geoffrey 78
Chaulieu, Guillaume Amfrye, Abbé de 79, 81
Cheraskov, Michail Matveevič 30–31, 268, 274–275, 285, 287–288, 303–304, 614
Chodowiecki, Daniel Nikolaus 225
Cicero 6
Claudius, Matthias 62, 189
Cobain, Kurt 607
Condillac, Étienne Bonnot de 162
Conradi, Hermann 542
Constantin Friedrich Ferdinand, Prinz von Sachsen-Weimar und Eisenach 150
Cook, James 135
Corbucci, Sergio 598
Corneille, Pierre 213
Cornelius Nepos 6
Correggio, Antonio da 102
Cronenberg, David 598
Čulkov, Michail Dmitrievič 270, 273, 279, 284, 303
Curtius, Michael Conrad 211

Damm, Joachim Hamster 569, 594–595
Damm, Sigrid IX, 1, 5, 23, 34, 39–44, 50, 101, 105, 116–117, 123–125, 127, 133, 146, 149, 163, 165–166, 171, 173, 177, 179–180, 183–184, 187–188, 200, 208, 211, 235–236, 244, 271, 372, 388, 391–392, 488, 492, 497, 499, 503, 545–546, 554–557, 560, 564, 569, 584–585, 594

Dante 219, 430
David, König von Juda 204
de Bruyn, Günter 557
Defoe, Daniel 181, 278
Deigendesch, Johann(es) 261
Delisle de La Drevetière, Louis-François 65
d'Éon de Beaumont, Charles-Geneviève-Louis-Auguste-André-Timothée (genannt Chevalier d'Éon) 265
Derrida, Jacques 377, 474, 512
Deržavin, Gavrila Romanovič 274
Descartes, René 426, 468
Deschamps, Chrétien 115
Dessau, Paul 583
Destouches, Philippe Néricault 216, 294
d'Holbach, Paul Thiry 312, 327–328, 406–407, 412–413, 506, 517
Diana 147, 149
Diderot, Denis 9, 275, 277, 427, 431, 449
Dina 8
Dinescu, Violeta 585
Dingelstädt (bzw. Dingelstedt), Christian Adolf 27, 246, 272, 274, 288
Dittrich, Paul-Heinz 584–585
Döbbelin, Karl Theophil 9
Dorer-Egloff, Eduard 36, 38, 126, 486
Du Pont de Nemours, Pierre Samuel 265
Ducis, Jean-François 219
Dumpf, Georg Friedrich 7–8, 32, 35–37, 78, 271, 485
Düntzer, Heinrich 38, 482, 485
Dürrenmatt, Friedrich 216, 493

Eberhard, Johann August 162
Eichendorff, Joseph von 309
Eisen von Schwarzenberg, Johann Georg 283
Émin, Fedor Aleksandrovič 279
Emmerich, Roland 597
Endler, Adolf 585
Endymion 147
Engalyčev, Konstantin Michajlovič 31, 269
Engels, Friedrich 496, 500
Ephraim, Veitel 20
Erasmus von Rotterdam 199
Ernesti, Johann August 291
Ernst August, Herzog von Sachsen-Weimar und Eisenach 20
Eschenburg, Johann Joachim 217, 301, 304, 512
Esenin, Sergej Aleksandrovič 556
Euripides 126
Eva 79, 202, 223
Exter, Madame 30, 269–270, 282, 614

Falbaire de Quingey, Charles Georges Fenouilt de 219
Falck, Paul Theodor 7, 485–486
Falk, Johannes Daniel 390
Fénelon, François de Salignac de la Mothe 278, 281
Fibich, Susanna Cleophe 16–17, 19, 70, 103, 117–118, 129, 133, 258, 380, 486, 503, 530, 580, 605, 612
Fielding, Henry 160, 278
Folard, Jean-Charles, Chevalier de 265
Fontane, Theodor 546
Fontenelle, Bernard le Bovier de 436
Fonvizin, Denis Ivanovič 276–278
Foucault, Michel 420, 511–512
Francke, August Hermann 322
Francke, Gotthilf August 3
Freieisen, Johann Christoph 540
Freud, Sigmund 356, 370, 372, 495, 512, 596, 600
Freye, Karl 4, 37–39, 41, 177, 187, 261–262, 271, 423
Freymann, Ferdinand O. L. von 36
Friedrich, Graf von Anhalt 252, 272–274, 279, 281, 285, 287–288
Friedrich, Theodor 38, 210–211, 494, 504
Friedrich II., König von Preußen 20
Fröhling, Michael 578, 581–582
Fühmann, Franz 557
Füssli, Hans Heinrich 24, 613

Gadebusch, Friedrich Konrad 6, 8–9, 12, 28, 155, 611
Gellert, Christian Fürchtegott 6, 79, 81, 84, 307, 326–327, 376, 450, 517
Gemmingen, Eberhard von 6
Genazino, Wilhelm 590
Gericke, Katharina 569
Gerlach, Harald 549
Gerstenberg, Heinrich Wilhelm von 214, 427, 429, 487
Geßler, Friedrich 533–534
Geßner, Salomon 278
Gleim, Johann Wilhelm Ludwig 79, 81, 376, 416
Goethe, Catharina Elisabeth, geb. Textor 397
Goethe, Christiane, geb. Vulpius 569, 602
Goethe, Cornelia *Siehe* Schlosser, Cornelia
Goethe, Johann Wolfgang VII, IX, 1, 13–17, 19–23, 27, 31, 34–38, 43, 47, 56, 62, 73, 78–84, 88–89, 91–92, 99–100, 102, 113, 119, 125–126, 129, 131–137, 141, 143, 148, 150, 155, 161, 165, 170, 179–180, 182–183, 185, 188, 191, 195, 210, 214, 217, 220–222, 224–227, 231, 233–234, 243–244, 246, 252–253, 255, 257–260, 262, 266, 268, 278–279, 290, 298–299, 302, 307, 309, 320, 333, 350, 376–380, 385, 387–395, 397, 402, 407, 410–411, 416–417, 423, 428, 430, 434, 446, 450, 457–458, 475, 479–487, 489–491, 493–494, 496–497, 499–500, 504, 514–515, 519, 521, 524–538, 540, 543–544, 546–549, 554–555, 557–560, 567–569, 579, 581–583, 587–590, 592, 595, 603–605, 611–613
Goldmann, Friedrich 575–576, 580
Goldsmith, Oliver 160, 278
Gotter, Friedrich Wilhelm 17, 246, 252, 291, 347–348, 352, 379, 515, 612
Gottsched, Johann Christoph 6, 14, 48, 115, 199–200, 222, 291, 293–294, 300, 307, 313, 326, 449, 494
Grabbe, Christian Dietrich 493, 564
Graham, Rodney 595–596
Grammatté, Walter 591
Grimm, Jacob und Wilhelm 367
Grosskopf, Erhard 579
Grün, Albert 533
Gruppe, Otto F. 36, 38, 482, 485–486
Gryphius, Andreas 54, 305
Gsell, Noah 605
Guibert, Jacques-Antoine-Hippolyte, Comte de 262, 264–265, 418, 420
Gujer, Jakob (genannt Kleinjogg) 260, 265
Günderrode, Karoline von 544, 564
Günther, Egon VIII, 556, 598, 602–603, 605
Günther, Johann Christian 361
Gurlitt, Manfred 573–575, 577, 579
Gutzkow, Karl 538–540, 589

Habermas, Jürgen 368
Hacks, Peter 23, 243, 546, 557
Häfeli, Johann Caspar 36
Haffner, Isaak 234–235
Hagedorn, Friedrich von 79, 81, 92
Hähner-Springmühl, Klaus 556
Halbe, Max 487, 541–543
Haller, Albrecht von 6, 307
Hamann, Johann Georg 162, 189, 433, 512, 549
Hamor 8
Hartknoch, Johann Friedrich 31, 223, 249, 272, 285

Harwood, Gwen 578
Hauptmann, Elisabeth 583
Hauptmann, Gerhart 493
Hebbel, Friedrich 483
Hehn, Johann Martin 5–6, 12
Heilmann, Johann David 9
Hein, Christoph 546, 553–554, 562
Hektor 82
Helvétius, Claude Adrien 15, 207–208, 312, 327–328, 506
Helwing, Christian Friedrich 83
Henze, Hans Werner 576
Herder, Carolina Maria, geb. Flachsland 17, 245
Herder, Johann Gottfried VII, 7, 13, 17–18, 27–28, 36, 47, 62, 69–70, 72, 79–80, 82–83, 88, 162, 181, 188–189, 206, 210, 214, 223–224, 233, 243–247, 258–259, 279, 286–287, 294–295, 298, 301–302, 309, 372, 377–378, 389, 391–392, 396–397, 417, 447, 449–450, 454, 471, 506, 509, 549, 555, 569, 612, 614
Hermes 147
Hermogenes 230
Herrenknecht, Albert 563
Herse 232
Herzog, Werner 563, 600–601
Heym, Georg 177
Hirzel, Hans Caspar 265
Hoditz, Albert Joseph von 110
Hoffmann, E. T. A. 537
Hofmann, Gert 557, 565–566
Hofmannsthal, Hugo von 543
Hogarth, William 461
Hohenthal, Freiherr von 24
Holberg, Ludvig 504
Hölderlin, Friedrich 177, 482, 524, 544, 549, 564
Hölszky, Adriana 586
Hölty, Ludwig Christoph Heinrich 227
Hölzer, Max 549
Homer 30, 192, 224, 303
Horaz 458
Horkheimer, Max 496, 502, 519
Hrdlicka, Alfred 591
Huchel, Peter 544, 548
Hume, David 406–407, 436
Hupel, August Wilhelm 6, 155, 201, 264, 503

Iffland, August Wilhelm 92, 368
Igelström, Otto Reinhold von 8
Igelström, Reinhold Johann von 8, 51

Imbach, Thomas 605–607
Ivan IV., Zar von Russland 303

Jacobi, Betty 15
Jacobi, Friedrich Heinrich 141, 221
Jacobi, Johann Georg 79, 81, 450
Jaeglé, Louise Wilhelmine (Minna) 172, 538, 578
Jakob 8
James, Henry 472
Jean Paul 537, 539
Jendryschik, Manfred 549
Jerzembsky, Johann Michael VII, 486, 527
Jester, Sigismund Christoph 10
Jesus Christus 54, 82–83, 89, 101–103, 105, 109, 167, 191–197, 203–204, 207–210, 297, 315, 319–321, 323, 325, 327, 329–331, 363, 413, 428, 430, 435–439, 442, 444–445, 462, 507, 509–510, 517, 536
Johannes der Täufer 203, 364
Judas Iskariot 426
Julius Cäsar 115, 231, 261, 264–265, 432
Jung-Stilling, Johann Heinrich 14, 407
Juno 182–183
Jupiter 147
Juvenal 458

Kafka, Franz VIII, 543, 556, 565–566
Kain 108, 426
Kallias 230
Kampe, Gordon 582
Kant, Immanuel 10, 139, 164, 189–190, 198–199, 307, 316, 325–326, 329, 376–377, 407, 426, 436–437, 452–453, 468, 499, 506, 611
Karamzin, Nikolaj Michajlovič 31, 268–269, 279, 614
Karl I. von Anjou, König von Sizilien 94
Katharina II., Zarin von Russland 12, 28, 173, 269, 272, 278, 281, 416–417
Katharina von Siena, Hl. (d. i. Caterina Benincasa) 101–102, 385
Katherina II., Zarin von Russland 164
Kaufmann, Christoph 25–26, 428, 535, 550, 565, 578, 581, 598, 608, 613
Kaufmann, Elise, geb. Ziegler 25
Kayser, Philipp Christoph 24, 92, 260, 582–583
Kiehl, Ulrich 549
Kinder, Hermann 563
Kipphardt, Heinar 553, 557, 560–563
Kirke 278

Klabund (d. i. Alfred Henschke) 543
Kleist, Christopher Hieronymus Johann von 13, 16, 129, 612
Kleist, Ernst Nikolaus von 12–13, 15–16, 69, 129–130, 133, 164, 231, 258–259, 380, 407, 417, 603, 611–612
Kleist, Ewald von 278, 416, 421, 465
Kleist, Friedrich Georg von 12–13, 15–16, 69–70, 129–130, 133, 164, 231, 258–259, 380, 407, 417, 603, 605, 611–612
Kleist, Heinrich von 96, 169, 372, 416, 468, 545, 550
Klinger, Friedrich Maximilian 21–22, 28, 36, 70, 107, 309, 393, 416, 428, 525–526, 531
Klopstock, Friedrich Gottlieb 6, 8, 79–80, 83, 164, 182, 206, 224, 231, 233, 236, 243, 274–275, 348, 376, 396, 450, 549
Klotz, Christian Adolph 79, 168, 224
Knebel, Karl Ludwig von 20, 150
König, Johann Ulrich von 277
König, Luise 17, 133, 248, 260, 612–613
König, Michael 598–599, 605
Köpke, Ernst Rudolf 37, 43, 101, 485
Körner, Klaus 549
Körner, Thomas 575–577, 580
Kotzebue, August von 92, 277–278, 368
Kremer, Hans 609
Krieger, Paul Balthasar 5
Kromer, Karl 601
Krötsch, Isabelle 609
Kruse, Heinrich 37
Kuchenbuch, Christian 603
Kuhlmann, Quirinus 285
Kutscher, Artur 487, 543–544

La Fontaine, Jean de 79, 81
La Mettrie, Julien Offray de 172, 312, 506
La Roche, Sophie von 17, 70, 82, 102, 107, 117, 243–245, 263, 266, 331, 337, 372, 377, 379, 389, 440–441, 448, 451, 460, 471, 612
La Rochefoucauld, François de 375, 386
Lacan, Jacques 596
Langhoff, Wolfgang 560
Laschen, Gregor 549
Laube, Heinrich 541
Lavater, Johann Caspar 17, 23–25, 31, 135, 163, 165, 179, 224–227, 244, 247–251, 254, 260, 272, 377–379, 394, 526, 555, 581, 588, 612–613
Le Blond, Guillaume 265

Leibniz, Gottfried Wilhelm 194, 199–200, 205, 212, 286–287, 309, 316, 322, 426, 429, 505, 509
Leisewitz, Johann Anton 107
Leising, Richard 585
Lejeune, Philippe 136
Lenau, Nikolaus 564
Lenclos, Anne (Ninon) de 84
Lenz, Anna Eleonora 3–6
Lenz, Benjamin Gottfried 3, 5
Lenz, Carl Heinrich Gottlob (von) 3, 5, 7, 27, 244, 249, 379, 397, 614
Lenz, Christian David 1–12, 15, 18, 26–32, 88, 102, 141, 155, 164, 167–168, 190, 199, 244, 246–251, 254, 271–273, 285, 314–316, 321, 370, 379, 394, 406, 417, 517, 535–536, 565–566, 569, 611, 614–615
Lenz, Christina Margaretha, geb. Eichler 2, 249, 565
Lenz, Dorothea Charlotte Maria 2, 249, 273
Lenz, Dorothea, geb. Neoknapp 2, 5, 18, 27, 167, 244, 565, 590, 611, 614
Lenz, Elisabeth Christine 2
Lenz, Friedrich David 2–3, 7–8, 30, 36, 244, 247, 252, 271–272, 312, 394
Lenz, Friedrich Ludwig 36
Lenz, Gottlieb Eduard 36
Lenz, Johann Christian (von) 2–3, 5, 9–11, 15–16, 205, 244, 246, 272–273, 288, 394, 611
Lerse, Franz Christian 14
Lesage, Alain-René 278
Lessing, Gotthold Ephraim 14, 31, 53, 55, 72–73, 79, 82–83, 132, 189, 211, 213–214, 220, 226, 275, 277, 291–293, 295, 298, 304, 307, 310, 335, 348, 368–370, 373, 396, 413–416, 421, 427, 450, 454, 461, 496, 517, 525, 546
Lessing, Justina Salome 292
Lewy, Ernst 39, 149, 165, 184
Lichtenberg, Georg Christoph 24, 39, 188, 224–225, 461
Lilienthal, Theodor Christoph 9
Lillo, George 335
Lindau, Heinrich Julius von 394
Lindner, Johann Gotthelf 9–10
Liscow, Christian Ludwig 79
Llywelyn, David 600
Locke, John 325
Lomonosov, Michail Vassilevič 273–275
Ludwig XIV., König von Frankreich 173

Namensregister

Ludwig XVI., König von Frankreich 121, 260–261, 390, 405
Luise, Prinzessin von Hessen-Darmstadt, Herzogin von Sachsen-Weimar und Eisenach 20, 23, 99
Lukács, Georg 491, 497
Luther, Martin 3, 192, 199, 203
Lutz, Regine 548
Lykurg 207

Machaut, Guillaume de 602
Madden, John 597
Maher, Cody 601
Maisch, Herbert 598
Maler Müller (d. i. Friedrich Müller) 126
Maltzahn, Wendelin Freiherr von 37–38, 485
Mann, Thomas 546
Maria, Mutter Jesu 167
Marmontel, Jean-François 137, 278
Maurepas, Jean-Frédéric Phélypeaux, Comte de 263, 266, 418
Maurer, Barbara 605
Maurice, Comte de Saxe 264, 418, 420
Mayer, Hans 40, 226, 495–496, 547
Mehring, Franz 491
Meinhold, Gottfried 549
Melanchthon, Philipp 291
Mendelssohn, Moses 226
Mercier, Louis-Sébastien 218–219, 275, 351
Merck, Johann Heinrich 15, 21, 36, 56, 62, 233, 252, 257, 259, 392, 394, 402, 555, 590
Merkur 125–126, 182, 232
Metschurat, Barnaby 608
Michaelis, Johann Benjamin 79
Michaelis, Johann David 205
Mickel, Karl 557
Milton, John 79, 450
Minerva 147, 149
Mnouchkine, Ariane 597
Molière 79, 81, 84, 161, 216, 277, 294, 450, 574
Moller, Meta 243
Montaigne, Michel de 375, 386
Montbarrey, Alexandre Marie Léonor de Saint-Mauris 261
Montesquieu, Charles-Louis de Secondat de 65–66, 286–287, 338, 404, 406
Moorse, George 598–600, 605–606
Morell, Andreas 607–609
Moritz, Graf von Sachsen *Siehe* Maurice, Comte de Saxe

Moritz, Johann Christian Friedrich 2, 5
Moritz, Karl Philipp 395, 564
Moritz, Kurfürst von Sachsen 152
Möser, Justus 376–377
Moses 207, 317
Mosheim, Johann Lorenz 436
Müller, Carl Richard 595
Müller, Gerhard Friedrich 29–30, 269–270, 272, 279, 281, 315, 614
Müller, Heiner VIII, 498, 550, 556–557, 585, 587
Münnich, Anna Elisabeth Freiherrin von 4

Neher, Caspar 548
Nicolai, Friedrich 78, 148, 222, 227–228, 233, 309, 489, 567, 611
Nicolay, Ludwig Heinrich von 28
Nietzsche, Friedrich 542
Noah 204
Novalis 483
Novikov, Nikolaj Ivanovič 31–32, 268–271, 278–279, 283–284, 303, 614–615

Oberlin, Johann Friedrich 25–26, 36, 164, 283, 377, 497, 532–533, 535–540, 551, 555, 565, 578, 581, 589–590, 594, 598, 600–602, 608, 613–614
Octavian *Siehe* Augustus
Ödipus 84, 86–87
Odysseus 278
Oesterheld, Erich 39
Oldekop, Theodor 6–7, 12, 164, 167, 611
Olearius, Adam 97, 454
Origenes 201, 340
Ostermaier, Albert VIII
Ott, Johann Michael 117, 234, 290
Ovid 123, 177–178, 188, 231–232, 361, 464

Panin, Nikita Ivanovič 269, 277, 285
Paul, Großfürst, später Zar von Russland 28, 30, 269, 614
Paulus von Tarsus 161
Pegau, Carl Emanuel 3
Perrault, Charles 154
Peschel, Milan 605
Pessoa, Fernando 556
Peter I., Zar von Russland 270, 276, 281, 284, 286
Peter III., König von Aragon 94
Petersen, Georg Wilhelm 489
Petersen, Karl 32, 35
Petrarca, Francesco 17, 80, 134, 171–172, 361, 462, 520–521, 582, 612

Petrov, Aleksandr Andreevič 269
Pfeffel, Gottlieb Konrad VII, 17, 25–27, 163–164, 179, 233, 526
Pfenninger, Heinrich 490
Philotas 413
Piscator, Erwin 560
Plaschnig, Tobias 5
Platen, August von 564
Platon 116, 196, 229–230, 355
Plautus 15, 18, 38, 40–41, 56, 188, 192, 216, 220, 290–299, 304, 361, 368, 373, 396, 453–454, 458, 504, 513
Pleščeev, Sergej Ivanovič 30, 44, 269–270, 284, 303, 614
Plessing, Friedrich Victor Leberecht 377
Plutarch 115–116
Pontoppidan, Eric 63, 65
Pope, Alexander 10, 78, 217, 224, 299, 302, 611
Prometheus 80, 83, 108, 178, 430
Pygmalion 150, 177–178, 182–183
Pyra, Immanuel Jacob 78
Pythagoras 194, 294

Quesnay, François 265, 402
Quintilian 12, 15

Rabelais, François 79, 450
Rabener, Gottlieb Wilhelm 79, 81
Racine, Jean Baptiste 152, 213
Radiščev, Aleksandr Nikolaevič 276
Radonovich, Kim 601
Rapp, M. Gottlob Christian 325
Ray de Saint-Geniés, Jacques Marie 265, 418
Reccard, Gotthilf Christian 10
Reich, Philipp Erasmus 20, 88, 113, 259, 613
Reichardt, Johann Friedrich 10
Reichenberg, Jakob Andreas 5–6
Reinhardt, Max 543
Restif de La Bretonne, Nicolas Edme 264
Reusch, Carl Daniel 10
Reuter, Christian 277
Reverdy, Michèle 576–577
Riccoboni, Antonio 212
Richardson, Samuel 278
Richter, Ludwig 181
Rihm, Wolfgang VIII, 570, 577–578, 581–584
Ring, Friedrich Dominicus 16
Rist, Johann 574
Rockwell, Alexandre 600–602

Röderer, Johann Gottfried 26, 234, 244, 246, 248, 259–260, 402
Rollin, Charles 265
Rousseau, Jean-Jacques 59, 65–66, 81, 102, 122, 134–135, 161, 189, 197, 208, 222, 267–268, 278–279, 286–287, 312, 316, 333, 339, 344, 371, 409, 427, 431, 436, 455, 504, 506, 516
Rowe, Nicholas 302
Rühmkorf, Peter VIII

Saint-Évremond, Charles de 216
Saint-Germain, Claude-Louis, Comte de 22, 257, 260–261, 266, 366, 418, 420, 423, 530, 613
Salis, Karl Ulysses von 24, 379, 613
Salzmann, Friedrich Rudolf 14
Salzmann, Johann Daniel 14–15, 36–37, 56, 84, 188, 190–197, 200–201, 229, 233, 244, 250, 252, 290, 312, 316, 318, 320, 323, 379, 390, 392, 406–407, 432, 434–435, 471, 485, 532, 582, 612
Sappho 157, 160, 462
Sarasin, Gertrud 126, 179, 251
Sarasin, Jakob VII, 24, 27, 126–127, 179–180, 244, 379, 397, 613
Scarron, Paul 79
Schaden, Johann Matthias 285
Scheib, Hans 591
Schiller, Friedrich 16, 22, 35–36, 38, 53, 93–94, 107, 109, 126, 129, 142, 165, 182–183, 226, 307, 370, 377, 380, 416, 458, 491, 493, 496, 546, 553, 555, 559, 569, 598
Schlegel, Gottlieb 12, 27
Schlegel, Johann Adolph 427
Schlegel, Johann Elias 305
Schlettwein, Johann August 155, 235, 265, 402–403
Schlichtegroll, Friedrich 527
Schlosser, Cornelia, geb. Goethe 17, 23–25, 120, 124, 126, 133–134, 136–137, 155, 158, 178–180, 217, 377, 385, 402, 554, 569, 579, 612–613
Schlosser, Johann Georg 17–18, 24–27, 35, 62, 87, 100, 133, 137, 155, 158, 178–180, 200, 227, 234–235, 244, 250, 265, 372, 378, 397, 402, 526, 555, 612–614
Schmid, Christian Heinrich 223, 454
Schmidt, Erich 1, 20, 23, 38–39, 458, 482
Schmidt, Michael Ignaz 328
Schmidt, Theophilus 2
Schneider, Peter VIII, 559–560, 563–564

Schnezler, August 532
Scholz, Gerhard 547
Schönaich, Christoph Otto von 162
Schönfeld, Johann Philipp 582
Schröder, Friedrich Ludwig 56, 371, 525
Schubart, Christian Friedrich Daniel 56, 81, 109, 427, 553–554
Schultz, Hugo 567–568
Schulz, Max Walter 550–552
Schulz, Wilhelm 538, 589
Schumann, Robert 578
Schüttauf, Jörg 603
Schwarz, Johann Georg 30–31, 268, 614
Sczibalski, Johann Benjamin 7
Seghers, Anna 497, 544, 549–550, 552
Seidel, Philipp 100, 253, 255, 603
Semler, Salomo 198
Šeremetev, Nikolaj Petrovič 269, 281, 289
Šeremetev, Petr Borisovič 269, 274
Serres, Michel 470–471
Servan de Gerbey, Joseph Marie 420
Servius Tullius 265
Seume, Johann Gottfried 416
Seyppel, Joachim 492, 556–557
Shaftesbury, Anthony Ashley-Cooper, 3rd Earl of 135, 189, 427
Shakespeare, William 13–14, 31, 41, 47–48, 60, 79, 81–82, 84, 88, 93, 102, 115, 118, 188, 210–211, 214–219, 268, 276, 290, 298–305, 356, 388, 427–428, 431–433, 487, 493, 504, 511–513, 517, 528–529, 535, 546, 597, 611–612
Sichem 8
Simon, Johann Friedrich 314, 321
Sitsky, Larry 578
Sivers, Jégor von 37–40, 101, 485
Sokrates 192, 227–230, 316, 378
Solon 207
Spalding, Johann Joachim 189, 192, 316, 326, 506, 509
Stadler, Erich 585
Stammler, Wolfgang 37–39, 41, 177, 271
Stein, Charlotte von 17, 21, 23, 148, 377, 391, 500, 613
Stein, Johann Friedrich 234
Sterne, Laurence 212, 277–278, 280
Steuart, James 265
Stiernhielm, Otto Wilhelm Baron von 280, 394
Stöber, August 36–37, 191, 485, 525, 532–534, 537, 540
Stöber, Daniel Ehrenfried 36, 537
Stoeber, Elias 16

Stollberg, Leopold Graf zu 224
Strauss, Richard 580
Struck, Karin 563
Sumarokov, Aleksandr Petrovič 274, 277
Süß, Conrad 379, 565
Swift, Jonathan 280

Tantalus 182–183
Tasso, Torquato 303
Terenz 216, 291–292, 294, 459
Theophrast 292
Theseus 467
Theumer, Susanne 170, 592–595
Thomas, der ungläubige T. 195
Tieck, Ludwig 36–38, 44, 84, 127, 146, 149, 160, 165, 171, 184, 271, 309, 423, 480–482, 485, 487, 525, 529, 531–532, 537, 540, 615
Timm, Uwe 563
Treichel, Hans-Ulrich 576
Trescho, Sebastian Friedrich 6
Trier, Lars von 606
Trubeckoj, Nikolaj Nikitič 269
Turgot, Anne Robert Jacques 260, 392

Uz, Johann Peter 81, 92, 464

Vergil 188, 229–232, 301, 303
Vesta 149
Vietinghoff, Otto Hermann Freiherr von 259
Vives, Juan Luis 229–231
Voltaire 65–66, 81, 214, 217, 223, 278, 286, 312, 450
Voß, Johann Heinrich 177

Waehner, Joerg 556
Wagner, Heinrich Leopold 18, 73, 78, 125, 137, 218–219, 234, 351, 389, 531
Wagner, Richard 483
Waldmann, Fritz 39, 271
Waldner, Henriette Gräfin von 20, 88, 113, 119, 245, 247–249, 260, 390, 392, 486, 613
Wallis, Samuel 181, 454
Walser, Robert 543
Walter, Ferdinand 37
Wander, Maxie 550
Warburton, William 299
Watzl, Anton 591
Wedekind, Frank 39, 490, 493
Weigel, Helene 547
Weinhold, Karl 35, 37–38, 40–41, 100–101, 104, 107, 109, 113, 115–118, 120–

121, 123–124, 165, 174, 176, 184, 227, 271, 273, 423, 482
Weise, Christian 277
Weiße, Christian Felix 79, 84, 450
Wendler, Horst Ulrich 557
Weygand, Johann Friedrich 15, 56, 62, 210, 612
Wieland, Christoph Martin 19–22, 31, 62–63, 66, 79, 81–83, 125–126, 143, 148, 166, 183, 188, 215, 217, 223–224, 227–229, 233, 243–244, 278, 297–299, 304–305, 307, 309, 331, 345, 377–378, 389, 392, 396, 450, 455, 457–458, 460, 496, 512–513, 555, 569, 613
Wilkau, Christian Wilhelm Gottlob 259
Windrich, Thomas 609
Wohnlich, David 579
Wolf, Christa 545, 549–552, 557

Wolff, Christian 198, 205, 505
Wolff, Eugen 532
Wölfflin, Heinrich 493

Xenophon 188, 230

Young, Edward 427

Zarncke, Friedrich 39
Zettl, Baldwin 591
Zeus 147, 183
Ziegler, Adrian 25
Zimmermann, Bernd Alois VIII, 560, 570, 574–575, 579–580
Zimmermann, Johann Georg 244, 259, 390, 392, 394
Zola, Émile 573
Zweig, Arnold 534

Autorinnen und Autoren

BABELOTZKY, Gregor, Dr. phil., ist Research Assistant am Department of German and Dutch an der University of Cambridge.

BAUER, Gerhard, Dr. phil., war Professor am Institut für Deutsche und Niederländische Philologie an der Freien Universität Berlin.

BOSSE, Heinrich, Dr. phil., war Akademischer Rat am Deutschen Seminar der Albert-Ludwigs-Universität Freiburg.

FREYTAG, Julia, Dr. phil., ist Wissenschaftliche Mitarbeiterin am Institut für Germanistik der Universität Hamburg.

GRIFFITHS, Elystan, Ph.D., ist Senior Lecturer in German am Department of Modern Languages der University of Birmingham.

HERMES, Stefan, Dr. phil., ist Studienrat im Hochschuldienst am Institut für Germanistik der Universität Duisburg-Essen.

HILL, David, Ph.D., war Professor am Department of Modern Languages der University of Birmingham.

HOFF, Dagmar von, Dr. phil., ist Professorin am Deutschen Institut der Johannes Gutenberg-Universität Mainz.

KAGEL, Martin, Ph.D., ist A. G. Steer Professor am Department of Germanic & Slavic Studies der University of Georgia.

KAUFMANN, Ulrich, Dr. phil., PD, ist Gymnasiallehrer in Hermsdorf (Thüringen).

KÖPPEN, Manuel, Dr. phil., PD, ist Wissenschaftlicher Mitarbeiter am Institut für deutsche Literatur der Humboldt-Universität zu Berlin.

LEHMANN, Johannes F., Dr. phil., ist Professor am Institut für Germanistik, Vergleichende Literatur- und Kulturwissenschaft der Rheinischen Friedrich-Wilhelms-Universität Bonn.

MARTIN, Ariane, Dr. phil., ist Professorin am Deutschen Institut der Johannes Gutenberg-Universität Mainz.

MÜLLER, Maria E., Dr. phil., war apl. Professorin am Institut für Germanistik der Universität Osnabrück.

PAUTLER, Stefan, Dr. phil., ist Wissenschaftlicher Mitarbeiter der Kommission für Theologiegeschichtsforschung der Bayerischen Akademie der Wissenschaften.

PEITER, Anne D., Dr. phil., ist Germanistikdozentin an der Université de La Réunion.

PETERSEN, Peter, Dr. phil., war Professor am Institut für Historische Musikwissenschaft der Universität Hamburg.

RECTOR, Martin, Dr. phil., war Professor am Deutschen Seminar der Leibniz Universität Hannover.

ROSSBACH, Nikola, Dr. phil., ist Professorin am Institut für Germanistik der Universität Kassel.

SAUTERMEISTER, Gert, Dr. phil., war Professor am Fachbereich Sprach- und Literaturwissenschaften der Universität Bremen.

SCHÄFER, Judith, Dr. phil., ist Wissenschaftliche Mitarbeiterin am Institut für Theaterwissenschaft der Ruhr-Universität Bochum.

SCHMIDT, Simone Francesca, Dr. phil., ist Studiendirektorin am Gymnasium an der Heinzenwies in Idar-Oberstein (Rheinland-Pfalz).

SCHULZ, Georg-Michael, Dr. phil., war Professor am Institut für Germanistik der Universität Kassel.

STEPHAN, Inge, Dr. phil., war Professorin am Institut für deutsche Literatur der Humboldt-Universität zu Berlin.

TOMMEK, Heribert, Dr. phil., PD, ist Akademischer Oberrat am Institut für Germanistik der Universität Regensburg.

WILM, Marie-Christin, Dr. phil., ist Postdoc der Friedrich Schlegel Graduiertenschule für literaturwissenschaftliche Studien der Freien Universität Berlin.

WILSON, W. Daniel, Ph.D., ist Professor an der School of Modern Languages, Literatures and Cultures der Royal Holloway, University of London.

WINTER, Hans-Gerd, Dr. phil., war Professor am Institut für Germanistik der Universität Hamburg.

WURST, Karin, Ph.D., ist Professorin am Department of Lingustics & Germanic, Slavic, Asian and African Languages der Michigan State University.

www.ingramcontent.com/pod-product-compliance
Lightning Source LLC
Chambersburg PA
CBHW081821230426
43668CB00017B/2341